NOUVELLE COLLECTION

DES

MÉMOIRES

POUR SERVIR

A L'HISTOIRE DE FRANCE.

PREMIÈRE SÉRIE.

VII.

COMMENTAIRES

DE

MESSIRE BLAISE DE MONTLUC,

MARESCHAL DE FRANCE,

OU SONT DÉCRITS

LES COMBATS, RENCONTRES, ESCARMOUCHES, BATAILLES,
SIÉGES, ASSAUTS, ESCALADES, PRINSES OU SURPRINSES DE VILLES ET PLACES FORTES,
DÉFENSES DES ASSAILLIES ET ASSIÉGÉES,

Avecques plusieurs autres faits de guerre signalez et remarquables esquels
ce grand et renommé guerrier s'est trouvé durant cinquante ou soixante ans qu'il a porté les armes ;

ENSEMBLE DIVERSES INSTRUCTIONS,
QUI NE DOIVENT ÊTRE IGNORÉES DE CEUX QUI VEULENT PARVENIR PAR LES ARMES
A QUELQUE HONNEUR,
ET SAGEMENT CONDUIRE TOUS EXPLOITS DE GUERRE.

NOTICE SUR BLAISE DE MONTLUC,

ET

SUR SES COMMENTAIRES.

Montluc dit quelque part dans ses Commentaires : « J'ai toute ma vie haï les escriptures, aymant mieux » passer toute une nuit la cuirasse sur le dos que non » pas escrire. » Il faut donc lui savoir beaucoup de gré de nous avoir laissé des mémoires ; il a dû pour cela surmonter une profonde répugnance ; le besoin qu'il avait de se mettre en avant, son extrême désir de parler de lui, mêlé au désir d'être utile aux hommes qui suivaient la carrière des armes, peuvent seuls nous expliquer cette curieuse violence faite par Montluc à son propre caractère. Son but particulier a été de raconter les événements auxquels il a pris une grande part, les combats où il a figuré en première ligne. Si quelqu'un lui reproche de s'être chargé lui-même de sa propre histoire, il répondra qu'en « écrivant la verité et en rendant l'honneur à » Dieu, ce n'est pas mal fait. » Il ne craint pas qu'on l'accuse d'inexactitude : « le tesmoignage de plusieurs » qui sont encore en vie, dit-il, fera foy de ce que » j'ay escrit. Nul aussi, ajoute Montluc, ne pouvoit » mieux representer le dessein, entreprinse et exécu- » tion, ou les faits survenus en icelles, que moy- » mesme, qui ne dérobe rien de l'honneur d'autruy. » Le plus grand capitaine qui ayt jamais esté, qui » est César, m'en a montré le chemin, ayant lui- » mesme escrit ses Commentaires, escrivant la nuit » ce qu'il executoit le jour. J'ay donc voulu dresser les » miens, mal polis, comme sortant de la main d'un » soldat, et encore d'un Gascon, qui s'est toujours » plus soucié de bien faire que de bien dire....... Ce » n'est pas un livre pour les gens de sçavoir : ils ont » assez d'historiens ; mais bien pour un soldat capi- » taine : et peut estre qu'un lieutenant du Roy y » pourra trouver dequoy apprendre ; pour le moins, » puis-je dire, que j'ai escrit la verité, ayant aussi » bonne memoire à present que j'eus jamais, me res- » souvenant et des lieux et des noms, combien que je » n'eusse jamais rien escrit. Je ne pensois pas en cest » aage me mesler d'un tel metier : si c'est bien ou » mal, je m'en remets à ceux qui me feront cest » honneur de lire ce livre, qui est proprement le dis- » cours de ma vie. » Montluc avait au moins soixante et dix ans lorsqu'il dictait ces lignes ; c'était le plus vieux capitaine de France.

La vie de Montluc (1) se déroule à travers ses Commentaires ; et cette grande biographie semblerait rendre inutile ici toute notice sur le guerrier célèbre qui vécut et combattit sous cinq règnes ; mais, malgré toute leur clarté, les Commentaires offrent çà et là une certaine confusion. Il sera plus convenable et plus intéressant d'indiquer d'abord d'une façon à la fois nette et générale ce que fut Montluc.

Montluc a négligé de nous apprendre la date positive de sa naissance. Nous sommes réduits à la placer vaguement entre l'année 1500 et 1504. Blaise de Montluc était l'aîné de six enfans, dont l'unique espoir de fortune était le partage d'un revenu de mille francs. Tout gentilhomme qu'il était, il lui fallut faire son chemin *degré par degré* comme le plus pauvre soldat du royaume. Il fut *nourry* dans la maison du duc Antoine de Lorraine, fils de René II, vainqueur de Charles-le-Téméraire à Nancy. Mis hors de page, il entra en qualité d'archer dans la compagnie du duc Antoine, qui avait pour lieutenant le fameux Bayard. Il lui prit bientôt envie d'aller en Italie, « sur le bruit qui couroit des beaux » faits qu'on y faisoit ordinairement. » Ayant fait un voyage en Gascogne, il reçut de son père quelque peu d'argent et un cheval d'Espagne ; puis il passa les monts et arriva à Milan : il avait alors dix-sept ans. Le jeune Montluc fut pourvu d'une place d'archer dans la compagnie de Lescun, un de ses oncles, devenu depuis maréchal de France. La guerre, qui venait de se réveiller entre François Ier et Charles-Quint, dura vingt-deux mois ; notre jeune archer eut sept chevaux tués sous lui. La terrible lutte entre le roi de France et l'empereur inspirait à Montluc, cinquante ans plus tard, de remarquables réflexions. En parlant de cette guerre, qui précipita au tombeau *un monde de braves et vaillans françois*, l'auteur des Commentaires s'écrie : « Dieu fit naître » ces deux grands princes ennemis jurez et envieux » de la grandeur l'un de l'autre ; ce qui a cousté la

(1) La famille de Montluc était une branche de celle d'Artagnan-Montesquiou, une des plus grandes familles de la Guyenne.

» vie à deux cens mil personnes, et la ruine d'un
» million de familles : et enfin ny l'un ny l'autre n'en
» ont rapporté qu'un repentir d'estre cause de tant
» de misère. »
Revenu de cette campagne, dont le résultat avait
été la perte du Milanais, le jeune Montluc, en récompense de sa bonne conduite en Italie, obtint une
place d'homme d'armes dans la compagnie de Lescut V. A cette époque les Espagnols menaçaient de
vouloir reprendre Fontarabie; la compagnie où figurait Montluc fut une de celles qu'on envoya à
Bayonne pour résister à l'entreprise de l'empereur.
Montluc avait toujours eu envie de « se jetter parmi les gens de pied » pour être à même de se signaler plutôt par des actions d'éclat; on lui octroya une
enseigne de gens de pied, et il fut content. Il ne tarda
pas à trouver une occasion de montrer son intelligence et sa bravoure; il fit une belle retraite qu'on
lira dans les Commentaires, et le seigneur de Lautrec lui dit ces mots en gascon : *Montluc, mon ami,
jou n'oublideray jamais lou service qu'abes fait au
rei, et m'en souviera tant que jou vivray.* C'était la
première fois que Montluc commandait; il fut fait
capitaine, quoique à peine âgé de vingt ans. Dans le
récit de cette affaire, l'auteur des Commentaires
observe qu'alors il n'y avait point encore d'arquebusiers. « Que plust à Dieu, dit le vieux guerrier, que ce
» malheureux instrument (l'arquebuse) n'eust jamais
» esté inventé; je n'en porterois les marques, lesquelles encore aujourd'huy me rendent languissant, et tant de braves et vaillans hommes ne fussent morts de la main, le plus souvent, des plus
» poltrons et plus lasches, qui n'oseroient regarder au
» visage celuy que de loing ils renversent de leurs
» malheureuses balles par terre : mais ce sont des
» artifices du diable pour nous faire entretuer. » Ces
nobles plaintes contre les inventions meurtrières qui
réduisent à rien la valeur personnelle de l'homme,
furent plus d'une fois prononcées dans le XVIe siècle;
l'héroïsme s'affligeait de ces combinaisons aveugles,
par lesquelles la main la plus obscure peut emporter
un grand homme; l'emploi de la poudre à canon
dans la guerre était devenue une des tristesses de
Bayard.

Entré en Italie sans aucune solde, le jeune Montluc avait combattu à Pavie avec les Enfants Perdus;
il fut fait prisonnier, et bientôt remis en liberté, « car
» ils voyerent bien, dit-il, qu'ils n'auroyent pas
» grand finances de moy. » Au sujet de la prise de
François Ier, Montluc observe qu'un roi ne devrait
pas se trouver lui-même à la bataille, vu que « bien
» souvent sa prise mène après la ruyne de son estat. »
Il insinue que si Charles-Quint avait attaqué la
France après la bataille de Pavie, le royaume aurait
pu périr. « Toutefois, dit Montluc, Dieu regarda le
» sien (le royaume de François Ier), d'un œil de pitié,
» et le conserva; car les victorieux perdirent le sens,
» esblouis de leur victoire. » Le jeune vaincu de
Pavie reprit pauvrement le chemin de France; il raconte que lui et ses compagnons ne mangèrent, jusqu'à Embrun que *raves et tronsons de choux*, cuits
sur des charbons.

Montlhuc suivit Lautrec dans son expédition en
Italie (1527); blessé au siége du château de Vigève,
il ne put assister à la prise de Pavie; au siége de
Campistrano, il a le bras percé et meurtri par deux
coups d'arquebuse. Transporté dans la cité d'Ascoly,
il est sur le point de subir l'amputation du bras, et
tout à coup il s'y refuse. Il demeure deux mois et
demi couché sur les reins; « tellement, dit-il, que
» tout le grand os qui est le long de l'eschine me
» perça la peau, qui est la plus grande douleur que
» je pense que l'on puisse souffrir en ce monde. »
Malgré son mal, Montluc s'en alla joindre les drapeaux de la France devant Naples, monté sur un
petit mulet qu'il avait. Il reçut une baronnie de
douze cents ducats de rente, appelée *la tour de
la Nonciade*; mais la perte du royaume de Naples
lui enleva ce domaine, dont on avait payé ses exploits. Montluc parut dans ce dernier combat avec
le bras en écharpe, et on avait dit de lui : « Celui-là
» fera toujours bien partout où il se trouvera. » Le
jeune capitaine revint en France aussi peu avancé
pour la fortune, que le premier jour qu'il était sorti
du pays; il portait le bras en écharpe, ayant plus de
trente aunes de taffetas sur lui, « souhaitant la mort
» mille fois plus que la vie. » Il resta trois ans chez
son père sans qu'il pût guérir ses blessures.

Le pauvre capitaine, au réveil de la guerre, recommença à chercher fortune. En 1536, Charles-Quint
assiégeait Marseille; la compagnie de Montluc s'en
alla renforcer la garnison de cette ville. Il s'agissait de brûler le moulin d'Auriole pour affamer le
camp de l'ennemi. L'entreprise était difficile; bien
des capitaines avaient reculé; Montluc se charge
de ce coup de main, et réussit pleinement. L'entreprise est racontée avec de curieux détails dans les
Commentaires. Un autre s'attribue auprès du roi
tout l'honneur de cette expédition. « Il sied mal de
» desrober l'honneur d'autruy, dit à ce sujet Montluc,
» il n'y a rien qui descourage tant un bon cœur. » La
trève de dix ans, publiée en 1537, ne put retenir
Montluc dans la retraite : « Je n'ay jamais esté en sé-
» jour, dit-il, ains (mais) toujours prêt au premier
» son du tabourin. Les jours de paix m'estoyent des
» années. » Ne pouvant plus faire le métier de soldat, il essaya celui de courtisan; mais le vieux capitaine nous apprend qu'il fut toute sa vie malpropre
pour ce métier, qu'il est trop franc et trop libre. Ce
fut Montluc qui fit décider la bataille de Cérisoles; on
verra dans les Commentaires ses curieuses conférences avec le roi. Il fit merveille dans cette journée, à la tête de ses arquebusiers, et son récit de la
bataille est du plus haut intérêt. Ce brillant capitaine fut armé chevalier de la main d'Enghien;
toutefois sa douleur fut grande de n'avoir pas été
envoyé auprès du roi pour lui porter la nouvelle de
la victoire. Il se retira en Gascogne; mais ce ne
fut pas pour longtemps; il ne tarda pas à repasser
en Piémont. « Je ne haïssois rien tant que ma
» maison, dit-il, et quoy que j'eusse résolu, pour le
» tort qui m'avoit été fait de n'aller plus en ce pays
» là, si est-ce que je n'en peux m'en empescher. » Il
fallut bientôt revenir en France; Boulogne était

tombée au pouvoir de Charles-Quint, ligué avec Henri VIII; c'est là que devaient se porter les forces du roi. Montluc fut nommé à Boulogne *mestre de camp*. La place ne fut rendue que sous le règne de Henri II. Montluc parut à la cour en qualité de gentilhomme servant; il vit François Ier dans les derniers temps de sa vie; le roi était assez vieux et pensif; il ne « careissoit point tous les hommes comme il sou- » loit. » Le vieux monarque adressa une seule fois la parole à Montluc, ce fut pour lui faire raconter la bataille de Cérisoles.

Le règne de Henri II fut pour Montluc une époque de gloire et de fortune. Sa renommée s'accrut à Quiers, à Lans, à Beune. La défense de Sienne est une grande et belle page de sa vie; cette partie de ses mémoires est fort attachante. Sienne avait secoué le joug impérial et avait demandé l'appui de la France pour conserver sa liberté. Montluc avait été envoyé au secours des Siennois avec des troupes françaises. Après le glorieux combat de Marciano, il s'était enfermé dans la place avec les assiégés. Montluc était malade; sa figure était pâle; enveloppé de fourrure de la tête aux pieds, il avait l'air d'un moribond. « Que ferons-nous? disoient les dames et les peureux » de la ville, que ferons-nous si notre gouverneur » meurt? Nous sommes perdus, toute notre fiance, » après Dieu, est en luy; il n'est pas possible qu'il » en eschappe. » Montluc trouva alors dans son imagination un incroyable expédient; il ne voulut plus paraître embéguiné, et songea à se donner au peuple pour un homme ressuscité; il se fit bailler des chausses de velours cramoisi apportées d'Albe, couvertes de passemens d'or, découpées et bien faites, car « au temps qu'il les avoit fait faire, il estoit amou- » reux » il était alors en loisir de garnison, « or » n'ayant rien à faire, il le faut donner aux da- » mes. » Il prit le pourpoint tout de même, une chemise en soie cramoisie avec filet d'or, puis un collet de bufle, et se fit mettre le hausecol de ses armes, « qui estoient bien dorées. » En ce temps-là, ajoute-t-il, « je portois gris et blanc pour l'amour » d'une dame de qui j'estois serviteur lorsque j'avois » le loisir, et avois encore un chapeau de soye grise, » fait à l'allemande, avec un grand cordon d'argent, » et de plumes d'aigrette bien argentées. » Après qu'il eut revêtu son plus brillant costume, il se lava les mains et le visage avec du vin grec, en but un peu, se regarda au miroir, et Montluc nous jure qu'il ne se reconnaissait pas lui-même. Il se croyait encore au temps où il était amoureux; Dieu semblait lui avoir donné un autre visage. « Eh! quoy, dit » Montluc à un colonel qui sanglottoit de rire en » le voyant, pensez-vous que je sois ce Montluc qui » va tous les jours mourant par les rues? Nany, » nany, celuy-là est mort, et je suis un autre » Montluc. » Le gouverneur se rendit à cheval au palais de la ville, et fit entendre aux Siennois d'éloquentes paroles. Rien n'est plus admirable que l'empressement héroïque des pauvres habitants et surtout des femmes de Sienne pour aider aux fortifications et à la défense de la ville. « Il ne sera ja- » mais, dames sienoises, s'écrie l'auteur des Com- » mentaires, que je n'immortalize vostre nom tant » que le livre de Montluc vivra; car, à la verité, » vous estes dignes d'immortelles loüanges, si ja- » mais femmes le furent. » Lorsqu'à la fin on est forcé de faire partir de la ville les bouches inutiles, quel touchant intérêt dans la peinture de ces pauvres gens qui fuyaient vers l'ennemi! « Ce sont des lois » de la guerre, s'écrie Montluc avec un accent plein » de tristesse; il faut estre très cruel souvent, pour » venir à bout de son ennemy; Dieu doit estre bien » misericordieux en nostre endroit, qui faisons tant » de maux. » Il y a dans ce dernier trait une mélancolie profondeur.

Revenu à la cour de Henri II, Montluc reçut du roi le cordon de Saint-Michel, une pension de trois mille francs pris à l'épargne, trois mille francs de rente sur le domaine, deux mille écus argent comptant, deux places de conseiller au parlement de Toulouse pour aider au mariage de sa fille. On verra dans les Commentaires la dernière expédition de Montluc en Italie contre le duc d'Albe, son retour en France après le désastre de Saint-Quentin, la noble part qu'il prit aux sièges de Calais et de Thionville. Montluc avait été blessé dans son orgueil sous François II, et ne parle presque point de ce règne. Quand Charles IX arrive à la couronne, sous la régence de Catherine de Médicis, Montluc offre ses services à la reine-mère; une triste destinée jette Montluc dans les guerres civiles; il déplore lui-même ces guerres, où « contre son naturel, il lui a fallu user, non-seu- » lement de rigueur, mais de cruauté. » Les guerres de religion qui ont ensanglanté notre histoire au XVIe siècle, offrent un affligeant spectacle pour la raison et l'humanité. Mais ne jugeons pas avec une aveugle sévérité les hommes dont le nom se mêle à ces horribles luttes. Ce serait une grande erreur, de croire qu'il n'y eût là qu'un intérêt de religion; il faut y voir une question d'un grand intérêt politique. Les protestants de cette époque formaient comme une vaste faction ouvertement déclarée contre la royauté; la France était menacée dans son unité politique. Des protestans rebelles répondant à un gentilhomme qui les menaçaient au nom du roi Charles, disaient: « Quel roy? nous sommes les »roys; celuy-là que vous dites est un petit reyot de »m....; nous lui donnerons des verges, et lui don- »nerons mestier pour lui faire apprendre à gaigner sa »vie comme les autres. » Dans la Guyenne, où Montluc avait été nommé lieutenant-général, les réformés se montraient avec des dispositions effroyables. Le roi donne à Montluc le nom de Conservateur de la Guyenne, et ce fut là une triste gloire. Mais, tout en repoussant de toutes nos forces les monstrueuses rigueurs du lieutenant-général de la Guyenne, n'oublions pas que Montluc ne voyait dans les protestants que les ennemis du roi. L'histoire ne doit voir dans cette horrible conduite de Monluc que l'égarement du patriotisme. « Si j'eusse feint la dou- » ceur, dit-il, nous estions perdus. »

Cette notice n'est qu'une indication générale des faits, pour mettre le lecteur à même de saisir l'ensemble de la vie de Montluc. Franchissant les derniers événements de sa carrière militaire; bornons-nous à mentionner le siége de Rabasteins (1570), où Montluc combattit avec une admirable intrépidité; « faisant du jeune en cela, dit Brantome, comme lorsqu'il n'avoit que vingt ans. » Frappé au visage d'un coup d'arquebuse, il jetait le sang par la bouche, le nez et les yeux; les soldats et les gentilshommes, à la vue de leur général blessé, étaient sur le point de reculer; Montluc, avec une voix entrecoupée, leur criait qu'il n'avait point de mal, et qu'il fallait suivre le combat. Faible et mourant, il avait été obligé de se retirer, quand on vint lui annoncer la prise de Rabasteins : « Je loue Dieu, dit Montluc, de ce » que je vois la victoire nostre avant de mou- » rir. A présent je ne me soucie point de la mort. » Je vous prie de vous en retourner, et monstrez- » moi tous l'amitié que vous m'avez portée, et gar- » dez qu'il n'en s'échappe un seul qui ne soit tué. » Ce n'est plus ici de l'héroïsme, c'est de la sauvage cruauté.

Les huguenots détestaient Montluc, et cela se conçoit; ils s'efforçaient de lui nuire à la cour; leur profonde haine, aidée probablement de la jalousie de quelques seigneurs, finit par obtenir la disgrâce de Montluc. Le gouvernement de la Guyenne lui fut enlevé tout à coup; Montluc vit arriver son successeur avant d'avoir été averti lui-même. Il écrivit à Charles IX une lettre qu'on lira dans les Commentaires; dans cette lettre respire le noble orgueil du vieux guerrier. Montluc rappelle au roi tout ce qu'il a fait pour le service de la couronne, et parle de sa gloire comme d'un bien qu'il n'est donné à personne de lui enlever. « Quand bien l'on » m'auroit mis en pourpoint, si demeureray-je tous- » jours vestu d'une robbe honnorable, qui est telle » que j'ay porté les armes depuis mon enfance pour le » service de vostre couronne, avec toute la fidelité » que les rois mes maistres eussent sçeu desirer. » L'on m'accordera tousjours que je me suis trouvé » en autant de combats, batailles, rencontres, en- » treprinses de nuict et de jour, assauts, prinses et » deffences de villes, qu'homme qui soit aujourd'hui » en toute l'Europe; et pour tel suis-je cogneu par » tous les estrangers....... et, puisqu'ainsi vous » plaist, je me retire, n'ayant autre marque de » mes peines et services, depuis tant d'années, que » le regret de la perte de mes enfants morts pour » vostre couronne, et sept arquebusades qui servi- » ront à me ramentevoir tous les jours l'humble et » affectionnée dévotion que j'aye eue à faire très- » humble service à vos predecesseurs. » La disgrâce de Montluc comme gouverneur de la Guyenne pourrait donner lieu à une importante observation, applicable à tous les temps de révolution. Les hommes qui ont été l'instrument de passions violentes, sont exposés à de tristes jugements; quand les passions qui les poussaient à l'œuvre n'existent plus, ces hommes se trouvent chargés tout seuls de la responsabilité d'un rôle cruel; leurs complices ont disparu, mais les ennemis sur lesquels s'étaient exercées leurs rigueurs, sont toujours là, et ces pauvres instruments abandonnés, boucs émissaires de la politique, sont traités sans pitié.

« En 1573, Montluc assista au siége de La Rochelle; il fut, selon ses expressions, appelé au festin comme les autres; il espérait mourir à la Rochelle et trouver là un glorieux tombeau. Mais, peu content d'abord de la conduite et de la tournure du siége, il ne voulut s'y montrer que comme particulier. L'année suivante, Montluc se trouva à Lyon avec Henri III, et reçut de ce prince la dignité de maréchal de France. Tout tendait alors à la guerre, et le nouveau maréchal eut ordre de s'y préparer; mais le vieux Montluc, accablé de blessures, reconnut qu'il « devoit plus tost songer à sa mort qu'à la donner » aux autres. » Il avait perdu depuis peu Fabien de Montesquieu, son quatrième fils, tué à Nogarol en Guyenne, et le pauvre père était livré à un sombre ennui. Il parut pour la dernière fois les armes à la main au siège de Gensac; ce fut là son adieu à la guerre, et c'est là que finissent ses Commentaires. Tranquille dans ses terres, il suivait encore le spectacle des affaires, et l'avenir s'offrait à lui sous de lugubres couleurs. Dans la dernière page de ses mémoires, il nous dit que bien souvent il lui prenait fantaisie de faire retraite, pour n'avoir pas le déplaisir d'ouïr tant de fâcheuses nouvelles et la ruine de ce pauvre pays. Il se ressouvenait toujours d'un prieuré assis dans les Pyrénées, partie en Espagne, partie en France, nommé Sarracoli, et voulait y aller chercher le repos; lorsqu'il dictait ses dernières lignes, Montluc espérait encore achever ses jours dans le paisible prieuré de Sarracoli, mais ce dernier vœu d'une âme triste et solitaire ne fut point rempli : Montluc mourut dans son château d'Estillac, à peu de distance d'Agen, au mois de juillet 1577 : c'est là qu'il avait composé ses Commentaires.

De tous les auteurs de mémoires que nous connaissons, Montluc est celui qui s'est le mieux révélé à son lecteur avec son caractère et son esprit, avec ses qualités et ses défauts; il se montre à nous *sans arrière-boutique*, d'après une de ses propres expressions; les Commentaires sont un portrait complet de Montluc; tout ce que nous dirions ici pour peindre ce guerrier célèbre, ne serait qu'une reproduction des couleurs et des grands traits épars dans ces intéressants récits. Les Commentaires sont un précieux monument pour l'histoire du XVIe siècle. On trouve dans ce livre une quantité de faits qui ne se rencontrent que là, et rien n'est plus incontestable que la véracité du narrateur. Tout ce qu'il dit, il l'a vu; il ne veut raconter que les événements où il a figuré; il nous répète souvent qu'il n'a pas la prétention d'être historien, « qu'il y seroit bien em- » pesché, et ne sçauroit par quel bout s'y prendre. » Son but a été tout naturellement d'écrire « ses for- » tunes pour servir d'exemple à ceux qui viendront » après lui, afin que les petits Montlucs que ses en- » fans lui ont laissé puissent se mirer en la vie de » leur aïeul. » Et ceci nous amène à parler de la simple et naïve bonne foi avec laquelle Montluc nous parle de l'éclat de ses actions et de la gloire de ses jours; aucun capitaine avant lui, ni César, ni Xenophon, n'avait osé se poser dans les siècles comme un modèle à suivre dans le métier des armes; Montluc l'a fait, et sa vanité gasconne est si naturelle, et d'une si parfaite conviction, que le lecteur ne songe pas à la lui reprocher, et qu'il n'en éprouve même aucune surprise. Il faut observer d'ailleurs que ses leçons et ses conseils militaires sont toujours bons et qu'ils garderont à jamais leur remarquable vérité. Les prétentions de Montluc à servir de modèle n'ont pas tardé à être justifiées et consacrées par les glorieux suffrages d'un grand capitaine. On connaît le mot de Henri IV; il disait que les Commentaires de Montluc devaient être la *Bible du soldat.*

Les protestans avaient beaucoup calomnié Montluc; ils avaient fini par l'appeler un *athéiste.* « Ils » sont mes ennemis, disait Montluc, et ne les faut » pas croire. » Ces accusations d'impiété disparaissent à la lecture des Commentaires; il y règne une piété naturelle, un sentiment religieux qu'il est impossible de prendre pour de l'hypocrisie. Montluc nous dit lui-même qu'il a ses imperfections et ses vices, qu'il n'est pas plus saint qu'un autre, mais qu'il a toujours mis son espérance en Dieu, et qu'il n'a jamais passé un jour de sa vie sans l'avoir prié et lui avoir demandé pardon. Dès son entrée aux armes, Montluc avait appris une oraison, qu'il ne manquait jamais de répéter à l'approche d'un combat; cette oraison, dont il nous a rapporté le texte, lui remontait le cœur et donnait à ses membres une vigueur nouvelle. Montluc se montra cruel dans les guerres contre les huguenots; ainsi que nous l'avons déjà dit, le lieutenant-général de la Guyenne ne voyait dans les protestans que de redoutables ennemis du roi, il croyait devoir proportionner ses violences à la grandeur du péril, et son dévouement à la royauté le précipita dans des excès furieux qui s'expliquent, mais qui ne se justifient pas. C'est une épouvantable chose que les révolutions, puisqu'elles peuvent dénaturer à ce point les plus nobles et les plus loyaux caractères. Les ennemis de Montluc l'avaient accusé de s'être enrichi aux dépens de son honneur; les Commentaires n'ont laissé subsister aucun de ces reproches de malversation; le nom de Montluc en est sorti victorieux et pur.

On remarquera, dans les Commentaires de Montluc, une grande vivacité d'esprit, une expression souvent éloquente, toujours nette et naturelle; Montluc, dans le laisser-aller de sa parole, arrive quelquefois à de beaux effets de style; un mouvement méridional anime le récit. Les Commentaires ont été l'œuvre de la vieillesse de Montluc, ce qui prouve que son esprit avait conservé une merveilleuse verdeur. Montluc n'avait pris aucune note, et dut faire d'incroyables efforts de mémoire pour retracer en détail l'histoire de cinquante-deux ans. Pasquier en a exprimé son étonnement en ces termes : « d'une chose m'esbahi-je encore; non qu'il » se soit rendu espouvantable au fait des armes (cela » lui peut avoir esté familier avec quelques autres » guerriers), mais que, voulant rédiger l'histoire » de sa vie par escript, il l'ait pu circonstancier des » lieux, des personnes, de leurs noms, tant d'un » party que de l'autre, des obstacles qui se présen- » tent, brief qu'il n'ait rien mis en oubly, comme » s'il eust encore combattu en plein champ. En » quoy il faut nécessairement de deux choses l'une, » ou que, pendant qu'il jouoit des mains aux » champs, il se donnast le loisir en sa chambre, » apres son retour, de faire de fidèles mémoires de » ce qui s'estoit passé, pour s'en ayder à l'avenir, » chose qui outre passe d'un long traict la patience » d'un François; ou bien que, ne l'ayant faict, » lorsque sur son vieil aage il voulut mettre la » main à la plume, toutes ses particularités de cin- » quante-deux ans se présentassent à lui : mémoire » certes qui de nulle mémoire n'eust jamais sa sem- » blable. Et par ainsi, soit l'un ou l'autre, il semble » que, par un signalé miracle, nature ait en cecy » voulu faire en lui un chef-d'œuvre. »

Brantôme avait beaucoup vu Montluc dans les derniers temps de sa vie. Il nous appprend que l'illustre capitaine n'avait jamais pu se guérir complétement de l'arquebusade qui lui avait fracassé la tête; « Montluc étoit obligé, dit-il, de porter un touret de » nez, comme une demoiselle, quand il étoit aux » champs, de peur du froid et du vent, qu'il ne l'en- » domageast davantage. » Brantôme se plaisait à la conversation de Montluc; « il faisoit beau, dit-il, » l'ouïr parler et discourir des armes et de la guerre, » ainsi que j'en ay fait l'experience, moy ayant esté » sur la fin du jour un de ses grands gouverneurs. » J'estois souvent avec luy, et m'aymoit fort, et pre- » noit grand plaisir quand le mettois en propos et » en train, et lui faisois quelques demandes de guer- » res ou autre chose; et luy, me voyant en cette vo- » lonté, il me repondoit de bon cœur et en bons » termes, car il avoit une fort belle éloquence mili- » taire. »

Les Commentaires de Montluc ont été réimprimés huit fois; ils sont traduits en anglais et en italien.

Montluc eut de ses différens mariages six fils et non point quatre comme on l'a dit; nommons d'abord Marc-Antoine, tué au siége d'Ostie; Bertrand, connu sous le nom de Peyrot, tué à Madère; Fabien, tué au siége de Nogarol. Montluc en cite trois autres, Blaise, Adrien et un troisième appelé aussi Blaise; c'est un de ces trois derniers fils dont parle Montluc lorsque s'adressant au roi (1570), il lui dit : *Sire, souvenez-vous d'eux.*

A LA NOBLESSE DE GASCOGNE.

Messieurs,

Comme il se void de certaines contrées qui produisent aucuns fruicts en abondance, lesquels viennent rarement ailleurs, il semble aussi que vostre Gascogne porte ordinairement un nombre infiny de grands et valeureux capitaines, comme un fruict qui luy est propre et naturel; et que les autres provinces, en comparaison d'elle, en demeurent comme steriles. C'est celle-là qui a faict naistre avec tant de reputation ces redoutables et illustres princes de la maison de Foix, d'Albret, d'Armaignac, de Cominge, de Candale, et Captaux de Buch. C'est elle qui a eslevé Pothon et La Hire, deux fatales et bienheureuses colomnes, et singuliers ornemens des armes de la France. C'est elle qui en nos jours a faict cognoistre à toutes les nations estrangeres le nom des seigneurs de Termes, de Bellegarde, de La Valette, d'Ossun, de Gondrin, Terride, Romegas, Cossains, Gohas, Thilladet, Sarlabous, et autres gentils-hommes du pur et vray terrouer de la Gascogne; sans mettre en conte ceux qui vivent aujourd'hui, lesquels, ardamment incitez des trophées et beaux gestes de leurs predecesseurs, s'esvertuent, comme ils survivent à leur belle memoire, d'en rapporter aussi une gloire pareille. C'est vostre Gascogne, Messieurs, qui est un magazin de soldats, la pepiniere des armées, la fleur et le chois de la plus belliqueuse noblesse de la terre, et l'essain de tant de braves guerriers, qui peuvent contester l'honneur de la vaillance avec les plus fameux capitaines grecs et romains qui furent oncques.

Mais entre tous ceux qui extraicts de vostre noblesse ont jamais porté espée, nul a devancé la prouesse, l'experience et la resolution de cet invincible chevalier Blaise de Montluc, mareschal de France. Ceste prerogative d'honneur ne luy peut estre disputée, non plus que celle que le ciel luy avoit donnée d'une prompte et merveilleuse vivacité d'entendement; d'une souple et neantmoins tres-retenue prudence, qu'il descouvroit sur le champ au maniement des affaires; d'une memoire admirable et si riche, qu'il ne s'en void presque point de semblable; d'une parole aisée, forte et courageuse, et pleine d'esguillons d'honneur parmi l'ardeur des combats et aux affaires d'estat; d'un langage rassis, rehaussé de pointes de raisons, et d'argumens : le tout accompagné d'un jugement si cler et si vif, qu'ores qu'il fust destitué de la faveur des lettres, si est-ce que la lumière de son esprit offusquoit la clarté de ceux qui avoient joint à une longue experience une parfaicte et recherchée cognoissance d'icelles.

La plus part de vous, qui l'avez cogneu, et qui avez combattu sous son enseigne, n'en desirez point de tesmoignage; mais la jeunesse qui n'a point veu ce grand homme, outre ce qu'elle en peut avoir appris, l'entendra au vray par ces siens Commentaires, qu'il vous avoit de son vivant vouez, qu'il dicta estant malade et languissant de ceste grande arquebusade qui luy froissa le visage au siege de Rabastens, ou pour sa derniere main il servit son Roy de pionnier, de soldat, de capitaine et de general tout ensemble, ne pouvant ceste genereuse entre le lict et le cercueil encor trouver repos. C'estoit, disoit-il, son ennemy capital : aussi, tirant à la mort, il commanda qu'on mist sur son tombeau ces vers :

> Cy dessous reposent les os
> De Montluc, qui n'eut onc repos.

Il estoit raisonnable, puis que, soustenu de l'effort de vos courages, il avoit si hautement parachevé tant de glorieux faicts d'armes, que l'adresse vous en fust faicte, et que vous eussiez le fruict et le plaisir de la ramentevoir dans ses escrits, et y voir tiré du crayon d'honneur le nom et de vos ayeuls et de vos peres. Et, si je ne me trompe, il ne se trouvera point histoire plus diverse, plus agreable et plus riche d'enseignemens pour la conduitte et direction de la paix et de la guerre, que celle-cy. On y remarquera, comme je croy, la difference qu'il y a d'une qui est composée par un homme oyseux, nourry molement et delicatement dans la poussiere des livres et des estudes, à celle qui est escrite par un vieux capitene et soldat, eslevé dans la poussiere des armées et des batailles.

Je ne sçay quelles histoires anciennes apporterent

ce profit à aucuns, qui en firent soigneusement la lecture, de les rendre en peu de temps tres-sages et tres-advisez conducteurs d'armées. S'il est ainsi, celle-cy sur toutes autres pourra aisément obtenir cet advantage, et vous instruire [ô genereuse noblesse !] de tous les bons et mauvais evenemens qui suivent l'heur et le mal-heur, la valeur ou lascheté, prudence ou inconsideration de celuy qui est chef ou general d'une guerre, ou qui est prince et maistre d'un grand Estat. Vous avez icy de quoy contenter vostre esprit, assagir vostre valeur, aguerrir vostre prudence, et former le vray honneur d'une escole militaire. Les Commentaires de cet autre Cesar vous en apprendront la maistrise ; ils vous y serviront de modele, de mirouer et d'exemplaire. Ils n'ont point de polissure qui soit fardée, d'artifice qui soit exquis, d'ornement qui soit estranger, de beauté qui soit empruntée ; c'est la simple verité qui vous y est nuement representée.

Ce sont icy les conceptions d'un fort, sain et pur estomach, qui ressentent leur origine et leur terroer ; conceptions hardies et vigoureuses, retenant encores l'haleine, la vigueur et la fierté de l'autheur. C'est luy le premier, qui, estant parvenu au feste de tous les degrez et dignitez de la guerre, a grandement exalté vostre patrie, et par ses armes et par ses escrits ; qui feront que le nom des MONTLUC vivra glorieux dans la memoire longue et bienheureuse de la posterité, tesmoignant sans envie aux siecles à venir que vostre capitaine et historien n'a sçeu moins sagement entreprendre, hardiment executer, que veritablement et judicieusement escrire.

COMMENTAIRES

DE

MESSIRE BLAISE DE MONTLUC,

MARESCHAL DE FRANCE.

LIVRE PREMIER.

M'ESTANT retiré chez moy en l'aage de soixante quinze ans, pour trouver quelque repos apres tant et tant de peines par moy souffertes pendant le temps de cinquante cinq ans que j'ay portez les armes pour le service des roys mes maistres, ayant passé par degrez et par tous les ordres de soldat, enseigne, lieutenant, capitaine en chef, maistre de camp, gouverneur des places, lieutenant du Roy és provinces de Toscane et de la Guyenne, et mareschal de France; me voyant stropiat presque de tous mes membres, d'arquebuzades, coups de picque et d'espée, et à demy inutile, sans force et sans esperance de recouvrer guerison de ceste grande arquebuzade que j'ay au visage; apres avoir remis la charge du gouvernement de Guyenne entre les mains de Sa Majesté, j'ay voulu employer le temps qui me reste à descrire les combats ausquels je me suis trouvé pendant cinquante et deux ans que j'ai commandé, m'asseurant que les capitaines qui liront ma vie y verront des choses desquelles ils se pourront ayder, se trouvans en semblables occasions, et desquelles ils pourront aussi faire proffit et acquerir honneur et reputation. Et, encor que j'aye eu beaucoup d'heur et de bonne fortune aux combats que j'ay entrepris, quelques fois [comme il sembloit] sans grande raison, si ne veux-je pas que l'on pense que j'en attribue la bonne yssue, et que j'en donne la louange à autre qu'à Dieu; car quand on verra les combats où je me suis trouvé, on jugera que c'est de ses œuvres. Aussi l'ay-je tousjours invoqué en toutes mes actions, avec grande confiance de sa grace : en quoy il m'a tellement assisté, que je n'ai jamais esté deffaict ny surpris, en quelque faict de guerre où j'ay commandé; ains toujours rapporté victoire et honneur. Il faut que nous tous qui portons les armes ayons devant les yeux que ce n'est rien que de nous, sans la bonté divine, laquelle nous donne le cœur et le courage pour entreprendre et executer les grandes et hazardeuses entreprises qui se presentent à nous.

Et, pource que ceux qui liront ces Commentaires, lesquels desplairont aux uns et seront agreables aux autres, trouveront peut estre estrange, et diront que c'est mal fait à moy d'escrire mes faits, et que je devois laisser prendre ceste charge à un autre, je leur diray, pour toute responce, qu'en escrivant la verité et en rendant l'honneur à Dieu, ce n'est pas mal fait. Le tesmoignage de plusieurs qui sont encor en vie, fera foy de ce que j'ay escrit. Nul aussi ne pouvoit mieux representer les desseins, entreprinses et executions, ou les faits survenus en icelles, que moy-mesme, qui ne desrobe rien de l'honneur d'autruy. Le plus grand capitaine qui ayt jamais esté, qui est Cesar, m'en a monstré le chemin, ayant luy-mesme escrit ses Commentaires, escrivant la nuict ce qu'il executoit le jour. J'ay donc voulu dresser les miens, mal polis, comme sortans de la main d'un soldat, et encore d'un Gascon, qui s'est toujours plus soucié de bien faire que de bien dire ; lesquels contiennent tous les faits de guerre ausquels je me suis trouvé, ou qui se sont executez à mon occasion, commençant dés mes premiers ans que je sortis de page, pour monstrer à ceux que je laisse apres moy, qui suis aujourd'huy le plus vieux capitaine de France, que je n'ay jamais eu repos, pour acquerir de l'honneur en faisant service aux rois mes maistres, qui estoit mon seul but, fuyant tous les plaisirs et voluptez, qui destournent de la vertu et grandeur les jeunes hommes que Dieu a douez de quelques parties recommendables, et qui sont sur le point de leur avancement. Ce n'est pas un livre pour les gens de sçavoir : ils ont assez d'historiens ; mais bien pour un soldat capitaine : et peut estre qu'un lieutenant de roy y pourra trouver de quoy apprendre. Pour le moins, puis-je dire que j'ay escrit la verité, ayant aussi bonne memoire à present que j'eus jamais, me resouvenant et des lieux et des noms, combien que je n'eusse jamais rien escrit. Je ne pensois pas en cest aage me mesler d'un tel mestier : si c'est bien ou mal, je m'en remets à ceux qui me feront cest honneur de lire ce livre, qui est proprement le discours de ma vie.

C'est à vous, capitaines mes compagnons, à qui principalement il s'adresse : vous en pourrez peut estre tirer du proffit. Vous devez estre certains que, puisqu'il y a si long temps que je suis esté en vostre degré, et ay si longuement exercé la charge de capitaine de gens de pied, de maistre de camp par trois fois, et de colonel, il faut que vous croyez que j'ay retenu quelque chose de cet estat-là, et que, par longue experience, j'ay veu advenir aux capitaines beaucoup de bien, et à d'autres beaucoup de mal. De mon temps, il en a esté degradé des armes et de noblesse, d'autres ont perdu la vie sur un eschaffaut, d'autres deshonnorez et retirez en leurs maisons, sans que jamais les roys ny autres en ayent voulu faire plus compte : et au contraire, j'en ai veu d'autres parvenir, qui ont porté la picque à six francs de paye, faire des actes si belliqueux, et se sont trouvez si capables, qu'il y en a eu prou qui estoyent fils de pauvres laboureurs, qui se sont avancez plus avant que beaucoup de nobles, pour leur hardiesse et vertu. Et, pource que toutes ces choses sont passées par devant moy, j'en puis parler sans mentir. Encores que je sois gentil-homme, si suis-je neantmoins parvenu degré par degré, comme le plus pauvre soldat qui aye esté de long temps en ce royaume; car je suis venu au monde fils d'un gentil-homme de qui le pere avoit vendu tout le bien qu'il possedoit, hormis huit cens ou mil livres de rente ou revenu; et, comme j'ay esté le premier de six freres que nous avons esté, il a fallu que je fisse cognoistre le nom de Montluc, qu'est nostre maison, avec autant de perils et hazards de ma vie, que soldat ny capitaine aye jamais fait, sans avoir eu en ma vie aucun reproche de ceux qui me commandoient, ains autant favorisé et estimé que capitaine qui fust és armées où je me suis trouvé. Que s'il y avoit quelque entreprinse de grande importance, et hazardeuse à executer, les lieutenans du Roy et les colonels me la bailloient aussi tost, ou plustost qu'à capitaine de l'armée. L'escriture de ce livre vous en rendra tesmoignage.

Or, à l'heure que je commençay à porter enseigne, je voulûz aussi sçavoir ce que doit faire un qui commande, et me faire sage par l'exemple de ceux qui faisoient des fautes : premierement, j'appris à me chastier du jeu, du vin et de l'avarice, cognoissant bien que tous capitaines qui seroient de ceste complexion n'estoient pas pour parvenir à estre grands hommes, mais plustost pour tumber aux malheurs que j'ay escrits. Qui fut cause que j'ay chassé de moy toutes ces trois choses, que la jeunesse engendre aysément, lesquelles apportent grand dommage, et blessent la renommée et reputation d'un chef. Le jeu est de telle nature, qu'il assubjectit l'homme à ne faire jamais autre chose, ny avoir autre pensement, soit en gain ou en perte. Car si vous gaignez, vous estes tousjours en peine pour trouver gens à qui vous puissiez joüer, ayant opinion que vous gaignerez tousjours davantage; et ne ferez autre chose jamais, jusques à ce que vous aurez tout perdu. Et comme vous serez reduict à ce poinct, vous voyla au desespoir, et ne ferez que chercher jour et nuict où vous pourrez trouver de l'argent, pour rejoüer et tanter si vous pourriez regaigner ce que vous aurez perdu. Or comment voulez-vous doncques penser que vous vous puissiez acquiter de la charge que le Roy vous a baillée, veu que vous appliquez vostre temps en une autre chose? et au lieu de songer à piper vostre ennemy, vous pensez à piper les cartes ou les dets. Cela vous divertit du tout de vostre charge. Vous devez estre ordinairement parmy vos soldats, afin de les cognoistre nom par nom, s'il vous est possible; d'autre part, pour empescher qu'il ne facent chose indigne, pour crainte qu'il ne vous en puisse venir reproche du lieutenant de roy, ni de vostre colonel; d'avantage, pour garder qu'entr'eux n'y aye aucune mutinerie; car il n'y a rien plus pernicieux en une compagnie, que les mutins. Comment voulez-vous donc avoir le cœur à tout ce qui est besoin que vous faciez en la charge que vous tenez, si vostre esprit est tousjours occupé au jeu, qui vous baille cent et cent escarmouches le jour, et vous met hors de vous-mesmes? Fuyez cela, mes compagnons, fuyez, je vous prie, ce meschant vice, lequel j'ay veu causer la ruyne de plusieurs, non seulement en leur bien, mais en leur honneur et reputation.

Pour le regard du vin, si vous y estes sujects, vous ne pouvez eviter que vous ne tombez en aussi grand mal'heur que celuy qui joüe; car il n'y a rien au monde qui assoupisse tant l'esprit de l'homme, et qui l'invite tant à dormir, que le vin. Si vous ne beuvez guere, par consequant vous ne mangerez pas trop, car le vin appelle le manger, pour plus longuement prendre plaisir de boyre : et à la fin, avant que sortir de vostre repas, estant pleins de vin et de viandes, il faut que vous vous mettez à dormir, et peut estre au temps que vous devez estre parmy les soldats et compagnons, et pres vostre colonel et maistre de camp, pour entendre tousjours quelque chose de ce qu'ils auront sceu du lieutenant du Roy, afin de regarder si quelque occasion se pourroit presenter où vous puissiez employer vostre hardiesse et sagesse. Encore amene le vin un autre peril, c'est que, comme le capitaine est yvre, il ne sçait commander, et moins laisser commander les autres, et se mettra à frapper ses soldats sans aucune raison; et, encores qu'il y eust raison, il devroit chastier son soldat, premierement avecques remonstrances et menaces un peu aigres, luy remonstrant que, s'il y retourne plus, il ne luy faut esperer autre chose que le chastiment. Et ne trouvez-vous pas meilleur le chastiment de vostre soldat avecques paroles et menaces, qu'à coups d'espée, le tuant et mutilant de ses membres ? ce que le vin vous contraindra faire. Et ne pensez pas estre craint d'avantage, ains hay mortellement de tous vos soldats. Et quelle faction pouvez-vous esperer de faire avec soldats qui vous hayront ? Je vous prie me croire, car j'en ay veu autant d'experience qu'autre de mon aage : j'ay veu mourir quatre capitaines par la main de leurs soldats, les assassinant par derriere, pour le mauvais traittement qu'ils avoient receu d'eux. Ils sont hommes comme nous, et non pas bestes : si nous sommes gentils-hommes, ils sont soldats : ils ont les armes en main, lesquelles mettent le cœur au ventre à celuy qui les porte. Le vin vous fait souvent, à la premiere faute, acharner contre eux sans discretion, car vous n'estes pas à vous. D'ailleurs, jamais le lieutenant de roy, ou vostre colonel et maistre de camp ne vous bailleront entreprinse honnorable à executer, qui pourroit peut-estre estre cause de tout vostre avancement; et diront : Voulez-vous bailler une telle execution entre les mains d'un tel, qui sera yvre à l'heure qu'il faudroit qu'il fust en bon sens, pour avoir la discretion de cognoistre ce que faut qu'il face ? il ne fera rien que perdre les hommes, et avec sa faute causera vostre perte. O la mauvaise renommée que ce vin vous donnera, puisqu'il faut qu'on n'espere de vous aucune chose qui vaille. Fuyez doncques, mes compagnons ; fuyez ce vice aussi meschant, et plus vilain et sale que le premier.

Le capitaine aussi ne doit estre avare en façon du monde ; car, encores que le vin et le jeu se peuvent appeler compagnons, l'avarice leur tient bonne compagnie : c'est elle qui cause un milion de maux. En premier lieu, l'avarice apporte à un capitaine d'aussi grands ou plus grands mal'heurs que vice qui soit ; car si vous vous laissez dominer à l'avarice, vous n'aurez jamais auprès de vous soldat qui vaille, car tous les bons hommes vous fuyront, disant que vous aymez plus un escu qu'un vaillant homme ; de sorte que vous n'aurez que gens de peu de valeur auprès de vous, et au premier lieu qui se presentera, là où il vous faudra paroistre, vous serez abandonnez; et faudra que vous perdiez la vie, ou que vous fuyez. Et ne vous faut esperer qu'en la mort ny en la vie vous puissiez recouvrer vostre reputation : car, si vous mourez, encore que vous ayez fait vostre devoir, on dira que la grande avarice qui estoit en vous vous a amené à la mort, pour n'avoir eu de gens de bien en vostre compagnie : et si vous vous sauvez en fuyant, asseurez-vous que vous mettez un tel signal en vostre front, qu'il vous sera bien difficile de jamais l'oster, à tout le moins qu'il ne faille que vous hazardiez à tous perils vostre vie, pour effacer la mauvaise reputation que vous aurez acquise : il sera bien difficile que vous n'y perdiez ou la vie ou quelque membre : c'est la paye ordinaire des hazardeux ; et pour toute recompence, on dira que le desespoir où vous serez tombez de la faute qu'avez faite, vous a conduit à faire ce que vous avez fait, et non un bon cœur ou une belle resolution. O que tant d'autres mal'heurs pourrois-je bien mettre par escrit, qui sont advenus et adviennent aux capitaines avares.

Je sçay bien que vous me direz : Et que ferons-nous, si nous n'espargnons de l'argent et gagnons sur la paye des soldats ? quand la guerre finira, nous yrons à l'hospital : car le Roy ny personne ne fera compte de nous, et nous sommes pauvres de nous-mesmes. Mais voulez-vous croire que le capitaine vaillant et sage, grand entrepreneur et executeur, aille mourir de faim à un hospital, comme s'il y en avoit en un camp à centaines ? Ce seroit une bonne chose pour le Roy et pour toute l'armée, s'il y en avoit seulement une douzaine. Doncques efforcez-vous de mettre une jambe dans ceste douzaine ; et efforcez-vous d'y entrer par vostre hardiesse, sagesse et vertu : car ces douze ne peuvent pas tousjours vivre ; l'un mort, si vous n'y pouvez mettre encores tout le corps, vous y en mettrez pour le moins la moytié, et au premier qui mourra apres, vous estes dedans. Et voulez-vous doncques croire que le Roy ny les princes qui auront eu cognoissance de vostre valeur, vous laissent aller à l'hospital ? Cette crainte ne doit estre mise en avant par les sages et vaillans capitaines, mais par les yvrongnes, par les joueurs et par les avares, et par les gens qui ne vallent rien : car s'ils occupent leur exercice aux choses grandes, esloignans tous ces vices avec leur diligence et vigilance, rien ne leur peut manquer. J'ay dit que ce seroit beaucoup, s'il y en avoit une douzaine en un camp : mais quand bien il y en auroit une centaine, le Roy est assez riche pour garder que telles gens aillent à l'hospital; et quand bien le Roy promptement n'y pourroit suppler, il n'y a prince ny seigneur qui aye esté aux guerres où vous serez remarqué de la marque d'un homme de bien, qui ne soit bien aise d'en retirer quelqu'un auprès de soy, et qui ne cherche les moyens pour vous faire faire quelque bien au Roy, et vous avancer à quelque grade. Et d'autre part, pensez-vous que le Roy vous laisse tousjours en un mesme estat ou charge? Ne le croyez pas ; car on cherchera tousjours à bailler les grandes charges à ceux qui se seront bien acquittez des petites. Doncques fuyez ce vilain vice qui vous conduira à tout mal'heur.

Qu'ay-je esté moy-mesme qu'un pauvre soldat comme vous? Qu'ont esté et qui sont encores tant de vaillans capitaines qui sont en vie, de qui le Roy et tout le monde faict grand'estime? Nous sommes-nous, qui sommes en vie, enrichis de la paye de nos soldats? Avons-nous achepté de grands biens des larrecins que nous avons faits en nos charges? J'en pourrois nommer quelques-uns de nostre Guyenne [pource qu'ils ne peuvent avoir rien acquis que je ne le sache, ne moy qu'ils ne le sachent], lesquels n'ont jamais acquis pour cinq cens escus de bien; et pour cela sont-ils mesprisez? vont-ils à l'hospital? Le Roy, la Royne, Monsieur, et tous les princes et seigneurs de la Cour, font autant de compte d'eux, pour l'estime que tout le monde a de leur valleur, qu'ils gaignent le devant à beaucoup de grands seigneurs. Et quand ils sont en leur patrie [où nul n'est prophete], si sont-ils honorez des grands et des petits, non pour le lieu d'où ils sortent, ne pour leur bien, mais pour leur mérite. Or peut-estre qu'il y en aura aucuns qui diront : Si je ne desrobe le Roy et les soldats, à present que j'ay charge, comment achepteray-je des biens pour pourvoir mes enfans? Encores respondray-je à cela : Voulez-vous enrichir vos enfans de mauvaise renommée et reputation? O le mauvais heritage que vous leur laissez! veu qu'il faudra que, pour vostre mauvaise renommée et reputation, ils baissent la teste parmy les grands, d'où il faut qu'ils tirent des biens et charges honorables. Et quelle différence y aura-t-il du recueil et du conte que fera le Roy et tous les princes des enfans qui seront sortis de tels peres que j'ay dit, aux vostres, qui n'oseront paroistre devant personne, et porteront la honte de leur pere sur leur front? Peut-estre qu'il y en aura qui diront qu'aux charges que j'ay euës du Roy j'ay fait de grands proffits, et que j'en puis parler à mon aise : j'atteste devant Dieu, et l'appelle en tesmoignage qu'en ma vie je n'ay eu trente escus plus que de ma paye; et quelque estat et honnorables charges que j'aye euës, soit en Italie ou en France, j'ay esté tousjours contrainct d'emprunter de l'argent pour m'en revenir.

A mon retour de Sienne, où je commandois, monsieur le mareschal de Strocy me donna cinq cens escus. Quand je revins de Montalsin à la seconde fois, monsieur de Beauclair, qui estoit nostre tresorier, chercha les bourses de tout Montalsin pour me trouver trois cens cinquante escus pour me conduire jusques à Ferrare ; et si avois-je dix gentils-hommes avec moy. Monsieur le duc m'en accommoda quand je me jettay dans Verseil, et puis pour me conduire jusques à Lion, où je trouvay entre les mains de Catherin Jean, maistre de la poste, deux ou trois mil francs que Martineau luy avoit laissés de mes estats : et avec cela me conduis devers Sa Majesté. A un homme de bien et vaillant jamais rien ne manque. Or, je voudrois fort sçavoir si pour cela je suis allé à l'hospital, et s'il ne m'a cent fois plus proffité d'avoir servy mes roys et maistres en toute loyauté, que tous les larrecins que j'eusse sçeu jamais faire. Or, mes compagnons, prenez exemple à ceux qui, pour estre loyaux en leurs charges, levent la teste devant tout le monde, et sont estimez et honnorez des petits et des grands, et non à ceux qui par leurs vices baissent la teste en leurs maisons, ou bien leurs enfans pour eux. Le bien vous vient lors que vous y pensez le moins : un seul bienfait du Roy vous vaudra plus que tous les larrecins que vous sçauriez faire.

O que bien-heureux sont les soldats qui suyvent tels capitaines, lesquels, pour leurs vertus et valeur, sont estimez par tout le monde! et combien leur vie et reputation leur est asseurée sous tels capitaines! Et en quels mal'heurs et oprobres tombent ceux qui suyvent les autres : car parmy ceux-là vous apprenez et acquerrez de l'honneur et reputation, pour parvenir au mesme degré que sont vos chefs ; et au contraire, suyvans ceux-cy, vous ne pouvez apprendre que vices et choses de peu de valleur, qui vous ameneront plustost à la ruyne de vostre vie, que non à l'exaltation de l'honneur et de vostre nom, n'ayant peu apprendre d'eux autre chose, pour le peu de valleur qui est en eux.

Sous un mauvais maistre on demeure long temps apprentis, et encores apres ne sçait-on pas beaucoup. Que si vous estes deschargez de ces trois vices, et que vous ayez l'honneur devant les yeux, il est impossible que tout ne succede bien; pour le moins aurez-vous ce contentement, si vous vous proposez, de mourir en gens de bien. C'est la recompense de la guerre, et ce qu'on doit desirer.

Il y en a un quatriesme: si vous ne le pouvez eviter, au moins allez-y sobrement, sans vous perdre; c'est l'amour des femmes. Ne vous y engagez pas, cela est du tout contraire à un bon cœur. Laissez l'amour aux crochets lorsque Mars sera en campagne: vous n'aurez apres que trop de temps. Je me puis venter que jamais affection ny follie ne me destourna d'entreprendre et executer ce qui m'estoit commandé: à ces hommes il leur faut une quenouille et non une espée. Et, outre la desbauche et perte de temps, ce mestier amene une infinité de querelles, et quelques fois avec vos amis. J'en ay veu plus combattre pour ceste occasion que pour le desir de l'honneur. O la grand'vilennie, que l'amour d'une femme vous desrobe vostre honneur, et bien souvent vous face perdre la vie et diffamer! Quand à vous, soldats, je vous recommande sur toutes choses l'obeyssance que vous devez à vos capitaines, à fin que vous appreniez de bien commander quelque jour: car il est impossible qu'un soldat sçache bien commander, qu'il n'aye sçeu plustost obeyr; et notez qu'en l'obeyssance se cognoist la vertu et sagesse du soldat, et en la desobeyssance se pert la vie et la reputation. Un cheval rebours ne fit jamais rien qui vaille. Vous ne devez rejeter en arriere les remonstrances que je vous fais, pour avoir veu tant de choses en mon temps. Je serois bien ignorant et despourveu d'entendement, si je n'avois retenu l'heur de l'un et le mal'heur de l'autre. Ce qui m'a occasionné sur mes vieux et derniers jours escrire ce livre.

Ayant esté nourry en la maison du duc Antoine de Lorraine, et mis hors de page, je fuz pourveu d'une place d'archer de sa compagnie, estant monsieur de Bayard (1) son lieutenant; et bien tost apres il me print envye d'aller en Italie, sur le bruit qui couroit des beaux faits d'armes qu'on y faisoit ordinairement. Et ayant fait un voyage en Gascongne, je retiray de mon pere quelque peu d'argent et un cheval d'Espagne; et, sans y faire long sejour, je me mis en chemin pour executer mon dessein, remettant à la fortune l'esperance des biens et honneur que je devois avoir. A une journée de ma maison, je trouvay pres Laitoure le sieur de Castelnau, vieux gentil-homme qui avoit longuement pratiqué l'Italie. Je m'enquis bien au long de l'estat de ce païs là: lequel m'en dit tant de choses, et me racompta tant de beaux exploits de guerre qui s'y faisoient tous les jours, que, sans sejourner ny arrester en lieu que pour repaistre, je passay les Monts, et m'en allay à Milan, estant lors aagé de dix-sept ans.

[1521] J'ay trouvé là deux de mes oncles freres de ma mere, nommez les Stillacs, bien estimez et en bonne reputation, l'un desquels estoit à M. de Lescut, frere de M. de Lautrec, qui fut mareschal de France, et depuis tousjours appelé mareschal de Foix; lequel me donna une place d'archer en sa compagnie, ce qu'on estimoit beaucoup en ce temps là; car il se trouvoit de grands seigneurs qui estoyent aux compagnies, et deux ou trois en une place d'archer. Depuis tout s'est abastardy; aussi tout s'en va à l'envers, sans que ceux qui vivent puissent esperer de voir les choses en meilleur estat.

La guerre recommença entre le roy François et l'Empereur, plus aspre que jamais, luy pour nous chasser de l'Italie, et nous pour la conserver; mais ce n'a esté que pour y servir de tombeau à un monde de braves et vaillans François. Dieu fit naistre ces deux grands princes ennemis jurez et envieux de la grandeur l'un de l'autre; ce qui a cousté la vie à deux cens mil personnes, et la ruyne d'un million de familles: et en fin ny l'un ny l'autre n'en ont rapporté qu'un repentir d'estre cause de tant de miseres. Que si Dieu eust voulu que ces deux monarques se fussent entendus, la terre eust tremblé sous eux, et Solyman (1), qui a vescu en mesme temps, eust eu assez affaire à sauver son Estat, au lieu que cependant il l'a estendu de tous costez. L'Empereur a esté un grand prince, lequel toutesfois n'a surmonté nostre maistre que de bon heur pendant sa vie, et de ce que Dieu luy a fait la grâce de pleurer ses pechez dans un couvent, où il se rendit deux ou trois ans avant mourir. Or, pendant ceste guerre, qui dura vingt-deux mois, j'y vis de tres-belles choses pour mon apprentissage, et me trouvay ordinairement en tous les lieux où je pouvois penser acquerir de la reputation, à quelque pris que ce fust: aussi fut-il tué sous moy cinq chevaux, et en dix jours deux que monsieur de Rocquelaure, cousin-germain de ma mère, me donna. De ce premier commencement je gaignay tellement l'a-

(1) Le chevalier sans peur et sans reproche.

(1) Soliman II.

mitié de ceux de la compagnie, qu'un chacun m'aydoit à me ramonter, ayant perdu mes chevaux. Je fus aussi au combat fait prisonnier, et apres bien tost delivré par le moyen de mes amis.

Que ceux qui desirent avec les armes acquerir de l'honneur facent resolution de fermer les yeux à tous perils et hazards aux premieres rencontres où ils se trouveront; car c'est sur eux qu'on jette les yeux, pour voir s'ils ont rien de bon au ventre. Que si au commencement ils font quelque acte signalé, pour monstrer leur courage et leur hardiesse, cela les marque pour jamais et les fait recognoistre, mesme leur donne le cœur et le courage de faire encores mieux. Or nous perdismes en ceste guerre le duché de Milan : dequoy je pourrois bien escrire au vray l'histoire, encores que je ne sois pas grand clerc; et si le Roy me le commandoit, j'en dirois bien la verité, la sachant aussi bien qu'homme de France, encore que je fusse bien jeune en ce temps là : j'entens des lieux où j'estois, et non des autres; car je ne veux rien escrire par ouyr dire.

[1522] Mais par ce que je ne veux m'occuper à escrire les faits d'autruy, ny les fautes par eux commises, avec beaucoup de particularitez, dont j'ay la memoire aussi fresche que j'avois lors, et que tout ce que je fis pour lors en ce pays-là fust sans aucune charge, estant commandé d'autruy, je ne m'arresteray plus longuement sur ce subject, assez triste, qui a esté traité par autre : seulement je diray ce mot, qu'il n'y eust point de faute de la part de monsieur de Lautrec, qui y fit tout le devoir d'un bon et sage general; aussi estoit-il un des plus grands hommes de guerre que j'aye jamais cogneu. Je n'escriray aussi de la bataille de La Bicoque, où je me trouvay, et vis combattre à pied monsieur de Mommorency, depuis connestable; laquelle bataille ledit sieur de Lautrec fut forcé d'accorder pour l'opiniastreté des Suisses. J'ay veu en mon temps le despit des gens de ceste nation estre cause de la perte de plusieurs places, et interrompre grandement les affaires du Roy. Ils sont, à la verité, vrais gens de guerre, et servent comme de remparts à une armée; mais il faut que l'argent ne manque pas, ny les vivres aussi : ils ne se payent pas de paroles.

[1523] Après la perte mal'heureuse de ce beau duché de Milan, toutes les forces revindrent en France, ensemble la compagnie dudit sieur mareschal de Foix, en laquelle j'euz une place d'homme d'armes, et un archier d'apointement.

Quelque temps apres l'empereur Charles dressa une armée (1) pour reprendre Fontarabie, à cause dequoy nostre compagnie et plusieurs autres furent mandées se trouver à Bayonne pres monsieur de Lautrec, qui estoit lieutenant du Roy en Guyenne. Ledit sieur de Lautrec, pour pouvoir faire teste à l'ennemy, qui faisoit mine vouloir entreprendre quelque chose sur la frontiere, fit dresser quatorze ou quinze enseignes de gens de pied. J'avois toujours eu envie de me jetter parmy les gens de pied; ce qui me fit demander congé pour trois mois au capitaine Sayas, lequel portoit le drappeau en l'absence du capitaine Carbon, son frere, pour accepter l'enseigne que le capitaine La Clotte me presenta : lequel malaisement me l'octroya, apres avoir aussi envoyé devers le capitaine Carbon pour l'obtenir. Soudain apres, La Clotte fut commandé d'aller à Bayonne, parce que les ennemis se renforçoient d'heure à autre (2).

Quelques jours apres, le capitaine Carbon print les compagnies de monsieur de Lautrec et de monsieur le mareschal son frère, avec deux compagnies de gens de pied, qui estoient celles de Megrin, Comenge et La Clotte, pour nous conduire, par les chemins des bois, droit à Sainct Jean de Lus, là où les camp des ennemis estoit. Or, comme nous fusmes à demy quart de lieuë de Sainct Jean de Lus, sur le haut d'une petite montaigne, ayant desja passé une petite riviere sur un pont de bois, distant d'un demy quart de lieuë de ceste montaigne, au dessous de laquelle passoit un ruisseau de quinze ou vingt pas de large, profond jusques à la ceinture, joignant lequel y a une plaine qui s'estend comme en pante droicte audit ruisseau, duquel lieu on descouvre Sainct Jean de Lus, qui est un des plus beaux bourgs de France, sur le bord de la grand'mer, le capitaine Carbon, qui commandoit à la trouppe, laissa les deux cornettes sur ceste petite montaigne, l'une desquelles portoit le capitaine Sayas, qui estoit la nostre, et le capitaine Jehannot d'Andouins celle de M. de Lautrec, tous deux en absence, l'un du capitaine Carbon, l'autre du capitaine Artigueloube; et laissa seulement vingt chevaux à chascune, et nos deux compagnies de gens de pied : et print le reste des gensdarmes, ensemble le seigneur de Gramond, qui depuis mourut au royaume de Naples, estant lieutenant de la compagnie de M. de Lautrec.

Toute ceste trouppe passa le ruisseau, cheminant au long de la plaine droit à Sainct Jean de

---

(1) En septembre 1523.
(2) On a vu, dans les Mémoires de du Bellay, que la vigoureuse résistance de Lautrec avait fait échouer l'entreprise des Espagnols.

Lus, ayant departy leurs gens en trois trouppes, comme nous pouvions aisement descouvrir du haut de la montaigne où nous estions. Estans arrivez en la plaine, ils firent alte d'une heure, cependant qu'un trompette par deux fois alla sonner la fanfare aux ennemis : mais comme il se voulut retirer, ne pensant que personne sortist du camp des Espagnols, les chevaux qu'il avoit envoyé à la teste de la plaine luy vindrent rapporter que tout le camp des ennemis marchoit ; et soudain apres nous commençasmes à descouvrir trois de leurs escadrons de gens de cheval, qui marchoient les uns apres les autres. Le premier des leurs vint attaquer le premier des nostres : auquel lieu se rompirent beaucoup de lances, plus des nostres toutesfois que des leurs, parce qu'en ce temps-là les Espagnols ne portoient que des lances gayes, longues, et ferrées par les deux bouts. Pendant ceste charge le capitaine Carbon retire les autres deux trouppes pas à pas devers nous. Enfin la seconde des ennemis se joignit à la leur premiere, et rembarerent les nostres jusques à la seconde, que M. de Gramond menoit. Là il y eut un grand combat, et force gens portez par terre d'un costé et d'autre ; entre lesquels furent les seigneurs de Gramond, duquel le cheval fut tué sous luy ; de Luppe, guidon de M. de Lautrec ; de Poygreffi(1), qui depuis s'est fait huguenot ; de La Faye de Xainctonge, qui est encore en vie, et plusieurs autres. En mesme instant nous decouvrismes un'autre grand trouppe de cavallerie venant vers nous un peu à main gauche ; ce qu'ayant aperceu nos capitaines portans nos enseignes, dirent ces mots : « Nous sommes tous perdus. » Surquoy je leur dis qu'il valoit mieux hazarder quatre-vingts ou cent hommes de pied, pour sauver nos gens de cheval qui estoient engagez. Le capitaine La Clotte et Megrin me respondirent que ce seroit double perte, joint aussi qu'ils se doutoient que les soldats n'y voudroient pas aller, voyant leur mort devant les yeux. Or, à tout ce propos, il n'y avoit que les deux capitaines, avec les enseignes des gens de cheval et moy, ayant laissé nos gens de pied à quinze ou à vingt pas de nous : je me doute que s'ils eussent entendu ma proposition, voyant la gendarmerie perduë, que je n'eusse pas esté suivy comme je fus. Il faut le plus qu'on peut desrober aux soldats la cognoissance du danger qui se presente, si on veut qu'ils aillent de bon cœur au combat. Sur celà je fis responce aux capitaines que je prendrois le hazard de les conduire, et que, perdus pour perdus, il vaudroit mieux hazarder et perdre quatre-vingts ou cent piétons, que non pas toute nostre gendarmerie ; et sur ce, sans plus consulter [les longues consultations bien souvent font perdre beaucoup de bonnes entreprinses], je prins la course vers les soldats, ensemble les capitaines [car il se falloit haster], et leur dis seulement ces mots : « Allons, allons, mes amis, secourir nos gens-darmes. » Surquoy, je fus suivy de cent soldats tirez de nostre compagnie ; et, tous bien encouragez, descendismes de la montagne, et, m'estant mis à la teste de mes gens, passasmes le ruisseau. Ce fait, je donnay vingt soldats au bastard Dauzan, pour les conduire [lequel n'a point fait de honte aux legitimes de ceste maison, qui ont tous esté vaillans hommes.]

Il faut notter que la trouppe que j'avois, n'estoit qu'arbalestriers, car encores en ce temps là il n'y avoit point d'arquebuziers parmy nostre nation : seulement trois ou quatre jours auparavant, six arquebuziers gascons s'estoient venus rendre, du camp des ennemis, de nostre côté, lesquels je retins, parce que, par bonne fortune, j'estois ce jour-là de garde à la porte de la ville ; et l'un de ces six estoit de la terre de Montluc. Que plust à Dieu que ce mal-heureux instrument n'eust jamais esté inventé ; je n'en porterois les marques, lesquelles encores aujourd'huy me rendent languissant, et tant de braves et vaillans hommes ne fussent morts de la main, le plus souvent, des plus poltrons et plus lasches, qui n'oseroient regarder au visage celuy que de loing ils renversent, de leurs mal-heureuses balles, par terre : mais ce sont des artifices du diable pour nous faire entretuer. Apres donc avoir passé le ruisseau, je commanday au bastard Dauzan de ne faire jamais tirer sa trouppe, mais seulement faire mine de tirer, afin de soustenir et prester faveur à la mienne, pour avoir temps de tirer, et tourner rebander. Or, ainsi que j'estois au pied de la montagne, je ne pouvois voir ce que faisoit nostre gendarmerie ; mais, comme je me fus acheminé plus avant, je vis toutes les trouppes des ennemis assemblées à un, et celle de main gauche marcher au trot droit aux nostres, qui avoient fait ferme, ne pouvant cheminer ny en avant ny en arrière, à cause de quelques pierres. Le capitaine Carbon, qui n'estoit point armé, ayant esté auparavant blessé d'une arquebuzade au bras gauche, vint à moy, me voyant pres d'eux, et me dit ces mots : « O Montluc mon amy, pousse hardiment, je ne t'abandonneray pas. — Prenez garde seulement, luy dis-je, mon capitaine, à vous sauver, et ces gensdarmes ; » et en mesme instant je crie : « Compagnons, tirez à la teste des chevaux ! »

---

(1) Tanneguy du Bouchet, seigneur du Puy-Greffier.

Je n'estois pas à douze pas des ennemis, lorsque je leur fis faire ceste salve. Il se verifia, au dire des prisonniers qui furent prins quelques jours apres, qu'il y mourut ou fut blessé à ce rencontre plus de cinquante chevaux, et deux cavaliers tués ; ce qui fit faire ferme à leurs trouppes. Cependant le capitaine Carbon eut loisir de se retirer au grand galop avec sa trouppe droict au ruisseau où j'estois passé, et ceux qui avoient perdu leurs chevaux, se tenans à la queuë des autres, se sauverent ainsi, et passerent tous le ruisseau ; ce qui leur estoit force de faire, autrement la trouppe de main gauche leur donnoit par le flanc de nostre costé, à la faveur des vingt arbalestriers de Dauzan, qui soustindrent. Cependant nous rebandasmes tous, et tirasmes encores ; et, comme le capitaine Carbon eust passé le ruisseau avec la cavallerie, et remonté M. de Gramond, et chargé les autres en crouppe, il commanda audit sieur de Gramond de courir au haut du coustaut, et faire retirer au grand trot les enseignes de gens de pied et gens de cheval droict à l'autre riviere, là où estoit le pont tirant au chemin de Bayonne. Soudain il tourna vers moy, ayant en sa compagnie un Italien, nommé le chevalier Diomedes, et le sieur de Mainahaut, et trouva que je me retirois droict à un fossé qui bordoit un marais, duquel je pouvois estre à dix ou douze pas ; ce qui l'empescha de se joindre à moy, de façon qu'il eust assez affaire à se sauver. Si gaignay-je en despit des ennemis le fossé du marais à la faveur de Dauzan, lequel je fis passer en diligence pour faire teste : ce qu'il fit.

Cependant les Espagnols faisoient semblant de me vouloir charger ; mais ils n'oserent m'enfoncer. Tandis ces six arquebusiers faisoient merveilles de tirer, et comme j'euz mes gens à cinq ou six pas du fossé, je les fis jetter dedans, et, à la faveur dudict Dauzan, nous montasmes tous sur la levée de ce fossé, sauf trois soldats qui y furent tuez à coups d'arquebuse, pour n'avoir esté si dispos que les autres. C'est là, comme en un petit fort, où je leur fis teste. Or il faut noter que la trouppe des ennemis qui estoient venus à main gauche fit alte aupres du ruysseau, quand elle vit que nostre gendarmerie estoit desja à demy montaigne ; et ceux qui avoient combattu, et lesquels j'avois arresté sur le bord du fossé, faisoient là leur retraicte, quand ils virent venir trois scadrons d'arquebusiers au long de la plaine, venant à eux le grand pas ; ce qui leur mit le cœur au ventre, et leur donna courage de passer outre. Ayant descouvert ce nouveau secours, je me mis au long du fossé du marais, et, m'estant desrobé, au moyen du destour, de leur veuë, je me jettay dans un pré fort estroit, et gaignay à la course le pied de la montaigne d'où j'estois party, et apres avoir repassé le ruisseau, je regaignay la montaigne Le danger où je m'estois veu, tant pour les gens de cheval que j'avois en queuë, que pour ce bataillon d'infanterie qui venoit à nous, ne me fit point perdre l'entendement au besoin pour prendre la commodité pour ma retraicte, pendant laquelle je fis tousjours tenir ceste poignée d'hommes que j'avois serrez ; et, les encourageant, parlant à eux par fois, je leur faisois tourner visage, et saluer les cavalliers qui me suyvoient à coups de traict et d'arquebuse. Et comme j'eus gaigné le haut, je me mis dans un vergier, fermant là clie(1) sur moy, afin que la cavallerie n'y peust entrer promptement. Et, à la faveur de plusieurs vergiers qui sont peuplez de pommiers, je me retiray droict au pont, jusques à une église qui s'appelle à Haitée, où je trouvay le grand chemin tout couvert de leur cavallerie, y ayant toutesfois un grand fossé entre deux, d'où je leur fis tirer quelques arquebusades et quelques coups de traict, sans qu'il y eust guere de coups perdus : et, pource qu'ils ne pouvoient venir à moy, ils furent forcez, les uns tirer en avant, et les autres se retirer. Alors je fis mettre dans le clos du cymetyere une partie de mes gens, pensant faire encores teste : qui fut la plus grande folie que j'avois faicte en tout ce combat ; car, ce pendant, une bonne trouppe de leurs gens de cheval coula au long du pré, droict au pont, si avant, que je me vis enfermé sans esperance de me pouvoir sauver.

Or, comme le capitaine Carbon eut gaigné le pont, et que la gendarmerie et les gens de pied furent passez, il dit à M. de Gramond qu'il s'en alloit au grand trot et galop ; car desja il descouvrit dans les vergiers l'infanterie ennemie, ce que je ne pouvois faire, et ne les apperceuz, jusques à ce qu'ils commencerent à me tirer. Alors je fis signe aux soldats qui estoient dans le cymetyere de se joindre avec moy dans le grand chemin : et, parce que le capitaine Carbon ne me pouvoit descouvrir, il me tint pour mort ou perdu, et mes gens aussi ; qui fut cause qu'il laissa le capitaine Compai, qui estoit bon soldat, au bout du pont, avec vingt cinq chevaux et trente arbalestriers du capitaine Megrin, voyant toutes leurs trouppes de cheval à main gauche et à main droicte venir droict au pont : ce qu'il fit pour voir s'il y auroit quelque moyen de me secourir, si je n'estois perdu ; et ce pendant il faisoit rompre le pont. Et, parce que la trouppe des ennemis de main droicte alloit plus hastivement

(1) *Clie* : claie.

droict au pont que celle de main gauche, je laissay le grand chemin, et, à la faveur d'une haye, je m'en allay droict à la riviere, où il me fallut encor combattre la cavallerie : toutesfois je me fis faire large, et me jettay dans la riviere, et, en despit d'eux, passay de l'autre costé. Les bords de la riviere estant hauts, me favoriserent beaucoup, parce que les gens de cheval ne se pouvoient jetter bas : et cependant nos tireurs n'estoient pas oysifs. En fin je gaigne le bout du pont, où estoit ledit capitaine Compai bien empesché à le rompre. Deslors qu'il m'eut apperceu, il me persuada par plusieurs fois de me sauver, et me presenta la crouppe de son cheval; mais il n'eust autre response de moy, sinon, que Dieu m'avoit conservé, et mes soldats aussi, lesquels je n'abandonnerois, jusques à ce que je les eusse mis en lieu de seureté. Surquoy nous descouvrismes l'arquebuserie espagnole venant droict au pont : nous n'estions assez forts pour soustenir ce choc, voyla pourquoy Compai et les arbalestriers de Megrin prennent le devant pour le retour, et je demeure à la queuë, ayant gaigné un fossé qui bordoit un pré, à la faveur duquel les gens de cheval ne me pouvoient choquer.

Il ne restoit lors que mes six arquebusiers, car les arbalestriers avoient employé tous leurs traicts; toutesfois, pour monstrer qu'ils n'estoient recreus, je leur fis mettre l'espée nuë à la main, et l'arbaleste en l'autre, pour leur servir de bouclier. Or, parce que les gens du capitaine Compai avant partir avoient rompu la plus part du pont, cela fut cause que la cavallerie ne fust si tost à nous, ayant esté contraincte aller passer à deux arquebusades plus haut à main droicte. Pendant que leurs gens de pied avec grand difficulté passoient un à un par dessus les gardefous qui estoient au pont, il m'estoit aisé de les deffaire, si je n'eusse veu que la cavallerie me venoit enfermer. Nostre honneur despendoit de nostre retraicte. Gaignant donc tousjours chemin de fossé en fossé, ayant faict environ demi-quart de lieuë, je fis alte, afin que mes gens ne fussent hors d'aleine, et vis que les ennemis avoient faict de mesme, et cognus à leur contenance qu'ils avoient perdu l'envye de me suyvre : dequoy je fus bien estonné, et ayse quant et quant, car nous n'en pouvions plus, ayant pris un peu d'eau et de pomade (1), et du pain de millet en quelques pauvres maisons que nous trouvasmes en chemin. Cependant le capitaine Compai envoya quelques chevaux pour sçavoir de nos nouvelles, me pensant mort ou pris. Nous voylà enfin en lieu de seureté, sans

(1) Pomade : cidre.

avoir perdu que trois soldats dans le premier fossé, et le bastard Dauzan, qui s'amusa dans une maisonnette pres l'Eglise.

Pendant tout ce rencontre et ce combat, l'alarme vint à monsieur de Lautrec, et la nouvelle que nous estions tous deffaits : ce qui lui donna beaucoup de desplaisir, pour la consequence qu'apporte ordinairement lors qu'au commencement on donne curée aux ennemis. Il fit mettre tout en bataille : mais, comme il fut un peu esloigné de la ville, il vit venir nos enseignes de gens de pied, que le seigneur de Gramond conduisoit, lequel luy raconta ce qui estoit advenu, et me fit cet honneur de luy tesmoigner que j'estois cause de leur conservation et salut, mais que j'y estois demeuré pour gages. Le capitaine Carbon n'estoit encor arrivé, parce qu'il attendoit le capitaine Compai pour sçavoir nouvelles du tout. A la fin il arriva : auquel monsieur de Lautrec dist ces mots : « Et bien, Carbon, estoit-il temps de faire une telle follie comme celle que vous avez faict? Elle n'est pas si petite que vous n'ayez mis en hazard de me faire perdre ceste place de Bayonne, qui est si importante. » Il luy respondit : « Monsieur, j'ay faict une grande faute, et la plus grand'follie que je fis jamais : jusques icy ne m'en estoit advenuë de pareille : mais, puis que Dieu a voulu que nous n'ayons esté deffaits, je seray plus sage à l'advenir. » Monsieur de Lautrec luy demande s'il y avoit nouvelles de moy; lequel luy dist qu'il pensoit que je fusse perdu : mais, cependant qu'il se promenoit pres la ville en attendant nouvelles, arriva le capitaine Compai, lequel les asseura que j'estois sauvé, et leur raconta la belle retraicte que j'avois faict en despit des ennemis et à leur barbe, sans avoir perdu que quatre hommes, et qu'il estoit impossible que les ennemys n'eussent souffert beaucoup de perte. Je ne fus pas plustost arrivé à mon logis, qu'un gentilhomme me vient chercher de la part de monsieur de Lautrec, lequel me fit aussi grand chere qu'il eust sçeu faire à gentilhomme de France, me disant ces mots en gascon : *Montluc mon amic, jou n'oublideray jamai lou service qu'abes fait au Rei*, et m'en souviera tant que jou vivray; il n'y a pas moins d'honneur de faire une belle retraicte qu'aller à un combat. C'estoit un seigneur qui n'avoit guere accoustumé de caresser personne; j'ay souvent remarqué ceste faute en luy : toutesfois pendant le soupper il me fit beaucoup de faveur, laquelle tousjours depuis il me continua; mesmes quatre ou cinq ans apres, se ressouvenant de moy, il m'envoya de Paris en Gascogne un courrier, avec une commission de gens de pied, me priant de l'accompagner au voyage qu'il fit à Naples; et depuis m'a toujours plus estimé que je ne valois. Voylà le premier lieu auquel je me trouvay jamais commandant, et où j'ay commencé à marquer ma reputation.

Vous, capitaines, mes compagnons, qui me ferez cest honneur de lire peut-estre ma vie, nottez que la chose du monde que vous devez desirer le plus, c'est de chercher l'occasion par laquelle vous puissiez monstrer ce que vous valez quand vous commancerez à porter les armes : car si à vostre commencement vous demeurez victorieux, vous faictes deux choses entre autres : la premiere, c'est que vous vous faictes louër et estimer aux grands, et par ce moyen, par leur rapport, vous serez cogneus du Roy, duquel nous devons tous esperer la recompense de nos services et labeurs; la seconde est que, comme les soldats cognoissent un capitaine, lequel à son commencement a fait quelque chose de bon, tous les vaillans hommes recherchent d'estre à luy, esperant que, puisqu'il a eu si bon commancement, toutes choses luy doivent succeder heureusement; et par ce moyen ils seront employez. Car c'est le plus grand despit qu'un homme de bon cœur puisse avoir, lorsque les autres prennent les charges d'executer les entreprises, et cependant il mange la poulle du bon homme aupres du feu. Ainsi vous trouverez tousjours accompagnez de braves hommes, avec lesquels vous continuerez à gaigner honneur et reputation ; et au contraire, si vous estes battus au commencement, soit pour vostre faute ou pour lascheté, tous les bons hommes vous fuyront, et ne vous demeurera que gens de peu de valeur, avec lesquels, quand vous seriez le plus brave homme du monde, vous ne pouvez gaigner que mauvaise reputation. Mon exemple vous pourra servir de quelque chose; et, encores que ce ne soit pas grand cas de ce rencontre que je vous ay descrit, si est-ce que de petits faicts de guerre quelquefois on fait beaucoup de profit. Souvenez-vous, mes compagnons, quand vous vous trouverez en estat de voir une grand' force sur vos bras, laquelle vous pouvez tenir en bride par la perte de peu d'hommes, de ne craindre point le hazard : peut-estre que la fortune vous sera favorable comme elle fut à moy; car je puis dire que si je ne me fusse presenté pour la conduitte des cent hommes de pied qui firent tres-bien leur devoir, que toute la cavallerie des ennemis estoit sur nos bras, laquelle nous n'avions moyen de soustenir.

Incontinent apres, le camp des ennemis se retira en Navarre, et M. de Lautrec cassa la moitié de ses compagnies, et reserva les deux enseignes de M. de Cauna, et celle du baron Jean de Cauna, estant chacune de trois cens hommes : qui fut la premiere fois que l'on les reduit à ce nombre, car auparavant elles estoient toutes de cinq cens ou de mille hommes : qui apportoit beaucoup de soulagement aux finances du Roy, parce que tant de lieutenans, enseignes, sergens et autres officiers emportent beaucoup de paye, et qu'aussi le commandement d'un bon nombre d'hommes appelle les gentilshommes de maison à ces charges, lesquels à present les desdaignent, voyant tant de capitaineaux ausquels on voit donner ces charges sans jamais avoir donné coup d'espée. Or M. de Lautrec me donna la compagnie de mon capitaine, encore que pour lors je n'eusse attaint que l'aage de vingt ans; et, apres avoir laissé quatre compagnies dans Bayonne, il s'en alla en poste à la Court : qui enhardit nos ennemis à redresser le camp, et mettre le siege devant Fontarabie, laquelle ils prindrent avant que M. de Lautrec fust de retour. La perte de ceste place proceda de la faute ou meschanceté d'un nepveu du connestable de Navarre, nommé dom Pedro de Navarre (1), fils du feu mareschal de Navarre, lequel, ayant esté banny d'Espagne parce qu'il soustenoit le party du roy Henry de Navarre, fut mis dans ceste ville avec quatre cens hommes bannis comme luy, où il fut depuis si bien sollicité par son oncle, qu'il se tourna de son costé : ce qui fut cause de la perte de la place, laquelle estoit imprenable, encores que les ennemis eussent fait deux grandes bresches. Et, parce que je n'y estois pas, et que je ne veux parler par ouyr dire, je n'en diray autre chose, si ce n'est que le capitaine Frauget (2), qui la rendit, et qui s'en des-

---

(1) Nom des aînés de la maison de Grammont.
(2) Ou *Franget*. Voici, d'après Favyn, Histoire de Navarre, comment on procéda pour cette dégradation :
On assembla plusieurs chevaliers, devant lesquels il comparut. En leur présence un héraut d'armes, après avoir détaillé le fait, l'accusa hautement de lâcheté. Les juges le condamnèrent à être dégradé de noblesse, et déclaré roturier. Pour l'exécution de cet arrêt, on dressa deux échafauds : sur l'un étoient placés les chevaliers et écuyers, assistés de hérauts avec leurs cottes d'armes; sur l'autre on voyoit Franget, armé de toutes pièces : son écu, blasonné de ses armes, mis sur un pal devant lui, étoit renversé la pointe en haut. Aux côtés de Franget, douze prêtres chantoient l'office des morts. A la fin de chaque psaume, ces prêtres faisoient une pause, durant laquelle les hérauts dépouilloient le patient de quelques-unes de ses armes. A mesure qu'on lui ôtoit une portion de son armure, les hérauts crioient à haute voix : *Ceci est la cotte d'armes du traître et déloyal Franget*. A coups de marteau ils brisèrent son écu en trois morceaux. L'office étant fini, les rois d'armes publièrent de nouveau sa sentence; les prêtres chantèrent sur sa tête le psaume

chargeoit sur ledit dom Pedro, fut degradé à Lyon. La perte de ceste place nous osta un grand pied que nous avions en Espaigne. Ce fut là où quelques ans auparavant le sieur de Lude acquist une gloire immortelle, pour avoir soustenu le siege un an entier avec toutes les extremitez du monde; celuy-là en rapporta honneur, et Frauget honte et ruyne. Ainsi va le monde et la fortune. Cependant, si quelque prince ou lieutenant de roy passe les yeux sur mon livre [peut-estre en pourra-il lire de plus inutiles], qu'il notte, par cest exemple et autres que j'ay veu, et que peut-estre je pourray cotter cy-apres, qu'il est tres-dangereux de s'ayder de celuy qui quitte son prince et seigneur naturel; non pas qu'on le doive refuser quand il se vient jetter entre ses bras, mais on ne luy doit donner une place avec laquelle il puisse faire sa paix, et rentrer en grace avec son prince; ou, pour le moins, si on le fait, que le temps ayt apporté une telle asseurance qu'il n'y ait nulle doute : car cependant il se sera comme accoustumé au pays où il vient exilé et fugitif, et aura acquis et receu des bienfaits. Si on le veut employer, mettez le loing de ceux avec lesquels il peut avoir pratique. A ce que j'ay ouy dire aux capitaines de l'empereur, quand bien Charles de Bourbon eust prins Marseille et la Provence, l'Empereur n'eust pas fait ceste faute de la luy bailler en garde, quoy qu'il eust promis. Mais passons outre.

[1524] Toutes les compagnies de gens de pied estant cassées, sauf celles qu'on mit en garnison, et ne voulant m'enfermer dans les murailles, je me remis dans la compagnie de M. le mareschal de Foix, jusques à ce que le roy François entreprint le voyage pour aller combattre M. de Bourbon, lequel estoit venu assieger Marseille avec le marquis de Pesquiere; lequel sieur de Bourbon pour un despit s'estoit tourné du costé de l'Empereur : il n'y a rien qu'un grand cœur n'entreprenne pour se venger. Et, parce que le Roy ne permit à M. le mareschal de Foix de mener que vingt hommes d'armes de sa compagnie, et qu'à mon arrivée je trouvay que je n'estois du nombre des esleus, je me despitay, et m'en allay avec cinq ou six gentils-hommes, lesquels me firent cest honneur de venir avec moy pour nous trouver à la bataille, avec resolution de combattre avec les gens de pied : mais M. de Bourbon leva son siege, apres l'y avoir tenu six sepmaines. Le seigneur Rance de Cere (1), gentil-homme romain, des plus aguerris et experimentez, et le sieur de Brion, y estoient dedans, avec bonnes forces que le Roy y avoit envoyé. Ledit sieur de Bourbon se trouva trompé, et ses intelligences courtes : le François ne sçavoit lors que c'estoit de se rebeller contre son prince. Deslors qu'il sentit que le Roy s'approchoit, il se retira par les montaignes, et descendit au Piedmont par Salusses et Pignerol, non sans beaucoup de perte. Il se sauva à Milan, lequel fut contraint, et le viceroy de Naples aussy, de quitter, et sortir par une porte pendant que nous entrions par l'autre (2). Le seigneur Antoine de Leve, qui estoit l'un des plus grands capitaines que l'empereur ayt eu, et croy que sans les gouttes, qui le travailloyent fort, qu'il eust surpassé tous ceux de son aage; il fut choisi pour estre mis dans Pavye avec une trouppe d'Allemans, pour l'opinion qu'on avoit que le Roy donneroit là, comme de fait il fit. Le siege dura sept ou huit mois. Cependant M. de Bourbon s'en alla en Allemaigne, là où il brigua tant avec l'argent que M. de Savoye luy avoit presté, qu'il amena avec luy dix mil Allemans, et fit venir quatre ou cinq cens hommes d'armes de Naples.

[1525] Et ayant dressé son camp à Lode (3), s'en vint donner la bataille au Roy un jour de Sainct Mathias, estant notre camp affoibly, tant pour la longueur du siege que pour les maladies qu'il y avoit eu; et encores, par mal'heur, le Roy avoit peu auparavant cassé trois mil Grisons (4), qu'un colonel du païs mesme

---

Deus, laudem meam ne tacueris : on sait quelles malédictions et imprécations ce psaume contient. Ensuite on descendit Franget de l'échafaud, lié avec une corde sous les aisselles. On le transporta à l'église sur une civière, couvert d'un poêle et du drap mortuaire : ses juges l'accompagnoient, vêtus de robes et de chaperons de deuil. Là Franget fut déclaré roturier, ignoble et incapable, lui et sa postérité, de porter les armes, sous peine d'être fustigé de verges, comme vilain et infâme. En considération de sa vieillesse, on lui fit grâce de la vie.

(1) *Renzo di Ceri*, de la maison des Ursins.

(2) « Ledit seigneur de Bourbon leva le siege (de Marseille), et tira la volte de Milan le plus grand train qu'il peut, estant forclos de ce royame de France par mer et par terre; et luy furent chaussez les éperons de si près, que partie de son artillerie fut perdue; le reste mis en masse par pièces, et trainé avec mulets jusques à Milan, auquel lieu arriva à grand diligence le dix-neuvième jour de son partement de Provence; lequel, en ce désarroy et fuite, fut suivi par le Roy ayant intention de le rencontrer là part qu'il iroit..... Et ne fust moindre la diligence de l'armée françoise, laquelle arriva quasi en même instant en la ville de Milan par l'une des portes, que l'ennemy en sortoit par l'autre; et si bien, que quasi se pouvoient choisir à l'œil l'une l'autre. » (Paradin, *Hist. de notre temps*.)

(3) *Lode* : Lodi.

(4) Suivant les historiens, ce furent les Grisons qui abandonnèrent l'armée la veille de la bataille, après avoir reçu leur solde.

commandoit, lequel s'appeloit le Grand Diant; et croy que ce fut pour eviter la despence. He que ces petites mesnageries apportent quelquefois de perte! Aussi, quelques jours avant, M. d'Albanie (1) avec beaucoup de forces, estoit allé par commandement du Roy à Rome, pour de là se jetter dans le royaume de Naples : mais en fin tout alla en fumée ; car, à nostre grand mal'heur, nous perdismes ceste bataille, et toutes ces entreprinses revindrent à neant.

Le discours de ceste bataille est publié en tant de lieux, que ce seroit perdre temps à moy d'y employer le papier : je diray seulement qu'elle ne fut guere bien conduite en plusieurs endroits de nostre costé, qui fut cause de faire perdre ceux qui faisoyent leur devoir. Le Roy fut prins, M. le mareschal de Foix prins, et blessé d'une arquebuzade dans la cuisse, qui luy entroit dans le petit ventre; M. de Sainct Pol (2) prins et blessé de treze playes, lequel avoit esté laissé pour mort au camp, et despouillé tout en chemise : mais un Espagnol, luy couppant un doigt pour avoir une bague qu'il ne pouvoit luy arracher, le fit crier : et, ayant esté recogneu, fut apporté avec ledit sieur mareschal dans Pavie, au logis de la marquise de Scadalfol. Plusieurs autres grands seigneurs y moururent, comme le frere du duc de Lorraine, M. l'admiral de Chabanes, et plusieurs autres prins, entre lesquels estoyent le roy de Navarre (3), MM. de Nevers, de Montmorancy, de Brion et autres. Je ne veux taxer la memoire de personne pour la perte de ceste bataille, ne marquer ceux qui firent mal leur devoir, mesmement en presence de leur Roy. Pendant le sejour que je fis en l'armée, je fus tousjours avec un capitaine dit Castille de Navarre, sans prendre aucune solde, lequel le jour de la bataille conduisoit les Enfans Perdus: il me pria luy faire compagnie ; ce que je fis avec les cinq gentils-hommes qui estoyent venuz avec moy. Je fus prins prisonnier par deux gentils-hommes de la compagnie du seigneur Antoine de Leve, lesquels le samedy matin me laisserent aller, ensemble deux de mes compagnons, car ils voyoient bien qu'ils n'auroyent pas grands finances de moy ; les autres avoyent esté tuez. Je me retiray en la maison de la marquise, où M. le mareschal estoit blessé : je le trouvay avec M. de Sainct Pol, tous deux couchez en un lict, et M. de Montejean, couché en la mesme chambre, estant blessé en la jambe: là où j'entendis le discours et la dispute qu'il y eut entre le sieur Federic Bege, prisonnier, et le capitaine Sucre, qui estoit à l'Empereur, sur la perte de ceste bataille ; lesquels taxoyent de grand faute nos François, mesmes plusieurs particuliers, au nom desquels je pardonne ; je jugeay leur opinion tres-bonne, estans tous deux grands capitaines. Ce que je leur ouys dire m'a depuis servy en d'autres executions, avec ce que j'en jugeay moy-mesmes, comme doivent faire tous ceux qui ont envie de parvenir par les armes.

Il faut non seulement rechercher les occasions de se trouver aux combats et batailles, mais aussi estre curieux d'escouter et retenir l'opinion et raison de ceux qui sont gens experimentez, sur la faute, perte ou gain qui s'en est ensuivy : car certes c'est grand sagesse de bien apprendre, et se faire maistre aux despens d'autruy. La France a long temps ploré ceste perte, et la prise de ce brave prince, qui pensoit trouver la fortune si favorable comme à la journée des Suisses: mais elle luy tourna le dos, et fit voir combien il importe à un roy se trouver luy-mesme à la bataille, veu que bien souvent sa prise meine apres la ruyne de son Estat. Toutesfois Dieu regarda le sien d'un œil de pitié, et le conserva : car les victorieux perdirent le sens, esblouis de leur victoire. Que si M. de Bourbon eust tourné vers la France, il nous eust mis à deviner.

Le lundy apres, M. de Bourbon commanda que tous ceux qui estoyent prisonniers, et qui n'avoient moyen de payer rançon, eussent à vuider le camp, et se retirer en France. Je fus de ce nombre, car je n'avois pas grand finance. Il nous donna une compagnie de gens de pied pour nostre seureté, et une de cavallerie, mais sans vivres ny moyen quelconque, de sorte que nous ne mangeasmes jusques à Ambrun que raves et tronsons de choux, que nous mettions sur les charbons. Avant partir, M. le mareschal me commanda de porter ses recommandations au capitaine Carbon et à tous ses compagnons, lesquels il prioit ne s'estonner pour ceste perte, ains s'esvertuer pour faire mieux que jamais ; et qu'ils eussent à se rendre pres de monsieur de Lautrec son frere. Surquoy me fit une tres-belle remonstrance, laquelle ne se passa sans beaucoup de larmes ; ce qu'il prononça avec une parole ferme et asseurée, combien qu'il fust fort blessé : aussi mourut-il le vendredy apres. Je m'en vins à pied sans lance jusques à La Redorte en Languedoc, où estoit sa compagnie. Apres sa mort, M. de Lautrec fit donner la tierce partie de sa compagnie au capitaine

---

(1) Jacques Stuart, duc d'Albanie, cousin germain de Jacques V, roi d'Écosse.

(2) François de Bourbon-Vendôme, comte de St.-Paul.
(3) Henri d'Albret.

Carbon, laquelle il ne commanda gueres ; car peu apres un meschant homme, natif de Montpelier, qui avoit favorisé le camp de monsieur de Bourbon, le tua par derriere, aupres de Lumel, courant la poste. Ce fut un aussi grand dommage que de capitaine qui soit mort y a cent ans ; et cuide, s'il eust vescu aux guerres que nous avons veu depuis, qu'il eust fait merveilles : et beaucoup de gens se fussent faits bons capitaines aupres de luy, car tous les jours on pouvoit apprendre quelque chose à sa suitte, estant un des plus vigilans et diligens capitaines que j'aye jamais cognu, grand entrepreneur et grand executeur tout ensemble. La tierce partie fut donnée au capitaine Lignac, d'Auvergne, qui ne la garda gueres longuement, parce qu'il perdit la veue et mourut ; et l'autre tierce, à M. de Negrepelice (1), pere de cestuy-cy qui vit aujourd'huy, duquel un mien cousin germain, nommé le capitaine Serillac portoit l'enseigne.

Cependant madame la regente, mere du Roy, et tous les princes liguez avec elle, traitterent et moyennerent la delivrance du Roy ; de sorte que ce grand Empereur, qui s'estoit forgé la conqueste de ce royaume, ne conquist un seul pouce de terre. Le Roy en son affliction tira secours de ses propres ennemis, lesquels avoyent suspecte la grandeur de l'Empereur.

[1526] Sa Majesté estant de retour, se resouvenant des injures et indignités qu'il avoit receuës pendant sa prison, ayant tenté tous les moyens pour retirer messeigneurs ses enfans, fut forcée de venir aux armes, et renouveller la guerre.

[1527] Ce fut lors que le voyage de Naples fut dressé, sous la charge de M. de Lautrec, lequel m'envoya un courrier en Gascogne, pour dresser une compagnie de gens de pied : ce que je fis en peu de jours, et luy menay sept à huict cens hommes, dont il y en avoit quatre ou cinq cens arquebuziers, combien qu'en ce temps-là n'y en avoit encores gueres en France. M. d'Ausun m'en demanda la moitié pour dresser sa compagnie, ce que je fis : et fismes nostre partage aupres d'Alexandrie, laquelle fut renduë audit sieur de Lautrec, lequel envoya MM. de Gramond et de Monpezat assieger le chasteau de Vigeve, devant lequel, en faisant les approches et les tranchées pour mettre l'artillerie, je fus blessé d'une arquebuzade par la jambe droicte, qui fut cause que je demeuray boiteux fort long temps : de sorte que je ne peus estre à l'assaut qui se donna à Pavie, laquelle fut emportée et demy bruslée. Je me faisois porter apres le camp dans une litiere : toutesfois, avant que M. de Lautrec partist de Plaisance pour marcher droict à Bouloigne, je commençay à cheminer.

[1528] Or aupres d'Ascolly il y a une petite ville nommée Capistrano, sur le haut d'une montaigne, assise de sorte qu'il falloit monter tousjours, sauf de la part des deux portes dans laquelle force soldats du pays s'estoient retirez. Le comte Pedro de Navarre, qui estoit nostre colonel, commanda à nos compagnies de Gascons d'y aller ; ce que nous fismes, et assaillismes la place. Nous fismes faire des mantelets pour approcher de la muraille, à laquelle nous fismes deux trous par lesquels un homme pouvoit passer facilement, à cinquante ou soixante pas l'un de l'autre ; et, pour ce que j'en avois fait l'un, je voulus donner par là. Les ennemis d'autre part desplancherent et osterent les tables du dessus d'une salle, là où le trou entroit, où ils avoient mis une grande cuve pleine de pierres. L'une des compagnies de M. de Luppé, nostre sous-colonel, et la mienne, commencerent à donner par le trou : Dieu me donna ce que je luy avois tousjours demandé, qui estoit de me trouver à un assaut, pour y entrer le premier ou mourir. Lors je me jettay à corps perdu dans la salle, ayant une cotte de maille comme les Allemans portoient en ce temps-là, une espée au poing, une rondelle au bras, et un morion en teste : mais comme ceux qui estoient à ma queuë se voulurent jetter apres moy, les ennemis verserent la cuve de pierres sur eux, et les attraperent sur le trou ; qui fut cause qu'ils ne me peurent suyvre. Je demeuray dedans, combattant tout seul une porte qui entroit dans la ruë : mais du haut de la salle, qui estoit desplanchée, on me tiroit infinité d'arquebuzades, l'une desquelles me perça la rondelle et le bras à quatre doigts de la main, et un autre me froissa tout l'òs sur la jointure de l'espaule et du bras ; dont je perdis le sentiment. Me tombant la rondelle à terre, je fus forcé de reculer devers le trou, contre lequel je fus renversé par ceux qui combattoient à la porte de la salle, si heureusement toutesfois pour moy, que mes gens eurent moyen de me tirer dehors par les jambes ; mais ce fut si doucement, qu'ils me laisserent rouler de haut en bas jusques au fonds du fossé ; et, tombant au travers la ruyne des pierres, je me rompis encor le bras en deux lieux. Et comme on m'eust relevé, je dis que mon bras m'estoit demeuré dans la ville ; mais l'un de mes gens le print, me pendant en escharpe sur les fesses, et le mit sur l'autre : ce qui me reconforta un peu. Voyant les soldats de ma compagnie autour de

---

(1) François de Carmain, comte de Negreplisse.

moy : « O mes compagnons, dis-je, je ne vous avois pas tousjours si bien traictez et tant aymez, pour m'abandonner à un si grand besoin. » Ce que je disois, ne sçachant l'empeschement qu'ils avoient eu.

Alors mon lieutenant, lequel avoit esté presque assommé sur le trou, nommé La Bastide, pere des Savaillans qui sont aujourd'hui, un des vaillans gentils-hommes qui fust dans nostre armée, dist à deux capitaines basques, nommez Martin et Ramonet, qui campoient tousjours aupres de ma compagnie, que s'ils vouloient donner avec des eschelles par un quanton qu'il y avoit pres de là, qu'il donneroit par le trou mesme, et qu'il vouloit mourir plustost qu'il n'y entrast : à quoy je les encourageay, tout autant que ma foiblesse me le pouvoit permettre. Les eschelles apportées et liées, parce qu'elles se trouverent courtes, La Bastide donne par le trou, ayant mandé aux autres capitaines de donner par l'autre ; mais ils ne firent pas grands faits d'armes. Cependant que La Bastide combattoit, ayant gaigné le trou, Martin et Ramonet donnerent l'escalade, tellement qu'ils forcerent les ennemis, et entrerent dedans. Dequoy estant adverty, j'envoyay prier La Bastide de me garder autant de femmes et filles qu'il pourroit, afin qu'elles ne fussent violées, ayant cela en devotion, pour un vœu que j'avois faict à nostre Dame de Lorette, esperant que Dieu pour ce bien-faict m'aideroit ; ce qu'il fit, et m'en amena quinze ou vingt, qui fut tout ce qui se sauva ; car les soldats, animez pour me venger et monstrer l'amitié qu'ils me portoient, tuerent tout, jusques aux enfans, et mirent le feu en la ville ; et, quoy que l'evesque d'Ascoly [duquel elle dependoit] priast M. de Lautrec, les soldats ne voulurent jamais partir qu'ils ne la vissent en cendres. Le lendemain on m'apporta à Ascoly, où M. de Lautrec m'envoya visiter par MM. de Gramond et de Montpezat, menant deux chirurgiens que le Roy lui avoit donnez à son depart, l'un nommé maistre Alesme, et l'autre maistre George ; lesquels, apres avoir veu mon bras charpenté comme il estoit, dirent qu'il le falloit couper pour me sauver la vie, ce qui fut remis au lendemain. M. de Lautrec commanda ausdits sieurs de Montpezat et de Gramond de s'y trouver ; ce qu'ils luy promirent difficilement, pour l'amitié qu'ils me portoient, mesmement le sieur de Gramond. Quelques jours auparavant, mes soldats avoient pris un jeune homme chirurgien, lequel avoit servy M. de Bourbon : cestuy-cy, ayant entendu la resolution de me couper le bras [car je l'avois retenu à mon service], ne cessoit de me remonstrer que je ne l'endurasse pas, me disant que je n'estois pas à la moitié de mon aage, et que cent fois le jour je souhaiterois ma mort me voyant sans bras. Le matin venu, les susdits seigneurs et les deux chirurgiens et medecins arriverent en ma chambre, avec tous leurs appareils, pour incontinent mettre la main à me coupper le bras, sans me donner loisir de me repentir, ayant reçeu commandement, de la part de M. de Lautrec, de me dire que je ne me souciasse de perdre le bras pour sauver la vie, sans desesperer de ma fortune ; et que, si le Roy ne me vouloit faire du bien, que sa femme et luy avoient quarante mil livres de rente pour me recompenser, et ne me laisser jamais pauvre : seulement, que je prinsse patience, et qu'à ce coup je fisse paroistre mon courage. Or, comme ils furent prests à me deslier le bras pour le coupper, ce jeune chirurgien ne cessoit de me prescher, estant derriere mon lict, le contraire ; et, comme Dieu ayde aux personnes, quand il luy plaist, encore que je fusse resolu de l'endurer, il me fit changer ma volonté : qui fut cause que tous les susdits seigneurs et chirurgiens s'en retournerent faire le rapport à M. de Lautrec ; lequel leur dit, comme eux mesmes m'ont asseuré plusieurs fois, ces mots : « Aussi bien me repentois-je de le luy faire coupper ; car, s'il fust mort, j'eusse eu à tout jamais cela sur le cœur, et vivant sans bras, j'eusse eu regret de le voir en la sorte, et qu'il falloit laisser faire à Dieu sa volonté. » Et soudain envoya les susdits chirurgiens examiner le mien, pour sçavoir s'il estoit suffisant ; car, autrement l'un d'eux devoit demeurer pres de moy. Toutesfois ils le trouverent capable, et l'instruirent encores mieux sur les accidens que me pouvoient survenir. Le lendemain, qui fut le quatriesme de ma blessure, M. de Lautrec me fit porter apres luy à Termes de Bresse, et me laissa dans son logis entre les mains de son hoste, qui estoit gentil-homme ; et, pour asseurance de ma personne, emmena deux des plus grands de la ville pour hostage, mesmement un frere de l'hoste, les asseurant, si j'avois desplaisir, de les faire pendre. Je demeuray en ce lieu deux mois et demy, où je couchay sur les reins : tellement que tout le grand os qui est le long de l'eschine, me perça la peau, qui est la plus grand douleur que je pense que l'on puisse souffrir en ce monde.

Et, encores que j'aye mis par escrit, au discours que j'ay fait de ma vie, que j'ay esté des plus heureux et fortunez hommes qui long temps ayent porté les armes, pour avoir tousjours vaincu là part où j'ay commandé, si n'ay-je pas esté exempt de grandes blessures et de grandes maladies; car j'en ay autant eu qu'homme du monde sçauroit avoir sans mourir, m'ayant Dieu tousjours voulu donner une bride, pour me faire cognoistre que le bien et le mal depend de luy, quand il luy plaist: mais encores, ce nonobstant, ce meschant naturel, aspre, fascheux et colere, qui sent un peu, et par trop, le terroir de Gascogne, m'a tousjours fait faire quelque trait des miens, dont je ne suis pas à me repentir. Or, apres qu'il se fust fait un petit de pourris au bras, on commença à me lever, ayant un cuissinet sous le bras, en le liant avec le corps tout ensemble. Ainsi je demeuray quelques jours, jusques à ce que, monté sur un petit mulet que j'avois, je me fis mener devant Naples, où nostre camp estoit desja assis, ayant envoyé un gentilhomme des miens à pied à nostre Dame de Lorette, pour accomplir mon vœu, puisque je n'y pouvois aller. Le mal que j'enduray ne fut pas si insupportable ni si grand comme le regret que j'eus de ne m'estre trouvé à la prise de Melphe et autres places, et à la deffaicte du prince d'Orange (1), lequel, apres la mort de M. de Bourbon [qui fut tué au sac de Rome], commandoit l'armée imperialle. [Si ce vaillant prince, duquel la memoire est deplorable, pour le traict qu'il fit, ne fust mort lors de sa victoire, je croy qu'il nous eust renvoyé les papes en Avignon encor un coup.]

Or M. de Lautrec me fit tres bonne chere, et tous les grands de l'armée, mesmement le comte Petro de Navarre, lequel me fit donner une confiscation valant douze cens ducats de rente, nommée la tour de la Nunciade, pres la tour du Grec, un des plus beaux chasteaux qui soit en la terre de Labour, et la premiere baronnie de Naples, qui estoit à un riche Espagnol nommé Ferdino. Je pensois lors estre le plus grand seigneur de la trouppe, et à la fin je me trouvay le plus coquin, comme vous verrez par le discours de mon voyage. Je deduirois bien maintenant comme le royaume de Naples s'est perdu, lequel estoit presque conquis : plusieurs en ont escrit; mais c'est grand dommage qu'ils ne veulent dire la verité, et qu'ils ne mettent en arriere toute la crainte qu'ils ont; car les roys et les princes y pourroient prendre exemple, qui les feroit plus sages, pour ne se laisser pas pipper et decevoir, comme ils sont bien souvent : mais personne ne veut que nos roys soient si savans, car ils ne feroient pas si bien leur proffit comme ils font aupres d'eux. Je lairray donc cela en arriere, pour n'avoir commencé à escrire sur la faute des autres, joinct aussi que je n'en ay point de commandement; mais seulement m'attendray à escrire mes fortunes, pour servir d'exemple à ceux qui viendront apres moy, afin que les petits Montlucs que mes enfans m'ont laissé se puissent mirer en la vie de leur ayeul.

Il ne se presenta pas grande occasion depuis que je fus arrivé au camp, car on ne s'attendoit qu'au siege de la ville de Naples, qu'on vouloit avoir par famine, comme nous l'eussions euë bientost, sans la revolte d'André d'Oria (2), qui manda au comte Philippin, son nepveu, qu'il ramenast ses galeres à Genes, avec lesquelles il tenoit la ville de Naples, bouclée par la mer, tellement qu'il n'y eust sceu entrer un chat; ce qu'il fit, et incontinent y entra force vivres du costé de la mer, pendant que nos galleres tarderent à venir. Dieu pardoint à qui en fust cause, car sans cela la ville estoit à nous, et par consequent tout le royaume. Ce Philippin, lieutenant d'André d'Oria, gaigna, pres Capo Dorsa, une belle bataille navale contre Ugo Moncado (3) et le marquis de Guast (4), lesquels vouloient secourir Naples; mais de ceste victoire vint notre ruine. Philippin ayant envoyé les prisonniers à Genes à son oncle, et le Roy les voulant avoir, le sieur André d'Oria ne les voulut rendre, se plaignant qu'il avoit delivré le prince d'Orange au Roy sans recompense : le marquis de Guast, homme fin et rusé s'il en fut jamais, et qui a esté grand guerrier, sceut si bien esbranler l'esprit mal-content d'André d'Oria, qu'en fin il tourna sa robbe, et se rendit à l'Empereur avec douze galleres. Le Roy nostre maistre estoit bien adverty de ses pratiques; mais il avoit le cœur si gros, et se sentoit si offensé d'André d'Oria, qu'il ne le vouloit rechercher : dont il se repentit tout à loisir; car depuis il fut cause de beaucoup de pertes qui advindrent au Roy, et mesmes de la perte du royaume de Naples, de Genes, et autres malheurs : il sembloit que la mer redoutast cet homme; voyla pourquoy il ne falloit pas, sans grande occasion, l'irriter ou mescontenter : le Roy peut estre en avoit quelque autre occasion.

Nos galleres arriverent à la fin, et apporterent le prince de Navarre (5), frere du roy Henry, avec quelques gentils-hommes de sa suitte seulement, lequel ne vesquit que trois semaines apres, car il arriva au commencement de nos maladies. A son arrivée et descente, M. de Lautrec lui envoya Michel Anthoine, marquis de Salusses, pour

---

(1) Philibert de Châlons, prince d'Orange et de Melfe, duc de Gravina, etc.
(2) André Doria.

(3) Hugues de Moncade, tué à cette bataille.
(4) Alfonse d'Avalos, marquis du Guast et de Pescaire.
(5) Charles d'Albret, frère de Henri d'Albret.

luy tenir escorte, car il faisoit sa descente à demy mil de Naples, un peu au dessous de la Magdeleine, et emmena une grande partie de la gendarmerie avec les bandes Noires italiennes, que le comte Hugues de Genes commandoit depuis la mort du seigneur Horace Bailhon, qui estoient les compagnies du seigneur Jean de Medicis, pere du duc de Florence qui est à present, lequel avoit esté blessé en une jambe d'une arquebusade, devant Pavie, estant au service du Roy, et de là apporté à Plaisance : auquel lieu la jambe luy fut couppée, de quoy bien tost apres il mourut. Depuis, ledict seigneur Horace recueillit toutes ses compagnies. Il sembloit que Dieu vouloit quelque mal en ce temps à nostre Roy, lorsqu'il estoit devant Pavie ; car, en premier lieu, on luy conseilla d'en renvoyer les Grisons ; secondement, d'envoyer M. d'Albanie à Rome avec partie de l'armée : et, pour achever le malheur, Dieu envoya la blesseure au seigneur Jean (1), lequel, à la verité, entendoit plus à faire la guerre que tous ceux qui estoient aupres du Roy, ayant sous sa charge trois mil hommes de pied, les meilleurs qui furent jamais en Italie, avec trois cornettes de gens de cheval ; et croy fermement, comme aussi font bien d'autres que moy, que, s'il se fust trouvé sain à la bataille, les choses ne fussent pas allées si mal comme elles allerent. Depuis, le sieur Horace creut le nombre de mil hommes, qui furent quatre mil, lesquels pour le dueil du seigneur Jean portoient les enseignes noires, et eux-mesmes alloient vestus de noir : aussi on les appeloit les Bandes Noires ; et apres se joignirent avec M. le marquis de Salusses, qui temporisa environ deux ans en Italie, et vers Florence, et apres se vint joindre à nostre armée à Troye (2), ou bien à Nocera ; je ne sçaurois dire auquel lieu des deux, pource que j'estois demeuré blessé à Termes de Brosse.

Mais pour retourner à la descente de monsieur le prince de Navarre, parce qu'il se fit là une petite faction où j'euz ma part, je la vous veux conter. Il fut commandé au capitaine Artigueloube, qui estoit colonel de cinq enseignes gasconnes lesquelles souloient estre sous M. de Lupé, et de cinq autres que commandoit le baron de Bearn ; le tout sous le comte Pedro de Navarre : il fut commandé aussi au captau de Buch (3), fils aisné de la maison de Candalle, de s'y trouver : je fus aussi du nombre, tout malotru que j'estois. Comme nous fumes bas à la marine, M. le marquis laissa tous nos picquiers derrier

un grand rempart que le comte Pedro de Navarre avoit fait faire, qui duroit à main droite ou à main gauche pres de demy mil : tout joignant, il y avoit un grand portail de pierre par lequel dix ou douze hommes eussent peu passer de front, et croy qu'autresfois il y avoit eu une porte, car l'arc y estoit et les marques. Ce rempart se joignoit avec le portail à main gauche et à main droite. Nostre bataillon estoit à cent pas du portail, et celuy des Bandes Noires estoit à trois cens pas plus en arriere que le nostre, et la meilleure partie des gens à cheval encores plus en arriere. M. le marquis. M. le captau, le comte Hugue, le capitaine Artigueloube, et presque tous les capitaines, tant italiens que gascons, allerent avec eux, pour favoriser et veoir la descente du prince. Ledit seigneur captau avoit six enseignes, trois piedmontoises et trois gasconnes. Ils firent leur demeure si longue à la descente, qu'ils demeurerent plus de deux ou trois grosses heures ; car ils firent disner ledict seigneur prince avant qu'il descendit de la gallere. Quelquefois un peu de sejour apporte un grand malheur : il eust plus vallu que luy et tous les siens eussent fait un bon jeusne ; mais la vanité du monde est si grande, qu'il semble que c'est se rabaisser, si on ne marche tousjours avec toutes les pieces qui appartiennent à la principauté, et cependant on fait force pas de clerc. Il vaut mieux marcher en simple gentilhomme, et non pas faire le prince, et faire bien, que non pas se tenir sur le haut bout, et estre cause de quelque desordre et malheur.

Cependant le capitaine Artigueloube m'avoit mis avec soixante ou quatre-vingts arquebusiers sur un carrefour, bien pres de la Magdaleine, qui est une grand'eglise à cent ou deux cens pas de la porte de Naples ; et à un autre carrefour à main gauche de moy, où il y avoit un petit oratoire, furent mis trois ou quatre cens arquebusiers des Bandes Noires, et une enseigne de picquiers. En ce mesme lieu aussi, et un peu à costé, fut mise la trouppe dudit seigneur de Candalle, qui estoit de deux ou trois cens arquebusiers, vis à vis de moy, environ à deux cens pas. Estant ainsi à mon carrefour, je vis sortir de Naples gens de pied et de cheval, qui venoient gaigner la Magdaleine la teste baissée. Je montay lors sur un petit mullet que j'avois, et m'en allay droict à la descente des galleres. Tous les seigneurs et gentilshommes estoient encor dedans, s'amusans à faire des accollades. Je leur

---

(1) Jean de Médicis, surnommé l'Invincible.
(2) *Troye* : probablement *Troja*, petite ville au pied de l'Apennin.

(3) Charles de Foix, comte de Candale, captal ou capitaine de Buch.

fis crier par quelques petits barquerots qui alloient et venoient, que les ennemis sortoient de la ville à trouppes, pour les venir embrasser, et gaigner le derrier de la Magdaleine, et qu'ils pensassent au combat, s'ils vouloient. Il y en eut bien d'esbahis; car tous ceux qui font bonne mine n'ont pas tousjours envie d'en manger. Incontinent je m'en retournay à ma trouppe, et m'en allay, avec deux arquebusiers, au long d'une haye qui bordoit un grand chemin, jusques auprès de la Magdaleine : de là, j'apperceus que les ennemis sortoient à pied, tenant la bride en une main, et la lance en l'autre, se baissans tant qu'ils pouvoient pour n'estre descouverts, comme faisoient aussi les gens de pied, qui marchoient en tapinois derrier les murailles qui sont derrier l'eglise. Je donnay soudain mon mullet à un soldat, afin qu'il courut advertir M. de Candalle et le capitaine Artigueloube, lesquels il rencontra desja en terre. Sur mon advertissement, ils avoient faict mettre une gallere au large, laquelle descouvroit tout ce que je leur avois mandé; ce qu'ils ne pouvoient faire estant au port. Ceste gallere commença à tirer force volées de canons, l'une desquelles tua deux hommes de ma trouppe tout auprès de moy, de sorte que les cervelles de l'un me sauterent au visage; il y avoit bien là du danger, car toutes les balles venoient où j'estois, tant de ceste gallere que des autres, lesquelles firent le mesme : de façon que, voyant que les coups renforçoyent tousjours, car ceux des galleres pensoyent que je fusse des ennemis, je fus contraint de me jetter dans les fossez.

Cependant on monta promptement à cheval M. le prince, et au galop le firent sauver droit au camp, et tous ses gentilshommes aussi courant à pied apres luy. Ils n'eurent pas grand loysir de s'arrester avec nous, car je croy qu'ils ne vouloient pas si tost mourir, puisqu'ils ne faisoient qu'arriver. Leur haste fut si grande, qu'ils n'eurent pas loysir de mettre à terre le lict ny le bagage dudit sieur prince; et si y en eut qui demeurerent dans les galleres. Le seigneur de Candalle et le comte Hugues ne firent pas ainsi, car ils s'arresterent au carrefour où estoyent leurs gens : Le capitaine Artigueloube s'en alla au bataillon, derrier le rampart. La feste commença à moy. Je ne sçay si c'est ou bon-heur ou malheur, tant y a que tousjours je me trouvois où les coups se donnoient, et là où on commençoit. Or une trouppe d'arquebusiers vint droit à moy, courant; et, pource que j'avois mis derrier une levée du fossé qui regardoit tout au long du grand chemin venant de la Magdaleine, une partie de mes arquebusiers, et l'autre dans les fossez à main droite et à main gauche en file, plus pour la crainte de nostre artillerie qui tiroit des galleres, que non pas des ennemis, ils s'approcherent de nous à moins de vingt pas; lors nous tirasmes tous à un coup, qui fut cause que cinq ou six hommes tomberent morts par terre. Mes arquebusiers ne pouvoyent faillir de tirer, car tout le chemin estoit plein. Ils prindrent la fuitte, et les menasmes jusques tout joignant la Magdaleine : alors ils se renforcerent, et se mirent hors du chemin à main droite d'eux, et du costé où estoit M. de Laval de Dauphiné, avecques sa compagnie d'hommes d'armes, nepveu de M. de Bayard, et pere de madame de Gordes, qui est à present fort vaillant gentilhomme. M. de Candalle, qui avoit veu ma cargue (1), et voyoit que tout se descouvroit, et que l'ennemy, à pied et à cheval, entroit dans un grand pré où estoit M. de Laval, craignant qu'ils m'en fissent encores un autre, m'envoya cinquante arquebusiers de renfort; et tout à un coup un bataillon d'Allemans se presenta à cent ou six vingts pas de moy, à main droicte. Cependant l'arquebuserie espagnole tiroit de furie sur ceste gendarmerie, laquelle se retiroit au grand pas droit au carrefour de M. de Candalle, là où il fut fait une grande faute. Je la vous veux escrire, afin que ceux qui la liront en puissent tirer profit, car peut estre les hazards de la guerre les jetteront en mesme estat.

Le comte Hugues et M. de Candalle avoyent mis sur le grand chemin des picquiers, sans laisser place pour retirer la cavallerie; il falloit que M. de Laval, en despit qu'il en eust, passa par là; car entre M. de Candalle et moy, il y avoit un grand fossé, où les gens de cheval n'eussent sceu passer. Que s'ils eussent laissé le chemin libre, et qu'ils se fussent mis en bataille derrier le fossé, ils eussent arresté sur cul la furie des ennemis; et ainsi M. de Laval se fust sauvé aisément au long du chemin, et eust faict une honorable retraite. Comme les ennemis virent que M. de Laval estoit contrainct de prendre le trot, ils le chargerent par gens de pied et gens de cheval, de queuë et de teste : et comme ledit sieur de Laval se fut jetté dans le grand chemin pour passer outre, il rencontra ces picquiers au milieu d'iceluy, et, outre son gré, fut contrainct de passer outre, et, en passant, porta par terre tout ce qui se trouva devant eux; car nos picquiers ne pouvoyent faire largue. Cela mit tout en desordre : je cuyday enrager, voyant une telle incongruité. Il n'en faut donner le tort à M. de Can-

(1) *Cargue*, action de charger l'ennemi. (*Dict. étimolog. de Ménage.*)

dalle, pource qu'il estoit jeune et ne s'estoit jamais trouvé en telle feste, mais au comte Hugues, qui estoit desja vieux soldat. Je ne veux pas dire qu'il ne fit bien vaillamment; mais ce n'est pas tout d'estre vaillant et hardy, il faut estre sage; il faut prevoir tout ce qui peut survenir, veu qu'aux armes les fautes sont irreparables: une bien legere traine souvent apres soy une grande perte, comme il fit à luy-mesme, qui n'avoit songé à tout; car le comte Hugues fut pris prisonnier, et M. de Candalle aussi, estant blessé d'une harquebusade en un bras. Trois jours apres, les ennemis le renvoierent à M. de Lautrec, duquel il estoit parent, voyant qu'il s'en alloit mourir, comme de fait il trespassa le lendemain, et fut enseveli à Bresse.

C'estoit un brave et honneste seigneur, s'il en sortit jamais de la maison de Foix, s'il eust continué comme il avoit commencé. Je ne cogneus jamais homme si soigneux et desireux d'apprendre le faict de la guerre des vieux capitaines, que celuy-là. Pour cest effect, il se rendoit plus subject du comte Pedro de Navarre que le moindre de ses serviteurs. Il desiroit entendre la raison de toutes choses, et s'informoit de tout, sans s'amuser à ce que la jeunesse desire et ayme. On le trouvoit plustost au quartier du comte Pedro de Navarre, qu'à celui de M. de Lautrec; aussi le comte disoit tousjours qu'il se nourrissoit là un grand capitaine; et, à la verité, quand on le porta, ledit comte le baisa la larme à l'œil. Ce fut une grande perte. Tout ce qui se trouva là fut mort ou pris, si ce n'est quelques-uns qui se sauverent par les fossez, sautant de fossé en fossé, encore fut-ce peu de chose. Les ennemis suivirent de ce costé-là tresbien leur victoire.

De ma part, je m'acheminay au long d'une haye, faisant toujours teste aux Allemans le moins mal que je pouvois: la bonne fortune voulut pour moy et pour ma trouppe qu'ils me suivirent assez froidement. A l'arrivée au portail dont je vous ay parlé, je trouvay une grande trouppe de gens de cheval des ennemis, que le seigneur dom Ferrando de Gonsague conduisoit, car c'estoit luy qui fit la cargue; de sorte que pour regaigner le portail, il me fallut combattre, resolu de passer ou mourir. Je fis faire à mes soldats une salve d'arquebusades; car de moy je n'avois que la parole, sur ceste salve ils me firent place. Ainsi, ayant passé le portail, je tournay teste aux ennemis, et fis faire ferme à mes gens. Et en mesme instant arriva leur arquebuzerie, laquelle chargea tout à un coup sur nous, ensemble toutes les trouppes, tant de pied que de cheval. Voyant ce choc venu sur moi, je gaignay le derrier de la tranchée avec mes arquebuziers seulement qui s'estoient sauvez. M. le marquis se trouva en tel estat, qu'il tenoit le tout pour perdu. Je combattis le portail une grand demy heure du derrier de la tranchée; car le portail demeura libre, tant de leur costé que du nostre. Ils n'osoient passer, ny nous aussi en approcher, ny enfoncer. Si jamais soldats firent acte de vaillans hommes, ceux-là le firent. Tout ce que j'avois ne pouvoit estre plus haut de cent cinquante hommes. M. le marquis vint au capitaine Artigueloube pour le faire lever, d'autant que tous estoient le genouil à terre, parce qu'estans debout, l'arquebuzerie espagnole les pouvoit voir, et luy cria: « Capitaine Artigueloube, je vous prie, levez-vous, et donnez, car il faut passer le portail. » Mais il luy respondit qu'il ne se pouvoit presenter au portail sans perdre le meilleur de nos gens, comme il estoit vray; car toute l'arquebuzerie espagnole estoit arrivée. J'estois contre le portail, et oyois tous ces propos. M. le marquis, ne se contentant de ceste response, courut aux Bandes Noires, leur commandant marcher vers le portail; ce qu'elles firent. Je cognus à leur desmarche le commandement qu'elles avoyent receu: ce qui fut cause que j'avançay le pas, et crie au capitaine Artigueloube: « Mon compagnon, vous recevez icy une escorne pour jamais, car voyla les Bandes Noires, sur ma vie, qui viennent au portail pour emporter l'honneur. » Il se leva lors, car il n'avoit pas faute de cœur, donnant la teste baissée au portail. Le voyant venir, je me jette soudain sur le portail, passant avec tous mes gens, qui me suyvirent, marchant droict aux ennemis, qui n'estoient esloignez de nous plus de cent pas. Nous fusmes suyvis des trouppes que le seigneur marquis envoyoit; mais comme la moitié estoit passée, M. le marquis fit crier de main en main qu'on fit alte sans s'avancer plus avant. Les ennemis, voyant nostre resolution, et la cavallerie qui venoit à nostre queuë, prindrent party de se retirer. Je m'estois avancé, nous saluans à cinquante pas avec bonnes arquebuzades, et avions envie de nous mesler, lorsque M. le marquis vint, luy second, à cheval, pour m'arrester. Je croy qu'il fit mal; car, si tout fust passé, nous les eussions menez battans jusques aux portes de Naples. Il y eut là, d'un costé et d'autre, plusieurs portez par terre, qui n'en releveront jamais; et m'estonne que je n'y demeuray; mais mon heure n'estoit pas venuë.

Ce qui occasionna M. le marquis de faire sa retraitte, fut pour la crainte qu'il avoit de tenter un second coup fortune. Il se contenta de la perte qu'il avoit faicte, sans vouloir plus hazarder,

Ainsi bien las et harassez, nous retournasmes repasser par ce portail, qui avoit esté tant combattu, où maints bons hommes demeurerent. Celuy qui estoit avec M. le marquis, quand il me vint faire retirer [il ne me souvient de son nom], luy dit, car je l'entendis : « Monsieur, je cognois maintenant que le proverbe de nos anciens est veritable, qui dit qu'*un homme en vaut cent, et cent n'en vallent pas un*. Je le dis pour ce capitaine qui a le bras en escharpe, qui est appuyé contre ce tertre. [Aussi je n'en pouvois plus] car il faut confesser qu'il est seul cause de nostre salut. » J'entendis, toutesfois je ne faisois semblant de l'ouyr, que le marquis respondit : « Celuy là fera tousjours bien par tout où il se trouvera. » Encores que cecy soit à mon honneur et à ma loüange, puis qu'il est veritable, je l'ay voulu mettre par escrit, sans pourtant estre ny glorieux ny vantard; j'ay acquis assez de gloire sans cela. Cecy peut estre donnera envie aux capitaines qui liront ma vie, quand ils se trouveront en quelque grand besoin, en faire le semblable. Il faut que je die que lors j'estimay plus la loüange que me donna ce gentilhomme et mondit sieur le marquis, que s'il m'eut donné la meilleure terre des siennes, encore que pour lors je fusse bien pauvre. Ceste gloire me fit enfler le cœur, et encores plus, quand on me dit qu'en souppant on en avoit entretenu M. de Lautrec et M. le prince (1). Ces petites pointes d'honneur servent beaucoup à la guerre, et font que quand on s'y retrouve on ne craint rien : il est vray qu'on se trompe souvent; car on n'en rapporte que des coups : il n'y a ordre, il en faut prendre et donner.

Capitaines, et vous seigneurs, qui menez les hommes à la mort, car la guerre n'est autre chose, quand vous verrez faire quelque brave acte à un des vostres, loüez-le en public; contez-le aux autres, qui ne s'y sont pas trouvez. S'il a le cœur en bon lieu, il estime plus cela que tout le bien du monde, et à la première rencontre il taschera encore de mieux faire. Que si vous faictes comme plusieurs font, qui ne daignent pas faire cas du plus beau fait d'armes qui soit, et qui passent tout par mespris, vous trouverez qu'il faudra que vous les recompensiez par effets, puis que vous ne le voulez faire de parole. J'ay tousjours traicté ainsi les capitaines qui ont esté sous moy, voire les plus simples soldats : aussi je les eusse fait donner de teste contre une muraille, et les eusse arrestez au plus dangereux lieu qui se fust sçeu presenter, comme je fis là.

Voylà le premier mal-heur et la premiere disgrace qui nous estoit encores advenuë en tout ce voyage. Il sembla à tout le monde que le seigneur prince de Navarre nous avoit apporté tout mal-heur et mal'encontre. Pleust à Dieu qu'il fust demeuré en Gascoigne ! car aussi vint-il finir ses jours bien loing, sans avoir rien fait que voir Naples. Il mourut trois semaines apres son arrivée ou environ, et fut cause de la mort de ce brave jeune seigneur (2) [que je regreteray tousjours], qui avoit cest honneur d'estre son parent. Mais encore ce ne fut pas tout : car comme on sçeut qu'un tel prince arrivoit, tout le monde entra en opinion qu'il amenoit quelque beau secours et renfort, voire mesme de l'argent pour payer l'armée : mais rien de tout cela; car ny luy, ny les galeres ne nous amenerent un seul homme de renfort, et rien que sa maison et quelques gentils-hommes volontaires. Cela osta fort le cœur à toute nostre armée, grandement affligée. L'ennemy, qui le sçeut, redoubla son courage, et cogneut par là que les eauës françoises estoient basses, puisqu'un tel prince venoit en equipage, comme si c'estoit seulement pour venir voir le monde. Il ne s'en falloit prendre à luy, mais à ceux qui l'envoyoient.

C'est une grande faute aux roys et aux princes qui entreprennent de grandes choses, de tenir si peu de conte de ceux qu'ils sçavent engagez en entreprise de consequence, comme estoit celle dudit sieur de Lautrec; car la prise de Naples asseuroit fort l'estat de la France, laquelle eust eu pour longues années les coudées franches. Nous l'eussions longuement disputé, si une fois il eust esté à nous; car nos pertes precedentes nous eussent fait sages. Une autre faute fit nostre Roy, de n'envoyer quelque belle trouppe de noblesse et de gens de pied avec ledit sieur prince; car cela, comme j'ay dit, fit croire à nos gens, ou qu'il ne faisoit pas grand estat de nous, ou qu'il estoit empesché ailleurs. Ce n'estoit pas la faute dudit seigneur de Lautrec, qui ne cessoit de faire depesche sur depesche, pour advertir le Roy de tout. Mais je retourne à moy; car, comme j'ay tous-jours protesté, je ne veux faire l'historien : j'y serois bien empesché, et ne sçaurois par quel bout m'y prendre.

Or voylà la derniere faction où je me trouvay, et, encores que je ne fusse pas le chef qui la commandoit, si avois-je charge d'une bonne trouppe et bonne part au combat qui fut rendu, lequel fut tres-beau, et non pour tous. Je l'ay escrit pour m'acquitter de ce que j'ay promis,

---

(1) Le prince de Navarre.

(2) Le seigneur de Candale.

qui est de deduire ce qui s'est faict là où j'ay commandé, passant le reste bien legerement, comme je fais le surplus de ce mal-heureux siege, lequel en fin nous fusmes contraints de lever, M. de Lautrec estant mort, au grand mal-heur de toute la France, laquelle n'a jamais eu capitaine doüé de meilleures parties que celuy-là; mais il estoit mal-heureux, et mal secouru du Roy, apres qu'on l'avoit engagé, comme on fit à Milan, et puis à Naples. De ma part avec ce qui se sauva, qui fut presque rien, je m'en revins à pied la pluspart du chemin, portant mon bras en escharpe, ayant plus de trente aulnes de taffetas sur moy, pour ce qu'on me lioit le bras avec le corps, un cuissen entre deux, souhaitant la mort mille fois plus que la vie ; car j'avois perdu tous mes seigneurs et amis qui me cognoissoient, y estans tous morts, sauf M. de Monpezat, pere de cestuy-cy, et le pauvre dom Pedro, nostre colonel, pris et mené prisonnier dans la Roque de Naples, où on le fit mourir, ayant l'Empereur mandé qu'on lui fit coupper la teste, pour la recompense de ce qu'il s'estoit revolté contre luy. C'estoit un homme de grand esprit, auquel M. de Lautrec, qui ne croyoit guere personne, avoit grande creance : si croy-je, et ne suis pas tout seul, qu'il le conseilla mal en ceste guerre; mais quoy, nous ne jugeons que par les evenements.

En ce bel equipage j'arrivay à nostre maison, où je trouvay mon pere assez en necessité pour n'avoir pas grands moyens de m'ayder, d'autant que son pere avoit vendu des quatre parts les trois des biens de la maison, et le laissa encores chargé de cinq enfans d'un second mariage ; et nous qui estions dix de nostre pere. Chacun peut penser comme il a fallu que nous, qui sommes sortis de la maison de Montluc, ayons suivy la fortune du monde en toute necessité. Nostre maison n'estoit pas si petite, qu'elle ne fust de pres de cinq mil livres de rente, avant qu'elle fust venduë.

[1529-1532] Pour m'accommoder de tous poincts, je demeuray trois ans sans pouvoir guerir de mon bras en aucune maniere; et apres estre guery, il fallut faire tout ainsi que le premier jour que je sortis hors de page, et, comme personne incognuë, chercher ma fortune aux grands perils de ma vie, endurant beaucoup de necessitez. Je louë Dieu du tout : car, quelque traverse que j'aye eu, il m'a tousjours aydé.

[1533] Au premier remuement de guerre, le roy François dressa les legionnaires; qui fut une tres-belle invention, si elle eust été bien suivye [pour quelque temps nos ordonnances et nos loix sont gardées, mais apres tout s'abastardit]; car c'est le vray moyen d'avoir tousjours une bonne armée sur pied, comme faisoient les Romains, et de tenir son peuple aguerry, combien que je ne sçay si cela est bon ou mauvais. La dispute n'en est pas petite : si aymerois-je mieux me fier aux miens qu'aux estrangers.

[1534-1535] Le Roy en donna mil au seneschal de Thoulouse, seigneur de Faudouas, lequel me fit son lieutenant : et encores que ce fust de la legion de Languedoc, et qu'il en fut colonel, je luy dressay toute sa compagnie en Guyenne, et lui fis ses centeniers, cap-d'escoades et enseignes.

[1536] Un grand bruit couroit lors par la France, que l'Empereur, pour les grandes intelligences qu'il avoit, s'avançoit pour la conqueste d'un tel et si grand royaume, avec forces invincibles, pensant surprendre le Roy nostre maistre au despourveu, comme de fait il s'avançoit vers la Provence. Le Roy, pour s'opposer à un tel et si grand ennemy, manda ses forces de toutes parts : nous fismes une telle diligence, aussi n'ay-je jamais esté paresseux, que nostre compagnie fut la premiere qui arriva à Marseille ; et y trouvasmes M. de Barbezieux (1), qui estoit de La Rochefoucault, et de Monpezat, que le Roy avoit faict ses lieutenans, ayant autant d'authorité l'un que l'autre ; et les seigneurs de Botieres (2) et de Villebon, prevost de Paris ; les compagnies de M. le grand escuyer Galliot, et dudict seigneur de Monpezat, qui venoient de Fossan tous desmontés, n'ayant chascun qu'un courtaut : car la reddition dudict Fossan, qui se perdit par l'enorme trahison, et peut estre inouye, du marquis de Salusses, il fallut qu'ils laissassent leurs grands chevaux. L'Empereur estant bien tost apres arrivé à Aix, nous eusmes incontinent les compagnies legionnaires de mil hommes de M. de Fonterailles, pere de ceux-cy qui sont en vie, et de M. d'Aubigeous (3), et celles de Languedoc ; Christofle Goast, qui estoit d'Alexandrie, avec sept compagnies d'Italiens. Je ne sçaurois dire si les compagnies de M. de Botieres et de Villebon y estoient ; bien me souvient de celle dudict seigneur de Barbezieux. Et tant que l'Empereur demeura à Aix, nous demeurasmes tousjours à Marseille, où ne se fit aucune faction, que celle que je vais descrire.

Comme l'Empereur eust demeuré long temps à Aix, attendant sa grosse artillerie pour nous venir battre, les vivres luy diminuoyent tous-

---

(1) François, comte de La Rochefoucault, seigneur de Barbezieux.

(2) Lisez *Boutières*.
(3) Jacques d'Amboise, baron d'Aubigeous.

jours de plus en plus. Pendant ces entrefaittes, le Roy arriva à Avignon, là où Sa Majesté fut advertie que, si l'on brusloit quelques moulins que l'Empereur tenoit vers Arles, et mesmes un qui estoit à quatre lieuës d'Aix, nommé le moulin d'Auriole, le camp des ennemis seroit bien tost affamé. Il fit faire l'execution du bruslement desdits moulins qui estoient vers Arles, par le baron de la Garde, qui avoit une compagnie de gens de pied, et le capitaine Thorines, guidon de M. le comte de Tandes (1), et autres; lesquels en vindrent à bout : et neantmoins, les espions rapportoient tousjours au Roy qu'il falloit brusler ceux d'Auriole, d'autant qu'ils nourrissoient ordinairement toute la maison de l'Empereur, et les six mil soldats, vieux Espagnols, lesquels il tenoit tousjours pres sa personne. Sa Majesté manda plusieurs fois à MM. de Barbezieux et de Monpezat de hazarder une trouppe d'hommes pour aller brusler lesdits moulins d'Auriole; et le premier à qui il presenta l'execution, fut audit Christofle Goast (2), lequel la refusa, disant qu'il y avoit cinq lieuës jusques ausdits moulins, où il falloit combattre soixante hommes de garde qu'il y avoit dedans, et une compagnie entiere dans la ville; et que, par ce moyen, il luy falloit faire cinq lieuës à aller, et autant à revenir; et qu'à cause de ceste longue traitte, allant ou revenant, il seroit deffait sur les chemins : car bien tost l'Empereur seroit adverty, pour n'y avoir que quatre lieuës dudit Auriole jusques à Aix; d'autre part, que ses soldats ne sçauroient faire dix grandes lieuës sans sejourner. Ceste response fut envoyée au Roy, lequel ne la print pour argent comptant, ains contremanda plus vivement qu'on la presentast à d'autres; et que, quand bien mil hommes se perdroient à ceste entreprise, il ne s'en donnoit pas peine, car le profit en le bruslant seroit plus grand que la perte [tant on fait bon marché des hommes]. Surquoy on la presenta à M. de Fonteraille (3), lequel une fois estoit resolu de l'entreprendre ; mais il y eut de ses amis qui lui remonstrerent sa perte, qu'ils luy firent toucher au doigt ; qui fut cause qu'il se refroidit : et manderent le tout à Sa Majesté, laquelle, ayant souvent nouvelles du proffit qu'avoit apporté la rupture des autres moulins, poursuyvoit tousjours apres lesdits seigneurs d'envoyer rompre ceux-cy. Or, un jour apres que j'eus entendu le malcontentement du Roy, et les raisons de ceux à qui l'on avoit presenté l'entreprinse, lesquelles à la verité estoient justes et raisonnables, je me mis à penser en moy-mesme comment je la pourrois executer, et que, si Dieu me faisoit la grace d'en venir à bout, ce seroit me faire cognoistre au Roy, et retourner en la mesme reputation et cognoissance des grands que j'avois auparavant acquise, laquelle les deux ans d'oysiveté et la longueur de ma blesseure avait fait esvanoüir. Ce n'est rien, mes compagnons, d'acquerir la reputation et un bon nom, si on ne l'entretient et continuë. Ayant donc prins en moy ceste resolution, de l'executer, ou de crever, je m'informay au long de mon hoste, qui estoit du lieu où ces moulins estoyent. Il me dit qu'Auriole estoit une petite ville fermée de hautes murailles, là où il y avoit un chasteau bien muré, et un bourg composé de beaucoup de maisons, avec une grand ruë par le milieu ; et au bout dudit bourg estoit le moulin à main gauche, qui venoit de la ville ; et que à la porte de ladicte ville y avoit une tour qui regardoit tout au long de la grand ruë du moulin, devant lequel homme ne s'osoit tenir sans encourir peril d'estre tué ou blessé ; et par delà le moulin, il y avoit une petite eglise à plus de trente ou quarante pas, me disant qu'il falloit passer à Aubaigne deux lieuës de Marseille, et delà jusques à Auriole y en avoit trois, si on passoit par la montagne, ce que gens à cheval ne pouvoyent faire aucunement ; et que par le chemin des chevaux, il y avoit pres d'une lieuë, et d'avantage ; et si falloit passer une riviere où les chevaux y avoyent tousjours eauë jusques à demy ventre, à cause que tous les ponts avoyent esté rompus. Apres que mon hoste m'eust dit cela, je consideray que si j'entreprenois l'execution avec grand trouppe, je serois deffait; car n'y ayant que quatre lieuës jusques au camp de l'Empereur, il seroit incontinent adverty, et envoyeroit sa cavallerie sur le chemin de mon retour : comme il advint ; car, incontinent que nous arrivasmes au moulin, le capitaine du chasteau advertit l'Empereur. Ainsi je pensay qu'il me valloit mieux l'entreprendre avec peu d'hommes, estans tous bien ingambes, et le pied leger, afin que, si je venois à bout de l'entreprise, j'eusse le moyen de me retirer par un chemin ou autre ; considerant qu'encores que je me perdisse avec petit nombre, la ville de Marseille ne seroit aucunement en danger d'estre perduë ; qui estoit ce que plus se disputoit au conseil : car, perdant mil ou douze cens hommes, qu'on jugeoit necessaires pour ceste entreprinse, ladicte ville se mettoit en hazard, mesmes en attendant un siege. Je priay mon hoste de me

---

(1) Claude de Savoie, comte de Sende et de Sommerive.

(2) Du Bellay le nomme Christophle *Guasco*.
(3) Michel d'Astarac, baron de Fontrailles.

trouver trois hommes qui me guidassent bien la nuit, et qu'à point nommé ils m'amenassent deux heures devant jour aux moulins : ce qu'il fit; et, apres avoir bien consulté avecques ces guides, je les vis en doubte; en fin mon hoste les fit resoudre, et leur mit le cœur au ventre : je leur donnay à chascun un couple d'escus, et les fis tenir à mon logis. Cecy pouvoit estre environ midy, et, ayant disputé avec mon hoste, combien d'heures duroit la nuict pour lors, nous trouvasmes que, pourveu que je partisse à l'entrée de la nuict, j'avois le temps qu'il me falloit; et, pour ne divulguer mon voyage, j'allay à M. de Montpezat le premier, luy dire ce que je voulois faire, et comme je ne voulois prendre que six vingts hommes choisis en la compagnie de monsieur le seneschal, de laquelle j'estois lieutenant. En quelque part que je me suis jamais trouvé, j'ay tousjours prins peine de discerner les bons des mauvais, et juger leur portée; car tous ne sont pas propres à toutes choses. Ledit sieur de Monpezat trouva fort estrange mon dire, et, pour l'amitié qu'il me portoit, me conseilloit de ne faire ceste folie; et qu'on m'en bailleroit cinq cens si je les voulois. Je luy dis que je ne le voudrois entreprendre avec cinq cens, ce que je ferois bien avec six vingts. Je le tourmentay tant, qu'il fut contrainct d'aller parler avec M. de Barbezieux, lequel le trouva encores plus estrange, et vouloit sçavoir de moy les raisons, et par quel moyen je voulois executer ceste entreprinse avec si peu de gens. Je luy dis que je ne voulois declarer à personne comme j'y voulois proceder. M. de Monpezat luy disoit tousjours : « Laissez l'aller : quand bien il se perdra et si peu de gens, la ville n'en sera pas perdue, et à tout le moins nous contenterons le Roy. » M. de Villebon se mocquoit de moy, et disoit à M. de Barbezieux : « Laissez l'aller, car il prendra l'Empereur, et serons tous esbahis qu'il nous le menera demain matin en ceste ville. » Or il ne m'aimoit guere, pour une attaque que nous avions euë au portal Real, et ne me peux tenir de luy dire qu'il sembloit un coigne festu, et qu'il ne vouloit rien faire, ne laisser faire les autres. Le tout se passa en risée, encore que je fusse à demy en colère : il ne me falloit gueres picquer pour me faire partir de la main. Le seneschal de Thoulouse, mon capitaine, adheroit à mon opinion, et sur l'heure il me fust donné congé d'aller choisir six vingts hommes sans plus ; ce que je fis, ne prenant qu'un centenier, et les caps d'escoade; le surplus estoyent tous gentils-hommes, y en ayant une bonne trouppe en ceste compagnie là, laquelle en valloit bien cinq cens. Ce n'est pas tout d'avoir des hommes un grand nombre : quelques fois il nuit plus qu'il ne profite; car je priay M. de Barbezieux de faire fermer les portes de la ville, estant bien asseuré que beaucoup de gens me suivroyent; ce qu'il fit, et ne tarda une heure que mon entreprise ne fust sceuë par toute la ville. Justement au soleil couchant, je me rendis à la porte avecques mes six vingts hommes, où il n'y avoit que le guichet ouvert. La ruë estoit si pleine de soldats qui vouloyent sortir, que à peine pouvois-je cognoistre les miens, et leur commanday se tenir tous par les mains l'un à l'autre : je les cognoissois tous. Et, comme je fus pres de la porte, M. de Tavanes, qui a esté depuis mareschal de France, vint à moy, estant pour lors guidon de la compagnie de M. le grand escuyer Galiot avecques quinze ou vingt gentils-hommes de laditte compagnie, tous de ce quartier de deça, lequel me dict vouloir venir avec moy : je le priay plusieurs fois de rompre son dessein; mais je perdis mon temps luy persuadant cela, car il estoit resolu, et ceux qui estoyent avec luy. MM. de Barbezieux, de Monpezat, de Botieres, de Villebon (1), et senechal de Thoulouse, estoyent hors la porte et sur le guichet, nous tirant l'un après l'autre ; et comme M. de Tavanes (2) voulut passer, M. de Barbezieux ne le vouloit permettre, luy disant qu'il ne seroit pas de la partie; et là il y eut de la colere d'un costé et d'autre : mais, quoy qu'il fit, il s'en fit accroire et passa le guichet; qui fust cause qu'on me retint quinze ou vingt hommes de ceux que j'avois choisis : mais je ne perdis rien au change, et ce retardement fut cause qu'il fut nuict close avant que nous nous missions en chemin. M. de Castelpers (3), lieutenant de M. de Montpezat; qui me portoit grand amitié, ayant entendu la mocquerie que l'on faisoit de moy, se delibera de monter à cheval, ayant quinze ou vingt hommes d'armes de ladicte compagnie, ayant chascun un bon cheval ; lequel avoit parlé avec M. de Montpezat en sortant de la porte, et le pria n'estre mal-content s'il venoit à l'entreprinse, luy disant que j'estoy Gascon, et que si je n'en venois à bout, les François se moqueroyent de moy. M. de Montpezat le trouva un peu aigre ; en fin il le laissa venir, et courut monter à cheval, pouvant estre environ luy vingtiesme.

Or, pour deduire ceste entreprinse, encores que ne soit pas la conqueste de Milan, elle pourra servir à ceux qui en voudront faire leur proffit. Comme nous fusmes sur le plan Sainct

---

(1) Jean d'Estouteville, seigneur de Villebon.
(2) Gaspard de Saulx de Tavannes, père de l'auteur des Mémoires qui feront partie de cette collection.
(3) Raimond de Castelpers, baron de Panna.

Michel, je baillay au capitaine Belsoleil, centenier de nostre compagnie, soixante hommes, et j'en retins autres soixante, comprins M. de Tavanes, avec sa trouppe; et luy baillay une bonne guide, s'accordant avec les autres deux, luy disant qu'il ne falloit point qu'il s'approchast de moy de cent pas, et que nous marcherions tousjours à demy grand pas. Et comme M. de Tavanes et moy commençasmes à nous acheminer, arriva M. de Castelpers, duquel nous n'avions jamais entendu la deliberation : aussi la fit il sur l'heure que nous passions le guichet, ce qui nous retarda plus de demy heure; mais en fin nous resolumes qu'il prendroit le chemin des chevaux, et luy baillay aussi une de mes guides, qu'il fit monter en croupe : de sorte que nous eusmes trois trouppes, et chascun sa guide. Je luy dis que, quand il seroit au bout du bourg, qu'il s'arrestast derriere l'eglise; car s'il entroit en la ruë, la compagnie qui estoit dans la ville le tueroit, ou leurs chevaux; parquoy, qu'il ne s'approchast point qu'il n'entendist nostre combat. Et ainsi nous departismes et cheminasmes toute la nuict, et jusques à Aubaigne trouvasmes beau chemin; et de là, jusques à Auriole, nous alasmes par montaignes, où je croy qu'il ne passoit que des chevres. Et, comme nous fusmes à demy quart de lieuë d'Auriole, je fis alte, et dis à M. de Tavanes qu'il m'attendist, car j'avois à parler à Belsoleil, lequel je trouvay à cent pas ou plus pres de nous; et parlant à luy et à sa guide, je luy dis que, quand nous arriverions au bourg, qu'il ne me suyvist point, mais qu'il prist le chemin qui alloit droit à la porte de la ville, entre le bourg et ladicte ville, et qu'il s'arrestast tout contre la porte d'icelle; car il falloit qu'il gaignast deux maisons des plus proches de ladicte porte, et que promptement il les perçast pour garder que les ennemis ne peussent faire sortie et nous nuyre; et que là il combatist sans nous secourir aucunement. Et de main en main fis dire aux soldats que nul n'eust à abandonner le combat de la porte pour venir à nous au moulin, et qu'ils fissent ce que le capitaine Belsoleil leur commanderoit. Et alors, estant retourné vers M. de Tavanes, nous nous acheminasmes; et, pour ce qu'il nous falloit passer bien pres du chasteau et de la muraille de la ville, leurs sentinelles nous crierent par deux fois : *Qui va là?* à quoi nous ne respondismes rien, ains cheminions tousjours. Et, comme nous fusmes bien pres du bourg, nous laissasmes le chemin du capitaine Belsoleil, et coulasmes par derriere les maisons dudict bourg : et, arrivez que fusmes au bout où estoit le moulin, il fallut descendre trois ou quatre degrez de pierre pour entrer en la ruë, où nous trouvasmes une sentinelle, qui ne nous descouvrit qu'à la longueur d'une pique de luy, et nous dist : *Qui vive?* Je luy respondis *Espagne*. Le cry n'estoit pas *Espagne*, mais *Impery*; parquoy il nous tira sans rien toucher. Lors M. de Tavanes et moy nous jettasmes à coup perdu dans la ruë, et fusmes bien suyvis, et en trouvasmes trois ou quatre des ennemis hors sur la porte du moulin, qui r'entrerent hastivement dedans. Ladicte porte estoit faicte à deux parties, avec une barre qui fermoit le tout : à l'une partie il y avoit un grand coffre derriere; et l'autre, ladicte barre la tenoit presque fermée, et eux derriere. Ledit moulin estoit plein de gens, haut et bas; car ils estoient soixante dedans, avec le capitaine, lequel n'avoit rien que voir au gouverneur de la ville, ayant chascun sa charge; et fallut que nous entrissions là l'un apres l'autre. M. de Tavanes se voulut jetter dedans; mais je le pris par le bras, et, le tirant arriere, j'y poussay dedans un soldat qui estoit derriere moy. Les ennemis ne tirerent que deux arquebuzades, pour ce qu'ils n'avoient le loysir, estans tous endormis, sauf ces trois ou quatre qui estoient en la ruë devant le moulin, lesquels avoient esté mis là pour sentinelles. Et, comme ledict soldat fut dedans, je dis à M. de Tavanes : « Entrez à cet heure, si vous voulez; » ce qu'il fit, et moy apres luy : et commençasmes à mener à bon escient les mains, n'y ayant qu'une seule clarté sur le plancher. Ils gaignerent le haut par un degré de pierre assez large, et deffendoient ce degré du haut du plancher. Cependant je fis sortir dehors un soldat, dire aux autres qu'ils montassent sur la couverture du moulin, et que, le descouvrant, ils leur tirassent dedans; ce que promptement fut faict : tellement que, comme les ennemis entendirent que nos gens estoient sur ladicte couverture, et desja leur tiroient, ils commencerent à se jetter dans l'eauë par une fenestre qu'il y avoit derriere ledict moulin. Neantmoins nous montasmes l'eschelle, et y tuasmes ceux qui restoient, sauf le capitaine, blessé de deux playes, et sept autres, tous blessez aussi, qui furent prins. Je manday au capitaine Belsoleil qu'il print courage de combattre la porte de la ville, car le moulin estoit à nous. L'alarme tandis estoit grande dans ladicte ville, et ceux de dedans s'efforcerent par trois fois de sortir : mais nos gens les tenoient de si court, qu'ils n'oserent du tout ouvrir la porte. Je luy envoyay encores la pluspart de nos gens pour le secourir, et nous attendismes à brusler le moulin, et prismes tous les ferremens d'iceluy, mesmes ceux qui servoient à tourner les meules, afin qu'ils ne le peussent refaire; et ne bougeasmes de là que le moulin ne fust entierement bruslé haut et bas, ensemble les meules roulées dans l'eauë. Or M. de Tavanes fut marry quand je le retiray en arriere, et me dit apres, en nous en retournant, pourquoy je ne l'avois laissé entrer le premier, pensant que je voulusse donner l'honneur aux soldats: je luy respondis que je cognoissois bien qu'il n'estoit pas encores rusé, et que ce n'estoit lieu qui meritast qu'un si homme de bien que luy mourust, et se falloit garder pour une bonne bresche, et non pour un chetif moulin.

Sur ces entrefaictes arriva M. de Castelpers, et laissa sa trouppe derriere l'eglise, venant à nous à pied: sur ce le jour commençoit à paroistre. Je priay MM. de Tavanes et de Castelpers de se retirer derriere ladicte eglise: car les arquebuzades tomboient fort espaisses au long de la ruë, où l'on pouvoit descouvrir ceux qui passoient; et leur dis que je m'en allois retirer à Belsoleil: sur quoy ils allerent derriere ladicte eglise. Et, comme je faisois retirer nos gens les uns apres les autres, courant deça et delà le long de la ruë, M. de Castelpers se presenta avec vingt chevaux du costé de l'eglise; qui nous fit un grand bien, car peut estre qu'ils fussent sortis. Je n'eus que sept ou huict hommes blessez, lesquels neantmoins cheminerent, sauf un gentil-homme, nommé Vignaux, lequel nous chargeasmes sur un asne, de ceux que nous avions trouvé dans le moulin; et apres nous commençasmes à nous retirer vers le haut d'une montaigne, qui estoit presque le chemin que M. de Castelpers avoit fait. Et, comme les ennemis virent que nous estions si peu, ils sortirent tous à nostre queuë; mais nous eusmes desja gaigné le haut de ladicte montaigne quand ils arriverent au bas, et, avant qu'ils fussent sur le haut, nous estions au val de l'autre costé, pres d'en monter une autre, y ayant en ces quartiers là plusieurs colines. Nous n'allions jamais que le pas: et ainsi cheminasmes droit à Aubaigne. J'avois commandé aux soldats qui estoient avec nous que chascun portast un pain, lequel ils mangerent par les chemins; j'en avois aussi fait porter quelque peu, lequel je departis aux gens d'armes de M. de Tavanes, et nous-mesmes en mangions cheminans tousjours. Je mets cecy par escrit, afin que quand un capitaine fera une entreprise de longue traicte, qu'il prenne exemple à faire porter quelque peu à manger pour rafraischir les soldats, afin qu'ils puissent soustenir plus longuement le travail; car l'homme n'est pas de fer. Et, comme nous fusmes à Aubaigne, deux lieuës de Marseille, nous entendismes l'artillerie des galleres et de la ville, qui sembloit que ce fust une salve d'arquebuzes: et pensions reposer un peu audit Aubaigne; mais nous fusmes contraints de passer outre sans autre rafraichissement, entrans en dispute de ce que nous devions faire: si est-ce que nous nous asseurasmes bien que l'Empereur estoit arrivé devant la ville, et que de mesmes il l'assiegeroit; pensans d'ailleurs qu'il nous seroit impossible d'y pouvoir r'entrer: ce qui nous faisoit souvent despiter et maudire l'entreprise, pour nous voir enfermer dehors; et tout tomboit sur moy, qui estois l'autheur. M. de Castelpers s'estoit une fois resolu de s'en aller donner de cul et de teste à travers le camp de l'ennemy, pour rentrer dans la ville: mais, comme il nous vint dire son advis, nous luy remonstrasmes qu'il s'y alloit perdre pour son plaisir, et que, puis que nous avions fait tous ensemble une si belle faction, de laquelle le Roy auroit grand contentement, nous devions nous perdre ou nous sauver tous ensemble. Le capitaine Trebous, guidon de la compagnie de M. de Monpezat, luy remonstra le semblable. Et ainsi resolusmes de laisser le grand chemin, en allant au travers des montaignes à main gauche, pour aller tomber derriere Nostre Dame de La Garde, faisans dessein que, si nous ne pouvions entrer dans la ville, le capitaine de La Garde nous recevroit. Et ainsi destournasmes nostre chemin; qui fut bien pour nous: car Vignaux et les Bleres prindrent le grand chemin droit à Marseille, et n'eurent pas faict cinq cens pas, qu'ils rencontrerent quatre ou cinq cens chevaux que l'Empereur avoit envoyé au devant de nous pour nous combattre, ayant esté adverty par ceux d'Auriolle de l'execution que nous avions faite. Et, sans que l'Empereur se trouva party la nuict pour venir devant Marseille, et que les messagers ne trouverent de long temps, à qui parler, je pense que nous eussions esté deffaits; mais l'Empereur ne le sceut jusques au point du jour: sur quoy il envoya promptement ces quatre ou cinq cens chevaux au chemin d'Aubaigne, lesquels ne firent aucun desplaisir audit Vignaux ny à ceux qui estoient avec luy, sinon qu'ils leur osterent les armes. En ceste façon nous alasmes tout le jour avec le grand chaud, de montaigne en montaigne, sans trouver de l'eauë: tellement que nous cuidasmes tous mourir de soif. Or nous pouvions tousjours voir le camp de l'Empereur, et entendions fort clairement les escarmouches. M. de Castelpers et ses gens-d'armes alloient à pied comme nous, tirant leurs chevaux par les Brides. Et, comme nous arrivasmes pres Nostre Dame de La Garde, le capitaine du chasteau, qui pensoit que nous fussions ennemis, nous fit tirer trois ou quatre coups d'artillerie, qui nous contraignirent de nous jetter derriere des rochers : nous luy faisions signe des chapeaux, mais pour celà il ne cessoit de tirer; en fin, luy ayant envoyé un soldat pour luy faire signe, il cessa de tirer comme il entendit qui nous estions : et ainsi que nous fusmes devant Nostre Dame de La Garde, nous vismes l'Empereur qui se retiroit par où il estoit venu; et Christofle Goast, qui avoit tenu tout le jour l'escarmouche, commença aussi à se retirer devers la ville. Lors nous commençasmes à descendre la montaigne ; et, comme M. de Barbezieux et M. de Monpezat, qui estoient sur la porte de la ville avec quelques autres capitaines, nous eurent descouverts, ils voulurent r'entrer dedans, pensans que nous fussions des ennemis : mais à la fin quelqu'un dit que si nous en estions, ceux de La Garde nous tireroient; et aussi ledict sieur de Monpezat recogneut M. de Castelpers. Nous arrivasmes donc à la porte de la ville, où nous fusmes fort caressez, et mesmement quand ils entendirent que nostre entreprise estoit si bien reussie. Ils parlerent avec le capitaine du moulin, qui estoit blessé à la teste et au bras, et apres chacun se retira dans la ville. Je pensois bien que M. de Barbezieux, lors que le Roy arriva à Marseille, me presentast à Sa Majesté, et luy dist comme j'avois faict l'entreprise, afin d'estre cogneu de Sa Majesté : mais tant s'en faut qu'il le fist, qu'au contraire il s'attribua tout l'honneur, disant que c'estoit luy qui avoit inventé ladicte entreprise, et qu'il nous l'avoit baillé à executer. M. de Monpezat se trouva fort malade, qui n'en peut rien dire : de sorte que je demeuray autant incogneu du Roy que jamais. Ce que je sceus par le moyen du roy Henry de Navarre, qui m'a dit avoir veu les lettres que ledit sieur de Barbezieux en avoit escrit au Roy, par lesquelles il s'attribuoit tout l'honneur de ladicte entreprise. M. de Lautrec n'eust pas fait cela. Il siet mal de desrober l'honneur d'autruy : il n'y a rien qui descourage tant un bon cœur. M. de Tavanes, qui est en vie, peut tesmoigner de la verité : et si est-ce que ces ruptures de moulins, tant d'un costé que d'autre, mesmement de celuy-là, mirent le camp de l'empereur en si grande necessité, qu'ils mangeoient le bled pilé à la turque; et les raisins qu'ils mangeoient mirent leur camp en un si grand desordre de maladie et mortalité, mesmement parmy les Alemans, que je pense qu'il n'en retourna jamais mil en leur pays. Voyla la fin de ceste entreprinse.

Doncques nottez, capitaines, qu'en ceste entreprise il y eut plus de l'heur que de la raison, et que j'y allay comme à taton ; si est-ce qu'elle fut fort bien compassée : et ne suis pas d'advis que vous pensiez que cela procedast tant de mon heur, que vous ne regardiez bien aussi que je n'oubliay aucune chose de tout ce qu'il falloit faire pour venir au bout de l'execution. Et d'ailleurs il faut que vous nottiez que mon principal fondement estoit que l'ennemy, estant dedans la ville, par la raison de la guerre ne devoit sortir de son fort jusques à ce qu'il auroit recogneu nos forces : ce que difficilement pouvoit-il faire, pour l'obscurité de la nuict; et neantmoins, si ne me flay-je pas tant en ceste raison, que je ne leur baillasse une bride, qui fut Belsoleil et sa trouppe. Il faut souvent hazarder, car on ne se peut pas asseurer de l'issuë : je tenois presque asseuré la prise du moulin; mais je jugeay tousjours le retour dangereux.

Or l'Empereur se retira avec sa perte et sa honte, où ce grand capitaine, Anne de Montmorancy, lors grand maistre, et depuis connestable, acquist beaucoup d'honneur. Ce fut une des plus grandes pertes qu'il reçeut jamais ; son grand capitaine, Antoine de Leve, mourut de regret, à ce qu'on dit. J'ay autresfois ouy dire au marquis de Guast que ceste entreprise estoit sortie dudict seigneur Antoine de Leve seul : luy et son maistre cogneurent que c'est d'attaquer un roy de France dans son royaume. Apres ceste retraitte, je ne voulus plus estre lieutenant de la compagnie de M. le seneschal, lequel, s'il eust peu, me l'eust entierement remise entre mes mains. M. de Botieres me fit cest honneur de me presenter son guidon, que je ne voulus accepter, ayant mis mon opinion sur les gens de pied plus que sur les gens de cheval ; et me sembloit que je parviendrois plustost par le moyen de l'infanterie : qui fut cause que je m'en retournay chez moy, où, ayant demeuré quelque temps, voulus aller en Piedmont, suyvre M. de Botieres, qui estoit lieutenant du Roy, et passay à Marseille, où M. le comte de Tande me retint six ou sept mois.

[1537] Quelque temps apres, l'Empereur dressa un camp pour aller assieger Theroane ; le Roy en mesme temps en faisoit dresser un autre pour le secourir. Je prins lors la poste, et m'en allay à la Cour, où monsieur le grand maistre (1) me donna une compagnie de gens de pied, et une autre au capitaine Guerre, lesquelles nous dressasmes incontinent à Paris ou aux environs, et fusmes tous deux de la garde de monsieur le Dauphin, qui depuis fut le roy

(1) Anne de Montmorency, connétable en 1538.

Henry second. Le camp marcha à Hedin et à Anchy le Chasteau, lesquels furent pris par monsieur le grand maistre, comme fut aussi Sainct-Venant, et apres que nos ennemis n'eurent peu rien faire devant Theroane, laquelle M. d'Annebaut refreschit à la barbe des ennemis : mais, par malheur, à la faute de quelques jeunes gentils-hommes qui voulurent rompre leurs lances, ils chercherent les ennemis, lesquels les defirent ; tout fut pris, le sieur d'Annebaut et autres. Peu de jours apres, les Imperiaux se retirerent, comme fit aussi le camp du Roy. Quant à moy, voyant qu'on ne feroit pas grand cas en ce quartier là, je m'en retournay apres en Provence, où j'avois laissé mes grands chevaux et armes ; et, huict ou quinze jours apres, je reçeus un paquet dudit seigneur grand maistre, où il y avoit une commission pour dresser deux enseignes ; et marcher en Piedmont, où le Roy s'en alloit pour secourir Turin, estant M. de Botieres dedans. Et incontinent montay en poste pour m'en venir en Gascogne : de sorte qu'en huict jours j'eus dressé les deux compagnies, desquelles je fis mon lieutenant le capitaine Merens ; et estant pres de Thoulouse, je lui laissay la trouppe, et prins la poste, ayant entendu que monsieur le grand maistre estoit desja arrivé à Lyon, et qu'il marchoit en haste pour aller gaigner le pas de Suze, où il monstra qu'il n'estoit pas apprenty à la guerre : et, voyant que je ne me pouvois trouver, avec les compagnies, pres de luy à ce combat, je m'y voulois trouver seul. Je ne sceus toutesfois faire si bonne diligence, que je ne trouvasse le Roy à Sorges, et monsieur le grand maistre estoit deux journées plus avant. Sa Majesté me commanda m'en retourner au devant de mes compagnies, et me rendre avecques Ambres et Dampons, qui en avoyent chacun autres deux ; et que M. de Chavigny (1) nous commanderoit ; me mandant en outre que nous allissions mettre le siege devant Barselonnette, et nous saisir de toutes les villes des environs.

Comme je fus à Marseille, on m'advertist que mes deux compagnies s'estoyent desbandées ; car, comme l'ambition du monde est grande, mon frere, M. de Lieux, manda à mon lieutenant qu'il l'attendist temporisant par le pays, parce qu'il r'assembloit une compagnie, et, sous ombre des deux miennes, il marcheroit : mon lieutenant, mal-advisé, s'y accorda, nonobstant la promesse qu'il m'avoit faite de faire cinq lieuës par jour ; mais, comme mondit lieutenant eust laissé le grand chemin, et tourné devers Albigeois pour temporiser, il se rendit devant une ville nommée L'Isle, où les habitans d'icelle refuserent les portes : qui fut cause qu'il y donna l'assaut, et l'emporta. Mondit frere, qui estoit à une journée de luy avec sa trouppe, ne sceut arriver que cela ne fust fait ; et, apres qu'ils eurent saccagé ladicte ville, ils eurent si grand crainte de marcher, que tous se desbanderent. Un chef ne doit gueres abandonner sa trouppe, si ce n'est par grande occasion : le desir que j'avois d'estre des premiers me fit quitter la mienne ; ce qui fut cause de ce desordre. Je fus contraint de redresser deux autres compagnies en Provence, là ou monsieur le comte me favorisa fort, faisant ma monstre à Villeneufve d'Avignon ; et fis si grand diligence, que j'arrivay encores deux jours plustost qu'Ambres ny Dampons aux vallées, et prins le chasteau et la ville de Mieulan, où je fis alte, attendant M. de Chavigny et les compagnies desdits d'Ambres et Dampons, qui combatoyent le passage du Lauzet ; lesquels n'y eussent sceu entrer, car toutes les vallées estoyent-là qui le deffendoyent. Et, comme les Espagnols, qui estoyent à Barselonnette, et qui estoyent aussi allez defendre le passage, entendirent que j'avois prins Mieulan, ils se retirerent par les montaignes, car je tenois le grand chemin vers Barselonnette ; et les communes, voyant que lesdits Espagnols s'en alloyent, abandonnerent de nuict le passage ; au moyen de quoy ils entrerent dedans. Nous alasmes assieger Barselonnette, devant laquelle nous demeurasmes trois sepmaines, où j'eus une arquebusade par le bras gauche : toutesfois ne me toucha à l'os, ce qui fut cause que je fus bien tost guery. Puis apres, le Roy ayant secouru Thurin, Sa Majesté s'en retourna. Et, pour ne m'estre trouvé en Piedmont, tous trois fusmes mandez d'en ramener nos compagnies. M. d'Ambres s'en alla trouver sadite Majesté en poste, et fit tant qu'il luy en laissa une ; et, comme j'entendis la grand difficulté qu'il y avoit eu, j'en ramenay les miennes en Provence, et me retiray en ma maison. Aussi fit-on une trefve pour dix ans, voyant qu'on n'avoit peu faire la paix. J'ay voulu mettre cecy par escript, encore que ce ne soit rien qui vaille, pour monstrer à tout le monde que je n'ay jamais esté en sejour, ains tousjours prest au premier son de tabourin. Les jours de paix m'estoyent années.

[1538] Sur la fin de ceste guerre, le Roy honnora monsieur le grand maistre de l'estat de connestable ; lequel avoit tousjours vacqué, comme a fait jusques icy, depuis la mort du seigneur de Montmorency : ce que nos roys ont

---

(1) François Le Roi, seigneur de Chavigni, comte de Clinchamp, allié du connétable de Montmorency.

fait, à mon advis, pour oster la jalousie entre les princes, et pour le danger qu'il y a de mettre une si grande charge en la main d'un seul, tesmoing Sainct Pol et Bourbon. Ce dernier a esté bien fidelle (1), et est mort au service de Sa Majesté, s'estant tousjours monstré grand et sage capitaine. La verité me force de le dire, et non pas obligation que je lui aye, car il ne m'a jamais aymé, ny les siens aussi.

[1539-1540] Pendant ceste trefve, j'essays, mais en vain, d'estre courtisan; je fus toute ma vie mal propre pour ce mestier : je suis trop franc et trop libre; aussi y trouvay-je fort peu d'acquest.

[1541] Or, apres le vilain et sale assassinat qui fut fait és personnes des seigneurs Fregouse et Rincon, ambassadeurs du Roy nostre maistre, picqué d'un tel outrage, et voyant qu'il n'en pouvoit avoir raison, delibera rompre la trefve; et, pour cest effect, dressa ses armées, l'une desquelles il bailla à M. d'Orleans, qui fut à Luxembourg, et l'autre à monsieur le dauphin, qui vint en la comté de Rousillon, pour la remettre en l'obeissance de son père, ayant M. le mareschal d'Annebaut [qui depuis a esté admiral] avec luy.

(1542) Et, pource que j'entendis que ledit seigneur mareschal menoit les compagnies de Piedmont, que M. de Brissac commandoit, et encores avec lui un ingenieux nommé Hieronimo Marin (2), qu'on estimoit le plus grand homme d'Italie pour assieger places, il me print envie d'aller au camp pour apprendre quelque chose dudit ingenieux : et comme je fus là, je me rendis pres de M. d'Assier, qui commandoit l'artillerie en absence de son pere, lequel ne bougeoit d'aupres dudit Hieronimo Marin, et fus aux approches qui se firent de la cité de Perpignan, laquelle on assiegea : mais dans deux nuicts je cognus qu'il ne faisoit rien qui vallust; car il commença les tranchées si loing, que de huit jours il ne pouvoit estre en batterie, ainsy que luy mesme disoit; et je luy respondis que dans ce terme-là les ennemis auroient fait leur ville quatrefois plus forte qu'elle n'estoit par ce costé. Pour ceste entreprinse le Roy avoit dressé une des plus belles armées que j'aye jamais veu : elle estoit de quarante mil hommes de pied, deux mil hommes d'armes, et deux mil chevaux legers, avec tout l'atirail necessaire : M. de Monpezat en avoit esté l'autheur. Mais l'Espagne estoit toute abreuvée de son entreprinse; et, encor que la ville fust bien munie, si peux-je bien dire que si M. le maréchal d'Annebaut m'eust voulu croire, il en fust venu à bout. Je l'avois tres-bien recognuë, par-ce que monsieur le connestable, estant allé à Leucate, traictant la paix quelques années auparavant avec Granvele (3), député de l'Empereur, m'avoit envoyé avec le general Bayard (4) et le president Poyet, qui depuis a esté chancellier; ausquels le député de l'Empereur donna permission de s'aller esbattre audit Perpignan pour trois ou quatre jours, par le moyen de M. de Veli, ambassadeur pour le Roy. Ledit seigneur connestable me fit prendre les habillemens du cuisinier de M. de Poyet, afin que, sous cest habit, je recogneusse la place; et encores y cuiday-je moy-mesme estre recognu. Si trouvay-je commodité, par le moyen d'un serviteur dudit de Veli, qu'estoit un Flament qui l'avoit laissé, auquel je dis que je voulois aussi laisser le mien, de voir la place; car il me mena tout à l'entour de la ville, dehors et dedans : de sorte que je rapportay à monsieur le connestable tout le fort et le foible de ladite ville, lequel me dit que je l'avois fort bien recognuë, comme par d'autres, qui avoyent long temps demeuré dans icelle, il avoit esté fidellement adverty. Or l'allée de Poyet et Bayard estoit faite en feinte : lesquels ne voulurent mener en leur compagnie l'ingenieur du Roy, comme monsieur le connestable vouloit, craignant qu'il fust recogneu et eux retenus prisonniers; et compterent audit seigneur la peur qu'ils avoyent euë quand un capitaine espagnol me recognut; mais je desavouay la debte, contrefaisant et mon pays et mon langage, faignant sçavoir mieux manier une lardoüaire qu'une espée, disant estre cuisinier de M. le president Poyet; lequel ne respondit mot, de la grand peur qu'il avoit si j'estois recognu : mais le general Bayard se print à rire à part avec luy, et luy dit qu'il n'estoit pas le premier qui avoit esté trompé; car celuy qu'il pensoit estoit un des bons capitaines que le Roy eust. De tout ce compte monsieur le connestable n'en faisoit que rire; si est-ce que je luy dis que, tant qu'il vivroit, il ne me feroit plus servir d'espion : c'est un mestier trop dangereux et que j'ay tousjours hay. Tant y a que ce coup là je devins cuisinier pour recognoistre la place : ce que je fis tresbien. Voyla pourquoy je dis que si M. d'Annebaut m'eust creu, facillement il eust prins la ville; mais il voulut adjouster plus de foy à un maçon gascon aposté, que les ennemis avoient jetté dehors, faignant se venir rendre, pour amuser monsieur le marcs-

---

(1) Le connétable de Montmorency.

(2) Hiéronime ou Jérôme Marin, ingénieur italien.

(3) Père d'Antoine Perenot, cardinal de Granvelle.

(4) Gilbert Bayard, chevalier baron de La Font et de Saint-Majuran.

chal à le faire venir assaillir la ville par le costé qu'il l'assaillist, et à son ingenieur que à moy; tellement que nous ne fismes rien qui vaille la peine de le dire ny de l'escrire. Par malheur c'estoit le premier coup d'essay de monsieur le Dauphin, qui vouloit aussi bien faire que monsieur d'Orleans son frere, qui print Luxembourg; mais ce n'estoit pas sa faute. Deux jours avant que le camp deslogeast, ledict seigneur mareschal alla autour de la ville; je monstray à M. d'Estrée (1), qui est encores en vie, le lieu par où je voulois qu'on l'attaquast, et de fort pres, encor que les canonnades et arquebusades qu'ils nous tirerent nous fissent bien tenir au large; et, apres l'avoir veu, il dit ces mots : « O mon Dieu, quelle erreur nous avons faict! » Mais lors il n'estoit plus temps de s'en repentir; car le secours y estoit entré, et le temps des pluyes approchoit, qui nous eust fermé le pas de nostre retraicte : encores eusmes nous assez affaire, tant ce pays estoit mauvais pour se tenir là.

Pendant ce siege, la compagnie de M. de Boleves vacqua, laquelle M. le Dauphin envoya demander pour Boqual (2), qui depuis s'est faict huguenot; j'en escrivis à M. de Valence, mon frere, qui estoit à la cour à Salers (3). Le Roy estoit si marry, pour le mauvais succez de ceste entreprise, contre M. le Dauphin et contre M. d'Annebaut, qui l'avoit aussi envoyé demander pour un autre, que Sa Majesté ne la voulut accorder à l'un ny à l'autre, ains la me donna à moy. Le camp estant levé, M. de Brissac eut pour garnison Capestaing, et M. de L'Orge, colonel des legionaires, Tuchan, là où on avoit retiré toutes les munitions des farines qui estoient demeurées du camp; et, trois jours apres, tous les legionaires le laisserent, et ne luy demeura que les capitaines. Il manda à M. de Brissac que, s'il ne l'alloit secourir bien tost, il seroit contraint d'abandonner lesdictes munitions, et se retirer; parquoy nous marchasmes diligemment, sans demeurer que la moitié d'une nuict dehors, et le trouvasmes qu'il ne luy estoit rien demeuré, si ce n'est MM. de Deneze et Fonteraille, avec leur train. Or il y avoit un chasteau sur la montaigne tirant à Perpignan, à une lieuë de Tuchan, et à main gauche de Millau; et estans sortis lesdicts seigneurs de Brissac et de L'Orge dudict Tuchan, pour aller ouyr messe à une petite chapelle, à un ject d'arbaleste de là, au sortir de la messe, nous entendismes tirer force arquebuzades audit chasteau, et descouvrismes des gens autour d'iceluy, ensemble la fumée des arquebuzades. Je dis à M. de Brissac (4) s'il lui plairoit que j'alasse jusques là avec trente ou quarante de mes soldats; ce qu'il m'accorda. J'envoyai soudain La Moyenne, qui estoit mon lieutenant, les charger, et me fis amener un cheval, avec lequel je marchay droict au chasteau. Le Peloux, qui estoit lieutenant de la compagnie de M. de Brissac, eut envie d'y venir, comme eut aussi Monbasin, Sainct Laurens, qui estoit Breton, et Fabrice, estans tous lances passades dudict seigneur, et cinquante ou soixante soldats de la compagnie dudit seigneur de Brissac. Je fis grande diligence; et, comme les ennemis me descouvrirent lorsque je commençois à monter la montagne, ils se retirerent à une plaine qui est au-dessous de Tantavel, et se coucherent sous des oliviers, attendans de leurs gens qu'ils avoient encores laissez à Millau. Le capitaine du chasteau estoit Barennes, archier de la garde du Roy, lequel M. de Monpezat y avoit mis; et, me monstrant ledict Barennes les ennemis, arriva ledict Peloux et ses soldats, et encores un gentil-homme nommé Chaman, fort brave gentil-homme; et, bien que nous eussions cognoissance qu'ils estoient plus de quatre cens hommes, comme aussi Barennes l'asseuroit, nous conclusmes de les aller combattre. Ce quartier là estoit tout rocher couvert d'un peu de taillis, et, pour y aller, il falloit passer à travers; parquoy nous resolumes que Le Peloux prendroit un petit sentier qu'il y avoit à main droite, et moy un autre qui estoit à main gauche : et le premier qui arriveroit à la plaine les iroit assaillir, les uns par devant, et les autres par derriere : et, concluant cela, les ennemis se leverent, et les vismes tout à nostre aise. Monbasin, Chaman, Sainct Laurens et Fabrice, qui estoient à cheval, voulurent venir avec moy : dequoy Le Peloux fut marry, parce qu'ils estoient à M. de Brissac comme luy, sauf Chaman, qui estoit à M. le Dauphin : Artiguedieu et Barennes vindrent pareillement avec moi. Dès le commencement de nostre descente, les ennemis nous perdoient de veuë, et nous à eux, à cause des taillis, et de la valée, qui estoit assez grande. Le Peloux print son chemin avec sa guide, et moy le mien. Et, aussi tost que j'arrivay à la plaine, je tins ce que j'avois promis; car je chargeay les ennemis de queuë et de teste, nous meslant de telle sorte, qu'il y demeura sur la place plus de vingt des leurs, et les menay tous-

---

(1) Jean d'Estrées, grand-maitre de l'artillerie.

(2) Nous ferons remarquer que les noms propres sont souvent dénaturés par Montluc.

(3) *Salelles* et non pas *Salers*. (Voyez l'*Itinéraire des Rois de France*, année 1542.)

(4) Charles de Cossé, comte de Brissac, maréchal de France en 1550.

jours battant jusques au bout de la riviere, qui pouvoit estre à quatre cens pas ou plus de là ; mais, comme ils nous virent si peu, ils se rallierent, et moy ne voulant retirer, ils marcherent droict à moy : surquoy je fis alte, et eux aussi, à la longueur de quatre ou cinq picques les uns des autres ; ce que je ne vis jamais faire. Quant au Peloux, quand il fut à demy montaigne, il eut opinion que j'avois pris le meilleur chemin, et tourna tout court, venant suyvre le mien : et la fortune porta si bien pour moy, que, comme nous estions picque à picque, arquebuse à arquebuse, de si pres que j'ay dit, comme deux mastins qui s'entreregardent pour se battre, la trouppe du Peloux se monstra à la plaine ; ce qu'ayans descouvert les ennemis, ils tournerent le fer de leurs picques devers nous et la teste devers la riviere : et ainsi s'en allerent, et nous sur leur queuë à arquebusades et coups de picque. Ils marchoient si serrez, que nous ne nous pouvions plus mesler. Et, estans sur le bord de la riviere, ils firent alte tournans leurs picques devers nous ; et, encore que la trouppe du Peloux fist diligence de nous venir secourir, neantmoins nous fusmes contraints de nous retirer à quinze ou vingt pas des ennemis, lesquels incontinent passerent la riviere tous de flotte en eauë jusques à la ceinture. Montbazin fut blessé d'une arquebusade à la main, dont il est depuis demeuré estropiat ; les chevaux de Sainct Laurens et Fabrice furent tuez, et le mien blessé de deux coups de picque ; La Moyenne, mon lieutenant, blessé de deux coups d'arquebuzade en un bras ; Chaman, qui estoit descendu de cheval, eut trois coups de picque aux deux cuisses ; Artiguedieu, une arquebuzade et un coup de picque à une cuisse : bref, de trente à trente cinq hommes que nous estions, il n'en demeura que cinq ou six qui ne fussent blessez, et seulement trois de morts sur la place. Ils perdirent un sergent des plus renommez qu'ils avoient, ensemble vingt ou vingt cinq autres de morts, et plus de trente blessez, comme nous dirent le lendemain deux soldats gascons qui estoient avec eux devant Perpignan au siege, qui n'avoient peu eschapper pour se venir rendre. Cependant MM. de Brissac et de L'Orge (1), se doutans bien qu'il en arriveroit comme il fit, monterent à cheval, et vindrent au chasteau de Tantabel si bien à propos, qu'ils virent tout le combat, desesperez de la cargue que j'avois faicte ; et par deux ou trois fois nous tindrent pour perdus, et en firent mauvaise chere au Peloux, pour n'avoir pas tenu la resolution que nous avions faicte ; laquelle s'il eust suivy, à la verité nous les eussions tous taillez en pieces, et eussions emportez les deux drappeaux qu'ils avoient. Si est-ce que je cuide qu'il ne tint pas à luy, car il estoit vaillant, mais à la guide qui les conduisoit, les menant par mauvais chemin, comme ledict Peloux nous dit depuis. Tant y a que le camp me demeura, avec la perte de trois hommes seulement. Des gentils-hommes il n'en mourut un seul. Bien tost apres arriva le baron de La Garde à Nice, avec l'armée turquesque, conduite par Barberousse (2), laquelle estoit composée de cent ou six vingts galleres. Tous les princes chretiens qui soustenoient le party de l'Empereur faisoient grand cas de ce que le Roy nostre maistre avoit employé le Turc à son secours : mais contre son ennemy on peut de tous bois faire flesches. Quant à moy, si je pouvois appeler tous les esprits des enfers pour rompre la teste à mon ennemy qui me veut rompre la mienne, je le ferois de bon cœur : Dieu me le pardoint. M. de Valence, mon frere, fut envoyé à Venise pour excuser et couvrir nostre fait ; car ces messers crioient plus que tous, et le Roy ne vouloit perdre leur alliance ; lequel fit une harangue en italien que j'ay voulu mettre icy en françois, attendant qu'il nous face voir son histoire : car je ne crois pas qu'un homme sçavant, comme on dit qu'il est, vueille mourir sans escrire quelque chose, puisque moy, qui ne sçay rien, m'en suis voulu mesler. Voyey ce qu'il dit.

« L'Empereur estant la cause de toutes les ruines, miseres et calamitez advenues à la chrestienté, illustrissimes seigneurs, c'est chose que chacun doit trouver bien estrange, que ses ministres soyent si impudens et effrontez d'en donner la coulpe au roy Très-Chrestien mon seigneur, le blasmant de ce qu'il tient un ambassadeur à Constantinople. Mais je demanderois volontiers à ces gens-là s'ils pensent que les choses tramées par le commandement de l'Empereur et roy des Romains, puis dix ans en çà, avec le Grand Seigneur, soient si secretes, que la plus grande partie de la chrestienté n'en soit abbrevée. Ne sçait-on pas les trefves, les traictez d'accord et de paix, non generale, mais particuliere, et les offres tant de fois par luy faits de donner un grand tribut (3), et le payer annuellement au Grand Turc pour le royaume d'Hongrie, combien qu'il pensoit estre un cas de conscience d'endurer qu'un petit roy commandast à ce royaume sous la faveur et appuy du Turc, lui semblant

---

(1) Jacques de Lorges.
(2) Hariaden, ou Cheredin, surnommé Barberousse.

(3) Cinquante mille ducats de tribut annuel. (*Voyez* Ribier, *Lettres et Mémoires d'État*, tom. 1, pag. 584.)

chose bien peu convenable aux Chrestiens ? A quoy, avec la verité, je pourrois adjouster qu'au temps que la paix fut conclue entre vostre serenissime Seigneurie et le Turc, le roy des Romains, par l'entremise secrette de ses agens, s'efforça de tout ce qu'il peut pour l'empescher, comme il fut clairement verifié par l'interpretation de leurs courriers et depesches. Les mesmes ministres de l'Empereur estimoient aussi s'eximer de tout blasme, en faisant grand cas, et accommodant à leur poste, selon leur coustume, le sejour que l'armée navalle du Grand Seigneur a fait quelques mois dans nos ports; et, sous ce pretexte, veulent, par leurs calomnies passionnées, forger un nouveau article de foy, disant qu'un prince, pour sa deffence, ne peut ny ne doit s'ayder du secours de ceux qui sont de contraire religion à la sienne; ne s'advisans pas qu'en blasmant le Roy, mon seigneur, ils taxent David, roy valeureux et sainct prophete, lequel, se trouvant poursuivy par Saül, s'enfuit vers le roy Achis, idolatre et ennemy de la loy de Dieu; et quelque temps apres, luy-mesme se rengea parmy les escadrons des Infidelles qui marchoient pour combattre le peuple de sa propre loy. Et par mesme moyen ils blasment Aza, roy des Juifs, qui appela à son secours le roy de Syrie, idolatre, pour se delivrer de l'oppression du roy d'Israël. Ils blasment aussi Constantin, prince tres-chrestien, et celuy de tous les empereurs qui a mieux merité de la republique chrestienne, lequel, en la plus grande partie de ses expeditions et armées, conduisoit avec soy un grand nombre de Gots idolatres. Ils taxent Boniface, tant recommandé par sainct Augustin en ses Epistres, lequel, pour sa defense, et peut estre pour la vengeance de quelque injure receuë, appella en Afrique les Vandales, hommes ennemis de nostre religion.

« Ils mesdisent de Narses, esclave de Justinian, capitaine tres-valeureux, mais sur tous religieux, comme on peut juger par le tesmoignage de sainct Gregoire, et par les eglises qu'il a edifiées dans ceste illustrissime cité, et dans la ville de Ravenne; lequel appella à son ayde les Lombars, qui en ce temps abhorroient le nom des Chrestiens. Arcadius, l'empereur de Constantinople, jugé par tous les historiens non moins religieux que prudent, voulant sur ses derniers jours laisser quelque tuteur et protecteur qui fut capable pour conserver la dignité et authorité de l'Empire, tourna sa pensée devers le Roy de Perse, idolatre, et le pria par son testament de vouloir accepter la tutelle et defense de son fils et de l'Empire : ce que fut singulierement loué par tous les princes chrestiens de ce temps, et d'autant plus, que le roy de Perse n'accepta pas seulement la charge, mais s'en acquitta fidellement jusques à sa mort. Devant qu'Heraclius se laissa empoisonner du venin de l'heresie, il s'ayda en une infinité de guerres des soldats sarrasins. Basile et Constantin, fils de Jean, empereur de Constantinople, prindrent la Poüille et la Calabre par le moyen et avec l'aide des forces sarrazines, qu'eux mesmes avoient chassé de l'isle de Candie. J'en pourrois dire autant de Federic, qui, avec l'aide des Sarrasins, seigneuria la plus grand part de l'Italie. Je vous pourrois amener Henry et Federic, freres du roy de Castille, lesquels, au temps du pape Clement quatriesme, accompagnez de Conradin, appellerent les Sarrazins, tant par terre que par mer, non pour la tuition et deffence de leur pays, mais pour chasser les François de l'Italie; et en peu de temps, avec l'armée des Barbares, s'impatronnerent de la plus grande partie de la Sicile. Je pourrois parler de Ludovic Sforce, lequel, avec plusieurs autres potentats d'Italie, employa les forces de Bajazet.

» Que diray-je de Maximilian, de la maison d'Austriche, lequel, non pour se deffendre, ains pour ruiner vostre Estat, tres-illustrissimes seigneurs, tascha de provoquer et aigrir le Turc contre vous, à vostre grand ruine et dommage [ce que se trouve fidellement escrit par le seigneur Andrea Mocennigo, qui est des vostres] : ensemble des remedes desquels vous usates en telle necessité ? Que si les raisons naturelles, si les exemples tirez de la saincte Escriture et des histoires chrestiennes, ne suffisoient pour vous confirmer et persuader entierement la verité de cette cause, je pourrois l'accompagner de plusieurs autres, que je laisse, pour n'ennuyer vos seigneuries, et qu'aussi je pense qu'il ne vous en reste aucun scrupule, veu que je vous ay, par les exemples cy dessus alleguez, faict voir le foible fondement de l'article de foy nouvellement forgé par les imperialistes. Et, qui plus est, je dis et maintiens que le Roy Tres-Chrestien, mon seigneur, à l'imitation de tant de signalez et tres-religieux princes, peut, sans faire tort au rang qu'il tient ny au nom Tres-Chrestien qu'il porte, s'ayder en tous ses affaires et necessitez du secours et ayde du Grand Seigneur. Et si cela se peut, avec la verité et raison, entendre de tous ses affaires necessaires, combien, à plus forte raison, doit estre, non seulement excusé, mais grandement estimé le Roy Tres-Chretien, lequel, non pour besoin qu'il ait de se deffendre, non pour une juste vengeance que Sa Majesté eust peu desirer de tant de torts receus, de tant d'injures à luy faites, de tant d'assassinats et meurtres executez contre ses sujets par l'Empereur, et à sa suscitation, n'a voulu accepter autre secours, sinon celuy que l'on void par experience estre à tous les Chrestiens plus utile que dommageable ? Et si quelqu'un de ceux qui favorisent le party de l'Empereur demandoit comment l'armée turquesque peut estre dans nos ports, non moins pour le bien de l'Italie que pour nostre profit particulier, je luy pourrois demander pour response, par quel moyen on pourroit prouver que la chrestienté ait reçeu aucun dommage en ce que nous avons reçeu et refreschy ceste armée dans nos ports : à quoy je suis asseuré que ne me pourroit responder le plus avisé et le plus affectionné des partisans imperiaux, sinon que ce fut quelqu'un qui print plus de plaisir d'en ouyr conter et deviser, que d'entreprendre le discours veritable et la negotiation, et en apprendre la raison. Mais, pour ne laisser la moindre chose du monde qui peut engendrer quelque doute en l'esprit de ceux qui ne sont informez de ce fait entierement, j'en toucheray ce point le plus briefvement que je pourray. A toutes les fois que vostre serenité a esté recherchée par les ambassadeurs de l'Empereur pour donner passage par les terres de vostre Seigneurie à leurs soldats tudesques, italiens ou espagnols, tout aussi tost on a entendu mille plaintes des assassinats et debordemens de leurs soldats. Et y a seulement quelques mois que les Tudesques, qui disoient aller à Carignan faire leurs pasques, pour surmonter ceux-là qui avoyent si vilainement taché l'honneur de vos subjects, et si meschamment pillé leur bien, desployerent une partie de leur rage contre les eglises, coupant avec un grand vitupere et mespris de la religion chrestienne, les oreilles, le nez et les bras des crucifix et des autres images qui representoyent les saincts qui sont au ciel.

« L'armée grande et puissante, du serenissime prince, partit de Constantinople estant composée de soldats étrangers de nostre religion, et, estant destinée et envoyée pour le secours du Roy mon seigneur, passa au milieu de vos isles, s'arresta au pays de l'Eglise, traversa les terres des Siennois et Genevois [peuples qui plus volontiers favorisent la grandeur de l'Empereur que leur propre liberté]; mais il ne se peut sçavoir ny ne se trouve personne qui se plaigne qu'aucun tort luy ait esté faict, ains ont usé de toute courtoisie, et donné libre passage à tous ceux qui ont esté rencontrez en mer, et payé tout ce qu'il a fallu prendre, passant pays, pour leur provision et avitaillement de l'armée : lequel bien je ne crois pas qu'on puisse rapporter ailleurs qu'à la seule presence du capitaine Polin, ambassadeur du Roy. De façon que jamais au passé ny Turcs ny Chrestiens ne se sont si modestement comportez.

« Qui sera celuy-la, serenissime prince, qui puisse ou vueille nier que, si l'armée n'eust esté retenuë par la majesté du Roy mon maistre pour la deffence de ses frontieres, que la chrestienté n'en eust esté assaillie avec infinies pertes ? Qui sera celuy qui ne jugera que ceste armée, avec une si grande puissance, eust triomphé d'une infinité d'ames chrestiennes, et de quelque ville d'importance, si nous ne l'eussions convertie à nostre profit ! ce qui auroit reüssi au bien des affaires du Grand Seigneur, et advantage grand de ses capitaines, ennemis de nostre foy. Doncques, cette armée estant disposée et capable pour faire quelque haut exploit, toute personne de bon jugement pensera qu'il a esté plus utile à la chrestienté qu'elle aye esté employée pour servir à la majesté du Roy mon seigneur, que non pas si de soy-mesme elle, sans aucun frein, eust marché contre les Chrestiens. Si bien qu'outre qu'il estoit besoin et necessaire au Roy mon maistre de s'ayder de ceste armée pour reprimer l'insolence des gens de l'Empereur, lesquels avoyent ja prins quatre de ses galleres dans le port de Tolon, il se peut aussi dire sans replicque, qu'en cecy nostre utilité privée estoit conjoincte avec le bien public de toute la chrestienté. Je crois, serenissime prince, vous avoir representé clairement, et confirmé par raisons toutes evidentes et argumens certains, deux points principaux : le premier, que le Roy, sans prejudice du nom et de l'honneur de Tres-Chrestien, a accepté les forces qui luy ont esté envoyées par le Grand Turc ; le second, que ce secours a esté plus utile que dommageable à la chrestienté : et j'adjousteray le troisieme avec la brefveté que l'importance de la matiere me permettra : c'est que la majesté du Roy, non pour ambition de dominer, non pour se venger des injures receuës, non pour s'investir du bien d'autruy, non pour recouvrer ce qu'injustement luy a esté usurpé ; mais seulement a retenu ce secours pour se deffendre : j'entens, illustrissimes seigneurs, pour deffendre son royaume lequel l'Empereur de tousjours, avec des violences ouvertes, avec des cautelles secrettes, avec des intelligences, avec des trahisons, avec toute raison et justice, a cherché de ruiner. Et maintenant ses ministres, comme s'ils parloyent par mocquerie n'ont point honte de dire que sa majesté Cesarée n'a esté esmeuë par autre raison d'entreprendre contre le royaume de France, que pour dissoudre l'amitié qu'on dict estre entre la majesté du Roy et le Grand Seigneur. O les délicates consciences ! ô les sainctes propositions! ô responses bien justifiées, pour s'en servir toutesfois envers quelques sots et ignorans, et non pas envers vous, illustrissimes seigneurs, qui, avec vostre admirable et accoustumée prudence, avant mesmes que j'aye parlé, avez, en vostre conscience et en votre esprit, jugé tout le contraire ; et recognoissez que le fondement de la guerre n'a esté autre que le dessein de ruyner ce royaume-là, qui depuis mil ans en ça s'est monstré le vray et prompt recours de toutes personnes oppressées, et le seul refuge de tous Estats affligez. Je voudrois entendre de ceux qui inventent de si subtils argumens, quel sainct esguillon de la foy poussa l'Empereur, ligué avec le roy d'Angleterre, de venir assaillir la France par les costez de la Champaigne et de la Picardie, faisant reüssir finalement tout le fruit de son entreprinse au bruslement de je ne sçay quels villages, et siege de Mesiere pour luy fort honteux? Quelle religion l'espoinçonna (1), au temps que l'Italie vivoit en repos et asseurance, pour estre Naples, Milan, Florence et Genes possedez par divers princes, de venir mettre le tout en trouble et discorde? quelle religion, dis-je, l'esmeut de se joindre et liguer avec le pape Leon, pour enlever l'Estat de Milan, lequel par droicte ligne appartient aux enfans de mon Roy? Quel si grand zele de la foy les conseilloit de vouloir faire tuer (2) le Roy par le moyen d'un prince de France, lequel il avoit, pour cest effect, avec promesses et larmes suborné? Et, voyant que ceste malheureuse praticque, plustost qu'approcher de l'execution, estoit toute descouverte, il envoya le seigneur de Bourbon en France avec un nombre infiny de gens, sous esperance de pouvoir gaigner à force ouverte ce que, la bonté et prudence de Dieu ne le luy permettant pas, il n'avoit peu executer avec ses trahisons. Quelle inspiration du Sainct-Esprit peust estre celle-là qui conduisoit il y a sept ans l'Empereur avec sept mil fantassins et dix mil chevaux, pour assaillir la France, et y entrer par la Provence et par la Picardie? Quel commandement de l'Evangile se pourra jamais trouver tel que l'ont trouvé ceux-cy, qui se monstrent en apparence si grands zelateurs du nom chrestien, qui puisse jamais justifier aux yeux de tout le monde la confederation de l'Empereur et du roy d'Angleterre, veu que ledict roy anglois, à la suscitation et poursuitte de sa Cesarée majesté, a esté par les papes declaré schismatique, heretique et rebelle? Laquelle conspiration ne se peut baptiser du nom d'un secours necessaire, ains une injuste, meschante et detestable conjuration faicte entre eux deux, pour s'entrepartir un royaume chrestien et catholique, lequel de tout temps, lorsqu'il s'est presenté quelque occasion pour l'aggrandissement de nostre foy, s'est tousjours montré prompt à employer et son sang et ses moyens. Quelle immense charité pourra estre celle-là, qui en si peu de temps a induit l'Empereur d'embrasser, favoriser et se conjoindre aux princes allemans, lesquels puis vingt ans en ça il avoit jugez heretiques, schismatiques et alienez de nostre foy?

« Tout le monde, serenissime prince, ne luy bastoit pas, tant il estoit enclin à l'ambition et à la vengeance. N'eust il pas senty le honteux scorne qui luy fut fait par le roy d'Angleterre, en la personne de sa tante, si son dessein de subjuguer toute la chrestienté ne l'eust transporté à oublier cest outrage? Combien de fois en vain, pour obvier à l'entreprise turquesque, et à l'evidente ruyne de l'Hongrie et de l'Allemagne, a on tenté et cherché les moyens pour mettre quelque paix et union entre ces princes? Mais, laissans à part toutes les haines particulieres, les interests privez, le respect de la religion, le desir de la commune liberté, l'obligation de tant de benefices anciennement receus des nostres, et depuis quelque temps de nous, finalement, à nostre grand dommage ils se sont conjoincts et r'alliez ; et firent tout ainsi qu'Herodes et Pilate, lesquels, d'ennemis capitaux qu'ils estoyent, devindrent amis, et s'associerent pour persecuter Jesus-Christ. Ira doncques l'Empereur, serenissime prince, avec intention de s'emparer de la France, et d'offencer ce Roy, lequel, apres avoir reçeu tant d'injures, accorda si volontiers et si amiablement la trefve de dix ans? s'en ira l'Empereur avec intention de ruyner ce prince, lequel, apres avoir esté tant de fois indignement assailly dans son royaume, et comme revenant des obseques de cest illustrissime et serenissime Dauphin, qui luy fut si poltronnement, par les corruptions de l'Empereur, empoisonné, alla neantmoins, avec tous ses autres enfans et princes de son sang, jusques en la gallere dudit Empereur, avec peril de sa propre vie, luy monstrant combien la paix necessaire à tous les Chrestiens, estoit continuellement desirée de Sa Majesté? S'en ira l'Empereur avec intention de ruyner, brusler et mettre en proye ce royaume, passant par lequel il a esté bien-viegné, caressé et honoré, et non autrement que si c'eust esté Dieu qui fust descendu en terre? S'efforcera il, avec des moyens indeus et violens de se rendre seigneur de ce royaume, dans lequel durant cinquante jours, par la courtoysie et benignité du Roy mon seigneur, il s'est trouvé plus respecté que son na-

---

(1) L'excita.
(2) Conspiration du connétable de Bourbon.

turel seigneur, et avec tout pouvoir d'y commander plus qu'en sa propre maison? Iront les Tudesques avec intention de faire serfs et esclaves ceux qui, pour conserver la liberté de la Germanie, se sont liberalement employez aux despens et perte de leur chevance, et effusion de leur sang? Iront les Allemans et les Anglois avec volonté de destruire ceste religion, que nous, avec nos valeureuses armées, et avec la doctrine d'un nombre infiny d'hommes exellens en sçavoir, avons publiée par tout le monde? Iront les Espagnols, qui si souvent et à force d'armes ont esté par nous reduicts à la foy chrestienne, avec intention d'en prendre vengeance, et pour nous contraindre à laisser la religion, laquelle avec si grand honneur du nom de Christ nous avons si long-temps conservée? Que si nous sommes, contre tout devoir, abandonnez du reste des Chrestiens [ce que Dieu ne permette], nous pourrons, nous sujects du Roy mon seigneur, tres-justement demander vengeance à Dieu contre tous d'une si grande ingratitude.

« Ce ne seront pas les merites deuz à nos peres anciens, pour avoir par la grâce de Dieu gaigné et acquis à la chrestienté tant de victoires sous la conduitte de Charles Martel, au temps qu'ils combattirent et taillerent en pièces cinquante mille Sarrazins venus d'Espagne.

« Ce ne seront pas les merites que nos majeurs par la grace de Dieu ont acquis à la chrestienté au temps que par leurs forces, sous la conduicte de Charlemaigne, les Infidelles et Sarrazins furent chassez des Espaignes et d'une partie de l'Asie? Ce ne seront pas les merites que par la grace de Dieu les nostres ont acquis au temps d'Urbain second, lequel, sans beaucoup de peine ny contradiction, disposa nostre Roy, ses princes, nostre noblesse, et generalement tout le royaume contre les adversaires de nostre foy, si bien que tous ensemble, et par nostre secours, conquirent le royaume de Hierusalem et la Terre Saincte. Pourront lire jamais les Chrestiens, sans recognoissance de l'obligation que nous avons sur eux, l'oraison prononcée par l'evesque Oliviense, au temps de Calixte, en presence de vostre serenissime seigneurie? Le commencement de laquelle contient ces mots : Aucuns de nous n'ignore, illustrissime seigneur, qu'il y a vingt ans que ce victorieux exercite des Gaulois passa d'Europe en Asie, où, par la benignité de Dieu et par leur vertu, tout le pays de Bastero jusques en Syrie a esté destourné de la foy de Mahomet. Ce ne seront pas donc les recompenses des merites de tant d'expeditions contre les adversaires de la foy, heureusement faites par nos ancestres au temps de Philippes et Charles de Valois. Et quand sa Saincteté verra tant de nations ensemble conjoinctes, et avec un mal-heureux desir de ruiner le reste de la chrestienté, et resoluës d'opprimer ce royaume, qui sur tous les autres a bien merité de la republique chrestienne, je ne croy pas qu'elle ne vueille, pour nostre tuition et deffence, nous prester l'aide et le secours qu'elle jugera nous estre necessaire. Et quand sadicte Saincteté en useroit autrement, elle feroit son tres-grand dommage, et contre le devoir d'Italien, de Chrestien, et de Pontife : d'Italien, pour ce que sainct Pere sçait bien, que la servitude et calamité de l'Italie, ne peut naistre d'autre accident, que de la ruyne et destruction du royaume de France; de Chrestien, d'autant qu'ayant esté de tout temps le nom de Christ defendu et amplifié par ce royaume, et estant à cest heure combatu par le moyen et ambition de l'Empereur et de tant de nations alienez de nostre religion, il ne pourra estre abandonné en ce besoing, sinon des mauvais Chrestiens ; de Pontife, parce que ce sera contre le devoir de Sa Saincteté, puis qu'elle est entierement et en toutes sortes esclarcie et tres-asseurée comme l'Empereur, obstiné en sa volonté, resolu de mettre sous son joug François et Italiens, et tous autres Chrestiens, n'a jamais voulu prester l'oreille à aucune condition de paix que Sa Saincteté luy ayt proposée. Au contraire, le Roy mon seigneur, desireux d'icelle et du repos des Chrestiens, a voulu bien souvent remettre tous les droits et differents au jugement du sainct Pere. Doncques, pour faire l'office de vray pontife et de vray juge, ne pourra-il pas prendre les armes contre celuy qui sans honte n'oseroit nier qu'il ne soit le seul perturbateur du bien et du repos public? Et quand il ne fera cela, pour luy reprocher son ingratitude en cet endroit, les os de Gregoire troisiesme, d'Estienne second, d'Adrian premier, d'Estienne quatriesme, de Gregoire neufiesme, de Gelazio second, d'Innocent second, d'Eugene sixiesme, d'Innocent quatriesme, d'Urbain, et de plusieurs autres pontifes, s'esleveront tout à coup : lesquels, estans persecutez, partie par les ennemis de la foy, partie par les empereurs, ont esté secourus par les forces du royaume Tres-Chrestien et par le moyen de ceste Couronne, comme l'ancre sacrée de toute la chrestienté ; ont esté garentis et restituez au sainct Siege. Les os, les cendres du pape Clement s'esleveroient, lequel, contre toute raison et justice, reduit en extreme calamité par l'Empereur [lequel maintenant, alié et fortifié d'heretiques, prepare et excite tant de tragedies aux bons et vrais Chrestiens], fut delivré de toutes ses oppressions par les forces du Roy mon seigneur, avec une notable perte des nostres. Je ne croy pas, illustrissimes seigneurs, que vous ayez du tout oublié l'union et confederation qui depuis sept cens ans a esté inviolablement gardée entre ceste illustrissime Seigneurie et la Couronne de France.

« Oublierez vous l'estroicte alliance qui estoit entre vous et nous aux dernieres guerres? Vous n'aurez perdu la memoire de ceste entreprinse en laquelle vous et nous en si peu de temps conquismes Constantinople (1). Pourrez-vous supporter qu'une nation que vos majeurs ont tant aymée et honnorée, demeure affoiblie par le moyen de nos ennemis, avec laquelle, n'estans ny vous ny nous degenerez de la vertu de nos predecesseurs, vous pouvez encore esperer de faire d'autres entreprises, qui seront pour vostre accroissement avec le bien de toute la chrestienté? J'espere, illustrissimes seigneurs, que vous considererez avec vostre accoustumée prudence, que, s'il advenoit [ce qu'à Dieu ne plaise] quelque sinistre accident au Roy mon seigneur, la liberté de votre serenissime republique seroit, sans aucun remede, exposée en proye à celuy qui ne tend à autre fin que sousmettre les deux à un mesme joug, comme ceux qui se sont trouvez unis tousjours pour la deffence de la commune liberté. Et quand vous feriez autrement, en nostre faveur s'esleveroient les os de nos anciens peres, lesquels, voyant Philippe Maria Vicomte avoir subjugué Genes, et ja reduit toute la Toscane en un miserable estat, pour ne vouloir souffrir une chose si injuste, et laisser environner le pays des princes si puissans, reprindrent, avec l'aide des Florentins, Genes, et par ce moyen, non seulement repousserent l'ambition de ce tyran, mais, avec une singuliere louange et obligation de l'Italie, reconquirent Bresse, Bergame et Cremone.

« Pour la memoire de tant de braves actes, je croy vous avoir osté toutes les difficultez et empeschemens qui par les calomnies des Impériaux vous estoient opposez. Et, comme serviteur de tous, vous, illustrissimes seigneurs, je vous conjure et supplie vouloir considerer en quel estat se trouve la miserable Italie, et generalement toute la chrestienté, et, avant vous resoudre et prendre party, vouloir, non seulement escouter le reverendissime et tres-illustre cardinal de Ferrare (2), mais examiner par le menu ce qu'il proposera à vostre Sublimité de la part du Roy mon seigneur. Je supplie encore un coup vostre Serenité vouloir, avec son accoustumée prudence, considerer comme l'Empereur est non seulement la cause de la ruine et misere de l'Italie, mais aussi le recognoistre comme insidiateur de la liberté de ceste illustrissime Seigneurie. Recognoissez, recognoissez, je vous supplie, la maison d'Austriche pour vostre ennemie capitale, et comme celle qui de tout temps a fait tout effort d'enjamber et usurper les biens et pays d'autruy, et specialement ceux de votre illustrissime Seigneurie. Au contraire, recognoissez la majesté du Roy treschrestien, mon seigneur, pour vostre ancien, fidele et affectionné amy, et avec quelle promptitude il vous a departy ses moyens pour le recouvrement de vos places occupées injustement par ceux de la maison d'Austriche. La reprise de Bresse et de Veronne en peuvent donner asseuré tesmoignage. Et si ne vous faut craindre qu'une telle amitié se puisse dissoudre ou violer en aucune sorte, parce que, n'y ayant entre la couronne de France et ceste illustrissime Seigneurie aucuns differens, ny anciens ny recents, et ne tenant l'un aucune chose de l'autre, les occasions defaillent aussi pour lesquelles les amitiez se peuvent dissoudre entre les princes : ains au contraire leur unité, alliance et conformité sont telles, que la ruine de l'une menasse et promet asseurement la dissolution et calamité de l'autre. »

[1543] Je ne sçay pas quelle opinion resta à la Seigneurie d'un si grand affaire, ny si l'eloquence de mon frere leur fit trouver bon ce qu'ils trouvoyent si mauvais : une chose sçay-je bien, que lors et depuis j'ay tousjours ouy blasmer ce faict, et croy que nos affaires ne s'en sont pas mieux portez; mais ce n'est pas à moy à demesler de si grandes fuzées. Ce grand secours du Turc arrivé, tout le monde pensoit que la terre ne fust assez capable pour eux. Voyla que c'est des choses qu'on n'a pas essayées. M. d'Anguien, qui estoit pour lors lieutenant du Roy en Provence, assembla quelques enseignes de Provenceaux, et vint se planter devant Nice, où, après avoir faict une grande batterie, l'assaut fut donné par les Turcs et Provenceaux ensemble; mais ils furent repoussez. En fin la ville se rendit, non pas le chasteau. M. de Savoye sollicitoit cependant le marquis de Guast pour le secourir, lequel se mit en campagne avec une bonne armée. Les Turcs mesprisoient fort nos gens; si croy-je qu'ils ne nous battroient à forces pareilles : ils sont plus robustes, obeyssans et patiens que nous; mais je ne croy pas qu'ils soient plus vaillans; ils ont un advantage, c'est qu'ils ne songent rien qu'à la guerre. Barberousse se faschoit fort, et tenoit des propos aigres et piquans, mesmement lors qu'on fut contrainct luy emprunter des poudres

---

(1) En 1204. Voyez *Mémoires de Ville-Hardoin* : ils font partie de cette collection.
(2) Hippolyte d'Est, cardinal de Ferrare.

et des balles. Tant y a qu'ils se rembarquerent sans avoir faict de grands faits d'armes : aussi l'hyver approchoit. Ils se porterent bien modestement à l'endroit de nos confederez. Les Provenceaux aussi se desbanderent.

J'avois oublié à vous dire qu'apres le mauvais succès de la guerre de Perpignan, le Roy nous manda marcher droit en Piedmont, et M. d'Annebaut, qui estoit admiral, alla mettre le siege devant Cony, là où nous fismes aussi mal qu'à Perpignan ; et fusmes bien frottez en donnant l'assaut, pour avoir mal recogneu la bresche, où je vis bien faire au brave et vaillant capitaine Sainct Petro (1), Corsse, qui fut presque assommé. Ledict sieur admiral, se voyant sur l'hyver, s'en retourna en France, ayant pris quelques petites places, et laissa M. de Botieres, lieutenant du Roy, lequel l'envoya en garnison à Gabarret, et moy à Savillan où M. de Termes estoit gouverneur, qui en fut bien aise ; car aussi il nous demandoit. Pendant nostre sejour, il se dressa plusieurs entreprises, tant sur Thurin que sur nous, et nous aussi sur nos ennemis, esprouvans tantost la bonne, tantost la mauvaise fortune ; mais, parce qu'il n'y a rien de mon particulier, je m'en tairay ; aussi ne seroit-ce jamais faict, si je voulois escrire tous les combats où je me suis trouvé.

Apres que les Turcs se furent retirez, comme nous avons dit, M. de Savoye et le marquis de Guast mirent le siege au Montdevi, où le seigneur de Dros, piedmontois, estoit gouverneur, ayant avec luy quatre compagnies italiennes, et deux compagnies de Suysses des six de M. de Sainct Julian, qui firent tousjours fort bien, encores que ce ne soit leur mestier de garder places : et y fut donné deux ou trois assauts. M. de Botieres n'avoit nul moyen de les secourir ; car le Roy avoit lors peu de soldats en Piedmont. Les Suysses, qui avoient perdu leurs capitaines et lieutenans, de coups de canons, se commencerent à mutiner contre le seigneur de Dros, gouverneur ; tellement qu'il fut contraint de capituler. Pour luy oster toute esperance de secours, le marquis de Guast, qui a esté un des plus fins et rusez capitaines de nostre aage, fit contrefaire des lettres de M. de Botieres, par lesquelles il luy escrivoit qu'il print party, n'y ayant moyen de le secourir : il ne peut descouvrir la ruze, et se rendit vies et bagues sauves, voyant la mutinerie des Suysses. Toutesfois la composition [à la grand honte du Guast] fut mal gardée, et le seigneur de Dros poursuivy, lequel se sauva sur nu cheval d'Espagne ; et bien pour luy, car tout l'or du monde ne l'eust sçeu sauver, pour la haine que le duc de Savoye luy portoit, parce qu'estant son subject, il s'estoit revolté contre luy. On disoit qu'il s'estoit sauvé habillé en prestre, par le moyen d'un soldat italien qui avoit esté à luy : je croy toutesfois que ce fut comme j'ay dit. Je puis dire sans mentir que c'estoit un des vaillans hommes et des meilleurs esprits qui sortit jamais de Piedmont. Il mourut à la bataille de Serisolles fort vaillamment, et le jour mesme que le Montdevi se perdit. J'estois parti de Savillan avec vingt-cinq soldats, au grand regret de M. de Termes (2), pour essayer si je pourrois entrer dedans ; car avec grand trouppe il estoit difficile ; et avois une guide qui me vouloit conduire par des varicaves (3), et par une riviere qu'il y a au Montdevi, par dedans laquelle il falloit que nous alissions longuement. n'y ayant eauë que jusques au genou : et crois que par là j'y eusse entré, ores qu'il n'eust de rien servy de tant qu'il m'eust fallu passer par le chemin des autres, veu que les estrangers nous donnoient la loy : mais ils en porterent la peine, car on en massacra plusieurs à l'issuë de la ville. J'avois pris dix soldats d'avantage plus que des vingt-cinq, pour me tenir escorte à passer le Maupas, qui est un lieu ainsi appellé, et à demy mil de Marennes, où on ne failloit gueres jamais de trouver rencontre de la garnison de Fossan : et au dessus, et à main droicte de Maupas, y avoit une hostellerie abandonnée, d'où on pouvoit veoir tout ce qui venoit devers Savillan droit à Cairas, et dudict Cairas audit Savillan. Comme je descendis en la plaine, tirant droit à Maupas, il y avoit soixante soldats italiens de Fossan regardans tousjours vers ceste hostellerie, qui est sur un lieu haut ; je vis partir la trouppe, qui alloit gaigner le Maupas du costé de Cairas, pour m'aller combattre en cet endroit : qui fut cause que je tournay chemin à main droicte, et les allay prendre par derriere venant à l'hostellerie : mais ils m'aperçeurent, et voulurent gaigner le chemin de Fossan pour se retirer, ayant quatre chevaux qui les menoient. Toutesfois je les poursuivis de si pres, que je les contraignis de se jetter dans une maison où il y avoit une estable tout contre, à laquelle je mis le feu : et ainsi qu'ils se virent perdus, ils commencerent à crier misericorde, se jettans à coup perdu, les uns par les fenestres, et les autres par la porte. Mes soldats en tuerent quelques uns, pource qu'un de leurs compagnons qu'ils aymoient fort estoit mort, et deux blessez : le reste je renvoiay à Savillan, tous attachez avec cordes d'arquebuses, de tant,

---

(2) Paul de La Barthe, seigneur de Termes, maréchal de France en 1558.

(3) Espèce de chemin creux.

(1) Le Corse San-Pietro, dit Bastelica.

que les miens qui les menoient n'estoient si grand nombre qu'eux. Puis m'acheminay droit à Cairas, et au moulin dessous Cairas trouvay M. de Cental (1), gouverneur dudit Cairas, qui me dit que Mondevi estoit rendu, ayant encore en main les lettres qu'on luy avoit escrit. Je retournay tout court pour regaigner Savillan, et dire la perte à M. de Termes, pour en advertir M. de Botieres : mais comme je fus au deça de Cairas, et au commencement de la plaine, près des maisons qu'il y a, qui s'appellent les Rodies, regardant en arriere, je vis une trouppe de gens de cheval qui venoient devers Fossan au long de la prairie tirant à Albe qu'ils tenoient pour lors ; et m'arrestay à ces maisons, pour voir ce qu'ils feroient : et, estant assez près de moy, me descouvrirent, et me voulurent approcher, s'acheminans par une petite montée qu'il y avoit, bordée de hayes aux deux costez ; et comme je les vis à demy montez, j'envoyay au devant quatre ou cinq arquebusiers, qui leur blesserent un cheval; surquoy ils tournerent arriere. Ce que voyant, je pensois que ce fust de peur : qui fut cause que je m'acheminay dans la plaine ; et n'euz fait cinq cens pas, que je les descouvris en icelle ; car ils estoient passez plus bas, estans quatorze sallades tous porte-lances, et huict arquebusiers à cheval, et une autre qui venoit apres conduisant le cheval blessé. Je n'avois en tout que vingt-cinq soldats, desquels y en avoit sept picquiers, et le capitaine Favas, et moy, qui avois une halebarde au poing. Leurs arquebusiers vindrent pour me charger le grand trot, nous tirant, comme firent aussi partie des nostres à eux : et les lanciers firent semblant de vouloir enfoncer, mais assez maigrement ; car, dés que nostre arquebuserie tira, ils s'arresterent et firent large : alors nous prismes tous courage, et marchasmes droit à eux à grands arquebusades. Il en tomba un par terre, lequel ils abandonnerent : et ainsi descendirent autrefois en la plaine, se retirant droit à Albe. Nous desarmasmes le mort, et le cheval se sauva avec eux. Ainsi je me retiray à Savillan, estant deux heures de nuict avant que j'y arrivay. Cecy ay-je voulu mettre par escrit, pour un exemple que les capitaines doivent prendre, pour ce qu'ores que les gens à cheval viennent charger les gens de pied, ils se doyvent resoudre à ne tirer que partie de leur arquebuzerie, et garder tousjours l'autre partie jusques à l'extremité ; ce qu'observant, il sera difficile qu'ils soyent defaits sans tuer beaucoup des ennemis, lesquels n'osent enfoncer,

voyant les arquebuziers afustez, lesquels, bien resolus, à la faveur d'un buisson arresteront les cavalliers bien longuement, tirant cependant que les autres rechargeront. Nous estions resolus de ne nous rendre point, et combattre plustost avec les espées, craignant qu'ils prinssent la revanche de ce que nous avions fait le matin : car les quatre chevaux qui se sauverent à Fossan leur porterent nouvelles de leur defaite.

Dés que M. de Termes entendit la prinse de Montdevi, il delibera s'aller le matin jetter dans Beme (2) ; et, y estant arrivé, trouva deux compagnies de Suysses qui estoyent là en garnison, ayant receu les autres du Montdevi, qui abandonnoyent lors Beme et s'en venoyent à Cairas, n'y demeurant plus que la compagnie du comte (3), une autre italienne, et celle du capitaine Renouart. M. de Termes me despescha un homme à cheval, m'escrivant que si jamais je voulois faire service au Roy, qu'incontinent je partisse : et c'estoit le lendemain que ledit seigneur arriva à Beme, qui estoit un dimanche ; nous ne faisions lors que sortir de la messe. Apres avoir un peu mangé, je me mis aux champs pour y aller : toutesfois je ne sceus tant faire, qu'il ne fust plus de trois heures de nuit avant que j'y arrivasse ; car il me fallut passer par des vallons assez malaisement, d'autant que l'on pensoit que la ville fut desja assiegée, estant tout leur camp à Carru, à trois petits mil de Beme, ayant esté tout le jour à l'escarmouche devant la ville. Et par fortune, M. de Sainct Julien, colonel des Suysses, se trouva audit Beme, par-ce que c'estoit sa garnison, et M. d'Aussun (4), qui l'estoit venu veoir pour entendre à quoy viendroit le siege de Montdevi : et ne fut possible audit Sainct Julien de retenir les Suysses, car je trouvay toutes les quatre compagnies desja à demy mil de Cairas. J'eus ceste faveur que monsieur le comte et madame la comtesse sa mere vindrent au devant de moy aux portes de la ville, accompagnez de beaucoup de seigneurs ayant une grande joie de ma venue, pensant que le matin le siege seroit devant : mais deux jours apres que je fus arrivé, leur camp marcha droit à La Trinitat, ayant dressé un pont sur la rivière près Fossan ; et ce matin que le camp marchoit, cinq ou six chevaux legers de M. de Termes, et quatre ou cinq gentils-hommes du comte de Beme, qui servoyent de guides, avec cinq ou six arquebuziers à cheval des miens, allerent à la suitte de leur camp. Il faisoit une broüée si espoisse qu'à peine l'on se pouvoit veoir l'un l'autre ; cela fut cause qu'ils

---

(1) Antoine de Boulliers, seigneur de Cental.
(2) Bene.

(3) Du comte de Bene.
(4) Pierre d'Aussun, ou plutôt d'Ossun.

allerent jusques à la teste de leur artillerie, et prindrent le commissaire, qu'ils nommoyent le capitaine de l'artillerie : et le jour devant, MM. de Termes, d'Aussun et Sainct Julien estoyent partis, ayant eu advertissement que les ennemis dressoyent ce pont. M. de Sainct Julien tira droit à Cairas, où les Suysses ne voulurent demeurer, ains s'en allerent à Carignan; M. de Termes, qui craignoit aussi qu'ils allassent à Savillan, dont il estoit gouverneur, s'en y alla; M. d'Aussun s'en alla aussi en haste droict à Thurin : bref, chacun avoit peur de perdre ce qu'il avoit en charge. Ledit pont estoit plus advancé qu'on ne pensoit, car ceux de Fossan le faisoient, pendant trois ou quatre jours que leur camp sejourna à Carru; et à l'heure que le commissaire fut prins, la plus part du camp estoit desjà passée, et se campoit vers Marennes; mesmement la bataille des Allemans, qui campa au chasteau et és environs du palais de misser Philibert Canebous, gentil-homme de Savillan. M. de Termes avoit mené avecques luy à Beme M. de Cailac, qui estoit commissaire de l'artillerie, lequel vouloit demeurer avec moy, pour la bonne amitié que nous nous portions [comme faisons bien encores]; et ne pensasmes jamais rien tirer dudit commissaire prisonnier jusques à ce qu'il fut tard : lors il nous dit et asseura que le marquis alloit assieger Savillan; dont M. de Cailac et moy fusmes demy desesperez, car ledict seigneur de Cailac demeuroit plus audit Savillan qu'en autre lieu; et moy, pour-ce que c'estoit ma garnison, et où j'avois demeuré sept ou huit mois. A la fin nous resolusmes tous deux de nous aller jetter dedans, à tous perils et fortunes qui pourroyent advenir : j'avois vingt-cinq soldats des miens à cheval, lesquels je prins avec quatre ou cinq de M. de Termes, qu'il avoit laissé à Beme, au grand regret du comte, qui ne voulut jamais permettre que le capitaine Favas ne le reste de la compagnie partissent : et arrivasmes environ deux heures de nuict à Cairas, parlasmes avec M. de Cental, lequel nous trouvasmes bien fasché de tant que les Suysses l'avoyent abandonné ce jour-là; et nous dit qu'il seroit grand cas si ne trouvions le camp logé dans les granges de Savillan, fors les Allemans, qui estoyent où j'ay dit, et tenoyent jusques à Marennes, par où ils nous falloit passer; car par autre lieu n'estoyent que fossez et ruisseaux fort mal-aysez à passer, n'ayant avec nous aucune guide, pource que nous sçavions assez le chemin. Et passasmes par le milieu du village de Marennes sans trouver aucun rencontre, pour-ce que la cavallerie estoit demeurée encores vers Fossan; et arrivasmes ainsi à Savillan environ deux heures apres minuict; et trouvasmes à la porte de la ville le capitaine La Chareze, frere de Boguedemar (1), lequel M. de Termes envoyoit devers M. de Botieres, pour l'advertir qu'il attendoit à ce matin le siege. Nous envoyasmes nos recommandations à M. de Botieres, et qu'il s'asseurast que nous mourrions tous, ou la place ne se perdroit point. M. de Caillac et moy allasmes trouver M. de Termes à son logis, et descendismes sans que ledit seigneur entendit rien de nous, escrivant l'ordre qu'il falloit tenir; et avait le dos devers la porte, qui estoit ouverte, ne nous appercevant jusques à ce que je l'embrassay par derriere, et luy dis : « Pensez vous jouer ceste farce sans nous ? » lequel se leva en sursaut, et me sauta au col, ne pouvant quasi dire mot de joye : autant en fit à M. de Caillac, me disant qu'il luy voudroit avoir cousté la moitié de son bien, et que ma compagnie y fust. Je luy dis que je la ferois voler; mais que promptement on trouvast un homme pour porter une lettre au capitaine Favas, mon lieutenant. Et sur-ce, y depeschames un sien lacquay, qui arriva avant midy à Beme; et incontinent que ledit capitaine Favas eut veu mes lettres, il alla dire au comte qu'il luy falloit partir; lequel luy fit encores grand instance de demeurer : neantmoins il sortit environ trois heures apres midy, et laissa le drapeau de mon enseigne, en passant à Cairas. M. de Cental, qui luy dit qu'il ne falloit point s'attendre de passer sans combattre, et qu'il luy respondit que c'estoit ce qu'il demandoit. Nous avions dit au lacquay que, quand il seroit au bout de la plaine, il le menast droict au moulin dudict messer Philibert, qui estoit à un ject d'arquebuse de son palais, et que là il se jettast au long du ruisseau, s'apprestant de combattre audict moulin, me doubtant qu'il y trouveroit rencontre des Allemans; toutesfois, que s'il pouvoit eviter le combat, qu'il le fist, s'attendant seulement à gaigner la ville. C'est advertissement fut bien à propos, car les Allemans estoyent deslogez le matin que nous passames, et s'estoient campez à Marennes : et ainsi arriva environ deux heures apres minuict; qui redoubla la joye, non seulement à M. de Termes, mais à tout les capitaines, soldats, et aux gens de la ville; car, à la verité dire, j'avois une des meilleures et des plus fortes compagnies de Piedmont. Je n'en eus jamais d'autres : si je cognoissois quelque besongne (2), je trouvois tousjours moyen de m'en deffaire.

---

(1) Du Villars et Rabutin le nomment Vauguedemar.

(2) De l'espagnol *bisogno*, soldat de recrue.

Deux heures avant jour, M. de Termes eut nouvelle comme M. de Savoye et le marquis de Guast estoient arrivez à Cavilimor, deux mil pres Savillan, le soir mesmes : qui nous fit encore croire que le camp venoit nous assieger, pource qu'ils s'estoient mis sur le chemin par lequel on nous pouvoit donner secours. Et comme le jour se monstra, arriverent des gens de Marennes nous advertir que toute l'infanterie prenoit le chemin du Mont-Tiron, et descendoit en la plaine de Sainct Fré, prenant le chemin plustost vers Carignan que de Savillan ; et de plus en plus nous en venoient nouvelles. Je priay M. de Termes me laisser aller vers Cavilimor, sur la queuë de leur cavallerie ; ce qu'il m'accorda, faisant monter à cheval le capitaine Mons son enseigne, avec cinquante salades. Or, pendant que j'estois allé à Beme, M. de Tais, qui estoit nostre colonel, avoit envoyé en diligence à Savillan les compagnies de Boguedemar et du baron de Nicolas ; et, pource que la mienne estoit lasse, je ne prins que le capitaine Favas et ceux qui estoient entrez avec moy, s'estans desja rafraischis, et quelque quarante des autres qu'estoient venus la nuict ; le capitaine Lienard, lieutenant pour lors de Gabarret, avec trente ou quarante de sa compagnie, et le capitaine Breuil, de Bretaigne, enseigne du baron, qui est encores vivant, ainsi qu'on m'a asseuré n'agüieres, lequel depuis fut blessé à la jambe d'une arquebusade, dont il est boiteux, comme l'on m'a dit, avec autant de gens de la compagnie dudict baron : et nous en alasmes droict à Cavilimor, le long d'un grand ruisseau qui va audit Cavilimor, et à main gauche du grand chemin. Et, estant à demy mil de là, arriva un des gens du capitaine Gabarret, qui venoit à moy de sa part, me priant le vouloir attendre, qu'il montoit à cheval pour venir ; et, comme il estoit long et tardif, il nous arresta de plus d'un grand quart d'heure : tellement que, si j'eusse suivy mon chemin sans l'attendre, je rencontrois M. de Savoye à une petite chappelle hors Cavilimor, tirant à Savillan, qui oyoit la messe, n'ayant que vingt cinq chevaux avec luy pour son escorte ; et le marquis estoit party avec toute la cavallerie, prenant le chemin de Rouy, distant desja à plus d'un grand mil de là. Voyez comme un peu de sejour quelque fois porte dommage : peut estre eussions nous eu là une bonne fortune. Et, comme ledict Gabarret fust arrivé, je m'acheminay, et fus incontinent à Cavilimor, où les gens de la ville me dirent que ledict seigneur n'estoit encores à demy mil de là. Nous nous cuidasmes le capitaine Mons et moy desesperer, ensemble tous les soldats, ayant perdu une si grande fortune pour la paresse dudict Gabarret, lequel nous chargeasmes de maledictions. Or, apres avoir demeuré là une grande piece sans sçavoir ce que nous devions faire, nous nous mismes sur nostre retour : mais lors il me souvint de l'advertissement de Marennes, qui fut cause que nous prismes le chemin à travers des prez, tirant à ceste plaine. Cependant nous oyons tousjours les tabourins du camp, et ceux de derriere en mesme temps ; car il n'y a pas demy mil de Cavilimor à la veuë de la plaine ; et, comme nous fusmes à la veuë, descouvrismes trois ou quatre ragachs (1) qui suyvoient le camp. Deux ou trois chevaux legers les coururent prendre, qui nous dirent qu'apres eux venoient deux enseignes de gens de pied et une de gens de cheval que M. de La Trinitat menoit. Lesdictes deux compagnies de gens de pied estoient celles du comte Petro d'Apport, gouverneur de Fossan, qu'un sien lieutenant, nommé le capitaine Ascanio, conduisoit ; et les gens de cheval conduisoient ledict seigneur de La Trinitat et les munitions des farines avec une grand partie du bagage du camp, là où il y en avoit une grand quantité de celuy des Allemans, et des Espagnols que cinquante soldats allemans conduisoient, et autant d'Espagnols : tellement qu'ils pouvoient estre plus de quatre cens chevaux de bagage, et quatre vingts dix charrettes chargées de vivres et de l'equipage de l'artillerie. Alors le capitaine Mons s'en alla descouvrir M. de La Trinitat, tellement que son cheval luy fut blessé, et tourna incontinent à moy, me disant ces paroles : « Capitaine Montluc, il y en a là à donner et à prendre. » Soudain je montay sur une petite cavalle d'un de mes soldats, et prins un mien sergent ayant vingt arquebusiers, et les allay descouvrir, lesquels ne faisoient conte de s'arrester pour les gens de cheval qu'ils avoient veu, ains marchoient tousjours tabourin sonnant. Et comme je fus aupres d'eux, je voyois une multitude de gens et chevaux qui marchoient par la plaine, qui estoit le bagage et les charrettes ; puis j'aperceus, sur le haut du costé où j'estois, marcher deux enseignes et les gens à cheval, et nombray les gens de pied de trois à quatre cens hommes, et pareillement les gens à cheval de trente à trente cinq salades. Et tout incontinent m'en retournay au capitaine Mons, et luy dis qu'ayant failly une grand fortune, il falloit qu'en tentissions une autre ; lequel me fit response qu'il estoit prest à faire ce que je voudrois : et je le priay qu'il m'attendist là : car j'allois parler à mes soldats ; et courus les trouver. Le capitaine Gabarret estoit avec ledict capitaine

(1) Valet de soldat, de l'italien *ragazzo*, jeune garçon.

Mons à cheval, et le capitaine Favas, Lyenard et Breuil conduisoient les gens à pied ; et moy, arrivé, parlay à eux et à mes soldats, leur disant que, comme Dieu nous avoit osté une bonne fortune, il nous en avoit baillé une autre en main, et, ores que les ennemis fussent trois fois plus forts que nous, si nous ne combattions, puisqu'il s'en presentoit occasion, nous n'estions dignes d'estre soldats, tant pour l'honneur, que pour la richesse que nous avions devant nos yeux ; car le butin n'estoit pas petit. Tous les trois capitaines me respondirent que, de leur opinion, on devoit combattre. Alors je haussis la voix, parlant aux soldats : « Et bien, mes compagnons, ne serez vous pas de l'opinion des capitaines ? Quant à moy, je vous ay desja donné la mienne, qu'il falloit combattre : et assurez vous que nous vaincrons ; car le presage que j'ay toujours eu le m'asseure, lequel ne m'a jamais menty en quelque chose que j'aye entrepris ; croyez, mes amis, qu'ils sont desja à nous. »

Or ay-je tousjours faict entendre aux soldats que j'avois certain presage que, quand cela m'advenoit, j'étais seur de vaincre : ce que je n'ay jamais faict, sinon pour y faire amuser les soldats, afin qu'ils tinssent desja la victoire pour gaignée ; et m'en suis tousjours tres bien trouvé, car mon asseurance rendoit asseurez souvent les plus timides. Les simples soldats sont aysez à piper, et quelque fois les plus habilles. Et lors d'une voix commencerent tous à crier : « Combattons, capitaine, combattons. » Je leur remonstrois comme je voulois laisser à nostre queuë quatre picquiers, pour garder qu'aucun ne se reculast, et, si aucun le faisoit, qu'il le tuassent : à quoy ils s'accorderent volontiers ; et me fut fort difficile de pouvoir faire demeurer derriere lesdicts picquiers, suyvant nostre arrest, de tant que tous estoient affectionnez de venir les premiers au combat. Et nottez que le desordre vient toujours plustost par la queuë que par la teste. Je commencay à marcher ; et, comme les ennemis descouvrirent les gens de pied, ils firent alte à l'endroit d'une grande baisse (1) que l'eauë avoit faict par succession de temps, laquelle alloit finir au dessous du mont où nous estions. Je les vis dans la plaine portans leurs lances droites sans s'avancer ; et vis aussi le capitaine Ascaigne sur un petit cheval gris, qui faisoit mettre ses picquiers dans la baisse tous de rang, puis alloit courant aux charrettes, pour les ranger pres du bout de la baisse là où ils estoient ; et de là couroit au bagage, le faisant demeurer derriere, puis aux gens à cheval. Et cognus bien, à la diligence de ce capitaine, que c'estoit un brave homme ; et me mis à deviner ce qui adviendroit de nostre combat, me mettant lors en doute, pour le bon ordre de ce chef. Si est-ce que la volonté ne me changea jamais ; et pendant que le capitaine Ascaigne dressoit son combat je dressois le mien, et prins l'arqueburerie, la baillant au capitaine Gabarret, qui estoit à cheval ; et notez que la leur estoit sur le haut de la baisse tirant à nous. Je prins les trois capitaines avec les picquiers, et deffendis aux arquebusiers ne tirer jamais, qu'ils ne fussent de la longueur de quatre picques, et au capitaine Gabarret qu'il fist tenir cet ordre ; ce qu'il fit. Je dis aussi au capitaine Mons qu'il me prestast vingt cinq salades (2) pour m'ayder à tuer ; car d'un jour, encores qu'il eut eu un bras attaché, à peine les eussions nous sçeu tuer ; et le demeurant pourroit combattre leur cavallerie, encore qu'ils fussent plus forts que les nostres : à quoy il s'accorda, et donna vingt cinq salades au jeune Tilladet [qui est à present appelé M. de Sainctorens] et au capitaine Ydrou, chevaux legers de ladicte compagnie, lesquels sont encores en vie, et beaucoup d'autres qui estoient en ceste trouppe. Toutes nos trouppes marcherent en un coup droict à eux ; et, comme je pensois que leur arquebuserie se jetteroit dans la baisse quand ils verroient approcher la nostre teste baissée, ce fut au contraire ; car elle marcha droict à la nostre, et tout à un coup se tirerent de plus pres que de quatre picques. J'avois dit aux nostres que, dés qu'ils auroient tiré, missent la main aux espées sans s'amuser plus à recharger, et leur courussent sus ; ce qu'ils firent. Je courus avec nos picquiers par le bout de la baisse, et nous jettasmes à coup perdu parmy eux. Ydrou et Tilladet chargerent M. de La Trinitat, et le rompirent : nos arquebusiers et les leurs se jetterent dans la baisse : toutesfois les nostres demeurerent maistres, et nos picquiers avoient abandonné les picques, et estoient aux espées. Et ainsi, combattans courageusement, arrivasmes tous aux charrettes, comme aussi fit le capitaine Mons ; lesquelles furent renversées, et tous leurs gens en fuitte vers deux maisons qu'il y avoit bas en la plaine ; et poursuyvans tousjours nostre victoire, et les gens à cheval tuant parmy eux, bien peu en arriverent aux maisons. On en sauva quelques uns, mais des autres fort peu ; car ce qui restoit en vie estoit si blessé que je croy fermement qu'ils ne firent pas grand fruict. Nos gendarmes portoient en ce temps-là de grands coutelas tranchans pour coupper les bras mail-

---

(1) D'un ravin.

(2) C'est-à-dire 25 hommes portant *salades* (Espèce de casque).

lez et destrancher les morions (1) : oncques de ma vie je ne vis donner si grands coups. Quant à la cavallerie, tout fut pris, s'enfuyant droict à Fossan, sauf M. de La Trinitat, luy cinquiesme, pour estre mieux monté que les autres. Le jeune Tilladet les suyvit, luy troisiesme, jusques à deux arquebusades de Fossan, et print un qui suyvoit l'un des drapeaux ; car l'enseigne, qui la portoit, l'avoit jetté sur le col de celuy qui amenoit son cheval. Incontinent apres nous nous acheminasmes, conduisans les charrettes et les bagages, et fallut retourner par le mesme chemin qu'ils estoient venus, devers Marennes, de tant que lesdictes charrettes ne pouvoient passer par autre lieu : et pour lors je vis un si grand desordre en nostre faict, que si vingt salades des ennemis fussent tournez à nous, ils nous eussent deffaits, parce que les soldats à pied et à cheval estoient si chargez de bagage et de chevaux qu'ils avoient gaigné, qu'il ne fut possible au capitaine Mons de r'allier une seule salade auprès de luy, ny moy deux arquebusiers ; de sorte que laissames les morts sans estre recherchez et fouillez. Les vilains (2) de Marennes, incontinent apres, y vindrent, et les despouillerent ; lesquels depuis nous ont dit plusieurs fois y avoir gaigné plus de quatre mil escus ; car il n'y avoit que trois ou quatre jours que ces deux compagnies avoient pris monstre (3) pour trois mois. Souvent le butin est cause de la perte : voyla pourquoy les capitaines y doivent prendre garde, mesmement lors qu'ils sçavent des garnisons voisines qui peuvent venir à eux : il est malaisé d'y pourvoir, car l'avarice du soldat est telle, qu'il creve souvent sous le faix, ne voulant prendre aucune raison en payement.

Apres ceste deffaicte, nous retournasmes à Savillan, où trouvasmes que deux vilains avoient donné l'alarme à M. de Termes, ayant porté nouvelles comme nous estions tous deffaicts. Nous le trouvasmes à demy desesperé ; mais apres il eut une des plus grandes joyes qu'il eut jamais. Il y eut lors bon marché de besongne, car il se gaigna plus de quarante putains des Allemans, et plus de vingt des Espagnols. Ceste vilennie fut en partie cause de leur desordre. Nous voulusmes faire mettre tout au butin ; et trouvasmes que n'estions que cent quarante cinq hommes et cinquante chevaux, me priant tous que chacun se tint avec ce qu'il avoit gaigné, et qu'ils me feroient un present, parce que je ne m'estois amusé à piller ; ce que je leur accorday, voyant tout le monde contant ; et me donnerent six cens escus,

comme firent aussi les gens à cheval au capitaine Mons, mais je ne sçaurois dire combien. Voyla ce que nous fismes ceste journée à la queuë de leur camp. Il ne mourut sur le lieu, de nos gens, qu'un soldat du capitaine Baron, et cinq ou six blecez, et un mien corporal, lesquels guarirent. Il y a prou de gens de cheval et de gens de pied en vie qui se trouverent au combat, lesquels, lorsqu'ils liront ce livre, ne me dementiront. Je ne sçaurois dire, dont je m'estonne, si M. de Caillac s'y trouva, ou si M. de Termes le retint avec luy ; mais, s'il ne s'y trouva, il estoit dans Savillan, et luy en souviendra bien.

Or l'entreprise qu'avoit le marquis de Guast se monstra bien tost, car c'estoit pour s'aller jetter dans Carignan, et là faire un fort, et y laisser une bonne trouppe de gens de pied, comme il fit. Et le jour que je fis ceste deffaicte, il campa à un village pres Carmagnolle, à main droite du chemin de Reconi (4) audit Carmagnolle : il ne me souvient du nom ; et à la minuit il envoya la plus part de sa cavallerie passer le pont à Lombrias, où une heure ou deux paravant y estoient passez deux chevaux legers de M. de Termes qui s'estoient trouvez au combat, et s'estoient desrobez avec leur butin, craignant que l'on leur fit mettre au blot (5) ; et advertirent M. d'Aussun et le seigneur Francisco Bernardin, qui estoient à Carignan, lesquels M. de Botieres y avoit envoyez expressement pour la demanteler, luy souvenant que M. de Termes et ledit seigneur Francisco luy avoient dict quatre mois paravant que le marquis feroit cela, et s'en empareroit pour la fortifier, qui seroit chose fort prejudiciable au service du Roy. Je n'avois affaire d'escrire cecy, si n'estoit pour monstrer aux jeunes capitaines qui liront ce livre, qu'ils n'attendent jamais à faire leur retraite à la teste d'un camp, s'ils ne sont assez forts pour donner la bataille. Mais, comme ces chevaux legers eurent parlé à M. d'Aussun, et dit la deffaicte que nous avions fait, il luy print envie, comme il avoit le cœur en bon lieu, de faire quelque chose avant de se retirer. Ledict seigneur Francisco, ayant entendu par lesdits deux chevaux legers où estoit l'ennemy, il jugea qu'au point du jour ils les auroient sur les bras, priant instamment M. d'Aussun de se retirer ; ce que ledit seigneur ne voulut jamais faire ; et, ainsi qu'il fut jour, virent le marquis de Guast, toute l'infanterie, et partie des gens à cheval, qui marchoient au long de la riviere. Ledict marquis s'advança, et fit parler à M. d'Aussun, l'amusant tousjours ; le seigneur Francisco lui crioit que

---

(1) Couper les casques.
(2) Les habitants.

(3) Avoient reçu leur solde.
(4) *Reconi*: Raconi.
(5) Au partage.

le marquis ne faisoit cela que pour les amuser : mais il n'en voulut jamais rien croire [on ne peut fuyr son malheur], jusques à ce que deux chevaux legers, qu'il avoit envoyez sur le chemin de Lombrias luy firent le rapport de la verité; mais c'estoit trop tard, car la plus grand part de leur cavallerie estoit passée. Il n'y avoit que deux batteaux ; mais ils estoient grands et avoyent commencé passer une heure apres minuit. Alors M. d'Aussun dict au seigneur Francisco Bernardin qu'il se retirast jusques aupres du pont des Loges, et que là il fist alte : ce qu'il fit. De gens de pied, il n'avoit que le chevalier Absal avec sa compagnie seule ; et luy dit qu'il s'en allast le petit pas apres le seigneur Francisco, et qu'il fist souvent alte, pour le secourir s'il avoit besoin : ce qu'il fit ; et tout à un coup arriverent cinquante ou soixante chevaux des ennemis attaquer l'escarmouche. Bien est vray qu'outre sa compagnie et celle du seigneur Francisco, il avoit trente salades de la compagnie de M. de Termes, que le vieux Tilladet commandoit; et estoient partis d'avec M. de Termes il y avoit sept ou huict jours, par le commandement de M. de Botieres et priere qu'il luy fit de les y envoyer : ce que ledict seigneur regrettoit bien, ne les ayant à l'heure qu'il attendoit le siege. Ledict seigneur d'Aussun commença à faire sa retraicte, et mit ses gens en trois trouppes : l'ennemy le suyvoit tousjours de pres ; son lieutenant, qui s'appelloit Hieronim Magrin, menoit la premiere trouppe : et aucunefois les ennemis le menoient jusques à la trouppe que conduisoit M. d'Aussun ; autresfois ledict Hieronim rechargeoit les ennemis, ausquels arrivoit tousjours force gens ; et, comme ils se virent plus forts, chargerent le capitaine Hieronim à toute bride, et le ramenerent dans la trouppe de M. d'Aussun, lequel fit une cargue, et ramena lesdits ennemis jusques dans leur grand trouppe, laquelle chargea ledict seigneur d'Aussun, et le ramena sur les bras du capitaine Tilladet. Une autre trouppe d'ennemis qui venoient encores au galop, outre ceux-là, chargea ledit Tilladet, qui estoit advancé pour secourir M. d'Aussun ; de sorte que l'ennemy estoit plus fort de gens à cheval quatre fois que les nostres ; et tousjours leur arrivoit rafraischissement en mesme heure qu'ils passoient la riviere : tellement que tout alla en desordre et en routte, et fut porté par terre M. d'Aussun, son lieutenant, et plus de cinquante prisonniers ; le capitaine Tilladet prins deux fois, et recouvert de ses compaignons, lesquels, serrez en trouppe, tournoient visage jusques au pont des Loges. Le seigneur Francisco Bernardin, qui estoit en bataille aupres du pont, vit venir sur ses bras tout ce desordre ; et, voyant qu'il n'estoit suffisant avec sa trouppe d'y remedier, print party, et passa le pont, et là fit teste : qui fut cause que beaucoup de nos gens se sauverent encores, et qui tournoient visage, sur sa faveur, au bout dudict pont.

Or le chevalier Absal, qui avoit prins un peu à main gauche, se retiroit le pas, et souvent fit faire halte ; qui fust occasion qu'il ne peut gaigner le pont; car une partie des ennemis, voyant la victoire, coururent à luy, qui avoit veu toute nostre cavallerie desfaicte et en routte. Chacun peut juger quel courage luy et ses gens pouvoient avoir ; lesquels furent tous taillez en pieces, le drappeau prins, et il se sauva sur un petit cheval.

Voyla la routte (1) qu'eust M. d'Aussun, plus pour une superbe de vouloir faire quelque chose grande, que non pour faute de cœur ny de conduicte ; car en premier lieu il rangea bien ses trois trouppes, de sorte que toutes trois combattoient, et luy mesme, ayant esté prins, tenant l'espée sanglante au poing, et terre, car son cheval estoit mort. Et s'il se fut voulu contenter de raison, il ne fut jamais entré en dispute avec le seigneur Francisco Bernardin ; car il y avoit faict ce que bon capitaine devoit faire, tant de sa personne que de sa conduicte. Le Roy, apres la delivrance dudict seigneur d'Aussun, les appointa, par ce que le seigneur Francisco le fit appeller pour lui reparer le tort qu'il lui avoit faict, ayant dict au marquis de Guast et ailleurs qu'il l'avoit abandonné au besoin : Ledict seigneur d'Aussun le rendit satisfaict et contant ; et l'un et l'autre avoient bien fait leur devoir ; mais, si ledict seigneur d'Aussun eut prins le conseil dudit seigneur Francisco, il n'eust pas esté deffaict : il n'estoit pas raisonnable qu'il se perdist aussi, ne pouvant reparer sa faute d'avoir tant temporisé à faire sa retraicte à la teste d'une armée. Si je voulois mettre encores d'autres exemples de ceux qui veulent combattre à la teste d'un camp se retirant, je le pourrois faire : tesmoin Mauchaut, où M. le mareschal de Strosse perdit la bataille, non pas à faute de cœur, car il y fut fort blessé, ny à faute de conduicte, car il avoit aussi bien rangé ses gens pour sa retraicte droict à Lusignan (2) qu'homme eust sçeu faire ; le seigneur Mariou de Sainct Flour, qui me perdit presque toute ma cavallerie aupres de Piance (3), en voulant faire de mesmes à la teste d'un camp. Plusieurs sans consideration tombent en ces fautes, comme j'ay cy-devant escrit, et en pourrois escrire d'autres, qui seroient longues à racompter. Je vous prie, capitaines mes compagnons, ne

(1) La routte : la déroute.
(2) Lusignan : Lucignano en Toscane.
(3) Piance : Pienza en Toscane.

mesprisez mon conseil ; car, puis que tant de vaillans et sages capitaines se sont trouvez mal de ces retraictes, on n'en peut esperer rien de bon. Il faut vouloir ce qu'on peut et ce qu'on doit, et non pas à la teste d'une armée attaquer vostre ennemy et entreprendre vostre retraicte.

Le marquis de Guast passa le pont à l'heure mesmes avec tout son camp, et se mit dans Carignan, où il designa un fort enfermant le bourg (1) ; ce qu'il eut bien tost faict, pour ce que les fossez qui enfermoient ledict bourg et la ville luy ayderent beaucoup ; et y laissa deux mil Espagnols et deux mil Allemans, et le seigneur Pierre Colonne (2) pour chef, [A la verité il fit une bonne eslection, et ne trompa personne de la bonne opinion que l'on avoit de luy; car c'estoit un homme qui avoit beaucoup d'entendement et de valleur], laissant à Carmagnolle Cesar de Naples avecques quelques enseignes d'Italiens [du nombre desquels ne me souvient] et deux mille Allemans; à Reconi, quatre enseignes d'Espagnols, c'est à sçavoir, Louys Quichadou, dom Jean de Guibare, Mandosse et Agillere (3) ; la cavallerie à Pingues et à Vinus et Vigon ; et puis s'en alla à Milan, apres avoir renvoyé le demeurant de son camp à Quiers, et M. de Savoye à Verseil.

Quelque temps apres, M. de Termes mena une entreprise, qui ne fut jamais descouverte qu'à M. de Botieres et à moy, non pas mesme à M. de Tais, qui estoit colonel. Il y avoit un marchand de Barges, grand amy et serviteur de M. de Termes, et bon françois, nommé Granuchin, qui, venant de Barges à Savillan, fut prins des chevaux legers de la compagnie du comte Pedro d'Apport (4), gouverneur de Fossan ; lequel tantost on menassoit de pendre, et tantost de le mettre à rançon : de sorte que le pauvre homme demeura huit jours en desespoir de sa vie ; à la fin il s'advise de faire dire au comte que, s'il luy plaisoit qu'il parlast à luy, il luy diroit des choses qui seroyent à son profit et honneur. Lequel comte parla à luy, et ledit Granuchin luy proposa qu'il ne tiendroit qu'à luy qu'il ne fust seigneur de Barges, et qu'il estoit en sa puissance de luy mestre le chasteau entre les mains, car la ville n'estoit forte. Le comte, curieux d'entendre à ceste entreprinse, conclud et arresta que Granuchin bailleroit son fils et sa femme en ostage ; et ledit Granuchin proposa la façon, disant qu'il estoit grand amy du capitaine du chasteau, et que les vivres qu'on mettoit dedans passoyent par ses mains; et qu'il avoit part à quelque traffic qu'ils faisoyent ensemble, sçavoir est, ledit capitaine du chasteau, nommé La Mothe, et luy; aussi l'Escossois qui gardoit les clefs du chasteau estoit fort son amy, auquel faisoit tousjours gaigner quelque chose ; lequel s'asseuroit de le convertir, non toutesfois ledit capitaine La Mothe ; mais qu'il estoit malade d'une flebvre quarte qui le tenoit quinze ou vingt heures, et ne bougeoit du lit, ains y demeuroit presque toujours : et comme il seroit hors de prison, il s'en yroit pleindre à M. de Termes de deux hommes qui avoyent le bruit d'estre imperiaux, qui l'avoyent vendu et adverty les ennemis de son allée ; et qu'apres avoir laissé sa femme et son fils pour ostage, il iroit demander raison à M. de Botieres par le moyen de M. de Termes, et puis il s'en iroit à Barges, au chasteau, et qu'un dimanche matin il feroit sortir de quinze à vingt soldats que La Mothe y avoit, se reservant sinon l'Escossois, le sommeiller et le cuisinier, pour aller prendre ceux qui l'avoyent vendu, ainsi qu'ils seroyent à la premiere messe le matin : et cependant, ceste nuict-là, le comte feroit marcher quarante soldats, lesquels seroient embusquez devant jour à un petit taillis qu'il y a loing une arquebuzade de la faulse porte ; et comme il seroit temps de venir, il dresseroit un drappeau blanc au dessus de la faulse porte. Or il y avoit un prestre de Barges qui estoit banny, et se tenoit à Fossan, qui estoit amy de Granuchin, lequel faisoit tout ce qu'il pouvoit pour sa delivrance, qui fut appellé à leur deliberation, pour-ce que ledit prestre avoit parlé souvent au comte en faveur dudit Granuchin. Et fut conclud que le prestre se rendroit une nuict qu'ils arresterent, à moytié chemin de Fossan à Barges, en un petit bois ; et, pour le recognoistre, feroit un sifflet ; et que, s'il avoit converty l'Escossois, il le meneroit avec luy pour arrester ce qu'il falloit faire. Ainsi Granuchin escrivit une lettre à M. de Termes, par laquelle il le prioit demander le sauf-conduit à M. de Botieres, pour faire venir sa femme et son fils à Fossan entrer pleges (5) pour luy; car il avoit tant fait, avecque l'ayde de certains amys qu'il avoit moyenné, que le comte le laissoit aller moyennant six cens escus ; et que, si luy-mesme n'estoit dehors et en liberté, ne trouveroit homme qui voulust achepter de son bien pour faire l'argent ; et que, s'il avoit le sauf-conduit, luy pleust le bailler à un sien amy, qu'il nomma à Savillan, auquel il escrivoit, et prioit faire les diligences de faire venir sa femme et son fils au-

---

(1) *Le bourg* : le faubourg.
(2) Pirrhus Colonne (en italien *Pirro Colonna*).
(3) Dom Juan de Guevara, Mendoza et Aguilar.
(4) Le comte Pietro de Porto.
(5) *Pleges* : Caution.

dit Fossan. Et cela fut arresté. Ledit Granuchin sortit, et vint audit Savillan trouver M. de Termes, auquel il compta toute l'entreprinse, et sa marchandise. Incontinent M. de Termes, qui commençoit desja à tomber malade d'une maladie qui luy duroit chasques fois quatorze ou quinze jours, m'envoya querir, et me communiqua le tout : et tous trois arrestasmes que ledit Granuchin yroit parler avec M. de Botieres pour luy compter l'entreprinse. M. de Termes luy bailla des lettres addressantes audit seigneur de Botieres, lequel, apres l'avoir entendu, n'en fit pas grand cas, mais seulement rescrivit à M. de Termes que, s'il cognoissoit qu'on se deust fier audit Granuchin, qu'il en fist comme bon luy sembleroit. A laquelle responce M. de Termes eust opinion que M. de Botieres seroit bien aise qu'il reçeust quelque escorne ; aussi ne s'aimoyent ils guerres ; de sorte qu'il vouloit rompre l'entreprinse ; mais, voyant ledit Granuchin desesperé si elle ne se faisoit, et moy encores plus de laisser eschapper une telle prise sur nos ennemis, je priay M. de Termes la me laisser conduire ; lequel difficilement le me voulut accorder, craignant tousjours que, s'il en advenoit mal, M. de Botieres luy presteroit une charité envers le Roy, comme c'est la coustume ; car, quand on porte quelque dent de laict à quelqu'un, on est bien aise qu'il face tousjours quelque pas de clerc, afin que le maistre aye occasion de se courroucer et reculer celuy-là, le blasmant de n'avoir voulu croire les plus sages. En fin, par importunité, il m'accorda ladicte entreprise.

Ledit Granuchin partit pour s'en aller à Barges, et descouvrit le tout au capitaine La Mothe et à l'Escossois, ausquels M. de Termes en escrivit aussi : et la nuict venuë, partirent tous deux seuls [car ledit Granuchin sçavoit bien le chemin], et se rendirent au bois, là où ils trouverent le prestre, et arresterent que ledict comte quitteroit la rançon audit Granuchin, et qu'il luy bailleroit autant comme les soldats qui l'avoient prins luy avoient osté ; et, en outre, luy bailleroit sa demeure au chasteau, pres du capitaine qu'il y mettroit, avec certaine pension d'argent pour s'entretenir ; et feroit espouser à l'Escossois une fille heritiere qu'il y avoit à Barges ; luy donneroit aussi certain entretenement, de tant qu'il ne pourroit jamais plus retourner ny en Escosse ny en France. Cela fut tout arresté et conclu, et que le prestre luy apporteroit toutes ces promesses, signées et scellées des seing et armes du comte, à une cassine qui estoit au frere dudict prestre, là où il venoit quelques fois la nuict ; et que le dimanche apres l'execution se feroit. Granuchin vint à Savillan, apres avoir reçeu les obligations, et nous monstroit tout. Or il n'y avoit plus jusques au dimanche que trois jours. Il s'en retourna incontinent, et arrestames qu'il meneroit deux guides, les meilleures qu'il pourroit trouver, non toutesfois qu'il leur descouvrit rien, mais avec des lettres feintes, où il ne se parleroit que de quelque vin qu'il m'avoit acheté. Les guides furent le samedy à midy à Savillan : je prins le capitaine Favas, mon lieutenant, et dans ma chambre luy communiquay toute l'entreprise, et comme je voulois que ce fust luy qui l'executast ; à quoy ne contredit, estant homme de bonne volonté : et fut accordé qu'il attacheroit les guides par le corps, et qu'il n'entreroit en chemin aucun ny carrefour, mais à travers la campagne. Il eut grand affaire à convertir les guides, pource qu'il falloit passer trois ou quatre ruisseaux, et qu'il y avoit de la neige et de la glace par tout. Nous demeurasmes plus de trois heures à disputer ce chemin ; à la fin tous deux les guides s'en accorderent, à chacun desquels je donnay dix escus, et les fis tresbien soupper. Nous advisames qu'il ne falloit mener gueres de gens, pour ne faire grand bruit. Nous faisions lors un rampart pres la porte de Fossan, ayant rompu un peu de la muraille, et fait un pont pour aller chercher la terre dehors. Par là je jettay le capitaine Favas dehors, luy trente-cinquiesme seulement ; et comme nous fusmes dehors, attachasmes les guides, pour crainte qu'ils ne se perdissent, et ainsi se mit en chemin. Or l'assignation des ennemis estoit en mesme heure, de sorte que Granuchin leur avoit baillé le chemin pour venir à ce taillis à main droicte, et aux nostres pour venir passer aupres des murailles de la ville à main gauche : et comme ils furent à la faulse porte, Granuchin et l'Escossois s'y trouverent, qui estoit l'heure à laquelle l'Escossois avoit accoustumé faire sa sentinelle sur la faulse porte, et ne furent jamais descouverts. Estans arrivez, ils les mirent dans une cave du chasteau, où l'on leur avoit appresté du feu de charbon, du pain et du vin. Cependant le jour arriva, et, comme la cloche sonnoit pour dire la messe bas à la ville, l'Escossois et Granuchin commanderent à tous les soldats qui estoient dans le chasteau, d'aller prendre à la messe ces deux que Granuchin chargeoit l'avoir trahy ; et n'y demeura que La Mothe, son valet de chambre, qui servoit de soldat, celuy qui faisoit la depence, le cuisinier, l'Escossois et Granuchin : l'Escossois leva le pont, et lors ils firent sortir le capitaine Favas, le faisant mettre derriere des fassines qu'il y avoit au fons de la bassecourt, les genoux à terre, et apres allerent incontinent mettre le drappeau sur la faulse porte. Et bien tost apres le prestre arriva, et environ quarante soldats avec luy : et comme ils furent dedans, l'Escossois ferma la faulse porte, et à l'instant le capitaine Favas et sa trouppe leur coururent sus, lesquels firent quelque peu de deffence, de sorte qu'il en mourut sept ou huit : Granuchin sauva le prestre, et ne voulut endurer qu'il receust aucun desplaisir. Or il y avoit un paysan qui venoit d'une maisonnette au dessus du chasteau, lequel apperceut entrer par la faulse porte ces soldats espagnols portant la croix rouge, et courut bas à la ville donner l'alarme, et dire que le chasteau estoit trahy. Lors les soldats qui avoient esté tirez dehors pour aller prendre les deux hommes à la messe, voulurent s'en retourner au chasteau ; mais les nostres leur tirerent arquebusades, toutesfois bien haut pour ne les toucher, faignant estre ennemis, criant tousjours : *Imperi, Imperi* et *Savoye!* qui fut cause que lesdits soldats s'enfuirent à Pignerol, et porterent nouvelles à M. de Botieres que Granuchin avoit trahy le chasteau, et que l'ennemy estoit dedans. M. de Botieres despescha, bien en colere, un courrier à M. de Termes pour l'advertir de ces nouvelles : et outre, trois ou quatre marchans de Barges, qui tenoient le party du Roy, s'en vindrent fuyants à Savillan ; de sorte que nous tinsmes entierement que la trahison double estoit tournée contre nous, comme il advient bien souvent. Je n'osois aller voir M. de Termes, qui estoit au lit, malade, quasi desesperé, et disoit ces mots souvent : « Ah ! M. de Montluc, vous m'avez ruyné : pleust à Dieu ne vous avoir jamais creu ! » Et ainsi demeurasmes jusques au mercredy. Cependant ils mirent les soldats qui estoient entrez dans la cave, prenant mes soldats les croix rouges, et mirent un drappeau blanc, aussi avec la croix rouge, sur une tour, ne criant autre chose dedans le chasteau, que *Imperi! Imperi!*

Or incontinent Granuchin fit signer une lettre au prestre, par laquelle il mandoit au comte qu'il s'en vint prendre possession de la ville et du chasteau ; que Granuchin luy avoit tenu ce qu'il luy avoit promis : et manda venir un paisant de son frere, auquel il fit bailler la lettre par le prestre mesmes, luy disant que, s'il faisoit aucun signe en luy baillant la lettre ou autrement, qu'il le tueroit : et aussi fit dire par ledit prestre audit laboureur quelques autres paroles de bouche. Le paysan s'en va sur une jument, courant à Fossan, là où il n'y a que douze mil ; et tout incontinent le comte se resolut d'y envoyer ceste nuit un sien corporal nommé Janin, avec vingt-cinq des plus braves de toute sa compagnie, lequel se rendit au point du jour à Barges. Et comme il arriva au chasteau, Granuchin, le prestre et l'Escossois le firent entrer par la même faulse porte ; et cependant le capitaine Favas s'alla mettre derriere les fassines, comme auparavant, combien que Granuchin fist un peu le long à ouvrir la porte, pource qu'il vouloit voir clair, et regarder si le prestre feroit signe aucun : aussi vouloit-il que ceux de la ville les vissent entrer. Et comme le jour fut clair, ils ouvrirent la faulse porte, leur faisant entendre que les soldats du prestre dormoient, pour le long travail qu'ils avoient souffert la nuict auparavant : et comme ils furent dedans, l'Escossois ferma soudain la porte, et promptement le capitaine Favas sort, courant à eux sans leur donner loisir, qu'à bien peu, de mettre le feu aux arquebuzes ; ce que les nostres firent, car ils les avoient toutes prestes. Quoy que ce fust, ils se mirent en deffence avec leurs espées : de sorte qu'il y eut six soldats des miens blessez, et en mourut de ceste trouppe quinze ou seize, desquels le corporal Janin en fut un, qui fut un grand malheur pour nos entrepreneurs, et un sien frere : le reste ils amenerent à la cave, les attachant de deux en deux ; car ils estoient desja dans le chasteau plus de prisonniers que des nostres mesmes.

Et, pource que ce combat dura plus que l'autre, les ennemis crioyent combattant, *Imperi!* et les nostres, *France!* de sorte que la voix alloit jusques à la ville, et mesmement les arquebuzades qui furent tirées. Et pour n'estre encore descouverts, parce que leur dessein estoit d'y attirer le comte [car pour ceste occasion se jouoit la farce], ils monterent tous sur les murailles du chasteau, et la crioyent *Imperi et Savoye!* portans tous la croix rouge, comme j'ay desja dit. Or le paisant qui avoit porté la lettre au comte ne vint pas avecques eux au chasteau, s'estant arresté à la cassine de son maistre, et fut incontinent envoyé querir, et baillé une autre lettre pour la porter audit comte à Fossan, par les mains du prestre, par laquelle il l'advertissoit que le corporal Janin estoit tant las, qu'il n'avoit peu escrire ; mais qu'il luy avoit donné charge de luy mander le tout, et qu'il s'estoit mis à dormir. Le comte, apres avoir veu ceste lettre, se resolut de partir, non pas le lendemain qui estoit le mardy, mais le mercredy apres. Quand Dieu nous veut punir, il nous oste l'entendement, comme il advint au fait de ce gentilhomme. Et en premier lieu le comte estoit reputé pour l'un des accors hommes, et autant sage et vaillant qu'il y en eust en tout le camp : et neantmoins il se laissa aveugler de deux lettres de ce prestre, et mesmement par la derniere, de laquelle il ne devoit rien croire qu'il ne vist lettre de son corporal; et devoit regarder si l'excuse estoit suffisante de dire que sondit corporal s'estoit mis à dormir. Mais nous sommes aveuglez quand nous souhaittons quelque chose. Croyez, messieurs qui faites des entreprises, que vous devez songer tout, peser tout, jusques à la moindre petite particularité : car, si vous estes fin, vostre ennemy le peut estre autant que vous. A fin [dit-on] fin et demy. Ce qui le trompa encore le plus, fut que le mardy, ceux de la ville, qui pensoient estre devenuz imperiaux, faisans encores quelque doute, pour les cris qu'ils avoyent ouys au combat, envoyerent cinq ou six femmes au chasteau vendre des gasteaux, pommes et chastaignes, pour voir si elles pourroient descouvrir qu'il y eust de la trahison; car tous ceux qui estoient demeurez dans la ville avoient desja pris la croix rouge. Et comme noz gens les virent venir contre-mont, ils se douterent bien que c'estoit pour quelque occasion; ce qui leur fit resoudre de faire bonne mine, et allerent abbattre le petit pont-levis, et les firent entrer dedans. Lors mes soldats se mirent à promener en la basse-court avec leurs croix rouges, sauf trois ou quatre qui parloient bon espagnol, lesquels parlerent ausdites femmes, et leurs acheterent ce qu'elles portoient, feignans estre espagnols. Et apres, elles s'en retournerent à la ville, asseurant les habitans qu'il n'y avoit point de finesse; et apporterent une lettre aussi, que La Mothe escrivoit à un sien amy à la ville, par laquelle luy prioit d'aller vers monsieur de Botieres, pour luy dire qu'il n'avoit jamais esté consentant à la trahison de Granuchin, et la baillerent à une de ces femmes, sçachant bien que celuy à qui il escrivoit ne s'y trouveroit pas, et qu'il seroit des premiers qui s'en seroit fuis, à cause qu'il estoit bon François; mais ils vouloient que la lettre tombast entre les mains de ceux qui tenoient le parti imperial; comme il advint.

Ainsi que le comte arriva le mercredy matin, nos gens du chasteau le descouvrirent au long de la plaine : les gens de la ville luy allerent au devant à la porte, où estant, il leur demanda si la chose estoit certaine que ledit chasteau estoit entre ses mains. Auquel ils respondirent qu'ils le tenoyent pour vray; mais qu'à la premiere fois que ses gens y entrerent, on y tira force arquebuzades dedans, et s'y fit un grand bruit; et le lundy matin, quand les autres y entrerent, ils ouyrent de mesme un grand bruit, lequel dura plus longuement que le premier, et qu'il leur sembloit entendre une fois crier *France*, et une autre fois *Impery* et *Duco!* toutesfois, que hyer ils avoient envoyé de leurs femmes audit chasteau avec des fruicts, fouasses et chastaignes, lesquelles ils avoient laissées entrer, et virent que tous les soldats portoient la croix rouge. Surquoy le comte dit à son lieutenant qu'il descendist, et qu'il fist repaistre sa compagnie; et dit à ceux de la ville qu'ils luy apprestassent promptement quelque chose à manger; car, dés qu'il auroit mis ordre au chasteau, il viendroit disner, et prendre leur serment de fidelité, et, ce fait, s'en retourneroit à Fossan. Or, il y a une montée fort malaisée de la ville au chasteau, qui fut cause que le comte descendit à pied, accompagné d'un sien nepveu, d'un autre gentil-homme et son trompette. Et, comme il fut à l'entrée du pont, qui estoit baissé et la porte fermée [toutesfois le guischet estoit ouvert, de sorte qu'un homme y pouvoit passer et un cheval, le tirant par la bride], Granuchin et le prestre, estans à la fenestre, l'ayant salué, luy dirent qu'il entrast : ausquels il respondit tousjours qu'il n'en feroit rien, qu'il n'eust parlé au corporal Janin. Comme ils virent qu'il ne vouloit entrer, Granuchin dit au prestre, pour le faire oster de là, qu'il allast dire au corporal Janin que Monsieur estoit à la porte, et luy-mesme s'osta de la fenestre, faignant d'aller en bas. Alors le capitaine Favas et les soldats coururent ouvrir la porte, qui n'estoit point fermée à clef, et tout à un coup sauterent sur le pont. Le comte, qui estoit un des plus disposts hommes de l'Italie, qui tenoit son cheval par la bride, estant un des bons chevaux dudit pays, lequel je baillay depuis à M. de Tais, bondit par dessus une petite muraille qu'estoit pres du pont, en tirant le cheval apres luy, sur lequel il vouloit sauter; car il n'y avoit cheval si grand, pourveu qu'il peut prendre l'arson, qu'il ne se mist en selle armé de toutes pieces. Il fut poursuivy du bastard de Bazordan, nommé Janot, qu'est encore en vie, estant pour lors de ma compagnie : lequel, par mal'heur, ne voulut ou ne put passer la petite muraille, pour luy sauter au collet, mais luy tira une arquebusade, laquelle luy donna au defaut de la cuirasse, et luy entra dans le ventre, perçant à travers les boyaux jusques presque de l'autre costé : dequoy il tomba par terre. Le capitaine Favas print son nepveu, un autre print le trompette, l'autre se sauva contre bas, criant que le comte estoit prins ou mort. Le lieutenant et toute sa compagnie tournent remonter à cheval d'un si grand effroy, qu'ils ne cesserent le galop jusques à Fossan. Que si Janin à la seconde entrée n'y eust esté tué, on eust non-seulement attrappé le comte, mais peu à peu toute sa trouppe; car on l'eust forcé de parler à eux, luy tenant la dague aux reins, s'il eust fait nul signe : et peut estre eussions nous eu moyen d'enfiller quelque entreprinse sur Fossan ; car une en amene un'autre. Ce fait, sur la nuit on me despecha le capitaine Milhais de ma compagnie, pour me porter les nouvelles, et me faire le discours comme tout estoit passé, avec une lettre du comte, par laquelle il me prioit que, puisqu'il estoit mon prisonnier et de mes gens, pouvant plus gaigner à sa vie qu'à sa mort, je luy fisse ceste courtoisie de luy envoyer à toute diligence un medecin, un chirurgien et un apoticaire. Le capitaine Milhais me vint trouver, estant entré lors qu'on ouvroit la porte de la ville, et me trouva que je m'habillois, lequel me conta le tout, ayant demeuré depuis le dimanche jusques au mercredy en grand peine et ennuy ; car, ores que je regrettasse la place, je regrettois encores plus mon lieutenant et mes soldats, la pluspart desquels estoyent gentils-hommes. Or incontinent je m'encourus au logis de M. de Termes, que je trouvay dedans le lict malade. J'oserois dire que luy ny moy n'eusmes jamais une plus grand joye ; car nous sçavions bien qu'on nous eust accommodez de toutes façons. Et soudain je fis partir un medecin, un chirurgien et un apoticaire, ausquels baillay trois chevaux des miens, qui ne cesserent d'aller jusques à ce qu'ils furent là : mais il n'y eut ordre de le sauver, car il mourut à la minuict, et fut porté à Savillan ; lequel tout le monde desiroit voir, comme faisoit aussi M. de Termes tout malade. Il fut regretté beaucoup. Le lendemain j'envoiay le corps à Fossan, et retins le nepveu et le trompette et les autres qui estoyent prisonniers à Barges, jusques à ce qu'ils m'eussent renvoyé la femme et le fils dudit Granuchin : ce qu'ils firent le lendemain ; et moy de mesmes leur delivray tous les prisonniers.

Je vous prie, capitaines qui lirez et verrez cecy, considerez si c'est entreprinse d'un marchand : un vieux capitaine seroit bien empesché de la conduire avecques tant de ruses et finesses que cestuy-cy fit ; et, encores que le capitaine Favas en fust l'executeur, neantmoins ce marchand fut, non seulement l'origine de tout, mais aussi l'executeur, ayant eu le cœur, pour se vanger, de mettre en hazard et sa femme et son fils. En lisant cecy, mes compagnons, vous pouvez apprendre la diligence avecques si grandes froidures, les ruses et finesses qui furent jouées dans le chasteau par l'espace de quatre jours, telles qu'homme ne les sceut descouvrir, ny des nostres ny des leurs, nous tenant tous en doute. Le comte s'y porta, pour un sage chevalier, bien legerement, lors de la seconde lettre ; mais il repara sa faute lors qu'il ne voulut entrer sans voir son homme. Tout cela ne lui servit de rien, comme vous avez veu. Lors que vous dresserez ces entreprinses, pesez tout, n'allez jamais à l'estourdy, et, sans vous precipiter ny croire de leger, jugez s'il y a de l'apparence. J'en ay veu plus de trompez qu'autrement : et, quelque asseurance et quelque promesse qu'on vous donne, faites une contrebatterie ; et ne vous fiez pas tant à celuy qui conduit la marchandise, que vous n'ayez quelque corde en main pour sauver vostre faict de l'autre costé. C'est mal fait de blasmer celuy qui conduit une entreprinse, si elle ne reussit ; car il faut tousjours tenter si elle ne porte : pourveu qu'il n'y ait de la faute ou sottise, c'est tout un. Il faut essayer et faillir ; car, se fiant aux hommes, on ne peut lire dans leur cœur : mais allez y sagement. J'ay tousjours eu ceste opinion, et croy qu'un bon capitaine la doit avoir, qu'il vaut mieux aller attaquer une place pour la surprendre, lors que personne ne vous tient la main, que si quelque traistre la conduict ; car pour le moins estes vous asseuré qu'il n'y a point de contre trahison ; et vous retirerez, si vous faillez, avec moins de danger, car vostre ennemy ne vous peut dresser des embusches.

Cesar de Naples, estant ce jour à Carmagnolle, fut adverty de la mort du comte, dequoy il fut bien fasché : et, pour asseurer Fossan, y voulut envoyer trois compagnies italiennes, lesquelles d'autres fois y avoyent esté en garnison, c'est à sçavoir Blaise de Somme, Neapolitain, et Baptiste, Millanois, et Roussane, Piedmontois ; lesquels ne voulurent partir promptement [craignant que nous les combattissions] et qu'ils n'eussent une bonne et forte escorte. Les Allemans qu'il avoit avecques luy n'y voulurent aller : qui fut cause qu'il manda à Reconis, aux quatre compagnies espaignoles qui estoyent en garnison, c'est à sçavoir, dom Jean de Guavare, maistre de camp, Louys Quichadou, Aguilbert et Mandosse : surquoy ils furent deux jours sans oser se mettre en chemin. Cependant M. de Termes fut adverty par son espion que lesdites compagnies italiennes partoient le matin pour s'aller jetter dans Fossan, et que deux compagnies de cavalerie leur tenoient escorte. Or, n'avoit-il rien entendu que les Espaignols y deussent aller. Ledit seigneur ne faisoit que commencer à relever de sa maladie, lequel me communiqua l'affaire le matin mesme : et, à la mesme heure que l'espion estoit arrivé, conclusmes que nous prendrions quatre cens hommes de pied de toutes noz compaignies, choisis et esleuz, sçavoir, deux cens arquebusiers, et deux cens picquiers portant corselets. Le capitaine Tilladet [qui n'avoit perdu de ses salades que deux ou trois] n'estoit encores revenu à Savillan ; qui estoit cause que la compagnie de M. de Termes n'estoit pas si forte : et, d'autre part, M. de Bellegarde, qui estoit son lieutenant, estoit à sa maison, et en avoit quelques uns avecques luy. Et à ceste occasion le capitaine Mons ne peut amener que quatre vingts salades. Et nous raporta l'espion que les compagnies italiennes devoient prendre le chemin mesmes que leur camp avoit tenu venant à Carignan, qu'estoit par la plaine où nous avions combattu les Italiens. Nous conclusmes que nous prendrions le chemin de Marennes, et que nous leur serions audevant. Et, ainsi que nous voulions sortir de la ville, arriva M. de Cental, qui venoit de Cental, ayant avec luy quinze salades du seigneur Mauré, et vingt arquebusiers à cheval : ce que nous destourna un peu, pource qu'il pria M. de Termes luy donner un peu de temps pour faire repaistre ses chevaux : car ainsi falloit-il qu'il passast par ce mesme chemin que nous voulions, pour s'en aller à Cairas, qu'estoit son gouvernement. Auquel nous dismes que nous n'irions que le petit pas, et que l'attendrions à Marennes, mais qu'il se hastat ; car, si nous attendions que les ennemis fussent prests de passer, ne le pourrions attendre. M. de Termes une fois avoit envie d'y venir ; mais nous capitaines le priasmes de ne venir poinct, pour ce qu'il ne faisoit que sortir de maladie, et qu'aussi la ville demeuroit seule, et, s'il advenoit quelque inconvenient sur nous, seroit pour se perdre.

Estans arrivez audit Marennes, nous fismes alte, attendans M. de Cental, où nous ordonnasmes nostre combat en telle sorte, sçavoir est, que les capitaines Gabarret et Baron meneroient les deux cens corselets, et moy les deux cens arquebusiers. Et incontinent me mis devant avecques mesdicts arquebusiers, venans les corselets apres moy, et sortismes hors du village. Le capitaine Mons fit deux trouppes de ses gens de cheval : je ne sçay à qui il bailla la premiere, pour-ce que tous estoient compagnons ; mais je pense bien que ce fut au Massez (1), ou Mousserie, ou à Idron, ou au jeune Tilladet. Et comme nous eusmes un peu marché en avant, plustost que de nous monstrer à la vallée par où les ennemis devoyent passer, fismes alte : je prins un gentilhomme nommé La Garde avecques moy, estant à cheval, et me mis un peu devant pour descouvrir la vallée. Tout incontinent je descouvre de l'autre costé, sur la plaine du Babe [qu'est un chasteau appartenant au chastelier de Savoye], les trois compagnies italiennes et la cavallerie, qui marchoyent droit à Fossan : surquoy je me cuiday desesperer, en maudissant M. de Cental et l'heure que jamais il estoit venu, cuidant qu'il n'y eust d'autres gens que ceux que je voyois de l'autre costé, lesquels desja estoient fort avant ; et, comme je m'en voulois retourner pour dire à la troupe qu'ils estoient passez, je regarday bas [car pardevant je ne regardois qu'à la plaine de l'autre costé], et descouvris les Espagnols, et les monstray à La Garde [qui ne les avoit apperceuz non plus que moy], portans presque tous chausses jaunes, et voyons contre le soleil reluire leurs armes, et cogneuz qu'il y avoit des corselets. Nous ne pensions rencontrer rien que ces trois compagnies italiennes ; et, sans l'attente de M. de Cental, eussions rencontré les Espagnols et Italiens ensemble, lesquels, à nostre advis, nous eussent deffaits, veu la deffence que firent les Espagnols seuls. J'advertis incontinent les capitaines du tout, et qu'il ne falloit point qu'ils se monstrassent encore ; car les Espagnols ne bougeoyent, et faisoient alte. Je commençois aussi à perdre la veuë des Italiens qui marchoyent droict à Fossan : c'estoit une grand faute à eux de s'esloigner tant les uns des autres. La Garde retourne à moy, et me dist que M. de Cental commençoit à arriver, venant avec ledit La Garde un soldat à cheval, lequel je fis demeurer sur le haut, tenant tousjours sa veuë vers les Italiens ; et descendis bas avec La Garde pour nombrer ces gens, lesquels me tirerent quelques arquebuzades : mais, nonobstant ce, je m'approchay de si pres que je les peus nombrer, et les comptay de quatre à cinq cens hommes au plus ; et incontinent retournay sur haut, et vis que leur cavallerie retournoit à eux, ayant laissé les Italiens qui desja estoient fort avant et hors nostre veuë. Je despeschay ce soldat devers mes compagnons, pour qu'ils commençassent promptement à marcher ; car les Espagnols commençoient à sonner le tabourin pour s'en retourner. Leurs compagnies de gens de cheval estoient celles du comte de Saint-Martin d'Est (2), parent du duc de Ferrare, lequel n'y estoit point, mais bien son lieutenant, et Rozalles, espagnol : celles des Espagnols à pied estoient dom Joan de Guybarre, Aguillere et Mandosse, et la moytié de celle de Louys Guichadou, lequel s'estoit mis avec l'autre moytié dans le chasteau de Reconis. Or M. de Cental et le capitaine Mons vindrent à moy seuls, et virent comme moy que lesdits Espagnols se mettoient en file, laquelle nous jugions de onze ou bien de treze par file. Cependant la cavallerie leur arriva.

(1) Aimery de Béon, seigneur du Massez.
(2) Philippe d'Est, seigneur de Saint-Martin.

Or nous avoient-ils desja descouverts, encore qu'ils n'en eussent veu que cinq que nous estions, et j'avois esté recogneu, quand je descendis bas, par le sergent de Mandosse, qui avoit esté pris à la deffaicte des Italiens, et rendu trois jours apres. Ils mirent toute leur cavallerie devant, et vingt ou vingt-cinq arquebusiers seulement à la teste d'icelle, une grand trouppe à la teste de leurs picquiers, et le demeurant à la queuë; et ainsi commencerent à marcher tabourin battant. Je prins mes deux cens arquebusiers, et les mis en trois trouppes : l'une menoit le capitaine Lienard, et l'autre La Pallu, lieutenant de M. de Carces (1), qui avoit ses deux compagnies à Savillan; et moy je pris l'autre, et me mis à leur queuë; les corselets venoient apres : et de prime arrivée me fut tué La Garde. Ils cheminoient tousjours au grand pas, sans jamais faire semblant de se rompre, tirant en grand furie sur nous, et nous sur eux : tellement que je fus contrainct de faire joindre ledict capitaine Lienard à moy, pource que de leur teste estoit party une trouppe d'arquebusiers pour renforcer le dernier : et fis venir pareillement La Palu; et ainsi marcherent tousjours, jusques à ce qu'ils furent à la veuë du chasteau de Sainct Fré, qui fut trois mil ou plus, tousjours combattant à arquebusades. Je les avois une fois presque mis en routte, passant un fossé pres d'une maison où il y avoit une basse-court; et les tins de si pres, que nous mismes la main aux espées; et s'en jetta vingt ou vingt-cinq dedans la basse-court; et, estans poursuyvis d'une partie de nos soldats, furent taillez en pieces; et cependant ils acheverent de passer le fossé. Nostre cavallerie les cuida charger, ce qu'elle ne fit; car ce qui les en garda, c'estoit les arquebusades, lesquelles leur avoient tué beaucoup de chevaux. Et quant aux capitaines, Gabarret et Baron firent une erreur, parce que, comme ils nous virent à ce fossé pesle mesle, ils mirent pied à terre, prenans leurs picques : mais il n'y peurent arriver. Que si les corselets (2) eussent peu cheminer comme nos arquebusiers, je les eusse deffaits là; mais il n'estoit possible, pour la pesanteur de leurs armes. Et ainsi s'acheminerent gaignant pays; et, comme ils furent pres d'un petit pont de brique, je laissay nos arquebusiers combattans tousjours, et courus à nostre cavallerie, qui estoit en trois trouppes. M. de Cental, menant la sienne, qui se tenoit tousjours à la largue des arquebusades, marchoit un peu devant ou un peu à costé; auquel dis ces paroles : « Ha, M. de Cental, ne voulez-vous point charger? Ne voyez-vous pas que les ennemis se sauvent? ils sont de là le pont, et incontinent gaigneront le bois de Sainct Fré; et s'ils se sauvent, nous ne sommes dignes de porter jamais armes, et quant à moy, je les quitte dés maintenant. » Lequel me dist, enragé de colere, qu'il ne tenoit point à luy, mais que j'allasse parler au capitaine Mons : ce que je fis; et luy commençay à dire ces mots : « Ha, mon compagnon, faut-il que nous recevions ce jourd'huy une si grand honte, perdant si belle occasion, pource que vous autres gens à cheval ne voulez charger? » lequel me respondit : « Que voulez-vous que nous fassions? vos corselets ne peuvent arriver au combat; voulez-vous que nous les combattions tous seuls? » Surquoy je luy respondis en jurant de colere, que je n'avois que faire des corselets, souhaittant de bon cœur qu'ils fussent à Savillan, puisqu'ils ne pouvoient se joindre au combat : il me dit : « Allez parler à la premiere trouppe, et cependant je m'advanceray. » J'y courus, et commencay à remonstrer aux gentils-hommes de M. de Termes qu'il n'y avoit que neuf ou dix jours que nous avions combattu les Italiens; et à cest heure que nous devions combattre les Espagnols pour acquerir plus grand honneur, faut-il qu'ils nous eschappent? Lesquels me respondirent tous d'une voix : « Il ne tient point à nous, il ne tient point à nous. » Or je leur dis s'ils me vouloient promettre de charger dés qu'ils verroient que j'aurois fait mettre les espées aux mains aux arquebusiers pour leur courir sus : ce qu'ils m'accorderent à peine de leurs vies. Alors j'avois un mien nepveu, nommé Serillac, qui depuis fut lieutenant de M. de Cypierre (3) à Parme, et prins prisonnier avec luy, et depuis tué à Monte-Pulsianne (4). Et, à la verité, entre ces trente salades, il y avoit des meilleurs hommes que M. de Termes eust en toute sa compagnie. Je dis audit Serillac : « Serillac, tu es mon nepveu; mais, si tu ne donne le premier, je te desavoue, et dis que tu n'es point mon parent. » Alors me dist promptement ces mots : « Si je donneray, mon oncle; vous le verrez tout à cest heure : » et de faict baissa la veuë pour donner, ensemble tous ses compagnons. Je leur criay qu'ils attendissent que je fusse à mes gens : alors je courus aux arquebusiers, et à mon arrivée leur dis qu'il n'estoit plus question de tirer arquebusades, car il falloit venir aux mains. Capitaines mes compagnons, quand vous vous

---

(1) Jean de Pontevez, comte de Carces.
(2) Les soldats armés de cuirasses.

(3) Philbert de Marcilly, comte de Cipière.
(4) Montepulciano en Toscane.

trouverez à telles nopces, pressez vos gens, parlez à l'un et à l'autre, remuez-vous, croyez que vous les rendrez vaillans tout outre, quand ils ne le seroient qu'à demy. Tout à un coup ils mirent la main aux espées; et comme le capitaine Mons, qui estoit un peu en avant, et M. de Cental, qui estoit à costé, virent baisser la visiere à la premiere trouppe, et me virent courir aux arquebusiers, et en mesme instant les espées aux mains des soldats, ils cognerent bien que j'avois trouvé gens de bonne volonté, et commencerent à s'approcher. De ma part je mis pied à terre, prenant une hallebarde à la main [c'estoit mon arme ordinaire au combat], et courusmes tous à corps perdu nous jetter sur les ennemis. Serillac tint sa promesse : car il donna devant, comme tous confesserent; son cheval fut tué à la teste des arquebusiers et des gens à cheval, de sept arquebusades. Tilladet, La Vit, Idron, Monselier, les Maurens et les Masses (1), tous gentils-hommes gascons qu'estoient en ceste trouppe, compagnons dudit Serillac, chargerent de cul et de teste dans les gens à cheval, lesquels ils renverserent tous sur la teste des gens de pied. M. de Cental donna aussi par le flanc à travers des gens à cheval et des gens de pied ; le capitaine Mons donna pareillement par l'autre costé : de sorte qu'ils furent renversez tous, tant ceux de pied que de cheval. Lors nous commençasmes à mener les mains, y demeurans morts sur la place plus de quatre vingts ou cent hommes. Rozalles, capitaine d'une des deux compagnies de chevaux legers, se sauva, luy cinquiesme, comme fit dom Joan de Guibarre (2), maistre de camp, sur un turc (3), avec son page seulement, qui se trouva à cheval, pource qu'il avoit eu une arquebusade à travers d'une main, dont il est demeuré estropiat : et cuide qu'il est encore vivant.

Voyla la verité de ce combat comme il fut fait: y ayant pour le jourd'huy beaucoup de gentils-hommes en vie qui s'y trouverent, je n'en demande autre tesmoignage que le leur, pour sçavoir si j'ay failly d'un seul mot d'en escrire la verité. M. de Cental mena prisonnier le lieutenant du comte Sainct Martin, pource qu'un de ses gens l'avoient prins, et quelques autres à pied et à cheval, qui estoient prisonniers de ses gens ; et avec nous les capitaines Aguillere et Mandosse, le lieutenant de Rozalles, celuy qui portoit sa cornette, et celuy qui portoit celle du comte Sainct Martin, non qu'ils eussent les drapeaux, et tout le demeurant des gens de pied et de cheval à Savillan. En dix jours toutes ces trois factions se firent, à sçavoir la deffaicte des Italiens, la mort du comte Pedro d'Apport à Barges, et ceste-cy des Espagnols. Je veux donc dire, pource qu'il me touche, que, si jamais Dieu a accompagné la fortune d'un homme, il a accompagné la mienne : car il ne s'en fallut d'un quart d'heure que ne rencontrissions les Espagnols et les Italiens tous ensemble ; et croy fermement que, si Dieu n'y eust mis la main, nous fussions esté deffaits : mais il nous envoya Cental, qui nous amusa bien à propos pour nous. Que si cela fut advenu, on n'ouyt jamais parler d'un plus furieux combat que celuy-là fut esté : car, s'ils estoient braves et vaillans, nous ne leur devions rien. C'estoit une belle petite trouppe que la nostre. Et pour ne laisser rien en arriere, je ne voudrois pas qu'on pensast que les corselets n'arrivassent au combat pour faute de cœur, n'y ayant autre chose qui les empeschast de s'advancer, que la pesanteur de leurs armes : car nous n'avions à peine achevé, qu'ils arriverent au lieu du combat, maudissans leurs armes, qui les avoient empeschez d'avoir part au gasteau.

Or, ces trois compagnies et demie d'Espagnols deffaictes, et les trois qui allerent à Fossan, ce qui s'estoit retiré avec M. de Savoye et le marquis de Guast, les deux mil Allemans et les deux mil Espagnols qui estoient dans Carignan, furent cause que le camp de l'ennemy s'affoiblit fort : de sorte qu'au bout de quelque temps M. de Botieres se resolut, ayant M. de Taïs et de Sainct Julien aupres de luy, d'assembler toutes les forces qu'estoient dans les garnisons, pour dresser un camp vollant ; et me manda que j'allasse trouver à Pignerol avec ma compagnie les deux de M. de Carces et celles du comte de Landrian, italien. Mandoit aussi à M. de Termes qu'il ne retint que deux compagnies avec luy; sçavoir, celle du Gabarret et du baron de Nicolas : la garnison estoit fort bonne, et furent bien ayses lesdicts gentils-hommes que M. de Termes les priast de demeurer avec luy. Je veux escrire icy un mot, pour tenir en cervelle les capitaines, et pour leur monstrer qu'ils doyvent penser en tous les inconveniens qui leur peuvent advenir, et de mesmes aux remedes. Monsieur de Termes vouloit executer une entreprise à Costilhole, au marquisat de Salusses, sur trois enseignes d'ennemis qui s'estoient mis en trois palais, l'un aupres de l'autre, ayant bastionné les ruës, tellement qu'ils pouvoient aller de l'un à l'autre ; et pensoit ledit seigneur faire d'une pierre deux coups : c'estoit qu'il m'accompagneroit jusques à Costilholle, et en emporteroit, avec deux pie-

(1) Les Masses : les du Massez.
(2) Guevara.
(3) Sur un turc : sur un cheval turc.

ces qu'il amenoit, les palais; et que de là je m'en irois à Pignerol, et il s'en retourneroit à Savillan, menant les deux compagnies du baron de Nicolas avec luy, pour luy servir d'escorte à ramener l'artillerie. Toute la compagnie des ennemis estoit logée à Pingues, Vinus et Vigon, et en deux ou trois autres places circonvoisines. Je n'estois point d'opinion d'executer ceste entreprise, pource que les ennemis estoient si pres dudict Costilholle, que en sept ou huict heures ils pouvoient venir à nous, et en autant de temps este adverti : monsieur de Termes, qui estoit desireux d'executer ceste entreprise, ne voulut prendre en payement aucune raison que je luy en donnasse ; et mesmement, qu'il n'y avoit pas quatre mois que messieurs d'Aussun et de Sainct Julien y avoient deffaict deux compagnies, et prins leurs capitaines, où j'estois avec eux, de tant qu'ils m'avoient demandé à monsieur de Botieres, et ma compagnie quant et moy ; et luy disoit que c'estoient les mesmes capitaines qui estoient sortis de prison apres avoir payé leur rançon, lesquels avoient cogneu la faute par laquelle ils s'estoient perdus, et y avoient bien remedié : car, depuis qu'un homme a fait une perte en un lieu, il a bien la teste grosse, s'il se trouve en mesme hazard, s'il n'y pourvoit et ne se fait sage à ses despens. Aussi ay-je ouy dire à de grands capitaines qu'il est besoin d'estre quelquefois battu, et d'avoir souffert quelque routte ; car on se fait sage par sa perte : mais je me suis bien trouvé de ne l'avoir pas esté, et ayme mieux m'estre faict advisé aux despens d'autruy qu'aux miens.

Toutes mes remonstrances ne servirent de rien ; et commençasmes à marcher sur l'entrée de la nuict ; de sorte qu'une heure devant jour nous y arrivasmes. Monsieur de Termes mit son artillerie à cent pas d'un des palais : le baron de Nicolas s'offrist incontinent à la garder, et fallut que le capitaine La Palu, le comte de Landrian et moy fissions le combat. Je gaignay l'un des palais, non celuy que l'artillerie battoit, mais rompant les maisons d'une à autre, jusques à ce que je fis un trou audit palais, par lequel on me garda bien d'entrer [il me souvenoit de ce trou où j'avois esté si bien estrillé, au voyage de Naples] : qui fut cause que je mis le feu à une petite maison joignant iceluy palais : alors ils se retirerent dans l'un des autres, ayant duré le combat jusques à trois heures apres midy, sans que personne s'en meslat que nos quatre compagnies. J'y perdis quinze ou seize soldats ; monsieur de Carces autant ou plus ; et le comte de Landrian n'en demeura pas exempt : et neantmoins nous les avions reduits à quitter l'autre que l'artillerie battoit, et se remettre au troisiesme. Et, pour ce qu'il falloit démurer deux portes, on ne fut point d'opinion de tenter plus avant la fortune ; mais que monsieur de Termes s'en devoit retourner en diligence à Savillan, et moy tirer mon chemin avec les quatre compagnies droict à Pignerol, à mon grand regret, car je voulois parachever ou me perdre, et tout le demeurant de ma compagnie. On a tousjours remarqué ce vice en moy, que j'ay esté trop opiniastre à un combat : mais, quoy qu'on die, je m'en suis plustost bien que mal trouvé. Qui fut cause que monsieur de Termes condescendit à ne faire rien d'avantage, craignant d'y perdre quelque capitaine, dont il en eust peu avoir reproche, pource que le lieutenant du Roy n'avoit rien entendu de ceste entreprise : et m'acheminay droict à Barges. Ainsi que je fus arrivé au bourg, la nuict me surprint ; il falloit encores que je passasse trois grand mil de plaine avant que je peusse arriver à Cabours, où je voulois repaistre et y sejourner trois ou quatre heures. Et estans à l'entrée de la plaine, je manday au capitaine Lienard, qui estoit avec moy, aller parler avec monsieur de Botieres, pour son capitaine, quel chemin y avoit jusques à Cabours [car je n'avois jamais esté en ce pays là] ; lequel me dit que c'estoit une plaine. Alors je fis alte, et commençay à discourir avec le capitaine Lienard comme nous estions partis de Savillan le soir auparavant, et qu'en sept ou huict heures Cesar de Naples pouvoit estre adverty de nostre partement, et que deux jours devant l'on sçavoit par tout Savillan que j'allois à Pignerol ; dequoy aysement ledit Cesar pouvoit estre adverty : et qu'il n'y avoit jusques à Vigon que six ou sept mil, où estoit la plus grand partie de la cavallerie, ne pouvant passer ceste plaine sans courir un grand peril, et mesmement la nuit, qui n'a point de honte. Ledit capitaine Lienard m'accordoit que tout cela pouvoit estre : toutesfois, je n'avois autre chemin que celuy-là, sinon que je voulusse allonger de trois ou quatre mil, et passer le pas auprès de la source où il pensoit y avoir de l'eauë : mes guides entendoyent nostre discours, qui me dirent qu'il y avoit eauë jusques à demy cuisse. Je ne trouvay homme qui ne fust contraire à mon opinion, et moy, contre l'opinion de tous, je tournay à main gauche, et pris le chemin droit à la montagne ; et, par bonne fortune, je n'y trouvay eauë que jusques au genouïl, tellement que gaignasmes le long de la montagne, tirant droit à Barges, là où nous ne pensames arriver que ne fust la pointe du jour : ce que nous fismes sans dormir le jour que nous partismes. Le soir nous ne dormismes point ; la nuict nous nous mismes à cheminer, puis tout le long du jour à combattre le palais, et l'autre nuict apres à cheminer jusques à Barges ; qui sont quarante huict heures. J'ay fait pareille traicte sans dormir cinq ou six fois en ma vie, et plusieurs fois en ay demeuré trente-six. Il faut, mes compagnons, de bonne heure s'accoustumer à la peyne, et à patir sans dormir et sans manger, afin que, vous trouvant au besoin, vous portiez cela patiemment.

Or mon opinion n'estoit pas vaine, car Cesar de Naples (1), ayant esté adverty de nostre entreprise, partit de Carmagnolle avecques cinq cens arquebusiers à cheval, et print cinq cens chevaux à Vinus et à Vigon, et vint faire deux embuscades au milieu de la plaine, un ject d'arbaleste à costé de mon chemin, où il demeura toute la nuict. Et, comme je fus arrivé à Barges un peu apres le soleil levant, je m'estois mis à dormir : surquoy j'ouys l'artillerie de Cabours qui leur tiroit en se retirant ; car il falloit qu'ils passassent par le fauxbourg dudict Cabours. Je ne fus pas bien adverty de ceste embuscade, jusques à ce que, trois jours apres mon arrivée à Pignerol, M. de Botieres se mit en campagne ; et alasmes droict à Vigon pour forcer la cavallerie qu'estoit dedans, car de gens à pied ils n'en avoient point avecques eux ; et gaignasmes les maisons qui sont aupres de la porte : ce que n'ayant peu faire, nostre camp se retira à un mil de là, et la nuict la cavallerie abandonna la ville secrettement ; et au poinct du jour, que nous y pensions aller donner l'assaut [ayant faict venir M. de Botieres deux canons de Pignerol], n'y trouvasmes personne, ainsi la place vuide ; et de mesmes en firent ceux de Vinus, de Pingues ; et tous les autres se retirerent à Carmagnolle.

J'ay voulu discourir cecy, et l'escrire, pour esveiller les esprits aux capitaines à bien considerer que lors qu'ils se trouvent en un tel affaire, ils compassent le temps que l'ennemy peut estre adverty, le temps aussi qu'il faut qu'il aye pour sa retraite. Et si vous trouvez que l'ennemy aye temps pour vous trouver sur les champs, et que vous ne soyez pas assez forts pour le combattre, pour la paine de trois ou quatre lieuës d'avantage, ne laissez à destourner vostre chemin : car il vaut mieux estre las que prins ou mort. Il faut, mes capitaines, que vous ayez, non seulement l'œil, mais aussi l'esprit au guet ; c'est sur vostre vigilance que vostre trouppe repose : songez ce qui vous peut advenir, mesurant tousjours le temps, et prenant les choses au pis, sans mespriser vostre ennemy. Si vous savez, avec paroles allegres et jouyeuses, flatter le soldat et l'esveiller, luy representant par fois le danger où le peu de sejour vous mettra, vous en ferez ce que vous voudrez ; et sans luy donner loysir de dormir, vous le mettrez et vous aussi en lieu de seureté, sans engager vostre honneur, comme plusieurs, que j'ay veu attrapper couchez, comme on dict, à la françoise, ont faict. Nostre nation, ne peut patir longuement, comme faict l'espagnolle et allemande : la faute n'en est pas à la nation ny à nostre naturel, mais cela est la faute du chef. Je suis françois impatient, dict-on, et encores gascon, qui le surpasse d'impatience et colere, comme je pense qu'il faict les autres en hardiesse : mais si ay-je tousjours esté patient, et ay porté la peine autant qu'autre sçauroit faire ; et j'en ay veu plusieurs de mon temps, et autres que j'ay nourris, lesquels s'endurcissoient à la peine et au labeur. Croyez, vous qui commandez aux armes, que, si vous estes tels, vous en rendrez aussi vos soldats à la longue : tant y a que, si je n'en eusse ainsi usé, j'estois mort ou pris. Mais revenons à nostre propos.

Le lendemain nous alasmes passer la riviere du Pau, sur laquelle fismes un pont de charettes pour passer l'infanterie, car la cavallerie n'y avoit eauë que jusques au ventre ; et là passames toute la nuict. Et au point du jour je fuz avecques une trouppe d'arquebuziers tout aupres de la ville, lors que tout estoit presque passé. Je m'amusay à attaquer l'escamourche, ayant quelques gens à cheval qui vindrent avec moy. Cesar de Naples incontinent mit ses gens en ordre pour abandonner Carmagnolle, et commença à prendre son chemin, se retirant pour passer une riviere qu'il y a, et gaigner Quiers ; et, sans qu'il fallust que nostre cavallerie fist un grand cerne (2) pour passer les fossez, nous les eussions combattus, et peut estre deffaits ; et, pour ne mentir point, sans cela aussi, si l'on eust gueres voulu. Je sçay bien qu'il ne tint point à nos compagnies n'y à M. de Tais : M. le president Birague, s'il veut dire la verité, sçait bien à qui il tint ; car il estoit alors au camp pres M. de Botieres, et vit bien ce qu'on faisoit et ce qu'on disoit ; et sçait bien que je les suyvis avec deux cens arquebuziers, tousjours tirant sur leur retraicte plus d'un mil et demy, crevant de despit de veoir combien laschement on marchoit : qui monstroit bien qu'on n'en vouloit pas manger.

C'est une mauvaise chose quand le chef craint de perdre : qui va avec craincte ne fera rien qui vaille. S'il n'y eust eu de plus grands que moy en ceste trouppe, sans tant marchander, j'eusse fait comme d'un combat des Espagnols que j'a-

---

(1) César Maggi, appelé César de Naples.
(2) Un grand circuit.

vois deffaits il n'y avoit que quinze jours. Il y eut beaucoup d'excuses de tous costez ; pourquoy nous ne les avions combattus, et non seulement là, mais partout le Piedmont, où on parloit de nous [Dieu le sçait] fort honorablement. Apres qu'on eust entendu la coulonnade, autrement ne se peut elle appeler, M. de Botieres n'estoit gueres content en soy-mesme. Mais je lairray ce propos pour en prendre un autre ; aussi n'avoit-il pas grand creance, et estoit mal obey et peu respecté. S'il y avoit de la faute de son costé, je m'en remets à ce qui en est ; il y en a assez en vie qui en peuvent parler mieux que moy : si estoit-il sage et bon chevallier ; mais Dieu n'a fait personne parfait de tous points.

Trois ou quatre jours apres, arriva le sieur Ludovic de Birague, qui proposa à M. de Botieres une entreprinse, qui estoit que, s'il vouloit laisser M. de Tais devers les quartiers de Boulongne, où il estoit gouverneur, avecques sept ou huit compagnies, qu'il lui bastoit de prendre Cassantin (1), Sainct Germain, Sainct Iago ; et pource que M. de Botieres estoit sur l'entreprinse de rompre le pont de Carignan, celle-cy estoit fort mal-aisée à resoudre avant la rupture du pont. Or estoit arrivé M. de Termes avec sa compagnie et les deux compagnies du baron de Nicolas ; et arresterent entr'eux que M. de Tais s'en pouvoit aller avec le seigneur Londiné avecques sept enseignes, et qu'il en demeureroit encores cinq ou six, les trois compagnies de M. de Dros, qu'il avoit refaites, et sept ou huit autres italienes. Je n'ay pas bonne souvenance si M. de Strossy estoit encores arrivé : c'estoyent les siennes ; baste que nous faisions, François ou Italiens, dix-huit enseignes, sans les Suysses. Et fut arresté au conseil qu'avant que mettre la main à la rupture du pont, l'on verroit comme succederoit l'entreprinse dudict seigneur Ludovic : car si elle succedoit mal, et qu'ils fussent deffaicts, le Piedmont demeuroit en peril. Mais quelques jours apres, nouvelles vindrent à M. de Botieres qu'ils avoyent prins Sainct Germain, Sainct Iago, et trois ou quatre autres villettes fermées. Je ne veux oublier que M. de Tais m'en vouloit mener ; de sorte qu'il y eut de la contestation : mais M. de Botieres protesta de ne rompre le pont, que je n'y fusse : M. de Termes, M. d'Aussun, le president Birague, le sieur Francisco Bernadin, tenoyent le mesme parti de M. de Botieres ; et fus contrainct de demeurer, à mon grand regret, ayant grand envye d'aller avecques ledict seigneur de Tais, pour ce qu'il m'aimoit, et avoit grand fiance en moy, autant que de capitaine qui fust en la trouppe, et qu'il cherchoit tousjours les lieux où les coups se donnoyent. Les dites nouvelles venues, se fit la deliberation de la rupture du pont en ceste maniere.

Il fut ordonné que j'irois avecques cinq ou six compagnies gasconnes combattre les cent Allemans et les cent Espagnols, lesquels toute la nuict estoyent en garde au bout du pont depuis que nostre camp estoit à Pingues, à quoy je respondis que je ne voulois tant de gens : car il falloit que je passasse par des lieux estroits, et, menant si grande trouppe, feroit une si longue file, que la sixiesme partie n'arriveroit pas au combat : bref, que je ne voulois que cent arquebuziers et cent corselets, pour estre egaux aux ennemis, esperant qu'avant que le jeu se passast, je ferois cognoistre que nostre nation valoit autant que celle des Allemans et Espagnols ; et que Boguedemar, La Palu, et quelque autre capitaine qu'il y avoit [dont ne me souvient du nom], meneroient le demeurant de toute la trouppe à trois cens pas de moy, pour me secourir si les ennemis sortoient de Carignan pour secourir les leurs : l'on remit cela à ma discretion. Il y avoit une maison à main gauche du pont, et vis à vis, où il fut ordonné que les Italiens, qui pouvoient estre de douze ou quatorze enseignes, iroyent à ceste maison, pour me favoriser si les ennemis sortoyent ; ou bien que M. de Dros, avec lesdictes compagnies, s'il estoit arrivé [dont je n'en ay bonne memoire ; toutesfois je pense que non, et que c'estoient les Italiens], et M. de Botieres, demeureroyent à demy mil de nous avec toute la cavallerie et les Suysses qui estoient à Carmagnolle ; et le capitaine Labardac, avec sa compagnie, viendroit par delà la riviere avec deux canons, pour tirer une vollée ou deux à une maisonnette qui estoit au bout du pont de nostre costé, où les ennemis faisoient leur garde ; et que M. de Salcede, qui s'estoit n'agueres venu rendre à nous, entreprendroit de rompre le pont avec soixante ou quatre vingt paysans portant chacun une hache, ausquels on bailleroit sept ou huict bateaux pour se mettre dessous ledict pont, et coupper les pilliers, non du tout, mais seulement en laisser de la grosseur de la jambe d'un homme : et comme celà seroit faict, on coupperoit les longues pieces de bois qui tiennent le pont par dessus ; et, cela se separant, les pilliers fondroient d'eux mesmes, et se romproient. Luy fut baillé aussi certains artifices à feu : on luy faisoit entendre qu'ils brusleroient les pilliers si on les y attachoit. Et, comme chacun suyvoit son ordre, je m'en allay droict au pont avec mes deux cens hommes choisis de toutes nos compagnies,

---

(1) *Crescentino* en Piémont. *Casentino*, que le nom de *Cassantin* paroit indiquer, est en Toscane.

la teste baissée, où je n'y sçeuz estre si tost, que le canon n'eust tiré une vollée à la maisonnette, et donna dedans, y tuant un Allemand, que j'y trouvay à mon arrivée, lequel n'estoit encores du tout mort ; et, quoy que ce fust la nuict, il faisoit une lune si claire, que l'on voyoit aisement depuis l'un bout jusques à l'autre, sauf que d'heure à autre il tomboit une nuée de brouillart de verglas, durant aucune fois demy heure, autres-fois moins : quand cela tomboit, on ne se voyoit pas à un pas l'un de l'autre.

Or, ou du coup de canon, ou du bruit que je faisois à la maison, n'estant à cent pas du pont, les ennemis prindrent la fuitte, et se retirerent vers Carignan ; je leur fis tirer quelques arquebusades, mais je ne passay plus outre le bout du pont. Et en mesme instant arriva M. de Salcede au dessous avec ses paysans et ses batteaux, lequel, de plaine arrivé, attacha ses feux artificiels aux pilliers ; mais cela ne fut qu'autant de temps perdu, et fallut qu'il fist mettre ses gens à la hache. Ayant attaché les batteaux ausdits pilliers, commencerent au bout où estoient les Suysses, venant tousjours droit à moy, qui tenois le bout du pont du costé des ennemis. Ceste furie de paysans dura trois ou quatre heures à coupper ; de sorte qu'encores que les pilliers fussent de quatre en quatre, et bien gros, avant que nous eussions aucun empeschement, ils furent couppez jusques à l'endroit où j'estois. M. de Salcede en faisoit tousjours reposer une trouppe au bord de la riviere contre le tertre où ils avoyent fait faire un peu de feu, et d'heure en autre les changeoit. Pendant ces entrefaictes, les ennemis envoyerent recognoistre par trente ou quarante arquebusiers, sur l'heure que le verglas tomboit ; lesquels je ne peux appercevoir ni ouyr, qu'ils ne fussent à moins de quatre picques de moy, et tirerent à travers de nous. Ce fait, s'en retournerent tout incontinent ; et si ne nous virent ils pas, à l'occasion du verglas et broüillart. Or MM. de Termes et Moneins (1) vindrent à nous avec trois ou quatre chevaux, pour sçavoir que c'estoit de ces arquebuzades ; puis envoyerent devers M. de Botieres luy dire que ce n'estoit rien, et que nous n'avions point laissé pour cela l'execution ; et demeurerent tous deux seuls avec moy. Et ne tarda pas une heure apres, que le verglas recommença à retomber ; et revindrent les ennemis à nous, c'est à sçavoir, six cens Espagnols choysis, et six cens Allemands picquiers, faisant son ordre le seigneur Pierre Colonne en ceste maniere [car je sçeus tont depuis], que deux cens arquebusiers viendroient la teste baissée droit à nous, choysis encores parmy les six cens ; les autres quatre cens à leur queuë, à cent pas d'eux ; et à deux cens pas par derriere, les six cens Allemans. Or avois-je mis les capitaines qui menoyent apres moy, les enseignes au derrier de moy deux cens pas, contre une levée de fossé ; et aucunes-fois le capitaine Favas, mon lieutenant, venoit devers moy, et Boguedemar, voir ce que nous faisions, puis s'en retournoient à leur lieu. Du costé du pont devers les Suysses, nous en avions rompu par advanture vingt pas, ayant commencé de coupper par le dessus, et trouvasmes que, comme le pont se separa, il en tomba là quinze ou vingt pas ; qui nous donna grande esperance. Cependant M. de Salcede faisoit tousjours encores coupper les pilliers, non du tout, mais un peu davantage qu'au commencement ; qui estoit cause qu'il avoit ses paysans despartis en trois trouppes, les uns dans les batteaux, d'autres dessus le pont à coupper les traverses, et dix ou douze qu'il y en avoit aupres du feu. Comme Dieu veut aider les hommes, il nous montra ceste nuict un vray miracle : en premier lieu, les deux cens arquebusiers vindrent à moy, me trouvant en telle sorte, qu'à peine y eust soldat qui eust le feu sur la serpentine ; car ils alloient parfois de dix à douze au feu des paysans pour eschauffer un peu les mains, ayant deux sentinelles à cent pas de moy sur le chemin de la ville, me fiant que les Italiens y en missent de leur costé, car ils en estoient encores un peu plus pres que moy ; mais c'estoit à costé. Je ne sçay comme ils firent, car je n'avois rien, sinon mes deux sentinelles, qui coururent à moy ; et comme nous estions à l'entrée de l'armée, arriverent les Espagnols crians *Espagne! Espagne!* et tirerent sur nous tous les deux cens arquebusiers en un coup. MM. de Termes et de Moneins, qui estoient tous deux seuls et à cheval, s'en coururent aupres de M. de Botieres, qui avoit desja veu le commencement du desordre. Et nottez que presque tous les deux cens hommes que j'avois au bout du pont se mirent en fuitte droict aux enseignes : et tout à un coup les enseignes se mirent aussi en fuitte, et les Italiens qu'estoient à main gauche en firent de mesmes ; lesquels ne s'arresterent qu'ils ne fussent à la teste de la cavallerie, où estoit M. de Botieres. Nostre mot estoit *Sainct Pierre* ; mais ne me servit de rien. Alors je commençay à crier : « Montluc ! Montluc ! meschans mal'heureux, m'abandonnerez-vous ainsi ? » Et de fortune j'avois avec moy trente ou quarante jeunes gentils-hommes n'ayans encores poil de barbe : c'estoit la plus belle et brave jeunesse qui fust jamais veue en une petite compagnie : ils pensoient que je m'enfuisse comme les autres.

---

(1) Tristan de Monneins.

Lesquels, oyans mon cry, tournerent incontinent à moy ; et, sans attendre autre chose, je charge droit où ils me tiroient, les arquebusades nous passant au long des oreilles ; mais de nous voir les uns les autres n'estoit possible, à cause du grand verglas qui tomboit avec une espesse fumée parmy. Et en courant droit à eux, mes gens tirerent tout à un coup, criant aussi bien *France* comme ils faisoient *Espagne*. Et oserois affermer à la verité que nous leur tirasmes les arquebusades à moins de trois piecques ; dequoy leurs deux cens arquebusiers furent renversez sur les quatre cens, et le tout renversé sur les six cens Allemans : tellement que tout se mit en routte et en fuitte droit à la ville ; car ils ne nous pouvoyent recognoistre. Je les suyvis environ deux cens pas ; et nous troubla le grand bruit que nostre camp faisoit [je n'en ouys jamais un pareil] ; vous eussiez dit que tous estoient apostez, s'entr'appellans les uns aux autres. Ces grands criards ne sont pas pourtant les plus vaillans : il y en a qui font les empressez, mais cependant, pour un pas qu'ils advancent, en reculent deux. Ce grand bruit fut cause que je n'eus jamais cognoissance du desordre des ennemis, ny eux aussi du nostre, à cause des grands cris qu'ils faisoient à l'entrée, qui n'estoit qu'une faulse porte auprés du chasteau, où deux ou trois hommes seulement pouvoient passer de front. Et ainsi m'en retournay au bout du pont, où je trouvay monsieur de Salcede tout seul, avec dix ou douze paysans de ceux qu'il refraichissoit ; car les autres qui estoient dans les batteaux coupperent leurs cordes, et s'enfuyrent le long de la riviere, droit à Montcallier : ceux qui couppoient les traverses devers les Suysses laisserent leurs coignées et haches sur le pont, se jettant dans l'eauë, où ils n'avoient l'eauë que jusques à la ceinture, pource qu'on n'estoit pas encores à la profondeur de la riviere. Les Suysses, qui ouyrent ce grand bruit, se mirent à courir vers Carmagnolle, ayant opinion que nous et tout nostre camp estions en route, et, prenans les deux canons, s'en allerent tant qu'ils peurent gaigner Carmagnolles. J'envoyay un de mes soldats devers la fuitte pour savoir nouvelles du capitaine Favas mon lieutenant ; lequel il trouva, ayant rassemblé trente ou quarante soldats, qui revenoit vers le pont voir ce que j'estois devenu, pensant que je fusse mort : et incontinent depescha devers Boguedemar La Palu et autres capitaines qui avoient fait alte, ralliant une partie de leurs gens, les faisant marcher droit au pont à grand haste, disant que j'avois repoussé les ennemis ; lesquels incontinent se mirent au grand pas pour me venir trouver. Le capitaine Favas arriva le premier, tout deschiré et rompu, parce que les soldats à foulle luy avoient passé dessus le ventre, comme il les pensoit rallier ; lequel nous trouva, monsieur de Salcede et moy, au bout du pont, estant sur le propos de ce que devions faire ; et comme il arriva, nous conta ses fortunes et de ses compagnons ; et, le voyant ainsi accoustré, tout nostre cas ne fut que risée. La huée de nostre camp dura plus d'une grand heure.

Les autres capitaines estans arrivez, nous conclusmes d'achever de rompre le pont, ou d'y mourir : et promptement je prins cinquante ou soixante soldats, M. de Salcede, ses dix ou douze paysans qui luy estoient demeurez ; j'ordonnay au capitaine Favas, Boguedemar et La Palu, qu'ils demeurassent au bout du pont et missent les sentinelles jusques auprés de la ville. Je pensois que les Italiens fussent encores à la maison, et ordonnay au capitaine Favas qu'il iroit luy-mesme la recognoistre, voir s'ils y estoient ; et à son retour trouva que j'avois fait prendre les haches que les paysans avoient laissées sur le pont, à quinze ou vingt soldats, et, avec les dix ou douze paysans, nous couppions les traverses dudict pont. Et estant arrivé, le capitaine Favas nous dit n'y avoir trouvé personne : ce que nous cuida un peu mettre à deviner que nous devions faire ; mais pour cela n'arrestasmes d'executer nostre premiere resolution ; et apres que les cris furent passez, arriverent MM. de Termes et de Moneins, lesquels me commanderent de la part de M. de Botieres, que j'eusse à me retirer. Ledit sieur de Moneins mit pied à terre, car M. de Termes ne pouvoit, à cause de ses gouttes, et nous vint trouver, et vit que depuis le desordre nous avions fait tomber plus de trente pas du pont et deux couppes que desja nous avions fait, et commencions à la troisiesme, qu'estoit à quinze ou vingt pas chacune ; lequel s'en retourna vers M. de Botieres pour luy dire comme le tout estoit passé, ayant M. de Salcede perdu presque tous ses paysans, mais que nos soldats avoyent pris les haches avec lesquelles ils faisoient merveilles de coupper ; et que tous les capitaines et soldats, M. de Salcede et moy, nous estions resolus de mourir plustost que de bouger de là qu'il ne fust couppé. Alors M. de Botieres envoya protester contre moy de la perte qui pourroit advenir contre son commandement : ce que ledit sieur de Moneins fit, et nous dit d'avantage que ledit sieur de Botieres avoit commencé prendre son chemin pour s'en retourner, combien qu'il fist alte à un mil de nous : ce que je croy qu'il faisoit, afin que je me retirasse ; car il n'avoit pas faute de cœur, mais il craignoit tousjours de perdre. Celuy qui est de cest humeur se pourra conserver, mais non pas faire grand conqueste. M. de Termes s'estoit arresté au bout du pont, comme il entendit que M. de Botieres s'acheminoit ; lequel sieur ne retourna pas en arriere, pour apporter ma responce, avec M. de Moneins, mais manda incontinent à sa compagnie qu'ils ne bougeassent d'où il les avoit laissés : et ainsi coupasmes tout le demeurant de la nuit, jusques à ce qu'il fust pres d'une heure de jour, que nous acheminasmes jusques à la petite maisonnette qu'estoit sur le tertre. M. de Moneins retourna encores à nous à point nommé, lorsque le dernier coup de hache se donnoit, et M. de Termes courut à sa compagnie, pour l'advancer un peu devers nous, afin de favoriser nostre retraicte : M. de Moneins courut aussi vers M. de Botieres, lequel il trouva attendant son retour ; de sorte que nous nous retirasmes sans empeschement aucun, ayant osté aux ennemis une grande commodité. Or ay-je voulu mettre cecy par escrit, non pour me loüer d'une grande hardiesse, mais seulement pour monstrer à tout le monde comme Dieu a conduit ma fortune. Je n'estois pas si fol ny si vaillant, que, si j'eusse peu voir les ennemis, je ne me fusse retiré, et peut estre eusse fuy comme les autres : ce seroit temerité et non hardiesse. Il n'est pas mal seant d'avoir peur quand il y a grande occasion ; car avec trente ou quarante hommes je n'eusse pas esté si mal advisé d'attendre le combat.

En cecy les capitaines pourront estre instruits de ne prendre jamais fuitte, ou, pour parler plus honnestement, une hastive retraitte, sans avoir recogneu qui les doit chasser ; et encore le voyant, chercher les remedes pour resister, jusques à ce qu'ils n'y voyent plus ordre : car, apres tout ce que Dieu a mis aux hommes y est employé, alors la fuitte n'est pas honteuse ny vilaine. Mes capitaines, mes compagnons, croyez que, si vous n'y employez le tout, chacun dira, et ceux mesmes qui auront fuy avec vous : S'il eust faict cecy, s'il eust faict cela, le mal'heur ne fust point advenu, la chose eust mieux succedé : et tel en brave et parle plus haut, qui fuit peut-estre le premier. Et voylà l'honneur d'un homme de bien [pour bien vaillant qu'il soit] en dispute de tout le monde. Quand il ne s'y peut rien plus, il ne faut estre opiniastre, ains ceder à la fortune, laquelle ne rit pas tousjours. On n'est pas moins digne de blasme lors qu'on se pert se pouvant retirer de la meslée, et qu'on se voit perdu, que si du premier coup on prenoit la fuitte : l'un est toutesfois plus vilain que l'autre ; l'un vous fait estimer mal-advisé et de peu d'entendement, et l'autre, poltron et coüard : il faut eviter et l'une et l'autre extremité. Il faut venir à ces folles et desesperées resolutions, lorsque vous vous voyez tombez és mains d'un impitoyable ennemy, et sans mercy : c'est là où il faut crever et vendre bien cher vostre peau. Un desesperé en vaut dix. Mais fuyr, comme on fit, sans voir qui vous chasse, cela est honteux et indigne d'un bon cœur. Il est vray qu'on accuse le François d'une chose, c'est qu'il fuit et combat par compagnie : aussi font bien les autres. De toutes tailles bons ouvriers. Or, apres que la place fut renduë, je vous diray comme nous sçeusmes le desordre des ennemis. Ce fut par les gens mesmes de Carignan, et par la bouche propre du seigneur Pierre Collonne, qui me le conta à Susanne, en la presence du capitaine Renouard, qui l'amenoit au Roy par le commandement de M. d'Anguyen, comme la capitulation portoit apres la bataille de Serizolles, que je vous conteray en son lieu.

Ceste rupture du pont ne fut faite sans grande consideration ; car bien tost apres les ennemis commencerent à patir, ne pouvant avoir aucun rafraichissement de Quiers, comme ils avoyent paravant de nuict à autre. Et ayant entendu MM. de Tais et le seigneur Ludovic de Birague le succes de l'entreprinse du pont, manderent à M. de Botieres que s'il vouloit venir és cartiers où ils estoient, qu'ils pensoient qu'on emporteroit Yvrée. Surquoy M. de Botieres et son conseil furent d'oppinion qu'il y devoit aller, et laisser garnisons à Pingues, Vinus, Vigon, et autres lieux plus proches de Carignan ; et me semble que M. d'Aussun y demeura chef avec douze ou quatorze enseignes italiennes, et trois ou quatre des nostres, sa compagnie, et quelques autres de gens à cheval desquels ne me souvient. Les ennemis n'avoient nul homme à cheval dans Carignan ; qui estoit cause qu'ils estoient tenuz à l'estroict d'un costé et d'autre. Et partit M. de Botieres avecques MM. de Termes, de Sainct Julien, president Birague, et sieur Mauré ; et alasmes nous reünir ensemble à Sainct Iago et Sainct Germain ; puis nous acheminasmes devant Yvrée, où ne fismes rien, pource qu'il ne fut possible de rompre la chaussée de l'eauë. Que si elle se fust peu rompre, nous estions dedans, d'autant que par ce costé-là il n'y a forteresse autre que la riviere : et fusmes contraincts d'aller assieger Sainct Martin, lequel nous prismes par composition, ayant enduré deux ou trois cens coups de canon, et autres places és environs de là, ainsi que nous en retournions vers Chevas. Pendant le siege d'Yvrée, M. de Botieres eut advis que M. d'Anguyen venoit pour commander en son lieu : le Roy estoit mal contant de luy de ce qu'il avoit avec tant de loysir laissé fortifier Carignan, avec d'autres occasions particulieres. Il faut cheminer bien droit pour contenter tout le monde. Ledit sieur de Botieres en fut fort faché : et disoit-on que par despit il avoit quitté Yvrée, laquelle à la longue il eut prins; mais je ne le crois pas. Tant y a que M. d'Anguien arriva, amenant pour renfort sept compagnies de Suysses, qu'un colonel nommé Le Baron commandoit. Et croy que ce fut à ceste heure-là que M. de Dros vint avec sept ou huit enseignes de Provenceaux ou Italiens. M. de Botieres se retira en sa maison en Dauphiné. Il y a bien des affaires en ce monde, et ceux qui ont de grandes charges ne sont pas sans peine; car s'ils hasardent trop, et qu'ils perdent, les voy-la mal estimez, et jugez pour fols et mal advisez; s'ils sont longs et lents, on se mocque, voire le tient-on à coüardise. Les sages tiendront un entre-deux. Mais cependant nos maistres ne se payent point de ces discours; ils veulent qu'on face bien leurs affaires. Tel caquete des autres, que, s'il y estoit, se trouveroit bien empesché.

LIVRE SECOND.

[1544] A la venue de ce brave et genereux prince, lequel promettoit beaucoup de luy, pour estre doué d'infinies bonnes parties, estant doux, humain, vaillant, sage et liberal, tous les François et nos partisans s'esjouyrent beaucoup, et moy particulierement, parce qu'il m'aimoit et estimoit plus que je ne meritois. Apres qu'il eut recogneu ses forces, ses munitions et les places que nous tenions, et qu'il eut pourveu au tout au moins mal qu'il eust peu, vers le commencement de mars, il me despescha devers le Roy pour l'advertir du tout, et comme le marquis de Guast dressoit une grande armée, et qu'ils luy venoient nouveaux Allemans de renfort, et le prince de Salerne venoit aussi du costé de Naples, qui menoit six ou sept mil Italiens. C'estoit au temps que l'Empereur et le roy d'Angleterre s'estoient accordez, et avoient faict ligue pour entrer dans le royaume de France, lequel ils avoyent partagé. Je demeuray à la Cour pres de trois sepmaines, m'estant acquitté de ma charge, qui estoit en somme de demander quelque secours, et congé de donner une bataille. Et sur la fin dudict mois, arriverent des lettres au Roy de la part de M. d'Anguyen, par lesquelles il l'advertissoit comme il estoit arrivé à Milan sept mil Allemans, lesquels estoyent les meilleurs que l'Empereur eust devant Landrecy, où il y avoit sept regimens : mais il ne pouvoit combattre lors le Roy; et il commanda à tous les sept colonels de choysir mil hommes chacun de leurs trouppes, leur faisant laisser leurs lieutenans pour tenir leurs regimens prests; et ainsi les envoya en Italie se joindre avec le marquis de Guast. Et supplioit M. d'Anguyen Sa Majesté de me renvoyer incontinent devers luy, avec priere de me faire quelque bien pour recompence de mes services, et pour m'encourager à faire mieux. Sadite Majesté me donna un estat de gentilhomme servant [en ce temps-là ce n'estoit pas peu de chose, n'y à si bon marché comme à ceste heure], et me fit servir à son disner, me commandant qu'apres le disner je fusse prest pour m'en retourner en Piedmont : ce que je fis. Et sur le midy, M. l'admiral d'Annebaut me manda aller trouver le Roy, qui estoit desjà entré en son conseil, là où assistoient M. de Sainct Pol, M. l'admiral, M. le grand escuyer Galliot (1), M. de Boissy (2) [qui depuis a esté grand escuyer], et deux ou trois autres desquels il ne me souvient, et M. le Dauphin, qui estoit debout derriere la chaire du Roy : et n'y avoit assis que le Roy, M. de Sainct Pol pres de luy, M. l'admiral de l'autre costé de la table, vis à vis dudict sieur de Sainct Pol. Et comme je feus dans la chambre, le Roy me dict: « Montluc, je veux que vous en retourniez en Piedmont, porter ma deliberation et de mon conseil à M. d'Anguyen, et veux que vous entendiez icy la difficulté que nous faisons, pour ne luy pouvoir bailler congé de donner bataille, comme il demande; » et sur ce, commanda à monsieur de Sainct Pol de parler. Alors ledit sieur de Sainct Pol proposa l'entreprise de l'Empereur et du roy d'Angleterre, lesquels dans cinq ou six sepmaines avoyent resolu entrer dans le royaume, l'un par un costé, et l'autre par l'autre; et que si monsieur d'Anguyen perdoit la bataille, le royaume seroit en peril d'estre perdu, pource que toute l'esperance du Roy, quant aux gens de pied, estoit aux compagnies qu'il y avoit en Piedmont, et qu'en France il n'avoit que gens nouveaux et legionnaires; estant beaucoup meilleur et plus asseuré de conserver le royaume que non le Piedmont, auquel falloit seulement se tenir sur la defensive, sans mettre rien au hazard d'une bataille, la perte de laquelle perdroit non seulement le Piedmont, mais mettroit le pied à l'ennemy en France de ce costé-là. Monsieur l'admiral en dict de mesme, et tous les autres aussi, discourant chacun comme il luy plaisoit. Je trepignois de parler, et, voulant interrompre lors que monsieur Galiot opinoit, monsieur de Sainct Pol me fit signe de la main, et me dict : « Tout beau, tout beau! » ce qui me feit taire, et vis que le Roy se print à rire. Monsieur le Dauphin n'opina point, et croy que c'estoit la coustume; mais le Roy l'y fit assister, afin qu'il apprint; car devant ces princes il y a tousjours de belles opinions, non pas tousjours bonnes : on ne parle pas à demy, et tousjours à l'hu-

---

(1) Jacques Ricard de Genouillac, dit Galiot.
(2) Claude Gouffier, duc de Roannez, marquis de Boisi.

meur du maistre : je ne serois pas bon là, car je dis tousjours ce qu'il m'en semble. Alors le Roy me dit ces mots : « Avez-vous bien entendu, Montluc, les raisons qui m'esmeuvent à ne donner congé à monsieur d'Anguyen de combattre ni de rien hazarder? » Je luy respondis que je l'avois bien entendu, mais que, s'il plaisoit à Sa Majesté me permettre de luy en dire mon advis, je le ferois fort volontiers, non que pour ce Sa Majesté en fist autre chose, sinon ce qu'elle et son conseil en avoient déterminé. Sa Majesté me dit qu'il le vouloit, et que je luy en disse librement ce que m'en sembloit. Alors je commençay en ceste maniere; il m'en souvient comme s'il n'y avoit que trois jours : Dieu m'a donné une grande memoire en ces choses, dont je le remercie; car, encore ce m'est grand contentement à present, qu'il ne me reste rien plus à me resouvenir de mes fortunes pour les descrire au vray, sans rien adjouster : car, soit le bien, soit le mal, je le veux dire.

« Sire, je me tiens bien-heureux tant de ce qu'il vous plaist que je vous die mon advis sur ceste deliberation qui a esté tenue en vostre conseil, que parce aussi que j'ay à parler devant un Roy soldat, et non devant un Roy qui n'a jamais esté en guerre. Avant qu'estre appellé à ceste grand charge que Dieu vous a donné, et depuis, vous avez autant cherché la fortune de la guerre que roy qui jamais ait esté en France, sans avoir espargné vostre personne non plus que le moindre gentil-homme; doncques ne doy-je craindre, puis que j'ay à parler à un Roy soldat. » M. le Dauphin, qui estoit derriere la chaire du Roy, et vis à vis de moy, me faisoit signe de la teste : qui me fist penser qu'il vouloit que je parlasse hardiment : ce que me donnoit plus de hardiesse, de laquelle je n'ay eu jamais faute, car la crainte ne me ferma jamais la bouche. « Sire, dis-je, nous sommes de cinq à six mille Gascons comptez, car vous sçavez que jamais les compagnies ne sont du tout completes, aussi tout ne se peut jamais trouver à la bataille : mais j'estime que nous serons cinq mil cinq cens ou six cens Gascons comptez, et de cela je vous en respons sur mon honneur; tous, capitaines et soldats, vous baillerons nos noms et les lieux d'où nous sommes, et vous obligerons nos testes que tous combattrons le jour de la bataille, s'il vous plaist de l'accorder, et nous donner congé de combattre. C'est chose que nous attendons et desirons il y a long temps, sans tant conniller. Croyez, Sire, qu'au monde il n'y a point de soldats plus resolus que ceux-là : ils ne desirent que mener les mains. Il y a d'ailleurs treize enseignes de Suysses : je cognois les six de Sainct Julien mieux que celles du baron, lesquelles Fourly (1) commande : j'ay veu faire la monstre à toutes. Il y peut avoir autant d'hommes comptez parmy eux que parmy nous. Ils vous feront pareille promesse que nous, qui sommes vos subjects, et vous envoyeront les noms de tous, pour les envoyer à leurs cantons, afin que, s'il y en a quelqu'un qui ne face son devoir, qu'il soit degradé des armes. C'est chose à laquelle ils se veulent sousmettre, comme ils m'ont asseuré à mon depart; et, puis que c'est une mesme nation, je croy que ceux du baron n'en feront pas moins : Vostre Majesté les a peu cognoistre à Landrecy. Voylà donc, Sire, neuf mil hommes, ou plus, desquels vous pouvez faire estat, et asseurer qu'ils combattront jusques au dernier souspir de leurs vies. Quant aux Italiens et Provenceaux qui sont avec M. des Cros (2), et aussi des Gruyens (3), qui nous sont venus trouver devant Yvrée, je ne vous en asseureray pas, mais j'espere qu'ils feront tous aussi bien que nous, mesmement quand ils nous verront mener les mains. » Je levois lors le bras en haut, comme si c'estoit pour frapper, dont le Roy se sousrioit. « Vous devez aussi avoir quatre cens hommes d'armes en Piedmont, desquels il s'y en trouvera bien trois cens, et autant d'archiers, qui sont en mesme volonté que nous. Vous y avez, Sire, quatre capitaines de chevaux legers, qui sont MM. de Termes, d'Aussun, Francisco Bernardin et Maure, chacun desquels doit avoir deux cens chevaux legers; et entre tous quatre ils vous serviront de cinq à six cens chevaux : tous lesquels desirent faire paroistre l'envie qu'ils ont de vous faire service : je sçay ce qu'ils valent, et cognois leur courage. » Le Roy lors s'esmeut un peu de ce que toutes les compagnies de la gendarmerie ny celles des chevaux legers n'estoient completes : mais je luy dis qu'il estoit impossible, et qu'il y en avoit qui avoient obtenu congé de leurs capitaines pour aller à leurs maisons se rafraischir, et d'autres estoient malades; mais que, s'il plaisoit à Sa Majesté donner congé aux gentils-hommes qui le luy demanderoient, pour se trouver à la bataille, ils suppléeroient bien au deffaut qui pourroit estre esdites compagnies. « Puis doncques, Sire, disje lors continuant mon propos, que je suis si heureux que de parler devant un Roy soldat, qui voulez-vous qui tuë neuf ou dix mil hommes, et mil ou douze cens chevaux, tous resolus de mourir ou de vaincre? telles gens que cela ne

(1) Guillaume Frulich.
(2) Le seigneur d'Escros.
(3) Lisez *Gruyeriens*, habitants de Gruyères.

se deffont pas ainsi : ce ne sont pas des apprentis. Nous avons souvent sans advantage attaqué l'ennemy, et l'avons le plus souvent battu. J'oserois dire que si nous avions tous un bras lié, il ne seroit encores en la puissance de l'armée ennemie de nous tuer de tout un jour, sans perte de la plus grand part de leurs gens et des meilleurs hommes. Pensez donc, quand nous aurons les deux bras libres et le fer en la main, s'il sera aisé et facile de nous battre. Certes, Sire, j'ai appris des sages capitaines, pour les avoir ouy discourir, qu'une armée composée de douze à quinze mil hommes, est bastante d'en affronter une de trente mille : car ce n'est pas le grand nombre qui vainc, c'est le bon cœur : un jour de bataille, la moitié ne combat pas; nous n'en voulons pas d'avantage : laissez faire à nous. » M. le Dauphin s'en rioit derriere la chaire du Roy, continuant tousjours à me faire signe de la teste : car à ma mine il sembloit que je fusse desja au combat. « Non, non, Sire, ces gens ne sont pas pour estre deffaits. Si messieurs qui en parlent les avoient veus en besongne, ils changeroient d'advis, et vous aussi; ce ne sont pas soldats pour reposer dans une garnison : ils demandent l'ennemy, et veulent monstrer leur valeur : ils vous demandent permission de combattre : si vous les refusez, vous leur osterez le courage, et serez cause que celuy de vostre ennemy s'enflera, peu à peu vostre armée se deffera. A ce que j'ay entendu, Sire, tout ce qui esmeut messieurs qui ont opiné devant Vostre Majesté, est la crainte d'une perte; ils ne disent autre chose, si ce n'est : *Si nous perdons, si nous perdons*; je n'ay ouy personne d'eux qui aye jamais dit : *Si nous gaignons, si nous gaignons, quel grand bien nous adviendra?* Pour Dieu, Sire, ne craignez de nous accorder nostre requeste, et que je ne m'en retourne pas avec ceste honte qu'on die que vous avez peur de mettre le hazard d'une bataille entre nos mains, qui vous offrons volontiers et de bon cœur nostre vie. » Le Roy, qui m'avoit fort bien escouté, et qui prenoit plaisir à voir mon impatience, tourna les yeux devers M. de Sainct Pol, lequel luy dit alors : « Monsieur, voudriez-vous bien changer d'opinion pour le dire de ce fol, qui ne se soucie que de combattre, et n'a nulle consideration du malheur que ce vous seroit si perdions la bataille : c'est chose trop importante pour la remettre à la cervelle d'un jeune Gascon. » Alors je luy respondis ce mesme mot : « Monsieur, asseurez-vous que je ne suis point un bravache, ny si escervelé que vous me pensez. Je ne dis point cecy pour braverie : car, s'il vous souvient de tous les advertissemens que le Roy a eu depuis que sommes retournez de Perpignan en Piedmont, vous trouverez qu'à pied ou à cheval, où nous avons trouvé les ennemis, nous les avons tousjours battus, si ce n'est lors que M. d'Aussun fut rompu, lequel ne se perdit que pour avoir combattu à la teste d'un camp; ce qu'un bon capitaine ne doit jamais faire. Il n'y a pas encores trois mois, vous l'avez entendu, car tout le monde le sçait, les beaux deux combats que nous fismes à pied et à cheval, en la plaine vis à vis de Samfre, contre les Italiens premierement, et puis contre les Espagnols, en dix jours; ayant M. d'Aussun, quinze jours avant qu'il fust prins, combattu et deffait toute une compagnie d'Allemans. Regardez donc, nous qui sommes en cœur et eux en peur, nous qui sommes vainqueurs et eux vaincus, nous qui les desestimons cependant qu'ils nous craignent, quelle difference il y a d'eux à nous? Quand sera-ce donc que vous voulez que le Roy baille congé de combattre, sinon lorsque nous sommes en l'estat auquel nous nous trouvons à present en Piedmont? ce que ne sera pas quand nous aurons esté battus qu'il le doive faire, mais à present que nous sommes coustumiers de les battre. Il ne nous faut faire autre chose, sinon de bien adviser de ne les aller assaillir dans un fort, comme nous fismes à la Bicoque : mais M. d'Auguyen a trop de bons et de vieux capitaines pour faire un tel erreur, et ne sera question, sinon de chercher le moyen de les trouver en campagne rase, où il n'y ait haye ny fossé qui nous puisse garder de venir aux mains; et alors, Sire, vous entendrez des plus furieux combats qui jamais ayent esté. Et vous supplie tres humblement ne vous attendre à autre chose, sinon d'avoir nouvelles de la victoire; et si Dieu nous faict la grace de la gaigner [comme je me tiens asseuré que nous ferons], vous arresterez l'Empereur et le roy d'Angleterre sur le cul, qui sçauront quel party prendre. » M. le Dauphin continuoit plus fort en riant à me faire signe; qui me donnoit encores une grande hardiesse de parler : tous les autres parloient et disoient que le Roy ne se devoit aucunement arrester à mes paroles. M. l'admiral ne dit jamais mot, mais se sousrioit, et croy qu'il s'estoit apperceu des signes que M. le Dauphin me faisoit, estant presque vis à vis l'un de l'autre. M. de Sainct Pol recharge encor, disant au Roy : « Quoy, monsieur, il semble que vous voulez changer d'opinion, et vous attendre aux paroles de ce fol enragé? » Auquel le Roy respondit, disant : « Foy de gentil-homme, mon cousin, il m'a dict de si grandes raisons, et m'a representé si bien le bon cœur de mes gens, que je ne sçay que faire. »

Lors ledict seigneur de Sainct Pol luy dit : « Je voy bien que vous estes desjà tourné. » [Il ne pouvoit veoir les signes que M. le Dauphin me faisoit, car il avoit le dos tourné à luy, comme faisoit M. l'admiral.] Surquoy le Roy, addressant sa parolle audict sieur admiral, luy dict qu'est-ce que luy en sembloit? M. l'admiral se print encores à sousrire, et luy respondit : « Sire, voulez-vous dire la verité? vous avez belle envie de leur donner congé de combattre. Je ne vous asseureray pas, s'ils combattent, du gaing n'y de la perte, car il n'y a que Dieu qui le puisse sçavoir : mais je vous obligeray bien ma vie et mon honneur que tous ceux là qu'il vous a nommez combattront, et en gens de bien, car je sçay ce qu'ils vallent, pour les avoir commandez. Faictes une chose : nous cognoissons bien que vous estes à demy gaigné, et que vous panchez plus du costé du combat qu'au contraire ; faictes vostre requeste à Dieu, et le priez que à ce coup vous vueille ayder et conseiller ce que vous devez faire. » Alors le Roy leva les yeux au ciel, et, joignant les mains, jettant le bonnet sur la table, dict : « Mon Dieu, je te supplie qu'il te plaise me donner aujourd'huy le conseil de ce que je dois faire pour la conservation de mon royaume, et que le tout soit à ton honneur et à ta gloire. » Sur quoi M. l'admiral luy demanda : « Sire, quelle opinion vous prend il à present? » Le Roy, apres avoir demeuré quelque peu, se tourna vers moy, disant, comme en s'escriant : « Qu'ils combattent, qu'ils combattent. — Or doncques il n'en faut plus parler, dit M. l'admiral ; si vous perdez, vous seul serez cause de la perte, et si vous gaignez, pareillement : et tout seul en aurez le contentement, en ayant donné seul le congé. » Alors le Roy et tous se leverent, et moy je tressaillois d'ayse. Sa Majesté se mit à parler avec M. l'admiral pour ma depesche, et pour donner ordre au payement, dont nous avions faute. M. de Sainct Pol m'accosta, et me disoit en riant : « Fol enragé, tu seras cause du plus grand bien qu'il pourroit venir au Roy, ou du plus grand mal. » Ledict sieur de Sainct Pol ne m'avoit rien dit pour hayne qu'il me portast, car il m'aymoit autant que capitaine de France, et de longue main, m'ayant cogneu du temps que j'estois à monsieur le mareschal de Foix ; et me dict encores qu'il falloit bien que je parlasse à tous les capitaines et soldats, et que la grand fiance et estime que le Roy avoit en nous, l'avoit fait condescendre à nous donner congé de combattre, et non la raison, veu l'estat auquel il se trouvoit. Alors je luy respondis : « Monsieur, je vous supplie tres-humblement ne vous mettez en peyne ny crainte que nous ne gaignons la bataille ; et asseurez-vous que les premieres nouvelles que vous en entendrez, seront que nous les avons tous fricassez, et en mangerons si nous voulons. » Alors le Roy s'approcha et me mit la main sur le bras, disant : « Montluc, recommande-moy à mon cousin d'Anguien et à tous les capitaines qui sont pardelà, de quelque nation qu'ils soient, et leur dis que la grand fiance que j'ay en eux m'a fait condescendre à leur donner congé de combattre, les priant qu'à ce coup ils me servent bien, car je ne pense jamais en avoir tant de besoin qu'à present ; et que c'est à cet heure qu'il faut qu'ils monstrent l'amitié qu'ils me portent ; et qu'en brief je luy envoyeray l'argent qu'il demande. » Je luy respondis : « Sire, je feray vostre commandement, et ce sera un coup d'esperon pour les resjouyr, et donner encore plus de volonté de combattre ; et supplie tres-humblement vostre Majesté ne vous mettre en aucun doubte de l'issuë de nostre combat, car cela ne vous serviroit que de travail à vostre esprit ; mais resjouissez-vous sur l'attente de bien tost avoir bonnes nouvelles de nous : mon esprit et mon presage ne me trompa jamais. » Et sur ce, luy baisay les mains, et prins congé de Sa Majesté. Monsieur l'admiral me dict que je l'allasse attendre à sa garderobbe : je ne sçay si c'estoit monsieur de Marchemont ou monsieur de Bayart qui descendit avec moy. Et en sortant, je trouvay sur la porte messieurs de Dampierre (1), de Sainct-André (2), d'Assier, et trois ou quatre autres, qui me demanderent si je portois le congé à M. d'Anguyen pour combattre. Je leur respondis en gascon : *« Hares y harem aux pics et patacs* (3). Entrez, entrez promptement, si en voulez manger, avant que monsieur l'admiral se departe du Roy : » ce qu'ils firent de sorte qu'il y eut de la dispute sur leur congé ; toutesfois à la fin Sa Majesté leur permit ; lesquels n'empirerent la feste, car apres eux vindrent plus de cent gentils-hommes en poste pour se trouver à la bataille : entr'autres, les sieurs de Jarnac (4), de Chastillon, depuis admiral ; le fils de monsieur l'admiral d'Annebaut, le vidame de Chartres (5), et plusieurs autres, desquels n'y mourut que monsieur d'Assier, que j'aimois plus que moy-mesmes, et Chamans, qui avoit esté blessé quand je com-

---

(1) Claude de Clermont, baron de Dampierre.
(2) Jacques d'Albon, seigneur de Saint-André, appelé ordinairement le maréchal de Saint-André.
(3) Il y aura des coups donnés et reçus.

(4) Gui Chabot, comte de Jarnac.
(5) François de Vendôme, vidame de Chartres, prince de Chabannois.

battis les Espagnols en la plaine de Perpignan : quelques autres en y eut de blecez, mais non qu'ils mourussent. Il n'y a prince au monde qui ait la noblesse plus volontaire que le nostre : un petit sous ris de son maistre eschauffe les plus refroidis, sans crainte de changer prez, vignes et moulins en chevaux et armes : on va mourir au lict que nous appellons le lict d'honneur.

Estant arrivé au camp, je m'acquittay de ma charge envers monsieur d'Anguyen, et luy presentay les lettres du Roy : qui fut grandement resjouy, et me dit ces mesmes mots en m'embrassant : « Je sçavois bien que tu ne nous apporterois pas la paix. Or sus, mes amis, dict-il à ceux qui estoient aupres de luy, à ce que vous voyez, il y faut faire. » Je luy racomptay la difficulté qu'il y avoit eu d'avoir le congé, et que le Roy seul en estoit cause : ce qui nous devoit plus accourager à bien faire au combat. Il fut aussi tres-ayse quand je luy dis que les seigneurs sus-nommez venoient apres moy, estant bien certain qu'encores plusieurs viendroient apres eux, comme ils firent, me recommandant ledit seigneur, que je m'allasse acquitter envers tous les colonels, capitaines de gens-d'armes, chevaux legers et de gens de pied, de la charge que le Roy m'avoit donné : ce que je feis, n'y ayant cogneu homme qui ne se resjouyt grandement, leur faisant bien au long entendre l'asseurance que j'avois donné au Roy de la victoire. Je ne me contentay pas d'en parler aux chefs, mais en parlay aux particuliers, les asseurant que nous serions tous recompensez du Roy ; et faisois la chose plus grande qu'elle n'estoit : il faut souvent mentir pour son maistre. Pendant mon sejour, monsieur d'Anguyen boucla (1) Carignan, ne le pouvant emporter de force sans beaucoup de perte, campant cependant à Vimeus et Carmagnolle. Et bien tost apres l'arrivée de ceste noblesse, le marquis de Guast partit avec son camp, le vendredy sainct, d'Ast, et vint loger à la montagne pres Carmagnolle, et le jour de Pasques partit pour venir à Serizolles. La compagnie du comte de Tande estoit ce jour-là de garde : le capitaine Taurines en estoit lieutenant, lequel manda à monsieur d'Anguyen que le camp marchoit, et que l'on oyoit les tabourins clairement. M. d'Anguyen me commanda de monter à cheval, et que je courusse descouvrir le tout, pour en porter nouvelles certaines ; ce que je fis. Le capitaine Taurines me bailla vingt salades. J'allay si avant, que je descouvris la cavallerie, qui passoit au long des bois de l'abbaye d'Estaffarde, et oyois les tabourins les uns marcher en avant, et les autres en arriere. Cela me mit en peine de descouvrir ce que ce pouvoit estre. A mon retour, je trouvay monsieur d'Anguyen, messieurs de Chastillon, qui a esté admiral, de Dampierre, de Sainct André, Descars pere de ceuxcy (2), d'Assier, et de Jarnac, dans la chambre dudit sieur d'Anguyen, parlant à luy, ayans faict porter leurs armes sur les licts dans ladicte chambre, et luy rapportay ce que j'en avois veu. Alors tous ces seigneurs luy dirent : « Allons, monsieur, allons les combattre aujourd'huy qui est bon jour, car Dieu nous aidera. » Lors me commanda ledict seigneur que j'allasse dire à messieurs de Tais et de Sainct Julien de mettre les regimens en campagne ; et envoya un autre à la gendarmerie et cavallerie en faire de mesme : ce qui fut faict tout incontinent, et nous mismes hors Carmagnolle, en une plaine tirant à Serizolles, et là tout le monde se mit en bataille. Monsieur de Mailly, commissaire de l'artillerie, fut aussi tost là avec l'artillerie que pas un de nous. Nous oyons les tabourins des ennemis aussi clair presque comme les nostres. Je ne vis à ma vie camp si volontaire, ny soldats si desireux de combattre que cestuy-là, sauf quelques uns des grands de l'armée, qui persecutoient tousjours monsieur d'Anguyen de ne hasarder point, et luy mettoient devant la perte que se seroit au Roy s'il perdoit la bataille, laquelle peut estre pourroit causer la perte du royaume de France. Autres luy mettoient en teste qu'il devoit combattre : de sorte qu'ils mettoient en tel trouble ce pauvre prince, qui estoit encores bien jeune, qu'il ne sçavoit de quel costé se tourner. Vous pouvez penser si je passionnois, et si j'eusse parlé haut, si c'eust esté bille pareille ; encore ne me peu-je tenir de parler. Les seigneurs qui estoient venus de France tenoient tous le party de combattre. Je pourrois bien nommer qui estoyent et les uns et les autres, si je voulois ; mais je ne le veux faire, car je ne me suis pas mis à escrire pour dire mal de personne : mais monsieur l'admiral de Chastillon et monsieur de Jarnac, qui sont encores en vie, le sçavent aussi bien que moy. Les uns et les autres avoyent raison, et n'estoyent poussez d'aucune peur ; mais seulement crainte de perdre tout les retenoit en bride : et tel peut estre, comme j'ay veu souvent, opine contre sa volonté et contre la pluralité de voix, afin qu'apres il puisse dire, si la chose succede mal, *Je n'estois pas de cest advis : je l'avois bien dit, mais je n'en fus pas creu*. Hé qu'il y a de tromperie

---

(1) Boucla : investit.
(2) Montluc a voulu dire : père de ceux qui vivoient encore quand il écrivoit ses Mémoires.

au monde ! et en nostre mestier plus qu'en autre qui soit.

Ainsi que nous devions marcher pour aller combattre, il y en eut quatre ou cinq qui tirerent à part M. d'Anguyen, descendans à pied, et l'entretindrent, se promenant plus de demy heure. Tout le monde grinsoit les dents de ce qu'on ne marchoit. En fin leur conclusion fut que tous les regimens de gens de pied se retireroient à leurs logis, comme aussi l'artillerie et la gend'armerie, et que M. d'Anguyen avec quatre ou cinq cens chevaux, et partie des capitaines qui estoient de son conseil, s'en yroient sur la plaine de Serizolles descouvrir le camp de l'ennemy, et que j'ameneroirs apres luy quatre cens arquebuziers et tout le demeurant au logis. Je vis lors un monde de personnes desesperez, et croy que si Dieu eust tant voulu pour M. d'Anguyen qu'il fust marché, il en eust emporté la bataille sans grand difficulté; car les tabourins que j'avois ouy retourner en arriere, c'estoient tous les Espagnols qui alloient retirer deux canons, qui s'estoient engagez sans pouvoir tirer avant ny arriere ; et n'eussions trouvé rien à combattre que les Allemans, Italiens, et la cavallerie, laquelle ny le marquis mesmes ne nous pouvoit eschapper. Et comme nous eusmes demeuré plus de trois heures vis à vis des ennemis, qui estoient en une plaine entre Sommerive et Serizolles, lesquels ne pensoient rien moins que de combattre [et dit le marquis (1) à M. de Termes depuis estant prisonnier, comme il m'a raconté, que jamais il n'avoit eu tant de peur d'estre perdu, que ce jour là ; car le meilleur de son esperance estoit en l'arquebuzerie espaignolle], M. d'Anguyen s'en retourna à Carmagnolle aussi mal content que prince fut jamais; et à la descente d'un bois retournant audit Carmagnolle, je luy dis en passant, presens MM. de Dampierre et de Sainct André, ces mots : « Monsieur, monsieur, ce matin quand vous vous estes levé, que pouviez vous demander à Dieu autre chose que ce qu'il vous a donné aujourd'huy, qui est de trouver en plaine campagne sans haye ne fossé, vos ennemis, ce que vous avez tant desiré. Je vois bien que vous voulez plustost croire ceux qui vous conseillent de ne combattre que ceux qui vous conseillent de combattre. » Alors il commença à renier, et dit qu'il n'en croyroit plus personne que soy mesme ; à quoi je cognuz bien que je l'avois mis en cholere : je rechargeay en cheminant, disant : « Hé non, monsieur, non,

de par Dieu, n'en croyez personne que vous mesmes : car nous sçavons bien que vous ne desirez autre chose que le combat, et Dieu vous aydera ; » et m'en allay ainsi droit à Carmagnolle, fort faché, me souvenant de ce que j'avois tant asseuré le Roy en son conseil. Et dés que ledit sieur arriva à Carmagnolle, il appella tous ceux qui entroient en son conseil. Je trouvay à mon arrivée tous les capitaines de nostre regiment mutinez, jusques aux soldats, lesquels demandoient paye ; mais on les amusa sur l'arrivée de monsieur de Langey (1), qui portoit quelque argent. Je fus prié par monsieur de Lamolle l'aisné, qui avoit deux enseignes, lequel fut tué le lendemain, que je parlasse à monsieur d'Anguyen pour tous, et ils m'advoüeroyent. Nous voy-la tous dedans la salle : et par fortune messieurs de Dampierre et de Sainct André n'estoient encores entrez, qui nous trouverent tous mutinez, et nous dirent ces mots : « Ayez patience, je vous prie, jusques à ce que monsieur sera hors du conseil : » et je croy qu'ils luy avoyent parlé par le chemin, car je trouvay monsieur d'Anguyen au milieu d'eux : et ainsi entrerent dans la chambre, et ne tarda gueres qu'ils sortirent. Monsieur de Dampierre sortit le premier, qui nous trouva tous à la porte de la chambre, et, pour ce que monsieur d'Anguyen venoit apres luy, en me regardant il mit le doigt en la bouche, en signe que je ne disse mot. Monsieur d'Anguyen passa tout en courroux droit à sa chambre, les autres colonels et capitaines chacun à son logis, et nous ne bougeasmes point. Incontinent apres messieurs de Dampierre et Sainct André sortirent en la salle, et nous dirent ces mots : « Allez vous en à vos logis, preparez-vous, car nous combattrons demain : » en sortans nous regardions ceux qui vouloient qu'on combatist ; lesquels se tiroient devers nous autres, qui nous donna aussi esperance de combattre. Car le soir que j'accompagnay monsieur Dampierre à son logis, il me dit la proposition qu'avoit fait monsieur d'Anguyen au conseil, qui fut sur l'erreur qu'il cognoissoit avoir fait de ne combattre point, ayant perdu un advantage qu'il ne pourroit recouvrer, et qu'il les prioit tous de le considerer et se resoudre de combattre. Alors il y en eust qui commencerent à discourir ce qu'ils luy avoient dit auparavant, de la perte que le Roy feroit, avec plusieurs autres choses et raisons pour l'empescher ; d'autres tenoient l'opinion qu'ils avoyent tousjours suyvie, qu'il falloit donner la bataille : mais monsieur d'Anguyen, qui se vit estretombé en mesme dispute qu'auparavant, se mit en colere, et dit qu'il estoit resolu de combattre à quelque prix que ce fust ; et que, s'il y avoit homme

---

(1) Le marquis du Guast.
(2) Martin du Bellay, seigneur de Langey, auteur des Mémoires qui font partie de cette collection.

qui voulust plus disputer le contraire, il ne l'estimeroit jamais tel qu'il l'avoit estimé. Alors un qui l'avoit tant empesché, respondit : « O monsieur, est-ce une resolution que vous avez prinse de combattre? —Ouy, dit monsieur d'Anguyen. — Or donc, respondit l'autre il n'est pas question de disputer autre chose; » et arresterent que chacun se retireroit en sa charge, et qu'une heure devant jour nous serions en la mesme plaine qu'estions le jour devant, pour marcher droit où les ennemis seroient rencontrez : ce qui fut fait, remonstrant cependant aux capitaines et soldats que le payement se feroit mal à propos à la teste de l'ennemy, et qu'il falloit attendre : ce fust une ruse pour amuser ceux qui demanderoient de l'argent. Et, pource que le jour devant nous les avions laissez en la plaine qui est entre Serizolles et Sommerive, monsieur d'Anguyen ne sçavoit bonnement s'ils estoient à Sommerive ou à Serizolles, combien que le capitaine de Sommerive luy avoit mandé que le camp vouloit loger là. Le seigneur Francisco Bernardin envoya trois de ses chevaux legers vers ledit Serizolles, et allerent si pres, qu'ils descouvrirent le camp qui estoit en armes, et les tabourins commençoient à sonner. Ce qu'il les avoit faict retourner à Serizolles, c'estoit pour attendre les Espaignols qui estoient allez au devant des deux canons, comme desja j'ay escrit; monsieur de Termes en tourna r'envoyer trois ou quatre des siens aussi, et cependant nous marchions par dessous, tirant à Sommerive; et quand les chevaux legers furent revenus, et porterent les mesmes nouvelles, nous tournasmes à main gauche, et montasmes sur la plaine où estoit toute l'armée. Nous fismes alte; et là, monsieur d'Anguyen et monsieur de Tais me baillerent à conduire toute l'arquebuserie : je le remerciay treshumblement de l'honneur qu'il me faisoit, et que j'esperois, avec l'ayde de Dieu, m'en acquitter si bien, qu'il auroit occasion de demeurer content; et autant en fis-je à monsieur de Tais, qui estoit mon colonel, lequel vint commander aux capitaines et lieutenans que je voudrois prendre, qu'ils m'eussent à obeyr comme à luy mesmes. Or je prins quatre lieutenans, qui furent Le Brueil, que j'ay cy devant nommé, Le Gasquet, le capitaine Lienard, et le capitaine Favas, qui estoit le mien. Ausquels Favas et Lienard je baillay le costé de main droite, et moy, avec les autres deux, allay à la gauche, tirant à la maisonnette qui fut tant combattuë ; et fut ordonné que les Suisses et nous combattrions ensemble à l'advant-garde, que monsieur de Botieres commandoit, lequel, peu avant le bruit de la bataille, avoit esté r'appellé de sa maison.

La bataille devoit estre conduitte par monsieur d'Anguyen, ayant sous sa cornette les jeunes seigneurs venus de la Cour. En l'arrieregarde commandoit monsieur Dampierre, où estoient quatre mil Gruyens et trois mil Italiens, conduits par les sieurs du Dros et des Cros, ensemble tous les guidons et archers des compagnies. Or il y avoit un couteau en pendant du costé de Serizolles et de Sommerive : c'estoit un taillis non guere espoix. Les premiers des ennemis que nous vismes entrer en la plaine venir devers nous, ce furent les sept mil Italiens que le prince de Salerne conduisoit, et à leur costé, trois cens lanciers, commandez par Rodolphe Baglion, qui estoyent au duc de Florence. L'escarmouche commença par ce couteau, et dans le pendant les ennemis avoient fait alte vis à vis de nous; et, comme ceste escarmouche fut attaquée, je baillay une trouppe au capitaine Brueil, qui estoit celle du plus pres de moy; et au capitaine Gasquet, la derniere, à deux cens pas les unes des autres ; et de la mienne, je baillay quarante ou cinquante arquebusiers à un mien sergent, nommé Arnaut de Sainct-Clair, homme vaillant et qui sçavoit bien prendre son party, et je les soustenois. Estant à la maison, je descouvris trois ou quatre trouppes d'arquebusiers espagnols qui venoyent la teste baissée pour gaigner la maisonnette; et les capitaines Favas et Lienard combattoient les Italiens au valon à main droicte. L'escarmouche commença de tous les deux costez, et par fois me ramenoyent jusques à la maison, autresfois je les ramenois à eux jusques à leur trouppe, car il s'en estoit meslé un autre avec la premiere, et sembloit que nous jouissions aux barres ; à la fin, je fus contrainct faire marcher le capitaine Brueil à moy, car je voyois toutes les trouppes assemblées, avec une trouppe de cavalerie à leur costé. Je n'avois pas un homme de cheval avec moy : toutesfois j'avois adverty monsieur d'Anguyen que leur cavalerie estoit avec leur arquebuserie qui venoit à moy : baste que personne ne vint de long temps, de façon que je fus contrainct quitter la maison, non sans grand combat, qui dura long temps. Je r'envoyay le capitaine Brueil à son mesme lieu. L'escarmouche dura de trois à quatre heures, sans jamais cesser : jamais on ne vit mieux faire. Monsieur d'Anguyen m'envoya monsieur d'Aussun, me commandant que je regaignasse la maison, qui ne me faisoit advantage ny desadvantage. Je luy respondis : « Allez dire à monsieur d'Auguyen qu'il m'envoye de la cavallerie pour combattre ceste cavallerie qui est à costé de leurs arquebusiers [laquelle il voyoit aussi bien que moy]; car je ne suis pas pour combattre cavallerie et infanterie ensemble en campagne raze. » Alors il me dit : « Il me suffit que je le vous aye dit ; » et tourne en arriere, et le va dire à monsieur d'Anguyen, lequel de rechef m'envoya monsieur de Moneins, pour me dire qu'en une sorte ou autre, il vouloit que je la regaignasse ; avec lequel vint le seigneur Cabry, frere du seigneur Mauré, menant soixante chevaux tous lanciers, et monsieur de Moneins, qui en pouvoit avoir environ vingt-cinq, ne faisant encores que commencer à dresser sa compagnie. Je luy respondis tout de mesme qu'à monsieur d'Aussun, et que je ne voulois point estre cause de la perte de la bataille : mais que, s'ils vouloient aller combattre ceste cavallerie qui estoit au costé de leurs arquebusiers, que je regaignerois bien la maison. Alors ils me respondirent que j'avois raison, et qu'ils estoient tous prests ; et incontinent je mande au capitaine Brueil qu'il vint à moy, et au capitaine Gasquet qu'il se mit en sa place ; et incontinent le capitaine Brueil se meit à main droicte, la cavallerie au milieu ; et marchasmes le trot droit à eux, car nous n'estions pas à trois cens pas les uns des autres. Pour celà l'escarmouche ne cessoit jamais ; et, comme nous approchasmes de cent ou six vingt pas, nous commençasmes à tirer ; et leur cavallerie tourna le dos, et leur infanterie aussi ; et vis tous leurs lanciers tout à un coup tourner le dos, se retirans dans leurs trouppes. Incontinent monsieur de Moneins et le seigneur Cabry s'en allerent à monsieur d'Anguyen, pour luy dire ce qu'ils avoient veu de leur cavallerie, et que, s'il ne m'amenoit de la cavallerie pour me faire espaule, je ne pouvois faillir d'estre rompu. Je renvoye les capitaines Brueil et Gasquet en leurs lieux. Il y avoit un petit marez aupres de Serizolles, et un grand chemin creux qui empeschoit qu'ils ne pouvoient passer pour venir à nous en bataille. Or le marquis de Guast avoit fait passer six pieces d'artillerie, lesquelles desja estoient bien avant deçà le marez ; et, comme il vit ses gens repoussez, il eut crainte que tout le camp suyvist, et qu'il perdist son artillerie. Il fit passer promptement les Allemans ce marez et chemin creux ; et, comme il fut en la plaine ; ils se remirent en bataille, car ils n'avoient sçeu passer qu'en desordre. Et cependant la cavallerie et arquebuserie espagnolle vindrent à moy comme auparavant, et, n'ayant point de cavallerie avec moy, je fus contraint leur quitter la place, et me retiray d'où j'estois party. Or je descouvris leurs Allemans et leur artillerie, et, en mesmes temps que je me retirois, monsieur de Termes et le seigneur Francisco Bernardin se vindrent mettre à main droitte de nostre bataillon, et sur le bord du couteau, qui estoient fort à l'estroit, et vis à vis du bataillon des Italiens, car leurs lanciers estoient vis à vis de nos picquiers ; monsieur de Botieres avec sa compagnie, et celle de monsieur le comte de Tande, à main gauche de nostre bataille : les Suysses estoient environ soixante ou quatre vingts pas au derriere de nous, et un peu à costé. Or nostre arquebuserie, que les capitaines Favas et Lienard conduisoient, aucunesfois ils repoussoient les ennemis jusques à leur bataille, autresfois les ennemis les repoussoient aussi pres la nostre. Je sçay bien qu'il me fallut courir desarmer nostre bataillon d'arquebusiers du costé de monsieur de Botieres, qui faisoient le flanc, et leur bailler pour faire la cargue : ce qu'ils firent, et d'une grande furie les repousserent jusques aupres de leur bataille ; et fut bon besoin, car leur arquebuserie avoit presque gaigné le flanc de nostre cavallerie. Je cours là où ils estoient, et commençasmes une furieuse escarmouche, grande et forte : car toutes les trois trouppes miennes nous meslasmes, ce qui dura une grand'heure. Or les ennemis avoient mis leurs pieces d'artillerie au costé de la maisonnette, qui tiroit en butte dedans nostre bataille : monsieur de Mailly s'avança avecques la nostre, et se mit aupres de nous, et commença tirer à eux vers la maisonnette ; car il ne pouvoit là où nous tenions l'escarmouche sans tuer des nostres. Et, regardant devers nostre bataille, je vis monsieur de Taïs qui commençoit à marcher les picques baissées droit aux Italiens : je courus à luy, et luy dis : « Où voulez-vous aller, monsieur, où voulez-vous aller ? Vous allez perdre la bataille : car voicy les Allemans qui vous viennent combattre, et vous prendront par flanc. » Les capitaines estoient causes de cela, lesquels luy crioient : « Menez-nous au combat, monsieur : il nous vaut mieux mourir main à main, que d'estre tuez à coups d'artillerie. » C'est ce qui estonne le plus, et bien souvent fait plus de peur que de mal : mais si est-ce qu'il me creut ; et les priay tous mettre le genouil à terre et leurs picques bas ; car je voiois les Suysses derriere, couchez tout de leur long, qui ne paroissoient rien ; et de là, je m'en cours à l'arqueburerie. Or commençoient desja leurs arquebusiers se retirer derriere la maison, et, comme je voulois marcher droit à eux, je descouvris le front de la bataille des Allemans ; et soudain je dis aux capitaines Brueil et Gasquet qu'ils se retirassent peu à peu vers l'artillerie, et falloit faire place aux picquiers pour venir aux mains ; et m'en cours à nostre bataille, et à mon arrivée leur dis : « O mes compagnons, combattons bien : que si nous gaignons la bataille, nous nous pouvons faire estimer plus que jamais les nostres n'ont fait ; car il ne se trouvera aux histoires que les Gaulois ayent jamais combattu les Germains picque à picque qu'ils n'ayent esté deffaits, et pour nous marquer de ceste honorable marque que de valoir plus que nos predecesseurs n'ont valu, cela nous doit donner double courage de combattre pour vaincre, et faire cognoistre à nos ennemis ce que nous valons. Souvenez-vous, compagnons, de ce que le Roy nous a mandé, et la gloire que ce nous sera de nous presenter à luy apres la victoire. » Or monsieur, dis-je à monsieur de Tais, « il est temps de se lever ; » comme il fit promptement. Je commençay à crier haut : « Mes compagnons, peut estre qu'il n'y a ici gueres de gens qui se soient trouvez en bataille. Si nous prenons la picque au bout du derriere et nous combattons du long de la picque, nous sommes deffaits ; car l'Allemant est plus dextre que nous en ceste maniere. Mais il faut prendre les picques à demy, comme fait le Suysse, et baisser la teste pour enferrer et pousser en avant, et vous le verrez bien estonné. » Alors monsieur de Tais me crioit que je courusse au long de la bataille leur faire prendre les picques de ceste sorte : ce que je fis. Les Allemans marchoient grand pas droit à nous. Je m'en courus devant la bataille, et mis pied à terre, car j'avois laissé un mien lacquay (1) tousjours devant le bataillon avec ma picque. Et, comme monsieur de Tais et les capitaines me virent descendu, tous crierent à une fois : « Remontez, capitaine Montluc, remontez, et vous nous conduirez au combat. » Alors je leur respondis que, si j'avois à mourir ce jour-là, je ne pouvois mourir en un plus honorable lieu qu'avec eux la picque au poing. Je criay au capitaine La Burte, sergent major, qu'il courust tousjours autour du bataillon quand nous nous enferrerions, et qu'il criast, luy et les sergens, derriere et par les costez : *Poussez, soldats, poussez, afin de nous pousser les uns les autres* ; et ainsi vinsmes au combat. L'Allemand venoit à nous à grand pas et trot, de sorte que leur bataille estoit si grande qu'ils ne se pouvoient suivre, et y voyons de grandes fenestres et des enseignes bien derriere. Et tout à coup nous nous enferrasmes, au moins une bonne partie ; car, tant de leur costé que du nostre, tous les premiers rancs, soit du choc ou des coups, furent portez par terre. Il n'est pas possible pour des gens de pied de voir une plus grande furie. Le second rang et le tiers furent cause de nostre gain ; car les derniers les poussoyent tant qu'ils furent sur les leurs : et,

comme nostre bataille poussoit tousjours, les ennemis se renversoient. Je ne fus jamais si habille et si dispos, et me fut bon besoin, car je donnay plus de trois fois du genouil en terre. Les Suysses furent fins et accords ; car jusques à ce qu'ils nous virent de la longueur de dix ou douze picques, ils ne se leverent point : et apres coururent furieux comme sangliers, et donnerent par flanc ; monsieur de Bôtieres par le quanton ; monsieur de Termes et le seigneur Francisco donnerent à Rodolphe Baglion en mesme temps, et le renverserent ; sa cavallerie se mit en route. Les Italiens, qui virent leur cavallerie rompuë, et les lansquenets et Allemans renversez et en route, commencerent à prendre la descente du vallon, et gaignerent tant qu'ils peurent droit au bois. Monsieur de Termes eut son cheval tué au choc, lequel, par fortune, se trouva par terre engagé bien avant, de sorte que les Italiens le prindrent et l'emmenerent ; aussi n'avoit-il gueres bonnes jambes.

Il faut notter que le marquis de Guast avoit fait un bataillon de cinq mil picquiers, qui estoyent deux mil Espagnols et trois mil Allemans, estant ceux-là, que le comte Ludon avoit mené en Espagne, du nombre de six mil, où ils avoient demeuré dix ans ou plus, n'ayans gueres qu'ils estoient revenus, et qui parloient aussi bon espagnol qu'Espagnols naturels. Il avoit fait ce bataillon pour abbattre les Gascons ; car il disoit qu'il craignoit plus nostre bataillon que pas un des autres, et avoit opinion que ses Allemans, qui estoient tous hommes d'eslite, defferoient nos Suysses : et mit à la teste de ceste bataille trois cens arquebusiers seulement, comme enfans perdus, lesquels il avoit reservez pour cet effect ; et tout le reste tint l'escarmouche. Et comme il fut aupres de la maisonnette du costé des Allemans, il vit les Gruyens qui estoient tous armez à blanc ; il pensa que ce fussent les Gascons, et leur dit : « *Hermanos, hermanos, aqui estant lous Gascones ; sarrais à ellos* (2). » Ils ne furent jamais à deux cens pas de luy, qu'il apperceut nostre bataille qui se levoit, et cogneut son erreur ; mais il n'y pouvoit plus remedier ; nous portions tous armes noires. Ceste bataille de cinq mil picques s'en alla le grand pas droit aux Gruyens. Il falloit qu'ils passassent à costé de monsieur d'Anguyen, lequel seigneur fut mal conseillé, car il donna avec la gendarmerie tout au travers du bataillon, les autres par flanc ; et là fut tué et blessé beaucoup de gens de bien et des principaux, comme monsieur d'Assier, le sieur de La Rochechouart et plusieurs autres, et encores plus à la seconde recharge. Il y en eut qui passerent et repasserent

---

(1) On appeloit laquais des fantassins irréguliers.

(2) Frères, voilà les Gascons : marchez à eux.

au travers ; mais tousjours ils se rallioient, et vindrent en ceste maniere aux Gruyens, qui furent bien tost renversez sans tirer un seul coup de picque. Et là moururent tous leurs capitaines et lieutenans qui estoient au premier rang, et fuyrent droit à monsieur des Cros. Mais ce bataillon d'Espagnols et Allemans suyvoient tousjours au grand trot leur victoire, et renverserent ledit sieur des Cros : et là il mourut, et tous les capitaines. Monsieur d'Anguyen ne le peut secourir pource que presque tous les chevaux de sa cavallerie à ces deux furieuses, mais trop inconsiderées charges, estoient blessez, et s'en alloient le pas par la campagne à costé des ennemis. Il estoit au desespoir, maudissant l'heure que jamais il avoit esté né, voyant la fuitte de ses gens de pied, et qu'à peine luy restoit-il cent chevaux pour soustenir le choc. Monsieur de Pignan, de Montpellier [qui estoit à luy], me dit que deux fois il se donna de la pointe de l'espée dans son gorgerin, se voulant offenser soy-mesme, et me dit au retour qu'il s'estoit veu en tel estat lors, qu'il eust voulu qu'on luy eust donné de l'espée dans la gorge. Les Romains pouvoient faire cela, mais non pas les Chrestiens : chacun en disoit lors sa ratelée. Nous estions à la paille jusques au menton, et aussi ayses que nos ennemis marris. Retournons aux coups, car il y en avoit à donner et à prendre. La lascheté des Gruyens lui porta beaucoup de perte de ce costé ; je ne vis jamais de plus grands gruës que ces gens là, indignes de porter armes, s'ils ne se sont rendus plus courageux. Ils sont voisins des Suysses, mais il n'y a non plus de comparaison que d'un asne à un cheval d'Espagne. Ce n'est pas tout d'avoir des hommes en conte, il en faut avoir du bon creu, car cent en vallent mille. Un brave et vaillant capitaine, avec mil hommes dont il s'asseure, passera sur le ventre à quatre mil.

Tout ainsi comme monsieur d'Anguyen voyoit massacrer ses gens sans les pouvoir secourir, le marquis de Guast voyoit faire le mesme aux siens par une pareille fortune. Voyez comme elle se mocquoit de ces deux chefs d'armée ; car comme il vit Rodolphe Baglion renversé, et ses Allemans pareillement, il print sa cavallerie et se retira devers Ast. Monsieur de Sainct Julien, qui servoit de maistre de camp et de colonel des Suysses, se trouva à cheval ; et, à la verité dire, il estoit foible de sa personne, n'ayant pas grand force de porter grand fardeau d'armes à pied ; il vit renverser leur bataille d'un costé, et la nostre de l'autre. Et, avant qu'aller à monsieur d'Anguyen, il nous vit, Suysses et Gascons, dans ces cinq mil Allemans et Espagnols, tuant à toutes mains : et alors il tourna en arriere, et trouva monsieur d'Anguyen pres du bois, tirant à Carmagnolles assez mal accompagné, et luy cria : « Monsieur, monsieur, faites tourner visage ; car la bataille est gaignée ; le marquis de Guast est en routte et tous ses Italiens, et les Allemans en pieces. » Or desja ce bataillon d'Allemans et Espagnols avoyent fait alte, se tenans pour perdus, quand ils virent qu'homme de pied ny de cheval ne venoit à eux, et cognurent bien qu'ils avoyent perdu la bataille, et commencerent à prendre à main droite à la Monta, d'où ils estoient partis le jour devant. Je pensois estre le plus fin capitaine de la trouppe, d'avoir inventé de mettre un rang d'arquebusiers entre le premier et le second rang, pour tuer les capitaines du premier ; et avois dict à monsieur de Tais, trois ou quatre jours auparavant, que, plustost que pas un des nostres mourust, je ferois mourir tous leurs capitaines du premier rang : et ne luy voulus dire le secret, jusques à ce qu'il m'eust baillé à conduire l'arquebuserie. Et alors il appella La Burthe, sergent major, et luy dit qu'incontinent fist election des arquebusiers, et qu'il les y mist. Et à la verité je ne l'avois jamais veu ny ouy dire, et pensois estre le premier qui l'eust inventé ; mais nous trouvasmes qu'ils avoyent esté aussi accords que nous, car ils y en avoyent mis comme nous, lesquels jamais ne tirerent, comme ne firent les nostres, que ne fussions de la longueur des picques. Là se fit une grande tuerie ; il n'y avoit coup qui ne portast.

Or monsieur d'Anguyen, ayant entendu le gain de la bataille qu'il tenoit pour perduë, apres la routte de ceux de son costé et ces lasches Gruyens, car pour les asseurer il s'estoit mis pres d'eux, se mit à la queuë de ces Allemans et Espagnols. Cependant plusieurs de ceux qui avoyent prins l'effroy se rallierent pres de luy ; tel faisoit bien l'empressé, qui n'agueres fuyoit : tel avoit rompu la bride à son cheval pour en jetter la faute sur luy. Peu avant la bataille, par bonne fortune, il avoit mandé à Savillan cercher trois compagnies d'Italiens, fort bonnes, pour se trouver à la meslée ; lesquelles estans à Reconis, ouyrent l'artillerie, et cognureut que la bataille se donnoit ; ce qui fut cause qu'ils prindrent tous les arquebusiers qu'ils peurent à cheval, et vindrent toujours courans si à propos, qu'ils trouverent monsieur d'Anguyen qui suivoit les ennemis, n'ayant un seul arquebusier avec luy. Lesquels, mettans pied à terre, se mirent sur leur queuë, et ledit seigneur d'Anguyen avec la cavallerie, tantost aux costez, tantost à la teste, poussant la victoire. Il nous envoya un homme de cheval en diligence, afin que nous tournissions à luy; car il falloit encores combattre. Et nous trouva le messager à la chappelle pres la porte de Serizolles, ayant achevé de tuer (1) avec une telle furie, qu'il n'y demeura un seul homme en vie, qu'un colonel, nommé Aliprand de Mandruce (2), frere du cardinal de Trente, qui demeura dans les morts, ayant sept ou huict playes. Caubios, cheval leger de monsieur de Termes, revenant à travers des morts, le vit qui estoit encores en vie, mais tout nud; lequel parla à luy, et le fit porter à Carmagnolle pour rachepter monsieur de Termes, s'il estoit en vie : comme il fut faict. Les Suysses, en tuant et ruant leurs grandes coutillades, crioyent tousjours *Mondevi! Mondevi!* là où on leur avoit fait mauvaise guerre. Bref, tout ce qui fit teste fut tué de nostre costé.

Apres avoir entendu ce que monsieur d'Anguyen nous mandoit, incontinent la bataille des Suysses et la nostre tourna devers luy : je ne vis jamais deux bataillons si tost refaicts : car de nous mesmes nous nous mismes en bataille en cheminant, et allions tousjours joints coste à coste. Les ennemis, qui s'en alloyent le grand pas tirant tousjours arquebusades, et faisant tenir nostre cavalerie au large, nous commencerent à descouvrir, et comme ils virent que nous leur estions à quatre ou cinq cens pas, et la cavalerie sur le devant qui les vouloit charger, ils jetterent les picques, se jettans entre les mains de la cavallerie. Les uns en tuoyent et les autres en sauvoyent, y en ayant tel qui en avoit plus de quinze ou vingt autour de luy, les fuyans tousjours de la presse, pour crainte de nous autres, qui voulions tout esgorger; mais si ne sceurent ils faire si bien qu'il n'y en eut plus de la moitié de tuez, car tant que nos gens en pouvoyent trouver, autant en estoit depesché. Or veux-je escrire ce que je devins.

Monsieur de Valence mon frere m'avoit envoyé de Venise un cheval turc, un des plus braves coureurs que je vis jamais : j'avois une opinion, laquelle tout le monde ne m'eust sceu oster, c'est que nous devions gaigner la bataille ; et baillant mondict cheval à un serviteur que j'avois, vieux soldat auquel je me fiois beaucoup, luy dis qu'il se tint tousjours derriere le bataillon de nos picquiers, et que, si Dieu me faisoit la grace que j'eschappasse de l'escarmouche, je mettrois le pied à terre pour combattre avec nos picquiers; et s'il voyoit, quand nous viendrions aux mains, que nostre bataille fut renversée, qu'il fist estat que j'estois mort, et qu'il se sauvast sur le cheval ; et au contraire, s'il voyoit que nous renversissions la bataille des ennemis, qu'il me suivist tousjours, sans se mesler à la queuë de nostre bataillon ; et que, comme je cognoistrois la victoire, je laisserois l'execution, pour venir à luy prendre mon cheval pour aller apres la cavallerie veoir si je pourrois prendre quelque bon prisonnier. J'avois mis une folie en ma teste, que je devois prendre le marquis de Guast ou mourir, me fiant en la vitesse de mon cheval, et m'imaginois d'en tenir une bonne rançon ou recompense du Roy. Comme j'euz suyvi un peu la victoire, je demeuray derriere, pensant trouver mon homme ; aussi estois-je si las de frapper et courir, et encore de crier, que je n'en pouvois plus. Deux gros matins allemans me cuiderent assommer ; m'estant deffaict de l'un, l'autre gaigna au pied; mais ce ne fut gueres loing : certes je vis là donner de beaux coups. Je cerchay mon pendart de valet, mais ce fut en vain, car, comme leur artillerie tiroit à nostre bataille, et donnoit souvent par dessus nostre bataillon, et alloit donner sur le derriere, cela fit oster mon homme d'où je le pensois trouver, lequel s'alla mettre derriere les Suysses : et voyant le desordre des Gruyens et Provençeaux, il pensa que nous estions de mesmes, qui fut cause qu'il s'enfuit jusques à Carmagnolle. Voyla comme on se trompe au chois qu'on fait ; car je n'eusse jamais pensé qu'il eust eu si tost la peur aux talons. Je trouvay le capitaine Mons, n'ayant qu'un serviteur qui avoit mieux fait que le mien, car il luy avoit gardé une petite haquenée, sur laquelle il me monta en crouppe, car j'estois fort las ; et allasmes tousjours voyant tuer ces Allemans. Et comme nous fusmes mandez de monsieur d'Anguyen, mismes pied à terre, allant à pied jusques à l'entiere deffaitte des Espagnols et Allemans : et soudain je vis venir mon homme, et lui reprochay qu'il s'en estoit fuy. Il me respondit qu'il n'estoit pas tout seul, ains avoit esté bien accompagné de plus grands que luy, et des mieux vestus, et que ce qu'il en avoit faict estoit pour leur tenir compagnie. Sa plaisanterie appaisa ma colere ; car il ne s'en fallut gueres que je ne jouasse des miennes. nous r'alliasmes vingt ou vingt cinq chevaux de monsieur de Termes, du Seigneur Francisco Bernardin, et du sieur Mauré, et allasmes le grand galop apres le marquis de Guast : et avec nous se mit un gentilhomme duquel je ne sçay le nom, estant toutesfois de ceux qui estoyent venus de la Cour en poste pour se trouver à la bataille. Et trouvasmes deux chevaux legers qui emmenoient prisonnier le seigneur Charles de Gonzague, et l'avoyent

(1) Paul Jove dit qu'il resta douze mille morts sur le champ de bataille.
(2) Aliprand Madruzzo.

prins à la queuë de leurs trouppes : qui nous donna encores plus de courage de picquer apres. Et comme nous descouvrismes la trouppe, et de bien pres, nous vismes qu'ils s'estoyent recognus, et s'estoyent serrez, s'en allans au trot les lances en main. Lors je dis à ceux qui estoient avec nous : « Ces gens se sont recognus, il ne feroit pas bon donner dedans, et me doubte qu'en pensant prendre quelque prisonnier, ils nous prendroyent à nous comme l'Anglois; » et ainsi nous en retournasmes : et ay opinion encore que, si mon poltron de valet ne m'eust failly, j'eusse pris quelque homme d'authorité. Et en nous en retournant, ce gentilhomme s'accosta de moy, et me dict : « Jesus, capitaine Montluc, en quel peril a esté ceste bataille d'estre perdue! » Moy qui n'avois veu ny ouy dire aucune chose du desordre, et pensois que les derniers que nous avions deffaicts estoient ceux de Carignan qui fussent sortis pour se trouver à la bataille, alors je luy respondis : « En quelle sorte sommes-nous entrez en aucun peril? car tout aujourd'huy nous avons eu la victoire entre nos mains. — Je vois bien, dit-il, que vous n'avez pas veu le grand desordre qui a esté; » et me conta ce qu'estoit advenu à la bataille. Que comme je prie à Dieu qu'il m'ayde, s'il m'eust donné deux coups de dague, je croy que je n'eusse point saigné ; car le cœur me serra, et fit mal d'ouyr ces nouvelles : et demeuray plus de trois nuicts en ceste peur, m'esveillant sur le songe de la perte.

Ainsi arrivasmes au camp, où estoit monsieur d'Anguyen; je courus à luy et luy dis ces mots, faisant bondir mon cheval : « Et pensez-vous, monsieur, que je ne sois aussi bon homme à cheval qu'à pied? » Alors il me dit, estant encores tout triste : « Vous serez tousjours bon en une sorte et en autre. » Il se baissa et me fit cest honneur de m'embrasser, et me fit sur l'heure chevalier, dont je me sentiray toute ma vie honoré, pour l'avoir esté en ce jour de bataille, et de la main d'un tel prince : malheureux fut celuy qui nous l'austa si pauvrement! mais laissons cela. Alors je luy dis : « Monsieur, vous ay-je aujourd'huy servy à vostre contentement? » car monsieur de Tais luy avoit desja dit que j'avois combattu à pied avec eux : Il me respondit : « Ouy, capitaine Montluc, ouy, je n'oublieray jamais ce que vous avez faict, et ne le celeray pas au Roy. » Alors je luy respondis : « Monsieur, il est en vous de me faire le plus grand bien que vous sçauriez faire à gentilhomme du monde. » Alors il s'escarta, me tirant à part, afin que personne ne l'ouist, et me demanda qu'est-ce que je voulois qu'il fist pour moy? je luy dis que c'estoit qu'il m'envoyast porter les nouvelles du gain de la bataille au Roy, et qu'il n'y avoit homme qui le deust faire si tost que moy, veu ce que j'avois dit à Sa Majesté et à son conseil pour obtenir le congé de combattre, et que les derniers mots que j'avois dit au Roy estoient qu'il s'attendist seulement d'avoir nouvelles de la victoire. Il me tourna redire qu'il estoit raison que j'y allasse plustost que tout autre ; et ainsi retourna toute l'armée victorieuse à Carmagnolle. Mais, comme je pensois estre depesché pour partir la nuict, on me dict que monsieur d'Escars avoit gaigné tout le monde pour qu'il y allast : monsieur de Tais m'avoit aussi promis, mais à la fin se laissa gaigner, comme monsieur d'Anguyen, qui estoit le plus grand mal-heur qui me pouvoit advenir : car, ayant vaincu le conseil du Roy et leur deliberation, et que Sa Majesté m'avoit faict cet honneur que de condescendre à mon opinion, et luy apporter les nouvelles de ce que je luy avois promis et asseuré dans, si peu de jours, je laisse à penser à un chacun si j'eusse esté le bien venu, et quel tort me fut faict, mesmement ayant commandé ce jour-là une grande et honorable charge, et au contentement du lieutenant du Roy. C'eust esté un bonheur à moy, et beaucoup d'honneur aussi, d'apporter au Roy ce que je lui avois promis et asseuré. Il n'y eut ordre, il fallut passer par là ; à peine me peut-on appaiser; j'avois beau me fascher et remonstrer le tort qu'on me faisoit. Cent fois depuis me suis je repenty que je ne me desrobay le soir mesme; je me fusse rompu le col, ou j'y fusse arrivé le premier pour en porter la nouvelle au Roy ; je m'asseure qu'il ne m'en eust sçeu que bon gré, et eust fait ma paix avec les autres. Or quittay-je alors toute ma fortune, n'esperant jamais plus estre rien, et vins demander congé à monsieur d'Anguyen, pour m'en venir en Gascoigne. Ledict seigneur me promettoit beaucoup de choses, me cognoissant fasché; monsieur de Tais en faisoit de mesmes, me voulant retenir : mais je fis tant, qu'ils me donnerent congé, avec promesse de retourner; et, pour estre plus asseurez de moy, ledit sieur d'Anguyen me fit prendre une commission de luy, pour promptement mettre aux champs mil ou douze cens hommes pour amener en Piedmont, afin de remplir nos compagnies, car à la verité nous avions perdu beaucoup de gens.

Or il faut dire à present dequoy servit le gain de ceste bataille : je ne le sçay que par monsieur de Termes mesmes, auquel le marquis de Guast l'avoit raconté estant au lict, blessé d'une arquebusade à la cuisse. Il luy dist que l'Empereur et le roy d'Angleterre s'estoient accordez qu'au mesme temps ils devoient entrer dans le royaume de France chascun par son costé, et que l'Empereur luy avoit envoyé les sept mille Allemans, pour estre si fort que monsieur d'Anguyen ne l'osast combattre, et apres, marcher droit à Lombrias, pour dresser un pont sur la riviere, et mettre dans Carignan les vivres qu'il portoit avec luy, et tout ce qu'il pourroit assembler, et en tirer les quatre mil Espagnols et Allemans, et y laisser quatre mil Italiens, pour s'en revenir vers Yvrée; et devoit renvoyer à l'Empereur les sept colonels allemans avec leurs gens; et qu'il luy demeureroit environ cinq mille Allemans et autant d'Espagnols, et quatre mil Italiens. Et que, en mesme temps que l'Empereur et le roy d'Angleterre entreroient, il devoit descendre par le val Doste, par où il iroit droit à Lyon, où n'y avoit que les gens de la ville, ny aucune forteresse ; et, estant entre les deux rivieres, pensoit dominer toutes les terres de monsieur de Savoye, le Dauphiné et la Provence. Tout cecy me conta monsieur de Termes apres qu'il fut retourné; qui n'estoit pas entreprise qui ne fust bien aysée à estre faicte, si nous n'eussions gaigné la bataille, à laquelle moururent de douze à quinze mille hommes des ennemis. Le gain fut grand, tant pour les prisonniers, que pour le bagage, qui estoit tres-beau et riche; et outre cela, plusieurs se rendirent d'effroy, et en fin Carignan : dequoy je ne toucheray les particularitez, parce que je n'y estois pas. Si on eust sçeu faire profit de ceste bataille, Milan estoit bien esbranlé : mais nous ne sçaurions jamais faire valoir nos victoires; il est vray que le Roy estoit assez empesché à garder son royaume de deux si puissans ennemis.

Sa Majesté, estant advertie du grand appareil que faisoit et l'un et l'autre, retira la pluspart des forces de Piedmont, où j'arrivay lors que monsieur de Tais avoit esté mandé pour emmener tout ce qu'il pourroit : car je n'arrestay gueres chez moy. Je ne hayssois rien tant que ma maison ; et, quoy que j'eusse resolu, pour le tort qui m'avoit esté fait, de n'aller plus en ce pays-là, si est-ce que je ne peuz m'en empescher. Monsieur de Tais avoit fait election de vingt et deux enseignes : nos bandes furent bien remplies. Et encore se dressa une compagnie nouvelle, que monsieur de Tais donna au capitaine Castelgeloux pour l'amour de moy, qui m'avoit aydé à mener les gens, et qui avoit porté mon enseigne au royaume de Naples; et commençasmes à marcher en France, despartans nos compagnies de cinq en cinq. J'amenois la premiere troupe, et m'en allay devant à Suzanne, pour garder que les soldats ne se missent devant, et pour mettre ordre aux estappes ; et en trouvay beaucoup par les chemins, qui fut cause que je cheminay. La nuict, j'arrivay à Villaume deux heures devant jour, et à l'hostelerie où j'allay descendre, trouvay le seigneur Pierre Colonne, que le capitaine Renouard amenoit prisonnier au Roy, suyvant la capitulation de Carignan : ils estoient desjà levez. Ledit capitaine Renouard me mena en la chambre dudict seigneur, lequel me dit à l'arrivée qu'il sçavoit bien que c'estoit moy qui avois rompu le pont de Carignan, et que j'avois conduit l'arquebuserie à la bataille; et, discourant dudit pont, je luy dis que, si ses gens eussent suivy leur fortune, ils n'eussent trouvé à combattre que moy, avec quarante hommes au plus, et que nostre camp avoit esté tellement en desordre, que, s'ils l'eussent poursuivy, nous estions tous deffaits. Le capitaine Renouard luy confirmoit aussi qu'il estoit vray. Alors il pensa un peu, puis leva la teste vers moy, et me dict : *E voi dicete che se la nostra gente seguito havessi la sua fortuna, no haveva à combatere piu di voi co quaranta soldati, et havessimo poste in fuga tuta la vostra gente. Io vi dico che si voi havesti seguita la nostra m'haveresti messo fuori di Carignano, per che la mia gente havia pigliato il spavento cossi forte che la cita no era bastante di rassecurar li* (1). Et nous compta le grand desordre des siens, nous disant qu'il avoit pensé autresfois que les Espagnols n'avoient point de peur : mais qu'à ceste heure il cognoissoit bien qu'ils en avoient autant que les autres; et qu'il se trouva lors en telle extremité, qu'il fut contraint luy-mesme se jetter à la porte, voeir s'il les pourroit arrester ; mais ils le penserent porter par terre, et entrerent tous à telle foulle, qu'ils mirent la porte presque hors des gons. « Et, comme ils furent tous entrez en ce desordre, je me jettay, disoit-il, sur la porte pour la fermer; et cognoissant tous les capitaines nom par nom, les appellois à m'ayder : mais jamais homme ne s'y presenta, et sans un mien serviteur qui m'entendit crier, je ne l'eusse sçeu jamais fermer. Et le desordre fut si grand dans la ville, qu'il s'en jetta plus de quatre cens par dessus les courtines, lesquels le matin mouroient de honte, s'en retournant. Et voylà pourquoy je vous dis que, si vous mesmes eussiez suivy vostre fortune, vous estiez maistres de la ville avecques quarante hommes. » Je cogneuz, par ce

---

(1) Vous dites que si mes gens eussent suivi leur fortune, ils n'eussent trouvé à combattre que vous avec quarante hommes au plus, et que nous vous eussions mis en déroute : je vous dis, moi, que si vous aviez poursuivi notre troupe, vous m'auriez mis hors de Carignan, parce que tous mes soldats avoient tellement pris l'épouvante, que les remparts de la ville ne suffisoient pas pour les rassurer.

qu'il me dict, le vieux proverbe estre veritable qui dict, *Que si l'ost sçavoit que fait l'ost, souvent l'ost defferoit l'ost.*

Or, encores qu'apres la reddition de Carignan les gens de la ville nous asseurassent de ce grand desordre, nous n'y pouvions adjouster foy, et moy mesmes le premier, au moins qu'il fust si grand; car cela est estrange; mais, puis que le chef mesmes le confessoit, faut doncques croire qu'il estoit vray, et qu'ils estoient poussez de quelque esprit; car nous ne leur faisions point de mal, ayant autant de peur qu'eux, et peut estre plus. La nuict est une chose effroyable lors qu'on ne voit qui vous assaut (1). Cecy me faict conclurre que le tout m'advint d'un grand heur, car hardiesse ne se peut cela appeler, ains plustost la plus grand folie que homme sçauroit faire Et croy qu'entre tous les heurs et fortunes que Dieu m'a donné, celle là en est une des plus remarquables et plus estranges. Mais suyvons nostre dessein.

Le desir de vengeance poussa l'Empereur à se r'allier et liguer contre la foy promise au Pape, avec le roy d'Angleterre, lequel, pour despit s'estoit fait lutherien (2). Ces deux grands princes avoient party, à ce qu'on disoit, le royaume [comme le marquis de Guast raconta au sieur de Termes, et depuis je l'appris d'un gentilhomme anglois à Bologne]; toutesfois c'estoit disputer la peau de l'ours. La France bien unie ne peut estre conquise sans perdre une douzaine de batailles, veu la belle noblesse qu'il y a, et les places fortes qui s'y trouvent : et croy que plusieurs se trompent de dire que Paris prins, la France seroit perduë. C'est à la verité le tresor de ce royaume et un sac inestimable; car les plus gros du royaume y apportent tout, et croy qu'au monde il n'y a une telle ville; on dit qu'il n'y a escu qui n'y doive dix sols de rente une fois l'année; mais il y a tant d'autres villes et places en ce royaume qui seroient bastantes pour faire perdre trente armées, de sorte qu'il seroit aysé se r'allier, et leur oster celle-là avant qu'ils en eussent conquis d'autres, si le conquerant ne vouloit despeupler son royaume pour repeupler sa conqueste. Je dis cecy, par ce que le dessein du roy d'Angleterre estoit de courir droit à Paris, cependant que l'Empereur entreroit par la Champagne. Leurs forces joinctes estoient de quatre vingts mille hommes de pied, vingt mille chevaux, avec un nombre infiny d'artillerie : je vous laisse à penser si nostre Roy avait dequoy songer à ses affaires. Certes ces pauvres princes ont plus de peine que nous : et croy qu'il fit bien de r'appeller les forces de Piedmont, encore qu'il y en ayt qui disent que l'Estat de Milan estoit perdu, et que l'Empereur eust rappellé ses forces pour le sauver. Cela depend de l'evenement. Tant y a que Dieu voulut que ces deux princes ne se peurent entendre entr'eux, chacun voulant faire son profit. Aux choses que j'ay veu et ouy dire, quand deux princes entreprennent la conqueste d'un royaume, jamais ils ne s'accordent; car chacun pense tousjours que son compagnon le vueille tromper, et sont en deffiance l'un de l'autre. Je n'ay pas fort veu les livres, mais j'ay ouy dire qu'ainsi perdismes nous au commencement le royaume de Naples; car celuy d'Espagne nous trompa. Ceste crainte et deffiance nous a sauvez et en a bien sauvé d'autres, comme les historiens sçavent. Je craindrois plus un grand seul, que non pas deux qui veulent partir le gasteau. Tousjours il y a du reproche, et deux nations ne s'accordent pas volontiers; vous le verrez icy. L'Anglois s'arresta devant Bologne, laquelle luy fut laschement renduë par le sieur de Vervin, qui en perdit la vie. Ce tableau devroit estre devant ceux qui entreprennent de tenir les places. Cela ne plaisoit pas à l'Espagnol, qui n'en rapportoit nul profit, et voyoit bien qu'il vouloit faire ses affaires.

Or monsieur de Taïs, nostre colonel, amena vingt trois enseignes au Roy, qui estoient celles qui s'estoient trouvées à la bataille. Je tombay malade à Troyes, et arrivay au camp lors qu'il estoit pres de Bologne, là où ledit sieur de Taïs me bailla la patente que le Roy m'avoit envoyée pour estre maistre de camp. Il ne se fit rien, à tout le moins que je m'y veuille amuser jusques à la camisade (1) de Bologne. Comme nous arrivasmes pres de La Marquise, monsieur le Dauphin, qui commandoit l'armée, trouva qu'il y avoit trois ou quatre jours que la ville estoit prise, combien que desja il le sçavoit, et que le roy d'Angleterre s'estoit embarqué et avoit fait voile en Angleterre. Il est à presumer que ce prince s'en alla pour fuyr le combat, pource que nous trouvasmes tout en desordre. Premierement, nous trouvasmes toute son artillerie devant la ville, en une prairie qu'il y avoit à la descente de la tour Dordre : secondement, fut trouvé plus de trente barriques pleines de corselets, qui estoit la munition qu'il avoit fait venir d'Allemagne pour armer les soldats qu'il laissoit pour la garde de la ville : tiercement, il laissa

---

(1) *Qui vous assaut* : qui vous attaque.
(2) A cette époque on appeloit communément lutheriens tous ceux qui s'étoient séparés de l'Église.

(3) Attaque par surprise et de nuit : pour se reconnoitre on mettoit une chemise par dessus les armes.

toute la munition des vivres, comme farines, vins, et autres choses à manger. Nous trouvasmes tout en la ville basse; de sorte que si monsieur de Teligny [on m'a dit qu'il est encores en vie], pere de celuy qui est huguenot, et qui traictoit la paix pendant ces troubles, est celuy-là qui fut pris en la camisade en la ville basse, dont n'en eschappa homme que luy; il tesmoignera qu'il n'y avoit pas vivres en la ville haute pour quatre jours, car luy mesme me le compta.

L'occasion de la camisade que nous donnasmes fut telle. Un beau fils de monsieur le mareschal du Bies, non pas ce beau monsieur de Vervin, mais l'autre, du nom duquel ne me souvient, vint à monsieur de Tais, et lui compta qu'un sien espion, qui venoit de Bologne, luy avoit asseuré qu'il n'y avoit encores rien à la ville haute, et que tout estoit bas : et que si on entreprenoit promptement d'aller prendre la ville basse [ce qui estoit bien aysé], que dans huict jours on auroit la haute la corde au col; et que si monsieur de Tais vouloit, il le meneroit le matin recognoistre le tout. Et disoit aussi cest espion qu'il n'y avoit encores nulle bresche de la ville remparée, et que toute la ville estoit ouverte comme un vilage. Monsieur de Tais fut envieux d'aller voir le tout, et m'y emmena avec luy, et ce beau fils de monsieur le mareschal : nous pouvions estre cent chevaux de toutes nos compagnies. Nous arrivasmes justement à la pointe du jour devant la ville, laissant la tour Dordre deux ou trois cens pas à main droicte, et vismes cinq ou six pavillons à la descente sur le grand chemin qui va à la porte de la ville. Nous n'estions que cinq ou six chevaux, car les autres, monsieur de Tais les avoit laissez derriere une petite montagne. Ce beau fils de monsieur le mareschal et moy descendismes jusques au premier pavillon, et passames à costé dans le camp à main gauche, et allasmes jusques au second, et de là nous descouvrismes toute leur artillerie, n'en estant loing quatre vingt pas, et n'y vismes jamais que trois ou quatre soldats anglois qui se promenoyent auprès de l'artillerie, et audit second pavillon nous oyons parler anglois. Lofs ce beau fils dudit seigneur mareschal m'en fit retourner vers monsieur de Tais, lequel, incontinent que j'euz parlé à luy, descendit de là où je venois, et s'arresta avec ce gentilhomme. Cependant le jour commença à paroistre grand; de sorte que les sentinelles d'auprès de l'artillerie cognerent que nous n'estions pas des leurs, et donnerent l'alarme : et pour tout cela nous ne vismes qu'homme sortit de la tour Dordre. Si est-ce que l'on m'a dit depuis que Dandellot, que monsieur de Sainct Pol avoit nourry page, estoit de garde à la tour. Et ainsi nous nous en retournasmes.

Monsieur de Tais s'en alla trouver monsieur le Dauphin et monsieur d'Orleans son frère avec cedit gentilhomme, et là arresterent qu'il leur falloit donner le matin au point du jour une camisade, et que monsieur de Tais, avecques nos compagnies, donneroit le premier par trois bresches qu'il y avoit à la muraille qu'estoit du costé de nostre venuë; et c'estoyent des bresches qu'on avoit fait pour plaisir. Le Reingrave (1) pria monsieur le Dauphin que luy et sa trouppe d'Alemans donnassent avec nous; mais monsieur de Tais avoit desja promis au comte Pedemarie qu'il prieroit monsieur le Dauphin de le laisser donner avec luy; qui fut nostre mal'heur entierement, car, si les Allemans fussent venus avecques nous, jamais les ennemis ne nous en eussent tirez, et eussent convié beaucoup de gens à plustost nous venir secourir qu'ils ne firent. Nous partismes de nuict avec des chemises sur nos armes, et rencontrasmes le Reingrave avecques tous ses Allemans prests à passer un pont de brique qu'il y avoit auprès de La Marquise, lequel il ne vouloit abandonner; ains vouloit passer apres nous, quelque promesse qu'il eust faicte au comte Pedemarie : dequoy monsieur de Tais advertit monsieur le Dauphin. Cependant monsieur l'admiral d'Annebaut arriva, et fit tant que le Reingrave se retira en arriere, nous laissant passer, et les Italiens apres ; et quant à luy ne vouloit bouger d'auprès de la bataille de la gend'armerie qui estoit pres de La Marquise. Monsieur Dampierre, qui estoit colonel des Grisons, vint jusques auprès de la tour Dordre, où il mit en bataille ses gens. Or m'avoit baillé monsieur de Tais une trouppe pour donner par le chemin que le jour devant nous avions recogneu, qu'estoit à main droite de luy. Je donnay à l'artillerie, et ceux qui estoient demeurez avec monsieur de Tais et les Italiens donnerent par ces trois bresches, et l'emportèrent fort bravement. Et par là où estoit l'artillerie n'y avoit ni porte ny bresche : qui fut cause que je m'en allay tout au long de la muraille, du costé de la riviere ; et trouvay une bresche de dix ou douze pas, par là où j'entray sans resistance aucune ; et m'en allay droit à l'eglise, où je ne vis un seul capitaine des nostres, sauf un qui couroit le long de la riviere droit à ces bresches : je l'appelay, mais il ne m'entendit point.

Or il faut notter que monsieur de Tais fut blessé, et contraint de se retirer. Je ne sçay que

(1) Philippe le Rhingrave, ou comte du Rhin, appelé aussi comte de Salms par de Thou.

devint le comte de Pedemarie ; mais on me compta apres que tous les capitaines gascons et italiens estoyent sortis de la ville, et n'y avoient point arresté, pour un bruit qui leur vint que les Anglois avoient gaigné les bresches par dehors la ville, comme il estoit vray ; mais il n'y avoit pas deux cents hommes qui estoient sortis de la ville haute par le dehors : et encores me dit-on que c'estoit Dandelot qui se sauvoit de la tour Dordre droit à la ville. Toutes les enseignes demeurerent dans la ville. Je n'apperceuz jamais rien de tout cecy ; car je croy que si je me fusse apperceu du desordre, j'eusse fait comme les autres : je ne veux pas faire le brave. J'y trouvay deux capitaines italiens seulement avecques leurs trouppes et drappeaux devant l'eglise ; et quand je fus devant icelle, je m'amusay un peu à combattre trois ou quatre maisons où il y avoit force Anglois dedans, et les prins par force, et la pluspart sans armes. Les uns avoyent des accoustremens de blanc et rouge, et les autres de jaune et noir. Il y avoit bien des soldats aussi qui ne portoyent pas ces couleurs : à la fin je cognus que tous ces vestus de livrée estoyent pionniers, pource qu'ils n'avoyent point d'armes comme ceux qui se deffendoyent ; si eut il plus de deux cens hommes de morts en ces maisons : puis marchay droit à l'eglise, où trouvay lesdits capitaines italiens, l'un nommé Cezar, et l'autre Hieronym Megrin, et monsieur Dandelot (1) et monsieur de Nouailles, qui estoit lieutenant de monsieur de Nemours, avec les Italiens ; et leur demanday où estoyent tous nos capitaines : ils me respondirent qu'ils ne sçavoyent qu'ils estoyent devenus. Je commençay à appercevoir qu'il y avoit du desordre, ne voyant un seul homme de nos compagnies que ceux qui estoient entrez avecques moy, et environ cinquante ou soixante d'autres qui s'estoyent amusez à saccager et piller, et s'estoyent ralliez avecques moy au combat des maisons. Tout à un coup voicy une grande trouppe d'Anglois qui venoyent la teste baissée droit à nous, qui estions devant l'eglise, et en la ruë joignante à icelle, criant : *Who goeth there?* c'est à dire, Qui va là ? Je leur respondis en anglois : *Afrind, afrind,* qui veut dire Amis, amis : car de toutes les langues qui se sont meslées parmy nous j'ay apprins quelques mots, et passablement l'italien et espagnol : cela par fois m'a servy. Comme ces Anglois eurent fait d'autres demandes, et que je fus au bout de mon latin, ils poursuyvirent en criant : *Quil, quil, quil,* c'est à dire : Tue, tue, tue. Alors je craiay aux capitaines italiens : *Ajutate mi, et state appreso me, perche io me ne vo assallir li, non bisogno lassiar mi investire* (2). Je tournay la teste baissée droit à eux, lesquels tournerent visage, et les menay battant jusques au bout de la ruë ; et tournerent tous à main droite, au long de la muraille de la ville haute de laquelle on me tiroit de petites pieces, et force coups de flesches. Je me retiray jusques aux Italiens, où je ne fus plustost arrivé, qu'ils vindrent encore pour me recharger : mais j'avois un peu de courage, de tant que je les avois trouvez assez aisez à prendre la fuitte, et les laissay venir jusques auprés de nous, où je les chargeay, et me sembla qu'ils la prindrent encores plus aysément. Je me retiray autresfois devant l'eglise ; et alors commença une si grande abondance de pluye, qu'il sembloit que Dieu me voulust faire noyer ; et vint, d'une des bresches par là où nos gens estoyent entrez, dix ou douze enseignes qui n'avoyent pas six soldats avec eux, et avecques moy en pouvois avoir autant. Alors un des enseignes me dit que les bresches estoyent prinses, et que les capitaines estoyent sauvez ; et, ayant entendu cela, je dis aux deux capitaines italiens qu'ils tinssent un peu ce quanton où estoit l'eglise, car il y avoit une muraille devant la porte d'icelle, et que j'allois combattre la bresche par où j'estois entré ; et que, dés que j'aurois gaigné, je les envoyerois querir pour se retirer à moy ; et si d'adventure les ennemis venoyent à eux, qu'il leur souvint comme j'avois fait, et qu'ils les chargeassent. Je m'en allay à la bresche, où je vis desjà dix ou douze Anglois, deux desquels baisserent la teste : les uns sauterent par la bresche, les autres tirerent à main droite, au long de la muraille par dedans ; et comme nous fusmes dehors, en vismes encores quinze ou vingt qui couroyent contre nous, au long de la muraille par dehors, et tournerent à main droite devers les autres bresches par là où nos gens estoyent entrez. Je priay un gentilhomme de Bourgogne [il ne me souvient du nom], qui estoit monté sur un cheval qu'il avoit gaigné, qu'il allast cercher Cezar-Port et Ieronym Megrin : ce qu'il fit volontiers, pourveu que je luy promisse de l'attendre. Je luy asseuray sur ma vie que, mort ou vif, il me trouveroit à ceste bresche [La pluye continuoit tousjours de plus en plus] ; où estant ledit gentil-homme de retour, me dit qu'il n'avoit peu passer jusques à eux, et qu'ils estoient retirez dans l'eglise, ou qu'ils estoyent morts. Et tout à un coup voicy venir droit à nous le grand trot, au long de la muraille,

---

(1) Gaspard de Coligni, seigneur d'Andelot, frère de l'amiral Coligni.

(2) Secondez-moi et ne m'abandonnez pas, parce que je vais les attaquer : il ne faut pas me laisser envelopper.

trois ou quatre cens Anglois, et nous trouverent sur le point que nous voulions r'entrer pour aller secourir les Italiens : mais, comme nous les vismes venir à nous, nous fusmes contraincts de changer de propos.

Messieurs Dandelot, de Nouailles (1), et ce gentil-homme de Bourgongne, et trois ou quatre autres, ne m'abandonnerent jamais depuis qu'ils m'eurent rencontré devant l'eglise ; et bien leur en print, car ils fussent passez le mesme chemin des autres. Et, comme les Anglois venoyent de ceste furie, il se print un cry parmy nous : les uns me croyent que nous nous sauvissions vers la riviere, les autres, vers la montagne ; mais tout à un coup je me resolus de leur remonstrer : « Qu'avez-vous à faire d'aller à la montagne ? il nous faut passer près de la ville haute ; car d'aller droit à la riviere, ne voyez-vous pas qu'elle croist, et est desja si haute, que nous nous noyerions tous : que personne ne parle plus de cela, mais baissons la teste, car il faut combattre ceux-cy. » Monsieur Dandelot me dit tout haut : « Hé ! capitaine Montluc, je vous prie, combattons les, car ce party est le meilleur. » Il estoit homme fort courageux : c'est dommage qu'il se fist apres huguenot ; je croy que c'estoit un des braves gentils-hommes de ce royaume. Nous allasmes droit à eux, et, dés que nous arrivasmes de la longueur de quatre ou cinq picques, ils nous tirerent force coups de flesches, et nous courusmes droit à eux, pour les investir avec les picques ; et n'y eut que deux arquebusades de tirées, et tout incontinent tournerent visage, et s'enfuyrent de là où ils venoient ; nous les poursuyvismes, et de bien pres. Et, comme ils furent au quanton de la ville, devers leurs gens qui tenoient presque toutes nos enseignes enfermées, lesquels, les voyant venir, et nous apres eux, abandonnerent les bresches pour les secourir, et lors se rallians tous ensemble, vindrent courant droit à nous, qui estions tous au pied de la montagne de la tour Dordre. Je dis à monsieur Dandelot : « Sauvez vous contre la montagne ; » et aux enseignes : « Et tous les soldats pareillement. » Quant à moy, je voulus voir le succés du tout avec quatre ou cinq picquiers, me retirant vers un ruisseau qui estoit pres de l'artillerie. Et comme ils eurent abandonné les bresches pour venir à nous, nos enseignes sauterent dehors au pied devers le vallon par là où ils estoient venus ; et ainsi qu'ils furent au pied de la montagne où monsieur Dandelot et les enseignes montoyent, ils virent autresfois que nos enseignes estoient passées par les bresches, et que ledit seigneur Dandelot avec les autres enseignes estoient desja à demy montaigne. Ils cuiderent tourner autresfois apres les autres, et n'en peurent attaindre au plus haut que huict ou dix soldats, qu'ils taillerent en pieces. Cinq ou six Anglois vindrent à moy : je passay le ruisseau, où il y avoit eau jusques au genouil. Dessus le bord d'icelle ils me tirerent quelques coups de flesches, et m'en donnerent trois dans la rondelle, et une au travers de la manche de maille que j'avois au bras droit, lesquelles pour mon butin je portay à mon logis ; puis allay monter la montaigne au derriere de la tour Dordre. Monsieur le Dauphin, ayant monsieur d'Orleans son frere, et monsieur l'admiral avec luy, faisoit marcher les lansquenets pour nous secourir dans la ville : mais avant qu'ils fussent pres, le desordre estoit venu, et trouverent messieurs Dandelot et de Nouailles avec les enseignes qui avoient monté la montaigne.

Pendant ceste conclusion, monsieur le vidasme de Chartres, et mon frere, monsieur de Lieus, estoient venus jusques à bas, voir si on pouvoit entendre nouvelle de moy : mais ils furent bien ramenez, et dirent à monsieur le Dauphin qu'ils tenoient pour tout certain que j'estois mort dans la ville, pource qu'ils avoient veu tous les capitaines, sinon moy. Monsieur Dandelot arriva au bout de demy heure, auquel monsieur le Dauphin demanda s'il sçavoit ce que j'estois devenu ? Il luy dit que je les avois sauvez, et tous ceux qui estoient avec luy, mais que je ne m'estois pas sçeu sauver moy-mesme, ce que j'eusse bien peu faire si j'eusse voulu. Ledit sieur Dandelot me tenoit pour mort, pensant que je me fusse laissé attraper aupres de leur artillerie, ou d'un navire qu'il y avoit sur le ruisseau que je passay : mais je n'estois pas si sot, car j'appelle Dieu en tesmoin, qu'il me punisse, si de tout ce jour là je perdis jamais l'entendement : et me servit bien que Dieu me le conservast, car, si je l'eusse perdu, nous eussions receu une grande escorne, laquelle n'eussions sçeu couvrir, et j'eusse esté en grand danger de n'estre jamais mareschal de France : nous eussions perdu toutes nos enseignes et ceux qui les portoient avec ; lesquelles toutes-fois Dieu me fit la grace de sauver. Deslors qu'on est saisi de la peur, et qu'on perd le jugement, on ne sçait ce qu'on fait : c'est la requeste principale que vous devez faire à Dieu de vous garder l'entendement ; car, quelque danger qu'il y ait, encor y a-il moyen d'en sortir, et peut estre à vostre honneur : mais lors que la crainte de mort vous oste le jugement, adieu vous dis : vous pensez fuir à poupe, que vous allez à proüe ; pour un ennemy, il vous

(1) Antoine de Noailles.

semble que vous en voyez dix devant vos yeux, comme font les yvrongnes, qui voyent mille chandelles au coup. O le grand heur que c'est à un homme de nostre mestier, quand le danger ne luy oste le sens! il peut prendre son party, et eviter la mort et la honte. J'allay demander le soir le mot à monsieur le Dauphin, pource que monsieur de Tais estoit blessé; et comme je vins devant eux, monsieur d'Orleans, qui avoit tousjours accoustumé de se jouer avec moy, comme faisoit bien monsieur le Dauphin, commença à chanter la camisade de Boulogne, et l'assaut de Couy pour les vieux soldats de Piedmont, se mocquant de moy et me monstrant au doigt. Lors je commençay à me courroucer, et maudire ceux qui en estoient cause. Monsieur le Dauphin rioit, et à la fin il me dit : « Montluc, Montluc, vous autres capitaines ne vous pouvez aucunement excuser que vous n'ayez mal faict. — Comment, monsieur, dis-je, auriez-vous opinion que j'eusse faict faute? Si je le sçavois, je m'en irois tout à cet heure faire tuer dans la ville ; vrayement nous sommes bien fols de nous faire tuer pour vostre service. » Surquoy il me dit : « Non, non, je ne le dis point pour vous, car vous estes dernier capitaine qui estes sorty de la ville, plus d'une heure apres les autres. » Il me fit bien cognoistre, quand il fut roy, que je n'avois point failly, pour l'estime qu'il fit tousjours de moy : car, quand il s'en alla en Piedmont, il m'envoya querir par un courrier expres à ma maison, où je m'estois retiré pour raison de quelque hayne que madame d'Estampe avoit conceuë contre moy, à cause de la querelle de messieurs de La Chasteigneraye et Jarnac. Tousjours à la Cour il y a quelque charité qui se preste, et par mal'heur les dames peuvent tout : mais je ne veux pas faire le reformateur : madame d'Estampes en fit bien chasser de plus grands que moy, qui ne s'en vanterent pas, et m'estonne de ces braves historiens qui ne l'osent dire. Voy-là le succez de la camisade de Boulongne. Que si le camp eust marché à nostre queuë, il se pouvoit tout loger dans la ville; et en quatre ou cinq jours, comme desjà j'ay dit, la ville haute eust esté à nous. Que l'on le demande à monsieur de Teligny, si c'est luy qui fut pris prisonnier, et l'on verra si je mens. Je ne sçay qui fut cause que monsieur le Dauphin ne marcha : mais je diray bien tousjours qu'il se devoit faire, et sçay aussi qu'il ne tint pas à luy ; mais ce ne seroient que disputes d'en parler d'avantage. Il ne faut qu'un poureux pour retarder tout le monde. S'ils fussent venus, les Anglois ne sçavoient quel party prendre ; je les cognus gens de peu de cœur, et croy qu'ils vallent plus sur l'eau que sur terre. Voyant l'hyver sur les bras, monsieur le Dauphin, ayant laissé monsieur le mareschal du Biez à Montrueil pour harasser Boulongne, alla trouver le Roy, lequel avoit aussi appointé avec l'Empereur, s'estant une si grande force evanouïe, pour s'estre ces deux princes mal entendus, pour nostre bon'heur : j'entens l'Espagnol et l'Anglois : honi soit-il qui les aymera jamais ny l'un ny l'autre ! Trois mois apres, je quittay la maistrise de camp, pour venir deffendre quelque bien qu'un mien oncle m'avoit donné ; je fus en peine d'obtenir congé du Roy pour y venir, mais enfin monsieur l'admiral me le fit donner, pourveu que je luy fisse promesse de reprendre ledit estat, si ledict sieur admiral conduisoit l'armée. Il ne faillit pas, et me somma de ladicte promesse que je luy avois faite. Il obtint du Roy commission, laquelle il m'envoya pour estre maistre de camp de cinquante ou soixante enseignes, que Sa Majesté fit lever pour faire le voyage d'Angleterre, lesquelles j'amenay au Havre de Grace, entre les mains de monsieur de Tais.

[1545] Or nous nous mismes sur mer : l'armée étoit composée de plus de deux cens cinquante voiles, et des plus beaux vaisseaux du monde, avec les galeres. Le desir que le Roy avoit de se venger du roy d'Angleterre, le fit entrer en une extreme despense, laquelle en fin servit de peu, quoyque nous eussions pris terre, et depuis combattu les Anglois sur mer, où d'un costé et d'autre il y eut plusieurs vaisseaux mis à fons. Deslors que je vis à nostre depart embrazer le grand carracon, qui estoit ce crois-je le plus beau vaisseau qu'il estoit possible, j'eus mauvaise opinion de nostre entreprise (1) ; et parce que, pour mon particulier, je ne fis rien qui fut digne d'estre escrit, et que le general est assez discouru par d'autres, je m'en tairay pour descrire la conqueste de la terre d'Oye ; aussi nostre fait est plus propre sur la terre que sur l'eau, où je ne sçay pas que nostre nation ait jamais gaigné de grandes batailles.

Comme nous fusmes retournez de la coste d'Angleterre, et desambarquez au Havre de Grace, monsieur l'admiral s'en alla trouver le Roy, et monsieur de Tais avec luy ; et amena toutes les compagnies au fort d'Outreau, devant Boulongne, où le capitaine Ville-Franche estoit demeuré avec les vieilles compagnies maistre de camp, ayant eu la place que j'avois quitté. Le mareschal de Biez (2), lieutenant du Roy en

---

(1) On en trouve les détails dans les Mémoires de Du Bellay, livre X

(2) Oudard du Biez, maréchal de France en 1542.

ce pays-là, estoit bien empesché, comme tesmoignera monsieur de Sainct-Germain, que le Roy avoit baillé audict sieur mareschal pour le soulager ; car tous les pionniers l'avoient laissé, s'estans desrobez, comme c'est l'ordinaire, de ceste canaille qui ne veille sur eux ; et neantmoins ils avoient encore toute la courtine tirant au pont de brique à faire. Or je veux escrire cecy, encore que ce ne soit matiere de combat, afin qu'il serve d'exemple aux capitaines.

Monsieur le mareschal, qui estoit ordinairement sollicité par le Roy de mettre ce fort en deffence pour bloquer Boulongne, me dit qu'il falloit que les soldats travaillassent, puisque les pionniers manquoyent. Je le remonstray aux capitaines et eux aux soldats : lesquels tous d'une voix dirent qu'ils ne travailleroient point, et qu'ils n'estoient point pionniers; dequoy monsieur le mareschal se trouva fort fasché et bien en peine, de tant que ceste courtine luy demeuroit ouverte, et que le roy d'Angleterre avoit envoyé nouveau renfort de gens à Boulongne. Or ledict sieur mareschal avoit envoyé par tout le pays chercher des pionniers ; mais il n'en venoit point. Je me resolus de trouver le moyen pour faire travailler les soldats, qui fut de donner à chacun qui travailleroit cinq sols, comme aux pionniers : monsieur le mareschal me l'accorda fort volontiers, mais je n'en trouvay pas un qui voulut y mettre la main. Voyant leur refus, pour les convier par mon exemple, je prins ma compagnie, celle de mon frere monsieur de Lieux, et celles des capitaines Lebron, mien beau-frere, et Labit, mon cousin germain : car ceux-là ne m'eussent osé refuser. Nous n'avions pas faute d'outils, car monsieur le mareschal en avoit grande quantité, et aussi les pionniers qui se desroboient laissoient les leurs dans une grande tente que monsieur le mareschal avoit fait tendre pour retirer leurs ferremens. Comme je m'envins à la courtine, je commençay à mettre la main le premier à remuër la terre, et tous les capitaines apres : j'y fis apporter une barrique de vin, ensemble mon disner, beaucoup plus grand que je n'avois accoustumé, et les capitaines le leur, et un sac plein de so's que je monstray aux soldats ; et, apres avoir travaillé une piece, chasque capitaine disna avec sa compagnie ; et à chasque soldat nous donnions demy pain, du vin, et quelque peu de chair, en favorisant les uns plus que les autres, disant qu'ils avoient mieux travaillé que leurs compagnons, afin de les accourager. Et, apres que nous eusmes disné, nous nous remismes au travail en chantant, jusques sur le tard : de sorte qu'on eust dit que nous n'avions jamais faict autre mestier. Apres, trois thresoriers de l'armée les payerent à chacun cinq sols ; et, comme nous retournions aux tentes, les autres soldats appelloient les nostres pionniers gastadours (1). Lendemain matin, le capitaine Forcez me vint dire que tous les siens y vouloient venir, et ceux de son frere, qui est encore en vie, aussi : lesquels je receus tous; et en fismes de mesmes comme le jour devant, de sorte que le troisiesme jour tous y vouloient venir; et en huit jours nous eusmes dressé toute ceste courtine. Tous les ingenieurs dirent, et monsieur de Sainct Germain mesmes, qui ne bougeoient de l'œuvre, que nos soldats avoient plus travaillé en huit jours que quatre fois autant de pionniers n'eussent fait en cinq semaines ; et nottez que les capitaines, lieutenans et enseignes, ne bougeoient de l'œuvre non plus que les soldats, et servoyent de solliciteurs.

J'ay voulu escrire icy cet exemple pour monstrer aux capitaines qu'il ne tiendra aux soldats qu'ils ne facent tout ce qu'on voudra; mais aussi il faut trouver les moyens de les y faire faire de bonne volonté, et non de force : mettez la main à l'œuvre le premier, vostre soldat de honte vous suyvra, et fera plus que vous ne voudrez. Que si vous venez aux injures et bastonnades, ce sera lors que, despitez, ils ne voudront plus mettre la main à ce qu'ils ne sont tenus, à quoy quelquefois la necessité nous force. O capitaines mes compagnons, combien et combien de fois, voyant les soldats las et recreus, ay-je mis pied à terre afin de cheminer avec eux, pour leur faire faire quelque grande traicte; combien de fois ay-je beu de l'eau avec eux, afin de leur monstrer exemple pour patir.

Croyez, mes compagnons, que tout depend de vous, et que vos soldats se conformeront à vostre humeur, comme vous voyez ordinairement. Il y a moyen en toutes choses : par fois il y faut de la rudesse, mais ce ne doit estre contre le gros, mais contre quelque particulier qui voudra gronder, ou empescher les autres qui sont en bonne volonté. J'ay fait sentir ma colere à quelque retif et rebours, dont je m'en repens. Quelque temps apres, monsieur le mareschal du Biez entreprint de se saisir et ruiner la terre d'Oye, ayant tenté d'attirer l'Anglois en bataille, lequel n'en voulut manger. Toutes nos nouvelles compagnies marcherent, car les vieilles ne bougerent du fort, pour la garde d'iceluy ; et amena monsieur le mareschal six ou sept pieces de grosse artillerie, et partismes le soir à l'improviste, et allasmes reposer la pluspart de la nuit en un bois, là où il y avoit de petits villages qui

(1) Espèces de corvéables.

avoient esté bruslez. Ceste entreprise se fit contre l'advis de tous les capitaines de l'armée, pour l'esperance que ledit sieur mareschal avoit de donner une bataille ; ce qui attira plusieurs princes et seigneurs à venir de la Cour. Apres avoir perdu l'esperance de veoir les Anglois en bataille, monsieur le mareschal delibera leur enlever quelques forts en la terre d'Oye. Or, comme ils furent fort pres de l'un d'iceux, monsieur le mareschal, messieurs de Brissac et de Tais se mirent à part ; il me semble que monsieur d'Estrée y estoit, estant lors sorty de prison ; monsieur de Bordillon, et trois ou quatre autres, il ne me souvient du nom : et se mirent sur un petit tertre, à l'ombre d'un arbre, regardant de là en hors lequel desdits bastions qui nous faisoient teste ils assaudroient ; et cependant je fis faire alte à toutes nos enseignes, pour attendre les derniers, qui estoient encore à une lieuë derriere. Or je n'avois jamais esté là, comme n'ay esté depuis ; mais j'escriray comme il m'en souvient l'assiette de leur fort.

Il falloit que je descendisse environ trente ou quarante pas pour entrer dans un grand pré ; et à main droicte il y avoit un bastion, et, à un grand jet d'arquebuze, à main gauche un autre ; et par consequent tout au long d'une courtine tirant devers Calais [laquelle courtine n'estoit que de terre, et de la hauteur environ de deux brasses], il y avoit aussi deux grands fossez avec eauë jusques à la ceinture, et entre les deux fossez il y avoit une levée de terre. Cependant qu'ils se mirent au conseil soubs cest arbre estant à main gauche de moy, je prins les capitaines Favas et Lamoyenne, ayant esté tous deux mes lieutenans, et environ trois cens arquebusiers, ausquels je baillay la premiere trouppe ; je demeuray à leur queuë. Il sortit du fort bien cent ou six vingts Anglois qui vindrent dans le pré, lesquels avoient mis cinq ou six mousquets sur leur terrace, entre les deux fossez, et nous tiroient fort et roide, ayant laissé entre lesdits bastions et fossez un petit chemin par lequel n'y pouvoit passer qu'un homme de front, pour entrer et sortir dans leur fort, se fians qu'à la faveur des mousquets qu'ils avoyent dans iceluy, que ceux qui estoyent sur la terrace ne les oseroient charger. Nos gens commencent à arquebuser, et eux à coups de flesches ; il me sembla qu'ils tournoient fort le visage vers leur retraite ; et estant sur un petit courtaut, je vins aux capitaines, et leur dis ces mots : « Compagnons, ces gens ont fort le cœur à leur retraitte : je voy bien que c'est sous l'esperance de leurs mousquets ; chargez à eux de queuë et de teste ; car je vous suyvray. » Il ne le fallut pas dire deux fois : car je ne fus jamais retourné à ma trouppe, que je les vis meslez, et Anglois en fuitte : j'arreste ma trouppe pour les sousteuir, si rien sortoit d'avantage. Ce petit chemin estoit un peu estroict et joignant le bastion ; si en demeura-il une trouppe ; les autres se jetterent dans les fossez, de sorte qu'ils n'eurent pas le loysir de retirer tous leurs mousquets, car nos soldats se jetterent dans l'eau aussi tost qu'eux, et en emporterent quatre ; et il y eut quatre ou cinq desdicts soldats qui passerent ladicte terrace et l'autre fossé jusques au pied de la courtine, qui me dirent que la grande eauë estoit au premier fossé, car à l'autre, qui estoit pres ladicte courtine, n'en avoient jusques aux genoux. Et tout incontinent je dis aux deux capitaines Favas et Lamoyenne qu'ils joignissent ma trouppe et la leur ensemble ; et trouvay le capitaine Aurioqui et presque tous les autres capitaines, lesquels je priay de faire deux trouppes : car, dés que j'aurois parlé avec monsieur de Tais, je leur vouloïs donner l'assaut. Ils me dirent qu'il s'en falloit pres de la moitié de leurs soldats qu'ils ne fussent arrivez, et je leur respondis qu'il n'importoit, veu qu'avec ce que nous estions je les emporterois : et promptement ils commencent se mettre en deux trouppes ; et je courus parler avec monsieur de Tais, lequel je trouvay aupres de monsieur le mareschal et les autres, et luy dis : « Allons, monsieur, allons au combat, car nous les emporterons : je les ay tastez, et trouve qu'ils ont plus d'envie de fuyr que de combattre. » Alors monsieur le mareschal me dit : « Dictes vous, capitaine Montluc ; pleut à Dieu que nous fussions asseurez de les emporter promptement avec toute nostre artillerie. » Surquoy je luy respondis tout haut : « Monsieur, nous les aurons estranglez avant que vostre artillerie soit icy. » Prenant monsieur de Tais par le bras, luy dis : « Allons, monsieur, vous m'avez creu en autres choses dont vous ne vous estes pas repenty, vous ne vous repentirez pas de ceste-cy ; j'ay cogneu à ces approches que ce sont gens de peu. » « Alors il me respondit : « Allons donc ; » et, comme nous fusmes à l'entrée du pré, nous trouvasmes desjà nos deux trouppes de picquiers et arquebusiers à part. Je luy dis : « Monsieur, regardez lequel costé vous voulez combattre, ou de cest enseigne jusques au bastion de dessous, ou bien de l'enseigne vers l'autre que j'ay combattu : » lequel me dit : « Combattez celuy que vous avez desjà attaqué, et je m'en vois combattre l'autre ; » et ainsi nous departismes.

Monsieur le mareschal du Biez, comme il nous vit commencer à marcher, dict ces mots, comme monsieur de Bordillon me dict apres ;

« A present verrons si Tais est si brave comme il se dict avec ses Gascons. » Or j'appellay tous les sergens de la trouppe que j'avois, leur disant tout haut à la teste de nostre bataille : « Vous autres sergens avez tousjours accoustumé, quand nous combattons, d'estre sur les flancs du derriere : et à cest heure je veux que vous combattiez sur le devant les premiers. Voyez vous ceste enseigne? si vous ne la gaignez, tant que j'en trouveray devant moy en allant qui voudront faire le renard, je vous coupperay les jarrets : vous sçavez ce que je sçay faire. » Puis, me retournant vers les capitaines, leur dis : « Et vous, mes compagnons, si je ne suis aussi tost qu'eux, couppez moy les miens; » et courus aux capitaines Favas et Lamoyenne, qui pouvoient estre à trente pas de nous, et leur dis : « Marchez, et jettez vous à coup perdu dans le fossé. » Et en un coup je retournay aux nostres ; et, ayant baisé la terre (1), nous courusmes droict aux fossez, faisant tousjours marcher les sergens devant, et passames le premier et second, et vinsmes au pied de la courtine. Lors je dis aux sergens : « Aydez vous, aydez vous avec vos hallebardes à monter. » Ce qu'ils firent promptement; d'autres les poussoient par derriere, se jettant à coup perdu là dedans. J'avois une hallebarde en la main. Cependant arriverent tous les capitaines et picquiers, qui me trouverent faisant l'empressé de vouloir monter avec ma hallebarde ; et me tenois avec la main gauche au bois. Quelqu'un de ceux qui arrivoient, ne me cognoissant point, me print par les fesses et me poussa de l'autre costé : lequel me fit plus vaillant que je ne voulois estre, car ce que j'en faisois estoit pour donner courage à tout le monde de se jetter de l'autre costé : mais celuy-là me fit oublier la ruse et affranchir un saut que je ne voulois pas. Or je ne vis en ma vie gens passer si tost par dessus une courtine. Apres que j'eus franchy ce saut, les capitaines Favas et Lamoyenne, lesquels estoient dans le fossé du bastion, se jetterent sur le petit chemin, et passerent de l'autre costé dans le bastion, où ils tuerent tout ce qui estoit dedans. Monsieur de Tais, qui alloit à son combat, nous voyant attachez à la courtine, se jetta dans les fossez de l'autre fort ; et les Anglois, qui virent que leurs gens estoient en fuitte, et que nous entrions dedans, abandonnerent le fort, et se mirent en fuitte vers Calais. Monsieur le mareschal, nous voyant si courageusement au combat, s'escria, comme il me fut dit apres : « O mon Dieu, ils sont dedans! » Alors les seigneurs de Brissac et Bordillon donnerent à toute bride, et ledict seigneur de Brissac mit son cheval dans ce petit chemin, où malayséement il ne pouvoit passer qu'un homme, mettant ses jambes au long du col du cheval, à la misericorde duquel il se mit. Et passa monsieur de Bordillon apres ledict seigneur de Brissac, general de la cavallerie; et avoit quarante ou cinquante chevaux avec luy, qui le suyvirent, tous tirans leurs chevaux par la bride. Monsieur de Brissac incontinent vint à moy, et me trouva que je faisois mettre tout le monde en bataille, ayant opinion que nous serions combattus, et que ceux de Calais viendroient au secours ; et me trouva que j'avois une enseigne gaignée sur le col, laquelle je rendis en sa presence au sergent qui l'avoit conquise, luy disant qu'il l'allast porter à monsieur de Tais : ce qu'il fit ; et, ledict sieur de Tais l'ayant receuë, l'envoya par le mesme sergent à monsieur le mareschal, lequel fit grand diligence de faire abbattre la courtine, qui n'estoit que de terre, avec les pionniers, pour passer la gendarmerie. Et nous voilà tous delà avec l'artillerie et tout : où estant, messieurs de Brissac et de Bordillon, avec les quarante ou cinquante chevaux qui passerent quant et eux, prindrent à main droicte, tirant aux escluses qui separent le pays d'Artois et la terre d'Oye, et rencontrerent quarante ou cinquante chevaux anglois portans lances, lesquels se mirent à retirer au galop vers Calais. Monsieur de Brissac se douta que ceux-là s'en alloient pour l'attirer à quelque embuscade, et fit alte ; et manda à Castegeac de descouvrir un petit vallon qui estoit un peu à main gauche : ledict Castegeac luy rapporta qu'il avoit veu plus de quatre cens chevaux ; et n'en y avoit mot, car ce n'estoit que des paysans et femmes des villages circonvoisins, qui s'enfuioyent vers Calais : qui fut un grand malheur, car monsieur de Brissac les eust suivis ; et c'estoit toute la cavallerie qu'ils avoyent dans Calais : ce n'eut pas esté une petite deffaicte. Un general sur tout doit envoyer un vieux routier, ou un homme fort asseuré, pour descouvrir ; un homme non experimenté prendra bien tost l'alarme, et s'imaginera que les buissons sont des bataillons d'ennemis. Je ne veux pas dire que Castegeac ne fut soldat, mais il fit un pas de clerc.

Nostre cavallerie passa par la bresche que monsieur le mareschal avoit faict faire ; monsieur de Tais voulut mener l'arquebuserie, et m'ordonna de demeurer à la bataille des picquiers. Il y avoit dix ou douze enseignes d'Anglois qui se retiroient devers Calais, lesquels venoient pour empescher l'entrée : que s'ils eussent peu arriver à temps, ils nous eussent bien donné des af-

(1) *Lisez* : baissé la tête.

faires avec l'artillerie mesmes, comme me dict monsieur le mareschal, quand je fus cercher monsieur de Tais pour venir donner l'assaut ; et, encores que je sçache bien à quoy il tint que l'on ne combattit ces dix ou douze enseignes, je ne les veux point mettre par escrit ; car, disant la verité, faudroit que je disse mal de quelques-uns, et non pas des plus petits ; ce que je ne veux faire : mais si monsieur de Sainct-Cire, qui estoit lieutenant de cinquante hommes d'armes de monsieur de Boissy, qui est mort grand escuyer, estoit en vie, il pourroit dire à qui il tint ; car il fut fort blecé, et son cheval tué, et plus de quarante chevaux de ladicte compagnie blecez ou morts. Il en sortit une grande querelle qui presque amena deux hommes à combattre en camp clos ; ceste couïonade fut fort grande et de grand dommage pour le service du Roy : car, cela deffaict, il n'estoit demeuré personne dedans Calais, que les vieilles gens et les femmes ; et, comme j'ouys dire depuis à monsieur le mareschal du Biez, il l'eust emporté en deux jours avec l'artillerie qu'il avoit, si ceux là eussent esté deffaicts. Voyant que ces gens estoient retirez dans la ville, ils conclurent s'en retourner : ce que nous fismes deux jours apres la prise : aussi le temps se mit fort à la pluye.

Or, capitaines, vous ne devez desdaigner d'apprendre quelque chose de moy, qui suis le plus vieux capitaine de France, et qui me suis trouvé en autant de combats, ou plus, que capitaine de l'Europe, comme vous jugerez à la fin de mon livre. En premier lieu, ce qui me fit faire ce combat fut que je les avois essayez à mon arrivée, et les avois trouvez foibles de reins ; le second, de ce qu'ils abandonnerent leurs pieces, que nous gaignasmes ayant le bastion qui leur servoit de flanc ; pour le tiers, que je voyois venir au long de la plaine tirant vers Calais, du petit tertre dont je fis faire alte avant que descendre au pré, force gens qui venoient devers Calais, et voyois bien que toutes les courtines estoient remplies de gens, qu'il y avoit bien affaire à les emporter ; et pour la quarte raison, qu'au fossé qui estoit de la courtine n'y avoit gueres d'eauë ; et dudict fossé à ladicte courtine il y avoit plus de deux grands pas, où les soldats se pouvoient tenir, et, pour peu d'aide qu'ils se fissent avec la picque ou la hallebarde, et l'aide des uns aux autres [n'estant icelle courtine de la hauteur de plus de deux brasses], nous l'emporterions. Donc, capitaines, depuis que l'œil vous accompagne à voir la force de vostre ennemy, et le lieu là où il est, et que vous l'avez tasté et trouvé aisé à prendre la fuitte, chargez le cependant qu'il est en peur en laquelle vous l'avez mis : car, si vous luy donnez loisir de se recognoistre et d'oublier sa peur, vous estes en danger d'estre plus souvent battus, que non de battre l'ennemy. Par ainsi vous le devez tousjours suyvre sur sa peur, sans luy donner loisir de reprendre sa hardiesse, et tenir tousjours avec vous la devise d'Alexandre le Grand, qui est : *Ce que tu peux faire annuit* (1), *n'attens au l'endemain, car cependant beaucoup de choses surviennent, mesmement en la guerre ; et puis il n'est pas temps de dire : Je ne l'eusse jamais pensé.* Plusieurs choses executerez vous sur la chaude, que, si on vous donne loisir de vous raviser, vous y penserez trois fois. Poussez donc, hasardez, ne donnez loysir à votre ennemy de parler ensemble ; car l'un accourage l'autre.

Estans retournez au fort d'Outreau, il n'estoit gueres jour que les Anglois ne nous vinssent chatouiller sur le descendant de la mer, et bien souvent ramener nos gens jusques aupres de nostre artillerie, qui estoit à dix ou douze pas du fort ; et estions tous abusez, sur ce que nous avions ouy de nos predecesseurs qu'un Anglois battoit tousjours deux François, et que l'Anglois ne fuyoit jamais ny ne se rendoit. J'avois retenu quelque chose de la camisade de Boulogne et de la terre d'Oye, et dis un jour à monsieur de Tais que je luy voulois moustrer le secret des Anglois, et pourquoy l'on les estime si hardis ; et, pource qu'ils portent tous armes courtes, et faut qu'ils courent à nous pour tirer de leur arc, et qu'ils s'approchent pres de nous, car autrement leurs flesches ne feroient point de mal ; et nous, qui avions accoustumé de tirer des arquebusades de loin, et aussi que les ennemis n'en faisoient pas le semblable, trouvions estrange ces approches qu'ils faisoient, courant de sorte que nous cuidions entierement que ce ne fust que hardiesse : mais je leur veux faire une embuscade, et vous verrez si je diray la verité, et si un Gascon vaut un Anglois : autresfois, du vieux temps de nos peres, avons nous esté voisins. Alors je choisis six vingts hommes, picquiers et arquebusiers, avec quelques hallebardes parmy, et les mit dans une baisse qui l'eau avoit faite, tirant contre bas, à main droicte du fort ; et envoyay le capitaine Chaux, à l'heure que l'eauë estoit basse, droict à quelques maisonnettes qui estoient sur le bord de la riviere, presque vis à vis de la ville, pour leur dresser l'escarmouche ; et luy dis que, comme il les verroit passer la riviere, commençast à se retirer, et se laisser faire une cargue ; ce qu'il fit : mais la fortune porta qu'il y fut blessé en un

---

(1) Aujourd'hui.

bras d'une arquebusade; les soldats le prindrent et l'amenerent au fort, de sorte que l'escarmouche demeura sans chef. Les Anglois s'en appercevoient bien, et leur firent une cargue, et menerent battant nos gens jusques aupres de l'artillerie. Les voyant traittez de telle façon, je sortis de mon embusche plustots que je ne devois, m'en allant la teste baissée droit à eux, commandant aux soldats qu'ils ne tirassent point que ne fussions au ject de leurs flesches. Ils estoient deux ou trois cens, ayant quelques arquebusiers italiens avec eux; et me repentis bien que je n'avois faict mon embuscade plus forte : mais lors n'estoit pas temps, et, comme ils me virent venir droict à eux, ils quitterent les autres et vindrent charger sur moy. Nous marchasmes droict à eux, et, comme ils furent au ject de leurs flesches, nos harquebusiers commencerent à tirer tout à un coup, et puis mirent la main aux espées, ainsi que je leur avois commandé, et courusmes pour les investir : mais, comme nous leur fusmes pres de la longueur de deux ou trois picques, ils tournerent le dos aussi facilement que nation que j'aye jamais veuë, et les accompagnasmes jusques à la riviere pres de la ville, laquelle ils passerent : dont il y eust plus de six de nos soldats qui les suyvirent jusques à l'autre costé d'icelle. Je fis alte aux maisonnettes rompuës, où je rassemblay mes gens; quelques uns y demeurerent par les chemins, de ceux qui ne pouvoient pas tant courir comme les autres. Monsieur de Tais avoit tout veu, et estoit sorty du fort pour aller secourir l'artillerie; et comme j'arrivay à luy, je luy dis : « Voyez vous si je ne vous ay dit la verité? ou il faut dire que les Anglois du temps passé estoient plus vaillans que ceux icy, ou bien que nous le sommes plus que nos predecesseurs : je ne sçay quel des deux est veritable. — Vrayement, dict monsieur de Tais, ces gens se retirent bien à la haste; je n'auray jamais plus opinion des Anglois telle que j'ay eu par le passé. —Non, monsieur, luy dis-je, croyez que les Anglois qui ont battu anciennement les François estoient demy Gascons, car ils se marioient en Gascongne; et ainsi faisoient de bons soldats. » Depuis ce temps, nos gens n'en eurent plus l'opinion ny crainte qu'ils en avoyent. Ostez, ostez, capitaines, tant que vous pourrez, ceste opinion à vos soldats, car ils vont lors en crainte d'estre deffaits. Il ne faut pas que vous mesprisiez vostre ennemy, ny aussi que vostre soldat ait opinion qu'il soit plus vaillant que luy. Depuis ceste charge, je vis tousjours mes gens aller plus franchement pour attaquer les Anglois, les approchant tousjours de plus pres; et que l'on se souvienne, quand monsieur le mareschal du Biez les combattit entre le fort de Dandelot, si nos gens se firent prier à les aller investir. Ledit sieur du Biez fit là un acte de vaillant homme : car, comme sa cavallerie se mit en fuitte, il s'en vint tout seul se jetter devant nostre bataillon, et descendit, prenant une picque en la main, pour aller au combat, duquel il sortit fort honorablement. Je n'estois point là, voylà pourquoy je n'en dis rien; car, deux ou trois mois apres le retour de la terre d'Oye, je demanday congé à monsieur de Tais pour venir à la Cour. Les historiens sont bien desloyaux de taire de si beaux actes; celuy-là fut bien remarquable à ce vieux chevalier. Estant à la Cour, je fis tant avec monsieur l'admiral, qu'il me fit donner congé au Roy, d'autant que je n'avois point repris la charge de maistre de camp, sinon pour la commander durant le premier voyage que monsieur l'admiral entreprendroit; et, apres avoir demeuré un mois à la Cour, servant le Roy de gentilhomme servant [ce prince estoit lors assez vieux et pensif : il ne caressoit point tant les hommes qu'il souloit (1); une seule fois il me demanda le discours de la bataille de Serizolles, estant à Fontainebleau]; ce fut lors que je prins congé de Sa Majesté, et ne le vis oncques depuis.

[1546-1548] Je m'en revins en Gascongne, de là où je ne bougeay jusques à ce que le roy Henry fut roy, ayant esté accablé d'affaires et de maladies : voylà pourquoy je ne vous puis rien dire de la reddition de Boulogne (2), laquelle le roy d'Angleterre fut contraint, voyant l'obstination du Roy, de quitter, moyennant quelque argent.

[1549] Peu de temps apres il mourut, et le Roy aussi le suivit bien tost apres : il faut tous mourir. Or ceste reddition de Boulogne advint durant le regne du roy Henry, mon bon maistre, qui succeda à son pere.

Nostre nouveau Roy ayant la paix avec l'Empereur, apres la reddition de Boulogne, ayant aussi accordé avec le roy d'Angleterre, il sembloit que nos armes deussent demeurer longuement au crochet; comme aussi, si ces deux princes ne remuent, la France a dequoy demeurer en repos. Apres avoir sejourné quelque temps chez moy, le Roy me r'appella, et me donna la charge de maistre de camp, et le gouvernement de Moncalier, sous monsieur le prince

---

(1) *Qu'il souloit* : qu'il avoit l'habitude.

(2) Anachronisme. Boulogne ne fut rendue qu'en 1550.

de Melphe (1), lieutenant general en Piedmont, estant monsieur de Bonivet nostre colonel [il se souvint bien de moy, et, si ceux qui le gouvernerent depuis m'eussent aymé, j'en eusse eu autant de bien et d'honneur que gentilhomme qui sortit pieça de Gascongne].

[1550] Je demeuray là dix huit mois, sans que pendant ce temps je fisse chose qui soit digne d'estre mise par escrit, car je ne veux escrire que ce où j'ay eu quelque commandement. Ayant eu mon congé pour venir jusques à ma maison, j'arrivay en Gascogne, où peu apres je fus adverty qu'à cause de la vieillesse et maladie de monsieur le prince de Melphe, le Roy y envoyoit monsieur de Brissac pour y estre son lieutenant general; qui fut occasion que le capitaine Tilladet, qui avoit aussi eu congé, et moy, nous en allasmes à la Cour, et trouvasmes que ledit seigneur avoit prins congé du Roy. Nous nous presentasmes à Sa Majesté, qui nous fit fort bonne chere, et à monsieur le connestable, lequel estoit revenu à la Cour en plus grand credit qu'il n'estoit du temps du roy François ; ce que plusieurs ne pensoient pas : mais les dames avoient perdu leur credit; d'autres (2) y entrerent : et puis incontinent sadicte Majesté, laquelle estoit lors en une petite villette, entre Melun et Paris, nommée Villeneufve Sainct-George, nous commanda de nous en aller à Paris trouver monsieur de Brissac. Et l'endemain que nous y fusmes arrivez, ledict sieur de Brissac partit, ayant esté fort ayse de ce que nous l'estions venus trouver : et ainsi allasmes jusques à Suze, où nous trouvasmes monsieur le prince de Melphe qui s'estoit mis en chemin pour s'en venir mourir en France : aussi trespassa-il une heure apres nostre arrivée. Encor que j'aye esté quelque temps sous luy, je n'en diray autre chose, car à grand peine eus-je le loisir de le cognoistre que par ouy dire. C'est un malheur à un capitaine de changer si souvent de general, car avant estre cogneu de luy vous estes vieux ; les amitiez et cognoissances nouvelles sont fascheuses. Monsieur de Brissac depescha incontinent monsieur de Forquevaux (3) vers le Roy, qui l'advertit du tout ; et promptement Sa Majesté le renvoya avec la patente de mareschal de France qu'elle luy donnoit. Nous demeurasmes cinq ou six mois sans guerre. Il est mal aysé que deux si grands princes et si voisins puissent demeurer longuement sans venir aux armes, comme de fait peu de temps apres l'occasion s'en presenta, parce que le Roy print la protection du duc Octave (4), lequel le Pape et l'Empereur son beau frere vouloient despouiller de son estat; et pour cest effect, le sieur dom Ferrand de Gonzague tenoit assiegée Parme, où estoit monsieur de Termes, et La Mirande, où commandoit monsieur de Sansac, lequel y acquit un grand honneur, pour avoir tres bien faict son devoir, et monstra qu'il estoit bon capitaine, comme à la verité il estoit : il l'a bien monstré en tous les lieux où il s'est trouvé : c'estoit un des bons hommes de cheval qui fust en France. Et, parce que je ne puis parler de cecy que par ouyr dire, ny de ce qui se fist là, je m'en deporteray.

[1551] Le Roy, adverty que les forces de l'Empereur estoient empeschées au Parmesan, manda à monsieur le mareschal de Brissac qu'il rompit la paix, et tentast, sur la rupture, d'emporter quelque ville; ce qu'il fit ; car il prit Quiers et Sainct Damian. L'entreprise de Cairas ne succeda point comme les autres deux. Monsieur de Bassé (5) alla executer Sainct Damian, qui la prit à l'improviste, entre la pointe du jour et le soleil levant; et monsieur le mareschal mesmes executa celle de Quiers, en la sorte que je vais escrire, puis que mon suject n'a esté que de laisser par escrit ce que j'ai veu, et où j'ay eu quelque part : je cuide que monsieur le president de Birague, qui y estoit, verra dans ce livre que je n'auray pas guerre failly à escrire ladicte prise. Monsieur d'Aussun fut esleu pour aller executer celle de Cairas, et mena avec luy le baron de Cypi (6), et deux ou trois autres compagnies françoises, avec quelques Italiens, et monsieur de Cental avec luy. L'escallade fut furieusement donnée; mais elle fut aussi bien deffendue (7). Il mourut un des freres du sieur de Charry, qui estoit allé jusques à Savillan, lequel se trouva là sur les lieux quand on marcha la nuit, et y alla, et monta le premier une eschelle, de laquelle il fut renversé : il fut assez mal suyvi, comme l'on disoit. En mesmes temps monsieur de Bassé (8) mena quelques compagnies avec luy, et arriva à demy mil de Sainct Damian au poinct du jour. Ils furent sur le point de tourner en arriere, voyant qu'ils seroient descouverts avant qu'ils fussent là; toutesfois à la fin s'acheminerent pour tenter fortune. La coustume de

---

(1) Jean Caraccioli, prince de Melphes, maréchal de France en 1544.
(2) Allusion à la duchesse d'Étampes et à la duchesse de Valentinois.
(3) Raimond de Pavie, baron de Forquevaulx.
(4) Octave Farnèse, duc de Parme.

(5) Antoine Grognet, seigneur de Vassé et baron de La Roche-Mobile.
(6) Brantôme l'appelle le baron d'Espic.
(7) Le récit de Boyvin du Villars est différent. (Voir ses Mémoires, liv. 2.)
(8) De Vassé.

Sainct Damian estoit que les soldats ouvroient la porte à la poincte du jour, pour laisser sortir tout le peuple dehors au travail, et apres y mettoient quelques sentinelles. La fortune porta si bien à monsieur de Bassé, que le peuple estoit desja sorty, et les sentinelles n'estoient pas encore sur la muraille : de sorte que le sieur de Bassé, avec ses eschelles, entra dans leur fossé, lesquelles fit dresser sans qu'il fust descouvert; et monterent les capitaines les premiers, et, avant qu'homme de la ville s'en apperceut, la moitié de nos gens estoient dedans, où il n'y avoit qu'une compagnie, laquelle se retira dans le chasteau, auquel n'y avoit pas vivres pour un jour, et le matin se rendirent. Voicy, capitaines, combien il importe de se prendre garde à ne laisser jamais la muraille vuide de sentinelles, ou, pour le moins, en poser tousjours sur quelque tour ou portail, mesmement sur la pointe du jour, car c'est lors que les executions se font : on est las de veiller et non pas l'ennemy de vous guetter. Toutes ces trois entreprises, de Cayras, Sainct Damian et Quiers, se devoyent executer une mesme nuit : aussi faut-il, qui veut rompre la paix ou trefve, qu'il fasse son esclat tout à un coup; car, s'il y va piece à piece, il perdra pied ou aisle.

Trois jours avant, monsieur le mareschal tint conseil pour ceste execution de Quiers, où estoient messieurs de Bonivet (1), president Birague, Francisco Bernardin, de Bassé, d'Aussun; et ne sçaurois bonnement dire si le sieur Ludovic de Birague y estoit; je l'oserois bien asseurer, car monsieur le mareschal ne faisoit rien qu'il ne luy communicast, parce que c'estoit un entendement bien ferré. Il fut arresté que nous donnerions l'escalade par le haut des vignes, venant comme d'Agnasse à Quiers. Je ne trouvay point bonne ny asseurée ceste escalade, et priay monsieur le mareschal que, puisque luy mesmes y venoit, et que c'estoit le premier lieu qu'il assailloit, estant venu nouvellement en la charge de lieutenant de Roy, qu'il fit en sorte que l'honneur luy en demeurast : car, si à la premiere fois il n'avoit bonne fortune, l'on prendroit opinion qu'il seroit plustost mal'heureux qu'heureux : ce qui apporte un grand prejudice à un capitaine et à un lieutenant de Roy [on juge des choses par les evenemens]; et qu'il falloit faire marcher secrettement, toute ceste nuict là, quatre ou cinq canons, afin qu'ils arrivassent en mesme temps que l'escallade se donneroit à la porte Jaune; et ainsi il ne faudroit pas, par une sorte ou par autre, à l'emporter; et que,

puis que l'on vouloit tascher à l'emporter, qu'il falloit tenter et l'un et l'autre moyen. Or l'artillerie estoit toute preste devant le chasteau de Thurin : car, comme monsieur le mareschal vit que le Roy avoit prins la protection du duc de Parme, et que la guerre estoit ouverte en ces quartiers là, il se doutoit que bien tost la tempeste viendroit à luy. Voi-là pourquoy il avoit fait ces appresrs, pour pourvoir au besoin, estant au reste un des plus advisez capitaines et lieutenans de Roy que j'aye cognu.

Il y eust sur mon advis grand dispute; car on disoit que d'une nuict l'artillerie ne pourroit estre à Quiers, et que toutes les trois entreprinses seroient descouvertes par le bruit du charroy de l'artillerie; à la fin, il fut conclu que les portes de Thurin seroyent fermées à vespres, et que les bœufs seroyent prins devers Rivolle et Veilleamie, et que tout le bestial se rendroit, à vespres, dans la ville, et grandes gardes aux portes, afin qu'homme du monde ne peust sortir. Fut aussi arresté que je tirerois en mesme heure le canon et la grande coulevrine du chasteau de Montcaillier, et que je prendrois le bestial des gentils-hommes et bourgeois de Montcaillier, qui seroit de là le pont devers les loges. Ils firent estat qu'à une heure de nuict l'artillerie seroit à Montcaillier par le chemin de delà le pont, et que monsieur de Caillac et moy demeurerions ensemble à conduire l'artillerie avec ma compagnie, et monsieur le mareschal, messieurs de Bonnivet et Francisco Bernardin iroyent par le chemin que j'ay dit, avec tout le reste de nos gens de pied. Ledit sieur mareschal me laissa monsieur de Piquigni (2) avecques sa compagnie, et un autre, lesquelles s'en iroyent devant nous avecques les pionniers et dix gabions que nous prismes du chasteau de Montcaillier. Et arrivasmes les uns et les autres en mesme heure devant Quiers. Mais la camisade tourna en fumée, pour-ce que les eschelles se trouverent courtes, et le fossé plus profond qu'on n'avoit rapporté à monsieur le mareschal; qui fut cause que ledit sieur mareschal et tous tournerent à la porte Jaune, et nous trouverent avoir desja remply les gabions, et prests à loger les canons pour battre. Le bon-heur de monsieur le mareschal de Brissac commença à se monstrer là : car, si les eschelles se fussent trouvées assez longues et qu'on eust donné l'assaut, toute la ville estoit deliberée de se deffendre, où ils nous eussent, à mon advis, bien estrillez et repoussez, pource qu'ils ne vouloient estre prins de nuict, ny par force, et que nous n'avions sçeu faire nostre entreprinse si secrettement, que le jour

---

(2) François Gouffier, seigneur de Bonnivet.

(2) Charles d'Ailli, seigneur de Péquigni.

devant ils n'en eussent esté advertis; de sorte qu'il leur eut esté facile de nous repousser, et peut estre cela les eut descouragez de faire ce qu'ils firent. Le sieur dom Ferrand à son depart y avoit laissé un gouverneur italien avec trois compagnies, et en avoit tiré les Espagnols pour les amener avec luy à Parme.

Nostre batterie, sans plus temporiser, ayant fait son jeu, nous fismes bresche à main gauche de la porte Jaune, combien que la pluye survint si grande, que presque tout nostre fait fut en desordre; et, environ les onze heures, la bresche estoit de huit ou dix pas. Les gens de la ville, qui ne demandoient pas mieux qu'une bonne occasion pour se mettre en l'obeyssance du Roy, pour le mauvais traictement que les Espagnols leur faisoient, commencerent à dire au gouverneur s'il se trouvoit assez fort avecques ses soldats pour soustenir l'assaut: lequel leur respondit qu'ouy, pourveu que la ville print les armes. Ils luy respondirent qu'ils n'en feroient rien, et que les Espagnols ne les avoyent pas si bien traittez, qu'ils eussent occasion de prendre les armes contre les François. Alors le gouverneur, qui estoit sage, se vit logé entre monsieur et madame (1), et craignoit plus que ceux de la ville luy donnassent à doz qu'autrement : il leur dit : « Mes amis, attendez un peu, et je feray une capitulation avecques monsieur le mareschal, que vous n'aurez aucun desplaisir, ny nous autres aussi; » et fît sonner la chamade, faisant sortir un homme dehors, pour prier monsieur le mareschal de luy (2) envoyer le seigneur Francisco Bernardin et le seigneur de Monbazin, et qu'il fît cesser la batterie. Monsieur le mareschal nous manda incontinent de cesser; ce que nous fismes. Surquoy fut arresté que le gouverneur mettroit deux ou trois hommes dehors pour ostages, et que les deux susdits entreroyent pour capituler : et croy que monsieur le president Birague y entra avecques eux, à cause qu'il n'eust pas voulu que la ville eust esté saccagée, pour-ce que sa femme estoit fille de Quiers, et que la plus part des gentilshommes estoyent ses parens : mais, pour ne mentir point, je ne sçauroi asseurer s'il estoit des trois ou non. Monsieur le mareschal n'eust voulu aucunement leur faire desplaisir, car c'estoit exemple à tous les autres lieux que les ennemis tenoyent, pour les attirer, afin que, se trouvant en pareil estat, pour le bon traictement qu'il auroit faict à ceux de Quiers, tous les autres eussent envie de faire comme eux, et prendre le party françois. La plus grand dispute qui fut entre noz deputez, le gouverneur et les habitans, fut que ledit gouverneur, de tant qu'il estoit desja presque nuict, disoit qu'il ne pourroit gaigner Ast pour sa retraicte, et qu'il seroit en danger d'estre defait par les chemins; par ce vouloit remettre au lendemain. Monsieur le mareschal, qui sechoit sur ses pieds, craignant que ceste nuict il fust secouru d'Ast, demandoit que l'on luy baillast la roquette (3), pour y mettre soixante hommes, et qu'ils esleussent un de nos capitaines, tel qu'ils voudroyent, pour le mettre dedans; et cependant il faisoit tousjours approcher nos compagnies devers la bresche. Le gouverneur mesme, vint sur la muraille de la roquette, et parla à moy, me priant de faire reculer les soldats, et qu'ils avoyent accordé avecques monsieur le mareschal : la conclusion fut qu'il s'en iroit bagues sauves, enseignes pliées, sans sonner tabourin, l'endemain matin; et, pour asseurance, il fut arresté que la roquette seroit mise entre nos mains. La ville m'envoya demander à monsieur le mareschal, pour me mettre dedans icelle avecques soixante soldats; car en Piedmont j'avois acquis une reputation d'estre bon politicq pour le soldat, et empescher le desordre. Je me gouvernay si bien, qu'homme de la ville ne perdist une paille : l'avarice de quelque peu de pillage desgoute souvent ceux qui ont envie de prendre party. Ce fait fut sagement consideré par M. le mareschal : car ceste nuict-là estoyent party d'Ast quatre cens arquebuziers, pour essayer d'entrer dans la ville; mais ils furent advertis par les chemins que nous tenions la roquette : qui les en fît retourner. Il fut fait là un erreur : car au conseil il fut proposé que sans doute l'ennemy devoit venir à nous au bruict de ce siege, et qu'à ceste occasion, au mesme temps que la roquette nous seroit renduë, il falloit envoyer quelque belle trouppe, pour aller battre l'estrade vers Ast. Si cela eut esté executé comme il devoit, on eust deffait ce secours. Monsieur de Bonnivet, qui estoit campé sur le chemin d'Audezun, vint le lendemain avecques quinze ou vingt gentilshommes, en mesme heure que les Italiens sortoyent de la ville; et, estant entré, s'arresta à la porte pour les voir sortir. Et comme ils furent tous passez, monsieur de Bonnivet estant sous la seconde porte pour aller dans la ville, et m'ayant commandé monsieur le mareschal que je n'y laissasse entrer homme du monde qu'il ne fut dedans, j'oüis mon lieutenant qui se courroussoit à la

---

(1) Locution proverbiale qui signifie se trouver entre deux ennemis prêts à se réconcilier.

(2) *Voyez* les Mémoires de Boyvin du Villars, qui font partie de cette collection.

(3) Fort ou petite citadelle.

bresche, où je l'avois mis pour garder que personne n'y entrast; monsieur de Bonnivet me dit: « Il y a là quelque desordre. » J'y courus, et trouvay que c'estoient les larrons mesmes de Quiers, qui vouloient entrer pour saccager la ville ; et, voulant descendre de la bresche pour leur courir sus, la ruine de la muraille me fit glisser, et tombay sur le costé gauche dans les pierres, de telle force, que je me deslouay la hanche. Je cuide que tous les maux du monde ne sont point pareils à celuy-là, à cause d'un petit nerf que nous avons dans ceste jointure, qu'est enchâssée l'une dans l'autre, qui s'alongea : et depuis je n'ay cheminé droit, ains tousjours j'y ay douleur peu ou prou, sans que ny l'usage des bains, ny autre chose me l'aye peu oster. Monsieur de Bonivet me fit porter par les soldats dans un logis; j'avois fait entrer paravant les mareschaux des logis qui faisoient les quartiers. Monsieur le mareschal entra une heure apres que je fus affolé, et me fit cet honneur de venir descendre devant mon logis pour me voir, monstrant en avoir autant de regret que si je fusse esté son propre frere : aussi m'aimoit-il de bon cœur, et faisoit beaucoup d'estat de moy. Pendant nostre sejour, par trois fois il vint tenir le conseil au chevet de mon lict, comme peut tesmoigner monsieur le president de Birague, qui est en vie. Il prenoit grand plaisir d'ouyr discourir en sa presence, mais en peu de mots ; et, si quelqu'un disoit quelque chose, soudain il en demandoit raison. Or audit Quiers ou à Montcaillier je demeuray deux mois et demy sans pouvoir bouger du lit, de ceste grande cheute.

Le sieur dom Ferrand laissa la guerre de Parme, et s'en vint en Ast assembler forces pour dresser un grand camp, ayant laissé au Parmesan le seigneur Carles et le marquis de Vins. Le Roy, en estant adverty, commanda à monsieur l'admiral qu'il envoyast six de ses compagnies à toute diligence à monsieur le mareschal de Brissac; le capitaine Ynard, lequel pour lors n'estoit que sergent major, les mena. Monsieur d'Aumalle (1), qui estoit general de la cavallerie, arriva aussi; comme fit quelques jours apres monsieur de Nemours, et, bien tost apres, messieurs d'Anguyen et prince de Condé freres, puis monsieur de Monmorancy, qui aujourd'huy est mareschal de France, fils aisné de monsieur le connestable ; monsieur le comte de Charny, et son frere, monsieur de La Rochefoucaut (2), ayant une grande suitte de noblesse avec eux,
tellement qu'il y avoit trois compagnies de gens de pied logez dans Quiers, lesquelles monsieur le mareschal fut contrainct de desloger, pour loger les princes et seigneurs de leur suitte. Je croy qu'il n'y a telle noblesse au monde que la françoise, ny plus prompte à mettre le pied à l'estrier pour le service de son prince : mais il la faut employer lorsqu'elle est en ceste bonne devotion. Au bout de quelques jours qu'ils furent arrivez, monsieur le mareschal dressa une entreprise pour aller prendre le chasteau de Lans, qui portoit grand dommage sur le chemin de Suze à Thurin, à cause d'une vallée qu'il y a depuis Lans jusques au grand chemin; et les soldats dudit Lans estoient presque tous les jours là, ayans un petit chasteau à moitié chemin pour leur retraicte. Monsieur le mareschal m'envoya querir à Montcaillier, où je m'estois fait apporter dans une litiere six sepmaines apres que je me fus ainsi brisé. Je me fis monter sur un petit mullet, et avec une extreme douleur j'arrivay à Quiers, et tous les jours m'efforçois peu à peu de cheminer. Voy-là le succés de la prise de Quiers et de Sainct Damian; à present je vois escrire la prise de Lans.

Monsieur le mareschal et tout le camp marcha droit à Lans, où estoient tous les princes et seigneurs susnommez; et, pource qu'il en y a aujourd'huy qui m'aiment, et autres qui me hayssent, je veux approcher de la verité selon la souvenance que Dieu m'en a donné, afin que ceux qui me hayssent ne me puissent reprendre, disant la verité, et que les autres qui m'ayment prennent plaisir à lire ce que j'ay faict, et se souvenir de moy : car je voy bien que les historiens en parlent maigrement. Monsieur le mareschal se mit devant avec tout le camp, et me bailla à conduire l'artillerie avec cinq enseignes de gens de pied et les commissaires d'icelle, qu'estoit messieurs de Caillac et du Noguy, lesquels aussi s'estoient trouvez à la prise de Quiers. Ledit seigneur arriva l'endemain qu'il fut party de Quiers à Lans, sur le midy; et nous, avec l'artillerie, arrivasmes à l'entrée de la nuit. Le bourg de Lans est grand et clos de mauvaises murailles; monsieur le mareschal se logea à un mil pres dudit Lans, en un autre bourg, et aux environs de luy la gendarmerie et cavallerie. Tous les princes et seigneurs voulurent estre logez au bourg de Lans, ensemble quelques compagnies des François et Italiens, et mesmement monsieur de Bonnivet et sa compagnie colonnelle. A leur arrivée, ils allerent au pied de la montagne à main droicte, sortant du bourg; le sergent major avoit desja gaigné le haut d'icelle montaigne, derriere le chasteau.

---

(1) Claude de Lorraine, duc d'Aumale.
(2) François, comte de La Rochefoucaut, prince de Marsillac.

à l'entour duquel sont grands precipices, et specialement sur le derriere, par là où il falloit que monsieur le mareschal allast recognoistre. Il n'y a rien qui ne soit precipice, sauf le devant du chasteau qui respond à la ville ; il y a deux boulevars assez grands, et la porte du chasteau entre deux. De mettre l'artillerie là, ce n'estoit que perdre temps ; de la mettre du costé de là où nous venions, il falloit mettre la teste du canon contre-mont, de façon qu'elle ne pouvoit battre plus de la moitié de la muraille : et si falloit monter plus de mil pas avant que d'estre au pied de ladicte muraille, avec la plus grand difficulté qui peut estre ; et du costé de main droicte estoit le semblable ; et du derriere du chasteau, encores pis que tout : car, tombant, l'on alloit cheoir à un quart de mil bas en la riviere. Et à cause de la grand difficulté qu'il y avoit de pouvoir mener l'artillerie au derriere dudit chasteau, où y avoit une petite plaine de vingt à vingt-cinq pas, les ennemis n'y avoient rien remparé, sinon taillé un petit fossé de la hauteur de demy picque, dans le rocher, et deux moineaux aux deux costez, qui flanquoyent le fossé ; et n'y avoit pas trois mois que deux ingenieurs de l'Empereur avoient esté-là, et dirent qu'il n'estoit possible aux hommes de pouvoir mener l'artillerie par cet endroit ny par aucun des autres, sinon que l'on la mist par la ville devant la porte du chasteau, qu'estoit autant de temps perdu.

Monsieur le mareschal, à son arrivée, et tous les princes et seigneurs, et les ingenieurs que ledit sieur mareschal avoit, allerent recognoistre le derriere du chasteau, y ayant une montée de plus de trois cens pas, autant mal-aisée que montée qu'ils firent peut estre en leur vie ; et, apres avoir recogneu et demeuré là plus de deux heures, ils conclurent qu'il estoit impossible de le prendre. J'arrivay le soir avec l'artillerie, et me fut dit qu'il s'en falloit retourner l'endemain : dequoy je fus fort esbahy. J'estois si mal de ma cuisse, que je me jettay incontinent sur un matelas ; et ne vis monsieur le mareschal de tout ce soir, car il s'en estoit retourné en son quartier, bien malcontent contre aucuns qui luy avoient fait facille ceste entreprise, et avoient les moyens de l'executer, lesquels à present la luy faisoient impossible. Le matin, il retourna, et allerent de nouveau recognoistre le mesme lieu ; mais tant plus ils le recognoissoient, plus ils trouvoient le lieu difficile. Comme j'eus disné, messieurs de Pequigny, de Touchepied et de Vinu, me vindrent trouver, et me dirent que la resolution estoit faicte pour s'en retourner, et que je n'aurois point de regret de le faire si j'avois veu le lieu ; et me mirent tant de fantaisies en la teste, qu'ils me monterent sur mon mulet, et me menerent au derriere de la crouppe de la montagne, où les arquebusades estoient à bon marché, sinon que l'on print fort à main droicte vers la riviere ; et par là il estoit mal-aisé d'aller ny de recognoistre ; et avoit fallu que monsieur le mareschal et tous les princes fussent montez et descendus au hazard des arquebusades. Ce que Dieu garde est bien gardé : telle fois ay-je veu tirer mil arquebusades à cent pas de moy, sans estre offensé. Or tous quatre fismes tant, que nous allasmes jusques au haut ; et me menerent par le mesme lieu où monsieur le mareschal et toute sa trouppe estoient montez et descendus.

[1552] Je veux escrire icy, pour en laisser exemple à ceux qui viennent apres nous, comme j'y trouvay la chose faisable, non toutesfois sans une tres-grande difficulté ; mais quoy que fust, nous deliberasmes que nous menerions l'artillerie haut, et la mettrions en batterie. En premier lieu, l'on regardoit tousjours du pied de la montagne jusques au haut tout droit : les anges auroient eu assez à faire à monter ; car, outre que la montaigne estoit droite, il y avoit grande quantité de rochiers. Je commençay à notter qu'en faisant un chemin qui pouvoit durer cent pas, jusques à une petite place qui pouvoit tenir dix pas de rond, que nous aurions moyen d'arrester là la piece, car ce petit lieu estoit comme plain ; puis je regarday que nous pouvions faire un autre chemin traversant vers la main gauche et le chasteau, jusques à une petite plaine qui suffisoit pour appuyer le canon ; puis apres, qu'il falloit faire un chemin traversant à main droicte, jusques à une autre petite plaine ; et de là, nous avions la montée un peu droicte jusques au derrier du chasteau : mais nous avions passé à tout le moins les rochiers. Et, par tous ces trois repos, nous descendismes au grand peril de nos vies ; et leur monstray qu'il falloit que chacun d'eux entreprint de faire le chemin de l'un repos à l'autre : ce qu'ils notterent fort bien ; et apres, me remonterent sur mon mulet, car auparavant ils me menoient en espousée, sous les bras ; et allasmes droit au logis de monsieur le mareschal, où je le trouvay tous assis au conseil, pour arrester l'ordre pour nous en retourner ; et à mon arrivée, monsieur le mareschal me dit : « D'où venez vous, monsieur de Montluc ? Je vous ay envoyé querir par deux fois pour venir au conseil, et pour entendre la conclusion que nous avons faict icy de nous en retourner : il faut que vous en rameniez l'artillerie par là où vous l'avez conduicte. « Alors je luy respondis : « Comment, monsieur, vous en voulez vous retourner sans prendre ceste place? cela n'est pas digne de monsieur de Brissac; je viens de la recognoistre, et par le mesme lieu où vous l'avez recogneuë, et vous asseure que nous y menerons l'artillerie. » Il me respondit qu'il faudroit donc que ce fust Dieu qui le fît, car il n'estoit en la puissance des hommes de le faire; je luy respondis que je n'estois point Dieu, et si la y amenerois. Alors il me dit : « Ouy, dans huit ou dix jours, avec des engins; et cependant dom Ferrand, qui est à Verseil, assemble toutes les forces qu'il a hors et dans les garnisons, et nous veut venir donner la bataille. Il y a trois mil Allemans, et je n'ay Suysses ny Allemans pour luy respondre. — Je vous oblige ma vie et mon honneur, dis-je, de mettre quatre pieces d'artillerie dans deux matins montées au cul du chasteau. » Et tousjours il retournoit sur le propos des trois mil Allemans; et à la fin, de colere je luy commençay à dire : « Et faites vous si grand estat des Allemans du seigneur dom Ferrand? Monsieur l'admiral a six compagnies que le capitaine Ynard commande; monsieur de Bonnivet luy en baillera quatre des siennes; il s'obligera de combattre avec lesdites enseignes les Allemans; monsieur de Bonnivet, avec le demeurant des siennes, combattra les Espagnols; nos Italiens s'obligeront de combattre les leurs; vous avez d'un tiers plus de cavallerie, avec la suite des princes, que le seigneur dom Ferrand : et, si le capitaine Ynard ayme mieux combattre les Espagnols que les Allemans, monsieur de Bonnivet et moy les combattrons, et luy baillerons au choix. » Le capitaine Ynard respondit qu'il estoit content de combattre une trouppe ou l'autre, et telle qu'il plairoit à monsieur le mareschal; monsieur de Bonnivet dit aussi que ce luy estoit tout un, et qu'il les combattroit. Et alors je dis : « Et faut-il faire si grand estat de ces Allemans? Je gageray que des trois mil, les quinze cens n'ont point de chausses, et que nos soldats, la pluspart ont chausses de velours et de satin; et si s'estiment tous gentils-hommes : se voyant si bien vestus comme ils sont, craindront-ils de combattre? Laissez-les venir seulement à nous, car nous les traiterons de la mesme façon que nous fismes à Serizolles. » Alors monsieur de Monmorancy parla, et dit : « Monsieur, monsieur de Montluc est vieux capitaine; il me semble que vous devez adjouster foy à ce qu'il vous remonstre. » A quoy monsieur le mareschal respondit : « Vous ne le cognoissez pas comme moy, car il ne trouve rien difficile, et un jour nous fera tous perdre. » Lors je luy respondis que, quand je verrois la chose difficile, je craignois autant ma peau qu'un autre; mais qu'en cecy je ne trouvois aucun inconvenient. Alors monsieur de Nemours (1) dist : « Monsieur, laissez-le faire, et esprouvez son dire. » Monsieur le prince de Condé et monsieur d'Anguyen en dirent autant; monsieur d'Aumalle, le semblable. Monsieur de Gounort (2), qui est maintenant mareschal de France, monsieur de La Roche-Foucaut, le comte de Charny, les sieurs de La Fayette, de Terride, suyvirent tous leur opinion. Et alors monsieur le mareschal dit : « O bien, je vois que tous vous autres avez envie que nous fassions le fol; faisons le donc, car je vous feray cognoistre que je le suis autant que pas un de vous. » Et voy-là ma bataille gaignée contre tout le conseil. Alors je dis à monsieur de Nemours : « Monsieur, il faut que vous autres princes et seigneurs mettiez la main en ceste affaire; que vous monstriez le chemin aux soldats, afin que, s'ils vouloient reculer à ce grand travail, qu'il faut prendre pour le faict dont est question, nous puissions leur reprocher que les princes et seigneurs y ont mis la main plustost qu'eux. » Cependant je luy remonstray aussi qu'il seroit bon, s'il luy estoit agreable, qu'il allast prendre un canon avec toute sa trouppe qu'il avoit mené quant et luy pour le conduire au pied de la montagne : ledit seigneur respondit qu'il le feroit fort volontiers. Or falloit-il passer l'artillerie par dedans la ville, et estoit-on contraint de rompre trois ou quatre cantons de maisons pour la tirer dehors, et applanir une petite descente au sortir de la ville, de laquelle on tomboit en un chemin planier jusques au pied de la montagne où estoit le chasteau, distant mil pas de la ville. J'en dis autant à messieurs d'Anguyen et prince de Condé, lesquels fort volontiers s'y accorderent, et tout autant à monsieur de Montmorancy, lequel s'y offrit de bonne volonté. Quant à la quatriesme piece, je ne sçaurois dire qui fut celuy qui entreprint la conduire, car ce ne fut pas monsieur d'Aumalle, pource qu'il fallut qu'il s'en allast en son quartier à la cavallerie avec monsieur le mareschal. Or, quoy que ce fust, ils ne reposerent de toute la nuict, jusques à ce qu'à la clarté des torches ils eurent posé l'artillerie au pied de la montagne. Mais, avant qu'ils sortissent du conseil, je dis à monsieur d'Aumalle : « Monsieur, voulez vous venir, et je vous monstreray comme nous menerons l'artillerie derriere le chasteau; » et dis à monsieur le mareschal : « Aussi bien vous ne voudrez pas partir encores pour vous retirer à vostre quartier. » Monsieur d'Aumalle y vint volon-

---

(1) Jacques de Savoie, duc de Nemours.

(2) Artus de Cossé, seigneur de Gonnor.

tiers, ayant seulement avec luy monsieur de La Rochefoucaut, le seigneur de Piquigny et moy : encores que ma cuisse me vexast grandement, neantmoins je m'efforçay pour leur faire voir tout à l'œil. Et, comme nous eusmes monté la montaigne et recogneu la place, nous allasmes trouver monsieur le mareschal, qui attendoit ledit sieur d'Aumalle, qui luy dict que ma raison estoit bonne, et que personne ne s'estoit advisé de ce que je m'estois apperçeu, et de ces reposades. Tous les princes et seigneurs estoient encores en la salle où monsieur le mareschal avoit disné ; je ne sçay en quelle part monsieur de Bassé estoit pour lors, car monsieur le mareschal le manda venir avec sa compagnie et deux compagnies françoises, avec mandement au capitaine Tilladet et à Savillan de s'avancer nuict et jour, pour se joindre à eux : ce qu'il fit.

Lendemain matin, j'allay regarder en quelle façon je pourrois faire les chemins en la montaigne, sans que fussions offencez du chasteau ; et premierement, je descouvris cinq petites canonieres faites pour arquebuse, qui nous descouvroient tout le long du chemin : pour brider cela, je priay le capitaine Ynard de m'amener trois cens arquebusiers des meilleurs de sa trouppe, lesquels arrivez nous departismes pour en estre mis dix à chasque canonieres, qui tiroient comme quand on tire au blanc, l'un apres l'autre, et tous au descouvert, et quand le dernier des dix achevoit de tirer, le premier recommençoit. Dans la ville y avoit une maison de la couverture et haut de laquelle on pouvoit battre au dedans et au long de la courtine : mais, pour se couvrir d'icelle, ils avoient mis force tables l'une sur l'autre, en telle sorte que ceux qui montoient sur la maison ne pouvoient rien veoir au long de la muraille. Or les tables estoient fort simples, et, avant le commencement de la guerre, j'avois mis en teste à monsieur le mareschal de faire forger à Pignerol quatre cens arquebuses d'un calibre qui portoit trois ou quatre cens pas de poincte, et que ces armes fussent mises au dessus du fogon, afin que personne ne les peut tirer du Piedmont ; desquelles il en pourroit distribuer vingt à chaque compagnie, et ordonner aux tresoriers de bailler douze francs de paye à ceux qui les portoient. Ces arquebuses estoient desja faites et distribuées. Je priay le capitaine Richelieu, qui depuis fut maistre de camp, de faire monter sur la maison les vingt arquebusiers, pour tirer au travers les tables le long de la courtine, parmy lesquelles les arquebusades passoient comme par un papier : de sorte que, tant les arquebusiers qui battoyent de dessus la maison au long de la courtine, que ceux-là qui tiroyent à dixaines, mirent les ennemis en tel estat, que personne ne s'osoit hazarder à passer au dedans de la courtine. Lors fut baillé vingt pionniers à chascun des trois qui avoyent recogneu le chemin, avec trois massons portans de gros marteaux et pics de fer, pour rompre quelques rochers qui estoient en chemin ; et ainsi commençasmes à travailler à huit heures aux chemins, lesquels à deux heures apres midy furent achevez ; et à une heure de nuict on commença à monter la premiere piece avec quatre vingts soldats que j'avois de ma compagnie, car le reste estoit demeuré au chasteau de Montcallier ; lesquels la monterent : celle-là leur donna plus de peine que toutes les autres trois. Comme nous estions au premier repos, nous tournions l'artillerie droit à l'autre, et de mesme les soldats ; car, pour alonger, il falloit faire le chemin droict, à fin que les soldats peussent monter un peu droit, et puis apres tourner sur l'autre chemin. Monsieur de Piquigny portoit une petite lanterne pour donner clarté au rouage : les ennemis alors tiroient, mais jamais arquebusade ne nous toucha. Messieurs de Caillac et de Duno s'attendoient à mettre les gabions, et les remplir au cul du chasteau ; et, à l'instant que les pieces arrivoient haut, ils les venoient prendre pour les loger : et jamais homme ne mit la main à tirer lesdictes pieces, que mes soldats ; car, combien que monsieur de Bonivet en eust amené une trouppe, et le capitaine Ynard une autre, pour leur ayder, ci est-ce qu'ils leur dirent qu'ils ne demandoient point d'ayde, car, puis qu'ils avoient eu l'honneur d'amener la premiere, ils vouloient encores avoir cest advantage que d'y conduire toutes les autres ; dequoy je fus fort ayse, car ils estoient desja instruicts aux destours. A trois heures apres minuict, toutes les quatre pieces furent logées en batterie. Monsieur le mareschal et monsieur d'Aumalle estoient venus de leur quartier, et croy qu'ils ne dormirent gueres ceste nuit, car ledit sieur mareschal avoit grand peur qu'il ne fust possible de conduire lesdictes pieces ; et ledict seigneur d'Aumalle d'autre costé estoit en peine, parce qu'il avoit asseuré, apres avoir veu le lieu, que je les y monterois. Les princes et seigneurs qui avoient la nuict devant travaillé, reposerent jusques à ce que monsieur le mareschal les manda esveiller ; qui fut à la relation que luy alla faire le capitaine Martin, basque, qui estoit à luy, lequel l'asseura avoir laissé la derniere piece sur le haut de la montagne ; et cuyde-je que ceste nuict là ce capitaine Martin fit cinquante voyages, d'autant que monsieur le mareschal l'envoyoit veoir de quart d'heure en quart d'heure en quoy nous en estions.

Arrivé que fut monsieur le mareschal et tous les princes et seigneurs, ils trouverent que tout estoit logé pour commencer à battre. J'avois fait porter demy sac de pommes, qui est un fort bon fruict, quatre flascons de vin, et du pain, pour faire manger et boire mes soldats : mais monsieur le mareschal le premier, et tous les princes et seigneurs me volerent les pommes, et à pot beurent deux flascons de vin, attendant le jour. Or je laisse penser à ceux qui liront ceste histoire, si je bravois monsieur le mareschal, voyant qu'il m'avoit tant repugné sur la conduicte de l'artillerie : je croy que ce fut un des grands ayses que j'eus jamais, tant pour le contentement de monsieur le mareschal, que des princes et seigneurs qui estoient là, tous lesquels avoient prins leur part de la peine. Le matin, au point du jour on tira trois ou quatre volées à la muraille, qui la perçoient, et, à travers les escuiries, entroient dans la basse cour, et de là donnoient dans le logis du chasteau. Monsieur le mareschal avoit faict mettre aussi trois canons bas, du costé d'où nous venions, battans contremont, pour les intimider, car de dommage on ne leur en pouvoit pas faire; mais, comme nostre artillerie eut tiré trois ou quatre vollées, ils commencerent à faire la chamade, et puis se rendirent. Monsieur le mareschal y laissa le capitaine Breuil, beau frere de monsieur de Salcede, avec sa compagnie, qui estoit des capitaines de monsieur l'admiral; et ce faict, il s'en alla avec toute la cavallerie et son infanterie vers la plaine de Caluge, pour veoir si le sieur dom Ferrand s'estoit point acheminé pour secourir le chasteau : là il entendit qu'il estoit encore à Verseil; qui fut cause que ledict sieur mareschal se retira à Quiers. Je m'en allay à Montcallier, auquel lieu je demeuray quinze jours dans le lict, malade de ma cuisse; et croy fermement que, sans ce travail, ma cuisse ne se fut jamais peu redresser.

Cela vous doit faire sages, mes capitaines, de ne vous fier jamais à un ou deux pour recognoistre une place; et, sans vous arrester à vostre jugement, employez y ceux que vous penserez non seulement les plus experimentez, mais les plus courageux. Ce que l'un ne peut voir, l'autre s'en apperçoit. Ne craignez de prendre peine pour quelque peu de difficulté pour faire un bel exploict, et aux despens de vos ennemis faictes vous sages. Lors que vous aurez resolu de garder quelque place, prenez garde à escarper les reposades qui sont aux avenues, parce que, pour peu que le canon puisse trouver lieu pour donner loysir de prendre haleine, en fin on le monte : sans cela, je n'eusse peu venir à bout de ce que j'avois promis. Ceste prise osta beaucoup de commodité à nos ennemis, et nous servit fort pour ceste guerre. Quelque temps apres les princes s'en retournerent, pource qu'ils ne voyoyent point d'apparence que le sieur dom Ferrand de Gonsague se preparast pour donner bataille ny pour assaillir aucune ville; et, peu de temps apres qu'ils s'en furent retournez, monsieur le mareschal, par le conseil des seigneurs president de Birague, sieur Ludovic et Francisco Bernardin, delibera d'aller prendre certaines places pres d'Yvrée, pour tenir ceux d'Yvrée en subjection. C'estoit un lieutenant du Roy tres digne de sa charge, tousjours en action, jamais oysif; et croy qu'en dormant son esprit travailloit tousjours, et songeoit à faire et executer quelque entreprinse. Pour cest effect, nous marchasmes avec le camp droict à Sainct Martin, où il y avoit une compagnie d'Italiens; et le chasteau fut battu et pris, ensemble les chasteaux de Pons, Castellelle, Balpergue, et autres és environs d'Yvrée; et commençasmes à fortifier ledit chasteau de Sainct Martin. Or messieurs de Bassé et de Gordes (1) avoyent prins Sebe; et, comme le fort de Sainct Martin fut advancé, monsieur le mareschal s'en alla à Quiers, pour estre plus pres de monsieur de Bassé, afin de le secourir s'il en avoit besoin, car il avoit desja entendu que le sieur dom Arbre de Cende (2) assembloit le camp en Alexandrie : et cuide que le sieur dom Ferrand estoit malade pour lors. Or se douta monsieur le mareschal qu'il prendroit le chemin de Sebe, et ainsi laissa le sieur de Bonivet, le sieur Francisco et moy, et fit retirer le sieur Ludovic à Chevas et à Bourlengue, pour avoir le cœur à ces deux places, desquelles il estoit gouverneur. Il ne tarda pas huict jours que monsieur le mareschal manda monsieur de Bonivet et moy, aux fins de marcher en toute diligence jour et nuict droict au Montdevi, avec cinq ou six compagnies françoises que nous avions à Sainct Martin, delaissant le sieur Francisco en ce quartier pour faire advancer la fortification; ce que nous fismes, et marchasmes jour et nuict, comme fut bon besoin, car monsieur le mareschal mesme s'estoit engagé dans Sebe pour secourir monsieur Bassé; et, comme dom Arbre entendit nostre venue, et qu'en chemin nous avions prins une compagnie à Savillan, et qu'il nous vit arrivez au coing de la ville, il faict largue, et, ayant gaigné un pont de brique, il commence à faire passer son bagage. Je ne sçaurois dire si le seigneur Ludovic

---

(1) Bertrand Rhaimbaut de Simiane, baron de Gordes.

(2) Dom Alvare de Sande (Avaro di Sandi).

de Birague estoit en nostre compagnie, parce que nous avions quelque Italien en nostre trouppe. Monsieur le mareschal, qui se vit desengagé, sort dehors la ville avecques tout ce qu'il avoit amené de forces, et alla attaquer l'ennemy au pont; et pensoit dom Arbre camper là, car nous y trouvasmes des loges desja faites. L'escarmouche fut grande et forte d'un costé et d'autre : toutesfois j'ay opinion que si nous l'eussions chargé de queuë et de teste, cavallerie et tout, que nous luy eussions faict peur et dommage ; car, apres qu'il eut passé le pont, il falloit monter une montaigne, de laquelle le chemin estoit si estroit, qu'ils n'y pouvoient aller que un à un. Or il nous monstra qu'il estoit vray soldat et homme de guerre ; car il fit passer premierement toute sa cavallerie, craignant que la nostre la chargeast, et qu'elle la renversast sur les gens de pied ; puis fit passer ses Allemans, et luy demeura derriere avec mil ou douze cens arquebusiers, qui tindrent tousjours le pont à la faveur de trois maisons qu'il y avoit au bout d'iceluy, lesquelles nous ne sceumes jamais gaigner, car ils les avoient toutes percées, respondant l'une à l'autre. Au haut de la montaigne il y avoit une plaine qui s'estendoit jusques à une villette qu'ils tenoient, estant de la longueur de mil pas seulement ou environ : là il fit faire alte à toutes ses gens, et apres se retira ; mais, en abandonnant les maisons, nous nous pensasmes mesler ; auquel lieu y eut quelques gens de morts d'un costé et d'autre. Nous les suyvions tousjours par ce petit chemin contremont à force arquebusades, car nous ne voyons pas l'appareil qu'il nous avoit faict sur le haut de la montaigne.

Messieurs de Bonnivet, de La Mothe-Gondrin (1) et moy estions à cheval, et parmy les arquebusiers, pour leur donner courage ; et, comme nous fusmes sur le haut, il nous fit une cargue de mil ou douze cens arquebusiers qui nous ramenerent droit au pont plus viste que le pas, et sur les bras de monsieur le mareschal. Le cheval de monsieur de La Mothe fut tué, le mien blessé, qui mourut dans cinq ou six jours, et Dieu nous ayda pour nous avoir faict departir nos soldats en deux trouppes, à main droicte et à main gauche du chemin, encore que la montée fust bien difficille ; qui fut cause que nous ne perdismes que fort peu de gens ; car, si nous fussions esté tous enfillez dans le chemin, nous eussions faict une grande perte, et nous mesmes y fussions demeurez. Notez cela, jeunes capitaines, quand vous vous trouverez à mesme ; car, les vieux et avisez et qui se sont trouvez en tels marchez sçavent ces remedes. Monsieur le mareschal retira tout le camp autour de Sebe, et lendemain ramena les canons que messieurs de Bassé et de Gordes avoient menez quand ils la prindrent, et y laissa trois compagnies, deux françoises et une italienne ; puis se retira par le Montdevi devers Thurin et Quiers. Or il ne me souvient comme Sebe fut depuis perduë, car nous y retournasmes un an apres la recouvrer, qui fut bien autrement deffenduë et combattuë que le premier coup, comme j'escriray icy apres.

Quelque temps apres, le sieur dom Ferrand dressa un camp surpassant toutes les forces de monsieur le mareschal, car ledict seigneur n'avoit Suysse ny Allemand. Or fut il adverty par les seigneurs Ludovic de Birague et Francisco Bernardin, que ce camp estoit dressé pour venir reprendre Sainct Martin et les autres chasteaux, ensemble pour prendre Cazal, à quatre mil de Thurin, et la fortifier, afin que Thurin ne receust aucun rafraichissement des montaignes et vallées de Lans, mesmes de Cazal, duquel lieu on tiroit la pluspart des fruits et bois qui venoient à Thurin. Or, comme le camp du seigneur dom Ferrand fut prest à marcher droict à Sainct Martin, monsieur le mareschal tint conseil de ce qu'il devoit faire de Cazal, veu qu'elle n'estoit point fortifiée ny tenable ; et conclurent qu'il la falloit abandonner et la demanteler ; toutesfois que le demantelement ne serviroit de rien, car le seigneur dom Ferrand l'auroit bien tost refaicte. Je fus adverty à Montcallier le soir mesmes de la conclusion : qui fut cause que le matin je m'en allay trouver monsieur le mareschal à Thurin, et luy demanday s'il avoit arresté d'abandonner Cazal. Il me dit qu'ouy, parce qu'il ne se trouveroit homme qui voulust hazarder sa vie et son honneur en se jettant dedans, et qu'ils avoient conclu au conseil d'y mettre une compagnie d'Italiens, laquelle se rendroit incontinent qu'elle verroit approcher le seigneur dom Ferrand. Je luy dis alors que cela ne serviroit de rien, car le capitaine mesme le diroit à ses soldats pour les y arrester, et qu'il falloit faire à bon escient, non en ceste sorte. Il me respondit : « Et qui voudriez vous qui fust si fol et hors de sens que d'entreprendre la deffence d'icelle ? » Je lui respondis que ce seroit moy. Alors il me dit qu'il aymeroit mieux perdre beaucoup de son bien, que de permettre que je m'engajasse là dedans, veu que ceste place ne sçauroit estre fortifiée d'un an pour tenir contre le canon. Je luy respondis lors : « Monsieur, le Roy ne nous paye ny ne nous entretient que pour trois raisons : l'une, pour luy gaigner une bataille, afin que, par le moyen d'icelle, il puisse conquerir

---

(1) Blaise de Pardaillan de La Mothe Gondrin.

beaucoup de pays; l'autre, pour luy deffendre une ville, car il n'y a ville qui se perde sans amener grand perte de pays; et la troisiesme, pour prendre une ville, car le gain d'une ville prise amene à subjection beaucoup de gens; et tout le reste ne sont qu'escarmouches ou rencontres qui ne servent qu'en particulier à nous, et pour nous faire cognoistre et estimer de nos superieurs, et acquerir de l'honneur pour nous; car, quant au Roy, il ne profite aucunement de cela ny de tous autres effects de la guerre, que par ces trois choses que j'ay dictes; et par ainsi, plustost que ceste place s'abandonne, j'y mourray dedans. » Monsieur le mareschal me contesta fort pour me divertir de ceste intention; mais, comme il me vit resolu, il me laissa faire. Il se payoit fort de raison, sans croire sa teste, comme faisoit monsieur de Lautrec, auquel on a remarqué ce deffaut, comme je pense avoir dit ailleurs.

Or Cazal est une petite ville fermée de muraille de caillous, sans pierre aucune carrée, un fossé qui l'environne; et l'eau s'y met et s'en sort, de sorte que l'on ne peut approfondir le fossé ny retenir l'eau en aucun endroit, pour le plus, que jusques à demy cuisse. Il n'y avoit tranchée aucune dedans ny dehors; les quatre coings n'estoient aucunement remplis, de sorte que, quand on m'eust battu une courtine par le quanton, on me pouvoit battre par le flanc. Je demanday à monsieur le mareschal cinq cens pionniers de la montaigne; ce qu'il depescha promptement à lever, et furent dans quatre jours à Cazal; plus, luy demanday une grande quantité d'outils et ferremens pour faire travailler les soldats; ce qu'aussi promptement il m'envoya, avec grand quantité de farines, lards, plomb, poudre et corde; plus, luy demanday le baron de Chipy (1), La Garde [qu'estoit parent du baron de la Garde], Le Mas, Martin, et ma compagnie: toutes ces cinq compagnies estoient bonnes, et les capitaines avec, lesquels, ayans entendu que je les avois nommez de moy-mesmes, le prindrent à grand louange et honneur. Je luy demanday aussi Le Griti, venitien, qui avoit une compagnie d'Italiens: le tout me fut accordé. Le matin donc je m'allay mettre dedans, et le soir toutes les compagnies arriverent. Monsieur de Gyé (2), premier fils de monsieur de Maugiron, estoit là en garnison avec la compagnie d'hommes d'armes de son pere, auquel monsieur le mareschal manda qu'il sortist, et qu'il menast la compagnie à Moncallier; il luy rescrivit qu'il n'avoit pas demeuré si longuement en garnison à Cazal pour l'abandonner lorsque le siege y venoit, et mesmement, puis qu'un si vieux capitaine que moy entreprenoit de la deffendre, qu'estoit cause qu'il avoit deliberé d'y mourir avec moy. Monsieur le mareschal ne print pas cela pour argent comptant, car le lendemain bon matin il vint à Cazal, ayant avec luy monsieur d'Aussun, de La Mothe-Gondrin, et le vicomte de Gordon. J'y avois desja faict tous les quartiers de gens de pied, sans desloger la gendarmerie, pource que je voyois monsieur de Gyé obstiné, et toute sa compagnie resolue d'y demeurer. Monsieur le mareschal, arrivé qu'il fut, ne sceut jamais faire tant qu'il en peut amener ledit sieur de Gyé; ains respondit franchement qu'il en pouvoit bien tirer sa compagnie, si bon luy sembloit, mais que, pour son regard, il n'en bougeroit pas; que fut cause que monsieur le mareschal s'en retourna fort mal content de m'avoir jamais accordé la demeure. Je veux dire à la verité que monsieur de La Mothe-Gondrin et monsieur le vicomte de Gordon se mirent à pleurer quand ils me dirent à Dieu, et me tenoient tous, comme faisoit monsieur le président de Birague mesmes qui est en vie, pour perdu ou de la vie ou de l'honneur; et ainsi s'en allerent apres disner. Et priay monsieur le mareschal et tous mes compagnons qu'ils ne me vinssent plus voir, car je ne voulois estre empesché d'un seul quart d'heure pour diligenter ma fortification. Je priay monsieur le mareschal de m'envoyer le colonel Charamond (3) qui estoit à Riboulle, pour m'aider à ladicte fortification, avec deux ingenieurs que ledict seigneur mareschal avoit, l'un desquels fut tué à la prise de Ulpian, et l'autre est le chevalier Reloge, qui est en France.

Nous commençasmes à remplir les quatre quantons, chasque capitaine des quatre en ayant pris le sien, puis departismes aux quatre courtines les deux autres compagnies et les cinq cens pionniers, car tous ceux de la ville au dessus dix ans portoient la terre avec les quatre capitaines. Mais, pour ne vouloir desrober l'honneur d'aucune personne, monsieur de Gyé avoit une enseigne de Dauphiné, qui se nommoit Montfort, et le guidon monsieur de L'Estanc, lesquels, estans arrivez à Moncallier sur le soir, commencerent à se souvenir et plaindre leur capitaine, tellement que toute la compagnie se mutina, et resolut d'aller mourir aupres de luy, et ne l'abandonner point; ainsi L'Estanc pria ledict capitaine Montfort de vouloir demeurer, car pourroit estre que monsieur le mareschal les y laisseroit tous aller quand il verroit qu'une partie

(1) Chépy.
(2) Lisez d'Ygié.
(3) Francesco di Chiaramonte.

s'en seroit allée ; et, pour ne malcontenter ledict sieur mareschal, qu'il retint avec luy tous ceux qui y voudroient demeurer. Ce qu'estant accordé, ledit L'Estanc, craignant que monsieur le mareschal n'en fust adverty, part à la minuict, suivy de la compagnie ; car ne vouloist demeurer homme d'icelle compagnie, que deux gens-d'armes et trois archers avec ledit de Montfort : ils laisserent leurs grands chevaux et armes, sauf la cuirasse et la salade, mouterent sur un courtaut chacun seulement, et, laissans leurs lances à leurs logis, prindrent des picques avec chacun un vallet à pied, et ainsi arriverent au soleil levant à Cazal, distant de Moncallier six mil. Monsieur de Gyé et le baron de Chipy avoient entrepris de terrasser la porte de laquelle ils virent ces gens; ils demeurerent grand piece (1) à les recognoistre, puis tous deux leur coururent au devant. Par là je cogneus que monsieur de Gyé estoit bien aymé de sa compagnie; aussi le meritoit-il, car j'oserois dire que c'estoit un des braves capitaines de France, et des plus vaillans. Monsieur de Montfort s'en alla le matin à monsieur le mareschal, et luy dit qu'il avoit perdu le guidon et toute la compagnie, qui s'en estoient allez la nuict trouver leur capitaine, le priant de luy donner congé de les suyvre avec un homme d'armes et trois archers qui luy estoient seulement de reste : ce que ne luy voulut permettre, ains luy deffendit expressement, et l'en fit retourner à Montcallier.

Or nostre ordre dans la ville estoit tel, que le matin tous generallement, tant capitaines, soldats, pionniers, qu'hommes et femmes de la ville, se rendoient devant le jour chacun à son œuvre, à peine de la vie ; pour à quoy les contraindre fis dresser des potences : j'avois et ay tousjours eu un peu mauvais bruit de faire jouër de la corde, tellement qu'il n'y avoit homme, petit ny grand, qui ne craignist mes complexions et mes humeurs de Gascongne. Donc, pource que c'estoit en hyver et aux plus courts jours, l'on travailloit depuis la poincte du jour jusques à unze heures, puis tout le monde s'en alloit disner, et à midy chacun se rendoit à son œuvre, et travailloit-on jusques à l'entrée de la nuict. Quant au disner, chacun disnoit au mien, mais le soupper estoit à mon logis, ou à celuy de monsieur de Gyé, ou d'un des capitaines, chacun à son tour : auquel lieu se trouvoient les ingenieurs, les commandeurs de l'œuvre; et, s'il y avoit quelqu'un qui n'eut pas advancé son œuvre autant qu'un autre, je luy departois ou des soldats ou des pionniers,

(1) *Grand piece* : beaucoup de temps.

pour que le lendemain au soir son œuvre fust autant advancée que celle de son voisin. Or je ne faisois autre chose que de courir par tout à cheval, ores aux fortifications, puis à ceux qui sioient les tables au moulin ; j'en fis faire grande quantité de demy pied d'espois, et autres pieces de bois qui nous estoient necessaires : l'eau de ce moulin nous faisoit un grand bien, car la sie ne reposoit jamais; et la pluspart de la nuit je marchois à torches par toute la ville, puis m'en allois où se faisoit le gason, tantost où se faisoient les gabions ; ores je r'entrois dans la ville, et donnois le tour par dedans, puis apres je m'en sortois autresfois recognoistre tous les lieux ; et n'avois aucun sejour qu'à l'heure de disner, non plus que le moindre soldat de la trouppe, encourageant cependant tout le monde au travail, caressant et petits et grands.

J'appris là qu'est-ce d'une entreprise, quand tout generallement se deliberent d'en venir à bout, et qu'est-ce qu'une masse de gens tous convoiteux de gaigner honneur au lieu qu'ils entreprennent ; et, encores qu'on puisse acquerir grand loüange en departant si bien les choses et les temps, qu'il ne se passe un seul demy quart d'heure inutilement, si est-ce qu'un chef ne fera jamais rien qui vaille si tous generallement ne sont d'un bon accord et n'ont bon desir de sortir de l'entreprise à leur grand honneur, comme fut fait en ce lieu. Mes capitaines, mes compagnons, il faut que ce soit chose qui depende principallement de vous : que si vous sçavez gaigner le soldat avec un mot, vous ferez plus qu'avec des bastonnades : il est vray que s'il y a quelque mutin ou retif, à ses despens il faut faire peur aux autres. Je veux retourner à monsieur de Gyé, lequel ne bougea jamais de sa porte jusques à ce que par le dedans et par le dehors elle fut dutout terracée, avec tous ses gendarmes, qui ne s'y espargnerent non plus que le moindre soldat de nos trouppes. O capitaines, le bel exemple que vous avez icy, si vous voulez notter, pour entreprendre, quand l'occasion se presente, de tenir une place. Je veux encore dire que j'avois donné tel ordre, qu'il ne se mangeoit un morceau de pain et ne se beuvoit un verre de vin, que par ordre et avec raison; et si vous voulez prendre exemple à Cazal, non seulement entreprendrez vous à garder une place, pour foible qu'elle soit, mais un pré environné de fossez, pourveu que l'union y soit comme je l'avois là dedans : tout estoit une mesme volonté, un mesme desir et un mesme courage ; la peine nous estoit un mesme plaisir. Or la fortune mienne fut si heureuse, que le sieur dom Ferrand bailla à Cezar de Naples la moitié de son camp, presque toute son infanterie, avec partie de la cavallerie, pour la conduire à Riverol, sept petits mil de Cazal, Ulpian entredeux ; et demeura ledict Cezar de Naples vingt deux jours à prendre Sainct Martin et ces autres chasteaux. Pendant ce temps-là, je mis la ville en deffence avec une extreme diligence, et fis faire de grandes tranchées et rampars derriere tous nos coins et portails bien terrassez, et tous les hauts gabions gabionnez à double gabionnade, bien deliberez de nous faire bien battre et acquerir de l'honneur. Or Cezar, ayant pris Sainct Martin et les autres chasteaux, arriva à Riverol avec son camp, où tout incontinent le sieur dom Ferrand mit en conseil pour arrester s'il nous devoit venir assaillir ou nous laisser, veu que j'avois eu temps de me fortifier, et que j'avois achevé tout ce que je voulois faire pour nostre deffence : et aussi mettoit en avant que nous estions six compagnies là dedans, tous resolus de combattre, et qu'il doutoit qu'à l'assaut il perdroit plus de vaillans capitaines espagnols et italiens que la ville ne valloit ; et leur remonstroit tout ce que j'avois fait dedans. Les capitaines espaignols et italiens qui furent appellez en ce conseil, voyant que le hazart tomboit sur eux, firent remonstrer par leur maistre de camp que l'Empereur avoit là des meilleurs capitaines qu'il eust en toute l'Italie, et desquels il faisoit autant ou plus d'estat que de tous les autres ; et que, pour ceste cause, il prioyent le sieur dom Ferrand de les vouloir conserver pour une bataille ou pour quelque entreprinse grande, et non pour si peu de cas que Cazal. Là dessus y eut grans disputes, et trois jours tindrent conseil sur ce faict : Cezar de Naples et le gouverneur d'Ulpian opiniastroyent que l'on nous devoit venir assaillir. Or, les soldats espagnols, qui entendirent ce qu'en disoit Cesar de Naples, dirent à leurs capitaines qu'ils iroyent donc à l'assaut avec leurs Italiens ; car, quant à eux, ils ne s'y trouveroient point, voulans maintenir ce que leur maistre de camp avoit proposé. Toutes ces disputes furent sçeuës par monsieur le mareschal, apres que le sieur dom Ferrand fut quitté de Riverol (1), par des lettres qu'il escrivoit au president de Milan, lesquelles les gens du sieur Ludovic de Birague prindrent ; et, cependant qu'ils disputoient de la chappe à l'evesque, monsieur le mareschal leur fit desrober Albe par messieurs de la Mothe-Gondrin, Francisco Bernardin, et de Panau (2), lieutenant de la compagnie dudit sieur mareschal, et quelques autres dont ne me souvient. Monsieur le mareschal fut adverty de la prinse au point du jour, car nos gens y estoyent entrez à unze heures de nuict, et me depescha un sien lacquay avec une lettre qui disoit : « Monsieur de Montluc, tout à ceste heure j'ay esté adverty que nostre entreprinse d'Albe est sortie à effet, et nos gens sont dedans ; qui est cause que je monte à cheval et m'y en vois à extreme diligence. » Le lacquay arriva environ les dix heures ; et, pour-ce que le gouverneur de Ulpian retenoit un trompette de monsieur de Maugiron, j'y envoyay un tambour du capitaine Gritty ; et, luy ayant monstré la lettre de monsieur le mareschal, je luy donnay charge de dire au gouverneur d'Ulpian que le sieur dom Ferrand ne se pouvoit mieux revancher de la perte d'Albe, que de nous venir attaquer. Et comme le tambour fut à la porte de Ulpian, trouva que le gouverneur estoit allé au poinct du jour au conseil à Riverol ; il dit aux soldats de la porte la prinse d'Albe ; lesquels sur ces nouvelles le voulurent tuer, et de faict commencerent à l'attacher et garrotter : mais cependant arriva le gouverneur, auquel je mandois qu'il me rendist le trompette, veu que nous nous avions tousjours fait bonne guerre ; et qu'il ne commençast point la mauvaise, car nos gens l'avoyent aussi fait aux leurs à la prinse d'Albe. Ledit gouverneur print le tambour et l'amena à son logis, et luy dit que, si ce qu'il disoit n'estoit vray, qu'il le feroit pendre : le tambour luy respondit que, s'il estoit vray, il ne vouloit qu'il luy donnast qu'un teston, et qu'au contraire, s'il disoit faux, il vouloit estre pendu. Le gouverneur tourne remonter à cheval, et s'en va à Riverol : toute la nuict ils furent en conseil si cecy pouvoit estre verité ou non. Lendemain à midy, arriva le capitaine du chasteau de Montcalvo, qui leur porta nouvelles, de la part du gouverneur d'Ast, que la prinse d'Albe estoit veritable ; qui fut cause que lendemain matin le sieur dom Ferrand partit, et s'en alla passer la riviere au pont d'Asture en grand diligence, pour aller droit audit Albe, voir s'il le pourroit reconquester avant que monsieur le mareschal l'eust faite fortifier d'avantage.

Comme je me vis hors de la craincte du siege, j'envoyay incontinent les pionniers que j'avois audit Albe, qui firent grand plaisir à monsieur le mareschal. Je n'attendois pas là de commandement : il est souvent necessaire de faire avant estre commandé, s'il n'y a du hazard. Monsieur de Bonivet et le colonel Sainct Pierre, corce, se mirent dedans avec sept enseignes. Or, dés l'arrivée du seigneur dom Ferrand au pont d'Astu-

---

(1) *Fut quitté de Riverol*, pour *eut quitté Riverol*.
(2) Boyvin du Villars le nomme *Paran*, et donne des détails curieux sur cette entreprise.

re, et qu'il eut passé la riviere, monsieur de Salvazon, qui estoit gouverneur de Berruë, m'en advertit en diligence. Je fis partir le baron de Chipy, La Garde et Le Mas soudainement, qui furent lendemain au poinct du jour à Albe; dequoy monsieur le mareschal fut fort aise, comme fut bien aussi monsieur de Bonivet, pour-ce qu'ils venoyent d'un lieu auquel ils avoient prins grand peine de fortifier, esperant que ceux-là monstreroient le chemin aux autres, comme ils firent. Monsieur de Maugiron voulut demeurer à Cazal, car il y faisoit bon vivre pour les chevaux. J'y laissay le capitaine Martin avec luy, et envoyai Le Grity à sa garnison; moy et le collonel Charmond allasmes trouver monsieur le mareschal à Thurin, qui ne faisoit qu'arriver d'Albe, et ma compagnie s'en alla à Montcallier. Je vous laisse discourir si monsieur le mareschal, monsieur le président Birague et toute la cour du parlement me firent grand chere, et si je fus le bien venu.

Donc, capitaines, quand de quelque entreprise sortira grande commodité, et quelque profit en pourra venir, comme faisoit de ceste-cy, veu que Thurin, si Cazal eust esté prins, en souffroit grand dommage, n'arrestez d'entreprendre et tenter hardiment; et, quand vous y serez, souvenez-vous de la sorte que j'en usay; car ainsi mettrez-vous en crainte l'ennemy de vous attaquer; il est plus en alarme de vous assaillir, que vous n'estes de vous deffendre; il songe et considere ce qui est dedans, et qu'il a affaire à gens qui sçavent remuer terre; qui n'est pas peu de chose à un guerrier. Il est vray que le sieur Cezar fit un pas de clerc de s'amuser aux forts, et nous laisser cependant fortifier : s'il fut lors venu droit à nous, il nous eust donné de la peine : je croy qu'il craignoit. Aussi ma bonne fortune voulut que le sieur dom Ferrand separa ses forces: s'il fut venu lors nous attaquer, il eust emporté de bons hommes, mais nous eussions bien vendu nostre peau.

Or, comme le sieur dom Ferrand fut en Ast, il eut advertissement que monsieur de Bonivet estoit fort dans Albe, et que de nouveau y estoient entrez trois compagnies de celles que j'avois à Cazal, avec grand quantité de pionniers; qui fut cause qu'il entra en aussi grande dispute s'il y devoit aller ou non, comme à Riverol pour venir à Cazal. Il partit donc au bout de cinq ou six jours d'Ast avec toute sa cavallerie pour recognoistre Albe; et, apres avoir demeuré un jour aux environs, il s'en alla camper devant Sainct Damian, parce qu'il avoit entendu que monsieur le mareschal avoit prins presque toutes les munitions, poudres, plombs et cordes pour mettre dans Albe, et avoit donné charge à quelqu'un d'en y amener autant. Mais bien souvent la paresse et negligence des hommes fait plus perdre que gaigner : car je ne vis jamais homme long en besongne, paresseux ou negligent à la guerre, qui fit beau fait; aussi il n'y a rien au monde où la diligence soit tant requise : un jour, une heure, une minute fait evanoüir de belles entreprises. Or monsieur le mareschal pensoit que le sieur dom Ferrand se vint mettre plustost à Carmagnolle que non ailleurs, pour la fortifier et prendre le chasteau, pensant que Sainct Damian auroit recouvert des poudres. Ainsi s'en vint jusques à Carmagnolle. Monsieur de Bassé, qui estoit gouverneur du marquisat de Salusse, vouloit entreprendre de deffendre le chasteau.

[1553] Monsieur le mareschal s'en alla apres à Carignan, et me laissa avec ledit sieur de Bassé pour luy ayder à mettre les vivres et munitions dans le chasteau, et ce fut à la requeste mesmes de monsieur de Bassé; et, lendemain propre que monsieur le mareschal fut party, il fut adverty, par une lettre venant des parts de messieurs de Bricquemaut (1) et de Chavigny, que le camp de l'ennemy se campoit devant Sainct Damian, et qu'ils le prioient les vouloir secourir de poudres, plomb et corde pour l'arquebuzerie, car ils n'avoyent point eu celle qu'il leur avoit promis : dont monsieur le mareschal se trouva le plus fasché du monde, et y envoya promptement six charges de poudre et quatre de plomb et de corde; et mandoit au gouverneur de La Cisterne, distante de Sainct Damian deux petits mil, lequel avoit trois compagnies d'Italiens avec luy, qu'il hazardast de mettre ceste nuict là ces munitions dedans. Monsieur de Bassé et moy avions desja entendu que le camp s'estoit planté devant Sainct Damian, par l'homme mesmes qui en portoit les nouvelles à monsieur le mareschal; car il falloit qu'il passast à Carmagnolle, comme fit aussi ceste munition trois ou quatre heures apres, qu'estoit sur l'entrée de la nuict. Monsieur de Bassé et moy exhortasmes celuy qui conduisoit icelle munition de remonstrer aux capitaines qu'il falloit que ceste nuict-là mesmes la poudre entrast, car autrement elle ny pourroit point entrer; et falloit que celuy qui la conduisoit y entrast luy-mesme : nous le trouvasmes si froid, que nous cogneusmes bien qu'il ne feroit rien de bon. Il est aisé de voir à la care si un homme est espouvanté, et s'il luy baste l'ame pour executer ce qu'il entreprend : et eusmes peur qu'il n'espouvantast plustost les capitaines, quand il seroit à La Cisterne, que de

(1) François de Beauvais de Briquemant.

leur donner courage : qui fut cause que je me resolus de m'y en aller, pour tascher par ce secours à sauver la place ; monsieur de Bassé voulut que monsieur de Classe, son premier fils, vint avec moy, conduisant dix hommes d'armes, car il estoit lieutenant de la compagnie.

Nous partismes une heure de nuict, et arrivay à unze heures à La Cisterne ; auquel lieu je trouvay le gouverneur et les capitaines bien empeschez, faisant de grandes difficultez sur la conduitte de ceste munition, et comme elle se pourroit mettre dedans : et à la verité il y avoit quelque raison, car Sainct Damian est petit, et le sieur dom Ferrand avoit en son camp six mil Allemans, six mil Italiens et quatre mil Espagnols, douze cens chevaux legers et quatre cens hommes d'armes, et tout cela campoit joignant la ville, autour de laquelle les corps de garde se touchoient ; et d'y faire entrer la munition avec les chevaux qui l'avoient portée, estoit chose impossible, car il y avoit neige jusques au genou, et tous les chemins estoient pleins des loges des soldats. Or incontinent je fis assembler force sacs, lesquels nous coupasmes en trois, et quelques femmes promptement les cousoyent, dans lesquels je fis mettre la poudre ; puis j'eus trente paysans auxquels je fis lier les poudres, plomb et corde à la ceinture, et leur fis bailler à chacun un baston en la main pour se soustenir. Monsieur de Briquemaut, gouverneur, avoit envoyé six Suysses de sa garde hors la ville, lesquels n'estoient peu r'entrer dedans ; ainsi se trouverent à La Cisterne et prindrent leur part de la munition. Estant donc prests à partir, arriverent les seigneurs de Pied-Defou (1) et de Bourry (2), lequel on m'a dit s'estre faict huguenot, de Sainct Romain, parent de monsieur de La Fayette, et trois ou quatre autres gentils-hommes s'acheminans pour s'aller jetter dedans, lesquels se mirent à pied et renvoyerent leurs chevaux. Monsieur le mareschal avoit escrit à deux des capitaines qui estoient à La Cisterne, qu'ils entreprinssent de mettre les poudres dans Sainct Damian ; lesdits capitaines estoient vieux soldats, ce qui ne m'en fit esperer aucune chose de bon : car qui veut faire une execution hazardeuse et de grand combat, il se faut garder sur tout de vieux capitaines et de vieux soldats, parce qu'ils apprehendent trop le peril de la mort, et la craignent, et n'en tirerez jamais bon ouvrage : ce que j'experimentay là et en plusieurs autres lieux. Le jeune n'apprehende pas tant le danger :

il est vray qu'il y faut de la conduicte ; et entreprendra aisément quelque execution où il y faut de la diligence : il est prompt, ingambe, et la chaleur luy enfle le cœur, qui est souvent froid au vieillard.

Or ils partirent environ deux heures apres minuict, et, comme ils furent hors la ville, je me mis sur une plate-forme pres de la porte, duquel lieu je descouvrois tout leur camp, sauf un peu de l'autre costé de la ville ; j'envoiay le lieutenant du gouverneur de La Cisterne pour donner l'alarme par le fons à main gauche ; ce qui ne porta pas grand profit, d'autant que les ennemis n'en firent nul compte. Et comme nos gens furent sur un petit haut pres de la ville, d'où on descouvroit tous les feux, et les gens mesmes à la clarté d'iceux, un des capitaines italiens dict à monsieur de Pied-Defou et aux autres : *Vedete* (3) *il campo : ecco la cavallerie, ecco la gendarmerie ; ecco li Tudesci, ecco li Espagnoli, ecco li Italiani* ; leur monstrant le tout avec le doigt : *Non si intrarebbe una gata, bisogna tornar in dietro* ; ce qu'ils firent. Or je demeuray tousjours sur ceste plate-forme, ayant mon mal de cuisse qui me tuoit, de laquelle je n'estois encore guery ny de deux ans apres ; voicy nos gens retournez sur la poincte du jour, et me compterent ce qu'ils avoient veu, dequoy je fus bien marry. Soudain je despesche un homme en poste devers monsieur le mareschal, qui ne sçavoit pas que je fusse à La Cisterne, ains me pensoit à Carmagnolle avec monsieur de Bassé ; et lui manday tout ce qui en avoit esté faict, et qu'il ne falloit point avoir esperance que ces capitaines-là missent les poudres dans Sainct Damian ; j'en avois desja faict l'espreuve : le priant qu'il mandast en poste à Montcallier au capitaine Charry (4), qui portoit mon enseigne, que soudain il partist avec cinquante des meilleurs soldats que j'eusse, sçavoir, trente arquebusiers, et vingt picquiers, et qu'il se rendist à La Cisterne à la minuict. Monsieur le mareschal trouva estrange quand il entendit que j'estois là, et depescha un homme en poste au capitaine Charry, auquel j'escrivois pareillement un mot en haste : ce vaillant jeune homme, plein de bonne volonté, ne s'en fit pas prier, mais tout incontinent il partit avec les cinquante soldats, et se rendit environ une heure apres minuict à La Cisterne, auquel lieu je luy avois faict apprester dans une cave trois ou quatre feux de charbon et une table longue pleine de vivres ; et

---

(1) René, seigneur du Puy-du-Fou.
(2) Charles du Bec, baron de Bourry.
(3) « Voyez le camp ; voici la cavalerie ; voilà la gen-

darmerie ; voilà les Allemands, les Espagnols, les Italiens (leur montrant le tout avec le doigt) : on ne feroit pas entrer un chat ; il faut s'en retourner. »

(4) Jacques Prévôt, sieur de Charri.

avois-je fait enserrer les vilains d'un costé, et, pendant que les soldats beuvoyent, je les faisois charger avec les Suysses; et ne voulus plus parler aux capitaines des Italiens pour aller avec le capitaine Charry, mais en priay un de me bailler son enseigne, qu'on nommoit Pedro Antonio, un jeune fol esventé que j'avois cogneu à Montcallier, et l'avois fait mettre en prison deux fois, pour des follies qu'il faisoit dans la ville. Je le tiray à part et luy dis : « Pedro Antonio, je te veux faire plus d'honneur qu'à ton capitaine : tu as veu la nuit passée quelle faute vous autres avez fait, de ne vous efforcer d'entrer dans la ville, et vous en estes retournez avec excuses ; de ma part, je ne prens nulle excuse en payement, depuis qu'il y va de la perte d'une ville et des gens de bien qui sont dedans. Je sais bien que tu as assez de valleur, mais tu n'es pas sage; et, si tu veux esprouver ta sagesse à ce coup, comme tu as d'autresfois fait ta hardiesse, je te promets ma foy de te faire donner une compagnie à monsieur le mareschal, auquel l'occasion se présente luy faire cognoistre que, comme tu es hardy, tu es aussi sage pour commander. Je veux que tu ailles prendre cinquante hommes de la compagnie de ton capitaine, auquel je veux dire tout à ceste heure qu'il te les baille, et, au sortir de la ville, je te mettray tous les paysans et les Suysses qui portent la munition au milieu de tous les cinquante soldats ; et veux que tu amenes deux ou trois sergens que je te feray bailler aussi pour en mettre un à chasque flanc et sur le derriere, afin de donner courage à tes soldats de te suyvre, et garder que les paysans ne s'escartent. Mais, comme le capitaine Charry ira attaquer un corps de garde, passe outre sans t'amuser à combattre, sinon que quelqu'un se presentast devant toy, et passe tousjours en avant, soit que tu rencontres ou non, jusques à ce que tu sois à la porte de la ville. » Il me respondit (1) : *Credete, signor, ch' io lo faro a pena di morir, et voi connoscereti che Pietro Antonio sera divenuto saggio:* lors l'embrassant, je luy dis : *Io ti prometto anchora che io mi recordero di te, et che ti sera riconnosciuto il servisio: no mi mancar di gratia, io ti giuro per la Nostra Madonna se tu non fai chello che un huomo da bene debbe fare, io ti faro un tratto di Montluco; tu sais como io ho manegiato non suono quindeci di uno d'elli nuostri facendo d'il poltrone; io non dimando seno un puoco di prudenza con prestezza.* Il me tint ce qu'il m'avoit promis, car il s'y porta bien sagement : les capitaines luy baillerent tout ce qu'il demandoit, estans bien aises d'en estre deschargez. Je priay aussi Pied-Defou et autres nommez que, puisqu'ils vouloient entrer dans la ville, il falloit qu'ils y entrassent pour l'aider à conserver et non pour se perdre, ensemble ce qui estoit dedans, d'autant que la conservation d'icelle ville ne consistoit qu'à mettre les munitions dedans, et qu'il estoit necessaire qu'ils se departissent les uns aux flancs, les autres sur le derriere, aux fins que quand le capitaine Charry combattroit, ils donnassent courage aux gens de Piedro Antonio, et aux paysans, de passer outre; ce qu'ils firent. Or tous, tant mes soldats, Italiens, que les paysans, furent advertis par moy de tout ce que les uns et les autres devoient faire, ainsi sortir de la ville en ce mesme ordre. Je dis au capitaine Charry, presens mes soldats, que je ne les voulois jamais plus voir s'il n'entroyent ou mouroient, tous tant qu'ils estoient de ma compagnie : alors il me respondit que je m'allasse seulement reposer, et que bien tost j'entendrois de ses nouvelles : à la verité c'estoit un soldat sans peur. En sa trouppe estoit un de mes corporals, nommé Le Turc, picard de nation, qui me dit : « Et quoy, faictes vous doute que nous n'entrions dedans? Par la mort bieu, nous aurions bien employé nostre temps, ayans combattu plus de cent fois avec vous, et tousjours demeurez victorieux, et à ceste heure cy vous faictes doute de nous? » Alors je le sautay embrasser au col, et lui dis ces mots : « Mon Turc, je te promets ma foy que je vous estime tant tous, que je m'asseure que, si gens au monde y entrent, vous autres y entrerez. » Nous avions des chandelles basses pour nous esclairer, afin que les sentinelles du camp n'apperceussent aucun feu dans La Cisterne; et ainsi ils partirent, et je m'en allay mettre sur la plate-forme sur laquelle j'avois la nuict auparavant demeuré; le capitaine de là dedans me tenoit tousjours compagnie. Or au bout de deux heures j'ouys une grand alarme à l'endroit par lequel il falloit qu'ils entrassent, et grandes arquebusades; mais cela ne dura point : qui me fit mettre en crainte que nos gens fussent repoussez; ou bien que les paysans se fussent mis en fuitte, lesquels, comme

---

(1) « Assurez-vous, monsieur, que je le ferai, ou que j'y mourrai; et, pour cette fois, vous verrez que Pietro Antonio est devenu sage. » Lors l'embrassant, je lui dis : « Je promets encore que je me souviendrai de toi, et que le service que tu nous rendras sera récompensé; mais ne manque pas à ta promesse, car je te jure par la Vierge Marie que si tu ne fais pas le devoir d'un homme d'honneur, je ferai un trait de Montluc; tu sais comme j'ai traité, il n'y a pas quinze jours, un des nôtres qui faisoit le poltron. Je ne te demande qu'un peu de prudence et de la promptitude. »

ils furent sur ce haut où les capitaines italiens avoient dit qu'il n'y entreroit un chat, firent un peu alte : les guides leur monstrerent les corps de garde, desquels, à cause de la grande froidure et de la neige, les sentinelles n'estoient pas à vingt pas. Le capitaine Charry appella messieurs de Pied-Defou, Bourry, Sainct Romain, Pedro Antonio, et leur bailla deux guides, s'en reservant une, et leur dit : « Voy-là le dernier corps de garde des gens de pied, car le demeurant c'est cavallerie, qui ne fera pas grands efforts à cause de la grand neige ; dés que vous me verrez attaquer ce corps de garde, passez outre le grand pas ; et ne vous arrestez, quoy que vous trouviez sur vostre chemin, mais vous rendez à la porte de la ville. » Tous d'une volonté baisserent la teste ; le capitaine Charry aborde ce corps de garde, lequel il mit en routte sur un autre corps de garde, et tous deux prindrent la fuitte ; puis passa outre droit à la porte de la ville, où il trouva ja Pedro Antonio arrivé. Incontinent delivrerent la munition, sans y faire autre arrest, sinon que messieurs de Chavigny et Briquemaut embrasserent le capitaine Charry, et le prierent de me dire que, puisque j'estois à La Cisterne, ils estoient asseurez d'estre secourus de ce qui leur faisoit besoin, et qu'il seroit tres-necessaire de leur faire tenir de la munition encore d'avantage. Mais, comme l'on s'amusoit à prendre les soldats des corps de gardes qui s'en estoient fuys, dont le lendemain un capitaine en fut pendu, le capitaine Charry et Pedro Antonio, avec les paysans, trouverent les ennemis sur ces entre-faites, les chargerent et passerent outre ; je n'y perdis un seul soldat, italien ny françois, et n'en y eut un seul blessé, mesmes aucun paysan ; mais tous arriverent à La Cisterne estant desja grand jour, me trouvant encores sur la plate-forme Je despeschay incontinent vers monsieur le mareschal, pour le prier qu'il m'envoyast encore de la poudre, car de plomb et de corde ils en avoient assez : ce qu'il fit tout promptement de Quiers enhors, auquel lieu ils'estoit remué, pour estre plus pres de moy.

Voy-là l'aage que doivent avoir les capitaines à qui l'on baille les charges pour executer une entreprise hasardeuse et soudaine. Je puis asseurer avec la verité que, cent ans a, ne mourut un plus brave et plus sage ny mieux advisé capitaine de son aage, qu'estoit le capitaine Charry ; et m'asseure que monsieur de Briquemaut n'en dira pas le contraire, encore qu'il soit de la religion de ceux que l'on a massacré depuis à Paris. La forme de sa mort (1), je n'ay que faire de l'escrire, car le

Roy et la Royne, et tous les princes de la Cour le sçavent assez : aussi est-ce chose indigne d'un François. Et quand je l'eus perdu, ensemble mon fils le capitaine Montluc, qui fut tué à Madere, appartenant au roy de Portugal, il me sembla que l'on m'eust couppé mes deux bras, parce que l'un estoit le mien dextre, et l'autre le senestre. Il avoit nourry le capitaine Montluc tousjours aupres de soy depuis l'aage de douze ou treze ans ; et partout où il alloit, ce jeune garçon luy estoit tousjours pendu à la ceinture : je n'eusse sçeu luy donner un meilleur precepteur que celuy-là pour luy apprendre qu'est-ce que de la guerre ; aussi en avoit-il retenu beaucoup, pouvant dire sans honte, encore que ce fut mon fils, que, s'il eust vescu, c'eust esté un grand homme de guerre, prudent et sage : mais Dieu en a autrement disposé. Laissant ces propos [qui me tirent les larmes des yeux], je retourneray à nostre faict.

Monsieur de Briquemaut me manda par le capitaine Charry qu'ils n'avoient nul ingenieur là dedans, ny homme qui sçeust dire où falloit mettre un gabion ; dequoy il me prioit en advertir monsieur le mareschal : me prioit aussi de luy vouloir faire retourner le capitaine Charry avec mes cinquante soldats, car il les estimoit autant que la meilleure compagnie qu'il eust là dedans, et qu'en recompense à jamais il se rendroit serviteur mien : ce que je fis. Monsieur de Gohas, qui est aujourd'huy estoit lors de ma compagnie et du nombre des cinquante, jeune de dix-sept ans, et sur son commencement qu'il avoit pris les armes. Monsieur le mareschal envoya en poste à Albe, pour faire venir les ingenieurs qui y estoient, dont le chevalier Reloge en estoit un. Et, comme le capitaine Charry fut arrivé, les picquiers prindrent de la poudre en ceinture, ainsi que les autres avoient faict auparavant ; et ne voulut escorte aucune, mais alla prendre le chemin un petit à main droite, par le quartier de leur cavallerie, et donna à travers, et passa sans perdre un homme ; il sçavoit tres bien prendre son party. Incontinent qu'il fut arrivé, il pria messieurs de Briquemaut et de Chavigny de luy laisser garder le fossé ; ce qu'ils lui accorderent : et se couvrit là dedans de bois, tables et gabions. Et, tout incontinent que les guides furent de retour à moy, je despeschay vers monsieur le mareschal, luy donnant advis de tout, le suppliant qu'il m'envoyast le capitaine Caupenne, mon lieutenant, avec autres cinquante soldats des miens : ce qu'il feit ; et, deux jours apres son arrivée, je fis hazarder pour leur apporter encore des poudres. Il alla du costé de la gendarmerie, où les ennemis avoient mis un corps de garde

---

(1) Il fut assassiné, ou tué en duel.

de gens de pied, qui prindrent la cargue d'assez loin; mais il fit tant, qu'il meit la poudre sur le bord du fossé de la porte; et par luy me manderent les susdits seigneurs recommandations, avec advertissement d'asseurer monsieur le mareschal qu'il n'eust plus crainte que la place se perdist, parce qu'ils avoient à cest heure tout ce qui leur faisoit besoin. Le baron de Chipy, qui estoit à Albe avec monsieur de Bonivet, se voulut essayer d'y mettre des poudres du costé d'Albe, et chargea de la sorte qu'avoient fait les miens; mais il y perdit les poudres et les paysans, avec presque tous ses soldats; au moins n'en y entra que luy quatorziesme ou quinziesme. En toutes choses il y a de l'heur.

Or le camp y demeura seize ou dix sept jours devant, et la batterie dura sept jours (1). Cesar de Naples avoit fait deux mines qui alloient par dessus le fossé, à l'endroit de la bresche, lesquelles estoient desja pres de la muraille. Un pionnier se sauvant, fut pris de nos Italiens, qui me dict le tout: lequel, incontinent la nuict venuë, je baillay au capitaine Mauries [qui estoit pour lors mon sergent, et à ceste guerre derniere a esté sergent major à Bordeaux pres monsieur Montferrand] qui l'attacha, et ne voulut qu'un autre soldat et une guide pour le conduire; lequel le mena si bien, qu'il ne trouva que deux sentinelles par le chemin, lesquelles soudainement se retirerent au corps de garde. Ainsi il passa, et mena le pionnier dans la ville, dans laquelle il demeura tout le jour; et, comme le jour fut grand, messieurs de Chavigny et de Briquemaut le menerent sur la muraille de la batterie, duquel lieu il recogneut en quelle part se faisoit la mine. Incontinent ils descendirent au fossé, et commencerent à le coupper et gratter, tellement que bien tost apres ils descouvrirent les trous, et depuis nous entendismes qu'il ne s'en fallut de gueres qu'ils n'y attrappassent Cesar de Naples, qui estoit là pour recognoistre la mine. Or les deux jours derniers ils firent une grande batterie, et avoit fait faire le sieur dom Ferrand grand quantité de fascines que les soldats espaignols, italiens et allemans jettoient dedans, ayant couppé la contre-escarpe en deux ou trois lieux; mais autant qu'ils en jettoient, le capitaine Charry, qui estoit dedans, les retiroit dans la ville par un trou qu'ils avoient au dessous de la bresche; de sorte que, pensant que ledit fossé fut remply, ils l'envoyerent recognoistre en plain jour, estant en bataille pour donner l'assaut; mais ils trouverent qu'il n'y avoit rien, et alors

firent grand diligence de la batterie deux jours, et si tiroient une bonne partie de la nuict, à la clarté de la lune. Voyans la bonne contenance que tenoyent nos gens là dedans, et que leurs mines ny fascines ne leur avoient de rien servy, delibererent de ne donner poinct l'assaut, ains de lever le siege; et, la derniere nuict qu'ils eurent achevé la batterie, j'y fis encores entrer le capitaine Mauries, qui entendit que le camp se levoit et comme ils retiroient l'artillerie; car messieurs de Chavigny et de Briquemaut, avant qu'il partist de là, voulsirent qu'il entendist comme il se levoit, à la verité pour m'en porter les nouvelles. Ainsi passa et repassa tout à son aise sans trouver personne, pource que tout le camp estoit desja en bataille et hors des loges. Comme il fut arrivé devers moy, environ deux heures avant le jour, je les depeschay incontinent, sur de bons chevaux, vers monsieur le mareschal, lequel il trouva encores au lict, pource qu'il n'avoit dormy une seule goutte de toute la nuict, ayant demeuré tout le jour avec monsieur le president Birague et le sieur Francisco Bernardin au dessus de Rive de Quiers, qui, comme ils n'ouyrent, environ les deux apres midy, plus tirer l'artillerie, ayant demeuré là jusques à une heure de nuict sans rien entendre, tindrent la place pour perduë ou capitulée: mais le matin, un peu apres le soleil levant, et ainsi que le valet de chambre eust ouvert, comme le capitaine Mauries luy eut porté les nouvelles, je vous laisse penser la joye qu'il en eut: il me manda soudain que je m'en revinsse le trouver.

Or je fis là un tour de jeune capitaine: car, comme le capitaine Mauries me dict que le camp se levoit, je m'en allay en grand'haste à Sainct Damian; et aussi tost que le capitaine Charry, qui estoit sur la muraille, me vit venir, il sortit dehors avec mes autres soldats; de quoy je fus bien marry. Les ennemis s'estoient mis derriere une petite montaigne, le ventre à terre, et avoient laissé quinze ou vingt arquebusiers à la descouverte. Je les allay attaquer, et les chargeay; mais, comme je fus à quatre pas des autres, ils se leverent et me chargerent de cul et de teste, tellement qu'ils me menerent battant tout contre la ville, laquelle me secourut [et bien pour moy] de dessus la muraille à coups d'arquebusades. Là le capitaine Charry fut pris et blessé, et, sans mon lieutenant que j'avois laissé aux gabions, ils m'avoient taillé en pieces avec tous les cinquante du capitaine Charry. Je perdis sept ou huict soldats, desquels il y en eut trois de morts; monsieur de Gohas fut une fois enveloppé, et puis eschappa. L'aise que j'avois de voir le siege levé, et l'envie d'avoir quelque prinse sur les en-

---

(1) *Voyez* de Thou et Boyvin du Villars. La relation de ce dernier differe dans les détails.

nemis, me fît mal à propos faire ceste escapade. Cela faict, je m'en retournay à La Cisterne, après avoir veu messieurs de Chavigny et de Briquemaut, et le soir me rendis à Quiers ; auquel lieu je fus aussi bien venu de monsieur le mareschal et de tous ceux qui estoient avec luy, que homme eust sçeu estre. Lequel sieur mareschal despescha monsieur de Biron devers le Roy, pour luy porter le succez du siege, et luy demanda une place de gentilhomme de la chambre pour moy ; et aussi, pour la grand' instance et supplication que je luy fis, estant souvent en douleur de ma cuisse, il me deschargea de l'estat de maistre de camp, encores que ceste requeste ne fust gueres aggreable audit sieur mareschal ; mais, pour me gratifier de tout ce que je luy eusse sçeu demander, il voulut me contenter. Et estant ledict seigneur de Biron (1) à la Cour, le Roy ne voulut donner ledict estat de maistre de camp, que prealablement il ne fust mieux informé à qui il le devoit donnner ; et ordonna que monsieur le mareschal nommeroit un homme, monsieur de Bonivet un autre, et que j'en nommerois un autre. Je nommay monsieur de Chipy ; qui fut cause que ledict sieur de Biron fut longuement à la Cour, pour les allées et venuës qu'il fallut faire : et cependant je demeuray tousjours chargé dudict estat de maistre de camp, jusques au retour dudict seigneur de Biron [lequel lors portoit le guidon de monsieur le mareschal], qui m'en apporta la descharge, ayant le Roy donné iceluy estat au baron de Chipy, que j'avois nommé ; et de mesmes m'apporta la place de gentilhomme de la chambre, car il ne voulut partir qu'il ne me vist enroollé en une place des vieilles qui avoit vaqué ; et si me porta la patente du gouvernement d'Albe, à quoy je n'avois jamais pensé, et moins estimé que le Roy me preferast à trois ou quatre autres pour lesquels monsieur le mareschal avoit escrit. Voylà des services que je fis au Roy et à monsieur le mareschal, à quinze ou vingt jours l'un de l'autre.

Or, mes compagnons, celuy est bien-heureux qui faict service à son roy sous un sien lieutenant qui ne cele pas l'honneur de ceux qui font quelque chose remarquable, comme ne faisoit pas monsieur le mareschal de Brissac ; car oncques homme ne fit rien auprès de luy qui fust digne que le Roy l'entendist, qu'il ne l'en advertist : il ne desroboit pas l'honneur d'autruy pour s'en enrichir ; il ne celoit la valeur du plus grand jusques au plus petit. Et, comme Dieu voudra que vous serez employé auprès de tels lieutenans de Roy, ne craignez point à hazarder vos vies, et y mettre toute vostre diligence et vigilance à leur faire service : j'entends, si vous avez envie de parvenir par les armes et par la vertu ; sinon, retirez-vous. C'est un extreme regret à celuy qui a exposé sa vie pour faire quelque chose de bon, quand on cele son nom à son prince, duquel nous devons tous dependre. Il n'y a larrecin qui excede celuy qu'on faict de l'honneur d'autruy ; et cependant la pluspart des generaux des armées ne faict pas conscience de cela.

Pendant que le seigneur de Biron estoit à la Cour, demeurant chargé de l'estat de maistre de camp, comme dict est, et au commencement de juing, que les bleds commençoient à meurir, le seigneur dom Ferrand ne voulut point laisser ce grand camp qu'il avoit, inutile, ains, à la persuasion de monsieur de La Trinitat (2), frere du comte de Bene, vint assieger Bene ; et luy fit entendre ledict seigneur de La Trinitat qu'il coupperoit l'eauë qui alloit dans la ville faire moudre les moulins, et qu'il n'y avoit poinct de bleds ny farines dans icelle pour un mois, l'asseurant qu'il luy feroit gaigner une paye pour ses soldats, faisant coupper le bled qui commençoit à estre meur, et soudain le faire battre par deux ou trois cens vilains qu'il meneroit avec luy, sçachant bien que ceux des Langues et de Bernisse La Paille le voudroient achepter, et qu'ainsi dans un mois ils rendroient la ville sans tirer coup de canon. Monsieur de Savoye, qui estoit jeune, et la premiere fois qu'il estoit entré en armée, y estoit ; et vindrent mettre leur camp auprès de Bene, un mil sur le bord d'une riviere qu'il y a, de laquelle ils coupperent l'eauë, de sorte qu'il n'en venoit pas une goutte. Or par malheur monsieur le mareschal avoit ordonné à un gouverneur, lequel je ne veux nommer, d'y faire apporter douze cens sacs de bled et farine, moitié de l'un et moitié de l'autre, de son gouvernement, comme il estoit de coustume. Je ne veux point mettre par escrit l'occasion pour quoy ledit gouverneur n'y envoya lesdites munitions, car il toucheroit trop à son honneur : aussi je ne veux dire mal de personne. Monsieur le president de Birague sçait bien les raisons, pource qu'il estoit au conseil quand monsieur le mareschal m'envoya querir, où il en fut fort parlé et disputé. Le camp de l'ennemy estoit desja devant Bene il y avoit huict jours, et ne faisoit pas grand semblant de l'assaillir, esperant qu'il l'auroit bien tost par faute de vivres, encores que la ville fust assez forte, et que le comte et la comtesse estoient fort affectionnez au service du Roy. Il n'y avoit en

---

(1) Armand de Gontaut, baron de Biron.

(2) Luc de La Coste, comte de La Trinité.

tout que trois compagnies de gens de pied dedans, qu'estoient celle du comte, celle du jeune La Molle et celle de Louys Duc, qui est du Mondevy, faisant en tout deux compagnies italiennes et une françoise. Ledit capitaine La Molle estoit malade, et, par ordonnance des medecins, pour changer d'air, s'estoit faict porter au Montdevy; et n'avoit ledit seigneur comte avec luy chefs, que ledict Louys Duc, et, qui pis est, n'ayant jamais esté assiégé, se voyoit bien empesché, n'ayant personne aupres de luy qui entendist à la deffence d'un siege. C'est une affaire où les plus habiles se trouvent estonnez quand ils voient une furieuse sonnerie, s'ils n'ont autresfois veu une telle dance. Et d'autre part il se voyoit sans munition aucune : de sorte qu'il se resolut d'advertir monsieur le mareschal du tout, et de la crainte qu'il avoit que la place se perdist, comme il avoit juste raison, estant celuy qui y avoit le plus d'interets, parce que la place estoit sienne. Il despescha donc le lieutenant de la compagnie de Louys Duc, lequel arriva au sortir du disner de monsieur le mareschal, estant pour lors à Carmagnolle, et avec luy messieurs de Bonivet, president Birague, d'Aussun, Francisco Bernardin, La Mothe-Gondrin, et quelque autre, duquel ne me peut souvenir. Comme monsieur le mareschal ouit la creance du comte, et entendant qu'il n'y avoit point de vivres, et que le gouverneur, que je ne veux nommer, n'en y avoit point faict apporter, comme il luy avoit ordonné, combien que tousjours luy faisoit entendre l'avoir fait, il entra, luy et toute la compagnie en un grand desespoir, tenant la place pour perdué, n'ayant monsieur le mareschal moyen aucun pour la secourir, d'autant qu'il n'avoit pas gens pour resister à la tierce partie du camp de l'ennemy. Or il demanda au lieutenant quel capitaine desiroit le comte qui allast devers luy pour le secourir; il luy dit qu'il m'aimoit fort, et disoit souvent que je l'avois une fois secouru, et qu'il voudroit qu'il luy eust cousté la moitié de son bien, et que je fusse là avec luy. Je ne faisois lors que sortir d'une fievre, dont j'en avois toutes les levres gastées et la bouche enlevée. Monsieur le mareschal me manda par son vallet de chambre venir à son logis, et le trouvay en ceste fascherie. Il me fit compter par ledit lieutenant l'extremité en quoy se trouvoit Bene, se complaignant du gouverneur qui l'avoit trompé, et me pria bien fort me vouloir aller jetter dedans. Alors je luy respondis: « Que voulez vous que j'y face, n'y ayant bled ny farines? Je ne suis pas pour faire miracles. » A quoy il me respondit qu'il avoit telle opinion de moy, ensemble toute la compagnie, que, si je pouvois entrer dedans, la place ne se perdroit point, et que je trouverois quelque expedient.

Un chacun sçait comme ces seigneurs, quand ils veulent faire entreprendre à un homme une chose impossible, le sçavent bien louer et flatter; car il m'alla representer Lans, Sainct Damian, et autres lieux où je m'estois trouvé, ayant esté tousjours si heureux, que tout m'estoit succedé à mon desir. Monsieur le president Birague me commença à prendre de l'autre costé à persuader. Monsieur de Bonivet et les autres ne disoient mot, cognoissant bien que l'entreprise estoit hasardeuse pour la perte de l'honneur, et que à la fin il faudroit venir à une capitulation, comme monsieur le mareschal mesmes me dit qu'au dernier refuge il faudroit passer par là. Alors je luy dis que j'aimerois mieux estre mort que si l'on me trouvoit en escritures, et que j'eusse capitulé ny rendu une place y estant entré pour la sauver; mais que j'y ferois ce que Dieu me conseilleroit, en l'aide duquel je me flois. Alors monsieur de Bonivet commanda à douze ou quinze gentils-hommes des siens de venir avec moy, dont le gouverneur La Mothe-Rouge en estoit un du nombre, qui est encores en vie : et en pris autant des miens, faisans en tout trente chevaux, sans mener aucun vallet, que moy, un cuisinier, et un vallet de chambre : et escrivis au vicomte de Gordon à Savillan qu'il me baillast une bonne guide, et au capitaine Theodore Bedeigne, qu'il me fist escorte avec sa compagnie. C'estoit un samedy. Le dimanche matin, au point du jour, j'entray dans Bene. Que qui fera ouyr le comte en sa conscience, s'il est en vie, il dira que ce fut une des plus grandes joyes qu'il eut jamais : et en tesmoignera autant madame la comtesse sa mere, et toute la ville. Je me mis soudain à dormir au chasteau, et deux heures apres nous dinasmes : monsieur le comte assigna tous les grands de la ville, massons et charpentiers aussi, et les fit venir à la maison de la ville, auquel lieu monsieur le comte, madame la comtesse, et tous nous rendismes.

Là je proposay tout ce qui nous estoit besoin de faire. Monsieur le comte proposa le peu qu'il y avoit de munitions, qui n'estoient que cinquante ou cinquante deux sacs de bled. La ville remonstra qu'elle n'en avoit pour huict jours : de sorte qu'encore que la ville soit assise en bon lieu, ils se trouveront à l'extremité, pour estre au bout de l'année; et d'autre part, ils avoient vendu tous leurs bleds aux Genevois, et à ceux devers Savonne ; car il se vendoit trois escuz sol le sac. Monsieur le comte, qui tousjours a esté homme de grand despence, avoit vendu tous les siens, sur l'esperance de douze cens sacs, que le gouverneur, que je ne veux nommer, y devoit mettre. Nous disputames, quand bien nous aurions des bleds, comment nous les ferions moudre : mais, dés incontinent que monsieur le comte m'eut dit où estoit le camp, je compris que je recouvrerois des bleds, combien que je n'en voulus rien dire à personne jusques au retour du conseil, que je le dis à monsieur le comte, et à madame seulement. Au conseil se presenta un petit homme, masson, aagé de plus de soixante ans, qui dict avoir tiré plusieurs pierres pour mettre sur les fosses des morts, d'un rocher qu'il nomma pres de là, et qu'il pensoit que qui tireroit ces pierres de dessus les morts, qu'elles seroient quelques peu bonnes pour faire des meules, si du tout non. Alors nous deputames deux de la ville avec madame la comtesse, qui y voulut aller pour en faire l'essay avec les massons. Ladicte dame arriva avec une grande joye, et s'offrit elle mesmes de prendre la peine de faire faire les meules : je ne le voulois endurer; mais à la fin il fallut qu'elle fut crue; et fit si grand diligence, qu'en deux jours et deux nuicts elle en eut onze complettes, lesquelles furent distribuées à ceux de la ville, qui s'obligerent de nourrir les soldats, mais qu'on trouvast moyen d'avoir des bleds. Or nous arrestames avec ceux de la ville qu'à une heure de nuict ils me rendroient cinq ou six cens hommes et femmes, les uns portant de petites cordes, les autres ferremens servans à coupper les bleds; et que les portes de la ville seroient fermées, aux fins que personne ne peust sortir pour donner aucun advis à l'ennemy; car monsieur de La Trinitat avoit quelques amis dans la ville, de quoy monsieur le comte mesmes se doutoit. Puis depeschay deux hommes de la ville, qui allerent porter une lettre au capitaine Hieronym, fils du colonel Jean de Thurin, qui estoit à une petite ville de laquelle ne me souvient, mais estoit à un mil du lieu où les ennemis avoient couppé l'eauë; et le priois que ceste nuict là il s'essayast, en une sorte ou autre, de racoustrer ce que les ennemis avoient rompu, et qu'il s'efforçast de nous faire venir de l'eauë, s'il estoit possible. Lequel ceste nuict là mesmes executa mon advertissement, combien qu'il fust un bien jeune gentil-homme, et croy-je qu'il n'avoit pas vingt ans alors. Or nous nous retirasmes attendant la nuict : et, comme nous fusmes au chasteau, je dis à monsieur le comte qu'il falloit que nous en allissions tous seuls par dessus les murailles pour regarder le champ de bled qui seroit plus pres de la ville, lequel il nous falloit coupper toute ceste nuict là, pendant que je jetterois deux cens soldats et le capitaine Theodore dehors, pour donner l'alarme fort et redde aux corps de garde qui gardoient que ceux de la ville ne peussent prendre du bled. Comme donc nous eusmes choysi un, nous retournasmes soupper, et après nous menasmes le capitaine Theodore, et deux chefs des compagnies qui estoient sur la muraille de la ville, pour leur montrer là par où ils devoient aller donner l'alarme, et les autres combattre le corps de garde; puis ordonnasmes dix hommes de ceux de la ville, sur un cheval chacun, pour commander ce peuple qui coupperoit les bleds, pour les faire haster.

A une heure de nuict toutes ces gens sortirent, les gens de guerre à combattre, et le peuple à coupper : de sorte que toute la nuict vous n'eussiez ouy que alarmes, tant au camp que au corps de garde. Comme le peuple avait couppé et lié, ils couroient devant la porte de la ville, et là deslioient leurs fardeaux, et incontinent s'en retournoient; car les uns estoient ordonnez pour coupper, les autres pour lier et porter. Cependant le jour vint, et on fit retirer la gerbe à ceux à qui appartenoit le bled dudit champ : ainsi il ne se perdit un sac de bled de toute ceste nuict. Les ennemis, qui virent ceste campagne toute couppée et emportée, y mirent encore des gardes plus fortes et plus pres. Le peuple, qui commença à recognoistre son gain, se delibera de se hasarder à retirer de leurs bleds, plustost que les ennemis les eussent : de sorte qu'à l'entrée de la nuict ils sortirent plus de deux cens hommes de la ville : les uns alloient loing, et les autres pres. Or Bene est presque environnée de vallons qui sont assez couverts de taillis et arrosez de force ruisseaux : et, comme ils sentoient venir gens, ils se cacheoient là avec leurs bleds, puis le matin se rendoient à la ville, à l'ouverture des portes. Lendemain matin que je fus arrivé, l'eauë commença à venir au moulin par la diligence du capitaine Hieronym, et nous dura deux jours et deux nuicts. Il y avoit une grande confusion aux moulins; mais nous fismes un ordre que nul ne moudroit que seulement pour faire dix ou douze pains; et ainsi chacun en eut pour un peu. Et à deux jours et deux nuicts de là, le capitaine Salines, espagnol, vint recognoistre l'eauë, laquelle la nuict mesmes nous perdismes. J'advertis le capitaine Hieronym du lieu auquel ils l'avoient tourné coupper, qui ne cessa jusques à ce qu'il l'eut remparé : mais il ne sceut faire si bien qu'il nous vint de l'eau qu'un jour durant; car d'heure en autre les ennemis l'alloient recognoistre. Madame la comtesse eut paracheué aussi son œuvre, qui fut cause que nous ne nous souciasmes plus d'eauë.

Or, par le moyen des escarmouches, qui furent faictes aussi belles en ces lieux qu'en tout autre place que je me trouvay jamais, et avec la diligence qu'on mettoit de coupper de nuict, nous eusmes autant de bled qu'eux. Le seigneur dom Ferrand, qui se vit frustré de la promesse que monsieur de La Trinitat luy avoit faicte, commença d'estre fort mal content contre ledit seigneur de La Trinitat. Le capitaine Theodore s'en retourna à Savillan l'autre nuict, apres que nous eusmes fait la premiere couppe, en laquelle il se trouva, et eut quatre chevaux ou hommes blecez de sa trouppe, lesquels demeurerent à Bene. Il advertit monsieur le mareschal de ce que j'avois faict à mon arrivée. Alors il se commença resjouyr, et tous ceux qu'estoient avec luy, et à prendre quelque esperance de la conservation de la place. J'ay opinion, à ce que j'en vis, que, s'il l'eust attaqué avec l'artillerie, il est tout certain qu'il falloit qu'ils se rendissent; mais l'on l'amusoit tousjours sur ceste eauë, et sur ce qu'il n'y avoit point de bled; dequoy il demeura fort mal content et satisfaict, contre ceux qui l'avoient conseillé d'en user de ceste sorte : qui fut cause qu'il entra en quelque soupçon de monsieur de La Trinitat, et leva son camp le vingt-troisiesme jour apres que je fus arrivé, s'y estant parqué auparavant l'espace de huict jours. Monsieur le comte est en vie, comme l'on m'a dit; monsieur le president Birague est encores vivant, et prou d'autres, qui tesmoigneront si je couche rien icy qui ne soit veritable. Il ne me peut souvenir si monsieur de Cossé estoit encores revenu pres de monsieur le mareschal; car il estoit allé en France. Or voyla comme la ville se sauva. Et quelques jours apres le baron de Chipy revint, qui estoit allé à la Cour remercier le Roy de la donation qu'il luy avoit fait de sondit estat; et ayant prins sa charge de maistre de camp, je m'en allay à Albe prendre possession de mon gouvernement.

O capitaines, que de grandes choses faict un homme, pour peu d'esprit et d'experience qu'il aye, quand il ne veut occupper son esprit en autre chose qu'à ce en quoy il se trouve, pour en sortir à son honneur et au profit de son maistre. Aussi c'est un grand mal-heur à celuy qui l'occupe en plaisirs et voluptez, jeux et festins; car il est impossible que l'un ne vous face oublier l'autre. Nous ne pouvons pas servir tant de maistres. Doncques, quand vous vous trouverez là, despouillez-vous de tous vices, et bruslez tout, aux fins que vous demeuriez avec la robbe blanche de loyauté et affection que nous devons tous à nostre maistre; car Dieu n'aide jamais les vitieux et voluptueux; mais au contraire il assiste tousjours aupres de celuy qui est vestu de la robbe blanche pleine de loyauté. Je vous conseille ce que je me suis tousjours conseillé; et voy-la pourquoy Dieu m'a tousjours tant aydé et favorisé, que je n'ay jamais esté deffait, et n'ay jamais combattu [si je commandois] que la victoire ne m'en soit demeurée; et ne pouvois faillir, car Dieu me conseilloit tousjours, me mettant en memoire tout ce qu'il m'estoit besoin de faire : et voy-là pourquoy j'ai eu tout jamais si bonne fortune. Comme il vous aydera aussi bien qu'il a fait à moy, si n'employez vostre esprit en autre chose qu'à servir vostre maistre en loyauté et fidélité que nous luy devons. Puis, quand nous serons en repos, alors nous pouvons prendre tous nos plaisirs, car cela ne portera aucun dommage au Roy, ny à celuy que nous servons sous luy. Lors vous jouyrez d'un doux et plaisant repos, quand vous retournerez chez vous chargez d'honneur, et que vous vous presenterez à vostre prince, auquel on racontera ce que vous aurez fait. Tout le bien du monde ne vaut pas cela. Mirez-vous donc en moy, mes compagnons, qui n'ay jamais songé autre chose qu'à faire ma charge. Il est impossible, faisant cela, que vous ne r'apportiez de l'honneur. Mais cependant, vous qui avez la charge d'attaquer et boucler les places, lorsque vous voudrez par la fin renger et forcer les assiegez, si vous voyez que vous ne puissiez du tout les empescher d'emporter des bleds voysins, donnez y le feu : car, leur desrobant ceste commodité, les voyla bien en peine. Car de dire que vous gardez cela pour vous, il faut conclure que vous estes bien improvident de vous engager à attaquer une place sans avoir le moyen de vous passer de ce qui est pres de la ville que vous attaquez et à sa veuë. En ces choses il ne faut point estre pitoyable, car c'est affaire à mauvais medecins.

Quelque temps apres, monsieur le mareschal entreprint d'aller prendre Courteville (1), qui est un chasteau, et une petite ville aux Langues. Le chasteau est fort, et la riviere passe par le milieu de la ville, sur laquelle y a un grand pont de bricque, et un bourg tout joignant. Ledit seigneur mareschal passa à Albe, et m'amena avec luy, et la moitié de ma compagnie, qu'il print pour sa garde : le reste il laissa dans Albe. Lequel, estant arrivé audit Courteville, se logea delà la riviere au bourg, au deça de laquelle, et bien pres du chasteau, y avoit un monastere, auquel il logea trois enseignes; toutesfois ceux du chasteau dominoient plus les nostres que les nostres eux. Monsieur de Salcede avoit tenu ceste place lorsqu'il estoit avec les Espagnols. Mon-

---

(1) Courtemille.

sieur le mareschal mit du costé de deça le pont huit ou dix canons, pour battre la courtine qui respondoit devers le monastere, dans lequel, durant la batterie, monsieur de Bonivet se logea ; et, combien que je ne fusse plus maistre de camp, neantmoins je ne l'abandonnois ny de nuict ny de jour. Or en deux ou trois jours se tira douze cens coups de canon contre ceste courtine, et finablement on n'y fit rien, pource qu'ils avoient fait un grand rampart fort espois par derriere la muraille. Et comme elle fut abbatuë, la place demeura plus forte qu'elle n'estoit, à cause dudit rampart. Monsieur le mareschal demeura trois jours qu'il ne sçavoit s'il devoit envoyer querir de la munition d'avantage, ou s'il s'en devoit retourner. Le capitaine Richelieu (1) avoit gaigné la ville, et s'estoit logé dedans avec deux autres compagnies ; mais, comme je vis monsieur le mareschal en ceste peine, je passay la riviere du costé du monastere ; car, encore que je suivisse monsieur de Bonivet, si est-ce que le soir je me retirois pres de monsieur le mareschal. Il y avoit une porte au monastere qui sortoit sur un grand chemin, sur lequel on pouvoit marcher asseurement et à couvert, sans estre veu du chasteau ; mais de la porte du monastere jusques au chemin il y avoit quinze ou seize pas, lesquels falloit depescher bien viste, car toute la courtine battoit sur ceste porte : puis il falloit aller la teste baissée jusques auprès du pont de l'entrée de la ville, et courir jusques à ce qu'on estoit dedans. Comme j'euz passé le danger, et fus dans le chemin, je commençay à regarder s'il seroit possible mener le canon dans la ville : ce que je trouvois fort difficile ; qui fut cause que je m'en allay dans la ville pour prendre le capitaine Richelieu, avec lequel j'allay descouvrir le derriere du chasteau, qui respondoit sur une grand place inhabitable, estant entre la muraille de la ville et le chasteau. Il y avoit une petite maisonnette tout auprès de la muraille de la ville, dans laquelle nous nous mismes, pour regarder à nostre aize si le chasteau estoit gueres fortifié en cest endroit. Or je voyois des fentes et crevasses dans la muraille, à travers lesquelles on voyoit le jour ; et monstray au capitaine Richelieu que si, par quelque invention nous pouvions mener trois canons à ceste part, que nous emporterions le chasteau, à cause qu'ils ne l'avoyent point fortifié en cest endroit, pour l'impossibilité qu'il y avoit d'amener l'artillerie.

Ce qu'on juge impossible est possible aux autres, et fait perdre beaucoup de places. Or je m'en retournay sur le chemin pres l'abbaye, le capitaine Richelieu avecques moy ; et commençames à discourir s'il y avoit aucun moyen. Surquoy il me va incontinent entrer en fantasie de faire sonder la riviere, et veoir s'il y avoit bon fons. Je fis appeler un soldat de l'abbaye, et, comme il fut venu à moy, je luy presentay dix escus, pourveu qu'il allast sonder la riviere, et luy monstray qu'il luy falloit aller pieds et mains par terre, jusques à ce qu'il seroit dans l'eauë et, y estant, qu'il se mist en l'eauë jusques au col. Je fis appeler un autre soldat, et manday aux capitaines qu'estoient en l'abbaye qu'ils fissent sortir quinze ou vingt soldats, qui allassent jusques au pied de la muraille en maniere d'escarmouche : ce qui fut fait. Et ainsi je sauvay le soldat que les ennemis ne s'aperceurent jamais qu'il fut dans l'eauë. Premierement, il alla droit à la muraille de la ville, où l'eauë donnoit contre ; puis alla tout contre-mont jusques au gué que nous passions, allant de l'abbaye au logis de monsieur le mareschal et par derriere l'abbaye il entra dedans, où nous courusmes pour eviter le danger, et le trouvasmes desja dans l'abbaye, les soldats de l'escarmouche retirez, il y avoit desja grand piece : et me compta que le fons de la riviere estoit fort bon, et qu'il n'y avoit eauë que jusques au maieul des roües. Et incontinent montay à cheval, et allay dire à monsieur le mareschal ce que j'avois veu, presens les deux commissaires de l'artillerie nommez Balazergues et Duno ; car monsieur de Caillac n'y estoit point. Duno contesta contre moy qu'il avoit tout veu, et moy contre luy le contraire. A la fin monsieur le mareschal dit que c'estoit leur mestier ; et d'entreprendre celà, et n'en pouvoir venir à bout, ce ne seroit que perdre temps, et faire mourir des gens sans raison. Alors je commençay à esmouvoir, l'estant desja contre Duno, et dis à monsieur le mareschal : « Monsieur, il y a long temps que j'ay cogneu monsieur de Brissac, et ne le vis jamais avoir tant de crainte des arquebuzades, qu'il laissast de recognoistre une chose qu'il vouloit veoir. Je croy que vous estes celuy-là mesme, et que, pour estre lieutenant de Roy, vous n'estes pas devenu coüard. Montez à cheval, et je vous feray confesser, apres l'avoir veu, que vous prendrez le chasteau sans qu'il vous couste dix coups de canon. » Alors tous en colere montasmes à cheval, et menasmes Duno, et laissa Balazergues ; et allasmes passer la riviere au dessus de l'abbaye, dans laquelle nous entrasmes. J'avois amené avecques moy le soldat qui avoit sondé la riviere. Or, pour aller au chemin, il falloit ouvrir promptement la porte, où les ennemis tenoient tous-

(1) Grand oncle du cardinal de Richelieu.

jours l'œil, et courir quinze ou vingt pas, jusques à ce qu'on estoit dans le chemin à la courtine du chasteau. Et tout à un coup la porte fut ouverte : je passay et courus ; monsieur le mareschal de mesmes Quand il passa ils tirerent trois arquebuzades, desquelles je pensois qu'il fut atteint ; car j'avois ouy le bruit de la bale, comme quand elle frappe quelqu'un : et comme il arriva à moy, je le regarday au visage, et vis qu'il secouoit la teste en riant. Il s'assist contre terre aupres de moy, car il se falloit tenir bas, et me dit : « Je l'ay failli belle, car les balles m'ont donné entre les jambes.—Vous estes mal sage [luy dis-je] monsieur, de me suivre : ne voyez vous pas que je veux estre lieutenant de Roy si vous vous mourez ? Voy-là pourquoy je me veux depestrer de vous, et vous ay amené icy : » dequoy il ne fit que rire, voyant en mon visage que j'estois tres-aise qu'il eust eschappé ceste fortune ; car on eust jetté ce mal'heur sur moy : mais je n'y eusse sçeu que faire ; car qui va à telles nopces en rapporte bien souvent des livrées rouges.

Cependant arriva Duno, et le soldat, auquel monsieur le mareschal promit de donner les dix escus que je luy avois promis ; mais qu'il y falloit retourner en sa presence, et qu'il luy en donneroit encore dix : ce que le soldat promit. Duno se faict oster les bottes, et s'en va en pourpoint avec le soldat entrer dans l'eauë par derriere l'abbaye. Il n'avoit pas faute de cœur. Il faut que les gens de ce mestier se soucient des arquebuzades comme de pommes cuites. Nous les vismes venir l'un apres l'autre tout contre bas la riviere, et vindrent jusques à la muraille de la ville, dans laquelle ils passerent, estans sortis tout aupres de la porte : ce que ne fut pas sans grand danger et peril, tant pour eux que pour nous, car il y faisoit bien chaud. Souvent je desiray monsieur de Brissac à son logis, ayant plus de peur de luy que de moy. Voyant Duno et le soldat passez, nous prismes la course à la mercy des arquebuzades, et regaignasmes la ville. Ce que Dieu garde est bien gardé ; car c'est merveille que quelqu'un de nous n'en eut sa part. La peur ou l'affection me faisoit aller plus droit et plus viste, de sorte que je ne sentois guere mon mal. Lors je monstray à monsieur le mareschal tout ce que le capitaine Richelieu et moy avions veu : et, apres avoir veu la relation de Duno, mesmes du fonds de la riviere, et veu la verité de ce que je luy avois dit, il se mit à courroucer contre Duno. Alors je luy dis qu'il ne se falloit plus courroucer, mais qu'il se falloit attendre à prendre le chasteau. Il n'y a si sçavant qui ne se trompe. Surquoy il donna charge au capitaine Richelieu d'assembler trente ou quarante grosses pippes, et que sur l'entrée de la nuict il les fit porter au lieu que Duno luy monstreroit : et à l'autre capitaine, de ruyner une maison, pour avoir des tables pour mettre sur les pippes, apres qu'elles seroyent remplies de terre, afin de hausser encores d'avantage, à cause de la grand tour du chasteau, qui pouvoit voir le recul du canon. Il commanda aussi à l'autre capitaine d'assembler des pieces de bois, et faire le tout si haut, que la tour ne peust voir le recul du canon. Et avant que partir de la maisonnette qui estoit au cul du chasteau, je monstray à monsieur le mareschal un rocher, là où trente ou quarante arquebusiers pouvoyent demeurer au couvert, qui pouvoient tirer aux carneaux de la tour, quand les ennemis se presenteroyent pour tirer à l'artillerie : car il falloit qu'ils se monstrassent de la ceinture en haut.

Apres nous allasmes à la muraille de la ville contre l'eauë, mesurer la hauteur qu'il falloit que le canon montast pour aller dans la ville, et trouvasmes qu'il n'en y avoit pas deux pieds, pource que le chemin estoit fort bas. Un gentilhomme de monsieur le mareschal arriva à nous, ayant ledit sieur mareschal deffendu qu'homme ne passast l'abbaye, auquel je fis bailler la charge de rompre la muraille, et la faire tomber du costé de l'eauë. Puis nous en retournasmes, et Duno demeura avec le capitaine Richelieu. Sur l'entrée de la nuict, un gentil-homme y arriva avecques trente ou quarante pionniers, et puis un autre gentil-homme dudict sieur aussi avec quatre vingts ou cent. Ils trouverent que le capitaine Richelieu avoit desja plus de la moitié des pippes sur le lieu. Monsieur de Bonivet et moy accompagnasmes Balazergues, qui amenoit trois canons avec des chevaux ; car monsieur le mareschal en avoit recouvert pour en amener six pieces : et allasmes à cheval plus de vingt pas dans la riviere avec le canon, comme fit aussi le sieur de Balazergues et les charretiers, en l'eauë jusques au-dessus de la braye. Puis nous tournasmes descendre derrier l'abbaye, et nous en allasmes dans la ville. Et, encores que les ennemis tirassent fort, ils ne pouvoient rien voir, à cause de la grande obscurité de la nuict, et tiroient à coup perdu et à la fortune, laquelle nous rit pour lors. Elle ne fait pas tousjours ainsi, au moins à moy : il y en a de si heureux, que jamais le coup ne porte. Ce brave cavallier, monsieur de Sansac (1) [je croy qu'il n'y a pas deux gentils-hommes vivans qui se

---

(1) Jean Prevôt, baron de Sansac.

soient trouvez en plus de combats, que nous avons fait luy et moy], jamais il ne fut blessé, qu'on sache, qu'à la bataille de Sainct Denis. Je n'ay pas esté si heureux en cela que luy.

Or, comme nous arrivasmes au lieu où ce gentil-homme estoit, nous trouvasmes desja la muraille ouverte et dans l'eauë; puis fismes rompre aux pionniers deux coings de maisons qui empeschoient de passer le canon, lequel tout incontinent arriva à la muraille, par où les chevaux entrerent dans la ville; et, avec l'aide que les soldats firent, nous mismes le canon dedans: et apres Balazergues s'en retourna cercher les autres deux, et de mesmes les menasmes là où Duno avoit remply les tonneaux; et deux heures avant jour tout fut prest à tirer, et les soldats logez derriere le rocher pour tirer haut aux carnaux. Monsieur le mareschal fut adverty que dom Arbre de Cende estoit arrivé à Sainct Stephe, cinq mil de nous, qui marchoit la nuict pour secourir le chasteau: qui fut cause que ledit sieur mareschal nous manda qu'il s'en alloit gaigner une montagne, pour estre à son advantage pour le combattre, et que nous fissions le mieux que nous pourrions avec les six compagnies que nous avions à l'abaye et dans la ville. Ledict sieur gaigna de nuict la montaigne, et rengea ses gens pour deffendre le passage et venuë.

A la pointe du jour, comme nous pensions mettre le feu au canon, le tambour du chasteau commença à faire la chamade. Il y avoit un Espagnol qui en estoit gouverneur, nommé dom Diego, aussi glorieux et superbe qu'un autre eust sceu estre: aussi il en portoit le nom. Monsieur de Bonivet fit la capitulation; je me mis dans la maisonnette, sur un matelas que ledict sieur de Bonivet avoit faict porter pour luy, puis me fit esveiller pour signer la capitulation, car dom Diego me connoissoit. Il avoit esté lieutenant de l'une des quatre compagnies d'Espagnols que le Roy avoit quand nous prismes la terre d'Oye. Monsieur le mareschal envoya courir de la cavallerie au devant de dom Arbre, lequel ils trouverent sur sa retraicte, à cause qu'il avoit esté adverty que monsieur le mareschal avoit gaigné le passage. Et, environ une heure apres midy, ledit sieur arriva à nous, et trouva que dom Diego et ses trois compagnies, dont l'une estoit espagnolle, estoient partis il y avoit plus de deux heures. Plusieurs demanderent ce gouvernement là audit sieur mareschal, car il estoit en fort bon lieu pour y faire bon service au Roy, et son profit; mais monsieur de Bonivet et moy nous accordasmes ensemble pour le faire donner au capitaine Richelieu, qui estoit lieutenant d'une de ses compagnies colonelles; et, à nostre requeste, monsieur le mareschal le luy donna, et escrivit au Roy pour luy confirmer le don; ce que Sa Majesté fit. Monsieur de Bonivet luy laissa sa compagnie pour quelque temps.

Capitaines, sont-ce deux choses qu'on doive laisser en arriere sans estre mises par escrit, la prise de Lans et celle de Courteville? Pesez bien tout ce que nous fismes et à l'un et à l'autre, l'advis que je donnay sans m'arrester au rapport qu'on faisoit. Et vous, princes et lieutenans de Roy, ne craignez pas tant vostre peau, que vous ne vouliez sçavoir que c'est. Pourquoy avez vous ces grandes charges, pour demeurer en vostre cabinet? Voyez comme monsieur de Brissac fit. Il ne le falloit pas presser d'aller recognoistre, mais plustost de s'arrester: il estoit tout plein de cœur. Et vous qui vous trouverez engagez, faictes vous sages aux despens de ces bravaches qui se rendent au premier coup de matines, et cependant font les Rollands. Celuy qui fait de parole le doit estre au double par effect. Je m'assure que, si ce dom Diego eust voulu, il nous eust donné de la peine: car perdre une place, et n'apporter, ou avec la mort ou avec la vie, de l'honneur, celuy qui vous y a mis vous fait tort s'il ne vous fait coupper la teste. Sans doute il pouvoit estre secouru, et pour le moins devoit-il endurer un assaut, car nous ne l'eussions pas emporté du premier coup, qu'il ne nous eust cousté bien cher. Quelque pauvre place que vous ayez, si vous resolvez d'attendre le canon depuis qu'elle a enduré faire la bresche, il faut que celuy qui commande, pour son honneur, endure un assaut s'il n'a faute de toutes choses et moyen de faire le moindre retranchement.

Quelque temps apres, monsieur le mareschal voulut aller prendre Seve (1), et m'escrivit à Albe que je me tinsse prest, et qu'il passeroit par Albe; et, comme il m'eut donné advis de son depart, et que je tirasse trois enseignes d'Albe pour les amener avec luy, je les tins prestes, et deux colevrines comme il m'avoit aussi escrit; et, l'attendant, j'allay assieger Saraval (2), qui est une petite ville à quatre mil d'Albe, tirant vers les Langues, et deux autres petites villettes (3) sur le mesme chemin, où les ennemis avoient garnison, mesmement à Sara-

---

(1) Ceva.
(2) Seravalle, selon de Thou.

(3) Gravesano et Dogliani, suivant les Mémoires de Boyvin du Villars.

val, où il y avoit cent hommes estrangers. Apres l'avoir battuë vers la porte, ceux de dedans se mirent à parlementer avec moy; mais cependant mes gens entroient par un autre costé, par une fenestre, avec des eschelles; de sorte que, cependant que leur capitaine marchandoit sur la capitulation avec moy, ceux de dedans se virent pris, et furent forcez se rendre à discretion. Les heures d'un parlement sont tousjours dangereuses : c'est lors qu'on doit mieux border sa muraille, pour eviter les surprises; car lors, entre la poire et le fromage, ont tenté le gué. J'en ay veu plusieurs sottement surpris. Croyez l'italien qui dict : *No te fidar, et no serai inganato* (1). Vous devez fort estudier ceste leçon, gardiens des places; car, depuis qu'une femme parlemente et vous escoute, à Dieu vous comment, vous avez desja le pied en l'estrieu. Aussi, quand une place commence à ouvrir l'oreille à la composition, tenez la hardiment pour perduë : il est vray qu'il ne faut pas leur donner loisir de se raviser, car il y a des amuse-fous et qui font mine de parlementer; mais c'est pour venir à leur point. Si vous craignez secours ou vous voyez foibles, prenez les au mot, faites proffit du temps, ayez des ostages de bonne heure si vous pouvez. Et vous, d'autre costé, qui les voulez garder, sur tout n'ouvrez jamais la bouche pour le parlement, si vous n'en avez envie ou n'estes pressez; car soudain vostre ennemy en tire un merveilleux advantage. Il vaut mieux que ce soit quelque particulier qui en face l'ouverture : elle est plus seante aux assiegeans qu'aux tenans, et l'un et l'autre doit faire bonne mine : il se cognoistra bien tost qui a mauvais jeu. A ces heures ayez tousjours l'œil au guet; deslors le bruit court partout qu'on se rend : cependant ceux de dedans, au lieu de songer à se deffendre, pensent à sauver, qui son argent, qui ses armes; et ceux de dehors, qui voyent que l'esperance du butin est perduë pour eux si la capitulation s'ensuit, taschent à vous donner un croc ingambe; car lors on s'approche plus aisément de la muraille, parce que volontiers il se fait quelque trefve. Souvenez vous donc tousjours que l'heure des parlemens est dangereuse.

Les autres deux villettes se rendirent et m'envoyerent les clefs. Monsieur le mareschal arriva le lendemain, bien aise de mon exploit; et marchasmes droit à Seve. Or Seve est une petite ville bien jolye et bien fermée de muraille; une riviere passe, ou bien par dedans la ville, ou contre les murailles; car je n'y ay jamais esté que quand monsieur de Bonivet et moy vinsmes secourir monsieur le mareschal, et à ce coup que nous la prismes; et n'y couchay qu'une nuict, car monsieur le mareschal m'en fit retourner lendemain matin, pource que dom Arbre estoit avec ses forces à cinq mil de là, et dans Albe n'estoit demeuré que mon lieutenant avec la moitié de ma compagnie. Or il y a une montaigne au dessus de la ville au sommet de laquelle il y a une eglise, et dans le rocher un hermitage dans lequel on entroit par dessus une table, depuis l'eglise jusques à l'entrée du rocher; et dedans y avoit des autels pour dire messe, et une chambre pour l'hermite : et n'y avoit autre clarté que par la porte où l'on entroit, qui respondoit vers la ville. Ils avoient bien percé l'eglise, et ne falloit que tirer la table à eux : tout le monde ne les eust sceu prendre. Ils avoient encore fait un autre fort à quinze ou vingt pas à main droicte, et l'avoient fait en maniere d'un fossé, et les contre-escarpes fort hautes; de sorte que, comme on venoit sur la contre-escarpe, homme ne pouvoit monstrer un doigt de la teste, sans estre descouvert et tué : et encores avoient faict une tranchée qui prenoit depuis ce fort jusques à l'eglise.

Comme nous arrivasmes pour camper aupres de là, le sieur Francisco Bernardin et moy, qui estions mareschaux de camp, estans sur le point de loger l'armée, deux ou trois cens hommes sortirent, tant du fort que de la tranchée et de l'eglise, et nous attaquerent. Je n'avois que le capitaine Charry avec moy, et cinquante arquebusiers; quelques gens à cheval avions nous pour tenir escorte. Le baron de Chipy, maistre de camp, m'envoya renforcer de cent arquebusiers; je fus contraint de luy mander qu'il m'en envoyast encore, car nous estions aux mains de bien pres. Sur-ce, voicy arriver monsieur de Bonivet en poste, qui revenoit de la Cour : lequel, oyant l'escarmouche, dit au baron de Chipy sans descendre : « Faites alte icy, jusques à ce que monsieur le mareschal sera arrivé, et je m'en vois trouver monsieur de Montluc. » Les capitaines le suyvirent, et quelques arquebusiers à cheval; et, en nous embrassant, les ennemis firent une cargue aux nostres. Alors je dis à monsieur de Bonivet : « Monsieur, pour vostre bien venuë, mettez tous pied à terre, et allons faire une cargue à ces gens, et rembarrons les jusques dans le fort. » Incontinent tout le monde mit pied à terre; et me dit : « Donnez, vous, droit à ceux qui voudront regaigner le fort. » Il prend une rondelle à la main, et moy une hallebarde; car j'ay tousjours aymé à jouer de ce baston. Et alors je dis au seigneur Fran-

---

(1) Ne t'y fie pas, et tu ne seras point trompé.

cisco Bernardin : « Mon compagnon, cependant que nous ferons la cargue, faites les quartiers. » Il me respondit : « Est-ce tout ce que vous voulez faire de la charge que monsieur le mareschal nous a donnée? or je feray le fol aussi bien que vous, et pour ce coup je seray Gascon » Il mit pied à terre, et s'en vint à la cargue avec moy : il estoit armé d'armes fort pesantes, et de luy mesmes l'aage le rendoit pesant : voy-là pourquoy il ne peut pas venir si viste que moy. Il me sembloit en ces banquets que mon corps ne pesoit pas un'once, et que je ne touchois pas en terre : il ne me souvenoit gueres de ma hanche. Je chargeay droit à ceux qui tenoient le costé de la tranchée ; monsieur de Bonivet en fit autant de son costé bien bravement ; et les rembarrasmes de telle sorte, que je passay la tranchée pesle-mesle avec eux, et les menay tuant jusques à l'eglise : jamais pour un coup je ne frappay tant. Ceux qui estoient dedans, voyant leurs gens en desordre et ainsi massacrez, l'abandonnerent, et se mirent au long d'un petit chemin tout au long du rocher de la montagne, qui alloit descendre à la ville ; et un des miens colleta celuy qui portoit l'enseigne ; mais il se deffit bravement de luy, et sauta dans le chemin, gaignant à haste la ville : j'y courus, mais il fut plus viste que moy ; aussi il avoit la peur aux talons. Le capitaine fut tué sur la porte, qu'ils estimoient beaucoup ; et estoit homme de soixante ans, car il estoit tout blanc. Tous ne peurent pas gaigner le chemin, car il en r'entra une partie dans l'eglise, qui se deffendoient fort bien. Ils avoient faict un ravelin devant la porte, lequel nous leur gaignasmes; et alors ils se retirerent tous dans l'hermitage, et tirerent la table à eux, comme un pont levis.

Monsieur de Bonivet fut mal traicté, de tant qu'il perdit pour le moins vingt hommes des meilleurs qu'il eust, et plus de trente de blecez : car, comme nos gens se voulurent jetter à coup perdu dans le fort de dessus la contr'escarpe, avant que pouvoir descouvrir le fort ils estoient tuez ; et en perdit entre autres quatre de ceux qu'il avoit mené de France, qui ne vindrent que trop tost pour eux, dont il y en avoit deux Basques, aussi vaillans jeunes hommes que la terre en porta jamais ; je les avois veu ailleurs : ces gens ont les noms si revers qu'il ne m'en souvient, dequoy je suis marry. Ledict sieur fut contrainct de laisser ce fort et venir à moy à l'eglise; monsieur le mareschal avoit faict faire alte à tout le camp à un mil de là, attendant quand le seigneur Francisco et moy luy porterions les cartiers où falloit que le camp se logeast; et, comme il vid qu'il n'avoit point de nouvelles de nous, envoya un gentilhomme pour sçavoir que nous estions devenus, lequel nous trouva à l'eglise, et nous dit que monsieur le mareschal estoit mal content et fort fasché, ne sçachant où loger, ny où les cartiers estoient faicts. Alors je luy dis : « Retournez vous en, et luy dictes qu'il a faict deux sages mareschaux de camp qui n'ont songé autre chose qu'à le loger et l'armée, mais ç'a esté à envoyer des gens au royaume des taupes. » Le gentilhomme cogneut bien qu'il n'y avoit rien de faict, et s'en retourna estant presque nuict : de sorte qu'il fallut que la cavallerie se mist dans un vallon à main gauche, et nostre infanterie en un autre à main droite. Monsieur le mareschal arriva à nous, qui se fust volontiers courroucé; mais, ayant veu ce que nous avions faict, ne s'en soucia plus, ainss se mit à rire de ses mareschaux de camp qu'il avoit faicts. Le sieur Francisco Bernardin s'excusoit sur moy, et moy sur luy; mais monsieur le mareschal dict : « Je sçay bien que la teste blanche est trop sage, et que ce sont des boutades de Gascogne. »

Or le colonel Sainct Petro, corse, vint avec monsieur le mareschal; ceux de l'hermitage le demandoient, pource qu'il y avoit des Corses, et le capitaine qui fut tué sur la porte en estoit. Le colonel Sainct Petro les asseura de la mort dudict capitaine, et que, si un ou deux vouloient sortir, il le luy monstreroit mort ; ce qu'ils firent. Monsieur le mareschal y estoit tousjours, car il ne sçavoit où aller loger, et toute la nuict demeura avec nous. Il y en eut de mal couchez, et qui me donnerent force bons-soirs. Apres qu'ils eurent recogneu leur capitaine mort, ils se rendirent, sur la promesse dudit colonel de les laisser sortir vies et bagues sauves ; et entra ledict colonel là dedans avec cinq ou six ; et, comme vint le jour, ils sortirent dehors et se mirent presque tous avec ledict colonel, et envoyerent leur tambour à ceux du fort, leur denoncer qu'ils estoient rendus, et qu'ils les conseilloient d'en faire le semblable ; ce qu'ils firent à mesme composition, car le colonel Sainct Petro menoit tout cela. Puis descendismes là bas, et incontinent le gouverneur se rendit, et à mesme instant deslogea avec le reste des soldats qui luy estoient demeurez, et monsieur le mareschal se logea dedans avec quelques uns seulement, pour ne manger les vivres et mettre desordre en la ville ; de laquelle fit gouverneur le capitaine Loup, y laissant quatre enseignes avec luy et quelques chevaux legers : et apres se retira ledit sieur par mesme chemin ; et moy, comme j'ay desja dit, me rendis à Albe à une heure apres midy.

Voilà tout ce que je fis en Piedmont pendant que je demeuray pres monsieur le mareschal de Brissac. Que si je voulois escrire toutes les escarmouches ausquelles je me suis trouvé, il me faudroit double papier pour l'escrire, et mesmes celle d'Andesan, qui fut la plus forte et la plus grande escarmouche où je me trouvay jamais; car c'estoit tous les gens de pied des deux camps, entre lesquels je n'avois que trente quatre soldats de ma compagnie, pource que j'estois en garnison à Savillan, et monsieur de Termes ne vouloit permettre que la compagnie en sortist. Je fis couvrir de taffetas jaune les morions à mes soldats, pour l'amour de monsieur de Termes, qui portoit le jaune; lesquels, estans si petite trouppe, executerent de si beaux faicts d'armes et si esmerveillables, que, tant qu'il y aura memoire d'homme qui fust alors en vie, il se parlera en Piedmont des braves morions jaunes de Montluc : car à la verité ces trente quatre en valloient cinq cens; et me suis cent fois estonné de ce que ces gens firent lors : je pouvois bien dire que c'estoit petit et bon. J'ay essayé que cela sert fort de marquer vos gens de quelque chose particuliere; car, se voyant recogneus, cela leur redouble le courage. Ceux-là firent tres-bien, et se marquerent d'une reputation telle, que tout le monde les monstroit par les compagnies, monstrant par merveilles ces morions jaunes qui avoient faict de si beaux faicts d'armes. Despuis aussi je me suis trouvé en plusieurs autres escarmouches, lesquelles je ne me veux amuser à escrire; je ne serois que trop long. Tant y a que, sans bataille, ce fut un beau combat. Je me suis trouvé en un autre tres-beau, dequoy le baron de La Garde se souviendra (1), quand il mena les galleres, nous estans devant Bolongne. La grande escarmouche se fit quand il descendit, qui dura deux heures; auquel lieu les coups de canon nous tiroient si menu, qu'il sembloit salve d'arquebuziers. J'a-vois sur les bras toutes les forces de Bolongne, nonobstant lesquelles je fis une des plus belles et honorables retraictes qu'homme sçauroit faire. Feu monsieur de Guyse veit le tout, lequel n'a-voit que vingt chevaux, et ne me pouvoit secou-rir aucunement, car il eust fallu qu'il se fust jetté sur la plaine, dans laquelle l'artillerie l'eust devoré incontinent : et n'y avoit homme qui pensast que je peusse faire retraicte sans nous mettre en fuitte; mais je la fis, estant tousjours de la longueur de quatre picques, et tournant visage à tout propos. Et veux dire que je ne fis jamais chose de laquelle je retirasse plus de louange que de ceste-cy : monsieur de Guyse la fit bien valoir, et ne m'en loüa que trop. Mais je me contente d'escrire ce que j'ay faict en commandant, en quoy ceux qui me feront cest honneur de lire mon livre pourront apprendre quelque chose pour le faict des armes, qui n'est pas si aysé qu'on pense. Il faut avoir de grandes et loüables parties pour estre bon capitaine : ce n'est pas tout d'estre vaillant et courageux, il y faut tant d'autres pieces en nostre harnois : je ne veux pas dire que je sois des premiers; mais, estant aujourd'huy le plus vieux de ce royaume, encores trouvera mon opinion voix en chapitre : ce qui servira à ceux qui en sçavent moins que moy : quant aux autres, il ne leur faut pas de precepteur.

Je quittay donc le Piedmont pour me venir rafraischir un peu et me reposer, à cause d'une grand maladie en laquelle j'estois tombé; et, quelque juste occasion que j'eusse, à peine peus-je avoir mon congé de monsieur de Brissac, lequel en fin me le donna, avec promesse de revenir bien tost. A mon arrivée, je me trouvay honnoré et estimé des plus grands seigneurs du pays; mon nom estoit en reputation bien grande, et, pour une chose que j'avois faicte, on m'en vouloit faire à croire quatre. Les bruits vont tousjours en augmentant; aussi en ce temps, pour une escolle de guerre, il ne se parloit que de Piedmont. Or je ne demeuray guere oysif ou sur les cendres; on ne m'en donna pas le loysir, comme aussi je n'en avois pas de volonté, m'estant tousjours proposé de parvenir par la voye des armes à toutes les poinctes d'honneur que les hommes peuvent atteindre. Songez, vous qui estes nez gentils-hommes, que Dieu vous a faicts naistre pour porter les armes, pour servir vostre prince, et non pas pour courre le lievre ou faire l'amour. Quand la paix viendra, vous aurez vostre part du plaisir; toutes choses ont leur temps et leur saison.

(1) Au siége de Boulogne, en 1545.

LIVRE TROISIESME.

Cependant que la guerre se faisoit en Piedmont, comme j'ay escrit cy dessus, sous ce grand guerrier [monsieur le mareschal de Brissac] qui y establit une tres belle discipline militaire, aussi pouvoit-on dire que c'estoit la plus belle escolle de l'Europe, on ne dormoit pas du costé de Picardie, Champaigne, et Mets, qui fut assiegé par l'Empereur. Ce fut là où ce grand duc de Guyse acquit une gloire immortelle : je n'ay eu jamais plus grand regret que de n'avoir veu ce siege; mais on ne peut estre en tant de lieux. Le Roy, qui desiroit troubler les affaires de l'Empereur en Italie, fit tant, par les pratiques et menées de quelques cardinaux ses partisans, et de monsieur de Termes, qu'il fit revolter les habitans de la ville de Siene, qui est une tres-belle ville et importante en la Toscane; de sorte que les Espagnols qui estoient dedans en furent chassez, et la citadelle ruinée.

[1554] Comme ce peuple se veit jouyssant de la liberté, ayant levé les enseignes françoises, il ne fit faute d'implorer l'ayde et secours du Roy, lequel en donna la charge à monsieur de Strossy, qui fut depuis mareschal, lequel, avec l'ayde des alliez du Roy, mit des forces en campagne, assisté des sieurs Cornelio Bentivolio, Fregouse (1) et autres sieurs italiens, des sieurs de Termes et de Lansac. Ledict seigneur Strossy, quoy qu'il eust les forces et de l'Empereur et du duc de Florence sur les bras, si est-ce qu'il s'y porta fort vaillamment et prudemment, pour faire teste au marquis de Marignan, dict Medequi, lequel faisoit la guerre à toute outrance; toutesfois, en despit de luy, le sieur Strossy print plusieurs petites villes, lesquelles dependent de l'Estat de Siene : dequoy je ne veux particulierement parler, parce que je n'y estois pas. A ce que j'ay entendu, il s'y fit de beaux exploits : car l'Empereur et le duc de Florence ne desiroient rien tant que chasser le Roy d'Italie, pour la crainte qu'ils avoient que, y ayant un pied, il n'y mist tout le corps; mais nous ne sçaurions jamais garder nos conquestes. Je ne sçay pas si à l'advenir on fera mieux : je me doubte fort que non; pour le moins, il me le semble ainsi : Dieu veuille que je me puisse tromper.

Or monsieur de Strossy manda au Roy qu'il ne le pouvoit servir tenant la campagne et commandant dans Siene, et qu'il le supplioit tres-humblement vouloir faire election de quelque personnage de qui Sa Majesté se peust fier, pour y commander tant qu'il seroit en campagne. Le Roy, ayant receu ceste depesche, appella monsieur le connestable, monsieur de Guyse (2) et monsieur le mareschal de Sainct André, pour en nommer chacun un. Par les mains de ces trois tout passoit. Tous les rois ont eu tousjours cela : ils se laissent gouverner à quelques uns, peut estre trop; certes il semble par fois qu'ils les craignent. Monsieur le connestable estoit plus favory et plus aymé du Roy qu'autre fut jamais. Monsieur le connestable nomma le sien; monsieur de Guyse, le sien; et monsieur le mareschal de Sainct André, aussi le sien. Alors le Roy leur dict : « Vous n'avez point nommé Montluc. » Monsieur de Guyse luy respondit : « Il ne m'en souvenoit poinct; » monsieur le mareschal de Sainct André en dict de mesmes ; et encores luy dict monsieur de Guyse : « Si vous nommez Montluc, je me tais, et ne parleray plus de celuy que j'ay nommé. — Ny moy aussi, dict monsieur le mareschal, » lequel depuis m'a faict tout ce discours. Alors monsieur le connestable dit que je n'estois pas bon pour faire ceste charge, parce que j'estois trop bisarre, fascheux et colere. Le Roy respondit qu'il avoit tousjours veu et cogneu que la colere et bisarrerie qui estoit en moy n'estoit sinon pour soustenir son service, lors que je voyois qu'on le servoit mal; or jamais il n'avoit ouy dire que j'eusse prins querelle avec personne pour mon particulier. Monsieur de Guyse et monsieur le mareschal respondirent qu'aussi ne l'avoient ils jamais ouy dire,

---

(1) Aurelio Frégose.

(2) François de Lorraine, duc de Guise, prince de Joinville, marquis de Mayenne, chevalier de l'ordre du Roi, pair, grand-maître, grand-chambellan et grand-veneur de France, gouverneur de Champagne et de Brie; tué par Poltrot, au siége d'Orléans, en 1563. Il étoit père de Henri, duc de Guise, qui fut tué aux états de Blois en 1588. Il a laissé des Mémoires encore inédits, qui feront partie de cette collection.

et que desja j'avois esté gouverneur de Moncallier et d'Albe, sans que jamais homme se soit pleint de moy; et d'autre part, que, si j'estois tel, monsieur le mareschal de Brissac ne m'eust pas tant aymé et favorysé, ny ne s'en fust tant fié comme il faisoit. Monsieur le connestable repliqua encores fort, car il vouloit que celuy qu'il avoit nommé y allast; il se faschoit de ceder, et aussi il ne m'a jamais guere aymé, ny les siens aussi. Monsieur le cardinal de Lorraine y estoit, qui a meilleure souvenance que moy de celuy que monsieur le connestable avoit nommé; toutesfois il me semble que c'estoit Boccal, lequel depuis s'est faict huguenot. A la fin le Roy s'en fit accroire, ayant monsieur de Guyse et monsieur le mareschal de Sainct André de son costé, et envoya un courrier devers monsieur le mareschal de Brissac, pour me faire venir en Avignon, auquel lieu j'attendrois un gentilhomme que Sa Majesté m'envoyoit, lequel apportoit ma depesche pour m'en aller à Siene.

Or monsieur le mareschal, quelques jours devant, m'avoit donné congé pour m'en venir à ma maison, à cause d'une maladie qui m'estoit survenuë, comme j'ay dit: lequel n'avoit nulle envie de ce faire, comme luy-mesme m'a confessé depuis, et m'a faict cet honneur de me dire que, s'il eust cogneu l'importance que ce luy fut de m'avoir perdu, qu'il eust encore escrit au Roy plus de mal de moy qu'il n'avoit faict; et qu'en sa vie ne se repentit tant de chose qu'il eut faicte, que de m'avoir laissé partir d'auprès de luy; car il m'avoit bien trouvé à dire depuis que j'estois parti de Piedmont. Monsieur de Cossé, monsieur le president de Birague, et autres, peuvent tesmoigner combien de fois ils luy ont ouy regretter mon absence, mesmement quand les choses ne luy succedoient comme il vouloit. Et si l'on regarde bien que j'avois faict estant sous luy, on trouvera que ce que je dis est veritable, et qu'il avoit raison de me regretter. J'estois tousjours à ses pieds et à sa teste. Je crois toutesfois que pour ma presence il ne se fust rien faict de mieux; mais si suis-je contraint dire le vray. Il y en a qui en diront d'advantage s'ils veulent.

Or il escrivit une lettre au Roy, et une autre à monsieur le connestable, par laquelle il mandoit à Sa Majesté qu'il avoit faict une eslection fort mal à propos pour commander à Siene; car j'estois un des plus coleres hommes du monde, et le plus bisarre, et tel, qu'il falloit que la moitié du temps il endurast de moy, cognoissant mes imperfections; mais que j'estois bien bon pour faire tenir la police et la justice en un camp, pour commander à la campagne, et pour faire combattre les soldats; mais que, consideré les humeurs des Sienois, c'estoit feu contre feu; qui seroit le vrai moyen de perdre cet Estat, qu'il falloit conserver par douceur. Il prioit monsieur le connestable aussi de le remonstrer au Roy, et cependant il me depesche un courrier, lequel me trouva fort malade; et me mandoit que le Roy me vouloit envoyer à Siene; mais que, comme amy mien, il me conseilloit de n'accepter point ceste charge, me priant de ne l'abandonner pour aller ailleurs sous un autre, et m'asseurant que si rien vaquoit en Piedmont que j'aymasse mieux que ce que j'avois, que je l'aurois. Tout cela estoient des artifices pour me retenir.

O qu'un sage lieutenant de roy doit veiller et prendre garde qu'il ne perde celuy auquel il a beaucoup de fiance, et qu'il cognoit de valeur; il ne doit rien espargner pour le retenir; car bien souvent un homme seul peut beaucoup. Il faut manger beaucoup de sel pour cognoistre un homme (1), et cependant vous estes privé de celuy auquel vous aviez fiance; car vous avez jà esprouvé sa fidelité. Or avoit mandé aussi ledit sieur mareschal au Roy que j'estois en Gascogne malade: et comme le matin ses lettres furent leuës, monsieur le connestable, qui en fut bien ayse, dit au Roy qu'il luy en avoit bien dict autant, et qu'homme ne me pouvoit mieux cognoistre que monsieur le mareschal de Brissac, qui m'avoit souvent veu en besongne. Le Roy, qui de son propre naturel m'aimoit et m'a tousjours aymé, depuis qu'il m'eut remarqué à la camisade de Bolongne, dit, comme monsieur le mareschal de Sainct André m'a dit plusieurs fois, que, quand bien tous ceux de son conseil luy diroient mal de moy, qu'ils ne gaigneroient rien, car son naturel estoit de m'aymer, et qu'il ne vouloit quitter son eslection, quoy que l'on en parlast. Monsieur de Guyse print la parole, et dict: « Voylà une lettre qui contrarie fort: en premier lieu, monsieur le mareschal de Brissac dict que Montluc est colere et bisarre, et qu'il ne s'accommodera jamais avec les Siennois, mais qu'il gastera tout vostre service si vous le leur envoyez; d'autre part, il le loue des choses qui requierent d'estre en un homme de commandement, et qui a en charge des choses grandes, car il dit qu'il est homme de grande police et grande justice, et pour faire combattre les soldats en grandes entreprinses et executions. Qui a jamais veu qu'un homme doué de toutes ces bonnes parties n'eust avec

(1) C'est-à-dire : il faut avoir long-temps vécu avec un homme pour le connaître.

luy de la colere? ceux qui ne se soucient gueres que les choses aillent mal ou bien, ceux-là peuvent estre sans colere. Au demeurant, Sire, puis que vous mesmes avez faict l'eslection, il me semble que ne la devez revoquer. » Monsieur le mareschal de Sainct André respondit apres : « Ce que monsieur le mareschal de Brissac dict facilement, vous le pouvez rabiller en escrivant à Montluc que vous mesmes l'avez esleu, et que, pour l'amour de vous, il laisse tant qu'il pourra sa colere, ayant affaire avec cerveaux bisarres, tels qu'estoient les Siennois. » Le Roy dict lors qu'il n'avoit point de crainte qu'apres qu'il m'auroit escrit une lettre je ne fisse ce qu'il me commanderoit ; et soudain me despescha un courrier à ma maison, par lequel me manda que quand bien je serois malade, que je me misse en chemin droit à Marseille, auquel lieu je trouverois ma depesche, et m'embarquerois avec les Allemans que Le Rincroq (1) menoit, et dix compagnies françoises, où il m'envoyeroit aussi de l'argent pour faire mon voyage, et que je laissasse un peu ma collere en Gascogne, m'accommodant à l'humeur de ce peuple. Le courrier me trouva à Agen, entre les mains des medecins, bien malade ; toutesfois je luy dis que dans huict jours je me mettrois en chemin ; ce que je fis, et cuiday mourir à Toulouse, duquel lieu, par le conseil des medecins, je devois retourner arriere ; mais je ne voulus faire, ains me fis trainer jusques à Montpellier, là où je fus encore conseillé par les medecins de ne passer plus outre, s'asseurans que, si je m'hasardois, je n'arriverois jamais à Marseille en vie ; mais, quelque chose qu'ils me sceussent dire, je me resolus de cheminer tant que la vie me dureroit, à quelque pris que ce fust. Et comme je partois, m'arriva un autre courrier pour me faire haster ; et de jour à autre je recouvrois ma santé en allant, de sorte que, quand je fus à Marseille, je me trouvay sans comparaison mieux que quand j'estois party de ma maison.

Certes le Roy mon bon maistre avoit raison de deffendre ma cause : car jamais ma colere ne porta nul prejudice à son service, ouy bien à moy et à quelque autre qui n'a sceu esquiver ny se garder de mon humeur ; jamais je ne luy perdis place, bataille, rencontre, ny ne fus cause de luy faire perdre un serviteur. La colere ne m'a jamais jetté tant hors de moy, de me faire faire chose prejudiciable à son service ; si elle est violente et prompte, aussi elle en dure moins. J'ay tousjours cognu qu'il vaut mieux se servir de ces gens là que d'autres, car il n'y a point d'arriere boutique en eux, et si ils sont plus prompts, plus vaillans que ceux qui veulent avec leur froideur se faire estimer plus sages! Mais, laissant ce propos, je retourneray à mon voyage.

Je trouvay que le baron de La Garde estoit party avec l'armée pour aller en Arger faire avec le roy d'Arger qu'il luy baillast son armée, pource que ledict sieur baron avoit esté adverty que le prince d'Orie l'attendoit avec une grande armée sur le chemin pour le combattre ; et l'armée du Roy n'estoit pas assez forte : qui fut cause que nous temporisames quelques jours. Comme donc le baron fut arrivé, ayant l'armée d'Arger avec luy, nous nous embarquasmes à Tollon, et par le chemin rencontrasmes huict ou neuf navires chargez de bleds, qui venoient de Sicille et l'apportoient en Espagne, lesquels ledict baron fit brusler, sauf deux qu'il amena pour fournir son armée ; et ainsi allasmes jusques à Porte-Hercule, auquel lieu nous fut impossible de faire descente, à cause que le marquis de Marignan avoit son camp près du chemin qu'il nous falloit tenir pour aller à Siene : qui fut cause qu'il nous fallut rembarquer pour reculer en arriere et faire la descente aupres d'Escarlin, où monsieur de Strossy estoit avec son camp. Là trouvasmes que le prieur de Capue (2) avoit esté tué en recognoissant Escarlin il y avoit deux jours : qui fut un grand dommage, car c'estoit un vaillant homme, s'il y en avoit en terre ou sur mer, et un bon serviteur du Roy. Il estoit frere de monsieur de Strossy (3), et me dict-on qu'il fut tué de la main d'un paysan qui luy tira une arquebusade de derriere un buisson. Voyez quel mal-heur qu'un grand capitaine meure de la main d'un vilain avec son baston à feu! Nous marchasmes ainsi jusques à Bouconvant (4), allant tousjours monsieur de Strossy un peu devant nous, à cause des vivres ; et là tout le camp fut assemblé.

Avant que les Allemans et François fussent arrivez audict Bonconvant, monsieur de Strossy se mit devant le matin avec les trois mil Grisons desquels monsieur de Forcavaux estoit colonel, et avec les Italiens, afin de faire place aux Allemans et François qui avoient besoin de loger et reposer deux heures. Je vins trouver le soir devant monsieur de Strossy, et le matin partis avec lui pour arriver de bonne heure à Siene, où nous trouvasmes monsieur de Lansac, qui,

---

(1) Georges Reckrod.
(2) Léon Strozzi, prieur de Capoue.

(3) Pierre Strozzi, frère du prieur de Capoue.
(2) Buonconvento, bourg à quinze milles de Sienne.

à nostre arrivée, donna à disner à monsieur de Strossy, à monsieur de Forcavaux et à moy. Sur l'arrivée des Grisons et des Italiens se dressa une grande escarmouche à Saincte Bonde (1), un monastere de nonnains près Sainct Marc, qui est un autre monastere de religieux. Le marquis de Marignan avoit son camp au palais du Diau (2), qui est sur le chemin de Florence, près Siene un mille ; et ce matin mesmes il estoit party pour aller à Saincte Bonde assaillir le capitaine Bartholomé de Pesere, lequel monsieur de Strossy avoit mis dedans avec sa compagnie. Ledit marquis avoit laissé ses Italiens audict palais du Diau, et mené tous les Espagnols et Allemans avec luy ; et, comme nous disnions, l'escarmouche se commença forte et roide à Saincte Bonde. Les Grisons et les Italiens firent alte au Palassot, pres Siene demy mille, et nos Italiens aussi, par le commandement de monsieur de Strossy, pource qu'il vouloit adviser plustost où il mettroit tout le camp, et qu'il vouloit aussi qu'avant que ceux-là fussent logez, les Allemans et François fussent arrivez, pource que tout à un coup se logeroient ensemble. Mais, n'ayant point encores parachevé de disner, nous ouysmes quelques petites pièces tirer à Saincte Bonde, que le marquis (3) y avoit mené : alors je dis à monsieur de Strossy ces mots : « Monsieur, ceste escarmouche est grande et roide, meslée avec de l'artillerie ; il vous emporteront le capitaine Bartholomé de Pesere ; je vous prie, allons voir que c'est. » Ledit sieur respondit : « Allons donc ; aussi faut-il que nous allions regarder où nous logerons le camp. » Monsieur de Lansac me presta un cheval turc poil gris, car je n'avois point amené mes chevaux par mer. Lors je dis à M. de Strossy s'il trouveroit bon que j'allasse voir que c'estoit de ceste escarmouche, pendant qu'il iroit regarder avec messieurs de Lansac et de Forcavaux où il logeroit le camp ; il me dit qu'il le trouveroit bon : et sortismes par la porte Sainct Marc ; je tiray droit au lieu de l'escarmouche, et eux un peu à main droite, pour regarder où ils mettroient le camp. Comme j'arrivay de-là la Tresse, où se faisoit l'escarmouche, je n'y trouvay aucun capitaine, et estoit comme une escarmouche faite en desordre, et les ennemis avoient gaigné avantage sur les nostres, car ils les avoient tirez des cottaux pres Saincte Bonde, et ramenez jusques aux prez qui sont joignans la riviere de la Tresse. Et à mon arrivée je demanday les capitaines, et n'en trouvay un seul qui se dit capitaine : dont s'ensuivoit un grand desordre. Sur cela j'en vis venir un sur un cheval gris, et courus à luy pour luy demander s'il estoit capitaine : lequel me dit qu'ouy ; je luy demanday son nom, il me respondit : *Io mi chiamo Marioul de Santa Flior* (4), et je lui dis (5) : *Signor capitan, io mi chiamo Montluco : andamo insieme.* Or tout le camp avoit desja entendu que je venois avec le secours ; et, encore que nous ne nous fussions jamais veus, si est-ce que nous nous recognusmes au nom. Je le priay de r'allier ses gens pour donner une cargue aux ennemis, et les ramener contre-mont ; ce qu'il fit, et les ramenasmes jusques au haut. Cependant tout au long d'un cottau l'escarmouche tiroit, et au long des vignes droit au Palassot, qu'est un petit palais au derriere duquel estoient les Grisons ; et au dos de la montagne, un peu avant, l'artillerie que le marquis avoit à Saincte Bonde tiroit : là tous les capitaines italiens, et le sieur Cornelio Bentivolio, qui en estoit colonel, estoit au coing des vignes tirant à Saincte Bonde et à Sainct Marc, derriere un petit oratoire au couvert de l'artillerie. Or depuis le Pallassot jusques au petit oratoire il y pouvoit avoir trois cens pas. Le seigneur Marioul et moy fismes tant, que nous menasmes tout au long du cottau des vignes l'escarmouche sur leurs bras. J'avois amené avec moy le capitaine Charry, qui estoit mon lieutenant à Albe, avec trente bons soldats, tous lesquels presque estoient gentils-hommes, n'estant voulu demeurer avec mon frere monsieur de Lioux, à qui le Roy avoit donné le gouvernement d'Albe, à la supplication et requeste que monsieur de Valance, mon frere et moy luy en avions faite. Surquoy il y eut grand dispute, car monsieur le mareschal de Brissac differoit de l'accepter jusques à ce qu'il eust responce de moy ; et, comme il entendit que le Roy estoit resolu de m'envoyer à Siene, il m'envoya un courrier de nouveau, me priant que je ne quittasse point le gouvernement d'Albe, et que je nommasse mon lieutenant ou autre pour commander au gouvernement jusques à mon retour, m'asseurant qu'il accepteroit celuy que je nommerois, que cependant il feroit garder mes gages, tellement que je ne perdrois rien ; et au surplus, que je considerasse que la charge que le Roy me donnoit à Siene ne seroit point de si longue durée que le gouvernement d'Albe : mais je le suppliay tres-humble-

(1) Santo-Abundio.
(2) *Palais des Diables*, dans de Thou. Adriani l'appelle aussi *Palazzo de' Diavoli*.
(3) Jean-Jacques Medichino.
(4) « Je m'appelle Mario di Sante Fior. »
(5) Seigneur capitaine, je m'appelle Montluc : allons ensemble. »

ment d'avoir mon frere pour agreable, l'asseurant qu'il luy seroit aussi affectionné serviteur que moy; et, que quand bien je retournerois de Siene, que je jurois de l'aller trouver pour luy faire service en simple soldat, encore que le Roy ne me baillast aucune charge pour estre pres de luy. Or, pour monstrer la complexion de monsieur le mareschal, je veux dire et maintenir que c'estoit un des bons seigneurs et maistres que cinquante ans a fut en France, pour ceux qu'il cognoissoit avoir bon zele et affection au service du Roy; et si monsieur le president de Birague met la main à la conscience, il en jurera comme moy. Il aymoit plus le profit d'autruy que le sien propre; on ne perdoit rien près de luy : il faisoit part et des bienfaits et de l'honneur : au reste, il aymoit et honnoroit jusques aux simples soldats; les bons hommes, il les cognoissoit par leur nom, prenoit l'advis de tous, sans croire sa teste seule, comme faisoit monsieur de Lautrec. Or, pour retourner à l'escarmouche, je trouvay à l'oratoire le sieur Cornelio, le colonel Charamont, que je n'avois encores veu. Entre ledict oratoire et Saincte Bonde il y a un grand chemin, et au long d'iceluy, deux petites maisons à dix ou douze pas l'une de l'autre; nous fismes une cargue aux ennemis au long de ce chemin, et leur ostasmes les deux maisons : le capitaine Charry se jeta dans l'une, nos Italiens dans l'autre. Ils demeurerent là environ trois quarts d'heure tousjours presque aux mains, de sorte que le marquis y desbanda toute l'arquebuzerie espaignolle, et les Italiens mesmes qui estoient à leur fort de Saint Marc, et mit six enseignes espagnolles tout au long du grand chemin, pour soustenir l'escarmouche. Or la grande escarmouche estoit à main droite et à main gauche dans les vignes, de sorte que la cavallerie n'y pouvoit rien faire. Le seigneur Cornelio, par l'advis des capitaines, se voulut retirer; je luy remonstray qu'il ne falloit point qu'il commençast sa retirade qu'il n'eust de la cavallerie, ensemble les Grisons pour le soustenir, vers lesquels je m'en irois pour les prier de marcher jusques à moitié chemin du Palassot à l'oratoire; et que de mesmes j'yrois prier le comte de La Mirande (1), qui estoit colonel de la cavallerie, et avoit fait alte du costé de Palassot, en un vallon derriere un petit bois; ce que tous trouverent bon. Ainsi je courus aux Grisons, et les priay de vouloir marcher seulement deux cens pas; le colonel qui commandoit sous monsieur de Fourquevaux n'y voulut entendre. Je courus au comte, et le priay de laisser venir quatre cornettes de gens de cheval; ce qu'il fit : qui furent le comte de Fontavala, Cornelio (2) Joby, le baron de Rabat, et Serillac, mon nepveu, qui conduisoit la compagnie de monsieur de Cipierre. Or comme les cornettes marcherent au galop, je vis le sieur Cornelio (3) qui commençoit à se retirer à l'instance des capitaines, et courus à luy, et luy remonstray que les six enseignes marchoient, et que c'estoient des Espagnols, car les drapeaux estoient trop grands; qui estoit signe que le marquis estoit là avec tout le camp, lequel les chargeroit dés qu'il commenceroit à prendre la descente, le priant de tourner au mesme lieu : ce qu'il fit, n'en estant pas à trente pas. Je tournay aux cornettes, et les arrestay à moitié chemin du Palassot à l'oratoire; puis retournay autres-fois aux Grisons, lesquels, apres que je leur eu remonstré nostre perte, se leverent, et commencerent à sonner les tabourins, et marcher jusques au costé de la cavalerie. Le marquis, qui vit que la cavallerie et les Grisons se monstroient, il voulut retirer les six enseignes du grand chemin. Il n'y avoit chef aucun des nostres qui fut à cheval, que moy et le seigneur Marioul (4), qui ne m'abandonna jamais; aussi je pouvois voir tout ce que l'ennemy faisoit. Alors je luy dis : « Voy-là les enseignes espaignolles qui tournent visage, ayant veu nostre cavallerie et les Grisons; faites leur, seigneur Cornelio, une cargue, car il est temps maintenant. » Le seigneur Marioul descend, et mit une rondelle au bras et l'espée en la main. Je dis au capitaine Charry qu'il monstrast ce qu'il avoit tousjours esté, et qu'il fist paroistre à ces estrangers ce qu'un Gascon sçavoit faire, et qu'il gaignast le devant de tous. Monsieur de Fourquevaux avoit amené quatre cens arquebuziers italiens de Parme, braves hommes, qui estoient joincts à l'oratoire. Je ne me feray point plus vaillant que je ne suis, car je ne descendis pas : je faisois desja le lieutenant de roy. Et departismes les soldats à main gauche et à main droite, et au long d'un grand chemin, et là fismes la cargue, qui fut brave s'il en est jamais fait, et telle, que nous les ramenasmes jusques à une descente à main gauche de Saincte Bonde, où estoit le marquis et le demeurant de ses Espagnols et Allemans; et, pource que les Espagnols tenoient jusques sur le bord de la montée, ceux qui avoient prins la fuitte donnerent au travers

---

(1) Louis Pic, comte de La Mirandole et de Concordia.
(2) Pecci l'appelle *Cornelio Zipoli*.

(3) Cornelio Bentivoglio.
(4) Mario Sforce, comte de Valmontone et de Santa Fiore.

d'eux, et se ramenerent les uns et les autres jusques sur le bras des Allemans. Le marquis, qui vit ce desordre sur ses bras, commença à se retirer par une vallée tant qu'il pouvoit, sans sonner trompette ny tabourin; ceux qui estoient sortis de Sainct Marc se retirerent aussi en haste, et en ramenerent les quatre petites pieces, desquelles ils battoient Saincte Bonde dans leur fort de Sainct Marc. Et me dit le marquis, lorsque je sortis de Siene, en m'accompagnant environ deux mil de la ville, que si nous eussions poussé outre, nous mettions son camp en desordre et fuite, et les deffaisions : mais nous ne voyons pas son desordre. Le proverbe des anciens est vray : *Si l'ost sçavoit de l'ost, mal iroit de l'ost*. Nous nous tinsmes tous heureux d'avoir eschappé une si grande fortune, et nos ennemis encore plus. Monsieur de Strossi, qui estoit de l'autre costé de la porte Sainct Marc, en des vallons qu'il y a, discourant tousjours avec messieurs de Lansac et de Fourquevaux pour l'assiette du camp, oyoit bien qu'il y avoit une grande escarmouche : mais il sçavoit aussi que tous les capitaines y estoient; et je m'en y estois aussi allé. Ils ne penserent jamais que la chose fut si aspre qu'elle estoit : à la fin, comme ils entendirent le rencontre si fort, ils laisserent là tout, et coururent à nous : toutesfois ne peurent arriver à la cargue, dequoy fut bien marry ledit seigneur de Strossi, mesme de ce que l'on ne l'avoit adverty de ce combat; aussi fut bien monsieur de Fourquevaux, d'autant que les Grisons, desquels il estoit chef, estoient venus jusques à combattre, et que ses arquebuziers avoient combattu : je luy dis que je n'avois nul homme à cheval avec moy, sinon le sieur Marioul, et que cestuy là estoit trop homme de bien pour laisser sa cargue et l'escarmouche, car il avoit trois ou quatre enseignes souz luy; parquoy je ne leur pouvois envoyer personne pour les advertir. Or monsieur de Strossi avoit mandé le sieur Robert, son frere, au sortir de table, en diligence, pour faire avancer les François et Allemans; ce qu'il fit, et les trouva qui commençoient à boire; lesquels il ne peut tirer promptement des tables, car ledit sieur de Strossi avoit fait mettre à manger dans le grand chemin; et, si l'on ne leur eust rien appresté-là, ainsi comme ainsi, ils fussent passez outre, et à point nommé fussent arrivez sur la chaude du combat; ainsi la bataille estoit gaignée : mais il faut dire comme l'Italien : *Fa me indevino, et io ti daro danari* (1). Voy-là ce qui se fit le premier jour que j'arrivay à Siene, estant si bien remarqué des Sienois et de tous les capitaines italiens, qui ne me cognoissoient pas, que cela me porta une grand faveur parmy les Sienois et parmy tout le camp, courant à cheval parmy les gens de pied, ores çà, ores là : disposant ceux-cy d'un costé, ceux-là de l'autre, je leur monstray que ce n'estoit pas la centiesme escarmouche où je m'estois trouvé.

Or monsieur le mareschal logea son camp entre Porte Nove et Porte Tuffe (2), dans de beaux bourgs qu'il avoit; et non seulement en cest endroit-là estoient beaux les bourgs, mais j'oserois bien dire que, si les bourgs de Siene eussent esté tous ensemble, ils eussent surpassé la ville de grandeur; car dans les bourgs y avoit de plus beaux palais, de plus belles églises et monasteres qu'il n'y avoit dans la ville. Le lendemain matin monsieur de Strossi nous mena sur la muraille de la ville, tirant au camp de l'ennemy : et là disputasmes s'il seroit bon de le combattre : les uns trouvoient bon, les autres mauvais. Ceux qui le trouvoient mauvais disoient que nous ne pouvions passer pour aller au Palais du Diau, sans passer à la veuë d'un petit fort que le marquis avoit fait entre la petite observance et le Palais du Diau, auquel lieu il y avoit trois ou quatre pieces de grosse artillerie, comme il estoit vray; et que, laissant cestuy-là derriere, nous laissions pareillement leur fort de Camolie. Je proposay que, pour le dommage que l'artillerie du petit fort nous pouvoit faire, nous passerions un peu devant le jour, et laisserions une enseigne ou deux pour brider le petit fort; et quant au fort de Camolie, nous y pourrions laisser trois ou quatre compagnies de la ville; et de ma part, qu'avec le demeurant de la ville je passerois à Porte Fonte-Brande, et aurois monté une montaignolle au point du jour, pour me rendre à la plaine, et tellement à propos, que tout ainsi que nostre camp arriveroit près du leur, à mesme temps je me rendrois si pres d'eux, qu'il faudroit qu'ils entrassent en crainte de nous voir arriver l'un d'un costé, l'autre d'un autre. Les Sienois faisoient estat de tirer quatre mil bons hommes dehors. Il en y eut qui tindrent ma proposition, et des Sienois aussi, qui estoit de les combattre; d'autres, le contraire. Le jeu ne pouvoit estre qu'il ne fust bien disputé, car le marquis (3) avoit trois tierces d'Espagnols, sçavoir, la tierce de Sicile, celle de Naples, et

---

(1) Fais-moi devin et je te donnerai de l'argent.
(2) Porta a Tufi.
(3) Adriani dit que le marquis avoit douze mille hommes de pied, douze cents chevaux légers et trois cents hommes d'armes, et que l'armée de Strozzi étoit à peu près de la même force.

celle de Corsegue [c'est ce que nous appellons regimens]; les deux premieres, composées de soldats vieux, et celle de Corsegue, de nouveaux : mais si est-ce qu'il y avoit de bons soldats, et deux regimens d'Allemans, en chacun desquels y avoit douze enseignes, avec quatre ou cinq mil Italiens. Quant à la cavallerie, je pense que la nostre eust battu la leur, car nous avions de bons capitaines et de braves chevaux legers : au reste, nostre camp estoit de dix enseignes d'Allemans, dix de Grisons, quatorze de François, et de cinq à six mille Italiens. De tout ce jour monsieur de Strossi ne peut resoudre ce qu'il feroit, pour la diversité des opinions : toutesfois je pense que le lendemain il se fut resolu de les aller combattre, car les Sienois en avoient grande envie ; et croy que ces gens, qui eussent combattu pour leur liberté, eussent fait rage : mais le marquis en fut adverty, ou son dessein n'estoit pas de demeurer plus là, car il partit une heure devant le jour ; et, si Dieu eust voulu inspirer monsieur de Strossi à ce que ce jour il les fust allé combattre, nous les trouvions le matin deslogez, et les combattions sur leur retirade et en desordre. Mais il faut tousjours retourner à ce que j'ai dit cy devant : *Fa me indevino, et io ti daro danari.*

Le marquis print le chemin devers Mauchaut (1), auquel lieu monsieur le mareschal avoit laissé quatre enseignes, ou bien le marquis la tenoit, qui s'en alla à un autre lieu pres de là, et monsieur de Strossi droit à Mauchaut. Je n'ay bonnement souvenance lequel c'estoit : mais si est-ce qu'ils demeurerent huit ou neuf jours ayans leurs camps à sept ou huit mil, l'un allant pour prendre quelque place, et l'autre suivant pour secourir. Toutes-fois le marquis arriva devant Mauchaut, et commença à la battre pour la prendre, ou bien pour la reprendre : je n'y estois poinct, car j'estois demeuré à Siene, suivant l'intention du Roy et suivant ma charge ; et, sans une maladie où je commençois d'entrer, je cuide que monsieur de Strossi m'eust mené avec luy, et eust laissé monsieur de Lanssac gouverneur, comme il faisoit auparavant : mais à la fin, comme monsieur de Strossi partit, monsieur de Lanssac print son chemin à Rome pour faire sa charge d'ambassadeur. Comme le marquis sentit approcher monsieur de Strossi, il luy fit place, et leva son artillerie, et se mit un peu à main droite de la ville, à cent cinquante ou deux cens pas, et s'ayda de trois petites montaignolles dans lesquelles il se retrencha, et du costé où estoient les fontaines. Monsieur de Strossi se vint camper entre le marquis et la ville, au long d'un grand chemin creux qu'il y avoit. Or monsieur de Strossi se mettoit si pres pour combattre le marquis, s'il le pouvoit tirer hors de son retranchement. Là demeurerent sept ou huit jours, regardans à qui deslogeroit le premier. Le marquis cognoissoit bien que, s'il deslogeoit le premier, monsieur de Strossi le combattroit ; ce que le marquis ne voulut faire, car il luy estoit deffendu expressement de rien hasarder, comme il nous a esté dit depuis par dom Jean de La Lune mesmes, qui estoit avec le marquis, lequel estoit un brave Espagnol.

Or entre les deux armées n'y avoit qu'un champ, qui ne duroit pas cent cinquante pas, dans lequel se faisoient les escarmouches des gens de pied, lesquelles les nostres perdoient presque tousjours, à cause de l'artillerie que le marquis avoit mis sur ces trois montaignolles ; de sorte que monsieur de Strossi perdit plus de gens par leur artillerie que par leurs arquebusades. Ledit sieur de Strossi ne se tenoit qu'une fontaine, vers laquelle l'artillerie d'une des montaignolles tiroit, et y endommageoit beaucoup de gens, tellement qu'il falloit que la nuict l'on allast prendre l'eau. Monsieur de Strossi ne pouvoit mettre aussi sa cavallerie en bataille, que l'artillerie des montaignolles ne l'endommageast ; et me dit-on qu'en trois ou quatre jours il y avoit esté tué plus de six vingts hommes ou chevaux, de sorte que la cavallerie en estoit toute espouvantée, et nos gens de pied en estoient de mesmes. Monsieur de Strossi s'opiniastroit à ne vouloir desloger le premier, sur l'esperance qu'il avoit que le marquis deslogeroit, afin de le combattre, et aussi qu'il ne luy vouloit donner cest advantage, qu'il le fist partir le premier. L'un et l'autre avoit bon cœur et la gloire en recommandation : mais il vaut mieux faire les affaires de son maistre, sans se mettre sur le point de l'honneur ; j'entens si ce n'est une honte toute descouverte. Il m'advertissoit tous les jours de tout ce qui se faisoit, ensemble le senat ; aussi tous les jours nous estions au conseil pour disputer de ce que monsieur de Strossi nous escrivoit. Je l'advertissois à toute heure, et priois de ne se consommer là en la perte, pour laquelle les soldats des ennemis demeureroient en cœur, et les siens en peur. Autant luy escrivoient les seigneurs du senat : mais il avoit si grande envie de combattre le marquis, que ceste envie luy ostoit la cognoissance de la perte qu'il faisoit. Je mourois d'envie d'y aller ; mais le senat n'en fut d'advis. A la fin il m'escrivit que dans deux jours il se retireroit, à la veuë de son ennemi, droit à Lu-

(1) Marciano. *Voyez* Boyvin du Villars, liv. 5.

8.

signano. Je luy depeschay incontinent un gentil-homme qui estoit pres de moy, nommé le sieur de Lecussan, et le priay de ne faire point sa retraicte de jour, puis que la perte des escarmouches estoit tombée sur les siens [car par mal'heur les deux jours derniers nos gens avoient plus perdu que tous les autres]; et, quelque chose que l'on luy sçeust conseiller au contraire, je le suppliois de me croire, et de faire sa retraicte de nuict, car il n'y avoit que deux mil jusques à Lusignano; et le priois qu'il se souvint que le roy François se retira devant Landrecy en ceste sorte, et tant s'en faut qu'il en fust blasmé, qu'au contraire il en fut estimé, et luy fut attribué à la plus grande sagesse qu'il fit jamais, par tous les princes et potentats de la chrestienté; et neantmoins il n'avoit fait aucune perte aux escarmouches : l'advertissant que jamais jusques ici je n'avois veu faire une bonne retraite en ceste sorte aux amis et ennemis, si ceux qui la faisoient estoient suivis de pres. Et luy mis en avant la retraite que voulurent faire messieurs de Montegean et Boisi à Brignolles, lesquels ne se voulurent retirer sans voir l'ennemy, quelque conseil que les capitaines qui estoient avec eux leur donnassent, qui fut cause qu'ils furent defaits à un quart de lieuë du logis; monsieur d'Annebaut, qui pour lors estoit mareschal de France à Teroanne; monsieur d'Aussun, à Carignan, et prou d'autres que je luy nommois. Et, puis qu'un si grand roy que le nostre, et grand guerrier comme il estoit, en avoit esté loüé de tout le monde, qu'il en devoit prendre exemple, attendu aussi que tant de vaillans capitaines s'estoient perdus en faisant la retraitte à la teste de l'ennemy; que par telle perte, si elle advenoit, il pouvoit penser que deviendroit la ville de Siene. Bref, monsieur de L'Escussan me rapporta qu'une fois monsieur de Strossi s'estoit resolu de la faire en ceste sorte; et, sans un homme malheureux qu'il avoit aupres de luy, nommé Thomas d'Albene, se retiroit en la façon que je luy conseillois : mais, comme il va des gens au monde que Dieu a faict heureux, il en a fait d'autres pour estre mal-heureux, comme a fait ce Thomas; car il luy remonstra tant de choses, que finablement il fit changer l'opinion à monsieur de Strossi, qui me manda qu'il estoit resolu de se retirer à la veuë de son ennemi. Et, pour monstrer qu'il se vouloit retirer ainsi que je luy conseillois, ledit sieur fit partir à une heure de nuict deux canons qu'il avoit, droit à Lusignano, auquel lieu je cuide que les canons estoient desja arrivez, car il n'y avoit que deux petits mil, avant qu'il changeast l'opinion qu'il avoit prise; et il estoit quatre heures de nuict avant que monsieur de Lescussan le laissast qui, m'apporta la resolution, et arriva environ les sept heures du matin, à la mode de France. Or c'estoit en aoust. Soudain je manday à la seigneurie que je les priois de se vouloir trouver tous au palais, parce que j'avois à leur communiquer quelque chose d'importance; ce qu'ils firent. Or ma maladie me croissoit de plus en plus : car elle se tourna en fievre continuë avec dissenterie; neantmoins je me rendis au palais environ les neuf heures : et alors je commencay à leur dire en italien, lequel lors je parlois mieux qu'à present je ne sçaurois escrire; voylà pourquoy je l'ay couché en françois, afin aussi que les gentil-hommes gascons qui n'entendent gueres ce langage, et qui liront, comme je m'asseure, mon livre, n'ayant la peine de se le faire interpreter, me ressouvenant à peu pres de ce que je leur dis; et croy certes que je n'y manque pas dix mots, car tout mon discours fait estoit autant que la nature m'en avoit peu apprendre sans nul art.

« Messieurs, je vous ay prié de vous assembler, pour vous remonstrer quatre choses qui sont de grande importance, et ce, à cause que monsieur de Strossi m'a mandé ceste nuict, par le seigneur de Lescussan, la resolution qu'il avoit prinse de se retirer à ce matin de plein jour, à la veuë de son ennemy, jusques à Lusignan. Vous sçavez les prieres que nous luy avons faictes, de vouloir prendre garde à ceste retraicte, et mesmement ce que je luy envoyay dire par le sergent de Lescussan; ce qu'il a bien gousté au commencement, ayant une fois resolu de faire comme le roy François fit devant Landrecy; toutes fois, par je ne sçay quel malheur il se laisse gouverner par un homme qu'il a pres de luy, nommé Thomas d'Albene, lequel luy a fait changer d'advis, parce qu'il luy fait à croire que ceste retraitte de nuict luy sera honteuse : Dieu vueille que le mauvais conseil de ce Thomas ne luy soit honteux et dommageable, et à vous aussi. Or attendans, messieurs, quel succez aura ce combat, j'ay à vous remonstrer quatre choses : la premiere, et qui plus vous touche, c'est qu'il vous souvienne que vous estes souverains en vostre republique; que vos predecesseurs vous ont laissé cest honorable tiltre de pere en fils; que ceste guerre ne vous amene autre chose que la perte de vostre souveraineté, car si les ennemis demeurent victorieux, il ne vous faut esperer rien plus, sinon que, comme vous estes souverains, vous demeurerez esclaves et subjects; qu'il vous vaut beaucoup mieux mourir les armes en la main, pour soustenir cest honnorable tiltre, que vivre et le perdre ignominieusement. La seconde, c'est que vous consideriez l'amitié que le Roy mon prince vous porte, lequel ne pretend autre bien de vous, sinon que vostre amitié soit reciproque à la sienne; et que, comme liberalement il vous a pris en sa protection, que vous ayez ceste ferme fiance en luy qu'il ne vous abandonnera pas : car, si pour un petit coup de fortune vous vouliez changer d'opinion, regardez au peu d'estime que l'on auroit de vous autres ; il n'y auroit prince sur la terre qui vous voulust ayder ny secourir, si vous vous monstriez legers et muables. Et, pour toutes ces considerations, je vous prie vouloir estre constans, et vous monstrer magnanimes et vertueux en l'adversité, lors que les nouvelles vous viendront de la perte de la bataille, laquelle je crains beaucoup, veu l'advis que monsieur de Strossi a prins : toutesfois, Dieu vueille destourner tout mal'heur. La tierce est, que vous consideriez l'estimation en laquelle vos predecesseurs sont morts, et laquelle ils vous ont laissé pour heritage, pour s'estre dicts tout à jamais les plus vaillans et belliqueux de toute l'Italie, laissans honnorable memoire des batailles qu'ils ont gaignées nation contre nation. Vous vous dictes aussi estre sortis des anciens belliqueux Romains, et vous dictes leurs vrays enfans legitimes, portans leurs armes anciennes, qui est la louve avec Remus et Romulus, fondateurs de leur superbe cité, la capitale du monde ; doncques, messieurs, je vous prie vous vouloir souvenir que vous estes et qu'ont esté les vostres, et, si vous perdez ce beau tiltre, quelle honte et infamie ferez vous à vos peres, et quel argument donnerez vous à vos enfans, de maudire l'heure qu'ils seront sortis de tels peres, qui de liberté les auront mis en servitude? La quarte sera pour vous remonstrer que, comme j'ay parfaicte fiance que vous vous monstrerez vertueux et magnanimes, et que vous prendrez en bonne part toutes les remonstrances que je vous ay faictes, qu'aussi vous vous resoudrez promptement à donner ordre à tout ce qui sera necessaire pour la conservation de vostre ville : car, de la bataille, je la vous baille pour perduë, non qu'il vienne de la faute de monsieur de Strossi, mais pour la perte que nous avons desja faicte aux escarmouches ; car il est impossible que nostre camp ne soit demeuré en crainte, et celuy de l'ennemy en courage : c'est l'ordinaire à celuy qui est victorieux d'avoir le cœur enflé, et au battu de trembler de peur. Les petites pertes aux escarmouches, qui sont avant-courriers de la bataille, ne presagent jamais que perte et dommage; et d'autre part il faut que ceux qui se retirent monstrent le dos à l'ennemy ; et, encore que l'on tourne quelquefois visage, tousjours faut-il s'acheminer : il n'est possible que l'on ne rencontre quelque haye ou fossé, là où il faut que l'on passe souvent en desordre. Car, en matiere de retraicte, on veut estre des premiers, parce qu'ordinairement la peur et la crainte sont aux deux costez, qui accompagnent ceux qui se veulent retirer; et, pour peu que l'on soit hasté, tout est perdu, si l'ennemy a seulement la moitié du courage que doivent avoir les hommes. Souvenez vous, messieurs, de la bataille qu'Annibal gaigna contre les Romains à Cannes, pres de Rome : les Romains qui estoient dans la ville ne penserent jamais qu'il fust possible que les leurs feussent vaincus, et ne pourveurent ny donnerent aucun ordre à leurs affaires : tellement que, quand les nouvelles leur vindrent de la perte, ils entrerent en une si grande peur, que les portes de Rome demeurerent trois jours et trois nuicts ouvertes, sans qu'homme osast aller les fermer; et, si Annibal eust suivy sa victoire, sans aucune difficulté il estoit entré dedans. Tite-Live a descrit ceste histoire. Or doncques, messieurs, donnez ordre tout à ceste heure à vos portes, et eslisez des hommes pour en prendre la charge ; et faictes que l'eslection soit des plus gens de bien et des plus fidelles qui sont parmy vous. Faictes crier par la ville dés à ceste heure que tous ceux qui ont bleds et farines aux moulins se hastent de les faire moudre, et d'apporter tout dans la ville. Faictes que tous ceux qui ont grains ou autres vivres dans les villages les retirent incontinent dans la ville, à peine que l'on les bruslera, ou qu'on les donnera au sac, si dans demain, à l'entrée de la nuit, tout n'est retiré ; et ce, afin que nous puissions avoir vivres pour attendre le secours que le Roy nous envoyera : car il n'est pas si petit prince, que, comme il a eu la puissance de vous envoyer secours, qu'il n'en aye encores pour vous en envoyer d'avantage. Faictes commandement à vos trois gonfalonniers de tenir toutes leurs compagnies prestes à l'heure qu'ils seront mandez. Et, pource que ma flevre me travaille, je suis contrainct me retirer au logis, attendant les nouvelles de ce que Dieu nous donnera ; et vous prie, pourvoyez tout incontinent à ce que je vous ay remonstré, vous offrant, pour le service du Roy nostre maistre, et le vostre particulier, non seulement ce peu d'experience que Dieu a mis en moy, mais ma propre vie. »

Ainsi me despartis d'eux : lesquels incontinent resolurent de prendre patience en la fortune que Dieu leur envoyeroit, et de manger jusques à leurs enfans avant que de se desister, pour quelque mal-heur qui leur sçeust advenir, de la protection et amitié du Roy. Je cogneus dés lors, à leur care (1) et à leur langage, que ces gens estoient bien resolus de garder leur liberté et l'amitié qu'ils m'avoient promise et jurée; et à la verité leur resolution me resjouit fort. Ils firent faire tout incontinent la crie; tout le monde courut aux champs retirer ce qu'ils y avoient. Et sur les cinq heures (2), comptant à la mode de France, du soir, arriva le capitaine Combas, maistre de camp de l'infanterie françoise, qui me vint advertir que la bataille estoit perduë, et que monsieur de Strossy estoit blessé à mort, lequel on avoit mis sur des perches pour l'emporter à Montalsin, et que la nuict mesme tout ce qui estoit eschappé du camp seroit aux portes de Siene. Je vous laisse penser en quel estat je me trouvay, estant malade d'une fievre continue et d'une dissenterie, voyant le chef mort, ou autant valloit, n'ayant que quatorze ou quinze jours que j'estois arrivé parmy ceste republique, n'y cognoissant personne du monde, et ne sachant qui estoit bon françois ou non : il faut tant de temps pour cognoistre les hommes! Monsieur de Strossy ne m'avoit laissé que cinq compagnies italiennes, desquelles je n'en cognoissois un seul capitaine : il les avoit laissez dans la citadelle et dans le fort de Camolie, qui estoient les clefs de la ville. J'envoyay le capitaine Combas pour en dire les nouvelles à la seigneurie au palais, lesquels ne s'en esbahirent aucunement, ains dirent au capitaine Combas qu'il y avoit deux ou trois jours que je leur disois que ceste retraicte estoit dangereuse, et que, encores aux remonstrances que je leur avois faictes, ils tenoient la bataille pour perduë, mais que pour cela ils ne changeroient point de la bonne volonté qu'ils portoient au Roy, ny de l'esperance qu'ils avoient d'être secourus de luy.

Ne trouvez estrange, capitaines mes compagnons, si, presageant la perte d'une bataille, je leur asseurois ainsi aux Sienois : ce n'estoit pas pour leur desrober le cœur, ains pour les asseurer, afin que la nouvelle, venant tout à coup, ne mist une espouvante generalle par toute la ville; cela les faict resoudre, cela les faict adviser à se pourvoir. Et me semble que, prenant les choses au pis, vous vous ferez mieux que non pas vous asseurer par trop. Chascun, sur ce que je leur avois dict, s'estoit resolu ; on trai-

noit tout dans la ville. Le matin au point du jour arriva l'infanterie, car la cavallerie en avoit amené monsieur de Strossi; aussi n'y avoit il rien à manger pour les chevaux. Le colonel Reincroc et le seigneur Cornelio Bentivoglio vindrent à mon logis. Nous arrestames que le Reincroc feroit six enseignes de dix qu'il en avoit, le seigneur Cornelio, six italiennes, et le capitaine Combas, six des françoises, et tout le reste s'en iroit à Montalsin. Les trouppes n'entrerent jamais dans la ville que l'eslection ne fust faite; et avec le reste nous fismes aussi partir les cinq enseignes d'Italiens, pour s'en aller audict Montalsin, auquel lieu escrivis à monsieur de Strossi, sur l'asseurance que m'avoit donné le seigneur Cornelio, qui avoit encores esperance en sa vie, pour l'asseurer de l'ordre que j'y avois donné, lequel il trouva fort bon. Le marquis ne sçeut poursuyvre sa victoire; car, s'il l'eut faict, tout le camp estoit mis en pieces, et tout le monde n'eust sçeu sauver monsieur de Strossi que le duc de Florence ne l'eust faict mourir cruellement. C'est la faute ordinaire des victorieux.

Vous, seigneurs generaux des armées, qui viendrez après nous, faictes vous sages aux despens de tant d'autres, et ne vous laissez ainsi transporter à la joye pour une bataille gaignée. Suyvez vostre pointe, ne donnez tant loysir à vostre ennemy de se r'avoir. Le marquis n'arriva jusques au lendemain à Lusignano : car il craignoit que monsieur de Strossi ne r'alliast encores son camp, veu qu'il n'avoit point perdu de sa cavallerie, ne sçachant point que ledict seigneur de Strossi fut blessé. Le marquis ne vint de trois jours devant Siene. Je ne mets point icy comme la bataille fut combattuë ny perduë, pour ce que je n'y estois point, et qu'aussi il y avoit de la dispute, qui avoit bien faict ou mal faict. Cecy est comme un procez : il faut ouyr toutes parties avant qu'en donner arrest. Car j'ay ouy les Grisons et les Italiens, que les François et les lansquenets accusent d'avoir mal faict [mais ils le nient] et encores pis la cavalerie. Autres disent et asseurent qu'il y eut de la trahison (3). Or je n'en sçay rien, je n'en parle que pour ouyr dire. Je retourneray tousjours à nostre propos, que ces retraictes de jour, à la barbe de l'ennemy, sont si dangereuses, qu'il les faut eviter, si l'on peut, ou plustost hazarder le combat tout entier.

Monsieur de Strossi demeura jusques au treisiesme jour que l'on le tenoit pour mort : toutes-

---

(1) A leur contenance.
(2) Malavolti et Adriani disent que ce fut le 2 août.
(3) Un guidon du comte de la Mirandole prit la fuite avec sa cavalerie, et fut cause de la déroute. Boyvin du Villars dit que ce guidon avoit été gagné par le marquis de Marignan, et qu'il fut pendu par ordre de Strozzi.

fois il n'arrestoit pour cela d'envoyer capitaines devers la Romanie (1), pour avoir des gens et garnir toutes les places de la marine (2), et ce qui estoit aux environs de Montalsin de gens de pied et de gens de cheval. C'estoit un homme fort prudent et sage; mais il est impossible d'estre tousjours suyvi du bon-heur. Or, me voyant à l'extremité, et pres de la mort, estant abandonné des medecins, je baillay la charge de commander au seigneur Cornelio. Monsieur de Strossi, entendant mon extremité, depesche en poste à Rome, pour faire venir monsieur de Lanssac pour y commander; lequel, arrivé qu'il fust à Montalsin, l'on luy conseilla de s'en venir de nuict à pied, avec deux guides et un serviteur, hors des grands chemins, et que plus facilement il se sauveroit. Mais comme il fut pres de Siene, des soldats qui alloient à la guerre le rencontrerent, lesquels le prindrent et l'amenerent au marquis, et du marquis à Florence, là où il demeura prisonnier tant que la guerre dura, et d'avantage. Ledict sieur de Lanssac fut là mal conseillé; car il avoit assez de moyen de passer s'il eust sçeu bien conduire son affaire : s'il fust venu, je croy que je feusse mort, car je n'eusse eu rien à faire; j'avois l'esprit tant occupé à ce qui me faisoit besoing, que je n'avois loysir de songer à mon mal. Monsieur de Fourquevaux fut prisonnier et blessé à la bataille (3), et le capitaine Balleron (4), colonel de l'infanterie françoise, et plusieurs autres, de quatre à cinq mille. On me dit que, de sa personne, ledict sieur de Strossi fit acte d'un preux et vaillant capitaine. Voyla le succez du malheur de la bataille.

Ceste histoire pourroit bien servir à ceux qui ont tant d'envie de faire des retraictes à la veuë de l'ennemy. Je conseillerois tousjours que l'on songeast pour combattre, comme j'ay dict, mais non pour se retirer; car je ne trouve point au faict des armes chose si difficile qu'une retraicte. Celle de monsieur le connestable, à Sainct Quentin, nous en donne encores suffisante preuve; lequel sçavoit en son temps enseigner et monstrer aux capitaines ce qu'ils devoient faire: neantmoins le malheur porta qu'il ne sceust prendre pour luy ce qu'il avoit de coustume de departir aux autres; et veux dire que, s'il eust esté bien secouru des capitaines de gens de pied qui estoyent demeurez dehors avecques luy, que peut estre il eust faict sa retraicte; car il ne falloit que hazarder trois ou quatre cens arquebusiers aupres de monsieur le mareschal de Sainct André, lesquels eussent bien gardé le comte d'Ayguemont de recognoistre le desordre qui estoit parmy le bagage, lequel estoit encores meslé parmy la cavallerie; car il n'eust jamais chargé ledict sieur mareschal, s'il eust esté secondé des harquebusiers, de tant que ledict comte n'avoit pas un homme de pied; et monsieur le connestable eust eu une grande demie heure de temps à s'acheminer, comme il avoit desja commencé de faire; et cependant eust gaigné le bois pour sauver son infanterie, et se fust retiré avec toute sa cavallerie à La Fere : et ainsi ne se pouvoient perdre que les arquebusiers, avec partie de la cavallerie de monsieur le mareschal, et valloit mieux que cela se perdist, que le chef et le tout, comme il fit. J'en ay parlé à des capitaines de gens de pied qui sont encore en vie, et leur remonstray comme on n'avoit eu l'entendement de comprendre cela; que moy, n'ayant que dixhuict ou dixneuf ans, j'avois bien cogneu à Sainct Jean de Lus, à la retraicte du capitaine Carbon et de monsieur de Gramont, qu'il falloit hazarder une petite partie pour sauver le tout, et en fis l'experience, comme j'ay au commencement escrit. Ils s'excusoient sur le maistre de camp, et le blasmoient fort. Tous ces exemples ay-je mis par escrit, qui peuvent servir à l'advenir; et suis contraint redire souvent ceste mesme faute qui se fait sur les retraictes, pour les grands inconveniens qui en adviennent pour causer la perte d'une bataille. Elle ne seroit pas tant à regretter, lors que la bataille et le combat est resolu, et qu'un chacun fait ce qu'il peut; mais d'estre battu en se voulant retirer, cela est insupportable.

Voyez, lieutenans de roy, combien ces fautes important : celle de Sainct Quentin mit ce royaume en danger, et fut cause qu'il fallut quitter toutes nos conquestes; celle cy mit les affaires du Roy en Italie en mauvais estat. N'ayez donc honte aucune de vous couvrir la nuict; tant s'en faut que cela soit honteux, qu'il est honnorable de se joüer et mocquer de l'ennemy qui vous attend, lequel au jour ne trouve que le giste : il vous sera bien plus vilain et plus honteux d'estre battus en tournant le doz. Si vous avez tant de honte, combattez, de par Dieu, à bon escient : tenez vous de pied coy dans vostre fort, si vous l'avez tant soit peu advantageux; et là attendez, ou que vostre ennemy se lasse, ou qu'il vous

---

(1) De la Romagne.
(2) De la côte.
(3) Suivant Adriani, la vallée où se donna la bataille, s'appeloit *Scanna-Galli, coupe des François*; ils y perdirent cent enseignes et quatre mille hommes.
(4) Valcrou et non pas Balleron. Plusieurs historiens prétendent qu'il fut tué à la bataille de Marciano.

vienne combattre et vous attaquer ; et ainsi vous joüerez à boule veuë, comme on dict.

Or le marquis logea le terzo (1) de Corsegue à la Petite Observance, et le terzo de Secille à la Chartrouze, et les retrancha bien fort, de sorte que nous ne pouvions aller à eux ; et luy, avec tout le demeurant de son camp, demeura à Arbierotte (2), et partie de sa cavallerie à Bonconvent. Il se fioit que la garnison qu'il avoit au fort de Sainct Marc battroit toutes les nuicts l'estrade du costé de Fonte-Brande, afin qu'il n'entrast vivres dedans Siene : mais il ne sçeut si bien faire qu'il n'y entrast des vaches et des bœufles par l'espace de six sepmaines. Je pense que ce qui retenoit là le marquis, estoit qu'il attendoit ma mort et celle de monsieur de Strossi, se fiant que, messieurs de Lanssac et de Fourquevaux prins, nos gens, estans sans chef françois, prendroyent party de se retirer. Toutesfois monsieur de Strossi guerit ; et, pource qu'il fut adverty que j'estois mort, à cause qu'on me tint trois jours en cest estat, n'entrant personne dans ma chambre, que les prestres pour avoir soin de mon ame, car le corps estoit abandonné des medecins, on manda à monsieur de Strossi que j'estois mort. Monsieur de Strossi, qui vid monsieur de Lanssac prins et moy mort, se hasarda de Montalsin en hors se venir jetter dans Siene, et partit à l'entrée de la nuict de Montalsin avec six enseignes de pied et deux compagnies de gens de cheval, l'une desquelles Serillac, mon nepveu, conduisoit ; lequel advisa avant que partir d'emprunter trois ou quatre trompettes de ses compagnons, se craignant qu'il adviendroit ce qu'il advint : car monsieur de Strossi ne sçeut faire son partement si secret, que le marquis n'en fust adverty, et le vint attendre avec tout son camp vers Fonte-Brande, et au long de la riviere de la Tresse. Monsieur de Strossi avoit mis tous ses gens de pied devant, et sa cavallerie derriere, lequel estoit monté sur un fort petit cheval, ayant sa jambe en escharpe à l'arson de la selle, et l'evesque (3) de Siene avec luy. Et, comme nos gens de pied italiens arriverent aupres de l'embuscade des ennemis, les ennemis leur coururent sus avec telle espouvante, que, sans faire guere de resistance, se mirent en fuitte et porterent par terre monsieur de Strossi, lequel se jetta, et l'evesque avec luy, parmy des ruines de quelques maisons rompuës, tenant son cheval par la bride. Le bruit fut si grand, que l'on le pouvoit ouyr à Siene, car il n'y avoit pas du tout un mil. Les ennemis executoient leur victoire, à travers desquels Serillac donna avec ses trompettes ; et, comme ils entendirent tant de trompettes, et voyant nostre cavallerie parmy eux, tournerent visage en routte et en fuitte sur le marquis, qui estoit derriere avec ses Allemans, qui fut contrainct, voyant le desordre, se retirer à Arbietorte. Or ceux qui avoient faict la cargue et qui l'avoient prinse, c'estoient Espagnols et Italiens ensemble ; et ainsi les nostres s'enfuyrent d'un costé, et les ennemis d'un autre. Deux ou trois cens Italiens des nostres gaignerent les murailles de Siene, d'autres s'enfuyrent à plus de douze mil de là, et des vieux capitaines que monsieur le mareschal estimoit beaucoup ; mais les plus vaillans hommes du monde, ayans perdu le jugement, pensant tout perdu, ne sçavent où ils en sont. Voyez combien les hazards de la guerre sont grands, et combien il est vilain de prendre la fuitte sans voir le danger apparent. Sur ces entrefaittes le jour commence à venir ; Serillac se trouve n'ayant perdu que trois ou quatre de sa compagnie qui s'en estoient fuis avec les gens de pied ; et croy que de l'autre compagnie n'en demeura pas beaucoup, car il n'y avoit qu'un lieutenant qui la commandast. Monsieur de Strossi, qui se vit sans ouyr aucun bruit, remonte à cheval assez malaysement, et commence à recognoistre nostre cavallerie qui avoit fait alte, et regardoit Serillac s'il le trouveroit parmy les morts ; et comme il le voit venir à luy, je vous laisse penser quelle joye eurent l'un et l'autre ; et ainsi s'acheminerent droict à la ville. Or je veux dire que monsieur de Strossi fit là une des plus grandes folies que jamais homme de son estat ait fait, comme je luy ay dit cent fois depuis : car il sçavoit bien que s'il estoit prins, tout le monde ne l'eust sçeu sauver que le duc de Florence ne l'eust fait mourir honteusement, pour l'inimitié jurée qu'il luy portoit. Et encores que Serillac fut mon nepveu, si luy donneray-je ceste loüange et reputation avec la verité, qu'il fut cause du salut de monsieur de Strossi ; je le puis bien escrire, puis que le sieur de Strossi mesme le disoit. Sa compagnie estoit fort bonne, estant la pluspart gascons et françois, car c'estoit la vieille compagnie de monsieur de Cipierre. Il n'arriva à la ville, des capitaines, que Caraffe, qui depuis a esté cardinal, et un autre, comme l'on me dict, du nom duquel ne me souvient, et deux ou trois cens soldats, lesquels monsieur de Strossi ne voulut point qu'entrassent dans la ville, ains la nuit apres les en renvoya avec ce capitaine, et retint Caraffe avec luy.

---

(1) C'est-à-dire le régiment.
(2) Arbia-Rotta.
(3) François Bandini, alors archevêque de Sienne.

Or, comme monsieur de Strossi fut dans la ville, il demanda nouvelles de moy : l'on luy dit que depuis quatre jours on commençoit avoir quelque peu d'esperance de ma vie. Monsieur de Strossi vint descendre devant mon logis, et l'evesque et ledict gentilhomme, et me trouva si extenué, que les os m'avoient percé la peau en plusieurs lieux ; et me reconforta le plus qu'il peust ; et là demeura douze jours, attendant ce que Dieu feroit de moy ; et, comme il vit que de jour à autre je recouvrois santé, delibera le treziesme à l'entrée de la nuict sortir sans en dire mot à personne qu'à moy : et, un peu devant qu'il montast à cheval, luy et l'evesque me vindrent dire à Dieu, sçachant bien que sa presence feroit opiniastrer d'avantage le marquis, et aussi qu'estant dehors il auroit le moyen de me secourir, qui luy promis d'attendre jusques aux derniers abois. Le marquis avoit jetté des gens par tous les chemins, et par là où ledit marquis ne pensa jamais qu'il passat. Il print son chemin sortant à la porte Camollia, et descendit à main droicte dans le vallon, laissant le fort de Camollia au dessus, et s'en alla au long du ruisseau tirant au palais du Diau. Monsieur de Strossi s'acheva là de guerir, car il s'arma et monta sur un bon cheval. Il rencontra quarante ou cinquante soldats à pied ennemis qui luy donnerent l'alarme ; toutesfois il marcha tousjours, et ne se perdit que quelques valets d'aucuns qui estoient sortis de la ville pour s'en aller avecques luy : ce ne fut pas sans danger. En peu de jours il eschappa trois grandes fortunes. Peu apres son despart, je recouvray ma santé, et me fis porter par la ville sur une chaire. Le marquis, ne perdant point temps, nous brida de toutes parts ; tous les jours il se faisoit de belles escarmouches. Je cognus bien que le marquis me vouloit avoir par faute de pain : voylà pourquoy je fis ceste harangue aux capitaines que j'assemblay.

« Messieurs, je croy qu'il n'y a nul de nous qui ne desire sortir à son honneur et reputation de ce siege : le desir de l'honneur nous y a menez ; vous voyez que nous sommes icy pour long temps : car il ne faut pas que nous pensions que l'ennemy se leve jamais d'icy, qu'il ne nous ayde d'une façon ou d'autre : car de la prise de ceste place depend sa victoire. Or vous voyez que le Roy est bien loin de nous, et qu'il ne nous peut secourir qu'avec un long temps : car il faut qu'il prenne nostre secours d'Allemagne et de France, parce que les Italiens sans autre nation ne seroient assez forts pour faire lever le siege aux ennemis, qui ont non seulement des Italiens, mais de toutes nations. Et pour attendre le secours il nous faut avoir une longue patience, en espargnant nos vivres tant qu'il nous sera possible. Et pour ceste occasion, j'ay à vous remonstrer que je veux faire amoindrir le pain qui est de vingt quatre onces, à vingt : je suis certain que les soldats en crieront, si ce n'est que vous leur remonstriez combien nous sommes loing du Roy, et que Sa Majesté ne nous peut si tost secourir, et que vous voulez plus tost mourir de faim, que si l'on vous reprochoit que, si vous eussiez eu la patience d'amoindrir le manger, la ville ne se seroit pas perduë : ce seroit un vilain reproche, pour remplir le ventre perdre son honneur. Vous ne vous y estes point enfermez pour la perdre, mais pour la conserver. Representez leurs qu'ils sont parmy des nations estrangeres où ils peuvent marquer la leur d'une marque honorable. Quel honneur gaignent les hommes, de se faire non seulement honnorer, mais encores honnorer la nation de là où ils sortent ! c'est ce qu'un cœur genereux se doit proposer. Vous, Allemans, vous en retournerez glorieux, et nos François aussi ; quant à vous qui estes Italiens, vous nous rendrez tousjours ceste gloire d'avoir d'un cœur invincible combattu pour la liberté de vostre patrie ; laquelle chose nous ne pouvons faire que par une longue patience, afin de donner temps au Roy de nous secourir. Croyez que sa majesté Tres Chrestienne n'obmettra rien de l'amitié qu'il vous a jurée. Si vous remonstrez tout cecy à vos soldats, et qu'ils voyent et cognoissent que vous mesmes estes en ceste deliberation, je m'asseure qu'ils prendront le mesme chemin que vous tiendrez. Ne vous excusez pas, messieurs, sur eux : je n'ay jamais veu mutinerie, et si en ay veu souvent advenir, pour les soldats, si les capitaines ne leur portoient le menton. Si vous leur monstrez le chemin, il n'y a rien qu'ils ne facent, il n'y a incommodité qu'ils ne souffrent. Faites le donc, je vous supplie, ou resolvez-vous de bonne heure de descouvrir ce que vous avez au fond du sac, afin que ceux qui aymeront mieux sans honneur aller manger leur saoul, s'en aillent, et ne destournent la belle resolution des autres. » Et, parce que les Allemans n'entendoient point mon jargon, je dis au truchement du Reincroc qu'il remonstrast à son maistre ce que j'avois dit ; ce qu'il fit. Le Reincroc dit que luy et ses soldats prendroient la mesme patience que nous mesmes prendrions ; et que, encore que l'on die que les Allemans ne pouvoient patir sans boire et manger leur saoul, luy et toutes ses gens feroient cognoistre le contraire à ce coup. A la verité ces gens me faisoient peur, parce qu'ils ayment plus à faire chere que nous : quant à l'Italien, il est plus accoustumé à patir que nous. Et ainsi se retirerent chacun en son quartier assembler leurs compagnies, ausquelles firent semblable remonstrance que je leur avois faite à eux. Les soldats, l'ayant entendue, leverent tous la main, et jurerent qu'ils patiroient tous jusques au dernier souspir de leur vie, avant que de se rendre ny faire rien indigne de gens d'honneur. Apres je manday au senat que je le priois d'assembler le lenmain matin tous les plus grands de la cité au palais, pour entendre une remonstrance que je leur voulois faire, qui touchoit à eux et à leurs affaires ; ce qu'ils firent, et leur fis cette remonstrance en italien :

« Seigneurs, si plustost Dieu m'eust rendu un peu de santé et de memoire, plustost eusse-je pensé à ce qu'il nous faut faire pour la conservation de vostre liberté et de ceste cité ; vous avez tous veu comme la maladie m'a conduit jusques au dernier souspir ; et à la fin Dieu, plustost par miracle que par œuvre de nature, m'a ressuscité pour faire encore service à ceste republique en telle et si grande extremité. Or, seigneurs, je voy bien que la conservation de la cité et de vostre liberté ne consiste sinon à prolonger les vivres ; car, si par les armes le marquis se veut efforcer de nous avoir, j'espere que nous le rendrons si mal contant, qu'il maudira l'heure de nous estre venus assieger. Je voy qu'il n'est pas resolu d'en manger : au contraire, il veut à faute de manger nous forcer ; à quoy il faut obvier, s'il est possible. Hier j'assemblay le colonel des Allemans et ses capitaines ; le seigneur Cornelio, que voy-là, avec les siens ; Combas pareillement, avec les capitaines françois, ausquels je remonstray que, pour prolonger le temps et donner loysir au roy Tres-Chrestien de nous secourir, il falloit amoindrir le pain des soldats, qui estoit de vingt-quatre onces, et le faire revenir à vingt ; et que, comme tout le monde entendra, mesmement le Roy, que nous sommes deliberez de tenir jusques au dernier morceau, cela incitera Sa Majesté à mettre la main à lever nostre secours, pour ne perdre tant de gens de bien, et n'abandonner au besoin ceux qu'il a pris sous sa protection. Or, selon que j'ay entendu, vous aviez fait, moy estant à l'extremité, la description des vivres, et n'aviez trouvé à manger que jusques au quinziesme de novembre ; dequoy vous avez donné advis à Sa Majesté : cela luy pourroit bien avoir donné occasion de se refroidir à nous envoyer le secours, veu le long chemin qu'il y a, et aussi que nous nous approchons de l'hyver : les armées ne volent point et ne vont point en poste ; son secours sera, et digne d'un grand prince, et respondant à l'amitié qu'il vous porte, et bastant pour forcer vos ennemis : voy-là pourquoy c'est chose qui ne peut estre si tost preste. Or, seigneurs, apres avoir fait la remonstrance aux capitaines, je les trouvay tous de bonne volonté à patir jusques au dernier souspir de leurs vies ; et, nation pour nation, s'en allerent faire la remonstrance aux soldats, lesquels ils trouverent tous de bonne volonté de prendre patience, et ainsi l'ont promis et juré. Regardez donc ce que vous autres devez faire, puis qu'il y va de la perte de vostre liberté, de vos seigneuries, et paradventure de vos vies ; car il ne faut vous esperer aucun bon traictement, veu que vous vous estes mis sous la protection du Roy. Je vous prie doncques, puis que nous, qui n'avons icy rien à perdre, qui n'avons ny femmes ny foyers, vous monstrons le chemin, advisez de regler vostre despence, et ordonner commissaires pour faire description de tous les bleds que vous avez dans la cité, avec la description des bouches ; et ce fait, commencez à amoindrir vostre pain jusques à quinze onces : car il n'est possible que vous n'ayez quelque peu plus de commodité en vos maisons que n'ont pas les soldats. Et de tout ce bon ordre j'en advertiray les ministres du Roy qui sont à Rome, et de là feray passer outre un gentil-homme, afin qu'il juge le temps qu'il pourra avoir pour nostre secours. Du surplus, reposez vous en sur moy, qui ne veux avoir plus de privilege que le moindre citadin ; ce jeusne que nous ferons sera non seulement pour nos pechez, mais aussi pour redimer vos vies, pour la conservation desquelles je despendray volontiers la mienne (1). » *Credete, signori, che fin a la morte io vi gardaro quello che vi o promesso ; riposate voi sopra di me.*

Alors ils me remercierent bien fort de la bonne exhortation que je leur faisois, qui ne tendoit qu'à leur conservation, et me prierent que je me retirasse à mon logis, pource qu'ils vouloient entrer en la grande salle, là où tous les plus grands seigneurs de la ville estoient assemblez ; ausquels ils firent entendre ce que je leur avois remonstré, et que dans deux heures ils m'envoyeroient deux de leur seigneurie pour m'en rendre responce, et ainsi me departis d'eux ; ce qu'ils firent. En ceste assemblée ma proposition ayant esté representée, en fin tous d'une voix prindrent resolution de manger jusques aux femmes et enfans, plustost qu'ils n'attendissent

---

(1) « Soyez assurés, messieurs, que jusqu'à la mort je vous tiendrai ce que je vous ai promis. Reposez-vous sur moi. »

la volonté du Roy, sur l'esperance qu'ils avoient en luy qu'il les secourroit ; et que tout incontinent ils alloient donner ordre au retranchement des vivres, et à faire la description des bleds ; ce qui fut fait dans cinq ou six jours ; et apres je fis partir le seigneur de Lecussan à grande difficulté, car le marquis faisoit faire gardes pour empescher qu'on ne nous portast aucuns vivres, et tant de paysans qui estoient pris estoient pendus sans remission. Lecussan alla à Montalcin advertir du tout monsieur de Strossi, pour à Rome donner advis du tout à messieurs les ministres du Roy ; et de là il s'en alla vers Sa Majesté, luy representer le miserable estat des Sienois, selon que je l'avois chargé : cecy pouvoit estre environ la my-octobre.

Depuis ce temps je ne peus faire aucune chose digne de memoire jusques à la veille de Noël, sauf qu'un peu apres le partement dudict Lecussan nous rabaissasmes le pain des soldats à dix-huict onces, et de la ville à quatorze. Il se fit pendant ce temps de fort belles escarmouches. Or la veille de Noël, environ quatre heures apres midy, le marquis de Marignan m'envoya, par un sien trompette, la moitié d'un cerf, six chappons, six perdrix, six flascons de vin excellent, et six pains blancs, pour faire le lendemain la feste. Je ne trouvay pas estrange ceste courtoisie, de tant qu'à l'extremité de ma grande maladie il permit que mes medecins envoyassent vers les Sienois au camp, pour recouvrer de Florence certaines drogues : et luy-mesmes m'envoya trois ou quatre fois des oyseaux tresbons, qui sont un peu plus grands que les bequefigues, qui se prennent en Provence. Me laissa aussi entrer un mulet chargé de petits flascons de vin grec, que monsieur le cardinal d'Armagnac m'envoya, pource que mes gens luy avoient escrit que je ne parlois d'autre chose en ma grand maladie, que de boire un peu de vin grec ; et ledit seigneur cardinal fit tant, que le cardinal de Medicis en escrivit audit marquis son frere ; et faisoit entendre ledit seigneur cardinal que c'estoit pour faire un baing. Le vin arriva sur le point que j'abayois à la mort, et ne m'en fut pas baillé, mais en departirent la moytié à des femmes enceintes de la cité ; et, quand monsieur de Strossi entra, je luy en donnay trois ou quatre flascons ; le reste je le beuvois comme l'on boit l'hypocras le matin. Toutes ces courtoisies avois-je receu du marquis, ce qui ne me fit point trouver estrange le present qu'il m'envoyoit ; j'en envoyay partie à la seigneurie, partie au Reincroc, et le reste je le garday pour le seigneur Cornelio, le comte de Gayas (1), et pour moy, par-ce qu'ils mangeoient ordinairement avecques moy. Toutes ces courtoisies sont treshonnestes et loüables, mesmes aux plus grands ennemis, s'il n'y a rien de particulier, comme il n'y avoit entre nous : il servoit son maistre et moy le mien ; il m'attaquoit pour son honneur, et je soustenois le mien ; il vouloit acquerir de la reputation, et moy aussi. C'est à faire aux Turcs et Sarrazins de refuser à son ennemy quelque courtoisie ; il ne faut pas pourtant qu'elle soit telle et si grande qu'elle rompe ou recule vostre dessein.

Mais cependant que le marquis me caresse avec ses presens, lesquels je payois en grands mercis, il pensoit bien à me faire un autre festin : car la nuict mesmes, environ une heure apres minuict, il donna l'escalade avec toute son armée à la citadelle et au fort de Camollia. C'est une chose estrange que, plus d'un mois auparavant, mon esprit me disoit et sembloit me pronostiquer que le marquis me donneroit une escalade, et que le capitaine Sainct Auban seroit cause de la perte du fort : cela m'estoit toujours devant les yeux, et qu'aussi les Allemans seroient cause de la perte de la citadelle, où il entroit toutes les nuicts une enseigne en garde ; qui fut cause que je mis une enseigne de Sienois en garde dans une maison vis à vis de la porte de la citadelle. Le seigneur Cornelio fit tant avecques Le Reincroc, qu'il promit que, s'il venoit une alarme et que le camp s'efforçast de donner escalade à la citadelle, que le capitaine allemand qu'il y mettoit tous les soirs de garde auroit commandement de luy de laisser entrer la compagnie sienoise pour aider à deffendre la citadelle : ce que luy oublia, comme je pense, ce soir là. Tous les soirs j'allois veoir entrer en garde une compagnie françoise dans le fort de Camollia, et une autre sienoise entre le fort et la porte de la ville, souz une grande hasle qui estoit environnée aux deux costez d'une petite tranchée ; mais à la teste, qui alloit droit au fort, n'y avoit rien, ains tout estoit planier ; et y pouvoit avoir du corps de garde au fort soixante ou quatre-vingt pas, et autant jusques à la porte de la ville. Ceste enseigne demeuroit là pour deux occasions : l'une, pour secourir le fort s'il en avoit besoing, comme l'autre compagnie sienoise la citadelle ; et l'autre, pour garder que l'ennemy ne vint donner une escalade à la muraille de la ville, pour-ce que du costé de main gauche, sortant de la ville, la muraille estoit fort basse, et encores une partie tombée. Or plusieurs fois auparavant avois-je dit au seigneur Cornelio et au comte de Gayas ces mots, voyant entrer la com-

(1) Jean Galéas de Saint-Severin, comte de Gaiazzo.

pagnie du capitaine Sainct Auban (1) dans le fort : « Croyriez vous qu'il me va tousjours devant les yeux que nous devons perdre ce fort par la faute du capitaine Sainct Auban et sa compagnie? je ne la voy jamais entrer, que la fievre ne me prenne, du mauvais presage que j'en ay. » Je ne le pouvois estimer dans mon cœur, pour-ce qu'il n'avoit jamais vingt hommes d'apparence en sa compagnie : car il aimoit mieux un teston qu'un homme de bien ; et de luy-mesmes ne vouloit bouger de son logis, quelque chose que je luy remonstrasse, et ses compagnons luy remonstroient aussi. Je l'eusse voulu loing de là, tant je l'avois à contre-cœur : la necessité me forçoit ; cela estoit cause que mon esprit me dictoit tousjours que cest homme me causeroit quelque mal-heur. Or nostre fort de Camollia estoit environné d'un fossé large d'une picque, et profond autant, et non guere plus, par trois costez ; et à la teste qui venoit droit au corps de garde des Sienois, n'y avoit rien qu'un petit rampart de la hauteur de six ou sept pieds, et non d'avantage ; et y avoit un petit relais à moytié du rampart, là où les soldats se pouvoient tenir à genou. Les ennemis avoient un autre fort trois fois plus grand que le nostre, et vis à vis du nostre, à cent cinquante pas l'un de l'autre : de sorte qu'eux ny nous n'osions lever la teste sans estre blessez de ces quartiers là. Et au nostre y avoit une tour vis à vis du leur, là où nous tenions, pour asseurer mieux nostre fait, tousjours trois ou quatre soldats qui nous servoient de sentinelle, et y montoient avecque une petite eschelle à main, tout ainsi que l'on monte à un pigeonnier. Ladicte tour avoit esté percée du costé du fort des ennemis, et nous y avions mis quelques barriques pleines de terre : car ce trou avoit esté fait par l'artillerie de leur fort ; lequel fort monsieur de Termes avoit fait faire, mais quand il s'en alla n'estoit pas du tout achevé : neantmoins, quand le duc de Florence se rompit avecques le Roy, le marquis fit une nuict une grande traitte, menant force pionniers avecques luy, et s'en saisit, car l'on n'y faisoit point de garde, et incontinent le mit en deffence.

Or, comme j'ay desjà dit cy dessus, à une heure apres minuict le marquis me donna l'escalade tout à un coup à la citadelle et au fort de Camollia, où la compagnie de Sainct Auban estoit par mal-heur ceste nuict là de garde. Le marquis donna à la citadelle avecques les Espagnols et Allemans ; et ne se trouva par bonne fortune que trois eschelles qui fussent assez longues ; et de prime arrivée ils chargerent si fort ces trois là, que l'une se rompit. Les Allemans se deffendoient, et les Sienois se presentoient à la porte, comme il leur estoit ordonné ; le capitaine des Allemans, qui avoit la charge de la porte, ne les vouloit laisser entrer. Ceste dispute dura plus de demy heure : ce pendant cinq ou six des ennemis entrerent et forcerent les Allemans, lesquels commencerent à prendre la fuitte : alors l'on ouvrit les Sienois, qui coururent à la teste de la citadelle, où les ennemis commençoient entrer, et rencontrerent ces cinq ou six qui estoient entrez, lesquels ils mirent en pieces ; et y en avoit deux qui estoient parens du marquis, dont l'un ne mourut pas soudainement : cela refroidit les autres qui estoient sur le point d'entrer. En mesme temps on donne l'escalade au fort de Camollia. Sainct Auban estoit dans la ville, dans son lict bien à son aise, et son lieutenant, nommé Comborcie (2), estoit au fort, qui estoit un jeune homme non experimenté : je croy que s'il eust eu de bonnes gens en sa compagnie, qu'il eust fait son devoir ; tous deux se sont faits huguenots depuis. Des que les ennemis presenterent les eschelles par trois courtines, toute sa compagnie se meit en fuitte et route, et voy-là les ennemis dedans ; et des quatre qui estoient en la tour, les trois se jetterent à corps perdu bas, et l'autre abbatit les barriques du trou, et tiroit les ennemis dedans. Ce meschant avoit esté prins quelques jours auparavant, et avoit demeuré plus de dix jours prisonnier ; et pense que sur son entreprinse le marquis se resolut de donner l'escalade, car il s'en alla avecques eux, et depuis ne le vismes. Or le sieur Cornelio et comte de Gayas estoient logez pres de la porte de Camollia, lesquels coururent incontinent à la porte, où trouverent que la plus-part de la compagnie sienoise estoit contre icelle, et l'autre partie tiroit encore aux ennemis qui sortoient du fort pour venir à eux. Le sieur Cornelio laissa le comte de Gayas à la porte de la ville, et courut à moy m'advertir ; et me trouva que je sortois du logis avecques deux pages qui portoient chacun deux torches ; et luy dis qu'il courust sortir dehors, luy et le comte de Gayas, pour garder sur tout que les Sienois n'abandonnassent leur corps de garde, et qu'ils leur donnassent courage, car je m'en allois sortir après luy ; ce qu'il fit, et arrive si bien à point, qu'il trouva tout abandonné, et leur fit une cargue avecques les Sienois, et les repoussa jusques dedans le fort gaigné. L'alarme estoit desja par toute la ville, qui couroit à la citadelle, et qui couroit à la porte de Camollia. Comme j'arrivois à la

---

(1) Gaspard Pape, seigneur de Saint-Auban.

(2) Comborcier, neveu de Saint-Auban.

porte, vint à moy La Moliere et l'Espine, tous deux à cheval, l'un controlleur des guerres, et l'autre thresorier, comme de present est encores La Moliere controlleur, auxquels je commanday, l'un courir à la porte Sainct Marc, et l'autre à la porte Nove, et qu'en allant criassent toujours *Victoire! les ennemis sont repoussez*. Je faisois cela, craignant que quelques-uns de la ville eussent intelligence avec les ennemis, et que, quand ils entendroient ces cris, il ne s'oseroient descouvrir. Cependant j'estois à la porte de la ville, et faisois sortir les capitaines et soldats françois pour secourir le sieur Cornelio : comme je vis qu'il y avoit assez gens dehors, je commanday au lieutenant du capitaine Lussan de se tenir à la porte, et fermer le guichet quand je serois dehors, et que si j'estois repoussé, qu'il n'ouvrist point, ains qu'il nous laissast tous tuer dehors, et moy-mesmes le premier. Et sortis avec mes quatre torches, et trouvay le sieur Cornelio, comte de Gayas, les capitaines que j'avois mis dehors qui avoient gaigné le rampart, et les soldats sur ce petit relais, le genouil à terre, qui leur tiroient dans le fort, et eux aux nostres, qui ne pouvoient lever la teste sans estre descouverts : et par les autres deux costez les ennemis donnoient l'assaut, et les nostres deffendoient. Or, comme je jettois les gens dehors par le guichet, Sainct Auban passa outre sans que je l'apperceusse. La porte pour entrer dans le fort que nous avions perdu estoit faicte comme un trou, ayant un pas en avant et un autre à costé, faite en onde ou en serpent ; et n'y pouvoit passer qu'un homme de front. Là je trouvay dans ceste entrée le capitaine Bourg, qui est encore en vie, lequel portoit l'enseigne du capitaine Charry, le sieur Cornelio et le comte de Gayas contre luy ; monsieur de Bassom-pierre (1), commissaire de l'artillerie, estoit tousjours aupres de moy, et quelques canonniers des siens. Je voyois bien que le combat dureroit, et, craignant que la poudre nous faillist, je dis à monsieur de Bassom-pierre qu'il depeschast deux de ses canonniers pour en aller querir : ce qu'il fit. J'oserois dire qu'il fut autant cause de nostre salut que tout le combat, comme vous entendrez. Ceux que nous combattions estoient les Italiens ; car les Espagnols et Allemans donnoient à la citadelle. Je courois tousjours aux uns et aux autres, leur criant : « Courage mes amis ! courage mes amis ! » Et tout à un coup, au costé de main droite de la porte où estoient les trois sus-nommez, j'aperceus Sainct Auban, auquel je mis l'espée à la gorge, et luy dis : « Paillard, meschant, tu es cause de nous faire perdre la ville ; ce que ne verras jamais, car je te tueray tout à ceste heure, ou tu sauteras dedans. » Alors tout espouvanté me dit : « Ouy, monsieur, j'y sauteray ; » et appella Lussan (2), Blacon, Combas, qui estoient de ses compagnons, leur disant : « Hé, mes amis, secondez moy, je vous prie, sautez apres moy. » Les autres lui respondirent : « Saute seulement, nous te suivrons. » Alors je luy dis : « Ne te soucie de rien, car je te suivray moy-mesmes ; » et mismes tous les pieds sur ledit relais, sans marchander [car s'il l'eust faict il estoit mort] il se jetta à coup perdu dedans, ayant une rondelle à la main, et ses compagnons aussi. Il ne fut jamais en l'air que les autres n'y fussent ; et ainsi tous quatre sauterent dedans. C'estoit à deux pas de la porte que combattoient Le Bourg, le sieur Cornelio et le comte de Gayas. Et tout à un coup je fis sauter quinze ou vingt soldats apres les quatre capitaines ; et, comme tout cela se jetta à coup perdu dedans, Le Bourg, le sieur Cornelio et le comte de Gayas passerent et entrerent dedans. Je fis mettre les deux torches sur ce relais, afin que nous nous vissions pour ne nous entretuer les uns et les autres ; et entray par là où le sieur Cornelio estoit. Or les picques, hallebardes ne arquebuses ne nous servoient de rien, car nous estions tous aux espées et aux dagues ; et les fismes sauter par dessus les courtines par où ils estoient entrez, sauf ce qui mourut dedans : il y en avoit qui estoient encores demeurez à la tour. Le capitaine Charry arriva à nous, encore qu'il n'y eust que huit jours qu'il avoit eu une arquebusade par la teste, lequel nous tenions pour mort ; toutesfois je le vis l'espée et la rondelle en la main, un morion sur son couvre-chef qui luy couvroit sa playe. Le bon cœur se monstre tousjours là où il est : encore extremement blessé vouloit-il avoir part au combat. J'estois au pied de l'eschelle, et avois dit au sieur Cornelio et au comte de Gayas de sortir hors le fort, donner courage à ceux qui deffendoient les flancs, et que l'un print un costé, et l'autre un autre ; ce qu'ils firent, et y trouverent encore prou d'affaires. Je prins par la main le capitaine Charry, et luy dis : « Capitaine Charry, je vous ay nourry pour mourir faisant grand service au Roy : il faut que vous montiez le premier. » Luy, plein de bonne volonté, et sans marchander, commence à monter par l'eschelle, laquelle ne pouvoit estre de

---

(1) Père du maréchal de Bassompierre.

(2) Bertrand d'Esparbez, seigneur de Lussan.

plus de dix ou douze degrez ; et falloit entrer par une fausse-trappe, comme j'ay desja dit. J'avois de bons arquebusiers, et tousjours les faisois tirer à ce trou de la fausse-trappe ; et fis mettre sur l'eschelle deux desdits arquebusiers qui montoient apres luy. J'avois les deux torches avec moy, car les autres deux, le sieur Cornelio et le comte les avoient emportées, et voyoient si clair, que nos arquebusiers n'offensoient point le capitaine Charry, qui montoit degré à degré, donnant tousjours loisir à nos arquebusiers de tirer : et, comme il fut à se monstrer sur le haut, ils tirerent deux arquebusades, qui luy percerent la rondelle et le morion, sans luy faire mal à la teste. L'arquebusier qui estoit apres luy tira par dessous la rondelle : qui fut cause que le capitaine Charry s'avança de monter ; et les voy-là tous trois dedans, l'un apres l'autre. Ils y tuerent trois des ennemis, et le reste sauta par le trou. Ceux des flancs furent aussi repoussez, et ainsi nostre fort fut regaigné de tous costez.

Or le marquis avoit donné le mot à celuy qui estoit chef à l'escalade du fort, qui estoit le gouverneur de leur fort de Camollia, que s'il entroit le premier par la citadelle, qu'il vinst à luy avec tous les Italiens ; et que si aussi il gaignoit le fort, qu'il le viendroit secourir avec les Allemans et Espagnols. Et comme ledict gouverneur du fort eust gaigné le nostre, en advertit le marquis ; mais, pource qu'il y a des vallons entre la citadelle et le fort de Camollia, ledict marquis ne peut venir si tost qu'il eust voulu. Et nous, qui pensions avoir tout achevé, vismes venir tout leur camp, ayant plus de cent cinquante torches ; et, par bonne fortune, les deux canons de Bassom-pierre arriverent avec la poudre ; et tout à un coup et à grand haste nous la departismes aux arquebusiers, car ils n'en avoient plus ; et je tournay mander audit Bassom-pierre de renvoyer à la poudre. A mesme instant m'arriva La Moliere et l'Espine, et tout à un coup je renvoyay La Moliere au gonfalonier de Sainct Martin, qu'il m'envoyast deux cens arquebusiers, les meilleurs qu'il eust, conduits par le fils de misser Bernardin, bonne enseigne, un jeune homme qui portoit une enseigne de son regiment, plein de bonne volonté, car je l'avois cogneu et bien remarqué aux escarmouches. Il vint hastivement, et nous trouva aux mains avec tout le camp. Je laissay le sieur Cornelio et le comte de Gayas, avec les autres capitaines, deffendre le fort ; moy et Bassompierre, et le commissaire ordinaire des guerres, allions au long des flancs, ne faisant autre chose que courir d'un costé et d'autre, pour donner courage à nos gens. Il pouvoist estre trois heures apres minuict quand nous recommençasmes à combattre, qui dura jusques à ce que le jour les en tira ; et firent la plus grande folie que gens pouvoient faire, car à la lumiere des torches nous les voyions plus clair que s'il eust esté jour : s'ils fussent venus à la faveur de la nuict, avec peu de lumieres, ils nous eussent donné plus d'affaires. Les deux cens arquebusiers sienois que nous mena le fils de misser Bernardin (1) nous firent un grand bien, comme fit aussi la poudre que Bassom-pierre avoit renvoyée querir ; car le tout nous fit besoin avant que nous nous separissions, pour la longueur du combat, où il fut bien assailly et encores mieux deffendu.

Voy-là le succés du combat, qui fut le plus grand et le plus long où je me sois jamais trouvé sans bataille, et là où je tiens que Dieu m'a autant ou plus aydé et gardé l'entendement : car, si j'eusse failly d'un pas seulement à commander, nous estions perdus, comme estoit aussi la ville ; car par cest endroit là nous n'y avions rien fortifié, et toute nostre flance estoit en ce fort. Je promets à Dieu que, trois mois apres, pour le moins, les cheveux me dressoient en la teste quand je m'en souvenois. Les ennemis perdirent donc là six cens hommes morts ou blessez, comme nous disoient les prisonniers que nous prenions ; nous ne perdismes en tout cinquante hommes, morts ou blessez. Et ce qui leur en fit tant perdre à eux, fut la lumiere des torches, qui faisoit que les nostres ne pouvoyent faillir, et mesmement estant pres les uns des autres d'une picque ou deux au plus : qui fut une grande incongruité au marquis, comme j'ay dit ; car nous qui avions peu de lumieres, les descouvrions à eux, et donnoit grand advantage, comme j'ay dit. Et comme il fut jour, nous voulumes recognoistre nos morts dans le fort parmy les leurs : j'y trouvay mon valet de chambre et mon palefrenier, qui estoient sautez apres les capitaines : de ma vie je n'eus deux meilleurs serviteurs. Le sieur Cornelio et le comte de Gayas allerent voir la citadelle, car je ne me pouvois plus soustenir, estant encores si foible de ma grand maladie, que qui m'eust soufflé m'eust jetté par terre ; et m'estonne comme il fut possible que je prisse ceste peine. Dieu au besoin me redoubla les forces : car, à la verité, pendant ce long et grand combat, je ne cessay de courir et sauter, ores çà, ores là, sans me trouver jamais las, si ce n'est lors que

(1) Persio Buoninsegni, fils de Bernardino Buoninsegni.

je ne vis plus les ennemis. Ils me rapporterent comme tout s'estoit passé, et y trouverent un parent du marquis qui n'estoit encores mort, lequel ils firent apporter à leur logis et panser.

Or je ne veux oublier à mettre icy, pour monstrer exemple aux autres, que si jamais homme fut secouru en tel besoin que je le fus; et ne voudrois pour rien desrober l'honneur aux chefs qui estoient là, ny aux soldats : car, depuis que le sieur Cornelio et le comte sortirent avant moy, et firent la cargue, et depuis que j'y fus arrivé, le lieutenant de Lussan, que j'avois laissé à la porte, me jura n'avoir jamais veu homme qui y fust venu pour r'entrer, que les deux canonniers de Bassom-pierre, en allant querir les poudres. Toute la ville demeura toujours en armes tant que le combat dura; et veux donner ceste loüange aux Sienois, avec la verité, comme Dieu est veritable, qu'il ne se trouva jamais un seul homme qui demeurast dans les maisons, et qui ne print les armes, vieux et jeunes, ny ne se trouva un seul homme qui monstrast porter aucune affection à l'Empereur; qui me donna une grande asseurance de deux choses : l'une, de la loyauté, et l'autre, de la hardiesse. Trois jours apres, le marquis m'envoya un trompette, celuy mesmes qui m'avoit apporté le present, voir s'il y auroit aucun en vie de ceux qui estoient entrez dans la citadelle, et qu'il ne me vouloit point nier qu'il n'y eust deux de ses parens. Le sieur Cornelio luy mena recognoistre celuy là qui estoit en vie, et trouva que c'en estoit un. Le trompette retourna incontinent le dire au marquis, lequel il me renvoya en mesme instant, me priant de le luy vouloir rendre, me respondant de la rançon : ce que je fis dans une litiere qu'il m'envoya ; mais il mourut trois jours apres qu'il fut en leur camp.

Vous, gouverneurs des places, il me semble que vous devez prendre icy un beau exemple à vous presenter vous mesmes au combat; car il en y a qui disent qu'un gouverneur ou lieutenant de Roy ne doit jamais hasarder sa personne, et mettent en avant que, s'il est mort, tout est perdu. Je leur accorde qu'il ne doit pas s'hasarder à toutes choses et à toutes heurtes, comme un simple capitaine ; mais, puis qu'il y va de la perte du tout, que sera-ce que vous deviendrez, gouverneurs et lieutenans de Roy ? et combien y aura-il de dispute sur vostre honneur et renommée ? Serez vous quittes en disant, je ne vouloïs m'hasarder au combat, pour la crainte, avec ma perte, de perdre tout, mesmement de prendre ce hasart, la nuict, de secourir ou un fort ou une citadelle, veu que je pouvois deffendre la ville ? Cela ne vous sauvera pas. Jugez que la prise d'un fort est de telle consequence, que vostre ennemy a un pied sur la gorge. Il faut crever plustost ou reconquerir ce que vous avez perdu, comme je fis, ayant au sortir fait fermer la porte, pour nous oster toute esperance de retraicte, estant resolu de mourir ou repousser les ennemis; car, les laissant là, aussi bien estois-je perdu.

Et vous capitaines, mes compagnons, mirez vous et prenez exemple sur Sainct Auban, afin que vous aymiez plus les vaillans hommes que l'argent; car l'argent vous menera à la perte de vostre vie et de vostre reputation, et les vaillans hommes que vous aurez pres de vous vous sauveront l'un et l'autre, et ne vous feront porter la honte sur le front. Admirez et suyvez quant et quant le grand cœur de Charry, lequel, demy-mort, vint encore au combat, et se presenta pour entrer le premier, et passer avec une eschelle par un trou. Je croy qu'il n'y peut avoir passage plus dangereux, car vostre ennemy a grand prinse sur vous. Toutesfois nul danger n'arresta ce brave soldat de prendre ce hasart. Pour conclusion de cecy, je vous diray, gouverneurs des places, que lors que quelque mauvaise opinion vous entrera dans la teste, que vous y pourvoyez, comme je fis, ayant mis les compagnies pres des forts; mais j'eusse mieux faict, puis que Sainct Auban m'estoit à contre-cœur, de l'employer en quelque autre lieu, ne m'en pouvant du tout deffaire : cela m'a depuis fait sage, et m'en suis bien trouvé, n'ayant depuis donné charge à homme qui me vinst à regret : il y a assez de moyens de s'en depestrer, sans pourtant offenser personne, ne luy oster le courage.

[1555] Peu apres arriva un gentilhomme de la chambre de l'Empereur, comme depuis nous entendismes, portant lettres au duc de Florence et audit marquis, par lesquelles leur mandoit qu'il trouvoit fort estrange qu'on fît tant durer ceste guerre, et qu'il sçavoit bien que Siene n'estoit pas pour resister contre l'artillerie, mais que c'estoit la coustume du marquis de faire durer la guerre. Le marquis remonstroit qu'il avoit faict tout ce qui estoit possible en luy, et qu'il cognoissoit bien qu'avec l'artillerie on ne la prendroit pas, car j'avois de vaillans hommes là dedans, et la ville resoluë de combattre avec moy, me rendant plus d'honneur que je ne meritois, me loüant de grande vigilance et de pourvoyance; de sorte qu'il cognoissoit bien, à l'ordre que je tenois dans la ville, qu'il perdroit le temps de faire batterie. Toutesfois, estant venu cedit gentil-homme pour cest effect de la part de l'Empereur, et ayant desja parlé au duc de Florence, Cosme de Medicis, ils firent resoudre le marquis à faire batterie. Il n'avoit rien obmis de ce qu'un homme de guerre devoit, nous tenant bridez sans esperance de secours; et toutesfois on l'accusoit de vouloir faire durer la guerre : c'est l'ordinaire, lors que les choses ne sont pas conduictes à l'appetit de ceux qui en parlent à leur ayse. Le desir de ceux que nous servons va plus viste que nous ne pouvons.

Vers le vingtiesme de janvier, nous fusmes advertis que l'artillerie partoit de Florence en nombre de vingt six ou vingt huict canons, ou grandes coulevrines. Les Sienois furent curieux d'envoyer espier, pour en sçavoir la verité, et trouverent qu'elle arrivoit à Lucignano : qui mit la cité un peu en trouble; et à la fin, le lendemain de l'advertissement, ils se resolurent d'assembler toute la noblesse et citoyens au palais, pour resoudre entr'eux s'ils devoient endurer l'assaut ou composer avec le marquis. Or là il ne me falloit pas faire le mauvais, car ils estoient plus forts que moy ; et falloit tousjours gaigner ces gens là avec remonstrances et persuasions douces et honnestes, sans parler de se courroucer. Croyez que je forçay bien mon naturel, contre l'advis de monsieur le connestable, qui m'avoit representé et depeint au Roy comme il m'avoit veu en mon aage bouillant. Il faut qu'un capitaine et gouverneur sage et advisé, quand il est parmy les nations estrangeres, tasche tant qu'il peut se conformer à leur humeur. Parmy les Allemans et Suysses il faut faire carroux (1) ; avec les Espagnols, tenir leur morgue superbe, et faire plus le religieux et devotieux qu'on n'est ; parmy l'Italien, estre discret et sage, ne l'offencer ni caresser leurs femmes; quant au François, il est tout à faire. Tant y a que Dieu me fit la grace, qui suis gascon, prompt, colere, fascheux et mauvais patient, de me comporter si bien parmy ceste nation soupçonneuse et deffiante, qu'il n'y eut nul citadin qui se peut plaindre de moy. Or comme toute la noblesse et seigneurie de la ville alloit au palais, misser Hieronym Espano (2), qui estoit gentilhomme sienois et des plus grands de la ville, et des huict de la guerre, avant qu'aller au palais, vinst hastivement parler avec le sieur Cornelio, et luy dict comme tous les sieurs qui estoient de la cité estoient appelez à se rendre au palais incontinent, et que c'estoit pour resoudre s'ils devoient attendre la batterie, ou entrer en composition avec le duc de Florence et le marquis de Marignan ; et qu'il avoit desja entendu que la pluspart balotteroient qu'on devoit entrer en composition, et non endurer la batterie et l'assaut, pour la crainte qu'il avoient d'avoir pis, et qu'il s'en y alloit, et le pria de m'advertir. Tout incontinent le sieur Cornelio vint à moy, et me trouva que je voulois monter à cheval pour aller veoir les gardes; et, comme il m'eut dict cela, montasmes tous deux à ma chambre, et discourumes longuement quels moyens il y auroit de rompre ce coup. Et en mesme instant arriva le seigneur Bartholomé Cavalcan, qui m'en dict autant, et qu'il pensoit bien que desja la resolution estoit prinse par toute la ville, et qu'ils n'alloient au palais, sinon pour balotter, et que s'ils l'avoient une fois balloté, il n'en falloit plus parler.

Or tous trois estions bien empeschez, eux de me donner conseil, et moy de le sçavoir prendre ; à la fin je m'advisay d'aller au palais, et emmener avec moy Le Reincroc et ses capitaines, le seigneur Cornelio avec les siens italiens, et Combas avec les capitaines françois. Nos Allemans commençoient fort à patir de vin, et le pain bien petit, car de chair il ne s'en parloit plus, sinon de quelque cheval ou quelque asne qu'on mettoit en vente à la boucherie; et d'argent il ne s'en parloit plus du tout, car monsieur de Strossi n'avoit nul moyen d'en y faire entrer : qui nous mettoit en crainte que les Allemans se joindroient avec la ville pour entrer en composition. Qui fut cause que je priay le sieur Cornelio d'aller parler avec Le Reincroc, et le priay de me faire compagnie au palais, et amener ses capitaines avec luy, et qu'il laissast les lieutenans et enseignes en leur quartier chacun, afin qu'estant au palais il n'advinst quelque surprinse autour des murailles ; et luy, qu'il en fist de mesmes. Et manday au capitaine Combas que pareillement il vinst, et envoyast le sieur Bartholomé diligemment au palais, pour regarder s'il pourroit gagner quelqu'un secrettement, pour ayder à rompre ceste boutée : car il me sembloit bien advis que, si je pouvois rompre ce coup, je pratiquerois tant de gens, que la balote blanche seroit la plus forte; et ainsi s'en allerent tous hors de ma chambre, et ne leur dis rien de ce que je voulois faire.

Or j'estois encore si tres-extenué de ma maladie, et le froid estant grand et aspre, j'estois contrainct d'aller si enveloppé le corps et la teste de fourreures, que, quand l'on me voyoit aller par la ville, nul ne pouvoit avoir esperance de ma santé, ayant opinion que j'estois gasté dans le corps, et que je me mourois à veuë d'œil.

« Que ferons nous, disoient les dames et les pou-

---

(1) *Carroux* : débauche, orgie.
(2) Hieronimo Spanotchi.

reux [car en une ville il y a d'uns et d'autres], que ferons nous si nostre gouverneur meurt? Nous sommes perdus : toute nostre fiance, apres Dieu, est en luy ; il n'est possible qu'il en eschappe. » Je croy fermement que les bonnes prieres de ces honnestes femmes me tirerent de l'extremité et langueur où j'estois ; j'entends du corps, car, quant à l'esprit et entendement, je ne le sentis jamais affoiblir. Ayant donc accoustumé auparavant d'estre ainsi embeguiné, et voyant le regret que le peuple avoit de me voir ainsi malade, je me fis bailler des chausses de veloux cramoysi que j'avois apportées d'Albe, couvertes de passement d'or, et fort decouppées et bien faictes ; car au temps que je les avois faict faire j'estois amoureux. Nous estions lors de loysir en nostre garnison, et, n'ayant rien à faire, il le faut donner aux dames. Je prins le pourpoinct tout de mesmes, une chemise ouvrée de soye cramoysie et de filet d'or bien riche [en ce temps-là on portoit les collets des chemises un peu avallez] ; puis prins un collet de bufle, et me fis mettre le haussecol de mes armes, qui estoient bien dorées. En ce temps-là je portois gris et blanc, pour l'amour d'une dame de qui j'estois serviteur lorsque j'avois le loisir ; et avois encore un chappeau de soye grise, faict à l'allemande, avec un grand cordon d'argent, et des plumes d'aigrette bien argentées. Les chappeaux en ce temps là ne couvroient pas grands, comme font à ceste heure. Puis me vestis un cazaquin de veloux gris, garny de petites tresses d'argent à deux petits doigts l'une de l'autre, et doublé de toile d'argent, tout decouppé entre les tresses, lequel je portois en Piemont sur les armes. Or avois-je encore deux petits flascons de vin grec, de ceux que monsieur le cardinal d'Armagnac m'avoit envoyez ; je m'en frottay un peu les mains, puis m'en lavay fort le visage, jusques à ce qu'il eut prins un peu de couleur rouge, et en beu, prenant un petit morceau de pain, trois doigts, puis me regarday au miroir. Je vous jure que je ne me cognoissois pas moy-mesmes, et me sembloit que j'estois encore en Piemont, amoureux comme j'avois esté : je ne me peux contenir de rire, me semblant que tout à coup Dieu m'avoit donné tout un autre visage.

Le premier qui arriva à moy avec ses capitaines fut le sieur Cornelio et le comte de Gayas, monsieur de Bassom-pierre, commissaire, et le comte de Bisque, que j'avois envoyé querir ; et, comme ils me trouverent de ceste sorte, se prindrent tous à rire. Je bravois par la salle plus que quatorze, et n'eusse pas eu la puissance de tuer un poullet, car j'estois si foible que rien plus. Combas et les capitaines françois arriverent aussi. Toute ceste farce ne tendoit qu'à faire rire les uns et les autres : et le dernier, ce fut le colonel Reincroc et ses capitaines, qui, comme il me vit de ceste sorte, il se mit à sangloter de force de rire ; et je le prins par les bras, et luy dis : « Et quoy, seigneur colonel, pensez vous que je sois ce Montluc qui va tous les jours mourant par les ruës? Nany, nany, car celuy là est mort, et je suis un autre Montluc. » Son truchement le luy dict : qui le faisoit encore plus rire ; et desja le sieur Cornelio luy avoit dict la resolution pourquoy je l'envoyois querir, et qu'il falloit que nous ostissions, par une sorte ou par autre, ce doute qui estoit parmy les Sienois. Et ainsi nous en allasmes tous à cheval au palais ; et, comme nous eusmes monté le degré, nous trouvasmes la grande salle toute pleine de noblesse et de bourgeois de la ville qui estoient du conseil. Or à main gauche il y a une petite salle en laquelle n'entrent que le capitaine du peuple, les douze conseillers et les huit de la guerre : tout cela se nomme le magistrat. J'entray ainsi en la grande salle, et leur ostay mon chappeau : Je ne fus cogneu de personne de prime abordée, ains penserent tous que je fusse quelque gentilhomme que monsieur de Strossi eut envoyé dans la ville pour commander l'assaut. A cause de ma foiblesse, j'entray dans la petite salle, et tous les capitaines et colonels apres moy, lesquels demeurerent debout aupres de la porte ; et je m'allay asseoir aupres du capitaine du peuple, où ceux qui tenoient le lieu du Roy avoient accoustumé se seoir, comme j'avois fait souvent ; et en entrant, mon chappeau à la main, je me sousriois vers l'un et vers l'autre : tous s'esmerveilloient de me veoir. Deux desja avoient commencé d'opiner ; et alors je commençay à leur parler en italien en ceste sustance.

« Seigneurs, j'ay esté adverty que, depuis que vous avez entendu à la verité que les ennemis amenoient l'artillerie, vous estiez entrez en quelques disputes qui engendrent parmy vous plustost la peur et la crainte, que quelque belle resolution de combattre et deffendre vostre ville et liberté avec les armes : ce que j'ay trouvé fort estrange, et m'en suis esmerveillé, ne me le pouvant persuader ; toutesfois à la fin je me suis resolu venir vers vous avec les colonels et capitaines de toutes les trois nations que le Roy a en ceste ville, pour vous visiter en ce lieu, et entendre de vous la verité de tout ce qui se passe. Or, messieurs, je vous prie, considerez et pesez bien ce conseil où vous estes tous appellez : car de ce conseil et de la resolution que vous prendrez, despend tout l'honneur, grandeur, authorité et asseurance de vostre Estat, de vos vies, de vos honneurs, et conservation de vostre liberté ancienne; et au contraire, toute la honte, des-honneur, reproche, avec une infamie perpetuelle à vos enfans, des-honneur à vos peres, qui vous ont laissé pour heritage une telle grandeur que vous tenez, l'ayant deffenduë tousjours par bataille, les armes en la main, contre tous ceux qui leur ont voulu oster. Et à present que vous devez acheter l'occasion qui se presente de la moitié de vos biens, pour monstrer à toute la chrestienté que vous estes les vrais enfans legitimes de ces anciens Romains belliqueux, les enfans legitimes de vos peres, qui ont tant combattu pour soustenir vostre liberté, est-il possible que cœurs sienois, cœurs si genereux, soyent entrez en frayeur pour ouyr parler de l'artillerie? Voulez vous entrer en crainte pour cela? Je ne puis penser que cecy procede de vous, qui avez faict preuve de vostre generosité : ce n'est pas aussi faute d'amitié que vous portiez au roy Tres Chrestien, ny de la bonne esperance que vous avez en luy; ce n'est pas aussi pour vous deffier les uns des autres, pour les partialitez qui sont dans vostre cité : car je n'ay jamais cogneu que vous fussiez divisez, mais au contraire bien unis, pour la conservation de vostre liberté et seigneurie. Je vous ay veu tousjours resolus de mourir les armes au poing, plustost que de la vous laisser ravir; j'ay tousjours veu grands et petits marcher d'un mesme pied, et avoir une mesme resolution. Ce n'est pas aussi pour faute d'hardiesse; car je n'ay jamais veu faire sortie aux escarmouches, que tousjours quelqu'un de vostre jeunesse ne se soit remarqué par dessus les nostres, encore mesmes qu'ils soient plus vieux soldats qu'eux, pour avoir fait des actes dignes d'estre loüez et estimez d'un chacun. Je ne puis croire que gens qui font si bien puissent pour le bruit du canon, qui fait plus de peur que de mal, entrer en crainte, et prendre resolution de se rendre esclaves de ceste nation insupportable des Espagnols, ou de vos voisins vos anciens ennemis. Or, puisque cela ne procede de vous, il faut donc qu'il procede de moy, qui ay cest honneur d'estre lieutenant du roy de France, vostre bon amy et protecteur. Que si vous le faictes pour craincte que je n'aye la santé pour prendre la peine qu'il convient supporter à l'heure que les ennemis nous assaudront, pour la foiblesse où je suis encore à cause de ma grand maladie, cela ne vous doit faire entrer en deffiance. Les bras et les jambes ne font pas tout. Ce grand capitaine Anthoine de Leve, gouteux et impotent, a plus gaigné de victoires dans sa chaire, qu'autre de nostre aage n'a faict à cheval. Dieu m'a reservé tousjours le jugement pour vous conserver. M'avez vous jamais veu manquer? estois-je crouppy dans un lict, lors de la grande camisade et escallade que votre ennemy vous donna? Mais voyez, je vous prie, messieurs, la grande grace que Dieu m'a faite tout à un coup, m'ayant rendu la force autant que si je ne fusse esté malade; et par là vous pouvez cognoistre que Dieu nous ayme, et qu'il ne veut pas que, vous ny nous, nous perdions. Je me sens assez fort pour prendre le harnois; vous ne me verrez plus fourré ny emmaillotté. Que si vous le faictes pour crainte de mon insuffisance et peu d'experience, en cela vous faictes un grand tort au Roy : car c'est autant comme de donner entendre à tout le monde que Sa Majesté vous a envoyé icy un homme desgarny de toute suffisance, et mal experimenté pour sçavoir ordonner ce qu'il faut faire pour la deffence de vostre ville. Quoi! pensez vous que le Roy vous ayme si peu que de m'avoir envoyé icy, s'il n'avoit grande asseurance de moy, et qu'il n'eust essayé en autre lieu qu'est ce que je porte et ce que je puis? Je ne vous diray rien de moy, cela seroit honteux à moy-mesmes : vous en avez veu une partie : l'autre, vous la pourrez entendre. Vous pourrez donc juger que le Roy ne m'a pas choisy parmy tant de gentils-hommes qu'il a en son royaume, et ne m'a pas envoyé aupres de vous sans avoir bien poisé ce que je sçay faire, par la longue experience qu'il en a tousjours eu, non seulement pour estre politique, comme vous m'avez veu jusques icy, mais pour pourvoir, lorsque de force on veut emporter une place. Craignez-vous, seigneurs, que la hardiesse me faille au besoin? et de quoy me serviroit tant de preuves que j'en ay fait depuis que je suis icy avec vous estant malade? Vous m'avez veu sortir dés que j'ay peu monter à cheval, allant voir les escarmouches de si pres, que moy-mesmes les commandois. Et ne vous souvient-il pas du jour que j'entray en ceste ville, et de la grande escarmouche que je rendis? vos gens l'ont veu; ils y ont eu part, et la nuit de Noël encores plus, où le combat dura six grosses heures. Ne vins-je pas moy-mesmes aux mains? ne cogneustes vous pas alors que je ne perdis point l'entendement à ordonner, ny la hardiesse à combattre? J'ay honte de le dire; mais, puisque vous le sçavez, je n'en dois point rougir. Je ne vous veux dire que ce que vous avez veu : je ne suis pas espagnol vantard : je suis françois, et encore gascon, qui est de nostre nation le plus franc et libre. Or, messieurs, il me semble que vous avez assez d'experience de vous mesmes, qui vous rendra dignes d'un perpetuel reproche si vous prenez autre resolution, outre le dommage que vous en recevrez. Il me semble que vous me devez avoir cogneu depuis que je suis avec vous autres, et que je n'ay rien oublié de ce que le Roy s'est promis que je sçaurois faire quand la necessité se presentera. Toutes ces remonstrances que je vous ay fait, tant de ce qui vous touche en particulier, comme de ce qui touche le mien, vous doit faire oublier toute crainte, et prendre tout le cœur et la magnanimité qu'ont tousjours eu vos predecesseurs, et vous memes qui estes en vie : parquoy je vous prie que vous preniez tous ensemble une resolution telle que les vaillans hommes comme vous estes doivent prendre : c'est de mourir les armes en la main, plustost que de laisser perdre vostre souveraineté et liberté, et de moy et de tous les colonels et capitaines que voy-là, nous jurons Dieu que tous mourrons avec vous, comme nous vous en donnerons à ceste heure l'asseurance. Ce n'est pas pour nostre bien, et pour acquerir des richesses ; ce n'est pas pour nos ayses, car vous voyez que nous patissons et la faim et la soif ; ce n'est donc que pour nostre devoir et pour nous acquitter du serment, afin qu'on puisse dire, et vous quelque jour, que c'est nous qui avons deffendu la liberté de ceste cité, et qu'on nous puisse appeller les conservateurs des Sienois. »

Alors je me levay, et dis au truchement allemand qu'ils retinst bien ce que je voulois dire, pour le redire au colonnel Reincroc et à ses capitaines ; et alors commençay à parler aux colonels, et leur dis (1) : *Signori miei et fratelli, juriamo tutti et promettamo inanzi Iddio che noi moriremo tutti l'arme in mano con essi loro per adjutar li a deffendere lor sicuressa e liberta ; e ogni uno di noi s'obligi per li soi soldati : et alsate tutti le vostre mani.* Alors chacun haussa la main ; le truchement le dit au colonnel, lequel incontinent leva la main, et tous ses capitaines, criant: *Io, io, huerlic* ; et les autres : *Ouy, ouy, nous le promettons*, chacun en son langage. Surquoy le capitaine du peuple se leva, et tout le conseil, me remerciant infiniment ; et apres tourna le visage devers les capitaines, lesquels il remercia bien fort, et d'une grande volonté. Lors ils me prierent me vouloir retirer à mon logis, jusques à ce qu'ils eussent parlé à tout le conseil qui estoit dans la grand salle, et donné à entendre toute la remonstrance que je leur avois faict : ce que je fis. Et à la sortie de la petite salle, je trouvay misser Bartholomé Cavalcan, qui ne sçavoit pas la proposition que j'avois faicte, car il n'entra pas dans la salle du conseil ; lequel me dict à l'oreille qu'il pensoit que tous avoient pris resolution de n'endurer point la batterie : alors je le ramenay à mon logis. Et trois heures apres ariverent quatre des magistrats, dont misser Hieronym Espano en estoit l'un, ayant charge de toute la seigneurie generallement de me remercier infiniment ; et me dit que misser Ambrosi Mitti avoit parlé en la chaire accoustumée, qui est au milieu de la grand salle, contre la muraille, leur faisant entendre la remonstrance que je leur avois faite ; lequel n'en oublia rien, car c'estoit un homme sage et bien advisé, et le serment qu'avoient fait tous les colonels et capitaines, les exhortant de se resoudre tous au combat. Il ne me souvient s'ils se mirent à la deliberation de la ballotte, ou si tous leverent la main comme nous avions faict ; mais les quatre nous rapporterent que jamais ils n'avoient veu une plus grande joye qui s'estoit mise entr'eux apres la proposition dudit Ambrosi Mitti (2) ; et me dirent aussi qu'apres que je fus en ladicte salle, et faict lesdictes remonstrances, les deux gentils-hommes qui avoient opiné qu'il falloit capituler et entrer en composition avec l'ennemy, avoient prié le senat leur vouloir faire ce bien que de rayer leurs opinions et n'y avoir esgard, et les laisser encore opiner ; ce qui fut faict : et opinerent qu'il falloit combattre, et n'entrer en aucune composition, ains plustost mourir les armes à la main. Je dis à misser Hieronym Espano que je m'en allois retirer pour tout ce jour et pour toute la nuict, pour escrire l'ordre qu'il falloit tenir pour le combat et par toute la ville, et qu'incontinent je l'envoyerois, comme je ferois aussi aux Allemans en leur langue, aux François en la leur.

Gouverneurs et capitaines, vous devez prendre quelque exemple icy, pource qu'il en y a qui disent, quand ils ont rendu une place, que les soldats n'ont point voulu combattre ; autres, que les gens de la ville les vouloient trahir, et les ont forcez d'entrer en capitulation et composition : ce ne sont qu'excuses, croyez moy : ce qui vous force, c'est vostre peu d'experience. Messieurs mes compagnons, quand vous vous trouverez en telles nopces, prenez vos beaux accoustrements, parez vous, lavez vous la face de vin grec, et la faictes devenir rouge ; et marchez ainsi bravement parmy la ville et parmy les soldats, la care levée (3), ne tenant jamais

---

(1) « Messieurs et camarades, jurons et promettons tous devant Dieu que nous mourrons tous ici avec eux, les armes à la main, pour les aider à défendre leur liberté ; que chacun s'engage pour ses soldats ; levez tous la main. »

(2) Pecci l'appelle Ambrosio Nuti.

(3) Pour tête levée.

autre propos, sinon que bien tost, avec l'aide de Dieu et la force de vos bras et de vos armes, vous aurez en despit d'eux la vie de vos ennemis, et non eux la vostre; qu'ils ne sont pour vous venir attaquer dans vostre fort; que c'est ce que vous desirez le plus, car de là despend leur ruyne et vostre delivrance : et de ceste sorte jusques aux femmes prendront courage, et les soldats pareillement. Mais si vous allez avec un visage pasle, ne parlant à personne, triste, melancolique et pensif, quand toute la ville et tous les soldats auroient cœur de lyons, vous le leur ferez venir de moutons. Parlez souvent avec ceux de la ville en quatre ou cinq paroles, et pareillement aux soldats, leur disant : Eh bien, mes amis, n'avez vous pas courage? Je tiens la victoire nostre, et la mort de nos ennemis desja pour asseurée : car j'ay je ne sçay quel presage en moy que, quand il me vient, je suis tout asseuré de vaincre, lequel je tiens de Dieu et non des hommes; parquoy reposez vous sur moy, et resolvez vous tous de combattre et sortir d'icy avec honneur et reputation. Vous ne pouvez mourir qu'une fois, c'est chose qui est destinée : si Dieu l'a ordonné, vous avez beau fuyr; mourons donc avec honneur. Mais il n'y a nulle apparence de danger, ains plustost pour nos ennemis, sur lesquels nous avons tout advantage. Et que voulez-vous, gouverneurs et capitaines, qui ose dire qu'il a peur, vous voyant resolus en ceste sorte? Je vous dis que quand ils en trembleroient, ils la perdroient; et deviendra le plus poureux aussi hardy que le plus courageux de la trouppe. Jamais les soldats ne s'estonneront, tant qu'ils verront la hardiesse de leur chef durer. Et tout ainsi que le chef rapporte la loüange, et que le reste n'a rien, sinon celle que leur chef leur donne devant le prince, ainsi doit le chef se resoudre de ne monstrer jamais avoir peur : car, en faisant cela, les soldats mesmes en porteront bon tesmoignage; et ainsi la reputation qu'il aura acquise luy demeurera, sans que jamais aucun y contredise. Je ne vous conseille donc rien que je ne l'aye esprouvé moy-mesmes, non seulement là, mais en plusieurs endroits, comme vous trouverez dans ce livre, si vous avez la patience de le lire. Or voy-cy l'ordre que je fis pour le combat et pour toute la ville. Je vous represente toutes ces particularitez, sans me contenter de dire que Siene fut assiegée, où je soustins le siege neuf ou dix mois, et puis je capitulai forcé de famine; car de là le capitaine, le lieutenant de Roy, le soldat, n'en peut pas faire proffit; c'est l'historien : de ces gens il n'en y a que trop. Je m'escris à moy-mesmes, et veux instruire ceux qui viendront apres moy : car n'estre né que pour soy, c'est à dire en bon françois estre né une beste.

J'ordonnay donc en premier lieu que la cité seroit divisée en huit parties, et que les huit de la guerre en auroient chacun la sienne; que chacun des huit commettroit un personnage de qui ils respondroient, lequel personnage feroit la description de tout le quartier qui luy seroit baillé en charge; combien d'hommes, de femmes et d'enfans il y auroit en leur quartier, de l'aage de douze ans, les masles jusques à soixante, et les femmes jusques à cinquante, et qui fussent pour porter la hoste, la barelle, les picqs, les pelles et les sappes; et que chacun de son quartier feroit des capitaines de chaque art, sans qu'ils soient meslez : qu'il seroit faict commandement, à peine de la vie, que, dés que leur capitaine les manderoit venir là où ils seroient commandez, d'y venir tout incontinent, et les femmes et enfans; que chacun fera provision promptement de ce que leur office portera; et que les maistres des serviteurs et chambrieres, ou maistresses, seront tenus promptement de donner ordre que leurs serviteurs et chambrieres soient garnis des outils servans à travailler, chacun en son estat, à peine de deux cens escus; et la cité, d'en fournir aux pauvres qui n'auront dequoy en avoir, aux despens du thresor public : et que lesdits deputez feront leurs roolles, et iront de maison en maison pour enrooller leurs gens; et que, dés que les capitaines crieront, chacun en son quartier, *force! force!* que tous et toutes courront à leurs outils, et se rendront où leur capitaine les menera : et les deputez bailleront les rooles de tous ceux et celles qu'ils auront trouvez en leurs quartiers à chacun des huict de la guerre, quartier pour quartier : que les vieux ou vieilles qui excederont l'aage susdit demeureront aux maisons de leurs maistres, pour leur accoustrer à manger et garder la maison; que lesdits deputez feront roolle de tous les massons et charpentiers qui seront en leur quartier, lequel roolle bailleront à celuy des huict de la guerre qui les aura commis. Voy-là l'ordre pour les pionniers et maneuvres.

L'ordre de ceux qui portoient les armes estoit que les trois gonfaloniers, qui est de Sainct Martin, de Ciotat et de Camollia, feroient incontinent la reveuë de toutes leurs compagnies, qui estoient vingt et quatre, et regarderoient les armes d'un chacun, si elles estoient bien en ordre pour combattre, et sinon, incontinent les contraindroient de les faire accoustrer; qu'ils feroient reaffiner toutes les poudres, et qu'on feroit grande quantité de boulets et de cordes;

que lesdits gonfaloniers se tiendroient chacun en son quartier sans en bouger, jusques à ce qu'un des huict de la guerre les viendroit commander ce que leur faudroit faire; que les gentils-hommes vieux, qui ne pourroient porter armes ny travailler, se rendroient à soliciter les pionniers du quartier, là où seroient leurs maisons, et ayder aux capitaines desdits pionniers. Or avois-je tousjours deliberé, que si l'ennemy nous venoit assaillir avec l'artillerie, de me retrancher loing de la muraille où se feroit la batterie, pour les laisser entrer à leur ayse; et faisois estat tousjours de fermer les deux bouts, et y mettre à chacun quatre ou cinq grosses pieces d'artillerie, chargées de grosses chaines et de gros cloux et pieces de fer. Derriere la retirade (1) je deliberay mettre tous les mousquets de la ville, ensemble l'arquebuserie, et, comme ils seroient dedans, faire tirer l'artillerie et l'arquebuserie tout à un coup; et nous, qui serions aux deux bouts, venir courant à eux avec les picques, hallebardes, espées à deux mains et espées et rondelles. Cecy faisois-je, pource que je voyois bien qu'il n'estoit possible au Roy de nous envoyer secourir, à cause qu'il estoit engagé en tant de lieux, qu'il n'estoit possible de pouvoir lever gens suffisans pour lever le siege par mer ny par terre. Monsieur de Strossi n'avoit le moyen de nous secourir; et par ainsi je les voulois laisser entrer et faire peu de deffense à la bresche, afin de leur donner la bataille dans la ville, apres estre passez par la furie de nostre artillerie et arquebuserie : car de deffendre la bresche, il eust esté à mon advis bien aisé; mais nous n'eussions apporté tant de dommage à nos ennemis comme en leur laissant l'entrée, laquelle nous eussions feint d'abandonner pour les tirer au combat.

Cinq ou six jours avant que l'artillerie vinst, je faisois sortir de la ville deux paysans et un capitaine ou sergent, dés que la nuict venoit, comme pour sentinelles perdues. C'est une chose fort bonne et asseurée : mais regardez bien qui vous envoyerez, car elle vous peut faire mauvais party. Et comme la nuict estoit venuë, le capitaine mettoit le paysant en sentinelle, à cinquante ou soixante pas de la muraille, et dans un fossé ou derriere une haye, ayant advis que, dés qu'il entendroit aucune chose, il viendroit trouver le capitaine au pied de la muraille; lequel capitaine avoit charge de moy, que tout incontinent que le paysant auroit parlé à luy, de se mettre tous deux l'un apres l'autre à quatre pieds, et s'en aller en avant jusques au lieu où le paysant avoit ouy le bruit; et qu'il falloit que plustost ils se couchassent le ventre à terre pour descouvrir s'ils adviseroient point trois ou quatre qui recogneussent ce lieu là, et veoir si apres ils s'assembleroient pour parler; car cela est le vray signe qu'ils recognoissoient cest endroit pour y amener l'artillerie : à quoy faire ils ne devoient estre que le maistre ou commissaire de l'artillerie, le colonel ou maistre de camp de l'infanterie, l'ingenieur, le maistre charretier et un capitaine des pionniers, afin que, selon la resolution qu'auroit prinse le commissaire, le colonel et l'ingenieur, le maistre charretier recognoisse aussi le lieu par-là où il pourra mener l'artillerie, et l'ingenieur doit monstrer au capitaine des pionniers ce qu'il faudra faire pour faire l'esplanade, selon que tous auront resolu. Et voy-là la recognoissance qui se doit faire la nuict, apres que vous avez recogneu de jour un peu de loing : car si ceux de dedans vallent rien, ils doivent, par escarmouches ou par l'artillerie, vous garder de recognoistre de pres. Le capitaine me devoit incontinent venir advertir de ce que nos paysans et luy auroient veu, et laisser encores les paysans en sentinelle, et un soldat en son lieu, jusques à son retour. Or par trois fois ils furent descouverts en ceste maniere; et tout incontinent que j'estois adverty, ayant aussi le roolle des huit quartiers et des huict de la guerre qui commandoient leurs quartiers, soudain j'advertissois le seigneur Cornelio, lequel promptement me sçavoit dire le quartier où c'estoit, et le seigneur des huict de la guerre qui le commandoit. Je n'avois jamais dit à homme quelle estoit mon intention, sinon au seigneur Cornelio : c'estoit un homme sage et advisé, et vaillant, auquel je me reposois bien fort; et, comme il sceut que je leur voulois livrer la bataille dans la ville, de tout un jour nous ne fismes que donner le tour dedans et dehors, et recogneusmes fort bien tous les endroits où l'ennemy nous pouvoit faire batterie; et pareillement recogneusmes l'endroit où nous falloit faire la retirade. Et tout incontinent que l'advertissement me venoit du capitaine qui demeuroit en sentinelle hors la ville, soudain j'advertissois le seigneur du quartier, et il advertissoit son commis, et son commis le capitaine des pionniers : de sorte que dans une heure vous eussiez veu pour le moins mil ou douze cens personnes à commencer la retirade. Or avois-je ordonné aussi que la cité feroit grand provision de torches; de sorte que ceux qui avoient recogneu n'estoient gueres de retour au marquis, qu'ils voyoient tout cest endroit par le dedans de la ville cou-

---

(1) C'est-à-dire derrière ce retranchement.

vert de torches et de gens : tellement qu'au point du jour nous avions fort advancé nostre retirade : et renvoyions le matin reposer ceux là, en faisant venir d'un autre quartier jusques au midy, et d'un autre depuis midy jusques à la nuit, et par consequent d'autres jusques à la minuit et au point du jour : de façon que nous faisions en peu d'heures un si grand labeur, que ne pouvions estre en aucune maniere surprins. Je fis en ceste sorte tournoyer la ville au marquis, lequel estoit logé chez Guillot le Songeur (1). Et me dit le seigneur Hernandou de Selve, frere du seigneur Rigomes, qui commandoit le costé de la Petite Observance, auquel je parlay le vendredy avant que nous partissions de la ville, à flance entre leur logis et le fort de Camolia, que le marquis estoit entré une fois en tel soupçon, qu'il pensoit qu'il y eust quelqu'un en leur conseil qui m'advertit de leurs deliberations, voyant que, deslors qu'il avoit desseigné de nous battre, deslors on travailloit en cest endroit, car la nuict on entend aisément le bruit : un si grand remuëment ne se peut cacher. Et pource qu'il me dit qu'il avoit fait un livre du siege de Siene, il me pria que je luy voulusse dire comment je pouvois descouvrir leur intention : je luy en dis la verité.

Mais pour retourner à nostre propos, à la fin le marquis vint mettre son artillerie sur une petite montagne, entre Porte Oville et la Grand' Observance. Ce lieu là me cuida mettre à deviner à moy-mesmes, qui pensois estre si fin, par-ce qu'à Porte Oville il y a une grande antiporte fort large, et que les maisons de la ville se touchent presque, n'y ayant que la ruë entre-deux, n'estant possible de long temps y faire la retirade necessaire, car il falloit abattre plus de cent maisons. Cela me faschoit extremement; car c'est autant acquerir d'ennemis dans nos entrailles, parce que le pauvre citadin qui voit enlever sa maison pert patience. Je baillay au comte de Bisque (2) la charge de faire terrasser ceste porte : nous prenions la terre dans des jardins vacans qu'il y a un peu à main gauche. O le bel exemple que voicy, et que je veux coucher par escrit, afin de servir de miroir à ceux qui voudront conserver leur liberté!

Tous ces pauvres habitans, sans monstrer nul desplaisir ny regret de la ruyne de leurs maisons, mirent les premiers la main à l'œuvre; chacun accourt à la besogne. Il ne fut jamais qu'il n'y eust plus de quatre mil ames au travail; et me fut monstré par des gentils-hommes sienois un grand nombre de gentils-femmes portans des paniers sur leur teste pleins de terre. Il ne sera jamais, dames sienoises, que je n'immortalize vostre nom tant que le livre de Montluc vivra : car à la verité vous estes dignes d'immortelle loüange, si jamais femmes le furent. Au commencement de la belle resolution que ce peuple fit de deffendre sa liberté, toutes les dames de la ville de Siene se despartirent en trois bandes : la premiere estoit conduite par la signora Forteguerra, qui estoit vestuë de violet, et toutes celles qui la suivoient aussi, ayant son accoustrement en façon d'une nymphe, court et monstrant le brodequin; la seconde estoit la signora Picolhuomini, vestuë de satin incarnadin, et sa trouppe de mesme livrée; la troisiesme estoit la signora Livia Fausta, vestuë toute de blanc, comme aussi estoit sa suitte avec son enseigne blanche. Dans leurs enseignes elles avoient de belles devises : je voudrois avoir donné beaucoup et m'en resouvenir. Ces trois escadrons estoient composez de trois mil dames, gentils-femmes ou bourgeoises : leurs armes estoient des pics, des pelles, des hottes et des facines : et en cest equipage firent leur monstre et allerent commencer les fortifications. Monsieur de Termes, qui m'en a souvent fait le compte [car je n'y estois encor arrivé], m'a asseuré n'avoir jamais veu de sa vie chose si belle que celle là; je vis leurs enseignes depuis. Elles avoient fait un chant à l'honneur de la France lors qu'elles alloient à leur fortification : je voudrois avoir donné le meilleur cheval que j'aye, et l'avoir pour le mettre icy.

Et puisque je suis sur l'honneur de ces femmes, je veux que ceux qui viendront apres nous admirent et le courage et la vertu d'une jeune Sienoise, laquelle, encore qu'elle soit fille de pauvre lieu, merite toutesfois estre mise au rang plus honnorable. J'avois fait une ordonnance au temps que je fus creé dictateur, que nul, à peine d'estre bien puny, ne faillist d'aller à la garde à son tour. Ceste jeune fille, voyant un sien frere à qui il touchoit de faire la garde, ne pouvoir y aller, prend son morion qu'elle met en teste, ses chausses et un colet de buffle, et, avec son hallebarde sur le col, s'en va au corps de garde en cest equipage, passant, lors qu'on leut le roolle, sous le nom de son frere; fit la sentinelle à son tour, sans estre cogneuë, jusques au matin que le jour eut poinct : elle fut ramenée à sa maison avec honneur : l'apresdinée le seigneur Cornelio me la monstra.

Or, pour retourner à nos moutons, il ne fut possible, de ce jour-là ny de la nuict suivante,

---

(1) Locution dont Montluc se sert pour marquer l'embarras du marquis.

(2) Le comte de Vico.

que le comte peust faire son terre-plain, ny nous aussi la retirade à laquelle nous travaillions, laissans environ quatre-vingts pas au marquis, s'il y vouloit entrer. Nous avions fait une traverse auprès de Porte Oville, et là nous avions mis trois grandes coulevrines chargées de ce que j'ay dit : lieu auquel estoient le seigneur Cornelio et le comte de Gayas, et trois canonniers qu'avoit laissé monsieur de Bassom-pierre. A main droite sur un haut estoit la Grand'Observance : entre icelle et les murailles nous avions mis cinq canons farcis de mesme, lesquels ledit Bassompierre commandoit. Or l'un et l'autre estoient si cachez, que l'ennemy n'y pouvoit rien voir de dessus les colines : bien s'appercevoient-ils que haut à l'Observance il y avoit des gens, car tousjours ils tiroient là quelque coup ; mais nous estions tous derriere une tranchée qu'avions faite entre l'Observance et la muraille de la ville, tapis et couchez, de sorte que nous ne pouvions estre veus. Les soldats estoient tous contre les maisons, ayant fait force trous en icelles, pour aller et venir au couvert. Derriere la retirade, qui n'estoit gueres plus haute que la hauteur d'un homme, ils estoient aussi au couvert sans pouvoir estre veus. Le seigneur Cornelio estoit aussi couvert, à cause qu'il estoit en bas lieu, et à la couverte d'une fort espoisse muraille qui touchoit à Porte Oville. L'ordre du combat estoit tel :

Le seigneur Cornelio avoit avec luy une enseigne d'Allemans, deux de François, quatre d'Italiens et quatre de Sienois, ayant le comte de Gayas avec luy pour le soulager ; et avec moy à l'Observance, Le Reincroc, avec trois compagnies d'Allemans, deux de François, deux d'Italiens, et quatre enseignes sienoises. En toutes les deux trouppes du seigneur Cornelio et de moy il n'y avoit une seulle arquebuze, sinon picques, hallebardes, espées à deux mains, encores n'en y avoit-il pas beaucoup, espées et rondelles, toutes armes pour joindre incontinent collet à collet. Ce sont les plus furieuses armes ; car s'amuser à ces escopeteries c'est temps perdu : il faut se joindre ; ce que le soldat ne veut faire lors qu'il y a des armes à feu, car il veut tousjours porter de loing. Toute la nuit ils mirent leurs gabions pour vingt-six ou vingt-sept pieces ; et au point du jour ils en eurent placé douze, comme ils eussent faict tout le reste, n'eust qu'il leur falloit monter sur ceste montagne leur artillerie à bras. La muraille est assez bonne, laquelle, il n'y a pas long temps, un des deux papes Pies, qui estoit de la maison de Picolhuomini et de l'ordre du peuple, avoit fait faire. Au point du jour ils commencerent leur batterie à un pied ou deux pieds de terre, tousjours de loing, et bien pres de cent pas : ce qu'ils faisoient pour coupper la muraille par le bas ; et le lendemain matin pensoient avec le reste de l'artillerie abattre en peu d'heure toute la muraille ; mais pour cela le comte de Bisque ne cessoit de remplir tousjours ceste antiporte, et nous laissoit des flancs, de sorte que nous pouvions voir au long de la bresche. Environ midy, ils laisserent ceste batterie de bas, et commencerent à battre au milieu de la muraille. Et comme je vis qu'ils commençoient à faire jour, je laissay le seigneur Cornelio, qui alloit d'un lieu à autre, et prins monsieur de Bassompierre, et nous en alasmes au fort de Camolia ; et de là nous voyions tout le recul de leur artillerie. Je laisseray ce propos pour achever l'ordre.

Je laissay une compagnie françoise au fort de Camolia, une autre à la citadelle, ayant deux compagnies de Sienois à chacune, plus les deux compagnies d'Allemans à la grand place chacune à part ; à Porte Sainct Marc une d'Italiens, et tout au long de la muraille vers Fonte Brande, des Sienois, et de mesmes vers Porte Nove : ayant donné le mot aux deux compagnies françoises que, si j'avois besoin d'eux, je les envoyerois querir, laissans les Sienois dans la citadelle et dans le fort ; et autant en avois-je dit aux Allemans, et avoit mis en l'ordre que nous changerions de mot de six heures en six heures, tant le jour que la nuict, afin que, quand nous serions au couvert, s'il y avoit aucun traistre qui allast en nul endroit où il pourroit avoir intelligence avec les ennemis, tirer les gens de là pour affoiblir cest endroit, et s'en aller ailleurs, qu'homme ne seroit creu s'il ne portoit le mot changeant, lequel seroit porté aux Sienois par deux des seigneurs des huict de la guerre, l'un par une moitié de la ville, et l'autre par l'autre ; et, si ceux-là mesmes n'apportoyent le mot, ils ne bougeroient point. J'avois tousjours peur que le marquis eust quelque intelligence à la ville ; voy-là pourquoy j'y mis cet ordre. Les Allemans qui estoient à la place avoient le mesme commandement ; et encores falloit qu'un chef ou sergent des autres le vinst querir. Il fut esleu six sergens de nos compagnies italiennes et françoises, lesquels avoient charge, cependant que la batterie et l'assaut se donneroient, d'aller tousjours au long de la courtine de la muraille aux quartiers que je leur avois ordonné, lesquels n'abandonneroient jamais leur quartier. Fut aussi ordonné qu'à peine de la vie il n'y auroit homme, de quelque nation que ce fust, ny les Sienois pareillement, qui se hasardast abandonner la retirade, estant du nombre de ceux qui estoient ordonnez pour le combat; et autant en fut fait tout au long des murailles de la ville. Fut ordonné aussi que, des huict seigneurs de la guerre, quatre demeureroient tousjours avecques moy ou bien avecques le seigneur Cornelio, afin que les deux qui demeureroient avecques luy allassent tous à cheval cercher le secours que le seigneur Cornelio leur diroit, avec le mot, pour le secourir s'il en avoit besoing; et les deux miens en feroient le semblable, c'est à sçavoir, des compagnies sienoises; et les autres quatre iroient aux lieux où les quatre sergens estoient ordonnez, afin que tous ensemble donnassent courage aux gens, si la necessité le requeroit. Et là où ne se presenteroit aucun besoin, et qu'aucun viendroit à eux avec le mot demander des gens pour secourir, il leur en bailleroit partie, et l'autre se garderoit tousjours pour deffendre cet endroit. Que les officiers du Roy, comme contreroolleurs, commissaires des vivres, thresoriers ou commis, seroient ordinairement, partie du jour et partie de nuict, tous à cheval, allant tousjours par la ville (1); et que d'heure en autre un d'eux m'apporteroit nouvelles comme tout se porteroit dans le corps de la ville et autour des murailles, nous portans tousjours asseurance d'avoir parlé aux quatre de la guerre, et aux sergens qui estoient deputez avec eux. C'est l'ordre que je donnay, à tout le moins dont j'ay souvenance, n'oubliant tous les jours à visiter les compagnies et encourager les habitans de bien faire.

A present je retourne à ce que nous fismes au fort de Camolia. Monsieur de Bassom-pierre courut cercher un canon qu'il y avoit à la citadelle; mais comme il le pensa remuer, le roüage se deffit, et amena un demy canon qu'un Sienois, que ledit Bassom-pierre avoit mis à l'artillerie, tiroit, et en tiroit comme d'une arquebuze : il fut aidé d'une trouppe de soldats françois et de Sienois qui estoient à la citadelle pour l'amener. Et quant à moy, je faisois faire une plate-forme aux soldats du fort, ayant une compagnie de pionniers que je manday soudain querir; nous l'eusmes faite en moins d'une heure et demye, où je montay le demy canon. Je donnay dix escus à nostre Sienois, afin qu'il fist de si bons coups de ceste piece-là comme il faisoit à la citadelle. Ils avoient mis des gabions au flanc venant devers nous : Bassom-pierre et moy nous mismes à main droicte. Nous regardions la bale en l'air, comme un chappeau en feu, donnant fort à main droicte, le second à main gauche. Je fremissois de despit. Monsieur de Bassom-pierre m'asseuroit tousjours que bien tost il prendroit sa mire, et alloit et venoit à luy. Le troisiesme donna au pied des gabions, et le quatriesme dans leur artillerie, et y tua force gens : car tous ceux-là qui aydoient s'enfuyrent derriere une petite maisonnette qu'il y avoit au cul de l'artillerie; et alors je l'allay embrasser, et le voyant bien effuté, luy dis (2) : *Fradel mio, da li da seno, per Dio facio ti presente d'altri diece scoudi et d'un bichier de vino greco.* Je luy laissay le capitaine françois qui gardoit le fort, pour tousjours le favoriser de ce qu'il avoit besoin, et nous retirasmes, monsieur de Bassom-pierre et moy, à nostre lieu. Il y vint une enseigne d'Allemans qui venoit au long de l'autre gabionnade, enseigne despliée : cela pouvoit estre sur les quatre heures; nous la pouvions voir marcher du derriere de l'Observance : et ne fut jamais arrivée à l'artillerie, que nostre piece tira et tua l'enseigne, et soudain Allemans en fuitte, se retirans là où ils estoient auparavant. Et fit ce Sienois de si grands coups, qu'il leur demonta six pieces de canon, et demeura leur artillerie toute abandonnée jusques à l'entrée de la nuict, sans jamais tirer que deux canons qui estoient couverts des gabions qui tenoient le flanc vers Camolia, lesquels nostre artillerie ne pouvoit atteindre, parce qu'elle donnoit par dessus, à cause de la hauteur des gabions. Et entre chien et loup tirerent sept ou huict coups à l'Observance où nous estions, et aux maisons prochaines; et de toute la nuict ne se tira rien plus. Nous fismes grand diligence toute la nuict d'achever nostre retirade, et le comte de Bisque l'anti-porte; de sorte que deux heures devant jour tout fut parachevé, et chacun en son lieu où il devoit combattre. Ce que nous faisoit tant haster, c'estoit que nous oyons mener un grand bruit à leur artillerie, et pensions qu'ils y menassent l'autre : qui fut cause que je jettay un homme dehors pour recognoistre leur batterie; lequel nous rapporta qu'ils avoient couppé plus de quatre vingt pas de muraille à un pan ou deux de terre, et qu'il pensoit qu'en peu d'heures ils l'auroient toute abbatue : dequoy nous ne nous souciasmes pas beaucoup, car nous esperions leur vendre bien cher l'entrée. Et environ une heure devant jour, ils cesserent de faire bruit : qui nous fit penser qu'ils n'attendoient que l'aube du jour pour donner feu. Je montay sur la muraille,

---

(1) L'édition de Millanges ajoute : *et au long des murailles.*

(2) « Encore un pareil coup, mon camarade, et je te donne dix autres écus et un verre de vin grec. »

ayant le capitaine Charry avec moy, lequel à toute force m'en vouloit faire descendre quand l'aube du jour commença à paroistre; et bien tost apres j'apperceus qu'aux fenestres des gabions n'y avoit point d'artillerie, et qu'en lieu d'avoir mise l'autre, ils avoient osté celle qui y estoit; et alors je criay au seigneur Cornelio que nous estions hors d'assaut, et que les ennemis avoient retiré l'artillerie. Tout le monde commença à monter sur la muraille, et les Sienois à belles injures contre eux, disant en leur italien (1) : *Coïoni, marrani, venete qua vi meteremo per terra vinti brassi di muri.* Ils furent contraints de demeurer trois jours au dessous de la montagne, pour r'abiller leurs rouages que le demy canon que nous avions mené à Camolia leur avoit gasté.

Or, comme j'ay escrit, ce gentilhomme de la chambre de l'Empereur avoit tousjours faict le mauvais : mais comme il eut bien recogneu le tout, luy estant remonstré par le marquis que la retirade et tout ce que je faisois estoit pour les laisser entrer et leur donner la bataille dans la ville [car si je sçavois ce qu'il faisoit, il sçavoit aussi ce que je faisois : tousjours il y a quelque traistre parmy], il fut aussi bien d'opinion avec le marquis et les autres capitaines que la ville ne se prendroit jamais par force, mais qu'il la falloit avoir par famine; et fut d'advis que l'on renvoyast l'artillerie à Florence. Lequel s'en retourna devers son maistre pour luy compter ce qu'il avoit veu, et que le marquis ne pouvoit faire autre chose, sinon ce qu'il avoit fait. Je ne sçay s'il luy compta la peur qu'il avoit euë, laquelle le marquis mesme me recita lors que je sortis de Siene, qui m'accompagna plus de deux mil, et me dict que lorsque leur artillerie fut abandonnée pour le fracas que nostre demy canon faisoit, il estoit tout au costé de la maisonnette, dans sa lictiere, ayant la goutte, et la lictiere estoit à terre; et ce gentil-homme de l'Empereur parloit à luy, ayant les mains sur la courtine d'icelle, et la teste dedans, parlant en secret audict marquis. Nostre canonnier, voyant que l'artillerie estoit abandonnée, et que tout le monde estoit retiré au costé de la maisonnette, tira une volée contre icelle, de laquelle une partie de la muraille, qui estoit de bricque, tomba sur la lictiere, dans laquelle ledict gentil-homme se trouva sur les jambes du marquis, si estonné que rien plus, et me jura qu'en sa vie il ne pensa mourir qu'alors; et le luy tirerent hors de dessus ses jambes, et luy mesmes à bien grand peine, car toute la lictiere estoit pleine de la couverture de ladicte maison. Et me dict outre ledict seigneur marquis, qu'il y eut si grand peur, que la goutte le laissa : car tout ce fracassement tomba sur luy tout à coup, ensemble sur ce gentilhomme, qui pensoit estre mort. J'ay ouy dire que l'apprehension de la mort a guery des maladies. Je ne sçay si depuis ses gouttes l'ont reprins; mais ledict seigneur marquis m'asseura qu'il ne l'avoit euë depuis. S'il est vray ou non, je m'en rapporte.

Cecy pouvoit estre vers la my janvier; et ne tarda pas huict jours que nous commençasmes à cognoistre que les Allemans se faschoient fort du peu de pain qu'ils mangeoient, n'ayant une goutte de vin, qui estoit le pis; Le Reincroc mesmes, qui estoit maladif, ne pouvoit patir : il ne se trouvoit rien, sinon quelque peu de cheval ou d'asne. Et commençasmes à regarder, le seigneur Cornelio et moy, quel moyen nous pourrions trouver pour faire sortir ces Allemans; et regardions que, s'ils estoient dehors, nous pourrions tenir encores la ville plus de deux mois, là où, s'ils ne sortoient, nous serions contraints de la rendre; et advisasmes tous deux d'envoyer un homme secretement à monsieur de Strossi, pour luy remonstrer le tout, et le prier de les envoyer querir avec les meilleurs moyens dequoy il se pourroit adviser, dont je luy fis l'ouverture, et luy envoyay le capitaine Cosseil, qui aujourd'huy porte mon enseigne, bien embouché. Il le falloit faire passer à grande difficulté; car il falloit combattre deux corps de garde, à cause que le marquis avoit desja faict grand quantité de tranchées qui venoient jusques aupres de la ville, de tous costez. Le capitaine Charry en combattit un, et le comte de Gayas, avecques une trouppe d'Italiens, l'autre : de sorte qu'ainsi qu'il combattoit, il fauça la tranchée, et gaigna le derriere du camp avec ses guides, et deux jours apres retourna en compagnie d'un gentilhomme italien, nommé le capitaine Flaminio, lequel portoit des lettres au Reincroc et aussi à moy, m'escrivant que je le luy envoyasse avec ses compagnies, et qu'il dresseroit un camp là où il avoit force cavallerie et gens de pied italiens; et que, s'il n'avoit un nerf de tramontane (2), il ne me pouvoit secourir, et qu'il protestoit contre moy si la cité se perdoit; et au Reincroc de fort belles lettres, ayant fort bien fait le bec au capitaine Flaminio. C'est

---

(1) « Lâches, excommuniés, approchez; nous mettrons vingt brasses de mur par terre pour vous laisser entrer. »
(2) Tramontana, *vent du nord*. Par cette expression, *nerf de tramontane*, Strozzi donne à entendre qu'il a besoin d'un homme nerveux du nord, d'un brave, comme le chef des Allemands.

homme là se met à lamenter, disant que monsieur de Strossi le reduisoit à toute extremité, et qu'il luy estoit impossible de passer sans estre deffait ; mais qu'il en parleroit à ses capitaines ; et y eut grande dispute parmy eux. A la fin, un de ceux en qui il avoit le plus de fiance, et qui le servoit de maistre de camp, luy dict qu'il valloit mieux se hasarder les armes en la main pour se sauver, que non de demeurer pour mourir de faim, ou se rendre à leur discretion sous une capitulation, laquelle, ainsi comme ainsi, falloit que se fist dans peu de jours ; car il n'y avoit rien plus à manger, et leurs soldats commençoient à murmurer, et n'attendoient que l'heure qu'une grande trouppe s'en iroient rendre aux ennemis : qui fut cause qu'ils se resolurent de partir. Le Reincroc n'avoit pas grand tort, estant un perilleux voyage ; car au sortir de la porte il falloit combattre force corps de garde d'Espagnols, et à demy mil de là, un autre à une trenchée que l'enuemy avoit faict aupres d'un moulin. Je fis deffendre qu'homme du monde ne parlast de ceste sortie, et fis fermer les portes de la ville ; et à l'entrée de la minuict tous arriverent avec leurs bagages à la grande place de Porte Nove.

Les Sienois, qui n'avoient rien entendu de cecy, commencerent de s'en aller au palais, tous desesperez. Je fis sortir trois trouppes, deux de François et une d'Italiens : la premiere menoit le capitaine Charry, la seconde le capitaine Blacon, qui est mort à present en Sainctonge, huguenot ; et la troisiesme le comte de Gayas. Le capitaine Charry avoit charge de combattre le premier corps de garde qui estoit au long d'une grande ruë du bourg ; le second estoit aux Augustins, sur la ruë mesmes, et le troisiesme aupres de Sainct Laze. Ils avoient commandement de moy de ne cesser jamais, jusques à ce qu'ils eussent combattu tous les trois corps de garde ; et le comte de Gayas prenoit par dehors le bourg à main droicte, tout au long des maisons, allant tousjours le petit pas pour les recueillir. Le terzo de Cecille estoit à la Chartreuse, ayant de fort bons soldats, et Le Reincroc, au sortir de la porte, prenoit à main droicte, entrant dans un vallon, et le comte de Gayas demeuroit sur le haut, allant tousjours le pas : qui faisoit deux effets pour secourir les nostres, comme dit est, et Le Reincroc, s'il en avoit besoin. Et ainsi commençasmes à ouvrir la porte, pouvant estre une heure de nuict. Le capitaine Charry se mit devant : c'estoit luy qui menoit tousjours la feste ; Blacon apres, et le comte de Gayas apres, et puis les Allemans, qui furent incontinent descendus au vallon : et tout à un coup nous entendismes le combat de nos François contre les Espagnols. Le capitaine Charry mit en routte les deux corps de garde l'un apres l'autre, jusques à celuy de Sainct Laze : surquoy sortirent ceux de la Chartreuse secourir leurs gens, et vindrent aux Augustins où Blacon avoit fait alte, attendant le capitaine Charry, et là se mirent entre-deux. Le capitaine Charry cuida retourner, entendant bien que l'on combattoit Blacon, et rencontra les ennemis, qui redoubla le combat. Le comte de Gayas ne le pouvoit secourir, à cause que je luy avois deffendu expressement qu'il ne s'engageast poinct au combat jusques à ce qu'il auroit cogneu que les Allemans estoient sauvez ; mais à la fin il fallut que tout se meslast, car nos deux trouppes françoises luy tomberent sur les bras. Le combat dura plus d'une grande heure. Le seigneur Cornelio et moy estions hors la porte, au rasteau, et n'y avoit rien d'ouvert que le guichet ; et, comme les soldats venoient l'un apres l'autre, nous les mettions dedans ; et tout à un coup ouysmes venir le combat à nous, qui crioit *France !* qui crioit *Espaigne !* Voylà tout arrivé aupres du rasteau, meslé : nous avions les torches dans les portes, et par le guichet voyions un peu de clarté, et tirions les soldats dedans. Il falloit bien dire qu'en l'une partie et en l'autre y avoit bien de vaillans hommes ; car jamais François ny Italien ne se jetta de furie sur nous, ains tournoient tousjours visage devant ce rasteau, et jamais ne se retirerent, sinon à mesure que nous les tirions dedans. Tous les trois chefs y furent blecez, et y perdismes, de morts ou blecez, plus de quarante des meilleurs soldats que nous avions, françois et italiens ; et à la fin nous eusmes le reste de nos gens dedans. Et, pour ce qu'avant la sortie, les Sienois estoient estonnez de ce que les Allemans s'en alloient, je fis aller le seigneur Cornelio tout autour des gardes et par les forts, pour reconforter nos gardes ; car personne ne sçavoit que les Allemans s'en deussent aller ; et moy m'en allay au palais, et trouvay tous les seigneurs bien estonnez ; et alors je commençay à leur remonstrer ce qui s'ensuit :

« Je vois bien, seigneurs, que vous vous estes assemblez icy pour la sortie des Allemans, et que vous estes entrez en crainte et en soupçon que pour leur depart la cité se perde : je vous dis que c'est la conservation d'icelle, et non la perte ; car leurs six enseignes despendoient plus que les douze italiennes et françoises. D'autre part, vous avez entendu que lesdicts Allemans commençoient desja à murmurer, ne pouvant plus patir : je prevoyois assez que leurs capitaines mesmes n'en fussent pas esté maistres, ayant crainte qu'ils se rendissent aux ennemis. Vous avez entendu, depuis cinq ou six jours, que les ennemis crioient aupres de nos murailles que nous estions perdus, et que nos Allemans seroient bien tost avecques eux : cela ne venoit pas des capitaines, mais du commun, qui ne pouvoit plus patir. Or, seigneurs, si vous vous esbahissez à present pour leur allée, on diroit que vostre hardiesse ny la nostre ne dependoit que de la leur ; et pour les honnorer eux, nous nous des-honnorerions nous-mesmes. A quoy je ne consentiray jamais : car vous sçavez que tous les grands combats qui se sont faicts en ce siege, vous et nous les avons faicts, et ne sont jamais sortis dehors qu'un seul coup, que maugré moy le colonel Reincroc voulut faire sortir ses gens, sous la conduicte de son nepveu et de son maistre de camp, qui ne vouloit avoir personne d'autre nation que de la sienne : et vous vistes comme bien tost ils furent renversez jusques au dedans du fossé du ravelin de Porte Nove ; et si par fortune je ne m'y fusse trouvé, qui fis sortir le corps de garde italien, il n'en fust eschappé un seul. Je ne les veux pas blasmer, mais ils sont meilleurs pour une bataille que pour un siege. Or doneques, seigneurs, pourquoy entrez vous en crainte pour leur sortie? Je vous veux dire encore une autre chose, que, quand j'en aurois envoyé les douze compagnies qui me restent en ceste ville, encores entrendray-je de garder vostre cité avec vous autres seulement, pourveu que les chefs me demeurassent pour me soulager. Il faut faire par tour vos enseignes, n'ayans que deux nuicts de franches, et les nostres n'en auront qu'une, et que nous commencions à retrancher nostre pain à quatorze onces, et vous autres à dix. Et faut mettre les bouches inutiles hors la ville, et commettre six personnages pour faire la description d'icelles demain mesmes, sans espargner personne quelconque, et promptement les mettre dehors; et ainsi nous prolongerons nostre pain trois mois, qui sera le temps que le Roy nous pourra secourir, mesmement à present que le printemps vient. Cessez donc d'avoir peur, ains au contraire prenez ce que j'ay faict pour vostre salut. Si je l'ay faict sans le communiquer au senat, ce n'est pas par mauvaise volonté, mais pour tenir secret ce despart, qui estoit fort dangereux, comme vous avez peu voir, ayant esté forcé de faire jouër ce personnage à monsieur de Strossi, pour me delivrer de ces gens, qui ayment trop leur ventre. »

Ayant entendu ma remonstrance, ils me prierent d'aller reposer, et qu'ils mettroient le tout en deliberation, me remerciant bien fort du bon confort et conseil que je leur donnois. Le matin, toute la harangue que je leur avois faicte fut sceuë par la cité, et ne se parla plus de crainte aucune. Or ils ne se peurent bonnement accorder aux bouches inutiles, pour ce que l'un vouloit favoriser l'autre, et me creerent par balotte leur dictateur general pour l'espace d'un mois : de sorte que le capitaine du peuple ny le magistrat pendant ce temps ne commanderent jamais rien, ains moy absoluement tenois le rang et l'estat que faisoient anciennement les dictateurs romains. Je creay six commissaires pour faire la description des bouches inutiles, et apres baillay ce roolle à un chevalier de Sainct Jean de Malte, accompagné de vingt cinq ou trente soldats, pour les mettre dehors : ce qui fut faict dans trois jours apres que j'eus baillé le roolle. Et si n'estoit que j'ay bon tesmoignage des Sienois et des officiers du Roy et capitaines qui estoient dans Siene, je ne mettrois cecy par escrit, craignant qu'on dict que je fusse un menteur : c'est chose qui est veritable. Je vous dis que le roolle des bouches inutiles se monta quatre mil et quatre cens ou plus (1); que de toutes les pitiez et desolations que j'ay veuë je n'en vis jamais une pareille, ny n'en verray à l'advenir à mon advis : car le maistre falloit qu'il abandonnast son serviteur qui l'avoit servy long temps ; la maistresse sa chambriere, et un monde de pauvres gens qui ne vivoient que du travail de leurs bras; et par trois jours ceste desolation et pleurs dura. Ces pauvres gens s'en alloient à travers des ennemis, lesquels les rechassoient vers la cité ; et tout le camp demeuroit nuict et jour en armes pour cest effect, car ils les nous rejettoient jusques au pied des murailles, afin que nous les remissions dedans, pour plutost manger ce peu de pain qui nous restoit, et veoir si la cité se voudroit revolter pour la pitié de leurs serviteurs et chambrieres : mais cela n'y fit rien, et si dura huict jours. Ils ne mangeoient que des herbes, et en mourut plus de la moitié ; car les ennemis les tuoient et peu s'en sauva. Il y avoit un grand nombre de filles et belles femmes; celles-là avoient passage : car la nuit les Espagnols en retiroient quelques unes de celles là pour leur provision, mais non que le marquis le sçeust, car il leur alloit de la vie; et quelques hommes forts et vigoureux, qui passoient et eschappoient la nuict ; mais tout cela ne venoit pas à la quarte part : car le demeurant mourut. Ce sont des loix de la guerre. Il faut estre cruel bien souvent, pour venir à bout de son ennemy ; Dieu doit estre bien misericordieux en nostre endroict, qui faisons tant de maux.

(1) Suivant Pecci, il n'y eut que deux cent cinquante bouches inutiles renvoyées de Sienne.

Vous, gouverneurs et capitaines des places, si vous ne le sçavez, apprenez ces ruses. Ce n'est pas tout d'estre vaillant et sage, il faut estre fin et advisé. Si j'eusse prié Le Reincroc de sortir, il en eust esté mal content, et m'eust reproché que je l'envoyois à la boucherie : j'y proceday plus sagement, m'aidant de l'autorité de monsieur de Strossi. Je ne taschois qu'à gaigner temps, pour ennuyer mon ennemy, et donner loysir au Roy de nous ayder : mais, comme j'ay dict, il couroit au plus pressé. Plus touche la peau que la chemise. Ne craignez de vous descharger des bouches inutiles ; estouppez (1) les oreilles aux cris : si j'eusse creu mon courage, je l'eusse fait trois mois plustost : peut estre que j'eusse sauvé la ville, ou pour le moins j'y eusse amusé mon ennemy plus longuement ; cent fois je m'en suis repenty.

Le marquis ayant veu que j'avois mis les Allemans dehors, lesquels furent la pluspart deffaits par les chemins, et à leur grande faute, laquelle je ne veux escrire icy, car ils ne furent pas deffaits aux environs de Siene, mais ailleurs par les chemins, où la peur leur print sans grand raison ; voyant aussi que j'avois jetté les bouches inutiles dehors, et que toutes ces deux choses prolongeoient le siege long temps avec le retranchement de nostre pain, qu'il sceut par ceux qui estoient sortis, cela le fit penser à quelque autre remede pour nous avoir, craignant que sur le printemps il survinst quelques neiges, comme souvent il advient en ce temps en ce quartier là, et que, si cela advenoit, il falloit qu'il levast le siege, s'en allant par les villes pour manger : car presque il estoit en aussi grand necessité que nous, et mangeoient les soldats de son camp des mauves et autres herbes aussi bien que nous, parce que bien souvent la munition ne pouvoit arriver à temps ; car elle venoit devers Florence, là où il y a trente mil, et sur petits asnes, sauf cent mulets ; et falloit qu'ils portassent à manger pour aller et venir, qui estoit cinq ou six jours ; et à chasque voyage en mouroit tousjours une partie par le chemin : car de trouver une seule herbe, ny foin, ny paille, ny grain, il ne s'en trouvoit plus, et moins personne qui y habitast, ny à dix mil pres du chemin, Et toute sa cavallerie estoit encore dix mil par delà Florence, sauf la compagnie du seigneur Cabry, nepveu du marquis, qui estoit de cinquante chevaux, et falloit que de quinze en quinze jours se refreschist des autres cinquante qui se tenoient à Bonconvent ; et si Dieu nous eust voulu donner un peu de neige, seulement pour huict jours, leur camp estoit contraint de se rompre. Toutes ces choses mirent le marquis, pour abbreger la guerre, en une opinion, c'est de trouver le moyen de mettre division entre les parts (2) dans la ville, nous voyant foibles, sçachant bien qu'encores que nous eussions douze enseignes, il n'y avoit pas dixhuict cens hommes ; et, par l'advis des Sienois bannis de la cité qui estoient pres du marquis, fut trouvé invention de gaigner un citadin de la ville, nommé misser Piedro, qui estoit borgne, et de l'ordre du peuple, qui estoit l'ordre de qui nous nous fions le plus, joinct avec l'ordre des reformateurs, et ce, par le moyen des petits garsons qui alloient chercher des herbes au long des prez de la riviere de la Tresse avec de petits sacs ; et fit tant le marquis, qu'il le convertit à estre traistre. Et la forme de ce faire fut que misser Piedro recevroit plusieurs blancs signez de ces Sienois qui estoient avec le marquis, là où luymesmes coucheroit les lettres.

Le fons de ce fait est tel, qu'il falloit que ledict misser Piedro couchast dans les lettres ces mots : comme ils trouvoient estrange qu'ils se laissoient tromper si ouvertement au seigneur de Montluc, et que les enfans pouvoient bien cognoistre que toutes les asseurances qu'il leur donnoit que le Roy les secourroit, n'estoient que bayes et tromperies, et qu'encores qu'ils fussent esté banny de la cité, neantmoins ils regrettoient infiniement de la voir perdre, les larmes aux yeux ; et que, s'ils vouloient faire sortir un homme pour aller jusques à Rome, entendre si le Roy faisoit armée pour les secourir, ils cognoistroient la tromperie et cautelle dont j'usois en leur endroit ; et qu'il les prioit de ne se laisser conduire au dernier morceau, et que, s'ils le faisoient, ils n'en eschapperoient que par leurs testes, et la ruyne de leurs biens, femmes et enfans ; et qu'il y avoit moyen encores de faire leur appointement avec l'Empereur par le moyen du marquis, s'ils le vouloient mettre dans leur ville : qui estoit chose aysée, s'ils se vouloient tenir et accorder avec aucuns de la cité qui desja leur avoient promis ; et que, pour sçavoir qui estoient ceux de l'intelligence, il falloit qu'ils allassent voir à une telle ruë, et, là où on verroit une petite croix blanche au bas de la porte de la maison, celuy-là estoit de leur intelligence. Ce meschant borgne faisoit bien son office, et addressoit les lettres à un de ceux de qui nous avions fiance, estant bien certain que celuy-là porteroit la lettre au magistrat, et que incontinent le magistrat envoyeroit le matin en la ruë

---

(1) *Estouppez* : bouchez.

(2) Entre les partis.

qu'il nommoit en la lettre, et qu'il prendroit le gentilhomme de la maison où la petite croix se trouveroit. Tousjours il s'adressoit de faire la croix à quelque maison de l'ordre des noves et des gentilshommes, pource que les autres deux ordres les tenoient pour suspects. Et pensoit le marquis que, tout incontinent que celuy-là seroit prins, cognoissant l'humeur des Sienois, et la grand haine qu'ils se portoient les uns aux autres, ils l'ameneroient, sans autre forme de justice, sur l'eschaffaut; et que, par ce moyen là, ces deux ordres de noves et gentilshommes entreroient en une grande contention et desespoir, et que, pour sauver leurs vies, seroient contraints de prendre les armes, et se rendre maistres d'un canton de la ville pres les murailles, pour tenir la main aux ennemis, afin qu'ils peussent entrer dans la ville.

Or commença ledit meschant borgne à forger la premiere lettre, et de nuit la va mettre sous la porte de la maison d'un des gentils-hommes qui n'estoit point soupçonné, et fit la croisette en une autre ruë, à la maison d'un des plus riches gentils-hommes de l'ordre des noves; et le matin, le gentil-homme à qui la lettre s'addressoit trouva icelle dans l'entrée de sa maison, et soudain la leut et la porta au magistrat; et, incontinent qu'ils l'eurent veuë, me l'envoyerent par misser Hieronym Espano, et me manderent qu'ils avoyent mis en deliberation d'aller prendre ledit gentil-homme et l'amener tout droit à l'eschaffaut. J'envoyay les sieurs Cornelio et Bartholomé Cavalcan (1) devers eux, les prier de ne mettre point la main si tost au sang, et que cecy pourroit bien estre des inventions du marquis pour nous mettre en division, et qu'ils le pouvoient bien mettre en prison; ce qu'ils firent. Deux jours apres, voicy une autre lettre trouvée en mesme sorte à la maison d'un gentilhomme de l'ordre des noves, qui n'estoit point suspect, et la croisette à un de l'ordre des gentils-hommes. Alors la furie commença si grande, qu'il me fallut aller au palais moy-mesme, et à peine peus-je obtenir ceste grace, que pour cinq jours on dilayast, pour voir si pendant ce temps Dieu nous envoyeroit la cognoissance de ce fait. Toute la ville estoit esmuë, et ne se parloit d'autre chose que de faire coupper testes. Comme je veux que Dieu m'ayde, il m'alloit tousjours au devant que c'estoit une cautelle du marquis, car je sçavois à qui j'avois affaire. Je priay misser Bartholomé Cavalcan qu'il ne cessast jour et nuict d'aller voir lesdicts gentils-hommes et bourgeois de l'ordre des gentils-hommes et des noves à qui le mal-heur touchoit, les prier qu'ils ne se desesperassent point, et que je garderois bien qu'on ne mettroit point la main au sang, et que je n'adjousterois point de foy à toutes ces lettres ny croix. Le sieur Cornelio m'y secouroit fort aussi; car il avoit bien bonne part en la cité, à cause de monsieur le cardinal de Ferrare, pres lequel il avoit tousjours demeuré tant qu'il demeura en la cité.

Or, à trois ou quatre jours de là, pensant que la furie seroit passée, voy-là une autre lettre et une croix trouvée en mesme forme des autres; et alors tout le monde perdit patience, et les vouloit-on mener tous trois sur l'eschaffaut. Je courus au palais, menant le sieur Cornelio et le sieur Bartholomé avec moy. Allant au palais, il me vint en l'esprit qu'il falloit rompre ce coup par le moyen de la devotion; et, comme je fus au palais, trouvay desja presque toute la grande salle pleine de gens de l'ordre du peuple et des reformateurs. Et dés que j'entray en la salle du magistrat, tous commencerent à me crier qu'il n'estoit plus temps de dissimuler, et qu'il falloit faire justice. Et alors, ayant pris place, je parlay à eux en telle maniere, en langage italien, comme les autres fois.

« Seigneurs, depuis le temps que j'ay eu cet honneur de commander en vostre cité par le commandement du Roy mon maistre, vous n'avez rien entrepris, soit pour le fait de la guerre, soit pour la conduitte de vostre ville, sans me le communiquer et prendre advis et conseil de moy; en quoy j'ay esté si heureux, par la volonté de Dieu, que je ne vous ay conseillé chose aucune qu'elle n'ait reüssi à vostre bien, honneur et profit, comme je ne voudrois faire, n'ayant pas plus à cœur mon salut et ma vie que la vostre propre. Or, messieurs, puis que j'ay esté si heureux et si fortuné que de vous avoir tousjours donné des conseils salutaires et profitables, je vous supplie en avoir la mesme opinion, et me croire en un affaire si important qui se presente, lequel à mon advis trouble grandement vos entendemens. Je vous demande un don, les mains jointes et au nom de Dieu, que vous vous gardiez sur toutes choses de mettre la main au sang de vos citoyens, jusques à ce que la verité soit du tout descouverte, laquelle ne peut estre longuement cachée. On a beau couvrir le feu, la fumée en sortira; aussi on a beau masquer et desguiser ce fait, la verité paroistra. Tout le monde [et croyez-moy] ne me sçauroit faire croire que cecy soit autre chose qu'une ruse et cautelle du marquis. Il considere que la peau du lyon ne luy sert de rien; il a vestu celle du renard afin de pouvoir

---

(1) Bartolomeo Cavalcanti.

venir à bout de son dessein : or il ne sçauroit mieux faire ne plus finement en user, qu'en jettant la division parmy vostre cité ; et comment la peut-il mieux semer, si ce n'est en vous persuadant qu'il y a des traistres parmy vous et dans vos murailles, sçachant bien que cela vous occasionnera, non seulement de les emprisonner, mais encore de les faire mourir, et par leur mort mettre la cité en trouble, car le sang ne peut mentir ? Les parens porteront la mort de leur parent, quand bien elle seroit juste, avec douleur et desplaisir, et tascheront à se venger : bref, vous voy-là des ennemis domestiques plus dommageables que ceux de dehors ; vous voy-là en peine de songer à la mort des vostres, au lieu de penser à celle de vos ennemis. Voyez donc, messieurs, quel ayse, quel plaisir et quel contentement vous donnerez à vos ennemis, quand ils sçauront que vous songez à faire coupper testes, et encore de ceux que j'oserois dire et jurer sur mon ame estre innocens. Quoy qu'il en soit, l'attente ne vous peut estre dommageable, car ils sont en vos prisons. Vous estes asseurez d'eux, vous faites bonne garde, je veilleray de mon costé ; pourquoy vous hasterez-vous de les faire mourir ? À l'honneur de Dieu, croyez-moy, vous ne vous en repentirez pas ; je n'y ay point d'interest que le vostre. Ayons recours à Dieu en une telle necessité. Commandez que tout le clergé de vostre ville dés demain ordonne une procession generalle par toute la ville, et qu'il soit enjoint à tout le monde de s'y trouver, et qu'on se mette en prieres, afin qu'il plaise à Dieu nous faire tant de grace de descouvrir la verité de ce fait, et la trahison s'il y en a, ou l'innocence de ces prisonniers. Je m'asseure que Dieu nous exaucera, et que bien tost vous en serez esclaircis : lors vous pourrez faire justice, si la cause y escheoit, et proceder contre les coulpables. Mais avant cela, sur la colere mettre la main au sang de vos citoyens sans avoir bien pesé toutes choses, il me semble que vous ferez tres-mal, et serez cause d'un grand mal-heur en vostre cité. Messieurs, la seule affection que j'ay au bien de vostre service, et à vostre salut et conservation, me fait tenir ce langage ; et vous supplie me faire ce plaisir de superceder pour quelques jours, lesquels cependant nous employerons en prieres et oraisons. »

Un murmure courut lors par la salle, les uns disans ouy, les autres non, car tousjours y a-il des contredisans ; mais en fin mon advis fut suivy, et soudain les eglises adverties, et tout le peuple, afin de s'appester pour aller le lendemain en procession generalle faire prieres à Dieu ; car de jeusnes nous en faisions assez. Je me trouvay à la procession et tous les capitaines, ensemble tous les seigneurs et dames de la ville ; les parens des prisonniers, suyvans, ploroient : bref, toute la ville, ce jour là et le lendemain, fut en devotion et oraisons, faisant chacun prieres à Dieu qu'il nous fist la grace de descouvrir la verité de ceste trahison. Cependant je ne dormois pas, car la nuict le sieur Cornelio et moy discourusmes comment ceste pratique du marquis se pouvoit faire. J'arraisonnois à part moy, puis qu'il en estoit venu si avant, que celuy qui menoit la marchandise ne s'arresteroit pas là, et que le conseil de la ville ne seroit pas si secret qu'il n'eust advis de ce qui avoit esté conclu ; car à ces grandes assemblées il y a tousjours quelque parleur : et cogneus bien que j'avois fait un erreur d'avoir tout haut dit que j'estois asseuré que c'estoit une ruse du marquis ; car il estoit à craindre que cela ne fist tenir en cervelle son conducteur. Or, puis qu'il y avoit apparence qu'il nous donneroit avec ses lettres et bulletins quelque nouvelle alarme, je m'advisay de faire aller de nuict par la ville quelques hommes, le plus coyement qu'on pouvoit, pour voir si rien se descouvroit : et ainsi fismes faire la sentinelle deux nuicts. Le jour je faisois amuser le peuple aux processions par les paroisses ; et, lors que quelqu'un de la seigneurie me venoit dire que c'estoit perdre temps, qu'il falloit faire justice, je le prios d'avoir patience, l'asseurant que je commençois à descouvrir quelque chose : car il en falloit ainsi user pour retenir la fureur du peuple.

Or la troisiesme nuict apres, environ une heure avant minuict, voicy passer ce messer Piedro, qui s'arresta devant une maison, et mit la main à la fenestre, laquelle estoit basse, et la trouva fermée. Or l'une des trois lettres se trouva avoir esté mise par une fenestre basse, comme estoit celle-là. Lors il meit le genou à terre, et, par dessous la porte, meit la lettre tant avant qu'il peut allonger le bras, puis s'en va au long de la rue. Un gentil-homme qui estoit au guet, incontinent va apres luy, et, le prenant par le bras, luy dit : *Che sete voi* (1) ? l'autre luy respondit : *Io son messer Piedro* (2). Il ne me souvient du surnom de ce meschant. Il le recogneut, et luy dit : *Dove andate* (3) ? lequel luy respondit : *Me no vo a la guardia* (4) ; le gentil-homme

(1) Qui êtes-vous ?
(2) Je suis messer Pietro.

(3) Où allez-vous.
(4) Je m'en vais au corps-de-garde.

luy respondit : *Adio, adio* (1) ; puis, ayant heurté, fit ouvrir la porte, et trouva la lettre, qui parloit comme les autres. Incontinent il la porta au magistrat, lequel m'envoya deux de leur conseil me faire entendre le tout. Ils allerent faire lever le sieur Cornelio, qui vint avec eux, et fut arresté que les portes ne s'ouvriroient point le matin, ny les gardes et sentinelles ne bougeroyent qu'il ne fust prins, et sur le matin le sieur Cornelio s'en iroit environner la maison avec cent hommes, par devant et par derriere. Le sieur Cornelio le cognoissoit ; et, comme il eut departy ses gens, il heurta à la porte, et le trouva encores au lit ; et tout incontinent ils m'advertirent de la prise. Et pource que le terme de ma dictature estoit passé, j'usois de prieres comme auparavant, et leur requis que tout incontinent il fust mis sur la gehenne, car il nioyt la lettre, et n'avoir veu aussi le gentil-homme de toute ceste nuict. Et comme il fust sur la gehenne, il pria de ne le tourmenter plus, car il vouloit confesser la verité ; ce qu'il fit tout au long, et les praticques du marquis pour mettre la division dans la ville. Sur la chaude l'on le vouloit faire pendre aux fenestres du palais, mais je les priay de ne le faire encores ; et fut mis en une basse fosse. Et priay le capitaine du peuple de me vouloir bailler les trois gentils-hommes prisonniers, car je voulois parler à eux à mon logis ; ce qu'il fit.

Le sieur Cornelio et Bartholomé Cavalcan les amenerent ; et comme ils furent au logis, je leur remonstray qu'ils ne devoyent aucunement sentir mauvais gré au senat de ce qu'il les avoit fait prendre, estans les affaires reduits à tels termes, que le pere ne se devoit fier du fils, ny le fils du pere, puis qu'il y alloit de leurs vies et de leurs biens, qu'ils allassent au magistrat le remercier affectueusement de ce qu'ils n'avoyent pas fait justice d'eux, ains qu'ils avoyent eu la patience jusques à ce que Dieu auroit fait cognoistre la verité. Ils me respondirent qu'ils ne feroyent pas cela, car ce n'estoyent pas eux qui leur avoyent sauvé la vie, mais que c'estoit moy, et qu'ils vouloyent remercier Dieu et moy, et non eux. Il nous cousta à tous trois plus d'une heure à les convertir. Je leur remonstray que, s'ils ne le faisoient, ce seroit accomplir ce que le marquis desiroit, qu'ils demeurassent en hayne mortelle et en division ; et tout ce que je pouvois imaginer qui pouvoit servir à les y faire aller, je leur dis pour les humilier. A la fin, se recognoissans grandement obligez à moy de ce que je leur avois sauvé les vies, ils me promirent

(1) Adieu, adieu.

de le faire : et les y accompagnerent le sieur Cornelio et messer Bartholomé, à ma requeste ; car je craignois qu'ils s'en dedissent par les chemins. Et, comme ils furent devant le magistrat, un d'eux parla pour tous trois, remonstrant leur innocence et le tort qu'on leur avoit fait, duquel ils ne se vouloient ressouvenir, veu la necessité du temps et l'estat de la cité, les suppliant affectueusement les vouloir tenir pour leurs bons citadins et amis, et pour loyaux à leur republique ; et afin qu'à l'advenir eux et leur posterité n'en fussent remarquez, qu'il leur pleust leur en bailler patentes seellées de leur grand seel. Et alors le capitaine du peuple leur fit une grande remonstrance par laquelle il les prioit les excuser ; qu'estant question du salut public, ils avoient esté contraincts fermer les yeux à l'interest particulier, et, veu l'importance de l'affaire, en faire la recerche, mais qu'on les tenoit pour gens de bien et bons citoyens ; surquoy ils descendirent tous de leur siege et les embrasserent. Messer Bartholomé Cavalcan me dit que la pluspart s'estoient mis à pleurer. Ainsi se retirerent en leurs maisons.

Et, pource que ce meschant borgne estoit de l'ordre du peuple, qu'estoit la plus grande part, et là où il y avoit plus de gens de guerre, j'eus craincte que, si l'on le faisoit mourir, que ceux de son ordre nous levassent quelque bruit par la ville, disant qu'on cognoissoit bien à ceste heure de quel ordre estoient les traistres, et que cela pourroit estre cause de leur faire mettre la main aux armes : qui fut cause que je fis requeste à tout le senat me donner sa vie et le bannir à perpetuité, afin d'assoupir toutes choses, et que le marquis ne peust dire que rien de son dessein eust succedé, non plus que ses entreprinses par les armes. Et voy-là comme le tout fut descouvert et assoupy ; car le senat m'accorda ma priere. Je me suis souvent estonné comment je fus si sage et si moderé en un affaire si important, veu qu'il estoit raisonnable d'en faire un exemple ; mais cela eust apporté peut estre plus de mal que de bien. Il ne faut pas tousjours estre si aspre : voyant les autres si eschauffez apres le sang de ces prisonniers, cela me refroidissoit. Ne vous laissez pas, mes gentils-hommes qui aurez charge des places, emporter à la premiere apparence des choses qu'on vous dira : songez et pesez les circonstances ; rompez les desseins du peuple que vous commanderez, sous quelque pretexte, comme je fis, l'amusant à nos processions, non que cela fust mal fait, mais je voulois voir si le temps descouvriroit quelque chose. Si j'eusse permis la mort de ceux-cy, leurs parens eussent peut estre esté poussez de quelque esprit de vengeance. Taschez par tout à entretenir l'union de ceux que vous commandez, comme je fis en ceste ville, là où tout fut rapaisé et accommodé : et aussi songez à quel ennemy vous avez affaire; car vous pouvez penser qu'il ne laisse pierre à remuer, ny artifice, pour mettre la division dans la ville. Ainsi ay-je ouy lire autrefois dans Tite Live, qu'Annibal, ce grand capitaine, faisoit pour mettre de la division parmy les Romains. Il faut que vostre prudence et sagesse, gouverneurs des places, sçache discerner si cela a de l'apparence, si celuy qui est accusé est homme de praticque, de moyen, et s'il a rien fait qui puisse approcher de cela; si en le prenant on pourra cognoistre à sa contenance quelque peur, ou en ses responces quelque variation. Vous devez en cela estre sages et discrets, et penser qu'il n'y a rien plus aisé que de calomnier un homme. Dieu mercy, tout se passa avec douceur, et les prisonniers et leurs parens me vindrent remercier.

Or, apres que le marquis eust perdu toute son escrime et toutes ses ruses, il nous laissa en paix, ne s'attendant nous avoir qu'au dernier morceau de pain. Et commençames à entrer au mois de mars nous ayant tout failly, car de vin il n'y en avoit une seulle goutte en toute la ville dés la demy-fevrier. Nous avions mangé tous les chevaux, asnes, mulets, chats et rats qui estoient dans la ville. Les chats se vendoient trois et quatre escus, et le rat un escu, et en toute la cité n'estoit demeuré que quatre vieilles jumens, si maigres que rien plus, qui faisoient tourner les moulins : deux que j'en avois, le contreroolleur La Moliere le sien, et l'Espine, thresorier, le sien ; le sieur Cornelio une petite haquenée baye qui avoit perdu la veuë de vieillesse; messer Hieronym Espano un cheval turc qui avoit plus de vingt ans : voy-là tous les chevaux et jumens qui estoient demeurez dans la ville en ces extremitez plus grandes que je ne vous sçaurois representer, car je croy qu'il n'y a rien si horrible que la famine. De Rome en hors l'on nous donna quelque esperance de secours, et que le Roy envoyoit monsieur le mareschal de Brissac nous secourir : qui fut cause que nous accourcismes nostre pain à douze onces, les soldats et les gens de la ville à neuf. Cependant peu à peu nous perdions plusieurs habitants et soldats, qui tomboient morts sur la place en cheminant, de sorte qu'on mouroit sans maladie. A la fin les medecins cognerent que c'estoit les mauves qu'on mangeoit, pource que c'est une herbe qui lasche l'estomac et garde de faire digestion. Or n'avions nous autres herbes au long des murailles de la ville, car tout estoit mangé, et encore n'en pouvoit-on avoir sans sortir à l'escarmouche ; et alors tous les enfans et femmes de la ville sortoient au long des murailles ; mais je vis que j'y perdois force gens, et ne voulus plus laisser sortir personne. Or d'ouïr plus nouvelles de monsieur le mareschal n'y avoit plus remede, car les tranchées venoyent jusques aupres des portes ; lesquelles tranchées le marquis avoit fait redoubler, pour crainte que nous sortissions à la desesperade sur luy, et luy donnissions la bataille, comme autre fois avoient fait les Sienois és guerres qu'ils avoient eu, comme eux-mesmes racontoient.

En cest estat nous trainasmes jusques au huitiesme d'avril, que nous eusmes perdu toute esperance. Alors la seigneurie me pria ne trouver mauvais s'ils commençoient à penser à leur salut ; et, voyant qu'il n'y avoit plus remède, si ce n'est de nous manger nous-mesmes, je ne leur peus denier, chargeant de maledictions ceux qui engagent les gens de bien, et puis les laissent là. Je n'entendois pas parler du Roy mon bon maistre, il m'aimoit trop, mais bien de ceux qui le conseilloient mal à son desadvantage. J'ay tousjours veu plus de mauvais conseils que de bons pres les rois. Ils envoyerent un dés leurs devers le marquis, pour le prier de leur donner un sauf-conduit pour deux de leurs gens qu'ils luy vouloient envoyer ; ce qu'il fit, et commencerent à capituler. Le marquis leur y ayda fort, et commencerent entrer en grande fiance de luy; car il voyoit que de faire saccager ceste ville et la faire ruyner, cela n'apportoit aucun profit à l'Empereur ny au duc de Florence, et que cela ne seroit que le gain des soldats. D'autre part il craignoit que, si les Sienois ne pouvoient avoir aucune composition, que nous sortissions sur luy à la desesperade, ayant desja perdu plus de la tierce partie de ses gens, lesquels estoient morts pour le long siege, et autres qui s'estoyent desrobez, de sorte qu'il n'avoit presque point d'Italiens, lesquels logeoient dans le fort de Sainct Marc. Et demeura le marquis un moys durant n'ayant aupres de luy que six enseignes, et tout le reste estoit aux tranchées ; et ne pouvoit jamais rafraischir ses gens que de dix enseignes, lesquelles n'avoyent plus d'une nuict franche ; et telle garde y avoit, qu'elle ne se remuoit de six jours. Voy-là où il fut aussi bien reduict dehors que nous dedans : Et ne se pouvoit aider de sa cavallerie, ny monsieur de Strossi non plus de celle qu'il avoit, à cause qu'il n'y avoit chose du monde sur la terre pour donner à manger aux chevaux, depuis Montalsin jusques à Siene, et de Siene jusques à Florence.

Or parleray-je à present de moy comme je vivois. Je n'avois non plus d'avantage que le moindre soldat, et mon pain ne pesoit que douze onces; et ne s'en faisoit de blanc que sept ou huict, dequoy les trois venoient à mon logis, et le reste se gardoit pour quelque capitaine qui estoit malade. Ny la ville ny nous ne mangeasmes jamais, depuis la fin de fevrier jusques au vingt-deuxiesme d'avril, qu'une fois le jour : je ne trouvay jamais soldat qui en fit plainte. Et asseurez-vous que les remonstrances que je leur faisois souvent nous servoient de beaucoup; car, s'ils s'en fussent voulu aller au camp de l'ennemy, le marquis les eust fort bien traictez, car les ennemis estimoient fort nos soldats italiens et françois, et aux escarmouches ils cognoissoient leur valeur. J'avois achepté trente poulles et un coq, pour me faire des œufs; et en mangions le sieur Cornelio, le comte de Gayas et moy, parce que tous trois mangions tousjours ensemble, en un quartier le matin, et en un autre le soir; mais à la fin du mois de mars cela fut tout mangé, et le coq et tout. C'est dommage qu'il n'en y eust davantage. Ainsi je demeuray sans chair et sans œufs, et ne mangions plus que nostre petit pain et un peu de pois avec du lard, et des mauves bouillies, une fois le jour seulement. Le desir que j'avois d'acquerir de l'honneur, et de faire souffrir ceste honte à l'Empereur d'avoir arresté si longuement son armée, me faisoit trouver cela si doux, qu'il ne m'estoit nulle peine de jeusner. Ce chetif soupper avec un morceau de pain m'estoit un banquet, lors qu'au retour de quelque escarmouche je sçavois les ennemis estre frottez, ou que je sçavois qu'ils estoient en mesme peine que nous.

Mais pour retourner à la capitulation, le marquis envoya devers le duc de Florence et dom Johan Manricou (1), qui estoit ambassadeur pour l'Empereur vers le Pape, lequel se tenoit à Florence à cause du siege. Ledit duc envoya un sauf-conduit. Les Sienois aussi envoyèrent devers le Pape, qui estoit pape Julle, qui mourut deux ou trois jours apres, duquel ils eurent mauvaise response, leur reprochant leur obstination, et qu'ils se retirassent au duc de Florence, et luy baillassent la carte blanche : c'estoit un terrible pape. Le duc usa de plus grande honnesteté, et se monstra plus courtois, comme doit faire un prince qui desire attirer et gaigner le cœur d'un peuple; c'estoit aussi un des plus sages mondains qui ayt esté de nostre temps. Il luy a bien servy, ayant à establir sa principauté au temps des deux plus grands et ambitieux princes qui furent jamais, lesquels avoient grand'envye mettre le pied en Italie; mais l'Espagnol a esté plus fin que le nostre, et ce duc s'est tres bien gouverné. Il s'appelloit Cosme, et croy qu'encores il est en vie. Pendant tous ces pour-parlers, allerent et revindrent huict jours durant de Florence au camp. Or le lundy sur le soir la capitulation fut apportée, et le matin le marquis m'avoit envoyé un trompette, me priant que je luy envoyasse deux gentils-hommes en qui j'eusse fiance, pour leur dire quelque chose qu'il vouloit que j'entendisse, et estoit venu à Sainct Lazare pour cest effect. Je luy envoyay le sieur Cornelio et le capitaine Charry, ausquels il dit ce que portoit la capitulation, laquelle devoit arriver ce soir mesmes à la cité, et qu'entre autres choses il y avoit un article qui disoit que le sieur de Montluc avec les compagnies italiennes et françoises et tous officiers du Roy, sortiroient, bagues sauves, enseignes desployées, les armes sur le col et tabourin sonnant, et que cest article là ne me servoit de rien, car nous n'estions pas aux Sienois, ains au Roy; et puis que nous n'estions à eux, ils n'avoyent aussi puissance de capituler pour nous, et qu'il falloit qu'on capitulast de la part du Roy pour nous, et que je capitulasse seulement de la part du Roy; qu'il m'asseuroit que j'aurois tout ce que je demandois, et que, hors le service de l'Empereur, il feroit autant pour moy que pour le cardinal son frere; que luy et moy estions deux pauvres gentils-hommes qui avec les armes estions parvenu aux degrez d'honneur, que des plus grands de France et d'Italie seroient bien aises d'avoir nos places; et leur dit qu'il attendroit là ma responce. Ils me trouverent à la porte Nove, où je me pourmenois avec messer Hieronym Espano; et, apres avoir entendu ce qu'il me mandoit, je leur dis qu'ils luy allassent dire que je sçavois bien qu'il avoit leu les histoires romaines, là où il pouvoit avoir trouvé que du temps des anciens Romains belliqueux ils envoyerent une de leurs colonies habiter en Gascongne, pres des monts Pirenées, d'où j'estois natif; et que, s'il ne se vouloit contenter de ce que les Sienois m'avoient compris en leur capitulation, à la sortie je luy monstrerois que j'estois sorty et extrait des belliqueux Romains, qui aymoient mieux perdre cent vies, si tant en pouvoient recouvrer, qu'un doigt de leur honneur et reputation; et que j'aymois mieux que les Sienois capitulassent pour moy que si je capitulois pour eux; et que pour moy, le nom de Montluc ne se trouveroit jamais en capitulation. Et ainsi s'en

(1) Manriquez.

retournerent vers luy ; et comme ils luy eurent fait la responce, il leur dit en italien : *Che vol dire questo ? mi pare che vol jocar à la disperata. Altre volte io rese due forteresse con ragione, ne per questo ne fui mai ripreso de l'Imperatore e no resta su Majesta a servir si di me* (1). Alors le sieur Cornelio luy dit que j'estois resolu en cela, et que j'aymois mieux mettre le tout au hasard de l'espée qu'au hasard d'une capitulation. Et alors il leur dit : « Or bien, recommandez moi à luy, et dictes luy que je luy monstreray que je suis son amy, hors le service de l'Empereur et du duc de Florence, et qu'il sortira en toute asseurance, selon la capitulation des Sienois, ou comme il luy plaira. » Et ainsi s'en retournerent vers moy.

O capitaines, que vous pouvez prendre icy un beau exemple : c'est que, comme vous vous trouverez en telles affaires, ne monstrez jamais avoir peur ; car il n'y a chose au monde qui mette tant l'ennemy en crainte, que quand il cognoist que le chef contre qui il a affaire ne s'estonne de rien, et qu'il lui monstre tousjours en ses paroles qu'il se rengera plustost au combat qu'à la capitulation ; car il n'y a rien qui mette plustost l'ennemy à deviner ce qu'il doit faire, et user de ceste sorte, afin de donner aux siens grand courage. J'avois autant de peur qu'un autre, me voyant bien engagé, et nulles nouvelles de secours, ny de vivres, ny d'hommes ; mais que l'on demande à ceux qui sont encore en vie si jamais ils cogneurent que je m'estonnasse non plus que le premier jour que j'y entray ; et au dernier, que nous estions reduits en extreme nécessité de toutes choses, ce fut alors que je fis plus le resolu de combattre qu'auparavant. Et croy que cela servit de beaucoup aux Sienois et à nous d'avoir toute telle composition, comme si nous l'eussions faicte dés le premier jour que les ennemis nous assiegerent. Le soir arriva la capitulation bien tard, et le mardy matin quatre de la seigneurie porterent la nostre, où je trouvay un article qu'un chacun, de quelque bas estat et condition qu'il fust, sortiroit avec leurs bagues sauves, femmes et enfans qui voudroient sortir, sauf et reservé les bannis et rebelles de l'Estat de l'Empereur, du roy d'Angleterre qui estoit le roy Philippe (2), et du duc de Florence. Alors je cogneus bien que cest article tomboit sur les pauvres Florentins qui estoient dans la cité avec nous, et qui avoient esté bannis pour la part de monsieur de Strossi. Il y avoit aussi des Neapolitains et Milanois, de façon que je voyois là perdre plus de cent hommes, et mettre leurs testes sur l'eschaffaut. Alors je dis aux seigneurs qu'ils s'en retournassent, et que dans une heure je m'en irois à eux, et leur monstrerois la tromperie qui estoit dans leur capitulation, et que promptement ils assemblassent les plus grands de la cité, ce qu'ils firent ; et prins le sieur Cornelio et Bartholomé Cavalcan, qui pensa mourir de peur quand il entendit ma proposition, car il estoit Florentin.

Seigneurs, j'ay veu vostre capitulation, qui tend plustost à vous faire coupper la teste que non à la conservation de vos vies et biens. Vous voyez un article, que tous generalement jouyront de la capitulation, leurs bagues sauves, sauf et reservé les rebelles de l'Estat de l'Empereur, du roy d'Angleterre et du duc de Florence. Or vous sçavez que l'Empereur vous a faict declarer rebelles à la chambre imperialle, comme sujets de l'Empire, pour vous estre rebellez contre luy. Par là donc, vous voyez que vous estes declarez sujects, et vous autres dictes que non, et que vous estes seulement recommandez à l'Empire. Le procés n'est point encores jugé, pour voir si vous estes sujects ou recommandez ; et quand les ennemis seront icy dedans, et que vous serez en leur puissance, quels juges voulez-vous qui jugent ce procés, sinon les bourreaux avec vos testes ? ce seront les pieces qu'ils visiteront. Or, messieurs, je vous vois tous morts, vos biens confisquez, vos femmes et vos enfans en perdition. Quant à moy et aux soldats, ils nous laisseront sortir seurement ; car les gens de guerre passent par tout, et tousjours avec meilleur marché que les autres : ils sçavent que nous n'avons rien à perdre que nos armes, et que nous sommes tenus d'obeyr à nostre prince. Que s'ils nous font quelque outrage, à nostre tour nous en aurons la raison, car les hommes se rencontrent plustost que les montaignes. Mais tout le malheur tombera sur vous, veu l'inimitié que l'Empereur et le Duc vous portent. Un prince ne pardonne guere un sujet qui s'est rebellé, et, s'il a moyen d'y trouver à redire, il ne faudra d'en prendre l'occasion. Et pource que nous avons vescu si longuement ensemble sans jamais avoir eu une seule parolle de collere entre vous et moy qui ay receu tant d'honneur de vous autres, si vous me voulez croire, nous ferons penser au marquis

---

(1) « Que veut dire ceci ? Il me paroit que M. de Montluc veut agir en désespéré. J'ai autrefois rendu deux places par composition, sans que l'Empereur m'en ait témoigné de mécontentement ; et il n'en a pas moins continué depuis de m'employer à son service. »

(2) Philippe II, depuis roi d'Espagne. Il avoit épousé Marie Iʳᵉ, reine d'Angleterre.

chose à laquelle peut estre n'a il encore pensé ; c'est que nous sortions les armes à la main au combat, et luy donnions la bataille : et faut croire que Dieu nous aydera et sera pour nous, veu la cruauté qu'ils veulent executer en vostre endroit. Et de moy, je vous offre ma vie, et de tous mes capitaines et soldats pour mourir avec vous, afin que tous mourions et vivions ensemble, plustost que de vous voir ainsi trahis et vendus. *Credete à me, à me dico, che son vecchio, et à cui sono passate molte cose inanzi li occhi* (1). »

Or m'asseurois-je bien que cest article n'y avoit pas esté mis pour eux, mais seulement pour ceux que j'ay nommé ; et trouvay ceste invention afin d'emmener les Sienois au combat avec nous, car j'aymois mieux mettre le tout au hazard, que de perdre un seul homme de ceux qui estoient dedans la ville, et qui sous ma parole s'y estoient opiniastrez. Ils prindrent cela pour argent comptant, et se resolurent tous, apres que j'en fus party, à combattre. Et tout incontinent leur manday ce qu'il falloit faire, qu'estoit que les gonfaloniers commanderoient de faire affiner les poudres de leurs gens, et esmoudre leurs espées, hallebardes et fers de picques, et qu'à peine de la vie, il n'y eust homme de ceux qui pourroient porter les armes, qui ne fust pres dans deux jours, et que tous les prestres et religieux qui avoient pris les armes pour deffendre la cité à la batterie, les eussent à prendre sous les mesmes capitaines qu'ils estoient. Et croy que, pour deux ou trois jours, il ne se vit un plus grand remuement de gens en ville. Les deux députez, qui avoient sauf conduit du duc de Florence et du marquis, tournerent vers les trois heures apres midy au marquis, et luy monstrerent cest article, qui avoit mis en desespoir toute la cité et les soldats mesmes, et luy dirent la deliberation ; et par quelques advertissemens, il entendit le remuement et appareil qui se faisoit dans la cité pour le combattre : ce qui fut cause qu'il depescha toute la nuict vers le duc de Florence et dom Johan Manricou, lequel je vis depuis pres la royne d'Espagne à Bayonne, les advertir du tout, et qu'il les prioit qu'à present qu'il estoit sur le poinct d'avoir la ville, pour cet article là, ne le missent au hazard de perdre le tout, et qu'ils considerassent qu'il

avoit affaire avec un bon chef et vieux soldat, me loüant deux fois plus que je ne vallois ; et que, comme ils sçavoient eux-mesmes, il avoit perdu pres de la moitié de son armée, et encores en avoit-il beaucoup de malades, et qu'il n'avoit pas vingt hommes de cheval, car il n'avoit rien pour les nourrir, ny moyen de les y faire venir ; et qu'ils considerassent et pesassent bien cest affaire ; que, quant à luy, il se deschargeroit sur eux. Et comme le duc de Florence et dom Johan virent la deliberation, ils luy envoyerent le Cousignou, secretaire et principal du duc, avec la carte blanche, et qu'il y mist tout ce que nous voudrions, car il luy tardoit qu'il ne fust maistre de la ville. Ce fut le mercredy matin que le Cousignou arriva : et envoya chercher ledit marquis les deux deputez qui estoient rentrez le mardy au soir dans la ville, et coucherent dedans les articles, que tous ceux qui seroient bannis et rebelles de l'Estat de l'Empereur, de l'Empire et du duc de Florence, sortiroyent en toute seureté comme les autres (2). Et ainsi allasmes jusques au dimanche matin, qui estoit le vingt deuxiesme d'avril, que nous sortismes, ainsi que s'ensuit.

Avant que personne de nous sortist, je remis la citadelle et le fort de Camolia entre les mains des Sienois, là où ils meirent une enseigne en chacun ; et leur fis mettre une enseigne en chasque porte de la cité, que nous tenions ouverte, puis revins à porte Nove. Le marquis avoit fait mettre toute son infanterie espagnolle tout au long de la ruë qui va à Sainct Lazare deçà et delà, ses Allemans en bataille un peu à main droicte dans un champ ; et à Sainct Lazare estoit le sieur Cabry, son nepveu, avec cinquante ou soixante chevaux, qui est tout ce qu'ils avoient, comme desja j'ay escrit, et trois cens arquebusiers italiens qu'il avoit pris dans les forts de Sainct Marc et Camolia, qui estoit la garde que le marquis avoit ordonné pour nous faire compagnie. Le sieur Cornelio et le comte de Gayas armez, la picque sur le col, coste et coste, une trouppe d'arquebusiers apres eux, et apres, deux capitaines qui amenoient la teste des picquiers là où il y avoit force corselets, et au milieu des picquiers les enseignes desployées et haussées, et à la queüe des picquiers le demeurant des arquebusiers, et deux

---

(1) « Croyez-moi, moi qui suis vieux et qui ai vu bien des choses. »

(2) Cette capitulation fut arrêtée à Florence le 2 avril. Pecci l'a copiée sur l'original, conservé aux archives de Sienne : on n'y trouve point le changement dont il est ici question. Comme elle ne contient rien qui puisse nous intéresser, nous croyons inutile d'en donner la traduction.

Pecci ne parle point de la résolution, prise dans le sénat, de combattre le marquis ; il ne s'accorde pas avec Montluc sur le jour de l'arrivée de Concino. Les détails qu'il ajoute sont peu importants ; mais ils font ressortir la fermeté du maréchal et la noblesse de son caractère.

capitaines à leur queuë. Le samedy j'avois envoyé prier le marquis qu'il voulust user d'honnesteté envers les femmes anciennes et les enfans qui sortoient avec nous, de nous prester quarante ou cinquante mulets de ceux de sa munition ; ce qu'il fit, et avant sortir les fis distribuer aux Sienois, lesquels chargerent les anciennes femmes et quelques enfans sur leurs genoux. Tout le reste estoit à pied, là où il y avoit plus de cent filles suyvant leurs peres et meres, et des femmes qui portoient des berceaux où estoient leurs enfans sur leurs testes ; et eussiez veu beaucoup d'hommes qui tenoient en une main leur fille, et en l'autre leur femme ; et furent nombrez à plus de huict cens hommes, femmes et enfans. J'avois veu une grande pitié aux bouches inutiles, mais j'en vis bien autant à la despartie de ceux qui s'en venoient avec nous, et ceux qui demeuroient. Oncques en ma vie je n'ay veu despartie si desolée ; et, encores que nos soldats eussent paty jusques à toute extremité, si regrettoient-ils infiniement ceste despartie, et qu'ils n'eussent la commodité de sauver la liberté de ce peuple, et moy encore plus, qui ne peus sans larmes voir toute ceste misere, regrettant infiniment ce peuple, qui s'estoit monstré si devotieux à sauver sa liberté. Et apres que le sieur Cornelio fut dehors (1), tous les Italiens sortirent, et les citadins à la queuë des Italiens (2). Puis sortit, à la teste de nos François. Sainct Auban et Lussan armez, les picques sur le col, et apres eux, une trouppe d'arquebusiers, et à la teste des picquiers deux capitaines : plus une trouppe d'arquebusiers que le capitaine Charry et Blacon commandoit, ayans chacun une hallebarde à la main, et les enseignes au milieu des picquiers, tout ainsi que les Italiens. Apres je sortis armé et messer Hieronym Espano coste à costé de moy ; car je craignois que l'on le prist, pource qu'il estoit l'un des principaux autheurs de la revolte de la cité : il estoit sur un cheval turc vieux, et moy sur un autre bien maigre et harassé ; encore faisois-je bonne mine. Je laissai deux enseignes sienoises à la porte, et les priay de la fermer incontinent apres moy, et ne l'ouvrir jusques à ce que le marquis luy-mesme arrivast à icelle. Ledict marquis alloit et venoit, et le seigneur Chiapin Vitello avec luy, tout au long des files, pour garder que personne ne touchast aux Sienois ; car, quant à nostre bagage, il estoit si petit qu'il ne faisoit poinct de nombre. Les trois maistres de camp des Espagnols me vindrent saluër, et tous leurs capitaines. Les maistres de camp ne descendirent poinct, mais tous les capitaines descendirent et me vindrent embrasser la jambe, puis remonterent à cheval et m'accompagnerent jusqu'à ce que nous trouvasmes le marquis et le sieur Chiapin, qui pouvoient estre à trois cens pas de la porte de la ville ; et là nous nous embrassasmes, me meirent au milieu d'eux, et allasmes tousjours parlant du siege et des particularitez qui y estoient survenues, nous attribuant beaucoup d'honneur ; mesmes me dict qu'il m'avoit beaucoup d'obligation, car, outre qu'il avoit aprins beaucoup de ruses de guerre, j'estois cause qu'il estoit guery des gouttes. Et me conta la peur qu'il avoit eu, et le gentilhomme de l'Empereur. Cela ne se passa pas sans rire. Je luy dis qu'il m'avoit bien faict plus de peur la nuict de l'escallade, et si pour cela je n'estois pas guery de ma fievre. Sur quoy je luy dis qu'il avoit fait une grande faute d'estre venu à moy, comme firent les Juifs pour prendre nostre Seigneur, car ils avoient apporté lanternes et flambeaux, qui me donnoit grand advantage. Il me respondit, baissant la teste, car il estoit fort courtois : *Signor, un' altra volta saro più savio* (3). Apres je luy racontay que, s'il eust continué sa batterie, il n'en eust pas eu si bon marché ; que les Gascons estoient d'une nation opiniastre, mais qu'ils estoient de chair et d'os comme les autres, qu'il falloit manger. Sur ce propos et autres nous nous entretinsmes jusques à ce que nous fusmes un mil au delà Sainct Lazare ; et là il dict au sieur Chiapin Vitello qu'il allast à la teste de nos gens, et qu'il parlast au sieur Cabry qu'il gardast bien qu'aucun desordre ne se fist, et que, si personne faisoit semblant de rien prendre du nostre, qu'il tuast tous ceux qui y mettroient la main, et qu'il commandast le mesme au capitaine des trois cens arquebusiers. Et comme le sieur Chiapin se fust departy de nous, le marquis m'embrassa, me disant ces paroles en aussi bon françois que j'eusse sçeu dire : « Adieu, monsieur de Montluc, je vous prie, recommandez moy tres-humblement à la bonne grace du Roy ; assurez le que je luy suis tres humble et affectionné servi-

---

(1) De Thou, dans ce qu'il dit du siége de Sienne, se conforme au récit de Montluc.

(2) On lit, dans une chronique du temps, que deux cent quarante-deux familles nobles et trois cent quarante-cinq familles plébéiennes sortirent avec Montluc, et que les Autrichiens, à leur entrée, ne trouvèrent pas six mille habitans dans Sienne, qui en avoit compté jusqu'à quarante mille. Les réfugiés s'établirent à Montalcin, où ils créèrent une petite république, qui se soutint pendant quatre ans, et fut ensuite soumise au duc de Florence.

(3) « Monsieur, je serai plus sage une autre fois. »

teur, autant que gentilhomme qui soit en Italie, mon honneur sauve. » Alors je le remerciay de la bonne volonté qu'il portoit au Roy, et courtoisies que j'avois receuës de luy, desquelles je porterois tesmoignage par tout, et m'en revancherois là où j'aurois moyen de luy faire service. Il m'en offrit de mesme, et ainsi nous tournasmes r'embrasser. Il n'avoit pas avec luy alors que quatre ou cinq chevaux, car tout estoit derriere en mesme ordre qu'il avoit laissé, et s'en retourna ; et bientost apres reprins le sieur Chiapin Vitello (1), et nous embrassasmes et dismes à Dieu.

Nous allasmes à Arbierroutte, qui est un petit village sur la Tresse, ou bien la riviere mesme s'appelle Arbie, et là trouvasmes dix-huict asnes chargés de pain, que le marquis y avoit envoyé pour le nous distribuer en passant ; et en baillay une partie aux Sienois, une autre aux Italiens, et l'autre aux François ; et, passant parmy les Espagnols, les soldats avoient porté des pains tout exprez, et en donnoient aux nostres. Je veux dire, au tesmoignage de ceux qui y estoient, avec moy, que ce pain là sauva la vie à plus de deux cens personnes, et s'en trouvera prou qui diront à plus de quatre cens. Et encore ne se peust-il faire qu'il n'en mourut plus de cinquante ce jour-là mesme ; car nous avions demeuré depuis le mercredy jusques au dimanche sans manger que six onces de biscuit le jour pour homme ; et le jeudy, de deux chevaux que j'avois, j'en fis tuer un qui vaudroit à present plus de deux cens escuz : il est vray qu'il estoit pour lors bien maigre ; et le despartis par toutes les compagnies françoises et italiennes, et fis prendre toute l'huille des lampes des eglises, et la distribuay pareillement aux soldats ; et avec des mauves et orties faisoient cuire ceste chair et huille, et ainsi se sustenterent jusques au dimanche matin, qu'il n'y avoit homme, quand nous sortismes, qu'eust mangé un morceau. Le marquis me fit apporter quatre flascons de vin, avec cinq ou six pains blancs ; et, comme nous fusmes à Arbierroutte, fismes halte au long de la riviere, sous des sauls qu'il y avoit, mangeans ce pain. Je donnay deux des flascons de vin aux Sienois, les autres deux nous les beusmes, chacun un peu, et apres nous mismes en chemin droict à Montalsin. Et comme nous fusmes pres de Bonconvent, où estoit la garnison, le sieur Cabry en fit retourner l'escorte à pied ; et jusques à ce qu'il veit monsieur de Strossi, qui venoit au devant de nous avec trouppe de gens à cheval, il ne nous abandonna ; et alors il me dict à Dieu, et nous embrassa, comme il fit les sieurs Cornelio, comte de Gayas, et tous nos capitaines, car il estoit un fort honneste gentilhomme et brave soldat, s'ils en avoient en leur camp. Et ainsi arrivasmes à monsieur de Strossi, et nous embrassasmes sans nous pouvoir dire mot ; et ne sçay lequel de nous deux avoit plus le cœur serré, pour le souvenir de nos fortunes. Et ainsi arrivasmes tous descharnez, et presque ressemblans des morts, à Montalsin, qui estoit le dimanche ; et le lundy et le mardy demeurasmes enfermez avec les thresoriers et contreroolleurs, pour regarder à la despence et à ce que j'avois emprunté pour prester aux soldats ; et trouvasmes que le Roy nous devoit quatre mois. Et me donna ledict sieur de Strossi du sien propre, pour m'en retourner en France, cinq cens escus : je jurerois qu'il ne luy en demeura pas la moitié autant, car le sieur Cornelio et moy fusmes contraincts d'emprunter quatre cens escus pour desengager son grand ordre, qu'il avoit engagé chez un Juif au commencement qu'il arriva à Siene. Je les luy voulus rendre depuis, et mesme à Thionville, mais jamais il ne les voulut reprendre, et se mocquoit de moy. Voilà la fin du siege.

O mes compaignons qui me ferez cest honneur que de lire mon livre, ne m'accordez vous pas ce que j'ay dict cy-dessus, que Dieu avoit accompagné autant ma fortune qu'il feit jamais à capitaine de mon aage. Vous avez noté les grandes adversitez que j'euz en ce siege, et le peu de moyen que j'avois, sans qu'on m'en peust donner de dehors, pour estre le Roy fort engagé de tous costez. Vous avez entendu qu'aucun n'espargnoit rien ; vous avez aussi veu la grand famine que j'y enduray, les traverses que me donnoit le marquis, l'extremité où je fuz reduict. Et si bien le considerez, trouverez que j'ay esté autant secouru de Dieu qu'homme qui ait porté les armes il y a cent ans. Je ne peus mentir en mon livre, car il y a trop de tesmoins qui sont en vie. Cognoissez vous si je vous ay dict la verité, quand j'ay escrit qu'il faut employer tout ce que Dieu a mis aux hommes, avant que se tenir pour vaincu ? Cognoissez vous s'il me fallut rien oublier, et que, si j'eusse rien oublié, en quel estat je me trouvois et mettois ceste pauvre cité, et mettois encores l'honneur du Roy et sa reputation en dispute par tout le monde ? Il ne m'en souvient jamais que je n'en demeure en tristesse, pour la folie que j'avois faicte d'avoir mis la cité, et tous nous autres, jusques au dernier morceau, et à la discretion des ennemis, et perte de l'honneur et reputation

(1) Chiapino Vitelli, marquis de Cetona.

du Roy ; car il ne vouloit pas que je me laissasse reduire à cela : et que l'on le demande à monsieur de La Chappelle aux Ursins (1), que Sa Majesté despescha expressement pour m'advertir que je ne me laissasse mettre à telle extremité de sortir avec une reputation honteuse pour luy.

Les princes sont glorieux, et combattent plus pour la gloire et l'honneur que pour acquest. Et veux dire que ce ne fut pas œuvre d'hommes, mais œuvre de Dieu, d'en eschapper en ceste sorte. Deux jours avant que nous sortissions de Siene, le senat me bailla mon acquit en patente, signée de leur seel, confessant là-dedans que je n'avois point voulu capituler pour la ville ny pour nous, mais aussi que, veu l'extremité en quoy ils estoient reduicts, je ne les avois pas voulu empescher, m'appellant en tesmoignage de la loyauté et fidelité qu'ils avoient monstré au service du Roy, n'ayant aucunement failly au serment qu'ils luy avoient donné, et que je sortois sur leur capitulation, et non eux sur la mienne. Or, où trouverez vous livre qui parle que jamais homme soit sorty d'une place sans capitulation, sinon qu'il en sortit de nuict à la desrobée, mais non de la sorte que j'en sortis? car chacun confessera que je n'estois pas aux Sienois, et par consequent ils ne pouvoient pas capituler pour moy, comme dict le marquis au seigneur Cornelio et au capitaine Charry. Si est-ce que, par la volonté de Dieu, j'en sortis en ceste sorte ; et se trouvera la patente dans le thresor du Roy, comme je diray cy apres.

Je sçay bien, messieurs les gouverneurs, que plusieurs d'entre vous prendrez plaisir à ce que j'ay à vous dire sur le gouvernement et conservation des places, et que d'autres l'estimeront fort peu, parce qu'il y en a de si bon naturel, qui pensent sçavoir toutes choses d'eux mesmes, et n'estiment rien le sçavoir ni l'expérience d'autruy, comme si Dieu les avoit fait naistre sçavans dés le ventre de leur mere, comme sainct Jean Baptiste. Voyla pourquoy il ne se faut pas estonner si on voit tomber tant de gens en malheur; car l'outrecuidance les y mene par la main, et apres les faict tomber du haut en bas un si grand saut, qu'ils ne se peuvent relever. Ce ne seroit rien si la cheute ne faisoit mal qu'à eux, mais le Roy et le peuple s'en sentent. Ne desdaignez donc d'apprendre ; et, encore que vous soyez bien experimentez, cela ne vous peut nuire d'escouter et lire les discours des vieux capitaines. Estant en l'aage de vingt cinq ans, je prenois plus de plaisir à ouyr discourir les vieux guerriers, que je ne fis jamais à entretenir la plus belle dame que j'aye jamais aymé. Escoutez donc ce que j'ay à vous dire.

Quand vostre maistre vous baille une place en garde, vous devez considerer trois choses : la premiere, l'honneur qu'il vous faict de se fier tant en vostre sagesse, valleur et bon entendement, de faire choix de vous pour vous bailler une charge de telle importance. L'honneur qu'il vous fait n'est pas petit, car il honnore non seulement vostre personne, mais toute vostre race, vous baillant en charge une clef de son royaume, ou quelque ville qui luy importe grandement, comme estoit celle dont je vous ay represente le siege. Cest honneur, dis-je, qu'il vous fait, traisne une queuë si longue, que non seulement vostre renommée s'estend par tout le royaume d'où vous estes sorty, et aux environs de la place que vous deffendrez, mais aussi par tout le monde. Nous sommes curieux d'entendre ce qui se faict, bien et mal, qui est bon et mauvais ; et, encore que nous n'y ayons interest, si voulons nous sçavoir toutes choses : c'est le naturel de l'homme. Et ainsi par tous les pays estrangers vostre nom sera cogneu pour jamais, en bien ou mal ; car tout ce qui se faict est mis par escrit ; et, sans les escritures qui se font parmy le monde, la pluspart des gens d'honneur ne se soucieroient d'acquerir de la reputation, car elle couste trop cher. Jamais homme n'en eust à pire marché que moy ; mais l'honneste desir que nous avons de perpetuer nostre nom, comme on faict par les escrits, est cause que la peine semble bien douce à celuy qui a un cœur genereux. Il me sembloit, lors que je me faisois lire Tite-Live, que je voyois en vie ces braves Scipions, Catons et Cesars ; et quand j'estois à Rome, voyant le Capitolle, me ressouvenant de ce que j'avois ouy dire (car de moy j'estois un mauvais lecteur), il me sembloit que je devois trouver là ces anciens Romains. Donc les historiens, qui ne laissent rien à mettre en leurs livres, marqueront vostre nom en blanc et en noir, avec gloire ou avec honte, comme vous voyez qu'ils ont faict de tant de capitaines qui nous ont devancez.

La seconde chose que vous devez mettre devant vos yeux, c'est que vous devez penser, si vous perdez vostre place, quel dommage vous apportez premierement au Roy ; car c'est son bien et sa maison, n'y ayant aucune place de garde que ce ne soit proprement la maison du Roy ; outre que les revenus sont siens, et dont vous le privez en perdant la place, et enrichissez son ennemy, augmentez son honneur, et faictes

---

(1) Christophe Jouvenel de La Chapelle-aux-Ursins.

honte à vostre maistre, qui voit dans les histoires escrit pour jamais que sous son regne une telle place s'est perduë. Puis vous devez penser au dommage que vous portez à ses pauvres sujects, combien de maledictions vous donneront ceux qui sont voisins de la place que vous aurez perduë, car ils seront destruits. Par vostre nonchalance, ou faute de cœur, ils sont ruinez et perdus. Ils maudiront l'heure que vous fustes jamais né, et sur tout les pauvres habitans qui ont, par vostre faute, changé de roy et de maistre, ou bien, chargeant leurs enfants sur les espaules, ont esté contraints d'aller cercher domicille ailleurs. O que ces pauvres Anglois, qui s'estoient accasez depuis trois cens ans dans la ville de Calais, doyvent maudire la lascheté et poltronnerie de celuy qui si laschement laissa perdre une si bonne place ! Comment pourrez vous lever les yeux si vous tombez en tel malheur ? Au paravant, vous estiez honoré et estimé ; tout le monde se resjoüissoit de vostre venuë, priant Dieu pour vous qu'il vous conservast. Que si ce malheur vous advient, au lieu de loüanges, vous aurez des injures, pour prieres maledictions, et vous donneront à tous les diables ; et, au lieu de vous caresser, on vous tournera le dos, chacun vous monstrera au doigt ; de sorte que cent fois le jour vous maudirez l'heure que vous n'estes mort dans vostre place, plustost que de la rendre honteusement.

Non seulement vostre maistre, les princes et seigneurs vous verront de mauvais œil, mais les femmes et les enfans. Et veux encore passer plus outre, que vostre propre femme, encore qu'elle face semblant de vous aymer, elle vous hayra et estimera moins dans son cœur ; car le naturel de toutes les femmes est tel, qu'elles hayssent mortellement les coüards et les poltrons, encore qu'ils soient bien peignez, et ayment les hardis et courageux, pour laids et difformes qu'ils soient. Elles participent à vostre honte ; et, quoy qu'elles soient entre vos bras dans le lict, faisant semblant d'estre bien aises de vostre retour, elles voudroient que vous fussiez esté estouffé, ou qu'une canonnade vous eust emporté. Car, tout ainsi que nous pensons que la plus grande honte d'un homme est d'avoir une femme putain, les femmes aussi pensent que la plus grande honte qu'elles ayent est d'avoir un mari coüard. Ainsi vous voy-là bien accommodé, monsieur le gouverneur qui aurez perdu vostre place, veu que dans vostre propre lict on vous maudira.

Mais que dirons nous de vos enfans ? on leur reprochera qu'ils sont fils d'un pere lasche, et verront son nom par escrit, et les mal-heurs dont il aura esté cause ; car il n'y eut jamais perte de place, si petite soit elle, qui n'apporte une infinité de maux. Il court un si grand malheur pour vos enfans, qu'il faut que, pour esteindre vostre vilaine renommée, et mettre la leur en credit, ils hazardent leur vie à tout propos, sans discretion ; et bien peu eschappent sans mourir, de ceux qui par ce moyen se veulent faire remarquer. Combien en ay-je veu en mon temps, lesquels, ayant fait quelque signalée faute, la voulant reparer se sont perdus, voire exposez à la mort au premier hazart, ayant regret de vivre ! Que si vos enfans eschappent de ce malheur, encore craindra le Roy, quelque grande reputation qu'ils ayent acquise, de leur bailler une place en garde, craignant que les enfans ne ressemblent au pere, comme il advient ordinairement. Ainsi vous ne vous ruinez pas seulement, mais toute vostre posterité.

Pour eviter et rompre le col à vostre mauvaise fortune et à tous ces malheurs, il y a bon remede, lequel je me suis appris moy-mesme, et suis contant de le vous enseigner si vous ne le sçavez. Premierement vous devez considerer tout ce que je vous ay dict, et mettre d'un costé la honte, de l'autre l'honneur que vous aurez si vous deffendez courageusement vostre place, demeurant victorieux, ou, pour le moins, ayant fait tout ce qu'un homme de bien peut faire, de sortir triomphant et comme vainqueur, encore que vous soyez vaincu, comme vous voyez que je fis en ce siege. Songez tousjours que vous voyez vostre prince et vostre maistre devant vous, et quel visage vous devez esperer si par vostre lascheté vous perdez sa place. Et pource qu'il n'y a eu jamais commencement en une chose qu'il n'y aye aussi sa fin, songez dés l'entrée quelle doit estre la fin, et pensez que vostre maistre ne vous a pas baillé ceste place pour la rendre, mais pour la sauver ; qu'il ne vous l'a pas donnée pour y vivre seulement, mais aussi pour y mourir, s'il est besoin, en combattant. Si vous luy demandiez à vostre depart : voulez-vous que je meure avant la rendre ? il vous dira que vous devez combattre jusques au dernier jour de vostre vie, car puis que vous estes son suject elle est à luy. Le seigneur de Jarnac disoit quelque jour au Roy nostre maistre que c'estoit la plus grande ruze et finesse dont les roys se soient jamais advisez, d'avoir fait accroire à leurs sujects que leur vie estoit à eux, et que leur plus grand honneur estoit de mourir pour leur service, mais aussi c'avoit esté une grande sottise à nous de le croire, ny faire tant d'estat de ce beau lict d'honneur. Si est-il vray, pourtant, car nos vies et nos biens sont à nos roys, l'ame est à Dieu, et l'honneur à nous ; car sur mon honneur mon roy ne peut rien.

Pour retourner à ce que je vous ay dit, si vous n'avez ceste resolution en vous-mesmes acceptant la charge qu'on vous donne, vous ferez mieux de vous excuser : il y a assez moyen de se descharger, et y en a prou (1) qui prendront volontiers ce que vous refuserez. Que si vous l'acceptez en ceste deliberation pour en venir bien à bout, faictes une chose, ne pensez jamais à vostre mort : c'est affaire à un sot d'avoir peur de mourir s'il ne la void à trois doigts de luy ; encore faut-il qu'il pense lors qu'elle est à cent lieuës. Songez au contraire comment vous la pourrez donner à vos ennemis ; car si vous entrez en l'apprehension et crainte de la mort, tenez hardiment vostre place pour perduë ; car ceste peur vous desrobe le sens et l'entendement, qui est la meilleure piece de vostre harnois : vous avez beau estre vaillant si cela vous manque au besoin. Donc si vous la voulez conserver, il ne faut pas que vous entriez en ceste crainte de mourir, car la peur ne nous vient que trop d'elle mesme et de nostre naturel, sans que nous l'aydions à venir par nos imaginations. Il la faut rejetter si elle s'offre devant vous : ayez soudain recours à l'intention du Roy, et pourquoy il vous a mis là ; songez au deshonneur et honte où vous allez entrer ; lisez ou faites vous lire souvent les livres qui parlent de l'honneur des grands capitaines, mesme ceux qui ont escrit de nostre temps, comme Langey, et un autre qui a escrit en italien, je ne sçay comme il s'appelle, qui a si bien escrit depuis le roy Charles huictiesme : souvent je me le suis fait lire, c'est un bon autheur. Pleust à Dieu que nous qui portons les armes prinsions ceste coustume d'escrire ce que nous voyons et faisons ; car il me semble que cela seroit mieux accommodé de nostre main [j'entends du fait de la guerre] que non pas des gens de lettres ; car ils desguisent trop les choses, et cela sent son clerc. Lisez donc ces livres, et songez en vous mesmes : Si je fais comme Anthoine de Leve à Pavie, le sieur de Lude à Fontarabie, le seigneur de Bouillon à Peronne, le seigneur de Sansac à la Mirande, et Montluc à Siene, que dira-on de moy ! quel honneur rapporteray-je à ma maison ! et au contraire si je me rends, quelle honte et infamie pour moy et pour les miens ! Ayez apres vostre recours à Dieu, et le priez qu'il vous garde de tomber en ces mal-heurs, luy remettant le tout entre les mains. Apres cela aydez vous de tout ce qu'il a mis en la puissance des hommes, comme vous voyez que j'ay fait en ce siege ; et sur tout soyez diligens et vigilans, songeant tousjours à vostre charge. Si vous faites cela avec l'oubly de la mort et du danger, vous aurez le moyen de conserver vostre place, quand ce seroit un pigeonnier ; et quand bien elle se perdra, y ayant fait vostre devoir, croyez qu'alors Dieu y a mis la main. Il faut toujours tenter ; car j'ay veu souvent perdre ce qu'on n'eust jamais pensé, et sauver tel qu'on tenoit pour perdu. Si vous y mourez, vous ne vous deshonnorerez ny vostre posterité, et si vous vous enterrerez avec une immortelle reputation, qu'est tout ce que les hommes qui portent les armes doivent desirer ; car l'homme qui a peur de mourir ne doit jamais aller à la guerre, puis qu'au monde il y a tant d'autres exercices où l'homme peut appliquer son esprit et son entendement, mesmement en ce royaume de France où il y a tant d'ordres, soit de justice, soit des finances, et trop pour le bien du Roy et de son Estat ; car tant de belle jeunesse vit inutile, laquelle seroit propre à porter les armes. Entrant quelque fois aux parlemens de Thoulouse et Bordeaux, depuis que je fus lieutenant du Roy en Guyenne, je me suis cent fois estonné comme il estoit possible que tant de jeunes hommes s'amusassent ainsi dans un palais, veu qu'ordinairement le sang boult à la jeunesse. Je croy que ce n'est que quelque accoustumance, et le Roy ne sçauroit mieux faire que de chasser ces gens de là, et les accoustumer aux armes. Et pour retourner à vous qui commandez dans les places, et vous qui vous y voulez enfermer, si vous craignez tant la mort, n'y allez pas, combien que ce soit une folie de la craindre : ceux qui souflent les charbons en leurs maisons n'en sont pas plus exempts que les autres ; et ne sçay pas quel choix il y a de mourir d'une pierre dans les reins ou d'une balle par la teste : si Dieu me donnoit le choix je n'aurois pas grand peine de le prendre.

Sur tout, mes compagnons, il faut avoir l'esprit tendu à espier ce que vostre ennemy peut faire, et joüer deux roolles, disant à part vous : Si j'estois l'assaillant que ferois-je ? par quel costé pourrois-je entreprendre ? Car croyez que le plus souvent vostre jugement et celuy de vostre ennemy se rencontrent. Communiquez en à ceux que vous avez cogneu personnes d'entendement, tantost en commun, afin de ne mettre personne en jalousie, et le plus souvent en privé. Que si vous vous trouvez sous une nation où il faille manger du chou, et que vous ne soyez le plus fort, composez vous selon leurs humeurs. Mordez vous la langue plustost que trop parler.

(1) Assez.

Ramenez les par douceur et courtoisie, et sur tout monstrez leur le chemin lorsqu'il faudra patir; car si vous, monsieur le gouverneur, voulez vivre à chere ouverte, et cependant retrancher le manger des autres, vous tirerez sur vous la haine de vos capitaines et soldats. Il est raisonnable que vous, qui avez plus d'honneur, ayez plus de part à la peine.

Je vous veux advertir d'une autre chose, c'est que, lors que l'extremité vous pressera, vous ne demeuriez guere enfermé en vostre cabinet; mais monstrez vous aux capitaines et soldats, voire au peuple, avec un visage asseuré : vostre seule presence leur redoublera le cœur. J'ay cogneu en mon temps prou de lieutenans de roy qui esloignoient d'eux les gentils-hommes, pour les faire attendre quelquefois trop en leurs salles, et ne parler à eux. Le gentil-homme veut estre caressé, mesmement le gascon; et cependant ceux-là font les empressez. J'en ay cogneu un une fois en ma vie : parce qu'il avoit de tres belles parties, je ne le veux nommer, car nul n'est parfaict au monde. Celuy-là deux heures du jour s'enfermoit dans son cabinet, feignant faire quelque depesche d'importance; mais c'estoit pour lire Rolland le Furieux, en italien : son secretaire mesme nous le disoit; ce qui nous faisoit despiter, car cependant nous estions à arpenter sa salle ou sa cour. N'en faites pas ainsi : vos heures de plaisir doivent estre à vous promener sur les remparts, visiter vos magasins et regarder si rien vous deffaut.

Si vous vous trouvez en lieu où vous soyez pressez, n'oubliez à vous servir du moyen que je tins pour me deffaire des Allemans, et prenez exemple à ma faute, car je tarday trop; mais je pensois tousjours que le marquis me voulust forcer par l'espée et non par la faim, mais il fut aussi fin que moy. Que si vous vous doutez de quelque trahison, et que vous n'en puissiez sçavoir le fons, faictes vous donner des avis supposez, et, sans nommer personne, dites que vous estes adverty qu'il y a entreprinse sur vous et que vous estes sur le point de la descouvrir. Faignez aussi avoir quelque intelligence en l'armée de vostre ennemy, encores que vous n'en y ayez pas, car ce sera une contremine. Je ne vous diray que ce mot, que vous vous representiez, et la bonne grace de vostre prince, et son inimitié; car vous avez le choix : elle ne s'efface pas comme la nostre. Les Roys ont autre cœur que nous : ils ne pardonnent gueres à ceux qui leur font perdre quelque chose, car ils veulent tousjours gaigner. Quel mauvais visage eust ce brave seigneur de Lautrec à son retour de Milan! et Dieu sçait s'il en estoit cause : il souloit dire que ce fust le plus grand ennuy qu'il eust de sa vie. Souffrez doncques toutes les extremitez : n'oubliez rien de ce que doit faire un homme de bien. Je sçay bien qu'il faut perdre, qu'il faut gaigner, et n'y a rien d'imprenable; mais desirez cent mille fois plustost la mort, si tous moyens ne vous deffaillent, que dire ce meschant et vilain mot : *Je la rends.*

Monsieur de Strossi me presta une gallere pour me ramener en France, et envoya un sien parent, jeune homme de vingt ans, chevalier de Sainct Jean, à Civitavechia, pour l'appreter, et voulut que le chevalier mesme m'amenast à Marseille. Le mercredi matin je prins la poste et vins à Rome, où j'arrivay environ les quatre heures apres midy, et fis aller les capitaines Lussan, Blacon et Sainct Auban, m'attendre à Civitavechia, car monsieur de Strossi leur donna congé pour quatre mois. Les autres demeurerent avec ledit sieur. Monsieur le cardinal d'Armaignac me logea, et fus aussi bien reçeu de tous les ministres du Roy que gentil-homme sçauroit estre. Ils avoient desja entendu ma sortie, car le marquis l'avoit mandé par un courrier à son frere, monsieur le cardinal. J'y trouvay monsieur le cardinal de Guise et monsieur le duc de Ferrare, pere de cestui-cy, estant là encore depuis la creation du pape Marcel. Sa Saincteté demanda à monsieur le cardinal de Guise si j'estois arrivé, comme l'on luy avoit dit; il dit qu'ouy : et alors il le pria de me faire venir devant luy, car il avoit grand envie de me voir. Et monsieur le cardinal me trouva pres le logis de monsieur d'Avanson (1), ambassadeur, lequel me dit que j'allasse faire la reverence à Sa Saincteté, qui avoit envie de me voir. Monsieur d'Avanson me presta son coche. Je trouvay le Pape levé, sur une chaire pres son lict, si mal, qu'à peine pouvoit-il guere parler; mais nonobstant il me fit fort bon accueil. Je luy dis que je ne le voulois importuner de parolles, mais que j'esperois que Dieu luy envoyeroit la santé dans deux ou trois jours, et qu'apres je luy viendrois rendre compte comme les choses estoient passées à Siene. Il me dit qu'il en estoit bien informé, mais qu'il seroit encores bien aise de l'entendre de moy; et me dit ces mots, que je pouvois dire que jamais homme, de quelque nation qu'il fust, n'avoit eu tant de credit, ny n'avoit encores avecques les Sienois, que moy. Là, je prins congé de luy pour ne le fascher, et trouvay monsieur le cardinal de Guise au logis de monsieur d'Avanson, auquel je dis qu'ils pouvoient bien rentrer au conclave pour

---

(1) Jean de Saint-Marcel, seigneur d'Avanson, etc.

faire un autre pape, car celuy-là ne seroit pas en vie le lendemain au soir, comme il fut vray ; car le lendemain, environ vespres, il trespassa. Et le jour apres je prins congé de tous, et m'en allay à Civitavechia ; qui fut un vendredy, et le samedy, à la pointe du jour, je m'embarquay. Les pompes, les plaisirs, les delices, la curiosité de ceste ville, ne me peust arrester un jour, pensant que peut estre ailleurs je pourrois faire service à nostre maistre. Une chose veux-je dire, encore qu'elle soit à ma loüange, qu'allant par les ruës, et allant au chasteau Sainct Ange, tout le monde couroit aux fenestres et sur les portes, pour voir celuy qui avoit si longuement deffendu Siene. Cela ne me faisoit que d'autant plus eslever le cœur pour acquerir de l'honneur; et, encore que je n'eusse pas presque d'argent pour m'en retourner, si me sembloit-il que j'estois plus riche que seigneur de France.

Or nous fismes voile environ la pointe du jour, et eusmes aussi bon vent que nous l'eussions sçeu desirer; et vinsmes à Capocorée (1) sur l'entrée de la nuict. Là donnasmes sonde, et deux heures devant jour nous passasmes le destroit qui est entre la Corce et la Sardaigne, et fusmes à Boniface (2), où estoit monsieur de La Molle, vers les neuf heures du matin. J'avois sçeu à Civitavechia que le prince d'Orie (3) estoit party devers Plombin (4) avec trois ou quatre mil soldats qu'il avoit embarquez dans cinquante deux galleres, et qu'il alloit pour combattre monsieur de Termes qui battoit Calvy; ce qui fut cause que je passay à Boniface pour en advertir ledit sieur de La Molle, lequel incontinent depescha vers ledit sieur si à propos, qu'à peine peut-il estre levé assez à temps pour qu'il n'y fut surprins, et fut contraint, comme il me dit depuis, de mettre trois canons dant la mer, lesquels depuis il retourna pescher. Je luy fis là un bon tour, et un bon service à mon maistre. Vous qui portez les armes, et qui voulez bien servir vos princes, ayez tousjours l'œil à ce qui les concerne, pour donner advis de ce que vous jugez propre pour leur service. J'en ay veu de si bons amis qui s'esjouissoyent de la perte de leurs compagnons, pour penser augmenter leur gloire de leur honte : je n'ai jamais fait cela, ny ne le voudrois faire au plus grand ennemy que j'aye au monde ; j'en pourrois bien dire de grands et notables exemples, mais je les laisse pour revenir à mon propos. Le baron de La Garde estoit aussi en un port de mer pres du lieu où estoit monsieur de Termes, il fut adverty promptement que l'armée du prince d'Orie estoit en mer, mais il ne sçavoit de quel costé. Si est-ce que par opinion il se leva promptement tenant la routte de Marseille, qui fut cause de la salvation de monsieur de Termes; car, comme le prince d'Orie pensoit surprendre le baron de La Garde à ce port de mer où il estoit, il fut adverty qu'il estoit party il n'y avoit pas cinq ou six heures; ce qui l'occasionna de le suivre, tenant mesme route: cela estoit le samedy mesme que j'avois eu ce bon vent, et le suivit jusques aux isles d'Hyeres. Le baron sans s'arrester vogua vers Marseille ; car s'il se fust arresté aux isles il estoit troussé, d'autant qu'il n'avoit que quatorze ou quinze galleres. Je me departis de monsieur de La Molle le dimanche environ dix heures, et tout le jour je ne peus faire chemin, pource que le vent m'estoit contraire. Environ deux heures avant jour, le mesme vent qu'avoit couru le samedy retourna, et nous mismes en chemin, qui estoit le lundy.

Or sur la pointe du jour je dis au chevalier s'il avoit plus grand voyle que celle-là : il me dit que c'estoit la plus grande ; s'enquerant alors pourquoy je le demandois, si je voudrois faire plus grand diligence, je luy dis qu'ouy : et tout incontinent il mit un voyle sur la courcie pres la pouppe. Et sur la pointe du jour il survint un brouillard qui dura jusques à ce que le soleil fut haut, et commença le brouillard à passer. Et alors la garde de la gabie commença à crier : *Velle! velle!* et bien tost apres commence à crier : *Gallere! gallere!* Alors le chevalier me dit que ce ne pouvoit estre autre que le prince d'Orie ou le baron de La Garde. Et tout à un coup le brouillard s'abbatit, et nous trouvasmes au milieu de cinquante deux galleres : quatorze, qui s'estoient departies de la trouppe, prenoyent le chemin vers la Sardaigne, et nous fusmes au milieu. Tout le monde commença à se desesperer dans la gallere : les pilottes vouloient gaigner la coste de Barbarie pour nous sauver ; le comite n'estoit pas de cest advis, ains que nous devions tirer outre à force de rames et de voyles. Sainct Auban et les autres capitaines avoyent les plus belles affres que gens eurent jamais, disant qu'apres estre sortis d'une si grande extremité que du siege de Siene, ils estoient sur le point d'estre reduits à ce mal-heur ; de se voir attachez à la cadene (5) ; que, plustost que se voir reduits à ce malheur, il valloit mieux mourir les armes à la main. Quelque mine que je fisse, je n'estois gueres plus asseuré, et eusse bien voulu estre à planter des choux. Tout à un coup quatre des quatorze commencerent à tour-

---

(1) Au Cap-Corse. — (2) Bonifacio.

(3) Le prince Doria. — (4) Piombino. — (5) A la chaîne.

ner les voyles à nous pour nous donner dessus, et les autres amenerent jusques à la moitié de l'arbre (1) pour attendre ceux-cy. Et comme les quatre eurent haussé la voyle pour venir sur nous à rame rancade (2), la pointe de leurs galleres fut à l'endroit de nostre fougon (3); et, pource que le chevalier ne disoit mot, et que tout le monde croit dans la gallere avec une miserable confusion, je lui dis : « O chevalier, il semble que vous vous perdez : vous avez esté nourry avecques un des vaillans hommes qui jamais monta sur la mer, qu'estoit le prieur de Capue (4). » Alors il me respondit : *No me perdo, no me perdo per Dio, mas io gardo la mie* (5). Les galleres ennemies cependant vindrent à une portée d'arquebuzade de nous pour nous investir ; et alors le chevalier, allant de poupe en prouë, accouragea tout le monde, faisant tirer à voile rancade (6), tirant tant que nous pouvions ; de sorte que, quand ils nous cuiderent investir, nous fusmes plus de cinquante pas devant eux, et leur commençasmes à tirer arquebuzades. Ils nous suyvirent environ mil pas, et à cause de ces trois voyles que nous avions, avec la peur que nous donnoit des aisles, il nous sembloit que nostre gallere volloit devant les leurs, de façon que tout à un coup ils hausserent les rames. Et nos mariniers lors à belles injures firent à qui mieux mieux ; ainsi nous sauvasmes en despit d'eux, pour la grande diligence de nos gens. Et, pource que nous n'eusmes pas le vent vers le soir, qui nous commença un peu à changer, ne peusmes estre à Marseilles jusques au mardy à soupper. Et trouvay monsieur le comte de Tande, madame la comtesse, et le baron de La Garde, qui souppoient au jardin de monsieur de Sainct Blancart, lesquels furent tous esbahis de me voir, ayant fait estat que j'estois mort, et Siene saccagée et bruslée ; car ils sçavoient nouvelles, estant en Corsegue (7), de jour à autre, de la Romanie (8), et que j'estois à l'extremité, sans esperance d'avoir jamais composition ; et tenoit toujours le baron de La Garde ceste opinion, quand il estoit avec monsieur de Termes en Corsegue, et à Marseille lorsqu'il fut arrivé, et que je jouerois à la desesperade sur la sortie, si le marquis ne nous faisoit telle composition que je voudrois. Autres disoient que j'avois perdu l'entendement, et que Dieu me vouloit punir de ma trop grande temerité et folie. Ils parloient de moy ainsi que j'entray dans le jardin. Ils ne voulurent que je leur disse rien jusques à ce que j'eusse souppé, car ils avoient presque achevé. J'eus bien tost faict, car il m'estoit deffendu de ne manger guieres apres avoir tant jeusné, et croy que cela fut cause de la mort de plusieurs apres estre sortis ; car il faut peu à peu remettre nature. Apres je leur contay tout de point en point comme j'avois fait ; ils tindrent cela pour une chose estrange. Le baron se trouva fort esbahy quand je luy dis que le prince d'Orie l'avoit suivi jusques aux isles d'Hyeres, et remercioit Dieu de ce qu'il n'avoit creu aucuns de sa trouppe qui vouloient qu'il donnast sonde aux isles, et tint monsieur de Termes pour perdu, à tout le moins son artillerie ; mais je luy dis que, sur ma relation, monsieur de La Molle avoit envoyé à toute diligence vers luy pour l'advertir. Je depeschay le lendemain matin le sieur de Lecussan en poste devers le Roy, pour lui donner advis de mon arrivée ; car monsieur le comte me dit que Sa Majesté estoit fort mal contante de moy, de ce que je m'estois laissé reduire au dernier morceau, et qu'il n'en pouvoit esperer que la perte mienne et la ruine de la cité, d'où dependoit toute sa reputation en Italie. Voyez les dangers qu'on court à servir les princes. Il n'y a ordre ; ils sont nez pour commander, et nous pour servir et obeyr ; et Dieu sait si j'avois occasion de me plaindre d'avoir ainsi esté abandonné et mis en proye ; mais c'est tout un : il leur semble qu'encores ce nous est trop d'honneur de mourir pour leurs querelles. Le baron me pressa fort d'y depescher, et fit promettre au sieur de Lecussan qu'il courroit nuit et jour ; ce qu'il fit. Je demeuray avec eux jusques au vendredy matin que je prins la poste, et arrivay à Sainct Mathurin le neufiesme ou dixiesme jour de may, où je trouvay ledit sieur de Lecussan qui m'attendoit pour me dire la grand joye que le Roy avait eu, quand il luy eut le tout racompté, s'esmerveillant Sa Majesté de ma fortune, et disoit à tout le monde qu'il croyoit que j'estois le plus heureux homme du monde, apres un tel et si long siege, sans esperance de secours, estre sorty si honnorablement, ayant affaire non seulement à l'Empereur, mais aussi au duc de Florence, qui desiroit se venger des Sienois. Il tenoit pour un grand heur l'escapade que j'avois faite sur la mer des pattes du prince d'Orie. Le lendemain matin je fus au lever de monsieur de Guise, qui ne se pouvoit saouller de m'embrasser, et m'amena en la chambre du Roy, lequel

---

(1) Du mât. — (2) A force de rames.
(3) Foyer, cuisine de vaisseau.
(4) Léon Strozzi.

(5) « Non, de par Dieu, je ne me perds pas, je sauve ma galère. »
(6) A force de voiles. (7) En Corse. (8) De la Romagne.

estoit encores au lict, toutesfois esveillé; et à l'entrée de la chambre il commença à crier tout haut, me tenant par la main : « Sire, voicy vostre homme perdu. » Et alors je m'approchay pour luy baiser les mains; il m'embrassa de tous ses deux bras, et me tint la teste conte sa poictrine presque autant comme on demeureroit à dire un Paty-nostre, me disant par deux fois en me tenant de ceste sorte : « Hé, monsieur de Montluc, vous soyez le bien venu ! Je ne vous pensois jamais voir. » Alors je luy dis que Dieu m'avoit conservé pour luy faire encore en ma vie un bon service : il me dit qu'il le croyoit, et estoit bien asseuré que pour ce faire je n'y espargnerois ma vie; et me retourna encores r'embrasser, puis se leva. Je me retiray au logis que le mareschal des logis avoit baillé audict sieur de Lecussan par le commandement du Roy mesme, aussi content du bon visage de mon maistre, comme s'il m'eust donné quelque riche present; car j'ay esté tousjours glorieux : aussi suis-je gascon. Cela seul estoit bastant pour me faire passer toutes impossibilitez. Monsieur le cardinal de Lorraine et monsieur le connestable estoient pour lors à Ardres, traictant quelque paix entre l'Empereur et le Roy.

Apres que sa Majesté eut disné, vers une heure après midy, il se retira dans la gallerie, monsieur de Guise seulement avec luy; il me fit appeler. Monsieur de Guise ferma la porte apres que je fus entré. Lors il voulut que je luy rendisse compte par le menu de ce qui s'estoit passé durant le siege, depuis le premier jour que j'entray dans Siene jusques au dernier, tellement que le propos en dura si longuement, que les capitaines qui estoient venus avec moy, qui estoient demeurez sur la terrasse, me dirent qu'ils avoient ouy sonner l'horloge cinq fois. Il print un grandissime plaisir au retranchement du pain, et de la sorte que j'en avois usé, et des remonstrances que j'avois faict aux capitaines et au senat. Print aussi grand plaisir à la deliberation que j'avois prins de leur donner la bataille dans la ville, et sur tout à l'ordre que j'avois fait, duquel il me souvenoit beaucoup mieux lors qu'à present, car il fut imprimé en Italie; et la derniere fois que je suis retourné de la Toscane, le duc d'Urbin me dict à Pesero (1) qu'il l'avoit, et que jamais n'avoit trouvé chose qui plus luy pleust que celle-là. Sa Majesté voulut aussi que je le misse par escrit : il en fit donner la coppie à plusieurs gouverneurs, et me souvient bien qu'il commanda qu'on l'envoyast à Mariembourg, où monsieur le mareschal de Cossé estoit, ou bien monsieur de Fumel. Il eut grand pitié quand il entendit le faict des bouches inutilles; et sur la fin il me demanda deux choses : la premiere, comme j'avois peu faire d'accorder les quatre parts et nations, ennemis mortels les uns des autres; car tous generallement, comme l'on luy avoit dit, s'estoient comportez si bien les uns avec les autres sans desordre, qu'il n'estoit possible de mieux, ayant passé Espagnols et Flamens avec sauf-conduit; ce qu'on tenoit à chose miraculeuse, comme faisoit bien l'Empereur mesme, s'estonnant que j'eusse peu accommoder ces gens là de ceste sorte : et des Italiens mesmes qui venoient d'Italie luy en faisoient le recit comme d'une chose non ouye. Alors je luy respondis que c'estoit une chose que j'avois trouvée facile; et comme je le vis affectionné à la vouloir entendre, cognoissant qu'il prenoit plaisir d'en ouyr conter, je luy dis que je m'en estois allé un samedy au marché, et qu'en presence de tout le monde j'avois achepté un sac et une petite corde pour lier la bouche d'iceluy, ensemble un fagot, ayant prins et chargé tout cela sur le col à la veuë d'un chascun; et comme je fuz à ma chambre, je demanday du feu pour allumer le fagot, et apres je prins le sac, et là j'y mis dedans toute mon ambition, toute mon avarice, mes haines particulieres, ma paillardise, ma gourmandise, ma paresse, ma partialité, mon envie et mes particularitez, et toutes mes humeurs de Gascogne, bref tout ce que je peus penser qui me pourroit nuire à considerer tout ce qu'il me falloit faire pour son service; puis apres je liay fort la bouche du sac avec la corde, afin que rien n'en sortist, et mis tout cela dans le feu; et alors je me trouvay net de toutes choses qui me pouvoit empescher en tout ce qu'il falloit que je fisse pour le service de Sa Majesté. Et si dis que tous ses ministres à qui il bailloit les charges vouloient faire de ceste sorte, qu'il n'atteindroit pas à ce que Dieu a reservé pour soy, qui est le ciel, mais si feroit bien à tout ce que Dieu a faict sur la terre, et mis en la puissance des hommes; car mon esprit tousjours estoit demeuré libre, sans qu'aucune chose m'empeschast à considerer ce qu'il me falloit faire pour venir à bout de mon dessein, qui estoit de ne sortir jamais de là qu'avec le dernier morceau à la bouche. Et veux dire que tous ceux qui se despouilleront et brusleront ce que j'ai dit cy dessus, que Dieu assistera tousjours avec eux, et, l'ayant ainsi favorable, l'homme ne peut faillir de faire ce qu'il voudra; car Dieu demeure tousjours avec ceux-là, et au contraire fuit ceux qui ne servent leur maistre de ceste sorte; car ils faucent tous le serment

---

(1) Pesaro.

qu'ils ont fait, ayant juré de le servir loyallement et fidellement, ce que l'on ne peut faire estant garny et plein de tous ces vices et fautes. Sa Majesté se print à rire et me commanda de dire la verité, et ne luy mentir poinct. Je luy dis que je ne luy mentirois non plus qu'à Dieu. Il me demanda si monsieur de Strossi me pouvoit secourir; car ses ministres de Rome luy avoient mandé plusieurs fois qu'il le pouvoit faire, et qu'il n'avoit tenu qu'à luy que je ne feusse secouru. Alors je luy respondis qu'il me demandoit une chose qu'il sçavoit mieux que moy. Surquoy il me dict que ce ne pouvoit estre, car il n'estoit pas là où luy et moy estions. Lors je luy dis : « Vous autres roys et princes avez les oreilles si longues, que vous entendez tout ce qui se fait, encores que vous en soyez à cent lieuës. » Toutesfois je luy dis que Sa Majesté estant engagée en Escosse, à Calais, à Mariembourg, et autres chasteaux voisins, à Mets, en Piedmont, en Corsegue, elle devoit mieux sçavoir que moy si, apres avoir fourny à tout ce qui estoit besoin en ces lieux-là où il estoit engagé, il pouvoit envoyer argent audit seigneur de Strossi pour faire une levée de gens de pied et de cheval, pour combattre une si grande force que le marquis avoit devant Siene, et, s'il ne l'avoit, en quelle sorte vouloit-il que monsieur de Strossi me peust secourir, lequel n'avoit pas un homme pour respondre aux Espagnols et Allemans ? D'Italiens il n'en eust trouvé que prou, mais cela n'estoit pas jeu party; que monsieur de Strossi estoit plein de bonne volonté, mais qu'on ne peut voler sans ailes; que par trois fois il avoit couru beaucoup d'hasard pour son service, dequoy je luy fis le conte. Alors Sa Majesté me dit que ma response l'avoit contenté et satisfaict, et qu'il croyoit ledit seigneur de Strossi estre son serviteur, et trop homme de bien pour tenir à luy; et s'excusa grandement à moy de ce qu'estant engagé en tant de lieux, il ne luy avoit esté possible d'envoyer gens en Italie audit sieur de Strossi qui fussent esté assez forts pour lever le siege et combattre le marquis. Alors je lui dis : « Or doncques, sire, ne vous en faut prendre à monsieur de Strossi ny à vous avec, car l'un et l'autre avez faict tout ce qui estoit en vostre puissance; mais cela vous advisera une autre fois à pourvoir mieux à vos affaires. » C'estoit une charité qu'on prestoit audict sieur de Strossi, qui estoit autant picqué et plus que le Roy pour le faict de Siene, pour la haine qu'il portoit au duc de Florence. Apres cela il sortit, et s'en alla trouver la Royne et madame de Savoye (1) qui est de present, et leur compta ce que je luy avois dit, principallement de monsieur de Strossi. Dequoy la Royne fut tres aise, et le lendemain me fit cest honneur de me remercier du bon office d'amy que j'avois fait audit sieur de Strossi, qui luy appartenoit. Je n'avois garde de faire autrement; car, outre que j'eusse menty, j'honorois trop ledit seigneur de Strossi : il m'aimoit et estimoit plus qu'homme qui sortit jamais de Gascogne.

Cecy fut fait le lundy : le mardy madame de Valentinois me dit qu'elle n'avoit jamais veu revenir homme d'une charge dont le Roy fust plus content et satisfait que de moy, et qu'il me loüoit grandement : je ne sçay si elle le disoit pour me flatter, mais elle le sçavoit mieux que toute autre, car elle avoit fort gaigné le cœur du Roy nostre maistre : elle dit que j'estois bienheureux. Comme je parlois avec elle, le Roy arriva, et me remit encores sur quelques propos de mon voyage. Or avois-je la patente et declaration que les Sienois m'avoient donnée scellée de leur grand sceau, declarant que je n'avois jamais voulu consentir à la reddition de Siene, ny capituler au nom du Roy, mais aussi qu'ils m'appelloient en tesmoin s'ils avoient jamais voulu entendre à aucune capitulation, jusques à ce qu'ils s'estoient veus reduits à toute extremité, et au dernier morceau de pain. Sa Majesté prit la patente et la leut, et après me demanda pourquoy je n'avois voulu capituler pour moy et pour les soldats, et qu'il trouvoit estrange que le marquis ne m'eust deffait à la sortie. Alors je luy respondis que c'estoit pour deux raisons : l'une, que j'avois pris une resolution de ne rendre jamais place, ains mourir plustost, et que le nom de Montluc, pour moy, ne se trouveroit jamais par escrit à rendre ny capituler, ne m'estant jamais mis dans place pour la rendre, ains pour la deffendre ou y mourir, comme j'avois mandé au marquis par le seigneur Cornelio et le capitaine Charry; et aussi pource que si Sa Majesté, ou un qui viendroit apres luy, venoit à reconquerir Siene, et que les Sienois se voulussent ayder de la protection en quoy ils s'estoient mis, qu'il demeurast en cela à sa discretion et liberté; car il n'auroit plus puissance de dire que son lieutenant, qui estoit Montluc, avoit consenty à leur reddition, estant signé en leur capitulation, et qu'il ne devoit point quitter sa fortune, ny celle de ceux qui viendroient apres lui à la couronne de France.

« Les fortunes de la guerre sont diverses et variables : Milan et Naples ont esté deux et trois fois à nous; Siene, sire, le sera peut estre encores. Je n'ay rien fait qui vous puisse preju-

(1) Marguerite, sœur de Henri II.

dicier. » Il trouva ma raison si bonne qu'il en demeura fort content, et me commanda de faire mettre la patente dans mes papiers, et garder qu'elle ne se perdist jamais. Madame de Valentinois luy respondit que les archives d'un pauvre gentilhomme n'estoient pas si asseurez que le thresor d'un roy, et que cela luy estoit de si grande consequence, qu'il devoit commander estre mis dans le sien. Il me la reprint de ma main, et la bailla à un vallet de chambre sien ou bien de madame de Valentinois, pour la donner à monsieur le garde des sceaux, qui depuis a esté monsieur le cardinal de Sens, et lui commanda qu'il la mist en son thresor où sont tous les titres du Roy. Or de cecy ne peut avoir que seize ou dix sept ans : s'il plaisoit au Roy son fils, qui regne à present, de commander à monsieur de Fizes, qui estoit pour lors secretaire dudit sieur cardinal, qu'il fist cercher la patente, je m'asseure qu'elle se trouvera : et en voudrois avoir donné cinq cents escus d'un double, pour laisser memoire de moy et l'inserer dans ce livre; car cela tesmoignera que je suis sorty de Siene sans capitulation aucune, enseignes desployées, les armes sur le col, et tabourin sonnant; ce qui ne se trouvera en livre quelconque, et que jamais homme aye fait un pareil trait : de sorte qu'il ne faut trouver estrange si je desire tant d'en avoir un double. Il ne faut pas que le Roy mesprise tant cela, qu'il soit hors d'esperance qu'il ne s'en puisse servir quelquefois; Sa Majesté doit estre curieuse de la faire cercher plustost que moy : il y a plus d'interest.

Le jour apres, qui fut le mercredy au soir, monsieur de Guyse me dit que le Roy s'estoit resolu de me bailler le lendemain l'Ordre (1), qui estoit en ce temps-là chose si digne et recerchée, que le plus grand prince de France ne se fust tenu pour content s'il ne l'eust eu, et eust mieux aymé que le Roy ne luy fist jamais aucun bien, parce que c'estoit une marque d'honneur qui n'estoit pas profanée comme il est à present. Le lendemain, qui estoit le jeudy matin, le Roy m'en honora; et apres disner je luy demanday congé pour m'aller mettre en ordre et sejourner un peu à Paris, car j'estois tout descbiré et rompu pour un nouveau chevalier de l'ordre : ce qu'il m'accorda, et me donna, avant que je partisse, trois mil francs de pension prins à l'espargne, trois mil livres de rente sur son domaine où la comté de Guare, où j'ay partie de mon bien, estoit comprise. Bregeyrac faisoit le reste. Je jouys deux ans de la comté, mais non de Bregeyrac, pour ce qu'il estoit ypothequé ailleurs; et je desirois fort trouver les moyens de le désengager, à cause que monsieur de Valence, mon frere, y avoit une prieuré, et faisois estat de demeurer là plus qu'ailleurs : j'eusse bien empesché ce que depuis s'est monopolé en ce lieu là. Sa Majesté me donna aussi deux mil escus argent comptant, et encores me dit que je luy demandasse quelque autre chose qui me feroit besoin: je luy demanday deux places de conseiller au parlement de Thoulouse, pour ayder à payer le mariage de ma fille que monsieur de Fontenilles a esposée, m'ayant mandé monsieur de Valence, de Paris, que je luy demandasse cela, dont je retirerois plustost argent que d'autre chose. Lesquels Sadite Majesté me donna, et de cest argent je mariay madite fille, avec quelque peu d'autre que ma femme avoit. Sadite Majesté me promit la premiere compagnie de gensdarmes qui vaqueroit. Je n'eus pas la premiere ny la seconde, mais j'eus la troisiesme; car les rois promettent tant, qu'il n'est pas possible qu'ils trouvent tout. Cecy advint apres mon retour de Montalsin, à la seconde fois qu'il m'envoya par delà; c'estoit la compagnie de monsieur de La Guische (2). Voilà les biens-faicts que j'eus du Roy pour lors, qui ne furent pas petits. En somme, j'eus ce que je demanday; et depuis la mort de ce bon prince mon maistre, j'ay souhaité la mienne cent fois, veu les grandes traverses que l'on m'a donné. Il n'eust esté en la puissance des hommes de me les donner s'il fust esté en vie, car il n'oublioit jamais les services que l'on luy faisoit, tant petits fussent-ils; et n'estoit en la puissance des hommes de luy oster la bonne opinion qu'il avoit des personnes, quand ils luy faisoient service; et au contraire, quand un homme avoit fait quelque chose mal à propos en son service, quelque bon visage qu'il fist pour complaire à ceux qui luy vouloient oster la mauvaise opinion qu'il en avoit pris, cela ne luy partoit jamais du cœur, comme monsieur le mareschal de Sainct André m'a plusieurs fois dict et déclaré sa complexion. Il estoit fort son privé, et le cognoissoit tresbien. Or Sa Majesté vint à Paris cinq ou six jours apres, auquel je demanday congé pour aller jusques chez moy, pour veoir ma famille : ce qu'il m'accorda volontiers. Je ne cacheray jamais les biens et honneurs que mes maistres m'ont faict, car cela est à faire à un cœur vilain et ingrat.

---

(1) L'ordre de Saint-Michel.

(2) Gabriel de la Guiche.

LIVRE QUATRIESME.

A peine avois-je demeuré trois sepmaines à ma maison, que Sa Majesté me depescha un courrier, me mandant que je l'allasse trouver là où il seroit, sans marchander ny attendre autre commandement; ce que je fis incontinent, n'ayant presque veu ma maison et mes amis; mais la gloire de l'honneur est un poignant esguillon. A mon arrivée, Sa Majesté me dict qu'il falloit que je m'en allasse en Piedmont trouver monsieur le mareschal de Brissac, lequel m'avoit envoyé demander pour commander les gens de pied, faisant estat que, pour secourir Sainct Iago où monsieur de Bonnivet s'estoit enfermé, il luy faudroit donner une bataille. On me depescha deux jours apres que je fuz arrivé, me monstrant le Roy beaucoup de signes d'amitié, et d'avoir aggreable mon service. Je trouvay monsieur le mareschal de Brissac à Turin, malade de la goutte; et le lendemain j'allay trouver monsieur d'Aumalle, qui commandoit l'armée à Sainct Valant, pres Vulpian, laquelle estoit composée de cinq mil hommes de pied, mil hommes d'armes, et douze cens chevaux legers. Le Roy me donna à mon depart un coursier des siens, qui estoit tres bon. Je faisois venir mon train apres moy, car je m'en allay en poste. Le mesme jour que j'arrivay vers monsieur d'Aumalle, je voulus aller recognoistre Vulpian pour y mettre le siege; car le duc d'Albe (1), ayant mal faict ses besongnes, avoit quitté Sainct Iago. Ledict sieur d'Aumalle me presta un petit cheval gris. En plein jour, j'allay recognoistre la ville à moins de cinquante pas; car je leur voulois monstrer que, pour avoir veu ma femme, je n'avois rien oublié de ce que je soulois faire. Ceste recognoissance se fit à sa veuë et de plusieurs autres. Je luy en rendis si bon compte, qu'il trouva que du tout je luy avois dict la verité. Lendemain il mit partie de l'armée vers le chasteau, où les ennemis avoient faict un grand terre-plein environné d'un grand fossé, avec une tenaille (2) qui couvroit le chasteau; et entre la tenaille et le chasteau y avoit quatre vingts pas ou plus, et une tranchée qu'ils avoient faict encores au milieu, afin que, s'ils perdoient la teste de ce grand bastion et tenaille avant qu'ils fussent au chasteau, se peussent retirer à ceste tranchée. Monsieur d'Aumalle avoit pour lors pour commissaires de l'artillerie Duno et Balasergues, qui firent commencer les tranchées à plus de cinq cens pas de la ville (3), et trouverent que la terre estoit pleine de petits cailloux, de sorte que cent hommes n'eussent pas faict en un jour vingt pas de tranchée, et amuserent deux jours ledict sieur en ceste besongne. J'estois fort mal content que nous ne faisions ce que je voulois. A la fin, monsieur d'Aumalle se resolut de veoir luy mesme ce que je luy conseillois de faire, et allasmes à une heure de nuict par le costé du coing de la ville à main gauche, et par derriere une petite chapelle qui estoit à quinze ou vingt pas de la contre-escarpe : il ne mena homme du monde avec luy, que moy et Fequieres (4), qui depuis, à ce que j'ay entendu, a tourné le visage à la maison de Guyse, combien que ledict seigneur luy faisoit autant d'honneur, ou plus, qu'à gentilhomme qui fust pres de luy. Ledict seigneur et moy marchasmes par dessus la contre-escarpe, et Fequieres par dessous. Nous mesurions combien de contre-escarpe nous falloit coupper pour mettre l'artillerie sur le bord du fossé, et voir aussi si le recul du canon seroit veu de l'arquebuserie des ennemis, et nous aussi, si nous logions contre la contre-escarpe.

Nous en allasmes par dessus icelle, et tout le long des fossez plus de six vingts pas, passasmes deux sentinelles des leurs, sans qu'elles nous dissent mot parlans à l'oreille : que si nous eussions porté deux eschelles, il eust faict tenter la fortune, pour veoir ce qu'il en fust advenu, car elle se presente souvent sans y penser, et lors que moins on n'y songe. Et quand se vint à la troisiesme, elle cria et esveilla toutes les autres, lesquelles, à ce que je pense, dormoient; et ainsi ledict seigneur, et moi avec luy, nous retirasmes vers la petite chapelle, beaucoup mieux accompaignez au retour qu'à l'aller, mais c'estoit de bonnes arquebusades; et fusmes con-

---

(1) Ferdinand Alvarez de Tolède, duc d'Albe.

(2) Espèce de fortification avancée.

(3) L'armée française arriva devant Vulpian le 5 septembre 1553.

(4) De Paz de Feuquières.

trainets nous jetter dans la chapelle, le derriere de laquelle Fequieres gaigna. Or icelle chapelle estoit ouverte devers la ville, et là où la porte se tenoit quand il y en avoit; c'estoit un pillier de pierre carré de la grosseur d'un homme qui ne fust pas esté guere gros; et nous hastoient tant les arquebusades, que monsieur d'Aumalle fut contrainct se jetter tout en un coup derriere le pillier, tout droict, et moi derriere luy, car toute la chapelle estoit ouverte. Je n'oüis à ma vie de plus grandes arquebusades; je ne sçay si c'estoit la peur : il y avoit dequoy en avoir, car les balles presque tousjours touchoient le pillier duquel monsieur d'Aumalle se couvroit. Il me servoit à moy de pavois, car je lui tenois ma teste et mon corps contre le sien. Ils nous tindrent là assiegez plus d'une grand demy heure; et faut bien dire qu'ils nous avoient ouys quand nous nous estions jettez dans la chapelle, car nous les oyons crier : *Juro à Dios ellos son en la capilia; io los è entendidos* (1). Monsieur d'Aumalle m'a depuis souvent faict le conte des belles affres que nous eusmes; car je croy que plus de cent arquebusiers se vindrent affuster pour nous tirer : ils jettoient des brandons de paille allumés dans le fossé : « Nous voicy bien, dict-il, s'ils font une sortie. — Taisons-nous, monsieur, luy dis-je, ceux de Lorraine ne sont pas si malheureux que d'estre pris en tapinois. Le droict de la guerre ne veut pas qu'ils sortent sans savoir que c'est. Nous avons icy un bon bouclier barselonnois. »

Les balles donnoient tousjours contre la pierre; il nous servoit bien de serrer les fesses. Fequieres fît un tour mal habile; car, ne sachant où nous estions, il siffloit comme pour nous appeller. Je croy que cela les fît opiniastrer à tirer tant. Cependant l'alarme se donna partout; à la fin ils se fascherent autant de tirer, comme nous d'avoir patience, puis sortismes, et trouvasmes Fequieres derriere la chapelle, qui avoit esté plus habile que nous; et là monsieur d'Aumalle concluds qu'il meneroit la nuict en suyvant l'artillerie sur le bord du fossé, et toutes nos enseignes; et par là je gaignay la bataille contre les commissaires de l'artillerie, qui disoient que tout le monde y mourroit, et qu'il faudroit abandonner l'artillerie. Et par bonne fortune arriva monsieur de Caillac : le matin monsieur d'Aumalle luy conta tout ce que nous avions veu la nuict, moy present, et luy bailla Fequieres pour aller recognoistre par derriere la chapelle; car la nuit mesmes ledict sieur or-

donna deux enseignes qui estoient loin de la chappelle, pour s'aller camper au derriere d'icelle. Les assiegez firent là une incongruité, car ils ne se devoient contenter de l'ouvrir, mais devoient la raser. Et apres le retour de monsieur de Caillac, il fut de nostre opinion. Monsieur d'Aumalle permit à monsieur de Caillac et à moy d'aller mener les pionniers coupper la contre-escarpe et ordonna que Duno et Balasergues meneroient l'artillerie apres nous, et fit faire une gabionnade dans le pré, à quarante ou cinquante pas de la contre-escarpe, pour mettre les poudres; et au poinct du jour nous eusmes couppé la contre-escarpe, les canons placez pour tirer, de sorte que la bouche du canon entroit dans le fossé. Commençant à faire la batterie, monsieur de Bonnivet alloit et venoit à la teste du bastion, et là où monsieur d'Aumalle se tenoit; aussi faisoit bien monsieur le mareschal de Cossé. Deux nuits devant qu'on fist les tranchées à la teste du bastion qui couvroit le chasteau, pour s'approcher du fossé, le baron de Chipy, maistre de camp, fit mettre en camisade les soldats, et à coup perdu se jetta dans le fossé pesle-mesle avec eux, et gaigna deux cazemattes qui flanquoient ce fossé, et tua ceux qui estoient dedans, car ils ne se peurent retirer. Et en mesme instant monsieur d'Aumalle commanda les ingenieurs qu'ils fissent des mines à la teste du bastion : ce qu'ils firent, et en firent trois. Monsieur de Cossé couroit au bastion voir si les mines estoient prestes, et puis revenoit à monsieur d'Aumalle, à la batterie que nous faisions. Jusques ici je n'ay peu nommer monsieur d'Anguyen, monsieur le prince de Condé son frere, ny monsieur de Nemours, pource qu'ils y estoient pour leur plaisir, et n'y avoient point de charge, estans accourus de la Cour au bruit d'une bataille qu'on disoit se devoir donner bien tost, parce qu'on n'eust jamais pensé que le duc d'Albe s'en fust retourné sans coup ferir. Ils ne s'abandonnerent jamais, et à l'assaut allerent ensemble, et monsieur de Bonnivet avec eux. Il vint plusieurs autres seigneurs, entre autres monsieur de Ventadour (2), de Lude, de Lausun (3), de Malicorne (4), de La Chasteneraye. Or les deux mines firent un grand exploit, car elles renverserent presque toute la voute du bastion dans le fossé, et sur la grande poussiere qui se fit, le baron de Chipy, qui estoit maistre de camp, et tous les capitaines qu'il avoit avec luy sur la ruine, vindrent aux mains avec quatre vingts ou cent Espagnols qui es-

---

(1) Je jure sur mon Dieu qu'ils sont dans la chapelle; je les y entends.
(2) Gilbert, comte de Lévis, duc de Ventadour.

(3) François Nompar de Caumont, comte de Lauzun.
(4) Jean de Chourses, seigneur de Malicorne.

toient entrez quatre ou cinq jours devant, non sans perte de beaucoup des leurs à l'entrée, et bien deux ou trois cens d'avantage : tous lesquels estoient hommes esleus et choisis parmy toutes les compagnies espagnolles ; et là y en mourut plus de quatre vingts. Et leur gaignerent encore nos gens ceste tranchée qu'ils avoient faicte par le milieu, car ils se voulurent retirer à ceste tranchée, et les nostres les suivirent de si pres qu'ils y entrerent aussi tost qu'eux. Il se voulurent jetter fuyant droit au chasteau : celuy qui le gardoit ne voulut pas abbattre le pont, et là furent achevez de tuer. Et voi-là le succés du bastion, qui fut bravement emporté. Là fut tué un nepveu du duc d'Albe, Cesar de Naples (1); entre les prisonniers, le sieur Sigismond de Gonzague, et le capitaine Lazare, lieutenant de la garde du duc d'Albe, et plusieurs autres desquels je n'ay pas retenu le nom. Il faut retourner à la bresche, qui n'estoit pas à la verité dire trop irraisonnable : elle fut assaillie en mesme heure que le bastion ; ainsi le falloit-il faire ; et, quoy que tous ces princes et seigneurs y fissent tres-bien leur devoir, y estans montez pour donner courage aux soldats, si est-ce que les ennemis la deffendirent fort bravement, et nous renverserent bien battus. Là fut tué le comte de Creance (2), et plusieurs autres luy tindrent compagnie. Sçachant l'effect que d'autre costé avoit esté fait, cela nous consola, et donna esperance à tout le monde que nous viendrions à bout de notre dessein. Estant monté sur le terre-plein du boulevart, qui estoit demeuré entier, je dis à Duno qu'il allast dire à monsieur d'Aumalle qu'il falloit loger trois ou quatre canons sur ce terre-plein, pour foudroyer les ennemis dans la ville : ce qui fut tout aussi tost fait, de sorte que le matin tout joüa.

Cela estonna ceux de dedans, de sorte qu'ils commencerent à penser à leur conscience, et parlementer. En fin la capitulation fut faicte (3), et aussi pour le chasteau, contre lequel, pour sauver l'honneur de celuy qui estoit dedans, on fit tirer cinquante coups de canon. Cependant les nouvelles vindrent comme monsieur de Termes s'en venoit avec charge du Roy. Cela fut cause que plusieurs parloient diversement de cela, et en disoit-on diverses raisons. Un secretaire de monsieur le mareschal de Brissac, nommé Verbin, arriva le lendemain à midy avec des lettres à tous les princes, s'excusant que ceste charge de monsieur de Termes n'estoit jamais venuë de luy. Et me dit ledict Verbin, de la part de monsieur le mareschal, qu'il me prioit bien fort que je parlasse à tous les princes, afin qu'ils n'eussent ceste opinion de luy : ce que je fis, encore que je n'eusse pas peut estre autant de credit que beaucoup d'autres ; mais je ne sçay que c'est, j'en ay tousjours eu plus que je n'avois esperé. Or, pour un mot seulement que je dis à ce Verbin, qui estoit qu'il sembloit advis à messieurs de Gounort, vicomte de Gourdon et à moy, que monsieur le mareschal devoit mander au Roy qu'il pleust à Sa Majesté retarder la venuë de monsieur de Termes pour quelques jours, car peut-estre ces princes feroient difficulté d'obeyr à un gentil-homme, car ledit sieur de Termes n'avoit lors autre tiltre, et que cela peut-estre les occasionneroit de quitter l'armée ; ce qu'ils ne pouvoient faire sans que beaucoup de gens les suivissent, qui pouvoit apporter beaucoup de prejudice à son service. Lesdits sieurs Gounort, de Gourdon et moy, n'avions tenu, le soir auparavant, autre langage ; mais cest homme de bien alla dire à monsieur le mareschal que je luy avois declaré que je n'obeyrois point à monsieur de Termes ; à quoy je ne pensay jamais, car autres-fois je luy avois obey, et n'estois pas si haut monté sur mes mulets de coffres, que je voulusse faire le prince. Il a tousjours esté mon amy et de tous mes freres, autant ou plus que gentil-homme de la Guyenne ; et tout jamais avons vescu ainsi. Cela se passa en ceste sorte, et marchasmes droit à Montcalvo, attendant la venuë de monsieur de Termes, qui arriva au siege, et en usa fort sagement ; aussi estoit-il fort advisé, car il ne se voulut jamais entremettre de commander. Nous mismes le siege au chasteau, car la ville fut emportée, aussi n'estoit-elle pas forte, et le battismes par le cul d'un bastion, à main droicte de la porte. Il ne fut possible y faire bresche, car il eust fallu monter avec des eschelles ; de sorte que nos gens, l'ayant voulu tenter, furent repoussez. J'allay, la nuict, recognoistre le fossé, jusques sous le pont-levis, tout contre la muraille, pour voir s'il y avoit point de flanc qui deffendist la porte ; et trouvay qu'il y en avoit un bas qui battoit au long du fossé : ils me jetterent des cercles de feu, et m'y blesserent un sergent de la compagnie de monsieur de Lieux, mon frere ; et si n'estions que trois qui entrasmes dans le fossé.

Je fis une consultation avec monsieur de Caillac, que nous missions deux canons sur la contre-escarpe, vis à vis de la porte, afin de tirer

---

(1) Lisez de Tolède. César de Naples était aussi neveu du duc d'Albe.

(2) De Bouillé, comte de Créance.
(3) Boyvin du Villars donne plus de détails sur ce siége.

droit aux pieces de bois où les chainnes estoient attachées, afin que le pont tombast d'un autre costé; et ainsi nous mettrions bien tost en pieces la porte qui estoit par le dedans. Nous dismes tout à monsieur d'Aumalle, qui nous en laissa faire. La nuict suivante, nous logeasmes les gabions et trois canons; ce qui fut faict à une heure apres minuict. Tous les princes vindrent veoir nostre besongne, et monsieur d'Anguyen, me prenant par le faux du corps, me dit : « Vous avez esté mon soldat autresfois, à present je veux estre le vostre. — Monsieur, dis-je, vous soyez le bien venu : un prince ne se doit pas desdaigner au besoin de servir de pionnier ; voicy besongne pour tous. » Monsieur de Cossé y arriva peu apres, lequel je prins par la main, et l'amenay voir tout nostre faict. Apres que ces princes et seigneurs eurent veu tout, ils s'en allerent reposer attendant le jour. Je demeuray là. Le matin, comme le capitaine du chasteau se vit bridé de ceste sorte, il commença à faire sonner la chamade, et se rendit vies et bagues sauves (1), avec permission de traisner une petite piece d'artillerie pour luy sauver son honneur et s'en alla droit au pont d'Asteure (2), où estoit dom Arbre, leur maistre de camp, qui ne luy donna pas le loisir d'entrer en aucune maison pour compter sa fortune, car soudain il le fit pendre et estrangler, comme il meritoit, car, pour le moins, devoit-il attendre un assaut ; il nous eust donné prou d'affaires.

Vous qui vous enfermez dans les places, advisez à ne prendre pas si tost l'effroy, et, encore que vostre ennemy ait bien accommodé tout son faict, et que vous ayez occasion d'entrer en quelque soupçon que le vostre aille mal, si est-ce que s'il y a tant soit peu d'apparence de vous pouvoir deffendre, esvertuez vous, retranchez vous, et pensez que vostre ennemy a plus de peur à vous attaquer, que vous n'avez à vous deffendre; car la place est bien chetive si vous n'avez quelque moyen de soustenir, puisque vous avez osé attendre le canon. Ne pensez pas sauver vostre honneur pour emporter, ou vostre enseigne, ou quelque piece d'artillerie, comme fit cestuy-cy; car tout cela en fin n'est pas grand cas, et celuy qui vous assiege le vous accorde aisément, pourveu qu'il en ayt le profit, et vous la honte et le dommage. Songez les regrets que ce pauvre capitaine, qui se rendit si legerement, faisoit estant sur la potance, et s'il n'eust pas mieux aymé mourir sur la bresche. Lorsque vous aurez fait tout ce qu'un homme de bien peut faire, il n'y a point d'ordre, il se faut rendre.

Cette prise importa fort, car Montcalvo bridoit et tenoit suject, non seulement le pont d'Asteure, mais toutes les places le long du Pau et de la plaine du marquisat de Montferrat, et, avec cela, asseuroit fort Cazal. L'armée sejourna là sept ou huict jours (3), pendant lesquels arriverent les nouvelles aux princes et à monsieur d'Aumalle, que le Roy avoit quelque mescontentement pour la desobeyssance dont j'ay fait mention cy dessus. Je fus meslé parmy ceste belle histoire, m'ayant presté quelque bon personnage ceste bonne charité de dire que je mestois le feu aux estouppes; et vint la chose si avant, que monsieur le connestable m'envoya une lettre, par laquelle il me mandoit que le Roy lui avoit commandé m'escrire que je me retirasse chez moy, et que pour ceste guerre il ne vouloit plus que je m'en entremisse. Cela ne m'estonna pas fort, car je sçavois bien que le Roy me feroit cest honneur de m'ouyr. Monsieur le mareschal de Brissac envoya son frere, monsieur de Cossé, à la Cour, lequel asseura le Roy du contraire de ce qu'on luy avoit faict entendre de moy, dont le Roy m'en tint quitte à mon arrivée : car cela fut cause que je m'en allay à la Cour, et me fit aussi bonne chere que de coustume, s'informant bien particulierement des affaires du Piedmont, mesmes des princes qu'il y avoit en nostre armée, desquels le Roy n'estoit gueres contant ; mais je n'avois garde de trop parler, car apres, ou monsieur le connestable, ou madame de Valentinois l'eussent sçeu, et de main en main il eust esté dit que c'estoit Montluc qui en avoit compté.

O qu'un homme qui vit parmy les grands doit estre sage ! Les rapporteurs n'ont rien de bien au ventre : autant en voulut on faire de monsieur de Strossi au retour d'Italie; bien me servit d'en parler sagement, car la Royne et luy m'en sentirent bon gré. Il faut bien, si vous sçavez quelque chose fort importante, en advertir vostre maistre ; mais pour l'aller entretenir, en disant: Sire, un tel fait mal, un autre va laschement en besongne, un autre fait ceccy et cela ; vous meritez qu'on vous donne des poignardades. Car il faut parler autrement des grands. Celuy qui avoit dit au Roy que j'estois cause du trouble, c'estoit un meschant homme, car il n'en estoit rien. Il ne faut pas trouver estrange si l'on preste des charitez à moy, qui suis pauvre gentil-homme, l'on en preste bien aux princes et aux autres, pour bien grands seigneurs qu'ils soient : ce sont choses ordinaires à la cour des princes ; c'est là où on fait profit, car le recul-

---

(1) Le 8 octobre.
(2) Ponte-Stura, petite ville du Montferrat.
(3) De Thou dit plus de quarante.

lement d'un sert d'avancement à l'autre : ils jouent aux bouttehors. Il n'y a ordre, il faut passer par là ; car un bon cœur ne peut demeurer chez soy, et qui se veut eschauffer, il faut qu'il s'approche du feu ou du soleil. Nostre soleil, c'est le Roy, qui nous esclaire et eschauffe de ses rayons, quelque part que nous soyons. Si quelqu'un se met au devant, il faut prendre patience avec la devise de monsieur de Guyse : *Chacun son tour.*

[1556] Apres avoir quelque peu séjourné à la Cour, je prins congé de Sa Majesté, et m'en vins à ma maison, où je demeuray cinq ou six mois en repos. Lorsque j'estois occupé pour accommoder les affaires de ma maison, laquelle je n'avois eu le loisir jamais de recognoistre, Sa Majesté me depescha un courrier pour me faire venir là où il seroit, en poste, m'escrivant que j'envoyasse mon train droit à Marseille, sans me mander là où il me vouloit envoyer : ce que je fis ; car je n'ay jamais esté retif. Et estant arrivé à la Cour, je trouvay deux gentils-hommes sienois, qui estoient venus supplier Sa Majesté, de la part de tout leur pays, me vouloir envoyer par delà pour les commander, faisant de grandes plaintes contre monsieur de Soubise (1), non qu'il les tirannisast ny fist aucun desplaisir, mais pour quelques places qu'estoient perduës de leur Estat ; et croy que monsieur de Soubise y avoit faict ce qu'il avoit peu, mais nul ne prend en gré aucune perte. Tout le monde juge les choses par l'evenement. A mon arrivée, le Roy dit qu'il falloit que je retournasse à Montalcin, pour y estre son lieutenant general ; je contestay une grand piece (2) pour n'y aller point, non que la charge ne fust honnorable, mais j'avois crainte de m'y embarquer sans biscuit. Et à la verité, qui veut bien faire ses affaires, il ne faut aller si loin, car on ne s'en souvient pas ; et, si quelque chose se presente pour vostre advancement, vous n'en avez nulle nouvelle. Mais pour l'honneur et la reputation, il vaut mieux estre souvent loing que pres : vostre renommée croist plustost, et les estrangers vous reverent plus que les vostres. D'ailleurs je desirois estre employé aux guerres en la France pres de Sadicte Majesté ; mais il ne fut possible m'en pouvoir excuser : aussi je n'eusse sceu refuser mon bon maistre. Les Sienois, dés que je fus arrivé, presserent Sa Majesté encore pour me faire partir, preschant plus de loüanges de moy que je n'en meritois. Or, sans plus sejourner, je partis, et prins mon chemin à Marseille, où je trouvay sept enseignes de gens de pied que le Roy envoyoit à Rome, lesquelles monsieur de La Molle commandoit ; et mon fils aisné Marc-Anthoine estoit un des capitaines, avec le capitaine Charry. Le baron de La Garde nous embarqua, et nous descendit à Civitavechia ; et incontinent prins la poste, et m'en allay à Rome.

Or le cardinal Caraffe, qui estoit venu en France, supplia le Roy de commander que s'ils avoyent affaire à Rome pour le service du Pape, que je m'y arrestasse pour quelque temps ; ce que Sa Majesté me commanda. Et trouvay ledit cardinal desja arrivé à Rome, et fus fort bien venu de monsieur le mareschal de Strossi, dudit sieur cardinal, et du duc de Palliane (3) son frere ; et le lendemain me menerent baiser les pieds du Pape, lequel me fit fort grand chere, s'enquerant de moy des particularitez de la France. Le duc d'Albe avoit desja son camp à vingt mil pres de Rome. Ledit cardinal avoit fait une levée de trois mil Suysses, qui desja estoient arrivez à Rome. J'estois tousjours d'opinion que nous sortissions à la campagne à dix mil de Rome, et que là nous nous campissions en attendant que le duc d'Albe s'approchast des murailles de la ville, craignant tousjours qu'il adviendroit ce qui advint : mais le sieur Camille Ursin, qui gouvernoit les affaires de la guerre pour le Pape, n'y voulut jamais entendre, et commença à designer des fortifications dedans la ville, pres des murailles, et me fut baillé un quartier. Plus de trois semaines s'escoulerent sans que le duc d'Albe s'approchast de plus de cinq à six mil. Et se donnoient toute la nuict les Romains l'alarme entr'eux-mesmes, de sorte qu'on ne voyoit que fuyr gens vers Sainct Pierre, autres aux maisons des cardinaux qui tenoient le parti du roy d'Espagne ; et ne vis jamais tel desordre. Ce peuple n'est gueres aguerry ; aussi est-il composé de diverses nations. Je croy que ce n'est pas la race des Cesars, Catons, Scipions et autres ; il y a là trop de delices et voluptez pour produire grand nombre d'hommes de guerre. Et parce qu'il sembla advis à messieurs les cardinaux d'Armagnac, du Bellay, de Lansac et d'Avanson, que, si je faisois une remonstrance aux capitaines commandans en la cité, pour leur apprendre l'ordre que j'avois tenu à Siene, qu'ils le prendroient en meilleur part de moy que de tout autre, leur souvenant, et à toute la cité, de la reputation que j'avois acquise audit siege, monsieur le ma-

---

(1) Jean, l'archevêque Alias de Parthenay, baron de Soubise, vicomte de Rohan.

(2) Longtemps.

(3) Jean Caraffe, comte de Montorio et duc de Palliano.

11.

reschal de Strossi et monsieur le cardinal Caraffe le trouverent bon, et firent venir tous les principaux, et tous leurs capitaines, enseignes et lieutenans dans la basse-cour du logis de monsieur d'Avanson, qui pour lors estoit ambassadeur; et là je leur fis la harangue qui s'ensuit, en la presence desdicts sieurs, en langage italien. Monsieur de Lansac est en vie, qui me dit qu'il n'eust jamais pensé qu'un Gascon fust devenu bon Italien, comme j'estois lors.

« Messieurs, depuis que le duc d'Albe s'est approché un peu de vostre cité, il nous semble, à nous qui sommes françois, que vous avez conceu quelque nouvelle peur, et sans grande occasion ; de sorte que pour la moindre chose vous entrez en un merveilleux effroy : que si les ennemis s'approchoient de vos murailles lors que ceste confusion est parmy vous ; ils entreroient dedans tout à leur aise, sans grande contradiction, pource qu'au lieu que vous deviez tenir un silence dans vostre cité, mesmement la nuict, et que vous deviez plustost courir aux murailles que de vous mettre au grand desordre, que vous faites ; car on voit une partie courir à Sainct Pierre, autres aux eglises, autres és maisons des cardinaux espagnols, avec toute la confusion du monde : cela ne peut proceder que d'une de deux choses, ou bien faute de cœur, ou faute que vous ne commandez pas bien l'ordre qu'il faut que vos gens tiennent quand les affaires se presentent, tant la nuict que le jour. Si vous le faictes pour faute de cœur, c'est donc signe que vous n'aviez pas bien consideré quelles gens sont vos ennemis. Et que peuvent-ils estre autres qu'hommes comme vous? ne portons nous pas les armes pareilles aux leurs, et aussi bonnes que les leurs? ne sont-ils pas sujects à recevoir la mort de nos coups comme nous des leurs? la querelle du Pape n'est-elle pas juste et saincte, et meilleure que la leur? ce que nous doit faire esperer que Dieu est avec nous. Et quelle part et portion a le roy d'Espagne à Rome, ny aux terres du Pape, ny en vos maisons, pour faire que Dieu le veuille ayder plus qu'à nous? Qu'est devenuë la hardiesse de vos anciens Romains, qui vous ont laissé ceste grande renommée qu'ils ont acquise en leurs vies? Quelle autre nation habite aujourd'huy à Rome, pour vous avoir osté le cœur que vous ont laissé ceux de qui vous descendez de toute ancienneté, comme vous dites? O messieurs, que vous faites un grand tort à la renommée de vos predecesseurs, de montrer que vous ayez crainte des gens qui ne sont qu'hommes comme vous? Vous faites beaucoup pour les ennemis, de ce qu'ils se pourront vanter avoir fait peur à ceux qui anciennement faisoient trembler toutes les nations du monde. Si ceste peur procede du mauvais ordre que vous y avez donné à vostre commencement jusques icy, il n'y a rien encores tant gasté, qu'en un seul jour vous n'y puissiez remedier. Vous en allant tout à ceste heure, advisés d'où procede ce deffaut, et promptement y remedier : et ainsi vous ferez cognoistre à tout le monde que ce n'est pas faute de cœur, mais que c'est faute de l'ordre ; et ainsi tout vostre peuple reprendra courage, se voyant dans le bon ordre que vous y aurez donné. Ne trouvez pas estrange si je m'esbahis de ce que je vois dans vostre cité; m'estant trouvé dans Siene commandant au peuple, ayant le marquis de Marignan plus de force deux fois que n'a le duc d'Albe, je puis dire, avec beaucoup d'honneur pour les Sienois, que je ne cogneus en ma vie un seul citoyen avoir peur. Bien-heureux sont les Sienois, qui ont monstré estre extraicts et vrais enfans legitimes de vos anciens peres qui ont fondé ces murailles et les leurs aussi, à ce qu'ils m'ont asseuré; aussi portent ils mesmes armes que vous. Et encore que la cité soit perduë, leur renommée et valleur n'est pas pour cela enterrée, qui donnera tousjours esperance à un chacun qu'elle se pourra quelque jour recouvrer par leur vertu et hardiesse. Que si vous ne faites autrement que comme j'ay veu jusques icy, je veux dire que je seray tousjours plus asseuré de deffendre Siene, n'ayant que les femmes sienoises avec moy pour combattre, que non deffendre Rome avec les Romains qui y sont. Excusez moy, je vous prie, si je vous dis la verité ; car je ne le fais pour aucune commodité que je pense en pouvoir revenir au Roy mon maistre ny à moy, mais pour vostre bien, et pour eviter la ruine totale de vostre ville, laquelle si elle est envahie par vos ennemis, vous serez miserablement saccagez, et la ville pirement traictée qu'elle ne fut du temps de monsieur de Bourbon. Croyez, messieurs, que si j'estois à vostre perte, je ne vous ferois pas la remonstrance, en la presence de ces seigneurs, que je vous fais ; mais en estant marry comme votre serviteur, puis que vous estes bons amis et confederez du roy de France mon maistre, et desirant mourir avec vous pour vostre conservation, cela m'a contrainct vous faire entendre ce que je vous ay dit, et aussi que messieurs les ministres du Roy qui sont icy, m'ont asseuré que vous la prendrez en meilleure part de moy que de tout autre, pour l'estime que vous avez de moy depuis le siege de

Siene : ce que je vous prie de ma part vouloir faire. Et si en aucune chose je vous y puis ayder, me le faisant sçavoir, je me transporteray incontinent à vostre conseil. Je croy que le souvenir du sac de vostre ville, fait par le seigneur de Bourbon, vous met en doute. Vous fustes lors surpris, à present vous avez les armes aux mains. N'ayez peur, ne craignez vos ennemis, ains departez vostre ville, donnez à chacun son lieu, pour se rendre au besoin, affin que vostre confusion ne nous oste le moyen de vous secourir, si l'ennemy se presente. Et chassez la peur de vos citoyens, s'il en y a : qu'on ne voye nulle confusion, et ne vous faschez du reste. Vous verrez bien tost vos ennemis forcez de se retirer, sçachant le bon ordre que vous y aurez mis. » Ils me remercierent bien fort, et ainsi se departirent de nous, nous asseurant qu'ils alloient donner tel ordre, que les accidents qui estoient survenus n'y adviendroient plus, me priant bien fort me vouloir trouver en leur conseil le lendemain matin, et que là ils me monstreroient l'ordre qu'ils y alloient donner, pour prendre là dessus mon advis et conseil. Ce qui fut fait : et regardasmes tous ensemble si bien à leurs affaires, qu'il ne se parla plus de crainte ny de desordre. Je m'accostay des principaux du peuple, et leur monstray ce qu'il falloit faire : je les cognus de bonne volonté. Toutes-fois cette grande multitude est formée de diverses humeurs : il y a moyen de les ramener toutes à une, quand c'est pour leur bien et salut. Bref, toutes choses se porterent mieux, dequoy le Pape me sentit bon gré.

Or le duc d'Albe, quelques jours apres, remua son camp, et print son chemin vers Thiboly (1), à douze mil de Rome. Je ne sçay si ce fut qu'il entendit que la ville se gardoit mieux qu'elle ne faisoit, et que les choses estoient changées, ou bien que son opinion n'estoit de s'approcher plus pres de la ville. Et, pource que dans Thiboly estoit le sieur Francisco Ursin avec cinq enseignes italiennes, et que la ville n'estoit point forte, messieurs le mareschal, cardinal de Caraffe et duc de Palliane, eurent crainte que le duc d'Albe s'en allast prendre Thiboly, et mettre en piece ce qui estoit dedans; ce qui fut cause qu'ils me prierent de partir toute la nuict pour aller retirer le sieur Francisco, me baillant les deux compagnies de chevaux legers de la garde du Pape, et les deux compagnies à cheval du duc de Palliane, que les capitaines Ambros et Bartholomé (2) com-

mandoient, et quatre cens arquebusiers qui estoient sous la charge de mon fils Marc-Anthoine et du capitaine Charry. Le cardinal Caraffe m'avoit asseuré sur son honneur que les ennemis ne pouvoient passer le Tybre, et que je pouvois faire la retraicte, ayant tousjours le Tybre entre les ennemis et moy. Je fus au soleil levant avec les gens à cheval à Thiboly, et les gens de pied arriverent deux heures apres moy, et trouvay que le sieur Francisco ne sçavoit aucunes nouvelles des ennemis; et apres l'avoir entendu, je me doutay de ce qu'il m'advint, car je sçavois bien, avant que partir de Rome, que le duc d'Albe avoit prins le chemin de Thiboly, et qu'il venoit à la desrobée surprendre le sieur Francisco, puisqu'il n'en sçavoit aucunes nouvelles. Je ne fis que manger bien peu, et faire repaistre mes chevaux, et manger un peu nos gens de pied. J'ordonnay au sieur Francisco de faire sonner le tabourin pour desloger et mettre aux champs, et le priay de me prester un cheval ou deux de ses gens qui cognoissoient le pays, car moy-mesmes je voulois aller faire la sentinelle cependant que tout le monde s'appresteroit pour partir : dont bien m'en print, car le sieur Francisco avoit envoyé deux de ses gens pour descouvrir, et avoient rapporté, cependant que nous disnions, qu'ils n'y avoit aucunes nouvelles d'ennemis en tout le pays ; mais je ne me voulus pas arrester là, et m'en allay avec ces deux mesmes. Et comme je fus hors de Thiboly, au long d'un cottau, je me mis sous un arbre, car il commençoit à faire grand chaud ; et tout en un coup j'aperceus au long d'un petit bois taillis force gens à cheval qui alloient droit au Tybre contrebas, et d'autres que je voyois au long d'un vallon, qui venoient droit à moy ; et au milieu d'une plaine, au deça de ce bois taillis, je voyois quelque chose, ne pouvant discerner que c'estoit. Je manday promptement au seigneur Francisco que j'avois descouvert le camp, et qu'à toute diligence il fist sortir ses gens, et s'acheminast par l'autre costé du Tybre. Jamais le soldat qui l'alla advertir ne fut dans la ville, que voyla dixhuit ou vingt enseignes d'Espagnols qui estoit couchez dans la plaine, levez et marcher. Je m'en vois au galop, et trouvay qu'il n'y avoit encores un seul homme dehors; et fis diligence de faire cheminer les enseignes italiennes, faisant fermer la porte de la ville : et fis là le tour d'un fin homme, car j'emportay les clefs avec moy, pensant que les ennemis ne peussent de long temps rompre les portes; car le Tybre passe par le milieu de la ville, où il y a un pont, et de bons et beaux

---

(1) Tivoli.
(2) Bartolomeo de Benevento.

moulins dans la ville mesmes, lesquels j'avois commencé à faire rompre dés mon arrivée; mais cela ne peust estre achevé. J'avois laissé le capitaine Charry à la porte, et mon fils Marc-Anthoine au pont pour le soustenir; et j'allois et venois faire haster les Italiens de cheminer. Et comme ils furent tous dehors la porte, j'allay retirer le capitaine Charry, et commençasmes à rompre le pont, qui estoit de bois, et tout incontinent les ennemis furent dans la ville. Je mis des arquebusiers dans des maisons qui regardoient au long de la ruë. Les soldats firent extreme diligence d'achever de rompre le pont, puis m'acheminay droict à la porte. J'avois mis la cavallerie devant les Italiens, et falloit que nous passissions par le detroit des rochers, ne pouvant aller qu'un à un. Jusques à ce que nous fusmes à la sortie de la porte, nous eusmes les ennemis sur les bras; et n'y a pas cinquante pas jusques au destroict du chemin. Et voyant qu'eux-mesmes ne pouvoient venir qu'un à un, ils nous laisserent et retournerent saccager la ville. Leurs Italiens venoient apres les Espagnols, et pensoient entrer dans la ville pour avoir leur part du sac; mais les Espagnols ne leur voulurent jamais ouvrir, et s'amuserent à la porte, et les Espagnols à saccager. Et comme nous fusmes à la plaine, je fis prendre à mon fils et au capitaine Charry, avec les quatre cens arquebusiers, à main droicte au long d'un costau à plus de mil pas de nous, et les deux compagnies du duc de Palliane; et leur dis le secret, que si les ennemis passoient le Tybre, qu'ils gaignassent tousjours au long du costau tirant à Rome, et qu'ils ne se souciassent poinct de moy. Autant eust valu perdre toutes les enseignes qu'avoit monsieur de La Molle, comme ces quatre cens arquebusiers, car c'estoit la fleur de toutes les compagnies. Je ne fus jamais à demy mil dans la plaine, que voy-la toute la cavallerie sur le Tybre, et leurs Allemans qui commencerent à passer, mesmement quelques gens à cheval aupres du moulin, qui ne pouvoient passer qu'un à un. Je tenois tout pour perdu, car il me falloit retirer douze mil devant tout le camp, et pensois bien que la cavallerie passeroit force arquebusiers en crouppe : mais si je perdois les uns, je ne voulois pas perdre les autres. Or le sieur Francisco marchoit tousjours le grand pas à une arquebusade du Tybre, et les autres au long du costau vis à vis de nous. Voy-cy arriver cinquante ou soixante chevaux des leurs. Je prins l'un des capitaines de la garde avec sa cornette, et l'autre suyvoit tousjours les gens de pied, et les faisoit haster; et tournay visage droit aux ennemis, lesquels firent alte, et moy faisant semblant de les charger, ils me tournerent le dos pour se retirer, ne sçay pourquoy; et je retournay à mon chemin. Depuis ne firent semblant de venir à moy, combien que tousjours arrivoient de leurs gens, mais c'estoient trois ou quatre; et, comme ils me virent bien avant, ils tournerent en arriere, et s'allerent amuser à prendre du bestail dans les prez. Il faut sçavoir quelle estoit ma deliberation, et voir si je me voulois perdre avec ceux-là, ou si me voulois sauver avec les nostres. Le duc de Palliane m'avoit donné un turc gris qui volloit sur terre. J'estois deliberé de mesler les cartes là, et, n'y voyant aucun ordre de se sauver, je me voulois retirer jusques aux nostres qui alloient droit à un chasteau qui tenoit pour le Pape, et y avoit garnison : et faisois estat de sauver la pluspart de la cavallerie, car il n'y avoit que cinq mil jusques au chasteau. Un trompette nous dit deux jours apres que jamais le duc d'Albe ne voulut laisser passer le seigneur Ascanio de La Corne (1), pource qu'il n'y avoit là un seul arquebusier que des Allemans, car tous les Espagnols et Italiens estoient à Thiboly. Et ainsi me retiray droit à Rome, et manday à nos gens venir à nous, et nous r'alliasmes au pont qu'est le plus pres de Rome, où passasmes, estant trois heures de nuict quand nous arrivasmes à Rome. Voylà la fortune que j'eus à ceste retirade.

Ne vous fiez jamais, capitaines mes compagnons, quand vous arriverez en quelque lieu, si vous estes tant soit peu en doute, à ce qu'on vous dira; car c'est tousjours la coustume quand vous arrivez, on vous caresse, on vous prie de reposer. Ne faites pas cela; voyez le lieu où vous estes, recognoissez le tout. Un des plus grands capitaines que l'Empereur eut jamais, qui fut le seigneur Pescaire, pour s'estre fié à son arrivée en une ville d'Italie, fut pris; et si avoit trois ou quatre mille hommes, qui fut une grand honte à un si grand capitaine. Il en jettoit la faute sur un autre, comme luy-mesme m'a dict : « Si j'en eusse fait ainsi, le seigneur Francisco m'eust fait souffrir une escorne, et peut estre perdre la vie.

Deux nuicts apres, lesdits seigneurs me baillerent deux compagnies italiennes pour les mener à Bellistre (2) au duc de Somme, qui est au delà de Marin, au long de la mer six ou sept mil. Je cheminay toute la nuit, ayant avec moy les deux compagnies du duc de Palliane, et

---

(1) Ascanio della Cornia.

(2) Velletri.

commanday que nos chevaux eussent repeu dans une heure et demie. Le duc de Somme me vouloit arrester à toute force ceste nuict là, mais je n'y voulus jamais entendre : car je pensois bien que le duc d'Albe n'estoit pas sans espions à Rome, veu qu'il y avoit tant d'Espagnols et gens qui tenoient le party du roy d'Espagne ; et me mis, apres avoir repeu, en chemin, qui fut quarante cinq ou quarante six mil à aller ou venir, et arrivay à trois heures de nuict à Rome : dont bien m'en print, car deux heures avant jour arriverent six cens chevaux et cinq cents arquebusiers à cheval à Marin, et trouverent les nouvelles que j'estois repassé. Et voylà un autre fortune qui m'advint, où il ne me fut pas besoin avoir laissé l'entendement au logis. Or il faut que j'en mette par escrit un autre qui m'arriva six jours apres, et ne fust ce que pour faire rire ceux qui liront ce livre et le discours de ma vie.

Cinq ou six jours apres ce rencontre, estant tousjours le camp du duc d'Albe à Thiboly, le baron de La Garde manda à monsieur le mareschal de Strossi de Civitavechia, que s'il luy vouloit envoyer quatre cens arquebusiers, qu'il les embarqueroit dans les galleres, et qu'il les iroit descendre à Neptune, qui est une place plus forte sur le bord de la mer, laquelle entre dedans les fossez, et qu'on pourroit brusler les batteaux que le duc d'Albe y avoit fait amener pour faire un pont à Ostie afin de passer le Tybre du costé de deça, comme il fit apres. Or monsieur le mareschal m'en laissa la charge : j'y envoyay mon fils Marc-Antoine et le capitaine Charry, avec les quatre cens arquebusiers, lesquels y allerent par envie. Et comme ils furent à Civitavechia, il les embarqua et les alla descendre audit Neptune ; mais il ne fut possible de les brusler, car il les avoit mis dans le fossé et les deffendoient de la forteresse. Et comme les affaires de la guerre sont incertaines, il m'advint que le jour mesmes qu'ils arriverent à Neptune, où ils demeurerent deux jours, je m'allay promener le soir hors la porte de Rome qui va à Marin, et trouvay un homme qui venoit de Marin : je luy demanday qui il estoit ; il me dict qu'il estoit l'hospitalier (2) de Marin ; et cogneus à sa langue qu'il n'estoit pas italien, ce qu'il me confessa, car il me dit qu'il estoit françois, et qu'il estoit pauvre homme, reduit à cest hospital de Marin. Je luy demanday qui estoit à Marin ; il me dit que le matin le sieur Marc-Antoine Colonne y estoit arrivé avec sa compagnie de cinquante hommes d'armes,

n'ayant rien avec luy d'avantage homme de pied ny de cheval. Les compagnies d'hommes d'armes en Italie n'ont point d'archiers comme les nostres. Marin est audict Marc-Antoine (2), et par ce que j'avois entendu à Rome quel il estoit, l'on le m'avoit despeint un jeune seigneur de vingt à vingt-deux ans, plein de bonne volonté, et riche de quatre vingts mil escus de rente. Paliane estoit à luy, que le Pape luy avoit osté et donné à son neveu, que l'on appelloit depuis le duc de Paliane. Le tiltre ne luy dura guères, car il la recouvra apres. Ayant laissé cet hospitallier, il me va en l'entendement que facillement je prendrois prisonnier ce seigneur romain, et que, si je le pouvois attraper, j'estois riche à jamais ; car pour le moins j'en aurois quatre vingt mil escus de rançon, qui estoit son revenu d'un an : ce n'estoit pas trop. Je vay discourir en moymesme que monsieur de La Molle viendroit avec moy, menant trois cens arquebusiers seulement, et les laisserois à moitié chemin aupres d'une tour, où il y avoit des cabanes pour retirer le bestail, car j'avois recogneu le chemin allant et retournant à Belistre, et que je prendrois le capitaine Ambrosi, lieutenant d'une compagnie, du duc de Paliane, avec vingt cinq chevaux des meilleurs et les plus courans de sa compagnie, et que j'emprunterois du seigneur Aurelio Fregouse son lieutenant et sa cornette, avec trente cinq sallades seulement des meilleurs qu'il eust, et les meilleurs chevaux, et que je laisserois à une portée d'arquebusade de monsieur de La Molle, tirant vers Marin, le capitaine Ambrosi avec les trente cinq sallades ; et moy je m'en irois, avec celle du sieur Aurelio, me mettre en embuscade aupres de Marin, sous les vignes, et un peu à main gauche du grand chemin, et que j'envoyerois six sallades donner l'alarme un peu devant le jour à Marin, et qu'estant le sieur Marc-Antoine jeune et plein de bonne volonté, il ne feroit point de faute de sortir. Je faisois estat qu'à point nommé il sortiroit au point du jour, et que les six sallades l'ameneroient à nostre embuscade, et que je prendrois la fuitte avec les six sallades à sa vue, et qu'il me suyvroit à toute bride, voyant une cornette, laquelle luy feroit joye de la pouvoir prendre, pour avoir plus de reputation de sa victoire. Or, comme j'eus tout cela discouru en mon entendement, je le tenois aussi asseuré mon prisonnier comme si je l'eusse eu entre mes mains. Et m'en retournay dans la ville, et parlay au sieur Aurelio, lequel me presta son

(1) L'aubergiste.

(2) Marc-Antoine Colonne.

lieutenant et son enseigne avec les trente cinq sallades : pareillement j'en parlay à monsieur de La Molle et au capitaine Ambrosi. Le lieutenant du seigneur Aurelio, qui estoit grec, s'appelloit le capitaine Alexis. Nous nous assignasmes à l'entrée de la nuit à la porte, et ne voulus rien dire de mon entreprise à monsieur le mareschal, ny à personne de ceux que j'amenois, jusques à ce que nous fusmes hors la ville : et à lors je tiray à part monsieur de La Molle et les capitaines Ambrosi et Alexis, et leur dis mon entreprise, laquelle ils trouverent tous trois fort bonne, et en cela nous eusmes aussi bon entendement les uns que les autres. Il nous tardoit que nous n'y fussions, et eux me faisoient l'entreprise bien aisée, affermant les deux qui le cognoissoient qu'il sortiroit, et le capitaine Ambrosi ayant couru sept mil apres moy, nous asseurant que nous l'emporterions et toutes ses gens. Et ainsi nous nous en allasmes chaque trouppe à part, la mienne tousjours la premiere. Et comme nous fusmes pres de la tour, j'y laissay monsieur de La Molle, et plus avant, derriere la petite chapelle, le capitaine Ambrosi. Or comme nous fusmes le capitaine Alexis et moy au fond des vignes pres Marin, il voulut que l'enseigne menast les six et baillast le drappeau à un autre. Je luy baillay un gentil-homme des miens, et nous nous mismes dans un marais où l'hyver l'eauë croissoit et l'esté n'en y avoit point ; car en autre lieu nous ne nous pouvions cacher : et ainsi s'en allerent les six droict à la porte de la ville. Et comme le jour commença à venir, nous n'avions point nouvelles que nos gens eussent donné l'alarme : je pensois, ou bien que le seigneur Marc-Antoine ne vouloit point sortir, ou bien qu'il s'en estoit retourné. Or à main gauche de nous il y avoit un grand vallon ; je m'estois mis sur un petit haut où il y avoit des pierres d'une ruine de maison ou bien de chapelle, et commençay à veoir par de là le vallon sur la montée trois ou quatre chevaux, lesquels une fois paroissoient, d'autres fois non. Je les montray au capitaine Alexis, qui estoit plus bas que moy : il fit partir des sallades tout au long des vignes où le vallon commençoit. Je n'avois jamais encore jetté les yeux dans le vallon, pource que le jour ne faisoit que commencer à sortir, et je regardois tousjours vers la montagne, où se monstroient ces trois ou quatre chevaux à cinquante pas de nous. Quand je tournay ma veuë dans le vallon, je vis trois trouppes de gens de cheval : à la premiere y pouvoit avoir plus de cent chevaux, à l'autre plus de deux ou trois cens, et en la grande sept ou huict cens. Or il faut dire la raison pourquoy ils y estoient : comme le baron de La Garde faisoit la descente de nos gens à Neptune, ceux de Neptune firent partir deux chevaux en poste vers le duc d'Albe à Tiboly, lequel incontinent depescha le sieur de La Corne avec douze cens chevaux et douze enseignes de gens de pied qui cheminerent toute la nuict ; et une heure devant le jour il arriva à ce vallon, et les gens de pied à la crouppe de la montée : ils avoient faict alte là, jusques à ce que le sieur Marc Antoine seroit prest, luy ayant envoyé vingt cinq sallades pour le faire monter à cheval. Et comme ils furent à la porte de la ville, ils trouverent nos six sallades [l'aube du jour ne faisoit que commencer à poindre] et se demanderent les uns aux autres, *Qui vive !* et au cry ils chargerent les nostres de telle sorte, qu'il ne fut possible qu'ils reprinssent leur chemin à nous, et prindrent la fuitte vers le chemin qui vient de Belistre à Rome, et au long de la plaine romaine, les chasserent jusques aupres de Rome, et donnerent l'alarme à monsieur le mareschal et à toute la ville, et dirent qu'il n'estoit possible que je ne fusse prins, et toutes les gens que j'avois avec moy perdus. Or, comme le capitaine Alexis eut rappellé ses deux chevaux, nous prinsmes la retraicte par le chemin que nous estions venus : et voilà les cent chevaux apres nous, les deux ou trois cens apres qui venoient le trot, et les enseignes de gens de pied venoient apres le pas ; et ainsi nous menerent sept mil jusques au capitaine Ambrosi, les lances tousjours sur la crouppe de nos chevaux. J'estois sur ce cheval turc gris que le duc de Paliane m'avoit donné, un des vistes chevaux que je montay jamais, et qui bondissoit le mieux un fossé : aucunesfois je sautois en chemin dans le champ à main droicte, autresfois à main gauche. Quand nous fuyons par le grand chemin, le capitaine Alexis estoit tousjours à la queuë comme moy, et celuy qui portoit la cornette devant. J'allois tousjours parlant aux soldats qu'ils ne s'esbahissent point, ores du costé de main gauche, ores du costé de main droicte. Le plus que nous povions avoir devant eux, estoit de la longueur de trois ou quatre lances. Or, le capitaine Ambrosi, comme nous approchasmes de luy, sort de derrier la chappelle, et je commence à crier : *Volte ! volte !* à nos gens, qui tournerent incontinent ; et tout en un coup je leurs fis une cargue, et les rembarray jusques dans l'autre trouppe, laquelle, ayant veu nostre embuscade, avoit faict alte pour voir ce que c'estoit ; et toutes les deux trouppes se serrerent, faisant semblant de nous vouloir faire la cargue.

Je cogneus bien que j'avois faict un pas de clerc d'avoir faict ceste cargue, et pensay une fois estre perdu ; mais, par bonne fortune, monsieur de La Molle se monstra sur le chemin avec l'arquebuserie, qui fut cause que les ennemis ne me firent la cargue, ains s'arresterent. Alors le capitaine Alexis me dit : *Quelli primi che ci sequitano sono Greci, per che lo ò inteso à loro gridi. Me ne vo à vedere se potero fermar li, per tratenermi con essi loro* (1) ; ce qu'il fit, leur demandant parler à fiance (2) ; et cependant je faisois cheminer monsieur de La Molle, et gaignay une petite descente ; de sorte que les ennemis ne pouvoient plus veoir ce que nous faisions ; et leur fis aller gaigner les pilliers des aqueducs qui estoient par là où anciennement les Romains faisoient venir l'eauë à Rome, et de mesmes commanday aux gens à cheval de les suyvre au grand pas. Ainsi s'acheminerent, allant le plus grand pas qu'ils pouvoient ; puis je retournay au sieur Alexis, ayant rafreschy la bouche de mon cheval dans un fossé aupres de la tour, lequel je trouvay apres aussi frais que s'il n'eust poinct couru. Or, comme les deux trouppes furent ensemble et eurent faict alte, la grande fit de mesmes alte, et les gens de pied pareillement : le capitaine Alexis parloit tousjours à eux ; je pouvois descouvrir tousjours les nostres ; et, comme je les vis pres des aqueducs, je m'approchay du capitaine Alexis, et luy dis : *Retiriamo si, capitano, retiriamo si* (3). Ils luy demanderent qui les menoit : et il nomma : et commencerent à faire des exclamations, disans qu'en huict ou neuf jours ils m'avoient failli trois fois ; c'est à la retraicte de Thiboli, et au retour de Belistre ; et à ceste heure : dont le capitaine Alexis se rioit d'eux, tousjours se retirant. Or à la despartie du capitaine Alexis, plusieurs d'eux me crierent : *A Dio signor di Montluco, à Dio* (4) : et moy aussi je leur criay : *à Dio, à Dio.* Et de là tournerent tout court droict à Marin, où trouverent nouvelles que le baron de La Garde avoit rembarqué nos gens, et retourné à Civitavechia. Le seigneur Ascanio me renvoya trois sallades que j'avois perdu, mais non les chevaux ; car, comme leurs chevaux bronchoient, ils tomboient par terre, et moy je sautois en chemin avec mon turc, et leur donnois sur la croupe du plat de l'espée, de sorte qu'ils s'enfermoient dans la troupe. Il les renvoya par un sien trompette, lequel nous faisoit rire parlant de son maistre, qui disoit que, s'il eust sçeu que je fusse esté en ceste troupe, il m'eust accompagné jusques aux portes de Rome pour me prendre ; mais en courant ne demanderent jamais à ces prisonniers qui les conduisoit, jusques à la fin que nous fusmes sauvez ; et me disoit le trompette que, si j'eusse esté pris, il ne me falloit pas avoir crainte qu'on m'eust fait desplaisir ; car l'on m'eust autant ou plus caressé et honoré que dans nostre camp. Aussi peut-on dire que jamais prisonnier n'est sorti de mes mains, ou de lieu où j'eusse puissance, qui fut mal content de moy : cela est indigne de les escorcher jusques aux os, quand ce sont personnes d'honneur qui portent les armes : mesmement, quand c'est une guerre de prince à prince, c'est plustost un esbat qu'une inimitié.

Ainsi je m'en retournay à Rome, et, apres m'estre desarmé, j'allay trouver monsieur le mareschal, monsieur le cardinal Caraffe, et duc de Paliane, lesquels je trouvay ensemble, en un logis à la ville, où ils estoient revenus du palais Sainct Pierre ; et me commencerent à dire tous trois qu'il sembloit que je me voulusse perdre pour mon plaisir, et que, s'ils eusseut sçeu ma sortie, ils m'eussent empesché. Ils voulurent entendre l'occasion de mon entreprise, laquelle je leur racontay de point en point, et leur dis que la nuict en allant je tenois aussi asseuré prisonnier le sieur Marc-Antoine, comme j'estois asseuré de mourir, et que desja j'avois faict estat de tirer de sa rançon quatre vingt mil escus ; ce n'estoit pas trop de prendre son revenu d'un an, et que j'en voulois donner quarante mil à monsieur de La Molle, aux capitaines et aux soldats, et que je voulois garder les autres quarante mil pour m'achepter du bien en France pour estre pres du Roy, car la Gascongne en est trop esloignée ; et qu'il me sembloit desja que j'avois du bien pres de Paris : de sorte que de toute la nuict je ne peuz oster ceste opinion de ma teste. Et comme ils m'entendirent mes raisons, ils se mirent à rire si fort, que je croy qu'ils ne rirent jamais tant pour un coup, de ce que j'avois desja faict estat de la prinse, de la rançon, et d'achepter terres et chasteaux. Et monsieur le mareschal, quand il vouloit gaber, parloit tousjours en italien. Il me dit de bonne grace : *Signor, quando che vi andaremo visitar, farete voi à noi altri tre bona chiera nei castelli che volete comprare*

---

(1) « Les premiers qui nous suivent sont des Grecs ; je les ai reconnus à leurs cris. Je vais voir si je pourrai arrêter leur marche en leur parlant. »

(2) *A fiance* : sous sauf-conduit.
(3) « Retirons-nous, capitaine, retirons-nous. »
(4) « Adieu, monsieur de Montluc, adieu. »

apresso Parigis (1). Ils en rirent à mes despens.

Or estoient ils sur une depesche qu'ils faisoient au Roy, et envoyoient devers Sa Majesté monsieur de Porrieres, de Provence (2), lequel avoit prins sa part du rire, et tous ceux qui estoient avec eux. Et comme il y a des gens qui sont sujects à faire plus mal que bien, il y eut quelqu'un qui escrivit par la voye de la banque, à Lyon, comme j'avois perdu toute la cavallerie du Pape en la plaine romaine, et que je m'en estois fuy, et ne sçavoit-on que j'estois devenu. Je croy que ce sont gens appostez pour faire courir quelque mauvaise nouvelle, afin de degouster nos partisans. Cela fut escrit de Lyon, par la poste, à monsieur le connestable, lequel le dict au Roi, qui ouit ces nouvelles avec beaucoup de desplaisir. Monsieur de Porrieres, qui venoit par le pays des Grisons, ne peust estre si tost à la Cour que les nouvelles ny eussent couru quatre jours auparavant. Et comme monsieur le mareschal et les autres avoient ry de ma folie, le Roy restoit autant mal content contre moy, disant que c'estoit la plus grand folie que jamais homme entreprit, ayant toujours esté heureux ; mais qu'à present j'avois perdu mon heur et ma reputation, estant bien marry que cela me fust advenu, mesmes aux portes de Rome. Ces nouvelles ne furent si cachées qu'on ne les escrivit tout incontinent en Gascogne : je vous laisse à penser comme je fus accoustré de ceux qui ne m'aimoient gueres ; car il faut estre Dieu pour n'avoir point d'ennemis et envieux, ou bien ne se mesler que de faire son jardin ou son vergier. Et comme monsieur de Porrieres fut arrivé, le Roy le feit venir en son cabinet, et, apres avoir leu les lettres et sa creance, dans lesquelles ne se parloit rien de cela, ni monsieur de Porrieres n'en parloit aussi, le Roy lui dict : « Eh bien, monsieur de Porrieres, Montluc s'y est-il trouvé ? il a faict une belle besoigne ! » Lequel lui respondit qu'il m'avoit laissé à Rome ; et le Roy lui dict qu'il sçavoit bien que j'avois perdu toute la cavallerie du Pape, et que je m'estois sauvé. Surquoi monsieur de Porrieres fut fort esbahy de ces nouvelles, et luy dict que si cela estoit advenu depuis son departement, qu'il pourroit bien estre, mais qu'il n'avoit demeuré que neuf jours à venir. Sa Majesté fit regarder combien il y avoit que ces nouvelles estoient venuës, et trouverent qu'il y avoit quatre jours. Alors le Roy dit qu'il pensoit que c'estoit une baye et nouvelles de banquiers. Et sur ce il va souvenir à monsieur de Porrieres de ma folie, et luy dit, comme depuis il me conta : « Sire, je vous vais dire que c'est, dequoy vous rirez autant comme nous avons fait : » et luy conta toute mon entreprise, et ce que j'avois respondu, à mon arrivée, à messieurs le mareschal de Strossi, cardinal Caraffe, et duc de Paliane ; et qu'en leur comptant mon entreprise, il sembloit que je tenois prisonnier le seigneur Marc-Antoine, l'argent et tout. Et asseurez vous qu'à ce qu'on me dit depuis, on n'avoit veu rire le Roy si fort il y avoit long-temps, monsieur le connestable et tous tant qu'ils estoient. Et me dict-on que le Roy, plus de huict jours apres, voyant Porrieres, luy disoit : « Eh bien, Porrieres, Montluc a-il acheté encores ces places autour de Paris ? » et ne luy en souvenoit jamais qu'il n'en rist. Et, pource que j'escris en mon livre que cent ans à homme n'a esté plus heureux ny mieux fortuné à la guerre que j'ay esté, regardez donc si vous le recognoistrez à ces trois occasions, qui me vindrent en huict ou neuf jours l'une apres l'autre, outre autres que vous y trouverez, d'avoir eschappé sans perte ces dangers, qui n'estoient pas petits.

Quelques jours apres le duc d'Albe entendit que monsieur de Guyse alloit en Italie pour secourir le Pape ; qui fut cause qu'il se retira un peu vers la mer avec son camp, et puis vint assieger Ostie. Monsieur le mareschal sortit de Rome avec quelques enseignes italiennes, et deux d'Allemans et cinq ou six de François : et voulut le Pape qu'il luy laissast pour sa garde Marc-Anthoine mon fils, et le capitaine Charry, avec leurs compagnies. Monsieur le mareschal s'alla camper deçà le Tybre, vis à vis d'Ostie, et là se retrancha. Le duc d'Albe, avant qu'il y arrivast, avoit fait faire son pont, et fait un fort au dessus d'Ostie, du costé mesmes où monsieur le mareschal s'estoit campé. Je manday à monsieur le mareschal s'il vouloit que je m'en vinsse devers luy, avec cinq ou six enseignes italiennes ou françoises, lequel ne le voulut point, crainte que l'entreprinse de Montalsin ne fust pas encores du tout descouverte. Et pource que monsieur le mareschal avec les compagnies italiennes et françoises qu'il avoit n'avoit sçeu faire recognoistre le fort des ennemis, voir s'il y avoit cauë dans le fossé ou non, et en estoit demy desesperé, car le duc d'Albe s'estoit reculé d'Ostie, tirant vers le royaume de Naples, et n'avoit laissé que quatre enseignes d'Italiens dans le fort, et quatre dans Ostie ; ledit seigneur mareschal avoit faict sortir de l'artillerie de Rome pour battre le fort, et avoit envoyé prier le Pape luy laisser

---

(1) « Monsieur, lorsque nous irons vous visiter, vous nous ferez à tous trois bonne chère dans le château que que vous voulez acheter près de Paris. »

(2) Antoine de Glandevez, seigneur de Porrières.

venir mon fils et le capitaine Charry ; ce qu'il fit à mon grand mal-heur, et de mon pauvre fils. Comme il fut arrivé, et le capitaine Charry, devant monsieur le mareschal, ledit sieur se plaignoit à eux de n'avoir peu faire recognoistre le fort à son aise. Le lendemain au soir toucha la garde à mondit fils, lequel delibera de venir à bout de ce que les autres auroient failly, et communiqua son dessein au capitaine Charry, et au baron de Beynac (1), qui estoit aussi ce jour là en garde. Il ne faillit pas ; car le lendemain, voyant les ennemis sortir selon leur coustume pour chercher des fascines, il les suivit et mena battant, sans crainte des arquebusades, jusques au bord du fossé, qu'il recognut aussi sagement et curieusement comme si c'eust esté quelque vieux capitaine ; mais s'en retournant, une meschante arquebusade luy donna dans le corps. Toutes-fois de son pied il se porta jusques au logis dudit seigneur mareschal, parce qu'il disoit qu'avant mourir il luy vouloit rendre compte de son faict. Ledict sieur mareschal le fit mettre sur son lict, sur lequel ce pauvre garson, rendant presque l'ame, luy dit ce qu'il avoit veu, l'asseurant que le fossé estoit à sec, quoy qu'on luy eust dit le contraire : bien tost apres il rendit l'ame. Ledit sieur mareschal envoya le corps le lendemain à monsieur le cardinal d'Armagnac, et à monsieur de Lansac, à Rome, lesquels le firent aussi honnorablement ensevelir comme s'il eust esté fils d'un grand prince. Le Pape, les cardinaux et tout le peuple romain tesmoignerent le regret qu'ils avoient de sa mort. Si Dieu me l'eust sauvé, j'en eusse fait un grand homme de guerre ; car, outre qu'il estoit vaillant et courageux, je cognus toujours en luy de la sagesse qui excedoit la portée de son aage. Nature luy avoit fait un peu de tort, car il estoit demeuré petit, mais fort et apilé (2), les espaules grosses ; au reste, eloquent et desireux d'apprendre. Monsieur le mareschal de Cossé est en vie ; Marc-Anthoine estoit avec luy à Mariambourg ; il pourra porter tesmoignage, s'il luy plaist, si quelqu'un contrerolle ce que j'en escris, si je ments. Et encor qu'il ne sied pas bien aux peres de loüer leurs enfans, si est-ce que, puisqu'il est mort, et qu'il y a tant de gens qui en peuvent tesmoigner, je seray excusable et digne de pardon.

Or, pour executer la charge que le Roy m'avoit donnée en la Toscane, je demanday congé au Pape pour m'en aller à Montalsin, lequel ne me le voulut donner que pour quinze jours seulement, apres luy avoir fait grand instance ; et me fit laisser mes grands chevaux et tout mon bagage, lesquels monsieur le mareschal de Strossi fut contraint faire sortir, disant qu'ils estoient à luy, et par ses serviteurs mesmes. Monsieur le cardinal d'Armagnac me fit sortir mes mulets de coffres avec ses couvertes, disant qu'il les envoyoit à la maison d'un autre cardinal où il alloit quelques-fois demeurer douze ou quinze jours. Et ainsi je retiray de Rome tout ce que j'y avois. Pendant le sejour que je fis par de-là, Sa Sainteté me fit bien cest honneur de monstrer evidemment à tout le monde qu'il avoit grand fiance en moy.

Deslors que je fus à Montalsin, monsieur de Soubise partit et s'en alla à Rome. Je trouvay que Montalsin estoit comme assiegée, car à Saint Cricou (3) il y avoit des Allemans ; à la grand hostelerie, au dessous de Montalsin deux arquebusades, il y avoit aussi des ennemis, et à un palais à trois arquebusades à main gauche, pareillement y avoit ennemis, et à une autre tirant à Grossette, un mil pres de Montalsin, il y en avoit encores : et tout cela se trouva saisi des ennemis quand la trefve vint. Et ne tenoit le Roy rien jusques aux portes de Siene par ce costé là, et croy que cela fut la principalle cause que les Sienois eurent en peu d'estime monsieur de Soubise. Il y a grand peine à contenter tout le monde, et, encor que l'on face ce qu'on peut, si tout ne va comme on souhaitte, on n'a rien faict. Je ne le veux ny accuser ny excuser aussi du tout. La trefve duroit encores entre le Roy et l'Empereur, laquelle estoit pour dix ans (4). Les affaires de ces princes estoient si embroüillées et confuses, qu'il ne fut possible pouvoir faire la paix : voy-là pourquoy on fit ceste trefve ; mais j'avois entendu que monsieur de Guyse avoit prins congé du Roy et s'en venoit en Italie ; qui me fit penser qu'encores que le secours qu'il menoit fust pour le Pape, la trefve seroit rompuë aussi du costé du Roy, et fis une entreprinse pour aller donner une escallade aux Allemans à Saint-Cricou, qui est une petite villatte à quatre mille pres Montalsin ; et de là voulois aller attraper tous les autres lieux que j'ay nommez.

[1557] Je ne sçay si les Allemans furent advertis, ou bien s'ils furent commandez de se retirer de là ; car, quand je fus hors de la ville deux heures de nuict, un gentil-homme sienois qui avoit sa maison dans Cricou, lequel j'avois envoyé là, me vint dire qu'ils estoient partis à l'entrée de la nuict. J'envoyay de mesmes sça-

---

(1) Philippe de Montaut, baron de Beynac.
(2) Ramassé.

(3) San-Quirico.
(4) Elle avoit été faite pour cinq ans.

voir nouvelles de ceux qui estoient à l'hostellerie et au palais; et trouvay qu'à la mesme heure tout avoit vuidé : et ainsi nous eusmes liberté de sortir un peu au large jusques à l'Altesse, un chasteau assez fort, à trois mil de Montalsin et pres du chemin de Siene. Puis m'en allay à Grossette, où le colonel Cheremon estoit gouverneur, lequel faisoit de ce pays-là tout ainsi que s'il fust esté à luy, ne recognoissant le Sienois, dequoy ils estoient desesperez ; et là nous accordasmes que les habitants recognoistroient la seigneurie et non luy, et qu'il n'avoit pas en ce pays-là plus d'avantage que le Roy n'avoit voulu pour luy-mesmes : et ainsi en peu de jours tout fut changé au contentement des Sienois.

Le cardinal Burguos (1) commandoit à Siene pour le roy d'Espagne, et avoit entreprise sur Montalsin, laquelle il pensoit emporter facilement; et se devoit executer la mesme sepmaine que j'arrivay. Et comme il entendit ma venuë, il surçoya quelques jours pour voir si rien se descouvriroit; et, voyant que rien ne s'estoit descouvert, il envoya querir le capitaine Mantillou, espagnol et gouverneur du Port-Hercule (2), pour executer l'entreprise. En mesme temps, ayant envoyé quelques gens à cheval pour faire venir des vivres, ils le rencontrerent et le prindrent luy et un secretaire du cardinal Burguos, et quatre serviteurs, et me les menerent. Il se vouloit deffendre, disant qu'il avoit esté prins contre la trefve, car encore il n'y avoit rien de rompu à descouvert. Je fis donner secrettement la gehenne à un sien serviteur, lequel dist qu'il pensoit que le cardinal Burguos avoit mandé son maistre pour executer une entreprise qu'il avoit sur Montalsin. Nous ne pouvions descouvrir ce qu'en pouvoit estre ; et, comme on entendit à Siene la prise du capitaine Mantillou, cela se commença à divulguer : de sorte qu'un gentilhomme sienois m'envoya son serviteur m'advertir du lieu par là où l'on vouloit donner l'escalade, et vint à la porte de la ville, ne voulant entrer dedans, mais seulement qu'il vouloit parler à moy. Je menay messer Hieronim Espano, et nous dit le tout, et qu'il y avoit des soldats françois, des compagnies qui estoient en garnison, qui estoient de l'intelligence, et que, si nous cherchions bien les maisons prochaines de cet endroit là, nous trouverions par adventure les eschelles. Nous donnasmes dix ezcus au serviteur, qui s'en retourna. Messer Hieronim et moy allasmes secrettement voir le lieu ; et croy que j'y amenay monsieur de Bassom-pierre avec nous ; et regardasmes que la muraille estoit bien basse, mais qu'il y avoit une tourelle là où l'on mettoit tousjours deux sentinelles, lesquelles estans de l'intelligence, l'entreprise estoit facile et plus que facile. Or messer Hieronim, qui estoit pour lors du magistrat, deputa promptement deux hommes pour chercher les maisons voisines du lieu, et ne tarda trois heures qu'ils nous apporterent plus d'une charge de cheval d'eschelles de corde, les mieux faites que j'eusse encores jamais veu. Dans ceste maison n'y habitoit personne il y avoit long temps, mais nous cognoissions bien qu'il y entroit des gens : et autre chose ne peusmes descouvrir. Et lors j'arrestay avec le sergent major qu'il mettroit tous les soirs quatre sentinelles dans la tourelle, lesquelles seroient prises au fort. Je croy que s'il l'eust voulu executer le jour, il l'eust peu faire ; aussi bien ou mieux que la nuict, car du grand palais, où il n'y avoit que trois arquebusades, il pouvoit venir par un vallon couvert de petits bois jusques auprès de la muraille. Environ un mois apres, un Sienois, nommé Phœbus Turc (3), se vint adresser à moy, me voulant dire quelque chose en secret ; je le fis venir dans ma garde-robbe : je n'avois rien qu'une dague au costé, et, comme il entra, je le vis armé de jac et manches de maille : oncques en ma vie je n'ay veu visage d'homme plus farousche que le sien. Une fois j'avois envie d'appeler quelqu'un ; mais il me disoit tousjours qu'il ne vouloit que personne entendist son affaire que moy. A la fin je m'asseuray, me sentant assez fort pour le colleter s'il avoit entrepris de faire quelque mauvais coup. Il me racompta que plusieurs fois le cardinal Burguos l'avoit fait rechercher de tenir la main à une entreprise qu'il avoit sur Montalsin, et que par importunité il luy avoit accordé, et qu'il estoit allé parler à luy deux fois desguisé, et avoit trois soldats qui estoient de l'intelligence, lesquels il luy devoit nommer un jour devant ladicte execution, et qu'il la venoit executer avant que dom Arbre de Sandé fust arrivé, lequel venoit à Siene pour commander les armes ; et que, si je vouloit, il meneroit l'entreprise si escortement qu'il me les ameneroit tous entre mes mains. Nous arrestasmes que se seroit dans quatre jours, et qu'il s'en retourneroit la nuict mesmes à Siene arrester le tout ; et le fis mettre hors la ville, car la porte estoit desja fermée ; et de matin despeschay vers le colonel Cheremon à Grossette, qu'il se rendist le jour apres à Pagamegura, moitié chemin

(1) Francesco di Mendoza, cardinal et archevêque de Burgos.

(2) Porto-Ercole.
(3) Dei Febo, Turchi.

de Grossette à Montalsin. Et ce jour mesmes que j'avois depesché au colonnel, je fis venir les capitaines qui estoient à Chuse (1) et à Montizel, à l'Hospitalet pres Piance (2), et là les fis jurer sur le crucifix de ne dire rien de l'entreprise; et s'en retournerent apprester leur cas pour estre prests quand je leur manderois. Et fis aller ma compagnie de chevaux legers à la Rocque de Baldoc, feignant d'y tenir garnison; et le lendemain allay parler au colonel à Pagamegura, et arrestasmes qu'il tiendroit quatre cens arquebusiers prests. Mon entreprise estoit que, comme les ennemis donneroient l'escalade, le colonel Cheremon viendroit par derriere eux, et la garnison de Chuse et Montizel se mettroit entre eux et le palais, et ma compagnie aussi. Je devois sortir avec quatre cens hommes de la ville sur eux quand ils seroient repoussez. Et au retour de Pagamegura, je trouvay que ledit Phœbus estoit de retour; et ne parla à moy de tout le soir : qui me donna mauvais soupçon. Le matin il me vint dire que le cardinal ne vouloit point que l'affaire s'executast de quelques jours. Il me menoit de jour à autre; à la fin je fus conseillé de le prendre prisonnier et luy faire dire la verité, d'autant que c'estoit une fourbe pour me trahir : ce que je fis; et le fis mettre dans une basse fosse au chasteau, où par mal-heur il trouva une piece de bois ou fer. Or, pource qu'il estoit sienois, je voulois voir si les Sienois mesmes le pourroient convertir à dire la verité : voylà pourquoy je tins l'affaire en quelque longueur; mais cependant avec ceste piece de fer il perça la muraille, et se sauva à Siene; et ainsi je ne peus rien faire qui valust sur ceste entreprise. Il fut plus fin que moy; toutesfois je lui dois cela, qu'il m'a appris en faict de telle importance de n'espargner un prisonnier, ains en sçavoir soudain la verité, car sans doute c'est un traistre.

Dés que j'arrivay à Montalsin, je pourchassay de faire revenir au service du Roy le sieur Marioul de Santa-Fior, et son frere le Prieur, lesquels par quelque mal-contentement s'en estoient ostez. Nous estions fort grands amis depuis l'escarmouche de Siene : en fin je les gagnay; ils vindrent à la Cour, où le Roy leur fit fort bonne chere; Sa Majesté luy donna une compagnie de chevaux legers, et au Prieur quelque pension; et se tindrent tousjours depuis auprès de moy. Or dom Arbre de Sandé fit une entreprise pour venir prendre Piance, une petite ville pres Montizel, que j'avois fait reparer le mieux que j'avois peu; et y avois une compagnie d'Italiens. Je baillay au sieur Marioul ma compagnie, et ce qu'il avoit assemblé de la sienne, et partie de celle du comte Petillane (3), et l'envoyay à Piance pour retirer la compagnie italienne, et l'amener à Montizel, où estoit le capitaine Bartholomé de Pezero.

Quelques jours avant que dom Arbre sortist de Siene, le capitaine Serres, qui estoit lieutenant de ma compagnie de chevaux legers et mon parent, avoit combattu à la veuë de Montalsin le capitaine Carillou, gouverneur de Bonconvent, qui avoit avec luy dix hommes d'armes de la compagnie du marquis de Pesquiere; et l'enseigne de la compagnie menoit huict salades d'une compagnie de chevaux legers, et huict arquebusiers à cheval, qui estoient venus braver devant Montalsin bas, au long de la plaine devers l'hostelerie, lequel ne pensoit pas qu'il y eust cavallerie dans Montalsin; car j'en avois emmené ma compagnie avec moy à Grossette, et avois envoyé le capitaine Serres courir avec dix-huict salades par le costé de main gauche, vers Siene, et s'estoyent battus auprès de Chuse, de sorte que les miens en eurent le meilleur. Et au retour le capitaine Serres se vint reposer un jour ou deux à Montalsin, pour puis apres me venir trouver à Grossette et m'en ramener à Montalsin. Le capitaine Serres sortit avec les dix-huit salades, deux gentils-hommes sienois armez de jac et de manches, et deux soldats à pied qui les suivirent; et comme le capitaine Carrigue vit les salades, il se voulut retirer, et le capitaine Serres luy estoit tousjours en queuë. Et, comme le capitaine Carrigue voulut passer un ruisseau estroit, le capitaine Serres le chargea à toute bride, et les print tous, sauf un capitaine qui avoit sa compagnie dans Bonconvent. Ces arquebusiers à cheval estoyent à luy. Il eut une arquebusade à travers du corps, d'un des deux arquebuziers qui estoyent sortis avec le capitaine Serres, lequel ils avoyent fait passer le ruisseau, et une autre avec luy, qui l'amenoit devers Bonconvent; et mourut à l'entrée de la porte de Bonconvent. Je tenois tous ces gens prisonniers à Montalsin. Dom Arbre s'achemina droict à Piance avecques trois canons et deux coulevrines. Je me doutay bien qu'il n'ameneroit pas tant d'artillerie pour Piance; car il n'estoit pas fort pour l'artillerie. Et comme le sieur Marioul entendit qu'il estoit trois mil pres de Piance, il s'en va au devant avecques toute la cavallerie, et commanda au capitaine qui estoit devant, qu'il commençast à faire sortir ses gens pour gaigner Montizel, là où il n'y a que deux petits mil. Il attaqua l'escarmouche si forte, et

(1) Chiusi. (2) Pienza.

(3) Nicolas des Ursins, comte de Petigliano.

se mesla si bien, qu'il ne se peust apres demesler, et fut chargé à toute bride de trois trouppes de leur cavallerie. Là il fut prins douze ou quatorze chevaux legers de ma compagnie, dont le capitaine Gourgues, qui estoit à la suite de monsieur de Strossi, estoit du nombre; et du comte Petillane ou du sieur Marioul, autant ou plus. Or comme il fit alte devant Piance, il trouva que le capitaine n'avoit pas un homme dehors. Les ennemis suivoyent tousjours; et là se rompirent encores quelques lances cependant que ce capitaine faisoit sortir ses gens; et à la fin il fut de nouveau chargé de toute leur cavallerie, et fut contraint se retirer à Montizel. Le capitaine Serres et le baron de Cleremon, mon nepveu, qui portoit ma cornette, se sauverent vers l'Hospitalet. Le capitaine des gens de pied perdit la tierce partie de sa compagnie, de ceux qui avoient fait les paresseux à sortir, et se sauva avecques son enseigne et sa trouppe qui luy demeura; et fis teste au passage d'un ruisseau, donnant loisir au capitaine Bartholomé de le venir secourir : car c'estoit à la veuë de Montizel, et le sieur Marioul, qui retira encore de la cavallerie. Voy-là ce que l'on gaigne à aller attaquer une escarmouche à la teste d'une armée, comme j'ay dit cy-devant, et se vouloir retirer de jour estant plus foible.

Comme dom Arbre eut demeuré trois jours à Piance, il part à l'entrée de la nuict avec les torches, et print son chemin au long d'une valée tirant à la Rocque de Baldoc. Le seigneur Marioul estoit allé en poste à Rome faire venir quelques sallades qu'on luy avoit promis pour refaire sa compagnie. Le Prieur demeura avecques moy le soir que dom Arbre partit. Nous estions sortis le Prieur et moy hors de Montalsin à cheval; et comme la nuict commença à venir, nous nous retirasmes, discourant en chemin de ce que dom Arbre vouloit faire de ceste grosse artillerie. Il me tomba en l'entendement que c'estoit pour aller attaquer la Rocque de Baldoc, là où il y avoit un capitaine florentin que monsieur de Soubise y avoit mis, lequel je soupçonnois un peu, pour-ce que les gentilshommes sienois m'avoient dit qu'ils avoient esté advertis qu'il avoit envoyé deux fois à Florence. En nous retirant aupres de la porte de Montalsin, je dis à deux chevaux legers de ma compagnie qu'ils allassent descouvrir tout au long des colines d'entre Piance et la Rocque, et qu'ils n'en bougeassent qu'il ne fust la pointe du jour. Or, quelques jours avant, monsieur de Guyse qui estoit venu à Rome, et desja s'estoit acheminé vers le royaume de Naples, avoit envoyé querir Cheremon avec sa compagnie, à la requeste des Sienois, qui ne se pouvoient accorder avecques luy : et m'avoit envoyé monsieur de La Molle (1), le capitaine Charry et trois ou quatre autres compagnies : aussi en avoit-il envoyé querir de celles que j'avois. Il avoit donné le gouvernement de Grossette à monsieur de La Molle. Comme je fus au lict, voicy revenir les deux chevaux legers, lesquels me dirent que dom Arbre marchoit avec les torches au long de la valée que j'ay dit, tirant à la Rocque. J'advertis incontinent le Prieur, et montasmes à cheval avec tous ceux que nous peusmes recouvrer. Je commanday au capitaine André Casteaux (2), nepveu de monsieur le cardinal de Tournon, qu'il marchast avec sa compagnie sans bagage à extreme diligence apres moy, et qu'il marchast par des bois : et luy baillay deux gentils-hommes sienois pour le conduire. Cependant j'arrivay une heure devant jour à la Rocque de Baldoc : et comme le jour vint, arriva André Casteaux avecques sa compagnie. A peine fut-il dedans, que les passages furent prins, et prindrent les guides qui m'avoyent mené s'en retournant, et le fourrier de ma compagnie, par lesquels ils sceurent que je m'estois mis dedans. J'envoyai à Grossette deux paysans par lès bois, escrivant à monsieur de La Molle qu'il s'en allast jetter à toute diligence dans Montalsin, et qu'il commandast en lieutenant de Roy, car je m'estois enfermé, et voulois deffendre la place. Dom Arbre logea son camp à Avignon, vis à vis de la Rocque; et là demeura trois jours, playdant s'il me viendroit attaquer ou non. A la fin il print party de se retirer, sçachant à qui il avoit affaire, disant : *Juro à Dios, aquel capitan tiene alguns diabolos en su poder, o ai algun trahidor tras nos otros; y si lo puedo saber, yo tengo de cortar li los brassos, y los piernos* (3). Mais toutes mes intelligences estoient à songer et jour et nuict qu'est-ce que je ferois si j'estois à la place de mon ennemy. Il a de l'entendement comme vous, des pratiques comme vous, songeant à ce qu'il songe, souvent vous vous rencontrerez, et pourvoirez à ce qu'il vous brasse. Que si vous attendez les effets, vous serez souvent surprins. Il faut et jour et nuict estre en cervelle, et souvent considerer que veut faire vostre ennemy, s'il attaquera cecy ou cela : si j'estois en son lieu, je ferois cecy et cela. Et souvent discourez en avec vos

---

(1) Jacques Boniface, seigneur de la Môle.

(2) Antoni de Castellane, seigneur d'Entrecasteaux.

(3) « Je jure Dieu, ce capitaine a quelques diables à sa disposition, ou il y a parmi nous quelque traitre : et si je puis le découvrir, je lui couperai bras et jambes. »

capitaines, car tel que vous estimez peu a souvent le meilleur advis. Or dom Arbre s'en retourna, et se vint mettre avec son armée à l'Altesse, qui n'est qu'à trois mil de Montalsin, où, voyant son desseing, je m'en retournay, renvoyant monsieur de La Molle à Grossette. Dom Arbre mit trois compagnies dans Piance, deux italiennes, et une demy espagnolle et demy italienne, car le gouverneur qu'il y avoit laissé estoit espagnol ; et le sieur Bartholomé de L'Estephe, nepveu du sieur Chyapin Vitello (1), qui avoit une des meilleures et des plus fortes compagnies qui fust en Italie, tenoit tous les prisonniers dans le palais, lesquels pouvoyent estre de cinquante à soixante. Au bout de quelques jours, il se retira à Siene avecques son camp, s'estant toutes ses entreprinses evanouyes en fumée. L'enseigne du marquis de Pesquere alloit et venoit pour leur delivrance en eschange des nostres. Il se mocquoit de moy, disant : *No sera dicho que yo renda un Frances, que yo no tenga tres Espagnoles, y per estas barbas yo havre los mios : et ellos non havran los suos* (2). Le cardinal Burguos estoit marry de tout cecy, et eust voulu que nous eussions laissé aller tous les prisonniers d'un costé et d'autre, car je tenois les capitaines Mantillou et Carillou (3), gouverneurs de Port-Hercule et de Bonconvent, et plus de vingts autres, là où il y avoit douze Espagnols naturels, sans les gouverneurs. Je portois impatiemment les responces qu'il me faisoit, et avois presque tousjours nouvelles des nostres, qu'ils faisoient mourir de faim : et moy au contraire, car je faisois bien traitter les siens. Sur ceste colere, je fis une entreprinse pour donner l'escalade à Piance, car j'avois esté adverty que le roy d'Espagne avoit donné Siene au duc de Florence, et tout ce qu'il tenoit en Toscane, et que ledit duc envoyoit trois de ses compagnies à Piance, et une compagnie de gens à cheval. Je prevoyois bien que, s'il y mettoit le pied, que nous ne la pourrions recouvrer sans nous rompre avec le duc de Florence : ce que je n'avois jamais voulu faire, afin que monsieur de Guyse ne fust contraint d'affoyblir son camp pour m'envoyer du secours ; et ainsi je m'estois toujours contenu avec le duc de Florence sans rien gaster. Il faut en ces affaires aller prudemment et sagement, car peu de subjet sert pour rompre l'alliance des princes, ce qui ne se peut apres reparer. Plusieurs jeunes fouls ont mis pour leur indiscretion des princes en guerre, sans qu'ils eussent envie d'y entrer.

Le capitaine Faustau de Peyrouse, qui estoit dans Piance, m'avoit dit qu'il y avoit un trou à la muraille du costé de là où je devois venir de Montalsin, qui estoit par-là où sortoient les immondicitez de la ville, et que par cest endroit là, où il y avoit deux murailles, celle de dehors estoit hors d'eschelle, et celle de dedans de quatorze ou quinze degrez ; et comme l'on estoit passé par ce trou, il falloit passer le ventre à terre, et dans l'ordure on se trouvoit entre deux murailles. J'avois fait faire une petite eschelle de la hauteur qu'il falloit ; mais elle estoit foible et desliée, afin qu'elle peust passer par ce trou, de sorte que malaisement un homme se pouvoit tenir dessus. Il y avoit dans ce pan de muraille un bastion au coing de la ville, que dom Arbre avoit faict achever, lequel estoit assez haut ; et entre le trou et le bastion il y avoit une porte que les ennemis avoient murée de brique, et ce avec de la terre, sans s'estre souciez de la faire de meilleure matiere, pource qu'ils avoient faict par derriere un rampart de terre. J'ordonnay que le capitaine Blacon, avec sa compagnie, et une compagnie d'Italiens que j'avois faict venir de Grossette, et le baron de Clermon, mon nepveu, avec sa compagnie, et quelque vingt sallades de celle du comte Petillano, et trente ou quarante gentils-hommes sienois, s'en iroient mettre entre Piance et Montapulflane, pour combattre les gens du duc de Florence qui se venoient mettre dedans. J'avois faict venir trois cens hommes de Chusi, que le duc de Somme m'avoit envoyé, lequel s'en estoit revenu du camp de monsieur de Guyse, pour quelque bruit qu'il avoit eu avec le cardinal Caraffe : et ceux-là devoient donner par le coing de la ville, du costé de là où ils venoient ; le capitaine Bartholomé de Pezero, droit à la porte qui venoit de son costé de Montizel, laquelle les ennemis tenoient ouverte pour sortir et entrer. Ils devoient mettre le feu à la porte, s'ils pouvoient, et moy je donnois avec les eschelles au bastion, duquel les fossez n'estoient encore faits. Le haut de la porte murée flanquoit le bastion. Et avec moy j'avois les deux compagnies Davanson et André Casteaux, c'est à sçavoir la moitié de chacune, car le reste je l'avois laissé à Montalsin, et la moitié de celle du capitaine Lussan, qui estoit à Castetlotie (4) : estant le plus loing de tous, il fit si grande diligence, qu'une ma-

---

(1) Chiapino Vitelli.
(2) Il ne sera pas dit que j'aurai rendu un Français, si on ne me rend trois Espagnols ; et par ces moustaches, j'aurai les miens, et eux n'auront pas les leurs. » Montluc ne parloit pas l'espagnol plus purement que l'italien.
(3) Mantillo et Carillo. (4) Castello Tierri.

ladie le print par le chemin, de sorte qu'il fut contrainct demeurer à l'Hospitalet. Il m'envoya son fils, qui estoit son lieutenant (1). Ledict capitaine Lussan mourut cinq ou six jours apres de ceste maladie. Il m'envoya aussi la moitié de la compagnie du capitaine Charry, lequel j'avois laissé dans Montalsin, à son grand regret, car je n'avois homme pour y laisser, à cause que le sieur Marioul estoit allé à Rome, et le Prieur, son frere, estoit allé jusques à leur maison. Bref, je pouvois avoir de mon costé en tout quatre cens hommes et les trois cens qui vindrent de Chuzi, et cent hommes qu'avoit le capitaine Bartholomé. Voylà tout ce que j'avois à l'assaut.

Nous avions arresté tous ensemble que les Italiens du duc de Somme seroient de la partie, lequel duc desiroit fort de s'y trouver; mais je ne le voulois mander, par ce que Chuzi, d'où il estoit gouverneur, estoit de grande importance, et aussi que, si j'estois tué, je ne voulois pas que les places demeurassent sans quelque bon chef qui peust tenir jusques à ce que monsieur de Guyse eust envoyé homme suffisant pour commander le pays. Il faut tousjours pourvoir à tout comme si on devoit vaincre et estre vaincu : ainsi, vous ne ferez rien mal à propos allant executer une entreprise. Nous avions assigné de nous trouver deux heures devant le jour, chacun au lieu qu'il devoit combattre ; et devoient donner les gens du duc de Somme, et le capitaine Bartholomé plustost que moy, afin de divertir les forces du costé où j'attaquerois la place, pource que le costé où je donnois estoit le plus fort, à cause du bastion et des flancs de dessus la porte. La muraille où estoit le trou faisoit un peu de coing. Je baillay la charge de porter l'eschelle aux gentils-hommes qui estoient à ma suite, que le Roy payoit, et les priay d'entrer par le trou. C'estoit le capitaine La Trappe, qui est aujourd'huy pres monsieur l'Admiral ; les Ausillons, nepveus tous deux de ma feuë femme ; le capitaine Cosseil, qui porte aujourd'huy mon enseigne ; le capitaine La Motte, Castet-Segrat, le capitaine Bidonnet ; le capitaine Bourg, qui est en vie, lequel a une compagnie de gens de pied, et deux ou trois autres; et apres eux, vingt Italiens que le capitaine Faustin de Peyrouse, qui avoit esté rompu au sortir de Piance, avoit amenez avec luy, tous hommes choisis qui devoient monter l'eschelle apres que les miens seroient montez. Ledict capitaine et un autre des siens devoient passer les premiers par le trou, et tirer l'eschelle, à cause qu'il sçavoit ce qu'estoit en ce lieu là, et ne faisoient pas les miens. J'arrivay à un quart de mil pres la ville ; le baron de Clermon et Blacon passerent outre, et s'allerent mettre à un mil de la ville, sur un chemin tirant à Montepulsiane. Et comme j'eus attendu une heure là, sans entendre que les Italiens commençassent, comme il avoit esté ordonné, cognoissant que le jour s'approchoit, j'envoyay une de mes guides recognoistre le plus secretement qu'il pourroit faire ; et mon vallet de chambre, qui est encore en vie, alla jusques à vingt pas du bastion, et n'ouyrent rien dans la ville, non plus que s'il n'y eust eu personne ; un petit chien seulement oyons nous abbayer. Ils savoient ma venuë dés la nuit, et m'attendoient ainsi sans faire aucun bruit, le feu sur la serpentine. Je ne sçeu faire ma sortie si secretement, encores que j'eusse fait fermer les portes trois heures avant qu'il ne sortist quelqu'un qui les allast advertir ; et comme ils m'eurent rapporté qu'ils n'entendoient aucun bruit, j'y voulus moy-mesme aller avec eux deux : et comme nous fusmes un peu en avant à quinze ou seize pas du bastion, j'apperceus un homme à cinq ou six pas de nous, qui s'en alloit se baissant, et se retiroit vers le bastion ; et croy qu'il rentra par ledit bastion, dans lequel nous ouysmes alors parler, et nous sembla qu'ils parloient alleman ; mais c'estoit des Albanois, car le sieur Bartholomé de l'Estephe (2) en avoit en sa compagnie ; lequel sieur Bartholomé avoit prins le bastion à deffendre. Et comme je vis que bien tost le jour viendroit, ayant perdu l'esperance de nos Italiens, lesquels estoient arrivez, comme je sçeus depuis : mais le duc de Somme en avoit baillé la charge à quelqu'un qui ne vouloit pas mourir des premiers, ou bien me vouloit faire cest honneur de me laisser donner le premier, comme lieutenant du Roy ; mais cest homme de bien ne le faisoit pas par honneur : le capitaine Bartholomé attendoit aussi que les uns ou les autres donnassent : et ainsi, sur ce delayement, je fus contraint de donner le premier, car encor qu'à ceste sentinelle perduë et à ce silence je cogneusse bien que mes gens avoient senti le vent, si est-ce que, puis que j'avois prins la peine de venir, je voulois tenter fortune.

Tous ces gentils-hommes italiens et françois que j'ay nommé cy dessus prindrent l'eschelle, et nous autres prismes les autres eschelles pour donner au bastion ; je les fis prindre aux capitaines, lieutenans, sergens, corporals et lance-passades : et ainsi marchay droit au bastion ; et de prime arrivée nous fut tirée une grande salve

---

(1) Jean Paul d'Esparbez de Lussan.

(2) Jacques Pierre de la Staffa, suivant de Thou.

d'arquebusiers ; mais pour cela nous n'arrestasmes de dresser nos eschelles. Et j'avois fait une ordonnance que tous les commissaires des guerres et des vivres, tresoriers, contreroolleurs eussent à avoir de grands chevaux et armes, car ces gens ont tousjours argent; lesquels j'amenois tousjours avec moy, sous ma cornette, pour faire troupe et parade et tromper l'ennemy. Monsieur de Guyse avoit envoyé monsieur de Malassise (1), qui est aujourd'huy seigneur de Roissi, pour estre superintendant des finances; je luy donnay un cheval turc; si j'en avois maintenant un semblable, je ne le donnerois pour cinq cens escus. Il me rendit fort mal ce plaisir, et de l'amitié que je luy portois, car il fit tant qu'il me mit en la mauvaise grace de monsieur de Guyse, comme il fait bien aujourd'huy avec la Royne tant qu'il peut, comme l'on m'a escrit de la Cour. Aussi je m'en suis bien apperçeu, et voudrois que Dieu m'eust faict la grace de faire souvenir à la Royne quel serviteur je luy suis, et quel j'ay esté le passé là où les occaions se sont presentées, et les plus grandes que jamais Royne se trouvast sur les bras; et Sa Majesté cognoistroit qu'il ne faudroit pas qu'elle creust legerement mes ennemis, et ceux qui ne luy ont fait ny ne feront jamais tant de services que je luy ai fait. Mais je prendray patience avec Dieu, ayant ma conscience nette de cela, et de toutes autres choses concernant le service du Roy et de la couronne. Pour lors je n'avois rien descouvert des menées dudit sieur de Malassise, qui pourchassoit que monsieur de Guyse m'appellast aupres de luy, et qu'il baillast ma charge à monsieur de La Molle; car il avoit opinion qu'eux deux ensemble manieroient mieux les affaires que moy, et à leur profit. Je ne veux point mettre icy les raisons, pource que l'on pourroit dire que c'est pour l'inimitié qu'il me porte, et moy par consequent à luy, qui suis mal endurant, et qui porterois volontiers en ma devise, si je n'en avois une autre, ce qu'un de la maison de Candalle portoit : *Qui m'aymera je l'aymeray* (1). Mais il y a beaucoup de gens de bien qui sont encores en vie qui sçavent l'occasion, et s'ils la disoient, elle ne seroit guere à son advantage.

Mais, pour laisser ces propos, ne me souciant pas fort qu'il me veuille mal ou bien, je le laissay avec le capitaine Charry, combien qu'il fist grande instance de vouloir venir avec moy; mais je faisois estat que luy, estant dans la ville, si je mourois, ayderoit fort les citoyens,

(1) Henri de Mêmes, seigneur de Malassise et de Roissi.
(2) Devise de Gaston de Foix.

afin de ne perdre cœur, attendant celuy que monsieur de Guyse y envoyeroit, car il est homme d'entendement et persuasif. Pour en revenir à mes tresoriers et commis, je les fis rondoyer autour de la ville en courant [ils sont plus propres à faire peur que mal], pour, par ce moyen, divertir les habitans d'un lieu à l'autre. Or nous donnasmes l'escalade tous en camisade, et furent nos gens par trois fois repoussez, et nos eschelles rompues, sauf une ou deux. Il faut dire à quoy servit la prise du trou : tous entrerent par dedans iceluy l'un apres l'autre ; et, comme ils eurent dressé l'eschelle à la petite muraille pour entrer dans la ville, les gentilshommes miens monterent, et de dessus la muraille en hors se jettoient sur un fumier. Et comme le capitaine Faustin et ces vingt hommes virent les nostres dedans, ils se voulurent haster de monter, et chargerent tant l'eschelle qu'elle rompit. Souvent ces ardeurs inconsiderées perdent les entreprises. Le trou estoit à quatre ou cinq pas de la porte murée, et les ennemis qui estoient sur icelle ne s'attendoient à autre chose qu'à tirer aux nostres qui donnoient l'escalade au bastion ; et, tournant le dos aux nostres du trou, ils n'entendirent jamais aucune chose de l'entrée de nos gens. Les Italiens s'essayerent de racoustrer l'eschelle avec des ceintures, mais il n'y eut ordre ; ils furent contraints s'en sortir par le mesme trou. Et me vint dire le capitaine Faustin la male fortune de tous nos gens ; et me voyla en desespoir, voyant que, pour penser recouvrer ceux qui estoyent prisonniers dans la ville, j'avois esté si malheureux de perdre tous les gentils-hommes de ma suitte, et commençay à jouer à la desesperade. Le jour estoit desjà, et le soleil paroissoit à son lever, et tous nos gens repoussez derriere les murailles qu'il y avoit ; et en mesme temps le capitaine Bartholomé me manda qu'ils estoient aussi tous de son costé respoussez. Je me jettay lors à terre, car je n'estois encore descendu, et assemblay tous les capitaines, sauf Avanson, fils de monsieur d'Avanson, qui avoit esté ambassadeur à Rome, qui fut blessé d'une arquebusade à la main ; et là je commençay à leur remonstrer que je n'estois pas venu que pour prendre la ville ou crever, et que je leur monstrerois le chemin s'ils me vouloient suyvre : que resoluement je tournerois la teste contre ceux qui feroient les retifs, et en tuerois tant qu'il s'en trouveroit devant moy. « Allons donc mes amis, leur dis-je, suyvez vostre capitaine, et vous verrez que nous aurons de l'honneur. » Lors je baissay la teste ayant l'espée en la main, et mon page qui portoit mon hallebarde aupres de moy, tirant droict à la porte. J'avois douze

Suysses de ma garde qui me suyvirent; aussi fit tout le reste, et cogneu bien à ceste heure là, comme j'ay fait d'autres fois, qu'est-ce que peut le chef, quand il se met devant monstrant le chemin aux autres. Je me mis dessous leur porte, où trois ou quatre hommes pouvoient demeurer à couvert des flancs du bastion. Les ennemis qui estoient sur la porte tiroient à grands coups de pierre sur nos gens. Les Suysses, avec leurs hallebardes, faisoient leur devoir contre ceste muraille de bricque. J'avois l'espée à la main gauche et la dague à la droicte, et avec la dague je brisois et couppois la bricque : et comme nous eusmes faict un trou dans lequel je pouvois mettre les bras, je baillay mon espée et ma dague au capitaine de mes Suisses, et mis mes deux bras dedans. La muraille n'estoit que de l'espesseur seulement d'une brique, et y avoit encore bien peu de terre, car c'estoit comme une muraille seiche. Et comme avec les mains j'eus trouvé le bord de la muraille et espesseur d'icelle, je tiray à moy la muraille de telle roideur, que tout le dessus d'icelle tomba sur moy et me couvrit tout, de maniere qu'il fallut que le capitaine de ma garde me tirast de dessous la bricque, et me relevast : et tout incontinent avec les hallebardes achevasmes de la mettre par terre. Ils n'avoient pas achevé la terrasse qu'ils avoient mis derriere ceste porte, et s'en falloit environ deux pieds qu'elle ne joignist au haut de l'arc. Là me furent tuez deux Suysses, et le capitaine blessé d'une arquebusade à la cuisse, et quatorze ou quinze soldats morts ou blessez. Je faisois encore donner aux enseignes l'assaut au bastion, avec les deux eschelles qui n'estoient pas rompuës; mais pour cela des flancs du bastion ils ne cessoient de tirer. Or du bastion à la porte où je combattois il n'y avoit plus de trente pas; je criay aux soldats qu'ils m'allassent chercher les eschelles qui estoient rompuës contre le bastion, et que les plus courtes seroient les meilleures; car la hauteur du terrain n'estoit pas plus que de deux aulnes, ny encore, ce croy-je, de tant. Et tout incontinent je les dressay coste à coste, et mis un arquebusier sur une eschelle, et moy sur l'autre, et trois l'un apres l'autre apres le soldat premier, et deux de mes Suysses apres ces trois là : je dis à celuy qui estoit devant, et qui montoit le premier, que tout à un coup il se dressast, et qu'il tirast une arquebusade dedans, ce qu'il fit; et à mesure qu'il tira, je le prins par la fourrure de ses chausses et le poussay dedans; je lui fis faire un saut où il n'avoit pensé. Les deux eschelles se touchoient : je commençay à crier à ceux qui estoient dessus l'autre, et les pousse, leur disant : « Sautez, soldats, je me jetteray apres vous dedans; » et pousse celuy-là, et l'autre apres, et l'autre encore; et comme ils estoient tombez dedans, celuy qui se pouvoit relever mettoit la main à l'espée : mes deux Suysses se jetterent apres, et alors je sautay à terre de nostre costé, et commençay à crier : « Poussez capitaines, poussez capitaines, nous sommes dedans. » Et les voy-là les uns apres les autres se jetter à coup perdu là dedans. Les gentils-hommes miens, qui estoient entrez par le trou, avoient esté apperceuz sur la poincte du jour et chargez, et avoient gaigné une maison, la porte de laquelle ils deffendoient; ce qui me fit un grand bien, car une partie de ceux qui gardoient la porte y estoient courus, ne pensant jamais qu'il fust possible que j'entrasse par là. Et comme les ennemis qui donnoient l'assaut aux gentils-hommes entendirent le cry de *France! France!* derriere eux, ils les abandonnerent et voulurent courir à la porte; les gentils-hommes sortirent apres eux, lesquels entendant le mesme cry de *France! France!* ils cognèrent que nos gens estoient dedans, et de fortune ils furent mis au milieu de nos deux trouppes, et là tous tuez. Or, apres en mesme instant que ceux-là furent tuez, vint une enseigne des leurs, qui estoit à la place, courant droit à la porte, et les gentils-hommes de ma suitte estoyent desjà r'alliez avecques ceux qui entroyent. Ladicte enseigne trouva bien à qui parler, et les accoustrerent comme les autres. Et en mesmes que nos gens entroyent, je leur criay qu'ils donnassent l'assaut au bastion par dedans la ville, ce qu'ils firent; mais ils y trouvoient une bien grande resistance, à cause que la pluspart de la compagnie des gens de cheval estoient dedans qui combattoient à merveilles.

Or, comme le cœur croist aux hommes qui se voyent en esperance de victoire, de n'oublier rien de leur devoir à bien et furieusement assaillir, les ayant encouragez, je laisse la porte et cours aux enseignes qui estoient sur les eschelles du bastion, et leur crie que tous nos gens estoient dedans et qu'ils se jettassent à corps perdu dans le bastion, ce qu'ils firent : et pour lors n'y trouverent pas la resistance telle qu'ils cuydoient, pour ce que nos gens les tenoyent de si court, qu'ils ne pouvoyent respondre dedans et dehors. Et comme je vis les enseignes dedans, je remonte à cheval, et avecques les commissaires et tresoriers m'en allay au long des murailles, et tous ceux qui sautoient par dessus pour se sauver je les faisois tuer. Et pour revenir à nos premiers prisonniers, nos gens executerent jusques à la place, où ils trouverent le sieur Bartholomé de l'Estephe, avecques le demeurant de sa compagnie, lequel ne fit pas grand deffence; car desjà nos gens couroient tout au long des rues de la ville, et mesmement au long des murailles d'icelle. Les Italiens vindrent entrer par la muraille, qui n'estoit pas trop haute et s'aydoyent les uns aux autres. Le capitaine Bartholomé de Pezero avoit bien mis le feu à la porte, comme il avoit promis; mais il y fut blessé d'une arquebusade par les fesses, et n'y avoit ordre d'entrer par là, à cause du grand feu qui estoit en icelle porte. On avoit baillé dix huit ou vingt Espagnols pour la garde des prisonniers qui estoient dans le palais en nombre de cinquante ou soixante, et les avoient attachez deux à deux, comme ils me dirent puis apres. et en mesme instant qu'ils entendirent le cri: *France! France! France!* en la place à laquelle le palais est joignant, ils commencerent à se secouër les uns et les autres, et mesmes le capitaine Gourgues, qui se deslia le premier; et, s'estans destachez, se mirent de telle furie sur ceux qui les avoient en garde, qu'avec leurs armes mesmes et à coups de pierre ils en tuerent sur le lieu la pluspart, et le surplus tindrent prisonniers et les emmenerent avec eux. Et voylà la delivrance heureuse et non esperée de nos prisonniers.

Maintenant il reste sçavoir quelle fut l'issuë du commandement que j'avois baillé au baron de Clermon et au capitaine Blacon. Les compagnies du duc de Florence, de pied et de cheval, estoient sorties de Monte-Pulsiano, et s'en vindrent à Piance, n'y ayant que trois mil de l'un à l'autre: et comme ils furent à moitié chemin, et qu'ils entendirent l'arquebuserie, envoyerent six chevaux courir tout au long du chemin pour sçavoir que c'estoit. Les trois donnerent dans nostre embuscade et furent prins, et les trois se sauverent, qui firent tourner en arriere leurs gens plus viste que le pas, de sorte que le baron de Clermon et le capitaine Blacon ne les peurent combattre. En ladicte faction et prinse de ville, le sieur Bartholomé de l'Estephe, son lieutenant et son enseigne furent prins; le gouverneur qui estoit Espagnol aussi; toutesfois son enseigne fut tué. Le capitaine Pistoye, lequel on appelloit ainsi pour ce qu'il estoit de Pistoye, son lieutenant et son enseigne pareillement, furent prins, ensemble le lieutenant et l'enseigne d'un capitaine italien qui s'appeloit Aldet Placit, qui estoit sienois; lequel estoit party deux jours devant pour aller pourchasser leur payement avant qu'ils sortissent de la ville.

Et voylà l'execution de l'escallade de Piance, qui fut la nuict de Sainct-Pierre, et de laquelle on a fait depuis en çà si grand cas par toute l'Italie. Tous les capitaines et soldats, italiens et françois, disoient que j'avois pris moy seul la ville, et non eux, et que si je n'eusse fait ce que je fis, et sans la hardiesse et resolution en laquelle ils me virent, ils ne se fussent jamais plus approchez des murailles, en ayant esté repoussez par trois fois bien vivement: et si Dieu eust voulu permettre que les gens que le duc de Florence envoyoit de Monte-Pulsiano à Piance, fussent partis une heure plustost, ils n'eussent point entendu par le chemin le bruit de mon arquebuscrie, de sorte qu'ils fussent tombez dans la troupe que menoient lesdits capitaines Blacon et le baron de Clermon, lesquels estoient aussi bien en camisade comme le reste de mes gens, et les eussent aysément deffaits et taillez en pieces; car incontinent qu'ils entendirent le rapport que leur firent les trois qui estoyent eschappez, ils tournerent visage, et se mirent en desroutte, tirant le chemin de Montepulsiano. Je laissay dedans, pour commander, le capitaine Faustin qui y estoit auparavant, et avoit encores cinquante ou soixante soldats de sa compagnie, lesquels le capitaine Bartholomé de Pezero luy avoit toujours gardez; et luy presta encore le capitaine Bartholomé son lieutenant avecques cent soldats de sa compagnie. Et sur le midy, comme je montois à cheval pour m'en retourner à Montalsin, et que je renvoyois chacun en sa garnison, les capitaines, avec leurs lieutenans et enseignes, me menerent cent ou six vingts chevaux de service qui avoient été gaignez en ceste faction, outre les courtaux et mulets, me priant d'en prendre ceux que bon me sembleroit; et entre autres le capitaine La Trape me pria prendre un coursier de Naples, le plus beau et le meilleur cheval qui fust en Italie. Je n'en acceptay, de tous ceux qui me furent offerts, que celuy du capitaine La Trape, lequel depuis monsieur de Guyse m'envoya demander, et le luy donnay. J'arrivay à Montalsin avecques la moitié seulement des trois compagnies de gens à pied que j'avois amenées, apres lesquels je faisois marcher tous les capitaines prisonniers et quelque peu de soldats aussi prisonniers, car il ne s'en sauva pas beaucoup. Apres les prisonniers je marchois, et tous nos capitaines avec leurs enseignes desployées; et derriere moy les gentilshommes de ma suite portoient la cornette de gens de cheval et les trois enseignes gaignées; et apres toute l'infanterie marchoit le baron de Clermon avecques ma compagnie et les gentilshommes sienois, qui estoient tous à cheval dernier: et croy qu'il ne demeura homme ny femme dedans la ville, car tous sortoyent dehors

12.

pour me voir entrer, sauf le capitaine du peuple, le conseil et le magistrat, vers lesquels j'avois envoyé pour les prier de ne bouger du palais, au devant duquel j'allay descendre, et entray dedans iceluy armé, lesdites enseignes gaignées devant. Et leur fis entendre au commencement, en peu de mots, de quels moyens il m'avoit fallu ayder pour venir à bout d'une entreprise si hazardeuse, et comment la ville avoit été prise; et cogneus bien à leurs contenances qu'ils avoyent en admiration une telle execution: puis les exhortay de continuer en la fidelité qu'ils avoyent promise au Roy, et ne perdre point l'esperance de recouvrer leur liberté et ville capitalle, leur ayant Dieu monstré et tesmoigné, par une si bonne et heureuse journée, qu'il ne les vouloit perdre ny abandonner, et moins ceux qui combattoient pour eux. Et pour les asseurer que je portois les armes pour leurs vies et pour le recouvrement de leur patrie, je leur donnay la cornette des gens de cheval et les trois enseignes gagnées, lesquelles, apres m'avoir remercié et loué plus qu'ils ne firent jamais homme, ils mirent à mesme instant dans la grand salle du palais toutes desployées; ce que n'amoindrit pas la reputation que j'avois acquise, soit parmy eux, soit à Rome, et par tout ailleurs où les nouvelles de ceste entreprinse et execution coururent.

Depuis ne se presenta aucune occasion qui merite estre escrite, sauf deux; qui fut que dom Arbre alla assieger Chuzi (1), que le capitaine Moret Calabres, qui estoit à Montepescayo, avoit desrobée par intelligence aux ennemis. Ledict dom Arbre y avoit trente enseignes de gens de pied devant, et trois canons et six cens chevaux. Je partis de Montalsin un peu apres midy, avecques cinq enseignes et environ quatre vingts ou cent chevaux, et arrivay à Montepescayo sur le point du jour, et là je fis accoustrer de petits sacs pour porter de la poudre, jusques au nombre de vingt, y pouvant avoir en tout trois cens livres. De Montepescayo à Chuzi y a six mil. L'artillerie ne leur estoit pas encores arrivée, mais elle arriva le matin que j'en partis. Et sur le midy je partis de Montepescayo, et m'en allay camper vis à vis de leur camp, à un quart de mil et autant de la ville, car ils estoyent campez devant, et ne me vindrent oncques recognoistre. La place ne valloit rien, car nous n'avions pas eu loysir de la fortifier, et à l'entrée de la nuict je prins le lieutenant du capitaine Avanson, nommé Sainct Genies, avecques trente picquiers et trente arquebusiers que je voulus hazarder, veoir si j'aurois

moyen de la sauver. Et parce qu'il y avoit un petit ruisseau qui ne contenoit trois pas entre eux et moy, je fis aller ledict Sainct Genies et le capitaine Charry avec cent arquebusiers pour l'accompagner, et moy, par le costé du camp, je leur allay donner l'alarme avec les gens à cheval et cent arquebusiers. Sainct Genies entra avec la poudre et tous les soldats, sauf quatre ou cinq picquiers : et toute la nuit je les tins en alarme, pour leur donner à penser que le matin je me reposerois, et que, m'ayant recogneu, ils me viendroient combattre, veu que je n'avois autres forces que cinq enseignes : et sans reposer aucunement sans sonner tabourin ny trompette, je commençay à me retirer au long des bois, et prins mon chemin droit à Montalsin, et fis douze mil sans reposer : et aupres d'un ruisseau je fis alte, où tous, à pied et à cheval, repeusmes des vivres que j'avois faict apporter sur des asnes, où ne demeuray pas une heure et demie, pour m'acheminer droit à Montalsin. Or le jour que je partis de là, environ midy, ils mirent leur artillerie en estat, sans pouvoir faire batterie aucune jusques au lendemain matin.

Le jour mesme que j'estois parti de devant Chuzi, j'arrivay le soir à Montalsin, là où il y avoit trente mil, et toute la nuict je fis apprester un canon et une grande coulevrine que nous avions : et environ neuf heures je m'en allay battre l'Altesse, qui est entre Bonconvent et Montalsin un chasteau fort, et le battis par la porte où ils l'avoient le moins remparé : et sur le soir se rendirent, la vie sauve seulement; il y avoit soixante soldats. Puis le lendemain matin j'allay prendre trois ou quatre chasteaux qu'il y avoit autour de là, qui n'estoient pas forts, et se conservoient à la faveur de la forteresse de l'Altesse. De tout ce jour l'artillerie ne bougea de l'Altesse; cependant je prins les chasteaux. On me conseilloit d'aller battre Bonconvent : je l'allay recognoistre, et fis faire des gabions promptement là devant, faisant semblant de l'assieger ; ce que je faisois pour divertir dom Arbre à ne tirer plus outre, car je craignois qu'apres qu'il auroit prins Chuzi, ce que je pensois bien qu'il feroit, il allast assieger Montepescaillo, où estoit le capitaine Moret, et deux ou trois autres places qui se conservoient à la faveur de Montepescaillo. Et le jour que je faisois semblant d'assieger Bonconvent, j'envoiay le sieur Marioul de Santa-Fior, le capitaine Serres mon lieutenant, et le baron de Cleremon mon enseigne, courir jusques devant Siene. Ils rencontrerent une compagnie de gens de pied qui estoit sortie de Siene pour s'aller mettre en deux chasteaux qui estoient pres de ceux que j'avois prins, laquelle ils

---

(1) Lisez Giusdino, au lieu de Chuzi.

taillèrent tout en pieces, sauf le capitaine, le lieutenant et l'enseigne, qui se sauverent à cheval. Tout cecy fut faict en trois jours, comptant depuis le jour que je partis de devant Chuzi. L'alarme fut si grande à Siene de ceste deffaicte, que le cardinal Burguos manda en diligence à dom Arbre qu'il laissast tout pour retourner à Siene, et qu'il craignoit que les Sienois se revoltassent et qu'ils me missent dedans, veu l'amitié que les citoyens me portoient. Et si ceux de Chuzi eussent peu tenir un jour davantage, il les abandonnoit; mais le deuxiesme jour, apres avoir faict une grande bresche, car la muraille ne valloit rien et n'y avoit gueres de gens, ils se rendirent. Le lieutenant du capitaine Moret Calabres estoit dedans, avec partie de la compagnie dudit Moret, et environ cinquante cinq hommes qui enterent avec Sainct Genies, de sorte qu'en tout n'y avoit que cent hommes. Lendemain matin que le sieur Marioul eust deffaict ceste compagnie, tous les capitaines qui estoient avec moy estoient d'opinion que j'allasse battre Bonconvent; mais je leur dis ces mots : « Vous sçavez que depuis hier deux heures apres midy nous n'avons ouy tirer l'artillerie à Chuzi, laquelle nous oyons de l'Altesse en hors. Or, faut donc dire qu'ils sont rendus ou bien prins par force: s'ils sont rendus, dom Arbre ne sejournera pas là une heure, pour essayer s'il me pourra surprendre en campagne, car il ne faut point douter qu'il n'aye eu l'alarme de ses gens, que vous autres desfistes hier aupres de Siene, et que le cardinal Burguos ne l'aye mandé retourner pour conserver le demeurant des chasteaux qui sont les plus pres de Siene; car je faisois, en mesme instant que je prenois les autres, le tout desmanteler et ruyner, comme aussi fis-je l'Altesse. Or pesons un peu les choses : si nos gens sont rendus, le camp ne demeurera devant Chuzi plus de deux heures : s'ils sont prins par force, la ville est pauvre, les soldats n'y auront demeuré que ceste nuict passée au sac, et à ce matin sera party deux heures devant jour. Et encore qu'il y aye trente mil, l'artillerie sera icy avant que ne soit midy; car dom Arbre sçait bien que je n'ay point cent chevaux en toute ma puissance, ny plus de six cens hommes en ces cinq enseignes. Parquoy la raison de la guerre nous donne asseurance qu'il doit faire ce que je vous dis. Par ainsi, je vous prie, commençons à retirer nostre artillerie et l'infanterie. Et prenez vous en tous à moy, si vous ne voyez que les affaires iront ainsi. » Le lieutenant du capitaine Moret et Sainct Genies eurent telle composition qu'ils voulurent, pour la haste que dom Arbre avoit de tourner en arriere, car ils sortirent bagues sauves. D'enseignes ils n'en avoient point. Or fis-je mettre le feu au demeurant de l'Altesse qui ne s'estoit peu promptement ruyner, et laissay le capitaine Serres avec vingt chevaux sur un petit haut pres de l'Altesse, qui pouvoit descouvrir jusques à un bois où estoit le chemin que dom Arbre devoit tenir pour s'en retourner. Et comme je fus à un mil pres Montalsin, le capitaine Serres m'envoya deux chevaux à toute bride me dire qu'il commençoit à descouvrir leur cavalerie sortant du bois. Je laissay les capitaines de gens de pied avecques des cordes, et les soldats pour ayder à tirer l'artillerie aux bœufs, et retournasmes le sieur Marioul et moy avec nos gens à cheval.

Mais comme nous fusmes pres le capitaine Serres, sur un autre petit mont, nous descouvrismes toute leur cavalerie desja en la plaine, qui avoit faict alte : je croy que c'estoit pour attendre une trouppe qui sortoit du bois. Je laissay le sieur Marioul là pour soustenir le capitaine Serres, et manday au capitaine Serres qu'il ne s'engageast point à combattre, ny se laissast approcher, ains commencast à se retirer peu à peu : et autant en dis-je au sieur Marioul, et m'en courus à l'artillerie, laquelle je trouvay à un quart de mil pres la montée, et la fis haster : et comme je l'eus sur le commencement de la montée de Montalsin, je vis venir le sieur Marioul au trot, et le capitaine Serres un peu derriere luy, qui faisoit le semblable. Je fis tirer tousjours l'artillerie contre-mont, et ne peust arriver à cinquante pas pres de la porte de la ville, qu'il me fallust faire oster les bœufs, et les jetter dedans la ville, et toute nostre arquebuserie au long des vignes et dessus la muraille, et nostre cavalerie dans la ville, car elle ne pouvoit plus servir de rien : et vindrent les ennemis jusques au pied de la montaigne. Voy-là comme je sauvay tout sans rien perdre, pour compasser le temps qu'il leur falloit à venir de Chuzi sur nous, et pour la grand diligence que je fis à ma retraicte.

Donc, capitaines, souvenez vous, quand vous vous trouverez en lieu où il vous faudra retirer, et que l'ennemy sera beaucoup plus fort que vous, de compasser le temps qu'il luy faudra à vous venir combattre, et mesurez-le avec une grande diligence, soit jour ou nuict, et vous ne serez aisément surpris. Prenez tousjours au pis, et croyez que vostre ennemy veille pour vous surprendre, comme vous à luy. La raison de la guerre vouloit que j'en fisse ainsi; et faut tousjours estre aux escoutes quand on est pres de l'ennemy; et, s'il a trois heures pour venir à vous, redoublez le pas, et faictes en deux, s'il est possible, ce qu'il peut faire en trois : ainsi, ayant le devant, sans vous mettre en honteuse fuite vous luy lairrez le logis vuide. Ouy, mais peut estre il ne viendra pas à moy, et cependant je me retire sans voir l'ennemy. Si tu attens cela, tu es deffait et perdu, mesmement lorsque tu traines du canon, lequel tu ne peux abandonner ton honneur sauve.

Je fis un autre diligence pour secourir monsieur de La Monjoye (1), un mien parent que j'avois mis dans Tallamon (2). Les galleres du roy d'Espagne estoient parties de Gayette pour surprendre ceste place, et vindrent se mettre contre le mont Argentan (3). Et comme monsieur de La Monjoye les vid le matin à l'aube du jour, ayant donné sonde, me depescha un homme en poste pour m'advertir; lequel fit si grand diligence, qu'il fut à Montalsin environ les quatre heures apres midy, encore qu'il y aye trente cinq mil. Sans sejourner une heure, je partis avec quatre cens arquebusiers et ma compagnie de gens de cheval, et marchay toute la nuict, et ne m'arrestay jusques à un village qui est trois mil pres Grossette; et fismes sans reposer vingt sept mil, de sorte que j'y fus au soleil levant; et là fis manger les soldats et repaistre nos chevaux. Je courus à Grossette, où j'entendis que les ennemis estoient autour de Tallamon; et soudain je fis passer une riviere qu'il y a à demy mil de Grossette, à trois cens arquebusiers de ceux de la garnison de Grossette, avec asnes et chevaux; de sorte que quand nos gens que j'avois laissé repaistre furent arrivez à la riviere, les trois cens furent passez et acheminez. J'envoiay deux hommes de cheval audit sieur de la Monjoye, l'advertissant qu'il tinst bon, que j'estois-là pour le secourir; lequel s'en esmerveilla comme il estoit possible, et pensoit que je luy mandois cela pour luy donner courage. Les ennemis avoient mis trois ou quatre cens hommes en terre, et deux galleres luy vindrent tirer force canonades. Et comme j'entendis l'artillerie, je me mis devant avec mes gens à cheval et les trois cens arquebusiers qui estoient passez, et laissay le capitaine Charry, qui faisoient passer ceux que j'avois amené; et comme ils virent que cela alloit à la longue, et que je m'estois mis devant avec les trois cens, ils se jetterent tous dans l'eau, et ainsi passerent de ceste furie. Il faisoit grand chault; et prou y en avoit que l'eau leur venoit jusques au dessus de la ceinture. J'avois fait estat de les combattre, forts ou foibles, car j'estois asseuré qu'ils n'avoient point de gens de cheval; et trouvay que l'une partie des galleres au dessus de Tallamon, et au port ancien, rembarquoient les soldats; et avant que j'y peusse estre ils furent tous rembarquez, et se mirent tous à la largue, tirant au mont Argentan, où estoient les autres galleres, qu'est vis à vis de Tallamon. Et pense qu'ils cuydoient que monsieur de la Monjoye se rendroit, pour les canonades que les galleres luy tirerent; mais il estoit trop homme de bien pour s'estonner si legerement comme ils pensoient. Il a esté tué à Auberte en ces derniers troubles, aupres de monsieur de Caussens, qui tesmoignera de sa valleur.

Capitaines mes compagnons, il ne faut pas que vous trouviez estrange si je n'ay jamais esté desfait ny surpris où j'ay commandé, comme vous ne serez, si vous voulez user d'une si grande providence et diligence que j'ay fait toute ma vie. J'ay faict faire aux soldats ce que paraventure homme ne leur a faict faire jamais : car j'ay eu tousjours la parole à commandement pour leur remonstrer [quand j'estois au lieu là où il falloit qu'ils fissent diligence] l'honneur et le service du Roy, et aussi que par diligence il nous falloit conserver nos vies : c'est ce que met les aisles aux talons et le cœur au ventre, quand l'un et l'autre est necessaire. Toutes ces remonstrances ne me manquoient jamais; et s'il falloit faire une grande courvée, je faisois tousjours porter pain et vin pour les rafraischir; car, si vous voulez faire faire grands courvée aux soldats, et n'apportez rien pour les substanter, les corps humains ne sont point de fer, il faudra qu'ils vous laissent par les chemins, ou bien, quand vous viendrez au combat, ils seront si foibles qu'ils ne vous pourront servir que bien peu. Mais apportant avec vous pour les rafraischir accompagnez de remonstrances, vous ne les ferez pas seulement cheminer, mais courir si vous voulez. Et par ainsi il ne faut point que l'on s'excuse jamais sur les soldats : car il n'y a homme en la chrestienté qui l'aye plus experimenté que moy; et n'ay veu jamais advenir faute par eux, ouy bien par les capitaines : car un bon et sage capitaine rendra de bons et sages soldats. Parmy une grand trouppe, dix ou douze poltrons et couärds s'enhardissent et se font vaillans; mais un capitaine poureux, mal sage et improvident, pert tout et gaste tout. Et voy-là en somme tout ce qui s'est faict tant que je demeuray à Montalsin.

Monsieur de Guyse, estant adverty que j'avois cuidé estre surprins à l'Altesse, m'escrivit une lettre pleine de courroux, et me mandoit qu'il sembloit que je me voulusse perdre, et le pays et tout, de sortir en ceste sorte à chasque occa-

---

(1) Gilles de Gaudons, seigneur de la Montjoie.
(2) Télamone.
(3) La montagne de l'Argentière.

sion qui se presentoit en campagne ; et que, si j'estois deffaict, le pays seroit perdu, car il estoit desja si foible de gens qu'il ne pouvoit le secourir ; et que c'estoit fait en bon capitaine, mais non pas en lieutenant de Roy, qui ne se doit sans grande occasion mettre en hasart. Auquel j'escrivis que j'estois contrainct de ce faire, autrement dom Arbre me prendroit tout pied à pied ; et qu'il s'asseurast que je me levois si matin, et faisois si bonne diligence d'autre costé, que je le garderois bien de me surprendre, et qu'il ne se mist point en peine de moy, car, encore que dom Arbre eust toujours trente enseignes en campagne, et que je n'en eusse que cinq ou six pour y respondre, je ferois si bon guet et si bonne diligence, que je le garderois bien de faire ce qu'il voudroit faire. Apres je me retiray à l'abbaye Sainct Salvadour, qui est à quinze ou seize mil de Montalsin, tirant vers Rome. A un mil pres du chemin romain y a une petite villate fermée, et une abbaye d'Augustins que le petit roy Charles fonda à son retour de Naples. On y sejourna quelque temps. Toute l'eglise est couverte de fleurs de lys, et la fondation estoit en parchemin ; les religieux fort gens de bien.

Estant là, je receuz une lettre de monsieur le cardinal de Ferrare, lequel pour lors estoit à Ferrare : il m'escrivoit la triste nouvelle de la defaicte de monsieur le connestable à Sainct Quentin, et qu'il estoit plus de besoin que je pensasse plus que jamais aux affaires du Roy ; et que, si Dieu n'aidoit le Roy, tout estoit perdu en France, car toutes les forces que le Roy avoit s'estoient perdues avec monsieur le connestable. Je partis tout incontinent, et m'en allay à Montalsin, pour crainte que les Sienois ne se desconfortassent du tout ; et, par remontrances et persuasions, je les asseuray tant que je peus, et apres j'essayay à me consoler moymesme : j'en avois bon besoin, car je tenois le royaume pour perdu. Aussi fut-il plus conservé par la volonté de Dieu, qu'autrement ; car Dieu osta par miracle l'entendement au roy d'Espagne et au duc de Savoye de ne suyvre leur victoire droict à Paris, car ils avoient assez de gens pour laisser au siege de Sainct Quentin contre monsieur l'admiral, et pour suyvre leur victoire ; ou bien encores, apres qu'ils eurent pris Sainct Quentin, ils avoient autant de temps que jamais ; et ne sceurent prendre le party qu'un simple capitaine eust faict. Et par ainsi il nous faut tous confesser que Dieu aymoit nostre Roy, et ne vouloit perdre le royaume. Je ne faisois pourtant aux Sienois le mal si grand qu'il estoit, et leur disois que les advis que j'avois de France asseuroient la perte petite ; que le Roy y dressoit une belle armée en personne. Monsieur de Guyse estant à Rome, parce que le Roy l'avoit rappelé pour le venir secourir, me manda le venir trouver ; ce que je fis en poste, et là il me demanda ce que j'avois besoin qu'il me laissast pour conserver ce que nous tenions de la Toscane. Je luy respondis que j'avois besoin de ce qui n'estoit en sa puissance de me bailler ; car il n'avoit argent pour me laisser, ni guere de gens qui ne fissent plus de besoing en France qu'en la Toscane ; mais que je ferois comme Dieu me conseilleroit, et que j'esperois tant en Dieu, qu'il ne m'abandonneroit point, non plus qu'il avoit jusques icy, et que je le supplois tres-humblement s'en aller en France le plus hastivement qu'il pourroit ; car si Dieu ne sauvoit le royaume, les hommes y pouvoyent bien peu, veu que toutes les forces estoient perdues. Monsieur le mareschal de Strossi trouva ma responce fort sage, et m'en loüa fort, parce que plusieurs eussent demandé et hommes et argent, de quoy j'avois bon besoin ; mais la France pesoit plus au Roy que la Toscane, où je voulois essayer à tirer moyen du pays, et avec la guerre faire la guerre. Je fis requeste à monsieur de Guyse de supplier tres-humblement le Roy de m'envoyer querir, pour m'en aller en France ayder à deffendre le royaume, car je n'avois rien à perdre en la Toscane : et avecques grandes requestes et prieres il me promit de faire en sorte que le Roy m'envoyeroit querir, avec promesse qu'il me fit faire, que dés que je serois en France je me rendrois aupres de luy. Il n'avoit pas adjousté foy à tous les faux rapports ; il me cognoissoit trop, et m'a toujours aymé tant qu'il a vescu ; ce que je luy promis faire. Et ainsi il s'alla embarquer à Civitavechia, et ramena en France ses forces entieres, en quoy il monstra que c'estoit un grand et sage capitaine. Quant à moy, je m'en retournay à Montalsin.

[1558] Avant que mon congé vinst à la requeste du capitaine Carbayrac, que monsieur de Guyse avoit envoyé à Grossette pour gouverneur [car il en avoit tiré monsieur de La Molle, avec sept ou huict compagnies de gens de pied qu'il avoit, et l'envoya à Ferrare, et, en lieu de luy, me fit venir monsieur de Givry (1) avec treze compagnies de gens de pied qu'il avoit ; je ne perdis au change]. Je m'en allay en diligence à Grossette, veoir un desordre qu'estoit advenu, c'est que toutes les munitions des bleds que j'y avois mis, où il y en avoit pour plus d'un an, se trouverent desrobées, et en tout ne se trouvoit pas cent sacs de

(1) René d'Anglure, seigneur de Givry.

bled. Il y avoit un garde des munitions qui s'appelloit Louberjat, lequel chargeoit monsieur de La Molle. Je manday en poste à monsieur de La Molle ce que l'autre avoit deposé; monsieur de La Molle, au rebours, chargeoit ledit Louberjat. Je couchay la nuict dans un lict duquel les draps estoient humides, et c'estoit en hyver, n'ayant pour lors porté mon lict de camp, pource que je laissois sejourner mes mulets pour m'en venir en France ; et là je prins une fièvre continuë, laquelle dans dix jours me mit jusques à perdre la cognoissance de mes serviteurs propres. Et sans ma maladie j'eusse gardé Louberjat de desrober jamais les munitions du Roy, aussi bien que je fis à Siene celuy qui les avoit en garde, qui en avoit fait autant. Et comme je commençay un peu à prendre cognoissance des hommes, mon congé arriva ; et m'escrivoit Sa Majesté, que je passasse à Ferrare, et que je fisse sejour auprès de monsieur le duc (1), pour le conseiller en ses affaires, car il avoit la guerre sur les bras. De la grand joye que j'euz voyant mon congé arrivé, je prins courage de telle sorte, que quatre jours apres je partis, et me fis porter sur une chaire, à six hommes, à Montizel, où estoit le capitaine Bartholomé de Pezero ; et là demeuray trois jours, attendant une litiere que le sieur Marioul de Santa-Fiour m'envoyoit. Et ainsi m'en allay, ne pouvant faire que cinq ou six mil le jour, jusques à Pezero, où je trouvay le duc d'Urbin (2), qui m'envoya cinq ou six gentils-hommes au devant, pour me faire venir loger à son chasteau. Je fis responce que je m'en allois descendre à la maison du capitaine Bartholomé de Pezero (3), car ledit capitaine avoit escrit à sa mere que j'yrois loger là, et que je le remerciois tres-humblement. Je trouvay la mere du capitaine Bartholomé une bien fort honneste damoyselle, et autant estimée dans la ville que gentil-femme qui y fust. Comme j'arrivois au logis, on me mettoit dans un lict, car j'estois si fort extenué que je n'avois que la peau et les os, et mourois tousjours de froid, quelques fourrures que l'on me sçeust mettre dessus. Monsieur le duc incontinent me fit cest honneur de me venir veoir, et, me voyant si mal encores, me contraignit de sejourner là quatre jours, et ne voulut que je despendisse un sol, et me fit tousjours servir à deux plats de son chasteau en hors. Il me sembla que j'estois un peu amendé, et en renvoiay la litiere au sieur Marioul. Monsieur le duc voulut que je prinsse un coursier de son haras, un des plus beaux coursiers que j'aye gueres jamais veu, et des plus forts selon sa hauteur ; et voulut prendre de moy un petit frizon, fort de sa taille, et fort beau. Et ainsi me mirent sur une petite hacquenée que monsieur de Givry me donna à mon partement de Montalsin, où il commanda jusques à ce que le sieur Francisco d'Est (4) fust arrivé, lequel le Roy fit son lieutenant general, comme j'estois ; et ainsi me trainay jusques à Ferrare, là où je fus aussi bien venu et reçeu de messieurs le duc (5), cardinal (6), et de madame la duchesse, que si j'eusse esté leur frere propre. Ils voulurent que je logeasse dans le chasteau, me faisant servir de sa cuisine comme sa personne propre.

Quatre ou cinq jours apres mon arrivée, j'eus envie d'aller voir monsieur le cardinal de Tournon et monsieur de Dax, lequel sieur de Dax (7) estoit ambassadeur à Venise ; et demeuray quatre jours avecques eux, regrettant fort que je n'avois la santé, pour pouvoir veoir toute la ville de Venise, car j'estois encore si mal qu'à peine peus-je aller jusques à l'arcenal, puis m'en retournay à Ferrare. A present que tout est mort, je ne feray tort à nul d'escrire ce que j'ay veu faire, qu'est que monsieur le cardinal de Mantouë (8) se monstra grand amy de monsieur le duc de Ferrare : car il l'advertit que le sieur dom Ferrand (9), son frere, alloit assieger Verseil (10), et qu'il avoit fait partir six canons d'Alexandrie, avec lesquels il avoit prins le chemin droit à Cremone, menant grand quantité de poudres et boulets ; et luy asseuroit que c'estoit pour Verseil : et par deux fois queuë sur queuë luy donna cest advertissement. Il fut adverty aussi de Cremone en hors, que le sieur dom Ferrand faisoit apprester encores d'autre artillerie, et avoit fait arrester quatre vingts grands basteaux des marchands trafiquans sur le Pau, sur lequel Verseil est assis, comme Cremone, et que partie des compagnies espagnolles qu'estoyent vers le Piedmont commençoyent à marcher droit à Cremone, et qu'il se faisoit des compagnies italiennes aux environs de Milan. Le duc de Ferrare, ayant receu tous ces advertissements, se trouva fort fasché, n'estant la place encores en gueres bon estat pour se deffendre ; car il n'y

---

(1) Hercule d'Est, duc de Ferrare.
(2) Guidobalde de La Rovere, duc d'Urbin.
(3) Bartolomeo Giordani da Pesaro.
(4) Frère du duc de Ferrare.
(5) Hercule d'Est, duc de Ferrare.
(6) Hippolyte d'Est, cardinal de Ferrare, frère d'Hercule.

(7) François de Noailles, évêque de Dags ou Dacqs.
(8) Hercule de Gouzague, cardinal de Mantoue.
(9) Suivant de Thou, Montluc se trompe, et Ferdinand de Gonzague étoit alors dans les Pays-Bas.
(10) Brissello, Borsello ou Berscillo.

avoit nul boulevart couvert, et les courtines fort basses, comme aussi estoyent bien les esperons, n'estans que demy terrasses, ny encores demy remplis, tous les flancs decouverts. Monsieur le duc advertit du tout monsieur le prince son fils, qui estoit à Rege avecques son camp, et luy maudoit qu'il envoyast le sieur Cornelio Bentivolle se mettre dedans. Monsieur le prince luy manda que si le sieur Cornelio estoit hors d'auprès de luy, il ne pouvoit donner ordre à son armée, car le sieur Cornelio commandoit en son absence, et n'avoit autre soulagement que de luy, mais qu'il lui pleust de faire election de quelque autre. Monsieur le duc depescha incontinent vers monsieur de La Molle, qui estoit au camp pres monsieur le prince, le priant d'y vouloir aller pour deffendre la place. Monsieur de La Molle luy fit responce que le Roy ne lui avoit pas commandé de s'enfermer dans aucune place, mais bien faire sa charge à la campagne. Ledit sieur duc se trouva fort fasché, comme estoit aussi monsieur le cardinal son frere, qui est aujourd'huy, pour n'avoir nul homme auquel il se fust sur l'heure fié pour la deffence de ceste place.

Je commençois à recouvrer un peu de force, et ces allées et venuës se faisoyent fort secretement, tellement que je n'en entendois aucune chose : à la fin un gentil-homme de monsieur le duc, auquel il avoit commandé se tenir pres de moy pour voir si j'aurois besoin de quelque chose, me descouvrit le tout un soir bien tard, et me dit en outre que M. le duc tenoit presque la place pour perduë, car celuy qui estoit dedans gouverneur n'estoit pas soldat, ni n'avoit jamais porté les armes en faction de consequence : bien estoit il homme de bien, et monsieur le duc ne se deffioit aucunement de sa loyauté, mais bien son experience ; et, que pis estoit, nul ne se presentoit à monsieur le duc pour se mettre dedans. Toute la nuict je prins conseil avecques ma santé, car de bonne volonté je n'en avois que trop : il me sembla le matin que j'avois quelque peu de force, et m'en allay trouver monsieur le duc, lequel trouvay au lict, car il se levoit tard. Il avoit commandé qu'à quelque heure que j'arrivasse à la porte de sa chambre, qu'on m'ouvrist, encore qu'il fust dedans le lict. Je heurtay, et par un de ses vallets de chambre fust ouvert, et le trouvay dans le lict, et deux secretaires qui escrivoient sur une petite table tout aupres de son lict ; et comme je luy eus donné le bonjour, je luy dis ce que l'on m'avoit dit le soir, ne nommant point celuy de qui je le tenois. Il me raconta tout ainsi que le gentilhomme m'avoit dit, et la peine en quoy il estoit, et ne me voulut pas nommer le cardinal de Mantouë jusques à mon retour, de qui il tenoit les plus asseurez advertissemens. Et alors je luy dis en ceste maniere : « Monsieur, vous voudriez vous fier à moi de la garde de vostre place ? » Il me respondit : « En vous, monsieur de Montluc ? ouy, plus qu'en homme qui soit aujourd'huy en Italie. — Or donc, monsieur, levez-vous, et promptement escrivez à monsieur le prince qu'il me baille une compagnie de François, celle que je luy demanderay, et quelques gens à cheval pour m'accompagner à me mettre dedans ; et escrivez au sieur Pierre Gentil qu'il s'accorde bien avec moy pour la deffence de la place, et que vous ne m'y envoyez pas pour luy oster le gouvernement, mais pour ce que je suis plus experimenté en telles choses que luy, et qu'il face faire promptement tout ce que je luy ordonneray. » Alors il tendit ses bras et m'embrassa au col bien estroittement, me tenant le visage contre sa poictrine, et dict à un de ses vallets de chambre qu'il allast chercher monsieur le cardinal son frere, qui estoit logé en son palais, bien loing du chasteau. Le vallet de chambre y courut, et luy dict ce qu'il avoit entendu. Monsieur le cardinal fut incontinent à nous, et dés son arrivée il m'estendit ses bras, et m'embrassa, me disant ces mots : « O monsieur de Montluc, que tous tant que nous sommes de ceste maison vous serons tenus ! » Et alors commencerent faire leurs lettres, et je m'en allay apprester pour partir, car il se falloist haster, pour ce que Versel est assis en tel lieu, que si un camp est devant il est impossible d'y entrer, pourveu que l'on aye seulement deux ou trois batteaux sur la riviere. Et m'en allay coucher à Final, et le lendemain disner à Modene et coucher à Rege (1), où monsieur le prince estoit avec son camp, lequel me bailla le baron Daurade avec sa compagnie, celuy qui fut tué à la fenestre de la chambre de monsieur de Nemours à Vienne, et une compagnie de gens à cheval. En cest equipage arrivasmes environ une heure apres midy. Il y avoit dedans une compagnie de Suysses et cinq d'Italiens, et puis celle du baron Daurade, qui fut bien aise de venir avec moy, et fut la septiesme. Le Duc de Parme, depuis qu'il se fut racointé avec le roy d'Espagne, avoit rappellé ses deux compagnies de chevaux legers qui estoient avec nous à Rome, que les capitaines Bartholomé et Ambrois commandoient ; et sept ou huict jours devant, le capitaine Ambrois avoit esté prins et mené prisonnier dans le chasteau de Verseil ; et le trouvay prest à s'en aller, pource que mon-

(1) Reggio.

sieur le prince l'avoit changé avec un autre. Il fut tout esbahy de me veoir là, et luy dis que nous portions n'avoit guere ensembles la croix blanche, et à ceste heure je le voyois avec la croix rouge. Il me respondit que *bisognava far il commandamento del suo padrone* (1), et me demanda qu'est-ce que je venois faire là. Je luy dis que j'estois là pour leur servir de mareschal de camp, et que je leur appresterois les quartiers pour loger leur camp à leur aise. Le capitaine Pierre Gentil luy dict et asseura que j'estois venu là pour deffendre la place. Alors il dit : *O queste non sono baye donque à la fede, che io portero cative nove al mio padrone* (2), et ainsi me dict à Dieu.

Or le duc de Parme tenoit une place assiegée du duc de Ferrare, dependante de Rege, à cinq ou six mil pres de Versel : je ne trouvay foin ny paille, ny chose du monde à manger pour les chevaux, ny farine aucune, et bien peu d'outils pour travailler, ny vin, sinon quelque peu qu'on bailloit aux Suysses, et bien peu de farines et bleds ; et crois que ce deffaut amenoit plustost le sieur dom Ferrand à l'assieger que autre occasion. Il me sembla que j'estois arrivé encore une autre fois à Siene, que tout me faudroit en un coup. Le matin la compagnie de gens à cheval s'en vouloit retourner, car ils n'avoient rien mangé de toute ceste nuit. Il y avoit trois bourgs assez grands sur le chemin qui tiroit à Parme ; et me semble qu'on m'a dit qu'ils estoient au sieur de Sainct Soubrin, que j'ay veu à la Cour portant le bonnet rond, et estoient à demy mil l'un de l'autre, et à deux mil de Versel, et y avoit quelques soldats italiens en garnison pour garder que ceux de Versel n'en tirassent aucune commodité. Je sortis avec la compagnie des Suysses, celle du baron Daurade, trois cens arquebusiers italiens, et fis que le sieur Pierre Gentil commandast que tous les hommes, femmes et enfans me suivissent, et tous les chevaux qui estoient dans la ville, avec force cordes et sacs ; et m'en allay droit au premier village : les ennemis qui y estoient l'abandonnerent et se retirerent à l'autre, et moy tousjours à les suyvre. Ils abandonnerent tout et se retirerent en diligence vers Parme. J'avois deffendu à peine de la vie que personne ne saccageast rien que les vivres ; et laissay le baron Daurade et la compagnie de gens à cheval au premier village tirant à Parme, les arquebusiers italiens au second, les Suysses au troisiesme tirant à Versel, ayant tous charge de ne laisser passer chose aucune que victuailles ; et moy j'allois d'un village à autre pour faire haster, car je ne pensois jamais sortir de là sans combattre. Les bourgs n'estoient pas fermez, et y avoit grands vivres : il y eut tel homme qui fit cinq et six voyages à porter vivres dans Versel ; et à la fin n'y demeura personne qui ne vinst chercher des vivres ; et embarquions les vivres sur des batteaux, et les portions au long d'une petite riviere qu'il y a : je croy que c'est un bras du Pau ; et l'allions deschargeur à demy mil de Versel contre-mont, car ce ruisseau n'approchoit plus dudit Versel. Cecy dura depuis le soleil levant jusques au couchant ; j'oserois dire qu'il ne demeura que bien peu de toute sorte de vivres dans ces villages. Les hommes et les femmes estoient là tous estonnez : je leur promettois de les faire recompenser ; et ainsi se passa tout le jour ; et y fut porté tant de vivres pour les hommes et pour les chevaux, que de trois mois nous n'en pouvions avoir faute. Et alors le capitaine des gens à cheval voulut demeurer encore quelques jours avec moy ; et le lendemain le sieur Pierre Gentil sortit avec tous les hommes, femmes et enfans de huict ans en sus, et s'alla jetter sur un taillis à demy mil de Versel, faire faire des facines et les apporter devant la ville : cela ne fascha aux gens de la ville d'y aller ; et y mena les Suysses et presque tous les soldats italiens, et je luy tenois escorte avec le baron Daurade et la compagnie de gens à cheval. Et firent aussi grand diligence à ce taillis, comme ils avaient faict le jour devant au village des vivres ; et venoient descharger à un traict d'arbaleste dans la taillade, à la veuë de nostre artillerie et portée de nostre arquebuserie. Et jusques à ce que la nuict nous en jetta nous ne cessasmes, et deux jours apres nous y tournasmes tousjours ; et cuide qu'en ces trois jours il fut faict plus de soixante milliers de facines : puis nous les allions prendre enseignes desployées, et les mettions dans la ville, et en remplismes l'eglise et beaucoup de murailles vuides. Et commençasmes à fortifier tous, sans nul excepter ; et portions, le sieur Pierre Gentil et moy, le bayart (3), pour donner exemple à tous les autres. Je ne sçaurois dire mal de ce gentilhomme là, car je cognus bien qu'il n'avoit pas faute de bonne volonté, ains seulement d'experience : tout ne se peut acquerir sans estre mis en besongne. Et comment voulez-vous juger d'un homme s'il n'est mis à l'essay ? Peut estre que si on l'eust attaqué, il eust faict son devoir ; mais qui n'a veu jamais siege s'estonne fort quand il entend une telle

---

(1) Qu'il falloit exécuter les ordres de son maître.

(2) « Oh ! ce n'est plus une plaisanterie ; j'aurai de fâcheuses nouvelles à porter à mon maître.

(3) *Bayart* : espèce de civière.

sonnerie, et, luy estonné, tout est perdu. Et comme nous eusmes nos fassines dedans, je fis une autre entreprise d'aller saccager les vivres de deux villages auprès de Grastalde (1), qui est au sieur dom Ferrand, dans lequel y avoit deux compagnies d'Allemans et trois d'Italiens. J'envoyay le capitaine des gens à cheval et tous les gentils-hommes qui estoient avec moy, courir jusques au devant la Grastalde; et le baron Daurade, qui leur tenoit escorte, au long d'une haye; et moy, avec les Suysses et quatre cens Italiens, m'attendois à faire charger les vivres. Ils envoyerent douze chevaux courir devant la Grastalde, et le reste s'estoit mis en embuscade auprès en un petit bois. Les capitaines allemans sortirent, et grand nombre de gens, et donnerent la chasse à nos coureurs. Nostre embuscade se descouvrit trop tost, car autrement tous les capitaines estoient pris; et les chasserent jusques dans la ville, et y fut tué quarante ou cinquante Allemans, car le baron Daurade s'y trouva, et l'embuscade des gens de pied et gens de cheval pres l'un de l'autre; et prindrent prisonnier un qui portoit une enseigne des Allemans, et vingt ou vingt quatre Allemans. Et ainsi nous nous retirasmes avec les vivres que nous avions chargez, et le lendemain je donnay congé à la compagnie de gens à cheval pour s'en retourner, car je craignois que monsieur le prince fust marry de ce qu'ils demeuroient tant. Quant à eux, ils ne se faschoient point de demeurer auprès de moy, car ils eussent bien voulu y demeurer: je les eusse souvent mis aux mains avec les ennemis. J'ay tousjours tasché à ne laisser les soldats ou gens-d'armes croupir, et, forts ou foibles, les mettre aux prises avec les ennemis, pour les faire recognoistre. Il y faut aller prudemment pour ne perdre; mais qui se tiendra tousjours sur cela, je ne veux perdre mes gens, trouvera en fin qu'il ne faict pas grand cas. Il en faut prendre et en faut donner.

Monsieur le duc de Parme estoit toujours devant ceste place qu'il battoit, et cependant je faisois mes affaires. Le capitaine Balferniere (1) et une autre compagnie françoise estoient dedans, qui firent si bien qu'ils les amuserent dix ou douze jours. Le sieur dom Ferrand, qui estoit à Cremone, estant adverty des vivres et des fassines que nous avions mis dedans, et du grand devoir que nous faisions, refroidit son entreprise; car, comme j'ay dict cy devant, je luy avois faict teste à Cazal, et sçavoit bien l'ordre et diligence que je faisois à la fortification. Pareillement il se ressouvenoit de ce que je luy fis à Benne et à Sainct Damian. Tout cela luy donna à penser qu'il n'emporteroit pas ceste place aisément; et retira ses munitions et artillerie qui estoit sur le bord de la riviere du Pau, prest à l'embarquer, et licentia les batteaux qu'il avoit retenus pour embarquer l'artillerie et les gens de pied; car le camp du duc de Parme se devoit joindre avec luy devant Versel. Et encore que cecy soit à ma loüange, si diray-je que M. le duc de Ferrare disoit publiquement et me donnoit bien ceste gloire, que ma presence arresta l'ennemy, qui ne voulut rien hasarder, sçachant bien, comme j'ay dict, ce que je sçavois faire pour la garde d'une place. C'est beaucoup d'acquerir ceste reputation de se faire craindre et estimer à son ennemy. Ledict sieur dom Ferrand estoit bon capitaine; il ne vouloit tanter ceste place où j'eusse remué terre: aussi, ayant de quoy manger, je luy eusse faict souffrir une honte.

Pendant ce temps-là le duc de Florence pourchassoit la paix du duc de Ferrare envers le roy d'Espagne, par le bon advis et consentement du Roy; car autrement ledit sieur duc ne l'eust faict pour mourir: il estoit trop françois. Et comme la paix vint, qui fut au bout de vingt cinq jours que j'estois entré dans Versel, je m'en retournay à Ferrare, et prins congé de monsieur le prince à Rege; et ne faut point demander si je fus le bien venu de monsieur le duc, de monsieur le cardinal et de madame la duchesse, car je ne pense point qu'ils caressassent jamais homme, de quelque estat que ce fust et sçauroit estre, plus que moy; et quand il mourut, je pouvois bien dire, comme je fais encore, que j'avois perdu un des meilleurs amis que j'avois en ce monde. Et quand je partis de Ferrare pour aller à Versel, monsieur le duc s'informa d'un mien secretaire si j'avois gueres d'argent: il trouva que je n'avois que deux cens escus; il envoya cinq cens escus à mondict secretaire qui faisoit ma despence; et, trois jours aprés mon retour, je prins congé de luy, de monsieur le cardinal et de madame la duchesse. Ledict sieur duc, voyant que j'avois beaucoup de gentils-hommes signalez auprès de moy, cogneut bien que je n'avois pas assez d'argent pour faire mon voyage; qui fut cause qu'il m'en envoya encore cinq cens: et voylà comment je m'en vins riche de ma charge que j'avois en Toscane. Cest argent me mena jusques à Lyon, où je trouvay deux mille quatre cens francs que le Roy m'avoit faict payer de deux années de mon estat de gentilhomme de la chambre, que Martineau m'apporta audict Lyon, entre les mains de Cathelin

(1) *Grastalde*: Guastalla.
(2) René de Provanes de Valfenieres.

Jean, maistre de la poste, qui me conduit jusques à Paris. Et estant arrivé, j'allay baiser les mains au Roy, qui estoit à Cressy, et fus aussi bien venu de Sa Majesté comme quand je revins de Siene : et fut fort aise de ce que j'avois fait pour le duc de Ferrare. Monsieur de Guyse, qui ne m'avoit encores veu, m'embrassa deux ou trois fois devant le Roy mesmes. Sa Majesté commanda audit sieur de Guyse de me faire bailler mil escus pour m'en retourner à Paris sejourner un peu ; ce que le dict sieur fit promptement. Et voylà mon retour de l'Italie en France, la derniere fois que j'y ay esté, et les services que j'y ay faict, desquels je ne puis mentir, car il y a trop de gens qui sont encores en vie qui en porteront vray tesmoignage.

Or, capitaines, vous devez icy prendre exemple qu'est-ce que c'est de la reputation, laquelle, quand vous l'avez acquise, vous ne devez perdre, ains plustost mourir. Et ne faictes pas comme aucuns qu'il en y a, qui, dés qu'ils l'ont atteinte un peu, s'en contentent, et pensent que, quelque chose qu'ils facent, l'on les estimera tousjours vaillans. N'en croyez rien, car d'heure à autre les gens jeunes deviennent grands, et ont le feu à la teste, et combattent comme enragez ; et comme ils verront que vous ne faictes rien qui vaille, ils diront que l'on vous a donné ce tiltre de vaillant injustement, et vous estimeront moins, et parleront de vous à leur plaisir, et avec juste raison. Car si vous ne voulez continuer tousjours de bien faire et entreprendre de plus en plus, il vaudroit mieux, pour vostre honneur, que vous vous retirissiez à vostre maison avecques la reputation que vous avez acquise, et non suyvre encore les armes, pour la perdre et estre aux escoutes lors que les autres sont aux prises. Si vous desirez monter au bout de l'eschelle d'honneur, ne vous arrestez pas au milieu, ains, degré par degré, taschez à gaigner le bout, sans penser que vostre renom durera tel que vous l'avez acquis. Vous vous trompez : quelque nouveau venu le vous emportera, si vous ne le gardez bien et ne taschez à faire de mieux en mieux.

Le mesme jour que je partis de Cressi, monsieur de Guyse en partit pour s'en aller à Mets, pour executer l'entreprise de Tionville ; le Roy l'avoit choysi pour estre son lieutenant general en tout son royaume dés qu'il fut arrivé d'Italie. Avant mon arrivée, je trouvay qu'il avoit pris la ville de Calais, et renvoyé les Anglois de là la mer, ensemble Guynes, et que lors il estoit sur le dessein de ce siege de Tionville. Il ne tarda pas deux jours, que le Roy me manda de le venir trouver à Cressi, sans me mander qu'est-ce qu'il vouloit faire de moy ; et ouys dire que le lendemain matin que j'en fus party le Roy avoit faict prendre monsieur Dandelot sur quelque responce qu'il luy avoit faict touchant la religion ; et comme je fus arrivé, Sa Majesté me fit venir en sa chambre, où estoit monsieur le cardinal de Lorraine et deux ou trois autres : il ne me souvient de leur nom, bien me semble que le roy de Navare et monsieur de Montpensier (1) y estoient. Et alors le Roy me dict qu'il falloit que j'allasse trouver monsieur de Guyse à Mets, pour commander les gens de pied desquels monsieur Dandelot estoit colonnel. Je luy fis tres-humble requeste de ne me vouloir point faire exercer la charge d'autruy, et que je m'en irois plustost luy faire service aupres de monsieur de Guyse comme soldat privé, ou bien que je luy commanderois les pionniers, plustost que de prendre ceste charge. Le Roy me dit que monsieur de Guyse mesmes me demandoit pour commander en ladicte charge, apres qu'il eut esté advertv de la prise dudit sieur Dandelot. Et, comme je vis que je ne gaignois rien en excuses, je luy dis que je n'estois pas encore guery d'une dissenterie que ma maladie m'avoit laissé, et que ceste charge requeroit la grande santé et disposition pour l'exercer, et que cela ne povoit estre en moy. Sa Majesté me dict qu'il tiendroit mieux ceste charge bien commandée de moy en une lictiere, que d'un autre qui fust bien sain, et qu'il ne la me bailloit pas pour l'exercer pour un autre, car il vouloit que je l'eusse pour tousjours. Je luy respondis alors que je le supplios tres-humblement ne trouver mauvais si je ne la voulois point. Alors Sa Majesté me dit ces mots : « Je vous prie, prenez la pour l'amour de moy. » Et monsieur le cardinal me dit alors : « C'est trop contesté contre Sa Majesté, c'est trop contesté contre son maistre. » Alors je luy dis que je ne contestois point pour mauvaise volonté que j'eusse à son service, ny que je n'eusse volonté d'aller trouver monsieur de Guyse, car dés que j'estois arrivé à Paris j'avois baillé de l'argent pour m'achepter quelques tentes et autre equipage, pour m'aller rendre aupres dudit sieur de Guyse, luy ayant promis à Rome de me rendre aupres de luy. Alors le Roy me dict qu'il n'en falloit plus parler, et qu'il falloit que j'y allasse ; surquoy je ne sceu plus que dire, car il me semble que le roy de Navarre et monsieur de Montpensier se meslerent au propos pour me faire prendre ceste charge, pource qu'il me souvient que le Roy me dit : « Il n'y a plus d'excuse, car vous voyez

(1) Louis de Bourbon, prince de Montpensier.

que tout le monde est contre vous; » et commanda à monsieur le cardinal de me faire donner autres mil escus pour m'ayder à achepter l'equipage qu'il me falloit; ce qu'il fit promptement. Je m'en retournay à Paris, et n'y demeuray que deux jours, pour me pourveoir de ce qu'il me falloit, puis allay trouver monsieur de Guyse à Mets. Je le trouvay qui montoit à cheval pour aller recognoistre Tionville, et ne voulut que j'y allasse, pource que j'avois faict une grande traicte; et à la verité je n'estois gueres sain; et y retourna le soir mesmes, et me dit que si Dieu nous faisoit la grace de la prendre, qu'il y avoit à gagner de l'honneur. Il m'appeloit tousjours, se joüant à moy, Monseigne, et me dict en riant : « Courage, Monseigne, j'espere que nous l'emporterons. » Et le matin partismes, car tout son cas estoit prest. Je veux dire une chose, et à la verité sans flatterie, que c'estoit un des plus diligens lieutenants de Roy que j'eusse encore servy des dix-huict sous qui j'avois faict service au Roy. Il avoit une imperfection, qu'il vouloit escrire presque toutes choses de sa main, et ne s'en vouloit fier en secretaire qu'il eust. Je ne veux dire que cela soit mal faict; mais cela le tenoit un peu en longueur; et les affaires de la guerre requierent la diligence si soudaine, qu'aucunes fois un quart d'heure fait beaucoup de mal de le perdre. Un jour je venois des trenchées pour luy demander quatre enseignes d'Allemans pour entrer en garde avec nous et nous tenir escorte, car nous commencions fort approcher de la ville. Et, à cause que l'artillerie l'avoit tiré hors de son premier logis, il s'estoit logé en une petite maisonnette basse, là où il n'y avoit qu'une petite chambre qu'avoit la fenestre qui sortoit sur la porte. Et là je trouvay monsieur de Bourdillon (1), qui depuis a esté mareschal de France, auquel je demanday où estoit monsieur : il me dit qu'il escrivoit; alors je dis : « Au diable les escritures! il semble qu'il vueille espargner ses secretaires; c'est dommage qu'il n'est greffier du parlement de Paris, car il gaigneroit plus que Du Tillet ny tous les autres. » Monsieur de Bourdillon se mit fort à rire, pource qu'il cogneut que je ne pensois pas qu'il m'entendist; et, pource qu'il voyoit que monsieur de Guyse m'entendoit, il m'eguillonnoit tousjours pour me faire parler sur ce greffier. Alors monsieur de Guyse sortit en riant : « Eh bien! Monseigne, serois-je bon greffier? » Jamais je n'eus tant de honte, et me courroussay contre monsieur de Bourdillon de ce qu'il m'avoit faict ainsi parler; mais ils n'en faisoyent que rire, et me bailla le comte Rocquendolf (2) avec quatre enseignes. Mais pour retourner à sa diligence, il n'y avoit homme qui ne le jugeast un des plus vigilans et diligens lieutenans de Roy qui ait esté de nostre temps, au reste, si plein de jugement à sçavoir prendre son party, qu'apres son opinion il ne falloit pas penser en trouver une meilleure. C'estoit au reste un prince si sage, si familier et courtois, qu'il n'y avoit homme en son armée qui ne se fust volontiers mis à tout hazard pour son commandement, tant il sçavoit gaigner le cœur. Ses depesches l'amusoient un peu quelque fois trop : je croy qu'il craignoit estre trompé; car ceste manière de gens nous fait bien du mal : c'est une chose rare d'en trouver un fidele.

Or il assiegea la ville du costé de delà l'eau, la riviere entre-deux, laquelle il fit sonder si elle estoit gueres profonde, par cinq ou six soldats que j'amenay; et ne fusmes que cinq ou six avecques luy, dont monsieur de Bourdillon et monsieur de Ciré en estoyent : et trouvasmes qu'aucuns en y auroyent jusques à la braye, et d'autres jusques à la ceinture. Je luy dis que si ce costé là estoit le plus foible, qu'il n'arrestast point d'y faire la batterie, car je ne craignois pas que je n'y fisse passer les soldats pour aller à l'assaut, et que moy-mesmes leur monstrerois le chemin. La nuict apres nous mismes les gabions sur le bord de la riviere, et le matin au poinct du jour l'artillerie commença à tirer à la tour, laquelle fut ouverte du costé de main gauche tirant à un ravelin qui flanquoit ladicte tour; et aussi fut ouverte une petite tourelle qui estoit entre la grande tour et le ravelin. Voylà tout ce qui se peut faire en cest endroit là. Les ennemis mirent dix ou douze grosses pieces vis à vis de nostre artillerie, et commencerent à faire une contre-batterie sur les unze heures avant midy, et avant les deux ils nous eurent mis tous nos gabions en pieces, sauf un et la moitié d'un autre, là où nous tenions le ventre en terre dix ou douze que nous estions; car tous les soldats et pionniers furent contraints de s'oster de là, et s'aller mettre derriere une autre trenchée, plus de six vingts pas derriere nous. Et si les ennemis se feussent hazardez de passer l'eau, ils nous ostoyent l'artillerie, et l'eussent peu jetter à leur ayse dans la riviere; car les soldats qui s'estoyent retirez à l'autre trenchée ne nous pouvoyent venir secourir qu'à la mercy de leur artillerie et de leur arquebuserie, de tant que la riviere n'estoit pas de plus de soixante dix pas de large, et alloit à qua-

---

(1) Imbert de La Plâtrière, seigneur de Bourdillon.

(2) Christophe, comte de Rockendorff.

tre pas de la muraille. Monsieur le marquis d'Elbœuf (1) ne m'abandonna jamais, et quatorze ou quinze gentils-hommes de la suitte de monsieur de Guyse. Et ainsi demeurasmes jusques à la nuict, que l'on remeit autant de gabions, et les doublasmes ; mais ce fut pour neant, car nous ne pouvions faire aucune chose à la muraille de nostre batterie, parce qu'elle avoit de grandes terrasses par derriere, de sorte que deux ou trois charrettes y pouvoyent aller de front, et tout à l'entour de la ville. Je ne vis jamais forteresse mieux pourtraicte (2) que celle-là. Monsieur de Guyse tint conseil, et fut tout le monde d'opinion qu'il devoit oster l'artillerie de là, et loger toute nostre infanterie et Allemans de là la riviere, et faire commencer les trenchées au plus pres qu'elles se pourroyent faire. Ledict sieur faisoit faire un pont à extresme diligence ; et passasmes la riviere par dessus iceluy, encor que les aix ne fussent pas encore clouez. Et nous campasmes en un village qui pouvoit estre à cinq ou six cens pas de la ville, et du village jusqu'à la ville, tout plain et tout descouvert, de façon qu'un oyseau ne pouvoit paroistre qui ne fust veu ; et nous battoient à coups de canon dans le village, de sorte qu'il n'y laissoit maison qu'il ne mist par terre, et estions contraints de nous tenir dans les caves. J'avois mis entre deux murailles mes pavillons, mais ils me rompirent et les murailles et les pavillons. Je ne vis jamais une plus furieuse contrebatterie. La nuict ensuivant, monsieur le mareschal de Strossi passa la riviere avecques monsieur de Guyse, et commençasmes à faire les trenchées au long de ceste plaine ; et demeurasmes sept ou huit jours avant que nous fussions à deux cens pas de la ville, pource que les nuicts estoient courtes, et dés que le jour venoit ils nous foudroyoient dans les trenchées, et n'y avoit ordre d'y travailler que la nuict. Monsieur le mareschal n'en bougea jamais, sinon que quelquefois il alloit à ses pavillons, qu'estoient demeurez de-là l'eau, pour changer d'habillemens : et cela pouvoit estre de trois jours en trois jours. Il me laissa faire les trenchées à ma fantaisie, car nous les avions au commencement commencées un peu trop estroictes à l'appetit d'un ingenieur. Je faisois de vingt pas en vingt pas un arriere coing, tantost à main gauche, tantost à main droicte ; et le faisois si large que douze ou quinze soldats y pouvoient demeurer à chacun avecques arquebuses et hallebardes. Et cecy faisois-je afin que si les ennemis me gaignoient la teste de la tranchée, et qu'ils fussent sautez dedans, que ceux qui estoient au riere coing les combattissent, car ceux des arriere-coings estoient plus maistres de la tranchée que ceux qui estoient au long d'icelle. Et trouverent monsieur de Guyse et monsieur le mareschal fort bonne ceste invention. Monsieur de Guyse me dit qu'il falloit que j'envoyasse recognoistre ce qu'avoit fait nostre artillerie à la tour, et que ce fust par des gens bien asseurez. Je prins les capitaines Sarlabous, le jeune Maillac, Sainct Estephe, Cipierre, et mon fils le capitaine Montluc, et y allasmes. Et comme nous estions pres de la tour, il nous falloit passer de petits ponts que les ennemis avoient fait pour passer le marés et approcher de la tour. A laquelle estant arrivez, trouvasmes une pallissade de bois, comme la cuisse, qui alloit depuis la tour jusques à sept ou huict pas dans la riviere ; et falloit aller au long de la pallissade jusques au bout par l'eau, et puis par delà la pallissade revenir à la tour. Nous avions fait porter deux picques à deux soldats ; je ne me mis point dans l'eau, mais tous, reservé moy, passerent de ceste maniere la pallissade, et l'un apres l'autre recognoissoit la batterie qu'avoit esté faite à la tour. Et y firent descendre un soldat avec une picque, et trouverent que dans la tour y avoit eauë jusques au dessous les esselles. Et pource que la riviere faisoit bruit en cest endroit là à cause de la pallissade, leurs sentinelles n'entendoient rien, encore que la tour fust à quatre pas de la muraille de la ville. Cela faict, nous nous en retournasmes ; et le matin j'allay rendre compte à monsieur de Guyse de ce qu'avions veu, lequel ne trouva pas bonne nostre recognoissance, et me dit qu'il sçavoit bien qu'il n'y avoit point de pallissade, et que des gens qui n'avoient gueres estoient sortis de là l'en avoient asseuré, et qu'il falloit, la nuict ensuivant, la faire mieux recognoistre. Je fus fort fasché de ceste responce, et ne luy respondis, sinon que le tesmoignage des capitaines me sembloit estre suffisant ; mais, puis qu'il ne s'en contentoit, qu'on recognoistroit mieux la nuict ensuyvant. Il me dit qu'il n'entendoit pas que j'y allasse moy-mesmes : je luy dis qu'aussi ne ferois-je. Monsieur le mareschal cogneut bien que j'estois fasché, et dit au sieur Adrian Baillon (3) et au comte Theophile (4) : « Je cognois que Montluc est fasché de la responce que luy a faicte monsieur de Guyse, et vous verrez s'il ne va ceste nuict recognoistre d'une terrible sorte ; car je cognois la complexion de l'homme. » Monsieur de Guyse retint ce soir là monsieur

---

(1) René de Lorraine, marquis d'Elbœuf.
(2) *Pourtraicte* : construite.

(3) Adriano Baglioni.
(4) Théophile Calcagnini.

le mareschal ; et comme il fut nuict, je prins quatre cens picquiers, tous corselets, et quatre cens arquebusiers, et allay mettre les quatre cens corselets le ventre à terre à cent pas de la porte de la ville, et je m'en allay avec les quatre cens arquebusiers droit à la pallissade. Les capitaines mesmes qui avoient recogneu estoient autant faschez de la responce que m'avoit faict monsieur de Guyse que moy-mesme. Ils passerent les premiers la pallissade. Or je cuide que les ennemis le matin s'estoient apperceuz qu'il estoit passé des gens par le bout de la pallissade, car nous y trouvasmes un corps de garde de vingt ou vingt-cinq hommes, desquels la plus part furent tuez, et le reste se sauva dans le ravelin, où nos gens les poursuyvirent et entrerent dedans apres eux ; mais la porte du ravelin qui entroit dans la ville estoit fort petite, et n'y pouvoit passer qu'un homme : qui fut cause que nos gens s'arresterent, car les ennemis deffendoient la porte. Si est-ce qu'ils jetterent une moyenne hors du ravelin en terre de nostre costé, et pource qu'aupres de la tour nostre artillerie, qui avoit battu de delà la riviere, avoit abbaissé la muraille, de sorte qu'avec quelques picquiers qui estoient venus avec nous nous vinsmes aux mains ; et dura plus d'une heure le combat. Monsieur de Guyse, qui voyoit tout de l'autre costé de la riviere, enrageoit de ce qu'il voyoit. Monsieur le mareschal estoit avec luy, qui rioit avec le sieur Adrian et comte Theophile, et leur disoit : « Ne vous disois-je pas qu'il en feroit une ? » J'avois fait porter cinq ou six coignées aux soldats, et pendant que le combat duroit je fis coupper toute la pallissade, ou arracher, et ne nous fallut plus entrer en l'eauë pour nous en retourner, car l'eauë s'escoula. Le capitaine Sainct Estephe y fut tué, et l'enseigne de Cipierre, et une autre enseigne, non pas qu'ils eussent les drapeaux, car je n'en avois point apporté, et dix ou douze soldats, qui furent morts ou blessez. Le capitaine Sarlabous est encore en vie et plusieurs autres, qui attesteront que si nous eussions porté avec nous cinq ou six eschelles de la hauteur de sept ou huit pieds seulement, nous estions dedans, car ils faisoient mauvaise garde de ce costé et en cest endroit là, se fiant au corps de garde qu'ils avoient mis dehors ; de façon qu'ils demeurerent un long temps avant venir deffendre cest endroit. Et monterent cinq ou six soldats sur la muraille, s'aydant les uns aux autres : et ne falloit que mettre les eschelles sur la muraille qui estoit demeurée de la batterie, et monter sur le terre-plain. Je croy que la fortune nous eust ry, car on dit qu'elle ayme les audacieux.

Le matin j'envoiay dire à monsieur de Guyse par le capitaine Sarlabous ce que nous avions veu, car je n'y voulus pas aller, estant certain qu'il estoit malcontent. Monsieur le mareschal estoit tousjours aupres de luy, et disoit : « Voulez vous mieux recognoistre une bresche qu'en donnant un assaut ? c'est un trait de Gascogne que vous ne sçavez pas. » Ce qui estoit occasion que monsieur de Guyse estoit mal-content, estoit que l'on manderoit au Roy que nous avions donné l'assaut, et que nous avions esté repoussez ; car autrement il ne s'en fust pas soucié. Son incredulité et mon despit firent perdre là de bons hommes. Et comme nous fusmes à cinquante pas de la tour, un matin à la poincte du jour, monsieur le mareschal se voulut retirer pour aller changer de chemise, et moy aussi : or, comme nous vinsmes à nous approcher de la ville, je faisois tousjours faire les arriere-coings de main droite un peu longs, afin qu'il y peust entrer en deux une compagnie. J'avois tousjours opinion que les ennemis feroient une sortie sur nous, mais jamais monsieur le mareschal ne le peust mettre en son entendement, et me disoit tousjours. « Voulez-vous qu'ils soient si fols de sortir pour perdre des gens ? jamais gens d'entendement ne le firent. » Et je luy respondis : Pourquoy ne voulez-vous qu'ils sortent ? car en premier ils deffendront leurs gens de la muraille en hors à leur retraicte ; d'autre costé ils sont douze enseignes de gens de pied, quatre cens Espagnols choisis parmy toutes les compagnies espagnolles, un bon chef qui les y a amenées, qui est Joan Gaytan, homme qu'ils estiment plus que nul autre capitaine, cent hommes à cheval : et la ville seroit bien gardée seulement avec la moitié des forces qui y sont. » Jamais il ne luy peust entrer en l'entendement ; je ne sçay pourquoy, car la raison de la guerre estoit pour moy. Ce matin là j'avois mis le capitaine Lago l'aisné aux deux arriere-coings longs à main droicte, et les y faisois entrer devant le jour, afin que les ennemis ne s'en apperçeussent ; et estoit autant, comme par manière de parler, une embuscade. Les capitaines qui entroient en garde avoient charge que si les ennemis faisoient sortie, et s'ils donnoient à la teste de la tranchée, qu'ils se jettassent à la campagne, et qu'ils courussent leur donner par flanc. Et ceux de la teste de la tranchée avoient aussi charge que s'ils venoient donner aux arriere-coings, y sortissent, et donnassent pareillement par flanc. Nous avions tous les soirs quatre enseignes d'Allemans là où nous avions commencé les tranchées, pour nous secourir au besoin ; et ne me sçauroit souvenir quel regiment estoit ceste nuit-là de garde. Et avant que nous fussions au bout des tranchées, le jour commença à estre clair. Monsieur le mareschal s'amusa un peu à parler avec un capitaine des Allemans, et aussi pour attendre un cheval que je luy avois envoyé apprester pour aller repasser le pont et s'en aller à ses tentes. Et comme nous fusmes auprès du village, à l'endroit d'une croix de pierre, arriva le cheval que je luy prestois ; et, comme mon lacquais descendoit, nous ouymes un grand bruit, et vismes les ennemis à la teste de la tranchée aux mains avec les nostres, et sautoient à corps perdu dans les tranchées, et sans les arriere-coings ils nous avoient gaigné les tranchées. Avec eux estoient sortis cinquante ou soixante chevaux. Le capitaine Lago monstra là qu'il estoit vaillant homme et bien advisé, car il cria à son lieutenant, qui estoit en l'arriere-coing derriere luy, qu'il courust à la cavallerie les picques baissées ; et luy courut au flanc des ennemis qui combattoient la teste de la tranchée. Je montay sur le cheval, et monsieur le mareschal demeura à la croix, voyant le tout : et n'arrestay que je ne fus avec les nostres, qui estoient pesle mesle avec les ennemis. Et comme Lago arriva à eux, ils se voulurent retirer ; et tous nos gens sortirent des tranchées, et leur coururent sus, et ainsi les menasmes battant et tuant jusques auprès de la porte de la ville, qui estoit à main droicte. Je renvoiay incontinent le cheval à monsieur le mareschal, lequel trouva monsieur de Guyse et tous les gentils-hommes qui estoient logez près de luy à cheval, qui nous venoient secourir ; mais il leur dit qu'il n'estoit nul besoin, et qu'il avoit veu tout le combat, et que la victoire nous estoit demeurée. En nous retirant, tout le demeurant de leur arquebuserie estoit sur les murailles : il sembloit que ce fust une salve d'arquebusiers sur nous. J'estois seul à cheval au milieu de nos gens : je laisse à penser à un chacun si Dieu par miracle ne me sauva parmy tant d'arquebusades, veu la prinse qu'ils avoient sur moy. Les capitaines me crioient de prendre le large, mais je ne les voulus point abandonner, et arrivay avec eux jusques sur le bord des tranchées, là où je descendis, et promptement baillay mon cheval à mon lacquais pour l'amener à monsieur le mareschal, comme dit est ; et me jettay dans les tranchées comme les autres, et trouvay un capitaine et un lieutenant des nostres morts ; il ne me souvient de leurs noms, car ils estoient françois, et n'y avoit pas long temps que je commandois, et douze ou quatorze morts dans la tranchée des nostres ou des leurs. Et quelque salve d'arquebusiers qu'ils tirassent de la muraille, nous n'eusmes pas dix hommes de blessez. Et voy-là comme leur sortie ne nous porta pas tant de dommage pour beaucoup à nous qu'à eux.

Les capitaines peuvent prendre icy un bon exemple pour les tranchées et pour l'ordre que je tenois pour la sortie que pouvoient faire les ennemis, et le proffit qui nous en vint ; car n'allez pas philosopher : les tenans ont besoin d'hommes, doncques ils ne sortiront pas pour forcer vos tranchées. Si vous vous endormez là dessus, vous serez surpris. Prenez garde aussi, quand vous ferez faire vos tranchées, qu'elles soient hautes et en baissant, et qu'il y ait des encoignures pour pouvoir loger des gens ; car ce sont comme des forts pour rembarrer l'ennemy. Il ne se parla plus de la collere de monsieur de Guyse contre moy, car monsieur le mareschal et luy ne tindrent autre propos en leur disner que du combat, et sur tout de la providence dont j'avois usé, et disoient qu'il estoit bien difficile que je fusse jamais surpris. Aussi à la verité le plus souvent je veillois lorsque les autres estoient en repos, sans crainte du froid ny du chaud : j'estois endurcy à la peine ; c'est à quoy les jeunes gentils-hommes qui veulent parvenir par les armes se doivent estudier et à souffrir, afin que lorsqu'ils se feront vieux ils ne le trouvent pas si insupportable ; car depuis que la vieillesse est du tout arrivée, à Dieu vous dis.

Or dans deux ou trois nuicts après, nous eusmes conduict nostre tranchée jusques au pied de la grand tour ; et après monsieur de Guyse amena ses mineurs voir si la tour se pourroit miner ; mais il trouva qu'il estoit possible, et commencerent lesdits mineurs à percer les murailles à deux ou bien trois pieds de terre. Et comme les ennemis entendirent que nous percions la muraille, ils commencerent à faire par dedans la tour des casemattes, de sorte que leurs canonniers respondoient à nostre trou. Et demeurasmes trois nuicts à pouvoir percer la muraille. Et en mesme temps que les mineurs picquoient par le dehors, les ennemis picquoient par dedans à leurs casemattes. Et toutes les nuicts monsieur de Guyse nous envoyoit quatre gentils-hommes pour nous ayder à veiller ; et me souvient que monsieur de Montpezat et monsieur de Randan y vindrent coucher une nuict. Et comme le trou fut presque percé, monsieur de Guyse me fit amener un canon pour ayder à percer la muraille, car nous cognoissions bien que le picquer qu'ils faisoient, c'estoit des casemattes, et que dés que la muraille de la tour seroit percée, qu'ils nous tireroient des casemattes. Le jour devant que le canon fust amené, monsieur le mareschal de Strossi estoit allé à ses tentes de là l'eauë, pour se rafraischir et changer de chaussés et de chemise, car nous estions tous terre.

Monsieur de Guyse, dés que les mineurs commencerent à picquer la muraille, fit venir quantité de pionniers, et commença à faire une traverse de terre et fascines droit contre-mont la tour, et y faisoit laisser un petit chemin; de sorte que ladite traverse fut aussi tost achevée comme le trou de la tour. Les ennemis avoient mis grand quantité de tables sur la tour, en maniere de tranchée; et le soir devant que nous donnissions l'assaut, montant par ce petit chemin de la traverse, et avec des eschelles, nous emportasmes les tables de leur tranchée du haut de la tour, qui nous fit plus de mal que de bien; car, comme les tables furent ostées, la grand plate-forme qui estoit tout joignant la tour, n'y ayant que cinq ou six pas d'entre-deux, nous voyoit dés que nous monstrions la teste. Or, comme j'ay dit, monsieur le mareschal s'estoit allé rafraischir; mais monsieur de Guyse le fit souper avec luy, et à grand instance l'arresta ceste nuict là: qui fut son malheur, car monsieur de Guyse l'arrestoit pour le lendemain voir où ils mettroient quatre coulevrines du costé où ils estoient, pour battre aux deffences quand nous donnerions le lendemain l'assaut. Monsieur le mareschal le pria plusieurs fois l'en laisser retourner, et luy disoit, s'il me venoit ceste nuict là quelque affaire, il auroit grand desplaisir s'il ne s'y trouvoit. Et à grand regret enfin ledit sieur mareschal demeura; de sorte que, comme il fut retiré en ses tentes, il demanda au sieur Adrian Baillon et au comte Theophile s'ils avoient le mot du guet pour passer par les Allemans, car pour les nostres il ne s'en soucioit point, et passeroit bien sans mot. Ils luy dirent qu'ils ne l'avoient point, et leur dit ces mots: « Il me vient en l'esprit que monsieur de Montluc aura ceste nuit des affaires, et que les ennemis le viendront assaillir par dessus la contre-escarpe du fossé de la ville; et si cela advenoit, je regretterois toute ma vie que je ne m'y fusse trouvé. » Les autres luy respondirent: « Il ne faut pas que vous ayez crainte de cela, car il met un corps de garde de quatre cens hommes jusques à vingt pas de la porte de la ville; et faudroit qu'ils combattissent cela avant que venir à luy. » Alors monsieur le mareschal leur dit: « Je ne sçay que c'est, mais il me prend une opinion de quelque mal-heur ceste nuict icy. » Les autres luy ostoient cela de la teste tant qu'ils pouvoient, car il faschoit au sieur Adrian de repasser la riviere, et venir la nuict à la tour, à cause qu'il avoit esté fort malade, et n'estoit gueres sain encores; car, s'il eust dit, comme eux-mesmes me dirent apres,

qu'il passeroit bien par les Allemans sans mot, estant cogneu de tous les capitaines allemans aussi bien que des nostres, il se fust mis en chemin, quelque promesse qu'il eust faicte à monsieur de Guyse. Mais quand l'heure est venuë, je croy que Dieu veut que la mort s'en ensuive, on a beau fuyr et se cacher. Il leur dit ces mots: « Monsieur de Montluc n'est pas bien cogneu du Roy ni de la Royne, encores bien que le Roy l'aime fort; mais si j'eschappe de ce siege, je feray cognoistre au Roy et à la Royne ce qu'il vaut. » Et comme lendemain il fut mort, le sieur Adrian et le comte Theophile me dirent que j'avois perdu le meilleur amy que j'avois en ce monde: ce que je creus bien, et le crois encore; et pouvois dire qu'ayant perdu le duc de Ferrare et luy, j'avois perdu les deux meilleurs amis que j'avois en Italie et en France. Il fut tué le lendemain, regardant avec monsieur de Guyse où ils mettroient les quatre coulevrines. Ils y avoient regardé devant disner longuement; mais monsieur de Guyse eut opinion d'y retourner apres disner pour mieux revoir, ayant monsieur de Salcede aupres d'eux deux. Une mousquetade le tua venant d'un petit boulevart qui estoit tout au coin de la ville qui tire vers Mets au long de la riviere. Et voy-là comme quand l'heure est venuë nous ne la pouvons eviter. Ce pauvre seigneur estoit passé par plus de six mil canonnades ou mousquetades, et plus de cinquante mil arquebuzades, lesquelles ne luy sçeurent donner la mort: et ceste meschante mousquetade luy fut tirée de plus de cinq cens pas, estant monsieur de Guyse pres de luy. Or le Roy y perdit un bon serviteur, et mourut un vaillant homme s'il y en avoit en la France (1). Deux heures apres, monsieur de Guyse vint à la tour, et deffendit qu'on ne me dist point sa mort. Et comme je vis le sieur Adrian et le comte Theophile, je leur demanday où il estoit; ils me dirent qu'il s'estoit trouvé mal la nuict passée, mais qu'il viendroit ceste nuit-là, et ayant veu monsieur de Guyse tout triste, et tous ceux qui estoyent avec luy, le cœur me jugea qu'il y avoit quelque malheur. Et comme monsieur de Guyse s'en fut retourné, et m'eust laissé monsieur de Bourdillon en la place de monsieur le mareschal, je le priay de me dire qu'estoit devenu monsieur le mareschal. Alors il me dit: « Aussi si vous ne le sçavez aujourd'huy, vous le sçaurez demain. » Lors il me conta sa mort, et comme monsieur de Guyse leur avoit deffendu de me le dire, craignant que le regret que j'aurois me

(1) Voyez dans cette collection les Mémoires de Vieilleville, qui differe d'opinion sur Strozzi.

gardast de faire lendemain ce que je devois au combat. Alors je luy dis qu'il n'y avoit homme dessous le ciel qui le regrettast plus que moy, et que je mettrois peine de l'oublier pour ceste nuict là et pour le lendemain, mais que tant que je vivrois apres je ne me sçaurois tenir de le regretter. Le comte Theophile et le sieur Adrian demeurerent avecques moy toute ceste nuict, durant laquelle nous passasmes ensemble nos regrets. Et à la poincte du jour nous commençasmes à faire tirer le canon au trou. Monsieur de Guyse avoit fait faire des engins de table espoisse de plus d'un grand pied, pour mettre devant le canon quand il auroit tiré, afin que les ennemis estans aux casemates ne tuassent nos canonniers. Il y avoit deux petites rouës à chasque bout qui touchoyent en terre, et avecques une petite cordette l'on tiroit cest engin, et couvroit le devant du canon; de sorte que les arquebuzades ne pouvoyent passer : et ainsi tirasmes quinze ou vingt coups à ce trou, si bien qu'un homme tout à son aise y pouvoit passer. Le canon ne pouvoit porter dommage à leurs casemates, pour-ce qu'elles estoyent un peu à main droite, et homme ne pouvoit s'approcher du trou sans estre blessé ou mort. Monsieur de Guyse me manda que je regardasse si je pourrois loger trois ou quatre cens hommes depuis la tour jusques au ravelin, et qu'il m'envoyoit des gabions et des pionniers. Il avoit fait faire des mantelets pour mettre depuis la tour jusques à la riviere, où il y pouvoit avoir sept ou huit pas : et de là nos arquebuziers tiroyent à ceux qui se monstroyent à la courtine. Nos enseignes se mirent au long de la muraille depuis la tour jusques au ravelin; et ceux de la plate-forme voyoient au long de la courtine; et les nostres qui estoyent contre ce ravelin, à costé de la canonniere, leur tiroient; et moy je faisois tirer de derrier les mantelets. Monsieur de Nevers(1), pere de ces trois filles qui sont en vie, estoit venu là, et se tenoit contre ceste traverse au pied de la tour. Monsieur de Guyse estoit de l'autre costé de la riviere à l'artillerie. Poton(2), seneschal d'Agenois, commandoit l'une des quatre couleuvrines, qui faisoit de fort bons coups, et nous faisoit un grand bien, car il tiroit tousjours au haut de la courtine et à la plateforme, à ceux qui monstroient la teste pour tirer à nos gens contre bas. Cela dura plus de quatre ou cinq heures. Monsieur de Guyse me manda par monsieur de Cipierre que je regardasse si l'on pourroit mettre les gabions qu'il m'avoit envoyé entre la muraille et le trou; mais tous ceux qui se monstroient pour poser les gabions estoient morts ou blessez. Je m'advisay de mettre cent ou six vingts pionniers dans l'eauë contre le bord de la riviere, pour faire une tranchée au long d'icelle tirant au ravelin. Monsieur de Cipierre vid la grande difficulté et impossibilité qu'il y avoit, et trouva le capitaine La Bordeziere mort (3), son enseigne blessé, qui mourut apres. Vous n'eussiez veu que soldats blessez, lesquels on amenoit panser, les mantelets tous en pieces de coups de pierre ; de sorte que nous estions tous au descouvert, tirant les uns contre les autres, comme l'on tire à la butte. J'avois bien rangé nos affaires, car j'avois fait mettre la plus-part de l'arquebuserie à centaines. A mesure que nos gens n'avoient point de poudre, j'en faisois tousjours venir d'autres; et tout le peril et mal tomboit là où j'estois, car tant les couleuvrines qui tiroyent de l'autre costé de la riviere, que ceux des nostres qui tiroient au descouvert, tenoient les ennemis en telle crainte, que nul n'osoit se hausser pour tirer contre-bas aux nostres estans contre la muraille, mais tiroient tousjours à nous qui estions en butte. Monsieur de Bourdillon, par le commandement de monsieur de Nevers, me vint prendre par le derriere avec les deux bras, et me porta plus de six pas en arriere, me disant : « Hé que voulez vous ? hé que voulez vous faire? ne voyez-vous pas, si vous estes mort, que tout cecy est perdu, et que ces soldats perdront cœur? » Alors je me deffis de luy, et luy dis : « Et ne voyez-vous pas aussi que si je ne suis là avecques les soldats, que tous abandonneront ce coing, et les ennemis tueront tout ce qui est au long de la muraille, car lors il se hausseront à leur aise pour tirer contre-bas. » Monsieur de Nevers me crioit aussi de l'autre costé du trou pour me faire retirer ; ce que je ne voulus faire, et dis à monsieur de Bourdillon telles paroles : « Il est dit aujourd'huy ce que Dieu voudra faire de moy je ne le puis eschapper : j'ay beau fuyr si ce lieu doit estre mon tombeau. » Sans dire plus mot, je m'en retournay au lieu dont il m'avoit tiré, et soudain je m'advise de traitter une entreprinse, disant au capitaine Volumat (4) qu'il prinst six arquebuziers et deux hallebardiers, et qu'il s'allast mettre derriere un canton de muraille qui estoit resté de la tour quand on l'abbatit, et qu'il advisast tout à un coup, partant du derrier de ceste muraille, s'il se pourroit jetter à corps perdu sur les casemates, faisant mon fonde-

---

(1) François de Clèves, duc de Nevers.
(2) François Rafin, dit Poton.

(3) Léonor Babon de La Bourdaisière.
(4) De Thou le nomme Volmar.

ment qu'elles ne pouvoient estre couvertes que de table, car ils les faisoient tout ainsi que nous faisions le trou, ou bien qu'elles estoient descouvertes. Quoy qu'il en fust, je le priay qu'il se jettast sans marchander dessus, l'asseurant que j'allois faire donner un autre capitaine par le chemin de la traverse qui montoit jusques sur la tour, et que tous deux se jetteroient à corps perdu et en mesme temps sur les casemattes. Je fis venir un capitaine françois [il ne me souvient de son nom] pour rafraischir les autres, et luy dis, presens monsieur de Nevers et monsieur de Bourdillon, ce que j'avois dict au capitaine Volumat, et que soudain qu'il seroit monté sans marchander, il se jettast sur les casemates, disant à monsieur de Nevers et à monsieur de Bourdillon qu'ils donnassent courage aux soldats de suivre ce capitaine, et que je m'en allois faire donner au capitaine Volumat : mais comme ce pauvre capitaine monstra seulement la teste, le voy-là tué par ceux de la grand plate-forme, et un autre apres luy; de sorte qu'ils tomboyent entre les jambes de monsieur de Nevers et monsieur de Bourdillon. Je crie au capitaine Volumat, estans esloignez quinze pas l'un de l'autre, que le capitaine qui donnoit par la traverse estoit desja au haut de la tour, pour le mettre en jalousie ; car cela point ordinairement les bons courages. Ledict capitaine Volumat se dresse, car ils estoyent à genouil derriere ce canton de muraille, et court jusques sur le bord. Il y avoit une autre muraille entre les casemates et le canton de la tour, de sorte que, quand bien il se seroit jetté là, il n'eust rien faict : si est-ce que cela fut cause du gain de la place, car la casemate estoit toute descouverte et fort basse. Et comme ils virent le capitaine Volumat sur le bord, faisant semblant de se vouloir jetter entre deux, ils abandonnerent les casemattes, et se mirent en fuitte au long de la courtine de la muraille et du terre-plein, entre lequel et la muraille cinq ou six hommes pouvoyent aller de front. Et alors un soldat du capitaine Volumat en deux sauts fut à moy, et me dict hastivement que les ennemis avoient abandonné les casemattes. Tout à coup je me jette au costé du trou, et prins un soldat, et crie : « Saute dedans soldat, je te donneray vingt escus. » Il me dict que non feroit, et qu'il estoit mort; et sur ce il se vouloit deffaire de moy à toute force. Mon fils le capitaine Montluc, et ses capitaines, que j'ay nommez auparavant, lesquels me suyvoyent, estoyent derriere moy : je commence à renier contre eux pourquoy ils ne m'aydoient à forcer ce galand. Alors tout à un coup nous le jettasmes la teste premiere dedans, et le fismes hardy en despit de luy. Comme je vis que les casemattes ne tiroient, nous jettasmes deux autres arquebusiers dedans, partie de leur gré, partie par force ; et leur prenions les flasques et le feu, car il y avoit eau jusques dessous les esselles. Et tout à coup peu apres le capitaine Montluc se jetta dedans : les capitaines Cosseil, La Motte, Castet Segrat, les Ausillons, ayans tous rondelles, firent le saut pour sauver mon fils, et trois ou quatre arquebusiers apres eux. Et comme je vis qu'ils estoient neuf ou dix, je leur criay : « Courage, compagnons, monstrez que vous estes vrais soldats gascons, donnez le tour aux casemattes : « ce qu'ils firent. Les ennemis, qui estoient sur leur terre-plein, tiroient des pierres aux leurs, pour les faire retourner dans les casemattes. Et comme le capitaine Montluc fut aupres de la porte de la casematte, il rencontra les ennemis, lesquels y vouloient rentrer; et un arquebusier des nostres tua le chef, qui estoit armé d'une escaille couverte de velours verd, un morion doré en teste, et une hallebarde dorée à la main. Deux autres y furent tuez de coups de main. Et alors nos gens se jetterent dans la casematte, et me crierent par le trou de la canonniere : « Secours, secours ! nous sommes dans les casemattes. » Alors monsieur de Nevers et monsieur de Bourdillon m'ayderent promptement à mettre soldats dedans. Nous leur prenions leurs flasques et le feu, et comme ils estoient en l'eauë, ils les reprenoient en la main, et passoient se jettant dans les casemattes. Et depuis monsieur de Nevers m'appella tousjours son capitaine tant qu'il a vescu, disant qu'il m'avoit là servy de soldat.

Il y avoit deux capitaines de la garnison de Mets, nommez le baron d'Anglure et Valenville, qui avoient eu congé à ma requeste de monsieur de Guyse, pour se trouver à l'assaut avec chacun vingt cinq arquebusiers, lesquels je tins tousjours au-dessous de la traverse ; ils n'avoient encore tiré : je les appellay, et à un saut furent à moy, et se jetterent dans le trou, et leurs soldats apres ; et à mesure qu'ils entroient, je les faisois courir à la porte de la casematte et entrer dedans : c'estoit une porte fort basse et petite. Les ennemis n'osoient plonger leurs arquebusades contre-bas, pource que les nostres, estans au long de la muraille, les voyoient comme ils se haussoient; aussi faisoient bien ceux qui estoient là où j'avois tousjours demeuré. Ils ruoient grand quantité de pierres ; mais pour cela on n'arrestoit point d'entrer et sortir dans les casemattes. Or comme les soldats du baron d'Anglure et de Valen-ville entroient en la casematte, je faisois sortir ceux qui l'avoient gaignée,

13.

où n'y pouvoit demeurer plus de quarante ou cinquante personnes ; et comme Dieu veut donner l'heur aux hommes, les Espagnols qui estoient en la ville vouloient garder les casemattes, mais les Hannuviers (1) ou Flamens ne le vouloient souffrir, et voulut le gouverneur que ceux de sa compagnie la deffendissent, et en demeura en prison long temps : de sorte que le roy d'Espagne le vouloit faire mourir, car les Espagnols le chargeoient d'y avoir mis ses gens apostés pour faire perdre la place. Le gouverneur se deffendoit, et disoit qu'il avoit veu faire si mal à Joan Gaytan et à ses Espagnols, qu'il ne s'y estoit osé fier ; et ainsi se chargeoient les uns et les autres. Nous sçeumes tout cecy par des gens de monsieur le connestable et de monsieur le mareschal de Sainct André, quand ils sortirent hors de prison, lesquels laisserent encore ce gouverneur prisonnier. En mon temps j'ay tousjours veu les Espagnols severes punisseurs de ceux qui par lascheté et couardise rendoient ou perdoient les places. Ce sera tresbien et sagement faict à un prince, de punir ceux qui commettront des fautes si importantes au public, au moins par le degradement des armes, qui est pis que la vie ; mais il en faut faire jugement sans passion, car j'ay veu souvent tel blasmé par celuy qui n'eust sçeu faire mieux.

Pour retourner à nostre siege, monsieur de Guyse estant aux coulevrines, et faisant tirer aux deffences, apperçut que les gens des trenchées couroient droict à la tour : c'estoient les deux capitaines Anglure et Valen-ville que je faisois venir, et Lunebourg, colonel d'un regiment d'Allemans, qui estoient au commencement des trenchées, auquel je manday qu'il m'envoyast cent arquebusiers des siens en diligence, car les nostres n'avoient plus de poudre. Il courut luy-mesme avec cent arquebusiers et cent picquiers à moy, qui estois à la tour. Monsieur de Guyse le veid partir courant, et voioit aussi les autres qui estoient pres de la tour courir au trou : il fit un grand cry comme l'on dit apres : « O mon Dieu, la tour est prise ! ne voyez vous pas que tout le monde y court ? » Et soudain monta sur un courtaut bay qu'il avoit là, et courut à toute bride passer le pont, et vint tousjours courant jusques aux trenchées. Soudain que je vis que Anglure et Valen-ville furent dans la tour, je dis à un gentil-homme : « Courez à monsieur de Guyse luy porter les nouvelles que la tour des Puces est prise, et qu'à ceste heure je croy qu'il prendra Thionville ; mais jusques icy je ne l'avois jamais creu. » Le gentil-homme courut, et le trouva desja qu'il commençoit entrer dans les trenchées. Le gentil-homme luy dit : « Monsieur, monsieur de Montluc vous mande que la tour est prise. » Et en courant luy respondit : « Hé mon amy, j'ay tout veu, j'ay tout veu. » Et à cinquante ou soixante pas de la tour il mit pied à terre, et, abandonnant son cheval, vint à nous courant. Et comme il arriva, je me mis à sousrire contre luy, et luy dis : « Ho monsieur, c'est à ceste heure que je croy que vous prendrez Thionville ; *mas bous hazets trop bon marcat de nostre pel, et de boste Monseigne.* » Il me jetta le bras droict au col, disant telles paroles : « Monseigne, c'est à ceste heure que je cognois que l'ancien proverbe est veritable que jamais bon cheval ne devint rosse. » Or Lunebourg estoit desja dedans, et quinze ou seize Allemans, et les autres entroient à la file. Monsieur de Guyse se jetta dedans, et va entrer à la petite porte dans les casemattes. Et comme il fut dedans, il me cria par une canoniere qu'il me fisse mettre des pionniers dans la tour pour abbattre les casemattes, et que je gardasse qu'il n'entrast plus personne, car ils se touchoient tous dedans. Alors je jettay des pionniers dans la tour, et commencerent à rompre la muraille des casemattes. Et comme les Allemans virent que ces villains ne travailloient point de force, ils leur prindrent les pics, et commencerent à coupper ladicte muraille. Monsieur de Guyse feit sortir Lunebourg pour garder qu'il n'en entrast plus dans la tour, et qu'il hastast ses gens pour coupper les casemattes. Et en moins d'une demie heure toute la casematte fut renversée sur l'eau qui estoit dans la tour, laquelle ruine beut toute l'eau : et lors fusmes au large, et tout le monde y entroit qui vouloit. Monsieur de Guyse s'en sortit, et fit sortir les Allemans et retourner en leur lieu. Et à lors je retiray le capitaine Sarlabous et tous ses compagnons, lesquels estoient au long de la courtine et contre le ravelin, et se mirent dans les trenchées.

Or, comme les ennemis virent la tour perduë, ils ne tiroient plus de bon cœur, et cogneusmes bien qu'ils estoient estonnez. Les mineurs anglois qu'avoit monsieur de Guyse n'estoient jamais bougez d'aupres de moy ; monsieur de Guyse, avant qu'il partist de la tour, regarda avec eux où est-ce qu'ils pouvoient faire les mines, et trouverent que c'estoit dessous la grand plate-forme, et marquerent les lieux où ils la devroient faire, se retirant avec monsieur de Guyse, lequel me dit : « Monseigne, je m'en vois courant à mon logis pour advertir le Roy de la prise ; et asseurez vous,

_____
(1) Habitans du Hainaut.

monsieur de Montluc, que je ne luy celeray pas le devoir que vous avez fait. Je vous renvoyeray les mineurs sur l'entrée de la nuit; je vous prie, baillez leur des gentils-hommes qui ne bougent d'auprès d'eux, afin que par eux ils vous mandent ce qu'ils auront besoin. » Et s'en alla depescher un courrier au Roy; car il tarde aux grands que les nouvelles ne volent. Sa Majesté faisoit lire les presages de Nostradamus le jour de devant, et lisoient pour le lendemain bonnes nouvelles au Roy. Le courrier y arriva ce jour mesmes, et le lendemain y avoit ville rendue. On dira que ce sont des resveries; mais si ay-je veu plusieurs telles choses de cest homme. La tour fut prise entre les quatre ou cinq heures apres midy. Nous avions combattu depuis les dix heures, et comptions que le combat avoit duré de six à sept heures. Ce combat et celuy du fort de Camolia à Siene sont les plus longs et les plus perilleux combats où je me suis jamais trouvé, bataille ou sans bataille, car il y faisoit bien chaud; aussi plusieurs y demeurerent. A l'entrée de la nuict arriverent les mineurs, et moy-mesmes allay voir leur commencement. De toute la nuict je ne dormis, pource que je les voyois si diligens que je ne voulois pas que rien manquast, mais que tout leur fust baillé promptement, afin que pour faute de quelque chose ils ne perdissent un quart d'heure de temps; de sorte qu'à l'aube du jour ils eurent faict deux mines, mis la poudre preste à y mettre le feu, et la troisiesme devoit estre preste sur les dix heures. Ma presence ne servit pas de peu à faire une telle diligence, ayant non plus envie de dormir que de danser. Monsieur de Nevers et monsieur de Bourdillon s'en estoient allez avec monsieur de Guyse, et retournerent le lendemain au soleil levant. Ledict sieur de Nevers se fit apporter son disner sur les huict heures. Comme nous mangions sur trois tambours où ses gens avoient mis la nappe, estant assis sur autres trois, à peine eusmes nous beu chacun un coup, que les sentinelles me vindrent dire qu'au coin de la ville un trompette sonnoit en chamade; je baillay le tambour sur lequel j'estois assis à son maistre, afin qu'il lui allast respondre. Le tambour me rapporta que le trompette luy avoit dit que j'advertisse monsieur de Guyse qu'ils vouloient parlementer, car ils sçavoient que je commandois-là, et comme monsieur de Nevers et monsieur de Bourdillon l'entendirent, ils laisserent le manger, et allerent monter à cheval, courant vers monsieur de Guyse. Ledict seigneur y envoya incontinent un sien trompette, auquel ils donnerent charge de dire à monsieur de Guyse que, s'il luy plaisoit leur envoyer quatre gentils-hommes pour parlementer, ils en bailleroient autres quatre pour ostages. Monsieur de Guyse y envoya monsieur de La Brosse, monsieur de Bourdillon, ou bien monsieur de Tavannes, et Esclabolle, et un autre dont je ne suis recors (3). Ils firent la capitulation qu'ils sortiroient avec l'argent qu'ils pourroient porter sur eux; et, pour ne mentir point, il ne me souvient des autres articles: je ne me suis jamais gueres meslé de ces escritures, estant assez empesché à pourvoir que sur ces entrefaites il n'y eust quelqu'un tué mal à propos, comme il advient souvent. Mais ils sortirent le lendemain; et veux dire que des quatre parts les trois estoient blessez, et presque tous à la teste; et cela se faisoit quand ils se haussoient pour nous tirer là où j'avois affusté nos arquebusiers; car à ceux qui estoient contre la muraille ils ne pouvoient tirer qu'ils ne monstrassent de la ceinture en haut; et tout leur malheur vint des nostres qui estoient contre leur ravelin, et de ceux que je commandois, où nous tirions en butte. Et dés le soir mesme que la capitulation fut faicte, monsieur de Guyse depescha monsieur du Fresne (2): je ne sçaurois dire s'il estoit encores à lors secretaire des commandemens; bien me vint dire à Dieu tout à cheval, et me demanda si je voulois rien mander au Roy? Je luy dis: « Vous mesmes avez veu comme tout s'est passé, et que j'avois tant de fiance en monsieur de Guyse qu'il ne le celeroit point à Sa Majesté. » Alors il me dit qu'il avoit charge expresse de compter tout par le menu au Roy comme le combat estoit passé, et qu'entre autres choses il luy avoit donné charge de dire au Roy que trois hommes (3) avoient esté cause de la prise de Tionville, que j'en estois l'un de ceux-là, et qu'il m'en devoit sentir bon gré. Et cogneus bien qu'il n'avoit rien celé au Roy, car il m'apporta lettres de Sa Majesté, par lesquelles il me mandoit beaucoup de bonnes choses, et entre autres qu'il n'oublieroit jamais ce service que je luy avois faict. Je ne veux pas desrober l'honneur des autres, contant ce que je fis: je croy que les historiens qui n'escrivent que des princes et grands en parlent assez, et passent sous si-

---

(1) Italianisme: dont je ne me souviens point.

(2) Florimond Roberlet, seigneur de Fresne.

(3) Tavannes, Montluc et le duc de Guise. (Voyez les Mémoires de Tavannes, et ceux de Vieilleville qui s'attribue à lui seul l'honneur de la prise de Thionville.)

lence ceux qui ne sont pas d'une si grande taille.

Voylà donc la ville de Tionville prinse. Aucuns qui n'aymoient guere monsieur de Guyse avoient mis en placards à la porte du palais, à Paris et par les carrefours, qu'il ne trouveroit pas à Tionville ce qu'il avoit trouvé à Calais, n'y ayant trouvé que les vilains ; cela estoit en rime, de laquelle il ne me souvient poinct. C'estoient des envies qu'on portoit à ce brave et vaillant prince, pour la charge honorable que le Roy luy avoit donnée ; mais je n'ay affaire de traicter cela, car je ne me veux embrouiller en ces fusées. Avant nous ces envies ont regné, et regneront encore apres nous, si Dieu ne nous vouloit tous refondre. Il y en avoit qui crevoient de despit que monsieur de Guyse eust eu ceste bonne fortune ; car il y en a, et trop de si bonne paste, qui ayment mieux la ruine et perte de leur maistre, que l'honneur, non pas de leur ennemy, mais de leur compagnon ; et si quelque disgrace luy survient, car les hommes ne sont pas Dieux, ils se rient, et font d'une mouche un elephant. Laissons les crever leur saoul. Cependant Tionville fut à nous avec beaucoup d'honneur. Le soir devant que les ennemis s'en fussent allez, monsieur de Guyse mit dedans la ville monsieur de Vieilleville, lequel n'y voulut entrer que je ne fusse avecques luy, pource qu'il ne seroit pas, disoit-il, maistre des soldats qu'ils n'entrassent par force par dessus les murailles. Je prins deux ou trois cens soldats et trois capitaines, et me mis dedans avec luy, ayant sa compagnie de gens-d'armes ; et toute la nuit nous fallut faire la sentinelle, pour garder que les soldats n'entrassent par la muraille ; et ne dormismes une seule goutte. Je m'estonne de ce qu'on lit aux histoires romaines de ceux qui avant le jour des batailles assignées dormoient aussi profondement que si c'estoit le lendemain de leurs nopces : je n'ay jamais esté si peu apprehensif ; bien souvent ay-je passé trois nuicts de suitte et trois jours sans dormir, voire sans en avoir que peu d'envie. Je conseillay le lendemain à monsieur de Guyse de remuer son camp hors de là, car autrement on ne pouvoit estre maistre des soldats : et, à la verité dire, ils meritoient qu'on leur donnast le sac : car c'est leur oster le cœur si on ne leur donne quelque curée, et peu de chose qu'ils gaignent de l'ennemy les contente plus que quatre payes. Mais monsieur de Guyse disoit tousjours qu'il falloit garder la ville pour le service du Roy, et qu'à l'occasion de ceste ville, le Roy tireroit d'Allemagne toutes les forces qu'il voudroit, et que le duc Jean Guillaume de Saxe passeroit par là, et qu'il falloit qu'il y trouvast des vivres : et en renvoya le camp, et le mit à demy lieuë de là. Monsieur de Vieille-ville y demeura dedans, avec trois ou quatre enseignes de gens de pied et sa compagnie de gens-d'armes.

Or, capitaines mes compagnons, vous avez icy un beau exemple si vous le voulez retenir, et cognoistrez dequoy sert une grande promptitude ; car ceste place se gaigna pour la hastiveté dont j'usay incontinent que le soldat du capitaine Volumat m'eust dit que les ennemis abandonnoient les casemattes. Je n'eus pas la patience d'y mettre plus de neuf ou dix hommes sans les envoyer combattre. Tout aussi tost j'y fis mettre mon fils le premier, et les gentils hommes qui m'avoient suivy au siege de Siene et à Montalsin. Il me servit bien de me haster et les faire aller au combat ; car, si j'eusse demeuré jusqu'à ce qu'il en y eust eu autant dans la tour qu'il en faisoit besoin par apparence, les ennemis fussent rentrez dedans, et on les eust promptement renforcez, de sorte que jamais il n'eust esté possible de la prendre. Je me suis trouvé en beaucoup de sieges, mais je ne me trouvay jamais sans quelque peu d'esperance de prendre place, que celle-là ; car ayant veu et touché avecques le doigt tout ce qui s'y pouvoit faire pour la prendre, je m'en trouvay aussi esloigné que du ciel à la terre. Et ne faut poinct qu'on donne louange de la prinse qu'à monsieur de Guyse seul, qui s'y opiniastra de telle sorte, que le combat dura six ou sept heures ; et cuyde que sans la solicitation qu'il me faisoit d'heure en autre, nous nous fussions retirez, cognoissant qu'autant valloit combattre contre le ciel. Il faut croire que par son heur et bonne fortune, et l'ayde de Dieu, qui le voulut ainsi, elle se gaigna, et non par la force des hommes, estant certain qu'il fut tiré plus de canonnades par ceux de dedans que nous n'en tirasmes dehors.

Doncques, mes compagnons, comme vous verrez la commodité, hastez l'execution, et ne donnez jamais loysir à l'ennemy de se recognoistre : je le vous conseille. J'ay eu tousjours trois choses en moy, c'est de bien nombrer les gens : jamais je n'ay trouvé sergent major ny autre qui m'ait surpassé en cela ; et, pourveu que l'ennemy ne fust partie en pendant et partie en plaine, encor que le bataillon fust grand, je le nombrois à cinquante hommes pres de demy mil loin : et la seconde, de cognoistre à la façon de faire des ennemis s'ils ont peur, soit à leur desmarche, à leur train, ou à la façon de tirer ; car de là vous tirez un grand advantage.

Deslors que j'appercevois mon ennemy tant soit peu en bransle, je le tenois pour perdu : et la troisiesme, la hastiveté de les combattre sur leur peur, fort ou foible ; car si vous ne vous sçavez ayder de la peur de vostre ennemy, il ne vous faut esperer de sçavoir vous ayder de la vostre. Et ay tousjours eu en ma teste la devise d'Alexandre, encore que je ne la porte pas, qui est : *Ce que tu peux faire aujourd'huy n'attends au lendemain* ; et tiens qu'apres l'ayde de Dieu, toutes les bonnes fortunes que j'ay euës m'ont procedé de ces trois choses. Que si vous n'avez le jugement, voyant vostre point, de presser et soliciter vos gens, et sans user de consultation, de gaigner pays, vous ne ferez jamais rien qui vaille, ny pour vous, ny pour celuy que vous servirez. Ne craignez en un saut perilleux d'hazarder la vie du soldat ; il n'y a ordre, il faut que quelqu'un se sacrifie pour le public, autrement le monde seroit trop peuplé, pourveu que ce soit en lieu d'où il ne se puisse retirer, comme je fis aux soldats que je poussay dans les casemattes ; car lors, se voyant perdus, ils prennent courage, et font de necessité vertu. Si je me fusse retiré lorsque monsieur de Bourdillon me prit par le faux du corps, je croy que nostre entreprise eust esté remise. J'en ay veu bien souvent qui sont bien ayses quand on les force de se retirer, lorsque le hazard y est, et font les empressez ailleurs : je cognois ces gens à la mine. Mes compagnons, mes amis, apres avoir dit vostre *In manus*, ne vous souvenez plus que de bien faire : si vostre heure est venuë, vous avez beau conniller ; puisqu'il faut mourir, il vaut mieux mourir en gens de bien, et laisser une belle memoire de soy.

Je perdis, à la relation des capitaines, plus de cinq cens soldats morts ou blessez : et fismes apporter tous les blessez à Mets, où monsieur de Vieille-ville, qui est à present mareschal de France, les envoya recommander, car il estoit lieutenant de roy là ; et leur fis distribuer de l'argent de l'hospital que monsieur l'admiral avoit dressé, lequel a esté cause de la salvation d'un grand nombre de soldats blecez, et aussi de faire hazarder les soldats plus hardiment au combat, ayant esperance que, s'ils estoyent blecez, ils auroyent secours de l'argent de l'hospital pour se faire guerir. Certes, Sire, et vous qui estes appellez aux grandes charges, une des principalles choses dont vous devriez avoir soin, c'est d'establir des lieux pour les pauvres soldats estropiats et blecez, tant pour les panser que pour leur donner quelque pension : pouvez vous moins faire, puis qu'ils vous font present de leur vie ? ceste esperance leur feit prendre le hazard plus volontiers. Certes vos ames en respondront, car elles n'auront pas plus de privilege que les nostres ; et si vous en porterez encores plus, car vous nous faictes faire les maux que nous faisons pour plaire à vos passions ; et si Dieu n'a compassion de vous et de nous, ce sera une grande pitié. Sire, à l'honneur de Dieu, pourvoyez aux pauvres soldats qui perdent bras et jambes pour vostre service ; vous ne les leur avez pas donnez, c'est Dieu, pouvez vous moins faire que les ayder à nourrir ? Pensez vous que Dieu n'oye pas les maledictions qu'ils nous donnent, puis que nous les rendons toute leur vie miserables ? J'ay ouy dire que le Grand Seigneur a une belle police là dessus : aussi est-il mieux servy que prince du monde.

Trois jours apres la prinse de Tionville, l'armée marcha droict à Arlon, qui est une petite ville fort belle de ce qu'elle contient. C'est une grande faute à un lieutenant de roy, apres la prinse d'une place, de sejourner comme je vois qu'on fait bien souvent. Cela accourage vos ennemis, et donne à vos gens loysir de se retirer ; au lieu que l'honneur leur commande de demeurer lorsqu'ils se voyent employez : j'entens si l'armée n'est du tout rompue ou ruinée, car lors la necessité vous force. Mais de se reposer apres une prinse, et perdre le temps, tant petit soit-il, cela est fort prejudiciable au service de vostre maistre. Je campay tout à l'entour de la dicte ville avecques nos gens de pied françois ; monsieur de Guyse campa un quart de lieuë en arriere, et me dict qu'il estoit tout assoupy d'envie de dormir, car il n'avoit dormi depuis le commencement du siege ce qu'il avoit accoustumé de dormir en une nuict [et moy encores moins], me priant de faire les approches ceste nuict-là, et qu'il m'envoyoit les commissaires de l'artillerie avecques quatre canons pour adviser là où il les faudroit mettre ; et qu'il vouloit donner ceste ville à sac eux soldats, en recompence de Tionville : et se retira dans des logis couverts de paille où il se logeoit. Il y avoit dans la ville cent cinquante Allemans et quatre cens Wallons : les Allemans gardoient une porte, et les Wallons l'autre ; et comme j'eus mis les sentinelles et les corps-de-garde bien pres les uns des autres, pour-ce que l'on disoit qu'il y entreroit des gens ceste nuict-là, ils faisoyent fort bonne mine là dedans, ce qui nous faisoit penser qu'ils esperoyent secours. Je commençay à faire faire l'esplanade par les jardins pour mener l'artillerie, et voulois faire la batterie par la porte, et un peu à main gauche, pour m'ayder à l'assaut, avecques des eschelles, d'une petite bresche qu'ils avoient fait pour porter la terre sur la terrace qu'ils faisoient en cest endroit-là. Ils avoient fait des degrez dans la terre mesme à la descente du fossé, et pareillement à la montée, jusques sur le terrain; je m'approchay jusques auprès du fossé de la ville, et jusques à un petit fossé qu'il y avoit près du chemin, lequel je fis recognoistre par un soldat. J'avois trois ou quatre capitaines avecques moy dans ce petit fossé. Le soldat trouva ces degrez, dans lesquels il descendit, puis en monta trois ou quatre de ceux qui montoyent sur le terre-plain, et là s'arresta sans estre apperceu : et comme il y eut demeuré un peu, il retourne à moy, et me dit qu'il n'y avoit point de sentinelle par le terre-plain, et qu'il pensoit que si l'on s'alloit jetter à coup perdu sur le terre-plain, que nous emporterions la ville. Je fis approcher un corps-de-garde qui estoit fort plus que les autres, à cause que je voulois qu'il servist de garder l'artillerie; et faisois venir le ventre en terre les soldats se mettre dans le fossé. Puis fis retourner le soldat au fossé et trois ou quatre arquebuziers, et deux capitaines avec les rondelles, dont monsieur de Goas en estoit un. La nuict estoit obscure si fort qu'on ne se voyoit point à un pas l'un de l'autre. Ce soldat estoit flamand : il descend au fossé, les capitaines apres luy, et trois ou quatre arquebuziers apres. Et comme ils estoyent dans le fossé, ils se mettoient contre le bord d'iceluy devers la ville, et au plus pres des degrez. Les ennemis entendirent le bruit, et commencerent à crier, *vaer dar?* c'est-à-dire qui va-là? Ce soldat leur respondit en leur langage : *Frind, frind!* Amis, amis! et luy demanderent qu'il estoit; il leur dit qu'il estoit flamand, et qu'il regrettoit, pour estre de leur pays, leur perte, et qu'au poinct du jour toute l'artillerie qu'avoit monsieur de Guyse seroit en batterie, et qu'il ne falloit point qu'ils se fiassent aux Allemans qu'ils avoient avec eux, car ils estoient asseurez de n'avoir aucun mal, et de n'estre aucunement offencez par les nostres, comme des-ja ils leur avoient promis, et qu'un Allemand estoit sorty à l'entrée de la nuict pour aller parler aux nostres; de façon que tout le meurtre tomberoit sur eux s'ils ne se rendoyent, et qu'il ne seroit pas temps quand l'artillerie auroit tiré. Ils envoyerent incontinent au quartier des Allemans, et trouverent qu'un soldat qui parloit allemand aupres là où ils estoyent parloit aux leurs; et comme leur messager fut de retour, ce soldat entendit qu'ils estoyent en garbouil (1) là dedans, et commença à leur dire s'ils luy vouloient donner à boire; ils luy dirent qu'ouy, et qu'il montast sur leur foy et à fiance. J'oyois tout cecy, car je n'estois pas à six pas du bord du fossé, et fis aller les autres deux capitaines l'un apres l'autre dans le fossé, et puis trois ou quatre sergens avec des hallebardes. Ce soldat monta les degrez jusques à ce qu'il fust sur le bord du terre-plain, et parloit à eux, disant que monsieur de Guyse avoit faict bonne guerre à ceux de Tionville, et qu'il la feroit à eux : et les amusoit tousjours de paroles. Ils luy firent porter à boire. Monsieur de Goas estoit apres le soldat, et trois arquebuziers apres luy les uns apres les autres, car ils n'y pouvoient monter que l'un apres l'autre : ce soldat les couvroit, de sorte qu'ils ne pouvoient veoir au long du degré de la montée. L'autre capitaine se mit apres les trois arquebusiers, les sergens apres; de sorte que tout ce degré jusques au haut fut plein. Et comme monsieur de Goas vid qu'ils estoient tant, poussa le soldat qui estoit devant luy sur le terre-plain, et l'autre capitaine poussa les trois arquebusiers. Ce soldat commence à crier *goutt krich!* c'est-à-dire bonne guerre, bonne guerre! Les arquebusiers tirerent, les capitaines se jetterent sur la contr'escarpe, et tout le monde apres : et ces povres gens s'enfuirent tous à leurs logis; les soldats les couroient par les ruës. Je me jettay dans le fossé avec tout le demeurant, montant les soldats les uns apres les autres. Les Allemans, qui se virent prins par derriere à la requeste de ce soldat qui parloit allemand, ils ouvrirent une fausse porte, et se donnerent à la mercy des soldats, qui fut un acte digne d'estre loué aux nostres, et que l'on peut bien cognoistre à cela qu'ils estoient vieux soldats; car il ne se trouva pas quatre hommes de morts, ains eux-mesmes menoient les nostres faire butin par les maisons. Voy-là comme la ville fut prise (2).

Monsieur de Guyse, qui avoit deffendu qu'on ne l'esveillast point, mais qu'on le laissast dormir à son aise ceste nuict-là, n'en sçeut rien, jusques au point du jour, qu'il demanda si l'artillerie avoit encore commencé à tirer; et on luy respondit que la ville estoit desja prise dés la minuict, et que l'on avoit retourné l'artillerie en son lieu : ce qui luy fit faire le signe de la croix, disant : « C'est allé bien viste. » Ledit seigneur monta à cheval et nous vint trouver. Or, par malheur le feu se prit en deux ou trois maisons, à cause de la poudre que l'on y trouva, et en la prenant le feu s'y mit et brusla quatre ou cinq soldats. Ceste ville-là estoit presque pleine de lins prests à estre filez; le vent estoit grand,

---

(1) De *garbuglio*, confusion.

(2) Le 3 juillet, selon de Thou. Ce récit différe de ceux de Vieilleville et de Rabutin.

et n'y sçeut-on jamais donner ordre, que plus de la moitié de la ville ne se bruslast : qui fut cause que les soldats ne gaignerent pas tant comme ils eussent fait. Le lendemain, monsieur de Guyse marcha avec tout le camp, et ne s'arresta jusques à ce qu'il fust à Pierre-Pont (1). Il se logea dans la ville, et toute la noblesse de sa suitte, laquelle estoit grande; et nous campasmes, les uns de là l'eau, et les autres deçà. Et là arriverent les Suysses et le duc Jean Guillaume de Saxe, qui amena une belle et grande trouppe de reistres avec luy; et me semble qu'il vint aussi avec luy quelque regiment d'Allemans. Le Roy y arriva aussi, et se logea à Marches (2), maison de monsieur le cardinal de Lorraine. Je croy que ce fut la plus belle et grande armée de cavallerie et d'infanterie que jamais roy de France eust; car comme le Roy la vouloit voir toute en bataille, le camp duroit une lieuë et demie; et quand on commençoit à marcher par la teste, avant qu'on fust au bout et retourné, il y falloit trois heures.

Deux heures avant jour, messieurs de Bourdillon et de Tavannes, mareschaux de camp, se rendirent au lieu où tout le camp estoit assigné, et à mesure que nous arrivions, ils nous bailloient le lieu où il falloit que nous fussions; et avant que tout le camp fust en bataille, il fut plus de huit heures : il faisoit un grand chaud. Monsieur de Guyse se rendit à l'aube du jour, et aydoit à mettre en bataille l'armée. Je fus mis avec les François, entre les Suysses et un bataillon d'Allemans; et passant monsieur de Guyse par devant nostre bataillon, il dit : « Plust à Dieu qu'il y eust icy quelque bon compagnon qui eust un flascon de vin et du pain, pour boire un coup, car je n'auray pas temps d'aller à Pierre-Pont disner avant que le Roy soit arrivé. Je lui dis : Monsieur, voulez vous venir disner à mes tentes? il n'y avoit pas plus d'une arquebusade, je vous donneray de fort bon vin françois et gascon, et force perdriaux. » Alors il me dit : « Ouy, Monseigne, mais les perdriaux seront de vostre pays, des aulx et des oignons. » Je luy respondis que ce ne seroit l'un ny l'autre, mais que je luy donnerois si bien à disner que s'il estoit dans son logis, et le vin aussi froid qu'il en pourroit boire, et vin de Gascogne, et de bonne eau. Alors il me dit : « Vous mocquez-vous point, Monseigne? » Et je luy dis : « Non, sur ma foy. — Ouy, dit-il, mais je ne puis laisser le duc de Saxe (3). » Je luy respondis : « Amenez le duc de Saxe et qui vous voudrez. » Il me respondit que le duc ne viendroit pas sans ses capitaines, et je luy respondis : « Amenez capitaines et tout, car j'ay prou à manger pour tous. » J'avois promis le soir devant à messieurs de Bourdillon et de Tavannes de leur donner à disner apres qu'ils auroient mis le camp en bataille; mais ils n'y peurent venir, pource qu'une partie de la cavallerie qui estoit logée loing n'estoit encore arrivée : et d'autre part j'avois un des bons vivandiers de l'armée. M. de Guyse alla chercher le duc de Saxe, ensemble ses capitaines. J'envoyay en diligence à mon maistre d'hostel, afin que tout fust prest. Mes gens avoient fait faire une cave dans terre, dans laquelle le vin et l'eauë y demeuroient aussi frais que glace; et, de bonne fortune, je me trouvay force perdriaux, cailles, paons d'Inde, levrauts, et tout ce que l'on eust peu souhaitter pour faire un beau festin, avec patisserie et tartes; car je m'asseurois bien que messieurs de Bourdillon et de Tavannes ne viendroient pas seuls, lesquels je voulois bien traitter pource que j'estois bien aymé d'eux. Ils furent si bien traittez, que monsieur de Guyse demanda au duc de Saxe, par son truchement, qu'est-ce que luy sembloit du colonnel des François, et s'il ne nous avoit pas bien traittez et donné de bon vin? Le duc leur respondit que, si le Roy leur eust donné à disner, il ne les eust pas mieux traittez, ni donné de meilleur vin, ni plus frais. Les capitaines du duc de Saxe ne l'espargnoient, beuvans toujours à nos capitaines françois, lesquels j'avois aussi mené avec moi. Et encore que messieurs de Bourdillon et de Tavannes fussent venus, si ne m'eussent-ils pas surpris, car, apres la table de monsieur de Guyse, il n'en y avoit une seule en tout le camp plus longue ni mieux fournie que la mienne : et tousjours j'en ay usé ainsi en quelque charge que j'aye euë; car, pour honnorer la charge que j'ay euë de mes maistres, j'ay voulu faire croistre ma despence. J'ay veu tousjours ceux qui ont vescu ainsi estre plus en credit que les autres, et mieux suivis; car tel gentilhomme est sorty de bon lieu, qui ne sçait bien souvent où aller disner; et sçachant quelque bonne table, volontiers il s'y rendra; et s'il vous suit à table, volontiers il vous suyvra ailleurs, s'il est tant soit peu bien nay et nourry. Pour retourner à mes hostes, quand ils sortirent de table, monsieur de Guyse me dit comment mes gens pouvoient faire blanchir le linge surquoy je leur avois donné à disner. Je luy dis

---

(1) Il n'y arriva que le 28 juillet, suivant de Thou.
(2) Au Marchais.

(3) Jean Guillaume, duc de Saxe, second fils de l'électeur, détrôné par Charles-Quint.

que c'estoient deux hommes que j'avois qui le blanchissoient. « Vrayement, dit-il, vous estes servy en prince : » et là-dessus entretint le duc de Saxe, en disant plus de bien de moy qu'il n'y en sçauroit avoir. Je dis à monsieur de Guyse qu'il me fist donner de l'argent au Roy, pour faire de la vaisselle d'argent, afin qu'une autrefois, quand ils me feroient cest honneur de venir manger à mes pavillons, je les fisse servir comme il leur appartenoit : monsieur de Guyse le dit au duc de Saxe, lequel dit qu'il le vouloit dire au Roy. Et comme ils voulurent monter à cheval pour retourner au camp, on leur vint dire que le Roy estoit party de Marches, et qu'il s'en venoit au camp. Eux deux s'en allerent au devant, et nous retournasmes chacun en sa place, tant les capitaines du duc que nous autres, qui tous estions, je vous asseure, bien saouls et la teste pleine. Ils rencontrerent le Roy à un quart de lieuë des batailles : Sa Majesté leur demanda s'ils avoient disné : monsieur de Guyse luy respondit qu'ouy, aussi bien qu'ils eussent disné il y avoit un an; et pource qu'ils venoient devers les batailles, Sa Majesté leur dit qu'ils n'avoient pas disné à Pierre-Pont. Monsieur de Guyse luy dit : « Vous ne sçauriez deviner qui nous a donné à disner, ny qui nous a si bien traittez. » Alors le Roy lui demanda : « Et qui ? — C'est, respond monsieur de Guyse, Montluc. — Je croy qu'il vous a donné des viandes de son pays, dit le Roy, des aulx et des oignons, et du vin bien chaud. » Surquoy monsieur de Guyse luy compta comme ils avoient esté traittez. Le Roy le demanda au duc par son truchement, lequel respondit que si Sa Majesté leur avoit donné à disner, il ne leur eust sçeu donner de meilleures viandes ny de meilleur vin, ny plus frais; que puisque j'estois si bon compagnon, qu'il falloit que Sa Majesté me donnast de l'argent pour faire de la vaisselle d'argent, car rien ne leur avoit manqué que cela ; et que monsieur de Guyse et luy m'avoient promis de luy faire ceste demande. Le Roy leur promit qu'il le feroit, et que, puis que je dependois si honnorablement, il m'en vouloit donner le moyen plus qu'il n'avoit fait jusques à ceste heure là.

Encore que ceci ne serve de rien à mon escriture, si ay-je voulu dire pour faire cognoistre à un chacun que l'avarice ne m'a jamais tant dominé qu'elle m'aye gardé d'honnorer les charges que j'ay euës de mes roys et maistres ; et vous conseille, capitaines mes compagnons qui commandez à beaucoup de gens, d'en faire de mesmes, et que l'avarice ne vous commande : ce peu que vous despendrez vous acquerra beaucoup. La table honneste d'un capitaine attire d'honnestes hommes, et mesmes celle du lieutenant de roy, où la noblesse se jette, pour estre incommodez de logis. Peut estre souvent d'autres incommoditez les pressent : que si le lieutenant de roy est chiche et avare, on le fuyra comme un vilain. Je n'ay jamais fait ainsi, et au contraire plus despendu que je n'avois, ayant cogneu que cela m'y a plus profité que nuy, non seulement en cela, mais aussi à donner des chevaux et des armes, et bien souvent à tel qui avoit mieux dequoy que moy. Si le Roy vous cognoist de cest humeur, ou le prince qui vous commande, il ne faudra à vous donner aussi, sçachant que vous estes liberal, et que vous n'avez rien qui soit à vous.

Or, comme je fus à nostre bataillon et chacun de nos capitaines en sa place, le prince de Joinville, qui est à present monsieur de Guyse, vint à la teste de nostre bataillon, et le fils de monsieur d'Aumalle, tous deux jeunes enfans beaux à merveilles, ayant leurs gouverneurs avec eux, et trois ou quatre gentils-hommes apres. Ils estoient montez sur de petites haquenées. Je leur dis : « Ça, ça, mes petits princes, ça, mettez pied à terre, car j'ay esté nourry en la maison de là où vous estes sortis, » qu'est la maison de Lorraine, où j'avois esté page : « je veux estre le premier qui vous mettra les armes sur le col. » Leurs gouverneurs descendirent et les firent mettre pied à terre. Ils avoient de petits robons de taffetas, lesquels je leur ostay de dessus, leur mettant la picque sur le col, et leur dis : « J'espere que Dieu vous fera la grace de ressembler à vos peres, et que je vous porteray bonne fortune, pour estre le premier qui vous a mis les armes sur le col : elles m'ont jusques icy esté favorables. Dieu vous rende aussi vaillans que vous estes beaux, et fils de tres bons et genereux peres. » Ainsi je les fis marcher, coste à coste et les picques sur le col, à la teste du bataillon estant au devant, et retourner au mesme lieu. Leurs gouverneurs estoient si aises, et tous nos capitaines, de veoir ces enfans marcher comme ils faisoient, qu'il n'y avoit nul qui n'en eust bon presage ; mais j'ay failly en l'un, qui est celuy de monsieur d'Aumalle, car il mourut bien tost apres : et toutes-fois, à ce que l'on me dit, ce petit prince estoit aussi sain dans le corps qu'enfant pouvoit estre ; mais je croy que les medecins tuent les princes pour les vouloir trop difficilement traitter en leurs maladies : ils sont hommes comme nous, et toutesfois on veut qu'ils ayent quelque chose de plus particulier que les autres. Monsieur de Guyse est en vie, j'espere qu'il accomplira ce bon-heur que nous luy desirasmes ce jour là : le commencement en est bon, j'espere que la fin le couronnera; et ainsi il sera demeuré heritier de la bonne fortune qu'alors nous souhaittasmes à son cousin et à luy, puisque Dieu en a voulu prendre l'un. J'ay tousjours fort esperé en ce peu que je l'ay cogneu de ce jeune prince; aussi n'y eust-il jamais de poltron en ceste brave race, ce qui ne se voit gueres quand il y a grand multitude. Bref, nostre armée fut tres belle, et à laquelle le Roy print tres grand plaisir.

Quelques jours apres, Sa Majesté fut advertie que le roy d'Espagne marchoit avec son armée et faisoit grand diligence; le Roy se douta qu'il alloit surprendre Corbie ou Dourlan, ou bien Amiens, où il n'y avoit en garnison que deux enseignes en chacune. Le soir que ces nouvelles luy vindrent, ils ne firent que disputer sur les moyens de les secourir; mais ils trouvoient qu'il estoit impossible, veu que le roy d'Espagne estoit fort avant. Monsieur de Guyse demeura ceste nuict-là à Marches, et en renvoya messieurs de Tavannes et de Bourdillon à Pierre-Pont. Ma coustume estoit d'aller donner le matin le bon jour à monsieur de Guyse, puis m'en retournois à mes pavillons, et de tout le jour je ne m'esloignois de ma charge et ne m'amusois à faire la cour : ce n'a jamais esté mon mestier; dequoy le Roy, monsieur de Guyse et tous les princes du camp m'en estimoient d'avantage, disans que de nostre costé il ne pouvoit venir aucun desordre. Or donc le lendemain matin je m'en allois donner le bon jour à monsieur de Guyse, pensant qu'il fust retourné le soir à Pierre-Pont; mais à l'entrée de la ville je trouvay messieurs de Bourdillon, de Tavannes et d'Estrée à cheval, et leur demanday où ils alloient. Ils me dirent qu'ils retournoient au conseil à Marches, et que le soir devant ils n'avoient peu resoudre sur les moyens de secourir Corbie, car le roy d'Espagne marchoit en grand haste en cest endroit là, et que monsieur de Guyse estoit demeuré ceste nuict là à Marches. Alors je leur demanday combien il y a d'icy jusques à Corbie : il me semble qu'ils me dirent trente lieuës ou plus; alors je leur dis : « Je vous prie, picquez au gallop, et dittes au Roy qu'il n'est point temps de s'ameuser à conseils ny consultations, et que peut estre, cependant qu'ils s'amusent à discourir sur le tapis, l'ennemy marche; mais que promptement il se faut resoudre, et que, s'il luy plaist, je prendray sept enseignes, et m'en iray jour et nuict me mettre dedans. Dites luy que je l'asseure de faire si grand diligence que j'y arriveray plustost que le roy d'Espagne ny son camp. Et dites à monsieur de Guyse que je ne luy demande que vingt cinq mulets chargez de pain : je feray mener quatre charrettes de vin des marchands volontaires qui sont à nostre regiment, pour faire manger et boire les soldats en cheminant, sans entrer en ville ny village; et qu'il mande à monsieur de Serres que promptement il m'envoye les mulets chargez de pain. Je m'en vois courir au regiment pour eslire les sept enseignes, et à vostre retour vous me trouverez tout prest à partir; mais il faut que vous couriez en diligence, et que le Roy se resolve en poste; et que, si promptement on ne prenoit entiere resolution, je ne le voudrois entreprendre sans user de remise. » Alors monsieur de Bourdillon me commença à dire que le Roy trouveroit difficile que le secours y peust estre si tost que le camp du roy d'Espagne. Et lors je sautay en colere, et dis en jurant : « Je voy bien quand vous autres serez-là, vous mettrez tout le jour en dispute : en despit des disputes et consultations, que le Roy me laisse faire, je creveray ou je le secourray. » Monsieur d'Estrée dit alors : « Allons, allons, laissons le faire, car le Roy ne le trouvera que bon. » Et se mirent à picquer droit à Marches, et moy droit à mon regiment. Et soudain je fis election de sept enseignes, lesquels promptement se repurent, et leur dy que sans bagage il falloit partir pour faire un bon service. Je ne leur donnay pas demy heure de temps à manger, puis les fis mettre tous sept à la campagne, une partie de l'arquebuserie devant, et une autre à la queuë des picquiers. Je prins quatre charrettées de vin de ceux qui avoyent les meilleurs chevaux, et les mis à la teste des capitaines; et puis commanday aux chartiers d'apporter deux ou trois sacs d'avoine sur les poinçons de vin, et un peu de foin. Puis m'en courus à mes tentes, lesquelles estoyent derriere le regiment, et commençay à manger, et amenay les capitaines des sept enseignes manger avecques moy. Messieurs de Tavannes, de Bourdillon et d'Estrée allerent à si grand haste qu'ils trouverent le Roy qui ne faisoit que sortir du lict, et promptement lui proposerent le party que leur avois dit. Le Roy voulut appeller tout le conseil : monsieur d'Estrée commença à renier, à ce qu'il me dit apres, [car il s'en sçait aussi bien ayder que moy] et dit : « Montluc nous a bien dit, Sire, la verité, que vous mettriez tout aujourd'huy à disputer s'il se peut faire ou non; et si vous vous fussiez au soir resolu, et promptement, comme il s'est resolu, le secours seroit à dix lieuës d'icy. Il m'a dit que si promptement on ne luy envoye ce qu'il demande, il se desdira, car il ne veut pas que les Espagnols triomphent de luy. » Monsieur de Guyse embrassa chaudement cest affaire, messieurs de Tavannes et Bourdillon pareillement; et tout à coup, sans autre conseil, monsieur de Guyse manda à monsieur de Serres de m'envoyer les vingt cinq mulets chargez de pain à toute diligence. Le Roy me manda par monsieur de Broilly, qui suyvoit monsieur de Guyse, qu'il avoit trouvé bonne mon opinion, sauf qu'il ne vouloit point que j'y allasse, car il n'avoit personne pour commander les regimens s'il luy falloit donner bataille, car on ne sçavoit si le roy d'Espagne la viendroit presenter, faisant mine de vouloir attaquer quelque chose; mais qu'ils alloyent faire election d'un qui ameneroit le secours, et que cependant je fisse tout apprester. Ledit Broilly s'en retourna en poste dire au Roy qu'il avoit veu toutes les sept enseignes aux champs pour marcher, et que je n'attendois, sinon le pain. Et à mesmes (1) que Broilly retournoit vers le Roy, les vingt-cinq mulets arriverent; et sur son chemin trouva le capitaine Brueil, gouverneur de Rue et beau-frere de Salcede, qui luy dit que le Roy l'avoit esleu pour amener le secours. Ledit capitaine Brueil ne mangea que quatre ou cinq morceaux, attendant deux siens serviteurs qu'il avoit mandé querir, qui arriverent incontinent; et ainsi s'achemina. Je les accompagnay plus d'une grand lieuë, parlant tousjours à luy et aux capitaines, leur remonstrant que Dieu leur avoit presenté une belle occasion, laquelle ils devroyent achepter de la moitié de leur bien, pour monstrer au Roy la bonne volonté qu'ils portoyent à son service, et aussi pour faire voir leur valleur, et qu'ils avoyent en main le moyen de se faire remarquer au Roy qui seroit prest pour les secourir, et donner une bataille plustost que de les laisser perdre. Je trouvay tousjours à leurs responces qu'ils y alloyent d'une grande gayeté de cœur, puis m'en allois au long des files des soldats, et leur remonstrois qu'il ne tiendroit qu'à eux qu'ils ne se signalassent pour jamais, et que le Roy les cognoistroit tant qu'il vivroit, et que je leur avois fait un grand honneur de les eslire par dessus les autres du regiment, les priant de ne me faire perdre la bonne opinion que j'avois d'eux; que je donnerois le nom au Roy de ceux qui feroyent leur devoir pour obeyr à ce qui leur seroit commandé. Je leur fis hausser la main, et jurer que tous chemineroient jour et nuict. Et ainsi les accompagnay plus d'une grand lieuë, puis m'en retournay à la teste embrasser le capitaine Brueil et tous les capitaines et lieutenans, et leur promis d'aller incontinent dire au Roy l'election que j'avois faite

(1) Et en même temps.

d'eux. Et si je laissay les capitaines joyeux et bien resolus de faire ceste corvée, j'en laissay autant ou plus les soldats. « Souvenez-vous, leur disois-je, mes amis, des diligences que vous m'avez veu autre-fois faire en Piedmont et en Italie [car plusieurs avoyent porté les armes sous moy], et croyez que de vostre diligence depend vostre vie et vostre honneur. » Et pour-ce que je ne suis pas du pays, et que je n'y fus jamais qu'alors, je sçaurois limiter la retraitte qu'ils firent; mais le Roy et tous ceux qui cognoissoyent le pays disoyent que jamais gens de pied n'avoyent fait une telle corvée. Et n'entrerent jamais en ville ny en village; mais comme ils rencontroient quelque ruisseau le jour, ils faisoyent alte et mangeoyent, et se rafraischissoient deux heures au plus, dormant un peu, mais ils cheminoyent toute la nuict. Ils ne demeurerent que deux nuicts dehors, et arriverent au soleil levant à un quart de lieuë de Corbie; et trouverent un gentilhomme qui alloit advertir le Roy en toute diligence que le camp du roy d'Espagne arrivoit devant la ville, et qu'ils courussent s'ils y vouloyent entrer, car la cavallerie commençoit desja à arriver. Ils se mirent au grand pas et au trot; le gentil-homme retourna jusques aupres de la ville, pour sçavoir dire au Roy s'ils estoient entrez. Et comme ils furent à deux ou trois cens pas de la ville, la cavallerie de l'ennemy commença à se monstrer, et les nostres de course se jetterent devant la porte et sur le bord du fossé, et là firent teste. Ils tuerent sept ou huict soldats sur le derrier, qui n'avoyent peu courir tant que les autres : et voylà tous nos gens dans la ville; et ne perdirent rien des mulets ny des charrettes du vin, car ils acheverent de manger et boire ce qu'ils avoyent à quatre lieuës de là, et les avoient renvoyez. Je leur avois baillé un de mes six coffres que j'avois faict faire pour porter de la poudre, que trois chevaux tiroyent : il arriva aussi tost à la porte de la ville que les soldats. Il y a des princes et seigneurs qui estoyent au conseil du Roy, qui porteront tesmoignage si je dis verité ou non, et sur tout messieurs de Tavanes et d'Estrée, qui apporterent au Roy ma deliberation.

Mes compagnons, quand le Roy ou son lieutenant vous baillera à faire une diligence pour secourir une place, vous ne devez perdre un seul quart d'heure; car il vous vaut beaucoup mieux travailler vostre corps et vos jambes jusques au dernier de vostre force, et entrer dedans la place et demeurer en vie, que d'aller à vostre ayse et estre tué et n'y entrer poinct, car vous mesmes estes cause de vostre mort, et que la place sera perduë : et comme vous gaignerez une grande reputation avecques vostre diligence, vous finirez vos jours et vostre renommée ensemble allant à vostre ayse. Et ne vous excusez jamais sur les soldats, ny ne leur faictes jamais l'entreprinse difficile, mais tousjours facile Et sur tout faictes que vous ayez tousjours des provisions, et principalement du pain et du vin avecques vous, pour leur donner quelque peu de rafraischissement; car, comme j'ay desjà dict cy devant, le corps humain n'est pas de fer. Parlez tousjours par les chemins joyeusement avecques eux, leur donnant tousjours grand courage, et leur mettez au devant le grand honneur qu'ils gaigneront et le grand service qu'ils feront au Roy. Et ne faictes aucune doute que les hommes ne facent tousjours plus de chemin que les chevaux : je ne vous conseille chose que je n'aye faicte, et faict faire plusieurs fois, comme vous trouverez dans ce livre; car apres que les chevaux sont recreus, vous ne pouvez à coups d'esperon leur faire faire un pas; mais les hommes sont portés du cœur : il ne leur faut tant de temps pour se rafraischir; ils mangent en cheminant et se resjouyssent. Il ne tiendra qu'à vous, capitaines; faictes comme j'ay fait souvent : quittez la botte, et à beau pied à la teste de vos gens, montrez leur que vous voulez prendre la peine comme eux. Il n'y a diligence que vous ne fassiez, et serez suyvis faisant enfler le cœur et redoubler les forces aux plus recreus.

Deux ou trois jours apres le Roy s'achemina avecques son camp droict à Amiens, et à la premiere journée ou bien à la seconde arriva un gentilhomme du gouverneur de Corbie, qui trouva Sa Majesté en campagne marchant avecques le camp, et luy porta les nouvelles comme le capitaine Brueil estoit entré dedans Corbie; qui donna une grande joye à sadicte Majesté et à tout nostre camp, pour sçavoir ceste place asseurée. Sa Majesté se joüant, disoit à monsieur de Guyse : « Qui sera le premier qui dira à Montluc ceste nouvelle? Je ne la luy veux pas dire. — Ny moy aussi, disoit monsieur de Guyse, car, comme il l'entendra, il criera bien apres nous. » Ils disoient cecy pource qu'ils avoient eu tousjours opinion qu'il estoit impossible que les soldats fissent une si grande corvée. Le lendemain apres, Sa Majesté fut advertie que le roy d'Espagne avoit faict alte à une petite lieuë de Corbie, et qu'il ne faisoit nul semblant d'assieger la place. Le Roy pensa qu'à cause du secours il ne l'assiegeroit pas, et promptement il print opinion qu'il marcheroit droit à Amiens. Il n'y avoit qu'une compagnie ou deux dedans; et fit partir monsieur le marquis de Villars (1),

qui est aujourd'huy en vie, avec trois cens hommes d'armes, pour s'aller jetter à extreme diligence dedans, et me commanda de faire partir autres sept enseignes pour s'en aller apres luy à toute haste : ce que promptement je fis, et baillay la charge de les conduire au capitaine Forcez, qui est encore vivant. Et comme les capitaines et les soldats avoient entendu la loüange que le Roy et tout le camp donnoit au capitaine Brueil de la diligence qu'ils avoient faicte allant secourir Corbie, ils voulurent faire le semblable, et arriverent aussi tost à Amiens que ledict sieur marquis. Il n'y a rien qui picque tant les gens de nostre mestier que la gloire ou l'envie de faire aussi bien ou mieux qu'un tel n'a faict. Deux ou trois jours devant, Sa Majesté en avoit envoyé trois se jetter aussi dans Dorlan, et par ainsi il pourveut facilement au tout.

Comme le Roy arriva à Amiens, le camp du roy d'Espagne arriva à une lieuë pres, la riviere entre-deux : et là se commença à traitter la paix, de laquelle monsieur le connestable et monsieur le mareschal Sainct André avoient fait l'ouverture.

[1559] Et me semble qu'il se fit quelque temps de trefve, pource que de leur costé ny du nostre on ne fit rien, à tout le moins que j'en aye souvenance; car je vins fort malade d'une fievre double tierce, pour les excez que je faisois, non en plaisirs et dances, mais à passer les nuicts sans dormir, tantost au froid, tantost au chaud, tousjours en action, jamais en repos. Il m'a bien servy d'estre fort et robuste, car j'ay mis autant mon corps à l'espreuve que soldat ait faict de mon temps. Apres toutes ces allées et venues, qui durerent plus de deux mois, la paix se feit, au grand malheur du Roy principalement et de tout son royaume; car ceste paix fut cause de la reddition de tous les pays et conquestes qu'avoient faict les roys François et Henry, qui n'estoient pas si petites que l'on ne les estimast autant que la tierce partie du royaume de France. J'ay leu dans un livre escrit en espagnol, que le Roy avoit rendu cent quatre vingt dix huict forteresses où le Roy tenoit garnison; je laisse à penser à chacun combien il en y avoit d'autres sous l'obeyssance de celles-là. Nous tous qui portons les armes, pouvons dire à la verité, que Dieu nous avoit donné le meilleur Roy pour les soldats qui eust jamais commandé en ce royaume; et quant à son peuple, il luy estoit si affectionné, que nul n'espargnoit ses moyens pour l'aider à soustenir tant de guerres qu'il avoit sur les

(1) Honorat de Savoye, marquis de Villars.

bras. Je ne veux pas blasmer ceux qui la firent ; car chacun peut bien penser qu'ils la firent à bonne fin, et que s'ils eussent sçeu que ceste paix eust porté tant de malheurs, ils ne l'eussent jamais faicte, car ils estoient si bons serviteurs du Roy, et l'aymoient tant, avec bonne et juste raison, qu'ils se fussent plustost laissé mourir dans la prison que de l'avoir faicte. Je dis cecy parce que monsieur le connestable en fut le premier motif, et monsieur le mareschal de Sainct André : eux-mesmes ont veu la mort du Roy, et eux-mesmes ont eu leur part des mal-heurs qui sont advenus en ce miserable royaume, et y sont morts l'espée en la main ; peut-estre seroient-ils aujourd'huy pleins de vie. Et par là on peut bien juger qu'ils ne firent pas la paix, pensant qu'elle portast tant de mal-heurs comme elle a porté. Il faut que nous considerions quelle bonne fortune Dieu avoit envoyé à ce royaume, luy donnant un tel Roy, si hardy et magnanime, volontaire à conquerir, et le royaume riche, aymé de ses sujets, qui ne luy pouvoient rien refuser pour l'aider en ses conquestes ; tant de grands capitaines, la pluspart desquels seroient aujourd'huy en vie s'ils ne se fussent entre-mangez en ces guerres civiles. O que si ce bon Roy eusse vescu, ou si ceste paix ne se fust faite, qu'il eust bien rembarré les Luthériens en Allemagne ! Au reste nostre bon maistre avoit quatre enfans masles, princes d'une belle esperance, si que Sa Majesté chargée d'années pouvoit esperer trouver en eux le repos de sa vieillesse et des instrumens propres pour executer ses hautes et genereuses entreprises. Les autres roys ses voisins ne se pouvoient vanter de cela ; car le roy d'Espagne n'avoit qu'un seul fils (1), duquel on n'a jamais eu guere d'esperance, comme il s'est cogneu par sa fin ; le royaume d'Angleterre estoit en quenouille (2) ; le royaume d'Escosse, voisin, tenoit pour nous, et estoit à nous, ayant la France un roy dauphin (3). Chacun peut juger que si la paix ne fust advenuë, le pere ou les enfans eussent dominé toute l'Europe : le Piedmont seroit à nous, où tant de braves hommes se sont nourris ; nous aurions une porte en Italie, et peut estre le pied bien avant ; et n'eussions veu tout renversé sans dessus dessous. Ceux qui ont bravé et ravagé ce royaume n'eussent osé lever la teste, ny remuer, ny seulement penser à ce qu'ils ont executé depuis. Mais cela est fait, il ne s'y peut aucunement remedier, et ne nous en demeure que la tristesse de la perte d'un si bon et si vaillant Roy, et à moy d'un si bon maistre et des mal-heurs qui sont advenus dans ce miserable royaume : ainsi le pouvons nous appeler miserable, en contre-eschange de ce que nous l'appellions par le passé le plus grand et le plus opulent royaume en armes, en bons capitaines, en obeissance de peuple, et en richesses, qui fust en tout le monde.

Apres ceste mal-heureuse et infortunée paix, le Roy se retira à Beauvais ; monsieur de Guyse demeura encore au camp pour licentier l'armée. Avant que Sa Majesté en partist, je luy remis la charge qu'il m'avoit faict prendre par force. Et ne faut pas trouver estrange si tant je contestois à ne la vouloir accepter, car je me doutois bien qu'il m'en adviendroit ce qui m'en est advenu, qui est d'en avoir pour tout jamais la malle-grace de la maison de Montmorency, plus que de celle de Chastillon, à qui le fait touchoit plus qu'à eux. Mais il n'y a ordre ; on ne peut vivre en ce monde sans acquerir des ennemis : il faudroit estre Dieu. J'accompagnay monsieur de Guyse jusques à Beauvais, et me retiray à Paris, m'ayant promis ledit seigneur qu'il me feroit avoir mon congé pour m'en aller en Gascogne, et qu'il me feroit donner de l'argent pour m'y conduire, estant bien certain que je n'avois pas un sol ; ce que je m'asseure qu'il eust faict : mais comme il arriva à Beauvais, il trouva un nouveau changement, c'est que d'autres s'estoient mis en sa place touchant le credit. Ainsi va le monde, et fut un changement bien soudain ; et le trouvay estrange autant que ceux qui l'avoient suivy aux conquestes qu'il avoit fait, ayant rabillé tout le desastre qu'estoit advenu aux autres, et monstré au roy d'Espagne que ny la perte de la bataille de Sainct Quentin, ny celle de Gravelines, n'avoit pas rendu le Roy en tel estat, qu'il n'eust encore une et deux armées plus fortes, ayant au reste conquis des places presque imprenables. Mais à eux la dispute ; ce sont choses qui adviennent souvent en la cour des princes : je ne m'estonne pas si j'en ay eu ma part, puis que les plus grands ont passé par là, et passeront à l'advenir.

Or le roy de Navarre avoit mené quelque entreprise en Biscaye, qui se trouva à la fin double. Il supplia le Roy de me donner congé pour aller avec luy, et que luy-mesme la vouloit executer, ayant opinion que monsieur de Burie (4) l'avoit faillie par son deffaut ; et ainsi m'en vins

---

(1) Don Carlos.
(2) Après la mort de Marie, Élizabeth monta sur le trône.

(3) François II, fils de Henri, et dauphin de France, avoit épousé Marie Stuart.
(4) Charles de Coucy de Burie.

avecques luy, sans en rapporter que promesses, et à la verité une bonne volonté du Roy mon maistre : mais on le destournoit de me faire du bien, et à d'autres qui l'avoient aussi bien merité, et peut estre mieux que moy. Nous allasmes à Bayonne, et trouvasmes que celuy qui avoit mené ceste marchandise, qui s'appelloit Gamure, la traittoit double, et qu'il vouloit faire prendre le roy de Navarre mesmes. Il renvoya monsieur de Duras (1) avec les legionnaires, lequel il avoit fait venir, et aussi les Biarnois. J'avois amené soixante-cinq gentils-hommes, tous armez et montez, qui estoient venus pour l'amour de moy. Et comme je fus de retour à ma maison, bien peu de jours apres m'arriva le don que le Roy m'avoit faict de la compagnie de gens d'armes, pour la mort de monsieur de La Guiche ; et cousta prou au Roy de se pouvoir demesler des traverses que l'on me donnoit à me garder de l'avoir ; toutes fois le Roy s'en fit accroire, plus par collere qu'autrement, car à la fin il fut contraint de me dire qu'il m'avoit promis la premiere vacance, et qu'il la me vouloit tenir, et qu'homme ne luy en parlast plus. Je fis ma premiere monstre à Beaumont de Loumagne, de laquelle un nommé La Peyrie estoit commissaire.

Pendant ce temps se firent ces malheureuses nopces (2) et ces infortunez triomphes et tournois à la Cour. La joye fut bien courte et dura bien peu, car la mort du Roy s'en ensuivit courant contre Mongommery, que pleust à Dieu qu'il ne fust jamais né, aussi n'a-il fait que mal et mal-heureuse fin. Estant un jour à Nerac, le roy de Navarre me monstra une lettre que monsieur de Guyse luy avoit escrit, par laquelle l'advertissoit des jours du tournoy, et que le Roy s'y trouvoit, et estoient des tenans avec luy messieurs les ducs de Guyse, de Ferrare et de Nemours. Je n'ay jamais oublié une parole que je dis au roy de Navarre, que j'avois tout jamais ouy dire, que quand un homme pense estre hors de ses affaires et qu'il ne songe qu'à se donner du bon temps, que c'est lors qu'il luy vient les plus grands mal-heurs, et que je craignois la sortie de ce tournoy. Il n'y avoit justement que trois jours jusques au jour du tournoy, comptant par la datte de la lettre. Je m'en retournay le lendemain chez moy, et la nuict propre venant au jour du tournoy, à mon premier sommeil je songeay que je voyois le Roy assis sur une chaire, ayant le visage tout couvert de gouttes de sang ; et me sembloit que ce fust tout ainsi que l'on peint Jesus-Christ quand les Juifs luy mirent la couronne, et qu'il tenoit ses mains jointes. Je luy regardois, ce me sembloit, sa face, et ne pouvois descouvrir son mal ny voir autre chose que sang au visage. J'oyois, comme il me sembloit, les uns dire : Il est mort ; les autres : Il ne l'est pas encores. Je voyois les medecins et chirurgiens entrer et sortir dedans la chambre. Et cuide que mon songe me dura longuement, car à mon resveil je trouvay une chose que je n'avois jamais pensée, c'est qu'un homme puisse pleurer en songeant ; car je me trouvay la face toute en larmes, et mes yeux qui en rendoient tousjours ; et falloit que je les laissasse faire, car je ne me peus garder de pleurer longuement apres. Ma feu femme me pensoit reconforter ; mais je ne peus prendre autre resolution sinon de sa mort. Plusieurs qui sont vivans sçavent que ce ne sont pas des contes, car je le dis dés que je fus esveillé.

Quatre jours apres un courrier arriva à Nerac, qui porta lettres au roy de Navarre de monsieur le connestable, par lesquelles il l'advertissoit de sa blessure et du peu d'esperance de sa vie. Le roy de Navarre me depescha un sien vallet de chambre pour me dire le malheur, et qu'incontinent je montasse à cheval. Il estoit party sur l'entrée de la nuit, et bien tost fut à moy, car il n'y a que quatre lieuës de Nerac chez moy ; et me trouva que je me mettois au lit. Je partis incontinent, et allay prendre sur mon chemin un mien voisin nommé monsieur de Berauld, et nous en allasmes le grand trot droit à Nerac : il est en vie. Je luy dis et predis tous les malheurs au plus pres, et tout ce que j'ay veu venir depuis en la France ; et autant en dis au roy de Navarre : et ne demeuray à Nerac que deux heures, et m'en retournay passer mes tristesses en ma maison. Et ne tarda pas huit jours que le Roy (3) me manda sa mort, à laquelle je n'ay rien gaigné, car depuis je n'ay eu que traverses, comme si j'eusse esté cause d'icelle, et que Dieu m'ait voulu punir. A grand peine en fusse-je esté cause, car j'ay souhaitté cinquante fois la mienne depuis qu'il fut mort, et tousjours m'est allé au devant que je n'aurois jamais plus que mal-heurs, comme à la verité je n'ay eu autre chose, car depuis on me soupçonna que j'estois de l'intelligence du roy de Navarre et de monsieur le prince de Condé. Je ne fus à ma vie de leur conseil, ny n'avois jamais cogneu ce qu'ils avoient dedans le cœur : je l'ay bien monstré au bon du fait. Bien se plaignoient souvent ces deux princes à moy du

(1) Simphorien de Durfort, seigneur de Duras.
(2) Le 29 juin 1559.
(3) François II.

mauvais traittement qu'ils recevoient : quand ils m'en parloient, je leur rejettois le tout si loing que je pouvois. Dieu, par sa saincte grace, m'a aydé à faire cognoistre à tout le monde que je n'ay eu jamais intelligence qu'avec le Roy et la Royne, et avec ceux qui les ont servis fidellement et loyaument; et ay veu que ceux qui avoient le plus conçeu ceste opinion, ont esté et sont encores les meilleurs seigneurs et amis que j'aye eu ny que j'aye encores. Il en y a qui sçavent les propos que je tins à monsieur le prince de Condé à ce beau colloque de Poissi qui se fit depuis, lors qu'il me vouloit attirer à son party. Apres les premiers troubles, la Royne de Navarre s'en alla à Roussillon, qu'il apporta à leurs Majestez un sac d'informations, là où il ne se parloit que de trahisons et intelligences que j'avois avec le roy d'Espagne pour luy mettre la Guyenne entre ses mains, forcemens de femmes et filles, concussions, impositions, pillages des finances du Roy. Toutes-fois leurs Majestez, estans venus à Thoulouse et en Guyenne, ne trouverent jamais homme ny femme d'une religion ny d'autre qui se plaignist de moy ; et trouverent la Guyenne si remplie de vivres que toute la Cour le trouvoit estrange, veu qu'en Languedoc tout le monde y estoit cuidé mourir de faim, comme monsieur le chancelier mesmes disoit, qu'il avoit demeuré trois jours en Languedoc que son maistre d'hostel ne luy donna en ces trois jours qu'une poulaille ; et le disoit en table là où il donnoit à disner à quelques presidens et conseillers. Monsieur le premier luy dict qu'il trouveroit la Guyenne toute pleine de vivres ; et il luy respondit : « Et que veut dire cela ? car l'on a voulu faire entendre au Roy et à la Royne qu'ils ne trouveroient rien à manger en la Guyenne, et que monsieur de Montluc avoit ruiné tout le pays. » Alors tous ceux qui estoient à table luy attesterent du contraire, et qu'il trouveroit le pays bien policé, comme il fit à son dire propre. La Royne aussi, qui craignoit que les vivres luy faillissent à Bayonne, veit qu'à la fin il fallut jetter les chairs par les ruës. Et avant leur venuë, La Graviere (1), seneschal de Quercy, revenant de la Cour, passa à ma maison de Stillac, où il se coiffa si bien du bon vin que je luy donnay, qu'il songea la nuict que je luy avois dit que je voulois rendre la Guyenne au roy d'Espagne, et que monsieur le cardinal d'Armagnac, messieurs de Terride (2), de Negrepelice et beaucoup d'autres estoient de mon intelligence, et que, s'il en vouloit estre, je le ferois le plus grand homme de sa race ; et s'en alla avec ce bonnet de nuict dire cela à monsieur de Marchastel, lequel depescha incontinent Rappin à la Cour pour porter ces nouvelles au Roy : et fut creu pour quelques jours, car la Royne me depescha du Plessis en poste pour m'advertir que je ne me misse point en crainte, car ils n'en avoient rien creu : desja en avois-je esté adverty ; à quoy je ne faisois pas grand fondement, ayant tant de fiance en la Royne qu'elle ne croiroit pas legerement cela. Le Plessis, vallet de chambre du Roy, me trouva à Agen que je dansois [encores se faut-il quelque fois donner du bon temps] en compagnie de quinze ou vingt damoiselles, lesquelles estoient venues voir ma belle fille, madame de Caupene, laquelle encores n'estoit venue en ce pays. Et voyla comme ma trahison se trouva veritable : nous en demandasmes raison à leurs Majestez, mais nous ne la sçeumes jamais avoir. Et voyla pourquoy il se trouve tant de rapporteurs et calomniateurs en ce royaume, car l'on n'en fait jamais aucune justice, non plus qu'aux cours de parlement des faux tesmoins ; mais j'espere que Dieu en donnera quelque jour la cognoissance au Roy du tout, et en fera couper tant de testes, qu'il reglera son royaume et chassera toute ceste vermine.

Encores que toutes choses qui m'ont esté supposées se soient trouvées fauces et sans nulle apparence de verité, ayant mes faits tesmoigné tout le contraire, tant du passé que du present, si n'a-on jamais peu faire que la Royne n'en aye creu quelque chose, ou a tout le moins elle s'est mise en doute, car je m'en suis bien ressenty. Je croy toutesfois que c'estoit pour ne me faire donner aucune recompence au Roy des services que j'ay faits, lesquels elle sçait bien, et sçait bien aussi que je ne suis pas Espagnol, et n'ay nulle pratique hors le royaume, ny autre que pour le service du Roy. Elle ne croioit pas cela lorsqu'elle m'entretint à Thoulouse avec larmes, sur un coffre où elle estoit assise entre messieurs les cardinaux de Bourbon et de Guyse. Sa Majesté s'en souviendra, s'il luy plaist ; car, encor que beaucoup de choses passent par sa teste, elle a bonne memoire. Ce fut elle-mesme qui me dit qu'ayant receu la nouvelle de la perte de la bataille de Dreux [car quelque brave lance fuit des premiers, et alla porter ceste fauce nouvelle], elle entra à part soy en conseil qu'est-ce qu'elle feroit ; en fin elle prit resolution, si le boiteux (3)

---

(1) François Séguier, chevalier, seigneur de La Gravière.

(2) Antoine de Lomagne, seigneur de Terride.
(3) Surnom d'Armand de Gontaut, baron de Biron.

portoit nouvelle certaine de ceste perte, de se desrober à peu de trouppe avec le Roy et Monsieur, et tascher de gaigner la Guyenne, passant par l'Auvergne, pour l'esperance qu'elle avoit en moy; car aussi la Guyenne estoit nette, et puis le Roy et elle eussent aisement eu secours d'ailleurs. Dieu soit loué que leurs Majestez n'en sont pas venues là! mais ceci se verra mieux ci apres. Si faut-il que Sa Majesté sçache que jusques ici je ne l'ay pas fort pressée de demandes, ni eux aussi ne se sont pas fort tourmentez de m'en donner, m'ayant refusé le comté de Gaure [qui ne vaut que douze cens livres de rente] apres les premiers troubles.

Un chacun sçait le service que je fis au Roy et à la conservation de la Guyenne, non que je me plaigne de Sa Majesté, car son pere et luy m'ont fait plus d'honneur et plus de bien que je ne merite. Je n'eus jamais esperance d'estre recompencé de service que j'eusse faict ni que je sçaurois faire, ayant esté respondu à un personnage qui est encore en vie, que j'estois desja trop grand en ce pays, lors qu'on parloit pour moy : ce que je confesse, non pas en biens, mais en amitié de tous les trois Estats de la Guyenne, pour la loyauté et fidelité qu'ils ont cogneu que j'ay tousjours porté au service du Roy et à sa couronne, et aussi que j'ay tousjours tasché de soulager le pays de garnisons et de tous autres subsides, là où j'ay peu avoir le moyen de les en garder; et j'espere qu'au retour des commissaires qui sont par deçà se verra la verité : je ne les ay pas gaignez, car je n'ay pas seulement voulu parler à eux : qu'ils facent à pis faire. Et quant à estre riche pour les biens, il y a cinquante ans que je commande, ayant esté trois fois lieutenant du Roy, trois fois maistre de camp, gouverneur de places, capitaine de gens de pied et de gens de cheval; et aveccques tous ces estats, je n'ay jamais sçeu tant faire que j'aye acquis que trois mestairies, et racheppté un moulin qui avoit esté de ma maison ; et tout cela ne monte que de quatorze à quinze mil francs : voylà toutes les richesses et acquisitions que j'ay jamais fait; et tout le bien que je possede aujourd'huy ne pourroit estre affermé à plus de quatre mil cinq cens francs de rente.

Je voudrois bien que l'on m'eust reproché que j'estois trop grand pour les grands biens que le Roy m'avoit faits, et non pour m'en avoir donné, et estre demeuré pauvre comme je suis. Dieu soit loué du tout ce qu'il m'a fait homme de bien, et m'a tousjours maintenu portant la teste levée. Je ne crains homme qui soit dessus la terre; je n'ay jamais faict acte que d'homme de bien et loyal sujet et serviteur de mon Roy, et ne l'ay jamais servi en masque ni en dissimulation, car mes faits et ma parole ont tousjours cheminé par un chemin; et n'eus jamais intelligence ni amitié avec les ennemis de mon Roy et maistre. Et qui sera roigneux si se gratte hardiment, car je ne me demange ny dans le cœur ny dehors, ayant tousjours porté les ongles si accourcies, que je n'ay eu jamais besoin d'elles; dont j'en loüe Dieu, et le remercie tres-humblement, qui m'a conduit et aydé jusques icy sans reproche aucun; et espere qu'il me fera ceste grace que, comme il a accompagné ma fortune aux armes jusques icy, il accompagnera ma renommée jusques à mon enterrement; et apres ma fin, mes parens et mes amis n'auront point de honte de m'avoir esté parens, amis et compagnons. Et espere qu'avec ceste belle robbe blanche de fidelité et loyauté, je me marqueray pour jamais, en despit de ceux qui m'ont tousjours porté envie. Tant y a que, si le roy Henry mon bon maistre eust vescu, tous ces mal-heurs ne me fussent pas advenus, ny au royaume, qui est pis. Je lairray donc ces propos, estant peut-estre entré trop en collere pour la mort et perte du meilleur roy que la France aura jamais.

[1560] Je ne me veux mesler d'escrire les inimitiez et rebellions qui ont esté faites depuis, jusques à la mort du roy François second, encores que j'en sçeusse bien escrire quelque chose, pour estre de ce temps-là, car je ne suis pas historien, ny n'escris ce livre par maniere d'histoire, mais seulement afin que chacun cognoisse que je n'ai point porté les armes si long temps inutilement, et aussi afin que mes compagnons et amis prennent exemple en mes faits. Il y en a prou dont ils se pourroient bien aider quand ils se trouveroient en tels affaires. Et aussi que mon escriture sera cause que ma memoire ne mourra pas si tost; qui est tout ce que les hommes qui ont vescu en ce monde portant les armes en gens de bien et sans reproche doivent desirer; car tout le reste n'est rien. Tant que le monde durera, je croy qu'on trouvera nouvelles de ces braves et vaillans capitaines, de Lautrec, Bayard, de Foix, de Brissac, de Strossi, de Guyse et de tant d'autres qui ont vescu depuis l'advenement du roy François premier à la couronne, parmy lesquels peut-estre le nom de Montluc pourra estre en credit. Et puis que Dieu m'a osté mes enfans, qui sont tous morts faisans service aux roys mes maistres, les jeunes Montlucs qui en sont sortis tascheront de devancer leur ayeul. Je ne veux donc rien escrire du regne du roy François second; et comme on joüa au boute-hors à la Cour, aussi ne fut ce que rebellions et seditions. J'en sçay bien des particularitez, pour avoir esté fort privé du roy de Navarre et de monsieur le prince de Condé; mais, comme j'ay dit, je laisse ce subject aux historiens, pour parachever le reste de ma vie. Et commenceray à escrire les combats où je me suis trouvé durant ces guerres civiles, esquelles il m'a fallu, contre mon naturel, user non seulement de rigueur, mais de cruauté.

LIVRE CINQUIESME.

[1561] Le roy François deuxiesme estant mort à Orleans où j'estois, j'allay trouver la Royne, mere du Roy ; et, encore qu'elle fust bien malade, elle me fit cet honneur de commander qu'on me laissast entrer. J'avois cognu les menées qui se faisoient, lesquelles ne me plaisoient gueres, et mesmement sur les estats (1) qui se tindrent : si que je cognus bien que nous ne demeurerions pas long temps en paix ; ce qui me fit resoudre de me retirer de la Cour, afin de n'estre embarassé parmy les uns ou les autres, car on m'y avoit ja trouvé contre toute raison, ainsi que je veux que Dieu m'aide. Qui fut cause que, prenant congé de Sa Majesté, je luy dis ces mots, ne la voulant entretenir longuement à cause de son mal : « Madame, je m'en vois en Gascogne avec deliberation de vous faire toute ma vie tres-humble service. Je supplie tres-humblement Vostre Majesté croire que s'il y advient quelque chose qui merite que vous ayez affaire de vos serviteurs, je vous promets et vous donne ma foy que je ne tiendray jamais autre party que le vostre et celuy de messeigneurs vos enfans ; et seray si soudain à cheval que vous me le commanderez. » Le jour propre que le roy François estoit mort, la nuict, je lui en avois donné toute telle asseurance ; alors elle me fit cet honneur de me remercier. Madame de Cursol (2, (qui estoit au chevet de son lict, luy dit : « Madame, vous ne l'en devriez pas laisser aller, car vous n'avez point de plus fidelles serviteurs que ceux de Montluc. » Alors je respondis : « Madame, vous ne demeurerez jamais sans avoir des Montluc, car il vous en demeure encores trois, qui sont mes deux freres et mon fils ; nous mourrons tous à vos pieds pour vostre service. » Sa Majesté me remercia fort : elle, qui avoit beaucoup d'entendement et l'a bien monstré, voyoit bien qu'ayant tant d'affaires sur les bras parmy la jeunesse de ses enfans, qu'elle auroit affaire des personnes : elle se souviendra de ce qu'elle me dit, et si j'ay manqué d'executer ce qu'elle me commanda : ce sont lettres closes. Et ainsi je prins congé d'elle. Madame de Cursol vint apres moy jusques à demy chambre, et là me dit à Dieu, et madame de Courtu (3) pareillement ; et ainsi m'en vins en ma maison.

Quelques mois apres mon retour, j'entendois de toutes parts de terribles langages et d'audacieuses parolles que les ministres qui portoient une nouvelle foy tenoient, mesmement contre l'authorité royale. J'oyois dire qu'ils imposoient deniers, d'autre part qu'ils faisoient des capitaines, enroollemens de soldats, assemblées aux maisons des seigneurs de ce pays qui estoient de ceste religion nouvelle ; ce qu'a causé tant de maux et de massacres qui se sont faits les uns sur les autres. Je voyois croistre de jour à autre le mal, et ne voyois personne qui se monstrast pour le Roy. J'oyois dire aussi que la pluspart de tous ceux qui se mesloient des finances estoient de ceste religion, car le naturel de l'homme est d'aimer les nouveautez ; et le pis, d'où est procedé tout le mal-heur, que les gens de justice aux parlemens, seneschaussées, et autres juges, abandonnoient la religion ancienne et du Roy pour prendre la nouvelle. Voyois aussi des noms estranges de surveillans, diacres, consistoires, sinodes, colloques, n'ayant jamais esté desjeuné de telles viandes. J'oyois dire que les surveillans avoient des nerfs de bœuf qu'ils appelloient *johanots*, desquels ils maltraittoient et battoient rudement les pauvres paysans, s'ils n'alloient à la presche ; le peuple abandonné de la justice, car, comme ils s'alloient plaindre, ils n'estoient payez que d'injures ; et n'y avoit sergent qui osast entreprendre de faire executions pour les Catholiques, sinon pour les Huguenots seulement [car ainsi les appella-on, je ne sçay pourquoy], demeurant le reste des juges et officiers du Roy qui estoient catholiques, si intimidez, qu'ils n'eussent osé commander faire une information, à peine de leurs vies. Tout cecy ne me presageoit autre chose que ce que j'en ay veu advenir depuis. Et, m'en revenant d'une maison mienne à celle d'Estillac, je trouvay la ville de La Plume assiegée de trois ou quatre cens hommes ; j'avois le capitaine Mont-

---
(1) Le 15 décembre 1560.
(2) *Lisez* Crussol : Françoise de Clermont, femme du comte de Crussol.
(3) Charlotte de Vienne, veuve de Joachim de Chabannes, seigneur de Curton.

luc, mon fils, avec moy, et luy dis qu'il allast avec toutes gracieuses paroles parler à eux, car je n'avois que dix ou douze chevaux. Il fit tant qu'il gaigna les Brimonts, principaux chefs de ceste entreprise, estant faicte pour oster deux prisonniers de leur religion que ceux de la justice de La Plume tenoient. Mon fils leur promit que, s'ils se vouloient retirer, que je les ferois rendre; ce qu'ils firent, et le lendemain j'allay parler avec les officiers de ladicte ville, ausquels remonstray que pour ces deux prisonniers ils ne devoient pas permettre que l'on commençast une sedition; de sorte qu'ils me les amenerent et les laisserent aller.

Monsieur de Burie, qui commandoit en ce temps en l'absence du roy de Navarre en Guyenne, estoit à Bordeaux, où il y avoit autant de commencement de besongne qu'en un autre lieu du pays : je n'oyois point dire qu'il se remuast beaucoup, et croy qu'il estoit bien estonné. De ma part, je n'avois charge de rien que de ma compagnie; et m'en estois voulu une fois mesler, à la requeste de la cour presidialle d'Agen et consuls, pour un ministre que la justice tenoit prisonnier, dont toute la ville estoit esmeuë les uns contre les autres, et me vindrent les consuls prier de venir jusques à Agen, car autrement les habitans s'alloient couper la gorge les uns aux autres : ce que je fis; et à mon arrivée la peur print aux Huguenots d'eux-mesmes, de sorte que les uns se cachoient dans les caves, et les autres sautoient par dessus les murailles, non que je leur en donnasse occasion, car encor je ne leur avois fait jamais mal : je ne fis qu'aller prendre le ministre en une maison pour le livrer entre les mains de la justice, et apres m'en retournay; mais ces gens ont tousjours eu peur de mon nom en Guyenne, comme ils ont en France de celuy de Guyse. Le roy de Navarre me sentit si mauvais gré de ce que je fis, qu'il m'en voulut mal mortel, et escrivit au Roy que je l'avois despossedé de l'estat de lieutenant de roy, le priant de luy mander s'il m'en avoit donné la charge : dequoy il deliberoit se vanger à quelque pris que ce fust. Cecy advint vivant encores le roy François, car dés ce temps-là ces nouvelles gens commencerent à remuer besongne. Monsieur de Guyse me manda par mon fils, le capitaine Montluc, que je recerchasse tous les moyens que je pourrois pour me remettre en sa bonne grace, et qu'encores que le Roy eust trouvé bon ce que j'avois fait, neantmoins il ne le vouloit monstrer, et qu'il falloit qu'il en usast ainsi. Ceste lettre cuida estre cause de ma ruine, car sans cela je ne m'y fusse jamais raccointé; car j'aimois mieux me tenir sur mes gardes et en ma deffence, que non me trouver meslé en aucune chose qu'en ce que le Roy me commanderoit : mais il me sembloit que je ne pouvois faillir suivant le conseil de monsieur de Guyse, car il gouvernoit entierement tout à la Cour.

Or, pour retourner à mon principal, ayant veu et entendu toutes ces besongnes et ces nouvelles choses, qui se dressoient encores beaucoup plus depuis mon retour et apres la mort du Roy [car lors on parloit ouvertement] je deliberay m'en retourner à la Cour, pour ne bouger d'aupres de la Royne et de ses enfans, et là mourir à leurs pieds contre tous ceux qui se presenteroient pour leur estre contraires, tout ainsi que j'avois promis à la Royne; et me mis en chemin. La Cour estoit pour lors à Sainct Germain en Laye : je ne demeuray que deux jours à Paris, et ne trouvay personne de la maison de Guyse ny autres, que la Royne, le roy de Navarre, monsieur le prince de Condé et monsieur le cardinal de Ferrare, là où je fus le bien venu de Sa Majesté et de tous. La Royne et le roy de Navarre me tirerent à part, et me demanderent comme les affaires se portoient en Gascogne. Je leur dis qu'ils ne se portoient pas encores trop mal, mais que je craignois qu'ils iroient de mal en pis; et leur dis les raisons pour lesquelles il me sembloit avoir cogneu que l'on ne demeureroit pas long temps sans venir aux prises. Je n'y demeuray que cinq jours, dans lesquels arriva la nouvelle que les Huguenots s'estoient eslevez à Marmande, et avoient tué les religieux de Sainct François, bruslé le monastère; tout à coup d'autres nouvelles du massacre que les Catholiques avoient fait à Cahors sur les Huguenots, et celuy de Grenade pres de Thoulouse. Puis apres arriva la nouvelle de la mort de monsieur de Fumel, qui fut massacré fort cruellement par ses propres sujets qui estoient huguenots. Cela donna plus de travail à l'esprit de la Royne que tout le demeurant, et cogneut bien Sa Majesté que ce que je lui avois predit, qu'on ne demeureroit gueres sans venir aux prises, estoit veritable. On demeura deux jours sans pouvoir resoudre par quel bout on pourroit commencer à esteindre ce feu : le roy de Navarre vouloit que la Royne escrivist des lettres à monsieur de Burie pour y donner ordre; la Royne disoit que si autre que luy n'y mettoit la main, qu'il ne s'y en donneroit point. La Royne monstroit qu'elle avoit quelque soupçon de luy, et sçay bien qu'elle m'en dit. Il faut peu de chose pour nous rendre suspects. Je cogneus aussi que le roy de Navarre ne me faisoit pas si grand chere comme auparavant; et croy que cela venoit de ce que je ne me rendois pas sujet à luy, et ne bougeois d'auprès de la Royne. A la fin ils se resolurent de m'envoyer en Guyenne avec patentes et permission de lever gens à pied et à cheval pour courir sus aux uns et aux autres qui prendroient les armes. Je rejettay tant que je peus ceste charge, cognoissant bien que ce n'estoit pas œuvre achevée, mais œuvre qui s'alloit commencer, et qu'il faudroit un bon maistre pour y donner ordre, et demeuray pour ce coup là constant à ne la prendre point. Le lendemain matin la Royne et le roy de Navarre m'envoyerent querir; et commanda la Royne à monsieur de Valence mon frere de me convertir à prendre ceste charge. Et comme je fus devant eux, apres plusieurs remonstrances qu'ils me firent, je fus contrainct de l'accepter, pourveu que monsieur de Burie fust compris en la commission : je voulois qu'il eust part au gasteau ; la Royne ne le vouloit jamais, me disant que trop de choses : tout leur est permis ; mais je luy dis que si elle ne l'y comprenoit, que luy, estant lieutenant de roy comme il estoit, qu'il me donneroit toutes les traverses qu'il pourroit par dessous main, pour me garder que je ne fisse rien qui vallust ; ce qu'à la fin ils trouverent bon. Et la mesme charge qu'ils me baillerent ils en baillerent autant à monsieur de Cursol pour la province du Languedoc, et nous commanderent à tous deux que celuy qui auroit fait le premier allast secourir son compagnon s'il en avoit besoin. Monsieur de Cursol n'estoit non plus que moy de ceste religion nouvelle, et croy qu'il s'en fit plustost pour quelque mal-contentement que par devotion, car il n'estoit pas grand theologien non plus que moy ; mais j'en ay veu plusieurs par despit se faire de ceste religion, et apres il leur tomboit dessus, et s'en sont bien repentis. Nous prismes congé de la Royne et du roy de Navarre tous deux ensemble, et allasmes à Paris, et monsieur de Valence avec nous. Je demanday deux conseillers de ce pays-là de France pour faire les procés, me craignant que ceux du pays ne feroient rien qui vaille à cause que les uns voudroient soustenir les Catholiques et les autres les Huguenots ; et me fut baillé les deux plus meschans hommes du royaume de France, qui estoit un Compain, conseiller du grand conseil, et un Gerard, lieutenant du prevost de l'hostel, qui depuis n'ont pas acquis meilleure reputation qu'ils avoient auparavant : je me repentis d'en avoir demandé, mais je pensois bien faire. Ainsi je m'en vins en Gascoigne en diligence.

[1562] Or je trouvay monsieur de Burie à Bordeaux, et luy baillay la patente. Toute la ville estoit bandée les uns contre les autres, et le parlement aussi, pource que les Huguenots vouloient que l'on preschast ouvertement dedans, disant que par le colloque de Poissi il leur estoit permis, les Catholiques tout au contraire ; de sorte que monsieur de Burie et moy demeurasmes tout un jour à les garder de venir aux mains, et arrestasmes que nous leverions quelques gens, et que, comme les commissaires seroient venus, nous marcherions droit à Fumel, car nostre patente portoit que nous commencerions par là. Or j'avois la puissance de lever des gens et les commander ; et arrestasmes de lever deux cens arquebuziers et cent argoulets (1), desquels je baillay la charge au jeune Tilladet, qui est aujourd'huy seigneur de Sainctorens. A peine eus-je demeuré quatre ou cinq jours en ma maison d'Estillac, qu'un ministre, nommé La Barelle me vint trouver de la part de leurs eglises, me disant que les eglises avoient esté fort aises de ma venuë et de la charge que la Royne m'avoit baillé, et qu'ils s'asseuroient d'avoir justice de ceux qui les avoient ainsi massacrez. Je luy respondis qu'il se pouvoit tenir pour certain que ceux qui auroient tort seroient chastiez. Apres il me dit qu'il avoit charge des eglises de me presenter un bon present, duquel j'aurois occasion de me contenter. Je luy dis qu'il n'estoit pas besoing d'user de presens en mon endroit, car avecques tous les presens du monde on ne me sçauroit faire faire choses contre mon devoir. Alors il me dit que les Catholiques disoient qu'ils n'endureroient pas que l'on fist justice d'eux, et qu'il avoit charge de me presenter de par toutes les eglises quatre mil hommes de pied payés. Ceste parole me commença à mettre en furie, et luy dis : « Et quelles gens et de quelle nation seront ces quatre mil hommes ? » Alors il me respondit : « De ce pays icy, et des eglises. » Surquoy je luy demanday s'il avoit puissance de presenter les subjets du Roy et les mettre aux champs sans commandement du Roy, ou de la Royne, qui gouverne aujourd'huy le royaume selon les estats qui ont esté tenus à Orleans. « O meschans, luy dis-je, je voy bien là où vous voulez venir, c'est de mettre le royaume en division ; vous autres, messieurs les ministres, faites tout cecy sous couleur de l'Evangile. » Je commence à jurer, et l'empoignay au collet, luy disant ces paroles : « Je ne sçay qui me tient que je ne te pende moy-mesmes à ceste fenestre, paillard, car j'en ay estranglé de mes mains une vingtaine de plus gens de bien que toy. » Alors il

(1) *Argoulets* : arquebusiers à cheval.

me dit tout tremblant : « Monsieur, je vous supplie, laissez moy aller trouver monsieur de Burie, car j'ay charge de par les eglises d'aller parler à luy ; et ne vous en prenez pas à moy qui porte la parole : nous ne le faisons que pour nous deffendre. » Je luy dis qu'il allast à tous les diables, luy et tant de ministres qu'ils estoient. Et ainsi se departit de moy, ayant eu aussi belle peur qu'il eust jamais. Cela me descria fort parmy ces ministres, car c'estoit crime de leze majesté d'en toucher un.

Toutesfois, quelque temps apres, arriva un autre ministre, appellé Boënorman, autrement La Pierre, envoyé de la part de leurs eglises, comme il disoit, pour me prier que je voulusse accepter le present et l'offre que Barelle m'avoit fait, disant que ce n'estoit pas pour l'intention que j'avois pensé, et que, sans qu'il coutast au Roy un seul liard, je pouvois rendre justice à l'une partye et à l'autre. Alors je cuiday du tout perdre patience, et luy reprochay la levée des deniers qu'ils faisoient, et les enrollemens de gens ; lequel me nya tout. Surquoy je luy dis : « Et si je vous prouve que hyer mesmes vous enrolliez des gens à La Plume, que direz vous ? » Il me respondit que cela n'estoit pas de son sçeu. Or il avoit un soldat avecques luy qui avoit esté de ma compagnie en Piedmont, nommé Antraigues ; je tournay visage à luy, luy disant : « Voulez vous nier, capitaine Antraigues, que vous n'enrollissiez hyer des hommes à La Plume ? » Alors il se vid prins, et me dit que l'eglise de Nerac l'avoit fait leur capitaine. Surquoy je luy commençay à dire. « Et quel diable d'eglises sont-cecy, qui font les capitaines ? » Je luy reprochay le bon traittement que je luy avois fait estant de ma compagnie, et leur deffendis de ne venir plus devant moy pour me tenir le langage qu'ils m'avoient tenu, et que s'ils le faisoient, je n'aurois plus la patience que je ne misse les mains sur eux : et ainsi s'en allerent. Ils commencerent apres à s'eslever à Agen et à se faire maistres de la ville, où estoient les seigneurs de Memy (1) et Castel-Segrat ; monsieur le seneschal d'Agenois, Poton, y estoit aussi, qui faisoit tout ce qu'il pouvoit à pacifier les choses. Et vindrent devers moy, me priant d'aller à Agen, et qu'on me presteroit toute obeyssance. Il y avoit un ministre avecques eux, qui en respondoit sur son honneur, sur lequel je ne faisois pas grand fondement. Monsieur le seneschal y alloit à la bonne foy ; et croy qu'il luy eust cousté la vie aussi bien qu'à moy si j'y fusse allé, car il m'eust voulu deffendre. Or ils firent tant que je leur promis d'y estre le lendemain matin. Les sieurs de La Lande et de Nort me despecherent un homme secrettement, pour m'advertir que je n'y allasse point, sur tout tant que je pouvois desirer sauver ma vie ; car si j'y allois j'estois mort : qui fut cause que je leur manday que je ne voulois point passer la riviere, mais que, s'ils vouloient venir en une maison au passage, que j'estois content de m'y trouver. Et comme ils virent qu'ils ne m'y pouvoient avoir, ils accorderent de se trouver au passage, là où j'allay avec vingt-cinq soldats qui se tenoient toujours sur le passage, et disnasmes là ensemble, et apres disputasmes de ce qui estoit besoing de faire. Je leur dis qu'avant toute œuvre il falloit qu'ils se contentassent de l'eglise que monsieur de Burie leur avoit baillée pour leur presche, qui estoit une paroisse, et qu'ils abandonnassent les Jacobins, et y laissassent rentrer les religieux dire leurs offices, mettant bas les armes ; et qu'ils acceptassent la moitié de la compagnie du roy de Navarre en garnison dans la ville, et l'autre moitié demeureroit à Condom. Jamais je ne les sçeus faire condescendre à cela. Je tiray le seneschal d'Agen à part, et luy dis : « Ne cognoissez-vous pas bien qu'ils veulent faire une subversion et se faire maistres des villes ? Je ne vous conseilleray pas de demeurer avecques ces gens, car il faudra que vous les laissiez faire ou qu'ils vous couppent la gorge : nous avons bon exemple de monsieur de Fumel ; à Dieu vous comment. » Et soudain me despartis d'eux sans vouloir plus contester ; et m'en revins à Stillac, où je trouvay un mien fermier de Puch de Gontaut, nommé Labat, qui me vint dire de la part de leurs eglises que je n'avois pas voulu avoir la patience de bien entendre ce que les ministres Barelle et Boënorman me vouloient dire et presenter, et que j'estois trop collere : qui estoit que les eglises m'offroient trente mille escus, pourveu que je ne prinse point les armes contr'eux et que je les laissasse faire, ne voulant aucunement que pour cela je changeasse de religion, et que dans quinze jours au plus tard ils m'apporteroient l'argent chez moy. Je luy dis que si ce n'estoit l'amitié que je luy portois, et aussi qu'il estoit mon fermier, je le traicterois autrement que je n'avois fait Barelle et Boënorman, et que je luy donnerois d'une dague dans le sein ; qu'il sçavoit bien que je sçavois jouer des mains, et que luy ny autre ne fussent plus si hardis à me tenir tels propos, car je les ferois mourir : et quant et quant, bien estonné, il me laissa pour s'en retourner à Nerac, pour leur rendre la responce.

(1) Du Périgord.

Il ne tarda pas huict jours que le capitaine Sendat m'en vint encores parler, haussant le chevet, car il m'offroit quarante mil escus; lequel leur avoit donné parolle d'estre avecques eux, si je ne prenois poinct les armes contre eux, et luy donnoient à luy deux mille escus. Et comme le capitaine Sendat veit qu'il ne me pouvoit convertir à les prendre, il me dit et conseilla que je les prinsse, et que je les presterois au Roy pour leur faire la guerre. Alors je luy respondis que je cognoissois bien qu'il ne sçavoit pas que c'est que de mettre l'honneur d'un homme de bien en dispute. « Premierement ils ne les me bailleroient pas sans me faire faire serment que je ne prendray pas les armes contre eux, et faudra qu'il apparoisse par escrit pour le monstrer à leurs eglises, afin qu'elles levent et baillent l'argent; or il faudra que cela se sçache, car le feu n'est jamais si profond que la fumée n'en sorte. La Royne trouvera estrange que je demeure à ma maison sans rien faire; elle me sollicitera de prendre les armes: si je ne les prens, ne voulez vous pas qu'elle et tout le monde croye que j'ay prins argent et que je suis un corrompu? Or, quand je le bailleray au Roy, son conseil regardera que j'ay fait serment de ne prendre point les armes, et neantmoins je l'ay fait au Roy, prenant l'ordre, qu'envers tous et contre tous je deffendray sa personne et sa couronne. Comment voulez vous que la Royne, ny le Roy, quand il sera grand, me tiennent en reputation d'homme de bien, veu que j'auray faict deux sermens l'un contre l'autre? Les uns diront que j'ay prins l'argent volontairement, mais qu'apres je me suis repenty, et que je voulois couvrir ma meschanceté en baillant l'argent au Roy. Les autres diront que la Royne ne se devoit jamais plus fier de moy, puis que j'avois faict deux sermens contraires l'un à l'autre, et que, puis que j'avois trompé avec serment les Huguenots, je tromperois bien le Roy. Et voy-là mon honneur en dispute, et condamné avec juste raison de jamais estre plus digne d'estre au rang des gens de bien, et loyaux sujets et serviteurs du Roy. Que deviendray-je, puis apres que j'auray perdu mon honneur, moy qui n'ay jamais combattu que pour en acquerir? Je ne veux pas dire seulement que les gentils-hommes ne me voudroient voir aupres d'eux; mais les vilains propres ne me voudroient voir en leur compagnie. Or voy-là, capitaine Sendat, ce que je deviendrois si je suivois vostre conseil. Je vous prie, ne les hantez plus : vous vous estes tousjours nourry et porté les armes avec les Montluc; je vous prie, resolvez vous de les prendre à present pour le service du Roy, et ne vous mettez point en ceste religion là. Nos peres estoient plus gens de bien qu'eux, et ne puis croire que le Sainct Esprit se soit mis parmy ces gens, qui s'eslevent contre leur roy. Voy-là un beau commencement. » Ce qu'il me promit faire.

Par là j'ay bien monstré à un chacun que, pour l'avarice, je n'ay pas voulu abandonner mon honneur ny ma conscience à faucer le serment que j'ay faict au Roy devant Dieu de le servir fidellement et loyaument, et m'employer à deffendre sa personne et sa couronne; et neantmoins l'on m'a voulu accuser que j'ay pillé les finances du Roy, et que j'ay mis impositions sur le pays pour m'enrichir. Dieu et la verité est avecques moy, et le tesmoignage de tous les trois estats de la Guyenne, qui feront cognoistre que je n'ay jamais fait tels actes à tous ceux qui ont fait ces rapports à leurs Majestés. Mais pour laisser ce propos, je veux retourner à la justice que fismes monsieur de Burie et moy et nos bons commissaires Compain et Girard, qui demeurerent assez de temps sans paroistre en lieu du monde. Je sollicitois monsieur de Burie de venir promptement, et que puisque les commissaires ne venoient, nous prendrions des conseillers d'Agen : ceci alloit toujours dilayant, et j'entendois de jour à autre que les Huguenots continuoyent leurs damnables conspirations. Il y avoit pour lors un lieutenant au siege de Condom, nommé du Franc, fort homme de bien et bon serviteur du Roy, qui s'estoit cuidé une fois laisser aller à vouloir prendre ceste religion nouvelle [il n'estoit pas fils de bonne mere qui n'en vouloit gouster]. Il fut appelé en un conseil là où il y avoit de grands personnages; et là il entendit une proposition fort malheureuse et detestable : et comme il entendit ceci, il n'osa dire, quand se vint à oppiner, sinon comme les autres, craignant que, s'il disoit le contraire, on le fist mourir, pour crainte qu'il decelast le conseil, et fut contraint de passer outre comme les autres. Or je ne descriray poinct où le conseil fut tenu, ny moins veux nommer les personnes, car le conseil et la proposition n'en vaut rien, et en y a depuis qui se sont faicts gens de bien : il m'envoya prier qu'il me parlast secrettement entre le Sampoy et Condom, et m'assigna l'heure; je me menay avecques moy un laccquay, et luy un autre, car ainsi l'avions aresté, et nous trouvasmes au dessous de la maison de monsieur de Sainctorens, dans un pré, où il me dict tous les propos qu'avoient esté tenus au conseil et la conclusion qui en avoit esté faicte. Que comme je veux que Dieu m'aide, le poil me dressoit en la teste d'ouyr tels langages. Et me fit une remonstrance d'homme de bien, me disant qu'il se presentoit une occasion pour m'honorer et tout ce qui descendoit de moy à jamais ; c'est de prendre les armes de cœur hardy et magnanime, et exposer ma vie à tous perils pour soustenir ces pauvres enfans, qui estoient fils d'un si bon roy, et qu'ils estoient encore en tel aage pour se deffendre comme s'ils estoient dans les berceaux, et que Dieu m'assisteroit, voyant que je deffendois les innocens. Et me fit ce bon homme de si grandes remonstrances, que, comme je veux que Dieu me sauve, les larmes me venoient aux yeux, et me pria de ne le deceler point, car si je le faisois il estoit mort; et me dit que, pour le regard de ma personne, ils avoient tenu un conseil deliberé de me surprendre en quelque lieu, et, s'ils pouvoient venir au dessus de moy, faire pis qu'ils n'avoient faict de monsieur de Fumel. Rien n'estoit celé à cedit lieutenant, pource qu'ils pensoient le tenir pour asseuré de leur costé, faisant bonnne mine ; mais apres il leur monstra le contraire, car il exposa plusieurs fois sa vie dans la ville de Condom, les armes à la main, pour deffendre l'authorité du Roy. Et, quoy qu'il soit, il est mort de poison ou d'autre chose pour cela ; je pensois qu'il ne se fusse jamais descouvert qu'à moy, mais je trouvay qu'il en avoit dit autant à monsieur de Gondrin (1), qui luy estoit fort amy, et à monsieur de Maillac, receveur de Guyenne, car tous deux estoient comme freres. Je ne le dis jamais qu'à la Royne à Thoulouse, contre la cheminée de sa chambre, dequoy Sa Majesté s'esmerveilla fort ; aussi c'estoit des entreprises endiablées, et des plus grands y estoient meslez.

Ayant entendu toutes ces meschantes conspirations, je m'en retournay à ma maison au Sampoy, et là je me resolus de mettre en arriere toute peur et toute crainte, deliberé de leur vendre bien ma peau; car je sçavois bien que si je tombois entre leurs mains, et à leur discretion, la plus grande piece de mon corps n'eust pas esté plus grande qu'un des doigts de ma main. Et me deliberay d'user de toutes les cruautez que je pourrois, et mesmement sur ceux là qui parloient contre la majesté royalle; car je voyois bien que la douceur ne gaigneroit pas ces meschans cœurs. Monsieur de Burie partit de Bordeaux, et me manda le jour qu'il se rendroit à Clairac, afin que nous regardissions où est-ce que nous devions le plustost aller commencer ; il m'envoya des lettres que les commissaires luy avoient escrit, là où ils nous assignoient à Cahors, pour là commencer contre les Catholiques. Je luy escrivis qu'il regardast bien la patente, et que là il trouveroit que la Royne nous commandoit d'aller commencer à Fumel. Les lettres estoient bien si audacieuses, que par icelles ils faisoient cognoistre qu'ils estoient les principaux commissaires, et que nous n'avions authorité aucune, sinon de leur tenir main forte à l'execution de leurs ordonnances.

Or il y avoit un village, à deux lieues d'Estillac, qui se nomme Sainct Mezard, dont la plus grande partie est au sieur de Rouillac, gentil-homme de huict ou dix mille livres de rente : quatre ou cinq jours avant que j'y allasse, les Huguenots de sa terre s'estoient eslevez contre luy, pource qu'il les vouloit empescher de rompre l'eglise et prendre les calices ; et le tindrent assiegé vingt quatre heures dans sa maison ; et, sans un sien frere nommé monsieur de Sainct Aignan (2), et des gentils-hommes voisins, qui l'allerent secourir, ils luy eussent couppé la gorge ; et autant en avoient fait ceux d'Astefort aux sieur de Cuq et de La Monjoye; et desja commençoit la guerre descouverte contre la noblesse. Je recouvray secrettement deux bourreaux, lesquels on appella depuis mes laquais, parce qu'ils estoient souvent apres moy, et manday à monsieur de Fontenilles, mon beau fils, qui portoit mon guidon et estoit à Beaumont de Lomaigne avec toute ma compagnie, estant là en garnison, qu'il partist le jeudy à l'entrée de la nuict, et qu'à la pointe du jour il fust audit Sainct Mezard, et qu'il prinst ceux-là que je luy envoyois par escrit, dont il y en avoit un, et le principal, qui estoit nepveu de l'advocat du Roy et de la Royne de Navarre à Lectoure, nommé Verdery. Or ledit advocat estoit celuy qui entretenoit toute la sedition, et m'avoit-on mandé secrettement qu'il s'en venoit le jeudy mesmes à Sainct Mezard, car il y a du bien. J'avois deliberé de commencer par sa teste, pource que j'avois adverty le roy de Navarre en Cour, que cedit Verdery, et autres officiers qu'il avoit audit Lectoure, estoient les principaux autheurs des rebellions ; et en avois autant escrit à la Royne, des officiers du Roy, laquelle m'avoit respondu que je m'attaquasse à ceux-là les premiers ; et le roy de Navarre m'avoit escrit par sa lettre que si je faisois pendre aux basses branches d'un arbre les officiers du Roy, que je fisse pendre les siens aux plus hautes. Or Verdery n'y vint pas, dont bien luy en prit, car je

(1) Antoine de Pardaillan, baron de Gondrin et de Montespan.
(2) Jean de Goths de Saint-Aignan.

l'eusse fait brancher. Monsieur de Fontenilles fit une grande courvée, et fut au poinct du jour à Sainct Mezard; et de prime arrivée il prit le nepveu de ce Verdery et deux autres et un diacre; les autres se sauverent, pource qu'il n'y avoit personne qui sçeust les maisons, car il n'y avoit homme d'armes ny archer qui eust cognoissance du lieu. Un gentil-homme, nommé monsieur de Corde, qui se tient audit lieu, m'avoit mandé que, comme il leur avoit remonstré en la compagnie des consuls qu'ils faisoient mal, et que le Roy le trouveroit mauvais, qu'alors ils luy respondirent : « Quel Roy? nous sommes les roys; celuy-là que vous dites est un petit reyot de merde; nous luy donrons des verges, et luy donrons mestier pour luy faire apprendre à gaigner sa vie comme les autres. » Ce n'estoit pas seulement là qu'ils tenoient ce langage, car c'estoit par tout. Je crevois de despit, et voyois bien que tous ces langages tendoient aux propos que m'avoit tenu le lieutenant du Franc, qui estoit en somme de faire un autre roy. Je m'accorday avec monsieur de Sainctorens, qu'il m'en prinst cinq ou six d'Astefort, et sur tout un capitaine Morallet, chef des autres, sous couleur qu'il leur vouloit donner leur enseigne, et que, s'il le pouvoit prendre, luy et ceux que je luy nommois, avec belles parolles, il me les amenast à Sainct Mezard en mesme jour que je faisois l'execution, qui estoit un jour de vendredy : lequel ne le peut faire ce jour-là; mais il les attrapa le dimanche ensuyvant, et les amena prisonniers à Ville-Neufve. Et comme je fus arrivé à Sainct Mezard, monsieur de Fontenilles me presenta les trois et le diacre, tous attachez dans le cimetiere, dans lequel y avoit encores le bas d'une croix de pierre qu'ils avoient rompuë, qui pouvoit estre de deux pieds de haut. Je fis venir monsieur de Corde et les consuls, et leur dis qu'ils me dissent la verité à peine de la vie, quels propos ils leur avoient ouy tenir contre le Roy. Les consuls craignoient et n'osoient parler. Je dis audit sieur de Corde qu'il touchoit à luy de parler le premier, et qu'il parlast. Il leur maintint qu'ils avoient tenu les propos cy-dessus escrits : alors les consuls dirent la verité comme ledit sieur de Corde. J'avois les deux bourreaux derriere moy, bien equipez de leurs armes, et sur tout d'un marassau bien trenchant; de rage je sautay au collet de ce Verdier, et luy dis : « O meschant paillard, as-tu bien osé souiller ta meschante langue contre la majesté de ton Roy? » Il me respondit : « Ha! monsieur, à pecheur misericorde. » Alors la rage me print plus que devant, et luy dis : « Meschant, veux-tu que j'aye misericorde de toy, et tu n'as pas respecté ton Roy? » Je le poussay rudement en terre, et son col alla justement sur ce morceau de croix, et dis au bourreau : « Frappe, vilain. » Ma parole et son coup fut aussi tost l'un que l'autre, et encore emporta plus de demy pied de la pierre de la croix. Je fis pendre les deux autres à un orme qui estoit tout contre; et pource que le diacre n'avoit que dix-huit ans, je ne le voulus faire mourir, afin aussi qu'il portast les nouvelles à ses freres; mais bien luy fis-je bailler tant de coups de fouët aux bourreaux, qu'il me fut dit qu'il en estoit mort au bout de dix ou douze jours apres. Et voy-là la premiere execution que je fis au sortir de ma maison, sans sentence ny escriture, car en ces choses j'ay ouy dire qu'il faut commencer par l'execution. Si tous eussent fait de mesme, ayant charge és provinces, on eust assoupy le feu qui a depuis bruslé tout. Cela ferma la bouche à plusieurs seditieux, qui n'osoient parler du Roy qu'avec respect; mais en secret ils faisoient leurs menées.

Le lendemain je partis d'Estillac, et m'en allay trouver monsieur de Burie à Clairac, et là debatismes du lieu là où nous devions commencer, ou bien à Fumel ou à Cahors. Je le trouvay gaigné pour aller à Cahors trouver les commissaires, qui estoient arrivez et avoient commencé à faire le procés des Catholiques, sans vouloir prendre quelque raison en payement. Je fis porter la patente, et luy monstray que l'intention de la Royne estoit d'aller commencer à Fumel : alors il ne peust plus contrarier; et luy monstray comme Sa Majesté entendoit que nous fussions les vrays commissaires, et que Girard et Compain estoient tenus de venir à nous, et non point nous à eux; d'autre part que j'avois esté adverty, depuis que j'estois party de la Cour, que c'estoient les deux plus grands Huguenots du royaume de France, et qu'il falloit bien que nous prinssions garde à eux, et pareillement à nostre reputation, afin que l'on ne nous baillast point une trousse, nous declarant estre huguenots; car de moy je ne voulois point qu'on me marquast de ceste marque. Et pour dire la verité, il me sembla cognoistre, quand j'arrivay à Bordeaux, que monsieur de Burie pendoit quelque peu du costé de ceste religion, et aussi par autres advertissemens qu'on m'en avoit donné. Nous nous rendismes le lundy à Ville-Neufve, où monsieur de Sainctorens nous vint trouver avec sa trouppe d'argoulets et deux cens arquebusiers; et m'amena le capitaine Morallet avec autres quatre, et deux autres que des gentilshommes avoient prins dans Saincte Livrade, lesquels je fis pendre le mardy sans tant languir; ce qui commença à mettre une grande peur et frayeur parmy eux, disans : « Comment! il nous fait mourir sans nous faire aucun procés? » Or leur opinion estoit que, s'ils estoient pris, il faudroit venir par tesmoins, et qu'il ne s'en trouveroit pas un qui osast dire la verité à peine d'estre tué, et aussi qu'il n'y avoit judicature grande ny petite qu'il n'y eust de leur religion, et que ceux là ne feroient coucher rien par escrit, sinon ce qui seroit à leur advantage pour leur justification. Et ainsi passoit la justice, sans qu'il fust jamais faict aucune punition d'eux; et, comme ils avoient tué quelqu'un ou rompu les eglises, soudain ces meschans officiers [ainsi les doit-on nommer avec juste raison] se presentoient promptement à faire les informations, et, icelles faictes, on trouvoit tousjours que les Catholiques avoient commencé, et que les battus avoient tort, et qu'iceux mesmes rompoient les eglises de nuict, afin que l'on dist que c'estoient les Huguenots. Je ne cuide que l'on trouve en aucuns livres que jamais telles piperies, ruses et finesses fussent inventées en royaume qui jamais aye esté. Et si la Royne eust encore plus tardé à m'envoyer avec ceste patente seulement trois mois, tout le peuple estoit contraint de se mettre de ceste religion-là, ou ils estoient morts; car chacun estoit tant intimidé de la justice qui se faisoit contre les Catholiques, qu'ils n'avoient autre remede que d'abandonner leurs maisons, ou mourir, ou se mettre de leur party. Les ministres preschoient publiquement que, s'ils se mettoient de leur religion, ils ne payeroient aucun devoir aux gentils-hommes, ny au Roy aucunes tailles; que ce qui luy seroit ordonné par eux; autres preschoient que les roys ne pouvoient avoir aucune puissance que celle qui plairoit au peuple; autres preschoient que la noblesse n'estoit rien plus qu'eux : et de fait, quand les procureurs des gentils-hommes demandoient les rentes à leurs tenanciers, ils leur respondoient qu'ils leur monstrassent en la Bible s'ils le devoient payer ou non, et que si leurs predecesseurs avoient esté sots et bestes, ils n'en vouloient point estre.

Quelques uns de la noblesse se commençoient à se laisser aller, de telle sorte qu'ils entroient en composition avec eux, les priant de les laisser vivre en seureté en leurs maisons, avec leurs labourages; et quant aux rentes et fiefs, ils ne leur en demandoient rien. D'aller à la chasse, il n'y avoit homme si hardy qui y osast aller, car ils venoient tuer les levriers et les chiens au milieu de la campagne, et n'osoit on dire mot à peine de la vie; et si l'on touchoit un d'entr'eux, toutes leurs eglises incontinent estoient mandées, et dans quatre ou cinq heures vous estiez mort, ou bien falloit fuyr vous cacher dans quelque maison de ceux-là qui avoient pactisé avec eux, ou dans Thoulouse; car en autre lieu ne pouviez estre asseuré. Et voylà l'estat auquel la Guyenne estoit reducte. Je suis contraint escrire toutes ces particularitez, pour vous monstrer si c'est à tort que le Roy m'ait honoré de ce beau nom de Conservateur de la Guyenne, et s'il a esté necessaire d'y mettre la main à bon escient. Que si j'eusse faict le doux, comme monsieur de Burie, nous estions perdus : il leur promettoit prou, et je ne tenois rien, sçachant bien que ce n'estoit que pour nous tromper, et peu à peu se rendre maistre des places. Bref ces nouveaux venus nous vouloient donner la loy, et ny avoit petit ministre qui ne fist le monsieur, comme s'il eust esté un evesque. Voy-là les beaux commencemens de ceste belle religion, et comme elle apprenoit à vivre.

Au partir dudict Ville-Neufve, nous allasmes à Fumel, où nous trouvasmes que madame de Fumel, monsieur de Cançon son frere, et autres gentils-hommes parens de la maison, s'estoient mis aux champs quand ils entendirent que nous y estions, ayant pris vingt et cinq ou trente de ceux qu'avoient massacré le sieur de Fumel. Monsieur de Burie manda aux commissaires de venir proceder à la commission, lesquels luy firent response qu'ils n'en feroient rien, mais que nous allissions-là. On me manda qu'ils avoient dit que, puis que je faisois justice sans procedure, qu'ils me feroient à moy-mesmes le procés apres l'avoir faict aux autres; je cognéus bien qu'il falloit venir aux prises et aux mains avecques eux, car autrement nous tombions au plus grand mal-heur que gens pouvoient faire, et que, si nous ne tenions les gens et le peuple en crainte de nous, sans qu'ils eussent frayeur de ces commissaires, tout s'en alloit en ceste religion. Il ne tenoit pas à le remonstrer à monsieur de Burie, mais je cognoissois bien à ses responses qu'il estoit en quelque crainte de faillir, ou, comme j'ay dit, qu'il pendoit quelque peu du costé de ladicte religion : sa fin nous en a donné la cognoissance. Et comme nous vismes que ne pouvions avoir les commissaires, nous mandasmes venir des conseillers du siege du seneschal d'Agen, lesquels commencerent à faire le procez à ces gens, et les trouverent si coupables, qu'ils confesserent qu'eux-mesmes avoient esté au massacre de leur seigneur; car c'estoient ses propres subjets qui avoient commencé et envoyé querir leurs eglises voisines pour faire ce beau exploit, massacrant d'une infinité de coups ce seigneur; et encore demy mort ils le mirent contre un carreau sur le lict, et tiroient à la butte contre son cœur, pillant et saccageant tout : et apres ces bonnes gens crioient *Vive l'Evangile!* Bref un jour il en fut pendu ou mis sur la rouë trente ou quarante. Et de là nous nous en allasmes à Cahors, où nous trouvasmes ces venerables seigneurs qui avoient commencé et estoient desja bien avant à faire le procez aux Catholiques, et tenoient prisonnier monsieur de Viole (1), chanoine et archidiacre de Cahors, et chancelier de l'université, gentil-homme de maison de sept ou huict mil livres de rente, appartenant à messieurs de Terride, Negrepelice et à d'autres sieurs du pays. Le sieur de Caumond des Mirandes avoit marié sa sœur en ceste maison, et estoit là solicitant pour ledict de Viole son beaufrere, avecques ses enfans, neveux dudit de Viole, madame de Bugua, sœur dudict de Viole ; monsieur Daussun y vint aussi, pource qu'il estoit parent de sa femme : toute la ville estoit pleine de noblesse pour solliciter pour ledit sieur de Viole. Ils avoient si bien fait qu'ils avoient appelé neuf juges ou lieutenans des sieges, dont les six estoient huguenots, et les trois ils les avoient si fort intimidez de leur grand puissance et authorité qu'ils disoient avoir en leur charge, que nul d'eux n'osoit dire sinon comme autres ; et mesmes le juge Mage propre, qui est personne timide, n'osoit rien dire, sinon ce qu'ils le vouloient. Ils jugerent quatorze ou quinze hommes : il n'en y avoit pas trois qui fussent au massacre, mais pour vengeance de la justice que nous avions faite à Fumel, ils en vouloient faire mourir tant qu'ils pourroient, justement ou injustement, et les firent executer à la place de la ville. La justice et l'Eglise entrerent en si grand peur, qu'ils se tenoient tous pour perdus, voyant que l'on faisoit le procez à monsieur de Viole et à plusieurs autres qui ne s'y estoient point trouvez. Toutes ces dames estoyent tousjours apres moy, et ne pouvoyent pas avoir responce de monsieur de Burie qui les contentast. Monsieur de Caumond, qui est aujourd'huy, vint parler à monsieur de Burie ; et croy que c'estoit plus pour avoir querelle avec moy qu'autre chose, pource que j'avois dit qu'il enduroit qu'un ministre parloit en pleine chaire, contre la personne du Roy et son authorité, à Clairac dont il est abbé : et le me demanda en pleine salle devant monsieur de Burie; je luy dis que je l'avois dit, et qu'il estoit tant obligé au Roy des biens qu'il en avoit receus, qu'il ne le devoit point endurer : il me respondit qu'il n'avoit pas presché devant luy, et quand bien il l'auroit fait, ce n'estoit pas à moy à qui il en devoit rendre compte. Je luy cuiday sauter dessus, la dague en la main ; il mit main sur son espée, et tout à un coup luy sauterent au col quinze ou vingt gentils-hommes des miens, et eut assez affaire à garder que l'on ne le tuast. M. de Burie fut de mon costé et le brava fort, de sorte qu'aucuns le pousserent hors de la salle pour le sauver ; car tout le monde avoit la main aux espées, et luy n'avoit pas force pour respondre pour lors aux miennes. Et voy-là l'occasion de la hayne qu'on dit qu'il me porte, car paravant nous estions bons amis ; mais c'est le moindre de mes soucis.

Or, pour retourner à la justice, madame la comtesse d'Arein, qui estoit à Assier, m'escrivit une lettre par un sien gentil-homme nommé le Brun, par laquelle me prioit vouloir tenir la main que justice se fist. Je luy respondis que je ne l'empescherois point, ou je cognoistrois que la raison le permettroit, et que monsieur de Burie et moy n'estions là pour autre chose. Le lendemain il retourna à moy, et en secret me dit et me pria que je tinsse la main à ce que le jugement des commissaires sortist à effect, et que dix mil francs ne me faudroient point. Ce fut devant un marchand qui vendoit des pistoles, et luy-mesme les me choisit, et me dit qu'il s'y entendoit, et qu'il les vouloit desmonter. Il me fit grand plaisir, et les luy laissay entre ses mains, m'en allant soupper avec monsieur de Burie : son logis estoit bien pres de là. Et en allant je commençay à discourir en moy-mesmes d'où pourroient sortir ces dix mil francs, et ne peust entrer en mon esprit d'où cest argent pourroit venir ; bien pensois-je qu'il y devoit avoir de la malice et cautelle. Le soir je me retiray à mon logis chez l'archidiacre Redoul : et me retirant, mes-dames du Longua et de Viole me rencontrerent pres du logis, lesquelles je trouvay pleurantes, et me dirent ces mots : « Monsieur, monsieur de Viole s'en va mort si vous ne luy aidez, car sa sentence est arrestée, et ceste nuict le doivent estrangler dans la prison, et au matin le doivent mettre mort sur l'eschaffaut. » Tous ces seigneurs avoyent envoyé en poste devers le Roy ; mais le messager estoit arrivé trop tard si je n'y eusse mis la main. Je les renvoyay avec esperance que je l'en garderois : et toute la nuict je fis promener des gens-d'armes de ma compagnie au devant de la prison et devant le logis des commissaires ; et moy-mesmes ne me despoüillay de ceste nuict-là. Il fut fort tard quand l'archidiacre Redoul revint au logis : et comme je sceuz qu'il fut dans sa cham-

(1) Maufrède de Cardaillac de Bieule, et non pas de Viole.

bre, je le manday. Il estoit allé secretement descouvrir des affaires de monsieur de Viole, et des autres prisonniers, qui estoient gens de maison et de qualité ; et me porta la resolution qu'ils estoient tous condamnez à mourir, et que, pour crainte de scandale, et qu'il n'y vinst esmotion, ils devoient estre deffaits secretement en prison avec les torches ; et que par leur procés et jugement ils avoient departy la ville en trois corps, c'est à sçavoir, l'Eglise en un, la justice en un autre, et le tiers estat en l'autre ; et que tous ces trois corps estoient condamnez en six vingts mil francs. Alors il me va au cœur que ces dix mil francs dont le Brun m'avoit parlé devoient venir de-là. Et pleuroit ledit archidiacre, me disant que la ville de Cahors estoit destruitte à jamais, et que quand on auroit vendu tous les biens de la ville, meubles et immeubles, il ne s'en sçauroit trouver ceste somme. Alors je luy dis : « Ne vous donnez point de melancolie ; laissez faire à moy, car, pour l'amour de monsieur de Viole et des autres, j'y feray faire si bon guet, que les attraperay avant qu'ils facent leur execution. Et quant à ces amendes que vous ditez, le Roy ne voudra jamais que vostre ville soit ruinée, car elle est à luy, et asseurez-vous qu'il la vous donra. » Alors il me dit : « Monsieur, si les amendes alloient en la bource du Roy, nous aurions esperance que Sa Majesté ne nous voudroit pas veoir destruicts ; mais il n'en tire pas un sol. — Et qui donc, luy dis-je ? — C'est le comte Reingrave, qui a presté au Roy cinquante mil francs sur la comté ; et nous avons eu procés avec ledit comte pour les amendes à Thoulouse, et l'avons perdu ; et a esté dit qu'il tireroit les amendes aussi bien que l'autre revenu. Voy-là pourquoy nous n'avons autre remede que d'abandonner la ville, aller habiter ailleurs, et luy laisser tous nos biens. » Et comme j'entendis cecy, je pensay enrager de ce que je voyois que ces deux meschans destruisoyent une cité qui estoit au Roy pour un particulier. Je passay toute ceste nuict en collere ; et au matin monsieur de Burie m'envoya querir pour entendre le jugement des procés. Et m'en allant je pensay à les garder de prononcer leur sentence ; car, si elle estoit prononcée une fois, il n'y avoit plus ordre de sauver la ville que le comte Reingrave n'en eust les amendes, et qu'il estoit estranger dont le Roy avoit tousjours affaire de luy. Et en ceste collere j'arrivay à la chambre de monsieur de Burie, et trouvay qu'ils estoyent desja tous assis, les sacs sur la table. Ils virent bien à ma mine ce que je portois sur le cœur. Je pris une petite escabelle, et me mis au bout de la table, car ils tenoyent tout l'environ d'icelle. Et là commença ledit Compain à faire de grandes remonstrances de ce forfait qui estoit advenu en la ville, et que tant de femmes et enfans y avoyent perdu leurs maris et leurs peres ; et que le Roy et la Royne nous avoyent envoyez-là pour faire ceste justice juste et raisonnable [son harangue dura pour le moins demy heure] ; et que ce n'estoit rien de ceux qu'ils avoyent fait mourir, si les principaux autheurs ne perdoyent la vie, qui serviroit d'exemple à tout le royaume de France ; et qu'ils vouloient lire leur sentence devant nous, pour puis apres faire l'execution en la prison, nous priant de leur prester la main forte ; et commença de tirer la sentence du sac. Je regarday monsieur de Burie s'il diroit rien, car il touchoit à luy de parler premier qu'à moy. Et comme je vis qu'il se laissoit aller sans respondre, et que l'autre commençoit à ouvrir la sentence pour en faire lecture, je luy dis : « Hola, monsieur de Compain, ne passez pas plus outre que vous ne m'ayez respondu sur ce que je vous veux demander. » Alors il me dit qu'apres qu'il auroit leuë la sentence il respondroit à ce que je luy demanderois, et qu'il la vouloit lire avant que faire autre chose. Sur quoy je dis à monsieur de Burie en jurant : « Monsieur, dés le premier mot qu'il ouvrira la bouche je le tueray, si premierement ne me rend raison de ce que je luy demanderay en vostre presence. » Alors monsieur de Burie luy dit : « Monsieur de Compain, il faut que vous entendiez ce qu'il vous veut dire, car peut estre qu'il a entendu des choses que je n'ay pas entendu. » Alors je vis mon homme pallir ; il avoit raison. Je luy dis : « A qui est la ville de Cahors ? » Il me respondit : « Elle est au Roy. — A qui est la justice ? — Elle est au Roy. — A qui est l'Eglise ? » Il me respondit qu'il n'en sçavoit rien. Alors je luy dis : « Niez-vous que l'Eglise ne soit au Roy, aussi bien que le demeurant ? » Il me respondit qu'il ne se soucioit point de cela. Alors je luy dis : « Avez vous departy la ville en trois corps, c'est à sçavoir l'Eglise, la justice, et la ville separément, et sur chacune declaré les amendes ? » Il me dit lors que j'escoutasse leur sentence, et alors je le sçaurois. Surquoy je luy commence à donner du tu, luy disant : « Tu declareras icy, devant monsieur de Burie et devant moy, ce que je te demande, ou je te pendray moy-mesmes de mes mains ; car j'en ay pendu une vingtaine de plus gens de bien que toy, ny que ceux qui ont assisté à ta sentence : » et me leve de dessus l'escabelle. Monsieur de Burie luy dit : « Parlez, monsieur de Compain, et dites si vous l'avez fait. » Il respondit : « Ouy, monsieur. » Alors je luy dis : « O meschant paillard, traistre à ton Roy, tu veux ruyner une ville qui est au Roy, pour le profit d'un particulier. Si ce n'estoit la presence de monsieur de Burie, qui est icy lieutenant du Roy, je te pendrois, toy et tes compagnons, aux fenestres de ceste maison. » Et dis à monsieur de Burie : « Hé, monsieur laissez moy tuer tous ces meschans traistres au Roy pour le profit d'autruy et le leur. » Surquoy je tiray la moitié de mon espée : je les eusse bien gardez de faire jamais sentence ny arrest; mais monsieur de Burie me sauta au bras, et me pria de ne le faire point; et alors tous gaignerent la porte, et se mirent en fuitte crians, si estonnez qu'ils sauteront des degrez sans conter. Je voulois aller apres les tuer; mais monsieur de Burie et monsieur du Courré son nepveu, me tindrent que je ne peus eschapper. La colere où j'estois ne me permettoit estre maistre de moy : il ne faut pas donc trouver estrange si je les appelle meschans dans cet escrit. Monsieur de Burie, monsieur du Courré et moy, entrasmes dans un jardin. Ledit sieur de Burie me dit qu'outre que j'avois gardé que ceste ville ne fust ruynée, je luy avois sauvé son honneur; car le Roy, la Royne, et tout le monde, eussent tousjours dit qu'il avoit pris argent, et que jamais il n'avoit rien entendu de tout cecy. Et alors je luy dis comme je l'avois descouvert; et ay opinion qu'il n'y avoit nulle intelligence du costé de monsieur de Burie. Je disnay avec luy, et croy qu'il ne mangea jamais quatre morceaux; et tout ce jour là je le vis triste et en colere; et leur manda de ne proceder aucunement en chose que ce fust, jusques à ce que le Roy seroit adverty du tout; et manda au juge mage et aux autres que s'ils assistoient en aucune chose de ce que Compain et Girard feroient, il leur iroit de la vie. L'un apres l'autre le soir ils venoient s'excuser à luy, j'entens ceux qui avoient assisté, confessant audit sieur qu'ils n'avoient jamais pensé en la ruyne que portoit le jugement de ce procés; que c'estoit la ruyne d'eux mesmes et de leurs enfans : ils n'osoient parler à moy, ny se trouver là où j'estois. Monsieur de Burie me disoit le tout; mais, quoy que ce fust, pas un n'osoit se trouver devant moy : je croy que j'en eusse estranglé quelqu'un. Au bout de cinq ou six jours arriva le courrier que les parens et parentes de monsieur de Viole avoient envoyé devers le Roy, qui porta interdiction aux commissaires de ne tirer plus outre, en aucune maniere que ce fust, au faict dudit sieur de Viole, ny de ce qui despendoit de ceste sedition, commandant d'eslargir ledit sieur de Viole et autres prisonniers,

avec pleiges de se presenter toutesfois et quantes qu'il en seroit ordonné. Il ne faut pas trouver estrange si la ville de Cahors m'aime; car il semble qu'ils voyent, à la bonne chere qu'ils me font, le Roy ou un de mes seigneurs ses freres. Voy-là la deuxiesme fois qu'on m'a voulu corrompre par argent; mais l'on ne me trouvera jamais par escrit au livre de telles meschancetez, et n'en crains personne du monde, non seulement en Guyenne, mais en Italie, là où j'ay eu de grandes et honnorables charges, où je pouvois gaigner deux cens mil frans pour le moins, si j'eusse voulu, comme ont bien fait d'autres qui ne s'en sont pas mal trouvez; et en eusse esté bien mieux recogneu que je n'ay esté. Mais je puis dire, et à la verité, que jamais ne m'en suis revenu de charge aucune, qu'il ne m'ait fallu emprunter de l'argent pour venir en ma maison, et me suis voulu ruiner et patir tous les jours pour espargner la bourse du Roy, et non pour m'enrichir, non seulement moy, mais encore ceux qui estoient sous ma charge : et en y a prou qui sont en vie, comme le thresorier Beauclerc, le contrerolleur La Molliere et autres, qui en porteront bon tesmoignage, qui s'en sont revenus aussi coquins que moy. Si quelque ville m'a fait quelque present pendant ces troubles, ç'a esté pour soustenir la grand despence qu'il me convenoit faire pour entretenir les gens et les seigneurs de ce pays : c'estoit ouvertement et non en cachette. Voilà la fin de la procedure de Cahors.

Or ayant monsieur de Burie mesmes cogneu que ces deux braves commissaires n'alloient point franchement en besongne, et qu'ils ne tiroient qu'à faire justice des Catholiques et non des Huguenots, il envoya en diligence à Bordeaux faire venir messieurs d'Alesme le vieux, et Ferron, conseillers en la cour de parlement, afin de bailler à ces commissaires pour contrecarrer gens qui entendoient bien le chemin qu'il faudroit prendre. Et nous acheminasmes droit à Villefranche de Roüergue, entendans de toutes parts que les Huguenots s'assembloient. Monsieur de Burie fit venir les compagnies de monsieur le mareschal de Termes, de messieurs de Randan (1), de La Vauguyon (2), et de Jarnac; car nous n'avions que les nostres deux. Et trouvasmes à Villefranche monsieur le cardinal d'Armagnac, qui nous y attendoit pour se plaindre des eglises que l'on luy avoit rompuës, et mesmement à Villefranche, qui est de son evesché de Rodez. Et comme ils nous sentirent approcher, les consuls se saisirent de quatre ou

---

(1) Charles de La Rochefoucault, comte de Randan.
(2) Jean d'Escars, seigneur de La Vauguyon.

cinq des principaux seditieux, et les trouvasmes prisonniers. Et le lendemain que nous fusmes arrivez, vindrent les susdits sieurs d'Alesme et de Ferron, lesquels les commissaires ne vouloient approuver, disant qu'ils n'avoient point de patentes du Roy; mais à la fin nous en fismes accroire. Monsieur de Burie m'avoit prié de ne leur faire point de mal au depart de Cahors, car ils ne desiroient que s'en aller. Ils commencerent à faire le procés des quatre ou cinq que monsieur le cardinal d'Armagnac avoit faict prendre; et ne fut possible de faire condescendre les deux Compain et Girard à faire justice, nonobstant qu'on prouvoit par les plus grands de la ville une infinité de rapts et volemens, outre la rupture des eglises. Ils demeurerent huict ou dix jours en ceste dispute, et concluoient tousjours qu'ils devoient estre relaxez; et, encores que monsieur de Ferron eust sa femme et famille de la religion, neantmoins il concluoit tousjours, comme monsieur d'Alesme, qu'ils devoient mourir. Monsieur le cardinal d'Armagnac et tous les officiers se desesperoient de ce que justice ne se faisoit point, et qu'ils n'attendoient que tous malheurs apres que nous serions passez, s'il ne se faisoit quelque justice. A la fin messieurs d'Alesme et de Ferron vindrent à mon logis me dire qu'il ne falloit point esperer que ces gens fissent jamais justice contre ceux de leur religion, et qu'ils ne feroient rien qui vaille avec eux, et qu'ils s'en vouloient retourner. Je les priay de ne nous laisser point. Alors monsieur d'Alesme dit : « Voulez-vous faire un tour digne de vous? envoyez les faire pendre aux fenestres de la maison de ville, là où ils sont prisonniers, et vous nous jetterez de debat; car autrement il ne faut point esperer que justice s'en face. — Estes-vous tous deux de ceste opinion, dis-je? » Ils me respondirent qu'ouy. Ce fust assez dit. J'apellay le sergent de monsieur de Sainctorens, et luy dis en leur presence : « Sergent, va moy faire venir le geolier : » ce qu'il fit; auquel je dis : « Baille luy ces prisonniers que tu tiens; et vous, sergent, prenez mes deux bourreaux, et les allez faire pendre aux fenestres de la maison de ville. » Et incontinent partit, et en moins d'un quart d'heure nous les vismes attachez aux fenestres. Lesdits commissaires cuiderent enrager, et le vouloient faire trouver mauvais à monsieur de Burie. Et le lendemain je leur reprochay, et leur dis, present ledit sieur de Burie : « Monsieur de Burie et moy serons d'accord, et m'asseure que je vous feray pendre vous mesmes avant que le jeu se desparte et que nous sortions de ceste commission. L'on fait bruit que monsieur le prince de Condé a pris les armes et s'est saisi d'Orleans : si cela est vray, n'esperez autre chose, sinon que je vous tiendray ce que je vous ay promis. » Il ne tarda pas deux heures que Rance, secretaire du roy de Navarre, arriva, et porta les nouvelles à monsieur de Burie que monsieur le prince de Condé avoit pris les armes et s'estoit saisi d'Orleans ; et contoit merveille des grandes forces qu'avoit ledict sieur prince, eu esgard à celles du Roy; et que le roy de Navarre, monsieur le connestable, monsieur de Guyse, monsieur le mareschal de Sainct André, estoient tous ensemble, qui ne pouvoient pas trouver un homme, et mille mensonges. Ledict sieur de Burie lui deffendit de tenir ce langage, et qu'il ne luy alloit que de la vie si j'en entendois aucune chose. Et manda secrettement ledict sieur aux commissaires qu'ils se sauvassent avant que ce bruit fust publié, car autrement il ne me pourroit garder que je ne les fisse mourir, comme j'eusse faict. Ils ne se le firent pas dire deux fois, car ils s'acheminerent secrettement, et ne sceus leur partement jusques au lendemain. Je faisois chercher Rance : que si alors il me fust tombé entre les mains, je luy eusse appris de porter telles nouvelles qu'il avoit porté. Or nous fusmes d'opinion de nous en aller droit à Montauban, et nous jetter dans la ville avant qu'elle se revoltast, car nous entendions que la ville d'Agen estoit revoltée, et avoient pris les officiers et consuls catholiques et les chanoines. Et allasmes à Sainct Antony, pensant entrer le lendemain à Montauban ; mais avant que nous fussions à moitié chemin, on nous dit que la ville estoit revoltée ; et nous acheminasmes droit à Villeneufve d'Agenois, et trouvasmes le tout revolté. Puis vinsmes à un village nommé Gallapian, pres du Port Saincte Marie ; et trouvasmes aussi le Port Saincte Marie revolté, car ces gens avoient faict leur entreprise de longue main. Ils estoient fort secrets. Et la arrestasmes que monsieur de Burie s'en iroit jetter dans Bordeaux avec les quatre compagnies de gens-darmes, et moy, avec celles du roy de Navarre, qui estoient demeurées à Condom, de monsieur le mareschal de Termes, et la mienne, passerois la Garonne vers la Gascogne, et me tiendrois dans le plat pays vers Thoulouse et Beaumond de Lomagne. Et ainsi que nous nous voulions departir, arriva le capitaine Saincte Geme, qui m'apporta lettres du Roy, lesquelles estoient de ceste teneur : *Monsieur de Montluc, je vous prie, si vous desirez jamais me faire service, qu'incontinent et en diligence vous me veniez trouver avec la compagnie de monsieur le mareschal de Termes et la vostre, et avec six* compagnies de gens de pied dont je vous envoye les commissions, laissant les noms des capitaines en blanc, car vous cognoissez mieux ceux qui le meritent que moy. Et, laissant toutes choses, je vous prie vous acheminer, car il faut sauver le corps de l'arbre, parce que, le corps sauvé, les branches se recouveront tousjours. Voy-là le contenu de ma lettre. Celle de monsieur de Burie faisoit mention de ce qu'il m'escrivoit, et luy mandoit qu'il donnast le meilleur ordre qu'il pourroit en Guyenne n'estant point encore advertie Sa Majesté de la revolte d'icelle. Monsieur de Burie print son chemin droit à Thonens, où il trouva messieurs de Caumond et de Duras, lequel sieur de Caumond estoit pressé de leurs Eglises d'estre chef; mais il n'en voulut oncques prendre la charge: aussi ne faisoit pas monsieur de Duras; mais à la fin fut contraint de la prendre, à la persuasion d'un personnage plus grand que luy. Lesquels firent grand chere à monsieur de Burie, et ne luy demanderent rien, car ils taschoient tousjours à le gaigner; mais il estoit trop homme de bien. Ils s'en alla droit à Bordeaux, et le mal fut qu'il en envoya toutes les quatre compagnies vers la Sainctonge, et luy demeura seul dans Bordeaux, n'ayant que vingt cinq arquebusiers de garde. Et le mesme jour que nous nous departismes, je me vins camper à la maison de monsieur de Beaumond pres d'Agen, et aux villages voisins, où je departis les six commissions que le Roy m'avoit envoyé, sçavoir, au capitaine Charry deux, au capitaine Bazordan autres deux, une au baron de Clermon mon nepveu, et l'autre au capitaine Aorne. Les sieurs de Cancon, de Montferrand, toute la noblesse d'Agenois catholiques s'estoient rendus auprés de moy. Et en la sale commencerent à murmurer les uns et les autres que si je les abandonnois ils estoient perdus, et leurs femmes, leurs enfans, et leur maison en ruyne et perdition. Lectoure, place forte, estoit aussi revoltée, de sorte que la noblesse de Gascogne n'avoit où se retirer, et tous se rendoient à moy: lesquels entr'eux firent une conclusion que si je prenois deliberation de m'en aller trouver le Roy, comme il me mandoit, ils demeureroient sans chef, et qu'il me falloit prendre comme prisonnier, et ne me laisser partir. Sur le tard j'assemblay tous ces seigneurs, et leur remonstray qu'il falloit que je depeschasse en diligence devers le Roy pour l'advertir de la revolte de toute la Guyenne, sauf Thoulouse et Bordeaux, et que si celles-là n'estoient secouruës, qu'elles estoient en bransle d'être perduës, aussi bien que le reste: et le trouverent tous bon. Et je depeschay incontinent le capitaine Cousseil pour donner advis au Roy et à la Royne de tout. Et apres sa depesche faicte, monsieur de Masses, qui est dernierement mort à Limoges, qui pour lors portoit la cornette de monsieur le mareschal de Termes, me dit en presence de tous que j'avois fort bien faict de prendre ceste resolution, car ils avoient fait un arrest entr'eux de me retenir par force. Le matin nous passasmes la riviere à deux ou trois ports mal-aisément, car Layrac estoit revolté, comme estoit aussi tout le pays de Bazadois, sauf la Reolle, et jusques aux portes de Thoulouse, sauf Auvillar et Condom, où le capitaine Aorne (1) estoit avec la compagnie du roy de Navarre: et avant qu'elle y fut, ladite ville s'estoit revoltée par deux fois; mais le lieutenant general, nommé du Franc, que j'ay cy-dessus nommé, avoit pris les armes pour deffendre l'authorité du Roy, en estoit demeuré maistre: toutes-fois à la fin il ne fust pas esté le plus fort, sans ladite compagnie que j'envoyay dedans. Je mis ma compagnie à la Sauvetat de Gaure; monsieur de Terride avoit la sienne aux environs de sa maison, en ses terres propres, car Beaumont estoit aussi revolté. Monsieur de Gondrin et moy parlasmes ensemble à ma maison, au Sampoy en Gaure, là où je l'avois assigné, et là conclusmes de faire amis tous les gentils-hommes catholiques, afin que nous fussions tous unis ensemble. Et pour-ce que les seigneurs de Firmarcon (2) et de Terride, tous deux sortis d'une maison, ne s'entr'aimoient point, nous arrestasmes de les faire amis, et les assignasmes à se trouver à Faudouas, où il se trouva une bonne compagnie de noblesse: et comme nous y fusmes, les fismes bons amis. Le capitaine Charry partit en diligence pour s'aller jetter dans Puymirol, pour-ce que je fus adverty que les ennemis l'avoient abandonnée et prins l'artillerie qu'y estoit pour porter à Agen. Ledit capitaine Charry alla passer la riviere à La Magistere, et fut au point du jour dans la ville, car les bonnes gens l'uy ouvrirent; et n'y avoit que dix soldats au chasteau, lesquels se rendirent. Soudain chacun des autres capitaines print incontinent son party pour aller dresser leurs compagnies. Et comme nous eusmes disné, vint un homme à cheval, qui estoit party en poste de Cahors, ayant cheminé toute la nuict et prins un cheval de loüage à La Magistere, là où il luy fut dit que j'estois à Faudouas; et me porta une lettre de monsieur de La Rocque des Ars, pres Cahors, un mien parent, laquelle lettre se trouvera enregistrée au Registre du parlement de

(1) D'autres le nomment Arnay.
(2) Bernard de Narbonne, seigneur de Firmacon.

Thoulouse, dont la teneur estoit telle : *Monsieur, aujourd'huy environ midi est arrivé icy un gentil-homme venant de la Cour à grand journées, lequel, ayant demandé à l'hostelerie s'il y avoit homme qui vous cogneust, l'hoste luy a dit que j'estois à la ville, et que je vous appartenois de parenté : surquoy il m'a envoyé soudain querir par l'hoste. Et comme j'ay esté devant le logis, il a dit audit hoste qu'il r'entrast dans sa maison. Je l'ay voulu embrasser, mais il m'a fait signe que je ne le touchasse point. Et estans luy et moy seuls, il m'a dit qu'il estoit de la comté de Foix et au roy de Navarre ; et qu'à Orleans luy estoit mort un medecin, de peste, à son costé, dont il estoit encores pestiferé. M'ayant dit en outre que j'allasse incontinent cercher de l'ancre et du papier, ce que promptement j'ay faict, et devant le logis mesmes m'a fait escrire ceste lettre, et m'a prié de la vous envoyer en poste.* Ladite lettre disoit ainsi : *Monsieur, m'en revenant de la Cour, je suis passé à Orleans, où j'ay laissé monsieur le prince de Condé, qui assemble de grandes forces, et des-ja en a beaucoup. Il y a un capitoul de Thoulouse qui s'en vient à grandes journées apres, et pense qu'il passera ceste nuit icy, lequel a promis audit seigneur prince de luy rendre à sa devotion, dans le dix-huitiesme de ce mois* [qui estoit en may], *la ville de Thoulouse. Ledit capitoul s'est descouvert à moy ; je vous en ay voulu advertir en extreme diligence, afin que vous y pourvoyez s'il vous est possible. Et pour les raisons que vous escrira monsieur de La Rocque, je n'ay point voulu signer ceste lettre, mais je l'ay fait signer au dict sieur de La Rocque.* Voylà le contenu des deux lettres, lesquelles ayant veuës, je tiray à part les susdits seigneurs, et, leur ayant communiqué lesdictes lettres, je les envoyay incontinent, par homme expres en poste, à monsieur le premier president Mansencal ; et fis promptement trois depesches aux capitaines Bazordan, baron de Clermon, et Aorne, leur mandant par icelles que jour et nuict ils fissent diligence d'assembler leurs compagnies de gens de pied que je leur avois baillées, et qu'ils s'approchassent le plus pres de Thoulouse qu'ils pourroient. Monsieur de Terride s'en retourna en diligence pour tenir preste la sienne de gensdarmes. Les sieurs de Gondrin, de Firmarcon et moy, nous en retournasmes en diligence pour assembler de la noblesse. Or le messager ne peust arriver à Thoulouse de ceste journée là, qu'il ne fust trois heures de nuict ; et monsieur le president se trouva couché, et ne luy peust bailler les lettres jusques au lendemain matin, qui estoit le douziesme de may : en quoy monsieur le president fit une erreur, d'autant que le matin il alla assembler toutes les chambres, et là, en presence de tous, lesdites lettres furent leuës : et moy j'en fis une autre, n'ayant esté si advisé de luy mander qu'il la communicast à peu de gens. Cela fut cause que ceux de leurs compagnies qui estoient de la religion nouvelle et de l'entreprise, au sortir du palais, advertirent tous les autres de leur intelligence, pour les faire haster de se saisir de la maison de la ville et de l'artillerie, et n'attendre point jusques au dix huictiesme dudict mois ; car j'escrivois aussi par madicte lettre que je mandois en diligence aux capitaines Bazordan et baron de Clermon, qu'en faisant les compagnies ils marchassent devers ladicte ville de Thoulouse, laquelle plus de huict jours auparavant estoit entrée en grand soupçon, pource que ceux de dedans y voyoient arriver de jour à autre beaucoup de gens estrangers et incogneus de leurdicte ville. Et lesdictes lettres arriverent sur ceste peur. J'avois, ne sçachant encores rien de cecy, envoyé ma compagnie à La Monjoye, pres La Plume. Et le lendemain mesmes, qui fut le dix huictiesme, m'en estant retourné au Sampoy, je receus deux lettres tout à un coup, l'une de monsieur de Terride, et deux autres d'advertissemens que l'on luy donnoit. En l'une y avoit : *Monsieur, quatre enseignes de gens de pied sont arrivez dans Montauban, qui viennent devers les Sevenes, et sont entrez à la poincte du jour, ayant cheminé toute la nuict.* En l'autre lettre y avoit qu'il estoit passé une enseigne noire sur le pont du Buzet au delà de Thoulouse, portant une escharpe blanche, qui tenoit le chemin de Montauban. Monsieur de Terride me mandoit que je tinsse l'advertissement pour tout seur. En mesme instant j'avois receu une autre lettre du vicaire d'Auch et des consuls de ladicte ville, lesquels me prioient de vouloir aller en toute diligence audict Auch, ou autrement que tous se mettroient en pieces les uns et les autres. J'escrivis en la ruë mesmes en haste quatre lignes à monsieur de Terride, le priant tenir sa compagnie preste, et assembler le plus de gens qu'il pourroit. Et apres je montay à cheval, ayant monsieur de Fontenille avecques moy, et m'en allay en toute diligence droict à Auch, combien que je n'estois lieutenant du Roy, ny n'avois aucune puissance de commander, ains tout ce que j'en faisois n'estoit que pour l'affection et volonté particuliere que je portois au service du Roy. J'estois bien asseuré que, faisant bien, tout seroit trouvé bon de ceux qui tenoient le party du Roy : pour les autres, je ne m'en suis pas fort soucié ; je les ay tousjours mieux aymé avoir pour ennemis que pour amis.

Arrivant à Sezan, une lieuë du Sampoy, il m'arriva un homme de Thoulouse, que monsieur le president de Mansencal m'envoyoit, par lequel il me mandoit qu'il avoit reçeu mes lettres, me priant d'aller secourir ladite ville de Thoulouse, parce que les Huguenots s'estoient saisis de la maison commune d'icelle, et de l'artillerie qui estoit dedans. Je descendis devant le village, sous un orme, et là depeschay vers monsieur le president qu'il advertist en diligence les capitaines sus nommez qu'ils s'allassent jetter dans Thoulouse, et que j'allois faire marcher la compagnie de monsieur le mareschal de Termes, qui estoit à Pessan pres d'Auch, afin qu'elle se rendist au point du jour à Thoulouse, et qu'ils eussent courage seulement, car je serois bien tost à eux. Et baillay quatre ou cinq blancs signez à mon secretaire, pour dresser lettres à monsieur de Gondrin et autres, afin de les faire partir et acheminer devers Thoulouse. Puis m'en allay courant à Auch, apres avoir aussi mandé à ma compagnie qu'elle s'en retournast en diligence à La Sauvetat. Et estant arrivé tout à jeun à une heure apres midy à Auch, j'escrivis en disnant deux lettres, l'une à monsieur de Bellegarde, n'y ayant que deux lieuës jusques à sa maison, et l'autre au capitaine Masses, qui en estoit à demy lieuë; mandant à monsieur de Bellegarde (1) qu'il partist incontinent en poste, et qu'il s'allast jeter dans Thoulouse pour commander aux armes, faisant aller apres luy jour et nuict ses armes et grands chevaux. Monsieur du Masses partit dés qu'il eut parlé à moy, et n'arresta qu'il ne fust dans Thoulouse le lendemain matin au point du jour : et monsieur de Bellegarde y estoit arrivé deux heures apres minuict : le baron de Clermon entra le mesme matin. Et à l'instant que les soldats entroient, ils alloient au combat, qui estoit depuis la place Sainct George jusques aux deux portes de la ville qui tirent vers Montauban, lesquelles portes les ennemis tenoient. Le capitaine Aorne entra environ deux heures apres midy, comme fit aussi en mesme temps le capitaine Bazordan. Et, comme j'eus pacifié Auch, il me souvint des lettres de monsieur de Terride, et pensay que ces enseignes qui estoient arrivées à Montauban, n'estoient là, sinon pour secourir leurs gens qui combattoyent à Thoulouse; surquoy je depeschay soudain un soldat sur un bon cheval, luy commandant qu'il prinst le chemin droict à Caudecoste, et qu'il passast la riviere à Las Peyres.

J'escrivis au capitaine Charry qu'incontinent ma lettre reçeuë il s'acheminast jour et nuict droict à Thoulouse, et qu'il fist alte à Fronton. De mesmes j'en depeschay un autre devers monsieur de Terride, pour faire passer sa compagnie à Borret, luy mandant aussi qu'elle gaignast Fronton, et qu'ils demeurassent nuict et jour à cheval, et, en attendant le capitaine Charry, qu'ils gardassent que ceux qui viendroient de Montauban ne peussent gaigner Thoulouse. Une heure apres ces deux depesches, il me prit une opinion que, si le soldat ne pouvoit passer à Las Peyres, ou qu'il fust prins, le capitaine Charry ne pourroit estre adverty, et la ville demeureroit en danger d'estre perduë; qui fut cause qu'incontinent j'en depeschay un autre qui prit le chemin vers La Magistere; et estoit le lendemain midy avant qu'il y peust arriver, car le premier avoit esté chassé plus de trois lieuës. Le capitaine Charry partit incontinent, se faisant porter pain et vin, comme je luy avois escrit et comme il avoit appris sous moy, afin que les soldats n'entrassent en aucune maison. Il entendoit aussi bien qu'homme de France comme il falloit executer ces diligences. Et arriva avec deux ou trois cens hommes, environ deux heures apres minuict, à Fronton, où il trouva la compagnie de monsieur de Terride; tellement qu'avant se recognoistre ils se cuiderent battre. Et comme le capitaine Charry fut à une lieuë de Fronton, deux ou trois chevaux huguenots, qui estoient des gens du vicomte de Bourniquel, se meslerent la nuit parmy eux.; et, entendans que c'estoient des nostres, ils prindrent le chemin droit à Montauban, et trouverent les cinq enseignes qui estoient desja à moitié chemin de Fronton à Montauban; et, ne pouvant nombrer nos gens à cause de l'obscurité de la nuit, ils leur dirent que les nostres estoient trois fois plus de gens qu'eux, et que c'estoit le capitaine Charry qui les menoit : qui fut cause qu'ils s'en retournerent en arriere, et moy je m'acheminay avec ma compagnie. Monsieur de Gondrin me vint trouver aupres de Faudoas, et le lendemain matin nous en allasmes à deux lieuës de Thoulouse, et en un village nommé Daux, attendans tousjours des gentilshommes qui nous suyvoient en poste. Ledict sieur de Terride s'y rendit le soir seulement, à cause qu'il n'estoit peu passer avec sa compagnie. J'advertis monsieur le premier president et monsieur de Bellegarde de nostre arrivée, et que le matin au soleil levant nous serions avec eux; mais que cependant il me gardassent la porte Sainct Subran libre, et qu'ils ne se souciassent d'autre chose, sinon que je peusse entrer. La haste que j'avois fut cause que j'oubliay de leur escrire que j'a-

---

(1) Pierre de Saint-Lary, baron de Bellegarde.

vois envoyé à Fronton, sur le chemin de Montauban, pour combattre le secours qui pourroit venir de ce quartier-là. Et eux, ayant entendu aussi bien que nous l'arrivée de cinq enseignes qui estoient à Montauban, craignans que ceste nuict-là ils entrassent par les deux portes qu'ils tenoient, furent d'opinion d'entrer en composition : à quoy Rapin estoit députe pour les ennemis, et monsieur du Masses pour la ville. Cependant les escarmouches cesserent trois ou quatre heures. Et en ces entrefaictes arriverent à messieurs le president et de Bellegarde les lettres que je leur escrivois d'Auch ; mais par fortune monsieur le president envoya la sienne à monsieur du Masses, afin qu'il la leur monstrast, pour leur donner plus d'envie de faire paix. Contre le sçeu de monsieur de Bellegarde, ledict sieur du Masses, qui desja s'estoit desparty de Rapin, ayant veu ma lettre, tourna devers luy pour luy monstrer ladicte lettre ; lequel l'ayant veuë, fut fort triste, disant au capitaine Masses qu'ils se tenoient pour perdus puis que j'estois si pres. Ils avoient entendu que leur secours s'en estoit retourné à Montauban, mais les nostres n'en avoient rien sçeu : à la fin ils se resolurent que le lendemain matin ils en parleroient encores ; et en mesme instant s'allerent preparer sans que ceux de la ville en entendissent rien, en sorte qu'ainsi que la nuict se fermoit ils commencerent à abandonner les remparts qu'ils avoient faicts par les quantons des ruës. Nos capitaines s'en apperceurent, et commencerent à charger de ruë en ruë ; mais la nuict les empescha qu'ils ne peurent cognoistre la sortie des portes, et gaignerent les vignes en fuitte et routte ; ils y perdirent cinq enseignes. Nous avions fait nostre ordre de combattre en ceste maniere : que messieurs de Terride et de Gondrin devoient passer outre sans s'arrester dans la ville, menant ma compagnie et la noblesse avec eux, et se jetter au devant des portes qu'ils tenoient hors la ville ; et moy je descendrois à pied combattre avec la compagnie de monsieur de Termes, laquelle je voulois faire descendre, ayant nos gens de pied et de ceux de la ville ; et voulois arriver et combattre de jour. Or le matin, une heure avant jour, comme nous commencions à marcher, nous arriva un capitoul de Thoulouse, nommé monsieur Durdes, qui m'apporta lettre de monsieur le president et de monsieur de Bellegarde, nous mandant la sortie et fuitte des ennemis ; de quoy je fus bien marry, car, s'ils m'eussent attendu, il ne s'en fust pas sauvé un couillon ; et Dieu sçait si j'avois envie d'en faire belle depesche, et si je les eusse espargnez. Ceux qui estoient venus de Foix s'en retournerent vers ledict pays de Foix en desordre et en routte, car les paysans mesmes en tuerent beaucoup ; et les autres s'en allerent chacun du costé d'où ils estoient venus. Et voy-là comment la ville fut secouruë, où le combat dura trois jours et trois nuicts, pendant lequel se bruslerent de plus de cinquante maisons les unes sur les autres ; et y mourut beaucoup de gens de tous costez, entre autres deux freres de monsieur de Savignac de Commenge. A nostre arrivée (1) nous allasmes descendre devant le palais, tous armez, mon enseigne et guidon despliez ; et pour cent cinquante ou deux cens gentilshommes que nous pouvions estre ensemble avec ma compagnie, c'estoit une belle trouppe : il la faisoit fort beau voir. Nous trouvasmes toute la cour assemblée, laissant penser à un chacun si nous fusmes les biens receus. Je leur dis qu'encor que je ne feusse pas lieutenant de Roy, si est-ce que le service que j'avois de long temps voué à leur ville, et particulierement à la cour de parlement, estoit cause qu'apres l'advertissement receu, j'avois assemblé le plus d'amis que j'avois peu pour la conservation de leur ville, seconde de la France, et que je fusse venu mesme deslors : « mais, messieurs, dis-je, au long temps que j'ay porté les armes, j'ay appris qu'en tels affaires il vaut mieux se tenir au dehors pour y faire acheminer le secours, sçachant bien que ceste canaille n'estoit pas pour forcer si tost vostre ville. Que s'ils m'eussent attendu, jamais entrepreneurs n'eussent esté mieux accommodez ; puis que Dieu vous a delivrez, c'est à present à vous à faire des vostres, et faire punir les cantons des charoignes de ces meschans, traistres à Dieu, au Roy et à leur patrie. » Monsieur le president Mensencal me fit une remonstrance fort honorable, et me remercia bien fort, et toute la compagnie : messieurs les capitouls nous baillerent incontinent logis, et à mesme instant se mirent à informer contre ceux qui estoient demeurez dans la ville et ceux qui avoient esté pris à la sortie, et dés le lendemain commencerent à faire justice. Et ne vis jamais tant de testes voller que là ; j'estois cependant assez occupé ailleurs, car il ne s'en falloit gûere que la ville ne fust saccagée des nostres mesmes, parce que, comme ceux des environs entendirent que ladicte ville estoit secouruë, ils vindrent courant tous au pillage, paysans et autres ; et ne leur bastoit de saccager les maisons des Huguenots, car ils commencoient à s'attaquer à celles des Catholiques ; et la maison de monsieur le president de Paulo mesme cuida estre saccagée, à laquelle moy-mesmes courus, à cause que

(1) Le 18 mai.

quelqu'un sema un bruit qu'il y avoit dedans un escollier sien parent qui estoit huguenot; toutesfois il ne se trouva point. Et fus contrainct, pour rompre le desordre, de faire monter à cheval la compagnie de monsieur de Termes et la mienne, dont la moitié marchoit de six heures en six heures dans la ville, armez et montez, de six en six par les ruës.

Le troisiesme jour on me vint dire que monsieur de Sainct Paul (1), de la comté de Foix, arrivoit, venant dudit Foix avec trois ou quatre mil hommes, et monsieur de Lamezan de Commenge, avec sept ou huict cens; lesquels, s'ils fussent entrez, il ne m'eust esté possible, ne à tous ceux qui estoient dedans, de garder que la ville ne fust esté saccagée : au moyen de quoy je manday en diligence les capitouls fermer les portes; et toute la nuict nous demeurasmes à cheval par les ruës, et toutes les compagnies de gens de pied toutes en garde aux portes, ensemble toute la ville en armes, tout ainsi comme quand ils estoient au combat. Le capitaine Charry et la compagnie de monsieur de Terride ne bougeoient des deux villages qui sont entre Fronton et Thoulouse. Monsieur de Sainct Paul se logea avec ses gens aux fauxbourgs, et monsieur de Lamezan aussi, bien marris de ce que l'on ne les laissoit entrer, menaçant qu'une autre fois ils ne viendroient pas secourir la ville. Toutesfois leur secours n'apportoit que mal-heur, veu qu'ils n'estoient arrivez au temps qu'il falloit arriver. Je fis sortir monsieur de Bellegarde le lendemain, pour leur dire qu'ils perdoient temps, car ils n'y entreroient point. Monsieur de Sainct Paul s'en retourna avec ses gens, et monsieur de Lamezan en renvoya les siens, entrant dedans avec ses serviteurs seulement. Messieurs les capitouls (2) et moy nous accordasmes de chasser tous ceux qui estoient venus des environs, et avec les trompettes de la ville et nos tabourins les cries furent faites, de sorte qu'en fin nous demeurasmes maistres; neantmoins il ne fut possible que tousjours quelque chose ne s'y remuast : qui fut cause que je fis sortir tous nos gens de pied et gens de cheval dehors la ville, et remis le tout entre les mains des capitouls. Je donnay une compagnie au capitaine Masses frere de l'aisné, pour demeurer dans la ville, et à monsieur de Grepiat, fils de monsieur le premier president Mansencal, une autre, lequel l'avoit desja presque faicte; et ainsi fis vuider la ville (3), en laquelle ne demeura, si non les citoyens et ces deux compagnies.

Capitaines mes compagnons, considerez combien peu s'en fallut que ceste opulente cité, la seconde de France, ne fust destruicte et ruinée pour jamais. Il y a un gentil-homme aux portes de Montauban, qui s'appelle monsieur de La Serre, auquel les Huguenots bruslerent la maison, qui me dict avoir veu un sinode où il fut arresté que s'ils pouvoient venir à bout de leur entreprise, qu'ils vouloient entierement destruire ladicte ville, et prendre les ruines qui leur seroient necessaires pour les porter à Montauban, afin d'agrandir leur ville trois fois plus qu'elle n'est, y comprenant les fauxbourgs, et vouloient mettre dedans un ruisseau qui fait moudre le moulin dudit sieur de La Serre, afin qu'il ne fust jamais memoire de Thoulouse. Outre le tesmoignage du gentil-homme, cent autres le m'ont confirmé dans Thoulouse. Ce sont des discours des surveillans, car les grands qui tenoient la queuë de la poisle se fussent bien gardez de destruire une telle ville, laquelle le Roy n'eust jamais recouverte à mon advis. Doncques vous pouvez notter la grande et extreme diligence que je fis, commençant à l'advertissement du capitoul, qui avoit promis à monsieur le prince de Condé de luy livrer la ville, puis la diligence que je fis faire aux compagnies, qui n'estoient pas à demy complettes, pour se jetter dedans; apres, la diligence de monsieur de Bellegarde et celle du capitaine Masses avec sa compagnie; d'ailleurs la diligence que je fis d'advertir le capitaine Charry, et la pourvoyance d'envoyer un autre messager apres le premier, pour mander la compagnie de monsieur de Terride passer à Borret; en outre, la diligence d'advertir monsieur de Gondrin et autres : toute laquelle conduicte se fit en trois jours et trois nuicts. Partant, si vous voulez prendre cest exemple et le retenir, il vous servira à ce que vous ne perdiez point une heure de temps. Et encores que j'aye escrit au commencement de mon livre que mes diligences et prevoyances promptes estoient cause de la reputation que Dieu m'a donnée, en ce fait comme aux autres, l'on le peut icy cognoistre; car, si j'eusse failly d'une minute, la cité estoit entierement perduë. Vous ne devez donc vous dedaigner d'apprendre quelque chose de moy, qui suis aujourd'huy le plus vieux capitaine de France, et à qui Dieu a autant envoyé de bonnes fortunes qu'à tout autre. Mais vous devez, ce me semble, fuyr d'apprendre de ceux qui tousjours ont esté battus et qui ont fuy la pluspart du temps

---

(1) De Villemar, baron de Saint-Paul.
(2) Les anciens capitouls avoient été chassés; il s'agit donc de ceux que les Catholiques avoient nommés à leur place.
(3) Il perit plus de trois mille personnes.

par tout où ils se sont trouvez; d'autant que si vous apprenez aux escolles de ceux-là, à grand peine deviendrez vous jamais gueres bons docteurs en armes. Si j'eusse consideré, et que je me fusse arresté en consultations, pour sçavoir si avant rien entreprendre je devois envoyer devers monsieur de Burie, qui estoit lieutenant du Roy, je vous laisse à penser si les Huguenots eussent eu le loisir de faire leurs affaires. Il sembloit, quand ils oyoient parler de moy, qu'ils avoient le bourreau à la queuë; aussi m'appelloient-ils ordinairement le Tyran. Quand vous vous trouverez en quelque lieu pour faire un service notable, n'attendez le commandement si c'est chose pressée, car cependant vous perdrez tout; et, perdu pour perdu, tentez fortune : apres on trouve que tout est bien faict. Je sçay qu'il y a beaucoup de gens qui trouvent estrange que la ville de Thoulouse m'aime tant : s'ils faisoient autrement, ils degenereroient de toute bonne nature, car ils vous confesseront que je sauvay la cité, ensemble leurs vies et leurs biens, avec l'honneur de leurs femmes; car sans mon prompt secours et de mes amis, plusieurs eussent peut estre prins l'effroy : au moyen dequoy j'espere qu'ils ne me seront jamais ingrats du bon office qu'ils ont receu de moy en ceste occasion. Et si aucun vouloit dire que tout ce que j'en fis estoit pour le service du Roy, je respondray à cela que pour lors je n'avois charge aucune de Sa Majesté, sinon ma compagnie d'hommes d'armes; car monsieur de Burie estoit lieutenant de sadicte Majesté, comme j'ay dict, en Guyenne, et monsieur le Connestable en Languedoc. Je ne veux pas nier aussi que je ne le fisse pour l'envie que j'ay de faire service à mon Roy, non seulement pour obligation à cause de l'Estat, mais aussi pour l'affection que j'ay tousjours porté au service de Sa Majesté, et encore pour l'amitié que je portois et porte à ceste cité; car le desespoir auquel j'estois de la voir en bransle d'estre ruynée me fit prendre la peine que j'y pris. Et ne faut pas donc trouver estrange si ceste cité veut mal à ceux de ceste religion nouvelle, et si elle leur est ennemie; car il n'y a ville en France qui aye couru un si grand peril que ceste ville-là, ny qui se soit tousjours monstrée plus affectionnée au Roy ny à son service, ny qui plus aye combattu pour se conserver sous son obeyssance. Rouen se laissa prendre sans combattre, Lyon, Bourges, Poitiers. Paris ne s'est pas trouvé en ceste extremité, estant aussi autre chose que les autres; Bordeaux ne se deffendit pas, car ce ne fut qu'une surprise qu'ils vouloient faire au chasteau Trompette, le tenant pour tout assuré, d'autant que monsieur de Duras le jour mesmes estoit aux portes de Bordeaux. Doncques nous pouvons tous confesser avec la verité, qu'il n'y a ville qui aye combattu et couru fortune comme celle-là, ayant vertueusement repoussé les Huguenots qui s'estoient saisis de la maison de ville et tenoient des portes par lesquelles ils pouvoient faire venir secours de Montauban.

Je fus conseillé d'aller devant (1) Montauban, plus pour tirer les soldats des environs de Thoulouse et de dedans la ville, et manger le pays ennemy, que pour esperance que j'eusse de la prendre, car je sçavois bien qu'il y avoit dedans beaucoup de gens qui s'y estoient assemblez pour l'entreprise de Thoulouse. Et m'y acheminay, n'ayant que six enseignes de gens de pied, qui estoient celles de monsieur de Sainctorens, de Bazordan, baron de Clermon, Arne et Charry, et me baillerent ceux de Thoulouse deux canons et une coulevrine, et firent une honnesteté aux soldats, car ils leur donnerent une paye. Et comme je fus devant Montauban, je trouvay qu'il y avoit deux mil et deux cens soldats estrangers, et mil ou douze cens hommes de la ville, tous bien armez : et j'en pouvois avoir huict ou neuf cens, la pluspart desquels n'avoient jamais porté armes, car tous les bons soldats s'estoient retirez avecques les Huguenots apres la malheureuse paix, et ce par contraincte, car ils ne sçavoient mestier aucun, ayant duré les guerres longuement, et ayant esté entretenus en Italie et aux autres conquestes du Roy. Les bons ministres leur promettoient non seulement des richesses, mais, à ce que j'oyois dire, paradis comme s'ils en eussent eu la clef. Voylà encore un autre mal que nous amena ceste paix, d'avoir demeuré longtemps sans pouvoir dresser de bons soldats. Et comme je fus devant Montauban, je fus contraint de tenir tous mes gens de pied au bourg de l'Evesché; car de les separer, ils me faisoient de si grandes sorties, qu'ils me ramenoient les nostres sur les bras de la gendarmerie, sans laquelle ils estoient plus forts que moy et m'eussent taillé en pieces; et pour un que les nostres estoient, il en sortoit dix : tellement que le deuxiesme jour je fus contraint partir de l'Evesché pour aller secourir monsieur de Terride, que j'avois laissé aux fauxbourgs qui tirent vers Moissac, auquel j'avois baillé la compagnie de monsieur de Bazordan; et trouvay que les ennemis les avoient jettez hors du bourg pres d'une tuillerie, et parlay aux soldats, ausquels je fis baisser la teste pour regaigner le bourg,

(1) Voyez de Thou : il y a plusieurs différences entre ce qu'il rapporte et ce que dit Montluc.

leur faisant la cargue. Et pource que j'estois venu là en courant, et que tout à coup je donnay la cargue, je ne trouvay pres de moy que le capitaine Gabarret, qui est en vie, monsieur de Clermon, qui est de la maison de Faudoas, monsieur de Beaucaire, qui est mort, et trois ou quatre de ceux de monsieur de Terride, sans plus; et donnasmes de telle sorte, que nous les ramenasmes battans dans le guichet de la porte de la ville, la pluspart desquels ne peurent rentrer, car ils prindrent à main gauche droit au pont, les autres à main droite. Et si la grand porte eust esté ouverte, nous eussions peu entrer dedans, car le cheval de monsieur de Beaucaire fut tué sur la porte, pres le guichet, et le mien blessé tout aupres. Et ainsi nous retirasmes, car toute la muraille estoit bordée d'arquebuziers; et furent blessez deux chevaux en nous retirant, de ceux de la compagnie de monsieur de Terride qui nous avoient suivis. Le troisiesme jour je prins resolution de nous retirer, car la gendarmerie ne pouvoit plus tenir escorte aux gens de pied : et d'autre part, quand bien j'eusse fait batterie, je n'eusse osé donner l'assaut, au nombre qu'ils estoient dedans et au peu que j'en avois dehors. Et renvoyay l'artillerie à Thoulouse, et les capitaines aux lieux qu'ils me demanderent pour parachever de faire leurs compagnies. Monsieur de Terride s'en alla à Beaumont de Lomaigne, et aux environs de sa maison, car les ennemis avoient abandonné Beaumont quand il nous sentirent approcher. Je repassay la riviere à la pointe de Moissac avecques la compagnie de monsieur le mareschal de Termes et la mienne, et la compagnie de monsieur de Sainctorens d'arquebuziers à cheval et à pied, que je tenois tousjours pres de moy pour ma garde. J'envoyay le capitaine Charry à Puymirol, pour achever de faire ses deux compagnies pour faire la guerre à ceux qui tenoient Agen. Et comme j'euz passé la riviere du costé de la Gascogne, je renvoyay la compagnie de monsieur le mareschal de Termes vers Auch, afin de tenir en crainte tout ce quartier-là; monsieur de Gondrin en Armagnac avecques la noblesse qu'il avoit amené, pour garder que rien ne se revoltast. Or j'avois laissé le capitaine Arne à Condom, pour tenir ce païs-là en crainte, lequel pouvoit avoir quatre-vingts sallades. J'euz advis que messieurs de Duras et de Caumont tenoient un conseil à Agen, et que monsieur de Caumont venoit le soir coucher au passage : sçachant cela, j'envoyay un homme au capitaine Arne, afin qu'il se rendist deux heures apres minuict à Astafort, et qu'il n'entrast point dans la ville, mais qu'il m'attendist là en bataille; ce qu'il fit. Et comme je voulois partir à l'entrée de la nuict, monsieur de Sainct Paul, où je m'estois retiré, tout aupres de Douzac, me demanda où je voulois aller. Alors je luy dis en secret que j'allois porter une chemise blanche à monsieur de Caumont au passage. Il me dit et asseura qu'il s'en estoit party le jour devant apres les conclusions faites, et bailla y les charges à des capitaines, pour lever d'autres gens : qui fut cause que je m'arrestay, laissant reposer noz chevaux et la compagnie de monsieur de Sainctorens. Et comme ceste entreprinse me failloit, une autre se presenta, par-ce que ce mesmes matin que j'allois donner la camisade à monsieur de Caumont, il estoit sorty six cens hommes de Nerac pour aller donner une autre camisade au capitaine Molia, qui s'estoit jetté dans Franciscas avec soixante ou quatre-vingts hommes, et les gens de la ville. Et avoient prins ceux de Nerac quatre cens corselets du magasin du roy de Navarre, et lui donnerent trois assauts sur la pointe du jour, queuë sur queuë; mais ils furent tousjours repoussez. Par malheur j'arrestay là jusques à la nuict; car, si je fusse party le soir, comme j'eusse fait sans ce que me dit monsieur de Sainct Paul, ayant failly monsieur de Caumont, je venois assez à temps pour combattre les six cens hommes de Nerac. Ma diligence me faillit à ce coup. Et à la pointe du jour nous fusmes ensemble, le capitaine Arne et moy, et marchasmes droit à Moyracs, pour-ce que le capitaine Arne me dit qu'il avoit esté adverty que ce matin mesmes ceux de Nerac sortoient, et qu'ils avoient prins toutes les armes du chasteau, mais il ne sçavoit où ils devoient aller : et encores les eussions nous rencontrez, si ce ne fut esté que monsieur de Sainctorens s'alla amuser à une escarmouche contre ceux de Layrac, qui estoient sortis bien avant vers les vignes; et me cousta plus d'une heure avant que je le pusse faire retirer, à cause qu'il leur vouloit faire une cargue jusques à la porte de la ville, s'il les eust peu tirer des vignes. Et comme nous fusmes pres Moyracs, eusmes advis que les ennemis estoient devant Franciscas; ce qui nous fit mettre au trot sans cesser, jusques à ce que nous fusmes aupres dudit Franciscas. Et envoyay six chevaux pour recognoistre là où ils seroient, lesquels me manderent qu'il y avoit pres d'une heure qu'ils estoient retirez devers Nerac, pour avoir entendu le partement du capitaine Aorne (1) la nuit de Condom, car ils ne sçavoient aucunes nouvelles de moy. Je com-

_____

(1) Arne et Aorne sont deux officiers différents que l'on a confondus dans quelques éditions de Montluc.

manday aux coureurs qu'ils s'acheminassent tousjours apres eux, et que je les suivois, comme ils firent ; et les descouvrirent à demy-quart de lieuë de Nerac, et nous tousjours au grand trot apres ; mais ce fut pour neant, car ils se sauverent dans la ville. J'avois grand envye de trousser ces armes pour armer nos gens nouveaux et mal armez. Et voy-là le chetif commencement de nostre guerre de la Guyenne, en laquelle les Huguenots nous prindrent au despourveu ; de façon que c'est chose miraculeuse comme ce pays s'est peu sauver, veu les intelligences qu'ils avoient secrettes en toutes les villes : mais ils monstrent qu'ils estoient apprentifs ; aussi estoient-ils conduicts par leurs ministres. Que si, avant que faire tant de surprises, ils eussent tenté Bourdeaux et Thoulouse, ils n'eussent failly à emporter l'une ou l'autre, et peut-estre toutes deux. Mais des-ja on se tenoit sur ses gardes. Dieu a conservé ces deux forts boulevars en Guyenne, afin de garder le reste. Je rompis fort leurs desseins, envoyant gens de tous costez, et ne demeurant gueres en un lieu ; car, faisant ainsi, un lieutenant de Roy tiendra tout le monde en cervelle, par ce qu'on ne sçait pas son dessein ; et chacun pense qu'il vient à luy, et a peur : au lieu que s'il croupit tousjours en mesme endroit, il ne pourra pourvoir à tout, ny arriver à propos ; et si vostre sejour donne advantage à vostre ennemy, qui a ses coudées franches. D'avantage, par lettres et messages j'entretenois tout le monde. Croyez moy, vous qui avez cest honneur d'estre gouverneurs de provinces, que c'est une belle chose et utile à vostre maistre, d'entretenir par lettres ceux que vous sçavez avoir tant soit peu de credit. Je m'asseure que si je n'en eusse ainsi usé, que la pluspart eust prins le party de ces gens nouveaux, qui nous apportoient tant de belles choses.

Bien tost apres arriva le capitaine Cosseil avecques lettres du Roy et de la Royne, par lesquelles il me commandoit de demeurer en Guyenne et faire le mieux que je pourrois pour leur service et pour la conservation du pays ; et me recommandoit bien honnestement leurs affaires, avec des mots plus honnestes que je ne meritois. Je vis bien que les pauvres princes n'estoient pas sans peine, et la Royne sur tout, laquelle me mit de sa main des mots pitoyables. Les grands ont quelque-fois, et quand Dieu le veut, besoing des petits ; il faut qu'ils recognoissent qu'ils sont du monde : cette pauvre princesse en a eu sa bonne part. Il est par-fois besoing qu'ils en sentent ; car si tout leur vient à souhait, ils ne se soucient pas tant de ceux qui leur font service comme quand ils se voyent en affliction, et se donnent du bon temps aux jeuz, mascarades et triomphes, qui sont cause de leur ruyne, comme de mon bon maistre, lequel courut pour son plaisir à la lice, fut tué : ce qu'il n'eust sçeu estre en guerre, car il eust esté trop bien gardé. On dit qu'on se gratte tousjours là où on se demange ; et moy aussi là où je me deuil, qui est à la perte de mon bon Roy, que je pleure et pleureray tant que je vivray.

Il ne tarda pas long temps que monsieur de Duras print son chemin au long de la riviere de Garonne, et assembla son camp à Clairac, Tonens et Marmande, qui estoit de treize enseignes de gens de pied et sept cornettes de gens de cheval. Et comme les Pardaillans, Savignac, capitaine de la garde de monsieur de Burie, Salignac et autres chefs, furent prests d'executer l'entreprise sur le chasteau Trompette, monsieur de Duras marcha vers Monsegur et aux environs de Cadillac, avec grand quantité de batteaux, là où il avoit mis le meilleur de ses soldats, pour se rendre à l'entrée de la nuit devant le chasteau Trompette, où ceux-là avoient fait estat de se trouver dedans, et par-là les faire entrer dans la ville. Mais l'entreprise leur succeda mal, car monsieur de Vaillac le pere fut bien advisé, et ne voulut pas laisser entrer Le Puch de Pardaillan, son beau-frere, qui feignoit avoir peur, disant que ceux de la ville le vouloient prendre. Et servit bien là le capitaine La Salle, qui estoit à monsieur de Vaillac. Or c'estoit à une heure de nuict ; toute la ville fut esmeuë ; monsieur de Burie estoit à la mairie ; les habitans prindrent les armes, et chacun courut sus aux Huguenots. Ledit sieur se tint dans la mairie avec quelques gentils-hommes de sa garde, ne luy en estant demeuré que bien peu, car la pluspart estoient de l'entreprise ; et se sauvoient les uns par dessus les murailles, les autres par dessous une pallissade qui tire à la riviere. Ils n'estoient pas plus de deux ou trois cens de l'entreprise ; et en furent pris quelques uns. Et comme les gens de monsieur de Duras, qui estoient dans les batteaux, furent au dessous de Cadillac, ils trouverent le comte de Candalle (1), fils de monsieur de Candalle, qui s'en venoit de Bordeaux audit Cadillac, lequel ils prindrent prisonnier, et l'envoyerent à la royne de Navarre qui estoit à Duras, ne faisant qu'arriver de la Cour : et luy fit promettre qu'il porteroit les armes pour leur religion, luy promettant monts et merveilles ; et sur ceste promesse le laissa aller. Et demeura quelques jours, faisant semblant de vouloir aller trouver monsieur de Du-

---

(1) Henri de Foix, comte de Candale.

ras; mais c'estoit pour attendre quand je m'approcherois, pour se venir rendre auprès de moy, comme il fit; car il dit que c'estoit une promesse forcée, et qu'ils n'estoit prisonnier de guerre : depuis ce temps ce comte a tousjours esté ennemy de la maison de Duras.

Monsieur de Burie me depescha Razé, son secretaire, en poste, me priant que je le vinsse secourir, car autrement la ville estoit perduë, et qu'il n'avoit aucunes forces avec luy; et d'autre part, qu'il n'y avoit un grain de bled dans la ville, et estoient à la faim, à cause que les ennemis tenoient toute la riviere de Garonne et celle de Dordoigne, qui sont les deux mammelles qui allaittent Bordeaux; et qu'il y avoit long temps qu'il n'estoit descendu un grain de bled audict Bordeaux. Je luy despeschay incontinent ledict Razé, l'asseurant que je seray bien tost à luy, et que je le secourrois dans huict jours. J'envoyay incontinent querir les compagnies du capitaine Charry, du baron de Clermon, Arne, et le sieur Bardachin, à qui j'avois donné une compagnie : monsieur de Sainctorens estoit sur le lieu avec moy. J'envoyay querir le capitaine Masses avec la compagnie de monsieur le mareschal de Termes, et le capitaine Arne, qui me bailla quarante sallades de celles de la compagnie du roy de Navarre, luy commandant qu'il ne bougeast de Condom, pour tenir en crainte tout ce pays, et garder que la ville ne se revoltast. Manday aussi au capitaine Bazordan qu'il ne bougeast avec ses deux compagnies de Baumont de Lomaigne et des environs, pres de monsieur de Terride, auquel j'escrivis se mettre dans Grenade avec sa compagnie, et que je luy laissois le capitaine Bazordan pour se tenir pres de luy. Manday pareillement à monsieur de Gondrin qu'il ralliast avec luy de ses parens et voisins, et qu'il assemblast quelques soldats pour se jetter à Euse, et que je m'en allois secourir monsieur de Burie à Bordeaux. Je n'estois lieutenant de Roy, si est-ce que tout le monde m'obeist d'aussi grande volonté qu'ils eussent sçeu faire à personne du monde; voy-là que c'est de se faire aimer à la noblesse, comme je faisois : qui ne fera cela ne fera jamais rien qui vaille, car d'elle presque tout depend, veu que la Gascogne et l'Armagnac en sont fort peuplez. Le cinquiesme jour apres que Razé se fut departy de moy, m'arriva monsieur du Corré, nepveu de monsieur de Burie, et lieutenant de sa compagnie, qui venoit encores me haster; et me mandoit ledit sieur de Burie que si dans six jours il n'estoit secouru, la ville s'en alloit perduë : aussi me dit ledit sieur du Corré qu'il n'estoit venu que de nuict, et presque à chasque pas il avoit rencontré ennemis, et que tout le pays estoit eslevé contre nous, les uns par force et les autres de leur gré. Je renvoyay ledict sieur du Corré passer par les Landes; il avoit vingt-cinq sallades bien armez; et l'addressay par des maisons des gentils-hommes qui estoient mes parens; et le lendemain j'eus rassemblé tous mes gens de pied et de cheval, et commencay à marcher droit à Bordeaux. La premiere journée fut à Bruch, qui est à monsieur de Gondrin, et à un autre village à un quart de lieuë de là, nommé Feugarolles, qui est à la royne de Navarre, où je logeay la compagnie de monsieur de Termes et la compagnie de monsieur de Sainct Salvy, frere de monsieur de Terride, qui estoit une compagnie nouvelle. Et incontinent qu'ils furent logez, vindrent trois enseignes de Nerac, conduictes par un nommé le capitaine Dovazan, qui pouvoient estre en nombre de cinq à six cens hommes. Je n'avois pas repeu à demy, qu'on me vint dire qu'à un chasteau qu'il y avoit pres de moy, nommé Castet-Vieil, y avoit des gens qui se deffendoient. Je m'y en allay, et manday le capitaine Bardachin avec cent de ses Bandolliers (1) qu'il fist mettre le feu aux portes et donner l'assaut : nous l'emportasmes; et comme nous entrions dedans, voy-là l'alarme qui me vint de Feugarolles, que les ennemis combattoient avec les compagnies de messieurs de Termes et de Sainct Salvy. Je laissay ce chasteau et courus à Feugarolles, et manday au capitaine Charry, qui estoit logé avec sa trouppe à costé de moy [je ne l'en esloignois guere, car s'il falloit frapper, il estoit des premiers aux coups], qu'il s'avançast avec ses gens pour venir au combat. J'avois quelques

---

(1) Bandouliers. Le Frère, Histoire des troubles de France, dit que « les Pirenées sont habitées par un million de Bandouliers, qui fleurdelyzé, qui sans oreilles, qui fouetté et stigmatisé de tous costés; un monde de bannis pour leur vertu, qui ne vivent que du travail des passants, dévalizant sans mercy ceux qui pensent traverser ces détroits pour gagner l'Espagne ou la France..., à tous lesquels néantmoins ils font grace de la vie s'ils ne se mettent en défense. C'est en somme un vray refuge de débauchés, qu'Espagnols, que Gascons, en telle quantité, que je les ai vus marcher par bandes et factions diverses, qu'ils appellent *Bandouil*; ayant au reste leurs loix et formes de vivre qu'ils gardent soigneusement que nous pourrions faire les ordonnances de nos rois... Les vrais Bandouliers sont vers Foix, Bearn et Arragon, ores qu'il y en ait quasi par toute l'Espagne... Ils sont fort propres et plus naturels au maniement des armes qu'à prier Dieu pour le prochain, mesmement fort adroits à l'arquebuze, à la flèche et au combat de l'épée. »

gentils-hommes, et bien peu avec moy, pource qu'ils ne s'osoient encores declarer, voyant que les ennemis estoient maistres ; et entr'autres avois avec moy le gouverneur La Mothe Rouge, le capitaine Poy, et quinze ou vingt autres. Je dis au capitaine Bardachin qu'il fist cesser le sac à ses soldats, et qu'il me suivist au trot ; il en laissa la charge à son lieutenant, et vint avec moy, et cinq ou six chevaux des siens. Or de Castet-Vieil jusques à Feugarolles n'y a un qu'un quart de lieuë ; et comme je fus là, je trouvay la compagnie de monsieur de Termes en bataille par le bourg, et celle de monsieur de Sainct Salvy aussi, l'une pres de l'autre ; les ennemis estoient à l'autre bout, qui nous virent arriver, et commencerent à prendre leur chemin pour s'en retirer. Je dis au capitaine Masses qu'il prinst dix sallades, et que le reste se logeast à la compagnie de monsieur de Sainct Salvy ; car nous avions fait une grande traitte, et voulois partir une heure devant jour, à cause de la chaleur extreme qu'il faisoit. Le capitaine Charry m'arriva aussi avec cinq ou six chevaux ; le reste venoit tant qu'il pouvoit, car je me mis à la queuë des ennemis.

Il y a une montée aupres du village, tirant à Nerac ; et comme nous fusmes au pied de la montaigne, ils furent à demy et sur le haut, et là me firent teste. Je n'avois pas grand envie de combattre, pource que mon dessein estoit d'aller secourir Bordeaux, et ne me voulois engager en combat, craignant que quelque mal-heur advinst, et que je ne peusse secourir Bordeaux : toutesfois, comme je les vis sur la montaigne, je montay apres eux ; et comme je fus sur le haut, je les vis au long d'un grand chemin, entre deux taillis, qui s'en alloient le petit pas et en bon ordre, ce capitaine Dovazan avec quatre ou cinq chevaux derriere, et dix ou douze arquebusiers aussi. Nous pouvions estre entre tous, compris les dix sallades, cinquante chevaux bons ou mauvais. Je fis descendre les arquebusiers, et commencerent à se mettre sur leur queuë. Je cogneus qu'ils commençoient à se haster de se retirer plus qu'au commencement ; alors je dis au gouverneur La Mothe Rouge et à monsieur de Sainctorens, au capitaine Charry et aux autres gentils-hommes : « Accostez les de pres, car sur ma vie ces gens ont peur : je le cognois à leur demarche [leur retraitte est longue], et je vous seconderay avec le capitaine Masses. » Le capitaine Bardachin manda à ses Bandouliers qu'ils courussent tousjours. Et ne cheminasmes pas ainsi deux cens pas, que je vis que nos coureurs se mettoient parmy leurs gens de pied ; et commencerent nos arquebusiers à les haster un peu.

Et comme je vis que leurs chevaux passoient par les files des gens de pied pour gaigner le devant [c'estoit que le cheval de Dovazan estoit blessé], je passay à la teste des nostres, et leur monstray que ces gens de cheval gaignoient la teste de leurs gens pour les faire arrester et combattre, ou bien ils s'en alloient de peur. « Je crois, dis-je, que c'est de peur, car leurs gens de pied se hastent de s'acheminer ; chargeons les, mais que le capitaine Masses soit avec nous ; » lequel pouvoit estre deux cens pas derriere ; je luy manday qu'il vinst au galop. Et comme les ennemis virent venir nos gens au galop, ils commencerent s'acheminer en haste, et cesserent de tirer. Alors je crie : « Donnons, donnons, car ils sont en peur. » Ce que nous fismes, et sans aucune resistance les passasmes d'un bout à l'autre par dessus le ventre : leurs chevaux prindrent la fuitte droit à Nerac. Ces gens, comme poltrons, se jettoient dans les taillis et dans les fossez, le ventre à terre ; les Bandouliers les cerchoient par les bois, et leur tiroient comme quand on tire au gibier ; et une partie de ce qui se sauva se jetterent dans la riviere de la Baise, et s'en noya quelques uns ; les autres passoient à travers les bois, et gaignoient les vignes. Nous estions si peu, que nous ne pouvions supplir à tuer tout : car de prisonniers, il ne s'en parloit point en ce temps là ; et si le Roy eust fait payer les compagnies, je n'eusse permis en ces guerres d'introduire les rançons, qui ont entretenu la guerre ; mais le gendarme ny le soldat n'estoient payés : il est impossible d'y pourvoir ; encores n'en y eut-il gueres : c'est cela sans doute qui a entretenu la guerre. Ce n'est pas comme aux guerres estrangeres, où on combat comme pour l'amour et l'honneur ; mais aux civiles il faut estre ou maistre ou vallet, veu qu'on demeure sous mesme toit ; et ainsi il faut venir à la rigueur et à la cruauté : autrement, la friandise du gain est telle, qu'on desire plustost la continuation de la guerre que la fin. Pour tourner à nos fuiarts, l'alarme alla par tout nostre camp : tous à pied et à cheval venoient au galop ; mais à leur arrivée ils trouverent que tout estoit faict ; et si j'eusse voulu suyvre la victoire jusques à Nerac (1), tout le monde estoit en fuitte, et nous fussions emparez de la ville aysément ; mais mon dessein n'estoit que de secourir Bordeaux. En ce rencontre mourrurent plus de trois cens hommes, lesquels le juge de Vienne fit enterrer, comme depuis il m'a asseuré, sans en ce comprendre ceux qui mourrurent aux vignes et ceux qui se noyerent, qui pouvoit estre

(1) De Thou dit que Montluc s'empara de Nérac.

en tout de quatre à cinq cens hommes ; et ladicte rencontre fut un jour de vendredy : cela estonna fort les freres, et donna courage aux Catholiques ; car si une fois vous commencez à estriller vos ennemis, croyez que vous avez l'advantage des jeux, et leur mettez la peur au ventre, et ne vous attendront jamais.

Le lendemain je m'acheminay une heure devant jour, et pensois entrer au Mas d'Agenois, mais j'y trouvay trois enseignes des leurs ; et me fallut loger à La Gruer et à Calonges, tout aupres du Mas, à cause de la grand traitte que j'avois faite le jour de devant, et aussi qu'un secretaire de la royne de Navarre, nommé Barbant, me porta des lettres que ladicte dame, qui estoit à Duras, par lesquelles me mandoit que je n'avois que faire de tirer outre, car monsieur de Burie et elle avoient pacifié le tout, et qu'elle estoit partie de France expressement pour appaiser ces troubles et faire laisser les armes à ceux de sa religion. Je dis à Barbant que je ne pouvois retourner arriere que je n'eusse mandement de monsieur de Burie, et que si la ville se perdoit, tout cela tomberoit sur mes coffres. Nous debatismes plus de deux heures à la campagne, et tousjours il me mettoit en avant si je pensois que la royne de Navarre fust contre le Roy, et si je pensois qu'elle voulust faire perdre au Roy la ville de Bordeaux. Je parlay sobrement, car ainsi le falloit faire ; mais tout ce qu'il peust avoir de moy, ce fut que je luy baillerois deux gentils-hommes pour aller devers la royne de Navarre voir en quel estat estoient les affaires entre elle et monsieur de Burie, et que cependant, ce que j'avois deliberé de faire de chemin en deux jours j'y en mettrois quatre, pour donner temps à ladicte dame de parachever ce qu'elle avoit commencé avec monsieur de Burie ; et luy baillay les capitaines Pug en Sendat. On les cuida tuer plus de deux fois par les chemins, car en tous les coings et villages les Huguenots avoient des corps de garde pour estonner tout le monde. Le soir je prins conseil avec tous les capitaines, et tous furent d'oppinion que je ne m'attendisse pas aux lettres ny parolles de la royne de Navarre, et que si elle me failloit de promesse, la perte de la ville de Bordeaux estoit de grande importance ; que, quelque excuse que je peusse dire, elle ne seroit suffisante pour effacer le blasme qu'on me donneroit ; et d'autre part, s'il estoit question de m'en deffendre par les armes, je ne combattrois pas la royne de Navarre, et on se mocqueroit de moy, et elle mesme la premiere : bref, tousjours le tort seroit de nostre costé. Je fus bien aise que tous fussent de ceste opinion, afin que s'il eust esté trouvé mauvais, j'eusse peu dire que tous les capitaines avoient esté de cet advis. Si on fait quelque faute, pour le moins est-elle excusable quand elle est faite par advis et par conseil, car croire tousjours sa teste, ce n'est pas bien fait. Le matin je partis deux heures devant jour, et passay par le haut des vignes, laissant le Mas à main droicte ; et fus environ la pointe du jour seulement à l'endroit de Caumon. A cause des passages qui estoient estroits, je ne voulois pas laisser le bagage derriere, car toute la nuict entra force gens dedans le Mas, qui venoient du costé de la riviere. Ceux du chasteau de Caumon sortirent, et vindrent par les vignes, où nous ne les pouvions charger à cause des fossez. Et ainsi nous cheminasmes tousjours jusques à l'endroit de La Reolle ; et là je trouvay monsieur du Courré, qui à son retour à Bordeaux avoit prins le demeurant de la compagnie de monsieur de Burie, et m'estoit venu au devant. Quelque jour auparavant j'avois envoyé à monsieur Deymet, mon cousin, qui dressoit deux compagnies, afin qu'il se jettast dans La Reolle, comme il avoit fait : les Huguenots l'avoient assiegée auparavant que j'y arrivasse, et battu de quelques pieces de campagne ; mais ils ne firent rien et leverent le siege : par là on pouvoit juger qu'ils estoient maistres de la campagne, puis qu'ils osoient mener le canon ; et si Dieu ne m'eust inspiré à m'opposer à eux, et faire pendre ceux qui tomboient entre mes mains, je croy que tout le pays estoit perdu, car la douceur de monsieur de Burie n'estoit pas de saison. Je me campay aux maisons qui sont vis à vis de La Reolle, et ceux de la ville nous apporterent là des vivres ; et à la minuict, sans sonner trompette ny tabourin, nous acheminasmes, pour quelque soupçon que me dit monsieur du Courré ; et ne cessay jamais que je ne fusse à deux ou trois lieuës de Bordeaux, où je fis camper nos gens par les villages. Puis m'en allay droit à Bordeaux, où je trouvay messieurs de Cancon et Montferrant, vicomte Duza, Civrac (1) et autres, qui m'attendoient. Et pour la grande faute de vivres qu'il y avoit dans la ville, je n'y peus sejourner que trois jours, et arrestasmes, monsieur de Burie et moy, que le quatriesme je passerois la riviere, et que nous irions combattre monsieur de Duras, qui estoit aux terres de monsieur de Candalle, en la comté de Benauges. Et commençay à passer la riviere : vers midy nous eusmes passé les gens de pied, ma compagnie et les quarante sallades du roy de Navarre ; et, voyant qu'il se faisoit tard, je fus d'advis que le capi-

---

(1) Jean Claude de Durfort, baron de Civrac.

taine Masses s'en retournast au logis avec la compagnie de monsieur le mareschal de Termes, et qu'à la minuict il passast. Je retournay en la ville arrester encore avecques monsieur de Burie qu'à la minuict il commenceroit à passer. Il avoit fait appresier quatre pieces de campagne, lesquelles estoient desja sur la grave (1); la compagnie de monsieur de Randan, que monsieur d'Argence commandoit, estoit arrivée, et celle de monsieur de La Vauguyon, que monsieur de Carlus commandoit. Et comme il fut nuict, monsieur de Burie fit retirer tous les batteaux sous le chasteau Trompette, et deffendit qu'on ne passast sans son congé; et à la nuict le capitaine Masses se rendit sur le bord de la riviere; et ne fut possible de recouvrer batteau pour passer. Je ne veux point icy mettre par escrit le dire des uns et des autres, et à quoy l'on disoit qu'avoit tenu que la riviere ne s'estoit passée au temps que nous avions promis, car tout n'en vaut rien. Monsieur de Masses s'excusoit, et parloit bien haut sans craindre rien. Je m'estois logé à demy lieuë de Bordeaux; et devant jour une bonne heure, je montay à cheval, et manday au capitaine Charry, qui estoit maistre de camp qu'il attendist monsieur de Burie avecques les compagnies de gens de pied, sauf celle du baron de Clermon et de monsieur de Sainctorens; et cheminay jusques à ce que je fus à La Seuve, mandant à monsieur de Burie que je luy laissois les gens de pied pour accompaigner l'artillerie. Le messager passa la riviere, et le trouva encores en sa chambre, n'estant du tout habillé; il estoit pourtant plus de six heures : je pensois qu'il fust desja passé. Et comme je fus à La Seuve, monsieur de La Seuve, oncle de monsieur Daudaux (2), me dict que les ennemis estoient à Targon, et qu'ils ne sçavoient encore nouvelles que nous passissions la riviere; et me presta un sien serviteur pour aller advertir monsieur de Burie, le priant par ma lettre de se vouloir advancer, et que les ennemis estoient en fort beau lieu pour les combattre : or de La Seuve jusques à Bordeaux il y a environ trois lieuës. Et comme l'homme de monsieur de La Seuve arriva au bord de la riviere, il vist que la compagnie de monsieur de Termes s'embarquoit. Je manday au capitaine Charry, qu'il sollicitast monsieur de Burie de s'advancer. Le capitaine Charry, qui vist que l'on tardoit tant à passer, et que j'allois trouver les ennemis comme je luy mandois, print soixante argolets qu'il avoit, et laissa les autres capitaines, afin qu'ils attendissent monsieur de Burie et l'artillerie. Et comme je fus à la veuë de Targon, qui est un village, lequel, comme je pense, est à monsieur de Candalle, monsieur de Sainctorens et monsieur de Fontenilles se mirent devant, droict à quelques maisons, et là tuerent quatorze ou quinze hommes. L'alarme fut grande en leur camp; et se mirent tous leurs gens de pied en bataille en un grand champ, et leur cavallerie au long d'un ruisseau qu'il y a; laquelle je ne pouvois descouvrir, pource qu'il y avoit des bois entr'eux et moy, et estoient en un vallon : le champ où estoient leurs gens de pied estoit un peu plus avant que du ruisseau. Et lors que monsieur de Sainctorens les attaqua, il pouvoit estre sept heures du matin : ils ne bougerent jamais de ce champ où ils s'estoient mis en bataille. J'estois sur un haut, en trois ou quatre maisons qu'il y avoit par delà. Je depeschay encore devers monsieur de Burie, le prier de se haster, et que j'estois à la teste de l'ennemy, pensant qu'il ne fust guere esloigné. Le comte de Candalle, qui estoit bien jeune alors et de bonne volonté, m'y vint trouver avec dix ou douze gentils-hommes; entre autres y estoit le sieur de Seignan, qui estoit capitaine des gens de pied au royaume de Naples avec moy, auquel temps nous l'appellions le capitaine Moulaur; il amena aussi deux de ses enfans, tous trois vaillans et courageux. Monsieur le comte me conta la promesse que la royne de Navarre luy avoit fait faire (3), car autrement ne pouvoit eschapper de leurs mains. Je luy dis que je luy ferois donner l'absolution à monsieur de Bordeaux; aussi ceste promesse ne le pouvoit obliger, car il n'avoit pas esté pris en guerre, et puis elle estoit faicte à la royne de Navarre, laquelle se disoit tres-humble servante du Roy, et tres-affectionnée à son service. Environ midy arriverent deux des messagers que j'avois envoyé vers monsieur de Burie, qui me dirent qu'ils ne pouvoyent estre achevez de passer à midy, et que seulement la compagnie de monsieur le mareschal de Termes estoit passée. J'avois r'envoyé tous nos gens de cheval repaistre à La Seuve, et seulement m'avois retenu vingt ou vingt-cinq chevaux, et là je faisois la sentinelle, et faisions repaistre nos chevaux la bride en la main contre une haye : les ennemis me voyoient, et moy eux. Et comme nos gens eurent repeu, ils me vindrent trouver; et en mesme temps qu'ils arriverent, les ennemis commencerent à desplacer et à prendre le chemin droict à moy. Nous voyons bien qu'ils s'a-

---

(1) *Grave* : grève.
(2) Armand de Gontaut, seigneur de Saint-Geniès et d'Andaux.
(3) De ne plus porter les armes contre les Protestants.

cheminoient par trouppes ; alors nous cogneusmes qu'ils prenoient autre chemin que de venir à nous, et entrasmes en conseil si nous les devions combattre ou non : la pluspart disoyent que si nous les combattions, nous mettions toute la Guyenne en hazard pour le Roy, car pour un que nous estions ils estoient vingt, et qu'il valloit mieux attendre monsieur de Burie que de faire un tel erreur, qui ne seroit trouvé bon du Roy ny de personne du monde. Surquoy je leur accorde que leur opinion estoit veritable; toutesfois, que nous voyons la noblesse de la Guyenne toute en crainte. « Et qu'il soit vray, leur dis-je, vous n'estes pas icy guere plus de trente gentils-hommes ; le peuple est si intimidé qu'il n'ose s'eslever contr'eux pour nous ayder; et quand ils entendront que nous sommes approchez si pres sans les combattre, leur peur augmentera ; de sorte qu'avant huict jours nous aurons tout le pays contre nous. Or, perte pour perte, il me semble que nous devons hasarder de nous perdre en combattant, plustost que de nous perdre en dissimulant, » et que tout estoit entre les mains de Dieu. « J'ay commencé à taster ces gens-là où je les ay trouvez, mais je les ay cogneus de peu de cœur; croyez qu'ils n'attendront pas, et que nous les enfoncerons. Que si nous n'avons envie de combattre, nous ne devions pas faire les approches de si pres; de plus dilayer, vous voyez qu'ils ne veulent que couler et eschapper. Pour nostre perte, si elle advenoit, Bordeaux pour cela ne sera pas perdu : monsieur de Burie y est, et une cour de parlement. » Alors monsieur de Seignan, qui estoit le plus vieux, respondit que cela estoit bien vray que nous aurions le pays contre nous, et que puis que nous estions reduicts à ceste necessité, et que nous avions perdu l'esperance que monsieur de Burie peust arriver à nous, que l'on devoit combattre. Alors tous generalement commencerent à crier : « Allons combattre, allons combattre ! » Et comme nous montions à cheval, arriva le mareschal des logis de monsieur le mareschal de Termes, nommé Moncorneil, qui me dit que sa compagnie avoit esté à cheval dés la nuict, et qu'ils avoient esté contraincts de repaistre à La Seuve. Alors je cuiday perdre toute esperance. Les deux compagnies de gens de pied marchoient tant qu'elles pouvoient, mais il faisoit une si extreme chaleur, que nous bruslions. Alors Moncorneil, qui vid que nous allions au combat, courut à La Seuve faire monter à cheval le capitaine Masses. Nous nous acheminasmes à main gauche; et comme nous fusmes à deux arquebusades pres d'eux, je fis deux trouppes de nos gens à cheval. Entre tous, nous pouvions estre de cent à six vingts maistres, car je n'avois pas trente sallades en ma compagnie, à cause que c'estoit la compagnie de monsieur de La Guiche, et s'en estoient allez presque tous à leurs maisons, sauf bien peu, et je n'avois peu pourveoir en leurs places. Tousjours peu à peu les ennemis montoient ce tertre. Ils envoyerent la pluspart de leur arquebuserie au dessous, dans des taillis qu'il y avoit fort espais ; et pour aller à eux, il falloit aller par un grand chemin bordé de vignes de tous costez. Et fis aller le capitaine Charry sur la queuë, et baillay l'une des trouppes au capitaine Montluc mon fils, et monsieur de Fontenilles avec la cornette des guidons, et me retins l'autre cornette des gens-d'armes, que monsieur de Berdusan (1), senechal de Basadois, portoit. Et comme nous fusmes pres des vignes, je cognus que nous ne pourrions passer pour les aller combattre, et prins à main gauche au dessous des vignes. Le capitaine Montluc avoit environ deux cens pas devant moy. Et comme ils virent que nous ne prenions qu'à main gauche, ils marchoient tousjours par le haut de la montée au devant de nous. Et comme nous fusmes hors des vignes et de quelques fossez qu'il y avoit, le capitaine Montluc alloit tousjours gaignant le haut : je fis joindre monsieur de Sainctorens avec ses arquebusiers à cheval, et je me retins le baron de Clermon, qui en avoit quelques-uns.

Or, comme nous fusmes à vingt ou trente pas au plus, ils commencerent à tirer, et non plustost ; et comme ils commencerent à nous saluer, les arquebusiers de monsieur de Sainctorens tirerent aussi. Cependant le capitaine Montluc donne de cul et de teste au milieu de tous leurs gens de cheval : j'avois l'œil sur luy ; et moy je donne en mesme instant un peu à main gauche à travers de leurs gens de pied : et les mismes tous en route et en fuitte, non sans avoir de pied ferme attendu nostre choq et soustenu sur le haut. Leurs gens à cheval fuyoient contre bas au long du taillis voyant leur perte, et j'enfermay leurs gens de pied dedans le taillis. Or, pource que nous n'avions point de gens de pied pour tuer, car l'on sçait bien que les gens à cheval ne s'amusent pas à tuer, sinon à suyvre la victoire, il n'y mourut pas beaucoup de gens; mais, encore que la perte ne leur fust pas grande, si est-ce que la reputation nous servit de beaucoup, et la honte leur porta dommage. Et commença tout le monde à prendre cœur, et eux à le perdre, et la noblesse à prendre les armes, et le peuple pareillement. On tua à mon fils deux

(1) Berdusan : Verduzan.

chevaux sous luy, et fut blessé en deux lieux : tous les deux chevaux estoient à moy. J'y perdis mon cheval turc, que j'aymois, apres mes enfans, plus que chose du monde, car il m'avoit sauvé la vie ou la prison trois fois : le duc de Palliane me l'avoit donné à Rome ; je n'eus ny n'espere jamais avoir un si bon cheval que celuy-là : monsieur le prince de Condé me l'avoit voulu fort avoir, mais je m'en desfis comme je peux ; je voyois bien que telle marchandise seroit difficile à trouver. Monsieur de Seignan, perdit le sien, le vicomte d'Uza et le comte de Candalle aussi. Bref nous nous r'alliasmes apres la cargue au lieu propre où nous l'avions faicte, et nous trouvasmes en telle nécessité, que nous ne sçeusmes assembler vingt chevaux pour combattre s'ils se fussent r'alliez, car tous les chevaux estoient morts ou blessez, et des hommes plus de la tierce partie; mais ils n'avoient poinct le jugement de se recognoistre, ny nous aussi. Je veux dire que c'estoit une des plus rudes cargues, et la plus furieuse sans bataille là où je me sois jamais trouvé. Et ne faut point dire qu'ils s'en allassent de peur sans estre combattus, car ils nous vindrent au devant pour nous faire la cargue ou bien pour l'attendre : je ne les pensois pas si gens de bien. Nous n'y perdismes pour lors pas un gentilhomme, qu'un nommé monsieur du Vignaux ; mais depuis il en mourut deux ou trois qui avoient esté blecez. Du haut de ceste montée nous descouvrismes les ennemis qui s'en alloient tant qu'ils pouvoient, et s'en allant nous voyons bien qu'ils se r'allioient, s'esloignant tousjours de nous : et alors nous nous commençasmes à retirer, les uns à pied, car leurs chevaux estoient morts, et les autres la pluspart les tiroient par la bride, pource qu'ils estoient blecez. Je me trouvay en telle nécessité, que l'on ne peust trouver cheval des miens pour me remonter ; et si seulement cent chevaux fussent retournez à nous, j'estois mort et tous ceux qui estoient là; car de moy, il ne falloit pas esperer que tout le monde m'eust peu sauver : ces nouveaux religieux m'en vouloient trop. Or voylà le combat de Targon (1), qui fut fort honteux pour les Huguenots, veu qu'ils se laisserent battre à une poignée de gens. Et comme nous nous en retournions, les deux compagnies de gens de pied arriverent, lesquelles tout le jour avoient couru, et cuiderent crever de la grand chaleur qu'il faisoit. La compagnie de monsieur de Termes, qui estoit venuë au grand trot, n'y peut arriver, car avant que Moncorneil fust arrivé à La Seuve, qui est à une grand lieuë, et eux montez à cheval, et fait une autre et demye qu'il leur falloit faire, ne fut possible d'y arriver, estant desesperez, et surtout le capitaine Masses. Je ne vis jamais homme si fasché que celuy-là ; je fus contraint de le prier de ne parler point et se taire, car il avoit grand envie de parler plus que je n'eusse voulu. Et ainsi nous en retournasmes droict à La Seuve, où nous trouvasmes monsieur de Burie qui ne faisoit qu'arriver ; et pouvoit estre entre quatre ou cinq heures apres midy. Il fut bien aise d'entendre que la victoire nous estoit demeurée : je croy qu'il avoit fait la diligence qu'il avoit peu, mais il estoit vieux, et les gens vieux ne peuvent estre si diligens que les jeunes : nous ne pouvons estre deux fois, je le cognois par moy-mesme.

Nous arrestasmes qu'il s'en retourneroit à Bordeaux pour amener trois canons, pour aller battre Monsegur et les autres places que les ennemis tenoient au long de la riviere de Garonne, et faire que la riviere fust libre, afin de faire venir vivres à Bordeaux, car ils estoient à la faim ; et qu'il en rameneroit les quatre pieces de campagne, cognoissant bien que nous n'estions plus sujets à bataille, à cause de l'attaque que les ennemis avoient receu ; et que cependant je m'en irois avec le camp contre-mont la riviere vers Monsegur et La Reolle, attendant que ledit sieur de Burie fust arrivé avec les canons. Mais plustost que de nous separer, il falloit tourner visage vers Bourg, parce qu'un des fils de Montandre (2) s'en estoit saisi, qui gardoit qu'aucuns vivres ne pouvoient descendre à Bordeaux par la Dordogne. Et comme nous fusmes aupres de la riviere pres Cusac, nous fismes passer de là nostre cavallerie et monsieur de Sainctorens. Ils coururent jusques au devant ; ledit de Montandre l'abandonna : nous y mismes quelque peu de gens qu'on y fit venir de Bordeaux. Et avant le partement dudit sieur de Burie pour aller audict Bordeaux, je luy remonstray que nous courions une grande fortune, et qu'il seroit bon qu'il prinst le chasteau de Blanquefort, qui estoit à monsieur de Duras pour sa retraicte et de sa maison, et que je prisse le chasteau de Caumon (3) : ce que nous fismes. Et en passant je mis dans ledit chasteau de Caumon garnison,

---

(1) Les deux partis s'attribuèrent la victoire. (Voyez de Thou.)

(2) Charles de La Rochefoucauld, seigneur de Montendre.

(3) Suivant de Thou, la prise de Terraube et de Leytoure précéda celle de Caumont. « Je crois, dit-il, que c'est un défaut de mémoire : on en trouve plusieurs dans Montluc. »

ce que monsieur de Caumon trouva fort mauvais, ayant opinion que je m'en voulusse emparer du tout; mais il s'en falloit beaucoup que je le fisse à ceste intention : on l'a peu aisément cognoistre, car il y avoit plus de cent mille francs vaillant, et si il ne s'y perdit pas un sol, sauf seulement que le comte de Candalle et le capitaine Montluc prindrent quelques patenostres de corail du procureur du chasteau avec reçeu, et à la charge de les rendre. Si j'eusse voulu, j'eusse peu prendre tout ce qui estoit dedans, et eust esté bien prins et de bonne guerre, d'autant que là dedans y avoit une trouppe de Huguenots qui firent une sortie sur les nostres s'en venant de Bordeaux, et y fut tué un cheval au capitaine Sendat entre ses jambes; qui estoit une suffisante raison, car c'estoit se declarer ennemis.

En mesme temps nous fusmes advertis qu'ils avoient abandonné Bazas, ayant eu peur que nous passissions la riviere, pource qu'ils entendirent que monsieur de Burie arrivoit à Bordeaux et je m'en montois droit à La Reolle. Et ainsi on commença à apporter quelque peu de bleds et farines à Bordeaux. Je fus adverty qu'à Gironde y avoit soixante ou quatre vingts Huguenots, qui s'y estoient retirez lors de la routte de monsieur de Duras. Je les fis attraper, et pendre soixante et dix aux pilliers de la halle, sans autre ceremonie; qui donna une peur si grande par tout le pays, qu'ils abandonnerent tout le long de la rivière devers Marmande et Thonens, où monsieur de Duras s'estoit retiré pour y recueillir ses gens et refaire ses trouppes, et fut contraint se retirer vers la Dordogne. On pouvoit cognoistre par là où j'estois passé, car par les arbres sur les chemins on en trouvoit les enseignes. Un pendu estonnoit plus que cent tuez. La royne de Navarre, qui estoit à Duras, apres avoir entendu la routte de monsieur de Duras se retira au chasteau de Caumon [c'estoit avant que je m'en fusse saisi], où elle ne fit point d'arrest, car elle se retira en Bearn; et nous vinsmes apres audit chasteau de Caumon, comme j'ay dit. Dieu sçait si elle me vouloit mal, et comme elle me baptisoit, m'appellant le Tyran, avec toutes les injures du monde. Elle estoit princesse, et d'ailleurs hors de combat. Estant serviteur du Roy et catholique, je faisois mon devoir; que si tout le monde eust fait ainsi, on n'eust pas veu ce que nous avons veu depuis. J'ay tousjours esté, et les miens, tres-humble serviteur de sa maison, mais ç'a esté lorsqu'il n'a point esté question du maistre.

Monsieur de Burie estant arrivé à La Reolle avec les canons, nous allasmes assieger Monsegur, et logeasmes une nuict à Sauveterre, où j'en prins quinze ou seize, lesquels je fis tous pendre sans despendre papier ny ancre, et sans les vouloir escouter, car ces gens parlent d'or. Or dans Monsegur il y avoit de sept à huict cens hommes: la ville est petite, mais bien forte de murailles aussi bonnes qu'il est possible, et l'assiette tres bonne. Nous l'assiegeasmes du costé de la tanerie où ils habillent les cuirs: monsieur de Burie se logea aux maisons devant la porte qui vient de La Sauvetat Deymet, et où sont les grandes tours, et moy aupres de là. Monsieur Dortubie et Fredeville, commissaires de l'artillerie, voulurent recognoistre la ville de plein jour; et n'eusmes pas faute d'arquebusades. Or nous conclusmes qu'il la falloit attaquer par ladicte tanerie. Il y avoit une porte de la ville laquelle ils avoient fermée de muraille n'avoit guieres, et avoient abbattu le rasteau, lequel la muraille couvroit; et au dedans ils avoient fait un rempart de terre et de fumier. Je fis les approches de nuict, et fis mettre la compagnie de Bardachin à la tanerie. Nous laissasmes reposer monsieur de Burie, et à la nuit nostre artillerie fut mise sur un petit haut vis à vis de la porte, à cent cinquante pas de ladicte porte. Contre l'opinion desdits commissaires, je voulus essayer ce qu'il y avoit derriere la muraille neufve qui couvroit la porte, et eusmes des fagots, lesquels je fis allumer pres de la porte. A la clarté du feu je fis tirer à ladicte porte cinq ou six coups de canon, qui abbattirent toute ceste muraille neufve : j'envoyay recognoistre l'enseigne du capitaine Bardachin tout seul. La tanerie estoit entre l'artillerie et la porte, et y avoit un grand noyer entre ladicte tanerie et la porte. Il y pouvoit avoir cinq ou six pas jusques à la porte où le capitaine Bardachin et moy nous mismes derriere le noyer : et nous rapporta l'enseigne que ce que nous voyons de blanc c'estoit le rasteau. Nous luy fismes retourner monter sur le rasteau, au dessous duquel il nous dict qu'il avoit apperçeu un terre-plein, mais qu'il estoit un peu abbaissé, et qu'un homme passeroit couché sur le ventre. L'on ne le pouvoit veoir à luy à cause du feu, mais si faisions bien nous, qui estions derriere le noyer. Ils donnerent plus de vingt arquebusades. Je manday en diligence au capitaine Charry qu'il menast toutes les compagnies sans sonner tabourin ny faire aucun bruit : et à leur arrivée les fis mettre le ventre à terre derriere l'artillerie, et dis à monsieur Dortubie qu'il commençast à tirer, encore qu'il ne fust pas du tout jour, à l'endroit de la porte en batterie. Et comme il eut tiré deux volées, je fis partir l'enseigne dudict Bardachin, nommé le capitaine Vinos, qui avoit une rondelle en la main et un morion en teste, jac et manches, deux arquebusiers apres luy sans morion, et alloient presque le ventre à terre. Le capitaine Vinos commença à monter le rasteau; Bardachin et moy nous estions advancez derriere le noyer. L'aube du jour commençoit à paroistre, monsieur Dortubie tiroit tousjours à eux, et eux s'advançoient à se retrancher derriere la batterie qui estoit au costé de la porte, et ne prenoient garde à la porte, car ils ne pensoient pas que la muraille qui la couvroit fust par terre. Et comme le capitaine Vinos fut au haut du rasteau, il bailla sa rondelle à un des arquebusiers, et monta sur le rempart, puis se fit bailler sa rondelle, et tira l'un des arquebusiers, et puis l'autre; et comme je vis qu'il y en avoit trois, au bruit du canon je courus à la tanerie, et fis marcher les arquebusiers dudit Bardachin l'un apres l'autre droict au noyer, et retournay incontinent derriere iceluy : et à une autre vollée je fis approcher Bardachin du rasteau, ayant une rondelle et un morion, et les arquebusiers l'un apres l'autre cachant le feu. Et comme Bardachin en eut cinq ou six pres de luy, il monte le rasteau, son enseigne le tira, et les arquebusiers l'un apres l'autre; et à mesure que les arquebusiers venoient derriere le noyer, je les faisois couler; et comme je vis qu'il y en avoit une vingtaine, je m'approchay lors du rasteau. Il entroient dans une petite chambre de la tour où il y avoit deux petites portes et des degrez de pierre à main droite et à main gauche, par là où on montoit et descendoit du costé de la ville en la tour : je faisois cependant monter l'un apres l'autre. Bardachin me manda qu'il commençoit estre assez fort pour estre maistre de la tour, et qu'il n'estoit pas encore descouvert : et alors je manday au capitaine Charry et au baron de Clermon qu'ils se levassent, et qu'ils vinssent courant tout au long d'un grand chemin qu'il y avoit tirant à la porte : ce qu'ils firent ; et avant qu'ils y fussent Bardachin fut descouvert, et commencerent à combattre et deffendre les degrez : surquoy arriverent tout en un coup les enseignes du capitaines Charry et de Clermon, et monterent leurs enseignes apres. Les ennemis deffendirent ces degrez, mais les nostres gaignerent le haut de la tour par une petite eschelle à main qu'ils trouverent, et furent maistres du devant de la porte : et à corps perdu les capitaines à droicte et à main gauche se jetterent au long des degrez, et vindrent aux mains en la ruë. Les ennemis repousserent une fois les nostres ; mais à la fin la foulle les emporta, et allerent peslemesle jusques à la place, là où ils trouverent trois cens hommes en bataille qui firent teste et combattirent là : toutes-fois à la fin ils se mirent en routte. Je manday le tout à monsieur de Burie, et trouvay qu'il en avoit desja esté adverty, et aussi que le tirer de l'arqueburerie luy monstroit que l'on combattoit. Il envoya quelques gens-darmes à l'entour de la ville, mais ils n'y pouvoient rien faire : je prins quatre vingts ou cent soldats, et m'en allay autour des murailles, et tant qu'il en sautoit par dessus cela estoit mort. La tuerie dura jusques à dix heures ou plus, pource qu'on les cerchoit dans les maisons, et en fut prins quinze ou vingt seulement, lesquels nous fismes pendre, et entre autres tous les officiers du Roy et les consuls avec leurs chaperons sur le col. Il ne se parloit point de rançon, sinon pour les bourreaux. Le capitaine qui commandoit là s'appelloit le capitaine Heraud, qui avoit esté de ma compagnie à Montcallier, un brave soldat s'il y en avoit en Guyenne, et fut prisonnier; beaucoup de gens le vouloient sauver pour sa vaillance, mais je dis que s'il eschappoit, il nous feroit teste à chasque village, et que je cognoissois bien sa valleur : voy-là pourquoy je le fis pendre : il pensoit tousjours que je le sauvasse pource que je sçavois bien qu'il estoit vaillant ; mais cela le fit plustost mourir, car j'estois bien asseuré qu'il ne se retourneroit jamais de nostre costé, parce qu'il estoit fort opiniastre et coiffé de ceste religion : sans cela je l'eusse sauvé. On conta les morts, et s'en trouva plus de sept cens : toutes les ruës et le long des murailles estoient couvertes de corps morts, et si je suis bien asseuré qu'il en mourut un grand nombre de ceux qui se jetterent par les murailles, que je faisois tuer. Voyla la prinse de Monsegur. Je pense qu'il y eust eu grand dispute d'entrer par la bresche que nous faisions, et si eust cousté plus de cinq cens coups de canon avant que l'on eust faict trou pour entrer deux hommes de front seulement, car les murailles sont de bonne pierre, et bien espaisses, aussi bonnes qu'il y en ait en Guyenne; et si encores il eust esté malaisé d'y venir, ayant moyen de se retrancher, et croy qu'il nous eussent donné des affaires, et qu'il y eust eu de l'honneur et pour eux et pour nous; mais il vaut mieux que nous ayons eu le profit. Deux jours apres nous allasmes assieger le chasteau et ville de Duras, là où il y avoit cent cinquante hommes. Toute la nuict je ne cessay à loger l'artillerie pour battre la ville, car de battre le chasteau il estoit difficile, sinon par le jardin de derriere, et encores est-il fort difficile d'y mener l'artillerie. Nous conclusmes qu'il valoit mieux attaquer la ville, et apres par dedans la ville nous battrions la porte du chasteau. Et comme j'eus tout appresté, ils appelerent et demanderent si mon sieur de Burie estoit-là ; il leur fut respondu qu'il estoit logé aux Métairies, qui sont à deux ou trois arquebuzades, mais que j'estois à l'artillerie ; et alors ils me firent dire si je les voulois laisser sortir à fiance (1) : ce que je leur promis, et vindrent parler à moy ; je les renvoyay à monsieur de Burie. Le jour commençoit à poindre quand ils retournerent, et me dirent qu'ils avoient capitulé. Monsieur de Burie entra dedans avec quelques-uns ; je n'y entray qu'il ne fust huit heures du matin, pour-ce que je m'estois mis à dormir apres la capitulation faite, car je veillois quand les autres dormoient. Monsieur de Burie me dit qu'il n'avoit rien trouvé dedans qu'environ cent cinquante corcelets, qui estoyent du roy de Navarre, que La Garde de Thonens, huguenot, avoit laissé là, lesquels il portoit à leur camp ; mais il eut peur d'estre prins par les chemins : nous les fismes departir aux capitaines pour armer les soldats. De-là monsieur de Burie s'en alla jusques à Bordeaux, et je descendis avec l'armée vers Marmande et Thonens. Tout le monde abandonnoit les places qu'ils tenoyent d'effroy ; je n'y trouvay que quelques Catholiques, et de-là marchay droit à Clairac et Aguillon, où passay la riviere ; et comme je la passois, je fis faire alte devant ladite ville, pour ce qu'ils estoyent trois ou quatre mil hommes dans Agen, et les voulois aller environner pour les attrapper dedans. Ayant r'embarqué les trois canons à La Reolle, que je faisois tirer contre-mont la riviere, il fut nuict quand j'euz tout passé : et comme je marchois la nuict, il me fut apporté nouvelles d'Agen que sur l'entrée de la nuict ils avoient abandonné la ville, ayant prins le chemin vers Montauban. Je m'estonnois comme ces gens avoyent tant la peur au ventre, et qu'ils ne deffendoyent mieux leur religion. Ils n'eurent loisir d'en amener les prisonniers qu'ils tenoient, car l'effroy (2) les saisit tout à un coup quand on leur dit que j'estois tout auprès de-là ; il pensoyent avoir desja la corde au col. Les prisonniers qu'ils tenoyent c'estoyent messieurs de La Lande, de Nort, les officiers du Roy et les consuls, sauf le president d'Agen, auquel ils ne vouloient point de mal. Ces pauvres officiers, gens de bien, demeurerent deux ou trois mois prisonniers ; cent fois on leur presenta la corde pour les pendre : je m'estonne qu'ils ne moururent de peur. Et voylà comme la riviere fut libre. Mon sieur de Burie estant arrivé au port Saincte Marie, nous y logeasmes l'armée et aux environs, puis nous en allasmes avec peu de gens à Agen, et trouvasmes que la ville estoit toute ruynée, car ces gens-là où ils passent laissent de tristes marques ; et là nous demeurasmes trois ou quatre jours. Monsieur de Burie envoya à Villeneufve et à Monflanquin trois compagnies de gens-d'armes, sçavoir, la sienne, celle de monsieur d'Argence (3), et celle de monsieur de Carlus lieutenant de monsieur de La Vauguyon. Ils manderent à monsieur de Burie qu'il leur envoyast quatre ou cinq cens hommes de pied, et qu'ils iroyent combattre le capitaine Bordet qui venoit de Sainctonge avec trois cens chevaux, où il y avoit six vingts sallades tous lanciers ; le demeurant estoyent pistolliers (4) et arquebusiers à cheval, et trois enseignes de gens de pied. Je me presentay à monsieur de Burie pour y aller, lequel me dit qu'il y vouloit aller luy-mesme, et qu'il se vouloit trouver à ceste faction ; bref, qu'il partiroit sur la minuict. Je ne luy voulus point contredire, pour crainte qu'il ne cuidast que je voulusse tout faire, et gaigner cest advantage sur luy, et me retiray à Estillac pour donner quelque ordre à ma maison, ayant sçeu la mort de ma femme. Le lendemain monsieur de Burie se trouva encore dans Agen, et le lendemain apres. Cependant le Bordet passa, et alla gaigner Montauban, où monsieur de Duras l'attendoit. Je sçay bien que monsieur d'Argence et ses compagnons advertirent trois ou quatre fois monsieur de Burie en haste de leur envoyer les gens de pied qu'ils demandoyent pour aller combattre ; et croy fermement qu'il ne tint point à eux. Toutes-fois monsieur d'Argence est encores en vie, qui pourroit dire à qui en est la faute : il ne touche à moy de le dire.

Apres que je fus arrivé à Agen, nous conclusmes que nous irions assaillir le chasteau de Pene, car pendant que nostre camp estoit aux environs d'Agen, nous arriverent les trois compagnies espagnolles que dom Loys de Carbajac (5), commandoit en l'absence de son oncle dom Joham de Carbajac, qui amena apres les autres dix enseignes. Nous assiegeasmes le chasteau par la teste, car par autre lieu nous ne le pouvions battre ; car c'est une place forte et d'assiette et de structure, et y tirasmes plus de trois cens coups de canon. Il y avoit un grand terre-

(1) *A fiance* : en sûreté.
(2) L'auteur de l'*Histoire des cinq Rois* attribue l'évacuation d'Agen, non pas à la terreur qu'inspiroit Montluc, mais à la mésintelligence qui régnoit parmi les chefs des Protestants.

(3) Lieutenant de M. de La Rochefoucauld.
(4) *Pistoliers*. cavaliers armés de petites arquebuses qu'on tiroit d'une main.
(5) *Carbajac* : Carvajol.

plain par derriere : ils avoyent fait une tranchée dans le terre-plain, où leurs soldats se tenoyent pour deffendre la bresche, qui estoit difficile, car il falloit encores monter par des eschelles sur le terre-plain. Or la nuict nous avions gaigné la ville, car le capitaine Charry et ses compagnons avoient mis le feu à la porte. Ceux de dedans, apres l'avoir deffenduë longuement, se retirerent dans le chasteau : ils pouvoient estre environ trois cens hommes. Or je vins recognoistre la bresche par le costé des maisons de main droite, lesquelles je fis percer passant de l'une à l'autre, et la derniere estoit si pres du chasteau qu'il n'y avoit que le chemin entre-deux. J'apperceus un relais de pierre au flanc de main droite en la muraille, et fis aller un soldat le ventre à terre recognoistre le relais. Il monta jusques à la moitié, et trouva qu'il estoit fait comme s'ils y avoient laissé des degrez pour monter par-là, puis retourna à moy ; et tout incontinent m'en allay à monsieur Dortubie, et tirasmes un canon un peu à main droite. Nous eusmes assez affaire de l'y pouvoir loger, à cause que c'est un precipice bien grand qui alloit jusques à la riviere. De là tirasmes en biais à ceste muraille, et, pour-ce qu'elle n'estoit pas là guere forte, en quatre coups de canon nous eusmes percé la muraille, de sorte que par le trou on pouvoit voir dedans leurs tranchées. Je descendis incontinent bas, et fis monter le mesme soldat par ces degrez jusques à recognoistre si le trou estoit vis à vis de la tranchée, et qu'il ne se descouvrit point en aucune maniere ; ce qu'il fit, et me retourna dire qu'ils estoyent tous en bataille dans la tranchée, et qu'il y avoit force corselets, comme il estoit vray. Alors je fis prendre les eschelles que j'avois fait recercher par tout, et en pouvois avoir douze ou quinze. Monsieur de Burie se tenoit à l'artillerie : je vins conclure devant luy l'assaut ; je le priay que les Gascons donnassent les premiers, et les Espagnols apres. Dom Loys dit qu'il desiroit qu'ils combattissent ensemble, ce qui luy fut accordé. Cependant je fis chois de quatre arquebusiers pour monter ces degrez, car il n'en pouvoit plus demeurer sur le haut pour tirer dans la tranchée par le trou quand les nostres donneroyent l'assaut par la teste, et ainsi leur livray l'assaut. Les soldats prindrent eux mesmes les eschelles, et je me rendis ausdits degrez avec les quatre arquebuziers. Et comme les uns dressoyent les eschelles, les quatre montoyent ; et à mesme temps que les enseignes monterent les eschelles, les quatre arquebuziers tirerent dans leur tranchée : ils en tuerent un qui me tomba aux pieds, j'en fis remonter un autre. Comme les ennemis se virent tuez par ce trou, ils se retirerent en une autre forteresse, là où ils se deffendirent plus de trois grosses heures, et par deux fois repousserent nos gens jusques sur la bresche ; et cogneus alors deux choses, encores que d'autres fois je les eusse bien remarquées : c'est que les Espagnols ne sont pas plus vaillans que les Gascons ; et l'autre, que les grands combats se font par les gentils-hommes, car plus de cinq cens hommes espagnols ou gascons furent renversez sur les eschelles, ou par terre. Toutes-fois il ne faut point oster l'honneur à celuy qui l'a acquis, ayant les capitaines gascons avec les gentils-hommes de leurs compagnies sousteun tout le jour le combat ; je ne veux pas dire que les capitaines espagnols n'y fissent leur devoir, mais bien peu de leurs soldats. A la fin je donnay courage à nos gens, leur faisant remonter les eschelles, accourageant les uns et menassant les autres, car j'avois l'espée nuë au poing, pour faire quelque mauvais coup si j'en eusse veu de poltrons. Tous commencerent à faire mieux, Espagnols et Gascons, tellement qu'ils gaiguerent le second fort. Les ennemis se departirent en deux autres forts, c'est à sçavoir à la grand tour, et en un autre quartier de maison à main gauche. Il falloit monter un degré de pierre où y avoit une basse-court, entre ladite tour et l'autre fort, de sorte que nos gens furent contraints mettre le feu à la porte de ladite basse-court. Il y avoit au bout du degré contre la porte un coin à main gauche où pouvoient demeurer quinze ou seze hommes ; le capitaine Charry et le baron de Clermou y estoient, qui faisoyent tirer à travers de la porte dans la basse-court. Et comme la porte fut bruslée, elle tomba sur l'entrée d'icelle : j'estois à demy degré, et, comme je vis la porte tombée, je dis au capitaine Charry qu'ils sautassent dedans à travers du feu ; ce qu'ils firent sans marchander ; il ne luy falloit pas dire deux fois, il ne craignoit pas la mort. Je poussay ceux qui estoient devant moy sur le degré, bon gré mal gré, et ainsi nous entrasmes tous de furie, et ne trouvasmes dans la basse-court que femmes et filles ; tout en estoit remply jusques aux estables. Ceux de la tour de l'autre fort de main gauche nous tiroient la dedans ; ils y tuerent cinq ou six soldats : le capitaine Charry y fut un peu blessé, et le sieur Bardachin aussi. Nous faisions descendre les femmes par ce degré de pierre : les Espagnols qui estoient dans la grand basse-court, au dessous du degré, les tuoient, disans que c'estoient des Lutheranos desguisez (1). Nous redoublas-

---

(1) Luthériens. On désignoit alors sous ce nom tous les Protestants, sans distinction de secte.

mes l'assaut à ce fort de main gauche par une porte qu'il y avoit, et par deux fenestres, et l'emportasmes, passant au fil de l'espée tout ce qui se trouva dedans. Or il nous falloit combatre puis apres la grand tour, et la porte qui estoit au milieu. J'y laissay les capitaines qui n'estoient point blessez dans ce costé de main gauche, et dedans les escuries, pour les tenir assiegez. La fortune porta qu'ils avoient tous leurs vivres en ce dernier fort de main gauche, et n'avoient rien dans la grand tour : ce qui fut cause que sur l'entrée de la nuict ils se rendirent aux capitaines, la vie sauve. Les Espagnols estoient logez dans la ville, lesquels sçeurent qu'ils s'estoient rendus, et que nos capitaines les menoient le matin à monsieur de Burie et à moy, qui estions logez à la maison de monsieur de Carlus, à une arquebusade du chasteau. Monsieur de Pons y estoit aussi, car il estoit venu aveegues monsieur de Burie Nous baillasmes à quinze ou vingt soldats ces prisonniers, qui pouvoient estre en nombre quarante ou cinquante. Les Espagnols les vindrent oster à ces quinze ou vingt soldats, et les tuerent tous, sauf deux serviteurs de madame la mareschalle de Sainct André, que j'avois retenus à mon logis. Il ne se trouva point, d'environ trois cens hommes qu'ils estoient, qu'il en eschapast que les deux que je sauvay, et un qui descendit par la muraille avec une corde, par le chasteau, et alla passer la riviere à la nage, ayant beaucoup de soldats apres à coups d'arquebusades ; mais il se sauva miraculeusement en despit de tous ; son heure n'estoit pas venuë, car il luy fut tiré un monde d'arquebusades, sans qu'aucune portast. Je cogneus à ceste heure que ces gens de dom Loys estoient la pluspart bisoignes (1) ; car les vieux soldats ne tuent pas les femmes, et ceux-là en tuerent plus de quarante, et m'en couroucçay à eux. Les capitaines en estoient marris, mais ils n'y peurent donner ordre, car ils disoient que c'estoient des Lutheranos deguisez, parce qu'en fouillant quelqu'une pour se jouër avec elle, ils avoient trouvé que c'estoit un diacre esbarbat (2), qui estoit habillé en femme. Voy-là la prise de Pene, qui n'estoit pas de petite importance, pour estre une place tres-forte, et à un bon pays sur la riviere, où plusieurs mauvais garçons furent depeschez, lesquels servirent de combler un puits bien profond qui estoit au chasteau. Il se peut dire que tout le monde fit là son devoir, et monsieur de Burie, qui estoit tousjours au canon, prenant autant de peine qu'homme de son aage eust sçeu faire.

Or, comme le capitaine Bordet fut joinct avec monsieur de Duras, leur camp commença à se renforcer, pource que ceux qui n'estoient bougez encores, sur l'esperance de l'arrivée dudict Bordet, il leur sembla que leurs affaires iroient bien, et se rendirent à leur armée. Or nous avions peur qu'une nuict ils nous emportassent Moyssac ou bien Cahors, pource que les rivieres estoient si basses que l'on les passoit à gué. Je dis à monsieur de Burie qu'il nous falloit envoyer promptement des gens dans Cahors ; car, puis que les eauës se pouvoient passer, à leur arrivée ils emporteroient la ville, n'y ayant dedans que les habitans ; et fis election de monsieur de Sainctorens, avec quatre vingts ou cent argoulets qu'il avoit en sa compagnie de gens de pied, et le priay de faire diligence jour et nuict. Je contay que de là où les ennemis estoient il iroit dans sept ou huict heures à Cahors. Et comme Dieu veut garder, quand il luy plaist, que le mal n'advienne, nous avions nouvelles, et pensions qu'elles fussent veritables, que les ennemis venoient à Moyssac, et ne se parloit point de Cahors. Monsieur de Sainctorens fit grand diligence, ne sejournant jamais, sinon pour manger sur le chemin un peu de pain et boire un peu de vin, qu'il avoit fait porter pour les soldats : aussi il luy estoit bon besoin de la faire ainsi ; il falloit qu'il passast tout aupres de leur camp, et comme il marchoit la nuict, ainsi faisoient les ennemis ; de sorte que comme le matin au soleil levant il arriva par delà la riviere, les ennemis arrivoient deçà, et trouva la ville tout esbahye, et les gens commencçoient à l'abandonner pour se sauver par les montaignes. Ils reprindrent courage ; et sur l'heure, sans entrer en maison aucune, monsieur de Sainctorens sortit à l'escarmouche, et se jetta sur le passage de la riviere, ayant de fort bons soldats, car aussi c'estoit la premiere compagnie qui avoit esté faite ; et tout le jour les ennemis demeurerent aux environs de la riviere, faisant tousjours quelque semblant de vouloir passer. Et pense qu'ils attendoient le reste de leur armée, qui venoit derriere eux. Ils ne s'efforcerent d'avantage de passer. La nuict venant, monsieur de Sainctorens se retrancha avec des tonneaux, pierres et bois, et tout ce qui se trouvoit : toute la ville travailloit, de sorte que le matin les ennemis virent qu'il n'y feroit pas bon pour eux ; et, le reste de leur camp arrivé, ils se logerent aux plus prochains villages de la riviere, et là demeurerent quelques jours, et nous allasmes à Moyssac. Monsieur de Burie avoit fait venir deux grandes coulevrines de Bordeaux, et

(1) *Bisoignes* : soldats de recrue.
(2) *Esbarbat* : sans barbe.

deux pieces de campagne ; nous laissasmes à Moyssac les trois canons, et marchasmes vers Caussade, Mirabel et Realville, où leur camp estoit retiré. Le Roy nous avoit envoyé monsieur de Malicorne, pour nous faire entendre comme les affaires se portoient en France, et aussi afin qu'il luy rapportast comment alloient celles de pardeçà. Nous arrivasmes à Mirabel en deux ou trois jours, pendant lesquels je ne pouvois mettre en teste à monsieur de Burie qu'il nous falloit faire diligence pour les attraper, car on luy mettoit toujours difficulté sur difficulté.

Or, faut-il que tous nous qui sommes en vie confessions que nous estions tous en peine de luy, parce qu'il avoit toujours eu reputation de combattre, et estoit estimé bon capitaine, dequoy il avoit fait preuve en beaucoup de lieux ; et nous le trouvions si dur et si lent, qu'il sembloit à un chacun qu'il voulust fuyr le combat et donner moyen à l'ennemy de se sauver ; de façon que plusieurs le soupçonnoient, à cause que presque tous ses serviteurs, mesmement un sien secretaire qu'il aymoit fort, estoient huguenots. Un sien maistre d'hostel basque, nommé Hactse, nous disoit que volontiers, s'il eust esté creu, monsieur de Burie eust changé de serviteurs, cognoissant bien que l'on le soupçonnoit à cause d'eux, et mesmes les Espagnols, comme à la verité cela estoit insupportable, pour le soupçon qu'il y avoit que les ennemis ne fussent advertis de nos desseins. Je ne cogneus jamais aucun de ce party qui ne voulust, quelque mine qu'il fist, la ruine de celuy du Roy. Quant à moy, je pense qu'il n'entra jamais rien de mauvais dans son cœur, et que ce qui le faisoit ainsi dilayer, c'estoit pource qu'on luy rompoit les oreilles que je le ferois perdre. Comme nous arrivasmes à Pecornet, qui est à monsieur de Thonens, il se campa, et je marchay droit à Mirabel avec ma compagnie et une bonne trouppe de gentils-hommes, et envoyay mon fils le capitaine Montluc devant. Et comme il fut à Mirabel, il trouva que les ennemis ne faisoient que desloger, et avoient pris le chemin devers Caussade : il les rencontra là, et en deffit une trouppe, et le reste se jetta dans deux ou trois maisons ; et, pource que cela estoit pres de Caussade où estoit leur camp, et qu'il n'avoit point de gens de pied avec luy, il fut contrainct de les laisser, et se retirer à Mirabel, où je l'attendois. Or avois-je mandé à monsieur de Burie que je le prioîs venir camper à Mirabel, n'y ayant de Pecornet à Mirabel qu'une lieuë. Il me manda que le camp estoit desja la pluspart logé : j'y allay moy-mesmes sur des courtaux, et trouvay qu'il estoit desja logé dans la grange de monsieur de Thonens. Je fis tant, avec l'aide de messieurs de Malicorne, d'Argence et des autres capitaines des gens-d'armes, que nous le fismes acheminer. Or, quelque bruit que l'on fist courir de luy, je ne le soupçonnois point, comme j'ay dit, et pensois que ce qui le faisoit estre ainsi lent, estoit pour crainte de perdre, ne voulant rien hazarder, sçachant bien que s'il perdoit une bataille le pays estoit perdu ; et d'ailleurs il voyoit les ennemis s'en aller en France : mais je disois toujours que ce seroit faire un beau service au Roy de les deffaire avant se joindre, et que cent traistres et rebelles n'attendirent jamais dix hommes de bien. Il s'en plaignoit souvent à son nepveu monsieur du Courré, disant que je les ferois un jour tous perdre, et la Guyenne au Roy par consequent. Et quant à moy, j'oserois assurer que ceste crainte le faisoit tenir bride en main, car il n'estoit pas meschant ny desloyal à son maistre, et n'avoit pas faute de cœur ny de sagesse à bien conduire ; mais il ne vouloit rien hazarder, qui estoit un grand deffaut à luy.

Or la nuict nous envoyasmes par deux fois recognoistre les ennemis à Caussade ; il n'y avoit que demy lieuë, et la derniere fois ce fut par monsieur de Verdusan, mon enseigne, qui leur chargea un corps de garde. Or je voulois aller charger la nuict, car tout leur camp estoit logé hors de la ville et assez escarté ; mais jamais n'y eut ordre qu'il y voulust entendre. Le lendemain matin j'allay avec la compagnie du roy de Navarre, celle de monsieur de Termes et la mienne, recognoistre, menant monsieur de Malicorne avec moy, et trouvasmes qu'il y avoit quelques arquebusiers dedans, qui nous tirerent. Or monsieur de Duras et le capitaine Bordet estoient allez à Montauban, là où il n'y a que deux lieuës, et avoient laissé là tous les bons chevaux qu'avoit amené le capitaine Bordet, car luy et monsieur de Duras n'en avoient mené que dix ou douze, et avoient couché à Montauban ceste nuict-là. Jamais ils ne firent semblant de se monstrer, et avoient une grand peur que tout nostre camp descendist, car de Mirabel à Realville n'y a qu'un quart de lieuë. Nous temporisasmes là devant plus de deux heures, ne sçachant point que ces gens fussent dedans. Bien nous dirent des paysans que monsieur de Duras estoit allé le jour devant à Montauban, mais ils ne sçavoient s'il estoit retourné. La nuict nous retournasmes à monsieur de Burie, et entrasmes en conseil, tous les capitaines des gens-d'armes, le seigneur dom Loys de Carbajac aussi ; et là disputasmes si nous les devions aller assaillir dans Caussade avec les deux grandes coulevrines, parce que les murailles ne valloient rien.

Les uns disoient qu'ouy, les autres que non. A la fin ceux qui disoient que non demeurerent les plus forts; et comme je vis cela, je proposay que nous devions incontinent apres disner descendre là bas en la plaine et nous mettre tous en bataille, et que nous ferions deux effets : le premier, que nous cognoistrions la force de l'ennemy, et verrions à leur contenance s'ils avoient peur ou non; et l'autre, que nous rengerions nos gens comme ils devroient combattre, et despartirions de nostre arquebuserie avec les trouppes de la gendarmerie, afin que, si nous venions à combattre, chascun sceust le rang qu'il devroit tenir; ce que ne pouvions faire où nous estions logez, à cause que c'estoient tout collines. A la fin nous conclusmes tout cela, et arrestasmes qu'apres avoir un peu mangé nous monterions à cheval. Toute la noblesse, qui estoit belle et grande, se retira avec moy : nous nous hastasmes de manger. J'envoyay un gentilhomme à monsieur de Burie, l'advertir que je commençois à m'acheminer pour commencer à prendre place. Voicy venir monsieur de Malicorne qui avoit entendu le changement, et me vint dire que monsieur de Burie estoit resolu de ne descendre point là bas, ny permettre que le camp y descendist; et me dit que ceux-là que je pensois tenir bon à ce que nous avions arresté, estoient les premiers qui s'en estoient desdits en toutes choses. C'est grand cas que le chef tire volontiers les autres à son opinion. Je le priay y vouloir retourner pour luy remonstrer la grande faute que nous faisions, de n'ordonner comme nos gens devoient combattre, et que je luy promettois sur mon honneur que nous ne combattrions point, et ne ferions sinon veoir la contenance de l'ennemy, et avec nostre artillerie nous les battrions s'ils se presentoient de l'autre costé du ruisseau. Mais j'en pensois bien une autre : si j'eusse veu la commodité propre, je les eusse si bien approchez, qu'ils ne s'en fussent peu desdire. Ledit seigneur de Malicorne n'y vouloit point retourner, et dit qu'il y avoit fait tout ce qu'il avoit peu à luy remonstrer, et qu'il n'y feroit rien d'advantage, et le trouvay fort fasché. Je cogneus bien qu'il ne disoit pas tout ce qu'il en pensoit : et alors j'y envoyay monsieur de Madaillan. Monsieur de Malicorne demeura avecques moy, car il ne voulut plus retourner. Nous nous acheminasmes et passasmes devant son logis, ayant tous esperance que quand il nous verroit acheminer, la fantaisie luy changeroit, et s'en viendroit. Et comme nous fusmes là bas, nous vismes arriver les compagnies du roy de Navarre et de monsieur le mareschal de Termes, que le capitaine Arne et le capitaine Masses commandoient, et me dirent que monsieur de Burie avoit envoyé protester contr'eux s'ils venoient me trouver, mais qu'ils avoient respondu qu'avant disner ils avoient conclu de descendre bas en la plaine, et que quant à eux ils se vouloient arrester au premier conseil, et que j'y estois desjà, et que si les ennemis me combattoient, ils en vouloient manger leur part. Il protesta aussi contre tous les autres capitaines [j'ai sceu depuis que dom Loys estoit de ceux qui avoient changé d'advis], protesta aussi contre le capitaine Charry, maistre de camp, lequel luy laissa les compagnies, et s'en vint tout seul pour me trouver. Bref, nous voy-là en division. O la mauvaise beste que c'est quand elle se met en une armée ! empeschez-la tant que vous pourrez, vous qui commandez aux armées, car si une fois elle a ouvert la porte, il est mal-aysé de l'en chasser.

Les ennemis partirent de Caussade, prenant le chemin droict à Realville, pour se sauver devers Montauban. Et comme ils furent en la plaine de leur costé, ils m'apperceurent et firent alte, puis se mirent en bataille et demeurerent plus d'une grand heure à s'y mettre. Je cogneus bien qu'ils n'estoient pas fort experts en cela, et que leur ordre n'estoit pas bien faict. Ils n'osoient tirer plus avant, craignant que je les chargeasse par queuë, et demeurasmes ainsi vis à vis, ayant un petit ruisseau entre-deux, plus de quatre grosses heures. Je ne voulus point que quelques arquebusiers à cheval que j'avois attaquassent rien, afin de luy monstrer que je n'avois poinct envie de combattre qu'il n'y fust, esperant qu'il y viendroit nous sçachant si pres; mais tout fut pour neant, et ainsi fusmes contraincts nous retirer de là : et comme nous nous retirions droict à Mirabel, aucuns de leurs gens de cheval qui estoyent dans Realville, lesquels auparavant n'avoyent jamais osé bouger, passerent le ruisseau [c'estoyent ceux du capitaine Bordet]; ils avoyent tous des casaques blanches, qui furent les premieres que j'avois jamais veuës. Et comme ils virent que nous tournions visage à eux, ils tournerent repasser le ruisseau et passerent l'eauë par dessus Realville, à nostre veuë, prenant le chemin de Montauban. Je me retiray à mon logis aussi fasché que je fus jamais, pour avoir perdu ceste belle commodité de combattre les ennemis. Quelque promesse que j'eusse faite, si le gros fust descendu nous estions aux mains, car je les eusse, comme j'ay dict, tant approchez, que sans combat il n'estoit possible de se demesler. Le soir monsieur de Burie m'envoya dire si je voulois venir au conseil, ce que difficillement apres plusieurs prieres je fis, et malaisément m'y peut on amener. Je luy remonstray la coyonnade que nous avions faicte ; il me dit n'avoir tenu à luy que l'on n'eust combattu. Il ne s'en alla pas sans responce. Monsieur de Malicorne, monsieur d'Argence sont encores en vie : je pense qu'il leur souvient mieux de ce que j'en dis qu'à moy ; car je n'estois point en mon bon sens, tant j'estois desesperé et en collere. Bref je quittay son conseil. Il monstroit bien qu'il estoit plus sage que moy, et plus patient d'endurer mes imperfections, et croy qu'en sa conscience il jugeoit qu'il avoit tort. La nuict les capitaines Arne, Masses et moy avecques ma compagnie et la noblesse, pensant trouver les ennemis deçà la riviere de Labeyron, pource que le passage estoit fort mauvais, fusmes à lerthe, et ne pensions point qu'ils passassent de ceste nuict là ; mais à leur arrivée ils passerent tous en desordre, et s'allerent mettre auprès de Montauban dans un bois qu'ils appellent le Ramier. Le sieur du Masses et Arne en trouverent quelques uns qui estoient demeurez aux mestaries par deçà la riviere, à cause qu'il s'en estoit noyé quelques uns ; mais ils les garderent bien de passer. Et ainsi nous en retournasmes sans pouvoir faire autre chose, ayant resolu de nous perdre tous ou les combattre, si nous les eussions trouvez : et croy que la collere où nous estions nous eust redoublé la force de combattre pour laisser la honte et vergoigne à ceux qui n'en vouloient pas manger. Les paysans des mestaries nous asseurerent qu'ils ne devoyent arrester qu'ils ne fussent dans Montauban : qui fut cause que ne passasmes la riviere. Ils nous asseurerent que si cent chevaux fussent arrivez comme ils commençoyent à passer, ils les eussent tous deffaits, ou ils se fussent noyez, tant ils avoient de peur, et qu'un nombre s'estoyent noyez ayant eu l'effroy sur une fausse alarme, de sorte que tous se jettoient à pied et à cheval à coup perdu dans la riviere pour passer. Et voyla la belle coyonnade qui fut faite, laquelle jamais ne me departit de dessus le cœur jusques apres la bataille de Ver que nous eusmes quelque temps apres. Il me sembloit que les pierres nous regardoient, et que les paysans nous monstroyent au doigt : nous avions la meilleure commodité de les estriller que nous n'eusmes depuis à Ver.

J'estois en telle colere qu'il ne tint qu'à bien peu que le matin je ne me departisse d'avec le sieur de Burie ; et sans les capitaines et seigneurs qui estoient avecques nous, qui m'en garderent, je l'eusse fait, estant bien certain que la pluspart de l'armée me fust demeurée. Celuy qui me destournoit le plus de mon intention que nul autre estoit monsieur de Malicorne, me remonstrant que le Roy le trouveroit mauvais, et que tout iroit mal, et apres on me impropereroit le tout, qui seroit assez suffisant pour me rendre hay de la Boyne et me ruiner à jamais. Quant à moy, je voulois faire la guerre à mon plaisir, et me sembloit que je ferois beaucoup mieux. Il me souvenoit tousjours de Targon, les ayant rompus avec si peu de gens, et avois aussi opinion que les seigneurs d'Argence et de Carlus se rendroient auprès de moy, encores qu'ils fussent venus avecques luy. Toutesfois je creus le conseil dudict sieur de Malicorne et des autres, qui me rapatrierent avec luy, car ma colere n'est pas des plus mauvaises, encor qu'elle soit prompte : d'ailleurs il estoit lieutenant de roy ; il m'asseura que la premiere occasion qui se presenteroit il oublieroit toute crainte de perdre la Guyenne. Il sçavoit bien que ce n'estoit que bonne volonté que j'avois au service du Roy qui me faisoit ainsi parler : aussi autre chose ne l'avoit gardé que la peur de perdre, estant certain que le Roy s'en prendroit à luy puis qu'il en avoit la charge.

O la mauvaise chose que c'est à un lieutenant de roy d'estre tousjours en crainte de perdre ! Ayez hardiment ceste peur dans une place, fortifiez vous jusques au ciel si vous pouvez, gardez vous, veillez et ayez peur de surprinse ; mais avoir forces suffisantes, et avoir tousjours peur de perdre, cela sent je ne sçay quoy. Croyez, lieutenans de roy, que c'est un mauvais presage. Quant à moy, je n'estois pas marchand à tel pris, car je voyois bien tousjours que si les affaires de la Guyenne alloyent bien, celles de France en iroyent mieux, et si nous deffaisions les forces de pardeçà, qu'apres nous nous jetterions dans le Languedoc, gardant par ce moyen que monsieur le prince de Condé n'auroit forces ny argent de la Guyenne ny du Languedoc.

Monsieur de Malicorne s'en retourna quelques jours apres, et pense qu'il conta au Roy ce qu'il en avoit veu. Je cuide que pour ceste occasion Sa Majesté envoya monsieur de Montpensier de pardeçà, ayant entendu que nous n'estions gueres de bon accord : cela est fort dangereux au service de celuy qu'on sert ; je ne seray jamais d'advis de donner commandement à deux : il vaut mieux un moindre capitaine seul que deux bons ensemble. Il est vray que j'en prenois plus que le Roy ne m'en avoit donné : peut-estre fut-il besoin, il y en a assez qui en peuvent tesmoigner : pleust à Dieu que le Roy en eust faict autant à ceste derniere guerre ! et peut estre que son service et le pays s'en fussent mieux portez, n'estant pas seul en ceste opinion, car je fus fort bien accompagné, et des meilleures testes. Et conseillerois tousjours au Roy que comme il entendroit une division en une armée, qu'il y envoyast tousjours un prince de son sang pour commander sur tout; et le plustost seroit le meilleur, avant que la division ne puisse prendre grand pied pour porter dommage à ses affaires; car apres qu'elle auroit prins et faict fondement, et que le desordre seroit advenu, on n'y pourroit jamais donner ordre qu'avec grand difficulté et dommage, ou separant ceux qui sont en division, ce qui ne se peut faire sans incommoder les affaires, veu que l'un et l'autre ont des amis et serviteurs.

Or peu apres, monsieur de Burie mit en avant une entreprise, qui estoit d'aller assieger Montauban par le costé de Thoulouse, et qu'il falloit retourner à Moissac et passer la riviere; il fit venir encore un canon et une couleuvrine, et prismes le chemin droit à Moissac. Je le voulus laisser faire sans le contredire en rien, ayant juré un bon coup que je ne dirois mot, pour voir ce qu'il feroit, encore que je cogneusse bien que son entreprise retourneroit en fumée et à neant; car puis que nous ne les avions osé combatre à la campagne, que pouvions nous esperer de les vouloir combattre dans une ville, et encore telle que celle là? Toutesfois je suivis comme les autres, et arrivasmes au bourg; et là demeurasmes sept ou huict jours, ayant faict tirer quelques coups de canon à la tour du pont. Nous tenions le bourg jusques aux maisons qui estoient tout auprès du pont, là où il y avoit une eglise qu'ils avoient fortifiée. Bref, je ne sçay par quel bout commencer à escrire ceste belle entreprise, car je n'en sçaurois faire un bon potage; et vaut mieux, sans tirer plus outre, que je la laisse là. Et fust arresté que nous nous retirerions à Montech.

A nostre arrivée à Moissac je fus adverty que ceux qui estoient dans Lectoure estoient sortis en campagne, faisant une infinité de ravages sur les gentils-hommes et par tout là où ils en pouvoient prendre, et qu'ils attendoient des forces de Bearn que le capitaine Mesmes amenoit, qui estoient en nombre de cinq cens hommes. Leur dessein estoit de faire un camp-volant, ce qui fut cause que j'en r'envoyay le capitaine Montluc (1) avecques quelques uns de ma compagnie. Le comte de Candale, les sieurs de Cancon (2), de Montferrand, Guitinieres (3) et autres, voulurent aller avec luy, et amenerent le capitaine Parron; la compagnie du baron de Pourdeac (4), que le capitaine La Rocque Dordan commandoit, car le baron de Pourdeac avoit esté blessé quelques jours auparavant devant Lectoure, à une escarmouche que le capitaine Montluc avoit faicte. Or, comme ils furent arrivez à Florence, ils entendirent que les Begolles (5), nepveux de monsieur Daussun, estoient chefs de ceux qui estoient sortis de Lectoure, et qu'ils avoient pris le chemin droit au Sampoy pour aller au devant dudit de Mesmes, qui se devoit rendre ce matin à Aiguetinte. Monsieur de Baretnau, qui faisoit une compagnie de gens de pied, s'y trouvant, alla se mettre entre Terraube et Lectoure, parce qu'ils les vouloient là combattre. Les ennemis, qui furent advertis de son partement de Florence, cuiderent retourner à Lectoure, pource qu'ils furent advertis que le capitaine Mesmes ne pouvoit arriver de ce jour là à Aiguetinte. Et comme ils eurent passé Terraube pour retourner à Lectoure, ils virent qu'il falloit combattre le capitaine Montluc, qui s'estoit mis au devant, et aymerent mieux retourner à Terraube. Il y eut de l'escarmouche à l'entrée, car s'ils eussent esté encores cinq cens pas en arriere, le capitaine Montluc les deffaisoit avant que d'entrer. Lors il depescha vers Auch, Florence, La Sauvetat, Le Sampoy, et jusques à Condom, afin qu'on le vinst secourir pour les tenir assiegez: ce que tout le monde fit; et y arriva plus de deux mille personnes. Il me depescha en poste un courrier, m'advertissant que si je voulois venir là avec l'artillerie, nous prendrions Lectoure, car tous les bons hommes qui estoient dedans, il les tenoient enfermez dans Terraube, qui estoient en nombre de quatre cens; et tous les deux Begoles, nepveux de monsieur Daussun, y estoient. Je monstray la lettre à monsieur de Burie; il y eut un peu de dispute, pource qu'il ne vouloit pas que je prinse des capitaines de gens de pied: à la fin il m'accorda le baron de Clermon mon nepveu, auquel j'avois donné une compagnie de creuë. Et promptement monsieur d'Ortubie et Fredeville attelerent trois canons, et je me mis devant à Moissac pour preparer les batteaux; et à l'arrivée de l'artillerie ils trouverent les batteaux prests, et toute la nuit ne fismes que passer. J'envoyay un commissaire de village en village tenir des bœufs prests, pour tousjours rafraischir les autres: puis me mis devant, et trouvay le capitaine Montluc qui avoit assiegé la ville, et s'estoient rendus les quatre cens qui estoient à Terraube à luy, leur ayant promis la vie sauve.

Le capitaine Mesmes s'approcha jusques à la riviere de Bayse, à une lieuë dudict Terraube;

---

(1) Pierre de Montluc, surnommé *Peyrot*.
(2) Ou *Cocon*, frère du baron de Fumel.
(3) Geoffroy d'Aidie, seigneur de Guttinières.
(4) Bernard de Viemont, baron de Pordeac.
(5) Ou Bugoles.

et, entendant comme les autres estoient assiegez, se recula par le mesme chemin qu'il venoit, et se retira dans un petit village appellé Roquebrune, pres de Vicfezensac. Monsieur de Gohas, mien nepveu, qui avoit esté lieutenant de monsieur de La Mothe-Gondrin en Piedmont, et avoit espousé sa fille, s'estoit mis aux champs avec quelques gentils-hommes ses voisins et des paysans au son de la cloche. Il se mit sur la queuë, et le contraignit de se sauver dans ledit Roquebrune. La nuict les paysans se fascherent de les tenir assiegez, et se desroberent presque tous; de sorte que le capitaine Mesmes s'en alla le matin en Bearn, d'où il estoit venu conter des nouvelles des belles afres qu'il avoit eu.

Or monsieur d'Ortubie fit si grand diligence, qu'il fut le lendemain passé la riviere deux heures devant jour, et fut devant Lectoure; et sur la pointe du jour luy, monsieur de Fredeville, monsieur de La Mothe-Rouge et moy, allasmes recognoistre où nous mettrions l'artillerie, et advisasmes de la mettre sur une petite montaigne du costé de la riviere, là où il y a un moulin à vent, pour battre du costé de la fontaine; et la battismes tout le jour, de sorte que la breche fut faicte de sept ou huict pas de long. Ils s'estoient retranchez par dedans, et avoient bastionné le bout des ruës et le chemin qui va au long de la muraille, et percé deux ou trois maisons qui regardoient sur la bresche. Cependant que l'artillerie battoit je faisois faire des eschelles pour donner l'assaut au boulevart qui flancquoit la breche, afin d'empescher ceux du boulevart qu'ils ne peussent tirer à la breche; et, pource qu'ils avoient environné ce boulevart de tonneaux et de gabions pleins de terre, et qu'aussi la breche n'estoit pas encore raisonnable, je ne voulois pas faire ceste nuict-là ce que je fis l'autre nuict apres.

Le lendemain matin je fis tirer à ces tonneaux et gabions et agrandir la breche et la baisser: la nuict apres nous nous mismes en camisade, et ordonnay que le capitaine Montluc iroit donner l'assaut à la breche avec les deux compagnies du baron de Clermon, et celle du baron de Pourdeac, et la noblesse qui voudroit aller avec luy, entre lesquels estoit le comte de Candalle, jeune seigneur plein de bonne volonté; aussi est-il mort depuis en une breche en Languedoc, comme on m'a dit. Et quant à moy, je devois donner par les eschelles au boulevart avec la compagnie du sieur de Baretnau et un autre, et ma compagnie de gens-d'armes, que j'avois fait mettre à pied. Je fis prendre mes eschelles, et mis devant le capitaine Montluc et sa trouppe, allant sur leur queuë voir quel effect ils feroient. Apres moy venoient les eschelles et ma trouppe. Or ils les emporterent d'une grand hardiesse, et entrerent dedans, et commencerent à combattre les remparts qu'ils avoient faits aux ruës, et desjà estoient presque maistres de l'un.

La nuict devant ils avoient faict un fossé entre la breche et les remparts, et y mirent une grande trainée de poudre, et par dedans une maison ils y devoient mettre le feu. Nous dressasmes les eschelles, et monterent deux enseignes jusques aupres du haut du bastion. Je faisois monter les soldats et achever de dresser les eschelles: et comme nos gens de la breche estoient presque maistres des remparts, ceux de derriere, qui mirent les pieds dans le fossé de la trainée, qui estoit couverte de quelques fassines, commencerent à crier: « Nous sommes dans la trainée, » et s'effrayerent de telle sorte, que tous se renverserent sur la breche. Les premiers qui combattoient les remparts n'eurent autre remede que de se retirer, et là y fut blessé le capitaine La Roque, lieutenant et parent du baron de Pourdeac, lequel mourut le lendemain, un des vaillans gentils-hommes qui sortist il y a cinquante ans de Gascogne. Il y en mourut aussi d'autres, et y en eut quelques uns de blessez de ceux qui donnoient par les eschelles. Et comme ceux de la breche furent retirez, je retiray les miens, bien aise d'en estre eschappé à si bon marché. Que s'ils eussent donnné le feu de bonne heure, ils eussent faict une terrible fricassée.

Le lendemain monsieur d'Ortubie, le gouverneur de La Mothe-Rouge et moy, allasmes recognoistre de l'autre costé de la ville devers le petit boulevart, et nous ne sçeusmes trouver lieu que pour y mettre deux canons que bien malaysément, car ceste ville est pour une ville de guerre des mieux assises de la Guyenne, et bien forte; et si y demeuroit encores le petit boulevart qui flancquoit cest endroit où nous voulions battre, qui nous garda de nous pouvoir bien resoudre. Et sur le midy monsieur d'Ortubie tourna battre encores par la breche à quelques flancs qu'il y avoit, pour ce que le lendemain je me resolus de donner l'assaut de plein jour: et en pointant un canon luy-mesmes fut blessé à la cuisse d'un coup de fauconneau qui estoit sur le grand boulevart, qui me deconforta fort, car c'estoit un vaillant capitaine, et qui entendoit bien l'estat de l'artillerie. Il mourut deux jours apres. C'est la charge de nostre mestier la plus dangereuse: toutesfois en tous les sieges où je me suis trouvé, j'estois toujours pres du canon; si je n'y estois il me sembloit que tout n'y alloit pas bien. Celuy-là entendoit bien son mestier, qui est une chose bien rare et perilleuse, comme j'ay dit : aussi n'en eschappe-il guere de ceux qui se hazardent trop. Cependant les ennemis parlementerent : il fut arresté qu'ils me bailleroient pour ostages trois de ceux de là dedans, et que je leur en envoyerois autres trois, et me demanderent messieurs de Berduzan, de La Chappelle et un autre. Et comme ils furent aupres de la porte, et que nous pensions que les autres sortissent, il leur fut tiré trente ou quarante arquebuzades tout à un coup, de sorte qu'ils faillirent de les tuer, et blesserent l'un de mes trompettes. Alors je fis crier à Brimond que ce n'estoit la foy d'un homme de bien, mais d'un Huguenot. Il s'excusoit, et disoit que c'estoit un meschant qui avoit commencé, et que bien tost j'en verrois faire la punition.

Mais ces meschans pendirent aux carneaux un pauvre Catholique qui n'en pouvoit mais. Or ils demandoient tousjours de me voir, et disoient qu'ils ne pouvoient croire que je fusse là : aucuns me disoient que je me devois monstrer, mais je ne le voulus jamais faire, dont bien m'en print : un vieux routier est difficille d'estre pris au trebuchet. Deffiez vous tousjours de tout, sans le monstrer pourtant ouvertement. Apres que le pendu fut mort, ils coupperent la corde, et le firent tomber dans le fossé ; et fut arresté que les mesmes deputez entreroient et les leurs sortiroient, car nous pensions que celuy qui avoit esté pendu fust celuy qui avoit fait le coup.

Or tout le monde se mettoit sur la ruë pres de Saincte Claire, et en trouppe, pour voir ce que faisoient les deputez et quand les autres sortiroient. Ils avoient affusté trois ou quatre pieces qu'ils avoient, et quelques mousquets tout droit à la trouppe, pensant que j'y fusse. Et comme nos deputez furent aupres de la muraille, ils commencerent à tirer les pieces droit à la trouppe, et y tuerent un gentil-homme d'aupres d'Agen, nommé monsieur de Castels, et trois ou quatre autres blessez. Je voyois tout cecy de derriere une petite muraille, et m'esmerveille que nos deputez ne furent tuez, car ils leur lascherent plus de soixante arquebusades : ils se sauverent courant. Et comme je vis cecy pour la seconde fois, j'envoyai derriere la muraille leur dire que puis qu'ils faisoient si bon marché de leur foy et promesse, que j'en ferois autant de la mienne ; et envoyay monsieur de Berduzan mon enseigne, qui estoit un des deputez, et ma compagnie avec une compagnie de gens de pied à Terraube, pour faire tuer et despescher tous ceux qui estoient là, et luy baillay le bourreau pour faire pendre le chef ; ce qu'il fit, et de bon cœur, attendu la meschanceté que ceux de Lectoure avoient fait en son endroit : et apres qu'ils furent mort, les jetterent (1) tous dans le puyts de la ville, qui estoit fort profond, et s'en remplit tout, de sorte que l'on les pouvoit toucher avec la main. Ce fut une tres-belle despesche de tres-mauvais garçons. Ils m'amenerent les deux Begolles, et deux autres de Lectoure de bonne maison, lesquels je fis pendre en un noyer pres de la ville, à la veuë des ennemis ; et, sans l'honneur que je portois à la memoire de feu monsieur Daussun (2), les Begolles, ses nepveux, n'en eussent pas eu meilleur marché que les autres. Ils en furent à deux doigts pres, ayant une fois commandé de les depescher, et puis je ne sçay comment je changeay d'advis : leur heure n'estoit pas venue. Si n'eust esté pour les faire pendre à la veuë de ceux de Lectoure, ils n'eussent eu la peine de venir, et eussent esté logez dans le puyts comme les autres.

La nuict je commençay à remuer mon artillerie de l'autre costé où avions recogneu monsieur d'Ortubie, le gouverneur La Mothe-Rouge et moy ; et la nuict, comme je la remuois, ils cogneurent bien par là où je vouloy battre, et se douterent qu'ils n'avoient pas gens pour soustenir deux bresches. Ils demanderent le capitaine Montluc, et parla Brimond à luy, et luy dit qu'il vouloit capituler, pourveu qu'il luy donnast la foy de les laisser sortir avec les armes et leurs vies sauves. Cependant le jour vint : pressé des capitaines, je leur accorday ; car je voyois bien que je n'estois pas encores au bout de ma leçon.

Quand je laissay monsieur de Burie, j'amenay monsieur de Sainctorens avec moy, et le capitaine Gimond ; mais comme je fus à Moyssac, je fus adverty par monsieur de Burie que le camp des ennemis partoit de Montauban, et qu'il prenoit le chemin devers Cahors : qui fut cause que je renvoyay monsieur de Sainctorens et le capitaine Gimond dedans Cahors ; et s'il eut grand difficulté d'entrer dedans la premiere fois, encores plus la seconde, qui fut la deuxiesme fois que par extreme et grande diligence il sauva la ville. Ledit sieur de Burie me manda que si je cognoissois que je ne peusse emporter Lectoure en deux jours, que je l'abandonnasse, m'allant joindre avec luy, et que sans moy il estoit le plus foible, ayant perdu quatre cens Espagnols de trois compagnies qui s'estoient mutinées, et qu'ils avoient pris le chemin devers eux.

J'envoyay un gentil-homme apres ces Espagnols, lequel ne peut rien faire, et y renvoyay monsieur de Durfort de Bajaumond, avec let-

---

(1) Deux cent trente personnes environ. (*De Thou*.)
(2) Montluc se trompe ; d'Aussun n'estoit pas mort à cette époque.

tres et prieres. Et comme ils eurent veu mes lettres, ils se mirent tous en conseil. En mes lettres y avoit que je ne voulois pas donner l'assaut qu'ils n'y fussent. Et resolurent tous de retourner à moy; et comme j'eus fait la capitulation ils arriverent à Florence, une lieuë de Lectoure; c'estoit un vendredy. Et mis la compagnie du baron de Pourdeac dedans; car il y vint avec son pied bandé: et le samedy matin je fis sortir tous les Huguenots dehors, afin que chacun se retirast où il voudroit. Aucuns se mirent de nos compagnies. Ils n'avoient jamais entendu la mort de leurs compagnons jusques à ce que je fus dedans, et ne pensoient pas eschapper à meilleur marché que les autres; mais je leur tins la promesse. Incontinent je fis partir le baron de Clermon avec les cinq enseignes que j'avois, et luy dis qu'il s'en allast passer la riviere de Garonne à Leyrac : et allay parler aux Espagnols bas en la prairie, et leur promis faire leur appointement avec leurs capitaines, leur faisant plusieurs remonstrances; de sorte qu'apres ils se resolurent de me suyvre : j'en laissay tousjours la charge à monsieur de Durfort. Ils s'en allerent avec les cinq compagnies à Leyrac passer la riviere. J'employay tout le demeurant du jour à remettre les gens d'Eglise en l'evesché et aux monasteres, les gens de justice en leurs sieges, et laissay l'ordre au baron de Pourdeac qu'il devoit tenir. Puis le dimanche matin je m'en allay disner à Stillac, mienne maison, et coucher à Agen : et là je fus adverty que monsieur de Duras avoit prins le chasteau de Marquies, qui est à l'evesque de Cahors, et l'evesque lequel il emmenoit prisonnier; et ayant entendu que monsieur de Sainctorens estoit arrivé dans Cahors, ils prindrent leur chemin droit à Sarlac. Je sceus que monsieur de Burie alloit apres. Aussi j'entendis des nouvelles de monsieur de Montpensier, lequel estoit arrivé à Bregerac, ayant avec luy les seigneurs de Candalle (1), de La Vauguyon, Destissac (2), de Lauzun, de Chavigny.

Tout le dimanche et la nuict venant au lundy, nos gens demeurerent à passer à Leyrac, car il n'y avoit que deux batteaux, et ne peurent passer le lundy qu'il ne fust pres de dix heures, qui fut cause que je ne peus faire plus grande traicte que de Villeneufve. Le comte de Candalle nous tomba malade, et fus contrainct le renvoyer à sa maison, le capitaine Montluc pareillement, lequel avoit eu desja deux excez de fievre. Le mardy le baron de Clermon me manda qu'il n'avoit peu faire le lundy que deux lieuës à cause du passage de la riviere, et qu'il s'acheminoit tant qu'il pouvoit droit à Belvez, là où je luy avois mandé qu'il prinst son chemin ; et pour luy donner advantage, le mardy matin je ne fis que trois lieuës, qui fut à Montaignac pres Monflanquin. Le mercredy deux heures devant jour je fus à cheval, et allay repaistre à Belvez, où les compagnies de gens de pied commençoient à arriver, et les fis là sejourner deux heures, et me mis devant à Civrac sur la Dordoigne. Et lors je fus adverty que monsieur de Burie estoit aux Mirandes, qui est à monsieur de Caumon, avec le camp, et que monsieur de Montpensier estoit à Bregerac. Incontinent que je fus logé, un gentil-homme de Civrac, qui est de la religion nouvelle, me presta deux serviteurs, l'un pour envoyer à Bregerac vers monsieur de Montpensier, l'advertir de mon arrivée et de la prise de Lectoure, laquelle encores il n'avoit entendu, et que s'il luy plaisoit de s'avancer un peu devers nous, que nous trouverions moyen de nous assembler pour combattre le lendemain monsieur de Duras, qui estoit campé sur une petite riviere, nommée la Vesere, pres de Fages. Tout autant en avois-je escrit à monsieur de Burie, afin qu'il passast la Dordoigne sur la pointe du jour, ce que j'avois fait. Et fut monsieur de Burie esbahy que je fusse si tost là, veu qu'il n'y avoit que deux jours qu'on luy avoit mandé devers Agenois que j'estois encore devant Lectoure, en danger de ne la prendre point.

Je n'eus jamais achevé mes depesches, que le baron de Clermon arriva avec les cinq enseignes et les Espagnols. Et fis qu'ils passerent la riviere sur deux grands batteaux, et allerent coucher à Sainct Surban, pres Fages, où ils n'arriverent que ne fust deux heures de nuict, et y trouverent logez les compagnies de monsieur de Burie, de Randan et de La Vauguyon. Et sans mademoiselle de Fages, mere de madame de Lioux, ma belle sœur, ils n'eussent rien mangé de tout ceste nuict ; mais elle monstra qu'elle estoit femme d'un brave capitaine, qui estoit feu monsieur de Fages, car elle leur distribua tout le pain qu'elle avoit, et six ou sept poinsons de vin, et toute la nuict ne fit faire autre chose que cuire pain, et tous les lards et autres choses de sa provision, sans dormir de toute la nuict, et ne fut à son aise qu'ils n'eussent repeu.

Le matin, qui estoit le jeudy, je passay la riviere de Dordoigne à gué, car l'eau estoit gayable en deux endroits où on me mena. Et en tout je n'avois que quarante ou quarante cinq chevaux. Et sur mon partement de Civrac, j'euz responce de monsieur de Burie, lequel me mandoit qu'il estoit bien aise de mon arrivée,

---

(1) Frédéric de Foix.
(2) Louis, seigneur d'Estissac.

et que j'eusse prins Lectoure; toutes-fois que de passer la Dordoigne, il n'en estoit point d'avis, car les ennemis estoient plus forts que nous, et qu'il falloit regarder si nous nous pourrions joindre avec monsieur de Montpensier, et apres, que ledit sieur adviseroit si nous devions combattre ou non. Soudain je me mis en furie, me craignant que nous ferions comme à Mirabel, et fus conseillé des sieurs qui estoient avec moy d'envoyer protester contre luy s'il ne passoit la riviere, et que je m'allois engager au combat; ce que je ne voulus faire, mais bien envoyay protester par Seignan, homme d'armes de ma compagnie, contre messieurs d'Arne, du Masses et de Charry, maistres de camp, lesquels incontinent allerent trouver monsieur de Burie, et luy dirent que, quant à eux, ils estoient resolus de passer la riviere, et qu'ils ne vouloient point qu'il leur fust reproché devant monsieur de Montpensier, lequel desja nous tenions pour nostre chef; et quant et quant firent sonner leurs trompettes, et le capitaine Charry mettre les enseignes aux champs, alors il se prepara de partir. Le capitaine Charry se mit devant selon sa coustume avec les gens de pied sur la riviere, et promptement fit un pont de charrettes et passa à la haste.

Je n'arrestay point à Sainct Subrou sous Fages, et parlay avec messieurs d'Argence et du Courré, et les priay monter à cheval, et que j'avois prié monsieur de Burie de venir, qu'il falloit combattre dans le midy. Ils me promirent qu'ils monteroient à cheval, mais qu'il falloit qu'ils envoyassent un homme en poste vers monsieur de Burie pour l'advertir. Je dis au baron de Clermon que promptement il fist repaistre ses soldats, et à monsieur de Durfort les Espagnols, et qu'ils me suivissent au passage de la Vesere. Et comme je parlois à eux, arriva Seignan, car il estoit party dés la minuict pour aller parler à monsieur de Burie, et me dit qu'il avoit laissé monsieur d'Arne et le capitaine de Masses, qui commençoient à marcher, et que le capitaine Charry passoit la riviere. Je me mis devant. Or de Fages jusques au passage de la Vezere n'y a qu'une grand lieuë. Je fus bien tost sur le passage, et trouvay des paysans qui venoient de leur camp de cercher quelques asnes que les ennemis leur avoient prins, et me dirent que les ennemis deslogeoient de trois ou quatre villages où ils avoient campé ceste nuict-là, où il n'y avoit que demye lieuë. Je passay, et envoyay monsieur de Fontenilles avec trois ou quatre chevaux, pour prendre langue la nuict. Messieurs d'Argence et du Courré avoient envoyé le mareschal des logis de monsieur de Randan à la guerre, et se trouverent monsieur de Fontenilles et luy : le mareschal des logis luy asseura avoir veu desloger le camp et marcher. Et comme Dieu veut ayder ou punir les gens quand il luy plaist, il n'y avoit de là où il estoit deslogé que deux petites lieuës jusques à Ver, et de Ver deux petites jusques au passage de la riviere de l'Isle, là où ils avoient fait estat de la passer ce jour-là; mais pource qu'ils voyoient que monsieur de Montpensier estoit à Bregerac avec bien peu de forces, et monsieur de Burie aux Mirandes, ils ne se voulurent pas haster, pour-ce qu'ils avoient deux bons logis entre-deux, Ver pour les gens de pied et l'artillerie, et Sainct Andras et deux ou trois autres villages pour la cavallerie, et ne sçavoient aucunes nouvelles de moy. Il leur eust plus vallu s'incommoder pour se mettre en seureté.

Monsieur de Burie arriva ayant seulement avec luy deux ou trois chevaux, et me trouva que je parlois avec le mareschal des logis, qui me disoit que les ennemis s'en alloient passer la riviere de l'Isle, ainsi que luy avoit dit un prisonnier qu'il avoit prins, et des paysans qui venoient de leur camp, et que de-là ils s'en alloient en France trouver monsieur le prince de Condé. Alors je dis à monsieur de Burie qu'il se falloit haster de combattre ce jour-là; il me respondit que monsieur de Montpensier seroit marry si nous ne l'attendions. Je repliquay qu'il estoit si loin de nous, qu'à peine nous pourrions nous joindre ce jour-là, et qu'il ne falloit pas arrester pour cela à les combattre, et que si nous les laissions passer la riviere et se joindre avec monsieur de La Rochefoucaut, qui les attendoit vers Sainct Jean d'Angely avecques des forces, que le Roy et la Royne auroient tout jamais moins d'estime de nous, n'estant pas dignes d'estre jamais mis au rang des gens de bien. « Je vous respons qu'ils sont à nous, mon bon ange me le dit. » Et comme nous estions en ceste dispute, arriva le capitaine Charry, et commençay à descouvrir ses gens qui descendoient une petite montagne qui venoit sur la Vesere de l'autre costé. Je vis venir aussi les cornettes du roy de Navarre, et de monsieur de Termes ; je voyois aussi descendre en mesme temps les trois cornettes de monsieur de Burie, de Randan et de La Vauguyon. Tout cela me resjouit fort, et dis à monsieur de Burie qu'il falloit tout à coup marcher et nous jetter sur la queuë, et qu'au passer de la riviere de l'Isle nous les combattrions. Il me dit qu'il ne tiendroit pas à luy, toutes-fois que si monsieur de Montpensier estoit marry, ou que les affaires allassent mal, qu'il s'en excuseroit sur moy. Alors je luy respondis, present beaucoup de gens : « Monsieur, monsieur, *sanguis ejus super nos et super filios nostros!* que tout le monde charge hardiment sur moy, car je veux porter la coulpe de tout, j'ay les espaules assez fortes. Mais je vous asseure que je seray chargé d'honneur et non de honte, et que plustost y demoureray-je le ventre au soleil. » Monsieur de Burie fit signe de la main, disant : « Allons donc, de par Dieu soit. » Cependant le baron de Clermon et les Espagnols passerent la Vezere ; ils avoient l'eau jusques à la moitié de la cuisse. Le capitaine Charry s'en retourna faire passer les siens ; et à mesure que les gens de pied passoient, ils se mettoient en bataille dans une plaine qu'il y avoit. Les capitaines Arne et Masses vindrent à moy à course de cheval m'embrasser, et tous les gens d'armes à leur suite; messieurs d'Argence et du Courré et de Carlus pareillement, ayant desja entendu le mareschal des logis que les ennemis n'estoient pas loin de nous; et esperions tretous que nous combattrions dans trois ou quatre heures. Je me suis trouvé en sept ou huit autres batailles, et ne vis jamais les capitaines et soldats à pied et à cheval, si joyeux comme ils estoient-là; ce qui augmentoit mon bon presage. Et pour attendre que tout le monde fust passé et mis en ordre pour combattre, je me mis au long d'une haye, et envoyasmes cercher un peu de foin à une metairie pres de-là pour faire repaistre nos chevaux, car chacun s'estoit porté un peu d'avoine. Et veux dire à la verité que je ne vis jamais monsieur de Burie si joyeux, qui me faisoit penser que ce dilayement qu'il faisoit, c'estoit plus pour crainte de perdre que pour autre occasion que fust en luy; car je croy que jamais lascheté ny coüardise n'entra en son cœur; car c'estoit un vieux et vaillant cavalier qui avoit tousjours fait preuve de luy, mais il avoit peur de faillir. J'envoyay apres les ennemis monsieur de Fontenilles, et ledit mareschal des logis avec trente chevaux, sur leur queuë ; et moy, qui pouvois avoir quelque quinze sallades de ma compagnie, et environ trente gentils-hommes [tout pouvoit faire quarante ou cinquante chevaux], je dis à monsieur de Burie que je le priois de marcher apres moy : et ainsi nous despartismes. Monsieur de Fontenilles n'eust pas fait plus haut d'une demye lieuë, qu'il rencontra dans les metairies quelques-uns qu'ils taillerent en pieces. Il y avoit trois cornettes à la queuë de leur camp, qui faisoient teste à monsieur de Fontenilles, et bien souvent leurs trouppes faisoient alte. Je suivois monsieur de Fontenilles, et advertissois du tout monsieur de Burie, le priant de vouloir marcher, et que j'estois à la veuë de leur camp. Et ainsi j'allay tousjours sur la queuë des ennemis jusques environ les deux heures apres midy. Et m'arriva monsieur de Sainct Genyes, pere de monsieur Daudaux, lequel monsieur de Burie m'envoyoit pour sçavoir de mes nouvelles et me faire part des siennes : il estoit encores en la plaine de la Vezere, où j'avois laissé le camp tout en bataille. Il me dit prou de choses, de sorte que ma joye tourna bien tost en fascherie. Je priay ledit sieur de Sainct Genyes vouloir retourner devers luy, ce qu'il ne voulut faire, car il ne me voulut abandonner. Je le tiray à part, et arrestasmes tous deux de parler aux capitaines à pied et à cheval, et leur dire ce que nous pensions qui serviroit pour les faire marcher. Et s'en retourna ainsi, et les trouva encores là; et, apres l'avoir tiré à part luy dit ce que nous avions arresté luy et moy, lequel se resolut alors de partir. Et voudrois donner cette loüange audict sieur de Sainct Genyes, d'avoir esté cause que la bataille se donna. Et ainsi il marcha apres moy, avec deliberation de loger à Sainct Alvere avec tout le camp. Au dessus de Sainct Alvere, demy quart de lieuë, y a dix ou douze maisons qui tiennent logis pour les passans, mesmement pour les marchans trafiquans, car c'est un grand passage venant de Perigueux à Bregerac. Comme j'y fus arrivé, je me joignis avec monsieur de Fontenilles, et me monstrerent que le camp se logeoit au de-là d'un petit ruisseau dans des villages que nous voyons. Et fusmes d'opinion de repaistre nos chevaux, car nous y trouvasmes du foin et de l'avoine; mais nous n'y trouvasmes que quelques pauvres femmes, car les paysans s'en estoient fuys ayant entendu leur venuë. Et comme nos chevaux eurent repeu, tenant tousjours la bride de son cheval chascun au bras, vint un serviteur de monsieur de Sainct Alvere (1) qui avoit accompagné deux nepveux dudit sieur et le jeune Bordet à leur camp ; et nous dit que l'artillerie et les gens de pied se campoient à Ver, qui est un grand bourg, et monsieur de Duras avec la cavallerie à Sainct Andras, pres de nous une petite demye lieuë, et nous monstra les villages. Nous voyons qu'il y avoit trois cornettes de gens à cheval, et au de-çà tout aupres du ruisseau y estoient logez les capitaines Salignac, Moncaut, et un autre, il ne me souvient du nom, qui pouvoient avoir vingt ou vingt-cinq chevaux ; mais que le village où estoient les trois cornettes estoit à moins de deux arquebusades de ladite maison ; et qu'il avoit laissé ledit Salignac qui preparoit à souper pour le jeune Montferrand, dit depuis Langoiran, le Puch de Pardillan, et cinq ou six autres, lesquels il avoit laissé qui chassoient en

(1) Bertrand de Lostanges, seigneur de Saint-Alvaire.

une campagne pres de là ayant des oyseaux. Vous pouvez penser s'ils estoient de loisir, et si c'estoit marcher en gens de guerre, veu qu'ils avoient les ennemis si pres. Je luy dis s'ils nous y voudroit mener : il me dit qu'ouy; et tout à coup montasmes à cheval et baillay à monsieur de Monferrand la moitié de la trouppe, pour aller donner dans la maison, et moy je me jetterois avec le demeurant entre le bourg où estoient les trois cornettes, et la maison. Et ne voulus point advertir monsieur de Fontenilles, qui estoit au bout du village en une maison separée, pource que je voulois que la compagnie demeurast toute la nuict à cheval; et ainsi nous acheminasmes. Et comme nous fusmes aupres de la maison, ils ne pensoient point qu'il y eust ennemy à deux lieuës de là. Monsieur de Montferrand donna dans la closture de la maison, et de prime arrivée print Salignac et Moncaut, et forcerent une chambre basse, là où se retirerent quelques uns, et tuerent ce qui se trouva dedans : monsieur de Cancon estoit avec moy. Le serviteur de monsieur de Sainct Alvere me dit que je me retirasse, et que les trois cornettes qui estoient au village estoient des meilleures de leur camp, car c'estoit la trouppe de monsieur de Tors, qui estoit venu avec le capitaine Bordet. Je le creus, et nous retirasmes au mesmes logis, et trouvasmes que monsieur de Burie avoit passé s'allant loger à Sainct Alvere, et le camp passoit à la file. J'arrestay les cinq enseignes que j'avois à Lectoure, et les Espagnols mutinez, et les logeasmes pesle-mesle parmy nous. De chair, de vin et de chastaignes, nous en trouvasmes assez : je recouvray quelques grands pains noirs qu'ils font en ce pays là, et les baillay aux Espagnols, puis m'en allay, sans descendre, trouver monsieur de Burie, et n'amenay que monsieur de Montferrand, qui amena le capitaine Salignac qui estoit son prisonnier. Je le trouvay logé au chasteau de monsieur de Sainct Alvere, et luy dis : « Monsieur, j'ay prins un de vos grands mignons du temps passé, le capitaine Salignac que voicy. » Il me demanda où je l'avois prins; je luy dis que c'estoit dans le camp des ennemis. Il pensoit que le camp fust à trois lieuës de là vers le passage de la riviere de l'Isle, et me manda où estoit leur camp; je luy dis qu'il estoit aupres de nous, et que nous estions campez pesle-mesle. Alors il me sembla qu'il le trouva estrange, et luy dis ces mots : « Monsieur, il faut que vous monstriez que le proverbe de nos autheurs est veritable, que *jamais un bon cheval ne se rend.* Par ainsi, resolvez-vous à combattre demain matin, et mandez à toute la gendarmerie [laquelle n'estoit pas encore descenduë], qu'ils repaissent la bride en la main, et que personne ne se desarme; car nous sommes si pres que nous ne pouvons reculer le combat. » Et apperçeus en disant cela monsieur de Sainct Alvere, et luy dis qu'il fist venir le serviteur qu'il avoit baillé à ses nepveux pour les ramener au camp des ennemis, car il estoit demeuré bas à l'entrée du chasteau; ce qu'il fist : et comme il fust venu, je luy dis qu'il dist à monsieur de Burie où estoit logé leur camp, lequel luy dict lieu pour lieu. Alors monsieur de Sainct Alvere lui dict : « Vous estes logé à quatre arquebusades les uns des autres, sauf l'infanterie qui est à Ver, là où il y a une lieuë et demye d'icy à Sainct Andras, où est monsieur de Duras, qui tient jusques aupres d'icy. » Alors monsieur de Burie dit : « Je voy bien que nous sommes engagez à une bataille; mais, puis qu'il est ainsi, il le faut boire et combattre : » et vis qu'il se resjouit, dequoy je fus fort aise, et luy dis, en l'embrassant, ces mots: « Monsieur, si nous devions mourir, nous ne pourrions plus honnorer nostre mort, que de mourir en une bataille, faisant service à nostre Roy. » Il me respondit : « C'est la moindre peur que j'aye; pour moy ce n'est rien, mais je crains la perte du pays. » Je le priay qu'à la pointe du jour tout le monde fust à cheval, et qu'il falloit dire comme l'Italien : *Chi asalta vince.* Et sur cet arrest luy donnay le bon soir, et m'en retournay à mon quartier, le laissant bien resolu au combat.

Toute la nuict nous demeurasmes armez, nos chevaux sellez; leurs sentinelles et les nostres s'oyoient les uns les autres. Nous fusmes au point du jour à cheval, et envoyay voir si monsieur de Burie estoit prest, et que son chemin estoit de passer où j'estois. Il me manda qu'il s'acheminoit tout incontinent que le camp seroit prest à marcher. Et cependant je marchay droit à Sainct Andras, et trouvay que monsieur de Duras estoit deslogé et estoit à Ver. Je mis monsieur de Fontenilles avec vingt-cinq chevaux devant moy, et luy dis qu'il fist alte à l'entrée d'un petit bois qui est au dessus de Ver, et que je ferois alte à un petit village, quatre ou cinq arquebusades au deçà, attendant monsieur de Burie. Monsieur de Duras ne se hastoit aucunement, et pensoit que le camp fust encores sur la Vezere, et que ceux-là qui avoient prins le soir Salignac estoient des coureurs. Monsieur de Fontenilles me manda qu'il avoit envoyé deux sallades descouvrir, lesquelles luy avoient rapporté que leur camp estoit tout en bataille dans le prez de Ver. Je manday à monsieur de Burie de se haster et faire haster quatre pieces de campagne qu'il menoit; ce qu'il fit. Et comme je fus adverty qu'il estoit à demy mil de moy, je marchay droit à monsieur de Fontenilles, où les trois compagnies de gens-d'armes, sçavoir est, celle de monsieur de Burie, de messieurs de Randan et de La Vauguyon, se mirent devant pour se joindre à moy ; mais ils faillirent le chemin, et allerent droict à la veuë de Ver, par des chastaigners, et pensoient que je fusse desjà à Ver, et ne se donnerent garde qu'ils se trouverent sur les bras des ennemis, ayant une compagnie d'argoulets que le capitaine Pechié de Perigort commandoit. Et comme je fus au bout du bois, je dis à monsieur de Fontenilles qu'il s'advançast, ce qu'il fit : dont bien nous en prit, car il arriva à point nommé sur une cargue que le capitaine Bordet fit sur les trois compagnies, avec cent ou six vingts chevaux, tous lanciers. Et comme les argoulets du capitaine Pechié virent venir la cargue, ils se mirent en fuitte presque dans les trois compagnies. La cargue fut si rude, qu'une fois toutes les trois compagnies estoient esbranlées. Monsieur d'Argence se remarqua fort là, et me dit on que sans luy tout avoit prins la fuitte. Monsieur de Fontenilles, avec vingt-cinq lances seulement qu'il avoit, donna de cul et de teste, et firent reprendre la fuitte aux ennemis par adventure trois cens pas ; puis apres ils firent alte, et les nostres aussi. J'arrivay sur cela, et les ennemis se mirent dans leurs autres trouppes de gens à cheval. Il y eut là plus de vingt lances rompuës, et à ceste cargue tout le camp des ennemis fit alte. Je prins monsieur de Montferrand tout seul, et allay recognoistre les ennemis tout à mon ayse ; et vis qu'ils commençoient à s'acheminer les tambours sonnans, et vis qu'ils avoient laissé à main gauche, en un arriere-coin, des arquebusiers à pied et à cheval, et à main droitte, en un petit bois, des arquebusiers à pied.

Cependant monsieur de Burie arriva : je luy dis tout ce que j'avois veu, le priant de faire avancer ses quatre pieces sur le bord d'un fossé, et qu'il fist tirer à l'arriere-coin : ce qu'il fit, trouvant mon advis bon. Je dis à monsieur du Masses qu'il se jettast à main droitte, du costé d'une petite montée qu'il y a, et fis mettre la compagnie du roy de Navarre et la mienne à main gauche, tirant à l'arriere-coin, comme fis aussi les trois compagnies de monsieur de Burie, de Randan et de La Vauguyon, au milieu dans le pré. Monsieur de Burie commença à faire tirer. Et comme cet ordre fut mis, voicy arriver tous nos gens de pied ensemble, les Gascons devant et les Espagnols apres, à quatre vingts ou cent pas les uns des autres. Je vins aux Espagnols, et parlay au sieur Loys de Carbajac et à toute leur trouppe, le moins mal que je peus, en espagnol, car pendant les guerres j'avois retenu quelque peu de leur langage. Vous, messieurs, qui avez le moyen et qui voulez pousser vos enfans, croyez que c'est une bonne chose de leur faire apprendre, s'il est possible, les langues estrangeres : cela sert fort, soit pour passer, soit pour se sauver, soit pour negotier, et pour leur gaigner le cœur. Je parlay donc à eux en ceste maniere ; la nuict j'y avois revassé, et ay eu ce don de Dieu, encore que je ne sois pas grand clerc, de me sçavoir bien exprimer quand j'en ay eu besoin.

« Souvenez-vous, mes compagnons, tels vous puis-je ainsi appeller puis que nous combattons sous mesmes enseignes, souvenez-vous de la grande et belle reputation dont vostre nation s'est fait remarquer par tout le monde, ayant eu si souvent tant de belles et grandes victoires, tant contre les Turcs, Maures et Barbares, que contre les Chrestiens : vous nous avez faict souvent sentir que vaut l'infanterie espagnolle, laquelle parmy toute celle du monde tient le premier lieu. Puis que Dieu a voulu que nous, qui estions n'y a pas trois jours ennemis, combattons sous mesme baniere, faicte paroistre que l'opinion que nous avons eu de vous n'est pas vaine. Les soldats français auront l'œil sur vous ; ils desirent vous devancer : faictes à qui mieux mieux, autrement pour jamais vous des-honnorerez la nation espagnolle. Le Roy vostre maistre, sçachant le devoir que vous aurez faict, vous en sçaura meilleur gré que si vous combattiez pour luy-mesme, car c'est pour la querelle de Dieu ; c'est contre les Lutheranos, qui vous mettront en mille pieces si vous tombez entre leurs mains. Que si ceste seule occasion ne vous semond d'aller de bon cœur et allegrement au combat, il n'y a rien au monde qui vous doive enfler le cœur. Il me semble que si je combattois dans les Espagnes, que mes bras se roidiroient au double. Vous estes mes compagnons en France, qui se resjouït de vostre venuë, qui attend de vostre secours beaucoup de bien, et qui nous faict esperer que quelque jour ces deux grands royaumes, joints ensemble, iront jetter le Turc de son siege. Or sus donc, mes compagnons, sus, aux armes! Si ce n'estoit que je ne veux desrober l'honneur au seigneur dom Loys, je me mettrois à la teste de vostre bataillon, la picque au poing, pour vous veoir manier les mains ; mais je n'en seray pas fort esloigné, pour veoir si vous avez retenu ce que vos peres souloient faire, comme j'ay veu en Italie, Piedmont, Rossillon et Fontarabie. Il me tarde que le jour de demain ne soit arrivé, afin d'advertir nostre Roy et le vostre du bon devoir que vous aurez faict contre ceux qui sont cent fois pires que les Maures de Barbarie, ayant rompu les croix, les autels, et polu les eglises de Dieu basties par nos ancestres, et dont je m'asseure que vous ferez la vengeance. *No quieren vouestras mercedes nos otros que seamos hermanos y compagneros por todas las fouerças nouestras por honra de Dios y protection del Rey Christianissimo hermano del Rey Catholico* (1). » Alors le seigneur dom Loys me dict : *Crea vouestra merced que nos avemos bien apelear del premero asta el postrero, y quanto averemo una gotta di sangre nellos cuerpos. Nos tarda el tiempo que non veiamos a las manos contre los hereges* (2).

Lors je les priay tous en signe d'allegresse de lever la main ; ce qu'ils firent apres avoir baisé la terre. Puis retournay aux Gascons, et dis à monsieur de Charry qu'il remontast à cheval, et que je voulois qu'il menast tous les arquebusiers à cheval au costé gauche de moy, afin de les faire descendre à l'heure que je le commanderois ; ce qu'il fit. Et alors je fis une remonstrance aux Gascons, et leur dis qu'il y avoit une dispute de longue main entre les Espagnols et les Gascons, et qu'il falloit à ce coup en vuider le procés commencé il y a plus de cinquante ans ; c'estoit que les Espagnols disoient qu'ils estoient plus vaillans que les Gascons, et les Gascons qu'ils en estoient plus que les Espagnols ; et que, puis que Dieu nous avoit fait la grace de nous trouver en ceste occasion en mesme combat et sous mesmes enseignes, qu'il falloit que l'honneur nous en demeurast. « Je suis gascon, je renie la patrie, et ne m'en diray jamais plus, si aujourd'huy vous ne gaignez le procés à force de combattre ; et vous verrez que je seray bon advocat en ceste cause. Ils sont bravaches, et leur semble qu'il ny a rien de vaillant qu'eux au monde. Or, mes amis, monstrez leur ce que vous sçavez faire, et s'ils frappent un coup, donnez en quatre. Vous avez plus d'occasion qu'eux, car vous combattez pour vostre Roy, pour vos autels et pour vos foyers : si vous estiez vaincus, outre la honte, vostre pays est perdu pour jamais, et, qui pis est, vostre religion. Je m'asseure que je ne seray pas en peine de mettre la main dans les reins de ceux qui les monstreront à nos ennemis, et que vous ferez tous vostre devoir. Ce ne sont que gens ramassez, gens qui ont desja accoustumé d'estre battus, et qui ont desja peur d'avoir les bourreaux sur les espaules, tant la conscience les accuse. Vous n'estes pas ainsi, qui combattez pour l'honneur de Dieu, service de vostre Roy et repos de la patrie. » Surquoy je leur commanday que tout le monde levast la main. Sur ceste opinion, ils la leverent et commencerent à crier tous d'une voix : « Laissez nous aller, car nous n'arresterons jamais que nous ne soyons aux espées : » et baiserent la terre. Les Espagnols s'accosterent des nostres. Je leur dis qu'ils marchassent seulement le pas sans se mettre hors d'aleine. Je m'en courus à la gendarmerie, trouppe à trouppe, et les priay de s'acheminer seulement le petit pas, leur disant : « Ce n'est pas à vous, messieurs, à qui il faut par belles remonstrances mettre le cœur au ventre ; je sçay que vous n'en avez pas besoin : il n'y a noblesse en France qui esgalle celle de nostre Gascongne. A eux donc, mes amis, à eux : et vous verrez comme je vous suyvray. »

Monsieur de Burie monta lors sur un grand cheval, s'estant armé derriere l'artillerie : je luy dis que s'il luy plaisoit de marcher devant les gens de pied avecques l'artillerie, les trois compagnies luy seroient à costé, et il feroit la bataille : ce qu'il m'accorda promptement, et à la verité je ne luy vis jamais faire si bonne mine, ny monstrer plus belle resolution pour venir combattre : il ne me contredit jamais en aucune chose, tout ainsi que si j'eusse tenu sa place. Et me dict-on qu'il avoit dict : « C'est homme est heureux, laissons le faire. » Et comme toute l'armée commença à marcher en cest ordre, je courus au galop, monsieur de Montferrand, et le sieur de Cajelles, qui est de la maison de Mongairal, et à present chevalier de l'Ordre, avecques moy ; et n'arrestay que je ne fus à moins de trente ou quarante pas de cinq ou six chevaux qui estoient soubs un arbre. Le sieur de Puch de Pardillan m'a dict depuis que c'estoit monsieur de Duras, Le Bordet et luy, le capitaine Peyralongue, et un autre, du nom duquel ne me souvient. Ledict capitaine Peyralongue estoit leur maistre de camp de gens de pied ; et à la cargue que le capitaine Bordet avoit faict, ils avoyent prins un archer de la compagnie de monsieur de Randan, et le menerent prisonnier tout aupres de cest arbre, et luy donnerent deux pistollades de sang froid ; et, n'estant point encore mort, le capitaine Peyralongue

---

(1) Messieurs, voulez-vous que nous devenions frères et compagnons en combattant de toutes nos forces pour la gloire de Dieu et la défense du roi Très-Chrétien, frère du roi Catholique.

(2) Soyez persuadé, monsieur, que nous combattrons depuis le premier jusqu'au dernier, et tant que nous aurons une goutte de sang dans les veines. Il nous tarde de nous voir aux mains avec les Hérétiques.

luy demanda qui estoit en nostre camp, et qui commandoit : alors il luy dit que j'estois arrivé et que je commandois, se remettant monsieur de Burie sur moy, sçachant bien qu'ils en seroient en frayeur. Il s'en alla à monsieur de Duras, qui estoit soubs cest arbre à dix pas de l'archer, lequel y vint, et luy demanda si j'estois à nostre camp : il luy dit qu'ouy, et que j'estois arrivé le soir devant, ayant prins Lectoure, dont ils furent esbahis. Alors ils tournerent tout court à leur trouppe, qui n'alloit que le petit pas et n'estoit pas encor hors des prairies ; et cogneus qu'à leur arrivée leurs gens de pied commencerent à doubler le pas, et dis à monsieur de Montferrand : « Voyez vous ces cinq chevaux qui estoient sous l'arbre? ils sont courus faire advancer de cheminer leurs gens. Voyez vous comme ils allongent le pas? » Et alors je tournay au galop à la trouppe où estoit monsieur d'Argence, et luy dis ces mots : « O monsieur d'Argence mon compagnon, voylà nos ennemis en peur : à peine de ma vie la victoire est nostre. » Et criay tout haut : « O gentils-hommes, ne pensons à autre chose qu'à tuer, car nos ennemis sont en peur, et ne nous feront d'aujourd'huy teste; allons seulement hardiment au combat, ils sont à nous : cent fois j'ay essayé le mesme, ils ne veulent que couler. » J'embrassay les capitaines, puis courus habilement au capitaine Masses, et luy en dis autant. Puis retournay au capitaine Arne, et aux gentils-hommes qui estoient sous ma cornette estans venus avecques ma compagnie, et commençasmes à marcher au grand pas et demy trot. Je courus encore vers les ennemis, estant tout en sueur, n'ayant que monsieur de Montferrand ; et comme je fus pres d'eux, je voyois la mine qu'ils tenoient, qui estoit d'avancer fort le pas, pensant gagner une petite montagne qu'il y avoit; et d'autre part je voyois venir les nostres en furie. Je voyois leurs cornettes de gens à cheval : les uns alloyent, les autres tournoyent. Je voyois trois ou quatre chevaux parmy les gens de pied, et cognoissois bien à leur façon qu'ils faisoient haster leurs gens. Alors je tournay aux nostres, et leur commençay à crier : « Voylés là en peur ! voylés là en peur ! Prenons les au mot, mes compagnons, prenons les au mot, afin qu'ils ne s'en dedisent : ce sont des poltrons ; ils tremblent seulement de nous voir. » Je manday à monsieur de Burie qu'il laissast là l'artillerie, et qu'il s'advançast pour se jetter dans l'escadron de trois compagnies; et commençasmes à aller au grand trot droict à eux. Aucuns me crioient d'attendre les gens de pied; mais je respondois qu'il ne leur falloit pas laisser gaigner la montagne, car là ils nous feroyent teste, et combattroient à leur advantage. Il me souvenoit tousjours de Targon, où ils nous avoient faict teste sur la montagne, et fallut que nous les combattissions de bas en haut; que s'ils fussent descendus nous combattre, nous estions deffaicts. Nos gens de pied faisoient bien toute la diligence que gens de pied pouvoient faire. Et comme ils virent qu'ils ne pouvoient gaigner la montagne, ils r'allierent mil ou douze cens vieux soldats qu'ils avoient à leur artillerie : c'estoient ceux-là qu'ils avoient laissé à l'arriere-coin où monsieur de Burie avoit faict tirer; et alloient ainsi le grand trot toutes les trouppes coste à coste. Et comme nous fusmes à deux cens pas les uns des autres, je commençay à crier : « Cargue, cargue ! » Je n'eus si tost faict le cry, que nous voylà tout pesle-mesle dans leurs gens de pied et gens à cheval, sauf le capitaine Masses; car, comme il vit tous leurs gens renversez, il voyoit une grande trouppe bien pres de la montée qui ne bougeoit, qu'estoient ceux que j'ay dit à l'artillerie, et ne chargea jusques à ce qu'il fust aupres d'eux, et alors il donna dedans. Monsieur de Fontenilles, qui r'allia quelques uns, s'y trouva; et là furent tous deffaicts, et l'artillerie prinse. Nous executasmes la victoire tout au long de la plaine et par les vignes. Il s'en jetta force dans un bois à main gauche, et montoient sur les chastaigniers; les Espagnols et les Gascons leur tiroient comme ceux qui tirent aux oyseaux. Il me servit d'estre bien armé, car trois picquiers me tenoient enferré et bien en peine ; mais le capitaine Baretnau le jeune, et deux autres, me desengagerent; et y eut ledict Baretnau son cheval tué, et le mien blecé au nez et à la teste de coups de picques, car mon cheval m'avoit porté dans leur bataillon, et n'avois coigneu jamais qu'il eust mauvaise bouche, que ce coup là, qu'il me cuida faire perdre. Les capitaines Arne et Bourdillon y furent blessez tout contre moy; cela fut cause que je ne me peus plus r'allier dans la cavallerie, car elle chassoit du costé de main gauche, et moy avecques quinze ou vingt chevaux qui s'estoient r'alliez, chassions à main droicte vers un village, là où il en fut tué trente ou quarante; et là je fis un peu alte pour prendre aleine. Puis retournay à l'artillerie gaignée, et là trouvay monsieur de Burie, où nous attendismes le retour de nos gens qui chassoient encores, et les r'alliasmes. Nous trouvasmes qu'il y avoit de nos gens qui avoient chassé deux grands lieuës ; et retournasmes loger à Ver, environ deux heures apres midy, r'envoyant du bestail pour amener l'artillerie gaignée; et demeurasmes à Ver tout le lendemain. Il ne s'en fallut que de bien peu que les fuyans ne rencontrassent monsieur de Montpensier qui s'alloit mettre à Mucidan, se pensant joindre avec nous. Que si Dieu l'eust voulu, tout estoit achevé, encores qu'il n'eust gueres de forces avec luy; car gens qui s'enfuyent ne tournent guere jamais visage, et tout leur fait peur : il leur semble que des buissons sont des escadrons. Ce qui se sauva, qui fut bien peu de gens de pied, se r'allia avecques leurs gens de cheval, et cheminerent tout le demeurant du jour et de la nuict, tirant vers la Sainctonge porter ceste triste nouvelle. De vingt trois enseignes qu'ils avoient de gens de pied, les dix-neuf nous demeurerent, et de treize cornettes de gens de cheval, les cinq, lesquelles nous envoyasmes à monsieur de Montpensier, le recognoissant tous pour nostre chef. Les villageois en tuerent encores plus que nous ; car la nuict ils se desroboyent pour se retirer en leurs maisons, et se cachoyent dans les bois; mais comme ils estoyent descouverts, hommes et femmes leur couroient sus, et ne sçavoyent où se cacher. Il fut nombré sur le champ ou dans les vignes plus de deux mille hommes morts, outre ceux que les villageois depescherent.

Apres ceste victoire (1) nous marchasmes droit à Mucidan : monsieur de Burie se mit devant pour faire la reverence à monsieur de Montpensier, et laissasmes tout le camp à Grignoux, à deux ou trois grands villages qu'il y a entre Mauriac et Mucidan. Puis je m'en allay faire la reverence audit sieur de Montpensier à Mucidan, où je fus aussi bien receu que je seray jamais en compagnie que je sçaurois arriver; et croy que monsieur de Montpensier m'embrassa plus de dix fois, et demeuray trois ou quatre heures avec luy. C'estoit un bon prince, et vrayment homme de bien, aymant bien la religion et l'Estat. Il fut d'avis que je m'en retournerois en Guyenne, par l'opinion de tous les seigneurs susnommez qui estoyent avecques luy : aussi en la compagnie du roy de Navarre et à la mienne n'y avoit pas trente chevaux qui ne fussent blessez, et qu'il emmeneroit monsieur de Burie et les trois compagnies et celle de monsieur le mareschal de Termes avecques luy, et les dix compagnies espagnolles, pour les joindre avec les dix que Dom Johan de Carbajac menoit, qui devoient arriver ce jour-là à Bergerac. Voylà le succés de la bataille de Ver; et pour-ce qu'aucuns voudront dire que je me loüe entierement d'avoir donné la bataille et estre cause de l'avoir gaignée, monsieur de Montpensier, messieurs de Caudalle, Chavigny et de La Vauguyon, sont en-

(1) Elle fut remportée le 9 octobre 1562.

core en vie; s'il leur plaist, ils porteront tesmoignage de ce qu'ils entendirent dire à tous ceux du camp, et mesmes aux gens propres de monsieur de Burie ; lequel seigneur de Burie ne nioit pas qu'il ne m'eust laissé faire et conduire le tout, car il estoit vieux et n'avoit pas la disposition que j'avois pour commander et aller des uns aux autres, comme je fis, estant au partir de la bataille en eau, comme si on m'ust plongé dans la riviere. Ledict sieur de Burie ne peut aussi estre repris, car il vint bien à propos; et, encor qu'il ne se meslast, si est-ce que ce gros qu'il menoit fit peur aux ennemis : ce qui fut cause que nous eusmes meilleur marché. Si ceste trouppe se fust peu joindre avec monsieur le prince de Condé, elle eust fait de l'eschet au camp du Roy, puis sans ceux-là nos gens cuiderent perdre la bataille à Dreux, et si jamais les Espagnols ne se fussent oser acheminer vers la France, car, sans la bataille, monsieur de Montpensier ne se fust pas retiré en France. Il avoit esté envoyé pour deffendre et secourir la Guyenne, et, par le gain de la bataille, il en amena toutes les forces de Guyenne et de Sainctonge, qui estoient quatre compagnies de gensd'armes, et six qu'il avoit avec luy ou dans la Sainctonge, et monsieur de Sansac avec la sienne, vingt trois enseignes de Gascons ou d'Espagnols : qui ne fut pas petit secours qu'il mena au Roy, dont une bonne partie s'estoient trouvez au gain de la bataille. J'ay entendu que tous ceux qui allerent de par de là firent tres bien le jour de la bataille de Dreux : aussi n'y a-il pas de soldats en France qui surpassent les Gascons s'ils sont bien conduits, et mesmement les dix enseignes du capitaine Charry, lesquelles depuis le Roy honnora tant, qu'il les print de sa garde, et les retient encores à present que monsieur de Strossi en a la charge apres la mort meschante du capitaine Charry, assassiné à Paris. Et, encores qu'il ne faille point qu'un homme se loüe, je diray à la verité, et mettray par escrit que je fis alors de plus grands services à mon Roy et maistre, que gentil-homme fit jamais, et à son grand et extreme besoin et necessité; et que la Royne mette la main sur sa conscience, je m'asseure qu'elle le confessera : elle sçavoit mieux que tout autre la necessité où les affaires estoient, et combien cela incommoda les intelligences que monsieur le prince avoit en Guyenne, de laquelle il faisoit estat.

Or, seigneurs et mes compagnons qui lirez mon livre, prenez exemple à la diligence et hastive execution que je fis depuis la prise de Lectoure; et ne vous attendez, lieutenans de Roy, je vous prie, à tout le moins si vous avez la disposition, au rapport qu'un autre vous fera de la recognoissance de vostre ennemy, car il faut que vous mesmes le voyez; et si vous le faictes, vous commanderez tousjours plus asseurément que sur le rapport d'un autre : vos yeux voyent plus clair que ceux d'autruy à ce qui est necessaire. Vous pouvez prendre avec vous un ou deux des vieux capitaines; mais gardez vous sur tout que par quelque affection particuliere que vous pourriez porte à quelque vieux capitaine, de le prendre avec vous quand vous irez recognoistre, car il est à craindre que ceste affection ne vous face prendre quelque happelourde au lieu d'un bon capitaine, lequel, dés qu'il descouvrira l'ennemy, sentira quelque mutation de cœur, qui sera cause que, sur l'estimation que vous avez de luy, et amitié que luy portez, il vous fera faire un si grand erreur, que vous ne regaignerez jamais ce qu'il vous aura faict perdre. Mais prenez tousjours quelque vieux capitaine, lequel par tout où il sera trouvé aura combattu et faict combattre; et encore qu'il aye quelquefois esté malheureux et battu, mais qu'il n'aye perdu à faute de cœur et de sens, n'arrestez pas pour cela de le prendre aupres de vous, car tout le monde n'est pas si heureux que Montluc, qui n'a jamais esté deffaict. Prenez plustost celuy-là qu'un qui n'aura jamais perdu ni gaigné, et qui n'aura jamais servy en un camp que de tesmoing. Je ne vous escris point cecy sans experience : j'ay appris ces leçons sous feu monsieur de Lautrec, estant un bon regent; car, s'il fut malheureux, ce fut plus pour le deffaut de son conseil, que de faute de cœur ny de bon jugement, car il avoit ces deux choses autant que lieutenant de Roy que j'aye jamais suivy. J'ay continué mon apprentissage sous messieurs les mareschaux de Strossi, de Brissac, et autres. J'ay veu faire assez d'erreurs à des lieutenans de Roy, sur le rapport que leur faisoient ceux qu'ils envoyoient recognoistre. Et veux dire encore qu'un lieutenant de Roy, comme il a luy-mesme veu et recogneu les ennemis, il en est plus asseuré, et commande plus hardiment : car s'il avoit eu quelque peur [il n'y a homme au monde à qui n'en vienne quelque peu quand il void son ennemy qui luy fait teste], il se r'asseurera, et ne luy en souviendra plus. Combien de fois se maudit et despita monsieur d'Anguyen, la nuit de Pasques venant au lundy, de ce qu'il n'avoit creu son opinion et de ceux qui vouloient combattre, quand il eut veu les ennemis face à face, et qu'il n'avoit son camp avec luy. Asseurez-vous, seigneurs lieutenans de Roy, que je ne mets point cecy par escrit sans grande raison. Mais vous me direz que c'est mettre la personne du chef de l'armée au hazard : c'est chose qui se peut faire sans danger si apparent. Que ceux qui craignent tant le danger, qu'ils demeurent au lict. Allez y vous mesmes : il n'y a meilleur juge que vous, qui cognoistrez, si vous avez tant soit peu d'experience, à la desmarche de vostre ennemy, ce qu'il a dans le ventre, et s'il a de la peur ou du cœur. Pardonnez moy si je suis contrainct mettre moy-mesmes mes loüanges : puis que j'escris ma vie, je la veux escrire au vray; aussi bien le dirois-je si j'avois esté battu : si je mens, mille gentils-hommes me peuvent desmentir.

Revenant à mon propos pour achever ceste guerre, monsieur de Montpensier s'en alla avec toutes ses trouppes attendre les Espagnols à Barbezieux, où monsieur de Sansac luy manda que monsieur de Duras s'estoit retiré et monsieur de La Rochefoucault, et qu'ils faisoient semblant de vouloir tourner vers luy. J'estois arrivé à Bergerac : monsieur de Montpensier me depescha deux courriers queuë sur queuë, me priant qu'en extreme diligence je tournasse à luy, et que messieurs de La Rochefoucault et Duras s'estoient r'alliez, et qu'on luy mandoit qu'ils tournoient visage à luy. Et comme je veux que Dieu m'ayde, en toute la noblesse de la compagnie du roy de Navarre et la mienne je ne trouvay pas trente chevaux qui peussent aller un pas que bien difficillement ; si me mis-je en chemin deux heures apres minuit, et repeus un peu au chemin, et n'arrestay que je ne fusse à deux lieuës de Barbezieux ; et rencontray deux fois par les chemins des ennemis qui estoient eschappez de la bataille, et les taillay en pieces. Je me logeay une heure de nuit à Sainct Privat : mon frère, monsieur de Lieux, estoit avec moy, qui ne s'estoit peu trouver à la bataille ; et fusmes au lever de monsieur de Montpensier, lequel me sçeut fort bon gré de la diligence que j'avois faicte à le venir trouver ; là où je trouvay monsieur de Sansac, qui me dict que les ennemis avoient faict en un jour et une nuict dix-huit ou vingt lieuës. Monsieur de Montpensier me licentia, et m'en retournay coucher à Sainct Privat pres d'Aubeterre, et le lendemain à Bergerac ; et y trouvay dom Johan de Carbajac avec les dix compagnies d'Espagnols, qui avoient sejourné un jour, et fus cause qu'il partit le lendemain matin. Ainsi m'en revins, renvoyant tout le monde à leur maison, n'y ayant rien en toute la Guyenne qui bougeast, ny qui osast dire qu'il avoit jamais esté de ceste religion, car tout le monde alloit à la messe et aux processions, assistant au service divin ; et les ministres, trompettes de tout ce boute-feu, avoient vuidé, car ils sçavoient bien qu'en quelque coing qu'ils fussent, je les attrapperois, et leur ferois bonne guerre.

Estant arrivé à Agen, je fus adverty que monsieur de Terride s'estoit allé engager devant Montauban avec l'artillerie de Thoulouse et les deux compagnies de Bazordan, que j'avois laissé pour prendre garde au pays, et sept ou huict autres que la ville de Thoulouse avoit faict, et ce fut incontinent apres qu'il eut entendu le gain de nostre bataille. Et comme j'eus sejourné huict jours, monsieur le cardinal d'Armagnac, qui pour lors commandoit à Thoulouse, m'envoya prier, ensemble toute la cour de parlement, de vouloir aller à Montauban, leur semblant que les affaires alloient fort à la longue, et avoient presque perdu l'esperance. Je partis incontinent, et m'en allay droit à Thoulouse; j'y trouvay une lettre qu'un mien amy m'escrivoit, par laquelle il me mandoit que monsieur de Terride avoit escrit une lettre à monsieur le cardinal, et une autre à la cour, et aux capitouls une autre, par laquelle leur mandoit qu'il avoit entendu qu'ils m'avoient envoyé querir pour aller commander au siege de Montauban, et qu'en cela ils luy faisoient un grand tort, et le touchoient de son honneur, et qu'apres qu'il avoit battu le buisson les autres prendroient la proye. Voylà le contenu des lettres que le capitaine Bidonnet avoit apportées : estant à Thoulouse je fus fort pressé d'y aller ; mais je respondis à monsieur le cardinal et autres que je ne voulois point faire ce tort à un mien compagnon ; car, selon le contenu de ses lettres, il se tenoit asseuré de prendre la place. Et comme ils virent que je n'en voulois point prendre la charge, ils me prierent à tout le moins que j'allasse jusques là, voir comme tout y passoit : ce que je fis. Monsieur de Terride me monstra tout ce qu'il avoit faict, et trouvay qu'en douze jours qu'il avoit demeuré devant il ne s'estoit pas faict œuvre de deux jours, et cogneus bien que le commencement n'avoit guieres esté bon, me doutant que la fin en seroit pire ; car je trouvay qu'il avoit abandonné le fauxbourg Sainct Anthoine, qui est sur la venuë devers Caussade, par là où on entroit et sortoit dans la ville tout ce qu'on vouloit. Il avoit esté contraint de ce faire, pour ce que les soldats le laissoient tous depuis la mort du capitaine Bazordan qui luy avoit esté tué, et le servoit de maistre de camp : et ay bien opinion, comme ont beaucoup d'autres, que sans sa mort les choses fussent allées mieux, car c'estoit une sage teste et homme de guerre. Il ne faut pas trouver estrange si monsieur de Terride n'entendoit guieres à assieger places, car je veux

maintenir qu'il n'y a homme qui l'entende qu'un maistre de l'artillerie qui longuement aura praticqué, et les commissaires de l'artillerie, un ingenieur, le maistre de camp et le colonnel, si ce sont vieux soldats; car en ces charges il faut qu'ils ayent veu souvent telles choses: tous les autres ny entendent rien, ny le lieutenant de Roy mesmes, sinon qu'il aye appris avec ceux-là ; et allant recognoistre la place avec ceux-là, il prent cognoissance, et se faict sage pour les assieger ; mais autrement non, car les capitaines des gendarmes ne vont jamais veoir recognoistre ny aux approches, mais se tiennent volontiers à la largue, pour garder que secours ny autre chose ne puisse entrer dans la place. Et comment veut-on que les capitaines des gendarmes le sçachent, veu que jamais ils n'ont assisté à la recognoissance, ny entendu la dispute qui se faict entre les uns et les autres? car là on discourt à l'œil le fort ou le foible de la place. C'est la chose la plus difficile et importante de la guerre: plusieurs sont bons et grands capitaines qui s'y trouverent empeschez ; il faut avoir fort praticqué cela, sçavoir que c'est des fortifications, remarquer et cognoistre le deffaut d'un bastion, d'un esperon, d'un flanc, deviner ce que peut estre faict par dedans, par ce que vous mesmes feriez si vous estiez dedans. Monsieur de Terride estoit bon pour commander à cheval à la campagne, et pour combattre, mais non pour assieger places ; aussi ne sont pas d'autres qui n'ont jamais fait autre mestier que le sien, encores qu'au logis chacun en veut dire son advis et en parler sur le tapis ou sur une feuille de papier. Il est bon d'en voir le plan, mais cela trompe souvent. Je voudrois de bon cœur que quand quelques uns qui n'ont eu jamais de ces charges, ou bien qui n'ont suyvy le lieutenant du Roy qui est allé recognoistre avec les susdicts, et entendu toutes les disputes, quand ils en veulent parler et en dire leur advis, que le lieutenant du Roy leur dict qu'ils s'allassent hasarder à recevoir des arquebusades à la recognoissance, et alors ils en pourroient parler. C'est tousjours le lieu le plus chatouilleux, parce que si les assiegez valent rien, ils empescheront à leur possible que l'assaillant ne puisse recognoistre leur fort, et, s'il est possible, qu'ils disputent tout ce qu'il y aura dehors, jusques à une maisonnette ; car si du premier coup ils laissent faire les approches, ils monstrent, ou qu'ils sont foibles, ou que ce ne sont gens de guerre.

Je laissay donc ce beau siege, et m'en retournay à Agen, en ayant dict mon advis à monsieur de Terride, qui n'en rapporta que ce que j'avois predit. Quelques jours apres, la cour de parlement de Bordeaux et monsieur de Nouailles, gouverneur de la ville, m'envoyerent prier vouloir aller jusques à Bordeaux, pour aider à pacifier une partialité qui s'estoit esmeuë dans ladite ville : ce que je fis, et y demeuray quelques jours ; puis m'en retournay à Agen pour estre au cœur de la Guyenne, où aborde ordinairement toute la noblesse. C'est là où doit estre le siege d'un lieutenant de Roy, et non à Bordeaux, encores que ce soit la ville capitale, car elle est trop esloignée ; et puis il y a un parlement qui se mesle du tout, et la noblesse n'y peut aller sans grands frais ; et tousjours il y a quelque verre cassé qui fait peur aux gentils-hommes lorsqu'ils y vont.

[1563] Quelque temps apres, monsieur le cardinal d'Armagnac, et la cour de parlement de Thoulouse, et les capitouls, m'envoyerent prier si je voulois aller jusques à Thoulouse pour quelques affaires d'importance qu'ils ne me pouvoient escrire, ce que je fis ; il ne me falloit pas semondre deux fois. Et comme je fus là, ils tindrent un conseil, où se trouverent messieurs les cardinaux d'Armagnac et de Strossi, monsieur le premier president Daffis, les seigneurs de Terride, Negrepellice, Forquevaux, du Faur, advocat general du Roy, et les capitouls. Ils me remonstrerent qu'ils vouloient dresser un camp pour aller en Languedoc, et qu'ils me vouloient eslire chef de l'armée : mais je leur remonstray que monsieur le connestable n'y prendroit pas plaisir, veu que c'estoit en son gouvernement, et que d'ailleurs il ne m'aimoit gueres. Or la bataille de Dreux estoit desja donnée, où, comme chacun sçait, les affaires du Roy furent en bransle ; mais la victoire en demeura au Roy par la vaillance et prudence de monsieur de Guyse : toutes-fois ledit sieur connestable y demeura prisonnier, et de l'autre costé monsieur le prince de Condé, et ainsi les deux chefs, ce qui ne se vid jamais. Cela monstre qu'elle fut bien combattuë ; mais, puis que je n'y estois pas, il ne touche à moy d'en parler. Ces gens me presserent tant, qu'en fin j'acceptay ceste charge, et mismes par escrit (1) tout ce qu'il nous falloit. Monsieur le cardinal de Strossi se chargea de faire venir douze cens balles de canon, et quelque quantité de poudres de Marseille en hors, et monsieur de Forquevaux d'en faire venir aussi de Narbonne. Et commençasmes à bailler les commissions des gens de pied, et arrestasmes qu'en trente jours tout seroit prest, et la levée des deniers que la ville et le pays de Languedoc faisoit ; car tous estoient de l'entreprise.

Sur ces entrefaictes m'arriverent trois courriers en un jour et une nuict de Bordeaux, dont le fils aisné du greffier Pontac fut le premier, l'advocat du Roy La Het, qui depuis a esté procureur general, l'autre, et un gentil-homme de M. de Nouailles le dernier ; lesquels tendoient tous à une mesme fin, qui estoit que si je n'allois promptement et à extreme diligence secourir la ville de Bordeaux, qu'elle s'en alloit perduë, pour un grand different qui estoit survenu dans la ville entre monsieur le premier president Lagebaston et monsieur de Nouailles, gouverneur : et me prioit la cour, les jurats, et ledit sieur de Nouailles, de me vouloir haster, autrement j'y arriverois trop tard ; car monsieur de Nouailles avoit desja mandé apprester toutes les banlieuës, pour les mettre dans la ville par le chasteau du Ha, qu'il y avoit. Ceux de la ville se faisoient maistres des portes, les uns, car l'une partie soustenoit monsieur de Nouailles. A grand difficulté ces messieurs me voulurent permettre d'y aller ; je leur promis que dans quinze jours, à peine de mon honneur, je me rendrois à Thoulouse, et que cependant ils diligentassent de faire les preparatifs, afin qu'à mon arrivée je trouvasse tout prest ; et ainsi me mis en chemin, car je n'ay jamais esté homme de remises. Et pource qu'il y avoit grand quantité de noblesse avec moy, je ne me peuz mettre par eauë, et fallut que j'allasse par terre ; et à cause des armes et grands chevaux que nous avions, demeurasmes trois jours à aller jusques à Agen. J'avois depesché Pontac et le gentil-homme de monsieur de Nouailles, donnant asseurance à ceux de Bordeaux que je m'en allois. Monsieur de La Het ne voulut partir qu'il ne me vist à cheval, et fit si grande diligence, qu'il en tomba malade et en cuida mourir. Leur arrivée fit tenir tout le monde en cervelle d'un costé et d'autre. Nous n'arrestasmes qu'une nuict à Agen, et passasmes outre. Et en trois jours je fus à Bordeaux, où je trouvay une patente que le Roy me mandoit, par laquelle il me faisoit son lieutenant en la moitié du gouvernement de Guyenne, en l'absence

---

(1) Cet écrit, dont La Popelinière nous a conservé le texte dans son Histoire de France, n'est remarquable que par l'esprit qui l'a dicté. C'est un *Traité d'association*, entre l'état ecclésiastique, la noblesse et le commun du tiers-état, pour défendre l'honneur de Dieu et de son Église catholique-romaine, et couronne royale exposée en proie à ses ennemis... *Les confédérés feront recherches, tant de gentils-hommes qu'autres aptes aux armes, et iceux enrolleront.*

Cette association, arrêtée le 2 mars 1563, fut présentée le 20 au parlement de Toulouse, qui enjoignit *de la faire tenir, garder et observer*, etc.

On y reconnoit les opinions qui produisirent la ligue ; et cet acte en est évidemment le prélude. La paix, qui venoit d'être conclue, empêcha de le mettre à exécution.

du roy de Navarre, et à monsieur de Burie demeuroit l'autre moitié, sans que pour lors il nommast ce que demeureroit à monsieur de Burie, et ce qui demeureroit à moy.

On pensoit qu'à mon arrivée je mettrois la main aux armes, et que je tuerois toute la part du premier president : beaucoup s'en estoient fuys ; mais je cognoissois bien que c'estoit la ruyne de la ville, et que le Roy y perdroit beaucoup ; car, si cela se faisoit, tout le monde n'eust sceu garder que la ville ne fust esté saccagée. Je passay à Cadillac, où monsieur de Candalle me fit cest honneur de m'accompagner ; et nous mismes dans son gallion et dans d'autres vaisseaux, car il y avoit force noblesse. Et sur le chemin arriverent nouvelles que ceste nuict-là monsieur de Nouailles estoit mort, et n'avoit demeuré malade que deux jours. On dit apres que l'on luy avoit advancé ses jours ; je ne sçay s'il est vray : ce fut dommage pourtant, car c'estoit un bien sage gentil-homme et bon serviteur du Roy. Le lendemain que je fus arrivé j'allay au palais, et là je proposay à la court ce que j'avois retenu du siége de Siene, et comme l'on se doit gouverner en une grande ville, ou en une guerre ou sedition, et que si nous mettions la main au sang, la ville estoit destruicte, aussi bien les uns que les autres, et leur mis en avant aussi le faict de Thoulouse ; que si j'eusse laissé entrer ce que venoit des montagnes et de Comenge, tout le monde n'eust sceu garder que la ville n'eust esté saccagée et qu'autant leur en adviendroit, si l'on mettoit la main au sang et donnoit licence au peuple, mesmes à celuy de dehors ; qu'ils se souvinssent de ce qui estoit advenu lors que monsieur de Monens fut tué, que le peuple princt l'autorité ; qu'il falloit commencer par un bon accord et union, sans entrer en aucun desordre et trouble, et que puis apres on puniroit les delinquans par la voye de la justice. Toute la cour trouva mon opinion fort bonne, et m'en remercierent infiniment. Au partir de là, comme j'euz disné, j'allay à la maison de la ville, où j'avois assigné les jurats et tous ceux du conseil d'icelle, et leur fis semblable remonstrance : et encores qu'il en y eust quelques-uns qui eussent voulu remuer besoigne, neantmoins je leur alleguay tant d'exemples et de bonnes raisons, qu'ils changerent tous d'opinion. Et sur les quatre heures je me rendis à l'archevesché, où j'avois assigné tout le clergé, et là leur fis une remonstrance selon l'estat de l'Eglise, comme j'avois fait aux autres, chacun pour le sien ; de sorte qu'en ce jour là j'appaisay la ville. Et le lendemain commençasmes entrer sur l'ordre qu'il falloit tenir pour faire que la pacification y durast ; et fis si bien qu'en trois jours toutes choses changerent en paix et bonne union. Je veux dire, et au tesmoignage de toute la ville de Bordeaux, que si j'eusse fait autrement la ville estoit destruite ; car il ne faut venir à la violence lors qu'on y peut proceder par autre moyen, veu mesmement que c'estoit division entre les Catholiques, ou pour le moins qui s'en disoient, car je ne suis pas Dieu, pour lire dans leur cœur.

O que le Roy doit bien regarder à qui il baille les gouvernemens, et que sur tout il eslise des personnes qui ayent esté gouverneurs autres-fois de quelques places ; car si par une longue experience il n'est coustumier d'avoir telles charges, il court un grand peril pour l'estat du pays et de la ville où de tels inconveniens adviennent. J'avois esté gouverneur de Montecallier, d'Albe, et lieutenant de roy à Sienne, et apres à Montalsin : tant de diverses choses que j'avois experimentées-là, m'avoient apprins à cognoistre et prevoir la ruyne ou le salut d'une place ; et sans l'experience que j'avois, je me doute que j'eusse prins le chemin de l'execution, car mon naturel tendoit plus à remuer les mains qu'à pacifier les affaires, aymant mieux frapper et jouer des cousteaux que faire des harangues ; mais la prudence me gaigna pour ce coup. Il n'est pas besoin se laisser emporter à son naturel et à sa passion, car les affaires du maistre vont alors mal. Il y avoit prou de gens en ceste ville-là qui eussent voulu remuer besoigne en haine du premier president, qui n'y a jamais gueres esté aimé : si c'est à tort ou à droit, je m'en remets : monsieur de Bordeaux, qui est en vie, sçait bien l'advis qu'on me vint donner me promenant dans son jardin.

Or je fus prié de toute la cour de parlement et de toute la noblesse, ensemble de toute la ville, d'accepter la charge que le Roy m'avoit donnée, ce que je ne voulois jamais faire ; et avois faict la depesche au Roy et à la Royne pour remercier leurs Majestez, car je me mettois tousjours devant les yeux qu'il m'en adviendroit ce qui m'en est advenu, et que ce gouvernement ne m'ameneroit qu'envies et haynes. Je n'ay jamais presagé chose de moy qui ne soit advenuë. Que l'on demande à monsieur le president Lagebaston, qui me fit la harangue dans le palais pour me faire prendre ceste charge, la responce que je luy en fis, et aussi en particulier ; il y a encores d'autres presidens et conseillers, qui sont en vie, qui entendoient les raisons miennes : je m'asseure qu'il leur souviendra si la prediction que je faisois lors de moy ne m'est advenuë. Si est-ce que pour lors je ne l'acceptay point, ny

17.

de deux jours apres, non pas que le Roy ne me fist trop d'honneur, et que je n'eusse bien souhaitté un tel bien, mais j'avois toujours devant les yeux mille choses bien chatouilleuses ; mais le premier president Lagebaston et les autres presidens ses compagnons, et les anciens conseillers, vindrent à mon logis, où ils me dirent beaucoup de choses. Monsieur de Candalle et monsieur Descars, que je trouvay là, et monsieur de Lieux mon frere, messieurs de Barsac, Duza et toute la noblesse qui estoient avec moy, me pressoient d'autre costé, disant que je la devois prendre : les jurats et toute la ville de mesme ; et par ainsi je demeurois seul en mon opinion, et fus contrainct de passer le guichet, comme un homme qu'on met en prison, car ainsi puis-je dire y avoir esté mis ; et si j'eusse demeuré en ma liberté, je fusse mort ou j'eusse faict quelques services qui fussent esté agreables au Roy, dont j'en eusse tiré quelque recompence, au lieu que des services que j'ay faits avec ceste charge de pardeçà, je n'en ay eu que reproches et mallegraces. Et si diray qu'il n'y a homme sous le ciel qui eust sceu faire mieux que j'ay fait, au dire de tous les trois estats de la Guyenne ; et si j'eusse fait tels services du vivant des feus roys François ou Henry, il n'y a gentil-homme en France, s'il ne porte titre de prince, qui eust esté plus advancé ni mieux recogneu que j'eusse esté. Or, Dieu soit loué de tout, ma recompence a esté une grande arquebuzade au visage, de laquelle je ne gueriray jamais, qui me fait tousjours maudire l'heure que jamais j'eus ceste charge. Plusieurs plus grands seigneurs que moy s'en fussent sentis honorez, aussi faisois-je moy ; mais ayant à servir un Roy en son enfance, et un pays où je prevoyois bien que j'aurois prou d'affaires et loing de moyens, il me sembloit que ce seroit plus d'avantage pour moy d'aller loing de mon fumier que demeurer dessus. Et conseilleray tousjours à un mien amy de prendre charge plustost loing que pres du lieu de sa demeure, car en fin nul n'est prophete en son pays. Quoy qu'il en soit, pour le bien de la patrie, je prins ceste charge pesante sur mes espaules.

Or, comme je pensois partir de Bordeaux pour aller à Thoulouse apres avoir tout pacifié, arriva la paix, que le capitaine Fleurdelis apporta. Il avoit trouvé le capitaine Montluc devant Mucidan, qui amenoit au Roy douze compagnies de gens de pied, les plus belles compagnies et les mieux armées qu'encores se fussent levées en Guyenne, et une compagnie de chevaux legers. Le sieur de Cancon estoit son lieutenant, et le sieur de Montferrand son enseigne. La ville de Bordeaux luy avoit envoyé deux canons et une coulevrine, que ledit capitaine Fleurdelis trouva à deux lieuës de Mucidan. Le capitaine Montluc ne voulut jamais arrester de passer outre, qu'il n'eust de mes nouvelles. La paix arrivée, tout le monde fut d'advis que je le contre-mandasse ; ce que je fis, et ramena l'artillerie, et fis retirer tous ses gens de pied et gens de cheval, afin que le peuple ne fust mangé d'advantage. Et manday à Thoulouse de faire le semblable ; de sorte qu'en huict jours tout le monde fut retiré, m'asseurant de garder la Guyenne sans garnison d'hommes de cheval ny de pied ; ce que je fis, car par l'espace de cinq ans homme de pied ny de cheval ne mangea en toute la Guyenne une poulle tenant les champs. J'avois trois canons à Agen, et avec braveries et menaces je tenois tout le monde en crainte, et fis poser les armes, mesmement toutes armes à feu, et n'y avoit homme qui portast armes, sinon les gentils-hommes leurs espées et dagues. Et mis une si grande crainte par tout le pays, pour deux soldats catholiques que je fis pendre ayant transgressé l'edict, que nul n'osa plus mettre la main aux armes. Les Huguenots penserent eschapper à bon marché, et que je ne les punirois pas à eux ; deux autres de leur religion trangresserent l'edict, et soudain ils furent pendus pour faire compagnie aux autres. Et quand les deux religions virent que les uns ny les autres ne pouvoient avoir d'asseurance de moy s'ils transgressoient, ils se commencerent à entr'aymer et se frequenter. Voy-là comme j'entretins la paix l'espace de cinq ans en ce pays de Guyenne entre les uns et les autres ; et croy que si tout le monde eust voulu faire ainsi, sans se partialiser d'un costé ny d'autre, et rendu la justice à qui la meritoit, nous n'eussions jamais veu tant de troubles en ce royaume. Ce n'estoit pas petite besoigne, car j'avois affaire avec des cerveaux aussi fols et gaillards qu'il y en aye en tout le royaume de France, ny paraventure en l'Europe. Qui gouvernera bien le Gascon, il peut s'asseurer qu'il aura faict un chef d'œuvre ; car, comme il est naturellement soldat, aussi est-il glorieux et mutin : toutesfois, tantost faisant le doux, puis le collere, je les maniois si bien, que tout plioit sous moy, sans que nul osast lever la teste. Bref, le Roy y estoit recogneu et la justice obeye.

Voy-là la fin de la guerre des premiers troubles où je me suis trouvé, et ce que j'ay fait en iceux ; qui est en somme que si Dieu ne m'eust donné le courage de m'opposer aux Huguenots, ils se fussent tellement quantonnez, qu'il n'eust esté en la puissance du Roy de les en tirer de long temps. Et ne suis pas de l'advis de ceux qui disent que ce n'est rien, et que quand bien ils seroient icy quantonnez, qu'on les y enfermeroit : c'est un pays bon et riche, s'il en y a en France, avec de belles rivieres et beaucoup de places fortes et de ports de mer : comment se peut donc un tel pays renfermer, veu qu'Anglais et autres estrangers y peuvent aborder par la mer? Le Roy n'en a tenu que trop peu de compte : j'ay peur qu'à la longue il s'en pourroit trouver mal. Mais pourveu que ces messieurs qui en parlent à leur aise ayent les coudées franches, ils ne se soucient pas des autres : quand on leur demande aide et secours d'argent, car d'autre chose nous n'en avons que trop, ils disent qu'on s'aide du pays; et ainsi le soldat, n'estant payé, est forcé de voler et saccager, et le lieutenant du Roy de l'endurer. C'est tout un, disent-ils, pays gasté n'est pas perdu. O la meschante parolle! indigne d'un conseiller du Roy qui a les affaires d'Estat en main. Il n'en porte pas la peine ny n'en a pas les reproches, mais bien celuy qui a ceste charge, lequel le peuple accable de maledictions. Voy-là donc nostre Guyenne perduë et reconquise, et puis maintenuë en paix pour le bien de tout le peuple, et particulierement pour mon grand mal-heur ; car mon fils le capitaine Montluc, ne pouvant non plus vivre en repos que son pere, se voyant inutile en France, pour n'estre courtisan, et ne sçachant nulle guerre estrangere où s'employer, desseigna une entreprise sur mer pour tirer en Affrique et conquerir quelque chose ; et pour cet effect, suivy d'une belle noblesse volontaire [car il avoit plus de trois cens gentils-hommes] et d'un nombre des meilleurs soldats et capitaines qu'il peust recouvrer, s'embarqua à Bordeaux avec six navires aussi bien equipez qu'il estoit possible. Je ne veux m'arrester plus longuement sur le dessein de ceste mal-heureuse entreprise, en laquelle il perdit la vie, ayant esté emporté d'une mousquetade en l'isle de Maderes, où il fit descente pour faire aiguade. Et parce que les insulaires ne vouloient permettre de rafraischir ses vaisseaux, il fallut courir aux mains, à leur perte et ruyne, et plus à la mienne ; qui perdis là mon bras droit. Que s'ils eust pleu à Dieu me le conserver, on ne m'eust presté les charitez qu'on a fait. Bref, je l'ay perdu en la fleur de son aage, et lors que je pensois qu'il seroit et mon baston de vieillesse et le soustien de son pays, qui en a eu bon besoin. J'avois perdu le courageux Marc-Antoine, mon fils aisné, au port d'Ostie : mais celuy qui mourut à Maderes pesoit tant, qu'il n'y avoit gentil-homme en Guyenne qui ne jugeast qu'il surpasseroit son pere. Je laisse à discourir à ceux-là qui l'ont cogneu quelle estoit sa valeur et sa prudence : il ne pouvoit faillir d'estre bon capitaine, si Dieu l'eust preservé ; mais il dispose de nous comme il luy plaist. Je croy que ce petit Montluc (1) qu'il m'a laissé, taschera à l'imiter, soit en valeur ou en loyauté envers son prince, comme tousjours les Montlucs ont faict. S'il n'est tel, je le desavouë. On sçait bien, et la Royne mieux que tout autre, que je ne fus jamais l'autheur de ceste infortunée entreprise : monsieur l'admiral sçait bien combien je taschay à la rompre, non pas pour vouloir retenir mon fils sur les cendres, mais pour la crainte que j'avois qu'il ne fust cause d'ouvrir la guerre entre la France et l'Espagne ; et encor que je l'eusse desiré, si eussé-je voulu que quelqu'autre eust fait l'ouverture pour la tirer de nos maisons. Le dessein de mon fils n'estoit pas de rompre rien avec l'Espagnol ; mais je voyois bien qu'il estoit impossible qu'il ne donnast là ou au roy de Portugal ; car, à voir et ouyr ces gens, on diroit que la mer est à eux. Monsieur l'admiral n'aimoit et estimoit que trop mon fils, ayant tesmoigné au Roy qu'il n'y avoit prince ny seigneur en France qui eust peu, de ses seuls moyens, et sans bienfaict du Roy, dresser en si peu de temps un tel equipage. Il disoit vray, car il avoit gaigné le cœur de tous ceux qui le cognoissoient et qui vouloient suivre les armes ; et moy j'estois si mal-advisé, qu'il me sembloit que la fortune luy devoit estre aussi favorable qu'à moy. Pour un vieux guerrier tel que je suis, je confesse que je fis une grande faute de n'avoir avant partir descouvert l'entreprise à quelqu'autre, veu que les vicomtes Duza et de Pompadour et mon jeune fils estoient de la compagnie, qui eussent peu tenter fortune et poursuivre l'entreprise projettée, de laquelle je me tairay, parce que peut estre la Royne la renouëra quelque jour.

(1) Charles de Montluc.

LIVRE SIXIESME.

[1564] LA France joüit cinq ans de ce repos avec les deux religions (1); toutes-fois je me doutois tousjours qu'il y avoit quelque anguille sous roche, mais pour la Guyenne je ne craignois pas beaucoup. J'avois tousjours l'œil au guet, donnant advis à la Royne de tout ce que j'entendois, avec toute la fidelité dont je me pouvois adviser.

[1565] Pendant ce temps le Roy visita son royaume. Estant arrivé à Thoulouse (2), je fus baiser les mains à Sa Majesté, laquelle me fit plus honnorable accueil que je ne meritois. Les Huguenots ne faillirent à faire leurs praticques et menées, et me faisoient faux-feu sous main, car à descouvert ils n'osoient le faire; mais je ne m'en donnois pas grand peine. La Royne me fit cest honneur de me dire tout ce qui se passoit, et me monstra la fiance qu'elle avoit en moy; et cognus bien lors qu'elle n'aimoit pas les Huguenots. Un jour, estant en sa chambre avec messieurs les cardinaux de Bourbon et de Guyse, elle me racompta ses fortunes, et la peine où elle s'estoit trouvée, et entre autres choses me dit que le soir que la nouvelle luy vint que la bataille de Dreux estoit perduë [car quelque hardie lance luy donna cest alarme, n'ayant pas eu loisir d'attendre ce que monsieur de Guyse feroit apres que monsieur le connestable fut rompu et prins], elle fut toute la nuict en conseil, où estoient mesdits seigneurs les cardinaux, pour adviser quel party elle prendroit pour sauver le Roy : en fin sa resolution fut que si le matin la nouvelle se fust trouvée veritable, elle tascheroit se retirer en Guyenne, encore que le chemin fust bien long, où elle se tenoit plus asseurée qu'en tout autre pays de la France. Je prie à Dieu qu'il ne m'aide jamais si les larmes ne m'en vindrent aux yeux luy oyant racompter sa desolation; et luy dis ces mesmes mots : « Hé mon Dieu, madame, vous estes vous trouvée en telle necessité » ? Elle me l'asseura, et jura sur son ame, comme firent aussi messieurs les cardinaux. Il faut dire la verité, que si ceste bataille eust esté perduë, Sa Majesté eust bien eu à souffrir, et croy que c'estoit fait de la France, car l'Estat eust changé et la religion : car à un jeune roy on fait faire ce qu'on veut.

Or leurs Majestez ayant traversé la Guyenne, trouverent les choses en meilleur estat qu'on ne leur avoit dit : car les Huguenots, mes bons amis, avoient faict courir le bruit que tout estoit ruiné et perdu; mais ils trouverent qu'elle estoit en meilleur estat que le Languedoc. Leurs Majestez sejournerent au Mont de Marsan quelque temps (3), attendant que la royne d'Espagne vinst à Bayonne. Je veux escrire icy une chose que je descouvris-là, pour monstrer que j'ay tousjours tenu à la Royne la promesse que je luy fis à Orleans apres la mort du roy François, que je ne despendrois jamais que du Roy et d'elle, comme j'ay tousjours fait; encore que je n'en aye pas rapporté grand fruict, si est-ce que j'aime mieux que la faute soit venuë d'ailleurs, que si j'avois manqué à ma promesse. Je sentis donc le vent qu'une ligue s'estoit dressée en la France, là où il y avoit de grands personnages, princes et autres, lesquels je n'ay affaire de nommer, bien engagez de promesse : je ne sçay au vray à quelle fin ceste ligue se faisoit; toutes-fois un gentil-homme me les nomma presque tous, et fus persuadé par ledit gentil-homme de m'y mettre, m'asseurant que ce ne seroit que pour bon effect; mais il cogneut à mon visage que ce n'estoit pas viande de mon goust. J'en advertis secrettement la Royne tout aussi tost, car je ne le pouvois porter sur le cœur : elle le trouva bien estrange, et me dit que c'estoient les premieres nouvelles, me commandant de m'enquerir encor plus du tout; ce que je fis, et n'en trouvay rien d'advantage que ce que je luy en avois dit, car ce gentil-homme se tint sur ses gardes.

Sa Majesté me demanda advis comme elle s'en devoit gouverner : je luy dis et la conseillay qu'elle devoit mettre en avant et moyenner que le Roy proposast luy-mesme qu'il avoit entendu qu'une ligue se dressoit en son royaume, et que cela ne pouvoit estre sans le mettre en crainte et soupçon; qu'il devoit prier tous generalement de rompre ceste ligue, et qu'il vouloit

---

(1) Du 19 mars 1563 jusqu'à la fin de septembre 1567.
(2) Le 31 janvier 1565.
(3) Mai 1565.

faire une association en son royaume, de laquelle il seroit le chef. Elle fut ainsi appellée quelque temps, mais apres on changea de nom, et l'appella-on la Confederation du Roy. La Royne, pour lors que je luy donnay ce conseil, ne le trouva pas bon, et me dict que si le Roy en faisoit une, il seroit à craindre que les autres en fissent une autre; mais je luy repliquay qu'il falloit que le Roy y obligeast ceux qui en pourroient faire le contraire, et que c'estoit chose qui ne se pourroit celer, et à laquelle on pourroit pourvoir. Deux jours apres, Sa Majesté souppant, elle m'appella, et me dict qu'elle avoit mieux pensé en l'affaire que je luy avois parlé, et qu'elle trouvoit que mon conseil estoit fort bon, et me dict que le lendemain, sans plus tarder, elle vouloit faire proposer au Roy cest affaire, comme elle fit, et m'envoya querir à mon logis pour m'y trouver, mais je n'y estois point. Le soir elle me dict pourquoy je n'y estois venu, et me commanda de m'y trouver le lendemain, parce qu'au conseil y avoit eu plusieurs grandes difficultez lesquelles on n'avoit peu resoudre. Je m'y trouvay, selon le commandement qu'elle m'en avoit faict. Il y eut encores plusieurs disputes. Monsieur de Nemours parla fort sagement, et remonstra qu'il seroit bon faire une ligue et association pour le bien du Roy et de son Estat, afin que tous d'une mesme volonté, si les affaires se presentoient, se rendissent auprès de Sa Majesté pour exposer leurs biens et leurs vies pour son service; et d'autre part, que si quelques uns, de quelque religion que ce fust, leur vouloient courir sus ou remuer quelque chose, que tous, d'un accord et union, exposassent leurs vies pour se deffendre. Monsieur le duc de Montpensier fut de ceste mesme opinion, et plusieurs autres, disant tous que cela ne pouvoit que d'autant plus tenir le royaume en paix, veu qu'on sçauroit les plus grands ainsi liguez pour la deffence de la couronne.

La Royne me fit cest honneur de me commander que j'en disse mon advis: alors je proposay que ceste ligue ne pouvoit porter prejudice au Roy, car tout tendoit à une bonne fin pour le service de Sa Majesté, bien et repos de son Estat et de ses sujets; mais que celle qui se faisoit à cachettes ne pouvoit porter que mal-heur: car, comme l'on entendroit qu'il s'estoit faict une ligue, d'autres en voudroient faire une autre, et non seulement une, mais plusieurs, et qu'il n'y auroit rien qui nous menast si tost aux armes que cela; et que si les uns tendoient à bonne fin, on n'estoit pas asseuré que d'autres ne tendissent à la mauvaise, car les bons ne pouvoient respondre pour les mauvais; que si les cartes se mesloient une fois de ligue à ligue, il y auroit bien affaire d'en tirer un bon jeu, car c'estoit une vraye porte ouverte pour faire entrer les estrangers dans le royaume, et mettre tout en proye; mais que tous generallement, princes et autres, devions faire une ligue ou association qui s'appelleroit la Ligue, ou bien Confederation du Roy, et faire les sermens grands et solemnels de n'y contrevenir, à peine d'estre declarez tels que le serment porteroit; et que Sa Majesté, ayant fait les conclusions, devoit depescher messagers par tout le royaume de France, avec procurations pour recevoir le serment de ceux qui n'estoient là presens; et que par là l'on cognoistroit qui voudroit vivre ou mourir pour le service du Roy et de l'Estat: « Que si quelqu'un est si fol d'oser lever les armes, jurons tous, Sire, de luy rompre la teste. Je vous respons que j'y mettray si bon ordre en ce pays, que rien ne branslera que vous ne soyez recogneu pour nostre maistre. Et par mesme moyen promettons, par la foy que nous devons à Dieu, que si quelque autre contre-ligue se trouve, nous vous en advertirons. Faictes signer la vostre aux plus grands de vostre royaume: la feste ne se pourroit jouër sans eux; ainsi on pourra les obliger et pourvoir aux inconveniens. » Voylà ma proposition. Là il y eut plusieurs disputes; mais en fin fut concluë l'association du Roy, et arresté que tous les princes, grands seigneurs, gouverneurs de provinces et capitaines de gensdarmes, renonceroient à toute ligue et confederation, tant dehors que dedans le royaume, et que tous seroient de celle du Roy, et feroient le serment, à peine d'estre declarez rebelles à la Couronne; et y a encores d'autres obligations, desquelles il ne me ressouvient. Il y eut plusieurs difficultez pour coucher les articles: les uns disoient qu'ils devoient estre cou chez d'une sorte, et les autres d'une autre; car à ces conseils, aussi bien qu'aux nostres, il y a du blanc et du noir, et de l'opiniastrise, et de la dissimulation; et tel peut estre faisoit bonne mine, qui estoit emprumpté ailleurs : ainsi va du monde. O que c'est une chose miserable quand un royaume tombe en la jeunesse d'un Roy! s'il eust eu lors la cognoissance qu'il a eu depuis, je croy qu'il eust bien faict parler des gens bon françois. En fin tout fut passé et accordé, et commencerent les princes à faire le serment et se signer, puis les seigneurs; et, encores que je ne soye qu'un pauvre gentil-homme, le Roy voulut que je m'y signasse, pour la charge que je tenois de luy, et fut envoyé à monsieur le connestable qui estoit à Bayonne, lequel s'y signa. D'autre part, ils despescherent vers monsieur le prince de Condé monsieur l'admiral, monsieur Dandelot, et autres seigneurs et gouverneurs de la France; et les messagers de retour, le Roy en fit faire un instrument, comme l'on me dict, lequel fut mis dans ses coffres; et croy bien qu'il n'est pas perdu, et qu'on y peut voir des gens en blanc et en noir qui ont esté parjures à bon escient. Or je ne sçay qui fut cause de commencer la guerre à la Sainct Michel, car celuy qui la commença a contrevenu à son serment, et justement, si le Roy le vouloit, le feroit declarer tel, car luy mesmes s'y est obligé par son seing; on ne luy feroit pas de tort, puis qu'il s'y est soubmis. Et, encores que cela ne consiste pas en combats, si pensé-je avoir faict un grand service au Roy et à la Royne, de leur avoir descouvert ceste menée, car peut estre que les affaires fussent allez encores pis qu'ils n'ont faict.

Or le Roy prit son chemin, au retour de Bayonne, vers Sainctonge et La Rochelle, où je l'accompaignay, et là me commanda m'en retourner, et faire bien observer les edicts de paix: ce que j'ay tousjours faict. Et ne faut poinct qu'on die que la guerre ait jamais commencé par mon gouvernement: aussi n'y eussent-ils jamais rien gaigné, et ne m'eussent peu prendre au despourveu; mais leur dessein estoit à la teste. La Royne, qui est en vie, se ressouviendra qu'est-ce que je luy dis sur le faict de La Rochelle: car si ceste plume eust esté enlevée aux Huguenots, et asseurée, comme je luy dis qu'elle devoit faire, la France n'eust veu tant de malheurs: mais elle craignoit tant de mettre les choses en trouble, qu'elle n'osoit rien remuer; et sçay bien qu'un soir elle m'entretint plus de deux heures, ne me parlant que des choses qui avoient passé vivant le Roy son mary, mon bon maistre; et toutesfois un, qui n'estoit pas des plus petits, alla dire que je dressois quelque chose au prejudice de la paix: pleust à Dieu qu'elle m'eust creu, La Rochelle n'eust jamais osé gronder. Or, comme le Roy commença à sortir de Bretaigne pour prendre son chemin à Blois, j'eus advertissement de Rouergue, Quercy, Perigord, Bourdelois et Agenois, comment les Huguenots s'acheminoyent avec grands chevaux à petites trouppes, et portoyent des coffres, et disoit-on que leurs armes et pistoles estoyent dedans. J'en advertis trois ou quatre fois la Royne, mais elle n'y voulut jamais adjouster foy. A la fin je luy envoyay Martineau, contre-rooleur à present des guerres, lequel ne fut gueres bien venu d'apporter telles nouvelles. Et trois jours apres son arrivée y arriva Boëry, un mien secretaire, qui apporta de ma part nouvelles à la Royne que tous marchoient à la descouverte le jour et la nuict; et croy qu'ils n'en eussent rien creu, si ne fust qu'en mesme temps que Boëry arriva, Sa Majesté en fut advertie de tous les autres gouvernemens de la France; qui fut cause que le Roy print son chemin bien hastivement droict à Molins.

[1566] Je ne sçay à quelle fin cela tendoit, ny pourquoy on s'en alloit ainsi à trouppes: ils le devoient sçavoir. Cela n'estoit pas signe de vouloir rien faire de bon, car sans le sceu du Roy ou de son lieutenant on ne doit entreprendre telles choses; et si je n'eusse eu peur d'estre accusé d'avoir rompu la paix, je les eusse bien tost resserrez en leurs maisons, car je ne dormois pas. Je m'en allay, bien accompagné de noblesse et de ma compagnie, en Rouergue, Quercy, et au long de la lisiere de Perigord, voir si personne s'esleveroit à descouvert, et manday au Roy que s'il vouloit qu'à leur retour je parlasse à eux, j'esperois de luy en rendre bon compte. Le Roy me manda qu'il ne le vouloit point, mais que je les laissasse retourner chacun en leur maison. Là je cogneuz que le serment du Mont de Marsan ne dureroit guere. Cecy ay-je voulu escrire, afin de faire cognoistre combien j'ay tousjours esté vigilant en ma charge, puis que j'estois le plus loing du Roy, et le premier à luy donner advertissement. A present je veux commencer la guerre de la Sainct Michel, qui sont les seconds troubles.

[1567] Encores que l'on aye dict, et je le sçay bien aussi, que les Huguenots me veulent mal, si est-ce que je n'estois pas si peu soigneux de ma charge que je n'eusse acquis des amis en leur trouppe, et tels qui estoient du consistoire: ce n'estoit pas comme aux premiers troubles; nos cartes estoient si meslées qu'il n'estoit possible de plus, et ces gens n'estoient plus si eschauffez en leur religion comme ils souloient. Plusieurs, ou de crainte ou de bonne volonté, venoient à nous, de sorte que nous commencions à estre compagnons; la crainte aussi qu'ils avoient de moy m'en rendoit quelqu'un amy, au moins il en faisoit la mine. Environ deux mois et demy devant la Sainct Michel, j'eus advertissement d'un gentilhomme et d'un autre riche homme, ne sçachant nouvelles l'un de l'autre, que monsieur le prince de Condé et monsieur l'admiral leur avoient mandé à tous se tenir prests armez et montez, ceux qui avoient le pouvoir, et que ceux qui ne l'avoient s'armassent d'armes selon leur moyen, et que l'on fist grandes provisions de bleds et d'autres munitions de vivres à Montauban. Je jugeay que cest advis avoit grand apparence, car ils ne laissoient cheval à achepter;

et y en avoit qui envoyoient sur les passages d'Espagne, et rien ne leur estoit cher, vieux ne jeune. Je despeschay le sieur de Lussan en poste vers la Royne, luy donnant avis du tout; mais Sa Majesté n'en creut rien, ains me manda que je n'adjoutasse foy aux advertissemens que l'on me donnoit, et que je fisse seulement garder les edicts. Cependant de jour à autre j'estois adverty que leur trame continuoit, et que l'on avoit faict une assemblée secrette à Montauban, et une autre à Thoulouse à la maison de Dacezat. Je manday encores à la Royne tout ce que j'entendois, mais Sa Majesté n'y voulut oncques adjouster foy, et ce fut par trois ou quatre hommes l'un apres l'autre. A la fin elle se fascha tant de mes advertissemens, qu'elle dit à Araigues, sindic de Condommois, que je ne luy donnasse plus d'advis, car elle sçavoit bien tout le contraire de ce que je luy mandois, et qu'il sembloit que j'eusse peur ; et me fut mandé par d'autres que l'on se mocquoit de moy au conseil, et qu'on m'appeloit corneguerre. Ils pouvoyent dire pis, puis que je n'en entendois rien ; si j'eusse esté à une picque d'eux, j'en eusse peut estre faict taire quelqu'un qui parloit bien haut. J'excepte ce que je dois ; mais ces messieurs les courtisans, qui ne manierent jamais autre fer que leurs horloges et monstres, parlent comme bon leur semble ; ils font des demy-dieux, et font des empressez, comme si rien n'estoit bien faict s'il ne passoit par leur teste. Je m'estonnois fort comment la Royne, qui avoit si bon entendement, se ressouvenant de ce qu'elle m'avoit dit, me traictoit ainsi. Il n'y avoit ordre, car j'estois si esloigné que je ne pouvois replicquer.

Environ quinze ou vingt jours avant la Sainct Michel, je m'en allay à la maison d'un gentilhomme mien amy, et là se rendit un de ceux qui m'advertissoyent, lequel me dict qu'il n'y avoit que deux jours qu'un gentil-homme de monsieur l'admiral estoit passé à Montauban, et s'en alloit en poste d'eglise en eglise, pour les advertir de se tenir prests à s'eslever à l'heure qu'un autre gentil-homme dudict sieur admiral ou bien de monsieur le prince de Condé arriveroit, qui seroit dans quinze ou vingt jours au plus tard. Je priay celuy-là que, s'il estoit dans Montauban à l'heure que ce gentil-homme arriveroit, qu'il fist sauver tous les Catholiques qui estoient dedans. Et ainsi me despartis, et m'en vins à Cassaigne, où je trouvay une lettre d'un gentil-homme qui pour lors se tenoit à Thoulouse, me donnant pareil advertissement ; et pource que la lettre n'estoit pas signée, je ne la voulus envoyer à la Royne, craignant qu'elle n'y adjoustast point de foy. Le lendemain arriva audict Cassaigne le baron de Gondrin, lequel à present nous appellons monsieur de Montespan, qui s'en alloit en poste à la Cour, pour obtenir de Sa Majesté quelques lettres pour un procés que son pere et luy avoient au parlement de Thoulouse. J'adjoustay foy à ceux qui m'advertissoient, et me servit bien, pour ce que, de trois qu'ils estoient, les deux avoient affaire de moy pour des biens qu'ils plaidoient ; et cognoissois bien à leur complexion qu'ils n'estoient pas si devotieux en leur religion, qu'ils ne fussent plus affectionnez à gaigner leur bien qu'ils plaidoient, et quitter ministres et tout [je croy que ceste religion n'est qu'une piperie]; et sans moy ils ne pouvoient pas y faire ce qu'ils vouloient ; et je les aydois de ce que je pouvois, pour tousjours estre par eux adverty, car j'avois credit et estois aimé aux parlemens de Bordeaux et Thoulouse, et de tous les officiers du Roy. Ils avoient raison, et moy de leur rendre la pareille, car je les ay tousjours cogneus fort affectionnez au service du Roy. Je dis au baron de Gondrin qu'il me recommandast tres-humblement à la bonne grace de la Royne, et qu'elle eust souvenance qu'elle n'avoit jamais voulu adjouster foy aux advertissemens que je luy donnois, et qu'elle en pleureroit de ses yeux pour ne m'avoir creu ; que Sa Majesté m'avoit mandé qu'il sembloit que j'eusse peur, et qu'au conseil du Roy on disoit que j'estois un corneguerre ; que je la supplios tres-humblement croire que je n'avois point peur de moy, car, Dieu mercy, j'estois né sans peur, et ne sçavois que c'est d'autre peur que celle qu'un homme de bien doit avoir; mais que j'avois peur du Roy et d'elle, car ils ne touchoient pas moins que de la mort ou de la prison, et qu'elle se gardast pour quelques jours, et empeschast que le Roy n'allast pas si souvent à la chasse ny à l'assemblée comme il faisoit, sur tout tant qu'il desireroit conserver sa vie et son Estat. Le baron de Gondrin s'en acquitta, et me dict que Sa Majesté luy avoit respondu qu'elle ne vouloit plus escouter nul advertissement que je luy donnasse, et qu'elle sçavoit mieux la volonté des Huguenots que moy, et leurs forces jusques où elles se pouvoient estendre, et qu'ils ne demandoient que la paix. Ces gens faisoient leurs pratiques de loing, et elle estoit à mon advis charmée par je ne sçay quelles gens. Ledict sieur de Montespan fit si grande diligence, qu'il fut de retour dans dix ou douze jours avant la Sainct Michel, et me dit ce que la Royne luy avoit respondu Il n'est pas possible que Sa Majesté ne fust, comme j'ay dict, pippée et abreuvée de quelques gens qu'elle avoit aupres d'elle, qui procedoient par malice ou bien par ignorance ; mais c'est grand cas, car pardeçà les pages et laquais sçavoient les appareils que les Huguenots faisoient pour s'eslever. Et avant que ledict sieur baron de Gondrin arrivast, je fus adverty que, huict jours avant la Sainct Michel, ou huict jours apres, le gentilhomme de monsieur l'admiral devoit arriver. Et, sur les responces que me faisoit la Royne, je cuiday faire un grand erreur d'oster tout soupçon, et penser qu'elle estoit mieux advertie que moy, et qu'il ne me falloit adjouster foy à ceux qui me donnoient ces advis. Sur cela je fis une entreprinse avec le feu evesque de Condom, les sieurs de Sainctorens et de Tilladet freres, pour aller aux bains à Barbottan comme les medecins m'avoient ordonné, pour une douleur de cuisse que j'ay, laquelle je prins à la prinse de Quiers, dequoy monsieur d'Aumalle est bien souvenant ; je croy que je ne la perdray que je ne sois mort.

Nous partismes de Cassaigne le samedy, pour aller coucher à la maison de monsieur de Panjas (1), faisant apporter deux tiercelets d'autour, pour passer nostre temps aux bains. Et la nuict propre que nous arrivasmes, à mon premier sommeil, je fis un songe qui me travailla plus que si j'eusse eu quatre jours la fievre continuë, lequel je veux escrire icy [plusieurs sont en vie à qui je le dis deslors] ; ce ne sont pas des contes faicts à plaisir. Je songeay que tout le royaume de France estoit en rebellion, et qu'un prince estranger s'en estoit saisi, et avoit tué le Roy, messeigneurs ses freres et la Royne, et que j'estois fuyant nuict et jour de tous costez pour me sauver, car j'avois [comme il me sembloit] tout le monde en teste pour me prendre. Ores je me sauvois en un endroit, puis je me sauvois en un autre ; en fin je fus surpris en un logis, et m'amena-on devant le Roy nouveau qui se promenoit dans une eglise au milieu de deux grands hommes. Il estoit de stature petite, mais gros et fort d'espaules, et portoit un bonnet de velours carré, comme l'on les portoit le temps passé ; ses archers de la garde portoient jaune, rouge et noir. Et m'amenant prisonnier le long des ruës, tout le monde couroit apres moy ; l'un disoit : Tuez-le, le meschant ; l'autre me presentoit l'espée nue à la gorge, l'autre la pistolle à l'estomach ; et ceux qui me menoient crioient :

Ne le tuez pas, car le Roy le veut faire pendre devant luy. Et de ceste sorte me menerent devant le Roy nouveau, qui se promenoit comme j'ay dit. Il n'y avoit image n'autel. Et de prime face me dit en italien : *Veni qua, forfante, tu m'ai fatto la guerra e a queli i quali suono mei servitori ; io ti faro appiccar adesso, adesso* (2). Alors je luy respondis en mesme langage, m'estant advis que je parlois le tuscan aussi bien que quand j'estois dans Sienne : *Sacra Maesta, o servito al mio Re si como suono obligati fare tutti gli huomini da bene, sua Maesta non deve pigliar questo à male* (3). S'enflambant lors de colere, il dit aux archers de sa garde : *Andate, andate, menate lo appiccar quel forfante que mi farebe ancor la guerra* (4). Surquoy ceux qui me tenoient me voulurent amener, mais je tins ferme, et luy dis : *Io supplico sua Maesta voler mi salvar la vita ; poiche il Re mio signore e morto ensieme gli signori fratelli, io vi prometto che vi serviro con medesima fidelta colla quale o servito il Re, mentre viveva* (5). Sur cela, les seigneurs qui se promenoient avec luy le supplierent me vouloir sauver la vie. Alors il me regarda au visage, et me dict : *Prometti tu questo dal coure ? Or su io ti do la vita per la preghiera di quelli che mi pregano ; sia mi fidele* (6). Ces seigneurs parloient françois, mais nous deux parlions italien. Surquoy il commanda qu'on me menast un peu à part, et qu'il vouloit encor parler à moy. Ils me mirent contre un coffre pres la porte de l'eglise, et ceux qui me tenoient se mirent à parler avec les archers de la garde. Et estant contre ce coffre, je commençay à penser au Roy, et avoir regret du serment que j'avois faict, et que par adventure le Roy n'estoit point encor mort, et que, si je me pouvois sauver, je m'en irois plustost seul et tout à pied par le monde trouver le Roy s'il estoit en vie, et me print opinion de me sauver. Je sortis de l'eglise ; estant dans la ruë, je commençay à courir, ne me souvenant point alors que j'eusse mal à la cuisse, car il me sembloit que je courois plus viste que je ne voulois. Tout à un coup j'ouys derriere moy crier : Prenez-le, le meschant. Les uns sortoient des maisons pour me prendre, les autres se mettoient devant moy ; mais j'eschappois tousjours et de l'un et de l'autre, et gaignay un de-

(1) Ogier de Pardaillan, seigneur de Panjas.
(2) « Approche, coquin, tu m'as fait la guerre, à moi et à mes serviteurs ; je vais te faire pendre à l'instant. »
(3) « Sacrée Majesté, j'ai servi mon Roi, comme tout homme de bien est obligé de le faire ; Votre Majesté ne doit point prendre cela en mauvaise part. »
(4) « Allez, allez, faites-le pendre ce misérable qui me feroit encore la guerre. »

(5) « Je supplie Votre Majesté de me laisser la vie ; puisque le Roi mon seigneur est mort, ainsi que les princes ses frères, je vous promets de vous servir avec la même fidélité que j'ai servi le Roi tant qu'il a vécu. »
(6) « Puis-je me fier à tes promesses ? Eh bien ! je te fais grâce de la vie, à la prière de ceux qui intercèdent pour toi. Sois-moi fidèle. »

gré de pierre par là où l'on montoit sur la muraille de la ville; et comme je fus au haut, je regarday contre bas, et me sembla que c'estoit un precipice si grand, qu'à peine pouvois je voir le fonds. Ils montoient les degrez : je n'avois rien pour me deffendre, que trois ou quatre pierres que je jettay, et me voulois faire tuer, car il me sembloit que l'on me feroit mourir de mort cruelle. Et comme je n'eus plus rien pour me deffendre, je me jettay en bas par dessus la muraille, et en tombant je m'esveillay, et me trouvay tout en eau, comme si je fusse sorty d'une riviere, ma chemise, les draps, la couverte du lict, toutes trampez; il me sembloit que j'avois ma teste plus grande qu'un tambour. J'appellay mes valets de chambre, lesquels firent du feu incontinent et m'osterent ma chemise et m'en baillerent une autre. Mes gens allerent à madame de Panjas, laquelle commanda qu'on leur baillast des draps, elle mesme se leva et vint en ma chambre, et vid que les draps et la couverte estoient en eau, et ne partit de là que le tout ne fust seché. Je luy comptay mon songe et la peine que j'avois eu, dont m'estoit venuë ceste sueur : il luy en souvient aussi bien qu'à moy. Le songe que je fis de la mort du roy Henry mon bon maistre, et cestuy-cy, m'ont donné plus de peine et de travail que si j'eusse eu toute une sepmaine la fievre continue. Les medecins me disoient que c'estoit à force de l'imagination, pour estre mon esprit occupé tousjours à cela, et croy qu'il est vray, car souvent me suis-je trouvé la nuict en combats avec les ennemis, songeant des malheurs que je voyois apres advenir, et des bonnes fortunes aussi. J'ay eu ce malheur là toute ma vie, que dormant et veillant je n'ay jamais esté en repos ; j'estois asseuré qu'ayant quelque chose à faire et en ma teste, je ne failloit jamais d'y estre toute la nuict : c'est une grande peine.

Le lendemain, qui fut le dimanche, l'on me voulut amener aux bains : je n'y voulus oncques aller, m'estant imprimé en ma fantaisie que le Roy devoit tomber en quelque malheur, me souvenant tousjours du songe du roy Henry, et quoy qu'on me sceut dire, nous nous en revinsmes le lundy. Le jeudy vint un consul de Lectoure, qui me dit que le sieur de Fonterailles, seneschal d'Armagnac, demeuroit enfermé dans le chasteau, et ne sortoit poinct dehors, et que toute la nuict ils oyoient là dedans frapper contre quelque muraille, ou bien contre du bois, et que les Huguenots de la ville preparoient secrettement des armes. Je l'en fis retourner, l'asseurant que le sieur de Fonterailles ne feroit jamais chose qui portast prejudice au service du Roy, me fiant sur une promesse qu'il m'avoit faicte à Agen en ma maison. Ledit consul ne prenoit point cela pour bon payement. Je luy dis qu'il regardast de bien pres ce que ledit seneschal feroit. Le vendredy arriverent deux consuls de Moyssac, qui me vindrent dire que deux ou trois officiers du Roy qui estoient de Montauban, et plusieurs autres, s'estoient rendus à Moyssac, pour des apparences qu'ils avoient veuës dans ledict Montauban de la prise des armes. Je les fis retourner, et leur dis que, sans faire aucune esmotion ny levée d'armes, ils fussent soigneux de la garde de leur ville, et s'ils entendoient que les autres prinssent les armes, qu'ils les prinssent aussi, et que du tout ils m'advertissent. Le dimanche, monsieur de Sainctorens vint disner avec moy, et arrestasmes d'aller le lundy voir voler nos oyseaux, et qu'il se rendroit à la poincte du jour à Cassaigne. Sur la minuict m'arriva un messager du sieur de La Lande, chanoine d'Agen, qui m'apporta une lettre, et une que monsieur de Lauzun luy avoit envoyée. La sienne disoit : « Je vous envoye une lettre que monsieur de Lauzun m'a mandée en si grand diligence, que l'homme qui l'a portée n'est peu aller plus avant. » En celle de monsieur de Lauzun y avoit : « Monsieur de La Lande, advertissez promptement et en diligence monsieur de Montluc comme les Huguenots ont pris les armes à Bregerac, et sont allez incontinent prendre les chevaux de monsieur le marquis de Trans (1), qu'il tenoit à Eymet, et que tous ceux de ce pays les prennent. » Et pour ce que monsieur le marquis de Trans avoit une querelle contre son beau-frere, nommé monsieur de Sainct Laurens, pour quelques procés, je pensay promptement que c'estoient les gens dudict Sainct Laurens qui seroient allez pour exploiter quelque executoire de despens contre ledit sieur marquis, et n'en fis autre compte. Sur la pointe du jour me levay, et me faisant attacher (2), regardant à la fenestre, attendant monsieur de Sainctorens, arriva un homme à cheval qui venoit d'un lieu qui est au long de la riviere de Garonne, lequel je ne veux nommer pour crainte qu'il ne soit tué, car l'homme qui me l'envoya est encore en vie. Et comme j'ouvrois la lettre, mon valet de chambre veid tomber un brevet en terre. Je me mis à lire ladite lettre ; et y avoit dedans qu'il me prioit de luy laisser vendre à un Portugais un quintal de poivre ; et de colere je rompis la lettre, maudissant le Portu-

---

(1) Gaston de Foix, marquis de Trans.
(2) C'est-à-dire, me faisant habiller.

gais, car il me ressouvint lors de la mort de mon fils, mort à Madere. Ceste lettre estoit faite en fainte pour mettre le brevet dedans. Mon valet de chambre commence à recueillir le brevet, et me dit qu'il estoit tombé ainsi que j'ouvrois ladicte lettre. Je me mis à lire le brevet, et y avoit ainsi : « Du vingt-huitiesme jusques au trentiesme de ce mois de septembre, le Roy prins, la Royne morte, La Rochelle prinse, Bregerac prins, Montauban prins, Lectoure prinse, et Montluc mort. » Voyla les propres mots qui estoyent dans ledit brevet. Alors je commençay à penser à autre chose qu'à la chasse, et laisse ma colere du Portugal. Et fis partir tout incontinent le capitaine Mauries, qui avoit esté lieutenant en Piedmont du feu capitaine Montluc, le capitaine Jean d'Agen et Tibauville, commissaires de l'artillerie, leur commandant d'aller droit à la maison de monsieur de Sainctorens, lequel ils trouverent par les chemins, et qu'ils luy dissent qu'il tournast visage à sa maison, et qu'il advertist monsieur de Tilladet son frere, et les gentils-hommes ses voisins, pour se rendre à dix heures au Sampoy, une ville qui est au Roy, où j'ay ma maison, avec chevaux et armes, sans faire aucun bruit. Nous sommes à une lieuë les uns des autres. Leur dis aussi qu'apres avoir parlé audit sieur de Sainctorens, ils s'en allassent tousjours au galop droit à Lectoure, qui est à trois lieuës du lieu de Cassaigne, car cela que le consul m'avoit dit me vint au devant; aussi y avoit-il apparence pour remuer besongne en Gascongne on commenceroit sur ceste forte place. Je leur manday que, comme ils arriveroient à la veuë du chasteau, ils allassent le pas, feignans estre marchans, et qu'ils allassent entrer à la porte du boulevart, me doutant que le seneschal auroit mis des gens dans le chasteau par la fauce porte, lesquels, s'ils s'appercevoient que l'on se doutast, promptement se saisiroient de la ville, avec l'ayde des Huguenots qui estoient dedans; mais que, comme ils seroient dans icelle, qu'ils parlassent secrettement aux consuls, se saisissant de la porte dudit boulevart, et que je les trouvasse morts ou en vie dedans, car je serois bien tost à eux; ce qu'ils firent. Et depeschay à monsieur de Verduzan, seneschal de Bazadois, et à plusieurs autres gentils-hommes ses voisins, les assignant tous à dix heures au Sampoy, où je me rendis; et n'y trouvay que monsieur de Sainctorens, lequel par mal-heur n'avoit trouvé gentil-homme sien voisin qui fust à sa maison; et monsieur de Tilladet mesmes s'estoit fait saigner ce matin : de sorte qu'il ne vint qu'un archer de ma compagnie, nommé Seridos, et deux enfans de monsieur de Beraud, qui estoient aussi de ma compagnie, leur pere s'estoit trouvé malade; et un mien parent, nommé monsieur de La Vit. J'attendis là monsieur de Verduzan jusques à midy; et ne voyant venir personne, je deliberay m'en aller à Lectoure sans plus rien attendre, me doutant bien encore que j'y arriverois bien tard. L'on me disoit que si le seneschal estoit bien accort, et qu'il eust des gens dans le chasteau, que facilement il me defferoit dans la ville. Je respondois aussi que si j'attendois d'avantage, il seroit adverty de l'arrivée des trois qui se saisiroient des portes, et je ne pourrois entrer dedans, et qu'il valoit mieux mettre à l'avanture nos vies dedans la ville, que de demeurer dehors, et la ville perduë. Nous montasmes à cheval, n'estans que six maistres, et pouvions estre en tout, compris les valets, trente chevaux. Je fis venir apres moy quatorze arquebuziers, conduicts par un prestre nommé Malaubere, et leur commanday venir tousjours le trot apres nous; et ainsi nous en allasmes avec ces grandes forces. Et comme nous fusmes pres de Taraube, une petite lieuë de Lectoure, arriva un homme à cheval, depesché par les consuls et par le capitaine Mauriez, qui me mandoyent qu'ils s'estoyent saisis des portes, et que la ville estoit toute en armes, et me mandoient aussi les advertir par quelle porte je voulois entrer. Je luy dis : « Par la porte du chasteau; » et s'en retourna courant comme il estoit venu. Là par fortune se trouva le sieur de Lussan et le capitaine son frere, qui vindrent au devant de moy, ne sçachant rien de cecy, car ils y estoyent pour quelque appointement de procez, et ainsi entrasmes dans la ville. Et comme nous fusmes au logis chez monsieur de Poisegur (1), je priay ledit sieur de Lussan d'aller dire à monsieur de Fonterailles qu'il vinst parler à moy, car je luy voulois dire chose qui concernoit le service du Roy. Il me manda qu'il n'en feroit rien, et qu'il estoit dans le chasteau de la part de la royne de Navarre, dame et maistresse desdits chasteaux et ville. Je luy contremanday que s'il ne venoit j'assaillirois ledit chasteau au son de la cloche, et assemblerois toutes les villes voisines. Je crois qu'il s'estonna; alors il vint. Je luy dis que je voulois avoir le chasteau pour y mettre des gens qui fussent de la religion du Roy, et un gentil-homme pour y commander, jusques à ce que j'aurois veu ce commencement d'emotion à quelle fin il tendoit. Il me fit responce qu'il es-

(1) Chastenet de Puységur, suivant l'un des derniers éditeurs.

toit bon serviteur du Roy, et qu'il aymeroit mieux estre mort que faire chose contre sa volonté. Je luy dis que je l'en croiois bien, mais que cependant je me voulois asseurer du chasteau, et que je me fiois plus de moy-mesme que de luy. Et apres quelques contestations, monsieur de Sainctorens dit quelque chose et s'attaqua à luy : il ne s'en alla pas sans responce. S'il ne se fust resolu, je l'allois faire prendre prisonnier. Monsieur de Lussan le tira à part, et luy remonstra qu'il se faisoit un grand tort de n'obeyr, et qu'il ne luy alloit que de sa vie, car je mourrois plustost là que je ne l'eusse ; qu'il sçavoit bien quel homme j'estois. Alors il vint à moy, et me dit qu'il estoit prest de me remettre le chasteau, mais qu'il me prioit bien fort que je le laissasse r'entrer dans iceluy, et y dormir ceste nuict, afin de faire apprester tous les meubles qu'il y avoit dedans pour s'en aller le matin. Je le priay de ne bouger de la ville, et que je bailleroy en garde ledit chasteau à gentil-homme catholique que luy-mesme nommeroit : il en nomma plusieurs, mais je n'y voulus entendre. Et comme il veid que je n'y voulois pas mettre ceux qu'il vouloit, il nomma monsieur de La Cassaigne, voisin de la ville, qui depuis a esté lieutenant de la compagnie de monsieur d'Arne, lequel me contenta, et l'envoyay incontinent querir. Je fis un pas de clerc, car je laissay r'entrer ledit sieur de Fonterailles sur sa foy dans le chasteau : il faut tousjours prendre tout au pis.

Cependant arriva monsieur de Verduzan avec quatre ou cinq gentils-hommes, et monsieur de Maignas, et d'heure à autre en arrivoyent. Apres souper nous sortismes hors du chasteau, et me mis à regarder la fausse porte de la fausse braye, et commençay à disputer avec eux, que si le seneschal avoit baillé assignation de se rendre ceste nuict là à la fausse porte, que les gardes et sentinelles de la ville ne l'eussent sceu garder qu'il ne mist des gens dedans ; et resolus de faire coucher Beauville, commissaire de l'artillerie, et le prestre avec les quatorze arquebuziers dans la fausse braye, entre les deux fausses portes ; qui fut bon pour moy, car autrement ils nous avoyent attrapez, et couppez la gorge à tous ceste nuict-là. Voyez comment un homme peut tomber en peril pour sa faute, car je pensois estre bien sage et advisé, et toutesfois je mis une place de telle importance en danger d'être perduë, et tout le pays. Je ne m'arrestay encore en ceste garde, car j'ordonnay que tous les gentils-hommes et serviteurs coucheroient vestus, et manday que tous ceux de la ville en fissent de mesmes. Le matin au soleil levant ledit sieur seneschal vint à moy me prier encores de luy laisser le chasteau, et qu'il me bailleroit pleges, et beaucoup de promesses qu'il me faisoit. Je luy respondis qu'il perdoit temps, et que je voulois mettre des gens dedans ; et comme il vid qu'il n'y avoit plus de remede, il receut le sieur de La Cassaigne avec vingt soldats dedans, puis me vint dire à dieu. Je luy persuadois de demeurer dans la ville, mais il me respondit qu'il ne se fieroit point aux habitans, et me commença à dire que je luy faisois souffrir un grand escorne de ne me fier point de luy, et qu'il estoit de race trop remarquée d'estre bons serviteurs et loyaux sujects de la couronne de France, et que les siens avoyent sauvé le royaume. Je luy respondis que son grand pere, de qui il vouloit parler, ne sauva jamais le royaume, et que de son temps regna le roy Louys XII : en ce temps-là le royaume n'avoit esté jamais en peril d'estre perdu ; et que si c'estoit du temps du roy Charles retiré à Bourges qu'il voulust parler, que cet honneur-là devoit estre attribué à Potton et à La Hire : toutes les chroniques sont pleines de leur valeur ; car La Hire et Potton, deux gentils-hommes gascons, furent cause du recouvrement du royaume de France ; et que je ne nioís pas que son grand pere ne fust un grand et vaillant capitaine, ayant cinquante hommes d'armes des ordonnances, et estant general de douze cens chevaux legers, dont la pluspart estoient Albanois ; et qu'ils avoyent fait de grands services au Roy, et qu'aussi le Roy luy avoit fait espouser l'heritiere de Chastillon, qui avoit sept ou huit mil livres de rente ; que la maison dont son pere (1) estoit sorty, qui est celle de Fonterailles, estoit aussi pauvre que la mienne. Alors tout à un coup il se mit en colere disant : « Pleust à Dieu, pleust à Dieu que je mourusse tout à ceste-heure, pourveu que monsieur le prince de Navarre fust d'aage pour commander ! — Et quoy, luy dis-je, souhaittez-vous vostre mort pour monsieur le prince de Navarre ? vous ny homme de vostre race ne receustes jamais bien ny honneur de la maison de Navarre, ny d'autre que du Roy. » Alors il me dit qu'il estoit vray, mais qu'il aimoit tant monsieur le prince de Navarre, qu'il voudroit estre mort pourveu qu'il fust ainsi qu'il disoit. Alors je commençay à douter qu'il y avoit quelque chose sous corde : et ainsi me dit à dieu. Monsieur de La Cassaigne, qui estoit là, l'accompagna jusques au devant du chasteau ; et comme il voulut monter à cheval, il dit en maniere d'un homme desesperé : « O mal-heu-

(1) Jean-Jacques d'Astarac, baron de Fontrailles.

reux que je suis, je ne m'oseray plus trouver devant les gens de bien! » Alors monsieur de La Cassaigne dit qu'il avoit tort de se plaindre de moy : car je luy avois usé de toutes les honnestetez qu'il pouvoit desirer, et que par adventure un autre ne l'eust pas tant respecté comme j'avois fait. Et il luy respondit ces mots : « Mais vous n'entendez pas le tout ; aujourd'huy le royaume de France est en proye, et à dieu vous dis. » Et monta à cheval s'en allant droit à La Garde, maison de monsieur de Fimarcon, son oncle.

Avant que le sieur de La Cassaigne fust revenu à moy, arriverent quinze ou seize paysans chargez d'arquebuzes, hallebardes et arbalestes, et à la porte de la ville en avoyent arresté autant, lesquels menoient un garson prisonnier, et l'amenerent dans ma chambre en presence de tous les gentils-hommes qui là estoient, et me dirent qu'ils estoient de La Masquere, à un quart de lieuë de Lectoure, qui sont sept ou huict mestairies qui se touchent, et qu'à la minuict estoient arrivez là une grande trouppe de gens armez à pied et à cheval, et qu'ils s'estoient mis dans un pré tout joignant des maisons, et que là ils s'estoient couchez en terre. Les pauvres gens les voyoient, et n'osoient sortir hors des maisons. Ils envoyerent six chevaux jusques aux faux-bourgs de Lectoure, et là prindrent langue, que j'estois entré dans la ville avec grand nombre de gentils-hommes ; ayant envoyé recognoistre ceux que j'avois mis dehors pour empescher le secours, par-là ils virent que leur entreprinse estoit rompuë, et penserent que le seneschal seroit prisonnier ; ce qui fit qu'ils s'en retournerent courant vers leurs trouppes, et à leur arrivée dirent que j'estois entré dedans la ville, et que j'avois prins le seneschal prisonnier, et qu'avant qu'il fust jour il se falloit retirer pour n'estre cognus ; et, comme la nuict n'a point de honte, l'effroy les print si grand qu'ils commencerent à jetter les armes en fuyant, et passerent à la pointe du jour aupres de Plieux, là où la commune se mit apres, et eux abandonnerent les armes fuyans ; la commune de Plieux les eurent presque toutes, et une partie ceux de La Masquere. Les gens de cheval coururent droit à l'autre trouppe, qui avoient fait alte à Saincte Roze, attendant qu'ils eussent mandement de marcher, et prindrent l'effroy se retirant courant droit à leurs maisons d'où ils estoient partis. Les principaux chefs de ces deux trouppes estoient le sieur de Montamat, frere du seneschal, les sieurs de Castelnau, d'Audaus, de Popas et de Peyrecave. Je ne sceus pour encore rien de la trouppe de Saincte Roze, car le garçon ny les paysans de La Masquere n'avoient rien entendu que de celle qui estoit là. Tous les gentils-hommes me conseilloient de faire aller prendre le seneschal, et le retenir prisonnier, ce que je ne voulus faire, respectant la maison de Fimarcon, de laquelle il est nepveu, et remonstray que si je le tenois prisonnier, la cour de parlement de Thoulouse le m'envoyeroit incontinent demander, et justement je ne leur pourrois pas refuser, et s'ils le tenoient il ne vivroit pas deux heures. Or je ne voulois estre cause de sa ruyne.

Estant en ces disputes, monsieur de La Cassaigne me racompta les propos qu'il luy avoit tenus à leur depart, sans que personne l'eust entendu. Je le priay d'aller par la ville recognoistre quelque Huguenot amy du seneschal, et qu'il lui donnast toute assurance que desplaisir ne luy seroit fait, pourveu qu'il revelast l'entreprise. Il s'en alla parler avec un qui estoit fort son amy, et luy dict ce que le seneschal luy avoit dit à son depart, et qu'il luy alloit de la vie s'il ne reveloit ce qu'il en sçavoit. Et apres luy avoir baillé l'asseurance qu'il luy demanda, il luy dit : « Et qu'avoit que faire monsieur le seneschal d'entrer en tant de disputes avec monsieur de Montluc ? J'estois derriere luy quand il contestoit avec ledit sieur, et me suis esmerveillé qu'il ne l'a pris prisonnier, car, s'il l'eust fait, nous autres de la religion estions tous morts. Je vous prie, faictes que nous n'ayons point de desplaisir, car il n'y a personne de la religion qui sçache l'entreprise de France ny de ceste ville, qui ne soit sorty avec luy, reservé moy qui n'ay osé. Aujourd'huy ou bien demain le Roy ou la Royne sont prins ou morts, et tout le royaume de France revolté. » Voyez un peu comment ces gens sceurent cacher une telle entreprinse ! On me dit que dans leur consistoire on les faisoit jurer et renier paradis s'ils reveloient jamais rien. Monsieur de La Cassaigne tourne promptement à moy, et me tirant à part, me compta ce que l'autre luy avoit dit. Alors me va souvenir des advertissemens du brevet et du mal-heureux songe que j'avois faict, et commençay les larmes aux yeux de declarer le tout à messieurs le seneschal de Bazadois et de Sainctorens, et à toute la noblesse qui estoit là ; lesquels tous commencerent à crier que nous devions monter à cheval et courir apres le seneschal, ce que je ne voulus faire, pour les raisons susdites ; et leur remonstray que quand bien il seroit prins, sa prinse ne gueriroit pas le mal, et que le mal-heur estoit assez descouvert aux paroles qu'il avoit dites à monsieur de La Cassaigne, ce que cest autre luy avoit confirmé. Et incontinent j'envoyay à tous les gentils-hommes les prier d'advertir toute la noblesse et leurs voysins, bien joyeux pourtant de leur avoir osté une si belle plume de l'aisle.

J'envoyay promptement en poste à Thoulouse advertir la cour et les capitouls qu'il falloit prendre les armes, et y mettre le vert et le sec, ou pour secourir nostre Roy s'il estoit en vie, ou pour venger sa mort. Je fis mettre quelques vivres incontinent dans le chasteau, et laissay les quatorze arquebuziers à monsieur de La Cassaigne, mandant aux soldats de Florence et de Pancillac qu'ils se vinssent jetter dans la ville, et qu'ils obeissent à monsieur de La Cassaigne. Faisant ces depesches arriva monsieur de La Chappelle, visseneschal (1), et monsieur de Romegas, qui s'est faict tant remarquer contre les Turcs à Malte, lesquels avoient demeuré toute la nuict à cheval, pource qu'un Huguenot à qui monsieur de La Chappelle avoit sauvé la vie les vint advertir à la minuict qu'ils marchoient droict à Lectoure, et que le seneschal les mettoit dedans par la fauce porte. Ils monterent incontinent à cheval, car ils sont voisins, et se jetterent dans un petit bois, et descouvrirent ces gens qui s'en alloyent en effroy, et n'osoient partir du bois, car ils n'estoient que sept ou huict chevaux. Et comme il fut jour, ils prindrent leur chemin vers Lectoure, encore qu'ils pensassent qu'elle fust prinse. Et comme ils furent aupres de la ville, eurent advertissement que j'estois dedans; et me dirent le desordre qu'ils avoient veu de la trouppe de Saincte Roze, et alors cogneurent qu'ils estoient en deux trouppes. Monsieur de La Chappelle commença à informer de son costé; la cour de parlement y envoya en diligence pour informer du leur. Le procés en est tout fait, et cent tesmoins ou plus d'ouys, la pluspart desquels sont de la nouvelle religion, et qui estoient en ces trouppes : tous ont deposé d'une sorte de la conspiration faicte contre le Roy et son Estat.

Or par la procedure les temoins ont deposé l'entreprise, et que ceste nuict-là, qu'estoit la nuict de la Sainct Michel, le seneschal devoit mettre toutes ces deux trouppes de gens de pied dans la ville par la fauce porte de la fauce braye, et puis dans le chasteau par la fauce porte d'iceluy. Les consuls de la ville tenoient une clef de ceste porte, et le seneschal une autre, et comme il s'en fut allé, l'entreprise ayant esté descouverte, visiterent les deux serrures, et trouverent que celle des consuls estoit levée,

et remise en son lieu avec des cloux sans estre rivés. Tout cela est couché dans le procés; et apres que les trouppes seroient maistresses de la ville, les gens de cheval devoient venir au grand trot devant La Cassaigne, où j'estois, qui n'estoit qu'à trois lieuës de Lectoure, et me devoient enfermer dans le chasteau; et en mesme temps toutes leurs Eglises de Nerac, Castelgeloux, Tonneins, Cleirac, Mourejau, Condom, Moncrabeau, et autres lieux és environs, devoient venir courant autour du chasteau. Voy-là les bonnes prieres de leurs ministres. Et pource qu'il n'y a point de flancs, ils se tenoient asseurez de m'avoir en deux fois vingt quatre heures avec la sappe. Rapin se rendit avec quatre cens hommes ce mesme jour à Granade, estant party de Montauban, et devoit, incontinent qu'il seroit adverty, marcher jour et nuict devant ledit lieu de La Cassaigne. Et faisoient estat que je ne pouvois estre secouru de huict jours, pource qu'il n'y avoit point de ville forte où l'on se peust assembler, ayant eux prins Lectoure. L'entreprise estoit seure si je me fusse endormy ou que j'eusse voulu marcher en lieutenant de Roy, et attendre jusques au matin que ceux que j'avois advertis fussent arrivez.

En cecy les lieutenans de Roy peuvent prendre un bon exemple aux advertissemens que j'avois, à l'intelligence et prompte resolution, et à ne regarder si j'estois foible ou fort quand je marchay pour m'aller jetter dans la ville, car toutes ces choses sauverent la ville au Roy, et à moy la vie, et par consequent tout le pays, qui estoit entierement perdu si j'eusse esté et que Lectoure fust esté prise, car l'on ne se pouvoit sauver que dans les portes de Thoulouse et Bordeaux. Et comme toute la France eust entendu que la Guyenne estoit perduë, je laisse à discourir aux gens de bon jugement combien les affaires du Roy se fussent refroidis : je croy que la plus grande part eussent cerché party. Ne vous mettez donc point cela devant les yeux, messieurs les lieutenans de Roy : Il faut que j'attende la noblesse, il faut que j'aille accompagné; si vous estes tel que vous devez estre, c'est à dire craint et aymé, vous tout seul en vaudrez cent : chacun qui vous verra marcher ira au secours et prendra cœur, et vos ennemis, pour un homme que vous aurez, ils diront que vous en aurez cent. Il n'est pas temps de marchander en tels affaires, ny faire le long, car cependant que vous voulez marcher en grand seigneur, vous perdez vostre place. Prenez garde à l'erreur que je cuiday faire ayant laissé r'entrer le seneschal dans le chasteau sur sa foy : nous sommes en un temps qu'il se faut desfier de tout

---

(1) Les prévôts des maréchaux avoient été remplacés par des vice-sénéchaux.

le monde, car on fait bon marché de se dispenser de ce qu'on a promis; on s'excuse qu'on a donné sa foy par force, et cependant vous voy-là dehors. Ne remettez jamais à demain ce que vous pourrez faire aujourd'huy; car il ne tint à rien que je ne fusse perdu, et si je n'eusse mis ces gens dehors, le secours entroit, et le seneschal eust eu raison avec sa foy de se mocquer de moy. Voy-là l'entreprise qui estoit en la Guyenne. J'oseray dire que Bordeaux n'estoit guere asseuré si j'eusse esté tué, car un pays sans chef est fort hasardé, et les Huguenots avoient beaucoup d'intelligence sur ceste ville-là.

Apres l'ordre laissé à monsieur de La Cassaigne pour Lectoure, ce mesme mardy, qu'estoit le jour de Sainct Michel, ou bien le lundy, je m'acheminay en extreme diligence dans Agen, et tout incontinent manday venir à moy le sieur de Nort conseiller, Delas advocat du Roy, lesquels me servirent tousjours en toutes mes depesches, et estoient de mon conseil en toutes choses. Nous fismes venir deux clercs du greffe et deux secretaires que j'avois : de toute la nuict ne fismes qu'escrire lettres à tous les seigneurs et gentils-hommes du pays, et croy que ceste nuit nous en fismes plus de deux cens. Le frere aisné dudict conseiller, nommé de Naux, qui estoit consul, ne fit toute la nuit que chercher messagers pour envoyer de tous costez. Je donnois advis à tous, tant de l'entreprise de Lectoure que de ce que le seneschal avoit dit, et l'autre qui avoit confirmé le dire dudit seneschal, les advertissois qu'a present se cognoistroient les bons et fideles sujets du Roy, et qui seroit bon François, et que depuis qu'il y avoit roy en France ne s'estoit presenté une si belle occasion pour faire cognoistre la fidelité et loyauté que nous devons porter à la couronne de France; et qu'à ce coup il y alloit de la vie du Roy, ou de la vengeance de sa mort ou prison, et que ceux qui demeureroient en leurs maisons, on les pourroit remarquer pour desloyaux au Roy et à sa couronne; que les Gascons n'avoient jamais esté marquez de telle marque; que je les priois que nous ne la laississions point à ceux qui nous avoient engendrez, ny à ceux que nous lairions apres nous. Bref, je n'oubliay toutes les choses dont je me pouvois adviser qui pouvoient affectionner les hommes à prendre les armes et secourir le Roy, et assignay tout le monde à Agen, au dixiesme du mois d'octobre. Les susdits et moy demeurasmes cinq jours et cinq nuicts, ne faisans que depesches de tous costez; et ne croy point qu'en vingt-quatre heures nul de nous eust une bonne heure pour dormir, de sorte que tous trois cuidasmes tomber malades.

J'ay toute ma vie hay ces escritures, aymant mieux passer toute une nuict la cuirasse sur le dos que non pas à faire escrire, car j'ay esté mal propre à ce mestier : il y peut avoir du deffaut de mon costé, comme j'ay remarqué aux autres qui s'en soucient trop, aymans mieux estre dans leurs cabinets qu'aux tranchées. De tous costez me venoient nouvelles que tout le monde se preparoit pour marcher. Je depeschay quarante capitaines de gens de pied, quatre compagnies de gens-d'armes, qui furent les sieurs de Gondrin, de Masses, d'Arne et de Bazordan, et huict ou dix cornettes d'arquebusiers à cheval. Je baillay les gens de pied à monsieur de Sainctorens qui estoit collonel des legionnaires, quinze enseignes pour luy, et quinze pour mon fils le chevalier de Malte, qui estoit en Piedmont, auquel j'escrivis se rendre au camp. Je l'envoyay vers Sa Majesté apres avoir sceu ce qui se passa à ceste belle journée de Meaux, le suppliant de luy donner la charge des quinze enseignes, ce qu'il fit de fort bonne volonté.

Le neufiesme jour apres la Sainct Michel, comme je me promenois sur le gravier d'Agen, regardant arriver gens de pied et de cheval de toutes parts, lesquels je faisois loger deçà et delà la riviere de Garonne, arriva à moy le capitaine Burée, qui avoit demeuré huict jours à venir, car il avoit failly quatre ou cinq fois d'estre prins, ayant fait la pluspart du chemin à pied, ne s'osant monstrer aux postes, car la pluspart estoient huguenots. Il m'apporta une lettre du Roy, et une autre de la Royne, par lesquelles leurs Majestez me discouroient leurs fortunes, et comme l'on les avoit faillis de prendre, et m'admonnestoit Sa Majesté de luy conserver encores une autre fois la Guyenne, comme j'avois fait aux premiers troubles. Par ces lettres Sa Majesté ne me mandoit point que je luy envoyasse secours, craignant que j'aurois assez à faire à conserver le pays avec les gens qui y estoient. Ledit capitaine Burée ne demeura que deux heures avec moy; je l'en fis retourner en extreme diligence [car ainsi en faut il faire, et l'ay toujours faict], pour asseurer leurs Majestez du secours que j'envoyois en France, et que j'esperois luy garder la Guyenne avec les gentils-hommes casanniers seulement et avec le peuple. Mais je ne faillis d'escrire à la Royne qu'elle ne fust plus si incredule ny sourde à mes advertissemens, et que si elle eust voulu commencer la feste et gaigner le devant, qu'elle eust mis le jeu bien loin à ses ennemis. Incontinent je depeschay messagers nouveaux à Thoulouse et à Bordeaux, et à tous les sieurs du pays, et leur envoyay les copies des lettres du Roy et de la Royne, les suppliant à tous de marcher en diligence pour secourir le Roy qu'on tenoit assiegé dedans Paris. Je puis asseurer une chose veritable, qu'oncques en ma vie je n'avois veu ny leu en livre une si grande diligence que tout le monde faisoit pour cet effect, tant les gens de pied que de cheval. Il n'y a point au monde un si bon peuple ny noblesse qui ayme plus son Roy, si ceste nouvelle religion ne l'eust corrompu, car certes elle a tout gasté : je ne sçay pas qui le racoustrera. Je fus dans Limoges en vingt neuf jours, contant du trentiesme de septembre que j'escrivois les lettres, avec mil ou douze cens chevaux et trente enseignes de gens de pied, auxquels je fis faire monstre, et aux gens-darmes quelque prest, ayant pour cet effet amené avec moy le sieur de Gourgues, general des finances, car je n'avois pas accoustumé toucher aux deniers du Roy. Estant à Limoges, j'assemblay tous les seigneurs et capitaines de gens-darmes en ma chambre, et là je leur parlay en ceste sorte :

« Messieurs mes compagnons, de toutes les bonnes fortunes que j'ay euës depuis que je suis en ce monde, et si en ay eu autant que capitaine de France, ny de tous les services que j'ay faicts à la couronne, qui ne sont pas si petits, comme vous mesmes sçavez, aussi y avez vous eu tous bonne part, et y avez employé vos vies et vos biens, je n'en ay jamais eu qui m'ait donné tant de contentement que cestuy-cy. Vous en devez faire le mesme et sentir pareil ayse dans vostre cœur que je fais au mien ; car quel plus grand bien vous peut estre envoyé de Dieu, que vous voir en si belle trouppe en si peu de temps à cheval pour aller au secours de vostre prince et de vostre Roy, pour la deffense duquel Dieu vous a donné la vie et à moy aussy, pour le secours, dis-je, de sa personne ? car, comme vous sçavez, le masque est osté : il n'est plus question de messe ou presche, c'est à sa personne que cela s'adresse ; ceux qui ont faict la meschante entreprise de Meaux, comme vous sçavez, l'on avoit faicte contre luy. Quel bonheur vous est-ce de voir que Dieu vous a reservez pour venger une telle injure, et assister vostre Roy et prince naturel en une telle necessité ! O mes compagnons, que vous vous devez estimer heureux, que vous devez estre contens ! quelle joye pensez vous que ce sera au Roy de voir une telle noblesse du dernier bout de son royaume, en si peu de temps et en tel equipage le venir secourir ? jamais il n'oubliera un tel service, et le recognoistra à vous et aux vostres. Croyez, messieurs, que si j'ay de la joye de voir que j'ay part en ce service, que j'ay bien de l'en-nuy que je ne peus avoir part au bon du faict,

que je ne vous puis servir de conducteur, et aller tous ensemble offrir nos vies à Sa Majesté. Je veux que Dieu ne m'aide jamais si je ne le desire plus que je ne fis jamais chose en ce monde ; mais vous voyez que c'est chose qui ne se peut faire sans mettre en hazard tout le pays, lequel j'espere conserver, en despit de toutes les praticques des ennemis, avec les forces qui me restent. Il ne reste donc, messieurs, si ce n'est que vous faciez la diligence requise. Souvenez vous de ce que vous m'avez veu faire et dire, que c'est la meilleure piece qu'un capitaine sçauroit avoir. Vous ne sçavez les affaires du Roy, ny s'il est pressé de secours ; parce ne sejournez pas, je vous prie. Je sçay bien qu'il y en a parmy vous plusieurs dignes, non pas de mener une trouppe, mais de conduire une armée ; par ainsi je vous supplie trouver bonne l'eslection que je fais pour conduire celle-cy, de la personne de monsieur de Terride, lequel monsieur de Gondrin assistera. Il est le plus ancien et experimenté ; je m'asseure qu'il s'en acquittera dignement ; aussi asseurez vous qu'en vostre absence il me ressouviendra de conserver vos maisons, et faites moy ce plaisir de vous ressouvenir de moy. Et si vous vous trouvez en mesme, faictes paroistre que vous estes gentils-hommes et gascons, et qu'il n'y a nation pour les armes pareille à la nostre. J'ay pratiqué toutes celles du monde, mais je n'en ai point veu de pareille, et en tous les faits d'armes petits et grands que j'ay veu faire, tousjours les Gascons y ont eu la meilleure part. Conservez, je vous supplie, ceste reputation. Jamais pareille commodité ne s'offrira pour faire paroistre ce que vous sçavez faire, et le zele et affection que vous portez à vostre Roy et naturel seigneur. »

Tous me remercierent, et me donnerent asseurance qu'ils ne sejourneroient que pour repaistre, qu'ils ne fussent auprès du Roy. Monsieur de Terride me remercia de l'honneur que je luy faisois. Il fut disputé du chemin, et chacun en opina ; car en matiere de conseils j'ay tousjours eu ceste coustume de faire opiner tout le monde, et m'en suis bien trouvé. Et apres plusieurs disputes il fut resolu que l'on prendroit le chemin droict à Moulins. Monsieur de Monsallez (1) me cuida un peu mettre en colere, car il vouloit s'en aller devant, comme s'il eust eu plus de desir et affection que les autres : je luy dis que cela n'estoit pas bon d'abandonner la trouppe, et cogneut bien qu'il m'avoit fasché. Je luy donnay la charge de conduire l'avant-garde, et à monsieur de Sainctorens les gens de pied. Avant nos-

(1) Jacques de Balaguier, seigneur de Monsalès.

tre depart de Limoges je les vis tous partir. Je ne veux rien escrire de ceste entreprinse de Sainct Michel (1); elle est trop vilaine et indigne d'un François, pire que celle d'Amboise; et vis bien que c'estoit des effects de la ligue ou contre-ligue dont j'avois senty le vent au Mont de Marsan. Je ne scay comme l'on s'aida du secours que j'envoyay; mais j'oserois bien dire que jamais lieutenant de roy ne tira hors du pays tant de noblesse ny de gens de pied tout à un coup, comme je fis, ny si grande quantité d'hommes signalez. J'avois telle opinion d'icelle, que si j'eusse rencontré monsieur le prince de Condé sans les reistres, je n'eusse pas quitté nostre victoire pour la sienne: et encore en m'en retournant je rencontray plusieurs trouppes qui venoyent pour estre de la partie. Je ne veux poinct me mesler d'escrire comme ce secours se porta aux affaires qui se presenterent, car Monsieur y estoit, et tous les princes et grands capitaines de France, qui se rendirent bien tost auprès de mondict seigneur.

Or, comme je pensois que l'on me sentist bon gré de la diligence que j'avais faicte, et que j'esperois en recevoir un bon remerciement de Leurs Majestez en contr'eschange de ce, on me presenta la patente qu'un dragon, commis du receveur de Guyenne, apporta, laquelle le Roy envoyoit à monsieur de Candalle (2), par là où Sa Majesté faisoit ledict sieur de Candalle son lieutenant general dans la ville de Bordeaux et au Bordelois, y commandant comme si j'y estois. Je fus fort esbahy de cela, et cogneus bien que l'on m'avoit donné une traverse à la Cour, et que le Roy et la Royne ne m'eussent jamais faict ce tour-là sans quelques presteurs de charitez; car, graces à Dieu, auprès des roys de France en y a tousjours de telles gens à revendre, et qui ne s'attaquent jamais qu'aux meilleurs et plus affectionnez serviteurs que les roys ont: qui est cause que je n'ai pas trouvé estrange celle que l'on m'a prestée ceste derniere fois, car ce n'est pas la premiere. Monsieur de Malassise, qui est aujourd'huy, m'en presta une en la Romaine, à l'endroit de monsieur de Guyse, et me vouloit, par ce moyen, faire oster le gouvernement de la Toscane, pour y mettre monsieur de La Molle, et luy fit à croire que j'avois dit beaucoup de mal de luy, et ledit sieur l'en creut, et m'en voulut grand mal un temps. Depuis, en presence de monsieur d'Aumalle, monsieur de Montpesat, messieurs de Cipierre et de Randan [les deux sont morts, et les autres deux en vie],

(1) A cette époque Condé et l'Amiral tentèrent de s'emparer de la personne du Roi.
(2) Henri de Foix de Candale.

à Macherate je m'en demeslay; mais si ne sceus-je encor si bien luy oster l'opinion qu'il en avoit conceuë, qu'il ne m'en gardast quelque racine; de sorte que jusques à Thionville il ne changea d'opinion. A mon retour à Montalsin il tint à peu que je ne coupasse la gorge à celuy qui en estoit cause. Il ne faut trouver estrange s'il m'en veut tant comme il faict: je ne veux point dire icy les raisons, pour beaucoup de considerations; je le laisseray faire tousjours comme il a fait jusques icy, maniant la Royne. J'espere qu'avec le temps Sa Majesté changera d'opinion, comme fit monsieur de Guyse.

On m'en presta une autre quand le roy Henry m'envoya en Piedmont, apres le retour de Siene, à la prinse de Vulpian, pour ce que je me tenois pres de monsieur d'Aumalle, n'y espargnant ma vie non plus que le moindre soldat du camp. Et croy qu'on n'eust pas voulu que le sieur d'Aumalle eust eu cet honneur de prendre Vulpian ne autres places qu'il print. Et me fut apporté une lettre de monsieur le connestable, par laquelle ledit sieur me mandoit que le Roy luy avoit commandé m'escrire que je me retirasse à ma maison jusques à ce qu'il me manderoit, me chargeant que j'avois dict que je n'obeyrois pas à monsieur de Termes, comme si je n'avois jamais accoustumé de luy obeyr; car toute ma vie je l'ay preferé en toutes choses à moy: aussi il le meritoit. Auparavant l'on en avoit bien presté une autre audict sieur de Termes, luy mettant sus que, pour l'alliance qu'il avoit faicte par son mariage en Piedmont, et pour l'amitié que les Biragues et luy avoient ensemble, il se pourroit bien emparer du Piedmont, comme si les uns ou les autres y avoient jamais pensé. Quoy que ce soit, on le tira du Piedmont: il estoit trop homme de bien, ce n'estoit pas le recompenser de tant de services. L'on le presta bien aussi à monsieur d'Aumalle, disant que les princes ne luy vouloient pas obeyr, et qu'il falloit envoyer monsieur de Termes pour les commander, comme si monsieur d'Aumalle n'estoit de meilleure maison que monsieur de Termes, et que les princes devoient plustost obeyr à un pauvre gentil-homme qu'à un qui est prince, encor que ce ne soit pas du sang royal. Je puis dire, pour l'avoir veu, et n'y a homme qui en puisse mieux tesmoigner que moy, que lesdits sieurs princes ne s'espargnerent non plus que les moindres gentils-hommes de l'armée, et firent acte digne du lieu d'où ils sortoient; car ils furent à l'assaut, et monterent sur la breche à Vulpian, grimpans avec des picques et quelques eschelles de cordes, car elle n'estoit pas raisonnable, comme j'ay escrit cy dessus.

Et puis que je me suis mis à escrire des charitez que l'on preste aux gens à la Cour, j'en veux encor escrire d'autres que j'ay veuës en mon temps, et de celles que j'ay leu aux histoires romaines. Premierement je vis donner celle qui cuida couster si cher à monsieur de Lautrec. L'on luy retint cent mil escus, que le Roy avoit commandé à Sainct Blanzay de les luy envoyer pour le payement des Suisses. Que si cet argent fust venu, les Suisses ne s'en fussent retournez en leur païs, car ils ne s'en retournerent que par faute de payement, et la duché de Milan s'en perdit. Ce pauvre seigneur de Lautrec ne fut bon à grand peine pour les chiens tout un temps, et ne pouvoit avoir audience pour dire ses raisons. A la fin le Roy l'escouta, et en fit pendre Sainct Blanzay, encore que le tort ne vinst de luy, mais le pauvre homme en porta la penitence. Je sçay bien qui en fut cause, mais je n'ay affaire de l'escrire. O qu'il y a de peine à servir les grands, et de danger quant et quant; mais il faut passer par là : Dieu les a faits naistre pour commander, et nous pous obeyr. D'autres nous obeyssent à nous, et toutesfois nous sommes tous d'un pere et d'une mere; mais il y a trop long temps pour alleguer nos titres.

Je vis le trait qu'on fit à monsieur de Bourbon. L'on le mit en tel desespoir, qu'il fut contraint de faire beaucoup de choses indignes d'un prince, car l'on luy vouloit oster son bien, et le remettre à la legitime du bien qu'il avoit eu de la maison de Bourbon, de laquelle il estoit puisné. Au camp de Mesieres, et au voyage de Valenciennes on lui en fit avaller deux; si monsieur de Bonnivet, qui estoit admiral, en estoit cause, je n'en sçay rien, mais on le disoit. Quelqu'un tousjours porte la marote : je pense que si le Roy n'eust voulu, ny luy ny madame sa mere n'eussent mis ce brave prince au desespoir. Ceste traverse fut cause d'un grand malheur en la France, et le Roy s'en repentit plus de trois fois depuis. Le prince d'Orange, qui commanda le camp de l'Empereur à Rome apres la mort dudit seigneur de Bourbon, avoit aussi peu avant quitté le service du Roy, pour avoir Sa Majesté commandé au mareschal des logis de le desloger pour loger un ambassadeur du roy de Pologne. Ceste occasion est bien legere, mais si elle est veritable : un bon cœur se fasche quand on le meprise.

L'on en presta un autre aussi à André Dorie (1), qui commandoit les galleres du Roy au temps que nous tenions le royaume de Naples tout asseuré : et ce fut pour faire bailler les galleres à monsieur de Barbesieux, car par faute qu'il eust fait il ne se peut dire; car le comte Philippin Dorie, son nepveu, avoit gaigné la bataille aupres de Naples, comme j'ay escrit, contre le viceroy dom Hugues de Moncalde, où il mourut, et le marquis de Guast, et plusieurs grands seigneurs prisonniers. Ledit comte estoit si vigilant et soigneux, qu'il ne pouvoit entrer un chat dans la ville de Naples : ceux de dedans estoient à l'extremité, le viceroy mort, les grands seigneurs prisonniers, et les autres revoltez du costé du Roy. Il faut donc confesser que le royaume estoit au Roy en despit de tout le monde; et le juste despit dudit André Dorie le luy fit perdre. Quand le Roy fut pris prisonnier à la bataille de Pavie, et que l'on le menoit par mer en Espagne, André Dorie s'en alla au devant des galleres qui le portoient, pour les combattre et leur oster le Roy : ce qu'il eust faict, et eust mis tout en hazart; mais le Roy l'envoya prier de ne le faire point, car s'il le faisoit il estoit mort; et desja l'on luy avoit annoncé de le faire mourir, si André Dorie se presentoit pour les combattre (2); qui fut cause que ledit André Dorie tourna à Gennes, laquelle pour lors estoit au Roy. Voylà un autre grand mal-heur et une malheureuse traverse qui porta autant de dommage que celle de monsieur de Bourbon; car non seulement pour ceste occasion se perdit tout ce que nous avions gaigné du royaume de Naples, mais encore se perdit Gennes; car toutes les pertes, tant du royaume de Naples que de Gennes, vindrent pour la revolte dudict André Dorie, laquelle il fit, offencé du tort et deshonneur que l'on luy avoit fait de luy avoir osté la charge de commander les galleres pour la bailler à un autre, sans avoir aucunement malfaict, ny avoir reçeu une seule escorne en sa charge, et aussi luy vouloir faire rendre les prisonniers de guerre sans aucune recompense. Or tenoit ledit André Dorie en si grand crainte la mer, que le Roy n'osa jamais passer en Italie jusques à ce que ledit André Dorie fust à son service. L'Empereur, ayant entendu le traict qu'on luy avoit faict, luy envoya la carte blanche, et qu'il couchast là dedans tout ce qu'il voudroit de luy, et qu'il vinst à son service. Et manda apres ledit André Dorie au comte Philippin, son nepveu, se retirer de devant Naples, et qu'il abandonnast le service du Roy, le venant trouver à Gayette ; ce qu'il fit : et avant partir, il fit mettre tant de vivres qu'il peut promptement dans Naples, afin qu'elle ne se perdist : et ainsi celuy qui leur avoit faict le mal leur fit le bien, car

---

(1) André Doria. Voy. *Mémoires de du Bellay*.
(2) Montluc se trompe; il ne fut fait aucune menace à François Ier.

autrement dans huict jours il falloit qu'ils entrassent en capitulation. O que cest homme devoit estre recherché! je croy que luy seul a ruiné les affaires du roy François. Les roys ny les princes ne doivent ainsi traicter les estrangers, ny leurs subjects aussi, quand ils les cognoissent gens de service. Et si nostre maistre fut mal conseillé, l'Empereur fut tres-bien advisé de se haster de bonne heure pour tirer ledict Dorie à son party, afin que le Roy n'eust le loisir de faire son appointement, et se rendre cest homme son serviteur. Les princes doivent icy prendre un bon exemple, et pour se faire sages aux despens des autres ils se doivent garder d'offencer un grand cœur, et un homme de service, mesmement quand vous ne le tenez pas obligé, comme celuy qui a sa femme, ses enfans et son bien à vostre mercy. Le Roy n'avoit rien de tout cela sur André Dorie. Ce fut une des plus grandes incongruitez que j'aye veu faire en mon aage, plus importante encor que celle de monsieur de Bourbon.

Puis j'en ay veu donner une autre au prieur de Capue, qui estoit un des vaillans hommes que cent ans a aye monté sur mer, et autant des Turcs et des Chrestiens, et luy voulut-on faire accroire qu'il avoit mangé le lard. Il fut trainct s'en aller avec ses deux galleres se rendre à Malte à sa religion. O le grand tort que le Roy se fit là de croire si legerement! le dommage en fut à luy, et la perte à la France, car ce seigneur estoit homme de service, et qui sçavoit bien le mestier duquel il se mesloit.

J'en ay veu donner une autre aussi à monsieur le mareschal de Biez. J'oseray gager mon ame que ce seigneur-là ne pensa jamais à faire acte meschant contre le Roy; toutes-fois on le calomnia fort un peu apres la mort du roy François le Grand, luy mettant sus qu'il estoit cause que monsieur de Vervin son gendre avoit rendu Bologne; et luy bailla-on pour faire son procés un Cortel, le plus renommé mauvais juge qui fut jamais en France. Qui vid jamais ny ouy dire qu'on punist quelqu'un pour la lascheté d'un autre? Quand on luy faisoit son procés, on luy mit à front trois grands pendars (1), lesquels luy soustindrent que le jour du grand rencontre qu'il eut avec les Anglois il monta sur un grand cheval portant un panache blanc pour se faire remarquer, afin que les Anglois ne donnassent à luy; comme si c'estoit chose bien aisée à faire : quand on est meslé en une bataille, la poussiere, la fumée et les cris empeschent bien ce jugement. C'est aussi l'ordinaire des braves hommes de se remarquer pour se faire cognoistre un jour de combat, mesmement aux guerres estrangeres qui se font comme pour honneur, et non pour haine; car aux civiles monsieur de Guyse s'en fust mal trouvé à la bataille de Dreux. Voilà comme on calomnioit ce pauvre seigneur, lequel ce jour là deffit huict cens Anglois. Je croy que si le Roy eust envoyé un tel commissaire, et qu'il eust voulu ouïr les Huguenots, il eust trouvé prou de tesmoins que j'avois promis la Guyenne au roy d'Espagne. Je n'aymay jamais ceste nation, ny les aimeray, car je suis trop bon françois. Et pour retourner audit sieur mareschal, comme ceux-là qui luy avoient baillé ceste traverse virent qu'ils ne le pouvoient attraper par nul moyen, et qu'il s'en alloit relaxé au grand deshonneur de ceux qui l'avoient mis en ceste peine, l'on luy mit sus qu'il avoit faict passer des passevolans en sa compagnie d'hommes d'armes, pour gaigner les payes; ce qui se trouva veritable, comme l'on m'a dit, mais c'estoit pour donner à des gens qu'il tenoit en Flandres pour le tenir adverty de ce qui se passoit au pays de l'ennemy; car quelquefois nous sommes contraints de nous ayder du nostre mesme pour servir le Roy. Je laisse penser à un chacun si cela meritoit de le faire venir sur un eschauffaut et estre desgradé de noblesse, des armes et de la mareschaucée, condamné d'avoir la teste tranchée. Mais comme l'on le vouloit executer, le roy Henry, se ressouvenant qu'il l'avoit faict chevalier, luy envoya sa grace, et mourut, tant de vieillesse (1) que de regret qu'il eut, cinq ou six mois apres; car qui eust voulu vivre apres une telle injure et honte? La justice de France n'est pas sans Cortels, car il en y a prou que si le Roy leur bailloit entre les mains le plus homme de bien de son royaume, ils y trouveroient assez de prinse, comme Cortel disoit que si l'on luy bailloit le plus juste lieutenant du Roy du royaume de France, pourveu qu'il eust exercé la charge un an ou deux, qu'il ne craignoit pas qu'il ne trouvast matiere pour le faire mourir. Ce pauvre seigneur avoit faict un acte belliqueux, si jamais homme en fit, aupres du fort de Montreau. Quand les Anglois sortirent de Bologne pour luy venir donner la bataille, il avoit avec luy le regiment du comte Ringrave, et croy que luymesmes y estoit, celuy des François que monsieur de Tais commandoit, et sept enseignes d'Italiens. Et comme les ennemis chargerent nostre cavalerie, elle se mit en routte; et voyant

---

(1) Nommés Médard Pédin, Bocquet, et Jean de Bourienne; ils furent tous trois pendus six ans après, comme faux témoins dans une autre affaire.

(2) Il était octogénaire.

ledict sieur le desordre des gens de cheval, il s'en courut au bataillon des gens de pied, et leur dict : « O mes amis, ce n'est pas avec la cavallerie que j'esperois gaigner la bataille, car c'est avec vous; » et mit pied à terre, et prenant une picque d'un soldat auquel il bailla son cheval, se fit oster les esperons, et commença sa retraicte tirant à Ardellot. Les ennemis, apres avoir chassé longuement nostre cavallerie, retournerent à luy, lequel demeura quatre heures ou plus en sa retraicte, ayant les gens de cheval l'une fois devant, une autre au costé, et leurs gens de pied sur la queuë; mais ils ne l'oserent jamais enfoncer. Et m'a esté dit par des capitaines qui y estoient, que jamais il ne fit cinquante pas qu'il ne fist teste aux ennemis. Ceste retraicte se peut dire une des braves retraictes qui se soit faicte il y a cent ans : je serois bien aise qu'on m'en nommast une pareille, ayant gens de pied et de cheval dessus; et sa cavallerie en fuitte. Voy-là ce que ce seigneur fit pour sa derniere main, estant en l'aage de plus de soixante dix ans; et neantmoins il fut traicté de ceste sorte. Que l'on demande à monsieur le cardinal de Lorraine qui estoit celuy-là qui luy bailla ceste traverse; car à Poissi, lors de l'assemblée que le Roy fit des chevaliers de l'Ordre devant le roy François second, il le luy reprocha, et vindrent fort avant en parolles. Je suis trop petit compagnon pour le nommer; encor que j'y fusse : aussi il y a des dames meslées.

Un an apres je vis aussi faire une autre escorne à monsieur de Tais, le chargeant qu'il avoit dit mal d'une dame de la Cour. Ce malheur est en France qu'elles se meslent de trop de choses, et ont trop de credit. Et luy fut ostée la charge de l'artillerie, et depuis ne rentra en credit. Le roy de Navarre pria le Roy ne trouver mauvais s'il se servoit de luy à la prise de Hedin, ce qu'il luy accorda; et fut tué aux tranchées dudit Hedin, faisant service à celuy qui ne l'avoit aggreable, qui est un grand crevecœur et un grand regret de mourir, faisant service à son prince auquel on n'est aggreable : en quoy nostre condition est miserable. Toutesfois je croy que le Roy s'en fust en fin servy, car à verité il estoit homme de service. Et croy que le Roy eut regret de l'avoir chassé de la Cour; mais bien souvent ceux ou celles qui gouvernent les roys leur font faire des choses contre leur naturel et volonté, et apres ils en sont marris : mais il n'est pas temps de se repentir quand les traverses ont porté tel dommage au prince, qu'il est irreparable; et ceux qui les veulent apres excuser taschent de se couvrir envers le Roy d'un sac mouillé, mettant de nouveaux faicts en avant. Je ne veux parler de celle de monsieur le connestable, qui le fit esloigner de la Cour, et tout dit-on pour les femmes, ny aussi de feu monsieur de Guyse : on les a veu tantost dehors, tantost dedans. Le Roy devroit clorre la bouche aux dames qui se meslent de parler en sa Cour : de là viennent tous les rapports, toutes les calomnies. Une babillarde causa la mort de monsieur de La Chastaigneraye. S'il m'eust voulu croire et cinq ou six de ses amis, il eust demeslé sa fusée contre monsieur de Jarnac d'autre sorte; car il combattit contre sa conscience, et perdit l'honneur et la vie. Le Roy leur devroit commander de se mesler de leurs affaires. J'excepte celles que je dois. Leur langue a cousté beaucoup, et apres, il n'est pas temps, comme j'ay dict. Ce sont les traverses et charitez qu'en mon temps j'ay vuës prester à grands personnages et à de pauvres gentilshommes comme moy; aussi tout cela provient des envies que les uns et les autres se portent, et qui sont pres des roys. Cependant que j'ay esté à la Cour, j'en ay veu plusieurs qui se faisoient faux-feu, et se fussent entre-mangez s'ils eussent peu, qui toutesfois se faisoient bonne mine, s'embrassant et caressant comme s'ils estoient les meilleurs amis du monde. Je n'ay sçeu jamais faire ce mestier : j'ay porté au front ce que j'ay dedans le cœur.

Par là on peut juger que le mal-heur auquel ce royaume est tombé n'est pas arrivé par faute de hardiesse ny de sçavoir qui ait esté en nos roys, ny à faute d'avoir des vaillans capitaines et soldats, car jamais roys de France n'en eurent tant à pied qu'à cheval que les roys François Henri et Charles. Que si on les eust voulu employer aux conquestes estrangeres, ils eussent mis la guerre loin d'eux. C'a esté un grand mal-heur pour eux et pour toute la France; et si ne faut pas dire qu'il tint à l'Eglise ny au tiers estat; car tout ce que les roys leur ont demandé leur a esté accordé. Les enfans pourront donc juger à qui il a tenu et quelle a esté la source des guerres civiles; j'entends des grands, car ils n'ont pas de coustume de se faire brusler pour la parole de Dieu. Si la Royne et monsieur l'admiral estoient en un cabinet, et que feu monsieur le prince de Condé et monsieur de Guyse y fussent aussi, je leur ferois confesser qu'autre chose que la religion les a meus à faire entretuer trois cens mil hommes; et je ne sçay pas si nous sommes au bout, car j'ay ouy dire qu'il y a une prophetie, je ne sçay pas si c'est de Nostradamus, qui dit que les enfans monstreront à leurs meres par merveille quand ils verront un homme, tant peu il y en aura, s'estans tous entretuez. Mais n'en parlons plus, le cœur m'en creve à moy-mesmes qui y ay le moindre interest, et qui m'en iray bien tost en l'autre monde.

Je n'aurois jamais fait si je voulois escrire toutes les traverses et charitez que j'ay leu dans les livres des Romains, qu'autresfois j'ay prins plaisir de voir, en m'estonnant pourquoy et à quoy il tient que nous ne soyons si vaillans qu'eux. J'en conteray seulement un ou deux, et commenceray par ce que j'ay leu je ne sçay en quel livre, de Camille, grand capitaine romain, qui gaigna plusieurs batailles et eslargit l'empire romain de grand estenduë de pays, et à la fin fut appelé en jugement, pource qu'il avoit donné la despoüille des conquestes pour edifier des temples et sacrifier à leurs Dieux, de laquelle despoüille la moitié appartenoit aux gens de guerre; mais afin que les Dieux l'assistassent en leurs batailles et conquestes, il leur fit don, disant que les gens de guerre avoient autant de besoin que les Dieux leur aidassent comme luy mesmes. Et comme il fut retourné à Rome, l'on luy fit son procés en recompense des grands services qu'il avoit fait au peuple, et des grandes batailles qu'il avoit gaignées. Toutes-fois ils ne le firent mourir, mais l'envoyerent en exil en une ville du nom de laquelle il ne me souvient, parce qu'il y a long temps que je n'ay leu Tite Live, non pas en latin; car je ne sçay pas plus de ma patenostre, mais en françois. Et comme il eust demeuré quelque temps en ceste ville, vindrent trois ou quatre roys gaulois avec grand armée, et prindrent Rome, et tuerent presque tous les citoyens, reservé quelques uns qui se retirerent au Capitolle et là tindrent bon quelque temps. Tite Live racompte qu'une nuict ceux qui s'estoient ainsi retirez au Capitolle s'estoient endormis, et les ennemis avoient desja gaigné un endroit au Capitollè, et qu'une oie commença à crier, qui esveilla les gardes, et entrerent en combat contre les ennemis, et les repousserent. Or ledit Camille se mit en campagne et assembla tant de gens qu'il peut. Et parce que les ennemis ne trouvoient plus à desrober, ne de vivre à leurs plaisirs dans Rome, ils s'espandirent par la campagne, à dix ou douze mil de Rome. Ledict Camille fit une grande cavalcade, et en tua au travers des campagnes sept ou huict mil. [Quand je fus à Rome, au temps du pape Marcel, je me faisois monstrer ces lieux-là, prenant grand plaisir de voir les endroits où tant de beaux combats s'estoient faits; et me sembloit que je voyois les choses devant les yeux que j'avois ouy racompter ou lire, mais je n'y vis rien pourtant qui ressemblast ny rapportast à Camille]. Le bruit de ceste desconfiture ayant couru par toutes les villes prochaines, fit que beaucoup de bons hommes se rendirent au camp de Camille, lequel, se voyant assez fort, s'en alla à Rome occupé d'un grand nombre de Gaulois, lesquels il defit, et sauva une grande somme d'argent que ceux qui s'estoient retirez au Capitolle avoient promis de donner; et depuis fut appelé le second fondateur de Rome. Les historiens rendront meilleur compte de ceste histoire que moy, qui peut estre me mescompte, pour-ce qu'il y a plus de trente ans que je n'ay leu livre, ny moins en ose lire de present à cause de ma veuë et de ma blessure.

En Espagne, les deux Scipions furent desfaicts à trente lieuës l'un de l'autre, et en trente jours, à sçavoir, P. Scipion le premier, et son frere Cornelius Scipion par Asdrubal. Et de l'un camp et de l'autre se sauverent quelques-uns, et se rendirent tous aux cloisons où ils avoient hyverné. Et comme ils furent là, trouverent que tous leurs colonels estoient morts, et furent contraincts d'en eslire un qu'ils appelerent le Nouveau capitaine. Asdrubal sçachant que ce Nouveau capitaine avoit rassemblé les soldats romains qui s'estoyent sauvez des deux deffaites, s'en alla soudain les assaillir ; mais il fut virilement repoussé, et contrainct de se retirer en un lieu auquel ce vaillant capitaine le vint combattre de nuict, et desfit non seulement l'armée qu'il avoit, mais une autre qui estoit en un lieu pres de là, tellement que par sa vaillance il sauva, non seulement ce peu de Romains qui s'estoient sauvez des deux batailles perduës, mais les Espagnes au peuple romain; car sans luy tout y estoit perdu pour les Romains. Or le senat demeura long temps sans avoir nouvelles des Scipions ny de leurs affaires, et apres furent advertis de la perte qu'avoient fait les deux Scipions, et des victoires du Nouveau capitaine. Il ne me souvient comme il s'appeloit auparavant qu'il fust creé et appelé Nouveau capitaine; il en souviendra mieux aux historiens qu'à moy, qui n'ay veu il y a si long temps livre. Et comme le senat fut adverty du tout, ils envoyerent Scipion le jeune pour commander : je croy qu'il estoit fils du premier Scipion, qui avoit esté tué; et manderent au Nouveau capitaine qu'il vinst à Rome. Et comme il fust à Rome, au lieu de le recompenser, ils le mirent en jugement, luy mettant sus qu'il avoit prins l'eslection et commandement des soldats et non du senat. Et croy qu'ils le firent mourir, à tout le moins je n'ay point veu en Tite Live qu'il se parlast plus de luy.

O combien d'autres grands capitaines ont esté

payez de telles recompenses du temps des Romains! les histoires en sont toutes pleines. Et puis que la justice de France est regie et gouvernée par les lois des Romains (1), c'est bien raison que les roys de France se gouvernent par leurs coustumes. Que pleust à Dieu que le Roy voulust faire parler de luy pour jamais, et laisser memoire de sa prudence, qui seroit à jamais loüée! c'est qu'il fist brusler tous les livres des loix suivant lesquelles sa justice juge, et faire une justice toute nouvelle, juste et saincte [car j'oserois dire qu'il n'y a monarque en la chrestienté qui s'aide de ces loix, que les roys de France; tous les autres ont des loix faites par eux pour abreger tous procez, ouy mesmes Bearn et Lorraine, qui sont aux deux coings du Royaume], et que les procez ne puissent durer plus de deux ans. Si le Roy faisoit cela, il se pourroit vanter d'avoir un monde de soldats qui seroyent forcez de prendre les armes, puis qu'ils n'auroyent que faire au palais; car ostez ceste vacation, à quoy voulez vous qu'un bon cœur, noble et genereux, s'adonne sinon aux armes? Qui accroist la puissance et l'estenduë du Grand Seigneur? rien que cela: il ne songe qu'aux armes. O combien de braves capitaines sortiroyent de ce royaume! Je croy que les deux tiers s'amusent en ces palais et plaidoyeries; et cependant, encor qu'ils ayent naturellement bon cœur, avec le temps s'apoltronissent. Ce royaume seroit formidable aux estrangers. Combien seroit-il riche et opulent! car toute la ruine de la noblesse ne vient que des mauvais conseils que les advocats donnent aux parties. Il me souvient avoir leu en une fenestre d'une maison à Thoulouse, qu'un advocat des plus fameux de la cour, qui se nommoit Mainery, avoit fait mettre un escriteau où il y avoit tels mots gravez:

    Faux conseils et mauvaises testes
    M'ont fait bastir ces fenestres.

Et puis qu'eux-mesmes le mettent par escrit, je le puis bien dire. Nous sommes bien fols de nous destruire les uns les autres pour les enrichir. La ruyne vient aussi bien à celuy qui gaigne qu'à celuy qui pert, car ils tirent les procez en si grande longueur, que quand celuy qui a gaigné conte l'argent qu'il a despendu, il trouve avoir plus mis que gaigné, outre le temps qu'il a perdu. Et si le Roy faisoit cela, peut estre que les coustumes des traverses et charitez que l'on donne se perdroient comme les loix, et tous les bons serviteurs du Roy qui ne pensent à autre chose qu'à le servir fidellement et loyallement, demeureroient pres de Leurs Majestez, ou seroient employez pour son service.

Or, puis que je fais compagnie à tant de grands personnages du temps passé et de ceux que j'ay veu de mon temps, je me resjouiray à la retraite que j'ay fait ma maison, me tenant heureux de tenir compagnie à si grands hommes, estant asseuré de deux choses, c'est de la loyauté, laquelle l'on ne me peut oster en aucune maniere; et l'autre, que j'ay affaire à un bon Roy, qui cognoistra avecques le temps le service que je luy ay fait et à sa couronne. Que si je suis retiré en ma maison, ce n'est pas à regret, car c'est tout ce que de long temps je desirois, pourveu que ce fust en la bonne grace du Roy et de la Royne, laquelle justement ne me peuvent oster. Dequoy j'en loüe Dieu, qui m'a si bien conduict en toutes mes charges, que je ne leur ay jamais donné occasion de m'en priver; et suis plus heureux et plus content que ceux-là qui m'ont baillé ces traverses, car je me ris de la peine en laquelle ils sont de se garder les uns des autres et s'en donner: je croy que les ames de purgatoire n'ont point tant de peine. Et je suis icy en repos avec ma famille et mes parens et amis, prenant plaisir à faire escrire sous moy ce que j'ay veu. Je pourrois dire que, sans ceste grande arquebuzade qui me perce le visage, et laquelle il faut que je laisse ouverte, je serois tres-content et heureux; car en la perte de mes enfans, je me console qu'ils sont tous morts en gens de bien, l'espée en la main, pour le service de mon Roy. Et pour le reste, je serois un homme sans sens ny entendement, si je ne jugeois que ce sont des tours qui se joüent au monde, et quant et quant que c'est un grand bien pour moy, qui n'ay pas occasion de faire mal à personne, dequoy je ne me pourrois exempter continuant une telle et si grande charge comme estoit celle que j'avois.

Je laisseray ce propos qui m'a mis en colere, pour retourner à ce que je devins apres avoir dit à Dieu à tous ces seigneurs et capitaines qui alloient en France. Je repassay par Perigueux et baillay commission au seneschal de Perigord pour faire teste à tout ce qui se remueroit par de-là. Et comme je fus à Agen, j'envoyay une patente à monsieur de Bellegarde à Thoulouse, pour commander en mon absence au pays de Cominge, Bigorre et jusques aux frontières de Bearn; une autre à monsieur de Negrepelice, pour commander aux jugeries de Verdun et riviere; j'en envoyay une autre à monsieur de Cornusson le vieux, pour commander en Rouërgue; puis laissay encores quatorze ou quinze enseignes

---

(1) Dans les pays de droit écrit seulement.

de gens de pied, lesquelles je tenois partie en Quercy, pour faire teste aux Vicontes, qui ne bougeoient du pays et remuoient tousjours quelques besongnes, et le demeurant vers Bordelois. Et au bout de quelque temps le Roy me manda que j'allasse assieger La Rochelle, et qu'il m'envoyoit commission pour recouvrer de l'argent pour faire les frais de la guerre.

[1568] Premierement il vouloit que ceux de Thoulouse me baillassent vingt mil francs de l'argent qui estoit provenu des meubles des Huguenots, pour payer les gens de pied; et pour les fraiz de l'artillerie; que je prendrois quinze mil francs sur quelques droicts que le Roy a en Sainctonge, et Sa Majesté n'en tire que neuf mil; que Sadite Majesté manderoit au gouverneur de Nantes qu'il m'envoyast quatre canons et quelque coulevrine. Voy-là mes assignations bien asseurées et propres pour une telle besoigne. Il sembloit plutost que c'estoit une mocquerie et une farce qu'autrement, et qu'on me vouloit envoyer devant La Rochelle pour me faire perdre ou pour y recevoir une escorne. Si est-ce que je vouluz tenter tout ce qui s'en pourroit tirer. Et manday incontinent au parlement et capitouls ce que le Roy leur escrivoit. Ils me firent responce qu'il y avoit long temps que ce peu de meubles qui s'estoient trouvez des Huguenots en leur ville avoient esté venduz et despenduz pour les frais qu'il leur avoit convenu faire aux affaires qui s'estoient presentez. Et ayant entendu ceste responce, je m'en allay à Bordeaux veoir si je pourrois convertir la cour de parlement et les jurats, qu'ils aidassent de quelque argent à l'entreprise; et ne sceuz jamais tant faire avec eux, qu'ils y voulussent fournir un seul denier, disant qu'ils vouloient garder ce qu'ils avoient pour l'employer à la deffense de leur ville si l'occasion s'en presentoit, et non pour La Rochelle qui n'estoit de leur ressort. Je depeschay vers Leurs Majestez, leur faisant sçavoir leurs responces, et que pour cela je ne m'arresterois de m'acheminer en Sainctonge, les suppliant m'envoyer autres assignations plus seures; autrement je ne me pouvois aller engager devant La Rochelle sans perdre leur reputation et la mienne, et peut estre tout le camp; car assiegeant une place de telle importance sans que les soldats fussent payez pour les tenir subjects aux tranchées, ils seroient contraints s'en aller au pillage; et cependant l'artillerie me demeureroit engagée: aussi je sçavois bien ce que valloit l'aune de tels affaires. J'escrivis aussi à Sa Majesté qu'il commandast au gouverneur de Nantes qu'il m'envoyast l'artillerie en diligence, et qu'il la fist porter en Broüage, esperant bien tost avoir gaigné les Isles. Et comme j'eus mandé à Leurs Majestez ceste depesche, je m'en revins en Agenois pour faire marcher douze ou treize enseignes que j'y avois, et aussi pour amener la noblesse du pays. Et estant à Sainct-Macaire, j'y trouvay monsieur de Lauzun et les commissaires qui faisoient la monstre de sa compagnie. Je priay ledit seigneur qu'incontinent la monstre faicte il fist acheminer monsieur de Madaillan, qui portoit son enseigne, droict à Sainctes, et baillay audict sieur de Madaillan une cornette d'argoulets qui estoit au sieur de Verduzan, seneschal de Bazadois, mien parent, et luy baillay les compagnies de Mabrun, Thodias et La Mothe Mongauzy, et leur ordonnay de faire extreme diligence, sans arrester qu'ils ne fussent à Sainctes, et que si les Marenneaux estoient à Sainct Severin, que dés qu'ils auroient repeu ils les allassent combattre, et que s'ils avoient la victoire, ils menassent bien les mains, car ce n'estoit que communes, et dés que les autres entendroient la deffaicte de leurs compagnons, ils se mettroient en telle crainte qu'ils ne feroient jamais plus teste, et que la peur iroit jusques à La Rochelle; mais qu'il falloit sur tout faire grand tuerie pour donner l'espouvante. J'escrivis à monsieur de Pons toute l'entreprise, et qu'il envoyast des forces à Sainctes, pour que tous à un coup allassent faire ceste execution. J'avois desja mandé aux enseignes qu'ils se rendissent en Agenois, et à la noblesse pareillement. Ledit seneschal de Bazadois print la charge d'estre nostre mareschal de camp. Je n'avois de gensdarmes que la compagnie de monsieur de Lauzun, la mienne et celle de monsieur de Merville, grand seneschal de Guyenne: de celle de monsieur de Jarnac, que le Roy avoit commandé se rendre pres de moy, ne s'en trouva pas la quarte part, car les autres estoient avec monsieur le prince de Condé. Et n'arrestay que trois jours à Agen, et m'en retournay droit en Bordelois avec ce peu de forces que j'avois peu assembler. Et baillay la charge des gens de pied à commander à mon nepveu le sieur de Leberon. Et comme je fus à la seconde journée d'Agen, je receus lettres de monsieur de Madaillan, par lesquelles m'advertissoit comme ils avoient faict si grande diligence qu'ils estoient arrivez la troisiesme nuict apres que je les eus laissez à Sainctes, et qu'ayant entendu qu'il y avoit trois enseignes de gens de pied à Sainct Severin, qui s'y estoient parquez et fortifiez, ils les avoient chargez et de faict emporté trois drapeaux. J'arrivay cinq ou six jours apres à Marennes, où je trouvay monsieur de Pons, à qui Sa Majesté avoit escrit, et à monsieur de Jarnac aussi, de se rendre auprès de moy au siege de La Rochelle. Peu apres je receus une lettre du gouverneur de Nantes, par laquelle il me mandoit qu'il ne se falloit point attendre à son artillerie, car il n'avoit qu'un canon monté sur vieux roüages, et que le demeurant estoit tout par terre, sans qu'il peust estre prest d'un mois. Voy-là comme les villes de frontiere et d'importance estoient pourveües et munies : La Rochelle n'estoient pas ainsi. Je me mis à temporiser aux environs de Sainct Jean et de Sainctes, en attendant la responce de Leurs Majestez, et l'argent pour faire partir l'artillerie de Bordeaux, bien marry de m'estre advancé si avant. De jour à autre je leur faisois des depesches, mais je n'en pouvois avoir responce. Le dernier que j'y envoyay, ce fut Dagron, qui s'estoit retiré auprès de monsieur de Pons. Et cependant monsieur de Lude (1) s'approcha de Sainct Jean, et parlasmes ensemble à la maison d'un gentil-homme. Il me monstra des lettres que le Roy luy avoit escrites, par lesquelles il luy commandoit de se rendre à l'entreprise de La Rochelle avec moy, et me dict qu'il m'obeiroit d'aussi bonne volonté qu'à la propre personne du Roy, pour estre le plus vieux capitaine de France, et qu'il m'ameneroit six ou sept enseignes de gens de pied et trois ou quatre cens chevaux. Doncques il ne tint à moy ny aux seigneurs à qui le Roy avoit commandé m'y assister, ny à force gens de pied ny de cheval, sinon à faute de moyens pour mener l'artillerie et un peu d'argent pour les gens de pied, que ce siege de La Rochelle ne reussist. Je ne veux pas dire que je l'eusse emporté, mais je leur eusse faict peur, et peut estre du mal.

Pendant ce temps monsieur de Pons avoit reduit les isles d'Oleron et d'Alvert, car elles sont presque à luy, et le capitaine La Gombaudiere estoit dedans, y ayant sa maison, et commandoit tant en Alvert qu'Oleron. Il ne restoit plus que l'isle de Ré, où on avoit fait un fort auprès d'une eglise, et plusieurs autres aux descentes. Je fis eslire cinq cents arquebusiers de toutes nos trouppes, et tous les capitaines, enseignes et lieutenans, sauf la moitié de la compagnie de Mongauzy le vieux, qui demeura à terre pour commander ce qui restoit; et fis embarquer mon nepveu de Leberon avec ladicte trouppe au havre du Boüage. Guillet, recepteur pour le Roy en ces quartiers là, print grand peine d'avitailler et preparer les navires. La royne de Navarre l'a faict mourir depuis en ces derniers troubles, et n'ay jamais peu entendre pourquoy. Je l'avois tousjours cogneu bon serviteur de Roy, et croy

(1) Guy d'Aillon, comte du Lude.

que la diligence qu'il fit en cest embarquement luy a porté plus de dommage que de proffit, et peut estre a esté cause de sa mort, car la royne de Navarre n'aimoit pas ces gens-là. La tourmente garda un jour et une nuict, que mondit nepveu ne peust faire descente; aussi les ennemis deffendoient la descente des forts qu'ils avoient faicts. A la fin il s'advisa la nuict d'envoyer tous les petits batteaux qu'il avoit amené avec luy chargez de soldats, faire descente par les rochers, derriere l'isle, où les ennemis ne se prenoient garde. Et comme il y en eut une partie en terre, les ennemis s'en apperceurent et coururent là et combattirent; mais les nostres demeurerent maistres. Mondit nepveu, qui estoit au combat, envoya devers les capitaines et soldats qui estoient demeurez aux navires, pour les faire venir; ce que promptement fut faict. Et comme tous furent à terre, ils marcherent droit au grand fort de l'eglise, qui estoit à une grand lieuë et demye de là, et l'assaillirent par deux ou trois costez : de sorte qu'ils l'emporterent et tuerent tout ce qui se trouva dedans, car ceux qui gardoient les descentes se mirent dans de petits batteaux et se sauverent devers La Rochelle. Monsieur de Pons et moy estions sur le bord de la mer, et voyons les batteaux qui fuyoient devers La Rochelle. Nous jugeasmes que c'estoient des gens de l'isle qui se sauvoient, et que nos gens avoient eu la victoire. Et deux jours apres mondit nepveu me manda comme le tout s'estoit passé, car plustost il ne peust, à cause que le vent estoit si contraire qu'il n'y avoit ordre de venir à Marennes, où ledict sieur et moy estions. Puis laissay dans l'isle deux compagnies de gens de pied, et fismes revenir mondit nepveu. Je laissay monsieur de Pons à Marennes, et m'en allay à Sainct Jean, où monsieur de Jarnac se rendit pour pourveoir à tout ce qui seroit necessaire au siege. Je fis faire grands provisions de vivres; le mareschal des logis de feu monsieur de Burie m'aida fort, car il est de ces quartiers-là.

Or j'attendois tousjours des nouvelles du Roy, mais je n'en euz jamais aucunes, ny aucun messager ne revenoit; et à la verité il y avoit du peril par les chemins, car les ennemis tenoient tous les grands chemins par lesquels on revenoit en Sainctonge. Et le premier qui arriva, ce fut Dagron, qui porta nouvelles que la paix estoit presque arrestée, et que bien tost le Roy me devoit mander ce que j'aurois à faire. Je croy qu'ayant veu monsieur le prince et monsieur l'admiral avec leurs forces aux portes de Paris pour donner une bataille, et puis se promener par la France, ils songeoient plus à cela qu'aux affaires de la Guyenne. Voy-là le succès de mon voyage de Sainctonge. Et pource qu'on m'a reproché qu'il y avoit trois ans que je n'avois rien faict qui vaille, je voudrois de bon cœur que ceux qui proposent au Roy les entreprises fussent aussi prompts à faire estat de ce qui est necessaire, comme ils sont prompts à donner des assignations et remedes qui ne vallent rien du tout, comme celles que l'on m'envoya, et ainsi nous ferions quelque chose de bon; mais de la sorte que l'on en use, il faudroit estre Dieu pour faire miracles. O que les gens sont bien-heureux qui demeurent pres du Roy, ne s'approchant pas des combats, et taillent force besongne et à bon marché aux autres, afin que le Roy les estime sages et bien advisez: ils n'ont garde de dire au Roy que si Montluc ou autre n'y veut aller à ce pris, qu'ils s'offrent d'y aller. Il suffit de sçavoir bien parler; et peut estre tel en parle, qui seroit bien ayse qu'on ne fist rien qui vaille, et ne sont le plus souvent que dissimulations, feintises et jalousies; c'est en bon françois trahir son maistre. Je m'asseure, à la bonne volonté des seigneurs qui estoient avec moy: et à l'estonnement en quoy ce peuple se mettoit, que si j'eusse esté secouru de moyens; j'eusse essayé d'emporter ceste ville, qui s'est depuis renduë tres-forte. Que si le Roy leur laisse prendre plus grand pied, il est à craindre qu'ils ne se tirent de son obeyssance. Je fus donc si mal assisté, et le Roy si mal servi, que je ne peuz faire autre chose.

Quelque jour apres, le Roy m'envoya la paix pour la faire publier à Bordeaux, et me manda que je fisse retirer en leurs maisons tous les gens de pied: ce que je fis, et l'envoyay à la cour de parlement et aux jurats, pour la faire publier. Je ne m'y voulus trouver, cognoissant bien que c'estoit une paix pour prendre haleine et temps pour se pourvoir d'autres choses necessaires pour la guerre, et non pour la faire durer; car le Roy, qui avoit esté prins au despourveu, n'enduroit jamais le traict qu'on luy avoit voulu faire: encore qu'il fust bien jeune, si estoit-il prince de grand cœur, et qui portoit impatiemment ceste audacieuse entreprise, à ce que j'ay ouy conter à ceux qui y estoient. Il monstra son courage genereux et vrayement digne d'un roy, se mettant à la teste des Suisses pour se sauver à Paris. Et pensez vous, messieurs, qui avez conduit ces trouppes, qu'il oublie ceste injure? malaisement l'endureriez vous de vostre pareil; voyez que vous feriez de vostre valet. Je n'ay jamais veu chose si estrange, ny leu: ce qui me faisoit tousjours penser que le Roy s'en ressentiroit. Monsieur le prince et monsieur l'admiral firent en ceste paix un pas de clerc, car ils avoient l'advantage des jeuz et croy qu'ils eussent emporté Chartres. Ceux qui moyennerent lors la paix, firent un bon service au Roy et à la France.

Voy-là la fin de ce que j'ay faict aux seconds troubles. Et me semble que ce n'est pas faire peu de service au Roy, de luy envoyer de secours unze ou douze cens chevaux, trente enseignes de gens de pied, et luy garder le pays de la Guyenne, luy conquerir les Isles, et ne tenir point à moy que je n'allasse tenter la fortune à La Rochelle, et luy envoyer tout l'argent qui se levoit par deçà: mais je pourrois faire miracles; ceux qui sont aupres de Sa Majesté m'en ont tousjours presté quelqu'une; et croy que si le Roy les veut escouter encore à cest'heure que je n'ay nulle charge, ils trouveroient quelque chose encore à redire, car il ne faut pas perdre les coustumes de la Cour, qui sont rapports et traverses à ceux qui ont envie de bien faire. Si j'estois pres d'eux, je sçaurois bien leur respondre; mais il y a trop de Gascogne à Paris; et puis j'ay perdu mes enfans, et en vieille beste il n'y a point de ressource.

Ceste paix des seconds troubles, qui fut faicte à Chartres (1), ne dura que huict ou neuf mois au plus; ainsi on l'appela *la petite paix*. Pendant ce temps je me transportay à Bordeaux au commencement de may, pour veoir comme toutes choses se passoient; et, selon les nouvelles qui ordinairement venoient de la Cour par ceux qui en partoient, je cognoissois bien par discours que ceste paix ne dureroit gueres: car aucunes fois l'on me disoit que monsieur le prince de Condé et monsieur l'admiral estoient contens en leurs maisons, et le plus souvent on m'asseuroit le contraire, et aussi que le Roy n'avoit fait aucun commandement qu'on laissast les armes, comme il avoit fait à la paix des premiers troubles, et que ceux de la nouvelle religion alloient et venoient d'un lieu à un autre, et tenoient souvent consistoires. On disoit que La Rochelle ne se rendoit poinct, ny Montauban, Castres, Millau, et autres places, et qu'il sembloit que ce fust plustost une trefve qu'une paix. D'autre part j'estois entré en deffiance du capitaine de Blaye, nommé Des-Rois. J'allay à Blaye, et menay le procureur general du parlement, nommé Labet, avec moy. Lequel Des-Rois me commença à tenir beaucoup de propos de la cour de parlement et des jurats de Bordeaux, me disant qu'ils le soupçonnoient, et craignoit d'aller à Bordeaux. Je luy respondis que cela ne venoit

(1) A Longjumeau le 25 mars 1568, et publiée dans le camp devant Chartres.

poinct du parlement, ne des jurats principallement, mais que luy-mesmes estoit cause de se faire soupçonner, pource que tous ceux de la garde de la place estoient huguenots, lesquels il favorisoit dans la ville, hors laquelle, en sa presence, ils avoient rompu une eglise, mais que s'il vouloit que personne n'eust soupçon ny parlast de luy, qu'il mist la pluspart de ceux de la garde de la place catholiques. Il me respondit qu'il y en avoit beaucoup de catholiques : toutesfois je sçavois bien le contraire. Et luy fis une remonstrance comme d'amy à amy, qu'il se souvinst de quel pere il estoit sorty, et que, pour les bons services qu'il avoit faict aux rois Francois et Henry, ils luy avoient donné la charge de ceste place, et depuis continuée à luy ; et plusieurs autres remonstrances qui me sembloient estre à propos pour luy oster une mauvaise opinion, si desja il l'avoit mise en son entendement. Auparavant je l'avois tousjours soustenu, pour l'avoir tousjours cogneu fort affectionné au service du Roy, comme il me sembloit ; et avois escrit à Sa Majesté que si je devois respondre d'un homme, je respondrois de celuy-là : voyez comme on se trompe quelquefois à juger les hommes à la parolle. Mais comme je fus de retour à Bordeaux, et veu des apparences qui ne me plaisoient gueres, je n'en eu pas l'opinion que j'en avois eu, et en escrivis à Leurs Majestez, mais ce fut sept ou huit jours apres que j'en fus party. Je sceu depuis que, quelques jours apres mon despart, il s'estoit rendu à Estauliers, pour parler avec monsieur de Mirambeau (1) et le baron de Pardaillan, où ils avoient demeuré ensemble cinq ou six heures enfermez dans une chambre. Trois jours apres ils se rassemblerent encores. Je fus aussi adverty qu'il avoit resolu d'aller à la Cour se presenter au Roy, et luy donner encor plus grande assurance de sa fidelité. Je depeschay devers le Roy, luy donnant advis de tout ce que j'en avois entendu, et que cy-devant je luy avois donné asseurance dudit Des-Rois, mais qu'à present je ne l'en asseurois plus, revoquant ma parole, veu les parlemens qu'il avoit faict à Estauliers, et que, si Sa Majesté me vouloit croire, il l'osteroit de là, y mettant un qui fust de la religion de Sadicte Majesté ; et que, s'il trouvoit mon conseil bon, il devoit retenir là ledict Des-Roys jusques à ce que j'y eusse mis celuy qu'il voudroit en sa place, et que j'eusse changé la garnison. Par mes lettres je suppliay tres-humblement Sa Majesté vouloir croire le conseil que je luy donnois, autrement qu'il s'en repentiroit le premier. Des-Roys ne faillit pas de partir au jour mesme, qui estoit un lundy, que j'avois donné advis au Roy. Et à ce qu'il me fut dit, il s'addressa à monsieur de Lansac, et croy bien qu'il lui fit ses doleances, et mit en opinion ledit sieur de Lansac que tous ces soupçons ne procedoient, sinon de ce que j'avois eu quelque envie de faire bailler la charge de ceste place à quelque gentilhomme qui fust à ma devotion. Et croy bien que, tant pour le voisinage qu'il avoit avec ledict sieur de Lansac, que pour la fame et bonne renommée du pere desdicts Des-Roys et des siens, ledict sieur de Lansac le soustenoit, et en parla au Roy, dont il en fut le premier trompé et en peine. On ne peut faire jugement d'un homme qui n'a encores jamais faict faute, mais plustost bien que mal, comme celuy-là. Les hommes ne se cognoissent pas au veoir comme de faux testons : Dieu seul peut lire dans leur cœur. Il s'en revint fort content du Roy, et encore, afin qu'il eust tousjours meilleure affection au service du Roy, il luy fit donner mil escus. Sa Majesté ne considera pas qu'il estoit de mauvais poil, duquel il n'en sort gueres de bonnes gens. Mais, quoy que ce soit, un autre y fust esté aussi bien trompé que luy, car il parloit d'or, et sçavoit bien desguiser la mauvaisetié de son cœur.

Voyez combien un prince doit prendre garde et observer les particularitez de ce parlement avec les Huguenots, et en ce doute prendre plustost un parti que l'autre. Il y a moyen de contenter celuy de qui on se craint, sans se desesperer, au lieu qu'on court fortune luy laissant la place en main, comme on fit à Des-Roys, et une bonne place, laquelle servit de beaucoup aux Huguenots. Depuis qu'une femme escoute, à Dieu vous dis; aussi depuis qu'un gouverneur d'une place parle ainsi en secret, il y a quelque anguille soubs roche. Il faut que le Roy ou le prince soit lors aussi jaloux que le mary qui sçait sa femme prester l'oreille ; si par mesme moyen, celuy qui se trouve à ces pourparlers n'en advertit sous main son maistre ou le lieutenant du Roy, encore y a il du danger, et il est mal-aisé se garder d'un traistre.

Avant que partir de Bordeaux, le matin j'assemblay le procureur general, le general de Courgues, le capitaine Verre ; le sieur de Leberon, mon nepveu y estoit aussi ; et voulus discourir avec eux ce que j'avois pensé en moy-mesme sur les nouvelles qui venoient journellement de la Cour, de la deffiance et mal-contentement en quoy estoit monsieur le prince de Condé, et ce que je ferois si j'estois en sa place. Ils se ressou-

---

(1) Jacques de Pons, baron de Mirambeau et de Plassac.

viendront que je leur disois que, si monsieur le prince pouvoit passer, il s'en viendroit en Sainctonge, ayant La Rochelle à sa devotion, et presque tout le pays, et que les Isles seroient bientost revoltées quand ils verroient force dans la Sainctonge et à La Rochelle, et monsieur de La Rochefoucaud pres d'eux; que resolument ledict sieur prince et les Huguenots tourneroient tous leurs desseins du costé de deçà; car dans la France ils n'avoient plus Roüen pour eux, et n'avoient plus aucun port de mer à leur devotion, et qu'ils seroient fort mal conseillez de recommencer une tierce guerre sans avoir un port de mer en leur pouvoir. Or ils n'en pouvoient choisir un plus à leur advantage que celui de La Rochelle, duquel dépend celuy de Broüage, qui est le plus beau port de mer de la France; car, estant là, ils auroient secours d'Allemagne, de Flandres, d'Angleterre, d'Escosse, de Bretaigne et de Normandie, tous pays farcis de leur religion. Et à la verité, si le Roy leur bailloit à choisir pour se cantonner au royaume de France, ils n'en eussent sceu choisir un plus à leur commodité et advantage que celuy-là. Ils trouverent mon discours approchant de la verité, lequel j'avois faict la nuit mesme, resvassant apres nos affaires, car ç'a esté mon entretien : cela presageoit presque autant d'infortune et de malheur comme les songes que j'avois fait du roy Henry et du roy Charles. Les ayant ainsi entretenus, je leur dis qu'il falloit trouver des remedes avant que le malheur advinst, et que je pensois bien que, donnant cest advis à Leurs Majestez, si l'on ne leur proposoit des moyens pour rompre leurs desseins, ils n'adjouteroient poinct de foy et mespriseroient mon advis. Nous commençasmes à discourir que, pour couper chemin à tous ces malheurs qui nous menassoient, il n'y avoit autre moyen que de se faire forts sur la mer, et se saisir de bonne heure des ports, et qu'avec quatre navires et quatre chaluppes que l'on tiendroit à Chedebois, à la Palisse et à l'embouchure de Broüage, il suffiroit; et que, si les ports estoient une fois nostres, ny Anglois, ny homme qui les peust favoriser, n'y pourroit venir, sçachant qu'il faudroit aborder és lieux où d'heure à autre la tourmente est fascheuse; que gens de marine ne partent jamais pour venir en un lieu, s'ils n'y ont port pour aborder ; et d'autre part, que, nos navires sejournans aux environs des Isles, les habitans ne s'oseroient jamais revolter, et que nos navires tiendroient La Rochelle comme assiegée, de sorte qu'ils seroient bien tost contraincts de se mettre à la devotion du Roy, ou se contenir sans remuer. Je leur fis tout ce discours, et tous ensemble conclusmes que j'en devois donner advis au Roy et à la Royne.

Or il falloit discourir où se prendroit argent pour dresser l'equipage, et qu'il faudroit pour les vaisseaux et pour payer les gens ; et advisasmes qu'avec dix mil francs nous les mettrions en mer, avec deux mil sacs de bled que je baillerois du mien pour faire des biscuits. Le general de Gourgues s'offrit qu'il en feroit venir du haut pays, et du bestail des Landes sur son credit, et le tout sur la fiance que nous avions qu'avec le temps Sa Majesté nous rembourseroit. Le procureur general se fit fort avec ledit sieur de Gourgues de convertir toute la jurade, qu'ils ayderoient tous les mois de quelque chose, et aussi qu'on leveroit la coustume que le maistre de la monnoye qui estoit lors avoit gaigné au conseil privé et au profit du Roy : ce que n'avoit esté encores executé, pource que le comptable de Bordeaux s'estoit mis à la traverse, disant que cela devoit estre comprins en son afferme; et pour despit le maistre de la monnoye n'avoit voulu faire executer l'arrest, et que, quand la jurade verroit que c'estoit pour un grand bien, non seulement pour le Roy, mais pour la ville de Bordeaux, que tout le monde y aideroit, et qu'avec cela et l'advance que j'ay mis cy devant, ne cousteroit plus rien au Roy. Le procureur general et ledict sieur de Gourgues avec le capitaine Verre en firent le calcul avec le jetton (1) devant moy; et conclusmes que le sieur de Leberon iroit remonstrer tout cecy à la Royne, et que Sa Majesté comprendroit mieux cest affaire que personne de son conseil. Et ainsi je depeschay ledit sieur de Leberon en poste à la Cour.

La Royne escouta toutes les remonstrances que mondict neveu luy fit. Sa Majesté luy dict qu'elle en vouloit parler au conseil : et au bout de trois jours la Royne luy dict que le conseil du Roy ne l'avoit pas trouvé bon; et croy que ce fut plus pource qu'aucuns mirent en avant que je faisois cela plus pour courir au long de la coste que pour raison qu'il y eust que cela deust advenir. Il me souvient que je donnay charge à mondict nepveu de dire à la Royne que j'estois si malheureux aux conseils que je luy donnois, qu'elle n'y avoit jamais voulu adjouster foy, encores qu'elle voyoit qu'ils se trouvoient tousjours veritables; et que je la supplios de me vouloir croire une fois en sa vie seulement, et que si elle ne le faisoit, elle s'en repentiroit; qu'il ne seroit pas temps d'y remedier quand le malheur seroit advenu. Mais toutes ces remonstrances ne ser-

---

(1) Manière de calculer, qui fut longtemps en usage.

virent de rien, et me r'envoya mondict nepveu sans autre depesche, sinon que le conseil du Roy ne l'avoit pas trouvé bon : ce qui a porté un tresgrand dommage, car je pense que les affaires des Huguenots ne seroient aujourd'hui tant à leur advantage comme ils sont; mais Dieu fait comme il lui plaist. Je sais bien, encores que tous les jours je fisse miracles, qu'on ne croiroit jamais à la Cour que je fusse devenu sainct, à tout le moins ceux qui sont auprès du Roy, car ils seroient bien marris que leurs Majestez pensassent qu'il y eust gens en tout le royaume de France qui fussent si vigilans ne attentifs aux affaires du royaume qu'eux, ny qui fussent si sages. J'ay tousjours ouy dire que ceux qui presument tant d'eux sont le plus souvent les moindres.

O qu'un roy sage et prudent doit veiller pour descouvrir ces piperies! j'estois trop esloigné pour le leur faire toucher au doigt, et les lettres n'ont poinct de replique; aussi dans le conseil du Roy un ennemy peut faire plus de mal que trente amis ne peuvent faire de bien : je n'en ay que trop senty les effects; et cependant tout va au rebours, sans qu'on puisse esperer qu'on s'amende, quoy qu'on sçache dire. Je puis bien icy faire le conte de Marc de Bresse. C'estoit un Italien, lequel avoit faict quelques services à la seigneurie de Venise; il avoit poursuyvi et sollicité sa recompence, mais il n'avoit eu que du vent. La fortune porta que le duc mourut; ce qu'ayant entendu, le segnor Marc dressa une requeste par laquelle il supplioit la Seigneurie de le vouloir eslire duc pour recompense de ses services. Toute la Seigneurie fut fort esbahie de la hardie demande de cest homme; et furent quelques uns deputez pour luy faire une reprimande et remonstrance. Il leur dict, les ayant ouys : *Perdonate mi, voi haveti fatto tante coionerie, che io pensato che farette anchora questa; ma basta son contento*. Ainsi pouvons nous dire à ces messieurs qui gouvernent tout, qu'il ne se faut estonner de ce qu'ils font, ny esperer mieux : à la longue le royaume s'en trouvera bien : il ne se faut estonner de rien qu'il facent. Je reviens à mon propos.

Or je m'en retournay devers le pays d'Agenois : à mon arrivée à Agen je m'offencay une jambe, ce qui me tint trois mois au lit; et en outre, comme je pensois estre guery, un caterre me surprit (1), qui me cuida coupper la gorge, et, sans ce qu'il prit son cours par une oreille, les medecins disoient que j'estois mort. Comme je fus un peu relevé, je m'en vins à Cassaigne pour changer d'air, qui fut environ la fin de juil-

let. Je fus adverty du costé de Bearn, que la Royne de Navarre estoit partie de Pau pour s'en aller en Foix faire tenir ses estats. Soudain apres j'eus advis qu'elle s'estoit arrestée à Vic Bigorre; et incontinent apres j'eus un autre advertissement, qu'un mercredy au soir luy estoit arrivé un gentil-homme de monsieur de La Rochefoucaut, qui avoit demeuré plus de quatre heures enfermé avec elle dans son cabinet. Quelque paix qu'il y eust, j'estois tousjours aux escoutes, et avois des gens apostez pour observer ce qui se faisoit en Bearn, car je sçavois bien qu'il se forgeoit là quelque chose qui ne valoit gueres. J'eus advis que le jeudy elle estoit partie en grand haste, et prenoit le chemin de Nerac, comme il fut vray, car elle y arriva le dimanche matin. Sa venuë donna à penser à beaucoup de gens beaucoup de besongnes, et que la paix ne dureroit gueres. Je l'envoyay le lendemain visiter par mon nepveu de Leberon, la suppliant tres-humblement que sa venuë nous apportast quelque profit pour l'entretenement de la paix, l'asseurant sur mon honneur que de mon costé je prendrois tel soin, que par les Catholiques la guerre ne se commenceroit point. Elle me manda qu'elle n'estoit venuë à Nerac que pour ceste occasion, et pour abbattre les opinions qu'aucuns de sa religion pourroient prendre, sçachant bien que d'une religion et d'autre il y en avoit qui ne desiroient que la guerre; et puis que j'estois en ceste volonté de faire entretenir la paix, que bien tost je cognoistrois que sa volonté et intention n'estoit autre; et que je l'advertisse seulement de tout ce que j'entendrois, car elle donneroit ordre à tout ce qui dependroit de ceux de sa religion. Deux choses me commandoient de la croire, encores qu'à la Cour on m'en aye voulu reprendre : la premiere, que jamais le Roy ne luy avoit donné occasion de rien faire contre luy, et me souvenant que le Roy l'avoit soustenuë contre le Pape (2), et de nouveau contre ses subjects de Bearn; et l'autre, des grandes promesses qu'ordinairement par lettres et par messagers expres elle faisoit au Roy de ne luy estre jamais contraire : je croy que Sa Majesté en a une centaine de lettres. Toutes ces choses considerées, et la parentelle prochaine qu'elle a avec le Roy, qui seroit celuy-là qui eust osé entreprendre de luy monstrer que l'on avoit soupçon d'elle? si je l'eusse faict, elle eust dit et m'eust chargé estre cause de luy avoir faict changer la bonne volonté qu'elle avoit tousjours porté au service du Roy, et n'eust pas ladicte dame eu faute de soustien à la Cour contre moy, pour

(1) *Caterre* : catarrhe.

(2) Lorsque Pie IV l'excommunia en septembre 1567.

me charger le bast plustost que la selle. J'aime beaucoup mieux qu'elle ait fait ce qu'elle a fait sans occasion, que de l'avoir fait avec l'occasion qu'elle eust peu mettre en avant : tousjours le plus petit a le tort. Si le Roy ou la Royne avoient envie que je le fisse, pourquoy est-ce que l'on ne me le mandoit ; je n'eusse rien craint alors : on veut que je sois prophete. Je prenois bien garde à ce qui se faisoit en Bearn, parce que ce pays est fort gasté de ceste religion qu'elle y a semée ; je ne sçay pas qui l'ostera. Il y avoit plusieurs ministres, lesquels avec leur douce mine ne chantoient que la guerre ; mais quant à elle, je n'eusse jamais pensé qu'elle eust fait une telle faute, qu'elle eust jamais voulu hasarder son Estat comme elle fit, lequel le Roy lui avoit conservé. Je croy que ces bons ministres, sous pretexte de la parolle de Dieu, la tirerent à leur party, car pour cet effect ils n'oublient rien, et disent merveilles à qui les veut escouter. Elle partit de Nerac un dimanche matin ; ma femme luy alloit faire la reverence ce mesme jour, monsieur de Sainctorens et mes enfans avec elle, pour courir la bague et donner passetemps à monsieur le prince, ayant faict estat de n'en bouger de huict ou dix jours. J'y envoyois ma femme expressement pour l'entretenir tousjours en asseurance de moy et des Catholiques, que nous ne prendrions point les armes. Ce mesme dimanche, à la pointe du jour, arriva un controerooulleur des siens, par lequel elle me mandoit qu'il ne falloit pas que ma femme y allast, car elle s'en alloit à Castelgeloux, pour quelques nouvelles qu'elle avoit entendues, qu'aucuns broüillons de sa religion avoient envie de remuer quelque chose, et quelle les en garderoit bien. Je cogneus alors que c'estoit autre besongne que d'y donner ordre, car elle l'eust bien peu faire de Nerac en hors, sans aller à Castelgeloux : toutesfois je ne pouvois bien entendre le fons de son dessein. Le lendemain matin je m'en allay à Agen, et depeschay devers monsieur de Madaillan, afin que secretement il assemblast tous ceux de ma compagnie de delà la riviere de Garonne à La Sauvetat, où est sa maison, et au chevalier mon fils, qui estoit colonel en Guyenne, qu'il advertist tous ses capitaines, afin que jour et nuict ils s'acheminassent en diligence au port Saincte Marie avec quinze ou vingt arquebusiers à cheval chacun, et qu'ils n'attendissent point d'en avoir d'advantage. Je manday aussi à monsieur de Fontenilles, qui estoit en garnison à Moissac, qu'il en fist de mesmes, et qu'il mandast à ceux de sa compagnie qui n'estoient en sa garnison, qu'ils le suivissent en diligence.

La royne de Navarre ne demeura que deux jours à Castelgeloux, et print son chemin droict à Thonens et Aymet. Son partement fut si bref, qu'il s'en fallut quatre heures que le chevalier mon fils ne se peust joindre avec monsieur de Madaillan, à cause du passage de la riviere d'Aiguillon, où il n'y avoit que deux petits batteaux ; et comme nos gens arriverent à Aymet, il n'y avoit que trois ou quatre heures qu'elle estoit partie en haste droict à Bregerac. Le sieur de Piles luy estoit venu au devant avec soixante ou quatre vingts chevaux, et ainsi elle passa la Dordogne. Je prins tant de peine à faire mes despesches jour et nuict, pour advertir tous les capitaines et sieurs du pays de prendre les armes, n'estant encores bien guery de mon caterre, que je tombay de nouveau en une extreme maladie : tout le monde cuidoit que je n'en eschapperois jamais ; je n'en pensois pas moins, car je fis mon testament, ce que je n'avois jamais faict pour maladie ne blesseure que j'eusse euë : en tant de maladies et blesseures que j'ay eu, je n'avois soing que de mes armes et chevaux ; mais lors, pensant mourir, je songeois à tout ; ce qui plus me tourmentoit, estoit de laisser le pays en tel estat, et mon Roy. Pendant ma maladie je fis dresser trente enseignes de gens de pied au chevalier mon fils. La levée fut si prompte que les capitaines ne peurent recouvrer soldats, pour la tierce partie de leurs compagnies, et d'autre part presque tous ceux que monsieur de Sainctorens en amena aux troubles seconds estoient demeurez en France parmy les regimens, et une partie des capitaines.

Estant encores en l'extremité de ma maladie, monsieur de Joyeuse (1), qui estoit vers Montpellier, m'advertit que les Provençaux avoient passé le Rosne, et que monsieur d'Acier (2) les estoit allé recueillir vers Usez ; qu'ils n'estoient que cinq ou six mille belistres [c'estoit le mot de sa lettre] conduisans femmes et enfans avec eux, et que facilement je leur empescherois le passage, s'en allant rendre en Sainctonge à monsieur le prince de Condé et à monsieur l'admiral, lesquels desja y estoient arrivez : aussi la royne de Navarre avoit prins ce chemin, comme en lieu de seureté et où ils avoient beaucoup de moyens, et le pays à leur devotion. Il me fut mandé de la Cour que le Roy avoit depesché monsieur de Montpensier pour venir recueillir les forces de la Guyenne et de Poictou ; dequoy j'estois bien ayse, m'asseurant bien que si nous

---

(1) Guillaume, vicomte de Joyeuse, maréchal de France.

(2) Jacques de Crussol, baron d'Acier.

estions avec luy nous combattrions. Le jour propre que je sortis du lit, relevé de ma grande maladie, je m'acheminay droit à Cahors menant un medecin et une lictiere apres moy : j'avois plus besoin de cela que d'un cheval d'Espagne; et ainsi me trainay jusques à Castelnau de Monrattier cinq lieuës pres de Cahors, pour nous assembler tous là. Il y arriva messieurs de Gondrin, de La Valette (1), de Saincte Colombe, qui amenoit vingt cinq hommes d'armes ou archers de la compagnie de Monsieur, qui estoit de ce pays; le lieutenant et enseigne de monsieur de Monpesat, qui en avoit quelques uns de monsieur le marquis de Villars; monsieur du Massez, avec sa compagnie, et la mienne, qui pour lors estoit de soixante hommes d'armes. Je demeuray quatre ou cinq jours à Castelnau, où je commençay un peu à me remettre, et là je receus lettres de monsieur Descars, qu'il se venoit joindre à moy avec sa compagnie et une compagnie de chevaux legers qu'il avoit fait, et le vicomte de Limeuil (2) avec sa compagnie, et une compagnie de chevaux legers, et quelque noblesse qu'il avait avec luy de Limosin et Perigord : j'en avois aussi quelques uns entre la trouppe de monsieur Descars et la nostre. Nous jugeasmes au rapport de nostre mareschal de camp, qui estoit monsieur de La Chappelle Losières, lieutenant de monsieur de Biron, que nous pouvions estre au plus quatre cens sallades; et quant au gens de pied, en toutes les trente enseignes il n'y pouvoit avoir que dix-huit cens hommes pour combattre, bons ou mauvais. Et passant le pont à Cahors, le chevallier (3) fit la reveuë de ses gens, et en cassa trois ou quatre cens qui ne servoient que de piller le pays, et ne luy en demeura que dix-huict cens. Il luy en venoit tousjours quelqu'un, car les capitaines avoient laissé derriere leurs lieutenans, qui en assembloient tousjours. Nous marchasmes droit à Cahors, là où je demeuray douze jours, et le camp aux environs. Je receus lettres encores de monsieur Descars, qui m'attendoit vers Souillac, et aussi de monsieur de Joyeuse, m'advertissant par icelles que les ennemis s'acheminoient tousjours au long de la montaigne vers Rodés. Et ainsi partismes, et en deux jours nous en vinsmes à Souillac.

Là je receuz lettres de monsieur l'evesque de Rodés, de messieurs de l'Estang, fils aisné de monsieur de Cornusson, et de Sainct Benssa, toutes d'une mesme teneur, qu'estoit qu'ils les avoient recogneus, et qu'ils n'estoient que cinq ou six mil coquins, ayans leurs femmes et enfans avec eux, tout de mesme sorte que monsieur de Joyeuse nous avoit mandé. Et pource que tant de gens de bien nous donnoient cest advertissement, mesmement monsieur de Joyeuse, qui me mandoit les avoir faict recognoistre par gens de bien, et les autres par eux mesmes les avoir recogneuz, nous pensions tous que cela fust ainsi. Voy-là que c'est que de faire recognoistre ou recognoistre soy-mesmes bien à la verité; car ces advertissemens nous cuiderent faire perdre, et fusmes plustost conservez par œuvre de Dieu que par œuvre d'homme, combien que nous estions tous en un pensement, qu'estoit que malaisément pouvions nous imprimer dans nostre teste que messieurs le comte de Tande, de Gordes, de Maugiron et de Suze (4), ayans toutes les forces de Dauphiné et de Provence, eussent laissé passer le Rosne à si peu de gens en si mauvais equipage, sans les combattre [car ils estoient tous ensemble, ainsi que m'avoit mandé monsieur de Joyeuse], ny ledict sieur de Joyeuse mesmes, qui avoit prou de force en Languedoc pour leur empescher de son costé le passage de la riviere; car il en estoit à deux ou trois journées. Je ne pouvois aussi imaginer comment ceste poignée de gens estoit si hardie d'oser traverser ainsi la France; je disois tousjours : « Voy-là de bien hardis et braves belistres; il les faut voir : si ainsi est, nous en aurons bon marché. » L'envie que nous avions de les combattre nous faisoit de l'autre costé croire que ce qu'on nous mandoit estoit vray, car souvent on se persuade ce qu'on desire. En ceste resolution nous faisions estat de les aller combattre incontinent qu'ils s'approcheroient de la riviere de Dordogne. Estant à Gourdon arriva monsieur de Monsalés, qui m'apporta lettres du Roy, et à monsieur Descars aussi, par lesquelles Sa Majesté nous mandoit de nous rendre auprés de monsieur de Montpensier, qui estoit vers Poitou, pour combattre monsieur le prince de Condé et monsieur l'admiral. Il vint fort eschauffé, pour nous faire partir incontinent. Nous entrasmes tous au conseil, là où nous estions messieurs Descars et des Bories, de Sainct Genies le vieux, deux ou trois autres chevaliers de l'Ordre qui estoient venus avec monsieur Descars : et de nostre costé estoient messieurs de Gondrin, de La Valette, du Masses, de Fontenilles, de Giversac, de Saincte Colombe et Cancon, de Brassac, de La Chappelle Losieres, de Cassaneul, et quelques autres chevaliers de l'Ordre. J'avois

---

(1) Jean de Nogaret, baron de La Vallette.
(2) Galeot de La Tour, vicomte de Limeuil.
(3) Le chevalier de Montluc.
(4) François de La Baume, comte de Suze.

r'envoyé monsieur de Sainctorens vers Moissac, pour-ce qu'on m'avoit mandé que les vicomtes (1) s'assembloient pour s'aller joindre avec monsieur d'Acier et les Provençaux, afin de me tenir tousjours adverty; et faisois estat de combattre ces gens là avec ce que nous estions ensemble, puis qu'ils n'estoient que cinq ou six mil belistres, comme l'on nous mandoit. Il n'y eut un seul capitaine ny chevalier de l'Ordre qui fust au conseil, qui n'opinast d'une mesme voix, qui fut que monsieur le prince de Condé et monsieur l'admiral n'estoient point si novices aux armes, ny si jeunes capitaines, qu'ils ne se sçeussent bien garder de combatre, sinon quand il leur plairoit, veu qu'ils avoient desja une riviere en leur faveur, qu'estoit la Charente, et qu'ils avoient les ponts de Sainctes et de Cougnac pour eux; et d'autre part, qu'ils ne se hasarderoient pas de combattre qu'ils n'eussent des gens de pied, ce qu'ils n'avoient point, s'en estant venus desnuez avec trente ou quarante chevaux; et qu'ils attendroient, avant que se mettre en campagne pour combattre, les Provençaux que monsieur d'Acier menoit; et que puis qu'ils nous venoient sur les bras, il nous valoit beaucoup mieux les combattre nous-mesmes, que non de nous aller joindre avec monsieur de Montpensier, qui estoit loing de nous, et laisser les Provençaux derriere, en liberté de prendre en toute seureté le chemin qu'ils voudroient au long de la Dordogne droit à Cougnac; qu'il n'y demeuroit point de forces en Guyenne pour les en garder. Ainsi resolurent tous qu'il les falloit combattre avant que s'acheminer ailleurs, esperant en Dieu que la victoire nous en demeureroit, puis qu'ils estoient si peu de gens. Il fut aussi proposé que lesdicts Provençaux, comme ils se verroient au large, prendroient le chemin vers les vicomtes, car toutes les rivieres estoient gayables, et que monsieur le prince et monsieur l'admiral se viendroient joindre avec eux vers Libourne et Fronsac, car à Bordeaux n'y auroit personne pour les empescher. D'autres disoient que comme nous penserions deffendre les villes de Sainctonge, nous perdrions les nostres; baste qu'il n'y eut capitaine ne chevalier de l'Ordre qui tinst autre opinion, sinon monsieur de Monsalés, qui estoit demy desesperé, voyant qu'il ne pouvoit mener le secours, comme il s'estoit promis qu'il feroit. Et comme il vid nostre resolution, il se departit de nous; je ne sçaurois dire où il alla: une chose sçay-je bien, qu'il estoit fort en colere. Il depescha promptement devers le Roy son frere, et, à ce que j'ay esté adverty depuis, il me chaussa bien les esperons envers Leurs Majestez, disant que j'avois converty tous les capitaines à faire ceste responce. A la verité ceste responce luy estoit bien à contre-cœur; car il eust bien voulu monstrer au Roy et à la Royne qu'il avoit grand credit en Guyenne d'avoir mené ce secours là où il y avoit tant de braves capitaines, pour tousjours avoir plus de credit et de faveur aupres de Leurs Majestez, aux fins d'obtenir ses demandes, qui estoient si espaisses que jamais le Roy ne luy fit bien en l'une main qu'il n'ouvrist l'autre pour en demander tousjours d'advantage; et diray cela, que jamais les roys de France ne firent tant de bien à gentilhomme de la Guyenne comme le nostre avoit fait à luy; car ils luy donnerent pour un coup deux eveschez, deux abbayes, et d'argent plus de cent mil francs: et ce neantmoins il ne demeura jamais content. Et si diray une autre chose, que, quand bien tous les capitaines se fussent resolus d'aller trouver monsieur de Montpensier, il n'en y avoit un seul qui eust voulu y aller avec luy: ils le monstrerent bien apres, car personne ne le voulut suivre lors qu'il fut pres de Monsieur, ouy bien monsieur de La Valette, qu'il n'estoit pas la moitié si favorisé qu'il estoit, mais il sçavoit mieux que c'estoit du fait de la guerre. Je ne dis pas que le sieur de Monsalés ne fust brave gentil-homme de sa personne, mais il se faut mesurer et avoir fort sué sous les harnois avant faire le grand capitaine et le gouverne-tout.

Apres ce conseil, tenu à Gordon, s'estant ledit sieur de Monsalés departy de nous, arriverent nouvelles de l'evesque de Cahors, son oncle, qui nous mandoit que le camp des Provençaux estoit arrivé à trois et à quatre lieues de Cahors, et qu'il nous prioit pour l'honneur de Dieu que nous allissions secourir la ville, car ils attendoient les ennemis le lendemain matin. Et avant que nous partissions de Souillac, il passa un que je ne veux nommer icy, pour crainte que s'il estoit en vie il fust tué, et portoit une lettre de la Royne à monsieur Descars, luy mandant que le plus secrettement qu'il pourroit il fist passer cest homme, lequel elle envoyoit au camp des Provençaux pour descouvrir le nombre qu'ils estoient. M. Descars le me vint dire, et me mena à son logis, dans un cabinet où il l'avoit caché. Et comme je fus là, il me dit la charge qu'il avoit de la part de la Royne, et arresta avec moy que, si je luy voulois bailler un homme en qui j'eusse fiance, et qui sceust bien nombrer les gens, qu'il luy feroit monstrer tout leur

---

(1) Les vicomtes de Bourniquel, de Montclar, de Paulin, de Montaigu, de Caumont, de Serignan ou Serignac, et de Rapin.

camp; non pas qu'il s'amusast à les compter, car il falloit qu'il joüast un autre personnage, mais qu'il luy feroit voir tout à son aise leur armée. Je luy en baillay un en qui je me fiois, et falloit qu'il contrefist le Huguenot : et ainsi s'en alla les trouver. Pour revenir à l'advertissement de monsieur de Cahors, nous tournasmes tous vers Cahors pour les aller combattre. Monsieur de La Valette se mit devant avec sa compagnie, et amena avecques luy monsieur de Fontenilles, qui pour lors estoit mon lieutenant, avecques la moytié de la mienne. J'attendois la responce du Roy sur une priere que je luy avois faicte de donner la moytié de ma compagnie audit sieur de Fontenilles, et l'autre moytié au chevalier mon fils, pensant de ne vivre guere, pour la longue maladie que j'avois euë, d'où je n'estois point encores dehors, m'efforçant tousjours de faire plus que je ne pouvois.

Monsieur de La Valette fit une si grande traitte pour aller descouvrir ces gens, que de deux jours nous ne peusmes nous r'assembler, car leurs chevaux s'estoient tous defferez : c'estoit un chef bien diligent autant que j'en cognus jamais. Il fallut qu'ils demeurassent un jour à Cahors pour les ferrer, car tout le chemin qu'ils avoient fait est tout pays pierreux. Et ayant entendu monsieur Descars qu'ils prenoient le chemin et la routte de Limosin, il voulut aller deffendre son gouvernement; mais il ne demeura gueres à s'en repentir, car les ennemis s'acheminerent vers Acier et Gramat : ce qu'entendant ledit sieur Descars, et par ainsi qu'ils estoient au devant, il tourna à nous; et nous r'alliasmes à Gordon, qui est à monsieur de Sainct Supplice (1). Je manday promptement au chevalier, qui estoit desja fort avancé vers Cahors, que tout incontinent il tournast visage à nous, et manday à monsieur de La Valette qu'il s'avançast, et qu'il se rendist à Gramat le lendemain, afin de les combattre ce jour-là ou bien le lendemain matin. Monsieur Descars et moy, monsieur de Gondrin, messieurs le vicomte de Limeuil et du Massez, partismes incontinent apres avoir repeu, et marchasmes droit à Gramat, et envoyay monsieur du Massez et le vicomte de Limeuil, et la compagnie de chevaux legers devant avec le mareschal de camp, droit à Gramat. Et comme nous fusmes aux justices de Gramat, à trois ou quatre arquebuzades de la ville, nous fismes alte, attendant monsieur de La Valette et sa trouppe qu'il avoit avec luy, où monsieur de Saincte Colombe, et tous ces autres que j'ay nommez, l'avoyent suivy, et nos gens de pied. J'avois departy en trois regimens nos trente enseignes; encores que le chevalier commandast tout, monsieur de Leberon en commandoit dix, et le capitaine Sendat les autres dix; et pour-ce que ce pays est sterile, furent contraincts loger un peu separément : qui fut cause, tant pour le long chemin qu'ils avoient fait, de retourner en arriere, aussi que les logis des trente enseignes estoient separez, et que monsieur de La Valette ne se peust rendre à Gramat ce jour-là que nous y attendismes jusqu'à ce qu'il fust si tard que le soleil se vouloit coucher; et d'heure en autre monsieur du Massez nous mandoit que les ennemis marchoient, qu'ils prenoient le chemin vers la Dordoigne; et qu'il envoyoit camper en des villages qu'il y avoit entre Gramat et la Dordoigne.

Monsieur d'Acier sçavoit bien là où nous estions, et fut mis en deliberation de nous venir attaquer; et sçavoit on presque les forces que nous avions, jusques à cinquante hommes. Tous ses capitaines le vouloient; mais il monstroit une lettre de monsieur le prince de Condé, par laquelle il luy mandoit de ne s'engager aucunement à combattre, sinon que ce fust par grande contraincte, et que de luy et de ses forces sortoit son bien et son mal. Or attendant nos gens arriva à Gramat le capitaine Pierre Moreau, qui estoit leur mareschal de camp, pour voir les logis, ne pensant pas que nous fussions si pres, et là fut prins par trois ou quatre de ceux du vicomte de Limeuil et du capitaine des chevaux legers, et nous l'amenerent aux Justices, où nous estions. Et pource que je cognoissois ledit capitaine Pierre Moreau, et que d'autre-fois il avoit esté de ma compagnie en Piedmont, nous le tirasmes à part, monsieur Descars et moy, et luy demanday qu'il me dist la verité, à peine de sa vie, combien de gens ils estoient : « Vous sçavez, capitaine Moreau, qu'il ne me faut pas mentir. » Il me respondit qu'il obligeoit sa vie à moy s'il ne disoit la verité. Nous cognoissions qu'il avoit une grand peur, car il me pria de prime face me souvenir qu'il avoit esté de ma compagnie, et qu'il m'avoit servy en beaucoup de bons lieux, et que je l'avois tousjours veu faire en homme de bien : je l'asseuray de sa vie. Il nous dit qu'ils estoient de seize à dix-huit mil hommes de pied, et de cinq à six cens chevaux, dans la trouppe desquels il y pouvoit avoir trois cens sallades bien montez et armez, et les autres deux ou trois cens, arquebuziers à cheval et argoulets, dont il ne faisoit pas grand cas; et quant aux gens de pied, qu'il y avoit six mil arquebuziers, tous vieux soldats, et qu'il n'en avoit jamais veu si grand nombre en camp de

(1) Jean d'Ebrard, baron de Saint-Sulpice.

roy, et en avoient autres six mil dont ils ne faisoient pas si grand cas comme des six premiers; toutes-fois, qu'il y avoit de bons hommes, et qu'il pensoit qu'à la faveur des six mil premiers qu'ils combattroient, et que le demeurant, jusques à dix-sept ou dix-huit mil, la plus-part estoient encore arquebuziers, et le reste hallebardiers, et quelques picquiers. Monsieur Descars et moy, nous regardasmes l'un et l'autre, bien estonnez pour les advertissemens qu'on nous avoit donné. Il luy dit ces mots : « Capitaine Moreau, au lieu de sauver vostre vie vous la voulez perdre, car vous vous estes obligé à dire la verité à peine d'estre pendu. Monsieur de Montluc est bien adverty que vous n'estes que cinq ou six mil ; encore la meilleure partie sont femmes, enfants et valets. » Alors il répondit : « Monsieur, nous sçavons bien que l'on vous fait entendre cela ; mais à peine de ma vie si je vous ments de cinquante hommes. » Et alors je luy dis : « Nous sommes advertis par monsieur de Joyeuse, qui vous a fait recognoistre jusques à un homme, que vous n'estes que cinq ou six mil, et par des gentils-hommes gens de bien, qui vous ont recogneuz auprès de Rhodés. — Nous sçavons bien, dit-il, que monsieur de Joyeuse, l'evesque de Rhodés et autres, vous ont donné cest advertissement ; mais puis que nous estions si peu, pourquoi ne se mettoit-on au devant pour nous garder de passer le Rosne ? Je veux estre pendu si jamais l'on a donné une alarme : et regardez comment ils nous peuvent avoir recogneus. Monsieur, ma vie y est obligée, je ne veux point mentir, car puis qu'il vous plaist la me sauver disant la verité, je ne la veux perdre disant le mensonge. Et pour vous en porter meilleur tesmoignage, tenez, voy-là les roolles de tout nostre camp, regiment pour regiment, car moy indigne ils m'ont faict mareschal de camp. » Alors monsieur Descars print les roolles, et les leut devant moy. Et pource que le soleil se vouloit coucher, nous fusmes d'opinion de ne loger point à Gramat, ains reculer de là où nous estions partis le matin, et là recueillir monsieur de La Valette et tous nos gens de pied, pour deliberer sur ce que nous avions à faire : ce que fismes, et priay monsieur de Cassanveil d'aller faire retirer monsieur du Massés et nostre mareschal de camp ; car de Gramat, là où les ennemis se campoient, au plus loin, il n'y avoit pas un quart de lieuë. Et alla bien pour le sieur du Massés ; car, comme il s'amusoit à regarder loger leur camp, voir s'il pourroit nombrer les ennemis, et estant descendu de cheval lui troisiesme, les regardant retirer contre le soleil qui se couchoit, ledict sieur de Cassanveil apperceut toute leur cavallerie, qui venoit tout au long pour leur coupper chemin, et courut les advertir, lesquels s'en vindrent en haste devers nous ; et ainsi nous nous retirasmes vers Gordon. Et comme nous eusmes cheminé demy lieuë, arriva l'espion de la Royne, qui ne sçavoit rien de la prinse du capitaine Moreau, et nous tirasmes à part monsieur Descars, monsieur de Gondrin et moy ; et nous dit le soldat que ledit espion luy avoit donné moyen de voir et nombrer tout le camp en la plaine de Figeac, là où ils s'estoient mis tous en bataille pour y donner l'assaut, mais que les gens de la ville avoient fait un present à monsieur d'Acier, qui les garda. Il nous dit qu'il avoit compté cent cinquante deux enseignes de gens de pied ; et pource que les gens de cheval estoient un peu à l'escart, ne les avoit nombrez de si pres que les gens de pied, mais qu'il pensoit qu'ils fussent de six à sept cens chevaux, et qu'il avoit nombré les gens de pied de vingt-trois à vingt-quatre mil hommes. Apres monsieur Descars et moy tirasmes à part l'espion, qui nous dit tout ainsi qu'avoit fait le soldat. L'espion avoit grand peur que le capitaine Moreau l'eust recogneu, car incontinent qu'il l'apperceut il se tira à part de la trouppe. Et avant que nous fussions chacun en son quartier la minuit fut passée.

Le lendemain nous fusmes tous assemblez, et tous les capitaines se trouverent à mon logis à Gordon, pour déliberer ce que nous devions faire, ayant trouvé que nous avions affaire à autres gens qu'à cinq ou six mil bellistres, femmes ou enfans. Le soir ledit capitaine Pierre Moreau me dit à part que si nous les allions combattre là où ils estoient campez, que, quand nous serions bien quatre fois autant de gens de cheval et de pied, nous serions deffaits, pource que monsieur d'Acier, qui estoit de ce pays, avoit choisi ce lieu pour n'en bouger de huict ou dix jours, et pour attendre le messager qu'ils avoient envoyé devers monsieur le Prince et monsieur l'admiral, pour leur dire qu'ils ne vouloient point passer plus outre, et qu'ils prioient monsieur le Prince venir faire la guerre en Guyenne, et qu'ils estoient bien asseurez qu'ils en emporteroient la Guyenne avant que le Roy eust assemblé assez de forces pour les combattre ; qu'à ces fins ils marcheroient au devant de luy vers Libourne, et qu'ils s'essayeroient d'en emporter Bordeaux, ne craignant que nostre cavallerie, et pour cela se campoit en ces quartiers-là, qui est un pays tout plein de pierre qui tranche comme cousteaux, de sorte qu'il n'y a cheval qui s'y puisse tenir, ny qui ose courir dessus ; et en outre tous les champs et chemins sont environnez de murailles de pierre seche de la hauteur d'un homme, d'autres jusques à la ceinture ; et par ce moyen ils faisoient estat d'enfermer toute leur arquebuzerie dans ces murailles, et les gens de cheval à leur queuë, de façon que ne les pourrions aller combattre sans nous mettre à la mercy de leur arquebuzerie.

Toutes ces choses, tant l'assiette du lieu que le nombre des gens, nous fit penser ce que par la raison nous devions croire ; et arrestasmes que monsieur Descars enverroit un gendarme des siens sonder les passages sur la Dordoigne, tirant à Figeac ; et si nous trouvions le passage asseuré ; nous nous camperions là, et ferions apporter des vivres de Figeac en hors ; et que là nous serions hors des pierres là où la cavallerie ne pouvoit combattre, et que, trouvant les guez comme nous pensions, nous pourrions passer pour combattre les premiers qui passeroient ou bien les derniers qui seroient à passer, car nous ne serions qu'à une petite lieuë les uns des autres. Et ainsi depeschasmes ledit gendarme pour aller sonder les guez, et les commissaires pour aller preparer les vivres ; et conclusmes de partir le jour apres, pource que nous voulions donner temps aux commissaires d'avoir trouvé des vivres, et au gentil-homme loisir de sonder les guez. Le lendemain, sur les dix heures du matin, voicy arriver le frere de monsieur de Monsalés, nommé monsieur de Vallaguie (1), qui n'avoit demeuré que six ou sept jours au plus à aller et revenir de la Cour, et nous apporta lettre du Roy, que, combattu ou à combattre, incontinent que nous aurions receu ses lettres, laissant toutes choses en ordre ou en desordre pour les affaires où nous estions, que l'on marchast trouver monsieur de Montpensier. Nous cogneusmes bien que les lettres avoient esté forgées par monsieur de Monsalés, pource qu'il nous avoit dit, quand il estoit venu nous querir, que le Roy et la Royne ne se soucioient point que la Guyenne se perdist, pourveu que l'on allast combattre monsieur le prince de Condé ; car, pourveu qu'il fust defait, tout le reste se pourroit recouvrer. Et en y eut qui luy reprocherent devant moy qu'il parloit bien à son aise ; car quand sa maison luy seroit bruslée, qu'il estoit asseuré que le Roy et la Royne luy donneroient trois fois plus qu'il ne pourroit perdre, et jusques icy on n'avoit point entendu que le Roy eust fait tant de biens à tous les capitaines de la Guyenne comme à luy seul. Voy-là qui nous fit penser qu'il avoit envoyé la lettre toute faite au Roy, afin qu'elle nous fust escrite de ceste sorte ; car aux cabinets des Roys, ces traits se font bien, et ces passedroits, encores plus aisément qu'aux nostres. Messieurs les capitaines sus nommez tesmoigneront quelle dispute il y eut avant marcher, pource que nous voyions la perte et ruyne du pays si monsieur le Prince venoit faire la guerre en Guyenne, comme nous pensions fermement qu'il feroit voyant que ses gens ne vouloient passer outre ; et aussi que nous sçavions que monsieur d'Acier estoit de ceste opinion, et que la royne de Navarre, estant aupres de monsieur le Prince, le soliciteroit de ce faire, ne fust que pour secourir son bien ; car, ayant la Guyenne à sa devotion, elle asseuroit bien l'Estat de son fils, et pourroit pretendre plus avant.

Apres toutes ses disputes, j'appelle tous les capitaines en tesmoignage si je ne proposay de suyvre la volonté du Roy, et marcher où monsieur de Montpensier se trouveroit ; et que, voyant ma mauvaise disposition, je ne me pouvois engager à l'entrée d'un hyver fascheux, pour ne pouvoir servir de rien en une armée ; et qu'ils allassent hardiment, sans craindre que leurs maisons fussent bruslées, car avec les gentils-hommes qui demeuroient au pays et les communes, j'esperois de les conserver, ou, pour le moins, leur donner tant d'affaires, que je leur vendrois bien cher nostre marchandise. Il fut question de faire marcher les gens de pied : tous les capitaines dirent que c'estoit les envoyer à la boucherie, car ils n'estoient pas assez forts pour respondre aux gens de pied des ennemis ; et furent tous d'opinion que je les devois mettre en garnison vers Saincte Foy, Libourne et Bregerac, au long de la Dordoigne, et que cependant l'on verroit quel chemin les ennemis prendroient ; et que si les ennemis alloient en Sainctonge, le chevalier s'en pourroit apres aller par le Limosin se joindre au camp du Roy. Ainsi je m'en retournay à Cahors et à Castelnau de Mourratier, en attendant nouvelles quel chemin les ennemis prendroient. Et audit Castelnau une dissenterie me surprint : mon medecin cuida perdre là sa leçon, et moy les bottes. Et pource qu'il y a aucuns qui m'ont voulu prester une charité, disant que si j'eusse voulu j'eusse combattu les ennemis, autres ont dit que puis que je ne les voulois combattre, je devois envoyer promptement les forces à monsieur de Montpensier, j'ay escrit icy la verité du faict bien au long, jusques à une parolle, le tout tesmoigné par les capitaines qui y estoient, sauf ceux qui sont morts ; et croy qu'il n'en a de morts que monsieur du Massés : et s'il y a du tort en aucune chose, il s'en faudroit prendre aux autres gouverneurs, qui premierement les ont laissez assembler en leur gouvernement, passer les ri-

(1) Balaguier.

vieres, et ne les ont pas combattus ; et croy que s'il y a aucuns qui les veulent charger qu'ils n'ayent bien faict, ils ne demeureront sans raison. Mais il faut qu'on se prenne toujours à celuy qui n'a jamais voulu despendre que du Roy et de la Royne, pource que je n'ay point d'idole aupres d'eux qu'idolatre [je ne le fis jamais et ne le feray] pour rabattre les charitez qu'on me preste. Je n'ay point accoustumé de fuyr les combats ; j'y ay esté trop accoustumé dés mon enfance. Je ne me trouvay jamais en lieu là où nous fussions pres des ennemis, que je n'aye toujours esté d'opinion de combattre : et si j'ay esté chef, je les ay combattus plustost foible que fort. Et si l'on m'eust laissé faire à ceste heure-là, j'en eusse emporté poil ou plume, ou de la queue ou de la teste, et eussions donné temps à monsieur de Montpensier de s'approcher de nous ; mais les lettres forgées de l'invention de Monsallés eurent plus d'authorité que non ce que nous voyons à l'œil qu'il falloit faire. A ouyr parler ceux qui m'accusent, vous diriez qu'avec les ongles je devois tuer tout, et avec les dents prendre La Rochelle et Montauban. Je ne suis pas si fol de cracher contre le ciel, et en pays desadvantageux, avec trois mil hommes en combattre vingt mille, et par ma perte tirer la ruyne du pays apres moy. Je laisseray ce propos, ne voulant point entrer en excuses, car je n'ay en rien failly, et ne veux apprendre mon mestier de ces contrerooulleurs qui en parlent sous la cheminée, loin des coups, et cependant font donner de mauvais conseils au Roy pres duquels ils sont. Mais c'est à faire à un lieutenant de Roy de prendre son party, car il n'est pas besoin tousjours de faire ce que le Roy commande : il est loin et se repose sur vous ; c'est donc à vous, si vous avez tant soit peu de prudence, de juger le bien d'avec le mal. Il n'y a nul qui ose nier que si j'eusse combattu, que je ne misse la Guyenne en proye, car c'estoit donner un assaut à dix contre un, et si j'eusse faict ce que le Roy me mandoit par l'importunité du sieur de Monsallés, je laissay tout le pays à la devotion de l'ennemy. J'en fais juge tout homme sans passion.

Je reprins mon chemin à Agen, là où je recouvray un peu de santé, et tout incontinent me mis en opinion d'aller trouver monsieur de Montpensier, et manday à monsieur de Terride et à monsieur de Gondrin, lequel s'en estoit retourné de Gordon à cause d'une maladie qui l'avoit saisi, et y eut assez affaire de l'en faire retourner, car, tout malade comme il estoit, il vouloit passer avec sa compagnie, s'ils vouloient venir avec moy, et nous assignasmes à Villeneufve d'Agenois. Je menois dix enseignes de gens de pied que le chevalier mon fils conduisoit, et laissay les deux sieurs cy-dessus nommez pour commander province pour province. Et comme nous fusmes tous ensemble prests à marcher, je receus une lettre de monsieur de Montpensier, par laquelle il me mandoit que, tous affaires laissez, je m'en courusse jetter dans Bordeaux, si desja je n'estois dedans ; car il estoit adverty que les ennemis avoient une entreprise dessus, et qu'il craignoit que je n'y pourrois pas arriver à bonne heure. Et à mesme heure m'arriva un huissier de la cour de parlement de Bordeaux, par lequel la cour me mandoit les aller secourir, et qu'ils tenoient la ville pour perduë, si promptement je ne m'en allois mettre dedans. Je fus fort esbahy d'où pouvoient venir ces entreprises, et fus contraint de mander à messieurs de Terride et de Gondrin à Castillon assembler lesdictes compagnies de gens de pied et la cavallerie qui venoient avec nous, et qu'ils m'attendissent là, car j'esperois bien tost y avoir remedié. Et prins seulement quinze ou vingt gentils-hommes, et m'en allay en grand diligence, faisant venir nos armes et grands chevaux apres : et comme je fus entre Marmande et La Reolle, je trouvay monsieur de Lignerolles (1) qui venoit d'Espagne, et monsieur de Lansac le jeune, lesquels me prierent de m'acheminer en toute diligence, et qu'ils se doutoient que le lendemain, qui estoit un mercredy, la ville seroit prise, laquelle ils avoient laissée en telle division, que les uns ne se fioient des autres. Ledict sieur de Lansac avoit receu deux lettres par lesquelles on pouvoit cognoistre qu'il y avoit quelque entreprise dans la ville. Je n'eus pas loisir à grand peine de les embrasser, et m'en allay coucher à Langon, et le lendemain à midy je fus à Bordeaux (2) : et premierement depeschay l'huissier en poste pour donner advis à la cour de parlement que j'arrivois, afin que, si l'entreprise estoit veritable, que cela fist tenir les gens en cervelle, et fus contraint d'y mettre six jours. J'entray en la cour le lendemain, et leur fis une remonstrance le mieux que je peus pour les asseurer et pour les mettre hors de tout doute. Ceste compagnie monstra avoir beaucoup de contentement de moy, et me remercia. Puis apres disner je m'en allay à la maison de ville, où j'en fis aux jurats et à tous ceux de la jurade une autre. Puis leur ordonnay de faire mettre le lendemain en armes tous ceux de la ville ; ce qui fut faict, et trouvay qu'il y avoit deux mil et quatre ou cinq

(1) Jean Le Voyer, seigneur de Lignerolles.
(2) En novembre 1568.

cens hommes bien armez. Trouvay aussi qu'il y avoit les deux compagnies de monsieur de Tilladet, qui pour lors estoit encores gouverneur, et trois autres. Le lendemain rentray encores en la cour, et leur remonstray les forces que j'avois trouvées, et le peu d'occasion qu'ils avoient d'estre entrez en peur, et la bonne volonté que j'avois trouvée tant au peuple qu'aux soldats, leur faisant ma remonstrance et les exhortant de faire leur devoir à la deffence de la ville; et comme je leur avois faict lever la main de vivre et mourir ensemble pour la deffense d'icelle, et que s'ils cognoissoient qu'aucun voulust faire le contraire, que tous luy courroient sus, tous generalement m'avoient faict le serment; ce qui resjouit fort toute la cour : et leur remonstray qu'eux mesmes devoient prendre les armes si l'occasion se presentoit; et qu'il leur souvinst que les plus vaillans capitaines qu'avoient les Romains, c'estoient gens de lettres, et que s'ils n'avoient apprins les lettres, l'on les tenoit pour indignes de grandes charges; et que les lettres ne les devoient empescher de prendre les armes et combattre, mais plustost leur donner hardiesse, se souvenant des anciens Romains, et qu'ils estoient hommes comme eux, lesquels n'avoient que deux bras et un cœur comme eux : « Messieurs, leur dis-je, je voy bien à vos visages que vous n'estes pas hommes pour vous laisser battre : ceux qui ont la barbe et la teste blanche seront pour le conseil; mais un bon nombre que je voy icy sont propres à porter la picque. Combien pensez vous que cela accouragera le peuple, quand il verra ceux qui ont puissance sur leur bien et sur leur vie, prendre les armes pour leur deffense? Nul n'osera gronder; vos ennemis seront en peur quand ils ouyront que la cour de parlement s'arme; ils verront que c'est à bon escient; et puis, tant de jeunesse que j'ay veu dans vostre salle entrant ceans, plus propre à porter un corselet qu'une robbe longue, fera le mesme. » Pour cet effect je les suppliay de fermer le palais pour huict jours, afin que dans ce terme de huict jours chacun d'eux eust recogneu les armes dequoy ils voudroient au besoing combattre, et qu'ils se departissent de deux en deux pour se tenir aux portes avecques les armes; qu'en ce faisant, toute la ville y prendroit exemple; et d'autre part, que s'il y avoit aucune trahison dans ladicte ville, ce bon ordre seroit cause de l'assoupir, et osteroit à l'ennemy de dehors l'esperance qu'il pourroit avoir de prendre la ville; et que puis que tant de bien sortoit de ceste police et de l'advis que je leur donnois, qui estoit la conservation de leur ville, vies et biens, qu'ils n'y devoient rien espargner. En fin je leur dis : « Messieurs, je vous offre ma vie et de tous mes compagnons. » M. le president Roffignac, qui presidoit [car monsieur de Lagebaston s'estoit retiré pour n'estre son service agreable au Roy], respondit pour toute la Cour, me remerciant bien fort de la remonstrance que je leur avois faicte, de laquelle à jamais ils m'en demeureroyent redevables, et qu'il n'y auroit un seul d'entr'eux, vieux ou jeunes, qui ne prinst les armes pour le service du Roy et deffence de la ville. Je croy que le Roy doit fort à ceste compagnie-là et à celle de Thoulouse; car si l'une ou l'autre eust manqué, la Guyenne eust eu beaucoup à souffrir, car la perte d'une de ces deux villes emporte et traisne une grand queue, voire la ruyne de la Guyenne. En quatre jours j'eus osté tout le soupçon et crainte qui estoit dans la ville.

Messieurs les gouverneurs, que c'est une belle chose que de sçavoir cognoistre la complexion de la nation que vous commandez ! Je veux dire une chose pour ceste nation, que si le gouverneur a gaigné quelque reputation parmy elle, et qu'il leur sçache faire des remonstrations là où ils puissent prendre quelque fondement, que non seulement il fera combattre la noblesse, les soldats, les gens de justice, mais les moynes, es prestres, les laboureurs, et les femmes avec; car ceste nation n'a poinct besoin de hardiesse, mais a besoin d'un bon chef qui la sçache bien ordonner et commander. Et croyez que puis que les anciens s'aydent tant des remonstrances qu'ils faisoient aux combats, et qu'ils avoient cognoissance du grand bien que cela apportoit, nous ne les devons mespriser : ils n'ont pas oublié de les escrire dans leurs livres, par ainsi il nous faut asseurer qu'en usant ainsi et suyvant leur exemple, cela nous portera autant de profit qu'il a fait à eux. Et croy que c'est une tres belle partie à un capitaine que de bien dire : je n'ay pas esté nourry pour cest effect, mais encor ay-je eu ce bonheur de pouvoir exprimer en terme de soldat ce que j'avois à dire avec assez de vehemence, qui sentoit le pays d'où je suis sorty. Je vous conseille, seigneurs qui avez le moyen, et qui voulez avancer vos enfants par les armes, de leur donner plustost les lettres : bien souvent ils sont appellez aux charges, ils en ont besoin, et leur servent beaucoup, et croy qu'un homme qui a leu et retenu est plus capable d'executer de belles entreprinses qu'un autre; si j'en eusse eu, j'en eusse faict mon profit : encore avois-je assez de naturel pour persuader le soldat de venir au combat.

Or le cinquiesme jour je m'en retournay; et pour-ce que monsieur de Merville, grand seneschal de Guyenne, avoit esté malade, et n'avoit peu aller en l'armée et amener sa compagnie, nous vinsmes ensemble jusques vers Saincte Foy, où je receus des lettres de monsieur de Monpensier, par lesquelles il me mandoit que je me tinsse vers la Dordoigne, et que sur tout j'eusse le cœur à Bordeaux et à Libourne, car il ne pouvoit juger encores si l'ennemi reculeroit en Guyenne, ou s'il tireroit en avant ; qui fut cause que je m'arrestay autour de Saincte Foy, et monsieur de Terride à Castillonne, attendant ce que les ennemis voudroient faire, et aussi le commandement dudict sieur de Montpensier, estant certain qu'en deux ou trois journées nous nous joindrions à luy. Et bien tost apres entendismes qu'il s'en estoit allé en grand haste vers Poictiers, au devant de Monsieur, frere du Roy, et que les ennemis s'en alloient au long de la riviere de Loire, tirant vers La Charité, au devant du duc des Deux Ponts. Et comme je vis qu'il ne seroit possible d'atteindre l'armée, pour soulager ce pays du long de la Dordoigne, je laissay seulement deux enseignes de gens de pied à Castillonne et trois à Saincte Foy, et envoyay dans Libourne le sieur de Sainctorens avecques sa compagnie de gensd'armes ; et le sieur de Leberon demeura à Saincte Foy, ayant trois compagnies, avecques charge que si les ennemis s'approchoient de la Guyenne, qu'il s'iroit jetter dans Libourne avec lesdictes trois compagnies. Le chevalier mon fils tenoit le reste vers le pays de Quercy et Agenois, et nous autres nous retirasmes chacun en son quartier. Voylà tout ce qui fut faict, depuis le commencement de ces troubles jusques alors, en ces quartiers de Guyenne.

Depuis que Monsieur, frere du Roy, fut arrivé en son armée, elle temporisa vers Poictou et au long de la riviere de Loire. Cependant rien ne se remuoit de par deçà, car les vicomtes se tenoient vers Castres, Puis-Laurens, Millau, Sainct Antonin et Montauban, faisant quelques courses pour desrober quelque chose. De moy, je ne voulois dresser armée pour le peu de dommage qu'ils pouvoient faire, ne tendant à autre chose qu'à espargner argent, pour le tout envoyer à Monsieur, et ne voulois entrer en aucune despence. Les capitaines des gensdarmes et des gens de pied qui estoient en l'armée de mondict seigneur venoyent ou envoyoyent querir des gens, autres se venoyent rafraischir pour incontinent apres s'en retourner. Et au bout de quelque temps je receus lettres de Monsieur, par lesquelles il me mandoit que j'allasse en Roüergue combattre les vicomtes, s'il m'estoit possible : et alors j'envoyay querir mon nepveu de Leberon à Saincte Foy avecques ses trois compagnies ; et, encore que je cogneusse bien que je n'y ferois rien, si me mis-je en chemin. Ce qui m'en faisoit ainsi douter, estoit pource qu'incontinent que lesdits vicomtes entendroient que je me mettrois en campagne, ils se retireroient dans les villes et tanieres qu'ils tenoient : le droit de la guerre, en laquelle ils se faisoient sages tous les jours, le vouloit. La moindre place qui m'eust faict teste me pouvoit arrester, et d'esperance de les trouver en la campagne je n'en avois pas, et cognoissois bien que je ne ferois autre chose que manger le public, si je demeurois si longuement és environs des villes, et que, puis que je n'y pouvois mener d'artillerie à cause qu'il n'y avoit poinct d'argent pour les frais d'icelle, aussi je n'en faisois pas du tout grand amas, pource que je voulois que tout allast au camp de Monsieur, car c'estoit là qu'il falloit que le grand jeu se joüast, et qu'aussi c'estoit raison que la grand despence s'y fist, car tout le reste de la guerre n'estoit que petites escarmouches au pris de ce qui se faisoit là et de ce qu'il falloit qu'à l'advenir s'y fist. Comme je preparois mon voyage, arriva monsieur de Pilles, et avec luy les sieurs de Bonneval, de Monens, et force autres gentils-hommes qui estoient partis de leur camp pour venir assembler des gens, ou bien sur l'entreprinse qu'ils avoient sur Libourne, laquelle il faillit de prendre ; et apres ledict de Pilles se mit dans Saincte Foy, et là fit ses assemblées, pource que j'en avois retiré mon nepveu de Leberon avec les trois compagnies pour les mener avec luy en Roüergue. Et comme je fus à Cahors, je fis mettre mon nepveu de Leberon devant avec cinq enseignes et une partie de la compagnie de monsieur de Gramont (1), qu'un nommé le capitaine Maussan, mareschal des logis de ladite compagnie, commandoit, et le fis partir en grand haste pour surprendre quelques ennemis qui estoient aux environs de Ville-Franche de Roüergue. Ils partirent d'une lieuë pres Cahors, et firent huict grandes lieuës, arrivant une heure de nuict : ils pensoient le matin, une heure devant jour, les aller surprendre, mais ils ne furent jamais dans la ville que les ennemis ne fussent advertis et retirez en leurs forteresses. Il ne le faut pas trouver estrange, car je m'esmerveille que Monsieur mesmes, ny homme qui aye commandé armée pour le Roy, aye rien fait qui vaille, à cause de l'ordonnance et edict que Sa Majesté avoit fait, que homme n'eust rien à demander

---

(1) Antoine d'Aure, vicomte d'Aster, comte de Gramont et de Guiche.

aux Huguenots, pourveu qu'ils ne portassent les armes, et qu'ils demeurassent en leurs maisons paisiblement. De là est venuë la ruine du Roy, de ses armées et de tous ses affaires, et du peuple aussi; car ceux-là fournissoient argent, et moyennoient que les femmes qui avoient leurs maris au camp de monsieur le prince de Condé, par leur moyen et intelligence fissent tenir argent à leurs maris ou enfans, servans d'espions aux ennemis; de sorte qu'il ne falloit point qu'ils despendissent rien, ny qu'ils se donnassent peine d'entendre ce que nous faisions : eux-mesmes les advertissoient pour surprendre quelques prisonniers, lesquels leurs gens pouvoient venir prendre, et partageoient le butin. Je maintiendrois tousjours devant le Roy que cest edict-là seul est cause que Sa Majesté n'a demeuré victorieuse, et que ceste nouvelle religion n'a esté du tout destruite. Il eust mieux vallu cent fois que tous fussent esté auprès de monsieur le Prince, non à leurs maisons; car estant auprès dudit sieur Prince, ils n'eussent peu faire grand chose qu'eust esté advantageuse pour eux, car c'estoient gens de peu de faciende, gens de ville; au contraire, eussent affamé bien tost son camp; et alors nous eussions faict la guerre sans estre espiez, ny sans qu'ils fussent esté advertis de ce que nous voulions faire, et n'eussent peu recouvrer argent ne chose aucune qui leur fust esté necessaire : mesmes nous nous fussions aydez de leurs moyens, et par ainsi bien tost fussent morts de faim, ou se fussent retirez avec le pardon que le Roy leur donnoit. Je sçay bien qu'en ce pays de la Guyenne n'en fust pas demeuré un qui ne fust mort, ou il eust faict la protestation de quitter ceste religion-là, comme ils firent aux premiers troubles; car je sçavois bien le chemin par où je les devois mener; et, puis que je l'avois sceu bien faire aux premiers troubles avec une brasse de corde, je l'eusse bien fait aux autres; mais, à cause de ce bon edict, l'on ne leur osoit rien dire, et falloit que l'on les endurast parmy nous. Il ne faut pas donc trouver estrange s'ils ont fait tant de belles choses, veu qu'à toutes heures ils estoient advertis de tout ce que nous faisions ou voulions faire. On sçait bien qu'une armée ne peut rien faire qui vaille si elle n'a de bons espions, car il faut que sur le rapport d'iceux un camp se gouverne. Nous n'en avions pas parmy eux, car il n'y avoit homme catholique, si hardy fust-il, qui y osast aller sur peine de la mort : par ainsi nous ne pouvions sçavoir rien de leurs affaires, et ils sçavoient tous les nostres. O pauvre Roy, que vous avez esté bien pipé en vos edicts, et y estes tous les jours! je ne veux pas nier qu'en aucuns endroits vous n'ayez esté mal servy de vos soldats et capitaines; mais qui regardera de bien pres, on trouvera que les edits et ordonnances que l'on vous a faict signer, sont plus cause de vostre malheur et du nostre, que non la faute du combat des soldats ny de vos gouverneurs. Croyez, Sire, croyez qu'avec ceste douceur vous ne viendrez jamais à bout de ces gens-là : le plus homme de bien d'eux vous voudroit avoir baisé mort; et puis vous nous deffendez de leur faire mal : il vaut donc mieux estre de leur party que du vostre, car, demeurant en leur maison, quelque vent qui coure, ils seront en seureté : tel, Sire, est pres de vous qui vous faict faire ces edicts, lequel est gaigné pour eux. La rigueur les fait trembler : lors que sans forme de procés je les faisois brancher sur les chemins, il n'y avoit personne qui ne tremblast. Pensez donc, Sire, de quelle importance sont ces beaux edicts. Et encores on vous a faict signer une ordonnance d'envoyer des commissaires par toute la France pour faire rendre aux Huguenots ce que nous leur avions prins, et non pas à nous ce qu'ils nous ont volé : qui est une loy faicte par ignorance et sans considerer le mal qui en advient, ou bien par malice couverte, pour vous faire hayr de nous autres qui estes nostre Roy, et qui vous avons sousteun, afin que, si la guerre se dresse une autre fois, vous ne puissiez trouver Catholique qui vous soustienne. Mais s'il vous souvenoit et à la Royne de ce que j'en proposay devant vos Majestez à Thoulouse, present vostre conseil, vous n'eussiez jamais accordé d'envoyer commissaires pour faire rendre aux Huguenots, qu'au prealable n'en eussiez envoyé d'autres pour nous faire aussi rendre justice des pilleries et volleries qu'ils ont faict sur les Catholiques. Ils ont une excuse grande : les commissaires disent que nous ne nous plaignons point, comme font les Huguenots. Comment nous plaindrions nous? car en premier lieu ils disent que ceux qui portoient les armes nous ont pillé à nous, et que nous les avons pillé à eux, qui ne bougeoient de leurs maisons. Il ne se trouvera un seul Huguenot qui s'en soit allé porter les armes, qui n'aye caché ses meubles dans la maison de ceux qui demeuroient. Et d'autre part, par la paix que le Roy a faicte, il leur est pardonné tout ce qu'ils ont faict, non seulement contre luy, mais contre nous mesmes qui avons porté les armes pour Sa Majesté. Et, puis que le Roy les a tant voulu favoriser que de leur pardonner tout, n'est-il pas raisonnable qu'elle soit esgale pour nous? et toutesfois elle est tout au contraire ; ce qu'ils ont faict contre nous est approuvé; et ce que nous avons fait, blasmé et trouvé mauvais, voire mis en justice. Donc, conseiller au Roy faire une loy pour les uns et non pour les autres, je dis et diray toute ma vie que c'est la plus injuste loy qui fust jamais conscillée à prince du monde.

A Thoulouse tout cecy fut disputé, et furent revoquez les commissaires et commissions, ordonnances et edits; et pardonna Sa Majesté à tous generallement, cognoissant bien que ces commissaires n'ameneroient qu'une ruyne des uns et des autres, pour y entretenir une haine perpetuelle, qui seroit cause de nous envahir et nous deffier tousjours les uns des autres, et de là procederoit nouvelle guerre. Le Roy s'en est bien trouvé, car la paix a duré cinq ans; je ne sçay à qui me prendre de ceux qui sont en cause qu'elle s'est recommencée, car je ne sçay pas qui il est; je sçay que je n'en suis pas cause. A qui demandera-on justice des maisons de monsieur de Sarlaboust, de monsieur de Sainctorens, des capitaines Parron, Campanes, Lartigue, et une infinité d'autres; tout a esté bruslé, et leurs femmes, estans eux au service du Roy, se sont retirées par les maisons de leurs parens : encores aujourd'huy elles ne leurs maris ne sçavent où mettre leurs testes sous couverture qui soit à eux; et quand on en demande raison, ils disent que ce sont des belistres qui n'ont rien : ils disent vray, car les riches ne sont bougez de leurs maisons, et les ont gardées; et neantmoins il faut faire justice contre les nostres et non contre les leurs, veu que les belistres qui n'ont rien ont fait cela. Mais si le Roy eust approuvé ce que nous avions faict, une autre fois ceux qui demeureroient de leur religion garderoient que les leurs ne pourroient rien faire aux nostres. Mais je retourne à mes moutons.

Je depeschay un autre courrier vers monsieur de Leberon à la compagnie de monsieur de Gramond, qu'ils tournassent en arriere en aussi grande diligence comme ils estoient allez, à tout le moins s'ils se vouloient trouver au combat. Ce courrier trouva qu'une heure devant jour ils estoient partis, pensant encores trouver les ennemis; et comme ils ne les trouverent, pour les raisons que j'ay cy dessus dictes, ils bruslerent les batteaux sur quoy ils passoient la riviere, portant grand dommage au pays. Ayant receu mes lettres, ils tournerent tout court, et firent encores plus grande diligence qu'à aller, car ils arriverent devant Saincte Foy aussi tost que nous : et si les compagnies de monsieur de Savignac eussent fait la moitié de la diligence que ceux-là firent, nous eussions attrapé le capitaine Pilles, et ne s'en fut eschappé un seul. Monsieur de Chemeraut vid toutes les depesches que je fis. Je fus avec les cinq compagnies qui estoient demeurées avec le chevalier mon fils, et ma compagnie et quelques quarante ou cinquante gentils-hommes qui suivoient ma cornette, en deux jours à Monflanquin; et là j'eus responce de messieurs de Terride et de Bellegarde escrites à Moissac, là où ils m'advertissoient de la difficulté qu'ils avoient trouvé à passer les rivieres, et les mauvais chemins que les gens de pied trouvoient; qu'ils ne pouvoient abandonner les gens de pied, et d'autre part, que je ne me devois engager en un combat que nous n'eussions les forces de gens de pied et de cheval ensemble, mais qu'ils feroient la plus grande diligence qu'il leur seroit possible. Et tout incontinent que je fus arrivé à Monflanquin, qui pouvoit estre deux heures apres midy, je fis trois depesches, l'une à monsieur de Lauzun, le priant de me mander nuict et jour où se trouveroit monsieur de Pilles et ses forces, car je le voulois aller attaquer; j'en escrivis une autre à monsieur de Sainctorens, qu'il se rendist à moy au soleil levant en un village nommé Monbahus, qui est à monsieur de Lauzun, et de mesmes depeschay le sieur de Las, advocat du Roy à Agen, pour faire haster messieurs de Bellegarde et de Terride, lesquels se trouvoient encores trois lieuës en arriere, et ne sceurent faire partir leurs gens de pied que ne fust le point du jour. Et comme ils furent à Villeneufve, qui estoit plus d'une heure apres midy, il ne fut possible les faire passer outre, à cause des grandes boües qu'il y avoit, y ayant quelque raison : toutesfois je ne prenois rien en payement, car il me sembloit que tout le monde devoit cheminer comme ma volonté. Apres toutes ces depesches ce matin, ayant faict repaistre nos chevaux et les cinq enseignes, je m'acheminay droit au village où j'avois assigné monsieur de Sainctorens, et trouvay en quatre ou cinq maisons logez monsieur de Fontenilles et le capitaine Montluc mon fils, et leur dis qu'ils fissent bien repaistre leurs chevaux, car la nuict ils avoient faict une grande traitte pour m'atteindre, et que je m'en allois repaistre au village sus nommé : j'y pensois trouver monsieur de Sainctorens, et qu'apres ils me suivissent; et commanday à monsieur de Madaillan, qui estoit mon lieutenant, qu'il fist descendre ma compagnie, et qu'ils repeussent les uns parmy les autres, et apres qu'ils me vinssent trouver au village où je m'acheminay. Et comme je fus là, je ne trouvay aucunes nouvelles de monsieur de Sainctorens ny de monsieur de Lauzun, car les messagers que je leur avois envoyé, lesquels les consuls de Monflanquin m'avoient baillé pour les plus asseurez hommes qu'ils eussent, n'allerent point porter les lettres la nuict comme ils avoient promis ; de sorte qu'il fut plus de midy avant que lesdits sieurs de Sainctorens et de Lauzun eussent nos lettres, comme ils me dirent depuis. Et comme nous fusmes descendus pensant repaistre, nous eusmes une alarme qui venoit devers Miremont, et remontasmes à cheval, en allant un grand quart de lieuë sur le chemin de Miremont d'où venoit l'alarme, et me trouvay avoir fait une grand folie de m'estre tant advancé, car je n'avois que quarante cinq gentilshommes avec moy, et les gens de pied, qui n'estoient encores arrivez. Là je ne peus apprendre où estoit monsieur de Pilles ny ses forces : bien me disoient les bonnes gens qu'il estoit de là le Lot, vers Sainct Vensa et Aymet, et vers Marmande et Tonens; on me disoit qu'ils estoient tous gens de cheval. Et comme j'eus demeuré sur le chemin environ deux heures, m'arriverent messieurs de Fontenilles, de Madaillan et le jeune Montluc mon fils; et là je leur dis que monsieur de Madaillan se mist devant avec ma compagnie, et que monsieur de Fontenilles et le capitaine Montluc le soustiendroit, et que je les soustiendrois eux avec la noblesse, et qu'ils marchassent ainsi jusques à une demye lieuë pres Miremont, où ils prinsent langue, sçavoir où estoient les ennemis, et que si il y en avoit à Miremont, qu'ils m'advertissent à cinq cens pas les uns des autres, car incontinent je m'acheminerois au trot pour estre pres d'eux; ce qu'ils firent. Je faisois marcher nos gens de pied sans sonner tabourin, pour n'estre descouverts, lesquels arriverent à Monbahus. Et comme le chevalier ne m'y trouva, il marcha apres moy, et monsieur de Madaillan estant à demy lieuë de Miremont, il print langue, et luy fut dit que les ennemis estoient tout delà le Drot, et qu'il n'y avoit personne à Miremont, et en donna advis à monsieur de Fontenilles, luy mandant qu'il m'en advertist, pour veoir ce que je voulois qu'il fist. Monsieur de Fontenilles me depescha un archer, et comme je vis qu'il n'y avoit personne deçà le Drot, je leur manday que monsieur de Madaillan s'advançast encores jusques à Miremont, pour estre plus certain du lieu où les ennemis estoient, afin que le lendemain matin, estans unis ensemble, messieurs de Terride, de Bellegarde et moy, les peussions aller attaquer, et que cependant je me reculois à Monbahus, où nous avions laissé nostre bagage, pour repaistre : ce que je fis apres avoir mis le chevalier et ses compagnies en cinq ou six maisons qu'il y avoit aupres de là, où je me retiray ; et en donnay advis à monsieur de Fontenilles, afin que si quelque cargue leur venoit, qu'ils sceussent là

où estoient nos gens de pied. Et comme je fus descendu, avant que d'entrer dans le logis je depeschay vers monsieur de Terride et de Bellegarde, les priant d'estre à la minuict avec la cavallerie à Monbahus, et que monsieur de Pilles n'avoit que gens de cheval, parmy lesquels il n'y en avoit pas trois cens de bons ; le reste, jusques à quinze ou seize cens, estoient montez sur meschantes rosses qui ne valloient rien. Le messager y arriva, ne pouvant estre plus d'une heure et demye de nuict; car il n'y avoit que deux lieuës de Monbahus à Villeneufve. Ils me rendirent responce, et m'asseuroient qu'ils seroient au point du jour avec moy. Mais il faut retourner à messieurs de Fontenilles, de Madaillan, et le capitaine Montluc, et faut que j'escrive icy premierement l'entreprise de monsieur de Pilles. Incontinent que je fus arrivé à Monflanquin, qui pouvoit estre deux heures apres midy, les Huguenots de Monflanquin advertirent monsieur de Pilles, qui avoit tourné visage de Cahors en hors, et que j'estois deliberé de m'approcher le lendemain pres de luy, attendant messieurs de Terride et de Bellegarde, lesquels ne pouvoient encores se joindre avec moy dè deux jours, et que je n'avois pas plus de cinquante ou soixante bons chevaux avec moy. Ledict de Pilles depescha toute ceste nuict à six cornettes qu'il avoit vers Marmande et Tonens, afin qu'ils se rendissent le lendemain, qui estoit le mesme jour que j'arrivay à Sainct Pastour, à un lieu d'où il ne me souvient, et qu'il vouloit partir avec toutes ses forces avant que je fusse r'allié avec messieurs de Terride et de Bellegarde. Ceux qui l'advertirent pensoient que je demeurerois le lendemain à Monflanquin, ou, à tout le moins, si j'en partois, que je ne ferois pas plus d'une lieuë, ou deux au plus. Il avoit baillé le rendez-vous à se trouver tous assez pres de là ; et partirent incontinent les six cornettes les unes apres les autres, pource qu'ils estoient separez ; et entr'eux six s'estoient baillé le rendez-vous à Miremont, pour repaistre seulement jusques à la minuict, et puis aller trouver monsieur de Pilles à l'autre rendez-vous.

Cependant monsieur de Madaillan s'achemina droit à Miremont ; et comme il fut à la veuë de l'entrée du village, là où il n'y a point de murailles, il apperceut forces casaques blanches qui alloient et venoient au long de la grand ruë, et soudain depescha à monsieur de Fontenilles et à mon fils le capitaine Montluc, qu'ils s'avançassent, car il estoit engagé au combat, et qu'ils m'advertissent. Il y a une bonne lieuë de Miremont à Monbahus. Ledit sieur de Fontenilles m'advertit en extreme diligence. Il y avoit deux cornettes qui estoient venuës les premieres, lesquelles estoient desja descenduës et leurs chevaux dans les estables ; et les autres deux, qui estoient encores à cheval, ne faisoient qu'arriver, et cherchoient de s'accommoder pour repaistre. Monsieur de Madaillan, qui se voit descouvert, charge ces deux cornettes qui estoient à cheval, et les ramene hors du village en routte et fuitte vers La Sauvetat. Les autres deux, qui estoient desja logez, couroient à leurs chevaux, et à mesme temps qu'ils montoient, monsieur de Fontenilles et le capitaine Montluc arrivent et chargent ceux-cy, lesquels prindrent la fuitte vers Aymet. En moins de demy-quart d'heure arriverent les autres deux cornettes ; et comme ils virent leurs gens deffaits, ils tournent visage vers Tonens, de là où ils venoient : et par mal-heur, si monsieur de Madaillan ne m'eust mandé qu'il ne trouvoit point de nouvelles des ennemis, je marchois tousjours au mesme ordre que nous avions commencé, et ne m'en fusse pas retourné repaistre en arriere. J'arrivay en mesme temps que les autres deux cornettes dernieres arrivoient, où j'esperois bien que j'en eusse eu aussi bon marché comme avoient eu les autres. Et comme je fus à l'endroit des gens de pied, voicy un archer qui me vint dire comme ils avoient combattu, et qu'ils avoient chassé les ennemis environ demy lieuë ; et quelques prisonniers qu'ils avoient prins les asseurerent que Pilles et toutes les trouppes estoient à Sainct Bensa et Aymet, là où il n'y a qu'une lieuë et demye, et qu'ils se retiroient devers moy pour n'estre assez forts pour soustenir les forces de l'ennemy, si elles venoient pour revencher leurs compagnons. Voy-là à la verité comme toutes choses passerent en ce combat, et m'apporterent deux cornettes ; toutes-fois en fuyant ils avoient arraché le taffetas.

Que si nous pouvions ainsi tenir des espions parmy eux comme ils font parmy nous, de ceux ausquels le Roy a donné permission de demeurer en leurs maisons, nos affaires s'en porteroient mieux, j'eusse esté adverty des nostres, comme ils sont des leurs, de la retraicte que fit monsieur de Pilles ; je l'eusse deffait fort facilement, car monsieur de Sainctorens se fust r'allié avec moy, qui estoit en campagne me cerchant du costé mesme que les ennemis s'enfuyoient ; et comme il vit approcher la nuict, il se retira à Monsegur pour attendre nouvelles de moy. Et en les chassant la nuict j'avois moyen d'envoyer un homme ou deux vers luy pour l'advertir du tout. Nous demeurasmes à l'herte (1), craignant que ledit Pilles vinst prendre la revenche ; mais ce fut bien au contraire, car il s'en alla toute la nuict tant qu'il peut droit à Saincte Foy, et y fut, comme l'on nous dit, au point du jour, combien qu'il y a le plus mauvais chemin qu'on sçauroit trouver ; car ce pays est gras à merveilles, et la nuict estoit si obscure qu'on n'eust sceu se cognoistre à un pas l'un de l'autre. Et voylà comme bien souvent les affaires de la guerre vont diversement par faute d'estre bien advertis ; car la responce de monsieur de Sainctorens ne m'arriva jusques au lendemain, ny celle de monsieur de Lauzun ; et ceux-là qu'ils m'avoient depesché pour m'advertir, cuiderent donner à travers des ennemis, et eurent si grand peur, qu'ils se cacherent tant que la nuict dura. Le matin, au soleil levant, messieurs de Terride et Bellegarde arriverent ; et comme ils entendirent le combat, ils se cuiderent desesperer, et maudissoient les gens de pied, et quand jamais ils estoient partis des environs de Thoulouse, car facilement ils pouvoient arriver aussi tost à Monbahus que moy sans les gens de pied ; et que pour les attendre et ne faire point d'erreur à nous trouver au combat, que nous ne fussions tous ensemble, cela leur avoit gardé de ne laisser point en arriere les gens de pied. Et ouys là dire un mot notable à monsieur de Bellegarde, qu'il croioit à ceste heure qu'il n'estoit pas tousjours bon d'aller trop sagement à la guerre : il disoit vray, car qui veut tousjours se tenir dans les regles ordinaires de la guerre, il pert souvent plus qu'il ne gaigne.

Nous marchasmes droit à Miremont, et par les chemins nous trouvasmes l'un des gens de monsieur de Madaillan, qui nous venoit porter nouvelles du desordre des gens de monsieur de Pilles, et que la fuitte de leurs gens estoit arrivée à eux, que mesmes monsieur de Pilles et ses gens avoient prins le chemin droit à Saincte Foy, et que douze soldats que monsieur de Madaillan tenoit en sa maison pres La Sauvetat, en avoient tué vingt-deux à la porte de la dicte maison, estant montez sur de meschantes rosses, et que les gens de La Sauvetat estoient sortis sur eux, et en avoient tué soixante ou quatre-vingts, et gaigné leurs chevaux. Et si monsieur de Sainctorens eust demeuré seulement un quart d'heure en un lieu jusques là où il estoit venu, la pluspart luy passoient devant : ce qu'il ne sceut jusques au lendemain, non plus que moy, et print sa part du desplaisir aussi bien que nous autres. Mais l'on ne peut pas deviner les choses : voylà pourquoi l'Italien dit : *Fa me indevino, ti daro denari* (2).

---

(1) Sur nos gardes.

(2) Fais-moi devin, et je te donnerai de l'argent.

Nous fusmes contraincts de loger à La Sauvetat, à Sainct Bensa et à Aymet, de là où ils estoient partis, pour ce qu'il n'y avoit aucun logis depuis La Sauvetat jusques à Saincte Foy; et laissasmes à Miremont monsieur de Savignac avec ses dix enseignes, pour-ce qu'il n'y avoit point de logis plus avant, car la cavallerie tenoit tout; et audit Miremont trouverent plus de vingt hommes cachez dans les maisons, lesquels ils tuerent, et y gaignerent quinze ou seize chevaux, car personne de nous n'estoit descendu de cheval, ains passasmes outre. Le lendemain de bon matin nous marchasmes droict à Saincte Foy. J'oserois dire que je n'ai veu long temps y a une telle cavallerie que celle que nous nous trouvasmes là, pour le nombre des compagnies que nous avions. Et comme nous fusmes à la veuë de Saincte Foy, messieurs de Fontenilles, de Madaillan, et le capitaine Montluc se mirent devant, et le chevalier avec ses six compagnies droit à la ville. Monsieur de Terride, avec sa compagnie et celle de monsieur de Negrepelisse, les soustenoient. Monsieur de Bellegarde et monsieur de Sainctorens, et moy, soustenions monsieur de Terride. Et là nous arriva la compagnie de monsieur de Gramont, et monsieur de Leberon avec les cinq enseignes; je cuide que le meilleur courtaut de toutes nos trouppes n'eust sceu faire plus grand diligence qu'ils firent, car ils ne demeurerent que deux jours à venir depuis Villefranche de Roüergue jusques devant Saincte Foy. Monsieur de Lauzun (1) et le vicomte son fils s'estoient rendus à nous le matin avec quelques gentils-hommes, car je pense que leurs compagnies estoient au camp, et nous assererent, pere et fils, que monsieur de Pilles avoit dix-huit cens chevaux, là où il y en avoit trois ou quatre cens bien montez et bien en ordre : le reste estoient arquebuziers à cheval mal montez. Le chevalier descendit de cheval, et print cent arquebuziers, et se mit devant droit à la ville : le reste le suivoit, et messieurs de Fontenilles, de Madaillan, et le capitaine Montluc apres. Et comme il fut aupres de la ville, sortirent quinze ou vingt arquebuziers, qui commencerent d'attaquer l'escarmouche; le chevalier poussa outre, et ceux-cy se r'enfermerent dans la ville. Monsieur de Pilles avoit passé ses gens toute la nuict la Dordoigne avec grand desordre, et luy estoit passé au soleil levant, et avoit laissé ces quinze ou vingt arquebuziers dans la ville pour nous amuser, et un grand batteau et un autre petit pour passer la riviere, car aussi il n'en y avoit que ceux-là. Et comme ils furent r'entrez,

(1) Gabriel Nompar de Caumont, comte de Lauzun.

ils coururent aux batteaux, et passerent à point nommé. Ils desembarquoient à l'heure que le chevalier arriva sur le bord de la riviere, estant passé tout au long de la ville sans trouver personne que les femmes. Et voy-là comme à la verité le tout passa. J'ai esté contrainct escrire ceste faction par le menu et au long, qui ennuyera peut estre le lecteur, pour-ce qu'on m'a dit qu'aucuns avoient fait rapport au Roy, à la Royne et à Monsieur, qu'il n'avoit tenu qu'à moy que je n'avois combattu Pilles : et qui lira ceste faction, il trouvera la verité comme tout est passé, au tesmoignage de tous les capitaines qui y estoient, dont il n'y en a que deux de morts, qui sont messieurs de Terride et de Bellegarde; et par là on verra s'il a tenu à moy, et n'en veux donner tort à personne, sinon aux mauvais chemins que les compagnies de monsieur de Savignac trouvoient; car, quant ausdits sieurs de Terride et de Bellegarde, ils se gouvernerent plus par la raison de la guerre que non par faute de bonne volonté de se trouver au combat. Monsieur de Chemerault, qui m'avoit porté les lettres de Monsieur, participa à toutes mes depesches, car il vouloit estre de la partie, et me pria de luy faire prester armes et chevaux, ce que je fis, et ne m'abandonna de quinze jours : je m'asseure qu'il portera tousjours tesmoignage que ce que j'escris de ceste faction est veritable, et qu'il estoit aussi ayse de s'y trouver que homme de la trouppe, et en pensoit porter à Monsieur de meilleures nouvelles qu'il ne fit. Ceux qui sçavent que c'est de la guerre ont souvent experimenté combien il est difficile de combattre un homme qui n'en veut point manger, mesmement quand c'est un soldat ou un capitaine ruzé comme estoit le sieur de Pilles : je croy que c'estoit l'un des meilleurs que les Huguenots eussent. Il sçavoit bien qu'avec nous il ne gaigneroit que des coups; voylà pourquoy il ne sejournoit gueres en ce pays.

Deux jours apres nous fusmes dans Saincte Foy. Monsieur de Terride receut le pouvoir que le Roy luy envoyoit pour aller en Bearn, et se departit de moy : il estoit fort aise de ceste charge, et moy aussi pour l'amour de luy. Je pensois que tout allast mieux. Monsieur de Bellegarde me laissa aussi, et amena avec luy sa compagnie et les dix enseignes de monsieur de Savignac; monsieur de Terride en amena la sienne et celle de monsieur de Negrepelisse : nous demeurasmes monsieur de Sainctorens et moy. Le chevalier mon fils s'en alla avec ses dix enseignes droict en Limousin pour se joindre au camp de Monsieur. Cinq jours apres,

Monsieur gaigna la bataille à Jarnac (1), où monsieur le prince de Condé fut tué. Plusieurs pensent que sa mort a allongé nos guerres, mais je croy que, s'il eust vescu, nous eussions veu nos affaires en pire estat, car un prince du sang comme celuy-là, ayant desja ce grand party des Huguenots, eust eu beaucoup plus de creance que monsieur l'admiral n'eust. Ce pauvre prince aymoit sa patrie, et avoit pitié du peuple ; je l'ay anciennement fort praticqué, ce qui cuida estre cause de ma ruine ; je l'ay cogneu tousjours fort debonnaire : la jalousie de la grandeur d'autruy l'a perdu, et si en a bien perdu d'autres : cependant il est mort au combat, soustenant une mauvaise querelle devant Dieu et les hommes ; c'estoit dommage, car s'il eust esté employé ailleurs, il pouvoit servir à la France. La malheureuse paix qu'on fit faire au roy Henry a causé tous les mal-heurs que nous avons veus ; car avoir tant de princes du sang royal et autres princes estrangers, et les tenir sans avoir quelque guerre estrangere, c'est un mauvais conseil : il faut penser ou debattre les autres ou s'entrebattre soy-mesme. Si on pouvoit tousjours vivre en paix, cela seroit bon, et que chacun fist son labourage comme faisoient les Romains en paix ; mais cela ne se peut faire. Ainsi, Sire, je dis et soutiens que c'est un mauvais conseil de penser faire la paix, si par mesme moyen vous ne songez à commencer une guerre estrangere. Il ne faut pas renouveller les guerres de la Terre saincte, car nous ne sommes pas si devotieux que les bonnes gens du temps passé ; il vaudroit mieux s'exercer comme faict le roy d'Espagne aux nouveaux mondes, et separer ainsi ces princes, envoyant les plus jeunes à l'escolle de Malte ; car si ceux-là ne brouïllent, rien ne bougera. Que si vous voulez guerroyer vos voisins, renouvellez la querelle du duché de Milan, qui vous appartient de droicte ligne ; car il ne se trouvera point par escritures que ceux de la race du roy d'Espagne ayent appartenu à ceux de Milan ; si faictes bien vous par les femmes ; le roy d'Espagne ne le tient qu'à titre de force. Vous trouverez aussi qu'un duc d'Anjou, estant extraict de la maison de France et de la propre lignée d'où vous estes, estoit roy de Naples, lequel le roy d'Espagne tient aussi. Le roy vostre ayeul n'a jamais voulu quitter ce droit, et se saisit des terres de monsieur de Savoye, encore qu'il fust son oncle, pour avoir passage asseuré pour entrer dans le duché de Milan. Le roy vostre pere ne print en protection le duc de Parme et les Sienois, que pour avoir le chemin pour reconquerir Naples. Vous estes extrait de ces grands princes magnanimes, vous avez leurs droits. Si Dieu vous donne la paix, vous luy pouvez envoyer la tempeste : vous en aurez meilleur marché que vous ne pensez, car le roy d'Espagne est plus adonné aux negotiations qu'aux armes : il ne ressemble pas son pere ; dans cinq ou six ans il sera vieux, et vous en la fleur de vostre aage ; il laissera des enfans petits ; et puis que le pere n'a esté valeureux en sa jeunesse, il ne faut pas esperer qu'il le soit en sa vieillesse. Que si vous vous sçavez ayder des princes d'Italie, vous les trouverez à vostre devotion, mesmes le duc de Florence, pour les raisons que je pourrois bien dire, l'ayant esprouvé pendant que j'estois lieutenant de Roy en la Toscane : ledit sieur duc n'en dira pas le contraire, il est plus françois qu'espagnol. L'Angleterre ne vous empeschera pas, car il n'y a qu'une femme (2), en Escosse qu'un enfant (3). Bref, rien ne vous doit faire peur. Mais je laisse ce propos pour une autre-fois : la mort dudict seigneur prince est cause que j'y suis entré, car je suis françois, et regrette la mort de ces braves princes tuez de nos propres mains, qui nous pourroient servir ailleurs.

Or, pour retourner à mon discours, je demeuray audit lieu de Saincte Foy cinq ou six sepmaines, ayant encor six enseignes de gens de pied, que mon nepveu de Leberon commandoit : j'en envoyay les quatre à Bregerac, et mondit nepveu aussi, afin de desmanteler la ville, comme le Roy et Monsieur m'avoit mandé ; mais cela fut mal executé. Quelques jours apres, Monsieur s'approcha, et vint à Montmoreau, où je luy allay baiser les mains, suivy d'une bonne trouppe de noblesse. Mondit seigneur me fit une fort grand chere, me commandant de ne bouger d'aupres de luy : Dieu sçait si j'en fus aise. J'envoyay chez moy chercher mes charrettes, tentes et argent, comme firent aussi tous les gentils-hommes qui estoient avec moy, faisans estat que nous ne bougerions plus de l'armée, car aussi en toute la Guyenne rien n'osoit gronder, et n'y avoit place qui tinst pour les Huguenots, que Montauban. Monsieur partit de Montmoreau, et s'en alla à Villebois.

A peine y eust-il sejourné cinq ou six jours, lesquels nous employasmes à discourir des moyens de faire la guerre, que voicy arriver un gentil-homme que monsieur de Monferrand, gouverneur de Bordeaux, avoit depesché en poste vers mondit seigneur, luy donnant advis

(1) Le 13 mars 1569.
(2) La reine Élisabeth.
(3) Jacques, depuis roi d'Angleterre.

qu'une grand partie du camp de monsieur l'Admiral estoit arrivé en Medoc à pied et à cheval, et que deux compagnies de gens de pied qu'il y tenoit avoient esté contrainctes d'abandonner le passage et se sauver la nuict. Monsieur ne se hasta pas trop de le croire, car nous discourusmes sur le passage. Je luy representay la grand largeur que la riviere a en cet endroit, qu'il falloit toute une marée pour la passer, et un monde de vaisseaux, car une armée meine un grand attirail, d'ailleurs qu'il n'y avoit point d'apparence que monsieur l'Admiral, qui estoit guerrier, s'allast enfourner parmy les landes, en un pays sterile et au delà des rivieres qu'il n'eust jamais repassé. La nuict ensuyvant arriva un autre courrier qui portoit pareil advertissement de la cour de parlement et dudit sieur de Monferrand, encore plus eschauffé que le premier, et faisoit le nombre plus grand : il est vray qu'il escrivoit à mondit seigneur qu'il montoit à cheval pour aller luy-mesme recognoistre. A ce que j'ay entendu, il y alla, mais il n'avoit point de gens de cheval avec luy, sinon quelques arquebusiers à cheval. Et comme il fut à demy lieuë pres du passage, ceux qu'il avoit envoyé devant recognoistre rapporterent que desja estoit passé un grand nombre de gens de cheval, et que les gens de pied commençoient à passer ; et estant si mal accompagné, ledict sieur de Monferrand fut contrainct se retirer : d'autre part, le peuple s'enfuyoit tout devers Bordeaux. Ledict sieur de Monferrand depescha encore un autre courrier devers Monsieur, luy donnant les choses pour certaines ; qui fut cause que Monsieur m'en r'envoya à mon grand malheur, car depuis je n'eus que fascherie et ennuy ; et si je n'eusse bougé d'aupres de Monsieur, tout ce qui m'est advenu ne me fust arrivé, car ou bien je serois mort en luy faisant quelque bon service, ou bien je ne serois pas blessé comme je suis, pour n'en guerir jamais et vivre en extreme langueur. Tout ce mal-heur m'advint pour le deffaut de vingt cinq bons chevaux : que si monsieur de Monferrand les eust eu avec luy, luy-mesme les eust recogneus, n'ayant pas faute de hardiesse, et eust trouvé que ce n'estoit que soixante ou quatre vingts Bearnois et quelques autres des terres de la royne de Navarre, qui alloient en Bearn pour aller ayder à deffendre le pays, dont la moitié furent deffaicts par les chemins vers le Mont de Marsan. Monsieur se ressouviendra, s'il luy plaist, qu'estant à son chevet de lict je luy dis que sur ma vie et mon honneur il estoit impossible que cest advertissement fust du tout veritable, car je sçavois le pays, et que ce pouvoit estre quelque petite trouppe de gens pour Bearn ou Chalosse, car une grand trouppe ne sçauroit passer ny ne s'oseroit hasarder, car il faut qu'ils passent à la file. Mondict sieur me dict lors ces mesmes mots : « Je voy bien, mon bon homme, que l'envie que vous avez d'estre pres de moy vous faict dire cela ; croyez que, quelque part où vous serez, je vous aymeray : peut estre le droit de la guerre me tirera en Guyenne ; je voudrois faire mon apprentissage en une si bonne escolle que la vostre. » Je prins congé de son excellence. Voy-là comment il importe fort de recognoistre l'ennemy avant que prendre l'alarme.

Capitaines mes amis, il faut plustost vous hasarder d'estre pris et sçavoir le vray, que non pas vous fonder sur le rapport des vilains. Ils ont la peur si avant dans le ventre, qu'il leur semble que tous les buissons sont des esquadrons, et l'asseurent, et cependant fiez vous là : c'est comme quand ils voyent cent escus, il leur semble advis qu'il en y a mille. Envoyez tousjours quelques soldats sans peur, et que plustost ils se hasardent ; et si vous voulez faire mieux, allez y vous mesmes. Ainsi ay-je tousjours faict, et m'en suis bien trouvé. Or, comme je fus à Saincte Foy, je fus adverti de la verité, et en donnay advis à mondict sieur, bien marry contre ledit sieur de Monferrand : et pource que rien ne se presentoit pour lors, je me tenois tousjours à Saincte Foy pour estre pres de mondict sieur, afin que quand il me manderoit je fusse en deux ou trois journées à luy. A ce que j'ay sceu depuis, un des principaux qui estoit pres de son excellence luy dict qu'il avoit bien faict de se depestrer de moy ; que j'estois fascheux, et que je voulois tousjours commander en quelque part que je fusse : Monsieur mesme m'en fit le conte au siege de La Rochelle. Je n'ay jamais esté si opiniastre que je ne me sois payé de raison ; et faut dire pour la verité que je me suis tousjours mieux trouvé de mon conseil que des autres. Il est raisonnable que ces messieurs qui n'ont bonne mine qu'à courir la bague, apprennent de ceux qui ont estudié sous les plus grands docteurs de l'Europe ; mais c'est leur coustume, ils ne veulent que personne les contreroolle, et veulent tout gouverner.

Or, ne faisant rien à Saincte Foy, je vins jusques à Agen, où monsieur de Monferrand me manda que le sieur de La Roche Chalais et le capitaine Chanteyrac estoient dans La Roche avec cent ou six vingts soldats huguenots, qui couroient tout le pays faisant mille maux, de sorte qu'il ne pouvoit venir personne de Sainctonge à Bordeaux ; et que si je voulois aller à La

Roche, nous serions prou de gens pour faire l'entreprise, et que monsieur de La Vauguyon estoit aux environs de Monpont et Mucidan avec le regiment de monsieur de Sarlabous et trois compagnies de gensdarmes ; que si je luy mandois, qu'il seroit volontiers de la partie. Et tout incontinent je m'acheminay à Bordeaux, et secrettement j'advertis monsieur de La Vauguyon par un gentil-homme. Tout incontinent il me respondit qu'il seroit volontiers de la partie, et que je luy mandasse le jour qu'il voudroit que je marchasse, et le rendez-vous. Je l'envoyay prier de se rendre à Libourne trois jours apres, qu'estoit un samedy matin, et que monsieur de Monferrand et moy nous nous y rendrions pour arrester ce que nous avions à faire : ce qu'il fit, et moy aussi. Ledict sieur de Monferrand demeura pour ayder à l'artillerie, car il la falloit amener par eauë jusques à Coutras. Nous estions en dispute, car monsieur de La Nouë (1) estoit auprés de Sainct Aulere, appartenant à monsieur de Jarnac, et estoit entre les deux rivieres avec douze enseignes de gens de pied et quatre ou cinq cens chevaux ; et estant soldat et vaillant homme comme il est sage s'il y a capitaine en France, ne laisseroit jamais perdre La Roche sans la secourir, et qu'il n'avoit à passer que la riviere de Sainct Aulere, laquelle en plusieurs lieux se passoit à gué par les gens de cheval, et que les gens de pied auroient passé en quatre heures : et quant à la riviere qui passe dessous La Roche, ils tenoient le pont de Parcou, la ville et tout, où ils avoient garnison ; et qu'il nous falloit resoudre de l'un et de l'autre, ou n'y aller poinct. A la fin nous conclusmes d'attaquer La Roche, et combattre monsieur de La Nouë s'il venoit pour la secourir, et jurasmes, tous ceux qui estions au conseil, de ne descouvrir nostre deliberation. Monsieur de Monferrand s'attendit avec Fredeville le commissaire pour faire embarquer deux canons, et moy je partis le samedy de grand matin, et me rendis à Libourne, où je trouvay monsieur de La Vauguyon arrivé desja le vendredy. Et comme nous estions à ces entrefaictes à Bordeaux sur l'entreprise de La Roche, j'en faisois une autre d'aussi grand importance que celle de La Roche, qu'estoit qu'un capitaine huguenot s'estoit saisi du chasteau de Levignac, qui est à monsieur le marquis de Trans, et y avoit soixante ou quatre vingts soldats dedans, et avoit fermé les ruës du bourg, qui est grand, avec remparts, et la nuict se retiroient tous dans le chasteau ; et c'estoit le lieu où Pilles estoit allé surprendre La Mothe-Mongauzy le vieux, et là le tua, et deffit presque toute sa compagnie. Monsieur de Madaillan estoit allé avec moy à Bordeaux, et ma compagnie estoit à Cleyrac et Thonens, et se trouva à la deliberation que nous fismes de l'execution de La Roche ; et l'en fis retourner en toute diligence, et escrivis à monsieur de Leberon de se joindre ensemble avec quatre compagnies de gens de pied, et qu'ils fissent une grande traicte, et qu'en une nuict qu'ils les enfermassent dedans ; à quelque prix que ce fust qu'ils prinsent le chasteau, et les taillassent en pieces, et que de là ils se rendissent en une nuict devant le chasteau de Bridoyre, qui est à monsieur de La Mothe-Gondrin, où il y avoit quatre vingts ou cent autres Huguenots, conduits par un nommé Labaune. C'estoit le lieu où Geoffre, cest insigne voleur qui a fait tant de maux, se retiroit. Aux choses que ce vilain a faictes il a monstré qu'il avoit du cœur et du courage, et qu'il estoit homme d'execution. Je leur manday qu'ils les enfermassent, et assiegeassent le chasteau de si pres qu'il n'en eschappast rien, car dés que j'aurois faict à La Roche, je tournerois tout court avec les canons à eux. Et si monsieur de La Nouë nous venoit combattre, qu'il falloit qu'ils abandonnassent tout, et qu'ils vinssent jour et nuict pour se trouver au combat.

Voy-là la charge de messieurs de Leberon et de Madaillan, lesquels enleverent le chasteau. Il est prou fort pour batterie de main, et n'en pouvoient venir à bout, car les ennemis se deffendoient fort et cognoissoient bien que l'on leur feroit une mauvaise guerre, à cause des grandes cruautez et meschancetez qu'ils avoient faict autour de Levignac. Monsieur de Lauzun leur presta une couleuvrine et firent un trou par lequel pouvoit passer deux hommes, et les uns avec les eschelles par le costé de la basse cour, et les autres par le trou donnoient, et les emporterent. Il ne se sauva que trois prisonniers, et tout le reste fut mis en pieces ; et la nuict aprés s'en allerent ceux qui s'estoient saisis du chasteau de Taillecabat, qui est à monsieur de Merville, grand seneschal de Guyenne, ayant entendu comme l'on avoit traité ceux de Levignac. Et nos gens marcherent devant le chasteau de Bridoyre, et trouverent qu'ils estoient sur leur partement de se sauver, et les assiegerent, et par malheur, à cause de la haste l'on n'avoit peu faire marcher vivres pour les soldats. La nuict les gens de pied se commencerent à escarter pour aller chercher des vivres, et les gens de cheval se retirerent en quelque village pour re-

---

(1) François de La Noue, l'un des chefs protestants. Ses mémoires feront partie de cette collection.

paistre jusques à la minuict; et ainsi, n'y estant demeuré guere de gens, ceux de dedans, ayant espié leur commodité, la nuict ils sortirent en furie et se sauverent. Nos gens monterent à cheval pour les suyvre, mais incontinent qu'ils furent dehors, ils se separerent comme perdriaux, chacun se retirant à sa maison et par les sentiers. La nuict estoit obscure, qui favorisoit leur fuitte; et ainsi de ceste trouppe n'en fut tué que trois ou quatre. Dieu sçait, quand je le sceus, si j'en fus en colere, et si je leur escrivis qu'ils monstroient bien qu'ils n'avoient pas retenu ce que je leur avois appris.

Or, quant à nostre entreprise de La Roche Chalais, le dimanche au soir monsieur de Monferrand se rendit avec l'artillerie à Coutras, comme aussi je fis. Monsieur de La Vauguyon devoit prendre son chemin droict à Parcou, là où est le pont, et regarder s'il pourroit prendre la ville à son arrivée, et se faire maistre du pont, et mettre les gens de cheval de l'autre costé, qui iroient courir vers Sainct Aulere, pour entendre nouvelles de monsieur de La Noüe, et pour sçavoir s'il feroit semblant de venir à nous. Or de La Roche jusques audict Parcou n'y a que deux lieuës; nous faisions estat d'estre en deux heures ensemble, car il y a beau chemin. Et comme nous nous despartismes le samedy mesmes, monsieur de La Vauguyon s'en va pour faire avancer ses gens, cheminant jour et nuict. Et moy je fus le dimanche de grand matin à Coutras, où je trouvay monsieur de Gironde, gouverneur de Fronsac, qui estoit de nostre entreprinse et du conseil que j'avois tenu à Bordeaux. Ayant prest tout le charroy qu'il nous falloit, et monsieur de Monferrand estant arrivé le dimanche au soir, je ne le laissay sejourner que trois heures, et l'envoyay toute la nuict pour estre devant le jour à La Roche, pour les enfermer dedans, ce qu'il fit; et monsieur de Gironde et moy nous attendismes à faire atteler l'artillerie, et apres l'avoir faicte acheminer, j'y laissay ledict sieur de Gironde avec Fredeville et quelques cent pionniers que ledict sieur de Gironde m'avoit appresté. Cependant je partis environ la minuict, et fus au poinct du jour à un quart de lieuë de La Roche, où je trouvay monsieur de La Vauguyon, qui y estoit arrivé à la minuict, et avoit envoyé quinze ou seize chevaux des siens devant le chasteau, lesquels incontinent furent de retour où nous estions, et nous dirent qu'ils avoient trouvé les gens de cheval des ennemis dehors qui les avoient chargez. Chanteyrac ne se voulut point enfermer dans le chasteau, ains alla au long de la muraille de la basse cour, et gaigna le passage du moulin, et se mit dans un batteau, et, à la faveur de dix ou douze soldats qui tenoient bon dans le moulin, il passa la riviere faisant marcher les chevaux, les tenant par la bride. Monsieur de La Roche ne print pas ce chemin, ains s'en retourna dans le chasteau avec six ou sept chevaux; et comme il veit que ces coureurs de monsieur de La Vauguyon s'enfuyoyent, et que Chanteyrac l'avoit abandonné, il cuida sortir dehors pour se sauver, et desja estoient la pluspart dans la basse cour; mais monsieur de Montferrand arriva et le chargea, le contraignant de se retirer dans le chasteau : il gaigna la basse cour, et y mit force gens dedans, puis alla combattre les moulins qui se deffendoient fort; mais à la fin ils les prindrent et mirent en pieces ceux de dedans. Il me donna advis de tout. Monsieur de La Vauguyon et moy desjeunions, et incontinent ledict sieur de La Vauguyon s'en alla au devant de ses gens pour aller droict à la ville; et arrestasmes qu'il m'envoyeroit trois compagnies du regiment de monsieur de Sarlabous, pour m'ayder à donner l'assaut. Et ainsi s'en alla à son entreprise de Parcou, et moy je m'acheminay devant La Roche, estant desja adverty que l'artillerie estoit à demy lieuë pres de nous, qui ne peust arriver à La Roche qu'il ne fust midy, à cause du mauvais chemin qu'il y avoit. Monsieur de La Vauguyon entra dans la ville, car les ennemis s'estoient retirez aux moulins qui sont sur le pont : ses gens les forcerent et gaignerent le pont, et par ainsi tout fut gaigné, et la nuict je fis mes approches et mis mon artillerie en batterie. Le sieur de La Roche, à la pointe du jour, voulut parlementer avec monsieur de Monferrand, et pource qu'il est son parent et jeune gentil-homme, ne le voulut laisser retirer dedans, ains le retint. Et comme les autres veirent l'artillerie preste à tirer, ils commencerent à crier qu'ils se vouloient rendre : voyant qu'on ne les vouloit poinct escouter, ils dirent qu'ils se rendroient à nostre discretion. Le gouverneur de Fronsac et les Huguenots mesmes, qui estoient de Coutras, et qui estoient venus avec nous, crioient qu'on ne les prinst poinct à mercy, car c'estoient libertins et gens sans religion, et sur tout qu'il y en avoit un, nommé Brusquin, qui avoit tué plus de quatre vingts hommes, la pluspart laboureurs et gens des champs. Il fut question de sortir : ledict sieur de La Roche me demanda un sien laquay, son valet de chambre et son cuisinier, ce que luy fut accordé, et les tirasmes hors de la trouppe. Monsieur de Monferrand se mit dans le chasteau, avec dix ou douze hommes, afin qu'il ne fust pillé. Je recommanday ces gens-là aux soldats : ils furent accoustrez selon la vie qu'ils avoient menée, car il n'en eschappa un seul que ceux que j'ay nommez. Ce Brusquin mesme, que les Huguenots crioient tant qu'il fust tué, s'empoigna à ma jambe, car j'estois à cheval, ayant cinq ou six sur luy; j'eus prou affaire à m'en demesler, et bien peu s'en fallut que je ne fusse blessé. Et luy fut trouvé un roolle dans ses chausses de cent dix sept hommes qu'il avoit tué, y ayant en escrit un tel, prestre; un tel, laboureur; un tel, moyne; un tel, marchant, et les consignoit tous de quel art ils estoient. Comme cela fut leu, les soldats tournerent à luy et luy donnerent deux cens coups d'espée, encores qu'il fust desja mort. Monsieur de La Vauguyon arriva sur l'execution: un s'enfuyant le chocqua luy et son cheval, si roide, que presque le destourna hors du chemin; mais il estoit suivy de si pres qu'il n'alla pas guere loing. L'on me dit que ces gens estoient revenus devers Sainct Aulaye, et qu'ils avoient parlé avec monsieur de Jarnac, qui leur avoit dict que monsieur de La Nouë se retiroit vers La Roche Chalais; qui fut cause que nous arrestasmes qu'il se retireroit de là où il estoit party, et que monsieur de Monferrand et moy nous en irions amener l'artillerie droict à Bridoyre. J'arrestay avec eux qu'encores que monsieur de La Roche m'appartinst et fust mon prisonnier, pour estre chef de l'entreprinse, je voulois que tous trois partissions sa rançon, comme nous avons faict, et fut mis à la fin à six mil escus, dequoy chacun de nous trois en a tiré deux mil.

Estant arrivé à Libourne, je fis passer l'artillerie contremont la riviere, qui alloit jour et nuict, car nous avions force gens pour tirer la corde du batteau. Et comme l'artillerie fut aupres de Castillon, qui est à monsieur le marquis de Villars, arriva un homme que monsieur de Madaillan m'envoyoit pour m'advertir que les ennemis de Bridoyre s'estoient sauvez; dequoy je fus aussi marry que de nouvelles qu'on eut sceu apporter, car ma deliberation estoit de ne leur faire pas mieux qu'aux autres. Et fit-on tourner l'artillerie contre-bas la riviere, tirant droict à Bordeaux: et là laissasmes le capitaine Mabrun avec trois ou quatre compagnies, pour l'en ramener à Bordeaux; et monsieur de Monferrand et moy nous en allasmes devant audit Bordeaux. Le jour apres estre arrivé, j'allay au palais pour prendre congé de la cour, pour ce que je m'en voulois retourner en ces quartiers, pour estre plus pres de Monsieur s'il me mandoit. Monsieur le president de Roffignac me fit les remerciemens de la part de toute la cour, parce que nostre petite guerre avoit asseuré les chemins devers Sainctonge, de sorte que tout le monde pourroit aller et venir de Bordeaux en France seurement; d'autre part, je les avois mis en seureté du costé de la Dordoigne ayant le chasteau de Bridoyre, et du costé de la Garonne ayant pris Levignac, Taillecabat et Pardaillan, parce que de ces costez ne pouvoient venir vivres ne hommes à Bordeaux, sinon du costé de Gascogne. Voylà le succes des entreprises que nous fismes en cinq ou six jours, qui ne cousterent pas un teston au Roy, et à messieurs de la cour encore moins. Que si messieurs de la ville de Bordeaux m'eussent tenu ce qu'ils m'avoient promis, j'eusse gagé ma teste que j'eusse faict donner à Blaye de cul à terre; et n'y voulois que huit jours, pourveu que monsieur le baron de La Garde me fust demeuré pour assaillir par mer; et me voulus obliger à leur rendre les trente mille francs que je leur demandois pour payer les gens de pied, les frais de l'artillerie et les pionniers, si je ne l'emportois. Et comme je vis qu'ils ne vouloient entrer là, je leur presentay douze mil francs en prest, pour un an, sans en vouloir aucun interest; monsieur de Valance mon frere leur en prestoit deux mille: bref, la cour de parlement estoit fort eschauffée en ceste entreprinse; mais depuis qu'il se parloit qu'il falloit que tous y aydassent il ne s'en parloit plus. Ces gens de robbe longue sont de fascheuse desserre, et nous battent tousjours de leurs privileges. Je veux maintenant, au tesmoignage des plus grands et gens de bien de Bordeaux, qu'ils furent cause que cette entreprinse ne s'executa; car, comme les gens de la ville virent qu'ils ne vouloient fournir deniers, ils ne le voulurent aussi faire, disans que la cour de parlement tenoit autant ou plus de richesses que la moitié de la ville; et par deux fois me firent aller là, m'asseurant que dés qu'ils me verroient que tout seroit prest. Et quand j'y estois, je les trouvois si longs de me tenir ce qu'ils me promettoient, qu'il m'en falloit retourner; et croy qu'ils eussent voulu que j'eusse faict l'execution à mes despens, et que le profit et utilité leur en fust revenu: et neantmoins, aux offres que je leur faisois, chacun peut bien cognoistre que je m'y voulois tenir du mien propre. Je faisois toute la despence pour tous les gentils-hommes qui me faisoient cest honneur de me suivre, sans que je voulusse que la ville m'en deffrayast d'un poulet. Et voylà l'occasion à la verité pourquoy l'entreprinse de Blaye ne se fit. Je m'asseure qu'il n'y avoit rien en Guyenne qui me peust empescher d'en venir à bout. Lorsque Des Rois la trahit, je l'avois recognue: ce n'est pas une si mauvaise beste qu'on la faict. D'avantage en ce temps les Huguenots ne levoient gueres la teste, et la Guyenne estoit assez paisible; tous ceux qui estoient capables de porter les armes s'en allerent au gros, pres de monsieur l'Admiral, qui apres la mort de monsieur le Prince se fit declarer chef, ne luy servant monsieur le prince de Navarre (1) que d'ombre seulement. C'est pourtant cela qui a tant soustenu ledict sieur l'Admiral et son party, car un prince du sang peut beaucoup, encor qu'il fust bien jeune, et le fils de feu monsieur le prince de Condé aussi : ce fut une bonne fortune pour luy; sans eux il ne l'eust pas faicte si longue.

(1) Depuis, Henri IV.

LIVRE SEPTIESME.

[1569] Puis que j'ay entrepris laisser ma vie à la posterité, et escrire tout ce que j'ay faict de bien et de mal depuis tant d'années que j'ay porté les armes pour le service des roys mes maistres, je ne veux laisser rien en arriere; et encor que ce ne soient pas des conquestes de Naples ou Milan, je ne les veux pourtant obmettre, car tel les lira qui en fera son profit; et les capitaines et gens de guerre peuvent faire leur apprentissage aux petits faits d'armes, car c'est par là qu'ils commencent leur leçon. Ceux qui ont aussi le gouvernement des provinces en main pourront, par ce que j'ay fait, prendre exemple au bien, s'il en y a, et laisser le mal. J'avois si bien roigné les aisles aux Huguenots, qu'ils ne pouvoient faire grand cas en la Guyenne, ny faire que de bien legeres entreprises, et moy par consequent ne pouvois aussi que faire ces petites conquestes, ayant d'ailleurs envoyé beaucoup de forces en l'armée de Monseigneur, et reservant l'argent pour son secours. Une autre raison me contrainct à cotter ces particularitez, c'est afin que si le Roy prend la peine de voir mon livre [je croy qu'il en lit de pires], que Sa Majesté voye combien ceux-là ont parlé contre la verité, qui ont dit qu'à present je n'avois soucy si ce n'est de vivre en repos chez moy. O qu'ils me cognoissent mal! Si j'eusse eu les moyens que je desirois, et qu'on me pouvoit donner, et qu'on m'eust laissé faire sans apporter les empeschemens que les edits ont faict, j'eusse bien gardé les Huguenots de grener en Guyenne, et croy que j'en eusse osté la semence.

Or, pour suyvre le fil de mon discours et escrire au vray ce qui a causé la ruyne de ceste pauvre Guyenne, je vous diray que, quelque temps apres cés entreprises executées, Monsieur m'envoya une lettre contenant ces mots: *Monsieur de Montluc, monsieur le mareschal Danville a esté icy: il s'en va en son gouvernement pour executer quelques entreprises qu'il y a; je vous prie, s'il a besoin de quelque chose de vostre gouvernement, luy en ayder en ce que vous pourrez.* Ceste lettre me fut renduë à Saincte Foy: il y en avoit une autre au sieur de Sainctorens, afin qu'il se rendist en l'armée avec sa compagnie; et c'estoit pource qu'il avoit donné congé à monsieur de Fontenilles de se venir rafraischir et rassembler la sienne: et depuis me manda que je retinsse celle de monsieur de Fontenilles aupres de moy, sans abandonner le pays, et que j'eusse bien le cœur à Bordeaux, favorisant monsieur de Terride de ce que je pourrois en la conqueste de Bearn, et quant à luy, il descendoit vers Poictou.

Cela me fut une dure nouvelle, encore que je fusse bien aise de la venuë de monsieur le mareschal Danville; et veux que Dieu ne m'aide jamais si je ne fus aussi aise de cela comme presque si Monsieur mesmes y fust venu; et me sembloit que les Huguenots en Languedoc et Guyenne ne dureroient pas deux mois devant nous. Ledict sieur mareschal demeura quelques jours par les chemins.

Estant arrivé en Auvergne, il me depescha un courrier, m'advertissant de sa venuë, et qu'il estoit bien ayse de venir faire la guerre de pardeça, tant pour l'ayse qu'il avoit de m'y trouver, que pour l'esperance qu'il avoit que nous ferions quelque chose de bon en ce pays de Guyenne et Languedoc, et qu'il s'en venoit par Albigeois droict à Thoulouse. Je luy renvoyay son homme, et le priay de ne prendre point ce chemin, mais qu'il vinst à Rhodés et en Quercy, et que je luy irois au devant à Cahors; que le comte de Mongommery estoit arrivé vers Castres, qui commençoit d'assembler des gens, et qu'il ne pouvoit passer par là qu'il ne passast par le milieu des forces des ennemis. Je n'eus responce de luy qu'il ne fust à Thoulouse, et me depescha un courrier m'advertissant de son arrivée, et me mandoit qu'il estoit passé à la barbe des ennemis, et qu'ils ne s'estoient point montrez pour luy empescher son chemin. Je fus fort ayse d'entendre son arrivée en seureté et santé. Et par sa lettre me prioit que nous nous vissions, afin de prendre une bonne resolution ensemble pour faire un grand service au Roy, et qu'il ne vouloit rien faire sans mon conseil. Une defluxion m'estoit tombée sur un tetin; je fus contrainct le faire percer en deux lieux et y mettre deux tentes, et n'y pouvois endurer seulement la chemise. Et comme la fureur du mal me fut un peu passée, et la fievre que le mal me donnoit, je me mis en chemin, ne pouvant faire que trois lieuës le jour au plus, avec grandissime douleur. Ceux qui liront ma vie pourront veoir de combien de sorte de maux j'ay esté assailly; et neantmoins je n'ay jamais pour cela esté oisif ni retif aux commandemens de mes maistres ou en ma charge. Cela n'est pas seant à un guerrier de croupir dans le lict pour un peu de mal. Or le Roy ni la Royne ne m'escrivirent jamais que je luy obeisse, ne mesme par la lettre qu'il m'escrivit; neantmoins pour l'amitié que je luy portois et affection que toute ma vie je luy avois vouée de ma propre volonté, je luy allay offrir de luy obeyr, et en son particulier luy faire service. Je le trouvay qu'il avoit quelque peu de fiebvre, et demeuray deux jours à Thoulouse auprés de luy, estant bien mieux accompagné pour lors qu'il n'estoit, car j'avois avec moy soixante ou soixante-dix gentils-hommes. Nous arrestames que je m'en viendrois à Agen faire tenir les estats de la Guyenne, et sçavoir combien de gens ce pays voudroit soudoyer. Je luy donnay asseurance que la Guyenne fourniroit argent pour payer mil ou douze cens arquebusiers, pourveu aussi que quand monsieur le mareschal auroit pris une ville en Languedoc, il en vinst attaquer une en Guyenne, ce que je leur promis que ledit sieur mareschal feroit; mais je contois sans l'hoste. Je dressay promptement les compagnies de mil arquebusiers, et fis eslection des meilleurs capitaines qui pour lors fussent dans le pays. Les estats baillerent la charge de recevoir l'argent à de Naux, fils de la maison de Nort d'Agen. Nous arrestasmes d'estre prests le premier jour d'aoust pour nous mettre en campagne. Sur ces entrefaictes se passerent deux ou trois mois, pendant lesquels monsieur de Terride estoit tousjours à son pris faict (1) devant Navarreins; et quant à moy, je tenois la ville pour prinse, car nous avions tousjours nouvelles qu'il n'y entroit point de vivres, et qu'ils commençoient à patir. D'autre part je considerois que tous les gens que le comte de Mongommery avoit amené n'estoient que soixante ou soixante dix chevaux, et qu'il n'auroit autres forces que celle des vicontes, lesquels je ne craignois pas beaucoup pour-ce qu'avec peu de gens je leur faisois teste, de sorte qu'ils n'osoient rien entreprendre. En Quercy, monsieur de La Chapelle Lozieres leur faisoit teste; en Rouergue, monsieur de Cornusson et ses enfans, et monsieur de Sainct Vensa en faisoit le semblable; monsieur de Bellegarde aussi vers Thoulouse: bref, ils estoient tenus de si court que rien plus. Apres je considerois que nous avions beaucoup de compagnies de gens-darmes dans le pays: je ne faisois jamais estat que Mongommery assemblast des gens pour secourir Navarreins, car il falloit qu'il passast à Verdun, ou en deux jours j'estois sur le passage, et avois de si bonnes espies, que j'estois bien asseuré d'estre adverty incontinent qu'il arriveroit à Montauban, ou qu'il passeroit où il alla passer, qui est à Sainct Gaudens. D'autre part aussi je considerois qu'en ce quartier-là il y avoit sept ou huict compagnies de gens-darmes, qui estoient les deux Bellegardes, d'Arne, de Gramond, de Sarlaboust, celle du comte de Candalle et de monsieur de Lauzun, les dix compagnies de monsieur de Savignac. Tout le monde ne m'eust sceu mettre en teste que le comte de Mongommery fust venu pour secourir Bearn: voy-là comment quelquefois avec la raison on se trompe; ains je pensois que ce fust pour deffendre le pays qu'il tenoit en Languedoc et Guyenne. D'autre part le bruit couroit que les vicomtes ne se vouloient obeyr l'un l'autre, qui me faisoit penser que sa venuë estoit plus pour cela que pour Bearn: et à la verité il y avoit de l'apparence; mais les Huguenots ont eu tousjours cela, qu'ils ont esté plus secrets que nous: ils ne se descouvrent gueres, voilà pourquoy leurs entreprises ne font gueres faux feu. Aussi ce comte de Mongommery monstra bien qu'il estoit advisé et sage. C'estoit luy qui fut cause du plus grand mal-heur qui advint il y a cinq cens ans en ce pauvre royaume, car il tua mon bon maistre le roy Henry à la fleur de son aage, courant en lice contre luy. Cet homme a causé la ruyne de la Guyenne, et a remis sus les Huguenots, comme il sera dit en son lieu.

Vous, lieutenants de Roy, sur qui toute la province repose, pesez combien la faute que je fis, et non pas moy tout seul, mais de plus grands que moy, sur ceste venuë du comte de Mongommery; considerez mieux toutes choses quand vous vous trouverez en mesme, et prenez tout au pis, afin d'y pourvoir mieux que nous ne fismes. Monsieur le mareschal Danville sçait bien, quand nous estions à Thoulouse, que tous d'un accord nous pensions que ce comte ne fust pas venu pour l'effect qu'il monstra par apres: nous avions des raisons tres belles pour excuser ceste faute, et moy plus que tous, comme le discours suivant monstrera à ceux qui le voudront sçavoir; mais cest homme, estranger en un pays où il n'avoit pas esté, monstra qu'il avoit de bons amis, et peut estre parmy nous: les Huguenots ont toujours esté plus fins et rusez que nous. Il

(1) C'est-à-dire, ne lâchoit point prise.

faut confesser franchement qu'une des plus grandes fautes qui se sont faites en toutes les guerres, est celle qui fut faite-là. Je sçay bien qu'on en a parlé diversement, et que la royne de Navarre avoit gaigné des gens pour ce faire : je sçay bien que ce n'est pas moy. Je croy que monsieur le mareschal Danville en dira le mesme : il est trop bon serviteur du Roy. A mon depart de Thoulouse je parlay à part à deux des premiers capitouls, et leur dis plusieurs choses, afin de les faire entendre à leur corps de ville, sur le fait de nostre guerre : ces gens estoient de bonne volonté, mais ce n'est pas tout. Il faut que j'escrive en passant une chose que j'ay tousjours dite, et diray tant que je vivray, que la noblesse s'est fait grand tort et dommage de desdaigner ainsi les charges de villes, principallement des capitales, comme Thoulouse et Bordeaux. Je sçay bien que de mon premier aage j'oyois dire que des gentils-hommes et seigneurs de bonne maison acceptoient la charge de capitouls à Thoulouse, et de jurats à Bordeaux, mais encore plus à Thoulouse; car, refusant ces charges ou les laissant prendre, les gens de ville s'emparent de l'auctorité, et quand nous arrivons, il les faut bonneter (1) et leur faire la cour : ça esté un mauvais advis à ceux qui en sont premierement cause. Pleust à Dieu que, comme en Espagne, nous eussions tousjours logé dans les villes! nous en serions plus riches, et si aurions plus d'auctorité. Nous avons la clef des champs, et eux des villes, et cependant il faut que nous passions par leurs mains, et que pour le moindre affaire nous allions avec beaucoup de peine trotter par les villes. Pour retourner à mes capitouls, s'ils eussent esté gens qui eussent veu quelque chose aux instructions que je leur donnay, ils m'eussent peu donner un bon advis : ce n'est pas en cela seulement que j'ay recogneu ceste faute, mais en plusieurs autres choses; et si les gentils-hommes catholiques vouloient faire introduire ceste coustume de prendre la charge des villes, ils y trouveroient du proffit, et verroient en peu de temps que tout iroit mieux. Achevons nostre compte.

Je fus adverty du quartier de Thoulouse que ledit comte se renforçoit de gens de pied et de cheval, et qu'il faisoit son assemblée à Castres et à Gaillac; mais pour cela jamais je ne changeay d'opinion. Je confesse que Dieu nous ostoit le sens, jusques à ce que, huict ou dix jours avant qu'il se mist aux champs, monsieur de Sainct Germain m'estant venu voir à Agen pour quelques affaires que nous avions ensemble, me dit et asseura que l'assemblée que Mongommery

(1) Saluer en ôtant le bonnet.

faisoit c'estoit pour passer en Bearn. Je debattis avec luy le contraire, et que ledit Mongommery sçavoit bien que les forces de monsieur le mareschal Danville estoient presque prestes, et que dans huict ou dix jours j'estois prest, esperant d'estre dans douze jours auprès de luy. Ledict sieur de Sainct Germain me respondit que je ne l'estimasse jamais bon serviteur du Roy si le comte de Mongommery ne passoit en Bearn, et qu'il passeroit la riviere à Verdun, ou bien vers la source contre mont; la grande asseurance qu'il m'en donnoit me fit mettre en opinion que j'en devois advertir monsieur de Terride, ce que je fis en poste : et ayant promené en ma teste le tout, je pensay qu'il y avoit de l'apparence; et cependant je priay ledit sieur de Sainct Germain d'aller à Thoulouse le dire à monsieur le mareschal. Il me respondit qu'il ne pensoit point que monsieur le mareschal n'en fust adverty, attendu que les assemblées du comte de Mongommery se faisoient à sept ou huict lieuës de Thoulouse. Je luy fis grande instance et priere d'y vouloir aller; à la fin il me l'accorda, encores qu'il se trouvast bien fasché d'un mal de reins qu'il a encores. Et ce neantmoins, j'en escrivis à monsieur le mareschal, et ne luy nommois point par ma lettre ledit sieur de Sainct-Germain, sinon qu'un gentil-homme chevalier de l'Ordre, qu'il cognoissoit bien, et qui estoit fort bon serviteur du Roy, alloit devers luy pour luy dire quelque chose qui concernoit le service de Sa Majesté, le suppliant d'ajouter foy à ce qu'il luy diroit. Ledit sieur de Sainct Germain ne fut pas si tost à Thoulouse comme mon messager, car monsieur le mareschal m'escrivit que le chevalier de l'Ordre qui devoit aller parler à luy, comme je luy avois escrit, n'estoit encores arrivé, mais s'il y venoit, il entendroit ce qu'il vouloit dire, et qu'il me donneroit advis de ce qu'il luy sembleroit, selon le propos qu'il luy tiendroit. Quatre ou cinq jours apres, monsieur de Sainct Germain m'escrivit qu'il avoit parlé à monsieur le mareschal, et qu'il luy avoit semblé qu'il y avoit advertissement d'ailleurs que de luy, qu'il y adjoustoit, à son advis, plus de foy qu'au sien, mais qu'il me souvinst de ce qu'il m'en avoit dit, et que je le verrois bien tost. Je donnois tousjours advis à monsieur de Sainct Girons qui estoit au Mas de Verdun, gouverneur de la place, qui est frere du sieur de La Garde, qui de present est chevalier de l'Ordre et de la maison du Roy, qu'il se tinst bien sur ses gardes, et que si les ennemis faisoient semblant de vouloir passer la riviere, qu'il m'en advertist, et que je serois dans un jour et demy à luy. Il me respondit qu'il me donneroit trois jours de terme;

que ceux de Grenade et du Mas de Verdun avoient commandement de s'entre-secourir les uns les autres, et de rompre les gués et passages : ce qui estoit advancé audit Mas de Verdun, où ledit sieur mareschal estoit. Or j'avois baillé la charge du pays de Comenge jusques aux monts Pirenées à monsieur de Bellegarde, et luy avois baillé autant de puissance de commander en ces quartiers-là comme moy-mesme, ayant toujours fort bien fait en tout ce qui s'estoit présenté, battu et repoussé les ennemis avecques les gens de monsieur de Savignac, sa compagnie et les gentils-hommes de Comenge, là où il avoit fort bon credit, et estoit bien suivy de la noblesse, pour-ce qu'il estoit un brave gentil-homme et vieux capitaine.

Je receu responce de monsieur de Terride, par laquelle il me mandoit qu'il n'avoit pas grand crainte du comte de Mongommery ny de ses forces, et qu'il estoit suffisant pour les combattre. Celuy que j'y avois envoyé estoit soldat, qui me dit que, quelque chose que monsieur de Terride me mandast, il n'avoit pas tant de gens qu'il pensoit, et qu'il avoit là entendu des capitaines et soldats que les ennemis ne faisoient gueres jamais sortie que les nostres ne fussent battus. Et ne tarda pas trois jours au plus que je receuz une lettre de monsieur de Fontenilles, là où il disoit : *Je vous envoye une lettre que m'a escrit monsieur de Noé, mon lieutenant, par laquelle verrez que le comte de Montgommery est desja sur la Save, et qu'il prend le chemin vers Sainct Gaudens, là où il fait estat de passer la Garonne avec son camp.* La lettre dudit sieur Noé portoit : *Monsieur, je vous advertis que le comte de Montgommery a passé la Save et la Riege, et aujourd'huy il disne à la maison du vicomte de Caumon, mon beau-frere ; en tout ce pays ne se monstre personne pour luy empescher le passage de la Garonne : et en advertissez en toute diligence monsieur de Montluc.* Je ne fus oncques en ma vie si esbahy de chose qui me soit venuë devant, et commençay à juger en mon esprit que cecy devoit estre quelque grand mal-heur qui nous devoit advenir, cognoissant bien monsieur le mareschal Danville, messieurs de Joyeuse et de Bellegarde qui estoient pres de luy, et plusieurs autres capitaines qui n'avoient point faute de hardiesse, d'experience ny de bonne volonté, et qu'il falloit penser que Dieu vouloit envoyer à monsieur de Terride un mal-heur. J'avois la compagnie de monsieur de Gondrin à Monsegur en Basadois, la moitié de la mienne à Nerac, et l'autre à Monflanquin, celle de monsieur de Fontenilles à Moissac ; lequel de Fontenilles courut audit Moissac, estant bien certain que je le manderois bien tost. Et promptement je fis quatre depesches, l'une à monsieur de Terride, par laquelle je le priois de se lever de devant Navarreins, et se retirer vers Orthez et Sainct Sever, et qu'il avoit l'ennemy sur les bras ; le priant de se souvenir des diligences que nous faisions en Piedmont lors que nous estions ensemble, et que je craignois que les forces de monsieur le mareschal n'estoient encores prestes pour promptement l'aller secourir, me craignant qu'avant que ma lettre fust à luy il auroit les ennemis sur les bras, et qu'il ne se devoit obliger à une retraicte, ny moins à une bataille, attendu que ses gens estoient tous harassez de peine, et les ennemis venoient à luy tous frais. J'en fis une autre à monsieur de Fontenilles pour le faire marcher, une autre au baron de Gondrin à Monsegur, et l'autre à monsieur de Madaillan, mon lieutenant, et que je m'en allois devant vers l'Isle en Jordan si les ennemis n'avoient encores passé la riviere, et que, s'ils l'avoient passée, je prendrois le chemin d'Aire, et que jour et nuict ils me suivissent : il estoit desja nuict. Et le matin au poinct du jour, quand j'eu desparty les messagers, je partis et m'en allay à Lectoure, et de-là depeschay à monsieur le mareschal, l'advertissant que je m'en allois droit à luy avecques cinq enseignes ; toutes-fois, que si les ennemis avoient passé la riviere, que j'estois d'opinion que nous les suivissions, et que de ma part, s'ils estoient acheminez desja vers Bearn, je prendrois mon chemin droit à Aire, le suppliant n'attendre personne, car incontinent qu'il seroit hors de Thoulouse, tout le monde iroit apres luy, cognoissant bien le naturel des gens de ce pays : je les avois assez pratiquez, et m'asseure qu'il en fust advenu ainsi ; maintesfois ay-je party, moy trentiesme, qu'à la seconde journée je trouvois toute la noblesse pres de moy. Je n'arrestay que ce jour-là à Lectoure ; et, comme je veux que Dieu m'aide, quand je partis d'Agen je n'avois qu'un gentil-homme vieux avec moy, nommé monsieur de Lizac, et mes serviteurs ; mais le lendemain matin il s'en rendit pres de moy plus de trente ; et allay coucher à Cauze, et le lendemain je n'allay que jusques à Nogarol, pour attendre les compagnies de gens-d'armes et cinq enseignes de gens de pied que j'avois pres de moy, que le capitaine Castella commandoit, pour-ce que j'avois envoyé mon nepveu de Leberon dans Libourne, à cause que le Roy m'avoit escrit que j'allasse me jetter dedans, et que Sa Majesté avoit esté advertie que les ennemis s'en vouloient emparer ; lequel commandement m'estoit venu au temps que j'avois adverty monsieur de Terride, et n'estois voulu aller audit Libourne, afin de me trouver aupres de monsieur le mareschal, pour aller secourir ledit sieur de Terride ou combattre Mongommery sur le chemin. Estant arrivé à Aire, nous nous trouvasmes plus de six-vingts gentils-hommes, et arriverent aussi tost que nous les cinq compagnies de gens de pied. Le matin arriva toute ma compagnie d'un costé, et par les Landes à mesme heure m'arriva le baron de Gondrin, qui le jour devant avoit fait neuf lieuës, et ma compagnie sept; et le soir arriva monsieur de Fontenilles. Et ainsi que je montois à cheval à Nogarol, le messager que j'avois depesché de Lectoure en hors vers monsieur le mareschal, arriva, qui m'apporta la responce du sieur mareschal, par laquelle me mandoit que, puis que Mongommery avoit desja passé la Garonne, il luy sembloit qu'il ne feroit rien d'aller apres luy, et qu'il avoit donné advis à monsieur de Terride, dés que le comte de Mongommery s'achemina au long des rivieres, de prendre garde à soy, et que ledit Mongommery l'alloit attaquer; lequel luy avoit fait responce qu'il estoit assez fort pour combattre Mongommery, et qu'il n'abandonneroit pas le siege, qui estoit la mesme responce que ledit sieur de Terride avoit fait aussi à moy. En outre me mandoit ledit sieur mareschal qu'il alloit battre un chasteau qui estoit pres de Lavaur, nommé Figeac, attendant que les gens de pied qui venoient de Languedoc luy fussent arrivez, que le sieur de Sainct Geran de La Guiche commandoit.

Incontinent que j'euz mis pied à terre à Aire, je depeschay vers ledit sieur mareschal le capitaine Mausan, qui estoit mareschal de logis de la compagnie de monsieur de Gramond, et s'estoit mis n'avoit gueres de la mienne; et par luy le priois de laisser toutes entreprinses, et que, ayant combattu Mongommery, il n'y demeureroit plus rien à combattre en Languedoc ny en la Guyenne, car toutes les forces qu'ils avoient en toutes ces deux provinces estoient avec ledit comte, et que personne ne nous feroit plus teste audit Languedoc et Guyenne. J'avois depesché, à mon arrivée à Nogarol, vers monsieur de Terride, le priant que, s'il n'estoit retiré, il se retirast, et se developpast de son artillerie s'il se voyoit pressé, et que plutost il la jettast dans le Gave avant que s'engager à une bataille, et que j'avois depesché devers monsieur le mareschal de Lectoure en hors, esperant qu'il viendroit; et que, quand bien il auroit perdu l'artillerie, mais que nous fussions ensemble, la recouvrerions bien tost. Je promenois cependant en ma teste qu'encore que Mongommery eust une belle et gaillarde trouppe, si est-ce qu'il songeroit d'attaquer monsieur de Terride me voyant venir à luy : mais je crois qu'il eut advis que monsieur le mareschal ny moy ne voulions entrer en pays, et que nous n'estions prests de nous joindre : voy-là pourquoy il suivit sa poincte. Le soir mesme que j'arrivay à Aire, après avoir depesché le capitaine Mausan, arriva le capitaine Montaut, de la part de monsieur de Terride, qui me mandoit qu'il s'estoit retiré à Orthez, et qu'il me prioit que je marchasse droit à luy. Incontinent je luy r'envoiay ledit capitane Montaut, et luy mandois que je ne partirois d'Aire ou bien de Sainct Sever, que monsieur le mareschal ne fust arrivé, car je n'avois que trois compagnies de gens-darmes et cinq enseignes de gens de pied, et que le capitaine Montaut m'avoit dit qu'en dix-huit enseignes de gens de pied qu'il avoit, il n'y avoit pas dix-huit cens hommes, et d'autre part, que si j'allois à Orthez, et que nous fussions contraints de combattre et perdissions la bataille, que justement le Roy me devoit faire coupper la teste pour n'avoir attendu monsieur le mareschal, et que ledit sieur mareschal pouvoit justement dire de sa part que j'avois hazardé la bataille afin qu'il ne s'y trouvast point pour acquerir la reputation de l'avoir gaignée, et que je me garderois d'entrer en telle dispute envers le Roy ny envers monsieur le mareschal; mais que je le priois de se retirer à Sainct Sever, et qu'il laissast quelques gens-darmes dans Orthez, et, attendant la venuë de monsieur le mareschal, je m'approcherois de luy; que cydevant bien à propos je luy avois donné advis de la venuë du comte, qu'il l'avoit mesprisé, et qu'à present il vouloit que je reparasse une si grande faute à l'hasart de mon honneur; que je ne le pouvois faire. Ledict capitaine Montaut s'en alla toute la nuict droit à Orthez, et luy dit tout ce que je luy avois donné charge de faire. Il me rendit responce qu'il ne pouvoit bouger d'Orthez, et que s'il sortoit hors du pays de Bearn, que les Bearnois perdroient le cœur, me priant d'y vouloir aller, et me voulut renvoyer le capitaine Montaut, lequel n'en voulut prendre la charge, ains luy dict franchement que je n'y entrerois point, et que mes raisons estoient si evidentes, que je n'avois homme aupres de moy qui me conseillast d'y aller. Je luy remanday par son messager que je n'en ferois autre chose que ce que le capitaine Montaut luy avoit dit.

Toutes les lettres que j'escrivois à monsieur le mareschal et à monsieur de Terride, je les communiquois à monsieur d'Aire, lequel est frere de monsieur de Candalle, et à tous les chevaliers de l'Ordre, desquels je prenois l'advis, car la chose le valoit. Le lieutenant de Castelsarrasin, qui estoit pres de monsieur de Terride, m'a dit avoir gardé toutes les lettres que j'avois escrites audit sieur de Terride, et que s'il eust voulu croire aucuns capitaines qu'il avoit aupres de luy, il se fust retiré à Sainct Sever, comme je luy mandois; mais il voulut plustost croire trois ou quatre gentils-hommes de Bearn qui estoient pres de luy, que non les capitaines et ses serviteurs. Monsieur de Bellegarde estoit à six lieuës d'Aire, vers Bigorre; je luy depeschay un homme, le priant de venir le lendemain à Projan, maison du baron de Campagne, et qu'il menast le capitaine Arne et le baron de L'Arbous, lieutenant de monsieur de Gramond, ayant grand affaire de parler à luy : ce qu'ils firent tous trois. Il avoit quatre compagnies de gens-darmes avec luy, à sçavoir, la sienne, celles de messieurs de Gramond, d'Arne et de Sarlabous : et là je leur proposay tout ce que j'avois escrit à monsieur de Terride, et les responces qu'il me faisoit, et qu'il me vouloit attirer à Orthez; et leur dis les raisons, que j'ay escrites, pourquoy je n'y devois aller, lesquelles ils trouverent tous bonnes, et que monsieur le mareschal avoit grand occasion de se fascher si je ne l'attendois, combien qu'ils cogneussent bien, aux lettres qu'il leur avoit escrit, qu'il avoit envie de faire la guerre en Languedoc et non en Guyenne; car tous ceux qui estoient pres de luy, de son conseil, et ceux de Thoulouse mesmes, comme l'on leur avoit mandé, luy conseilloient de faire la guerre au Languedoc, et que ceux de Thoulouse luy fournissoient l'argent pour les frais de la guerre, le persuadant de despendre leur argent au Languedoc, et non en Guyenne. C'estoit une chose bien facile à croire, car chacun cherche de tirer l'eauë à son moulin. Monsieur de Bellegarde nous dict qu'il luy escriroit qu'il devoit marcher devers nous apres les ennemis, mais qu'il ne pensoit pas qu'il le fist pour les raisons susdites, et que les autres, qui voudroient qu'il fist la guerre en Languedoc, luy diroient que l'occasion pourquoy nous les prions venir vers nous estoit pour la crainte que nous avions de perdre nos maisons. Nous arrestasmes qu'il luy envoyeroit un gentil-homme pour le prier de vouloir venir, et je luy promis de l'advertir de ce que le capitaine Mausan me rapporteroit, qui ne demeura que trois jours à aller et venir, et passa là où estoit monsieur de Bellegarde, et luy apporta lettres dudit sieur mareschal pareilles aux miennes. Elles estoient de ceste teneur : *J'ay veu ce que m'avez escrit, et comme monsieur de Terride s'est retiré à Orthez : et puis qu'il est retiré et hors de peril,* *je ne ferois pas de grands besongnes de pardelà ; et me fasche d'employer mal mon temps, car de pardeça je suis asseuré que je recouvreray bien tost ce qui est perdu de mon gouvernement : toutes-fois, pour l'amour de vous autres qui m'en sollicitez, je suis content r'amener mon camp jusques à l'Isle en Jordan, pour là attendre quelques jours voir s'il se presentera occasion pour combattre Mongommery en campagne ; sinon je suis deliberé suivre mon commencement, qu'est bon, car j'ay prins Figeac, où le capitaine Mausan m'a trouvé, et dés demain matin je marcheray droict à l'Isle, et espere y estre dans deux jours.* Voy-là le contenu de la lettre qui nous apporta à tous beaucoup de plaisir ; et tout incontinent que j'euz receu sa lettre, je m'en allay à Sainct Sever avec tous les gens que j'avois à pied et à cheval ; et dés que j'arrivay à Sainct Sever, je depeschay vers monsieur de Terride le capitaine Montaut, qui ne faisoit qu'arriver audit Sainct Sever, venant d'Orthez, car de là audit Orthez n'y a que quatre lieuës et demye ; et priois monsieur de Terride de se vouloir rendre le matin à Agetmau, et que nous parlerions une heure ensemble pour arrester ce que nous aurions affaire. Je pensois qu'il y viendroit, ayant mandé aux gens de monsieur de Gramond qu'ils nous apprestassent quelque chose pour disner ; car Agetmau est à luy, à cause de sa belle fille Dandoins, comtesse de Guichen ; et baillay les lettres que monsieur le mareschal m'avoit envoyées par le capitaine Mausan audict capitaine Montaut, afin de les luy monstrer. Je l'assignois là expressement pour luy remonstrer qu'à peine monsieur le mareschal viendroit si avant qu'en Bearn, car il estoit pressé de tous les estats de Languedoc, et de tous les seigneurs de ce pays-là, d'aller faire la guerre en Languedoc, non en Guyenne, et qu'à la fin il seroit contraint de le faire, ou on ne luy bailleroit point d'argent ; et qu'il se devoit retirer à Sainct Sever, et laisser quelques gens dans le chasteau d'Orthez ; et que, comme nous serions tous ensemble, nous ferions une armée, priant monsieur le mareschal de nous laisser monsieur de Bellegarde avec les quatre compagnies de gens-darmes, ce que facilement j'esperois qu'il nous accorderoit, pource qu'il en avoit assez sans ceux-là, pour estre maistre de la campagne, et que dans cinq ou six jours j'esperois que nous aurions pour le moins mil hommes de pied et davantage plus que nous n'avions, car monsieur de Bellegarde avoit deux compagnies avec luy, et que le capitaine Mausan s'en iroit en Bigorre, que luy et son frere ameneroient prou de gens, et que le vicomte de

Labatut en faisoit aussi. Voyla tout le discours que je lui voulois faire s'il venoit à Agetmau, et pensois bien qu'avec ce discours je vaincrois son conseil, qui le gardoit de se retirer : et me sembloit que monsieur le mareschal seroit fort ayse de ceste resolution, afin qu'il allast poursuyvre ses entreprises. Or je ne faisois pas cecy de ma teste seulement, car je communiquois le tout aux chevaliers de l'Ordre et capitaines qui estoient avec moy. Et comme je pensois que le matin il vinst à Agetmau, car il n'y a que deux lieuës, pour conclure le tout, il me manda qu'il ne se pouvoit rendre à Agetmau, car son conseil ne trouvoit pas bon qu'il abandonnast son gouvernement, parce qu'Agetmau n'estoit pas en Bearn; mais que je devois aller là où il estoit. Voyez un peu la gloire et le mauvais conseil qu'il y a par le monde. Un homme foible, battu, et presque deffait, se tient sur le haut bout, et encor en l'endroit de celuy qui estoit pour luy sauver la vie et l'honneur, et qui n'estoit pas de qualité qui ne deust estre respectée.

Pour Dieu, capitaines mes compagnons, laissez ceste gloire derriere le chevet du lict quand la necessité vous pressera, car c'est n'avoir pas de sens et de jugement, voyant qu'on se va perdre miserablement. Quand il eust esté de plus grand qualité que moy, encor devoit il suyvre mon conseil, et s'advancer pour me communiquer de son salut et de son armée. Son mauvais ange le guidoit : il ne sceut ny auparavant ny depuis prendre son party pour se sauver ou se deffendre ; ce n'estoit pas faute d'hardiesse, car il avoit tousjours montré qu'il avoit du cœur ; mais Dieu nous ferme les yeux quand il nous veut chastier.

Pour retourner à nos ambassades, je luy manday tout court que je n'en ferois rien, et que je ne m'engagerois point en lieu où il me fallust combattre, que je ne visse ses forces et les miennes, pour cognoistre si elles estoient suffisantes pour responde à l'ennemy, car j'en avois trop veu prendre au trebuchet, et je ne voulois acheter chat en sac, voulant voir dedans et dehors, et que j'estois venu là pour le secourir, sans avoir charge ne commandement de personne du monde : qu'il me sembloit qu'il se fondoit sur les honneurs, et qu'il n'estoit pas temps qu'on deust disputer de cela. Il me ressembloit celuy qui est en necessité, et qui pense faire trop d'honneur d'emprunter de l'argent de celuy à qui il le demande. Tout cecy luy escrivis-je de colere quand je vis que je ne pouvois faire venir en lieu où je luy voulois dire de bouche tout le discours que nous avions faict, tant monsieur de Bellegarde et les capitaines qui estoient pres de luy, que ceux que j'avois pres de moy. Et comme ils virent que je n'y voulois poinct aller, ils m'envoyerent messieurs Daudaux et de Damasan (1), pour me persuader que je devois aller là.

Le different n'estoit pas que j'y deusse emmener les cinq compagnies de gens de pied que j'avois et les trois de gens-darmes, car il n'y avoit pas à manger pour trois jours pour eux mesmes ; mais que j'y devois aller comme font les voisins quand ils se vont voir l'un l'autre. Je n'ay pas de coustume de marcher ainsi en temps de guerre quand l'ennemy est pres. Lesdits sieurs Daudaux et de Damasan n'avoient pas faute de remonstrances, ny moy de deffences, qu'estoient beaucoup plus apparentes que les leurs, comme les enfans eussent peu cognoistre. A la fin comme ils virent que je n'y voulois point aller, ils me dirent que monsieur de Gramond vouloit mal à quelques-uns de leur conseil, ou bien eux à luy [je ne sçay lequel c'estoit, car je ne l'ay point mis en memoire, parce que les haines des uns et des autres ne m'avoient pas amené là], et que par ce moyen le lieu d'Agetmau n'estoit pas propre pour nostre entreveuë. Nous arrestasmes que le lendemain sur le midy nous nous rendrions tous en la maison d'un gentil-homme qui n'estoit pas en la terre de monsieur de Gramond, encor que je leur disse que là où estoit un lieutenant de Roy toutes inimitiez devoient cesser. Sur l'entrée de la nuict ils monterent à cheval pour s'en retourner à Orthez ; monsieur de Madaillan me pria le laisser aller avec eux pour y demeurer deux jours, voir s'il pourroit faire quelque chose, avec quarante salades de ma compagnie. Je le laissay aller, et ainsi partirent tous ensemble. Et environ les onze heures, comme ils furent un peu au delà d'Agetmau, ils trouverent un marchand d'Orthez qui se sauvoit, lequel ils cognoissoient, et leur dit qu'ils estoient tous deffaits, et que monsieur de Terride et quelques capitaines s'estoient sauvez dans le chasteau : à quoy ils ne voulurent adjouster foi, car nos gens estoient dix huict enseignes de gens de pied, et les ennemis n'en estoient que vingt-deux ; voyla pourquoy cela sembloit impossible, veu que les nostres estoient dans une ville. Ils n'arresterent pour cela de tirer outre, et à un quart de lieuë de là ils trouverent le capitaine Fleurdelis, qui s'estoit sauvé, lequel leur dict le mesme que le marchand. Alors ils firent alte pour recueillir les gens qui se sauveroient. Le marchand arriva, et me trouva couché. Je trouvay ces nouvelles si estranges, que je n'y voulus adjouster foy, ne pouvant croire que vingt

(1) Valentin de Damezan.

deux enseignes en prinssent dans une ville, qui n'est pas des plus foibles, dix huit ; mais un quart d'heure apres le capitaine Fleurdelis arriva, qui m'en dit autant : alors je fus contrainct de le croire, non pas sans faire plus de trois fois le signe de la croix.

J'ay voulu escrire au long la verité comme tout s'est passé, parce que toute la France crie que si monsieur le mareschal Danville et Montluc eussent fait leur devoir, Mongommery eust esté deffait, et les princes, apres la routte de Moncontour, n'eussent sceu quel party prendre, n'ayant eu autre recours qu'à se venir jetter entre les bras du comte de Mongommery, qui estoit frais, victorieux et plein d'escus [tout cela est vrai], et la Guyenne ne porteroit le deuil comme elle fait ; et si je croy que les Huguenots n'eussent passé le Limosin et Perigort, car nous fussions allez au devant leur donner le bon jour. Ce discours que j'ay fait au vray monstrera qui en est cause. Cependant ceux qui viendront apres nous pourront apprendre et juger qu'en la guerre une faute est irreparable. Il y a beaucoup de gens de bien qui sont en vie, qui tesmoigneront ce que j'en escrivis, car je ne faisois pas mes depesches en secret, mais en presence des capitaines et chevaliers de l'Ordre qui estoyent aupres de moy. Je n'escris point pour charger monsieur le mareschal ne monsieur de Terride : je ne dis que la verité, pour monstrer à ceux qui ont dit que, si j'eusse voulu (1), je pouvois secourir monsieur de Terride par ma diligence. Le peu de gens que j'avois, les advertissemens que je luy donnay, la deliberation prise par tous nous autres, rendront tesmoignage s'il tint à moy ou non. Je diray bien que s'il se fust retiré, et qu'il m'eust plustost creu et mon conseil que non le sien, nous eussions esté assez forts dans huit jours pour combattre Mongommery et le jetter hors du Bearn, ou l'enfermer dans Navarreins, là où on ne l'eust pas receu, parce qu'il n'y avoit pas vivres pour nourrir ses gens quatre jours ; et parce il falloit qu'il combattist, ou qu'il retournast par le mesme lieu qu'il estoit venu, qui estoit bien mal aysé, car les paysans mesmes l'eussent deffaict, nous sentans à sa queuë. Monsieur de Terride tenoit encores toutes les autres villes ; et si cela eust succedé, il n'eust pas fallu que monsieur le mareschal se fust empesché de nostre guerre, mais fust allé tout à son ayse suyvre ses entreprises, pourveu qu'il nous eust laissé monsieur de Bellegarde et les quatre compagnies : ce que je pense qu'il eust faict, n'en

(1) Voyez de Thou, qui pretend que la jalousie qui s'etoit mise entre Montluc et Terrides fut cause de cette défaite, août 1569.

ayant aucun besoin. On se doit prendre au conseil de monsieur de Terride et non à moy. Pour monstrer à tout le monde le peu d'apparence qu'il y avoit que le comte fust venu à bout de son entreprise, il est certain qu'il n'eust jamais au plus haut que deux mil cinq cens hommes de pied et cinq à six cens chevaux, que bons que mauvais ; et quand il passa au Port devers messieurs les princes, il n'avoit pas plus de cent chevaux, et fort peu de gens de pied, par le tesmoignage principallement de l'enseigne et du guidon de monsieur de Terride et de monsieur de Sainct Felix, lieutenant de monsieur de Negrepelisse, et de l'enseigne du capitaine Sainct Projet, qui estoient prisonniers, lesquels alloient tousjours sur leur foy par leur camp : et depuis la paix j'ay parlé à plus de cinquante des ennemis, qui me l'ont confirmé. Ainsi on peut juger s'il y avoit apparence d'avoir peur, ny de penser que ledict sieur de Terride, veu les forces qu'il avoit, se fust laissé ainsi surprendre, mesmement veu qu'il estoit bon homme de guerre, et avoit de bons capitaines ; mais ils perdirent l'entendement au bon du coup.

Voyla la verité du commencement et source des malheurs de la Guyenne. Que si monsieur le mareschal Danville ne fust venu en ce pays, je m'asseure que la pluspart des seigneurs qui se rendirent pres de luy m'eussent faict cest honneur de me venir trouver, et croy que nous eussions mené le batteau d'une autre sorte. Il estoit raisonnable qu'ils luy fissent cest honneur, car il est grand seigneur, fils d'un connestable, et mareschal de France, et d'ailleurs brave chevalier de sa personne, plutost qu'à moy, qui suis un pauvre gentil-homme, vieux, estropiat, et desfavorisé, mais neantmoins aimé de la noblesse et du peuple.

Vous, lieutenans de Roy qui venez apres moy, si mes Memoires tombent entre vos mains, faites vostre profit de la faute de monsieur de Terride, afin que vous ne soyez cause de la ruine des affaires de vostre maistre. Je ne le veux pas blasmer ni accuser de coüardise et lascheté, car il estoit bon pour mener les gens à la guerre ; mais à un lieutenant de Roy il faut d'autres parties ; sur vostre teste, sur vostre prudence et bon advis repose tout le reste. S'il eust creu les advis que nous luy avions donné, que le comte de Mongommery alloit à luy, il eust fait une retraite honorable et eust sauvé son canon ; que s'il n'avoit assez de loisir, il l'eust jetté dans le Gave, qui est une riviere où il y a de grands precipices ; il n'estoit en la puissance de Mongommery de le retirer, et nous eussions esté au temps qu'il falloit pour le r'avoir. Mais non contant de ce, ayant esté mis en roûte en son siege, et encor retiré dans une ville assez bonne, il devoit adviser les moyens, ou de se retirer plus avant, ou de se fortifier. Et encore la derniere faute fut pire que la premiere, c'est que la peur leur osta le jugement; car il se sauva avecques bon nombre de gentils-hommes dans le chasteau qui est bien fort, sans avoir advisé d'y faire mettre des vivres pour le soutenir. Et parmy toutes ces disgraces, encores se tenir sur le haut bout, sans vouloir sortir trois pas de son gouvernement pour venir communiquer avecques moy! Laissez, laissez ces honneurs en la necessité; je n'ay pas faict ainsi : souvent avec dix chevaux, je me suis mis en campagne. Je m'asseure que s'il fust venu parler à moy, il ne fust tombé au malheur qui luy causa la perte de sa reputation et de sa vie. Et quant à moy, j'ay tousjours pensé, me ressouvenant de ceste faction, que c'estoit un vray jugement de Dieu; car lever un siege contre forces esgalles, vaincre et forcer une ville, prendre le lieutenant du Roy dans une bonne place en trois jours, presque à la teste d'un mareschal de France et d'un lieutenant de Roy, comme j'estois, et bref en trois jours conquerir tout un pays, cela semble estre un songe. Il faut confesser que de toutes nos guerres il ne s'est faict un plus beau trait de guerre que cestuy-cy.

Capitaines mes compagnons, qui a acquis ceste belle gloire au comte de Mongommery? certes la diligence dont il usa, sans donner presque loisir à monsieur de Terride de penser à luy; c'est une des meilleures pieces de la guerre. Mais qu'est-ce qui fit perdre ledict sieur de Terride? le peu de diligence qu'il mit en son faict. Quant à moy, j'y apportai tout ce que je peus, car d'entrer plus avant en pays sans avoir entendu de luy l'estat, et combattre un ennemy victorieux sans avoir des forces bastantes, avecques des gens en peur, je n'estois si mal advisé, pour mettre apres toutes choses pesle-mesle, et luy faire compagnie en sa ruine. J'avois trop longuement gardé cest advantage de n'avoir jamais esté deffaict, pour l'hasarder pour le secours d'un homme lequel en despit de tout le monde se vouloit perdre.

Qu'on ne s'estonne pas si je m'arreste si longuement sur cecy; car je croy que de ceste faute, laquelle plusieurs mal instruicts m'imputent, est provenuë non seulement la ruine de la Guyenne, mais aussi de ce royaume; car je suis asseuré que les affaires des Huguenots estoient reduictes à telle extremité, qu'il n'estoit pas possible qu'ils se peussent remettre. En premier lieu, si monsieur le mareschal et moy l'eussions suyvy, il n'y avoit doute que Mongommery n'eust esté deffaict, et par ainsi tout le Bearn conquis, qui n'est pas peu de chose; et pense que par la paix le Roy se fust bien gardé de le rendre, ayant dequoy recompenser dans le royaume la royne de Navarre, pour la tenir d'autant plus sous son obeissance; car un roy doit tousjours desirer que ceux qui sont ses subjects, s'ils sont grands et puissans, soient dans le cœur du royaume, et non aux extremitez, car lors ils n'osent lever les cornes : et puis le Roy n'avoit pas faute de bons tiltres pour Bearn, car on dict que la souveraineté luy appartient; j'en ay ouy discourir une fois à monsieur de Lagebaston, premier president de Bordeaux, lequel disoit avoir veu les titres en la contablerie de Bordeaux. Je n'ay que faire de reveiller ceste vieille querelle. Il nous disoit aussi que lors qu'on commença de dresser la fortification de Navarreins, la cour de parlement envoya devers le roy François, pour luy remonstrer combien cela importoit; mais le Roy leur manda qu'il ne le trouvoit poinct mauvais. Ce fut un mauvais conseil au Roy, car un prince, le plus qu'il peut, doit empescher ces forteresses voisines; il y a assez de moyens de les empescher. Sans ceste forteresse tout le pays estoit au Roy; mais, cela est fait, il n'y a plus d'ordre, car à chose faicte le conseil en est pris. Outre tout cela, si Mongommery eust esté defaict, monsieur l'Admiral, qui perdit cependant ceste grande bataille de Moncontour, ne sçavoit de quel bois faire fleches, et sçavoit à quel sainct se voüer. Je croy qu'il ne fust pas esté si mal-advisé que de s'enfourner en la Guyenne, où on l'eust aysement deffait, estant le reste de son armée en fort pietre et miserable estat, sans bagage, les chevaux deferrez, et sans avoir un seul sol. Et bien luy servit qu'il se vint jetter entres les mains du comte de Mongommery, qui le remit sus, l'accommodant d'argent qu'il avoit gaigné au sac de plusieurs villes; de sorte que le dit sieur Admiral eut la commodité de traverser tout le royaume cependant que la Roy s'amusa au siege de Sainct Jean, au cœur de l'hyver, qui fut un tres-mauvais conseil : mais Dieu nous ferme, ainsi que les yeux comme il luy plaist. Or retournons à nostre propos : peut estre qu'il y auroit quelques uns qui voudroient que j'eusse mis par escrit plus au long comme monsieur de Terride fut deffait; ce que je n'ay voulu faire, car j'ay tousjours ouy dire que de mauvaise viande on n'en sçauroit faire un bon potage. Je laisse cela pour ceux qui y estoient, et qui me l'ont confirmé, et pour les historiens qui parlent de tout le monde, et souvent mal à propos, comme gens mal entendus qu'ils sont au faict des armes.

Les allées et venues de monsieur de Terride vers moy durerent trois jours entiers, et apres Mongommery le vint attaquer. Depuis sa deffaicte je demeuray à Sainct Sever, et jusques à ce qu'il fust prins dans le chasteau d'Orthez je n'en partis, et apres me retiray derechef à Ayre, où je demeuray neuf jours apres la prinse dudict sieur de Terride : et du tout donnay advis à monsieur le mareschal, le priant encore de vouloir venir où nous estions. Il me fit responce dequoy il luy serviroit d'y venir, puis que monsieur de Terride estoit deffaict et prins. J'y renvoyay monsieur de Leberon pour luy remonstrer que s'il passoit la riviere vers le Languedoc, pour tout certain Mongommery se jetteroit dans le pays du Roy, ne trouvant personne qui luy fist teste, et que s'il luy plaisoit de faire alte encore pour quelques jours, l'on pourroit cognoistre bien tost ce que le comte de Mongommery voudroit faire, car, enflé d'une si belle victoire, il ne se voudroit arrester là; ce qu'il accorda, mais qu'il ne despendroit autre temps que la paye d'un mois que la ville de Thoulouse avoit donné à ses gens, et que le demeurant il le vouloit employer à recouvrer les places de son gouvernement. Or, à la verité dire, depuis que monsieur de Terride fut defaict, les affaires demeurerent si confuses, que l'on eust bien eu affaire de deviner le party que l'on devoit prendre, sinon que le pays de Languedoc eust voulu payer le camp de monsieur le mareschal pour deffendre la Guyenne, ce que peut estre il n'eust pas faict, aussi il n'y avoit point de raison. Durant les neuf jours que je demeuray à Ayre, nous nous assignasmes de nouveau en un village, il ne me souvient du nom : tous ceux qui s'estoient trouvez à Projan s'y trouverent, et là discourusmes des remedes que nous pourrions trouver, ce qu'estoit bien difficile, pour les raisons susdites : et furent tous d'opinion que j'escrivisse à monsieur le mareschal s'il luy plairoit de s'approcher jusques à Vicques, que je m'en irois le trouver, afin de resoudre ce qu'il luy sembloit que nous devions faire pour la deffence de la Guyenne ; lequel me manda qu'il s'y trouveroit un jour qu'il me nomma, qui estoit deux ou trois jours apres. Je veux mettre par escrit icy qu'est-ce que je faisois à Ayre, à cinq lieuës des ennemis, et en une ville qui n'est pas fermée, n'ayant que cinq compagnies que le capitaine Castella commandoit, et une du vicomte Labatut, qui estoit venuë à Ayre ; et pour ce que cecy servira par adventure à quelqu'un à l'advenir, je le veux escrire : quelques apprentifs en nostre mestier y apprendront quelque chose.

Les trois compagnies de gensdarmes estoient en un village deça la Dou (1), vers la Gascogne. Je descouvris mon intention à messieurs les barons de Gondrin, de Fontenilles et de Madaillan, et leur dis que je voulois tenter la fortune, voir si je pourrois combattre Mongommery à mon advantage avec si peu de gens que nous estions, et que je voulois faire retirer tout le bagage de toute la noblesse qui estoit avec nous, à Noguerol, et qu'il ne nous demeureroit rien que nos armes et chevaux, et que je voulois que toutes les nuicts ils se rendissent avec toutes les trois compagnies, une heure apres minuit, devant Ayre, deçà la riviere, vers la Gascogne. J'avois, outre cela, quatre compagnies d'argolets : en tout ils pouvoient estre trois cens arquebusiers, lesquels pareillement se rendroient à Millas, sur le bord de la riviere. Nos six enseignes de gens de pied estoient logées au Mas Daire, au dessus Ayre, tirant vers les ennemis ; toutes les nuits, à mesme heure, tous s'y rendroient en bataille au long de la rive et hors le village ; et que quand l'alarme viendroit, sans sonner tambour ne trompette, ils se retireroient par Ayre, et passeroient le pont ; et nous qui estions logez audit Ayre, passerions à gué, car la riviere estoit gueyable ; et que cependant toutes les nuits vingt chevaux iroient sur trois chemins que les ennemis pouvoient prendre pour venir à nous, et qu'ils auroient intelligence les uns avec les autres pour se tenir advertis ; et que tous ensemble se retireroient vers Ayre sans donner l'alarme, et qu'ils advertiroient les gens de pied, et à nous par consequent ; et que les vingt chevaux iroient à une grand lieuë ou à une lieuë et demie en avant, afin que nous ne fussions contraints de retirer nos gens en desordre, et que nous eussions temps pour faire une demie lieuë sur nostre retraicte, qui estoit vers Noguerol, avant que les ennemis n'arrivassent à Ayre. Je mesuray la longueur de la nuit, car je ne craignois pas qu'ils vinssent le jour, à cause que je tenois un gentil-homme nommé le capitaine Bahus, en un village fermé qui est à une lieuë et demye d'Ayre, tirant à Morlas, lequel tenoit des gens tout le long du jour sur tous les chemins que les ennemis pourroient venir à nous, et avoit soixante ou quatre vingts soldats avec luy, et vingt ou vingt cinq argolets. Et leur mettois en avant que quand les ennemis auroient faict cinq grands lieuës de ce pays-là, mesmement les gens de pied, et singulierement la nuit, qu'à l'arrivée d'Ayre il faudroit que les gens de pied mangeassent et beussent ; et qu'ils n'y pouvoient arriver que ne

(1) *La Dou* : l'Adour.

fust pres du jour à l'heure du grand sommeil, et mesmement gens de pied qui ont cheminé toute la nuict; qu'ils ne tireroient jamais un homme de pied de là dedans, et que la pluspart de leur arquebuserie à cheval demeureroit avec les gens de pied, et que par l'art de la guerre les gens de cheval devoit passer outre et venir apres nous, ayant opinion que nous nous retirerions de peur; et que je voulois que nostre rencontre fust à demy lieuë d'Ayre, qui seroit proprement entre la pointe du jour et le soleil levant; et comme nous les verrions approcher de nous, nous tiendrions toute nostre arquebuserie couverte de nos gens de cheval, et baisserions la teste les chargeant. Je ne faisois doute que nous ne les deffissions, ce qu'ils trouverent bon, et furent de mesme opinion que moy, que nous les defferions et romprions, car nos chevaux se trouveroient frais, et les leurs las: et nos gens de pied qui viendroient demy lieuë au trot apres nous, voyant la victoire, et que les leurs se trouveroient encores dans Ayre dormant ou mangeant, et voyant leur cavallerie deffaicte et en routte, il ne falloit faire doute que chacun ne se fust essayé de se sauver par là où il eust peu, et non combattre. Il faut ainsi se representer les choses quand on les entreprend, et ouyr les raisons des uns et des autres là dessus.

Sur ceste entreprise, nous demeurasmes neuf jours: toutes les nuicts nous estions en bataille de ceste sorte, attendant que les ennemis nous vinssent combattre, nous pensant surprendre; mais je croy que nous y eussions demeuré, si nous les eussions voulu attendre, jusques à ceste heure. Et le dixiesme jour, ayant eu la responce de monsieur le mareschal, que dans trois jours il se rendroit à Auch, nous nous retirasmes vers Marsiac pour nous r'allier avec monsieur de Bellegarde, auquel je laissay tous les gens que j'avois, et seulement m'en allay avec vingt chevaux à Auch; et fis neuf grands lieuës ce jour là, qui en vallent vingt de France, pource que le lendemain matin estoit le jour que monsieur le mareschal m'avoit mandé qu'il s'y trouveroit, et ne fus en ma vie si las, car il faisoit une chaleur extreme; et y trouvay monsieur de Negrepelisse, qui estoit arrivé le jour de devant, ayant entendu que monsieur le mareschal s'y devoit trouver, et pour r'allier ce qui estoit demeuré de sa compagnie, laquelle estoit avec monsieur de Terride. Le lendemain matin, monsieur le mareschal ne se trouva pas à Auch, mais y envoya monsieur de Joyeuse, et tinsmes le conseil au logis de monsieur de Negrepelisse, qui avoit la goutte; et là monsieur de Joyeuse nous proposa l'intention de monsieur le mareschal, qu'estoit qu'il s'en alloit repasser la riviere de Garonne, et alloit employer son temps en son gouvernement, veu la despence que le pays faisoit pour subvenir aux frais de la guerre. Nous debattions tous le contraire, et puis que les ennemis estoient en la Guyenne, que luy, ayant la charge du Dauphiné, Provence, Languedoc et Guyenne, qu'il devoit aussi tost penser à conserver l'un que l'autre; que tous estoient serviteurs du Roy, tous sujects du Roy, et le pays au Roy, et qu'il falloit aller là où estoient les ennemis et reparer la grand faute que nous avions faite. Monsieur de Joyeuse mettoit en avant que le pays de Languedoc ne payeroit pas l'armée de monsieur le mareschal, s'ils ne voyoient qu'il employast leur argent à recouvrer les places de Languedoc; et, comme j'ay desja dit, il y avoit de la raison. Neantmoins, nous autres qui estions de la Guyenne, n'attendions autre chose que la ruyne d'icelle, et par consequent de nos maisons; et pour toutes ces considerations, nous eussions bien voulu que monsieur le mareschal eust pris opinion de deffendre la Guyenne et non de retourner en Languedoc. En somme il nous dit qu'il se rendroit le soir à monsieur le mareschal, à l'Isle, et que le lendemain matin ledit sieur passeroit la Garonne vers le Languedoc, et nous laissa tous bien esbahis, cognoissant bien que Mongommery ne pouvoit pas vivre longuement en Bearn, et qu'il se jetteroit dans le pays du Roy. Je dis à monsieur de Joyeuse que puis qu'il ne me demeuroit forces pour deffendre la Guyenne, je ne pouvois faire autre chose que de me retirer à Libourne, là où le Roy m'avoit mandé. Et ainsi je m'en retournay trouver monsieur de Bellegarde à Marsiac, qui fut aussi esbahy que moy mesme, car il n'estoit pas sans crainte de la ruyne de ses maisons, aussi bien que moy et les autres qui estions de la Guyenne. Je laissay le vicomte de Labatut avec ses deux compagnies dans Marsiac, et luy mis à sa discretion de faire ce qu'il pourroit, car de forces je n'en avois point pour le secourir. Monsieur de Bellegarde se retira aussi un peu plus avant vers le Comenge, attendant ce que monsieur le mareschal commanderoit qu'il fist; et le baron de Gondrin s'en alla vers Euse, pour faire le mieux qu'il pourroit avec sa compagnie. Nous estions tous comme brebis esgarées. Je m'en vins avec les cinq compagnies passer la Garonne, et les mis au port Saincte Marie et Aguillon, pour veoir si je pourrois assembler encores des gens, et baillay trois ou quatre commissions pour en lever. Il ne demeura avec moy que trente cinq sallades de la compagnie de monsieur de Fontenilles, et quatorze de la mienne; car monsieur de Madaillan, qui estoit allé à l'enterrement de sa femme, en avoit amené une partie qui estoient ses voisins : son frere, qui portoit mon enseigne, s'en estoit allé à sa maison, malade, lequel en avoit aussi amené de ses voisins. Mon guidon estoit prisonnier, mon mareschal des logis s'en estoit allé à Thoulouse pour un procés que l'on luy jugeoit. Et voy-là l'occasion pourquoy j'estois demeuré seul; il est vray que j'estois asseuré que dedans huict jours il se rendroient tous à moy. Quant à la noblesse d'Armagnac, tous s'estoient retirez à leurs maisons pour donner ordre à retirer leurs meubles dans Lectoure, car ils ne pensoient pas moins que ce qu'ils en ont veu depuis. Il sembloit que ce fust un fleau de Dieu sur nous, car tout le monde songeoit à sauver son bien et non à se deffendre ny faire teste à l'ennemy. Voyez quelle fut la suitte de la faute que nous fismes de nous entendre si mal.

Je n'eus pas demeuré quatre jours à Agen, que je fus adverty que monsieur de Marchatsel, qui à present est seigneur de Peyre, estoit arrivé à Thonens avec trois cens chevaux, parmy lesquels il y en pouvoit avoir soixante de bons, le reste estoit arquebuserie à cheval, mal montez, et qu'il devoit passer en Bearn, se joindre avec le comte de Mongommery. Incontinent je partis et me rendis à Aguillon. De cinq compagnies, j'en avois envoyé deux à Villeneufve, pour soulager le pays, et aux trois qui m'estoient demeurées, et qui estoient au port Saincte Marie et Aguillon, s'il y avoit cent hommes pour compagnies, c'estoit tout, car chacun s'en estoit allé à sa maison, aussi bien que les gens de cheval, et les capitaines mesmes. J'avois donné commission aux capitaines du Plex et Pommies, qui sont de Condomois, de faire chacun une compagnie, et leur manday qu'ils se rendissent vers Buzet, et que je voulois essayer de passer la riviere de Garonne, et, s'ils entendoient que les ennemis me vinssent empescher le passage, qu'ils leur donnassent des alarmes par derriere. Ledict sieur de Peyre n'arresta point à Thonens, et passa la riviere, s'estendant vers Monurt, Montluc et Damasan. Le soir que j'arrivay à Aguillon, je fis semblant de vouloir passer la riviere : lors ils se presenterent pour m'empescher, mais il n'y eut autre chose que quelques arquebusades tirées de l'un bort de la riviere à l'autre. Le lendemain matin je fis descendre deux batteaux devers le port Saincte Marie; en l'un pouvoient passer trois chevaux, et en l'autre deux, et me presentay au passage du port de Pascau, et embarquay dans les deux batteaux vingt-cinq arquebusiers. Et comme je pensois qu'ils vinssent deffendre le passage, ils firent le contraire, car ils abandonnerent Damasan, Montluc et Monurt, et se retirerent vers La Gruere et le Mas d'Agenois, et ainsi me quitterent le passage; et allay loger à Damasan, où je trouvay les capitaines du Plex et Pommies qui estoient arrivez, et avoient tous deux environ quatre-vingts hommes de pied seulement, car ils n'avoient pas eu le loisir de faire leurs compagnies; et quelques quatre-vingts arquebusiers à cheval s'y rendirent aussi. Le capitaine Lauba, un mien parent, qui pouvoit avoir soixante arquebusiers à cheval, y arriva : environ les quatre heures apres midy nous fusmes tous passez. A mon arrivée à Damasan, m'arriverent deux hommes de Castel-Geloux, que les consuls et habitans de la ville m'envoyoient, demandant secours, que Callonges avoit esté devant la ville pour les sommer, et qu'ils luy avoient respondu que s'ils n'avoient nouvelles de moy le lendemain matin, qu'ils leur bailleroient la ville. C'estoit une chose estrange : les villes qui n'avoient apparence de pouvoir estre forcées, trembloient de peur. Ils avoient capitulé qu'il n'y entreroit que les capitaines, moyennant quelque argent qu'ils donnoient; mais c'estoit une feinte, car ils vouloient s'emparer de la ville et y laisser des gens; car les capitaines, estans dedans avec les Huguenots de la ville, estoient bien asseurez qu'ils seroient maistres des Catholiques. Tout incontinent j'ordonnay à monsieur de Noé et au capitaine Bengue, lieutenant et guidon de la compagnie de monsieur de Fontenilles, qu'ils fissent repaistre leurs chevaux, et aux capitaines du Plex et Pommies, faire repaistre leurs arquebusiers à cheval, et qu'à l'entrée de la nuict monsieur de Noé partiroit avec vingt-cinq sallades, et lesdits capitaines du Plex et Pommies, avec leurs arquebusiers à cheval, avec luy, et que l'un des messagers iroit en leur trouppe, et le reste des sallades qui pouvoient estre dix, et les quatorze de ma compagnie, iroient avec ledit capitaine Bengue, et le capitaine Lauba avec luy, et s'arresteroient à un quart de lieuë de la ville, en un lieu assigné; et si monsieur de Noé pouvoit entrer, il en donneroit advis au capitaine Bengue, sinon il se retireroit à luy; et moy je me devois rendre avec quatorze ou quinze gentils-hommes qui estoient avec moy, et quelques quatre-vingts arquebusiers à pied, à demy quart de lieuë dudit capitaine Bengue, à la maison d'un gentil-homme nommé monsieur de Canet, et que là ils me donneroient advis de tout ce qui se passeroit. Cecy faisois-je afin que si les ennemis venoient pour empescher l'entrée de monsieur de Noé, que le capitaine Bengue et luy se r'allieroient ensemble, et moy aussi me monstrerois en campagne pour les faire tenir en cervelle, entendant que nous estions trois trouppes en campagne : je sçavois bien qu'ils en seroient bien tost advertis par ceux-là qui faisoient les bonnes gens, demeurant en leurs maisons sous l'edict du Roy. Et partismes toutes les trois trouppes de nuict, pour ne donner cognoissance aux advertissemens du peu de nombre que nous estions. Monsieur de Noé fut à une heure apres minuict aux portes de Castel-Geloux, là où il y eut grandes disputes si on le laisseroit entrer ou non; les uns disoient ouy, et les autres non, de sorte qu'ils le firent demeurer deux grosses heures avant que conclure; et à la fin les Catholiques se jetterent à la porte de la ville, et se firent maistres d'icelle porte et l'ouvrirent; et comme il fut dedans, il en donna advis au capitaine Bengue, et luy manda de se retirer à moy comme il estoit ordonné, ce qu'il fit; il estoit desja soleil levant. Sur la poincte du jour arriverent devant Castel-Geloux deux Huguenots qui estoient enfans de la ville, et venoient sçavoir avec ceux de la ville si l'argent estoit prest, et s'ils estoient deliberez de laisser entrer les capitaines comme ils avoient accordé, et que ledict sieur de Peyre estoit avecques tous ses gens à un quart de lieuë de-là, qui avoit fait alte attendant leur retour; et comme quelques uns les amusoient en paroles, sortirent quatre chevaux qui prindrent l'un, et l'autre se sauva, et donna advis à monsieur de Peyre que son compagnon avoit esté prins, et que c'estoient gensd'armes qui portoient casaques jaunes. Alors monsieur de Peyre cogneut que je m'estois levé plus matin que luy, et se retira au Mas. Monsieur de Fontenilles estoit arrivé la nuict à point nommé à Buzet, un quart de lieuë de Damasan, où je m'estois retiré apres que j'euz donné l'ordre de marcher la nuict; et me conta par les chemins que monsieur le mareschal n'avoit point passé la riviere de Garonne pour s'en aller en Languedoc, comme monsieur de Joyeuse nous avoit asseuré qu'il feroit, mais qu'il s'en alloit vers Muret pour soulager le pays. Ceste nuict-là j'euz deux grandes joyes; la première et principalle, de ce que monsieur le mareschal s'estoit ravisé, et ne passoit point la riviere, car j'esperois que nous ferions quelque chose de bon pour le service du Roy et du pays; et l'autre, de ce que j'avois secouru Castel-Geloux, qui nous apporteroit grandissime proffit, tant en Bordelois qu'en Bazadois. Ce que j'ay voulu escrire pour monstrer qu'avec peu de forces j'ay fait ce que j'ay peu, sans croupir en ma maison ny laisser tout à l'abandon.

Capitaines, encores que ce ne soit pas icy de grandes conquestes et batailles, si pouvez vous apprendre aussi bien qu'en autres endroits de mon livre dequoy profite une grande diligence [je suis tousjours sur ceste leçon, on ne vous la sçauroit trop repeter], et comme il fait bon hazarder quand il est necessaire. Quand je passay la riviere, vingt hommes m'eussent empêché de passer s'ils fussent demeurez aux maisons du port de Pascau, car il faut, malgré que l'on en ait, arriver entre les deux grandes maisons; car vous ne pouvez faire descente que là ou à Montluc, là où pareillement il y a une grande maison à la descente. Et si j'eusse voulu discourir sur la raison de mon passage, je n'eusse trouvé homme qui eust été d'advis que je deusse hazarder de passer. Par ainsi vous pouvez cognoistre que la guerre porte qu'il faut hazarder quelque fois quand l'affaire est de grande importance, et ne regarder pas tousjours à la raison de la guerre. Mais aussi peus-je bien dire que si vous estes longs à entreprendre et longs de pourvoir à l'execution, vous pourrez plus perdre en hazardant que gaigner; car l'homme qui hazarde, il faut que son entreprinse soit secrette et de prompte execution, pour garder que l'ennemy ne sçache ce que vous voulez faire avant que vous veniez à l'execution; car si vous lui donnez temps de le sçavoir, ou de pouvoir rompre ce que vous voulez faire, pensez qu'il a du jugement comme vous : il pourvoira si bien à son fait, qu'au lieu que vous le penserez surprendre, vous vous trouverez surprins et deffaits. Ne prenez pas tousjours le plus aysé, ains trompez le, faisant semblant de vous jetter en un lieu pour passer par un autre. Quant à la diligence, monsieur de Noé ne demeura pas deux heures à repaistre à Damasan que la nuit ne le surprinst : toutes-fois sur l'heure il partit sans marchander. Combien y a-il de chefs qui eussent voulu donner temps aux gens de cheval de repaistre, et sejourner la nuict pour le moins jusques à une heure ou deux devant jour, veu qu'ils avoient demeuré tout le long du jour au passage de la riviere avec une extreme chaleur? Que si je l'eusse ainsi ordonné, monsieur de Noé eust trouvé les ennemis dans la ville, comme ils le trouverent à luy dedans. Par ainsi je vous conseilleray tousjours de vous souvenir de la devise d'Alexandre le Grand: *Ce que tu peux faire aujourd'huy, n'attends au lendemain.* Apres une grande corvée, vous vous reposerez à vostre aise et acquerrez de l'honneur. Il faut souvent faire crever vos chevaux sous le fais, vous en recouvrerez assez, et non pas l'honneur quand vous l'aurez perdu : c'est chose qui ne se trouve pas, et pour laquelle vous portez l'espée au costé.

Comme je fus retourné à Damasan, je me retiray à Buzet, maison du seigneur de Caumon, mien parent ; et incontinent apres disner montay à cheval, et m'en allay avecques trente chevaux que je pouvois avoir, et les argoulets du capitaine Lauba, droict à Peuch, qui est à la royne de Navarre et à moy. Le sieur de Peyre s'estoit retiré avec toutes ses gens dans le Mas, qui est à une grande lieuë de Peuch ; et quand j'y fus arrivé il estoit trois heures apres midy. Les nouvelles allerent à luy que je marchois droit au Mas ; qui fut cause qu'il partit incontinent et chemina toute la nuict, Lauba se mit sur la queuë, et en eust eu poil ou plume, car il est hazardeux gentil-homme, et les deux capitaines qui estoient avec luy de mesmes ; mais il ne sceut rien de sa retraicte jusques au lendemain qu'estoit soleil levant, et s'en allerent jetter sur la piste, et leur dit-on qu'ils estoient desja au Mont de Marsan. Et le lendemain je tiray dudit Castel-Geloux ledit sieur de Noé et la cavallerie, et y laissay dedans les capitaines du Plex et Pommies, qui paracheverent de faire leurs compagnies, lesquelles tousjours ont esté bonnes, car ils ont ordinairement eu quatre vingts arquebuziers à cheval pour le moins, et ne sejournoient gueres qu'ils ne fussent journellement en campagne, et bien souvent couroient jusqu'au Mont de Marsan, et y ont fait beaucoup de combats. Je m'en retournay à Agen, et le mesme jour que j'y arrivay un courrier de monsieur le mareschal m'apporta des lettres par lesquelles il me mandoit qu'il avoit entendu, tant par monsieur de Joyeuse que d'autres, que je m'en voulois aller à Libourne sur le commandement que le Roy m'en avoit fait, et que quand le Roy m'avoit escrit de m'y aller mettre, il ne sçavoit pas que les affaires de la Guyenne allassent si mal ; et qu'il me prioit que je les considerasse bien, et que si j'abandonnois le plat pays, le Roy ny Monsieur ne le trouveroient pas bon. Je luy escrivis que, quelque chose que j'en eusse dit, ce n'avoit jamais esté ma volonté, et qu'il s'asseurast que je n'estois pas marchand pour estre prins au premier mot, et que j'estois fort resjouy de ce qu'il vouloit encores temporiser en la Guyenne, pour voir la deliberation que l'ennemy voudroit prendre, car il me mandoit ainsi par ses lettres ; et que s'il luy plaisoit, cependant que son camp ne faisoit rien, marcher vers Nogarol et le Mont de Marsan, pour voir si l'ennemy voudroit prendre courage de sortir de Bearn pour nous venir combattre, nous pourrions faire quelque chose, et que cela, selon mon advis, proffiteroit, afin que si Mongommery vouloit entrer és terres du Roy, il cogneust qu'il luy seroit bien tost sur les bras pour le combattre. Il me rescrivit qu'il estoit contant, et qu'il se rendroit à Auch dans cinq jours, et que je m'y trouvasse Je ne voulus bouger les cinq enseignes que mon nepveu de Leberon commandoit, de Libourne et Saincte Foy, combien que les deux qui demeuroient à Saincte Foy n'y estoient, sinon pour espargner les vivres de Libourne ; mais, advenant un siege, ils avoient charge qu'incontinent que monsieur de Leberon leur manderoit, ils se retirassent à Libourne, où le chevalier Horloge (1) estoit, qui faisoit des tranchées par dedans, comme si de jour en jour on eust attendu le siege. Je prins les cinq enseignes que le capitaine Castella commandoit en absence du chevalier et de mon nepveu, ma compagnie, celle de messieurs de Gondrin et de Fontenilles, depeschay en poste à monsieur de La Chappelle Louzieres, qui estoit à Cahors, et qui se tenoit tousjours prest pour amener la noblesse de Quercy, qu'il marchast en diligence, et que monsieur le mareschal marchoit de son costé droit en la Chalosse : ce qu'il fit promptement, et amena sous sa cornette soixante dix gentils-hommes. Tous ceux d'Agenois vindrent avec moy ; il n'en demeura un seul en sa maison, sauf le capitaine Pauliac le vieux, que j'en fis retourner par force à Villeneufve, pource qu'il en estoit gouverneur, tant pour garder ledit Villeneufve, que pour favoriser de ce qu'il pourroit Libourne si les ennemis y alloient. Monsieur de Cassancuil estoit mareschal de camp de nostre trouppe, et logeoit, comme son roolle mesme portoit, cent trente cinq gentils-hommes soubs ma cornette, et soixante dix soubs celle de monsieur de La Chappelle Louzieres, les susdites compagnies de gens-d'armes et six cornettes d'arquebuziers à cheval. Voylà la trouppe que j'avois. Sous la cornette de monsieur le mareschal il y avoit pres de trois cens gentils-hommes, comme ledit sieur mareschal mesme me dit à Granade, present son mareschal de camp, qui estoit monsieur de La Croisette, tant du costé de Comenge que de Languedoc : il avoit vingt et deux enseignes de gens de pied, que monsieur de Sainct Giron de La Guiche commandoit, et dix de monsieur de Savignac ; sa compagnie d'hommes d'armes, celles de messieurs le comte d'Esterac, de Lauzun, de Terride, de Negrepelisse, des deux Bellegarde pere et fils, de Gramond, du *mareschal de*

(1) Orologio, ingénieur italien.

La Foy (1), de Joyeuse, d'Aubigeon (2), d'Arne, de Sarlabous, avec les trois que j'avois, faisoient le nombre de quinze cornettes de gens-d'armes, et la sienne que nous prenions pour deux, pour ce qu'il y a cent hommes d'armes, le tout revenoit à dix-sept. Et nous joignismes avec luy à Auch, puis allasmes à Nogarol, où ledit sieur mareschal (3) demeura deux jours : les ennemis avoient desja passé la Dou, et tenoient le Mont de Marsan, Granade et Cazeres ; je commandois l'advant-garde.

Le lendemain que le camp fut à Nogarol, monsieur le mareschal tint conseil où je me trouvay, et voulois que nous marchissions en avant ce mesme jour, et esperois que nous surprendrions ceux de Cazeres et de Granade ; toutes fois monsieur le mareschal n'en fut point d'opinion de ce jour-là, pource qu'aucuns proposoient que dés que les ennemis entendroient nostre arrivée, ils passeroient la riviere de la Dou en Bearn, pource qu'elle estoit fort basse et se gueyoit en plusieurs lieux. Monsieur le mareschal proposa en ce conseil, qu'attendu qu'il n'avoit point de grosse artillerie pour battre les villes, et qu'il n'avoit que quatre pieces de campagne, qu'il ne deliberoit point de passer plus outre, ains s'en retourner en son gouvernement pour executer les entreprises qu'il y avoit, et pour recouvrer les places que les ennemis y tenoient, et beaucoup d'autres raisons que ledit sieur mareschal mettoit en avant. Ceste fascheuse chanson estoit tousjours en nos oreilles ; et encores que ses raisons fussent apparentes, je ne les pouvois trouver bonnes, pour-ce que je voyois clairement advenir en la Guyenne ce qui est advenu, comme faisoient aussi tous ceux qui y avoient interest comme moy ; et entrasmes si avant, que je fus contraint de luy dire qu'il falloit qu'il respondist au Roy aussi bien de la Guyenne que du Languedoc, et que par sa patente il trouveroit qu'il avoit accepté de commander aux quatre provinces, qu'estoient Dauphiné, Provence et Guyenne, aussi bien qu'au Languedoc dont il en estoit gouverneur, et que je le priois d'y vouloir adviser. Il me respondit que par toutes les trois provinces il y avoit gouverneurs, et que chacun gardast son gouvernement comme il feroit le sien. Je cogneuz bien à ses parolles qu'il se fascha de ce que je luy avois dit, car ces gens veulent qu'on leur accorde tout ce qu'ils disent : si estoit il vray pourtant, car il avoit embrassé tout cela. Et demeura ainsi le conseil sans resolution ;

et me retiray, apres avoir prié monsieur de Joyeuse et monsieur de Bellegarde de le luy vouloir remonstrer, car de moy je cognoissois bien que je l'avois fasché, et ne luy en voulois plus rompre la teste : ils me promirent de le faire, et laissay un gentil-homme aupres d'eux, afin qu'ils m'advertissent de sa deliberation. Bien tost apres lesdits sieurs me manderent qu'ils s'estoient resolus d'aller à Granade, dequoy je fus fort aise, comme aussi fut toute nostre trouppe. Je luy escrivis promptement s'il trouveroit bon que j'allasse la nuit devant enfermer ceux qui estoient dans Granade, voir si nous leur pourrions donner une estrecte (4). Il me manda qu'il le trouveroit bon, et qu'il avoit desja fait partir l'Estang de Cornusson avec les quatre cornettes de cavalerie qu'il avoit, pour se jeter dedans Cazeres, qui estoient celles dudit de l'Estang, de Sainct Porget, du Sendat et Cleyrac. Je partis à l'entrée de la nuict avecques la noblesse et ma compagnie, et sans une pluye qui nous print la nuict, la plus grande que je pense jamais avoir veu, j'eusse attrappé à Granade quatre vingts ou cens chevaux qu'il y avoit, qui estoient de mes voisins de Tonnens et Cleyrac ; j'eusse mieux aimé les rencontrer que trois cens d'autres, et croy que je les eusse si bien accoustrez, qu'à peine eussé-je eu jamais crainte d'eux, car c'est la taniere des mauvais garçons. Mais un mal-heur seul ne m'advint pas, car la pluye me contraignit me jetter dans Gaube, qui est à monsieur de Valence mon frere, qui dura pour le moins trois grosses heures ; et encores ne me fussent ils pas eschappez, n'eust esté que comme monsieur de l'Estang fut arrivé à Cazeres, il depescha sur l'entrée de la nuict l'enseigne du capitaine Sainct Porget avec douze sallades pour aller descouvrir jusques au delà de Granade, tirant au Mont de Marsan ; et comme l'enseigne fut aupres de Granade, il n'entra point dedans [et ne pensoit aussi qu'il y eust des ennemis, et ne se vouloit point descouvrir], et passa outre plus d'une lieuë vers le Mont de Marsan. Comme il vid qu'il ne trouvoit rien, il s'en retourna par le mesme chemin, et estant devant les portes de Granade, il fit entrer sa guide descouvrir dans la ville s'il y avoit rien ; lequel estant à la porte, vid sortir gens de cheval à la place et par les ruës, qui alloient et venoient. Il tourne à l'enseigne, et luy dit ce qu'il avoit veu, et qu'encore que la nuit fust fort obscure, il luy sembloit qu'ils portoient casaques blanches.

---

(1) La maison de Levis avoit gagné ce titre à la croisade contre les Albigeois.
(2) Louis d'Amboise, comte d'Aubigeoux.

(3) Le maréchal d'Anville.
(4) *Donner une estrecte* : faire éprouver une perte, un échec.

L'enseigne mit pied à terre, et s'en va tout seul sur la porte de la ville, et entra dedans, encores qu'il vid bien les gens à cheval, mais il avoit quelque opinion que c'estoit moy, pource qu'ils avoient entendu que je m'y devois rendre au point du jour, ce que j'eusse bien fait encores deux heures devant jour, si la pluye ne m'en eust gardé. Il ne pouvoit bien descouvrir s'ils avoient casaques blanches ou non, et se mit dans la ville quatre ou cinq pas en avant. Ceux qui estoient logez contre la porte sortirent dehors pour monter à cheval; l'enseigne qui les apperceut estoit si pres d'eux, qu'ils cogneut qu'ils avoient casaques blanches, et cuida regaigner la porte de la ville; mais il fut enfermé par derriere et prins; ils luy firent dire tout, et le monterent en crouppe, l'en amenant au grand trot et galop. Le comte de Mongommery, qui estoit vers Montaut et Nugron, en fut bien tost adverty, et luy donnerent telle alarme, qu'il monta incontinent à cheval, sans descendre jusques à ce qu'il fust à Orthez; et son artillerie demeura par les chemins abandonnée et n'y avoit pas trente hommes, à la rellation des bonnes gens du pays et d'euxmesmes et de ceux qui estoient prisonniers. Monsieur le mareschal arriva à Granade un peu apres le soleil levant; mon quartier avec l'advantgarde fut à Sainct Maurice, qui est à monsieur de Barsac de Quercy; et voulut monsieur le mareschal que monsieur de Savignac fust de l'advantgarde, et les compagnies de messieurs de Gramond et d'Arne, et monsieur de La Chappelle Louzieres, et les trois compagnies de gensdarmes que j'avois; et voy-là comme nous arrivasmes tous à Granade, trois lieuës du Mont de Marsan. Deux jours apres nostre arrivée, monsieur le mareschal tint encore propos de s'en vouloir retourner, car c'estoit tousjours son refrain, et disoit qu'est-ce que je voulois qu'il fist dans le pays de Bearn, veu que toutes les villes estoient renduës et que le Roy n'y tenoit plus villes ne chasteaux; qu'il ne faisoit que perdre temps, et d'autre part, que les vivres luy failloient, et que desja les soldats crioient à la faim, et aussi qu'il n'avoit point d'artillerie pour battre les villes. Il y avoit de la raison des vivres, pource que le charroy n'estoit pas encore arrivé, car dés qu'il me manda qu'il vouloit marcher, je manday promptement cottiser tout le Condomois, l'Armaignac, l'Esterac, Commenge et Bigorre, et dans deux jours nous eusmes plus de vivres qu'il ne nous falloit. A la fin je cognus bien que son affection ne se perdroit point, ny de son conseil, car de moy je n'y entray jamais, sinon à celuy de Nogarol. L'on ne m'y appelloit point, ny ne m'y presentois pas aussy, parce que je cognoissois bien qu'on ne prenoit pas plaisir quand je disois que nous devions faire la guerre en Guyenne, puis que les ennemis y estoient; et cogneus bien que tous les conseils qui se tenoient sans moy n'apportoient rien de bon en la Guyenne : nous, qui estions gascons, en tenions de nostre costé.

Voyant donc que ceste volonté continuoit, je priay monsieur le mareschal me laisser aller attaquer le Mont de Marsan, esperant de l'emporter. Il me dict comment je pensois prendre une ville fermée de murailles, qui estoit bonne, et non seulement une, mais trois, toutes closes de bonnes murailles, ce qui estoit vray; toutesfois je luy respondis que j'en avois pris d'autres plus fortes que le Mont de Marsan d'emblée, et là où il y avoit de meilleurs soldats : il me ressouvenoit de Piance, qui estoit bien autre chose que le Mont de Marsan, encor qu'il soit assez fort. Je luy disois aussi que monsieur de Terride avoit bien esté prins en mesme sorte à Orthez; parquoy, puis que nos ennemis l'ont faict, je le pouvois faire, et que paradvanture je leur pourrois bien rendre la pareille. A la fin il me dict qu'il en estoit comptant. Je le priay de laisser venir monsieur de Savignac avec les dix enseignes; ce qu'il m'accorda. Je ne peus pas partir le lendemain, qui estoit le treziesme jour, car il plut tout le jour; et neantmoins je voulus aller avec quarante ou cinquante chevaux recognoistre la ville, et ne peus aller plus de demy-lieuë. J'arrivay en trois ou quatre maisons, où je trouvay le capitaine Arne, et monsieur de l'Arbous, lieutenant de monsieur de Gramond, lesquels me dirent que le soir devant ils y avoient esté, comme aussi avoit faict monsieur de La Chappelle Lozieres; et parlasmes longuement tous trois de la resolution que monsieur le mareschal prenoit de s'en vouloir retourner; et cognoissoient bien ceux qui adheroient à son opinion de retourner faire la guerre en Languedoc et laisser la Guyenne, qu'ils ne trouveroient pas grand resistance à executer leurs entreprinses au Languedoc, veu que la force des ennemis estoit en Bearn, d'où je croy bien qu'ils pensoient que les ennemis ne bougeroient; mais nous autres qui estions de la Guyenne, sçavions bien que Mongommery ne pouvoit vivre longuement en Bearn, et qu'il falloit que par necessité, quand bien il ne le voudroit pas faire, il se jettast sur le pays du Roy et sur nos maisons. Je cognoissois bien aussi que ceux qui suyvoient l'opinion de monsieur le mareschal, pensoient que, reprenant les villes de Languedoc, ils feroient de grands services au Roy, dont ils tireroient grandes loüanges, et mettroient leurs maisons en seureté. Je n'estois pas marry que ceux qui estoient du Languedoc eussent ceste opinion, et qu'ils voulussent tirer monsieur le mareschal en Languedoc pour toutes ces considerations, car j'ay tousjours ouy dire que plus pres est la chemise que la robe, et, quelque chose qu'on face, on cerche le profit : cela les excuse, n'y ayant point de deshonneur, comme il n'y avoit pas aussi. J'estois seulement despit contre ceux qui tenoient l'opinion des autres et qui estoient de la Guyenne, ce qu'ils faisoient pour plaire à monsieur le mareschal, et desirois que les ennemis leur bruslassent leurs maisons, pour-ce qu'ils tenoient pour le secours de Languedoc, où ils ne pouvoient rien perdre, et sembloient cercher la ruine de leurs maisons et parens. Je sçay bien d'autre part qu'il me fut dit qu'il y en avoit de ceux qui estoient de la Guyenne, qui disoient à monsieur le mareschal que toutes les persuasions que je luy faisois de faire la guerre en Guyenne, n'estoient sinon pource que, si monsieur le mareschal faisoit quelque chose de bon, l'on m'en donneroit la loüange, et diroit-on que j'en estois cause, comme l'on faisoit du temps des premiers troubles, quand monsieur de Burie et moy estions ensemble. Et si jamais j'y avois pensé, je prie Dieu qu'il n'ait jamais pitié de mon ame, et si je taschois ou avois autre volonté, sinon qu'il fist quelque chose grande, et que je fusse aupres de luy pour faire quelque bon service au Roy, afin qu'il acquist une telle reputation, que le Roy à jamais l'aymast et estimast, et qu'il me sentist si bon gré du service que je luy aurois faict, qu'il prinst en protection mes enfants, et les aydast d'avoir quelque bien du Roy ; car de moy, j'estois deliberé, si je voyois la guerre finie, me retirer en ma maison, me sentant desja vieux et cassé du corps et de l'esprit : d'ailleurs j'avois, Dieu mercy, acquis assez d'honneur sans aller desrober celuy d'autruy. Mais quoy ! l'on ne sçauroit oster la malice du cœur des hommes, depuis qu'ils luy ont donné une fois racine : ils nous font penser à ce que nous n'avons pensé, et dire ce que nous n'avons jamais dit. Je laisseray ce propos, et retourneray à mon entreprise du Mont de Marsan.

Le soir mesme, estant retourné à Sainct Maurice, monsieur le mareschal m'envoya remonstrer que je ne devois point aller au Mont de Marsan, et que si j'estois repoussé, je donnerois mauvaise reputation à son armée, et que je n'en pouvois esperer qu'une honte, et qu'aussi il estoit resolu de s'en retourner dans deux jours. je crevois de despit quand j'ouys ce langage ; je luy envoyay les seigneurs vicomte de Labatut, chevalier de Romegas, monsieur de Savignac mesmes qui estoit des siens, Darblade, et La Mothe Gondrin, pour luy remonstrer et prier de ma part de ne se vouloir point fascher, et avoir patience encore pour quelques jours ; et que de vivres, il voyoit qu'ils en avoient tant que l'on n'en sçavoit que faire : d'autre part, qu'il ne falloit que passer la Dou, et que nous trouverions cinq maisons des Huguenots, qui estoient en la souveraineté du Roy, là où nous trouverions vivres pour nourrir son camp un mois, car par tout ce pays les Huguenots et Catholiques les y avoient retirez, et qu'il me laissast seulement aller au Mont de Marsan, et que je ne luy demandois que deux de ses pieces de campagne, pour battre les guerites et deffences qui servoient aux ennemis de flancs. Ils me rapporterent que, quelques discours qu'ils luy eussent sceu faire, il estoit resolu s'en retourner, et qu'il estoit bien content de me prester les deux pieces. Le matin, comme tout le monde eust repeu, nous marchasmes, estant arrivé monsieur de Montastruc avec les deux pieces, ayant charge de me dire de la part de monsieur le mareschal qu'il seroit fort ayse que je changeasse d'opinion et que je n'y allasse point. Je croy qu'il le faisoit afin d'avoir cest advantage sur moy, de pouvoir dire, si je recevois une escorne : Je luy avois bien dict. Toutes-fois nous nous mismes en chemin, et marchay avec la cavallerie et quelques cent ou six vingts argolets, les cinq enseignes miennes apres moy ; et monsieur de Savignac venoit apres, menant les deux pieces. J'eus deux lettres par chemin d'une femme de la ville, par lesquelles me mandoit que je n'y allasse point, car les ennemis estoient advertis de ma venuë, et que le jour devant le capitaine Favas, qui est de Sainct Macaire, y estoit arrivé avec cent ou six vingts chevaux, et un autre capitaine avec cent hommes de pied. La seconde lettre me vint à demy quart de lieuë de la ville, par laquelle me mandoit qu'ils avoient faict leur reveuë, et qu'ils s'estoient comptez cinq cens hommes de combat, en ce comprins les habitans de la ville, et que si j'y allois, je ne recevrois qu'une grand honte : et, encores que la femme et son mary, qui n'estoient pas dans la ville, fussent catholiques et de mes amis, je n'y voulus adjouster foy, et marchay jusques à la veuë de la ville, laquelle est en un lieu bas. Je fis descendre cent ou six vingts argolets, afin qu'ils allassent gaigner les maisons qui estoient aupres de la porte, et les y fis courir afin de les garder de n'y mettre le feu, ce qu'ils eussent faict, car il y en avoit desja dehors qui l'y mettoient, et furent contraints de se retirer dedans, et commencerent à tirer à nos argolets des murailles en hors. Et pour attendre nos gens de pied et les deux pieces qui venoient derriere, j'allay passer la riviere avec une trouppe de gens de cheval, au-dessous du Mont de Marsan tirant vers Dacqs, et à une arquebusade, pour aller descouvrir de l'autre costé de la ville, et recognoistre le fossé s'il y avoit de l'eau, afin d'y faire passer les enseignes du sieur de Savignac, pour donner par deux costez.

Il y avoit eau jusques à demy ventre des chevaux ; nous passames ; et comme je fus delà, nous apperceusmes quatre ou cinq chevaux qui se venoient jetter dedans ; mais ils tournèrent tout court sans pouvoir estre pris. Je fis mettre tous les gens de cheval en bataille, puis descendis de cheval et fis descendre seulement le capitaine Fieux, qui est d'aupres de Miradoux, et m'en allay droict au fossé. La chaleur estoit grande, et les armes me pesoient fort, et fus contrainct de me mettre dans un petit fossé, car je ne peus passer plus avant, à cause de la pesanteur des armes, et qu'il falloit monter le fossé ; et fis passer monsieur de Fieux, qui alla tout au long du fossé de la ville, et trouva une femme tout contre le fossé, cachée derriere une petite haye, laquelle il fit lever, cheminant tousjours, car l'on luy tiroit fort, comme faisoient bien à moy, car de là où j'estois il n'y avoit pas dix pas jusques au fossé. A la fin le capitaine Fieux revint à moy, et la femme aussi, qui nous dit qu'il y avoit eau de la hauteur d'une picque, comme aussi le capitaine Fieux m'affermoit selon son opinion, et à ce qu'il en avoit peu cognoistre, et nous disoit la femme qu'encores il y avoit beaucoup de vase. Je perdis toute mon esperance de pouvoir rien faire par ce costé là, et qu'il falloit donner tous par un autre lieu, et laissay messieurs de Fontenilles et de Madaillan en cest endroit, et m'en retournay avec la noblesse repasser la riviere ; et comme je repassois, il me sembla voir quelques enseignes dans la ville, et bien pres du pont ; et tout à un coup je les perdis de veuë, et pensois que fussent des ennemis. J'avois, au partir de Sainct Maurice, prié monsieur de Tilladet de vouloir aller parler à monsieur le mareschal, sur ce que m'avoit dit monsieur de Montastruc, et pour l'asseurer que nous avions bonne esperance d'emporter la ville, et voir s'il luy pourroit faire trouver bon qu

nous passissions la riviere, et luy oster l'opinion qu'il avoit. Ledit seigneur de Tilladet s'en retourna incontinent, qui fut son malheur, car à son retour il me trouva desja party pour passer la riviere, et me voyoit sur le passage ; et d'autre part il voyoit que nos argollets, qui estoient descendus à pied, faisoient la cane derriere des maisons. Il vint bas à course de cheval, et les fit oster de derriere les maisons, les faisant mettre à la largue pour tirer aux carnaux, se mettant à galopper au long du fossé pour donner courage aux argollets, et s'en retournant par le mesme lieu par où il estoit allé au long du fossé, on luy tiroit à force. Et à la fin une arquebuzade luy donna dans le ventre ; son cheval tomba, et luy se sauva tout blessé plus de cent pas hors du tirer des arquebuzades : il sembloit qu'il n'eust poinct de mal, et fut apporté en une maison hors de la ville, et dans deux jours apres il mourut (1) de ce coup. Je n'avois rien veu de tout cecy, je recognoissois de l'autre costé de la ville. Cependant les capitaines Arne, baron de l'Arbous, l'Estang, avec les quatre compagnies de chevaux legers, et monsieur de La Chappelle Lozieres, estoient à main droicte contre-mont la riviere, à une arquebusade de la ville.

Il faut à present dire comment elle fut prinse. Le capitaine Castella avec les cinq compagnies qui marchoient apres moy, comme il fut à la veuë de la ville, qui n'est qu'à une arquebuzade [j'avois faict apporter cinq ou six eschelles sur une charrette], voyant que nos argolets ne faisoient guere bien, car tousjours ils vouloient regaigner le derriere des maisons, il fit descendre les eschelles et trainer aux soldats, et, sans m'attendre ny attendre monsieur de Savignac, les pieces d'artillerie, ny autre commandement, ils baisserent la teste droict à la muraille, et leur fut fort tiré ; neantmoins ils n'arresterent jamais qu'ils ne fussent au pied de la muraille, où d'arrivée ils dresserent trois eschelles qui furent assez longues, venant jusques au haut de la muraille, par lesquelles les capitaines ayant des rondelles, quelque tirer que les ennemis fissent, n'arresterent jamais de monter qu'ils ne fussent sur ladicte muraille, et voyla les ennemis en fuitte. Nos gens les suivirent par le mesme lieu où ils prenoient la fuitte, et descendoient apres eux ; et comme ils pensoient gaigner la porte de l'autre ville pour la fermer apres, les nostres

---

(1) « Ce fut grand dommage (remarque Dupleix, *Hist. de Charles IX*) : avec le long exercice des armes et l'expérience qu'il s'estoit acquise ès guerres d'Italie, il étoit doué d'un grand courage, assorti d'une force de corps extraordinaire, dont j'ai ouï faire des récits merveilleux, et entr'autres qu'il avoit remué seul à force de bras un canon embourbé que six chevaux n'avoient peu dégager. »

furent sur les bras et entrerent pesle-mesle. Les ennemis tirerent droict au pont le long d'une grand ruë là où ils avoient faict une barricade, laquelle tous ne peurent pas gaigner, car l'on en attrappa une bonne trouppe par les chemins. Or, comme ils faisoient teste à la barricade, arriva monsieur de Savignac et ses gens, lesquels à poinct nommé, comme les nostres achevoient d'entrer avecques les eschelles, y estoient accourus montans par les mesmes eschelles à qui mieux mieux, et à mesme qu'ils entroient couroient droict au pont. Et y fut tué à l'arrivée un de ses capitaines nommé Escaufours, lequel estoit un des vaillans hommes que je vis jamais, car il y avoit long temps que je le cognoissois. A la fin les ennemis abandonnerent la barricade et se jetterent dans l'autre ville par le guichet. Les cinq enseignes miennes les suivirent, et bien peu s'en fallut qu'ils n'entrassent pesle-mesle ; les ennemis fermerent le guichet, et nos cinq enseignes furent contrainctes de se jetter dans une petite maison qui touche à la porte de la ville, et à l'entrée fut tué un des cinq capitaines, nommé Mossaron. Les ennemis tiroient fort de la tour du portal ; et les nostres aussi de ceste petite maison jettoient fagots et tables contre la porte ; et fut là où le capitaine Mossaron fut tué. Et pour la grande quantité de pierres que les ennemis leur tiroient avecques beaucoup d'arquebusades, les nostres ne laisserent de mettre le feu à la porte de la ville. J'avais veu, comme j'ay dict, ces enseignes en repassant la riviere, mais je pensois que ce fussent ennemis ; et comme nous eusmes repassé, un arquebusier vint à cheval courant à moy, me dire que nos cinq enseignes estoient dans la ville ; et, sans attendre ce que monsieur de Savignac feroit, nous nous mismes au galop, et fusmes incontinent à la porte, car il n'y avoit pas quatre cens pas. Je trouvay des gens de monsieur de Savignac par dedans et par dehors la porte, qui desja avoient faict un trou, de sorte qu'on pouvoit passer un à un par dessous. Nous mismes tous pied à terre et passasmes par ce trou. J'avois amené quelques paysans de Sainct Maurice, qui venaient avecques l'artillerie, lesquels se jetterent incontinent à la porte et l'ouvrirent par force ; mais nous estions desja tous dedans. Monsieur de Cassaneuil, nostre mareschal de camp, n'estoit pas venu avec moy, car je le trouvay au bout du pont, à une ruë à main droite, et me dict qu'il venoit de recognoistre une maison ou deux qui regardoient à l'autre ville. Il n'y avoit homme qui osast demeurer en la grand ruë, car la tour de la porte voyoit tout. Il m'amena aux deux maisons, lesquelles estoient sur le bout de la riviere, et montay un degré jusques dans une chambre qui regardoit sur la riviere, et là promptement fis faire sept ou huict trous en la muraille qui regardoient de l'autre costé de la ville, d'où les ennemis tiroient fort, puis descendis en la ruë et entray dans l'autre maison tout joignant dans une salle basse, là où il y avoit une porte par laquelle on descendoit par quatre ou cinq degrez sur la riviere. Les ennemis tiroient fort à la porte ; et par un coing d'une petite fenestre j'apperceus que les ennemis remplissoient quelques tonneaux qu'ils avoient mis sur une bresche de la muraille. Monsieur de Savignac, monsieur Dandosielle (1), son maistre de camp, le capitaine Sainct Aubin, et encores un autre de ses capitaines, il ne me souvient du nom, se trouverent dans ceste salle aupres de moy. Monsieur de Cassaneuil estoit entré en une autre maison, là où il trouva un rabilleur de cuirs, grand homme, et le m'amena, et me dict qu'il n'y avoit poinct eauë plus avant que la ceinture. Je luy dis que je luy donnerois dix escus s'il vouloit monstrer le chemin aux soldats pour passer la riviere, et que je luy baillerois une rondelle à l'espreuve. Il me dict qu'il le feroit. Je luy baillay la rondelle, mais le vilain la jetta incontinent, me disant qu'elle pesoit trop, et, encores qu'il fust gros et puissant, il s'en trouvoit empesché, et qu'il passeroit bien sans cela. Monsieur de Montastruc, commissaire de l'artillerie, estoit aussi pres de moy. Je voyois qu'il se falloit haster de passer, car si les ennemis avoient une fois remply les tonneaux, il seroit difficile d'entrer par ceste breche : qui fut cause que je dis à monsieur de Savignac de faire entrer trois ou quatre de ces enseignes. Monsieur Dandosielle, Sainct Aubin et l'autre capitaine coururent à la ruë, et firent entrer les leurs, car les cinq miennes estoient à la maisonnette pres la porte. Et comme les trois enseignes furent dans la salle, et force soldats des leurs qui entroient, je dis aux enseignes qu'ils suivissent hardiment cest homme, qui leur monstreroit le chemin, et qu'il ne se falloit arrester qu'on ne fust de là la riviere contre les tonneaux, mandant promptement aux arquebusiers qui estoient en la chambre qu'ils tirassent fort, afin de favoriser le passage des nostres. Et tout à un coup j'ouvris la porte et mis cest homme et un bon soldat qui s'offrit de se tenir pres de luy, et apres eux deux, les trois enseignes et les trois capitaines se mirent à leur queuë. Je jettay cinq ou six arquebusiers apres, puis je me jettay aussi

(1) *Daudofiele*, d'après le *Journal des guerres de Castres*, par Faurin.

apres eux, et tous ces gentils-hommes qui estoient avec moy. Il nous falloit descendre ces quatre ou cinq degrez : les ennemis tiroient fort du costé de delà, mais les arquebusiers qui estoient à la chambre les tenoient de si pres, qu'ils n'osoient monstrer la teste. Tousjours descendoient soldats ; j'estois sur le bord de la riviere, et leur donnois tousjours esperance de passer avec eux. Monsieur de Montastruc, commissaire, qui vid que je descendois les degrez, se jette à la ruë et commence à crier : « O soldats, voylà monsieur de Montluc qui passe la riviere ! » Les soldats qui s'amusoient au pillage, et ceux qui estoient dans la ruë, laisserent tout aux cris que faisoit monsieur de Montastruc que je passois, et entrerent de foulle dans la salle ; et ceux qui ne pouvoient gaigner les degrez sautoient à bas par les costez, de sorte que, sans regarder rien, ils se jettoient dans l'eauë comme quand on y pousse une trouppe de moutons : et vis la riviere si couverte d'hommes d'un bord à autre, que l'on ne voyoit poinct l'eauë.

J'entrois tousjours jusques à la moitié de la jambe dans l'eauë, faisant semblant de vouloir passer, comme faisoient messieurs de Brassac, chevalier de Romegas, et tous les autres gentils-hommes qui estoient avec moy ; et monsieur de Savignac y estoit aussi : il n'y faisoit guere bon pour luy, car il y avoit soldat qui avoit eauë jusques aux esselles, et croy que s'il s'y fust mis, il en eust eu jusques au col, car chacun sçait bien qu'il n'est pas de la taille d'un geant : et y pensasmes perdre beaucoup de soldats qui estoient petits ; mais je leur criois tousjours qu'ils se secourussent les uns et les autres : comme ils faisoient : et faut croire, et à la verité, que si je n'eusse advisé de faire ces trous en ceste chambre, et y mettre beaucoup d'arquebusiers comme j'avois faict, si que l'un coup ne demeuroit pas l'autre, et encores ouvrirent une fenestre d'où pouvoient tirer deux ou trois à la fois, nous eussions perdu plus de cent hommes, car de la muraille d'où ils nous tiroient, et des tonneaux, il n'y avoit pas plus de six pas jusques au bord la riviere où nos gens abordoient. Les enseignes et les capitaines allerent aux tonneaux. Je manday promptement à ceux de la chambre qu'ils ne tirassent plus, car ils donneroient aussi tost aux nostres qu'aux leurs. Nos arquebuziers qui estoient pres des enseignes tiroient comme ceux dedans. Les capitaines s'adviserent de prendre le bord des tonneaux, qui n'estoient pas à demy pleins, parce qu'ils n'avoyent pas eu loysir de les remplir ; et tout à un coup je vis les tonneaux renversez de nostre costé, et les enseignes et capitaines se jetterent dedans : et voylà les ennemis en routte et fuitte droict au chasteau ; nos gens les poursuivirent et en tuerent grand nombre sur leur fuitte. Et comme je les vis dedans, je m'en revins en la ruë, estant si las, que de ma vie je ne m'estois trouvé en tel estat ; et cogneus bien qu'il ne me falloit plus parler de porter les armes, car je cuiday tomber dix fois en la ruë. Il n'y a ordre, nous ne pouvons estre deux fois. Le chevalier de Romegas et le capitaine Fabien, mon fils, m'amenerent par dessous les bras à la maison du Jonca (1), où je trouvay sa femme, laquelle promptement m'appresta un lict et me mit dedans. Je trouvay que la sueur m'avoit percé le collet de beuffle, de sorte que les armes se ressentoient de l'humidité. Nous n'avions apporté nul bagage, car nous avions tout laissé à Sainct Maurice, pource que moy-mesmes n'avois pas trop d'esperance de venir à bout de l'entreprinse, comme y ayant aussi de la raison, et furent contraincts mes gens de m'essuyer la chemise et tous les habillemens que j'avois dessus. Et comme le chevalier de Romegas, mon fils et les autres gentils-hommes m'eurent remis entre les mains de mes serviteurs, ils s'en allerent à l'exécution du chasteau. « J'ay veu le temps, dis-je à ce brave chevalier, que pour une telle journée je n'eusse quitté ny casaque ny corcelet, et s'il y eust eu apparence de danger, j'eusse passé la nuict en cest estat ; mais il n'y a ordre : faites, vous autres jeunes, ce que les vieux ne peuvent faire. » Estans tous mes habillemens secs, ayant demeuré au lict environ demie heure, je me levay et me tournay revestir. Surquoy arriva monsieur de Savignac, le capitaine Fabien et quelques autres gentils-hommes avec eux, me dire que ceux du chasteau se vouloient rendre, et voir si je trouverois bon que l'on les prinst à mercy, capitulant avec eux. Pource que je voyois que monsieur de Savignac et le capitaine Fabien vouloient fort sauver Favas, et qu'ils vouloient luy faire bonne guerre, parce qu'il estoit en reputation d'estre bon soldat, je leur dis qu'ils allassent capituler comme bon leur sembleroit, je signerois leur capitulation, combien que j'eusse bonne envie d'en faire une depesche. Voy-là pourquoy, quand ils se furent departis de moy, je fis partir apres eux un gentil-homme pour aller parler secrettement aux soldats et à quelques capitaines, que, comme on parlementeroit, qu'ils regardassent d'entrer par un costé ou autre, et qu'ils tuassent tout ; car il falloit venger la mort des gentils-hommes qui avoient esté massacrez si mal-heureusement à Navarreins, parce que,

(1) Le mot *Jonca* désigne probablement un officier public.

contre la foy promise, on avoit dagué le sieur de Saincte Colombe et sept ou huict autres qui s'estoient rendus, vies sauves, à Orthez lors que monsieur de Terride fust pris. On fit ceste execution sous pretexte qu'ils estoient subjets de la royne de Navarre : et si le Roy veut toucher au bout du doigt d'un de ses sujets, ils disent qu'ils ne peut. Tout est permis à ces gens là, et rien à nous. Le temps viendra que la chance tournera, comme j'espere, et les payerons de mesme monnoye.

Je ne pouvois pas mettre l'entreprise en meilleure main que de ce gentil-homme là, car il estoit parent proche du baron de Pordeac, qui estoit du nombre des massacrez. Et comme il eut parlé à deux ou trois capitaines et aux soldats, ils coururent cercher quelques eschelles, et les dresserent au coing de la basse-court à main gauche pres des galleries, et les autres parlementoient à la porte ; et par là les soldats entrerent, et tuerent tout ce qui se trouva là dedans, sauf le capitaine Favas qui parlementoit. Et comme monsieur de Savignac et le capitaine Fabien virent le desordre, ils tirerent ledit capitaine Favas à eux dehors, qui fut bon pour luy, car autrement je croy qu'il fust passé par le chemin des autres. Et comme les gens de cheval qui estoient à main droicte virent que nos gens estoient dans la ville, ils coururent un peu contre-mont la riviere, et trouverent un gué, et, encores qu'il fust bien profond, ils passerent et coururent droit au chasteau par le costé des religieuses. Par les fenestres s'en jetterent vingt-cinq ou trente, que les gens de cheval sauverent, car sans cela à grand peine en y eust eu qui eussent porté tesmoignage, si ce n'eust esté le capitaine Favas. Et voylà comme la ville fut prise. J'en donnay du tout advis promptement à monsieur le mareschal, et le matin je m'en allay le trouver. Il me promit de venir le lendemain avec tout le camp, et tout incontinent je m'en retournay au Mont de Marsan.

Monsieur le mareschal vint le lendemain que je m'attendois à donner ordre le mieux que je pouvois que la ville ne fust plus saccagée; mais je n'y pouvois donner guere bon ordre ; et comme je voulois sortir par une porte pour luy aller au devant, il entroit par l'autre, car malaisément pouvois-je sortir, à cause que tout son camp estoit dans les ruës qui passoit, mesmement la cavallerie. Et me dit-on qu'il alla droit où nos gens estoient entrez ; et , comme il eut veu le tout, et sceu comme tout s'estoit passé, il dit: « Il y a eu icy plus d'heur que de raison. » Plusieurs faisoient bonne mine, mais ils eussent esté plus aises que j'eusse receu une escorne. Et comme je fus dehors, on me dit qu'il estoit entré. Je m'en retournay, et demeuray plus de demie heure enfermé dans les charrois que je n'en pouvois sortir : et à la fin je fis tant, que je gaignay son logis. Son mareschal de camp logea toute la cavallerie hors la ville en des villages delà la riviere, et l'infanterie aux faubourgs, et la noblesse dans la ville. Je pensois que cela luy donnast opinion, et à son conseil aussi, de vouloir passer la riviere et entrer en Bearn , que nous eussions sans doute enlevé et forcé le comte de combattre ou de s'enfermer dans Navarreins ; mais il dit tout resolument qu'il s'en retourneroit apres ses entreprinses en son gouvernement, et qu'il ne se vouloit point aller engager devant des villes en Bearn , veu qu'il n'avoit point d'artillerie pour faire batterie, et qu'il ne vouloit point que le Roy ny personne luy mist sus qu'il s'estoit amusé à autres entreprinses qu'aux siennes; qu'il avoit dit au Roy à son partement ce qu'il vouloit faire, veu qu'il falloit qu'on combattist les murailles des villes de Bearn. Je luy remonstray comme le comte prendroit l'un de ces partis, ou de hasarder la bataille , ce que je ne pensois pas qu'il osast jamais faire, ou de quitter le pays, sçachant nostre venuë, ou de s'enfermer en sa place forte, et que je pensois que volontiers il ne prendroit ce dernier party, ains se retireroit, et par ainsi nous aurions aisement des canons de Dacqs et de Thoulouse ; que, cela fait, la Guyenne estoit paisible, le pays de Bearn conquis, et qu'apres, tout ce qui se trouveroit en Languedoc trembleroit : que si nous voulions nous mettre en queuë dudit Mongommery, nous l'attraperions en quelque part, offrant de le suivre la part où il iroit pour cest effet. Mais il me proposoit demy en colere difficulté sur difficulté, pressé de ces messieurs. Or il avoit envoyé le baron de L'Arbous pour entendre nouvelles des ennemis vers Agetmau , lequel baron luy manda par un gentil-homme , nommé Le Repeyre , qui estoit de la compagnie de monsieur de Gramond , le desordre en quoy le comte de Mongommery s'estoit retiré en Bearn, et comme son artillerie avoit esté abandonnée pres de deux jours sur les chemins vers Orthez ; et monsieur le mareschal mesmes fut le premier de qui je l'entendis, et depuis par d'autres, comme j'ay escrit cy dessus.

Le jour devant qu'il voulust partir pour s'en retourner, je fus adverty qu'il avoit depesché le sieur de Lussan devers le Roy sans m'en rien dire, lequel Lussan estoit mon ennemy pource que je n'avois voulu souffrir qu'il fust gouverneur de Lectoure. Je trouvay estrange qu'il ne m'en avoit rien dit, et pensay qu'il n'avoit pas fait eslection de celuy-là pour dire bien de moy, car je cognoissois bien qu'il n'estoit gueres content de moy, pour-ce qu'il tenoit tousjours son conseil à part, n'y appelant que monsieur de Joyeuse, messieurs de Bellegarde pere et fils, et monsieur de La Croisette, son mareschal de camp. Il ne faut pas trouver estrange si j'estois marry que les conseils se tinssent sans moy, et que rien ne me fust communiqué, veu que j'amenois l'advant-garde, et estois la seconde personne de l'armée. Si est-ce que cela est ainsi, j'avois occasion de m'en offencer bien avant; aussi voyois je que ces conseils se tenoient à nos despens.

Or, comme je vis que c'estoit une resolution qu'il s'en vouloit retourner, je me rendis le soir à son logis, et luy remonstray, le plus doucement que je peus, car ainsi le falloit faire, comme je voulois envoyer mon fils quitter le gouvernement au Roy, et que, puis qu'il s'en alloit, je voyois bien que tout me tomberoit sur les bras, et que je n'avois point de forces pour resister et empescher que l'ennemy ne fist ce qu'il voudroit faire aux terres du Roy, et qu'autant d'honneur et de reputation que j'avois gaigné aux precedens troubles à conserver la Guyenne, je l'allois tout perdre à ceux cy, aymant beaucoup mieux qu'un autre en eust le blasme que moy, qui n'avois jamais eu autre dessein que de m'ensevelir avec l'honneur, et rien plus. Il me respondoit que je ne le devois point faire ny me despiter, ny contre le Roy ny contre moy-mesme, et que je cognoissois bien qu'encores que le Roy luy eust baillé la charge de la Guyenne comme des autres provinces, il ne s'en mesloit du tout point, et me laissoit faire comme j'avois accoustumé; qu'il seroit bien marry de m'en despouiller. Je luy respondis que cela estoit de son honnesteté et bon gré, mais que sa patente estoit si ample, qu'elle desrogeoit à la mienne, et que quand il luy plairoit il commanderoit comme bon luy sembleroit, sans qu'il me restast une once de pouvoir, non plus qu'au plus simple cadet de Gascogne. Il me respondit que cela estoit vray, mais que ma valeur et mon experience me feroit tousjours rechercher. Voyla là où on print fondement que je quittois mon gouvernement pour ne luy vouloir obeyr; et fut rapporté au Roy de ceste sorte par ledit capitaine Lussan, ou autre qui partit bien tost apres luy [et voy-là pourquoi le Roy fut si marry contre moy de ce que je quittois le gouvernement], ne luy faisant jamais entendre que ce fust pour autre occasion : à quoy j'avois autant pensé comme à me donner la mort moy mesme; mais je suis né sur ceste planette, d'estre tousjours subjet aux calomnies. Je le monstray bien quand je l'allay trouver à Thoulouse aussi tost qu'il fust arrivé, si mal comme j'estois, en luy offrant toute obeyssance, sans en avoir lettre ne commandement du Roy, de la Royne, ny de Monsieur.

Par là on peut juger si le différent qui est commencé à venir entre luy et moy sortoit de là. Si est-ce que je craignois qu'on me donnast une estrecte, pour-ce qu'un personnage avoit mandé à monsieur de Noé, lieutenant de M. de Fontenilles, qu'il allast parler à luy pour chose qui m'alloit de la vie. Ledit sieur de Noé partit de Panjas, ou bien de Nogarol, et s'en alla sur des courtauts à grand haste, sans le dire qu'à monsieur de Fontenilles. Et à son retour, nous trouvant dans le Mont de Marsan, ils nous dit, à monsieur de Fontenilles et à moi, qu'un homme qui ne bougeoit de la chambre de monsieur le mareschal, et qui pouvoit entendre tout ce qui s'y disoit, avoit dit à un sien amy ces mots : « Montluc ne cesse d'importuner et fascher monsieur le mareschal, mais il se trouvera un jour sur les carreaux mort de coups de dague. » Or incontinent ce personnage vint à la maison de celuy-là qui envoya querir monsieur de Noé, et le luy dit pour m'en advertir : qui fut cause qu'on advertit monsieur de Noé d'aller là où il alla. Monsieur de Valence mon frere estoit à Gaure, qui est à luy, et n'y a que trois lieuës du Mont de Marsan en hors. Je l'envoyay par deux fois prier à joinctes mains de vouloir venir jusques là, ce qu'il ne voulut jamais faire; il ne me souvient des excuses qu'il m'en donnoit. Je voulois qu'il demeslast cecy avec monsieur le mareschal, et que personne ne l'entendist qu'eux deux, et luy voulois faire nommer l'homme qui l'avoit dit, lequel estoit pres de luy. Cela demeura ainsi, car je ne m'en voulois fier à personne, et encores que je n'en fisse aucun semblant, si le tenois-je fort mal à mon aise dans le cœur, et me suis depuis souvent estonné comme je me peus tant commander, et cogneuz bien que les ans desrobent la chaleur; car autres fois le plus grand prince de la terre ne m'eust pas fait avaller ceste pillule. Tant plus que nous avons d'années sur la teste, tant plus le sang se desrobe du cœur, et semble que nous craignons plus la mort lorsque nous en approchons le plus. Peut-estre que celuy-là advançoit cela de luy-mesme, et que monsieur le mareschal n'y avoit pas pensé.

Le lendemain matin je me rendis à son lever, et devant jour ouys les tabourins sonner aux champs, et commencerent à marcher à la pointe du jour. Et comme le soleil fut levé, je m'en allay heurter à sa chambre ; un sien valet de chambre sortit, qui me dit qu'il n'estoit point esveillé, combien qu'on m'avoit dit au bas du degré que messieurs de Joyeuse, le jeune Bellegarde et La Croisette estoient entrez dedans. Neantmoins, je demeuray demi heure ou plus devant la porte, et y heurtay trois ou quatre fois ; mais jamais personne ne me respondit, encores que le valet de chambre qui estoit sorty estoit r'entré, lequel j'avois prié luy dire, s'il estoit esveillé, que j'estois là. A la fin, de honte que j'avois d'estre à sa porte attendant, ce que prince de la chrestienté n'eust voulu permettre, je fus contraint de me mettre dans un petit jardin qu'il y a dans le logis, et là me promenay, n'estant pas si mal accompagné que je n'eusse deux cens gentils-hommes ou plus aupres de moy, et des meilleures maisons du pays, qui en crevoient de despit, autant ou plus que moy, et me disoient beaucoup de choses. Je cogneus bien que c'estoit l'amour qu'ils me portoient ; mais comme le plus aagé je devois estre sage, et considerer que je mettois beaucoup de choses en hasart si tout à fait je rompois avec luy. Je demeuray plus d'une grande heure devant sa porte ou dans le jardin. Et à la fin vint monsieur de Bellegarde ; et comme il vid ceste noblesse, demanda où j'estois : ils luy dirent que j'estois dans le jardin, par lequel on y entroit de la salle. Alors il vint à moy, et me demanda pourquoy je n'allois à la chambre de monsieur le mareschal. Je luy dis que j'y avois esté et heurté plusieurs fois, et que jamais on ne m'avoit voulus respondre. Il me dit qu'il y avoit plus d'une heure que monsieur de Joyeuse et son fils, et le capitaine La Croisette y estoient entrez. Alors je luy dis que je ne sçavois la raison pourquoy monsieur le mareschal me faisoit tenir la mule à la porte de sa chambre, et que je ne luy en avois jamais donné occasion, et que j'avois eu cest honneur du Roy, de la Royne et de Monsieur, tant qu'ils avoient demeuré en Guyenne, que jamais la porte de leur chambre ne me fust refusée, que je n'estois de taille pour estre ainsi traité ; mais, puis qu'il y alloit du service du Roy, je ne voulois rien gaster. Il en demeura fort fasché, car luy et moy avions esté bons compagnons et amis, et jamais ne nous en separasmes que par sa mort. Il heurta à la porte, et incontinent elle luy fut ouverte, et soudain fermée à mon nez. Tous les gentils-hommes me conseilloient de m'en retourner à mon logis, et de n'y retourner plus ; mais je voulus avoir patience, dequoy je me suis cent fois estonné. Et depuis que monsieur de Bellegarde fut entré, ledit sieur mareschal demeura encores plus d'un quart d'heure à sortir ; et comme il sortit, je m'efforçai à luy donner le bon jour, et l'accompagnay à la messe, et le priay de me vouloir laisser une compagnie de celles de monsieur de Savignac, ou deux cens arquebuziers, jusques à ce que j'aurois deplacé les grains qui estoient dedans la ville, afin que les ennemis ne s'en aidassent pour avitailler Navarreins ; car il fut estimé par monsieur de Cumies, ou ses gens, qu'il y avoit dans la ville plus de douze cens charretées de tous grains, et aussi par ceux qui manioient la munition, qui estoient unies avec les siens ; car ceste ville sert de grenier à toutes les landes et pays de Basques, d'où, au dommage de la France, on les transporte aux Espagnes. On dit que c'est un des plus beaux marchez de France. Il monta à cheval, et l'allay accompagner hors la ville, et me trouvay tout seul, car il n'y eut pas un gentilhomme de tous ceux qui estoient avec moy qui montast à cheval : je ne sçay s'ils le firent pour n'avoir leurs chevaux prests, ou bien s'ils n'avoient gueres de volonté d'y aller. Et comme j'euz prins congé de luy hors de la ville, et pensant que les arquebuziers qu'il avoit envoyé querir par le jeune La Croisette vinssent pour demeurer avec moy, ledit La Croisette me vint dire qu'il n'y en avoit pas un qui fust voulu demeurer, et ainsi s'en alla. Je depeschay incontinent mon fils, le capitaine Fabien, devers le Roy avec mes lettres, pour remettre le gouvernement entre les mains de Sa Majesté ; mais quand il fut au bourg de Dieu, il fut prins des ennemis, et là il perdit ses lettres : qui fut cause qu'il ne peust dire à Sa Majesté les raisons qui me mouvoient à le quitter, et m'en voulut grand mal Sadicte Majesté, pensant que je le quittasse pour ne vouloir obeyr à monsieur le mareschal Danville, comme le capitaine Lussan luy avoit fait entendre : à quoy je ne pensay jamais ; mais je prevoyois la tempeste. Je voulois me retirer pour donner loysir aux autres de faire mieux.

La chose s'est trouvée toute notoire, au dire de beaucoup de gens tant d'une religion que d'autre, que si monsieur le mareschal eust passé la riviere, le comte de Mongommery s'en retournoit par là où il estoit venu ; car de mettre son camp dans Navarreins, il ne le pouvoit faire, par ce qu'il n'y avoit point de vivres, et dans les autres places de Bearn encores moins. Par ainsi il falloit que la necessité et la faim l'en fist retourner à vau-de-route par là où il estoit venu, et nous quitter le pays ; et sans difficulté nous l'eussions deffait sur la queuë ou à la teste, et les paysans mesmes l'eussent mis en desordre, qui eussent prins courage quand ils nous eussent senty pres, et n'eussent jamais passé les rivieres. Et si luy mesmes veut confesser la verité, comme font d'autres qui estoient avec luy, il se tint tousjours pour perdu jusques à ce qu'il eust entendu que monsieur le mareschal s'en retournoit; et d'attendre une bataille, il ne le pouvoit faire, veu le grand advantage des forces que nous avions sur les siennes. Il disoit tousjours qu'il avoit deux gros matins à sa queuë, et que ce seroit merveilles s'il eschappoit, mais qu'il vendroit bien sa peau. Que je veuille dire aussi que monsieur le mareschal s'en retournast pour coüardise, il n'y a homme qui puisse dire cela, car jusques icy l'on ne luy a pas baillé ceste villaine renommée : il est d'une trop brave race, et a tousjours fait preuve du contraire, et le tiens pour un grand capitaine, qui peut faire et beaucoup de bien et beaucoup de mal quand il luy plaira. Et quoy que quelques-uns l'ayent calomnié par-ce qu'il estoit si proche de monsieur l'Admiral, si n'eus-je jamais ceste opinion de luy. Je ne sçay pas ce qu'il fera à l'advenir : je l'ay tousjours cogneu fort serviteur du Roy, mais il ne me devoit pas traitter ainsi; j'avois veu trop de rosty et de boüilly en ma vie. Ce n'est donc la peur qui le fit retirer, car ses forces estoient si grandes par dessus celles des ennemis, que nous eussions deffait le comte de Montgommery avecques la cavallerie seule et nos argoulets, qui fussent descenduz à pied, sans que homme de pied des nostres s'en fust meslé ; car à la bataille de Ver monsieur de Duras avoit trois fois plus de gens de pied que n'avoit le comte Montgommery, et beaucoup plus de gens de cheval, et de meilleurs hommes, et de meilleurs capitaines; et nous n'estions pas tant pour deux tiers de cavalerie que nous estions à ceste heure; et néantmoins nous les desfismes, et gaignasmes la bataille. Parquoy il ne faut point dire que cela fust pour peur qu'il eust d'estre battu, veu qu'il en y avoit si peu de raison; mais ce fut nostre malheur de ce que monsieur le mareschal s'imprima en son opinion, et son conseil encores plus, qu'il se ruineroit devant les villes de Bearn, et qu'il ne feroit rien qui vaille, ne cognoissant point la sterilité du pays comme nous, et que monsieur de Terride avoit mangé tous les vivres en ces quartiers-là, de sorte qu'ils n'en pouvoient avoir dans les villes pour le comte de Mongommery, s'il eust demeuré dedans. Or si Dieu eust voulu que monsieur le mareschal n'eust prins si grand opinion de s'en retourner en Languedoc pour executer ses entreprinses, et que son conseil mesmes eust esté de contraire opinion qu'il n'estoit, et qu'il eust prins le party de passer la riviere, cela eust porté un grand bien et profit : et ainsi n'a de rien servy, car il s'alla engager devant Mazeres(1), là où il perdit un grand nombre des meilleurs soldats qu'il eust, et ruina presque son camp, sans pouvoir plus tanter aucune fortune. Et par ainsi, ny du costé du Languedoc, ny du costé de la Guyenne, il ne s'est rien fait qui vaille que ruiner entierement tout le peuple; car les nostres propres de tous costez avoient fait autant de maux ou plus au peuple, que les ennemis mesmes : autrement n'estoit possible, à cause du grand nombre de gens-d'armes, de chevaux legers, d'argolets, et de gens de pied que nous avions; il falloit que tous vequissent à discretion. Voy-la comme toutes ces forces, assez bastantes, et pour deffaire Montgommery, et pour venir faire teste à monsieur l'Admiral, s'esvanoüirent sans faire rien qui merite estre escrit.

J'ay tousjours cogneu que quand Dieu veut que les choses n'aillent comme les hommes desirent, il renverse la volonté du chef et de son conseil tout au contraire de ce qu'on devroit faire. Dieu soit loué du tout, puis qu'il luy a pleu que les choses allassent ainsi. Il n'y a personne, apres le peuple, qui en porte la penitence que moy, pour ce que j'en ay encouru l'inimitié de monsieur le mareschal pour avoir dit le vray. Il me devoit par raison mieux aymer que non ceux qui le conseilloient de faire au contraire de ce que je luy conseillois; mais c'est la loi du pays de Bearn que le battu paye l'amende, car le Roy a advoué et trouvé bon tout ce que monsieur le mareschal avoit fait, et mauvais tout ce que j'avois fait; aussi suis-je sur le soleil couchant, qui n'est pas adoré comme le levant. Si suis-je aussi innocent et aussi inculpable de la faute, s'il en y a, que si je n'eusse jamais esté au monde; et n'en demande meilleur tesmoignage que des trois estats de la Guyenne, et du pays de Languedoc, qui est proche d'icelle, qui ont entendu comme les choses sont passées, et se sont ressentis des mal-heurs de la Guyenne : et encores en demeureray-je à la deposition de tous les capitaines, sauf de trois ou quatre qui estoient du conseil, car ceux-là sont cause du mal. Je ne suis pas le premier qui, apres avoir bien fait, a esté payé de ceste monnoye. J'en ay assez escrit en ce livre, et voy bien qu'il faict bon estre grand seigneur, car il faut tousjours qu'un petit compagnon comme moy paye la folenchere, et est tousjours subjet à la loy de Bearn que j'ay alleguée. Ledit sieur mareschal avoit raison de

(1) Masères capitula le 18 octobre 1569, après treize jours de siége.

vouloir employer ses gens et ses deniers en Languedoc, et moy de le desirer en Guyenne. S'il ne pouvoit embrasser tout, pourquoy le faisoit-il coucher en sa patente? ce que nous pouvions faire en quinze jours, chassant ou desfaisant Mongommery, eust apporté plus de bien que la prinse de trois ou quatre chetives villes de Languedoc. C'est assez parlé de ceste dispute, qui a ruiné les affaires du Roy en ce pays ; je reprendray mon propos pour vous raconter ce qui advint.

Le depart dudit sieur mareschal mit grand trouble en nos affaires, et donna courage à nos ennemis. Quant à moy, en cinq compagnies que j'avois il n'y demeura pas deux cens hommes, pource qu'ils s'estoient desrobez pour apporter ou prou ou peu de butin qu'ils avoient gaigné, chacun en sa maison. Voy-là l'inconvenient qu'il y a de faire la guerre avec les gens du pays : il faut aller voir la moulhé, il faut descharger le bagage ; et puis chacun a son cousin, frere, son amy parmi les ennemis, lequel il favorise. Et quant à la cavallerie, elle n'y pouvoit vivre à quatre ou cinq lieuës aux environs, pour-ce que les ennemis avoient mangé une partie des vivres, et les nostres l'autre ; et le pays de soy-mesmes est sterile. Si est-ce que j'y demeuray encores quatre ou cinq jours apres que monsieur le mareschal s'en fust allé, et fis desplacer trois ou quatre cens charrettées de grains, et les fis porter vers Euse et autres lieux voisins, afin que les ennemis ne peussent avitailler leurs villes en Bearn ; mais il m'en eust fallu quinze ou plus avant que de les pouvoir tous tirer : et si les cinq enseignes eussent esté complettes comme elles estoient à mon arrivée, je me fusse engagé dedans, encores que je fusse bien certain que je ne fusse pas esté secouru, car j'ay bien fait en ma vie de plus grandes folies que ceste-là, dont jusques icy, graces à Dieu, je ne m'en suis jamais trouvé mal, et le service du Roy encores moins. Je me retiray vers Agenois, et laissay le baron de Gondrin, sieur de Montespan, avec sa compagnie dans Euse, et une compagnie nouvelle de gens de pied que je trouvay en nostre quartier, qui se faisoit, non pas pour y endurer le siege, car la ville ne vaut rien, mais seulement pour favoriser un peu le pays, et afin de ne l'abandonner pas du tout, encores que nous cogneussions bien que sa demeure ne serviroit pas de grand chose. J'envoyay monsieur de Fontenilles vers le pays de Bigorre, voir s'il pourroit faire quelque chose par delà pour tenir les ennemis en cervelle ; mais tout celà n'estoit pas medecine pour guerir si grande maladie. Je ne me veux point mesler d'escrire la deffaicte du capitaine Arne et du baron de Larbous, car je ne les avois pas mis là où ils furent defiaits. Si est-ce que je manday au capitaine Arne qu'il estoit soldat et qu'il pouvoit bien cognoistre que le lieu où il estoit ne luy pouvoit apporter que mal-heur, et qu'il me sembloit qu'il se devoit retirer à Auch, qui estoit ville fermée. Il me respondit que l'on l'avoit laissé là, et qu'il estoit deliberé d'y mourir plustost qu'en bouger. Il ne tarda pas quatre jours apres que luy eus donné advis, que l'on me porta les nouvelles qu'il estoit deffaict, et au bout de deux jours sa mort, qui fut un grand dommage pour le service du Roy et pour toute nostre patrie, car c'estoit un des plus gentils capitaines et des plus vaillans, et de qui nous avions autant d'estime que de capitaine qui fust en Guyenne.

Or bien tost apres monsieur le mareschal fut vers Mazeres, et moy en Agenois. Le comte de Mongommery fit comme les loups, qui sortent de la forest par famine, et s'en vint en Armagnac, et peu à peu s'achemina vers Condomois. Il avoit fait venir trois canons et deux coulevrines pour battre Euse, sçachant qu'il n'y avoit dedans que monsieur de Montespan avec la compagnie de son pere et la nouvelle compagnie de gens de pied que je luy avois envoyé. Et comme l'artillerie fut à Nogarol, et qu'il eut envoyé recognoistre, et que de ses parens et amis qu'il avoit huguenots l'en eurent adverty, il le me manda. Je n'avois personne pour l'envoyer r'enforcer, ny moins de moyen de le pouvoir secourir de mon costé, ny d'ailleurs, il n'en pouvoit estre, car monsieur le mareschal estoit devant Mazeres, ou bien retiré à Thoulouse. Je luy manday que je ne voulois point qu'il fust fait de luy un rampeau (1) au capitaine Arne, et qu'il suffisoit d'avoir perdu un brave et vaillant capitaine, et une compagnie de gens-d'armes, sans en perdre deux ; et qu'avec luy il retirast tous les prestres et religieux de la ville, et tous les riches marchans catholiques, et qu'il les sauvast vers Lectoure, ce qu'il fit. Et ores que j'eusse envoyé quitter mon gouvernement, je n'arrestois pour cela de faire ce que je pouvois pour le service du Roy et du pays : et fis dresser cinq ou six compagnies vers Villeneufve et autour de Florence, et en laissay une vieille et deux nouvelles audit Florence, quatre avec celle du gouverneur, qu'estoit monsieur de Panjas (2), à Lectoure ; et en y avoit assez, pource que toute la noblesse d'Armagnac s'y estoit retirée

(1) Rampeau, second coup d'une partie de quilles en deux coups de boule : *faire le second tome.*
(2) Ogier de Pardaillan de Panjas.

avec leur famille, et la ville estoit si pleine qu'il ne s'en y pouvoit plus loger. Et m'en vins jusques à Agen, et là j'asseuray les gens de la ville le mieux que je peus, et y demeuray quelques jours. Le comte Mongommery vint à Euse, et, comme il fut là arrivé, les Huguenots de Condom, qui estoient demeurés sous l'edict du Roy, ayant faict tousjours la chattemite de ne vouloir prendre les armes, se couvrant sous la promesse du Roy, lesquels avoient esté traictez plus humainement que les Catholiques mesmes, prindrent les armes et allerent trouver le comte Mongommery à Euse, qui ne s'osoit advancer ny ne l'eust faict si j'eusse eu seulement quatre compagnies pour les mettre dedans Condom; mais ils luy donnerent toute asseurance que je n'avois point de gens, ny moyen d'en recouvrer pour luy faire teste, et qu'il pouvoit venir seurement; et ainsi l'amenerent dans ledict Condom. Et voyla les beaux fruicts que l'on a tiré de ce beau edict que l'on fit faire au Roy, que, s'ils ne bougeoient de leurs maisons, personne ne leur demanderoit rien. J'en ay assez escrit à un autre endroit, combien que, si je voulois, j'ay bien matiere pour en escrire d'avantage et de plus grande importance; mais cela ne serviroit de rien, car le Roy aussi bien n'y donneroit point ordre, puis que ceux qui sont pres de luy le veulent ainsi.

Peu de jours apres nous entendismes la victoire que Dieu avoit donné au Roy par la bonne conduicte et vaillance de Monsieur, son frere, des capitaines qu'il avoit pres de luy, et que les princes et monsieur l'Admiral, avec ce qu'il leur restoit de la bataille de Moncontour (1), s'en venoient tirant vers le Limosin; et disoient tous ceux qui venoient qu'ils s'en alloit droict à La Charité : qui fut cause que j'envoyay querir monsieur de Leberon à Libourne, avec quatre compagnies qu'il avoit là et à Saincte Foy, et le fis venir au port Saincte Marie et à Aguillon. Auparavant il m'en avoit envoyé une autre, laquelle j'avois laissé à Sainct Sever avant qu'il se perdist sous le capitaine Espiemont Dauvilla, et encores en avois envoyé une autre à Dacqs, sous le capitaine Teyssandier de Florence; et ledit Espiemont fut contrainct se retirer à Dacqs, apres la bonne besongne que fit le capitaine du chasteau, qui en voulut charger le capitaine Montaut, et fut soustenu de quelques uns qui estoient pres de monsieur le mareschal de qui il estoit parent; mais je m'en remets à la verité, que ceux de la ville ne celerent pas, et depuis ne l'ont jamais voulu recevoir. La ville d'Agen,

gens d'Eglise et tous, avoient dressé une compagnie de deux cents hommes forestiers, lesquels un capitaine Raphaël, italien, commandoit, lequel estoit marié dans la ville.

Ledit comte de Mongommery demeura à Condom six ou sept sepmaines, en quoy il fist un erreur; car s'il eust suyvy sa poincte, il eust mis plusieurs à deviner; mais qu'est-ce qui n'en faict pas? Le camp de monsieur le mareschal estoit à Thoulouse, Granade, et là aux environs : ils n'avoient garde de se mordre les uns ny les autres, et ne se donnerent jamais allarme d'un costé ny d'autre. Monsieur le mareschal avoit osté monsieur de Fontenilles de là où je l'avois envoyé, et luy osta la charge que je luy avois baillé de ces quartiers-là, et le mit és environs de Beaumont de Lomagne, entreprenant ouvertement sur mon gouvernement, suyvant sa patente; manda au baron de Gondrin, seigneur de Montespan [duquel le pere estoit malade dans Lectoure], qu'il s'en allast vers luy, et mandoit par tout qu'on ne m'obeist en aucune sorte, et que je n'estois plus lieutenant de Roy en Guyenne, que c'estoit luy : il escrivit par deux fois à monsieur de Madaillan qu'il ne fist point de faute de luy amener ma compagnie, lequel fit tousjours responce que la compagnie estoit à moy et non à luy, et qu'il n'estoit point en sa puissance la luy amener. Et tous les desplaisirs qu'il me pouvoit faire, il le faisoit, ce qui ne touchoit rien à mon particulier, car ce que je faisois c'estoit pour le service du Roy et pour la conservation du pays. Voyla comment les inimitiez particulieres causent la ruine du general. Neantmoins, pour cela je n'arrestois de faire tout ainsi que si j'eusse esté lieutenant de Roy. Et fut bon besoin pour le pauvre pays que je ne regardasse pas à ce qu'il me faisoit; mon despit eust porté grand dommage : estant fils d'un connestable de France, et luy mareschal, je ne me desdaignois d'estre commandé de luy, s'il eust voulu et s'il eust faict ce qu'il devoit. Tant y a qu'il traversa en tout ce qu'il peust les desseins que j'avois pour la conservation de la Guyenne, qui en avoit plus de besoing que le Languedoc. Cependant nouvelles nous vindrent que messieurs les princes et Admiral estoient en Perigord et prenoient le chemin de Quercy pour se retirer à Montauban; et cogneus bien qu'ils venoient recueillir le comte de Mongommery pour se renforcer, car sans ayde il estoit mal-aysé qu'ils traversassent tout ce pays. Je me suis cent et cent fois estonné comme tant de grands et sages capitaines qui estoient pres de Monsieur prindrent ce mauvais party d'assieger des places au lieu de suyvre lesdits princes mis en route, et tellement reduicts en

(1) Livrée le 5 octobre 1569.

extremité, qu'il n'y avoit nul moyen de se remettre sus. Si le peuple eust eu des forces pour les suyvre, facilement ils les eussent tous mis en pieces. On dict que nous mesmes qui portons les armes entretenons la guerre et voulons allonger la courroye comme on faict au palais les procez; le diable emportera tout : si n'ay-je jamais eu ceste intention, pouvant dire avec la verité qu'il n'y a lieutenant de Roy en France qui ait plus faict passer d'Huguenots par le cousteau ou par la corde, que moy. Ce n'estoit pas vouloir entretenir la guerre.

Ayant donc entendu le chemin que messieurs les princes prenoient, sans declarer à personne mon intention, estant au logis de monsieur de Gondrin à Lectoure, je fis venir monsieur de Panjas, le chevalier de Romegas et le chevalier mon fils : monsieur de Gondrin estoit malade ; et là je leur dis que j'estois vieux, et que je ne pouvois prendre la peine si le siege nous venoit, et que, pour me soulager, je voulois tousjours laisser la charge de gouverner à monsieur de Panjas pour la police de la ville; et quant à la deffence et à ce qui y seroit besoin, lesdicts chevalier de Romegas et le chevalier mon fils, qui s'estoient trouvez au siege de Malte, qui a esté le plus furieux siege que jamais ayt esté depuis qu'il y a eu artillerie au monde, et qu'ils entendoient mieux à la deffence et à ce qui estoit besoin de faire que moy mesmes, et que tous deux estoient compagnons d'un mesme ordre de Sainct Jean de Jerusalem, qu'ils s'accorderoient bien ensemble, et que le chevalier mon fils obeiroit à celuy de Romegas, pource qu'il estoit plus vieux que luy, et aussi qu'il avoit commandé sur la mer en trois ou quatre combats où mondict fils s'estoit trouvé pres de luy [à la verité c'est un homme plein de cœur et de courage autant qu'autre que j'aye cogneu]; que cependant je voulois courir jusques à Agen pour y mettre l'ordre qu'il falloit tenir à se deffendre. Tous le trouverent bon, et ne voulurent point faire quartiers, mais que tous deux iroient ensemble ; et commencerent dés l'heure à redoubler les maneuvres de la fortification : monsieur de Panjas pourvoyoit à ce qu'ils luy demandoient, comme gouverneur. Je m'en allay le lendemain à Agen ; monsieur de Valence mon frere s'estoit retiré à Lectoure; j'avois envoyé quelque jour devant ma femme et mes deux filles à Bordeaux. Et comme je fus à Agen, monsieur de Cassaneuil, à qui j'avois baillé la charge de Villeneufve et de ces quartiers de delà, encores que j'en eusse baillé le gouvernement au capitaine Paulhac le vieux, ils s'accordoient bien ensemble, et me manderent que les princes estoient arrivez à Montauban, et qu'ils vouloient venir droit à Villeneufve. Je leur envoyay la compagnie des Peyroux et une autre avec deux qu'ils en avoient nouvelles là dedans, et quelques cent arquebusiers qu'estoient audict capitaine Paulhac, gouverneur, et bien trente ou quarante gentilshommes de ces quartiers-là, qui s'estoient retirez dans la ville avec eux. Puis m'en retournay à Lectoure, là où je ne demeuray que trois ou bien quatre jours, car ny ma vieillesse ny mon indisposition ne m'arrestoient guere en un lieu. Peu apres on m'advertit que la ville d'Agen estoit entrée en peur, et que tout le monde commençoit à plier bagage, et que la ville s'en alloit abandonnée. J'eus le soir ces nouvelles, et le remonstray à tous ces seigneurs qui estoient là, et que j'y voulois aller le matin; et fut trouvé bon, pourveu que je retournasse audict Lectoure, car de m'engager à Agen, je ferois la plus grand folie que jamais homme fit, et que l'on pouvoit bien cognoistre que tous les deux camps des ennemis viendroient là. Je les asseuray de ne m'y engager point. Ils me dirent si je trouverois bon qu'ils escrivissent une lettre à monsieur le mareschal, de la part de toute la noblesse d'Armagnac, pour le prier de vouloir venir avec tout son camp pour combattre Mongommery à Condom avant qu'il fust joinct, l'asseurant que ledit Mongommery ne s'engageroit point dans la ville, car elle ne valoit rien, et en plusieurs lieux l'on y entroit comme l'on vouloit ; et qu'ils luy offroient tous de mourir aupres de luy pour le service du Roy, et pour s'aider à remettre en leurs maisons. Je le trouvay bon, et qu'ils ne pouvoient faire moins que de luy envoyer un gentil-homme pour l'en supplier : ils esleurent monsieur de La Mothe-Gondrin pour porter la parole. Je voulus repaistre le matin avant partir, parce qu'il y a cinq bonnes lieuës de là à Agen, et le pire chemin en hyver du monde. Comme nous estions pour lors en peur, j'avois escrit à monsieur de Monferran, d'Agen en hors, qu'il falloit qu'il s'efforçast de nous amener quatre ou cinq cens arquebusiers : il me fit responce qu'il m'en ameneroit mille dans huict jours devant Agen : et encores que je cogneusse bien que monsieur le mareschal ne prenoit plaisir à voir mes lettres, si luy escrivis-je, car pour le general il faut oublier le particulier, et luy envoyay la lettre du sieur de Monferran, et que je luy asseurois sur mon honneur luy en amener autres mille pour espousseter Mongommery, car je luy en voulois fort.

Pendant ces allées et venuës, les princes sejournoient à Montauban et és environs de là, en ayant bon besoing, car ils n'avoient cheval qui peust mettre l'un pied devant l'autre, comme beaucoup de gens qui estoient avec eux m'ont confessé depuis, ayans esté contraincts d'en abandonner par les chemins plus de quatre cens, n'ayant aucun moyen de les faire ferrer. Et comme j'eus achevé de disner, m'arriva encores un messager d'Agen qui estoit party à la minuit, venant m'advertir que les marchans commençoient à vouloir tirer leurs marchandises dehors, mais que le sieur de La Lande et les consuls les en gardoient jusques à ce qu'ils auroient responce de ce qu'ils m'avoient escrit. Et comme je montois à cheval, quelqu'un que je ne sçaurois nommer me vint lire la lettre que la noblesse escrivoit à monsieur le mareschal, à laquelle je n'avois aucunement le cœur, pource que ma fantaisie me portoit à Agen ; et leur dis qu'il me sembloit qu'elle estoit bonne, toutesfois qu'ils la monstrassent à monsieur de Valence, pour voir s'il y trouveroit rien qui deust desplaire à monsieur le mareschal ; et montay à cheval, m'en allant tant que je peus à Agen : et y estant arrivé, je trouvay tout le monde en crainte, les gens d'Eglise, tous les conseillers et toute la cour presidiale, et les marchans empressez à empaqueter pour s'en aller. Je ne fis que descendre de cheval, et tout incontinent arriverent les sieurs de La Lande, de Nort, ses enfans, et plusieurs autres, et me dirent que toute la ville estoit en effroy. Je leur dis qu'incontinent ils s'en allassent à la maison de la ville, et qu'ils y appellassent tous les principaux, et toute l'Eglise et la justice, et incontinent qu'ils seroient assemblez, qu'ils m'en advertissent, car je voulois aller parler à eux, ce qu'ils firent ; et ne se firent point prier d'y venir, car pauvres et riches, tout le monde y couroit pour me veoir et pour entendre quel conseil je leur donnerois. Et comme je fus en la salle, qui estoit si pleine qu'à peine y peurent entrer cinq ou six gentils-hommes que j'avois amené avec moy, je me mis au milieu d'eux, afin que de tous costez ils ouyssent ce que leur voulois dire, qui fut comme s'ensuit :

« Messieurs, vous m'avez adverty par deux fois en mesme jour comme la pluspart des gens de ceste ville sont sur le poinct de l'abandonner, et se retirer vers Bordeaux, Thoulouse et autres lieux de seureté, et bref, que toute vostre ville estoit en peur. Je voy bien que ceste crainte vous est venuë pour l'opinion que vous aviez conceuë que je vous abandonnasse en telle necessité, et que je me fusse retiré à Lectoure parce que c'est une bonne place. J'ay grand occasion de me pleindre de vous, pource que vous n'avez jamais ouy dire qu'en Italie ny autres lieux j'ay faict acte par lequel on ait peu cognoistre que la peur m'aye faict jetter dans les villes fortes, et avez tousjours ouy dire que je me suis engagé au plus foible pour faire teste à l'ennemy ; ma renommée n'est pas en si petit lieu, et en la Guyenne seulement : je suis tenu pour tel par toute l'Italie et par toute la France ; et à present que je suis prest d'entrer en la fosse, penseriez vous, mes bons amis, que je voulusse perdre à un coup ce qui m'a cousté de gaigner en cinquante un ans que j'ay porté les armes ? Il faut que vous vous resolviez à trois choses : la premiere, d'oster toute peur et crainte qui vous pourroit avoir prins, et l'assoupir sous vos pieds, afin qu'il n'en soit jamais memoire ; la seconde, que vous vous accordiez tous à une mesme volonté, et que vous n'espargniez vos biens à ce que je vous ordonneray pour promptement et diligemment recouvrer tout ce que sera besoing pour la deffence de vostre ville ; et la troisiesme, que vous obeyrez entierement à six ou huict de vostre ville que je vous choisiray, ou bien vous mesmes les choisirez, tant pour remparer que aussi pour les fournitures qui seront necessaires. Et si vous m'accordez ces trois choses, je vous jure Dieu tout puissant, levant la main, que je vivray et mourray avec vous autres ; et encores vous jure qu'avec la fiance et esperance que j'ay en luy, je garantiray vostre ville de tous les deux camps des ennemis ; car en ma vie j'ay faict de plus grands miracles, avec l'ayde de Dieu, que cestuy-cy. Comme vous voyez mon visage remply de bonne volonté de vous deffendre, je veux aussi que me monstriez le vostre, que je puisse cognoistre que vous accomplirez ces trois choses que je vous demande. Je sçay qu'il y en a qui plaindront la despence et les frais qu'il conviendra faire ; mais que ceux-là considerent qu'est-ce qu'ils deviendront si les ennemis se rendent maistres de la ville, comme sans doute ils feront si vous ne vous esvertuez, et que deviendront vos biens, vos estats, vos maisons, vos femmes et enfans, tombant entre les mains de ces gens qui gastent tout : tout sera renversé sens dessus dessous. C'est pour cela que vous combattez, et aussi principallement pour l'honneur de Dieu et conservation de vos eglises, lesquelles ont esté aux premiers troubles esgratignées par ces gens vos ennemis ; mais à present, s'ils y entrent, ils les raseront rez pied, rez terre, comme vous voyez qu'ils ont faict à Condom. Puis que je suis avec vous, croyez, messieurs, qu'ils songeront trois fois à nous venir attaquer, et qu'encores que ceste ville soit foible, si leur monstreray-je que je sçay deffendre et assaillir. Octroyez moy donc ce que je vous demande, qui est en vostre puissance, et croyez que je despendray ma vie pour vostre salut et conservation. Que si vous n'avez deliberé d'y employer le verd et le sec, c'est-à-dire de faire ce que bons citoyens doyvent faire, ne vous engagez pas et moy aussi, et que ceux qui auront peur se retirent de bonne heure, et me laissent faire avec ceux qui auront bonne volonté de mourir pour leur patrie. »

Alors les sieurs de Blazimond et de La Lande, parlant pour tout le clergé, en peu de parolles me dirent que tout le clergé dependroit leurs vies et biens pour se deffendre et pour accomplir ce que je demanderois, et que tous prendroient les armes et se rendroient aussi subjects à la faction que les soldats; de mesme les messieurs de justice en dirent autant. Puis parla le vieux homme de Nort avec un des consuls pour toute la ville, m'asseurant qu'ils feroient le semblable de ce que le clergé et la justice avoient dict, et d'avantage, car ce n'estoit pas à l'Eglise ne à la justice de porter la peine continuellement, mais que tous ceux de la ville, riches et pauvres, femmes et enfans, sans rien espargner, y mettroient la main. Et devant que laisser parler messieurs de Blazimond et de La Lande, je priay que tous ceux qui respondroient parlassent si haut que tout le monde l'entendist, comme aussi ils firent. Et comme tous les trois ordres eurent achevé de parler, je haussay la parolle, et dis: « Avez vous entendu tous vous autres ce qu'ont proposé ces messieurs icy qui ont parlé pour toute la ville? » Ils crierent tous qu'ouy. Alors, comme j'avois levé la main, je leur fis lever la leur, et faire le mesme serment que j'avois faict, et leur dis que tout le monde se retirast pour preparer toutes sortes d'outils, et que je me retirois à mon logis avec les grands de la ville pour faire l'eslection des huict. Et pource qu'il estoit desja presque nuict, ils me prierent que, cependant qu'ils étoient assemblez, je leur laissasse faire l'eslection des huict, et que je me retirasse chauffer et me débotter, et que le lendemain matin ils m'apporteroient un roolle de leurs citadins, et que je choisirois les huict qu'il me plairoit; et ainsi me retiray à mon logis. Et apres mon soupper, arriverent messieurs de Blazimond, de La Lande, le bon homme de Nort et ses enfans, avecques une joye si grande qu'ils ne la pouvoient monstrer d'avantage, et me dirent que les marchans qui avoient emballé leurs marchandises, et une bonne partie desja chargée sur des charrettes, avoient tous deschargé, et qu'ils ne pensoient point que jamais ville fust plus en joye qu'estoit la leur, et jusques aux femmes et enfans, il ne se parloit que de combattre; sçachant la resolution que j'avois prinse d'y demeurer.

Mes compagnons qui voudrez lire ma vie, vous pouvez prendre de beaux exemples en moy. Ce peuple, qui estoit tout estonné et qui abandonnoit la ville, reprint incontinent à ma seule parolle tel courage, que je veux dire avec la verité que jamais depuis homme n'a cogneu aucune peur dans icelle, combien qu'il y eust apparence de n'y prendre point trop de seureté, pour estre la ville d'une trop grand garde, commandée d'une montaigne, et veoir descendre sur nos bras deux armées en mesme temps. Croyez, mes compagnons, que de vostre resolution depend celle de tout le peuple, lequel prend courage à mesme qu'il void que vous en prenez; aussi, quel bien faictes vous, outre l'honneur que vous acquerrez, de sauver une pauvre ville du sac! tant de familles vous sont redevables, et non seulement la ville, mais tout un pays; car la prinse de la ville capitale d'une province emmene ordinairement apres la perte de toute la seneschaucée. Ouy; mais, direz vous, il se faut enfermer en lieu où on peut acquerir de l'honneur. Et où le voulez avoir? dans un chasteau de Milan? ce n'est pas là, ce sont les murailles qui vous sauvent; c'est en ce lieu que vous voyez importer au public, encores qu'il soit foible; c'est une belle forteresse qu'un bon cœur. Je pouvois demeurer à Lectoure, et escouter d'où viendroit le vent: je n'avois rien à perdre à Agen, et pouvois charger tout le fais sur monsieur le mareschal Danville qui avoit bonnes espaules; mais, ceste bonne ville perduë, je voyois tout le pays perdu. Au besoing monstrez donc que vous avez le cœur de chasser la peur des autres; en ce faisant, vous ferez tousjours paroistre celuy qui vous estes, et tenez vous asseuré que les ennemis, vous y voyant engagé, songeront trois fois à vous venir attaquer, comme vous avez veu cy devant. J'ay tousjours eu ce bon-heur, qu'Espagnols, Italiens, Allemans et Huguenots françois, ont tousjours eu peur, ou de m'attendre ou de m'attaquer. Gaignez ce privilege sur vos ennemis, comme vous ferez en faisant bien et monstrant un bon et ferme cœur.

Trois ou quatre jours apres j'escrivis à ces messieurs qui avoient charge de Lectoure, et principalement au chevalier de Romegas et au chevalier mon fils, les exhortant d'employer tout ce qu'ils avoient peu apprendre au siege de Malthe, et de ne faire moins qu'ils avoient faict là, et que plus d'honneur auroient-ils sans comparaison de faire service au Roy et à leur patrie, que non au pays estrange. Je priois tout le monde de leur obeyr, attendu qu'il n'y avoit homme là dedans qu'eux qui se fust trouvé en siege. Et quant à moy, j'estois deliberé de ne bouger d'Agen, et mourir là pour le deffendre. Ils furent fort esbahis quand ils virent ma lettre, et la communiquerent tous ensemble, et m'en escrivirent incontinent une signée des sieurs de Gondrin, de Panjas, de La Mothe-Gondrin, de Romegas, de Maignas et du chevalier mon fils, par laquelle ils me mandoient qu'ils trouvoient tous fort estrange que je me voulusse tant oublier que de m'engager dans une ville si foible comme Agen, et si dominée de montaignes ; que pour tout certain l'artillerie estoit partie de Navarreins, et que les cinq pieces qui estoient à Nogarol n'avoient bougé attendant l'arrivée des autres ; et qu'ils me prioient m'en aller à Lectoure, et que les chevaliers de Romegas et mon fils s'en iroient jetter dans Agen, et qu'estans jeunes et deliberez, s'ils se perdoient, la perte ne seroient si grande; d'ailleurs, que si j'abannois la campagne, tout le demeurant du pays seroit ruiné et perdu. Je leur fis responce, et les remerciay bien fort de la remonstrance qu'ils me faisoient, et qu'encores que je cogneusse bien qu'elle estoit juste et veritable, neantmoins je cognoissois bien que c'estoit aussi pour le regret et la crainte que je me perdisse, et que je les asseurois qu'avant qu'ils entendissent dire que je m'estois perdu, la prise d'Agen cousteroit aux ennemis; que si monsieur le mareschal les vouloit venir combattre, il en auroit bon marché, et que je n'estois aucunement deliberé d'en bouger, mais qu'ils fissent seulement leur devoir si le siege leur venoit, que de mon costé j'estois resolu de le faire, et ne laisser entrer les ennemis que par dessus mon ventre.

Au mesme temps arriva monsieur de La Bruille, maistre d'hostel de monsieur le mareschal Danville, lequel sieur mareschal l'envoyoit devers moy pour sçavoir si monsieur de Monferran venoit avec les mil arquebusiers, comme je luy avois mandé, et aussi de combien de forces de mon costé je luy pouvois ayder. Je comptay de Villeneufve ou de Lectoure, d'Agen et de Florence, que j'aurois mil arquebusiers et les mil de monsieur de Monferran. Je luy monstray les lettres que ledit sieur de Monferran m'avoit escrit de Sainct Macaire. Il ne trouva pas avoir assez de temps à faire repaistre ses chevaux, pour s'en retourner porter ces nouvelles à monsieur le mareschal. Et comme il se voulut despartir d'avec moy, arriva une lettre de Monferran, escrite à Marmande, qui disoit ainsi : *Monsieur, je pars à l'heure presente avec mes trouppes, qui sont mil arquebusiers et soixante sallades, et passeray aujourd'hui mesmes une partie de nos gens la riviere à Aguillon, et l'autre partie faudra qu'elle demeure jusques à demain matin, et toutes les trouppes se rendront demain au soir au port Saincte Marie.* Ledict de La Bruille print un double de sa lettre, et me dict ces mots : « Je m'en vois porter à monsieur le mareschal les meilleures nouvelles qu'il sçauroit jamais ouyr, et asseurez-vous sur ma vie et sur mon honneur, que dés que je seray-là il marchera; » et quant et quant courut monter à cheval. Au bout de trois jours, estant les trouppes au port Saincte Marie et Aguillon, on me manda de Lectoure que monsieur le mareschal s'en estoit retourné de Grenade à Thoulouse pour despit de la lettre que la noblesse d'Armagnac luy avoit escrite, dont je vous ay faict mention cy dessus, pour un mot qu'il avoit trouvé dedans, qui disoit que s'il ne luy plaisoit de marcher pour les venir aider à remettre en leurs maisons, ils seroient contraints se retirer au Roy, pour le supplier de les secourir. Voyla de là où vint tout son mescontentement, et deschargea sa colere sur moy, me chargeant que je luy avois fait escrire ladicte lettre Je ne veux nier que le broüillard (1) ne me fust leu en montant à cheval ; mais, comme je veux que Dieu m'aide, je n'eusse sceu dire six mots de ce qui y estoit, car mon affection me portoit à courir à Agen, pour garder que la ville ne s'abandonnast, et montois à cheval à l'heure qu'on me lisoit ledit broüillard, comme desja j'ay escrit. Je laisse à penser à tous ceux qui ont tant soit peu de jugement si ces mots estoient de telle importance que ledit sieur mareschal eust à se picquer de telle façon ; c'estoit contre le Roy, et non contre nous : il est au Roy et nous aussi, sa maison en est venuë. O si j'eusse voulu entrer ainsi en colere, combien de fois ay-je eu occasion de quitter tout ! Je n'en ay peut estre que fait trop, non pas pour moy, mais pour le pays et pour le peuple, qui m'a trouvé à dire depuis que j'ay quitté mon gouvernement. Or quand monsieur de Monferran, qui demeura trois jours à Agen avec moy, et ses gens au port Saincte Marie, entendit que monsieur le mareschal s'en estoit retourné à Thoulouse mal-contant, et qu'à grand peine, il viendroit, il me dit qu'il s'en vouloit retourner à Bordeaux, et qu'il ne sçavoit si les princes s'acheminoroient vers ledit Bordeaux, entendant qu'il n'y avoit personne dedans ; ce qu'il fit, comme la raison le vouloit aussi, et je demeuray en blanc, sans esperance d'estre secouru de personne du monde. Voylà comment pour un mot, pour un seul despit, le pays courut grand fortune.

Vous, messieurs les princes, mareschaux, lieu-

---

(1) *Broüillard* : brouillon.

tenans de Roy, qui commandez aux armées, pour une picque particuliere n'abandonnez le general. Monsieur le mareschal devoit considerer que c'estoient des Gascons exilez de leurs maisons qui escrivoient en colere : il ne s'en devoit prendre à moy ny à eux, ains les excuser, et pour cela ne laisser le pays à l'abandon. Nostre proverbe dit : *Qui perd le sien, perd le sens.* J'ay souvent recherché l'advis et secouru celuy que je sçavois ne m'aimer guere. Ne permettez que vos despits et vos passions particulieres offencent le general. Bien souvent me suis-je trouvé voir des grands qui se fussent voulus entre-manger, bien d'accord pour leur maistre, et se parler et entretenir comme freres, et apres quelque chose de bon ou quelque bon succés s'ouvrir le cœur et se faire bons amis. J'ay depuis ouy raconter à ceux qui ont eu ce bon-heur d'y avoir esté, que la pluspart des chefs qui se trouverent à ceste grande bataille qu'on a gaignée contre le Turc estoient ennemis mortels, mais que pour le combat ils s'accorderent, et apres la victoire se firent bons amis. Pleust à Dieu que monsieur le mareschal eust voulu laisser le mal talent qu'il avoit contre moy à Thoulouse, pour venir rompre la teste à Mongommery ! il y eust acquis de l'honneur, et le pays du profit, au lieu que sa colere nous a ruynez. Je pensois estre le plus colere homme du monde ; mais il a monstré qu'il l'estoit plus que moy ; et s'il fust venu, je l'eusse assisté comme le moindre gentil-homme de l'armée.

Ayant ouy sa resolution, je manday deux fois à monsieur de Fontenilles qu'il s'en vinst avec sa compagnie se jetter dans la ville avec moy : difficilement pouvoit-il avoir son congé pour venir ; si est-ce qu'il se rendit à moy. J'avois les quatre compagnies que mon nepveu de Leberon m'avoit ramenées de Libourne, les trois au port Saincte Marie, et l'autre à Aguillon, qui arriverent incontinent comme monsieur de Monferran en fut party. Et avant que monsieur de Fontenilles arrivast à Agen, il y a un gentil-homme, nommé monsieur de Montazet, qui me vint prier d'oster la compagnie qui estoit à Aguillon, et qu'ils s'obligeoient de garder la ville avec le peuple ; et encores bien que je cogneusse qu'il n'estoit en sa puissance de faire ce qu'il promettoit, et qu'il le faisoit pour espargner les vivres de la ville, je le luy accorday, me doutant bien qu'il escriroit à monsieur le marquis de Villars que luy avois faict manger ses terres, et envoyay ladicte compagnie à Villeneufve, en quoy je fis une grande faute, car ceste place eust tenu la riviere de Lot et de Garonne. Mais quoy ! ces criards qui veulent espargner les maisons de leurs maistres, pour faire les bons valets et mesnagers, perdent bien souvent les places. Fermez les oreilles à ces plainctes en telles et si pressantes necessitez, vous qui aurez cest honneur de commander : j'eusse mieux faict si j'eusse bien retenu la leçon que je vous apprens à present.

Or je faisois mener une traficque à monsieur de Leberon, pour donner une escallade aux capitaines Manciet et Chassaudy, deux mauvais garçons qui estoient à Monheurt. Ledict sieur de Leberon estoit avec huit ou dix arquebusiers seulement à Aguillon, afin de mener plus secrettement l'entreprise. Viard, commissaire des guerres, arriva, qui s'en alloit à la Cour de la part de monsieur le mareschal ; et encores que je sceusse bien que ledit sieur mareschal estoit marry contre moy, si est-ce que je favorisois tout ce qui venoit de luy, puis que c'estoit pour le service du Roy ; et escrivis à monsieur de Leberon qu'il luy fist faire compagnie jusques à ce qu'il auroit passé Thonens, lequel il trouva à Aguillon apres l'entreprise qu'ils devoient executer le lendemain à la minuict, car je luy envoyois cinq ou six batelées de soldats d'Agen, et y alloient les trois compagnies qui estoient au port. Mais comme la fortune de la guerre est bisarre, elle s'en trouva bien ce jour là que le commissaire Viard passa, car, pour luy faire escorte, ledit sieur de Leberon luy bailla un nombre d'arquebusiers, faisant estat que dans trois heures ils seroient de retour. Et attendant lesdits arquebusiers, voicy arriver messieurs de La Case, de La Loue, de Guytinieres, de Moneins, et autres capitaines, avec sept ou huict cornettes de gens de cheval, qui estoient partis de Lauserthe, là où il y a neuf grands lieuës, et n'avoient repeu qu'environ une heure à Haute-Faye. Bref ils firent une cavalcade de gens de guerre, et environnerent Aguillon. Monsieur de Leberon se trouve seul avec quelques soldats et les habitans : incontinent monsieur de Montazet luy vint dire qu'il ne pouvoit pas tenir la ville, et qu'il ne la vouloit point mettre au hasart d'estre destruicte et ruinée, et firent quelque capitulation (1), laquelle fut bonne pour ledit de Leberon, car il tomba és mains de ces quatre qui estoient fort de mes amys pour-ce que le temps passé j'avois faict quelque chose pour eux. J'estois le premier capitaine qui jamais avoit faict combattre le capitaine Moneins, et chacun voulut recognoistre le plaisir qu'il avoit autres-fois receu de moy, de sorte qu'ils le laisserent aller : ce sont des honnestes courtoisies entre gens de guerre ; mais mondit nepveu fit là un pas de clerc, de n'avoir

(1) Le 23 novembre 1569.

sceu garder ses gens pour la necessité : il pensoit les ennemis trop esloignez pour venir à luy. Capitaines mes compagnons, c'est un mauvais pensement ; car il devoit considerer l'importance de la place, qui estoit sur deux rivieres, et que les ennemis ne faudroient de souhaitter un si bon morceau, veu mesme le bon voisinage de Cleyrac et Thonens. Or j'eus part à la folie d'avoir tiré la garnison, pour la crainte d'offencer monsieur le marquis (1).

Incontinent que j'entendis sa prise, je retiray dans Agen les trois compagnies qui estoient au port. Deux jours apres y arriva le camp de messieurs les princes. Ils se camperent depuis Aguillon jusques à demy lieuë de Villeneufve, et jusques au grand chemin qui va audit Villeneufve, au long des vallons qui sont en cet endroit-là, où il y a de fort bons villages. Or, comme desja j'ay dict, j'avois party la ville en huict, et avois mis en chacune part deux bons chefs de la ville. C'estoit un plaisir de veoir les hommes et femmes au travail, lesquels y arrivoient à la pointe du jour, et n'en sortoient que la nuict ne les en tirast. On ne demeuroit qu'une heure au manger sans plus. Tous les principaux de la ville estoient tousjours à la solicitation du labeur. Il n'y avoit rien qui fust espargné, jusques aux religieuses propres. On me vint un soir dire qu'une compagnie de reistres s'estoit eslargie jusques un quart de lieuë pres de nous, en un village tout aupres de Monbran, chasteau de l'evesque d'Agen. Le matin je montay à cheval avec ma compagnie, et allay jusques aupres du village, et pource que deux paysans me dirent que trois autres cornettes estoient logées tout joignant celuy-là, je fis demeurer derriere les argoulets qui estoient sortis avec moy, m'asseurant bien que les reistres secourroient leurs compagnons puis qu'ils estoient si pres, et qu'il nous faudroit retirer en haste ; et craignant de perdre lesdits argoulets, pource qu'ils n'estoient gueres bien montez et il y avoit bouë jusques aux genoux des chevaux, quelques-uns des mieux montez allerent avec monsieur de Madaillan, auquel je fis charger, sans rien regarder, au travers du bourg. Quelques-uns furent tuez sur la ruë en passant : les reistres se jetterent dans deux ou trois logis, là où estoient leurs capitaines. Les trois autres cornettes, qui estoient terre-tenant, furent incontinent à cheval, et tout ce que nous peusmes faire, ce fut de leur en amener trente six chevaux ; et croy que si j'eusse laissé aller tous les argoulets, ils ne leur en eussent pas laissé un. Et comme monsieur de Madaillan vit venir au galop les trois cornettes, il se retira à moy ; mais elles ne le suyvirent pas beaucoup : et ainsi nous retirasmes dans la ville.

Or Viard fut bien tost de retour de la Cour, car il avoit passe-port du Roy et de messieurs les princes, et s'en alla trouver monsieur le mareschal. Monsieur de Fontenilles arriva le lendemain que nous eusmes prins ces chevaux, et par ainsi j'eus deux compagnies de gens-d'armes dans la ville, et trois de gens de pied. J'avois mis, dés que j'arrivay là, monsieur de Laugnac (2) à Peymirol avec deux compagnies de gens de pied, qui estoient celles de la garde du port Sainte Marie et Malves, qui firent de belles escarmouches. Et encore que monsieur de Laugnac fust malade de la maladie qui l'a si long temps tenu, neantmoins il tenoit-il les soldats nuict et jour dehors, et faisoient tousjours quelque prinse sur les ennemis. Nos gens de cheval sortoient bien souvent, mais ils trouvoient tousjours ces reistres si serrez dans les villages, et enfermez avec des barrieres, qu'on ne pouvoit rien gaigner sur eux que des coups, et tout incontinent estoient à cheval. A la verité ces gens-là campent en vrays gens de guerre, il est malaisé de les surprendre ; ils en sont plus soigneux que nous, et encores plus de leurs armes et chevaux. D'avantage ils sont plus espouvantables à la guerre, car on ne void rien que feu et fer, et n'y a valet d'estable en leurs trouppes qui ne se dresse pour le combat, et ainsi avec le temps se font gens de guerre. Je ne pouvois secourir nostre cavalerie de gens de pied, à cause des grandes bouës, et aussi que je craignois une perte, ayant si peu de gens comme j'avois dans la ville, laquelle, peut estre, eust mis une telle espouvante dedans que la perte s'en fust ensuyvie. Je n'estois que sur la deffensive, et toutes-fois je les tenois en cervelle, leur monstrant que je ne les craignois gueres. Messieurs les princes et l'Admiral demeurerent cinq semaines où plus campez là où j'ay dit, monsieur de Mongommery trois et plus à Condom, où il fit tous les diables, ruynant et saccageant les eglises, et pillant tout, et tenoit son camp jusques à La Plume des Bruilles. Ny de leur costé ny du mien nous ne faisions rien, à cause que je n'avois point de gens. Ils mangeoient leur saoul et faisoient grand chere, car ils avoient tant paty depuis la perte de Moncontour, qu'il n'estoit possible de plus. Je croy qu'ils avoient plus d'envie de se reposer que de m'attaquer. Quant à moy, je m'attendois nuict

---

(1) Le marquis de Villars.

(2) Alain de Montpezat, seigneur de Loignac.

et jour à me fortifier. Estant en ces termes, arriva une nuict monsieur de La Valette, qui venoit du camp de Monsieur, et par fortune se trouva à Villeneufve à l'heure que messieurs les princes envoyoient un trompette à monsieur de Cassaneuil, qu'il leur rendist la ville. Ledit sieur de La Valette ordonna luy-mesme la responce, qui fut que la ville estoit au Roy et non pas à eux, et que s'il y avoit trompette ny tabourin qui retournast plus, l'on les tueroit, et qu'il y avoit trop de gens de bien là dedans pour la rendre. La nuict ledict sieur de La Valette se hasarda de passer avec beaucoup de danger, et me vint trouver environ les neuf heures. Il me trouva au lict, car j'estois fort secouru de messieurs de Fontenilles, de Madaillan, de Leberon et des autres capitaines; par ainsi je dormois à mon aise, allant tout d'un grand ordre, aussi bien la nuict que le jour : il faut pardonner à la vieillesse. Ledit sieur de La Valette me dit que j'envoyasse un chef pour commander à tous ceux qui estoient dans Villeneufve, car autrement la ville s'en alloit perduë; et jamais ne me voulut dire la raison, mais seulement me hastoit d'y envoyer promptement un chef, et me disoit tousjours que si je ne me hastois j'en serois le premier marry, car c'est une ville d'importance et belle ville de guerre : qui fut cause que je me levay du lict, ne voulant mespriser l'advis d'une si bonne teste que la sienne, et depeschay promptement deux hommes au chevalier mon fils à Lectoure, que tout incontinent ma lettre veuë il montast à cheval, et qu'il me vinst trouver pour s'aller jetter dans Villeneufve, et qu'à la diligence qu'il feroit je cognoistrois s'il estoit mon fils. Je manday au chevalier de Romegas que je le priois qu'il fist tout seul ce qu'ils faisoient eux deux ensemble. Il fut jour avant que les deux messagers fussent à Lectoure. Le chevalier mon fils print promptement congé de tous ces seigneurs qui estoient là, et arriva à Agen sur les trois heures apres midy. Quatre ou cinq jours devant, monsieur de Mongommery, avec tout son camp à pied et à cheval, vint donner une camisade au capitaine Cadreils, lieutenant de la compagnie de chevaux legers du capitaine Fabian mon fils, que j'avois mis dans Moyrax avec vingt cinq sallades et vingt cinq arquebusiers. Or Moyrax est un petit village fermé de murailles : à la plus haute on y monteroit avec une eschelle de douze degrez, sans aucun flanc. Et y arriva demy-heure avant jour; on m'en vint advertir à Agen, ayant prins un clistere, lequel j'avois encores dans le corps. Sans autre attente, je m'armay et montay à cheval, et allay passer la riviere. Les gentils-hommes de ma compagnie passoient les uns apres les autres tant qu'ils pouvoient apres moy. Monsieur de Fontenilles n'arriva que le lendemain. Je me trouvay seul avec quatre chevaux deçà la riviere devers Gascongne, là où Moyrax est assis, et pres d'Estillac, qui est à moy; et avec ces quatre chevaux je donnay à toute bride droit à Moyrax, là où il y a une lieuë. Et à la verité si monsieur de Mongommery eust envoyé seulement dix ou douze chevaux sur le chemin d'Agen à Moyrax, j'estois prins ou mort; mais il faut par fois tenter la fortune et faire le soldat : l'ennemy ne sçait pas ce que vous faites. Et ainsi arrivay à Moyrax, et trouvay que ledit Mongommery s'en estoit party il y avoit environ demy heure, et laissa les eschelles au pied de la muraille : ayant demeuré deux heures là, ils n'eurent jamais la hardiesse d'en dresser une. Et encores qu'auparavant je n'estimasse gueres leurs gens de pied, cela confirma encores mon opinion de les estimer moins : et ainsi m'en retournay à Agen. Les medecins furent contraints me donner un autre clistere pour me jetter celuy-là du corps, parce que le travail avoit arresté son operation. Je demeuray deux jours sans bouger du lict; et comme mon fils le chevalier fut arrivé, je manday soudain querir le capitaine Cadreils, et envoiay vingt cinq arquebusiers en sa place, afin qu'il allast avec mondit fils à Villeneufve. Monsieur de Sainct Giron, frere de monsieur de la Guyche, colonnel des vingt deux enseignes de monsieur le mareschal, s'estoit fait apporter à Agen, malade, pour-ce qu'il avoit esté blessé à l'assaut de Mazeres en une jambe, ou en une cuisse que je ne mente, lequel se vouloit retirer à sa maison pour se faire guerir : et à une heure de nuict je les tiray dehors, et leur baillay deux bonnes guides, qui les rendirent le lendemain au point du jour à Villeneufve. Tout le monde fut fort joyeux de la venuë de mon fils le chevalier, et croy que leur dispute estoit qu'ils ne se vouloient pas obeyr les uns aux autres. J'y eusse envoyé le capitaine Fabian mon jeune fils, mais nous le tenions à la mort depuis son retour du camp, et pour lors n'avions autre esperance de luy que la mort.

Or d'heure en autre j'estois adverty comment monsieur l'Admiral dressoit un pont de batteaux au port Saincte Marie, et avoit recueilli tous les batteaux de Lot et de Garonne jusques à Marmande; j'estois aussi adverty d'heure à autre comment les ennemis avoient envoyé querir de la grosse artillerie en Bearn : toutes ces nouvelles me faisoient haster les tranchées et fortifications que je faisois à Agen, pensant, comme il y avoit de la raison, qu'ils me voulussent attaquer, car ce n'estoit petite prinse, tant pour les richesses que pour deffaire la noblesse qui s'estoit enfermée là dedans pour l'amour de moy. Je tins un conseil dans mon logis, et dans un petit cabinet, là où nous n'estions que huit ou neuf, et disputasmes quel moyen il y avoit de rompre ce pont. Un maistre masson qui est de Thoulouse, qui faisoit les moulins de monsieur le marquis de Villars à Aguillon, parlant à quel-qu'un, mit en avant que si nous destachions un moulin d'eauë, de ceux qui estoient attachez devant la ville, il romproit le pont, car la riviere de Garonne estoit grande et desbordée, et tousjours croissoit à cause qu'il pleuvoit presque tousjours. Il ne se trouva homme de son opinion qu'il fust possible qu'un moulin rompist le pont, car l'on nous asseuroit que monsieur l'Admiral avoit fait faire à Thonens de grands cables comme la jambe d'un homme, et en avoit fait apporter de Montauban pareillement, et de grosses chaisnes, comme il estoit vrai; car, outre les grands cables, le pont estoit enchaisné d'autre part. En fin de compte, il n'y eut nul de nous qui fust de l'opinion du masson, sauf le capitaine Thodias, nostre ingenieur, qui disoit que si l'on le pouvoit charger de grosses pierres, qu'il pensoit que l'entreprinse reüssiroit, mais non sans estre chargé; et par ainsi ne prismes aucune resolution. Et deux jours apres l'on me manda de Thoulouse que monsieur le mareschal Danville faisoit armer trois batteaux, et que le capitaine Sainct Projet (1) les devoit conduire avec soixante soldats dedans, et que dedans huict jours ils devoient estre prests, et que ledit Sainct Projet passeroit de nuict dans ce terme. Nous avions discouru que nous ne pouvions charger le moulin que monsieur l'Admiral n'en fust adverty par ceux de leur religion qui estoient dedans Agen soubs la protection du mal-heureux edict: ainsi nous le pouvons appeler, et l'appelleray toujours; et en une sorte ou autre, nous demeurasmes confus, sans esperance d'autre remede que de nous bien deffendre.

Pendant ce, le commissaire Viard estoit revenu, et incontinent une autre-fois depesché par monsieur le mareschal devers le Roy, et arriva avec un trompette du dit sieur mareschal, un mecredy, entre neuf ou dix heures, et me dit en secret l'entreprinse de monsieur le mareschal pour rompre le pont, mais qu'il se doubtoit que monsieur l'Admiral en fust adverty, et que pour ceste occasion il amenoit l'un des trompettes de monsieur le mareschal avec luy jusques au port Saincte Marie, et que, s'il entendoit, quand il seroit audit port, que les ennemis en fussent advertis, il me renvoyeroit le trompette pour m'en advertir, afin que je gardasse que ledit capitaine Sainct Projet ne passast outre, et qu'il falloit que je tinsse garde sur la riviere jour et nuict; et ainsi se departit de moy, et fut sur les deux heures apres midy au port Saincte Marie, et vit passer trois cornettes de reistres par dessus le pont, venant loger vers la Gascogne. Le trompette eut fort bon moyen de veoir tout le pont comme il estoit bien attaché, et se peut-on asseurer que ceux de Cleyrac et de Thonens n'y avoient rien espargné, car ces bonnes gens n'ont rien eu de cher pour faire mal à leurs voisins et contre le service du Roy. Le trompette arriva estant neuf heures du soir, par lequel Viard me mandoit que je gardasse que le capitaine Sainct Projet ne passast outre pour aller executer son entreprinse, car les ennemis en estoient advertis, et qu'ils avoient mis sept ou huict petites pieces d'artillerie au bout du pont vers la Gascogne, et que mil ou douze cens arquebuziers gardoient le bout du pont; bref, qu'il n'y falloit point aller, car il n'en eschapperoit pas un de ceux qui iroient. Et comme le trompette eut parlé à moy, il se retira à son logis; et sans faire autre bruit, j'envoiay secretement querir trois personnages de la ville à qui j'avois desja descouvert mon intention, qui estoit d'envoyer à bas la riviere le moulin du president Sevin, pource qu'iceluy president avoit abandonné la ville. Je ne veux point icy nommer les trois, car il les mettroit en procés, et les commissaires qui sont à present par deçà facilement luy feroient raison à sa volonté, comme ils font bien à d'autres contre les Catholiques. Et comme nous eusmes parlé ensemble, nous arrestasmes qu'ils iroient faire sortir six soldats mariniers, et qu'ils iroient destacher le moulin, faignant d'aller faire la garde sur le bord de la riviere pour garder que le capitaine Sainct Projet ne passast outre. Et ainsi tous se departirent de moy, et ne furent pas paresseux à mettre les soldats dehors, ny lesdits soldats à destacher le moulin, desquels s'en noya un en destachant la chaisne, qui tomba du petit batteau ainsi que le pal où estoit attachée la chaisne se defit. Il pouvoit estre unze heures de nuict, et, ainsi que j'ay entendu depuis par les ennemis, le moulin arriva au pont vers une heure; lesquels avoient mis des sentinelles une grand demie lieuë contre-mont la riviere, afin de don-

(1) Le nouveau traducteur de de Thou le nomme Paget.

ner l'alarme quand le capitaine Sainct Projet passeroit. Et comme ils commencerent à ouyr le bruit du moulin, donnerent l'alarme, laquelle incontinent fut au port, et tout le monde se jetta au deux bouts du pont, et commencerent à tirer force arquebuzades au pauvre moulin, lequel ne disoit mot; mais il donna un tel choc, qu'il emporta tout le pont, cables, chaisnes et batteaux, de sorte qu'il n'en y demeura qu'un qui estoit attaché à la muraille du logis de monsieur le prince de Navarre. Il alla des batteaux jusques à Sainct Macaire, et en y a qui m'ont dit qu'il en estoit allé jusques aupres de Bordeaux. Ce brave moulin du president alla encores rompre un autre moulin huguenot au dessous de Thonens, et en fin s'arresta aux isles vers Marmande. Les premiers par qui nous sceusmes la rupture du pont, ce fut par des pauvres gens qui alloient achepter du sel au bout dudit pont, des soldats huguenots qui en avoient prins sept ou huit battellées chargées. Les ennemis avoient tué plusieurs de ces pauvres gens, leur chargeant qu'ils estoient cause de la rupture du pont. Quelques uns de leurs soldats, qui s'estoient jettez sur le pont, s'en allerent à vau-l'eau. Mais il n'estoit qu'entre l'aube du jour et le soleil levant, que les gardes me manderent qu'il estoit arrivé sept ou huit de ces pauvres gens qui portoient le sel, lesquels disoient le pont estre rompu. Je m'en allay tout incontinent sur le gravier, et du costé de deçà la riviere devers Gascogne; et du passage enhors l'on me fit passer deux ou trois de ces pauvres gens qui estoient arrivez audict passage, et qui estoient au bout du pont avec ceux que les ennemis avoient tué, et s'estoient sauvez par la campagne la nuict, qui me conterent le tout, de mesmes que les autres qui estoient venus par le costé du port, et tousjours quelqu'un en venoit qui nous confirmoit mesmes nouvelles. Je fis passer dix ou douze sallades du costé de Gascogne, qui allerent jusques au dessous de Serignac, et prindrent deux prisonniers qui le me conterent encores mieux que ces bonnes gens. Cependant secrettement je fis accoustrer un petit batteau avec sept ou huict rames, et donnay au marinier vingt-cinq escus pour aller porter les nouvelles à Bordeaux, et escrivis une lettre à messieurs de Lansac, baron de La Garde, et evesque de Valence mon frere, là où je leur discourois comme tout s'estoit passé, les priant en donner advis à la cour de parlement et aux jurats, afin que tous eussent part de ceste bonne nouvelle; car cela rompit fort le dessein des ennemis, lesquels nous eussions fort incommodez si monsieur le mareschal eust voulu oublier sa colerë, les prenant ainsi separez. Le trompette dudict sieur, avant qu'il partist, entendit la joye que toute la ville avoit de la rupture du pont, et s'en alla en diligence porter les nouvelles à son maistre. Ceste execution fut faite le mercredy vers la minuict, et le jeudy (1), à l'entrée de la nuict, les mariniers partirent; et comme ils furent au port Saincte Marie, et pres de là où estoit le pont, ils laisserent couler le batteau à la discretion de la riviere, estans eux tous couchez dans le batteau. Les ennemis commencerent à crier, mais personne ne respondoit, et ils eurent opinion que ce fust un batteau qui se fust destaché de luy-mesme. Et comme ils furent un ject d'arbaleste au dessous, tous se leverent, et chacun print sa rame, et leur commencerent à dire des injures; et firent si grande diligence qu'ils furent le lendemain matin, qu'estoit le vendredy, au soleil levant, à Bordeaux, et en fut la joye fort grande. Je croy que jamais marinier venant des Terres Neufves n'apporta telles nouvelles où il y eust si grande presse. Presque tous ces seigneurs y faisoient doute; tout le monde alloit au logis de messieurs de Lansac, baron de La Garde et de Valence, pour en entendre la verité. Monsieur de Valence depescha incontinent son secretaire, nommé Chauny, vers leurs Majestez, pour leur rapporter les nouvelles au contraire de ce que le commissaire Viard leur apportoit. Ledit Viard, à ce qu'on m'a dict, arriva le matin, qui donna de la fascherie grande à leurs Majestez et à Monsieur, du parachevement du pont, de sa structure et force, y pouvant passer grosse artillerie par dessus à plaisir, que les gens de cheval y passoient trois à trois de rang, comme il estoit bien vray, et ne mentoit de rien. Il y avoit raison de s'en fascher, car la commodité de ce pont leur eust donné le loisir de prendre tout, et faire passer tout leur canon à l'aise. Chauny arriva le soir, qui apporta la rupture, et que si l'un avoit porté la fascherie, l'autre apporta la joye. Et pour quelques jours je fus le meilleur homme du monde et grand guerrier; mais ceste opinion ne dura guieres, car mes ennemis que j'avois à la Cour desguisoient au Roy, qui estoit lors à Sainct Jean (2), toutes choses; et en fin, quelque chose qu'il y eust, je ne faisois ni n'avois jamais rien faict qui vaille; et le Roy le croyoit, ou à tout le moins je croy qu'il faisoit semblant de le croire pour les contenter. Et voy-là l'histoire de la rupture du pont, et à la verité.

Maintenant il faut dire quel profit a porté la

---
(1) 15 décembre 1569.
(2) Au camp de Landes, près de Saint-Jean-d'Angély.

rupture de ce pont, et la deliberation qu'avoit faicte monsieur l'Admiral si ledict pont fust demeuré en pied. Il fut arresté et conclu en leur conseil que l'on passeroit l'hyver et jusques à la recolte en ces lieux, où estoit leur camp, et qu'ils se feroient venir de la grosse artillerie de Navarreins, pour prendre toutes les villes qui estoient au long de la riviere de Garonne jusques aux portes de Bordeaux, et qu'ils attaqueroient Agen, mais que ce seroit la derniere, pource qu'ils vouloient prendre Castel-Geloux, Bazas, et tout ce qui estoit deça et delà la Garonne, jusques aux portes de Bordeaux; et que par le moyen de ce pont, l'un et l'autre pays, qui sont des plus riches de France, leur seroit à commodité. Ils faisoient estat d'avoir prins tout cela en moins de quinze jours, comme il eust été vray, car ils estoient lors maistres de la campagne. Ils esperoient attaquer Libourne, s'asseurans qu'en toutes ces villes ils trouveroient grande quantité de vivres, et que par ce moyen rien ne descendroit dans Bordeaux ny au long de la Garonne, ny moins du costé des Landes, faisant leur compte que dans trois mois la ville de Bordeaux seroit reduicte à toute extremité; et croy qu'il n'eust pas tant duré, car desja le bled y estoit à dix livres le sac, et par mer, à cause de Blaye, il n'y eust peu rien entrer. Ceste ville est bonne et riche, et une bonne ville de guerre, mais elle est en un pays sterile, de sorte que qui luy osteroit la Garonne et la Dordogne, elle seroit bien tost reduicte à la faim : elle ne vid que du jour à la journée.

Ils avoient desaigné faire venir leurs navires en riviere et à Blaye, laquelle ils tenoient pour garder que les galleres ne peussent sortir ne rentrer. Les vicomtes avoient promis à monsieur l'Admiral de luy faire venir soixante mil sacs de bled au long de la riviere de Garonne, prenant lesdits bleds en Commenge et en Lomaigne, qu'est le pays de la Guyenne là où il en y a le plus; car pour le moins il y a cinq cens marchans et autant de gentils-hommes qui font estat de les garder trois ou quatre ans, attendant que la vente des bleds soit grande : par ainsi, facilement et aysément ils eussent tenu promesse à monsieur l'Admiral; et par là ils se tenoient certains de faire venir le Roy à telle composition qu'il leur eust pleu. Je ne sçay, s'ils eussent eu Bordeaux, s'ils l'eussent rendu aussi peu que La Rochelle; pour le moins ils se pouvoient bien vanter, ayant eu Bordeaux et tenant La Rochelle, qu'ils avoient le meilleur coing et le plus fort du royaume de France, tant par mer que par terre, dominant cinq rivieres navigables, y comprenant la Charente. Depuis qu'ils eussent esté entre les rivieres de l'Isle, Dordogne, Lot et Garonne, il falloit au Roy pour le moins quatre camps pour les contraindre à combattre. Et veux dire qu'ils tenoient le meilleur pays et les deux meilleurs et plus grands havres du royaume de France, qu'est celuy de Brouage et celuy de Bordeaux.

Je m'estonne comme il y a des gens si mal habilles qui donnent entendre au Roy qu'il faut encoigner les Huguenots dans la Guyenne : c'est une mauvaise piece : si le Roy l'avoit perduë, il la recouvreroit bien tard; mais ces bons conseillers le font pour leur commodité et pour jetter la guerre loing d'eux : si la leur vendrons nous bien cher avant qu'ils l'ayent. Certes le Roy en devroit faire plus d'estat et empescher ses ennemis d'y prendre pied, et ne laisser ce pays à l'abandon, permettant qu'on se rie de nos miseres jusques à demander si nous couchons encores dedans le lict. Je ne puis croire que ceste parolle soit sortie de la bouche de la Royne, car elle y a tousjours trouvé et y a encores de bons serviteurs. Ces messieurs de France, qui se mocquent de nous, en pourront avoir à leur tour : tousjours le mal n'est pas à une porte. Or voyla la conclusion de leur conseil, qui estoit tres bon. Monsieur de Valence mon frere tesmoignera qu'un qui assistoit au conseil quand bon luy sembloit nous a dict ladicte deliberation, qui estoit grande. Et croy que, quand ils eussent voulu chasser tous les Catholiques et retirer tous les Huguenots du royaume de France dans ce pays qu'ils eussent tenu, ils possedoient prou pour les faire tous riches, ou bien tous ceux de la noblesse du pays de deça eussent esté contraincts se faire huguenots et prendre les armes pour eux. Ainsi, mal-aysément apres le Roy en eust esté maistre; car de les faire retourner de rechef à nostre religion, il y eust eu bien affaire, parce que depuis qu'on est accoustumé à quelque chose, soit bonne ou mauvaise, il est fort fascheux de la quitter. Mais Dieu n'a point voulu un si grand mal pour le Roy ny pour nous qui sommes catholiques.

Voy-là de quoy a servy la rupture du pont, au jugement des amis et ennemis. Et veux dire que de tous les services que j'ay jamais faicts à la Guyenne, celuy-cy est des plus remarquables, qui n'est procedé d'autre chose, sinon de la deliberation que je prins à m'aller jetter dans Agen, car autrement la ville estoit abandonnée, et monsieur l'Admiral s'en venoit droict là et non au port Saincte Marie, ny à Aguillon, comme il fut contrainct de faire; car à Lauserte le conseil fut tenu qu'au partir de là on s'en venoit loger à Castel-Sagrat, Monjoy, Sainct Maurin et

Ferussac, et le lendemain à Agen, tenant pour certain qu'ils n'y trouveroient aucune resistance. Si cela fust advenu, il eust bien eu les coudées franches, et dans deux grosses rivieres eust non seulement rafreschy son armée, mais aussi asseuré le pays pour luy. Je sçay bien qu'il fut respondu à monsieur l'Admiral par deux ou trois, que s'il estoit vray que j'y fusse dedans, ils ne m'en tireroient qu'en pieces, et que j'avois bien faict en ma vie de plus grandes folies que celle-là : et en y eut qui dirent qu'ils m'avoient veu engager en trois ou quatre places, la plus forte desquelles ne valoit pas la moitié d'Agen, et que j'en estois sorty à mon honneur. Ceux-là qui respondoient cela le pouvoient bien tesmoigner à la verité, car ils s'estoient trouvez avec moy en ces lieux au besoin. Monsieur l'Admiral soustenoit tousjours qu'il estoit bien asseuré que je n'estois pas à Agen pour y demeurer, et que dés que j'entendrois qu'il y viendroit, que ma deliberation estoit de passer la Garonne et me jetter dans Lectoure, disant : « Il est trop vieux routier pour s'engager en une si mauvaise place. » Les autres asseuroient tousjours que je n'en bougerois point, à peine de leur vie : qui fut cause que monsieur l'Admiral adhera à leur opinion, et changea le chemin droict à Aguillon, s'estendant jusques au port Saincte Marie, et s'ils voyoient que j'abandonnasse la ville et que je me retirasse vers Lectoure, comme il pensoit que je fisse, ils s'en viendroient à Agen. Il a trouvé à la fin que ceux qui soustenoient que je n'en bougerois point me cognoissoient mieux que luy, et que ceux qui l'avoient adverty que je me voulois retirer à Lectoure estoient fort mal informez. Et pource que l'on m'a reproché qu'il y avoit trois ans que je n'avois rien faict qui vaille, l'on cognoistra aux œuvres que j'ay faictes pendant les trois ans, sans argent ne gens à pied ny à cheval, que si j'eusse esté secouru d'argent seulement pour soldoyer des hommes, et que le Roy m'eust donné les compagnies et gens d'armes que je demandois, j'eusse bien gardé à monsieur l'Admiral de faire boire ses chevaux en la Garonne, et les reistres de venir boire nostre vin, car le comte de Mongommery n'eust jamais eu le loisir de les appeler, et en eusse eu bon marché.

Le pont rompu, monsieur l'Admiral demeura quatre ou cinq jours ne sçachant de quel bois faire flesches, et logé chez Guillot le Sougeur, car il avoit, outre le camp du comte de Mongommery, trois cornettes de reistres engagées deçà la riviere vers Gascogne, et c'estoient ceux qui avoient passé la riviere estant logez à Labardac, et ne pouvoit trouver moyen de les retirer, à cause que le ruisseau qui passe au Paravis, monastere des religieuses, estoit si grand, qu'il n'y avoit homme qui l'osast passer à pied ne à cheval. Le comte Mongommery estoit encores à Condom et vers Nerac et Bruch. Monsieur l'Admiral fit faire un petit pont sur deux batteaux où ils pouvoient passer seulement cinq ou six chevaux au coup, et avec une corde tiroient les batteaux, à la mode d'Italie. Et comme le ruisseau commença à diminuer, les reistres le commencerent à passer à un pont de pierre qu'il y a, et s'approcherent du passage du port, et commencerent à passer ce pont de batteaux six à six ou sept à sept au plus. Et quelque grand diligence que les passagers pouvoient faire, si arrestoit-il pres d'une heure et demie avant que le batteau fust allé et revenu ; et en ceste peine passerent ces trois cornettes, qui demeurerent deux jours à passer. Monsieur le comte de Candalle et monsieur de La Vallette estoient à Staffort avec huict ou dix cornettes de gens de cheval ; et comme le comte de Mongommery abandonnà Condom pour s'approcher de la riviere, j'escrivis audit sieur comte de Candalle, que si sa deliberation estoit de combattre Mongommery sur le passage, que je me trouverois au combat avec les deux compagnies de gensdarmes que j'avois et cinq cens arquebusiers, non pour commander, mais pour luy obeyr comme le moindre soldat de la trouppe. Il me remercia fort, et me fit responce que, quand cela seroit, luy et toute la trouppe qu'il commandoit m'obeyroit ; et toutesfois il ne se parloit point que je passasse pour me joindre avec eux : et cogneus bien par la lettre que tous eussent esté bien ayses que j'eusse esté auprès d'eux ; mais La Croizette, qui estoit là, servoit de *dominus fac totum*. Encores leur manday-je que, s'ils ne vouloient que je m'y trouvasse, je ferois passer les deux compagnies et les cinq cens arquebusiers se joindre avec eux. Et par là chacun peut bien cognoistre que je n'estois pas party de monsieur le mareschal pour ne luy vouloir obeyr, puis que j'offrois d'obeyr au comte et à monsieur de La Valette, et au capitaine La Croizette mesmes, qui estoit plus grand qu'eux en leur trouppe.

Je ne veux poinct escrire comme ils firent, pour-ce que je n'y estois pas, et ne m'en suis pas informé, sauf qu'on me dict qu'ils avoient faict une charge à quelques uns qu'ils trouverent hors de Bruch, et les rembarrerent dedans ; et m'a on dict depuis que le comte de Mongommery estoit dans la ville : je ne sçay s'il est vray, et pense fort bien qu'ils firent tout ce qu'on y pouvoit faire, car ils sont trop cogneus et estimez. Le comte de Mongommery passa premierement les gens de cheval, puis ses gens de pied les uns apres les autres. Je fis passer la riviere à soixante sallades de ma compagnie et de monsieur de Fontenilles, avec trois cens arquebusiers pour les retirer, et allerent jusques à un petit village qui est aupres du passage appellé la Rozie, où ils tuerent quinze ou seize hommes, et y gaignerent douze ou treize chevaux, leur donnant une alarme bien chaude. Et m'a-on dit depuis que si nos gens de cheval eussent poussé outre jusques sur le passage, ils en eussent fait noyer deux ou trois cens, car de ceste alarme il s'en noya quatre ou cinq à la haste qu'ils avoient, et du costé de monsieur l'Admiral ne les pouvoient secourir, car ils ne pouvoient repasser que six ou sept chevaux sur le pont à batteaux, parquoy ils demeurerent cinq ou six jours à passer. Et voyla la peine en laquelle se trouva monsieur l'Admiral à pouvoir retirer à luy le comte de Mongommery et les trois cornettes de reistres.

Monsieur de La Chapelle, viceseneschal, et monsieur du Bouzet, m'avoient mandé que si je voulois donner passeport à un Huguenot à qui j'avois donné, à leur requeste, asseurance de demeurer en sa maison, il s'offroit d'aller au port Sainte Marie pour entendre et descouvrir le chemin que monsieur l'Admiral vouloit prendre apres que le comte de Mongommery seroit passé, ou bien s'ils voudroient redresser un autre pont. Je leur envoyay le passeport qu'ils me demandoient pour luy; et le jour mesmes que le comte eut achevé de passer, ce personnage fut de retour à leur maison, et leur dict et asseura qu'au partir du port Saincte Marie, qui seroit dans deux ou trois jours apres que tout seroit achevé de passer, ils prenoient leur chemin vers Thoulouse, et iroient passer à Montauban, estans deliberez de brusler toutes les maisons qui seroient à quatre lieuës aux environs de Thoulouse, et sur tout celles des presidens et conseillers; et disoit encores qu'il avoit appris d'un capitaine de gens de cheval qu'on luy avoit donné pour sa part une maison pres de Thoulouse, nommée l'Espinette, afin de la brusler: ce personnage luy respondit que c'estoit une des plus belles maisons qui fussent autour de Thoulouse; et le capitaine luy dict que si le maistre de la maison n'en avoit d'autres que celle-là, qu'il estoit sans maison. Ledict sieur du Bouzet mesmes me rapporta tout ce que ce personnage là leur avoit dict. Et tout incontinent j'en advertis monsieur le premier president, car d'en advertir monsieur le mareschal, j'estois bien certain qu'il n'eust pas bien prins mes lettres, et qu'il eust creu tout au contraire de l'advertissement que je luy en eusse donné: qui fut cause que j'en advertis ledict sieur president, et luy mandois qu'il devoit retirer monsieur de La Valette, qui desja s'en estoit retourné vers Thoulouse, et messieurs de Negrepelisse et Sarlarbous, et qu'ils ne pouvoient avoir trop de gens de bien dans la ville, car les ennemis tenoient des propos qui ne valloient rien, lesquels je ne voulois escrire, pour ce que ce n'estoit que le vulgaire de leur camp, à quoy on ne devoit adjouster aucune foy.

[1570] Voyla tout le contenu de ma lettre : je m'asseure que ledict sieur president ne l'a pas perduë. Et ainsi s'en allerent toutes les forces du port Saincte Marie, et passerent tous à la veuë du chasteau de Bajaumont, où estoit monsieur de Durfort, frere du sieur de Bajaumont qui est à ceste heure. Je sortis avec les deux compagnies de gens d'armes, et les vis tous passer à à une arquebuzade de moy, et plus pres encores, n'ayant moy que huit ou dix chevaux, ayant laissé la cavallerie un peu derriere; mais je ne l'avois peu mettre si bien à couvert que les ennemis ne la peussent voir. Jamais homme ne se desbanda pour me venir recognoistre, et camperent ceste nuit-là vers le pont du Casse, et tirant vers Sainct Maurin, puis se mirent vers ledict Sainct Maurin et autres villages là autour; et là demeurerent deux ou trois jours. Et pource que ledict sieur de Durfort avoit veu passer tout à son aise tout leur camp, gens de pied et gens de cheval, et les avoit peu nombrer à son ayse, je le priay de prendre la poste et aller advertir Sa Majesté du nombre de ce camp; et me dict, entre autres choses, qu'il avoit descouvert une troupe de cinq ou six cens chevaux qui passoient un peu plus loing que les autres, dont la pluspart n'avoient point de bottes, et que c'estoient valets et laquais qu'ils avoient fait monter à cheval pour faire nombre. Je ne faisois rien que je ne le communiquasse à l'evesque d'Agen, me fiant lors autant ou plus en luy qu'à mon frere propre, et le tenois pour un des meilleurs amis et d'aussi bonne conscience que prelat qu'il y eust en toute la France : il est sorty de la maison des Fregoses de Genes. Je baillay instruction audict sieur de Durfort, et une lettre de creance qui contenoit cecy : *Que je luy envoyois le sieur de Durfort, lequel avoit peu nombrer tout à son ayse l'armée de messieurs les princes, pour luy dire tout ce qu'il en avoit veu et nombré.* Puis luy donnois advis du chemin qu'ils tenoient, et de leur deliberation de mettre tout à feu vers Thoulouse, et en avois donné advis à monsieur le premier president, pour le dire aux gens qui avoient aux environs de la ville des maisons, afin qu'ils retirassent les meubles, et qu'ils feroient bien de retirer monsieur de Negrepelisse, si desja il n'y estoit, et messieurs de La Valette et Sarlabous; puis en un autre article, que le personnage, que je ne nomme point icy, de leur religion qui estoit allé à leur camp, avoit porté nouvelles aux sieurs de La Chappelle et du Bouzet, que le capitaine des gens de cheval à qui il avoit parlé avoit dit qu'ils avoient entreprise sur Montpellier, et le pont Sainct Esprit toute asseurée, et que je cognoissois bien le gouverneur de Montpellier, qui estoit monsieur de Castelnau, pour lequel je respondrois de ma vie, mais que je ne cognoissois pas celuy du pont Sainct Esprit; qu'il pleust à Sa Majesté en advertir lesdicts gouverneurs, afin qu'ils fussent soigneux de tenir l'œil sur leurs places, et que cela leur seroit un coup d'esperon pour leur faire prendre garde à la seureté d'icelles. Et en un autre article, que l'evesque d'Agen, lequel estoit arrivé de l'abbaye qu'il a en Languedoc pres Narbonne, m'avoit dict que tout le bas Languedoc, depuis Montpellier vers Avignon, estoient en grand peine, n'ayant aucun chef en ces quartiers, et qu'ils avoient envoyé prier monsieur le mareschal de leur vouloir envoyer monsieur de Joyeuse, car, pourvu qu'ils eussent un chef, ils seroient prou gens pour deffendre le pays; et que s'il sembloit bon à Sa Majesté, qu'elle devoit mander à monsieur le mareschal qu'il laissast aller monsieur de Joyeuse au bas Languedoc, il avoit prou d'autres grands capitaines pres de luy, parce que ledit sieur de Joyeuse y serviroit de beaucoup, à ce que m'avoit dict ledit evesque. Et en un autre article, que s'il plaisoit à sadicte Majesté de faire marcher Monsieur avec la moitié seulement de son armée, que nous estions assez forts pour combattre des forces plus grandes que celles de messieurs les princes, et qu'il m'estimast pour l'un des plus meschans hommes qui porta jamais armes, si Monsieur marchoit avec la moitié de l'armée, mais qu'il amenast les reistres, s'il ne desfaisoit les princes, et mettroit fin à la guerre; et si Sa Majesté ne trouvoit bon que Monsieur y vinst, qu'il commandast à monsieur le prince Dauphin (1) qu'il marchast avec le camp vers le pays de Roüergue, avec lequel je me joindrois, et que nous trouverions bien moyen que monsieur le mareschal Danville s'y joindroit aussi, et qu'autour de Thoulouse et au chemin qu'ils feroient nous les combattrions à nostre advantage.

Voylà tous les articles de mes instructions. Et à dire le vray, il ne s'en fust jamais retourné un en France, ou ils se fussent cachez dans les villes, et eussions gardé le pays. Que s'ils fussent esté rompus ou separez, malaisément se fussent-ils jamais r'alliez. Ce bon evesque d'Agen m'avoit dict qu'il tenoit Narbonne pour perduë, et que monsieur de Rieux (2), qui en estoit gouverneur, estoit huguenot, et qu'il avoit chassé un des principaux Catholiques de la ville auquel tous les Catholiques s'addressoient, et que la ville en estoit à demy desesperée, mesmes que les Catholiques avoient mandé à monsieur le mareschal, pour le supplier de vouloir escrire à monsieur de Rieux de le laisser r'entrer dans la ville, lequel sieur de Rieux luy avoit renvoyé force excuses qu'il ne le pouvoit faire. Et voyant que monsieur le mareschal ne prenoit pas trop les choses à cœur pour le faire r'entrer, les Catholiques s'estoient retirez au parlement, lequel l'avoit remonstré à monsieur le mareschal, et que de nouveau il en avoit escrit audict sieur de Rieux, qui n'en avoit voulu rien faire, et que tout le peuple se tenoit entierement pour perdu. Je le contay audict sieur de Durfort, non qu'il fust escrit aux articles, ne moins luy donnay-je charge d'en parler au Roy, car peut estre cela n'estoit pas vray; mais, pour en estre certain, il le devoit demander audict evesque, et s'il vouloit que de par luy il le dist au Roy. Ledict evesque luy dict tout en la mesme sorte qu'il m'avoit conté, et de plus que luy mesmes le vouloit escrire au Roy, ce qu'il fist. Ledict sieur de Durfort ne voulut prendre la lettre qu'il ne vid ce qui estoit couché dedans, comme il fit; et alors ledict sieur de Durfort print la lettre, et me dict qu'il avoit veu ce que ledict evesque escrivoit au Roy, et que c'estoit en la mesme forme qu'il le m'avoit dit. Voilà le contenu de mes instructions, car de creance ledict Durfort n'en apporta que ce qui estoit contenu dans icelles instructions, et me dict franchement qu'il n'apporteroit jamais creance sans instruction signée. Voyla surquoy monsieur le mareschal Danville s'est fondé d'escrire une lettre diffamatoire (3) contre moy. Que si n'eust esté le respect de ceux ausquels il appartient, et l'estat qu'il tient du

---

(1) Le fils du duc de Montpensier.
(2) François de la Jugie, baron de Rieux.
(3) Voici cette lettre :

« Sire, la fidélité acquise en notre maison, par les longs services de feu monsieur le connétable, qui nous l'a laissée à toute notre postérité pour perpétuel héritage, fera que les impostures que Montluc m'a voulu mettre sus, le rendront tout autant menteur que les effets feront foy du contraire. Je dis ceci, Sire, pour autant que j'ai été fidèlement averti que ces jours passés le vénérable seigneur a envoyé devers Votre Majesté le protonotaire de sainct Crapas, autrement appelé d'Oxfort, pour vous faire entendre, avec une infinité d'autres menteries qu'il a semées par votre Cour, que les enne-

Roy, je me fusse essayé de luy apprendre comme il doit donner desmanties sans bien estre adverty de la verité. Je les luy pouvois bien donner, d'autant que le tesmoignage du Roy et les instructions eussent declaré la verité ; mais il me suffit que le Roy et la Royne sçavent le contraire de ce qu'il a couché dans sa lettre, et que ma conscience en est du tout exempte. Nous verrons de luy ou de moy qui mieux servira son maistre : il a deux advantages sur moy, il est grand seigneur et jeune, et moy pauvre et vieux ; si suis-je gentil-homme et chevalier qui n'ay jamais souffert injure, et suis moins taillé que jamais de l'endurer, tant que pourray porter espée. J'oserois croire que pour lors le susdict evesque n'avoit encores rien entendu de l'entreprinse que l'on a voulu executer contre moy ; mais son meschant frere vint demeurer quatre ou cinq jours avec luy, lequel pendant ce temps le convertit d'entendre à ceste belle execution, de laquelle je n'escriray rien d'advantage, car Dieu a commencé faire paroistre ses miracles pour me venger : j'espere tant en luy, qu'il ne s'arrestera pas là. Or les princes s'en allerent par le mesme chemin que j'avois mandé à monsieur le president, et firent l'execution du bruslement entreprins. Je voudrois de bon cœur que mon advertissement ne se fust pas trouvé veritable, car j'ay apprins de beaucoup de gens de bien de Thoulouse que l'armée des princes leur apporta dommage de plus d'un million de francs. Je ne me veux mesler de mettre icy ce qu'ils firent par le Languedoc, car je ne me mesle point d'escrire ce que les autres ont fait, ou le devoir auquel se mit ledit sieur mareschal, et retourneray à une lettre que le Roy m'escrivit pour aller en Bearn.

Sa Majesté me mandoit que j'assemblasse tant de gens que je pourrois et le plus promptement, et que je prinsse de l'artillerie à Thoulouse, à Bayonne et Bordeaux, et là où j'en trouverois, et que j'allasse attaquer le pays de Bearn. Et escrivoit à messieurs les capitouls de Thoulouse de me bailler de l'artillerie et munitions : d'argent, il ne s'en parloit point pour les frais ou pour payer les gens de pied et l'equipage du canon ; et Dieu sçait si en telles entreprises il faut que rien manque. Une armée ressemble un orloge ; si rien deffaut, tout va mal à propos. Je luy envoyay Espalanques, gentil-homme bearnois, avec ample instruction de ce qu'il me falloit et qui estoit necessaire pour marcher ; et fus contrainct de ce faire, pource que les lettres que Sa Majesté m'avoit escrites pour l'entreprise estoient si maigres, qu'il sembloit que celuy qui les avoit devisées n'avoit point grand envie que j'y allasse ou bien que j'y fisse rien qui valust, si ce n'est qu'il fust du tout ignorant. Mais je ne luy en manday autre chose, sinon d'escrire une lettre bien pressante aux capitouls, pour me prester deux canons et une coulevrine avec des munitions, et dont je leur respondrois, car l'artillerie et munitions sont à eux. Desja ils m'avoient fait responce n'avoir point d'artillerie preste, ny moins de munition, à cause que monsieur de Bellegarde leur avoit despendu la plus part d'icelle au Carla et à Paylaurens, et que monsieur le mareschal Danville leur avoit despendu le reste à Mazeres. J'escrivois aussi à Sa Majesté qu'il luy pleust commander à monsieur de Valence qu'il me fist delivrer un peu d'argent pour faire une monstre, où à tout le moins une demy monstre aux gens de pied, pour acheter de la poudre, car en deux ans que ceste

---

mis de votre couronne avoient intelligence, par mon moyen, dans deux villes de mon gouvernement, à sçavoir, Toulouse et Narbonne ; et qu'à cette cause, ceux de cette ville avoient grand' deffiance et soupçon de moi, qui avois toujours retenu monsieur de Joyeuse icy, pour donner plus de commodité aux ennemis d'exécuter l'entreprise qu'ils avoient sur Narbonne ; et parce que cela est autant éloigné de la vérité comme sont les autres inventions avec lesquelles il veut couvrir son infidélité, il n'a semblé, vu les déraisonnables débordemens de ce téméraire imposteur, que je ne devois plus differer que avec l'argument d'une telle conséquence, réservant toujours l'honneur, respect et obéissance que je dois à Votre Majesté, lui promettre et assurer qu'en cet endroit et tout autre que ledit Montluc a médit de moy au préjudice de mon honneur, il a menti et ment, ainsi que j'espère faire connoître à Votre Majesté et à tout le monde, avec l'intégrité de ma conscience, et particuliérement à lui, quoiqu'il me faille abaisser pour contendre avec un sien semblable, non avec paroles, dont il fait si grandes largesses, mais de sa personne à la mienne, sur quoy je me réserveray à procéder par les voies qui sont permises. Cependant je me veux promettre que le temps, qui découvre toutes choses, rendra à un chacun ce qui lui appartient ; mais, d'autant, Sire, qu'il s'y agit de mon honneur et de votre service, je vous supplie très-humblement éclaircir ce qui vous touche, car, quant au mien, je lui feray bien sentir que je le prise et estime tout autant comme il n'a guères tenu compte du sien. Commandez-nous donc que quelque part vous aille rendre compte de sa charge, et vous trouverez à tout le moins que je n'ay point rançonné votre pauvre peuple, je n'ay point violé leurs filles et leurs femmes, je n'ay point touché à vos finances ; bref, je n'ay fait chose qui ne soit digne d'un homme de mon extraction et bon serviteur de Vetre Majesté, et nous verrons lors si sa tête tient aussi bien que la mienne. Espérant ce bien de vous, je supplie le Créateur, Sire, qu'il conserve Votre Majesté en santé très-heureuse et longue vie.

» Votre très-humble, etc.

» HENRY DE MONTMORENCY.

« De Toulouse, ce 27 février 1570. »

guerre a duré, tous les gens de pied que j'ay levez de par deça n'ont fait que deux monstres, et la pluspart qu'une ; et aussi qu'il mandast à monsieur de Valence qu'il fist venir avec moy un thresorier pour faire les frais de l'artillerie, et qu'attendant le retour d'Espalanques, je donnerois si bon et prompt ordre à toutes choses necessaires, qu'il me trouveroit à son arrivée prest à marcher.

Voy-là toutes les demandes que je faisois au Roy. Sa responce fut qu'il trouvoit fort estrange que je misse ce voyage en telle longueur, et qu'il pensoit que je fusse desja dans le pays, et que si je ne voulois faire autrement que j'avois faict jusques icy, qu'il y pourvoyroit aussi autrement, et qu'il y avoit trois ans que je n'avois rien faict qui vaille. Ces lettres me mirent en tel desespoir et colere, qu'une fois je fus resolu de n'y aller point et d'escrire au Roy qu'il y envoyast un autre qui y eust fait cy-devant mieux que moy, et qui achevast la besongne comme monsieur de Terride avoit faict. Toutesfois à la fin je me resolus de ne le faire, cognoissant bien que ces lettres ne venoient pas du naturel du Roy, de la Royne, ny de Monsieur, car il y en avoit de tous trois, aussi picquantes l'une que l'autre. Je cognoissois bien que cecy venoit du conseil de mes ennemis que j'ay pres leurs Majestez, car le Roy, la Royne ny Monsieur n'escrivirent jamais lettre au plus grand ennemy qu'ils ayent eu si picquantes que celles-là, et ne les monstray qu'à monsieur de Valence mon frere, de crainte que tout le monde ne perdist le cœur, à mon exemple, de faire jamais service au Roy ; car tous generalement, de quelque vacation qu'ils fussent, sçavoient bien le contraire, et que j'avois fort bien faict avec le peu de moyens qu'on m'avoit laissé. Et lors je cogneus bien qu'on me vouloit jetter toutes les fautes qui estoient advenuës par deça sur mes espaules, n'ayant personne à la Cour pour me deffendre. Je cognois à present, que la plus grande faute que j'ay faict en ma vie, ç'a esté de n'avoir voulu despendre, depuis que les vieux sont morts, que du Roy et de la Royne, et qu'un homme qui a charge est plus asseuré de despendre d'un monsieur ou d'une madame, ou d'un cardinal ou d'un mareschal, que non du Roy, de la Royne ny de Monsieur ; car ils desguiseront tousjours à leurs Majestez les affaires comme bon leur semblera, et en seront creuz de tous trois, car ils n'y voyent que par les yeux d'autruy, et n'y oyent que par les oreilles des autres. Cela est mauvais, mais il est impossible d'y mettre ordre, et celuy qui aura bien faict, demeurera en arriere. Par ainsi, si je pouvois retourner à mon commencement d'aage, je ne me soucierois jamais de dependre du Roy ny de la Royne, sinon de ceux qui ont credit pres de leurs Majestez ; car, encore que je fisse le plus mal qu'homme sçauroit faire, ils me couvriroient mes fautes, voyant que je ne despendrois que d'eux ; et leur bien et honneur est d'avoir des serviteurs qu'ils appellent creatures. Si le Roy ne faisoit du bien que de luymesmes, il leur rongneroit les ongles. Mais qui veut avoir recompence, qui veut estre cogneu, il faut se donner à monsieur ou à madame, car le Roy donne tout à eux, et ne cognoit les autres que par leur rapport. Je suis bien marry que je ne puis retourner à mon jeune aage, car je me sçaurois bien mieux gouverner que je n'ay fait jusques icy, et ne me fonderois pas tant en l'esperance des roys que des autres qui seroient pres d'eux. Mais je suis à present vieux et ne puis retourner jeune ; parquoy il faut que je suive la complexion que j'ay tout jamais euë, car je ne sçaurois par quel bout commencer pour en prendre un autre : il n'est pas temps, cela peut estre servira pour ceux que je delaisse. Mais si le Roy les veut tromper, qu'il soit veritablement roy, et ne donne rien que de luymesmes : O qu'il y en aura qui seront trompez !

Encores ay-je fait une autre faute, c'est de n'avoir tenu quelqu'un de mes enfans pres du Roy ; ils estoient assez bien nez pour se faire aymer de leurs Majestez. Mais Dieu m'osta mon Marc Antoine trop tost, et depuis, le capitaine Montluc, qui fut tué à Maderes ; l'un ou l'autre eust fait taire ceux qui voudroient controller et calomnier mes actions. Leurs desmentis de si loing ne me pouvoient faire mal : si nous estions à une picque les uns des autres, je leur ferois, tout vieux que je suis, trembler le cœur au ventre. Je ne les tenois pas pres de moy pour estre oisifs, mais pour apprendre mon mestier ; car le premier a suyvy les armes, et s'y est fait remarquer, et m'a suyvy en mes voyages ; le second avoit acquis tel credit en Guyenne, que j'estois bien aise, pendant la guerre, qu'il n'en bougeast ; le troisieme depuis son retour de Malthe m'a suyvy en ces guerres, et le dernier aussi. Mais je laisse ce propos, qui me met en colere, pour retourner à l'entreprinse. Monsieur de Valence s'en courut à Bordeaux, voir s'il y avoit moyen de trouver argent aux finances, et me manda n'en y avoir trouvé un seul liard ; toutes-fois, qu'il avoit tant fait que l'on avoit emprunté quatorze mil francs, lesquels il avoit fait bailler à un commis pour faire tenir pres de moy, et que dans dix jours il m'en feroit tenir autant ; mais qu'il ne falloit nullement esperer d'en avoir d'avantage, et que le receveur avoit encores emprunté cela. Monsieur de Fontenilles s'en alla à Thoulouse avec procuration mienne, pour nous obliger tous deux de rendre et payer les munitions, si le Roy ne le faisoit ; et en ceste condition ils me presteront un canon et une coulevrine, avec quelque peu de munitions. Je fis partir messieurs de Montespan et de Madaillan, avec cent chevaux choisis en la compagnie de monsieur de Gondrin et la mienne, droit à Bayonne, pour tenir escorte à l'artillerie que monsieur le vicomte d'Orthe (1) me devoit envoyer. Et envoyay monsieur de Gondrin à Nogarol, pour commencer à dresser l'armée, et monsieur de Sainctorens avec luy, à qui j'avois baillé la charge de mareschal de camp ; et moy je demeuray quatre ou cinq jours, pour faire advancer les gens de pied et de cheval, et donner temps ausdits commissaires de vivres d'aller par les provinces executer les mandemens que j'avois baillé pour faire advancer les vivres. Et ne demeuray que six jours à temporiser, puis m'en allay en deux jours à Nogarol. Là nous entrasmes incontinent en conseil, pour deliberer par quel moyen devions commencer. Les uns dirent que je devois commencer par Sainct Sever, d'autres disoient que je devois aller droit à Pau. Mon opinion fut que je devois aller commencer à Rabastens, pour-ce que, commençant par là, je mettrois derriere moy tout le meilleur pays de Gascoigne pour les vivres ; et d'autre part, que Rabastens estoit un chasteau le plus fort que fust en la puissance de la royne de Navarre, et que si je le prenois par force, comme je voyois qu'il falloit qu'il se prinst ainsi, car l'on estoit bien asseuré qu'ils ne se rendroient pas legerement, je voulois faire mettre tout au fil de l'espée, m'asseurant que cela donneroit une si grand peur à tout le demeurant du pays de Bearn, qu'il n'y auroit aucune place qui osast attendre le siege, si ce n'estoit Navarreins : et d'autre part, que ceux de Thoulouse, entendant ce bon commencement, ils n'espargneroient rien à me fournir, voyant que les choses me succederoient à bien. Et au contraire, si je commençois à Sainct Sever, je me jettois sur les landes là où il n'y a que sable, où mes gens mourroient de faim, et n'auroient aucun secours de Bourdeaux, encores que je prinsse bien Sainct Sever ; par ainsi, qu'il valoit mieux aller commencer par le plus fort, et y employer promptement mes forces, que non à la plus foible, allant de jour à autre perdant le temps. Voy-là ma proposition, laquelle à la fin fut trouvée bonne, et suivie de tous ; mais sur tout je leur dis que, pour mettre les ennemis en peur, il falloit tuer tout ce qui se presenteroit et qui feroit teste, et que cela occasionneroit messieurs de Thoulouse à nous accommoder de ce qui nous seroit necessaire, voyant que c'estoit bon jeu bon argent.

Ce conseil se tint à mon arrivée ; et le matin devant le jour je prins vingt cinq ou trente chevaux, et m'en allay en diligence à Dacqs. Monsieur de Gondrin me monstra une lettre que monsieur de Montespan, son fils, luy avoit escrit de Bayonne, que l'artillerie n'estoit pas si preste comme nous pensions, mais bien que monsieur le vicomte d'Orthe y faisoit toute la diligence qu'il pouvoit ; et dés que je fus à Dacqs, je luy depeschay deux gentils-hommes, queuë sur queuë, pour la faire haster. Or mandois-je à monsieur le vicomte que je le priois de s'advancer un jour ou deux devant, et qu'il regardast s'il pourroit amener avec luy messieurs de Luxe et de Damezan, afin de prendre conseil d'eux de ce que nous aurions affaire ; ce qu'il fit, et amena ledit sieur de Damezan avec luy, et ne peut si tost recouvrer monsieur de Luxe. A Dacqs, je luy remonstray le conseil que nous avions tenu à Nogarol, et mon opinion, laquelle fut trouvée bonne par tous, et mesmement par monsieur de Damezan, qui me dit que si nous venions droit à Sainct Sever, ils n'auroient moyen de tirer un Basque du pays, par-ce qu'il falloit qu'ils passassent les eauës par le pays des ennemis ; mais que si j'allois commencer par-là où j'avois proposé, dés que je serois à Nay, tout le pays des Basques et la vallée du Sault et Daspe, se joindroient à moy. Je fus fort aise de ce que je les trouvay de mon opinion. Je fus contraint de demeurer trois jours à Dacqs avant que l'artillerie fust arrivée. Je laissay deux canons à monsieur le vicomte d'Orthe, avec des munitions, lequel devoit marcher droit à Pau incontinent qu'il auroit entendu que j'aurois prins Rabastens, et en mesme temps que je marcherois, je luy devois envoyer deux compagnies de gens d'armes pour luy aller au devant, et deux de gens de pied qui estoient au Mont de Marsan, et mil hommes qu'il avoit auprés de luy, de ses terres ou bien de Labour. Et luy laissay monsieur d'Amou pour le soulager, et quelques autres gentils-hommes du pays voisin de Dacqs, et commençay à marcher avec l'artillerie jour et nuict. Monsieur de Montamat, lieutenant de la royne de Navarre en ce pays-là, ne pouvoit deviner quel chemin je voulois prendre, ou si j'irois droit à Pau ou à Rabastens, car dés Sainct Sever il cogneut bien à ma desmarche que je ne prenois pas ce chemin-là, mais s'attendoit que j'irois droit audict Rabastens ou à Pau. Je diligen-

(1) D'Aspremont, vicomte d'Orthez.

tay tant, que je fus en deux jours et deux nuicts avec quatre canons, une grande coulevrine et deux bastardes, aupres de Nogarol ; messieurs de Gondrin et de Sainctorens se joignirent à moy, et ainsi marchasmes droit à Rabastens, et en trois jours nous y fusmes devant avec la plus grand part de la cavallerie et de l'infanterie. Il pleuvoit tousjours, de sorte que les ruisseaux venoient grands : qui fut cause que l'artillerie ne fust pas si tost devant Rabastens comme l'armée. Incontinent que j'arrivay, je prins le commissaire Fredeville et le sieur de Leberon, lesquels avoient desja recogneu le matin devant le jour, comme aussi avoient fait le capitaine Saincte Colombe, monsieur de Basillac, et autres gentils-hommes voisins de-là, et les trouvay en dispute : les uns disoient qu'il falloit prendre premierement la ville, par dedans laquelle il falloit battre le chasteau ; les autres, et mesmes tous ceux de Bearn, que je devois attaquer le chasteau par le dehors, comme Fredeville estoit mesmes de leur opinion. Je voulus voir la dispute à l'œil, car en ces choses je ne me suis jamais fié à personne, et un bon assiegeur de places en doit faire ainsi ; et amenay les susdits de Fredeville et de Leberon seuls avec moy ; et encores qu'ils tirassent fort, si ne me garderent-ils point de recognoistre à ma volonté ; et me retiray pres du chasteau, dans une petite loge couverte de paille, et là je fis confesser audit de Fredeville que c'estoit la ville que nous devions attacquer la premiere, et par dedans icelle le chasteau. Et ainsi nous tirasmes l'un apres l'autre courant, car il ne faisoit guere bon s'y arrester, et allasmes conclure avec messieurs de Gondrin, de Basillac, de Sevignac, de Sainctorens, de Montespan, de Madaillan, et du capitaine Paucillac, colonnel de l'infanterie, qu'il nous falloit attaquer la ville. J'employay tout le demeurant du jour à faire faire des gabions et fassines, et au point du jour j'euz l'artillerie en batterie devant la ville : dans peu de vollées la canon fit breche. Leur deliberation n'estoit pas de tenir la ville, car ils avoient remply toutes les maisons de paille et fagots ; et comme ils virent que nos gens alloient à l'assaut, tout à coup ils mirent le feu à la ville, et coururent se jetter dans le chasteau, hommes, femmes et enfans. Nos gens firent ce qu'ils purent pour garantir la ville afin qu'elle ne se brulast, mais ils tiroient tant du chasteau, qu'il n'y eut ordre de garder qu'il ne s'en brulast la pluspart. Et la nuict apres je mis l'artillerie dedans, et commençay de battre un corps de maison qui tiroit à main gauche, là où il y avoit un tourrion au bout qui couvroit le pont levis et la porte du chasteau ;

et sur le soir ledit corps de logis fut tout ouvert, et le tourrion par terre. Et le matin au point du jour nous commençasmes à battre leur grand tour où estoit l'orloge, et en mesme temps que la batterie se faisoit, nos soldats gaignerent la porte de la ville qui estoit tout aupres de celle du chasteau, à dix pas au plus, et qui pouvoit voir un peu des fausses brayes ; toutes-fois il y avoit un grand terrain de la hauteur d'une picque, et d'autant d'espesseur, fait de fassines en maniere de rampart, qui couvroit leur pont levis, qu'estoit cause que nos gens ne leur pouvoient pas porter grand dommage, si faisoient bien eux aux nostres ; mais nous y mismes quelques barriques et tables qui tenoient un peu en seureté nos gens qui estoient sur ledit portail. Tout le jour nostre artillerie battit le visage de la tour, et à la fin ladicte tour fut ouverte, puis fis tirer de l'autre qui tiroit dans le chasteau, et jusques au lendemain qui fut le troisième jour jusques midy nous n'en peusmes veoir la fin. Monsieur de Fontenilles et le capitaine Moret arriverent avec le canon et une grand coulevrine de Thoulouse qui ne servit de rien, car elle se mit en cinquante pieces, et le canon fut esventé.

Je fis remuer deux canons à main gauche, tout aupres de la muraille de la ville qui voyoit l'autre visage de main gauche : mon intention estoit que si je pouvois faire tomber la tour devers nous, elle combleroit tout le fossé qu'estoit plein d'eaüe, et rempliroit les fauces brayes de cest endroit là, et que nous pourrions aller à l'assaut par dessus la ruyne qui m'auroit comblé le fossé, car la tour estoit fort haute. Tout le quatriesme jour avec ces deux canons je battis ce visage de la tour, et à la fin j'en fus maistre, et ne demeura que le costé de main droite et les coins. Alors je fis tirer au premier canton qui faisoit visage à l'artillerie premiere du costé de main gauche, et des deux pieces que j'avois remuées la nuict à l'autre canton qui tiroit vers la ville ; et en dix ou douze coups, les cantons furent rompus et la tour tombée devers nous, et là où je la demandois ; mais, quelque hauteur et grosseur qu'elle eust, elle ne sceut du tout remplir le fossé, dans lequel il falloit descendre bien profond : il est vray que la ruyne de la tour avoit beu l'eau, et avoit remply une partie du fossé, mais non pas tellement qu'il ne fallust encore descendre bien bas. La nuict du cinquiesme jour, les sieurs de Basillac et baron de Sainct Lary m'amenerent cinquante ou soixante pionniers, car tous ceux que j'avois s'en estoient fuis et desrobez ; et ils les prenoient en leurs terres voisines de-là. Je les baillay à monsieur de Leberon et au capitaine Montaut son beau frere, et trente ou quarante soldats que les capitaines l'Artigue et Soles faisoient travailler : les capitaines mesmes leur aidoient ; c'estoit pour oster le terrain, afin que l'artillerie peust voir le pont levis et battre le costé d'iceluy, afin que la balle passast par flanc au long, et en courtine au long de la bresche par dedans ; et aussi ils avoient fait une barriquade sur des chambres, de sorte qu'on ne pouvoit aucunement voir par un des deux costez. Je baillay la charge au vicomte d'Usa de remuer les deux canons à l'endroit où monsieur de Leberon faisoit tirer le terre-plain, et m'en allay un peu reposer, car c'estoit la cinquiesme nuict que je n'avois pas eu une heure entiere de repos. Et à la pointe du jour j'ouys tirer les deux canons ; et ne pensois point qu'il fust possible que de toute ceste nuict le terrain peust estre osté, à tout le moins tout ce qui nous faisoit empeschement. Nostre artillerie commença à faire des siennes tout au long de ce flanc ; et nous cousta beaucoup de rompre ceste barriquade qui nous portoit un grandissime dommage, car ils tiroient desesperément à nos deux canons. Je fis aller reposer le vicomte d'Usa, monsieur de Leberon et le capitaine Montaut, et laissay monsieur de Basillac pour secourir l'artillerie. Nous fismes faire un trou à la muraille de la ville, tout à l'endroit de nostre artillerie, afin d'y venir en seureté par le dehors, car par le dedans il n'y avoit ordre sans estre tué ou blessé. J'avois baillé au capitaine Bahus la charge de faire faire des gabions ce quatriesme jour, qui avoit fait grand diligence ; mais il les fit faire trop petits, car le vent de nostre artillerie les eust bien tost mis en pieces, qui est une chose à laquelle il faut prendre garde. Toute nostre cavallerie estoit en des villages à une lieuë et demie de nous, là où il avoit commodité de faire vivre les chevaux, et avoient commandement d'estre toute la nuict en campagne, pour garder que secours ne vinst. Nous avions prins un grand pacquet de lettres le jour propre que nous arrivasmes à Rabastens, que monsieur de Montamat envoyoit au vicomte de Caumon, monsieur de Dandaux, et plusieurs autres, jusques au nombre de trente ou quarante lettres, par lesquelles il les prioit de venir secourir le pays de Bearn, s'ils desiroient faire service à la royne de Navarre et à monsieur le prince, et qu'ils n'estoient pas assez forts pour deffendre le pays s'ils ne le venoient secourir ; que desja il leur en avoit escrit par deux ou trois fois ; et qu'ils luy mandassent quand ils seroient prests, car dans une nuict ils feroient si grand cavalcade qu'ils se joindroient à eux, pour incontinent se retirer tous ensemble dans le pays de Bearn ; ou autrement qu'il seroit contrainct d'abandonner le plat pays, n'ayant assez de forces pour y resister ; qu'il voyoit bien qu'il n'avoit pas affaire à monsieur de Terride : ce que nous fut cause de prendre la resolution qui s'ensuit.

Premierement, de mander au baron de Larbous (1), qui venoit avec la compagnie de monsieur de Gramont du haut de Comenge, pour se venir joindre avec nous, qu'il fist alte és environs de là où il falloit que les secours passast, et que jour et nuict il tinst gens de cheval sur les passages, afin de nous tenir advertis, et qu'il n'empeschast point le passage, mais seulement se mist sur la queuë. Puis despechay le capitaine Mausan, qui estoit de ma compagnie, pour s'en aller aux vallées, par là où il falloit que les ennemis passassent ; et commanday qu'avec le bat-sain (2) ils fissent lever toutes les communes des vallées et villages, et se joignissent avec le baron de Larbous pour se jetter à leur queuë. Puis de nostre costé une partie de nostre cavallerie estoit toutes les nuicts à cheval, et tenions des sentinelles jusques aupres de Nay, car il falloit que monsieur de Montamat passast au pont dudit Nay pour venir au devant de son secours ; et que monsieur de Gondrin demeureroit avec vingt sallades et quatre enseignes de gens de pied à l'artillerie, si nous n'avions prins le chasteau avant que ledit Montamat et son secours s'assemblassent, et que je marcherois avec le reste du camp jour et nuict, quand l'advertissement nous viendroit pour les aller combattre. Voy-là l'ordre que nous tenions si le secours leur fust venu, et faisions estat que s'ils deffaisoient cela, tout le pays de Bearn estoit perdu. Je vous dis et escris cecy, afin que ceux qui se trouveront en semblables besongnes y prennent exemple : je dis les jeunes capitaines, car les vieux routiers sçavent bien qu'il en faut faire ainsi. Ma deliberation estoit aussi, le chasteau estans prins, de depescher un gentil-homme vers Sa Majesté, qui courroit jour et nuict pour l'advertir de la prinse, afin qu'il envoyast dire par quelque gentil-homme à monsieur le mareschal Danville, qui estoit vers Montpellier apres les ennemis [je ne sçay pas s'il leur fit grand mal], qu'il mandast à Thoulouse que l'on me fist venir huict canons des douze de Narbonne qui estoient encores audict Thoulouse ; qu'il envoyast à la cour de parlement et capitouls des lettres pour les esmouvoir à promptement faire les frais pour m'amener lesdits huict canons ; et cependant nous

(1) Savary d'Aure, baron de Larbous.
(2) C'est-à-dire le tocsin.

irions attaquer un autre chasteau à deux petites lieuës de Rabastens, qui n'estoit pas beaucoup fort; et de là devions aller passer le Gave au dessous de Nay, à un gué que les gentils-hommes bearnois qui estoient avec nous sçavoient, et prendre Nay pour là dresser le magasin de nos vivres, et là recevoir messieurs de Luxe, de Damezan, vicomte de Chaux, et Dalmalbarix avec les Basques qu'ils devoient mener pour marcher devant Pau, où le vicomte d'Orthe se devoit rendre avec les deux canons et la coulevrine qui estoit demeurée entre ses mains à Dacqs : et estions bien asseurez que tout le pays se rendroit incontinent à nous, les uns par amour, les autres par crainte de leurs vies et biens. Et ayant prins Pau et les huict canons venus, nous voulions marcher devant Navarreins : et qui m'eust mis à jurer si je le prendrois ou non, j'eusse plustost juré ouy que non, car nous avions des gentils-hommes de Bearn et Bigorre avec nous, et principallement monsieur de Bazillac, qui commandoit l'artillerie au siege de Navarreins pour monsieur de Terride, qui disoit, et a dit depuis, que si on eust assailly Navarreins comme nous avions fait Rabastens, plus facilement l'eussions emporté que Rabastens : et estimoient tous ceux qui cognoissoient l'une place et l'autre, que Rabastens estoit plus fort que Navarreins.

Mais comme les hommes proposent, Dieu en dispose à sa volonté, et fit tourner la chanse bien au rebours, car le cinquiesme jour du siege et le vingt troisiesme jour de juillet 1570, un jour de dimanche, environ les deux heures apres midy, je me deliberay de donner l'assaut : et fut l'ordre tel, que monsieur de Sainctorens, mareschal de camp, ameneroit les trouppes à la bresche les unes apres les autres ; j'ordonnay que l'on mettroit toutes les compagnies de quatre en quatre hors la ville, lesquelles ne bougeroient point de leurs lieux que monsieur de Sainctorens ne les allast querir, lequel devoit demeurer trois quarts d'heure entre deux, et faire marcher les trouppes l'une apres l'autre ; et fut ordonné que les deux capitaines qui estoient de la garde aupres de la breche, donneroient des premiers, qui estoient Lartigue et Salles de Bearn. Et en achevant nostre ordre on me vint dire que nos deux canons qui battoient par flanc, lesquels la nuict l'on avoit remuez, estoient abandonnez, et qu'il n'y avoit homme qui s'y osast moustrer, car nostre artillerie mesmes avoit ruiné tous les gabions. Je laissay entre les mains de messieurs de Gondrin et de Sainctorens de parachever l'ordre du combat, c'est à sçavoir quelles compagnies iroient une apres l'autre, et le mettroient par escrit; et

m'en courus par dehors au trou de la muraille, et n'y trouvay que dix ou douze pionniers le ventre à terre, car Tibauville, commissaire d'artillerie, qui tiroit de ces deux canons, avoit esté contraint de les abandonner, et monsieur de Basillac mesmes. Et comme à mon arrivée je vis ce desordre, promptement me souvint d'une quantité de fassines que j'avois faict apporter le jour devant dans la ville, et dis aux gentils-hommes ces parolles : « Gentils-hommes mes compagnons, j'ay tousjours veu et ouy dire qu'il n'y a travail ny faction que de noblesse : suyvez-moy tous, je vous prie, et faites comme moy. » Ils ne se firent pas prier, et allasmes à grand pas droict aux fassines qui estoient dans la ville, et au milieu d'une ruë où il n'y avoit homme qui osast demeurer, et prins une fassine sur le col, et toute ceste noblesse en print chacun la sienne, et y en avoit prou qui en portoient deux, et tournasmes sortir hors la ville, par là où nous estions entrez; et ainsi marchay le premier jusques au trou. Et en nous en allant j'avois commandé que l'on me fist venir quatre ou cinq hallebardiers, lesquels je trouvay arrivez au trou, et les fis entrer : nous leur jettions les fassines dans le trou, et eux avec la poincte des hallebardes les prenoient et les couroient jetter sur les gabions pour les hausser. J'oserois affermer, et à la verité, que nous ne demeurasmes point un quart d'heure à faire ceste diligence. Et incontinent que l'artillerie fut couverte, Tibauville r'entra et les canonniers, et commença à tirer plus furieusement qu'ils n'avoient faict tous les autres jours, car il sembloit qu'un coup n'attendoit pas l'autre, et tout le monde le secouroit d'une fort grande volonté. Capitaines, si vous faictes ainsi, et que vous mettiez la main à la besongne, vous y ferez aller tout le monde : la honte mesmes les y pousse et les y force. Quand il faict chaud en quelque lieu, si le chef n'y va, ou pour le moins quelque homme signalé, le reste ne va que d'une fesse et gronde qu'on les envoye à la mort. Puis que vous desirez de l'honneur, il faut prendre le hasard souvent autant que le moindre soldat.

Je ne veux poinct desrober l'honneur de personne, car je pense avoir assisté en autant de batteries qu'homme qui soit aujourd'huy en vie, et veux dire n'avoir jamais veu commissaires d'artillerie plus diligens ny hasardeux que Fredeville et Tibauville se monstrerent durant les cinq jours que la batterie dura ; et eux-mesmes braquoient et pointoient, encores qu'ils eussent d'aussi bons canonniers que j'en vis à ma vie ; et oserois dire que de mille coups de canon, il ne s'en perdit pas dix qui fussent mal employés.

Le matin j'envoyay querir monsieur de Gohas, qui estoit à Vic-Bigorre, et les capitaines qui tenoient le guet sur Montamat et sur le secours, luy escrivant qu'il s'en vinst pour se trouver à l'assaut avec moy, à cause que le capitaine Paulliac, colonel de l'infanterie, avoit esté blessé tellement, que nous n'avions poinct d'esperance en sa vie. Son coup luy fut donné quand j'allois mener messieurs de Leberon et de Montaut, le soir avant, pour couper ceste grande contrescarpe : il avoit le coup tout au travers du corps. Mon fils Fabian fut aussi blessé d'une arquebusade au menton tout aupres de moy, et deux soldats tuez. Je fis là une grande erreur, car j'y allay la nuict n'estant pas encores bien fermée : et croy qu'ils s'estoient apperceus que nous voulions coupper la contrescarpe, car toute leur arquebuserie s'estoit jettée en cest endroit. La raison qui me fit faire cest erreur, ce fut que je mis en consideration combien d'heures duroit la nuict, et trouvay qu'elle ne pouvoit durer plus de sept heures ou environ ; et voyois d'autre part qu'en demy heure je perdois tout ce que j'avois faict, si la contre-escarpe n'estoit abbatue au point du jour, et que si je ne donnois l'assaut ce jour-là, ils se seroient si fort remparez et fortifiez, qu'avec autant de coups de canon que j'y avois tiré il seroit bien difficile d'y entrer. Voyla pourquoy je me hastay tant d'aller commencer, pour au poinct du jour avoir achevé. Je fis toucher au doigt à messieurs de Leberon et de Montaut, et aux capitaines qui estoient de garde, qu'en leur diligence consistoit toute nostre victoire : ils ne dormoient pas, car, comme j'ay desja dict, à la poincte du jour l'artillerie commença à tirer, et la contre-escarpe fut rasée.

O mes compagnons qui irez assieger des places, icy et en beaucoup d'autres endroits, vous confesserez que mes victoires m'ont plus réussi pour la grand vigilance, diligence et prompte execution, que non pour ma hardiesse, et je confesseray d'autre part, qu'au camp y avoit de plus hardis hommes que moy ; mais il n'y a nul qui puisse avoir coüardise s'il a ces trois choses, car d'icelles trois sortent tous les combats et victoires, et tous les vaillans hommes suivent les capitaines garnis de ces choses. Et au contraire, il n'y peut avoir hardiesse, encores que l'homme en soit tout plein, s'il est lent, tardif et long à executer ; car, avant qu'il aye prins sa deliberation, il y met un si long temps, que l'ennemy est adverty de ce qu'il veut faire, et remediera au tout ; et s'il est hastif, il le surprendra à luy-mesmes. Par ainsi il ne faut jamais avoir grand esperance en chef, qu'il ne soit garni de ces parties. Que l'on regarde tous les grands guerriers qui ont jamais esté, on verra qu'ils ont tous eu ces qualitez. En vain ne portoit pas Alexandre le Grand la devise que j'ay dit cy devant. Regardez les Commentaires de Cesar, et de tous ceux qui ont escrit de luy, vous trouverez qu'il donna en sa vie cinquante deux batailles, sans en perdre jamais que celle de Dirache ; et trente jours apres il eut bien sa revenche contre Pompée, car il gaigna une grand bataille où il le deffit. Vous ne trouverez point qu'en ces cinquante deux batailles il aye combattu de ses mains trois fois, et par là vous cognoistrez donques que toutes ses victoires luy sont advenuës pour estre diligent, vigilant et prompt executeur. Ces parties ne se trouvent gueres, et croy que nous, qui sommes gascons, en sommes mieux pourveus qu'autre nation de France ny peut estre de l'Europe : aussi en est-il sorty de bons et braves capitaines depuis cinquante ans. Je ne me veux comparer à eux, mais si veux-je dire cela de moy mesmes, puis qu'il est vray que jamais ma paresse et ma longueur ne me fit perdre rien ny à mon maistre ; l'ennemy me pensoit à une lieuë de luy, que je luy allois porter la chemise blanche. Et si diligence est requise en la guerre, elle l'est plus en un siege, car il ne faut que peu de chose pour rompre vostre dessein ; si vous pressez vostre ennemy, vous luy redoublez la peur, il ne sçait où il en est, et n'a loisir de se raviser. Veillez lors que les autres dorment, et ne laissez jamais vostre ennemy sans luy donner quelque chose à faire.

Or je retourneray à l'assaut : nostre ordre estant dressé, je me mis aupres de la porte de la ville, et pres la breche où nous estions entrez avec toute la noblesse. Il y pouvoit avoir six ou sept vingts gentils-hommes, et tousjours en arrivoit d'autres, car monsieur de La Chapelle Louzieres, qui venoit de Quercy, en amenoit une grand troupe. Je diray ceci de mon presage, que jamais on ne me peut oster de la fantasie que je deusse estre tué par la teste ou blessé. Je m'estois mis en opinion pour ceste occasion que n'irois point à l'assaut, songeant bien que ma mort troubleroit fort le pays ; et le matin je dis à monsieur de Las, advocat du Roy à Agen, lequel estoit de nostre conseil, et qui estoit venu avecques moy, ces paroles : « Monsieur l'advocat, il y a des gens qui ont crié et crient que je suis fort riche ; vous savez l'argent que j'ay, jusques à un escu, car par mon testament où vous estiez appellé, vous le sçavez ; et pource qu'on ne sçauroit oster l'opinion aux gens que je n'aye beaucoup d'argent, et, si par fortune je mourois en cest assaut, l'on demanderoit à ma femme quatre fois plus que je n'en ay : voilà le roolle de tout l'argent que j'ay aujourd'huy en ce monde, tant aux interests que ce qui est entre les mains de ma femme. Barate, mon maistre d'hostel, a escrit le bourdereau, le voyla signé de ma main. Vous m'estes amy, je vous prie que si je meurs, que vous et le conseiller de Nort vous monstriez amis de ma femme et de mes deux filles, et sur tout de Charlotte Catherine, qui a cest honneur d'avoir esté tenuë sur les fonts par le Roy et la Royne. » Et luy delivray ledit roolle entre ses mains, et cognenis bien qu'il eut plus d'envie de pleurer que de rire. Et par là on peut juger si le mal-heur qui m'advint ne m'alloit devant les yeux : je n'ay point d'esprit familier, mais il ne m'est guere arrivé mal-heur que mon esprit ne l'aye predit ; je taschois tousjours à me l'oster de la fantasie, remettant tout à Dieu, qui dispose de nous comme il luy plaist. Je n'en fis jamais autrement, quoy que les Huguenots mes ennemis ayent dit et escrit contre moy.

Comme les deux heures furent venues, je fis apporter huict ou dix flascons de vin que madame de Panjas m'avoit envoyé, et le delivray aux gentils-hommes, et leur dis : « Beuvons, mes compagnons, car bien tost se verra qui a tetté de bon laict; Dieu veuille que nous puissions quelque jour boire ensemble : si nos jours derniers sont venus, il n'est en nostre pouvoir de rompre les destinées. » Et comme tous eurent prins du vin, s'encouragerent les uns les autres, apres que je leur eus fait une petite remonstrance en trois mots, leur disant : « Mes amis et compagnons, nous voycy presse à jouer des mains ; il faut que chacun monstre ce qu'il sçait faire. Ceux qui sont dans ceste place sont de ceux qui, avec le comte de Mongommery, ont ruiné vos eglises et pillé vos maisons ; il faut leur faire rendre gorge. Si nous les emportons et mettons au cousteau, vous aurez bon marché du reste de Bearn ; croyez-moy, rien ne vous fera teste : or allez, je vous suivray bien tost. » Lors je fis sonner l'assaut : les deux capitaines y allerent, et quelques uns de leurs soldats, et les enseignes ne firent pas fort bien. Et comme je vis que ceux-là n'y entreroient pas, monsieur de Sainctorens marcha avec quatre enseignes, et les mena jusques aupres de la breche, qui ne firent pas mieux que les autres, car ils estoient encores demeurez loing quatre ou cinq pas de la contre-escarpe, laquelle n'empescha pas que nostre artillerie ne fist ce qu'elle vouloit faire, et tous se mirent les genoux à terre derriere. Soudain je cogneus bien qu'il falloit que d'autres y missent la main que nos gens de pied. Tout à un coup je perdis la souvenance de l'opinion que j'avois d'y devoir estre tué ou blessé, et ne m'en souvins plus ; et dis à la noblesse : « Gentilshommes mes amis, il n'y a combat que de noblesse : il faut que nous esperions que la victoire doit venir par nous autres qui sommes gentilshommes ; allons, je vous monstreray le chemin et vous feray cognoistre que jamais bon cheval ne devint rosse. Suyvez hardiment, et sans vous estonner donnez, car nous ne sçaurions choisir mort plus honnorable : c'est trop marchandé, allons. » Je prins lors monsieur de Goas par la main, et luy dis : « Monsieur de Goas, je veux que vous et moy combattions ensemble. Je vous prie, ne nous abandonnons point ; et si je suis tué ou blessé, ne vous en souciez point et me laissez là, et poussez seulement outre, et faictes que la victoire en demeure au Roy. » Et ainsi marchasmes tous d'aussi bonne volonté qu'à ma vie je vis gens aller à l'assaut ; et regarday deux fois en arriere, je vis que tous se touchoient les uns les autres. Il y avoit une grande plaine qui duroit cent cinquante pas ou plus, toute descouverte, par là où nous marchions droit à la breche : les ennemis tiroient là sur nous, et me furent blessez six gentils-hommes pres de moy ; le sieur de Besoles en estoit un : son coup fut au bras et fort grand, aussi il cuida mourir; le vicomte de Labatut (1) à une jambe ; je ne sçaurois dire les nom de autres, parce que je ne les cognoissois pas tous. Monsieur de Goas en avoit amené sept ou huict avecques luy, et entre autres un capitaine Savaillan l'aisné ; et luy en fut tué là trois, et ledit capitaine Savaillan blessé d'une arquebusade au travers du visage. Il y avoit un capitaine du Plex (2), un autre capitaine La Bastide, mien parent, d'aupres de Ville-Neufve, qui tousjours avoit suivy monsieur le comte de Brissac ; un capitaine Rantoy, qui est de Damasan ; le capitaine Sales, de Bearn, qui desja avoit esté blessé d'un coup de picque à l'œil. Il y avoit deux petites chambres qui estoient de la hauteur d'une longue picque et d'avantage : les ennemis deffendoient ces chambres de bas en haut, de sorte qu'homme des nostres ne pouvoit monstrer la teste qu'il ne fust veu. Et commencerent nos gens à tirer à grands coups de pierre là dedans, et eux aussi en tiroient contre nous, mais l'advantage estoit aux nostres, qui tiroient contre-bas. J'avois fait porter trois ou quatre eschelles au bord du fossé, et comme je me retournay en arriere pour commander que l'on apportast deux eschelles, l'arquebusade me fut donnée par le visage du coing d'une barricade

(1) Rivière, vicomte de l'Abatut.
(2) Guy Dupleix, père de l'historien.

qui touchoit à la tour : je croy qu'il n'y avoit pas là quatre arquebusiers, car tout le reste de la barricade avoit esté mis par terre des deux canons qui tiroient en flanc. Tout à un coup je fus tout en sang, car je le jettois par la bouche, par le nez et par les yeux. Monsieur de Goas me voulut prendre, cuidant que je tombasse ; je luy dis : « Laissez moy, je ne tomberay point : suivez vostre pointe. » Alors presque tous les soldats et presque aussi tous les gentils-hommes commencerent à s'estonner et voulurent reculer ; mais je leur criay, encores que je ne pouvois presque parler, à cause du grand sang que je jettois par la bouche et par le nez : « Où voulez-vous aller ? où voulez vous aller ? vous voulez vous espouvanter pour moy ? Ne vous bougez ny n'abandonnez point le combat, car je n'ay point de mal, et que chacun retourne en son lieu, » couvrant cependant le sang le mieux que je pouvois ; et dis à monsieur de Goas : « Monsieur de Goas, gardez, je vous prie, que personne ne s'espouvante, et suyvez le combat. » Je ne pouvois plus demeurer-là, car je commençois à perdre la force, et dis aux gentils-hommes : « Je m'en vois me faire panser, et que personne ne me suive, et vengez-moy si vous m'aymez. » Je prins un gentil-homme par la main, je ne le sçaurois nommer, car je n'y voyois presque point, et m'en retournay par le mesme chemin que j'y estois allé ; et trouvay un petit cheval d'un soldat, sur lequel je montay comme je peus, aydé de ce gentil-homme ; et ainsi fus conduict à mon logis, là où je trouvay un chirurgien du regiment de monsieur de Goas, nommé maistre Simon, qui me pansa, et m'arracha les os des deux jouës avec les doigts, si grands estoient les trous, et me coupa force chair du visage, qui estoit tout froissé.

Monsieur de Gramond estoit sur une petite montagnolle tout auprès de là, bien à son ayse, qui voyoit le tout ; et parce qu'il est de ceste belle religion nouvelle, encore qu'il n'aye porté les armes contre le Roy, il craignoit se mesler parmy nous autres ; et se doubtant qu'il y eust des ennemis, il vid que comme je fus blessé tous les soldats s'effrayerent, et dit à ceux qu'il avoit prés de luy : « Voylà quelque grand personnage mort. Voyez-vous comme les soldats se sont effrayez. Je me doubte que ce soit monsieur de Montluc ; » et dit à un sien gentil-homme, nommé monsieur de Sart : « Courez voir si c'est luy, et s'il l'est, qu'il ne soit mort, dictes luy que je le prie qu'il permette que je l'aille voir. » Ledit sieur de Sart est catholique, il y vint : à l'entrée de la ville on luy dict que c'estoit moy. Il vint à mon logis et trouva que l'on me pleuroit, et que j'estois à la renverse sur un lict en terre, et me dit que monsieur de Gramond me prioit qu'il me veid, et si je prendrois plaisir qu'il y vinst. Je luy dis que je n'avois poinct d'inimitié avec monsieur de Gramond, et que quand il viendroit, qu'il cognoistroit qu'il avoit autant d'amis en nostre camp, et par adventure d'avantage, qu'à celuy de leur religion. Il ne fut si tost party de moy, que voicy monsieur de Madaillan, mon lieutenant, lequel estoit à mon costé quand j'allay à l'assaut, et monsieur de Goas à l'autre, qui venoit voir si j'estois mort, et me dit : « Monsieur, resjouissez vous, prenez courage, nous sommes dedans. » Voyla les soldats aux mains qui tuent tout, et assurez vous que nous vengerons vostre blessure. » Alors je luy dis : « Je louë Dieu de ce que je vois la victoire nostre avant mourir. A present je ne me soucie point de la mort. Je vous prie vous en retourner et monstrez moy tous l'amitié que m'avez portée, et gardez qu'il n'en eschappe un seul qui ne soit tué. » Et quant et quant s'en retourna, et tous mes serviteurs mesmes y allerent, de sorte qu'il ne demeura auprès de moy que deux pages, l'advocat de Las, et le chirurgien. L'on voulut sauver le ministre et le capitaine de là dedans nommé Ladon, pour les faire pendre devant mon logis ; mais les soldats les osterent à ceux qui les tenoient, et les cuiderent tuer eux mesmes, et les mirent en mille pieces. Les soldats en firent sauter cinquante ou soixante du haut de la grande tour qui s'estoient retirez là dedans, dans le fossé, lesquels se noyerent. Il ne se trouve que l'on en sauvast que deux, qui s'estoient cachez. Il y avoit tel prisonnier qui vouloit donner quatre mil escus ; mais jamais homme ne voulut entendre à aucune rançon, et la pluspart des femmes furent tuées, lesquelles aussi faisoient de grands maux avec les pierres. Il s'y trouva un Espagnol marchand, qu'ils tenoient prisonniers là dedans, et un autre marchand catholique aussi qui furent sauvez. Voylà tout ce qui demeura en vie des hommes qui se trouverent là dedans, qui furent les deux que quelqu'un desroba, et ces deux marchans qui estoient catholiques. Ne pensez pas, vous qui lirez ce livre, que je fisse faire ceste execution, tant pour venger ma blesseure que pour donner espouvante à tout le pays, afin qu'on n'eust le cœur de faire teste à nostre armée : et me semble que tout homme de guerre au commencement d'une conqueste en doit faire ainsi contre celuy qui oseroit attendre son canon ; il faut qu'il ferme l'oreille à toute composition et capitulation, s'il ne void de grandes difficultez à son entreprise, et si son ennemy ne l'a mis en peine de faire breche. Et comme il faut de la rigueur [appellez la cruauté si vous voulez], aussi faut il de l'autre costé de la douceur, si vous voyez qu'on se rende de bonne heure à vostre mercy.

Monsieur de Gramond arriva à moy, et me trouva en fort mauvais estat, car je ne luy pouvois à grand peyne respondre, à cause du grand sang que je jettois par la bouche. Monsieur de Goas revint du combat pour me voir, et trouva monsieur de Gramond aupres de moy, et me dict : « Reconfortez vous, monsieur, et prenez courage, car asseurez vous que nous vous avons bien vengé, car il n'y est demeuré une seule personne en vie. » Alors il recogneut monsieur de Gramond, et s'embrasserent. Monsieur de Gramond le pria de l'amener au chasteau, ce qu'il fit ; et trouva bien estrange la prinse, et dit qu'il n'avoit jamais creu que ceste place fust si forte, et que si j'eusse attaqué Navarreins, plus facilement je l'eusse emporté. Il voulut voir tout le remuement de l'artillerie que j'avois faict, et disoit qu'il n'avoit pas esté besoin que nous eussions rien oublié à la batterie. Il retourna une heure apres, et m'offrit une maison qu'il avoit pres de là, et tout ce qui estoit en sa puissance ; et m'a dict depuis qu'il ne pensoit pas à l'heure qu'il me vid que je fusse en vie le lendemain, et qu'il me pensoit avoir dict à Dieu pour tout jamais. Tout ce jour-là et toute la nuict je ne fis que saigner. Le lendemain matin j'envoyay prier tous les capitaines de venir devers moy, ce qu'ils firent, et leur fis la harangue qui s'ensuit, ayant repris cœur et un peu de parolle.

« Mes compagnons et amis, je ne porte pas tant de regret de mon malheur pour le mal que je souffre, que je fais pour voir les affaires du Roy descousuës, et moy contrainct de vous abandonner. Je ne vous ay poinct caché la deliberation que j'avois prinse de ceste execution, car tous l'avez entendue ; je vous prie que pour moy vous n'arrestiez poinct d'executer vostre victoire et marcher en avant, car ceste execution mettra en peur tout le païs de Bearn ; je m'asseure que vous ne trouverez resistance qu'à Navarreins. Ne laissez point perdre ceste occasion, puis que Dieu la vous a donnée ; car si vous le faictes, tout le monde dira que vostre hardiesse dependoit de la mienne, et que sans moy vous ne pouviez rien ; et encor que ce fust une grande louange pour moy, si ne voudrois-je pas que cela advinst, pour l'honneur et amitié que je vous porte, estant aussi jaloux du vostre que du mien. Ne faictes doncques estat de moy, non plus que si j'estois desja mort. » Sur quoy je vis la pluspart de la compagnie ayant les larmes aux yeux ; et ayant un peu reprins haleine, je suivis mon propos. « Vous estes icy beaucoup de capitaines aussi suffisans que moy pour commander ; vous avez de bons et vaillans hommes, qui auront à present double courage pour vanger leur chef. Je m'asseure qu'il n'y a nul de vous qui ne cede à monsieur de Gondrin que voyla ; car outre qu'il est de la meilleure maison, c'est aussi le plus vieux capitaine de tous vous autres. Et parce qu'il n'est pas beaucoup sain, je vous prie, monsieur de Sainctorens, et vous messieurs de Goas et de Madaillan, vous tenir pres de luy, afin que ceste conduicte passe par vos testes, car il est vieux, comme vous voyez ; et faudra que vous trois, qui estes jeunes, portiez toute la peine. Soyez bien d'accord, je vous prie, puis que vous avez tous bonne volonté ; ma blesseure sera cause, si vous faictes quelque chose de bon, que vous acquerrez de l'honneur. Pour Dieu, mes compagnons, ne laissez au bon du coup ceste entreprinse et à son commencement. Suyvez sur cet estonnement, et monstrez que ce n'est pas moy seulement, mais vous autres aussi qui avez bonne part à la victoire. Ne le voulez vous pas ainsi, et accepter pour chef monsieur de Gondrin ? » Ils me dirent qu'ouy, et que c'estoit raison qu'il commandast. Alors je les priay de ne me voir plus, afin de n'empirer ma fiebvre, et se retirer tous à luy. Ainsi ils se departirent de moy bien tristes et ennuyez.

Je puis dire cela, lieutenans de Roy, je le puis dire sans mentir et sans braverie, qu'homme jamais tenant le lieu que j'ay eu n'a esté plus aymé de la noblesse que moy ; et encores que je fusse de naturel fascheux et collere, si est-ce qu'ils portoient mes imperfections, sçachant bien que je ne fesois rien de malice. O la bonne partie que c'est à celuy qui a telle charge ! Croyez que, quelque grand seigneur que vous soyez, que si vous ne vous faictes aymer à la noblesse, aux capitaines et aux soldats, que vous ne ferez rien bien à propos ; et si par fois la collere vous faict faire ou dire quelque chose, car nous sommes hommes, il faut reparer cela. O que je voudrois voir ces messieurs de France qui contreroollent nos actions, au gouvernement de la noblesse de Gascogne, pour voir s'ils la sçauroient manier à leur aise et à toutes mains, comme ils disent ! Il y a une autre chose laquelle m'a tousjours entretenu l'amitié, non seulement des gentilshommes, mais de tous ceux qui portoient les armes soubs moy, c'est que je n'ay eu jamais rien de cher pour les soldats et capitaines. Maintesfois ay-je donné estant capitaine et mes armes et mes habits, voyant quelqu'un qui en avoit besoing. Pour une picque, une hallebarde, un chappeau gris avec le panache, je gaignois le cœur de tel qui se fust mis au feu pour moy. Ma bourse n'estoit non plus serrée à la necessité des compagnons; et toutes-fois on dit que je suis avare: celuy qui me juge tel me cognoist mal, c'est le vice duquel j'ay tousjours esté le moins entaché. Je puis dire qu'en ceste derniere guerre seulement j'ay donné aux seigneurs et gentils-hommes de ma suitte onze chevaux d'Espagne et deux coursiers; et afin qu'on ne pense point que ce soit mensonge, je nommeray ceux à qui je les ay donnez, non pas pour reproche, car ils m'ont fait honneur en les acceptant.

Premierement, j'ay donné un coursier à monsieur de Brassac, qui m'a suivy toutes ces guerres à ses despens, gentil-homme de dix mil livres de rente: les ennemis luy ont tousjours tenu tout le bien qu'il a en Sainctonge et en Chalosse: il ne donneroit ce coursier encor aujourd'huy pour quatre cens escus. J'ay donné un autre coursier au capitaine Cossel, qui a vingt ans porté les armes avec moy, et qui estoit lieutenant du capitaine Charry, lequel au commencement eut mon enseigne. J'ay donné au sieur de Madaillan et à son frere, qui est mon lieutenant, un cheval d'Espagne qu'il ne laisseroit pour quatre cens escus, ny son frere son coursier pour cinq cens. Le chevalier de Romegas a eu de moy un cheval d'Espagne en don, qui me coustoit deux cens soixante quinze escus. Je donnay aussi deux cens escus à Monguieral, sieur de Cazelles, pour s'achepter un cheval, par-ce que les siens luy avoient esté bruslez à Saincte Foy: il est pauvre gentil-homme, mais fort vaillant, comme tesmoignera monsieur de Sansac, qui est un des plus vieux, vaillans et sages capitaines de ce royaume; et parce qu'encore un cheval par mal-heur luy mourut, je luy donnay un cheval d'Espagne fort et puissant, pour porter bardes, duquel apres la paix il eut seize cens francs. Le capitaine La Bastide eut de moy un autre cheval d'Espagne, et un autre aussi le jeune Beauville mon beau-frere, parce que le sien luy avoit esté tué en une sortie qu'il fit sur les ennemis. J'en donnay un autre au capitaine Mauzan, qui est de ma compagnie, parce qu'à un rencontre qu'il eut pres de Roquefor le sien luy fut tué entre les jambes, luy, son frere et son beaufrere blessez. J'en donnay aussi un autre au capitaine Romain, homme d'armes de ma compagnie, pauvre gentil-homme et fort courageux. J'en donnay un autre au capitaine Fabien, ayant perdu son cheval au retour de la Cour, duquel j'avois souvent refusé cinq cens escus; un autre encor au capitaine Mons, mon guidon, qui avoit demeuré prisonnier un an à Montauban, lequel est pauvre gentil-homme; il m'avoit cousté trois cens quarante cinq escus. Estant au lict bien malade, renvoyant mon nepveu de Balagny, qui ne fera pas honte, comme j'espere, à la maison d'où il est sorty, je luy donnay le cheval d'Espagne que j'avois tousjours gardé pour moy. Plusieurs autres en ay-je perdus, et en ceste derniere guerre trois, mesme un que j'avois desdié au Roy, comme je dis au sieur de Roche, premier escuier à Biron, lequel gressé fondit sous moy allant secourir le Mont de Marsan, pensant que Montamat l'allast assieger. Si je pouvois conter tout ce que j'ay donné en ma vie, je croy qu'il excederoit mon bien Si vous faictes ainsi, seigneurs lieutenans de Roy, vous serez tousjours bien suivis, car le soldat ne hait rien tant qu'un capitaine avare.

Pour retourner à mon propos, toute ceste brave noblesse print congé de moy, et le lendemain matin, qui fut le troisiesme jour de ma blesseure, mon nepveu de Leberon me fit porter à Marsiac, qui est à deux grandes lieues de Rabastens. L'on cogneut bien soudain l'amitié que tous les gens de guerre me portoient, car toute la noblesse qui estoit pour son plaisir en l'armée se retira, et la pluspart des gens de pied, dequoy je fus bien marry, et voudrois certes de bon cœur qu'ils ne se fussent point souvenus de moy. Quel tort fites vous là, mes compagnons, à vostre honneur, à vostre Roy et à vostre patrie! si vous vous fussiez unis, comme vous m'aviez dit, et bien entendus, tout le Bearn estoit en proye. C'est grand cas que la jalousie de commander. Le jour mesme que je fis la remonstrance à la noblesse, ils depescherent le capitaine Montaut vers le Roy. Je luy dis qu'il baisast les mains de ma part à Sa Majesté, et que je la supplios de pourvoir au gouvernement ou pour la mort ou pour la vie, et qu'il ne falloit pas qu'il esperast tirer service de moy; que c'estoit assez fait et qu'il falloit faire place aux autres, et que je voulois meshuy (1) cercher ce que j'avois tousjours fuy, qui estoit le repos. Il trouva à son arrivée à la Cour que le Roy y avoit pourveu il y avoit plus d'un mois, ce que jamais roy de France n'avoit fait; mais je ne m'en devois prendre à luy. Oyant ceste nouvelle, je ne m'en donnay pas grand peine, bien marry toutesfois qu'on m'eust fait ceste honte, car, quand bien je n'eusse esté blessé, je n'eusse jamais exercé la charge. Et croy que celuy qui

(1) Vieux mot qui signifie à l'avenir.

23.

l'a, qui est monsieur le marquis de Villars (1), ne se soucieroit pas fort d'en estre deschargé non plus que moy ; car ce n'est benefice sans cure d'avoir affaire à la royne de Navarre, et à monsieur le prince son fils, qui est desja grand, et le principal gouverneur contraire à nostre religion, lequel, estant ce qu'il est, ne peut avoir faute de cœur, de credit, ny de moyens, non seulement en la Guyenne, mais dans le cabinet du Roy. Long temps avant j'eusse quitté le gouvernement pour ceste consideration, n'eust esté que je ne voulois pas que le Roy me peust reprocher que je l'avois abandonné durant les guerres, et à sa necessité.

Voyez, vous qui estes generaux des armées et lieutenans de Roy, afin que je retourne à ma blesseure, de laquelle il ne me souvient que trop, combien il importe de conserver vostre personne, et ne la mettre au hazard comme je fis, faisant le pionnier et le soldat. Ceste mal-heureuse blesseure fit devenir nostre armée à neant. Ce n'est pas pour vous dire que vous deviez estre coüards et vous cacher derriere les gabions lors que les autres sont aux arquebusades, mais seulement pour vous faire sages à mes despens, et que vous y alliez prudemment ; car de vostre perte depend le reste, comme vous sçavez qu'il advint à ce brave Gaston de Foix en la journée de Ravene. Je sçay bien qu'un bon cœur qui voit ses gens mal faire ne se peut contenir de leur monstrer le chemin, et s'exposer au danger, comme je fis voyant mes gens de pied faire si mal ; ce qui me fit appeller la noblesse, car j'ay tousjours cogneu par experience que cinquante gentils-hommes feront plus d'effect que deux cens soldats : nous retenons quelque chose de l'honneur que nos peres nous ont acquis y ayant gaigné ce beau tiltre de noble.

Par tout le discours de ma vie jusques icy, vous avez peu juger si le Roy avoit occasion de me mal traitter, veu que je n'ay espargné ma propre vie, qui est ce que nous devons avoir de plus cher en ce monde apres l'honneur, et non seulement la mienne, mais celle de mes enfans : de quatre que j'ay eu, j'en ay veu mourir les trois au combat pour son service ; le quatriesme reste encores, qui est le chevalier, et combien que je l'aye destiné à l'Eglise et à l'evesché de Condom, si est-ce que je luy ay tousjours commandé de faire paroistre qu'il porte le nom de Montluc, et qu'il a eu cest honneur d'avoir esté nommé chevalier par le feu roy Henry mon bon maistre, qui l'envoya à Malthe, où il a faict son apprentissage aux armes sous le chevalier Romegas.

Le seigneur grand maistre m'escrivit que soudain apres son arrivée il l'avoit faict mettre à l'espreuve pour savoir s'il estoit de ma race. Il s'est trouvé au siege que le Grand-Seigneur a mis devant (2) Malthe, qui a esté le plus beau qui soit advenu depuis que l'artillerie a esté fonduë. Ne vous desesperez pas pour cela, vous qui faictes service au Roy, car cela ne vient pas de luy. Vous serez peut estre plus heureux et n'aurez pas tant d'ennemis que moy, qui, pour n'avoir voulu estre creature de personne, n'ay pas eu de patron, et d'ailleurs ay parlé peut estre trop librement et dict ce qui m'en sembloit. Il faict mauvais dire la verité, et je ne sceus jamais mentir. Si ne veux-je pas estre si meschant que je ne me confesse tres-redevable aux roys mes maistres des biens et honneurs qu'ils m'ont faict, car d'un pauvre gentil-homme ils m'ont eslevé aux premieres charges de ce royaume ; mais aussi peux-je dire que je l'ay gaigné au pris de mon sang. Or, ayant recouvré un peu de santé, j'escivis au Roy une lettre, laquelle j'ay voulu inserer en ce lieu.

« Sire, j'ay tant tardé à vous faire mes doléances pour ma grande indisposition, et aussi qu'on m'a celé que vous m'avez osté le gouvernement de Guyenne, que s'il eust pleu à vostre Majesté attendre seulement deux mois, vous eussiez trouvé qu'apres avoir establi la paix j'estois resolu d'envoyer tres-humblement vous supplier d'y pourvoir, à cause de ma vieillesse et grande blesseure, et alors, sans me diffamer, vous aviez legitime argument d'y pourvoir ; mais à la façon que vostre Majesté en a usé, elle a monstré evidemment à tout le monde que vous m'en privez pour avoir forfaict, ou bien pour les armes, ou pour quelque mauvaise versation que j'ai faict sur vos finances ; et par ce moyen mon honneur est en danger d'estre mis en dispute par tout ce royaume, ce que je ne pense avoir merité. Et si suis bien empesché, comme seront plusieurs autres, à deviner d'où peut proceder le grand mescontentement que vous monstrez avoir contre moy, si ce n'est pour vous avoir souventes-fois supplié d'y pourvoir d'un autre, pour le peu d'esperance que j'avois pour lors de vous y faire service ; mais vous m'avez depuis commandé de le reprendre. Ce n'est pas aussi pour avoir pensé que j'aye touché à vos finances, car vous ne voudriez pas m'avoir puny pour un crime duquel vous ne pouvez pas estre asseuré encores. Et si veux tant esperer en vostre bonté et prudence, que vous n'aurez facilement presté l'aureille à tels rapports si esloi-

---

(1) Honorat de Savoie, marquis de Villars.

(2) En 1565.

gnez du vray-semblable, car pendant que j'ay esté ici vostre lieutenant, il y a eu plusieurs commis de l'extraordinaire, il y a eu de vos receveurs generaux et autres officiers de vos finances, qui ont rendu leurs comptes; et si j'eusse esté trouvé dans leurs papiers, l'on n'eust pas failly à rayer les parties qui auroient esté mal couchées. Or jusques icy je n'ay point esté en peine de les faire valider, comme aussi, Sire, ne se trouvera-il point que je me sois jamais tant advancé que de toucher à vos deniers, non seulement en vostre province, mais aussi à Sienne et en Toscane, où j'avois plus de commodité d'en prendre que je ne pouvois avoir par deçà. Et mesmes il vous pourra souvenir que m'ayant fait cest honneur depuis trois ans d'ordonner que la pension que je fais à monsieur le cardinal de Guyse de six mille livres seroit prinse sur l'espargne, je ne me suis onques voulu aider de ladite depesche, tant s'en faut que j'y voulusse mettre la main sans vostre congé. Et de tout cela pourrez vous estre esclaircy au retour des commissaires que vous envoyez de par-deçà, lesquels, je m'asseure, ne rapporteront point mon nom couché dans leurs papiers. Et quoy qu'il en soit, il n'y avoit rien de verifié contre moy, et n'est pas à croire que votre mal-contentement soit procedé de cela. Mais si c'est par opinion que j'aye commis quelque faute au fait des armes, ceste opinion seroit bien contraire à celle que vous aviez quand vous m'escrivites par trois ou quatre fois que j'avois reconquis et conservé la Guyenne. Et m'asseure que vous n'avez pas oublié les causes pourquoy vous me voulustes honnorer d'un tiltre si digne et si honnorable; car il vous souviendra, comme j'espere, que ce fut par-ce qu'aux premiers troubles Thoulouse, qui avoit esté combatuë par trois jours, et gaignée par les deux parts, à ma venuë fut delivrée; et ceux qui l'avoient combatuë, pour seulement m'avoir veu, furent mis en routte, plusieurs prins et punis comme ils avoient merité, de sorte qu'encores aujourd'huy ladite ville me tient pour conservateur de leurs vies, biens et honneur de leurs femmes. De mesme diligence et bon-heur fut par moy incontinent secourüe la ville de Bordeaux, où je me rendis, au partir de Thoulouse, dans deux jours et deux nuicts; et combattis et mis en routte en chemin les trouppes qui s'estoient eslevées pour empescher le passage. Et ayant delivré Bordeaux du mesme danger que Thoulouse, sans sejourner que deux jours, je passay la riviere avec six vingts chevaux, estimant que monsieur de Burie me viendroit trouver, comme il fit, mais ce fut quatre heures apres le combat; et trouva que j'avois deffait six enseignes de gens de pied, et sept cornettes de gens de cheval, conduittes par monsieur de Duras. Et apres ceste victoire, ledict sieur de Burie et moy alasmes assieger Monsegur, qui fut battu et gaigné d'assaut, comme aussi fut Penne d'Agenois. Depuis je pris Lectoure en deux jours, parce que le feu capitaine Montluc avoit surprins quatre cens hommes de la garnison de ladicte ville, qu'il avoit tous taillez en pieces. Et incontinent, sans m'arrester jour ne nuit, je suivis monsieur de Duras de si pres, que je le contraignis de venir au combat avant que nos gens de pied peussent arriver; et à peine donnay-je loisir à monsieur de Burie d'y venir à temps pour s'y trouver; et succeda si heureusement, qu'une poignée de gens deffurent vingt et trois enseignes de gens de pied et unze cornettes de cavallerie. Et au partir delà, je vous envoyay dix compagnies de gens de pied espagnols, qui ne nous avoient de rien servy, mais bien servirent ils à la bataille de Dreux, comme aussi firent dix compagnies de Gascons que je vous envoyay par le capitaine Charry. Et vostre pays de Guyenne demeura repurgé de tous troubles, et n'y avoit homme qui osast lever la teste, sinon pour vostre service; de sorte qu'avec bonne et juste cause me donnastes vous ce tiltre d'avoir reconquis et conservé vostre pays de Guyenne. Et quant aux seconds troubles, j'avois assez adverty longtemps avant vostre Majesté et celle de la Royne de ce que depuis vous vistes advenir; et bien que par vostre commandement me fust escrit par deux ou trois fois que j'estois fort mal informé, si ne laissay-je pas de me pourvoir pour me garder d'estre surprins. Et le mesme jour que les troubles survindrent à Paris, sans que j'en fusse autrement adverty, et la propre veille de la Sainct Michel, je me jettay dans Lectoure, ville la plus importante de la Gascogne, si bien à propos, que je rompis l'entreprise de six cens hommes qui y devoient entrer par la fauce porte. Et apres avoir conservé la ville en vostre obeyssance, sçachant que vous auriez besoin de secours, comme vous me mandastes apres, je fis telle diligence d'assembler des hommes, qu'en vingt et neuf jours apres, ledit jour de Sainct Michel, je vous envoyay douze cens chevaux et trente enseignes de gens de pied, qui furent conduits par moy jusques à Limoges, et de là par les sieurs de Terride, de Gondrin et de Monsalés; et combien qu'il semblast à beaucoup de gens que la Guyenne demeureroit en proye aux vicomtes, qui avoient beaucoup de forces, toutesfois mon retour leur donna si bien à penser, qu'ils ne gaignerent rien sur moy ny sur vostre pays. Et avec si peu que je peuz r'amasser, j'allay depuis en Sainctonge, et à mon arrivée ceux qui s'estoient eslevez à Marennes furent deffaits par Madaillan et le seneschal de Bazadois, lesquels se r'allierent avec monsieur de Pons, et prindrent Marennes, les isles d'Oleron et d'Alvert. Et de mesme diligence fut reconquise l'isle de Ré par mon nepveu de Leberon, que j'y avois envoyé; et s'il vous eust pleu me faire bailler ce que vous m'aviez mandé, tant d'argent, d'artillerie, que d'autres munitions, j'eusse pris peine de vous regaigner La Rochelle devant la paix que vous fistes en ce temps là. Et quant aux derniers troubles, il est vray qu'il survindrent au temps que j'estois malade et sortois de danger de mort; mais je ne laissay pas pourtant de me mettre aux champs et d'assembler le plus de gens que je peus, à pied et à cheval; et ayant esté adverty que les trouppes de Languedoc, de Provence et Dauphiné s'approchoient de ce pays, j'allay au devant pour les combattre, accompagné de monsieur de La Valette, de monsieur Descars, et de plusieurs autres capitaines de vos ordonnances; et les approchay de si pres, que si le maistre de camp de leurs trouppes, appellé le capitaine Moreau, n'eust esté prins, nous estions tous deffaits, car, outre que le rencontre estoit en lieu où les chevaux ne se pouvoient aucunement soustenir, ils nous eussent combattu dix contre un, d'autant que nous ne pouvions pas estre plus de deux mil cinq cens hommes: ils estoient plus de vingt mil hommes. Et de tout cecy peuvent tesmoigner lesdits sieurs de La Valette, Descars, et autres capitaines, qui tous furent d'advis que le mieux que nous pouvions faire estoit de nous retirer. Et comme nous estions tous d'advis de costoyer les ennemis, pour les tenir en bride, et pour essayer de prendre quelque advantage sur eux, le jeune Monsallés apporta lettre de vostre Majesté à tous les capitaines de marcher devers monsieur de Montpensier, et moy de m'en retourner; ce que je fis, tant pour ma maladie que pour conserver le pays, comme j'ay fait tant que les forces ont esté entre mes mains. Apres, estant à Cahors, où j'estois allé pour combattre les vicomtes, je fus adverty que Pilles estoit vers Agenois avec un grand nombre de cavallerie; et cuidant le surprendre, je marchay jour et nuict pour le combattre, ce qui fust advenu, n'eust esté que le seigneur de Fontenilles et le capitaine Montluc, avec quelques sallades, rencontrerent cinq ou six cornettes dudit Pilles, et les chargerent de telle roideur, qu'ils les mirent en routte: qui fut cause que ledit Pilles passa la mesme nuict la riviere de Dordoigne, et se retira vers leur armée. Quant à la venuë du comte de Mongommery, l'on sçait qu'au partir du Mont de Marsan, que j'avois assiegé, assailly et pris en deux heures, monsieur Danville, pour les entreprinses qu'il avoit en Languedoc, en emmena toutes les forces, et ne me laissa que ma compagnie, celles du seigneur de Fontenilles et de monsieur de Gondrin, ensemble cinq enseignes de gens de pied, desquelles je me servis pour la deffence de Lectoure, Florance, Agen, Villeneufve. Et bien que ledit sieur mareschal eust r'appelé depuis lesdites deux compagnies, et que je fusse demeuré seul avec la mienne, je ne laissay pourtant de m'aller jetter dans Agen, quand le camp des princes en approcha, sans que je fusse secouru que dudit sieur de Fontenilles, lequel amena sa compagnie. Duquel lieu ledit camp des princes fut souvent endommagé : et d'autant que lesdits sieurs avoient fait faire un pont sur la Garonne, pensant y passer en ce pays, et faire du pays de Condommois et d'Agenois comme d'une ville, je leur rompis leur pont, et le mis si bien en pieces, qu'ils n'en sceurent jamais recouvrer que deux batteaux, avec lesquels ils repasserent la riviere, mais ce fut avec tel loisir que, s'il eust pleu à vostre Majesté m'envoyer tant soit peu de forces, on les eust bien gardé de s'assembler. Et pour autant que pendant que lesdits princes estoient par deça l'on s'estoit saisi de quelques chasteaux du pays d'Agenois, je les reprins et remis tous sous vostre obeyssance. Et depuis il vous pleut me commander d'aller faire la guerre au pays de Bearn, et bien qu'il fust mal-aysé de recouvrer des gens, par-ce qu'on tenoit la paix pour faite, si est-ce qu'en moins de quinze jours je mis aux champs quarante et cinq enseignes de gens de pied et bien six cens sallades, et resolus d'aller en Bearn, et contraindre Montamat de venir au combat, ou laisser prendre les villes les unes apres les autres, comme l'on peut bien juger qu'il fust advenu; car, ayant commencé à Rabastens, comme il estoit necessaire, pour les raisons que je vous ay cy devant escrites, bien que ce fust des plus fortes places de la Guyenne, je l'emportay en huit jours, où je servis de pionnier, de canonnier, de soldat et de capitaine. Et faisant les approches, j'y pensay perdre mon jeune fils, qui fut blessé tout aupres de moy, comme aussi fut le capitaine Paullac. Et quand se vint au jour de l'assaut, voyant que les deux premieres trouppes n'alloient pas à l'assaut comme j'eusse peu desirer, je marchay moy-mesme à la bresche, accompagné des seigneurs de Goas et du vicomte d'Usa, et suivy d'environ cent ou six vingts gentils-hommes, desquels en y eut quarante deux blessez, et je fus du nombre, estant blessé en tel lieu, que j'en porteray toute ma vie la marque.

Et encores que ce faít d'armes, rapporté avec plusieurs semblables que j'ay fait durant le regne des roys vostre pere et grand pere, ne m'eust rien fait esperer d'avantage de ce que j'avois accoustumé d'en desirer, qu'estoit un bon gré et un bon remerciement desdits sieurs roys mes maistres, toutes-fois j'avois occasion de penser que vostre Majesté en tiendroit quelque peu de compte. D'avantage, je representois devant vos yeux un vieux soldat de soixante dix ans, vostre lieutenant général par deça, et lequel commandant aux autres sans s'approcher du combat, pouvoit satisfaire au devoir de sa charge: toutesfois, pour le desir qu'il avoit de vous rendre victorieux en toutes vos entreprinses, il s'estoit mis au rang des moindres fantassins, et en danger de mort; et plusieurs gentils-hommes avoient couru mesme peril, s'estimant heureux de suyvre l'un des plus anciens soldats de France, je ne diray pas capitaine. Je pensois aussi que vous pourriez considerer que, comme aux premiers troubles les premieres victoires vindrent de ma main, aussi en ces derniers troubles je vous avois faict victorieux au dernier fait d'armes qui avoit esté fait en ce royaume. Mais comme j'attendois au moins une lettre telle que vous aviez accoustumé escrire au moindre capitaine de ce royaume, la longue attente ne m'a apporté autre chose, sinon que j'ay entendu que vous m'aviez osté le gouvernement, et, qui pis est, sans m'en avoir fait escrire une seule parole; de sorte que plus tost ay-je veu venir celuy qui me doit succeder, que d'avoir esté adverty qu'on m'avoit despouillé. Et au temps que par une loy universelle par tout vostre royaume vous aviez remis en leurs estats et charges ceux qui en avoient esté privez, je puis dire que par une loy particuliere, faite pour moy seul, je suis desmis de la charge que j'avois soustenue avec les armes en main. Mais quand bien l'on m'auroit mis en pourpoint, si demeureray-je tousjours vestu d'une robe honnorable, qui est telle que j'ay porté les armes depuis mon enfance pour le service de vostre couronne, avecques toute la fidelité que les roys mes maistres eussent sceu desirer. L'on m'accordera tousjours que je me suis trouvé en autant de combats, batailles, rencontres, entreprinses de nuict et de jour, assauts, prinses et deffences de villes, qu'homme qui soit aujourd'huy en toute l'Europe; et pour tel suis-je cogneu par tous les estrangers. Je puis dire avec la verité, et la gloire en soit à Dieu et aux roys qui m'ont employé, que, soit pour mon bonheur, soit pour autres occasions, que je ne fus oncques deffait en lieu où j'ay commandé, et n'attaquay jamais les ennemis que je ne les aye battus. Plusieurs gens de bien tesmoigneront aussi du devoir que je fis aux batailles de Pavie, de La Bicoque et de Serizolles, où je menois toute l'arquebuzerie; tesmoigneront aussi en quelle reputation le feu sieur de Lautrec me tenoit, pour m'avoir veu en sa presence combattre entre Bayonne et Fontarabie, et depuis pour l'avoir suyvi, avec charge de gens de pied, au voyage qu'il fit en Lombardie et royaume de Naples, où je fus blessé de quatre arquebuzades. Il y a encore des gens de bien qui sont vivans, et sont records du devoir que je fis quand la terre d'Oye fut prinse, estant maistre de camp de toutes les bandes françoises: autres tesmoigneront en quel rang me tenoit le prince de Melphe et feu monsieur le mareschal de Brissac, pour m'avoir veu en Piedmont, à toutes heures et à toutes occasions, et de jour et de nuict, hazarder ma vie pour le service de ceste Couronne; comme aussi plusieurs pourront tesmoigner que le jour qu'advint la disgrace de nos gens en la basse Bolongne, je demeuray seul avec bien petit nombre au combat; et alors que feu vostre pere, mon bon maistre, de recommandable memoire, pensoit que tout fust perdu, je sortis en despit des Anglois, et rapportay vingt deux drappeaux des nostres, qui avoient esté prins, et n'en fut perdu qu'un. Si monsieur de Guyse estoit en vie, il ne celeroit pas ce qu'il me vit faire à la prinse de Thionville, comme aussi ne fera pas monsieur le mareschal de Vieilleville, et pourra tesmoigner si ce ne fut pas moy qui prins la tour par laquelle s'ensuivit la perte de la ville. Tous les capitaines estrangers d'Italie, d'Espagne et d'Allemagne, m'honnoreront tousjours du devoir que je fis au siege de Sienne, où j'estois lieutenant du feu roy vostre pere, et depuis en Toscane, où je ne perdis rien et fus victorieux sur les ennemis: et en fus tellement recognu par le feu roy vostre pere, qu'outre qu'au retour de Sienne il me donna l'Ordre, qui estoit lors un enseigne de grand et notable service, il me donna la comté de Gaure, pour en jouyr toute ma vie, laquelle depuis, et apres la mort dudit sieur roy, me fut ostée à la reduction de vostre domaine, et si ne fis onc semblant de m'en douloir.

» Tout cecy vous ai-je voulu representer, Sire, parce que peut estre vous ne l'avez pas entendu, et qu'en parlant de moy devant vostre Majesté l'on m'a tenu en autre rang que je n'avois merité. Par fois l'on a parlé de moy comme si je fusse esté un larron; par fois, et le plus souvent, disoit on que je n'avois rien faict qui vallust, depuis trois ans : en cela vous faisoit on plus de tort qu'à moy, Sire, car tous les langages du monde ne me sçauroient oster l'honneur que j'ay acquis, et à vous, Sire, l'on vous a par importunité induit à faire chose que, je crains, pourra servir d'un mauvais exemple aux gens de mon mestier, d'autant que ceux qui ont esté appellez aux charges depuis quelque temps, et qui desirent parvenir par l'exercice des armes, craindront, à mon exemple, que les services de longues années et la gloire et la vertu acquise par tout le monde, ne pourra tant leur ayder que pourroient leur nuire les langues de ceux qui voudront quelque jour les reculer. Il me reste, Sire, par la fin de ma longue et prolixe lettre, vous supplier tres-humblement m'excuser, si, recevant un tel coup de fortune, j'ay esté contrainct me plaindre et me douloir à vous et non à autre, et ay esté contrainct de ce faire, tant pour me faire cognoistre à vostre Majesté mieux que je n'ay esté par le passé, qu'aussi pour vous supplier tres-humblement que doresnavant, quand on vous importunera de traicter mal ou moy ou autres de vos bons serviteurs, vous veuillez tousjours reserver une aureille pour celuy qui sera accusé, avant vous resoudre à faire chose qui puisse l'interesser. Quant à moy, pour le desir que j'ay de tousjours vous veoir prosperer, je suis tres-ayse si en ces derniers troubles vous avez esté si bien et si heureusement servy en tous les endroits de vostre royaume par tous ceux que vous avez employez, qu'ayant par deçà conservé les villes et le pays, ayant battu les ennemis quand j'ay eu le moyen de les combattre, et ayant pris les villes d'assaut avec grand danger de ma vie, encores que l'on die que je n'ay rien faict qui vaille, si vous supplieray-je tres-humblement de croire qu'il n'y a homme qui m'aye passé de bonne volonté; et, puis qu'ainsi vous plaist, je me retire, n'ayant autre marque de mes peines et services, depuis tant d'années, que le regret de la perte de mes enfants morts pour vostre Couronne, et sept arquebusades qui serviront à me ramentevoir tous les jours l'humble et affectionnée devotion que j'aye euë à faire tres-humble service à vos predecesseurs, comme aussi l'auray-je toute ma vie semblable à l'endroit de vostre Majesté, à laquelle je prie Dieu donner tout bon-heur, prosperité et santé. »

Voylà quelle fut ma lettre, sur laquelle ces messieurs, qui gouvernoient lors tout à la Cour, eurent plus de peine à philosopher que je n'avois eu à la dicter; elle fut imprimée (1) à mon desceu, et veuë par tout. Mes amis, et ceux qui sçavoient le devoir que j'avois faict à la conservation de la Guyenne, estoient autant ou plus offencez que moy. Et veux bien qu'on sçache que lors et depuis, si j'eusse eu le cœur aussi desloyal qu'avoient ceux-là qui me representoient, apres les premiers troubles, à la Cour, pour espagnol à la Royne, que j'avois encore assez de moyen et de credit pour faire beaucoup de mal : mais je ne suis ny ne seray jamais que bon françois et serviteur de la Couronne : aussi sçavois-je bien que tout cela ne venoit pas du Roy, qui ne m'esloigna jamais de sa bonne grace; mais un jeune prince qui est enveloppé parmy tant d'affaires est bien empesché de contenter tout le monde, joinct que plusieurs, qui ne me pouvoient faire mal que de leur langue, possedoient fort, non pas Sa Majesté, qui n'aima jamais les Huguenots, quelque mine qu'il fist, mais son conseil.

O que les roys et les princes doivent bien songer à ne faire souffrir une honte à celuy qui a tousjours porté la fidelité qu'il doit à leur service et qui a du cœur! A tel, peut estre, le feraon qui mettra leurs affaires en mauvais estat, comme depuis cinquante ans nous en avons veu de beaux exemples, au dommage du Roy et de la France, comme j'ay dit cy dessus, lorsque j'ay parlé des traverses et charitez qu'on a presté à de grands capitaines. Combien en y at-il qui eussent non seulement quitté tout, mais peut estre faict pis? car celuy qui fait son devoir, et se voit indignement traitté, sent cela jusques au cœur. J'ay ouy dire que le roy François ou Louys, je ne sçay lequel c'est, demandant un jour à un gentil-homme qui estoit gascon comme je suis, quelle chose est-ce qui le pourroit distraire de son service; « rien, Sire, respondit l'autre, si ce n'est un despit : » aussi dit-on que pour despit on se feroit turc. Tout cela pourtant ne me sçauroit faire ny espagnol ny huguenot : j'ay trop aymé mon honneur, je me veux ensevelir avec ceste belle robbe blanche, sans mettre une vilaine tache au nom de Montluc; et tout homme qui aymera le sien en doit faire de mesmes. Si son maistre, si son roy ne se veut servir de luy, il peut demeurer chez soy et considerer les autres; s'il a de la valleur, la fortune qui l'aura rabaissé le relevera, car elle n'est pas tousjours en colere. Combien de grands seigneurs et grands capitaines avons nous veu qui estoient chez eux à faire leurs jardins, lesquels le Roy estoit contrainct de rappeller à son service, estant marry de les avoir esloignez!

J'en ay veu prou de mon temps du costé du Roy et du costé de l'Empereur, qui ont tourné leur robbe, et quelques uns bien legerement et sans grande occasion; mais ils ne se sont pas fort re-

---

(1) En 1571. La bibliothèque royale en possède un exemplaire où l'on trouve quelques variantes sans importance.

montez pour cela, et estant parmy nous ils estoient regardez de mauvais œil. Je croy que nos ennemis en faisoient de mesme : on ayme bien leur marchandise, mais non pas le marchand. Quand ce brave prince Charles de Bourbon fut contrainct prendre le party de l'Empereur, et se donner au diable, puis que Dieu ne le vouloit [car certes il y fut forcé et contrainct], nous entendions dire que les Espagnols mesmes le regardoient de travers ; et le pauvre prince, apres nous avoir faict beaucoup de mal, y perdit la vie. Apres qu'il fut tué à Rome, on disputoit qui en estoit plus ayse, ou le Pape, ou le Roy, ou l'Empereur : le premier, parce qu'il le tenoit assiegé ; le Roy, pour se voir delivré d'un grand ennemy ; et l'Empereur, pour estre deschargé d'un prince banny et necessiteux, qu'il portoit sur ses espaules, ne l'ayant enrichy que de promesses et non d'autre chose. Ces despits vont trop avant : les miens ne me firent ny ne me feront jamais faire chose contre mon devoir et mon honneur. Si j'estois jeune, et qu'on ne se voulust servir de moy, la terre est assez grande, je chercherois fortune ailleurs, mais non pas aux despens de mon prince et de mon honneur. Le Roy, ayant receu ma lettre, m'envoya plusieurs belles parolles pour responce, car cela ne leur couste rien. L'yssuë monstrera si le pays sera mieux gouverné et Sa Majesté mieux servie, et si ceux qui sont venus apres moy, encore qu'ils soyent et grands seigneurs et grands capitaines, ont mieux faict et feront cy apres.

Or, pour retourner de là où j'estois sorty, ma femme me vint prendre à Marsiac, et me fit porter dans sa lictiere jusques à Cassaigne pres de Condom, là où la colicque, pour me rafraischir, me tint trois sepmaines et me cuida emporter. Monsieur de Valence mon frere ne m'abandonna jamais jusques à ce qu'il me vid hors de danger de mort ; plusieurs seigneurs catholiques et huguenots aussi me visiterent. Avant que le capitaine Montaut fust arrivé à la Cour, la Royne depescha monsieur de Beaumont, mareschal des logis de monsieur le prince de Navarre, par lequel elle me mandoit que si j'estois dedans les terres de ladicte dame, que je m'en retirasse, et que je misse mes gens en garnison. Voyez quels changemens soudains. Je luy demanday si nous avions la paix ; il me respondit que non, mais qu'on esperoit bien tost de l'avoir. « Pourquoy donc veut le Roy, dis-je, qu'on mette en garnison l'armée ? le pays n'est-il pas assez ruiné et destruict ? Que si je fais cela, quand la paix viendra et qu'il faudra donner congé aux gens de pied et de cheval, il n'y en aura pas un qui ne pille son hoste pour sa derniere main, voyant qu'il se faut retirer sans argent ; et, puis qu'il faut qu'ils se retirent aux garnisons, je les feray du tout retirer en leurs maisons. » Je priay monsieur de Valence de faire escrire la lettre et la signer, parce que je n'eusse sceu, à monsieur de Gondrin, afin qu'il licentiast tant les gens de pied que de cheval, et que tout le monde fust dans quatre jours retiré chez soy : ce qui fut faict ; monsieur de Beaumont mesmes porta la lettre à monsieur de Gondrin. Cinq semaines apres, la Royne me manda que je fisse du tout retirer l'armée : en usant comme je fis, j'espargnay plus de cinq cens mil francs au peuple, comme le pays tesmoignera. J'avois conservé les chetifs quatre mil francs que j'avois eu du Roy, sans qu'il en eust esté touché que cent escus pour bailler au capitaine Montaut pour le voyage de la Cour ; et voyla comme j'ay desrobé ses finances et comme j'ay pillé le peuple : ceux qui favorisent les Huguenots pres de Sa Majesté n'ont garde de faillir de me charger de calomnies.

Mais je veux qu'on sçache, et veux inserer dans ce livre, que pendant tant d'années que j'ay commandé, et aux grandes charges que j'ay eu, je n'ay peu acquerir pour vingt mil francs de bien ; et si on dict que j'ay pillé trois cens mil escus : je voudrois qu'il fust vray pourveu que ce fust sur les Huguenots nos ennemis : Dieu soit loué du tout. Ces calomniateurs n'auront pas cet advantage de me faire baisser la teste, car je la porteray haute comme un homme de bien. Les tresoriers et receveurs sont en vie : que le Roy s'en informe, qu'il voye leurs comptes, et s'il se trouve un seul liard tourné à mon proffit, si Sa Majesté ne me fait faire mon procés, elle ne fera pas bien. Il ne faut pas s'estonner s'il est mal servy, comme l'on dict qu'il est, veu qu'il n'en faict aucun exemple, il faut donc qu'il s'en prenne à luy-mesme et non à ceux qui le font. Et quant aux impositions et exactions sur le peuple pour m'enrichir, encore en doit faire le Roy plus grande punition, car il y a plus de pitié au peuple qu'au Roy, car si Sa Majesté n'en a poinct, il en sçait bien faire trouver à son peuple : ce sont les privileges de nos roys depuis qu'ils se mirent hors de page, comme on disoit du roy Loys onzieme. Et par là je conclus que le Roy doit faire plus grande punition de ceux qui escorchent son peuple, que non pas s'ils desrobent l'argent de son espargne propre. Les commissaires ont faict rendre compte à toute maniere de gens qui ont levé deniers : qu'ils regardent s'ils me trouveront en leurs papiers, et s'il est rien entré en ma bource. Je confesse que j'ay donné des biens des Huguenots qui faisoient mine de demeurer en leur maison ; mais ils estoient pis que les autres ; il n'estoit pas raisonnable qu'ils fussent traictez plus doucement que les pauvres Catholiques, qui estoient mangez jusques aux os. Si je n'eusse faict cela, la noblesse se despitoit, et le soldat se fust revolté, car où il n'y a rien à gaigner que des coups, volontiers il n'y va pas ; et cependant on eust dict que je m'entendois avec les Huguenots, et n'eusse trouvé personne qui m'eust voulu suyvre : j'eusse mieux aymé mourir qu'acquerir telle reputation. Si les officiers du Roy les eussent saisis, il s'en fust tiré un million de francs ; mais ce n'estoit qu'intelligence entre les uns et les autres : j'en ay eu ma part, mais c'a esté de bonne guerre, de ceux qui favorisoient et portoient des vivres et marchandises aux ennemis ; encor croy-je que tout cela ne se monte trois mil escus. Pleust à Dieu que tous les chefs de la France fussent allez aussi rondement au service du Roy et du public que moy, et qu'ils eussent desiré avoir la paix par la force ! il n'y a homme en ce royaume qui s'osast dire huguenot. Mais je laisse ces propos fascheux.

Peu de temps apres la paix fut publiée (1), fort advantageuse pour nos ennemis ; nous les avions battus et rebattus, mais, ce nonobstant, ils avoient si bon credit au conseil du Roy, que les edicts estoient tousjours à leur advantage ; nous gaignions par les armes, mais ils gaignoient par ces diables d'escritures. Ha, pauvre prince, que vous estes mal servy, que vous estes mal conseillé ! si vous n'y prenez garde, vostre royaume s'en va le plus miserable qui fut jamais, au lieu qu'il souloit estre le plus florissant. Encore que du temps de vostre ayeul et pere il eust esté assailly de diverses guerres, esquelles je les ay tousjours fidellement servis, si est-ce qu'on voyoit toutes choses aller par ordre, et les charges n'estre prophanées. Je laisse le tort que vous vous faites de faire ces beaux edicts, et donner tant d'advantage à vos ennemis ; je laisse le desordre de vostre justice et de vos finances, et veux seulement, avec vostre permission, dire quelque chose qui concerne la charge des armes ; car si je m'enfonçois plus avant sur ce qui a causé la ruyne de vostre royaume, je parlerois trop, et non pas des petits.

Je sçay bien, Sire, que vostre Majesté ne me fera pas cest honneur de vouloir entendre la lecture de mon livre ; vous avez d'autres occupations, et le temps trop cher pour l'employer à lire la vie d'un soldat ; mais peut estre quelqu'un qui l'aura leu, vous entretenant, en pourra faire quelque recit à vostre Majesté. Cela est cause que j'ay pris la hardiesse de vous faire ce petit discours, lequel je vous supplie vouloir ouyr, d'autant qu'en iceluy consistent les causes et mal-heurs que j'ay veu advenir en vostre royaume depuis cinquante deux ans que j'ay commencé à porter les armes, regnant vostre grand pere le roy François, durant le regne duquel commença une coustume qui me semble n'estre guere bonne pour vostre Estat ; vostre Majesté la pourra changer, ce que pourra apporter un grand bien à vostre royaume pour l'exercice des armes. Un jeune prince comme vous, et bien né, le plus grand et premier de la chrestienté, doit tousjours apprendre des vieux capitaines. Vous estes naturellement martial, et avez le cœur genereux, voyla pourquoy vous ne trouverez mauvais d'ouyr le discours d'un vieux gendarme, vostre sujet et serviteur. Il me souvient que vous preniez plaisir de m'entretenir seul lorsque vous fistes le voyage de Bayonne (2), et vis bien que vos discours excedoient la portée de vostre aage, de sorte que j'oserois dire que si on vous eust laissé faire, tout fust mieux allé ; car quand vous n'auriez faict autre chose que vous monstrer et faire veoir à vostre peuple, estre en personne en vos armées, au moins quelquesfois, vous eussiez gaigné le cœur de plusieurs et estonné les autres : et sans doute eussiez esté mieux servy, je dis depuis que l'aage vous l'a peu permettre. Je croy que c'est une des plus grandes fautes qu'on vous aye fait faire [car vous n'estes pas cause d'avoir esté si renfermé] lors que vos armées marchoient : le peuple de vostre royaume est bon, et se rejouit de voir son roy, de sorte que plusieurs eussent esté plus sages, mesmes en nostre Guyenne. Mais je viens à mon discours.

Sire, quand vostre Majesté baille un office de president, ou conseiller, lieutenant general, ou quelque autre office de judicature, vous vous reservez qu'ils ne pourront exercer la charge qu'ils ne soient examinez par vos parlemens, pleins d'hommes fort sçavans ; et bien souvent vous ordonnez que vostre chancelier les examinera avant que les parlemens les voyent, afin qu'ils jugent s'ils sont capables, et qu'ils ne puissent errer au jugement des procés de vos sujets, et que le droit soit rendu à qui il appartiendra. C'est une chose bonne et juste, Sire, car vous nous devez la justice droicte, et au pois de la balance ; c'est la premiere chose que vous nous devez : voyla pourquoy c'est bien faict à vous de mettre tant de rigueurs aux examens qu'on faict és chambres assemblées de vos parlemens ;

---

(1) Le 11 août 1570.   (2) En 1565.

ne pouvez vous faire que tout aille bien droict.

Sire, vous devriez faire ainsi en toutes autres charges que vous donnez en vostre royaume ; toutesfois je voy que le premier qui vous demande un gouvernement de quelque place, une compagnie de gens-d'armes ou de gens de pied, un estat de maistre de camp, sans considerer quelle perte et quel dommage peut advenir à vostre royaume et à vostre personne propre, facillement vous l'accordez, voire mesme à la requeste de la premiere dame qui vous en prie et qui vous aura peut-estre entretenu le soir au bal ; car, quelques affaires qu'il y ait, il faut que ce bal trotte. Sire, elles n'ont que trop de credit en vostre Cour. O combien de mal-heurs sont advenus et adviennent tous les jours pour avoir legerement donné ces charges! Et encor que vostre ordonnance soit juste et saincte de faire examiner les gens tenans offices de judicature, elle n'importe pas tant à vostre Estat ; car quelle perte pourrez vous faire, encore qu'ils soient ignorans? elle ne tombe pas sur vous, car celuy qui gaigne, encore qu'il soit sans droict, vous paye le mesme devoir que celuy qui pert vous faisoit. Par ainsi il n'y a rien de perte en vostre particulier, tout demeure en vostre royaume, et ne vous importe que Jean ou Pierre soit seigneur de tel ou tel lieu. Nous sommes tous vos sujets, mais la faute et ignorance des gouverneurs et capitaines, à qui facilement vous accordez les gouvernemens pour le premier qui le vous demande, porte grand et grand prejudice à vostre royaume. Les grands capitaines et gens de bien qui ayment vostre service m'accorderont ce que j'en escris.

Si vous baillez le gouvernement d'une place à homme qui n'aye experience ny ne se soit jamais trouvé en telles charges, voy-cy ce que vous en adviendra. Premierement, les anciens disent que quand l'œil void ce qu'il n'a jamais veu, le cœur pense ce qu'il n'a jamais pensé. Or si un siege luy vient sur les bras, comment voulez vous qu'il le sçache demesler, comment pourra-il entendre et descouvrir les desseins des ennemis, et par où ils le peuvent ou veulent assaillir ? car sans espion il y a moyen de le descouvrir, comme on le pourra apprendre par ce que je fis à Sienne. Comment sçaura-il dresser ses fortifications et se couvrir ; bref, faire mil et mille choses qui sont necessaires, puis que jamais il ne s'est trouvé en tels affaires? ceux-là qui s'y sont trouvez dix fois y sont bien empeschez, bien souvent ils ne sçavent où ils en sont. Or, comme vous entendrez que vostre place s'en va assiegée, vous voudrez lever une armée pour la secourir, parce que la raison le veut, ne vous osant reposer sur le peu d'experience de ce jeune gouverneur ; peut estre que vous serez forcé d'y aller bien souvent à la haste, ou un de messeigneurs vos freres. Il faut ou que la ville se perde, ou que vous hazardiez une bataille, là où vostre personne propre se peut perdre, ou un de messeigneurs vos freres, qui conduira l'armée, et plusieurs princes de votre sang, et de grands capitaines. Or considerez donc la perte et grand mal-heur qui depend de donner facilement une charge à un homme sans sçavoir ce qu'il porte ; car, s'il est experimenté et qu'il aye monstré par tout où il s'est trouvé sous de bous capitaines, qu'il aye le cœur et l'entendement bon, dés qu'il entrera en la place, soudain il regardera à la force et à la foiblesse d'icelle, luy souvenant de ce qui aura esté faict là où il se sera trouvé sous quelque autre, et ce qu'il a veu faire à tel et tel capitaine ; et promptement il donnera ordre à la foiblesse, et commencera à se fortifier, vous envoyera demander un ingenieur, vous advertira des munitions, tant de vivres, d'arquebuserie que d'artillerie qu'il y aura trouvé, et ne cessera de vous en solliciter que vous ne l'ayez pourveu, cognoissant bien, par la perte de sa place, quel grand malheur elle vous pourroit porter. Et comme vous luy aurez envoyé ce qu'il vous aura demandé, et remedié à la foiblesse de la place, par sa providence il aura dequoy resoudre, et vous aussi, sans se precipiter ; car j'ay tousjours cogneu qu'en la guerre cela est fort dangereux, si ce n'est que l'affaire requiere une extreme celerité.

Deux choses se presentent en cecy : la premiere est que, comme vostre ennemy aura entendu la valeur de ce gouverneur, l'experience grande, la pourvoyance et diligence qu'il employe à remedier aux deffauts qui estoient en sa place, le bon ordre qu'il y tient, voulez vous croire que l'ennemy aille attaquer un tel homme garny de toutes ces vertus que j'ay escrites? je croy qu'il n'y a assaillant au monde qui n'y pense deux fois ; et s'il le met au conseil, il ne trouvera à peine un seul vieux capitaine qui luy conseille d'y aller pour recevoir perte. Et si le chef est si sage et bien experimenté, le conseil des jeunes n'emportera celuy des vieux, car ceux icy ont cognoissance des affaires de ce monde plus que les autres, et se faschent de hazarder l'honneur qu'ils ont acquis, parce qu'on regarde tousjours les derniers sans se ressouvenir guere des passez. Voyla pour l'une. L'autre bien que vous en recevrez, est que vostre Majesté, se souvenant de la valeur du personnage de son ordre, et son experience, en demeurera en repos, sçachant bien qu'un si homme de bien ne s'embarquera pas mal à propos et ne voudra perdre son honneur ; et lors dresserez vostre armée à loysir, et viendrez camper en lieu fort. Que si l'ennemy vous y vient assaillir, il y sera defaict ; d'autre part, s'il veut donner assaut à la ville, vous luy estes de si pres à la queuë, que, quand bien la breche seroit grande, il n'oseroit avoir donné l'assaut ; car, ou qu'il la gaigne, ou qu'il la perde, il est defaict. Vous le surprendrez en desordre, parquoy il se gardera bien d'entrer en ceste perte, et sera contrainct de lever et prendre autre party, ou vous venir attaquer dans vostre fort ; ce qu'il se gardera bien de faire, comme fit l'empereur Charles au camp de Provence, lors que vostre ayeul estoit fortifié en campagne raze, et que son ennemy faisoit mine de vouloir attaquer Marseille. Il se faut tousjours garder de faire des fautes à l'entrée d'une guerre, car depuis que vos affaires entrent en deffaveur en leur commencement, vostre Majesté se peut asseurer que les soldats perdent le cœur, et chacun regarde à se pouvoir retirer, de sorte qu'il ne faut esperer que vostre armée face plus rien qui vaille. Je vous mettray icy des exemples, et combien importe un bon chef dans une place. Le premier sera du duc Charles de Bourgoigne, qui venoit de perdre deux batailles contre les Suisses à Morat : il vint là dessus avec ce camp desfavorisé assieger Nancy, lequel il cuida surprendre, ne pensant jamais le roy René de Cecille, et duc de Lorraine, qu'il vinst assieger sa place. Par ainsi elle se trouva despourveuë de vivres, de munitions et de gens. Le roy René avoit cinq ou six gentils-hommes gascons avec luy [tousjours ces princes lorrains ont aymé nostre nation], le capitaine Gratian Daguerre, un pauvre gentil-homme de ce pays nommé Pons, un autre nommé Gajan, un autre nommé Rocquepine ; les autres moururent au siege. Et firent si vaillamment ces braves Gascons, qu'avec quelque peu de gens ramassez du pays, qui se jetterent dedans, et quelques gentils-hommes dudit pays, ils deffendirent la ville et endurerent la faim jusques à l'extremité, et donnerent loysir au roy René d'aller luy mesme en Suisse cercher son secours. Le roy Loys onziesme ne le vouloit secourir à la découverte, à cause qu'il avoit paix avec ledit duc ; mais, comme vous autres princes faictes ordinairement, soubs main il le favorisoit, et cassa quatre cens hommes d'armes qui vindrent jusques au pont de Sainct Vincent, deux lieuës de Nancy. Et comme le duc vid arriver les Suisses et ceste gendarmerie, il se voulut lever et là perdit la bataille, et y mourut. Si le roy Jean d'Albret, voyant venir les forces de Ferdinand sur luy, eust mis un ou deux bons capitaines dans la ville de Pampelonne, il n'eust pauvrement perdu son royaume comme il fit, car il ne falloit qu'un homme pour arrester les Espagnols : la place estoit bonne. Or il l'a perduë et le royaume, et pour luy et pour sa posterité, car elle est en trop bonne main pour la r'avoir. Voylà les exemples de l'anciennetté que j'ay ouy racompter aux vieux capitaines de cet aage là. J'en ay ouy racompter cent autres, lesquels je pourrois bien mettre par escrit ; mais je laisse cela aux historiens, qui le sçavent mieux que moy : j'en escriray maintenant de celles de mon temps.

Le roy François vostre grand pere assiegea Pavie, où j'estois. Il trouva dedans ce vieux et vaillant Anthoine de Leve, Espagnol experimenté de longue main autant qu'autre ait esté il y a cent ans. Il n'avoit que trois enseignes d'Italiens et trois mil Allemans ; Sa Majesté le tint assiegé environ sept mois, où il fit donner plusieurs assauts, encores que la place ne fust gueres forte : mais au moyen de ce grand capitaine, et par son industrie, il la deffendit, et donna loysir à monsieur de Bourbon d'aller en Allemagne cercher secours, et revint pour donner la bataille au Roy, qu'il gaigna, et print le Roy. Que si ledit sieur de Bourbon victorieux eust tourné la teste vers la France, je ne sçay comme toutes choses fussent allées. Toute ceste bonne fortune vint à l'Empereur pour avoir fait choix de ce vieux guerrier, qui arresta le bon-heur de nostre Roy. De fraische memoire, ce vaillant duc de Guyse à Metz fit souffrir une honte à l'empereur Charles, qui fut contrainct lever honteusement son siege, de sorte que ceste grande armée s'esvanouit par la seule vertu de ce chef, qui s'y opposa. Et encores à ces derniers troubles, son fils, qui est duc de Guyse, a conservé Poictiers, qui est une grande villasse sans forteresse. Que si monsieur l'admiral l'eust prinse, il eust dominé tout le Poictou, la Sainctonge et jusques aux portes de Bordeaux. La vertu de ce jeune prince radouba fort vos affaires et de toute la France, comme aussi vostre victoire de Moncontour fut arrestée par le choix que vos ennemis firent du capitaine Pilles laissé dans Sainct Jean ; et la valeur de ce chef, qui sceut bien deffendre la place, mit sus les affaires des Huguenots, qui gaignerent pays et nous vindrent ruyner. On m'a dit qu'il fut bien assisté d'un capitaine brave soldat, nommé La Mothe Pujols. Si on m'eust laissé faire à la bataille de Ver, je l'eusse bien gardé de vous faire la guerre, car je luy tenois l'espée à la gorge, lors qu'il me fust osté par je ne sçay qui, pour le sauver. Si monsieur l'Admiral est ouy en confession, il ne niera pas que ma seule personne l'empescha d'attaquer Agen, qui ne vaut rien. Ne faites doubte, Sire, que la valeur d'un seul homme arreste tout.

Vostre royaume est le mieux peuplé que royaume du monde; vous estes riche en bons et grands capitaines, si vous les voulez entretenir sans advancer ceux qui sont indignes. L'empereur Charles, comme j'ay souvent ouy dire, se vantoit qu'il en avoit de meilleurs que le feu roy François : il en avoit de bon, mais les nostres ne leur devoyent rien. Vous avez donc le choix, Sire, de mettre des bons hommes dans vos places de frontiere. Voyez que couste la perte de Fontarabie, pour le peu d'experience du capitaine Franget, et combien a cousté au roy vostre pere le peu d'experience du sieur de Vervins laissé à Boulongne. Souvenez-vous, aussi, s'il vous plaist, Sire, car vous l'avez ouy dire, quel honneur et profit apporta le choix que vostre pere, mon bon maistre, fit de ce vieux chevalier, monsieur de Sansac, qui soustint si longuement le siege de La Mirande. L'eslection qu'il fit de moy pour la deffence de Siene fut honnorable au nom françois. La seureté d'une place, Sire, despend du chef, qui fera tout combattre jusques aux enfans, et sera cause que l'assaillant mal-aisément l'attaquera. Voyez doncques, Sire, combien il importe pour vostre Estat, pour vostre peuple et pour vostre reputation, car on dira tousjours et se trouvera par escrit, que c'est le roy Charles neufiesme qui a perdu une telle et telle place, dont Dieu vous vueille garder : les escritures en parleront à jamais, car tout le bien et le mal qui vous advient est mis par escrit, et plustost le mal que le bien. Advisez y donc, Sire, et songez y trois fois avant donner la charge de deffendre une place à quelqu'un : ne vous fiez pas qu'il est vaillant ; il faut qu'il soit experimenté.

Quant aux capitaines de gens-darmes, vous les creés aussi facilement pour l'amour de celuy qui le vous aura nommé, comme vous feriez un sergent du chastellet de Paris; et celuy-là se trouvant en une bataille, vous luy baillerez quelque coin à deffendre, et ce pauvre homme, qui ne cognoistra son advantage, soit pour faute de cœur ou d'experience, vous fera perdre ce coin, et donnera courage aux ennemis de sauver leur victoire, et sera cause que les vostres perdront cœur, car quatre coyons prenans la fuitte sont suffisans pour attirer le reste, mesmement les chefs. Et encores qu'ils soient vaillans de leurs personnes et qu'ils veulent faire teste, si est-ce que s'ils ne sçavent se resoudre et prendre leur party, tout ira en desordre ; car lors cela despend de luy, et non du general, qui ne peut avoir l'œil par tout, et parmy la grande confusion qui est aux batailles, il ne peut pourvoir à toutes choses. Celuy donc qui a charge ou d'un coin, ou d'une aisle, s'il n'a l'experience pour s'estre trouvé en tels affaires, comment conduira-il son faict ou sa trouppe? Et voy-là une bataille perduë, et vostre personne, si vous y estes, prise ou morte [car je n'ay pas ouy dire que les roys de France ayent jamais fuy]. Il n'en faut esperer moins aux autres entreprises que l'on luy baillera à executer. Prenez donc garde, Sire, à qui vous donnerez des compagnies de gens-darmes à conduire. Il faut que les jeunes demeurent apprentifs et obeissent aux vieux. Je sçay bien que les princes doivent estre exceptez, lesquels ont ordinairement de braves lieutenans qui sont les chefs, car lesdits seigneurs princes ne s'y trouvent point.

Vous avez aussi les estats de mareschaux de camp et de maistres de camp, soit pour la cavallerie ou pour l'infanterie, qui sont deux estats de grand importance, car il faut qu'ils descouvrent toutes choses. Et si les armées sont pres l'une de l'autre, il faut que tous deux recognoissent ensemble, car l'un ne peut rien faire sans l'autre, et vous rapporteront ensemble ce que touche le combat de la cavallerie et des gens de pied, apres avoir recogneu l'assiette des lieux où il faut que les gens de cheval soient pour leur advantage, et les gens de pied aussi ; et s'estant accordez, ils vous en feront le rapport, sur lequel vous conclurez avec vostre conseil ce que vous aurez affaire. Il faut necessairement faire fondement sur leur advis. Que si ce sont gens peu experimentez, ô Sire, combien d'erreurs vous feront ils faire? Or il faut que les personnes qui exercent ces charges ayent trois choses, la premiere desquelles est la longue experience. Que s'ils sont de longue main experimentez, et qu'ils ayent veu quelque desordre aux armées là où ils se seront trouvez, pourveu qu'ils ayent retenu, cela les fera garder de tomber dans le fossé des autres. La seconde, il faut qu'ils soient hardis et courageux, car si vos mareschaux et maistres de camp ne doivent estre coüards, ou, pour le moins s'ils ne sont plus vaillans que le commun [car je ne desire pas qu'ils soient des Rolands], pour le moins il faut qu'ils ne craignent point les coups. Que s'ils sont craintifs, il ne faut pas esperer que vostre armée face rien qui vaille, car ils logeront tousjours vostre armée en crainte et en peur, et camperont à leur desadvantage. Que si le chef des ennemis est accord et pratic en tels affaires, il cognoistra aisément que vostre armée est en peur : ce que j'ay jugé souvent faisant ceste charge, voyant seulement camper l'ennemy, et ne me suis de gueres trompé. C'est la chose du monde la plus perilleuse, car il n'y a rien qui tant donne de courage aux chefs et à l'armée que quand il cognoist que son ennemy marche ou campe en peur. La derniere partie qu'il leur faut est qu'ils doivent estre vigilans et diligens; et ainsi ils seront bons maistres tout à fait. Il ne faut pas que ce soient gens qui aiment à dormir à la françoise, ny songeards, ou longs à prendre resolution : il faut qu'ils ayent le pied, la main et l'esprit prompt, et tousjours l'œil au guet, car de leur providence depend le salut de l'armée.

Il faut encores qu'en l'eslection que vostre Majesté ou vostre lieutenant fera de telles personnes, qu'il regarde de bien pres qu'ils n'aient point d'inimitié ensemble, ny quelque dent de laict, car là où il y a de l'inimitié, il y a tousjours de l'envie, et depuis qu'elle est parmy eux, jamais l'un ne trouvera bon ce que l'autre fera; ce ne seront que disputes dont ne peut sortir que tout mal-heur. Il n'y a mestier si jaloux que le nostre, ny si plein de tromperie. Entre gens qui ne s'aiment pas, ce ne sont que contradictions; et au contraire, s'ils sont bons amis, l'un suppleera tousjours le deffaut de l'autre, et disputeront de ce qu'ils auront affaire sans se prester des charitez les uns aux autres; car il faut qu'ils soient à loger l'armée ou à recognoistre l'ennemy tousjours ensemble, et que devant le lieutenant du Roy ils disputent pour prendre leur logis et discourent la raison pourquoy on loge en ce lieu là, et qu'ils sçachent où se retirera la cavallerie si elle estoit chargée à l'advangarde ou à la bataille : mais elle se doit plustost retirer à l'advangarde, pource que la cavallerie est un membre qui despend d'icelle. Il faut aussi qu'ils jugent bien les advenuës de l'ennemy, où se mettra l'artillerie, où se campera la bataille, où le chef de l'armée prendra place; si l'alarme survient, où il faut dresser la garde et poser les sentinelles. Bref tout passe par leur teste.

Quand ceux-là avec celuy qui commande en l'armée sçavent tout cela et le font bien à propos, elle ne pourra estre surprise, car ils auront si bien discouru ce qui sera necessaire, qu'il n'y aura nul de toute l'armée qui ne sçache ce qu'il faut faire. Que si chacun le sçait, on confessera que l'armée ne peut tomber en desordre, car les pertes qu'on fait ne procedent que d'iceluy. Ce bel ordre se doit tousjours tenir, loing ou pres de l'ennemy, ou en marchant; car si cela se faict, le camp ne trouvera jamais aucune nouveauté qui le puisse mettre en desordre quand il sera pres des ennemis. Que s'ils attendent de le faire à la necessité, ils ne trouveront les soldats si bien disposez; d'ailleurs telles fois ils penseront avoir les ennemis bien loing, qu'ils se leveront plus matin qu'eux, et leur porteront la chemise blanche. Encores doivent-ils avoir une union ensemble plus qu'au marcher, et lors faut que le maistre de l'artillerie soit joinct avec eux. Ainsi de ces trois personnes, apres le chef de l'armée, sort le gain ou la perte des batailles. Sire, jugez si ces charges se doivent facilement bailler, puis que la perte et ruyne des armées procede d'eux. Quand vostre Majesté ou vos lieutenans font choix de telles personnes, le cœur vous doit trembler de peur de faire mauvaise eslection; vous y devez penser plus de quatre fois.

Vous avez apres, Sire, les capitaines de gens de pied à qui vous donnez les charges à l'appetit d'un monsieur ou d'une madame, parce qu'ils voudront advancer tousjours quelqu'un des leurs, ou en obliger d'autres. De ces charges peuvent advenir autant de mal-heurs presque que des autres, soit à la deffence d'une bresche, ou bien à mener une trouppe d'arquebusiers à une bataille, ou à quelque entreprise qui vous sera de grande importance; car si celuy qui prend telle charge n'est tel qu'il faut, il sera deffaict par son defaut, et tous ceux qui sont avec luy perdus : vous en aurez de la desfaveur; la hardiesse et le courage de vos ennemis croistra tous les jours. Vous en avez veu et voyez les experiences. Du temps que je commençay à porter les armes, le tiltre de capitaine estoit tiltre d'honneur, et des gentils-hommes de bonne maison ne se desdaignoient de le porter. Je n'ay pas appellé d'autre tiltre mes enfans. A present le moindre picquebœuf se fait appeller ainsi s'il a eu quelque commandement. Vous direz, Sire, que nous qui sommes vos lieutenans faisons ces fautes, mais pardonnez-nous s'il vous plaist, elles viennent premierement de vous, qui avez commencé les donner à gens de peu, et apres les gentils-hommes n'en veulent plus. Du temps de vostre ayeul, les compagnies estoient de mil hommes, qui estoit une tres belle chose et qui espargnoit beaucoup à vos finances, pour n'estre besoin de tant de membres, comme j'ay dict en quelque lieu de ce livre; à present c'est un grand desordre. Vous y devez apporter quelque nouveau remede, afin que tant de capitaineaux retournent soldats : c'est la mesme confusion qu'on void aujourd'huy parmy les chevaliers de vostre Ordre, qui est un desordre tres-grand.

Or, Sire, que veut dire cecy, que pour juger les procés vous faictes examiner tous ceux qui prennent de vous office de judicature, et vous ne pouvez rien perdre, de quel costé que le jugement tourne ; et là où il y va de vostre vie et de celle de messieurs vos freres, et de tous les princes et grands capitaines qui seront en vostre camp, et par consequent de vostre Estat, facilement vous baillez les charges à qui les vous demande, sans aucune consideration ? Or il y a en escrit :

> Si le fol un conseil te donne,
> N'en fais refus pour sa personne.

Je dis cecy pour le conseil que je vous veux donner, et vous le devez prendre en bonne part de moy, qui suis aujourd'huy le plus vieux capitaine de vostre royaume, et qui, aux choses que j'ay veu, dois avoir quelque experience. Le conseil que je vous donne, Sire, est que vous preniez exemple à l'examen que l'on faict en vos parlemens. Il faut qu'ils se presentent à vostre chancelier, à vos presidens et conseillers, pour estre examinez sur leur suffisance ; et s'ils ne les trouvent capables, ils les r'envoyent estudier jusques à ce qu'ils sçachent d'avantage, et se soient rendus dignes des charges qu'ils poursuyvent.

Doncques, Sire, avant donner aucune charge dont et desquelles despendent tant de mal-heurs, à l'appetit d'homme du monde, ne la donnez jamais que, premierement vous n'ayez mis la personne à l'examen, la renvoyant par devant vos docteurs, qui sont les vieux capitaines qui de longue main sont experimentez aux armes. Vous en pourriez bien avoir de vieux qui ne seront gueres partis de leurs maisons : je ne prens pas cela pour vieux capitaines, mais pires que ceux que monsieur le chancelier r'envoye estudier ; car on dit, Sire, qu'en vieille beste n'y a point de ressource. J'entends que vous appelliez pour assister à l'examen ceux qui ont tousjours suivy les guerres et qui ont force paragraffes, c'est à dire arquebusades ou coups d'espée, sur leurs corps ; c'est signe qu'ils n'ont pas tousjours croupy sur les cendres. Or il vous faut un chancelier : il est bien raisonnable, Sire, que ce soit Monsieur vostre frere, encores qu'il soit bien jeune, car en trois ou quatre ans qu'il a porté les armes il a gaigné deux batailles ; de sorte qu'avec le bon entendement et jugement qu'il a, et estant de si bonne maison, il est impossible qu'il n'ait beaucoup retenu, car il a ouy de grands docteurs disputer devant luy ; il ne faut donc que vous ayez autre chancelier des armes que luy. Vous serez par dessus, Sire, car personne ne vous peut oster ce rang : c'est vous qui le donnez aux autres. Puis que Dieu vous a faict naistre prince pour commander à tant de milliers d'hommes,

il vous a donné aussi quelque chose de plus particulier qu'aux autres : ainsi, quand on vous demandera quelques charges de celles que j'ay escrit, vostre Majesté doit assembler ses docteurs et vostre chancelier ; et si vous y estes, vous mesmes devez prendre la peine de les interroger s'ils cognoissent le personnage dont est question, où est ce qu'il a faict son apprentissage, sous qui, car bien souvent tel le maistre tel le valet, quel acte d'homme d'honneur il a fait. Je ne croy pas que ces vieux chevaliers ne vous en disent franchement la verité, cognoissant bien de quelle importance est un capitaine ignorant ou coüard et peu experimenté ; et, selon leur rapport et opinion, vous luy pourrez bailler la charge qu'il vous demande, car celuy-là sera passé par l'examen. Et afin de vous delivrer des importunitez, faictes, Sire, comme je fis une fois en Piedmond, à Albe : tous les jours mes chevaux estoient à l'emprunt, car nous avions quelque peu de trefves ; cela me faschoit, et ne sçavois comment m'en depescher. Je commanday à mon trompette d'aller publier par toute la ville, de par monsieur le gouverneur, qui estoit moy, que j'avois fait un grand serment de ne prester jamais plus mes chevaux, et que personne n'en eust plus à pretendre cause d'ignorance : depuis ce temps je ne fus plus importuné ; faictes ainsi, Sire. Un jour que vous ferez quelque grande assemblée, dites, devant tous les seigneurs et dames de vostre Cour, que vous avez fait un grand serment de ne donner jamais charge ny gouvernement que par l'advis des vieux chevaliers et capitaines ; cela courra par tout, car ce que vous autres roys et princes faites et dites, court soudain d'une merveilleuse vitesse. Cela apportera un autre fruit, c'est que les apprentifs au fait des armes, sçachant qu'ils ne peuvent entrer par la fenestre, s'estudieront à se faire remarquer et cognoistre à ceux qui leur doivent ouvrir la porte, et ainsi tous tascheront à faire à qui mieux mieux.

O que si vous faictes cecy, combien de braves capitaines aurez-vous en peu de temps ; vous en aurez plus de vaillans qu'il n'y en aura en tous les autres royaumes de l'Europe. Il sortira de cecy deux choses tres bonnes, que vous devez plus desirer qu'autres qui soient en l'art militaire : la premiere est que, comme ce capitaine et gouverneur sera creé par le rapport de vos vieux chevaliers devant vostre Majesté ou Monsieur vostre frere, il se tiendra si honnoré, qu'il fera resolution en soy-mesme, s'il a tant soit peu de cœur, de mourir cent fois plustost que de faire une couyonnade ou une faute, car il pensera tousjours, s'il la faisoit, qu'il fera tort à ceux qui l'ont nommé, et que vostre majesté pourroit justement reprocher la faute qu'ils ont faict en ceste nomination. Ainsi il taschera à faire le mieux qu'il pourra, afin d'acquerir de l'honneur, et que vous luy bailliez plus grand charge, sçachant qu'il doit encore passer par l'eslection pour y parvenir, et par l'examen des vieux capitaines, et que, s'il a mal faict, ils tesmoigneront tousjours ce qui en est, et auront honte de vous donner advis de créer maistre de camp ou mareschal de camp celuy qu'ils auront veu mal faire estant simple capitaine.

La seconde utilité qui sortira de cecy, sera que vous fermerez la bouche à ces importuns et importunes qui si legerement vous demandent les charges desquelles despendent tant de malheurs, estans certains que vous ne les leur octroyerez sans estre examinez de vos docteurs et de vostre chancelier, et que vous les refuserez, comme vous feriez celuy qui vous demanderoit un estat de conseiller au parlement de Paris sans estre examiné, car la cour n'en feroit rien. J'ay ouy dire qu'autre-fois le roy vostre pere, sçachant qu'ils en avoient refusé un, lequel estoit recommandé par quelque dame, leur dit que parmy tant de chevaux d'Espagne un asne pouvoit bien passer; mais ils se garderent bien de le croire. Sire, mettez à l'essay ceux dont vostre Majesté desire se servir. J'ay veu autre-fois un gentil-homme, il me semble qu'il estoit provençal, lequel avoit ceste coustume, que quand un vallet se presentoit à luy pour se mettre à son service, soudain il le mettoit à l'espreuve, et luy mettant une espée en la main, lui commandoit de se deffendre, sans qu'il fust pourtant loisible de se tirer des estocquades; et, s'il le trouvoit homme resolu et ferme, il le retenoit, sinon il luy disoit qu'il n'estoit pas pour luy : ainsi il avoit tousjours de braves et resolus hommes aupres de luy, car on sçavoit sa coustume, et nul ne se presentoit qui ne fust bien ferré, car il estoit un rude joüeur. Voy-là l'examen que faisoit vostre subjet, et la loy qu'il avoit mis chez luy, car chacun est roy en sa maison, comme respondit le charbonnier à vostre ayeul. Establissant doncques ce beau examen, bien tost toute l'Europe le sçaura, et tant d'importuns demandeurs se trouveront bien estonnez d'une telle loy, et ne songeront qu'à l'honneur et à apprendre, au lieu de courtiser monsieur ou madame, et vous serez depestré de ces fascheuses, que vous pourrez renvoyer faire leur resul (1).

Il vous en reviendra une autre commodité, Sire, qui n'est pas petite, c'est que ceux que vous eslirez et que vous honorerez de ces charges les tiendront de vous ou de vos docteurs, et non des dames ou de quelqu'un de vos courtisans, qui entendent mieux à monter une monstre qu'à affuter ou pointer un canon, ou mesme tirer une arquebuzade; et cependant, à veoir la mine qu'ils font et leur desmarche, vous diriez que tout doit trembler sous eux. J'en ay ouy une fois en ma vie un, lequel, à l'ouyr parler, avoit presque seul emporté l'honneur de la bataille de Moncontour; monsieur de Biron ny monsieur de Tavannes n'avoient rien fait au pris de luy, non pas mesmes Monsieur vostre frere. Or, comme je dis, ces gentils-hommes qui auront cet honneur de tenir leurs charges de vous en ceste sorte, s'en sentiront beaucoup plus honnorez. Sire, vous devez plus desirer d'accomplir ces choses et y tenir l'œil, qu'à tout le reste qui depend de l'art militaire; car tout ce qui consiste en la guerre, soit le bien ou le mal, depend du choix que vous faites de ceux qui ont le commandement.

Je ne parleray point icy des generaux de la cavalerie ny des colonels de l'infanterie, par-ce que ce sont deux estats qui se doivent donner aux princes ou grands seigneurs, et encores qu'ils soient jeunes et peu experimentez, cela n'importe, pourveu que le maistre de camp soit bien experimenté. Faisant cela, vous verrez en peu de temps la confusion qui est parmy vos gens de guerre perduë, et l'ancienne splendeur et beauté de vos compagnies de gens-d'armes remise. Une chose voy-je, que nous perdons fort l'usage de nos lances, soit à faute de bons chevaux, dont il semble que la race se perde, ou pour n'y estre pas si propres que nos predecesseurs; et voy bien que nous les laissons pour prendre les pistolles des Allemans : aussi avec ces armes peut on mieux combattre en host (2) qu'avec les lances, car si on ne combat en haye, les lanciers s'embarrassent plus, et le combat en haye n'est pas si asseuré qu'en host.

Pour retourner à mon discours, vous cognoistrez, Sire, que tous ceux qui desirent s'advancer par les armes s'estudieront d'estre mis sur le bureau de l'examen, et me semble que ce seroit bien et sagement faict à vostre Majesté de mettre en roolle, selon vos provinces, les gens de valleur dont vous entendez parler, et leurs qualitez, afin qu'advenant vacation de quelque charge, vous y puissiez pourvoir et vous ressouvenir d'eux. Ceux qui sçauront qu'ils seront dans vostre roolle prendront cœur et s'esvertueront pour vous faire quelque service, et les

---

(1) Réseau, ouvrage de femme.
(2) *En host*, en ordre profond; *en haie*, en ordre simple.

autres qui n'y seront pas s'exposeront à mil dangers pour y estre mis. Vous devez appeller ce livre le livre d'honneur. Et quand vous entendrez parler de quelqu'un, apres vous en estre bien informé, vous devez dire tout haut qu'il faut qu'il soit mis dans vostre roolle. Ainsi ay-je ouy dire en ma jeunesse avoir fait le feu roy Louys douziesme, mesmes des gens de justice. Vacant l'estat de juge mage d'Agenois, qui est une belle charge et honnorable, il se ressouvint qu'un bon clerc luy avoit fait une belle harangue à Orleans, le nom duquel il avoit mis en son rollet, et luy envoya ledit estat en pur don : il faisoit le mesme en toutes autres charges. J'ay veu pratiquer le mesme à ce grand Odet de Foix, sous lequel j'ay fait mon apprentissage ; il sçavoit le nom de tous les capitaines et personnes remarquables, et quand quelqu'un avoit fait quelque acte signalé, il escrivoit son nom.

Mais, Sire, vous devez souvent fueilleter ce livre, et aussi ne vous contenter pas de les y avoir mis, ains les employer et leur faire du bien selon leur degré et merite, les accourager par quelque gracieuse parolle, ou si c'est quelque pauvre gentil-homme, luy donner de l'argent. Si vous le faites de vostre main, cinq cens escus seront prins de meilleure part que deux mil par vos thresoriers, car quelque chose leur demeure tousjours dans les pattes. Une fois le roy Henry vostre pere, mon bon maistre, que Dieu pardoint, m'avoit donné deux mil escus ; celuy qui me les devoit bailler n'eut pas de honte de m'en retenir cinq cens, mais il trouva un Gascon qui n'avoit pas accoustumé ce tour de baston ; il sceut que je m'en voulois plaindre au Roy ; il eut plus de joye de me les faire prendre que je n'eus de les recevoir. Si vous donnez de vostre main, toutes ces pilloteries ne se feront pas. Du temps du Roy vostre ayeul on disoit que son predecesseur en faisoit ainsi, et avoit dans son coffre force bourses dans lesquelles il avoit des escus, en l'une plus, en l'autre moins, et les distribuoit selon la qualité de ceux qui luy faisoient service. Je sçay bien que l'on vous dira que cela n'est pas digne d'un roy ; ne le croyez pas : ce sont des gens qui veulent avoir toute la paste entre leurs mains. Une chose vous veux-je dire, Sire, que vous ne devez pas tout donner à un ou à peu de gens ; vostre Majesté me pardonnera : elle a donné à un gentilhomme de la Guyenne (1) ce dequoy elle eust peut contenter cinquante : je ne veux pas dire qu'il ne fust brave et vaillant, mais il en y avoit qui le me-

ritoient autant ou mieux que luy, et toutes-fois n'ont rien eu du tout. Vostre Majesté prendra en bonne part, s'il luy plaist, ce que je luy en dis. J'ay un pied dedans la fosse, l'affection que je porte à vostre couronne me faict tenir ce langage. Je suis voisin de l'Espagnol, mais il n'y a eu jamais que des fleurs de lis chez moy. Si j'osois, je vous dirois bien d'autres choses, car certes il n'y a que trop à dire et refformer. Il faut que j'entretienne un peu Monsieur vostre frere (2), vostre nouveau chancelier des armes, avec vostre congé.

C'est à vous donc, monseigneur, à qui je m'addresse : je serois marry que ce livre partist de chez moy qu'il ne portast quelque honnorable tesmoignage de vostre grandeur. Vous estes sorty de la plus grande race qui soit au monde : il n'y a poinct de memoire que, de dix races en çà, les roys de France n'ayent esté tous hardis et belliqueux, et bien peu, depuis le premier roy chrestien, ont esté autres, encor que les races ayent fini et changé, et que de nouvelles se soient emparées de la couronne ; qui est chose admirable, car en quatre races de gentils-hommes, à peine en trouverez vous deux de suite vaillans : ce que nous doit faire croire que Dieu a mis la main sur ce royaume, puis qu'il a donné de si grands dons et graces à ceux qui tiennent sa place, comme aux roys vostre ayeul, pere et frere ; et encor que vous ne soyez pas roy, si participez vous à la benediction que Dieu leur a departy. O monseigneur, que vous avez grand argument de penser, et vous asseurer que Dieu vous a esleu (3) pour faire de grans faicts, comme on commence à cognoistre par les victoires qu'il vous a données en vos jeunes ans, lesquelles on peut manifestement juger vous estre advenues, plus par la volonté de Dieu que par le combat des hommes. Doncques il faut que chacun confesse que ce royaume est à Dieu, et que le Roy vostre frere est son lieutenant, et vous le sien. Voyla de beaux titres.

Il faut que je parle un peu à vous : vous estes le baston sur lequel il s'appuye ; vous estes celuy qui doit commander les armes, qui les doit porter à tous hazards, perils et fortunes ; vous estes la trompette qui nous doit faire entendre ce que nous devons faire ; vous estes nostre recours et nostre esperance, pour nous faire avoir la recompense de nostre Roy. C'est vous qui nous devez faire cognoistre à Sa Majesté, et qui, vray chancelier de l'espée, luy devez faire le rapport de ce que nous avons faict pour son ser-

---

(1) Jacques de Balaguier, baron de Monsalès.
(2) Henri III, alors duc d'Anjou.

(3) Ce prince a bien trompé ceux qui avoient conçu de de lui une haute opinion lors de ses premières armes.

vice; et quand nous serons morts, vous luy devez faire cognoistre nos enfans, si nous avons faict ce que gens de guerre doyvent. Bref, toute la France a les yeux tournez sur vous qui presidez aux armées, et qui avez battu et rebattu si souvent les Huguenots : toute la chrestienté sçait que c'est vous, car le Roy est contrainct, puis que son conseil le veut, faire la guerre de son cabinet. Puis que vous tenez si grand lieu, d'où dependent toutes les charges qui procedent des armes, et qu'il faut que nous tous mourions aupres de vous pour le service du Roy et le vostre, il faut que vous mettiez tout vostre soing et vos pensées en nous qui suivons les armes, car tous les autres estats ne participent rien avec le vostre, d'autant que tout le reste depend des gens de robbe longue : il y en a prou au conseil du Roy, vous n'avez rien à demesler avec eux, car on dit que qui trop embrasse peu estreint.

Si vous voulez un peu considerer ma remonstrance, vous trouverez qu'il faut, puis que vous tenez si grand lieu, que vous pesiez qu'est-ce qui vous peut aider à maintenir une si grande charge et honnorable; elle ne le peut estre davantage. Sera-ce des jeunes capitaines que vous attendrez cela? non certes, car en ceste maniere de gens il n'y a point d'experience, mais plustost de la legereté. Sera-ce des gens de robbe longue? encores moins : ils en parleront en clercs d'armes; ils s'en meslent trop et veulent sur le tapis verd juger des coups. De qui doncques? ce sera des vieux capitaines qui de longue main seront experimentez aux guerres, et passez par les rudes examens des batailles, combats, escarmouches, sieges et assauts. Ils seront memoratifs de ce qu'ils auront veu, et auront bien retenu les pertes, et pourquoy elles sont advenues. S'ils ont esté battus, ils s'en souviendront, et s'ils gaignent, aussi. Si vous prenez advis et conseil de telles gens, vous ne pouvez faillir de maintenir vostre grandeur, accroistre votre renommée et reputation; car de telles gens vous apprendrez de sçavoir bien commander, et retiendrez d'eux ce qu'ils vous mettront en avant, racomptant ce qu'ils auront veu. Vous ne sçauriez employer mieux les heures, afin que la posterité sçache vostre nom. Vous estes de trop bon lieu pour ne vouloir qu'il soit parlé de vous apres vostre mort.

Il y en pourroit bien avoir de vieux pres de vous qui n'auront pas veu ou faict de grandes choses, ou pour avoir plus aymé leurs maisons et richesses que l'exercice des armes. Certes, monseigneur, il n'y a que trop de gentils-hommes de telle humeur : le Roy devroit degrader telles gens de noblesse, qui sont cazaniers et ne commandent qu'aux chiens et aux levriers cependant que les autres cerchent les coups, et leur semble que c'est assez de sçavoir donner dans le trou d'une bague. Il en y a aussi d'autres qui à faute d'esprit n'ont peu retenir ce qu'ils ont veu : ils peuvent bien dire : J'ay esté aux batailles de Cerizolles, de Dreux, de Jarnac et Moncontour; mais de sçavoir discourir comment monsieur d'Anguyen gaigna la premiere, et monsieur de Guyse sauva la seconde, la faute que fit monsieur l'Admiral aux deux autres, la belle resolution vostre, bref comme tout passa, et les raisons de l'un et de l'autre, rien de tout cela; vous diriez qu'ils n'en ont jamais ouy parler, non plus que le plus rude lansquenet qui s'y seroit trouvé. Ce ne sont pas les gens qu'il vous faut. Vous ne les devez pourtant rebutter, car il se faut ayder de toutes personnes, mesmement à la guerre.

Ceux que vous devez avoir pres de vostre personne et de vostre conseil estroit, doivent estre les vieux capitaines qui ont eu reputation d'estre gens sans peur, vigilans et de prompte execution. Un capitaine lent fera quelque chose de bon en sa vie, mais pour sa longueur il laissera perdre cent belles commoditez où il eust eu de l'honneur et du profit. Je ne diray pas pour cela que vous deviez du tout mepriser ceux-là, et ne suis pas si fol d'avoir ceste intention, car je me bruslerois peut estre à la chandelle. Tel que je suis, vous me verrez dans mon livre. Je puis bien dire qu'aujourd'huy il n'y a pas de bons et grands capitaines à douzaines. Vous devez faire pour un chacun, en quelque degré qu'il soit, non esgallement, mais chacun selon son merite et renommée. Je sçay bien qu'on vous dira que si vous attirez tant de gens pres de vous, qu'ils vous importuneront à faire de grandes demandes au Roy, car les gens de guerre sont grands demandeurs, et peut estre que Sa Majesté se faschera; en cela il y a bon remede, suyvez le dire des anciens :

> Qui n'a de l'argent en bourse,
> Qu'il ait du miel dans la bouche.

Ainsi vous ne mettrez personne hors d'espoir que vous n'ayez souvenance d'eux, lors que la commodité se presentera, et que vous y tiendrez la main : un bon accueil, un sousris, une accolade les tiendra en haleine. Que s'il y a quelque fascheux et importun qui ne se vueille contenter de vos amiables reponces, vous devez croire que celuy-là ne sert poinct le Roy ne vous de bon cœur, ne pour amitié qu'il vous porte.

De telles gens vous n'en pouvez rien faire qui vaille ; si la guerre ne vous en depestre, il y a assez de moyen de s'en deffaire ; car tout homme qui sert son maistre plus par avarice que amitié, n'a rien de bon au ventre. Car en premier lieu, on peut dire que là où il y a faute d'amitié il y a faute de loyauté ; car, comme le serviteur avare ne peut accomplir son avarice, il voudroit desja avoir changé de maistre, pensant qu'il fera mieux son profit, et corrompt les autres pour les plainctes ordinaires qu'il faict. Fuyez doncques, monseigneur, telles gens de bonne heure, avant que leur poison et venin n'empoisonne le reste ; car telles gens font tout ce qu'ils peuvent pour faire hayr le prince, afin de couvrir leur mauvaistié par l'opinion qu'ils auront mis en la teste de leurs compagnons : telles gens sont aysez à recognoistre : j'en ay cogneu de tels, et vous les voyez tous les jours ; encores qu'ils crevent sous les biensfaicts du Roy, ils ne cessent pourtant de demander, et demanderont sans cesse.

Monsieur, pour entretenir l'amitié des gentils-hommes et capitaines, vous leur pouvez escrire quelquesfois, afin qu'ils s'asseurent d'estre en vos bonnes graces et souvenance : cela leur faict penser que vous avez quelque opinion de faire quelque plus grande chose, et que vous voulez suyvre vostre fortune. Or de cecy sort ce que je vous diray : c'est qu'ils monstreront les lettres à leurs parens et amis, et comme ceux-là verront que vous faictes cas de l'un, que vous l'honorez de vos lettres, ils se mettront en devoir et despence de le suyvre : ainsi un serviteur vous en acquerra vingt et trente, pour l'esperance qu'ils auront qu'en vous faisant service vous ne les oublierez non plus que luy. Cela ne vous sera pas grand peine, mais à vos secretaires : quittant une heure de vos plaisirs, vous signerez plus de despesches qu'il n'en faudra pour tout ce royaume. Que si c'est à quelque grand seigneur, un petit mot de vostre main par apostille ne vous donnera pas grand peine ; mais il ne faut pas aussi que cela soit trop commun, en mesmes temps ny en mesmes termes. J'ay tousjours remarqué ceste faute aux secretaires des princes et aux nostres aussi, car les uns les monstrent aux autres, et apres en font peu de cas.

Si vous ne faictes ce que je vous dy, monseigneur, voycy ce qu'il vous adviendra : quand le capitaine verra que vous ne faites compte de luy, ny n'en avez souvenance, il pensera que vous vous contentez de la fortune que Dieu vous a donné, et qu'il ne faut plus esperer que vous veuillez estre plus grand que vous estes, et faut que chacun pense de se retirer en sa maison, sans se soucier plus des armes. Et depuis que l'homme de guerre, pour peu de bien qu'il aye, commence à sentir le plaisir de sa maison, de sa femme et de ses chiens, et qu'on luy laisse prendre ce ply, il est bien mal-aysé de le tirer plus du foyer pour aller à la guerre, et de quitter la plume pour dormir sur la dure ; et s'il y va, ce sera à regret, desirant tousjours de revoir sa femme et ses enfans : il n'ouyra tirer arquebusade que, comme le franc archier, il ne pense estre mort. En toutes ces choses il n'y a que continuer : les canonnades et arquebusades estonnent ceux qui ne les ont pas accoustumées, mais apres qu'on les a ouyes souffler aux oreilles, on ne s'en soucie pas tant. Il n'y a rien si ennmy de la guerre que de laisser roüiller le soldat ou le capitaine : mettez vostre sallade et vostre cuirasse au crochet, la roüille s'y mettra et les araignées : ainsi est-il des gens de guerre si on les laisse en oysiveté. Parquoy il vous faut prendre garde à cecy, car, tenant esveillez les capitaines avec quelques lettres et quelque peu de bien-faicts du Roy, vous tenez tout le monde en cervelle et prest à marcher quand le commandement du Roy et le vostre arrivera. Instruisez vos secretaires de vous en faire souvenir, car les dames ou le plaisir de la Cour vous en osteront la memoire : vous estes jeune, je voy bien qu'il faut que vous goustiez le plaisir du monde ; il est raisonnable que vous sachiez que c'est : ainsi avons nous fait et feront ceux qui viendront apres nous ; mais allez y sobrement.

Par ce reveille-matin que vous donnerez aux gens de guerre par vos lettres, vous monstrerez à tout le monde que vous ne voulez oublier ny laisser en arriere le don de grace que Dieu a mis en vous. Chacun qui aura envie de suyvre les armes se resoudra d'accompagner jusques au bout vostre fortune. Vous ferez cognoistre que, puis que Dieu vous a desja mis la main sur l'espaule, vous essayerez s'il la voudra mettre sur la teste : vous devez avoir vous-mesme ceste opinion de vous, et prendre le vers du pseaume en vostre devise, qui dit : *cœlum cœli Domino, terram autem dedit filiis hominum*, qui vaut autant à dire que Dieu a gardé le ciel pour luy, et a laissé la terre pour nous, pour la conquerir. Ces vers n'ont pas esté faicts pour des petits compagnons comme moy, mais pour des roys et des princes tel que vous estes. Si faut-il que je vous die que je suis pauvre gentil homme, et n'ay pas le cœur de prince ny de roy ; mais si Dieu m'avoit conservé mes enfans, et qu'il me donnast un peu plus de santé que je n'ay, je penserois,

24.

avec l'aide de mes amis, pourveu que la France fust en paix, acquerir quelque coing du monde : que si je n'avois un gros morceau, pour le moins en aurois-je quelque lopin. Au fort je ne perdrois que les frais et la vie, que je tiendrois bien employée, puis que c'est pour acquerir de l'honneur. Si mon fils eust vescu, je croy qu'il fust venu à bout du dessein que monsieur l'Admiral sçait bien qu'il avoit dans la teste, qu'il vous pourra dire, monseigneur. Vous estes jeune, vous avez vostre frere qui a le gros morceau, il faut que vous alliez busquer fortune ailleurs, et, au lieu d'estre suject, vous acquerir des sujects. Voyez donc, puis qu'un pauvre gentilhomme comme moy ose voller si haut, puis que mesme, à ce que j'ay ouy dire, car je ne le sçay pas bien, des enfans de laboureurs et de forgerons par leurs vertus sont parvenus à l'empire, que devez-vous esperer, vous qui estes fils et frere du plus grand roy de la chrestienté? Vous ne devez doncques perdre ceste esperance quand l'occasion se presentera et que vous cognoistrez qu'il sera temps. Un prince de cœur ne doit jamais estre contant, ains faut pousser sa fortune : la terre est si grande, il y a prou à conquerir. Le roy vostre frere a assez de moyens pour vous assister; vous avez l'aage et la bonne fortune. Je suis marry que vous ayez laissé ce beau et brave nom d'Alexandre (1), qui a esté, si je ne me trompe, le plus vaillant homme qui porta jamais armes. Sa Majesté vous aydera pour mettre sur vostre teste quelque couronne estrangere. Que si Dieu vous faict la grace de mettre fin à ces miserables guerres, essayez à dresser vos desseings et immortaliser vostre nom. Employez tant de serviteurs à conquerir quelque chose. Puis que mes ans et mes blessures ne me permettent de vous y servir, au moins vous donneray-je conseil de ne vous arrester jamais, ains tousjours entreprendre choses grandes et difficiles, prenant la devise de l'empereur Charles, qui a donné tant de peine à vos ayeuls. Si vous ne pouvez arriver au bout, pour le moins atteindrez-vous à la moitié. Je n'espere pas, estant si maladif et cassé, vous y pouvoir servir, mais je vous laisse trois petits Montlucs, lesquels j'espere ne degenereront de leur ayeul ny de leurs peres. Je ne vous diray autre chose, car il est temps que je mette fin à mon livre.

Voylà, mes compagnons qui lirez ma vie, la fin des guerres où je me suis trouvé depuis cinquante cinq ans que j'ay commandé pour le service de nos roys. J'en ay rapporté sur moy sept harquebusades pour m'en faire ressouvenir, et plusieurs autres blesseures, n'ayant membre en tout mon corps où je n'aye esté blessé, si ce n'est le bras droict. Il m'en reste l'honneur et la reputation que j'ay acquise par toute la chrestienté, car mon nom est cogneu par tout : j'estime plus cela que toutes les richesses du monde, et, avec l'ayde de Dieu qui m'a assisté, je m'enterreray avec ceste heureuse reputation. Ce m'est un merveilleux contentement quand j'y pense, et lors qu'il me souvient comme je suis parvenu de degré en degré, ayant eschappé tant de dangers pour jouyr de si peu de repos qu'il me reste en ce monde en ma maison, afin d'avoir loisir de demander pardon à Dieu des offenses que j'ay commises. O que si sa misericorde n'est grande, qu'il y a de danger pour ceux qui portent les armes, et mesmement qui commandent, car la necessité de la guerre nous force en despit de nous-mesmes à faire mille maux, et faire non plus d'estat de la vie des hommes que d'un poulet; et puis les plaintes du peuple qu'il faut manger en despit qu'on en aye; les veufves et orphelins que nous faisons tous les jours nous donnent toutes les maledictions dont ils se peuvent adviser, et à force de prier Dieu et implorer l'ayde des saincts, quelqu'une nous en demeure sur la teste : mais certes les roys en patiront encores plus que nous, car ils le nous font faire, comme je dis au Roy l'entretenant à Thoulouse, et n'y a mal duquel ils ne soient cause, car puis qu'ils veulent faire la guerre, il faut payer pour le moins ceux qui s'en vont mourir pour eux, afin qu'ils ne puissent faire tant de maux qu'ils font. Moy doncques bien heureux, qui ay le loysir de songer aux pechez que j'ay commis, ou plustost que la guerre m'a faict commettre, car de mon naturel je n'estois pas addonné à faire mal, et sur tout ay tousjours esté ennemy du vice, de l'ordure et vilenie, ennemy capital de la trahison et desloyauté. Je sçay bien que la colere m'a faict faire et dire beaucoup de choses, dont j'en dis *mea culpa*; mais il n'est pas temps de les reparer : une en ay-je sur le cœur par dessus toutes les autres. Si je n'en eusse ainsi usé, on m'eust baillé des nazardes, et le moindre consul de village m'eust fermé la porte au nez si je n'eusse tousjours eu le canon à ma queuë, car chacun vouloit faire le maistre. Dieu sçait si j'estois pour l'endurer; meshuy cela est faict. J'avois la main aussi prompte que la parolle. J'eusse voulu, si j'eusse peu, ne porter jamais de fer au costé, mais mon naturel estoit tout autre : aussi porte-je en ma devise, *Deo duce, ferro comite*. Une chose puis-je dire avec la verité, que jamais

---

(1) Le duc d'Anjou quitta le nom d'Alexandre pour prendre celui de Henri.

lieutenant de Roy n'eut plus de pitié de la ruyne du peuple que moy, quelque part que je me sois trouvé. Mais il est impossible de faire ces charges sans faire mal, si ce n'est que le Roy ait ses coffres pleins d'or pour payer les armes; encor y aura-il prou affaire. Je ne sçay si apres moy on fera mieux, mais je ne le pense pas. Tous les Catholiques de la Guyenne porteront tesmoignage si je n'ay pas espargné le peuple; car des Huguenots, je les recuse; je leur ay faict trop de mal, et si n'en ay pas faict assez, ny tant que j'eusse voulu, il n'a pas tenu à moy. Je ne me soucie s'ils disent mal de moy, car ils en disent autant ou ont plus dit de leurs roys.

Mais avant que je mette fin à ce mien escrit, lequel mon nom fera veoir à plusieurs, je les supplieray de ne me penser si ingrat que je ne recognoisse, apres Dieu, tenir de mes princes et de mes maistres tout ce que j'ay, je dis biens et honneurs, mesmement de mon bon maistre le roy Henry, que Dieu absolve. Que si par fois dans livre mon j'ay dict que les playes sont les recompenses de mes services, ce n'est pas pour leur reprocher mon sang. Celuy de mes enfans qui sont morts pour leur service est bien employé: Dieu me les avoit donnez, et ils me les ont prins; j'en ay perdu trois à leur service: Marc Anthoine mon aisné, Bertrand, auquel par chaffre (1) je donnay le nom de Peyrot, qui est un mot de notre Gascongne, parce que ce nom là de Bertrand me desplaisoit, et Fabian, seigneur de Montesquieu. Dieu m'en a redonné trois autres, car j'ay du second Blaise, et du dernier Adrian et Blaise, Dieu les veuille conserver pour faire service à leurs roys et à leur patrie, sans faire honte au nom qu'ils portent! et qu'ils estudient bien mon livre et se mirent dedans ma vie, taschant à surmonter leur ayeul s'ils peuvent. Sire, souvenez vous d'eux, s'il vous plaist; je laisse parmy leurs papiers la lettre que vous m'escrivistes, de Villecostrets, le troisiesme de decembre 1570, où il y a ces mots: *Tenez vous tout asseuré que j'auray souvenance à jamais de vos longs et grands services, desquels, si vous ne pouvez recevoir la recompense condigne, vos enfans acheveront d'en cueillir le fruit, joint qu'ils sont tels, et m'ont ja si bien servy, que d'eux mesmes ils ont merité que l'on face pour eux ce que je seray bien aise de faire quand l'occasion se presentera.* Sire, voylà vostre promesse, un roy ne doit jamais rien dire ny promettre qu'il ne le vueille tenir.

Je n'use donc de reproches à l'endroit de mes maistres; il me doit suffire, encore que je ne sois pas riche, qu'un pauvre cadet de Gascongne soit parvenu aux plus hautes dignitez de ce royaume: j'en vois plusieurs aujourd'huy qui entrent en reproche contre leurs Majestez, et le plus souvent ceux qui n'ont rien faict se plaignent le plus; aux autres il est un peu pardonnable. Tout ce que nous avons, grands et petits, nous le tenons de nos roys: tant de grands princes, seigneurs, capitaines et soldats qui vivent et qui sont morts, doivent au Roy l'honneur qu'ils ont receu, car leur nom vit encores pour les charges qu'ils ont euës des roys. Ils se sont non seulement enterrez en ce grand honneur, mais encores ils ont honnoré ce qui est descendu d'eux: il s'en parlera tant que les escritures dureront au monde. J'en ay couché un bon nombre dans mon livre: j'ay veu des soldats, fils de laboureurs, qui ont vescu et se sont enterrez en reputation d'estre enfans de grands seigneurs, pour leur valleur et le compte que les roys et leurs lieutenans faisoient d'eux. Quand mon fils Marc Anthoine fut porté mort à Rome, le Pape, tous les cardinaux, le senat et le peuple romain, luy firent autant d'honneur que s'il eust esté un prince du sang. Qui fut cause de cela? sa valeur et ma bonne renommée, et mon Roy qui m'avoit fait tel. Le nom de Marc Anthoine se trouve encore parmi les escrits des Romains. Quand je commençay d'entrer aux armes, sortant de page de la maison de Lorraine, on ne nous parloit d'autre chose que du grand Consalvo, appellé le grand Capitaine. Quel honneur fut-ce à luy, qui durera eternellement, d'estre couronné de tant de victoires? J'ay ouy compter qu'estant le roy Loys et le roy Ferdinand ensemble (2), je ne sçay où c'estoit, car ils avoient assigné lieu pour s'entrevoir, estans ces deux grands princes en table, le nostre pria le roy d'Espagne qu'il trouvast bon que Consalvo dinast à leur table, ce qu'il fit, pendant que de plus grands seigneurs que luy estoient debout. Le Roy son maistre et sa valleur l'avoient faict tel. Voyla l'honneur qu'il receut du roy de France, lequel, pour recompense de ce qu'il luy avoit fait perdre le royaume de Naples, luy mit une grosse chaisne d'or au col. J'ay ouy dire à monsieur de Lautrec qu'il ne print jamais tant de plaisir à voir homme que celuy-là. O le bel exemple pour ceux qui veulent parvenir par les armes! Quand je retournay la seconde fois en Italie, passant par les ruës de Rome, tout le monde accouroit aux fenestres pour voir celui qui avoit deffendu Sienne: je prisois plus cela que tout le bien du monde.

(1) Par plaisanterie.

(2) A Savone.

Je pourrois bien escrire icy des exemples de nos François qui sont sortis de bas lieu, qui par les armes sont parvenus à de grands grades, mais pour ne faire tort à leurs maisons, je m'en tais: ce sont les bienfaits des roys qui ont recompensé leurs services.

Recognoissons donc que nous ne serions rien sans eux. Si nous les servons, c'est obeyr aux commandemens de Dieu sans tascher avoir des recompenses par reproches et importunitez; et le tort n'est pas à nos roys si quelqu'un est mal recogneu, mais à ceux qui sont pres d'eux, qui ne leur font cognoistre ceux qui les servent bien ou mal, car il y en a prou des uns et des autres, afin que ces bienfaits ne soient bien employez. Il n'y a rien qui face tant de mal de cœur des bons, que quand le Roy faict bien à ceux qui le servent mal : c'est ce qui m'a le plus fasché. J'en ay veu souvent qui disoient : Le Roy ou la Royne ont fait cecy, ont fait cela pour un tel, pourquoy n'en feront ils autant pour moy ? le Roy a remis et pardonné une telle faute à un tel, et pourquoy ne me pardonnera il aussi à moy ? Je sçay bien que leurs Majestez ont souvent dit : On ne fera plus de ces fautes, pour ce coup il faut fermer les yeux; mais le lendemain c'estoit à recommencer. C'est le compte de Marc de Bresse; il ne faut pas pourtant se despiter contre son maistre. L'honneur de telles gens demeure en petit lieu, puis qu'ils estiment plus les biens que leur renommée et reputation, et qu'ils sont si prompts à se despiter. Et encor, comme j'ay dit, ce sont des gens qui ne tirerent jamais trois coups d'espée, et se vantent cependant d'avoir souffert beaucoup de peine et de travaux. Que si on les despouilloit tout nuds, l'on verroit de beaux personnages qui n'auroient pas une seule playe sur le corps. Telles gens, s'ils n'ont gueres porté les armes, sont bien heureux, car le jour de la resurrection, s'ils vont en paradis, ils y porteront tout leur sang sans en avoir respandu une seule goutte sur la terre.

J'en ay ouy d'autres et de toutes manieres de gens qui se plaignent, et jusques aux moindres, qu'ils ont servy le Roy quatre, cinq et six ans, et neantmoins n'ont peu acquerir que trois ou quatre mil livres de rente : les voylà bien gastez ! Je ne parle pas des gens de guerre seulement, mais de tous les autres estats dont le Roy se sert. J'ay ouy dire à mon pere, qui estoit vieux, et autres plus anciens que luy, qu'il se disoit à la Cour et par toute la France, du temps du roy Louis XI :

Chastillon, Bourdillon,
Galliot et Bonneval,
Gouvernent le sang royal.

J'oserois dire que tous ces quatre seigneurs, qui ont gouverné deux roys, n'acquirent jamais tous ensemble dix mil livres de rente. Je l'ay dit autres-fois à monsieur le mareschal de Bourdillon, lequel me respondit que tant s'en faut que son predecesseur eust acquis trois mil livres de rente, qu'il en avoit vendu quinze cens, et les avoit laissé pauvres. Que l'on demande à monsieur l'Admiral qu'il monstre ce que son predecesseur, qui gouvernoit tout, a acquis, je gageray qu'il n'en sauroit monstrer deux mil livres de rente. Quant à Galliot, il a vescu grand aage apres les autres; il a acquis par adventure trois ou quatre mil livres de rente ou revenu. Quant à Bonneval, monsieur de Bonneval, qui est aujourd'huy, et monsieur de Biron sont heritiers. Je croy qu'ils ne sçauroient pas monstrer grandes acquisitions. O bien-heureux roys d'avoir eu de tels serviteurs! on peut bien juger qu'ils servoient leurs maistres pour l'amitié qu'ils leur portoient, et non pour l'avarice. J'ay ouy dire qu'ils demandoient plus-tost pour les serviteurs du Roy que pour eux-mesmes. Ils sont morts avec honneur, et leurs successeurs ne sont pas necessiteux.

Puis que j'ay parlé des autres, je veux parler de moy-mesmes : peut estre quelqu'un apres ma mort parlera de moy comme je parle des autres. Je confesse que je suis tres-obligé aux roys que j'ay servy, mesmement au Roy mon bon maistre, comme j'ay dit souvent. Je ne serois qu'un simple gentil-homme si ce n'estoient les moyens qu'ils m'ont donné pour acquerir la reputation que j'ay gaigné, que j'estime plus que tout le bien du monde, ayant immortalisé le nom de Montluc; et encor que je n'aye acquis pendant si long temps que j'ay porté les armes que fort peu de biens, si ne m'a on jamais ouy plaindre des roys mes maistres, ouy bien de ceux qui estoient pres d'eux, lors qu'en ces dernieres guerres ils m'ont calomnié, comme si de rien je pouvois faire tout. Croyez que les playes que j'ay reçeüs m'ont plus donné de reconfort que d'ennuy ; et m'asseure, quand je serai mort, qu'à grand peyne dira on que j'emporte au jour de la resurrection en paradis tout le sang, os et veines que j'ay apporté au monde du ventre de ma mere. Pour le bien, j'en ay prou : il est vrai que si j'eusse esté nourry en l'escole du bayle (1) de l'Esperon, j'en eusse d'avantage : le compte merite qu'on le sçache et que je le mette icy.

Le roy Louys douziesme, allant à Bayonne, logea en un petit village nommé l'Esperon, lequel est plus pres de Bayonne que de Bordeaux.

(1) Bailly.

Or sur le grand chemin le bayle avoit fait bastir une tres belle maison : le Roy trouva estrange qu'en un pays si maigre et sterile, et dans des landes et sables qui ne portoient rien, ce bayle eust fait bastir une si belle maison, de quoy il entretint pendant son soupper son mareschal des logis, qui luy fit responce que le bayle estoit un riche homme, ce que le Roy ne pouvant croire, veu le miserable pays où la maison estoit assise, l'envoya querir sur l'heure mesme, et luy dit ces mots : « Venez ça, bayle, pourquoy n'avez vous faict bastir ceste maison en quelque endroit où le pays fust bon et fertile ? — Sire, dit le bayle, je suis natif de ce pays, et le trouve prou bon pour moy. — Estes vous si riche, dit le Roy, comme l'on m'a dit ? — Je ne suis pas pauvre, dit-il, graces à Dieu j'ay dequoy vivre. » Le Roy dit lors : « Comment est-il possible qu'en un pays si maigre et sterile tu sois peu devenir si riche ? — Cela m'a esté bien aysé, dit le bayle, Sire. — Dittes moy donc comment, dit le Roy ? — Par-ce, Sire, que j'ay tousjours plustost fait mes affaires que celles de mon maistre et de mes voisins. — Le diable ne m'emport, dit le Roy [ainsi estoit son serment], ta raison est bonne, car en faisant de ceste sorte et te levant matin, tu ne pouvois faillir de devenir riche. » O combien d'enfans a laissé ce bayle heritiers de ses complexions! je n'ay jamais esté de ceux-là. Certes je croy qu'il n'y a si petit mercadant au monde qui, ayant tant trotté, couru et tracassé comme j'ay fait, ne se fust enrichy ; et n'y a financier ou recepveur, pour homme de bien qu'il fust, en ce royaume, que s'il luy eust passé tant d'argent par les mains comme il a faict à moy, qu'il ne luy en fust plus demeuré. J'ay esté sept ou huict fois capitaine de gens de pied, qui n'est pas petit moyen pour commencer à gaigner quelque chose. J'ay veu de mon temps plusieurs capitaines qui se sont faits riches seulement sur la paye de leurs soldats. Je n'estois pas si ignorant ny si mal habile, que je n'eusse sceu faire le tour du baston aussi bien qu'eux : il n'y a pas si grand affaire pour apprendre cela, car avec un bon fourrier et un peu d'aide, cela estoit facile. Puis apres j'ay esté maistre de camp par trois fois : Dieu sçait si je pouvois trouver force passe-volans, et avoir intelligence avec les commissaires des vivres ; car je pouvois descouvrir s'il y avoit rien à gaigner aussi tost ou plustost qu'homme de l'armée, car j'avois assez bon nez. Apres j'ay esté gouverneur des places : je pouvois tousjours avoir à ma devotion quatre vingts ou cent hommes pour les faire passer, comme messieurs les gouverneurs le sçavent trop bien faire. Ainsi, ayant eu ces charges long temps, et faict tant de monstres comme j'ay fait en ma vie, avec quelque peu d'espargne, mon Dieu quelle montagne d'or aurois-je! quand il m'en souvient, je le trouve estrange. Et puis encore j'ay esté lieutenant de Roy à Siene, et une autre fois à Montalsin, où il y avoit bien dequoy faire son proffit, comme d'autres qui ont eu pareilles charges l'ont fait, car il ne falloit sinon que j'eusse intelligence avec trois ou quatre marchans, lesquels eussent advoüé que les bleds que les soldats mangeoient avoient esté acheptez par eux, et prins sur leur credit ; et Dieu sçait quel profit on fait à ces magasins. Puis je pouvois faire des demandes par maniere d'emprunt, deputant quelques uns qui en cussent pris la charge et eussent apporté cent ou deux cens mille francs de debtes. Mais au lieu de cela, Sa Majesté nous devoit cinq payes quand nous sortismes de Sienne, dequoy je luy en fis quitter les trois dés que nous fusmes arrivez à Montalsin. Puis à la seconde fois que j'y fus renvoyé au lieu de monsieur de Soubize, je demeuray six sepmaines par le commandement du Roy à Rome aupres du Pape et des ambassadeurs et agents du Roy : c'estoit au temps que le duc d'Albe faisoit la guerre à Sa Saincteté ; toute la coste de la mer s'en alloit abandonnée, et Grossette n'en pouvoit plus, pour n'y avoir un seul grain de bled, non plus qu'aux autres garnisons. Je trouvay à Rome quelques gentils-hommes sienois, lesquels estoient sortis avec moy de Siene, qui me mirent en cognoissance avec un banquier, nommé Julle d'Albie, aussi sienois, lequel sur ma parolle presta six cens moges de bled, qui sont trois cens tonneaux à douze muids pour tonneau, moyennant que tous les mois je luy donnerois six cens escus à chaque monstre. Je ne pouvois prendre cet argent que de l'espargne que je faisois sur les monstres ; et au lieu de mettre cela dans mes bouges, je le fis du tout payer, sauf le dernier pact, car il n'y eut plus d'argent, ny moyen d'en avoir, de sorte que nous ne fismes point monstre. Je pouvois bien faire mon profit là dessus, car j'en pourveus des places qui en avoient besoin, selon la charge que j'en euz, et si espargnay encore la moitié du bled, lequel je prestay aux paysans, qui mouroient de faim encore plus que les soldats. Ce fut là où je commençay à estre usurier, mais ce fut aux despens de la conscience du Roy, car pour un muid à la recolte j'en eus deux, car il valloit deux fois plus quand je le prestay. Ce gain n'entra non plus en ma bourse, car je le laissay tout au Roy. Je sejournay encore en ce pays là sept mois sans tirer une seule paye, et fis vivre mes gens quatre mois, à vingt onces de pain le jour, du gain que j'avois fait sur les bleds, espargnant tant que je pouvois le bien de mon maistre. Je payay les autres trois mois les soldats avec remonstrances et bonnetades (1), comme je faisois quand j'estois à Siene : quelque temps apres arriva le seigneur dom Francisco, lequel trouva encore des bleds aux munitions. Encore fis-je une praticque avec la duchesse de Castro, femme du duc qui fut tué à Plaisance, laquelle cognoissoit monsieur de Valence mon frere du temps qu'il estoit au service du pape Paule Fernes. Le pape Paul Caraffe avoit fait deffence de ne laisser sortir hors la Romanie aucuns bleds ; mais ceste duchesse par dessous main permettoit que des marchans en fissent apporter de nuict dans nos terres, et nos marchans les alloient achepter. Je menay ceste praticque bien secrettement, sur laquelle je pouvois gaigner beaucoup ; mais un seul liard n'en vint à mon profit.

Je pouvois apporter au Roy pour deux ou trois cens mil francs de debtes, aussi bien qu'a fait le seigneur Jourdain de Corsegue (1), et autres que je ne veux nommer, lesquels ont esté bien payez. Je n'estois pas garny de si peu d'entendement ny de moyens, que je ne l'eusse sceu faire aussi bien qu'eux. J'ay esté lieutenant de Roy en ce pays de Guyenne ; j'ay fort couru le monde, mais je croy qu'il n'y a rien qui esgalle ce pays, soit en richesses, commoditez et vivres. Ayant une telle charge, je pouvois bien avoir intelligence avec le receveur de la province [ces gens ne demandent pas mieux], et emplir bien mes coffres, car tant sur les monstres et garnisons, qu'attelages d'artillerie, je pouvois faire un grand gain. Combien d'impositions pouvois-je faire sur le pays ? car le Roy m'en avoit baillé le pouvoir, lesquelles fussent tournées à mon profit ; car, encore que Sa Majesté entendist que ce fust pour son service, si j'eusse voulu j'eusse bien sceu faire le change, de sorte que la plupart fust demeuré entre mes mains. Je pouvois, si j'eusse voulu, avoir un homme de paille, pour aller par les villes et villages dire à l'aureille aux principaux qu'il me falloit donner de l'argent pour estre soulagez, ou qu'autrement je les ferois ruyner et manger jusques aux os aux gens de guerre, car nous ne laissons mal à faire. Je pouvois aussi faire dire aux Huguenots qui demeuroient en leurs maisons sous l'authorité d'un edit, que, s'ils ne crachoient au bassin, je les ferois tous ruyner. Combien m'en eussent-ils donné pour estre asseurez de leurs vies et biens ! car ils ne se fioient gueres en moy, sçachant comme je les avois accommodez. Mais au lieu d'user de tous ces artifices pour me faire riche, je laissois prendre le tout aux capitaines et gensdarmes, et gens faisant service au Roy qui me le demandoient, n'en ayant que peu ou point tourné à mon profit, et encore ce que j'eus de Clairac je le prins avec permission du Roy. Or que les autres se contentent, je suis contant. Que si Dieu me faisoit la grace de guerir de ceste grande arquebusade que j'ay au visage, je pense encores que, si la guerre recommençoit jamais, que je serois homme pour monter à cheval. Je croy qu'elle n'en est pas loing, car, tant qu'il y aura deux religions, la France sera en division et en trouble : il ne se peut faire autrement, et le pis est que c'est chose qui ne peut pas finir de long temps. Les autres querelles se pacifient aisément, mais celle de la religion a longue suite, et, encore que les gens de guerre ne soient pas fort religieux, ils prennent party, et estant engagez ils suivent puis apres. Aux termes que je voy les affaires, je ne croy pas que nous soyons au bout ; pour le moins ay-je ce contentement en moy-mesme de m'y estre opposé autant que j'ay peu, et fait mon devoir. Pleust à Dieu que tous ceux qui ont les forces en main, n'eussent non plus connivé que moy. Il faut laisser faire Dieu : apres qu'il nous aura prou foüettez il mettra les verges au feu.

Or, seigneurs et capitaines qui me ferez cest honneur de lire ma vie, ny apportez nul maltalent ; croyez que j'ay dit le vray sans derober l'honneur d'autruy. Et sçay bien qu'il en y aura qui mettront en dispute mon escrit, pour voir si j'auray touché quelque mensonge, pour-ce qu'ils trouveront que jamais Dieu n'a accompagné plus la fortune d'un homme, pour les charges qu'il a eües, que la mienne ; si les asseuray-je que j'ay laissé infinies particularitez à escrire, car je n'avois jamais rien escrit ny pensé à faire des livres : j'estois incapable de cela ; mais pendant ma derniere blesseure et mes maladies j'ay dicté ce que je vous en laisse, afin que mon nom ne se perde, ny de tant de vaillans hommes que j'ay veu bien faire ; car les historiens n'escrivent qu'à l'honneur des roys et des princes. Combien de braves soldats et gentilshommes ay-je nommé icy dedans, desquels ces gens ne parlent du tout, non plus que s'ils n'eussent jamais esté ! Celuy qui a escrit la bataille de Cerizolles, encore qu'il me nomme, en parle toutesfois en passant : si me puis-je vanter que j'eus bonne part en la victoire, aussi bien qu'à Bologne et Thionville, et ces escrivains n'en disent rien, non plus que de la valleur d'un grand nombre de vos peres et parens que vous trouverez icy. Or ne trouvez pas estrange si j'ay esté

---

(1) *Bonnetades* : Salutations.
(2) Jourdan Ursin.

si heureux comme j'ay escrit, car je ne me suis jamais proposé que ma charge; et ay recogneu que tout venoit de Dieu, auquel je remettois tout, quoy que les Huguenots m'ayent estimé un atheiste : ils sont mes ennemis, et ne les faut pas croire. Encore que j'aye eu des imperfections et des vices, et ne sois pas sainct non plus que les autres [ils en ont leur part quoy qu'ils facent les mortifiez], si est-ce que j'ay tousjours mis mon esperance en Dieu, recognoissant qu'il falloit que de luy vinst mon heur ou mon mal-heur, luy attribuant toutes les bonnes fortunes qu'il me donnoit à la guerre. Je ne me suis jamais trouvé en faction quelconque que je ne l'aye appelé à mon ayde, et n'ay passé jour de ma vie sans l'avoir prié et demandé pardon. Et plusieurs fois je puis dire avec la verité que je me suis trouvé en voyant les ennemis en telle peur, que je sentois le cœur et les membres s'affoiblir et trembler [ne faisons pas des braves, l'apprehension de la mort vient devant les yeux]; mais comme j'avois fait mon oraison à Dieu je sentois mes forces revenir. Elle estoit ainsi, l'ayant dés mon entrée aux armes apprise en ces mots : *Mon Dieu qui m'as creé, je te supplie, garde moy l'entendement, afin qu'aujourd'huy je ne le perde, car tu le m'as donné, et ne le tiens que de toy. Que si tu as aujourd'huy determiné ma mort, fais que je meure en reputation d'un homme de bien, laquelle je recherche avec tant de perils. Je ne te demande point la vie, car je veux tout ce qu'il te plaist : ta volonté soit faitte, je remets le tout à ta divine bonté.* Puis ayant dit mes petites prieres latines, je promets et atteste, devant Dieu et les hommes, que je sentois tout à coup venir une chaleur au cœur et aux membres, de sorte que je ne l'avois pas achevée que je ne me sentisse tout autre que quand je l'avois commencée : je ne sentois plus de peur, de façon que l'entendement me revenoit, et avec une grande promptitude et jugement je cognoissois tout ce qu'il me falloit faire, sans l'avoir jamais perdu en combat que je me sois trouvé.

Combien y en a-il de morts qui pourroient, s'ils estoient en vie, tesmoigner si jamais ils m'ont veu effrayé ny perdre l'entendement à la guerre, soit à assaut, rencontre ou bataille! Messieurs de Lautrec, de l'Escut, de Barbezieux, de Monpezat, de Termes, du Bié, de Strossi, de Bourdillon, de Brissac, d'Anguien, de Botieres, de Guyse, en pourroient bien dire la verité, car ils m'ont tous commandé, et m'ont veu en mil et mil perils sans peur ny estonnement; que s'ils pouvoient retourner en vie, ils seroient bons tesmoings de ce que je dis. Encores ne sont pas morts tous ceux qui m'ont commandé, car, combien que je sois plus vieux capitaine qu'eux, il estoit raisonnable que je leur obeysse : monsieur le duc d'Aumale, messieurs les mareschaux de Cossé et de Vieilleville sont de ce nombre. Je vous supplie, mes bons seigneurs, si mon livre tombe entre vos mains, de faire jugement si ce que je dis est vray ou faux, car vous en avez veu une partie, et croy qu'apres ma mort vous voudrez veoir ce que j'ay escrit. Il y en a d'autres aussi qui me peuvent desmentir, comme le seigneur Ludovic de Birague et monsieur le president de Birague, lequel n'abandonna gueres ce brave mareschal de Brissac. Plusieurs autres vivent, qui ont esté mes compagnons d'armes, et plusieurs aussi qui ont marché sous moy, tous lesquels peuvent estre fideles tesmoings de ce que j'ay dit, et si, quand il a esté question de faire une execution, j'ay jamais trouvé rien impossible; mais au contraire, ce qu'on tenoit impossible je le trouvois possible, je l'entreprenois et en venois à bout, ayant tousjours ceste ferme fiance en Dieu qu'il ne m'abandonneroit point, et m'ouvriroit tousjours l'esprit pour cognoistre ce qui estoit besoing pour venir au bout de mon entreprinse. Je n'en ay trouvé jamais aucune impossible, si ce n'est celle de Thionville : il en faut donner l'honneur à monsieur de Guyse seul; il y eut là plus de l'heur que de la raison, quoy que ledit sieur de Guyse asseurast tousjours de l'emporter, comme il fit.

Mes compagnons, combien de choses grandes ferez vous si vous mettez toute vostre fiance en Dieu, et si vous proposez tousjours l'honneur devant les yeux, discourant en vous mesmes que si vos jours doivent finir sur la bresche, vous avez beau à demeurer dans le fossé. *Un bel mourir*, dit l'italien, *tuta la vita honora*: c'est mourir en beste, de ne laisser nulle memoire apres soy. Ne taschez jamais à desrober l'honneur d'autruy, ny à vous proposer l'avarice ou ambition, car vous verrez lors le tout tomber en mal-heur et infortune; je ne dis pas cecy pour faire le prescheur, mais pour la verité. Combien y en a-il au monde qui ont eu le bruict d'estre fort vaillans, mesmes qui sont en vie, que je ne veux nommer; neantmoins ils ont esté fort mal-heureux en leurs entreprinses : croyez que cela venoit de Dieu; et encores qu'ils l'appellassent à leur ayde, leur zele n'estoit pas bon, voyla pourquoy Dieu leur estoit contraire. Il faut, si vous voulez qu'il soit à vostre secours, que vous despouilliez toute ambition, avarice et hayne, et soyez pleins de la loyauté et fidelité que nous devons à nostre prince; et encore que sa querelle ne soit juste, il ne laissera pas pourtant de nous assister, car ce n'est pas à nous de demander à nostre Roy si sa querelle est bonne ou mauvaise, mais seulement d'obeyr. Que si vous n'estes recogneus des services que vous avez faicts, vous ne vous en fascherez pas, par-ce que vostre intention n'aura pas esté de combattre pour ambition ny grandeur, ny pour convoitise des richesses, mais pour la fidelité que Dieu nous a commandé de porter à nostre Roy. Vous vous resjouïrez d'estre estimez et aymez de tout le monde, qui est la plus belle richesse et acquisition que tout homme d'honneur doit desirer, car les richesses et grands estats periront avec le corps, et la bonne renommée vivra à jamais avec l'ame. A present je me vois tirant à la mort, dans le lict, je me sens grandement soulagé; en despit d'elle mon nom vivra, non seulement en la Gascongne, mais parmy les estrangers.

Or c'est icy la fin de mon livre et de ma vie : que si Dieu me la continuë plus longuement, quelqu'autre escrira le reste, si je me trouve en lieu où je face quelque chose digne de moy, ce que je n'espere pas, me sentant si incommodé que je ne pense meshuy pouvoir jamais plus porter les armes. J'ay ceste obligation à ceste meschante arquebuzade qui m'a percé et froissé le visage, d'avoir esté cause que j'ay dicté ces Commentaires, lesquels, comme je pense, dureront apres moy. Je prie ceux qui les liront de ne les prendre point comme escrits de la main d'un historien, mais d'un vieux soldat, et encores gascon, qui a escrit sa vie à la verité, et en guerrier : tous ceux qui porteront les armes y prendront exemple, et recognoistront que de Dieu seul procede l'heur et le mal-heur des hommes. Et pour-ce que nous devons avoir recours à luy seul, supplions-le nous aider et conseiller en nos tribulations, car ce monde n'est autre chose, et dont les grands ont aussi bien leur part que les petits : en cela se manifeste sa grandeur, veu qu'il n'y a roy ny prince qui en soit exempt, et qui n'aye ordinairement besoing de luy et de son secours.

Ne desdaignez, vous qui desirez suivre le train des armes, au lieu de lire des Amadis ou Lancellots, d'employer quelqu'heure à me cognoistre dedans ce livre; vous apprendrez à vous cognoistre vous mesmes, et à vous former pour estre soldats et capitaines, car il faut sçavoir obeïr pour sçavoir apres mieux commander. Cecy n'est pas pour les courtisans ou gens qui ont les mains polies, ny pour ceux qui ayment le repos; c'est pour ceux qui par le chemin de la vertu, aux despens de leur vie, veulent eterniser leur nom, comme en despit de l'envie j'espere que j'auray fait celuy de Montluc.

(Icy avoit mis fin le seigneur de Montluc à son livre, mais depuis l'eschantillon qui s'ensuit s'est trouvé.)

[1571] Je pensois avoir mis fin à mes escriptures et à ma vie tout ensemble, ne pensant pas jamais que Dieu me fist la grace de monter à cheval pour porter les armes; mais il ne l'a pas ainsi voulu. Toute la France jouit quelque temps de la paix et du repos; moy seul, affligé de maladies et de ma grande blesseure (1), estois le plus souvent dans le lict; toutes-fois peu à peu je recouvray santé, estant plus aise d'estre deschargé du gouvernement, que si ce pesant faix me fust demeuré sur les espaules : monsieur le marquis de Villars, qui en est chargé, s'en acquittera comme un vieux chevalier et grand capitaine doit faire.

Or je disois tousjours en moy-mesmes, oyant les nouvelles de la Cour, car encore y avois-je quelque amy, qu'on faisoit trop de caresse aux Huguenots, et cognoissois bien qu'il y auroit du bruit au logis. Le Roy, par ses lettres que j'ay encores, parlant à mes amis, tesmoignoit tousjours qu'il n'avoit nul mescontentement de moy, qu'il desiroit me faire paroistre combien il m'aimoit, mais que mon indisposition estoit cause qu'il avoit envoyé monsieur le marquis de Villars en ma place; je le creuz ainsi, car il faut croire ce que les roys veulent, autrement on les offense. Or, quoy que je ne fusse lieutenant de Roy, si est-ce que toute la noblesse et tous les

(1) Il est probable que Montluc, à cause de cette blesseure, alla aux eaux de Bagnières; voici une lettre que Henri IV, alors roi de Navarre, écrivit à cette occasion à Corisandre d'Andouins, datée de Bagnières, le 12 septembre 1570 :

« Je ne te sçaurois qu'escrire sinon que je suis ycy depuis hyer à boire de l'eau qui me fait tout le bien du monde. M. de Montluc y est aussi, qui dit qu'il est plus à moy qu'à homme qui vive. Je le gouverne. A propos de cela, je te prie rechercher dans mon petit coffre la lettre qu'il m'escrivit, dans laquelle il me mande qu'il ne me peult continuer la garnison de ma compagnie si près de moy, puisque je l'employe ailleurs qu'au service du Roy. Dedans celle-là mesme il dit aussi qu'il a entendu que aux états qui se sont tenus en Béarn je me suis déclaré contre le service du Roy. Envoye moi le double de cette lettre, et garde bien l'original, car devant que nous départons il faut qu'il m'en fasse un petit de réparation; mais je te prie, envoye la moi par homme exprès et à diligence, car une autre fois je ne serois pas à telle commodité. Je ferai cela bien joliment et gracieusement, et seront et lui et les siens beaucoup plus mes amis après. Je te prie, n'y fault point..... »

trois estats de la Guyenne me portoient tousjours beaucoup d'honneur et me visitoient : ce n'estoit pas sans discourir qu'est-ce que ce temps deviendroit, car il me sembloit que les Huguenots estoient venus fort insolens, et parloient presque aussi haut qu'aux premiers troubles. Si j'eusse esté aussi sain et aussi jeune que j'estois lors, je les eusse fait taire, pour le moins en la Gascogne où j'estois.

[1572] Quelque année estant ainsi passée, la nouvelle survint de ce qui estoit advenu à la journée de Sainct Barthelemy à Paris, où monsieur l'Admiral fut si mal advisé de s'aller enfourner pour monstrer qu'il gouvernoit tout. Je m'estonne qu'un si advisé et sage homme pour le monde fist une si lourde faute : il la paya bien cher, car il luy cousta la vie et à plusieurs autres. Il avoit aussi mis ce royaume en un grand trouble, car je sçay bien que tout ne venoit pas de monsieur le prince de Condé, ny la moitié : ledit sieur prince ne m'en communiqua que trop à Poissy, et croy que si je luy eusse presté l'oreille, il m'eust tiré le fonds du sac ; je le dis à la Royne, mais elle me commanda de me taire : elle ne pensoit pas lors que les choses allassent comme elles ont fait. Je sçay bien et tout le monde aussi, qu'elle a esté accusée d'estre cause des premiers remuemens qui advindrent aux premiers troubles, et monsieur le prince luy fit ce tort d'envoyer ses lettres en Allemaigne, et les monstrer et faire imprimer par tout : cela n'advança pas ses affaires. Estant ladite dame à Thoulouse, elle me fit cet honneur de me parler plus de trois heures sur ce subject, et me dict beaucoup de choses que je me garderay bien d'escrire ; tant y a qu'il est bien aisé de reprendre et trouver en faute ceux qui ont le maniement des affaires du monde, et mesmes si grands comme elle a eu, ayant sur ses bras le Roy et messieurs ses freres si jeunes, et estans tous les princes bandez l'un contre l'autre, les uns advancez puis reculez, et apres ce beau manteau de religion qui a servy aux uns et aux autres pour executer leurs vengeances et nous faire entre-manger. Je vous prie, quelle apparence y avoit-il qu'elle eust intelligence avec ledit seigneur prince ? ce qu'elle a faict depuis a bien monstré le contraire ; mais je laisse cela, car peut estre je n'en parle que trop, et retourneray à mon propos.

Tout le monde fut fort estonné d'entendre ce qui estoit advenu à Paris, et les Huguenots encores plus, qui ne trouvoient assez de terre pour fuyr, gaignant la pluspart le pays de Bearn ; les autres se firent catholiques, ou pour le moins en firent semblant : je ne leur fis poinct de mal de mon costé, mais par tout on les accoustroit fort mal. Je pensay lors que l'armée qui estoit devant La Rochelle estoit là pour autre besongne que pour aller en Portugal, et cogneus bien l'encloüeure ; mais je ne pouvois imaginer pourquoy on eust seulement blessé monsieur l'Admiral au commencement, si on avoit le dessein que je vis depuis ; car si le lendemain tous les Huguenots se fussent resolus avec les grands qui leur estoient alliez ou les soustenoient, il leur estoit aysé de se retirer de Paris et se mettre en seureté : or ils furent esblouis, et Dieu leur ferma les yeux. Je ne veux pas icy dire ny me mesler d'escrire si ceste procedure fut bien ou mal faicte, car il y a prou à dire de bien et de mal, et puis cela ne porteroit nul profit : ceux qui viendront apres nous en parleront mieux à propos et sans crainte, car les escrivains d'aujourd'hui n'osent escrire qu'à demy : de moy j'ayme mieux me taire.

Encore que je fusse lors seulement maistre de ma maison, si est-ce que la Royne me fist cest honneur de m'en escrire, et me mander qu'on avoit descouvert une grande conspiration contre le Roy et son Estat, et que cela avoit esté cause de ce qui estoit advenu. Je sçay bien ce que j'en creus : il fait mauvais offencer son maistre. Le Roy n'oublia jamais quand monsieur l'Admiral luy fit faire la traitte de Meaux à Paris plus viste que le pas. Nous perdons l'entendement au bon du coup, et ne songeons que les roys ont encor plus de cœur que nous, et qu'ils oublient plustost les services que les offences. Or laissons cela ; il en sera assez parlé par d'autres qui s'en sçauront mieux demesler que moy.

Tout le soin du Roy et de la Royne fut lors à enlever La Rochelle, seul refuge des Huguenots. Dieu sçait si j'en manday à la Royne mon advis. Au voyage de Bayonne, et depuis en Sainctonge, je luy avois fait l'ouverture de s'en rendre maistresse sans bruit et sans rien rompre ; et à l'aleine de monsieur de Jarnac, auquel je m'en descouvris un peu, et non pas trop, je croy qu'il n'y eust pas eu grand doubte. Elle craignoit tousjours de faire resveiller la guerre ; mais pour un si bon morceau il ne falloit craindre de rompre le jeusne : cela eust esté faict, on eust eu beau crier. Il y avoit assez de moyen d'appaiser lors les gens ; car qu'eussent ils sceu dire, si le Roy vouloit faire une citadelle dans sa ville ? Il n'est plus temps de s'en repentir. Ceste ville a donné le moyen aux Huguenots de renouveller les guerres, et leur en donnera encores plus si le Roy ne la leur oste, pourquoy faire il ne doibt rien oublier ; car par le moyen de ceste ville ils manient et entretiennent les intelligences qu'ils ont en Angleterre et en Allemagne, et font sur mer de grandes prinses avec lesquelles ils font la guerre. Ils tiennent aussi les isles, d'où sort grand argent, à cause du sel. La Royne me pardonnera s'il luy plaist, elle fit là une grande faute, et encore une autre depuis, de n'avoir voulu envoyer des moyens lors qu'on nous commanda de l'assieger, car en ce temps là elle n'estoit en l'estat qu'elle est, et croy que je luy eusse fait grand peur.

[1573] Voylà tout le monde à La Rochelle; je fus appellé au festin comme les autres, et, comme je veux que Dieu m'ayde, quand je prins ma resolution de m'y en aller, je fis estat d'y mourir, et que ce seroit là mon tombeau. Estant arrivé, je fus estonné d'y voir tant de gens de diverses humeurs, qui eussent esté bien marris qu'elle eust esté prinse. Ce siege fut grand, long et beau, mais à bien assailly mieux deffendu. Je ne veux pas m'amuser à escrire ce qui fut fait là, car je n'estois que comme un particulier, et ne veux mesdire de personne. Monsieur, qui a depuis esté roy, lequel commandoit à ce siege, sçait bien que, m'ayant faict cet honneur de m'en parler et sçavoir mon advis, je luy en dis franchement ce que j'en sçavois. Par ce siege, tous ceux que nous estions lors, et ceux qui viendront apres, pourront juger qu'il faut mes-huy prendre les places de telle consequence, ou par famine les bloquant, ou avec le temps pied à pied. Il s'y fit une grande faute d'hazarder tant d'hommes aux assauts, et encore plus d'avoir fait si mauvais guet, afin que secours de poudres n'entrast comme il fit par la mer; mais pour en dire mon advis comme les autres, quelque chose qu'ils eussent sceu faire, ils estoient à nous, et n'eussent sceu s'en desdire, je dis la corde au col, car le secours que le comte Mongommery leur menoit s'estoit retiré; nous estions sur le point de venir aux mains avec eux, tout leur defailloit. Mais en mesme temps mon frere, monsieur de Valence, estoit en Poulongne pour faire eslire Monsieur pour leur roy, comme il fit: et croy que ceste gloire luy en est deuë, mais cela aussi fut cause que chacun pensa à entrer en capitulation, laquelle en fin se fit. Les deputez de Poulongne le vindrent saluër là pour leur roy. Or toute la trouppe s'en retourna pour s'appester et se trouver à la feste de ceste nouvelle couronne, apres avoir laissé plusieurs morts en ce siege, et les Rochellois maistres de leur ville. Il sembloit, aux propos que Monseigneur tint à son depart, qu'il n'estoit pas fort content de ce nouveau royaume: si pense-je que c'estoit grand honneur, et pour luy et pour nous, qu'un royaume si esloigné vinst chercher un roy dans le nostre. Monsieur de Valence mon frere y acquit beaucoup d'honneur: ses harangues sont belles, lesquelles il mettra, comme je pense, dans son histoire.

Pendant ces malheureuses guerres et ce siege, où je perdis plusieurs de mes parens, monsieur l'admiral de Villars, qui estoit lieutenant de Roy en Guyenne, fit ce qu'il peut à mon advis: aussi n'y avoit il pas beaucoup à faire, car les Huguenots estoient escartez comme perdriaux; mais ayant pris cœur pour la longueur de ce siege, ils firent quelques entreprises. Je perdis, pour mon dernier mal-heur, mon fils Fabien, seigneur de Montesquieu, lequel, voulant forcer une barricade à Nogarol, fut blessé d'une arquebusade de laquelle il mourut. Encore qu'il fust mon fils, je puis dire qu'il estoit bien né et valeureux. Cela me cuida accabler d'ennuy; mais Dieu me donna le courage de le porter, non pas comme je devois, mais comme je peus.

Cependant que tous les triomphes se faisoient en France pour le depart du nouveau roy de Pologne, je demeuray chez moy accompagné d'ennuis et tristesses, visité de mes amis et de la noblesse. Le Roy fit un nouveau remuement fort dommageable à la Guyenne: ceux qui viendront apres nous, se feront sages par les fautes d'autruy: c'est qu'il departit le gouvernement en deux, ayant donné ce qui est deça la Garonne et du costé de Gascogne à monsieur de La Valette, et ce qui est delà, à monsieur de Losse. Ce fut un grand erreur au conseil du Roy, et à la Royne principallement, car encore elle en vouloit faire trois parts, pour en donner une à monsieur de Gramond. C'est un grand cas que tant de sages testes ne prissent garde quel mal avoit apporté à la Guyenne le pouvoir qui fut donné à monsieur Danville, pour le peu d'intelligence qu'il y avoit entre nous, comme j'ay escrit en mon livre, et que, puis que les forces de tout le gouvernement general unies avoient assez affaire à rendre le Roy obey, qu'en pouvoit-on esperer de les veoir separées et en diverses mains? cela met de la division et de la jalousie parmy eux, laquelle en fin amene l'inimitié, et tout aux despens du Roy et de son peuple. Les effects s'en ensuyvirent peu apres, car monsieur de Losse entreprint le siege de Clerac, lequel ne m'avoit jamais osé fermer la porte, où monsieur de La Vallette aussi fut, mais pour veoir seulement ce qui s'y faisoit. En fin il ne s'y fit rien qui vaille la peine de l'escrire, aussi il ne touche à moy. Je le dis seulement pour advertir le Roy que, pour estre bien servy, il ne doit des-unir le gouvernement, ains le laisser tout entier: son royaume est assez grand pour contenter l'ambition de ceux qui demandent des honneurs. Sa Majesté m'excusera s'il luy plaist; ils doivent attendre à leur rang; il y en aura assez pour tous.

[1574] Quelque temps apres, nous oyons dire tant de choses, qu'il me sembloit voir les entreprises d'Amboise renouvellées, car on disoit merveilles, et des plus grands, que je n'eusse jamais pensé si ce qu'on disoit est vray, comme je m'en remets. Peu apres survint la nouvelle de la maladie du Roy, de tant d'emprisonnemens qui se faisoient à la Cour; ce qui me fit estimer bienheureux d'en estre loing, car on se trouve souvent engagé là où on ne pense pas. Apres tout cela vint la nouvelle de la mort du Roy, qui fut à la verité un grand dommage, car j'oserois dire que, s'il eust vescu, il eust fait de grandes choses, et aux despens de ses voisins eust jetté la guerre de son royaume; et si le roy de Pologne eust voulu s'entendre avec luy, et mettre sus les grandes forces qu'il pouvoit tirer de son royaume, tout leur eust obey, et l'Empire eust esté remis en la maison de France. Sa mort nous estonna fort, à cause des grandes entreprises qu'il y avoit, disoit-on, au royaume. Je croy que la Royne ne se trouva jamais si empeschée depuis la mort du roy son mary, mon bon maistre.

Sa Majesté me fit cest honneur de m'escrire, et me prier l'assister en une si grande affliction, pour sauver l'Estat, attendant la venüe du Roy. Encore que je fusse accablé d'années et incommodité de maladies, si est ce que pour m'oster l'ennuy que je portois de la mort de mon fils Fabien, et luy tesmoigner le desir que j'avois de luy garder la parole que je luy donnay à Orleans, je m'en allay à Paris trouver Sa Majesté, et l'accompagnay à Lyon, où j'eus le plaisir de l'entretenir là tout à mon ayse de plusieurs choses dont depuis j'en ay veu faire les approches : elle fera beaucoup si elle y peut apporter des remedes. Le Roy arrivant, à son entrée on luy fit faire une erreur, car, au lieu qu'il devoit assoupir le tout et nous donner la paix, qui estoit chose bien aysée lors, on le fit resoudre à la guerre, et encore pis, on luy fit accroire qu'entrant au Dauphiné tout se rendroit à luy, et neantmoins la moindre place lui fit teste. Je n'ay affaire de deduire toutes ces choses. A son arrivée il me fit fort bonne chere, et si n'en faisoit pas trop à tout le monde : je le trouvay tout changé. Là furent tenus quelques conseils, mais il y en avoit de privez et de secrets. Or Sa Majesté, se ressouvenant des services que j'avois fait au roy son ayeul, pere et freres, l'ayant ouy dire et veu une partie, me voulut honorer de l'estat de mareschal de France, me faisant riche d'honneur puis qu'il ne le pouvoit faire de biens; et m'ayant fait appeller et faict mettre à genoux devant luy, apres avoir faict le serment, me mit le baston de mareschal de France en la main. Je luy dis en le remerciant que je n'avois autre regret en ce monde, si ce n'est de n'avoir dix bons ans dans le ventre, pour luy faire paroistre comme je desirois en ceste honnorable charge luy faire service et à sa couronne. Ayant receu ses commandemens et de la Royne, je m'en revins en Gascogne pour faire les appresuts pour la guerre, car tout tendoit là. Mais je cogneus bien à la longueur de mon voyage que je devois plustost songer à ma mort qu'à la donner aux autres, car je n'estois plus capable de porter les grandes courvées, ny prendre grande peine; et puis je vis bien qu'il adviendroit de mesme entre les nouveaux lieutenans de Roy et moy, que m'estoit advenu avec monsieur le mareschal Danville.

Quelque temps apres, la cour de parlement de Bordeaux m'escrivit que les Huguenots remuoient besongne sur la riviere de Dordoigne, et qu'il falloit y pourvoir, me priant m'approcher d'eux pour y apporter quelque remede, et que le mal n'allast plus avant. Je vins à La Reolle, où messieurs le president Nemond, qui n'estoit pas de ma cognoissance, de Merville, de Monferran et de Gourgues me vindrent trouver, me proposant beaucoup de choses. Je n'estois pas sans responce ny excuse apparente, veu mesmes qu'on ne m'avoit pas tenu ce qu'on m'avoit promis; leur remonstray ma vieillesse et mon indisposition. Et m'estant venu trouver au lict lesdits sieurs de Merville et de Monferran, je leur fis voir mes playes et blesseures; je leur dis aussi le serment que j'avois faict de ne porter jamais plus les armes : mais en fin je ne les peus desdire, et me firent parjurer. S'en estans retournez pour aller faire les appresuts afin d'attaquer Gensac, je m'y acheminay. Quelque temps apres monsieur de Monferran amena une belle trouppe de noblesse de son gouvernement, comme il en vint aussi d'ailleurs, et bon nombre de gens de pied. D'abordée nous emportasmes le fauxbourg et les barricades; messieurs de Duras, de La Marque et de La Devese y allerent en pourpoint, le coutelas au poing, et donnerent jusques aux portes. Ils n'en estoient pas plus sages, car les arquebusades y estoient à bon marché : ils le faisoient à l'envi l'un de l'autre, et pour monstrer qu'ils estoient sans peur. Or le mal-heur voulut que monsieur de Monferran eust une arquebusade au travers du corps, de laquelle il mourut; qui fut dommage, car il estoit gentil-homme de valeur et fort aymé du pays, qui le trouvera à dire.

Les ennemis, se voyans bouclez en telle sorte, et le canon prest à jouër, envoyerent un grand vilain qu'ils appelloient le capitaine Tonnelier, bon soldat pourtant, disoit-on, lequel capitula et rendit la place, où monsieur de Rausan (1), frere de monsieur de Duras, fut mis. Or je veux mettre icy une chose qui m'advint en ce siege, laquelle ne m'estoit jamais arrivée. Apres la mort de monsieur de Monferran, je voulus donner la charge qu'il avoit en l'armée à monsieur de Duras, parce qu'il me sembloit qu'estant seigneur de si bonne maison comme il est, il seroit aggreable ; mais tout le monde ne le trouva pas bon : dequoy sortit une autre chose, c'est qu'on me dit que la noblesse qui estoit venuë avec tous ces messieurs me trouver se plaignoit fort de quelques propos que j'avois tenu d'elle, aussi faux que le diable est faux. Les mots estoient vilains et salles, voyla pourquoy je ne les coucheray point dans mon escrit ; tout estoit si mutiné qu'ils furent sur le point de monter à cheval et me laisser engagé avec le canon. Je les envoyay prier tous me faire ce plaisir de se trouver de bon matin en la campagne, où j'avois à leur dire quelque chose, ce qu'ils firent. J'y fus de bon matin aux flambeaux, tant j'avois haste de descharger mon cœur. S'estans tous mis en rond, je me mis au milieu d'eux et leur parlay le chappeau au poing en telle sorte :

« Messieurs, il y a long temps que plusieurs d'entre vous me cognoissez, ayant porté les armes sous moy, tant és guerres de ceste Guyenne qu'aux guerres estrangeres ; d'autres aussi qui sont presens ont ouy parler de moy, de mes complexions et de mes humeurs ; mais je croy que nul de tous tant que vous estes n'a jamais sceu ne ouy dire que j'aye esté d'un naturel mesdisant et injurieux. Encor que je ne sois pas sans vice, si n'ay-je jamais eu celuy-là. Comment donc m'avez vous faict ce tort de croire que j'aye esté si mal-advisé de parler de vous avec tel mespris, comme on m'a dict qu'il vous a esté rapporté, de vous, qui estes gentils-hommes? Tant s'en faut que je le voulusse faire, que je ne voudrois pas avoir tenu tel langage de la moindre compagnie de soldats qui soit en ceste armée. J'ay tousjours aymé et honoré la noblesse, car apres Dieu c'est elle qui m'a fait acquerir l'honneur et la reputation que j'ay acquise. Vous sçavez bien, messieurs, que je suis hors de combat, tenant le rang que je tiens, et ne veux donner des desmentis. Bien vous diray-je qu'il n'en est rien, et que je n'en ay jamais parlé, et ne le voudrois avoir fait pour chose du monde. Mes-huy en cest aage et à tant de choses qui sont passées par devant moy, je dois sçavoir que c'est de vivre au monde, et se garder d'offencer tant de gens d'honneur et gentils hommes de bonne maison. Or j'ay sceu la resolution que vous avez prinse de vous retirer chez vous, dequoy je suis bien marry, et qu'aussi vous n'avez eu aggreable la nomination que j'avois faicte de monsieur de Duras. Je m'en remets à vous aussi ; puis que la chose va en ceste sorte, il n'est plus besoin d'en nommer : le Roy pourvoyra quelque autre de la place de feu monsieur de Monferran que je regrette. Pour le moins, messieurs, ne me refusez pas de me faire ce plaisir d'accompagner le canon en lieu de seureté. Si vous ne le voulez faire pour l'amour de moy, qui ay esté vostre chef et vostre capitaine depuis tant d'années, faictes le pour l'affection et service que vous devez au Roy. Quant à moy, je m'en vois retirer aussi chez moy, car mon aage, mes maladies et playes ne me peuvent plus permettre de porter les armes ny prendre la peine qui est requise à la guerre. Aimez moy tousjours, je vous prie, et souvenez vous de moy. »

Ma remonstrance les satisfit et contenta tous, et me dirent d'une voix qu'à la verité cela les avoit fort offencez, leur ayant esté rapporté par un homme qui portoit tiltre de gentil homme, mais qu'ils n'en croyoient rien, et estoient mes serviteurs, m'offrant d'accompagner, non seulement le canon, mais me suyvre là où je les voudrois commander. J'ay voulu mettre cela par escrit, afin que ceux qui viendront apres moy apprennent comme il se faut comporter en telles occurrences. Je sceus depuis que ce rapporteur estoit un La Mothe ; si je l'eusse sceu sur l'heure, je croy que je luy eusse faict mauvais party. Or, le canon ramené, qu'ils accompagnerent, nous nous dismes à Dieu. Ayant sejourné quelque temps chez moy, j'oyois tousjours d'estranges nouvelles de la Cour et des entreprinses des plus grands. Et quand j'ouys dire que le Roy de Navarre s'en mesloit et qu'il estoit party de la Cour sans dire à Dieu, je jugeay deslors que la Guyenne auroit de nouveau beaucoup à patir, car estant si grand prince, jeune, et qui donne esperance d'estre quelque jour un grand capitaine, il gaigneroit aysément le cœur de la noblesse et du peuple, et tiendroit tout le reste en crainte. Comme je veux que Dieu m'ayde, mille malheurs m'allerent au devant, de sorte que

---

(1) Jean de Durfort, seigneur de Rassan et non pas Rausan.

bien souvent il me prenoit fantaisie de faire retraicte, pour n'avoir pas le desplaisir d'ouyr tant de fascheuses nouvelles et la ruine de ce pauvre pays. Il me ressouvenoit tousjours d'un prieuré assis dans les montagnes, que j'avois veu autresfois, partie en Espagne, partie en France, nommé Sarracoli : j'avois fantaisie de me retirer là en repos ; j'eusse veu la France et l'Espagne en mesme temps : et si Dieu me preste vie, encores je ne sçay que je feray.

FIN DES COMMENTAIRES DE BLAISE DE MONTLUC.

COMMENTAIRES

DES

DERNIÈRES GUERRES

EN LA GAULE BELGIQUE,

ENTRE HENRY SECOND DU NOM, TRÈS-CHRESTIEN ROY DE FRANCE, ET CHARLES CINQUIESME, EMPEREUR, ET PHILIPPES SON FILS, ROY D'ESPAIGNE;

DÉDIÉS AU MAGNANIME ET VICTORIEUX PRINCE, LE DUC DE NIVERNOIS, ET PAIR DE FRANCE;

PAR FRANÇOIS DE RABUTIN,

GENTILHOMME DE SA COMPAIGNIE.

NOTICE SUR FRANÇOIS DE RABUTIN.

François de Rabutin, dans son épître dédicatoire au duc de Nevers, nous raconte que, désirant se ressouvenir des grandes choses qui se passaient en son temps, il avait coutume, aux jours de sa jeunesse, de noter ce qui lui semblait le plus digne de mémoire ; il pensait que ces grands exemples pourraient lui servir de règle à lui-même, et que plus tard, arrivé à la dernière saison des ans, il pourrait instruire plus aisément sa petite famille. Entré au service du roi, dans la compagnie du duc de Nevers, ayant un jour entendu ce prince vanter Jules César pour ses immortels récits, Rabutin sentit tout à coup l'aiguillon de la gloire, et forma le projet d'écrire, lui aussi, des commentaires ; ce n'est pas qu'il eût la prétention de se *faire enrooler en la troupe des historiographes*, mais il avait l'espoir d'être utile un jour. Au retour du camp, «fortune l'ayant porté
» à Paris, bien honoré par l'excellence de plusieurs
» hommes de bon esprit, » il s'adresse à un maître des requêtes appelé Barthelemy, et lui communique ses « *Brouillards et Mémoires*. » Celui-ci fut content du *labeur*, et conseilla à Rabutin de le faire imprimer ; il l'engageait à communiquer son manuscrit à Pierre Paschal, « gentilhomme de rare doctrine et savoir. » Pierre Paschal, à qui nous devons un ouvrage intitulé : *Henrici* II *Elogium, effigies et tumulus*, trouva l'œuvre mal digéré, et le style mal limé et mal poli ; il s'offrit à revoir l'ouvrage ; mais ne pouvant suffire à cette tâche, il le recommanda à un gentilhomme de ses amis, nommé Guy-de-Bruès de Languedoc, qui prit seulement le sixième livre pour l'examiner ; Rabutin, pressé d'en finir avec la vérification du manuscrit, recourut à l'obligeance d'un sien ami, nommé Bernard du Puy de Luc de Béar, qui daigna « tant prendre de peine pour luy,
» de le secourir en ce qu'il cognoistroit y défaillir
» de propriété de langage, liaison de sentences et
» autres choses. » Telle est en quelque sorte l'histoire des Commentaires de François de Rabutin ; quant à la biographie de l'auteur, elle se réduit à deux seuls points : Il combattit durant les guerres du règne de Louis XI, en qualité d'homme d'armes dans la compagnie du duc de Nevers, et fut ensuite gouverneur de Noyers, petite place en Bourgogne. Voilà tout ce que nous savons sur sa vie. François de Rabutin s'est oublié lui-même dans ses Commentaires ; il a caché la part de gloire qui a pu lui revenir dans cette grande et dernière lutte entre le roi de France et l'Empereur.

Les dix livres qui composent les Commentaires de Rabutin comprennent l'espace de neuf ans, depuis 1551 jusqu'à la paix de Cateau-Cambrésis en 1559. Ces neuf ans furent féconds en événements remarquables ; Rabutin a mis un grand soin à recueillir les faits, et à les présenter dans toute leur vérité. Sa narration est travaillée ; elle rappelle tous les efforts de l'auteur pour limer ou faire limer le style. Rabutin se montre constamment préoccupé de la netteté, de la brièveté, de l'ordre de ses récits ; quand il veut reprendre le fil de son histoire, il espère qu'il ne sera *pas trop prolixe et ennuyeux*. On peut reprocher parfois à l'auteur la longueur des périodes ; mais on doit pourtant lui reconnaître un vrai mérite littéraire. Le gentilhomme bourguignon raconte bien, décrit bien : villes, châteaux, troupes, champs de bataille reçoivent une vivante physionomie sous la plume de Rabutin. Le récit des voyages de Henri II dans le pays de Metz et de Strasbourg a du mouvement et de la couleur ; Rabutin nous associe aux nobles joies du roi de France, trouvant près de Metz sa belle et admirable armée, dévouée à son service, et heureux d'entendre son artillerie le saluer avec fracas : « faisant tout cela,
» tel et si merveilleux tonnerre, qu'il sembloit que le
» ciel et la terre voulussent recommencer la guerre
» entre eux, ou que tout dust reprendre la première
» forme du caos. » Rabutin suivait le roi dans ses voyages ; il observait en chemin, et ses souvenirs d'Allemagne se retrouvent dans les Commentaires. Il nous a donné de curieuses descriptions de plusieurs villes. La peinture de Salverne est un charmant morceau :—« Salverne est une petite ville qui
» est du domaine de l'evesque de Strasbourg, située
» au pied de montagnes, sur le grand chemin et
» passage par lequel on descend des pays de deçà
» pour aller à Strasbourg, Spire, Francfort, et en
» tous endroits des Allemagnes ; parquoy est habitée de riches marchands, qui trafiquent en divers endroits, d'une part et d'autres. L'assiette est
» fort belle et plaisante, commode pour le plaisir et
» profit, bien bastie de beaux édifices et maisons à
» leur mode. Elle a le soleil levant du costé de la
» haute Allemagne, l'occident à l'endroit des montagnes ; les Suisses et la Franche-Comté à midy,
» et les bons Allemands au septentrion. Elle a en
» front les labourages et terres de rapport en grande
» estendue ; un peu au-dessous, les prairies longues
» et larges, arrosées d'une petite rivière, et grande
» abondance de fontaines et sources vives : au dos,
» sur les cousteaux et pendans des montagnes, sont

» les vignobles, esquels croissent de fort bons vins
» blancs et rouges ; au-dessus, les bois et chauf-
» fages. Sur trois hauts rochers et dessus sont trois
» vieux chasteaux, forts de situation, et non d'art ;
» je pense, toutefois, que je ne les ai point vus de
» prez, estant le chemin mal aisé et dangereux pour
» la hauteur du lieu. »

Il y a dans les Commentaires de Rabutin un sentiment de vérité, de justice, qui exclut même toute apparence de partialité ; l'auteur a des paroles d'admiration pour tous les courages, des paroles de pitié pour toutes les infortunes. Ce Charles-Quint, dont la gloire n'a guère pu trouver grâce aux yeux de la plupart de nos auteurs français du seizième siècle, est traité par Rabutin avec une grande équité. Dès les premières pages de ses Commentaires, il nous prévient qu'il n'aura garde en ses écrits « d'injurier » ou alterer la vertu et grandeur de l'Empereur, sça- » chant bien que c'est un des plus vaillants princes » qui soient au monde, qui a mis heureusement à fin » des faits autant grands que firent en leurs règnes, » les Césars. » Seulement il regrette, comme Montluc, et comme d'autres contemporains, qu'un tel homme n'ait pas employé son belliqueux génie au recouvrement du très-grand et très-opulent empire du levant. Les contemporains s'attristaient du spectacle de grands rois chrétiens livrant leurs états aux calamités de la guerre ; puisqu'il fallait aux princes des ennemis à combattre, les contemporains souhaitaient à leur remuante ambition l'empire turc à conquérir. Ce sentiment, ce vague instinct populaire au seizième siècle, doit être regardé comme la dernière expression des menaces de l'occident chrétien contre l'orient musulman.

Rabutin a d'intéressants détails sur l'abdication de Charles-Quint, et sa retraite dans la solitude d'un monastère. Il cherche à expliquer l'étrange détermination du grand empereur : Charles-Quint, consumé par tant d'agitations ardentes, sentait son corps s'affaiblir de jour en jour ; son intelligence était triste de n'avoir pu accomplir ce qu'elle avait désiré ; Rabutin croit aussi que l'empereur Charles avait été saisi d'un « incredible et très-grand regret et re- » mord de conscience de voir les troubles et divi- » sions des Allemagnes, et les guerres intestines et » sociales entre les princes et parents d'un même » sang, dont il estoit auteur ; mais surtout des contra- » riétés et schismes de la foy et religion chrétienne, » dont il prévoyoit, comme homme de très-subtil » entendement, infinité de malheurs et guerres re- » naistre et arriver à toute la chrestienté. » L'historien bourguignon ajoute « que toutes ces préméditat- » tions et pensées lui esmouvoient un estrange tin- » tamarre en l'esprit. » La cérémonie de l'abdication à Bruxelles, dans l'assemblée des états du Pays-Bas, le 25 octobre 1555, ne se passa point « sans maintes » larmes. » En entendant son fils Philippe II, le remercier de tous ses soins, de tous ses sacrifices, le remercier de cet empire dont il venait de se dépouiller pour lui, Charles-Quint ne put se défendre d'une émotion profonde ; « les larmes luy découloient le » long de sa face ternie et pasle, et lui arrosoient sa » barbe blanche. »

Les dix livres des Commentaires de Rabutin ne parurent point en même temps ; en 1555 furent publiés les livres traitant de années 1551, 52, 53, 54 ; la fin de l'ouvrage fut imprimée en 1559 ; on réimprima les Commentaires en entier en 1574 (in-8°, Paris). Les éditions qui ont suivi, sont la reproduction de ce texte. Le gentilhomme auteur des Commentaire est de cette même famille de Rabutin d'où est sorti l'auteur de l'*Histoire Amoureuse des Gaules* ; on a dit que le célèbre cousin de madame de Sévigné avait renié François de Rabutin, sous prétexte que celui-ci avait été *domestique* du duc de Nevers ; nous conviendrons sans peine que Bussi-Rabutin était d'une insolente vanité, mais nous ne pensons pas qu'il ait jamais été assez ignorant pour considérer comme des *domestiques* les hommes d'armes des anciennes compagnies d'ordonnance.

EPISTRE

AU MAGNANIME

PRINCE MESSIRE FRANÇOIS DE CLEVES,

DUC DE NIVERNOIS, ET PAIR DE FRANCE,
LIEUTENANT GENERAL POUR LE ROY, ET GOUVERNEUR DE BRIE, CHAMPAIGNE ET LUXEMBOURG.

MONSEIGNEUR,

La deffiance et doute que j'ay eu de ne pouvoir bonnement me souvenir de tant de choses qui sont en nostre temps admirables, me feit premierement prendre les tablettes, et mettre sommairement par escrit ce que me sembloit plus digne de memoire, esperant qu'en rafreschissant la souvenance de tant memorables faits, je pourrois, à l'exemple d'autruy, mieux reigler le cours de ma jeunesse, et, parvenu quelque jour à la derniere saison de mes ans, instruire et enseigner plus aisément ma petite famille. Mais ayant receu cest honneur de me veoir au service du Roy, soubs l'enseigne de vostre compaignie, comme j'eusse un jour entendu de vous l'obligation que ceux qui ont laissé par escrit la verité des choses passées ont sur nous, et les divines louanges que vous donnastes à Jules Cesar, en ce que de la mesme main qu'il avoit combattu ses ennemis il avoit escrit ses Commentaires, vous, Monseigneur, enflammastes de telle sorte mon desir, que si la suffisance y eust esté j'eusse volontiers prins ceste peine. Et des lors pour le moins non seulement je deliberay continuer ce que j'avois propensé et commencé, mais encor qu'apres je ferois mention de toutes choses, tant de celles dont porteroient tesmoignage mes yeux, que de celles que j'apprendrois de gens fideles et veritables. Non pourtant que j'attendisse jamais de parfaire commentaire, ny me faire enrooler en la troupe des historiographes ; seulement je taschois en tirer l'enseignement et instruction de quelque plus capable personne. Au retour du camp, fortune m'a porté à Paris lieu honoré pour l'excellence de plusieurs hommes de bon esprit. Je m'enquiers des plus suffisans, je les recherche, cognoy, frequente, et finablement m'efforce d'acquerir leur bonne grace. Entre antres je m'addresse à M. Barthelemy, maistre des requestes du Roy, des plus estimez ; je lui communique mes brouillards et Memoires, je lui fais ouverture de mon intention : soudain il prend la peine de les lire d'un bout à autre, et regarder curieusement plusieurs passages où il cognoit mon labeur avoir esté grand, et mes escrits conformes à la verité de ce qu'il en avoit sceu et entendu. Par quoy me conseille et m'admonneste de les faire imprimer et mettre en lumière, non toute-fois sans de rechef les avoir communiquez à gens doctes, entrelesquels, pour la singuliere amitié qu'il portoit à P. Paschal, gentilhomme de rare doctrine et sçavoir, il m'adressa à luy. Qui, voyant mon œuvre mal digéré, et le stile mal limé et poli, ce que moy mesme je cognoissois, tant à cause du peu de temps qui m'estoit resté à les disposer en bonne forme, que pour le default que je puis avoir des lettres, s'offrit de bon cœur à m'y vouloir ayder ; et ne pouvant satisfaire à ce labeur, pour estre continuellement occupé à escrire nos histoires françoises en latin (je dis en latin, Monseigneur, pource que selon l'opinion des plus sçavans hommes, il ne semble point que ce soit un François, mais un Cesar ou un Saluste escrivant), il pria un gentilhomme sien amy, nommé Guy-de-Brués, de Languedoc, prouveu (1) de grand savoir et humanité, vouloir m'ayder de son opinion. Lequel, pour divers empeschemens qui luy ostoient le moyen de veoir les autres, retint seulement le sixieme livre. Or desjà prevoyant, par grandes apparances, que sur la nouvelle saison nous faudroit retourner à la guerre, ne voulant laisser mon œuvre manque et imparfait, je priai un mien amy, nommé Bernard du Pœy de Luc en Bear, qu'il daignast tant prendre de peine pour moy, que me secourir en ce qu'il cognoistroit y defaillir de proprieté de langage, liaison de sentences, et autres choses. En quoy, comme il est homme non seulement amateur de toutes sciences, ains qui est gracieux et secourant à ceux qui les suyvent, m'y a aydé et en tout esté amy.

Dont, Monseigneur, j'ay eu plus grande hardiesse de vous addresser ceste mienne petite histoire, qui vous sera tesmoignage perpetuel de mon obeissance :

(1) *Prouveu*, pour pourvu.

esperant que de vostre grande humanité sera receuë pour aggreable, d'autant qu'il me semble que toutes bonnes choses provenans de moy vous sont deuës et vouées, et que les prendrez tousjours en bonne part ; aussi, que pour l'amour de vous je seray tellement favorisé, que ceux qui à bon droict y trouveroient quelque chose à reprendre, à l'honneur de vostre nom passeront par dissimulation mes plus grandes faultes. Monseigneur, je supplie le Createur vous donner en santé tres longue et tres heureuse vie.

A Paris, ce vingt-cinquiesme de mars 1554.

Vostre tres humble et tres obeissant serviteur,

F. DE RABUTIN.

PROEME DE L'AUTEUR.

Si je voulois deduire par le menu les principaux autheurs et les premieres causes des guerres qui estoient esmeuës au temps que je pretens commencer mon histoire, j'aurois argument et suffisant subject pour parfaire un volume qui ne seroit moindre que toutes les Decades de Tite-Live, d'autant que les guerres et differents des princes sont enchainez, et que l'un depend et s'entretient avec l'autre ; de sorte qu'en ce cas je ne sçay s'il faudroit prendre ces occasions au commencement du regne de ceux qui sont presens, leurs ancestres et riere-bisayeuls, ou bien les tirer des controverses et inimitiez qui causerent premierement la guerre entre les hommes ; car je ne puis croire que la reparation d'un tort, revanche d'un injure, recouvrement de bien, defense des subjects, secours des alliez et confederez, convoitise de nous agrandir, l'ambition de regner ou le desir d'estre monarche, eust eu tant de pouvoir envers nous, que de nous faire porter les armes longuement, et, ce faisant, ruiner tant de bien, commettre tant d'indignitez et scandales, meurtrir tant de corps et perdre tant d'ames, si, oultre cela, chacun de nous n'avoit en soy une chaleur de disputer, et inclination naturelle de debattre, tellement que, quand l'on resiste à nos sensualitez, nous sommes prests à faire foy de la preuve de nos opinions par un tesmoignage des armes ; mais laissons resoudre aux plus savans si les guerres viennent des occasions precedentes, ou que nature nous ait disposez à estre querelleux, ou bien si les deux ensemble nous causent ce malheur. Il suffit que la difficulté de propos, la longueur du discours et le desguisement que chacun fait à son droict, me servent de mettable excuse ; et pourray aucunement avoir satisfait à tous objets, si, sans chercher lesdites occasions de plus loing, j'en ramène aucunes des plus veritables et dernieres, commençant à celles dont vint la premiere emotion en Italie. Encor veux je protester de deux choses avant la main : l'une, si je ne parle de tout ce qu'est advenu durant le temps dont je fais mention, que ce n'est pour paresse de souffrir le travail de l'escrire ; car qui advisera ma profession, et s'enquerra de mes compaignons si j'ai tousjours porté ma part de la fatigue de la guerre, il trouvera que, pour un soldat, j'ay esté assez diligent, ayant retenu ce peu que j'ay voulu escrire ; et si on vouloit dire que je ne me suis enquis de ceux qui ont plus veu que moy, je responds que je l'eusse fait volontiers, n'eust esté que dissimulations et parolles faintes, dont tous usent communement aujourdhuy, accoustument peu à peu les personnes à s'esloigner de la verité ; de sorte qu'à la parfin la pluspart demeurent menteurs ordinaires. A ceste raison, j'avois peur que m'aydant d'autruy je meslasse, parmi les veritez que j'ay veu, les mensonges. L'autre chose dont je proteste, est que, si je tais la vertu d'aucuns, ce n'est de malice ou d'envie, mais pour ne l'avoir veu, ou sceu veritablement ; par ainsi ce n'est par ma faute ; et quant à ceux desquels je fais mention, je suis certain que je les louë encor' bien froidement, veu leurs vertueux faicts ; et si, touchant les faultes des autres, je ne les sçay aigrir et rendre tant abominables qu'elles meritent, en cela je remets ma cause et consideration à toutes personnes de bon jugement, combien que toute ma vie j'ay esté d'advis que les personnes de vertu soient estimées, sans comparaison plus vertueuses qu'on ne sçauroit dire, les meschans hommes encor' plus meschans que la meschanceté mesme. Par ainsi le default mien de ne sçavoir bien au vif representer la louange et le blasme, je desire estre jugé par la presumption precedente, et ma simplicité estre excusée, si en escrivant mon histoire je n'ay usé d'artifices ny enrichy mon stile, pour plaire à plusieurs oreilles delicates qui se delectent en l'ornement de langage ; parce que suivant la verité, qui est la fin et l'ame de l'histoire, j'ay esté contraint d'escrire les affaires nuëment comme elles sont advenuës. Lesquelles causes, si elles sont bien considerées, mon œuvre ne sera trouvé moins aggreable que la gloire et renommée est requise des vertueux hommes, qui travaillent journellement pour acquerir un nom perpetuel.

LIVRE PREMIER.

Du commencement et origine des dernieres guerres en la Gaule belgique, puis de ce qui s'est fait en Champaigne, à sa premiere ouverture, en l'an 1551.

[1551] Le seigneur Pierre Loys Farneze, investy des duchez de Plaisance et Parme par pape Paul troisieme, son pere, par eschange fait à l'Eglise desdits duchez à autres terres et pieces, confirmé et ratifié par la plus grand' part du college et le consentement de l'Empereur (1), moyennant quelque recompense et le mariage de sa fille naturelle avec le seigneur Octave, fils aisné dudit Pierre Loys, se meit le plus diligemment que luy fut possible en reale possession desdits duchez, et employa tout son pouvoir à les fortifier et munir, prevoyant que, non sans difficulté, il en pourroit jouir paisiblement; puis, au plus bref temps qu'il se veit avoir le moyen, feit construire un chasteau à Plaisance, antant fort et defensable qu'il avoit à se douter et rendre asseuré de ceux qui le pouvoient troubler en sa jouissance; selon aussi qu'il avoit le lieu et le pouvoir commode, principallement pour tenir la ville en subjection, de laquelle, et specialement d'aucuns citadins, se souspeçonnoit. Toutesfois ne sceut-il de si loing prevoir et conduire ses entreprises, qu'enfin par ceux mesmes peut estre desquels se doutoit ne fust tué, et dedans sa forteresse mal-heureusement meurtry, avec telles intelligences, que si tost que sa mort fut publiée dom Fernand de Gonsagues, lieutenant pour l'Empereur au duché de Millan, qui estoit prochain de là, entra dedans avec cavallerie et fanterie, saisissant la ville et le chasteau au nom de l'Empereur son maistre.

Le pape Paul se sentant plus griefvement offensé de la mort de son fils qu'en la perte du bien, par le moyen de celuy qui non seulement de Sa Saincteté et de toute la maison Farneze avoit tiré innumerables plaisirs, mais qui s'y estoit allié; craignant d'estre entierement frustré et dessaisy du surplus, envoya le seigneur Camille Ursin, l'un des capitaines de l'Eglise, avec bon nombre de gens de guerre, à Parme, pour la garder et defendre; estans toutefois déja prins et renduz plusieurs chasteaux du Parmesan aux chefs et serviteurs de l'Empereur. Peu de temps ensuyvant, le pape Paul (2) ja fort vieil, et d'avantage ses jours plus avancez de tel ennuy et tristesse, par sa derniere et expresse volonté testamentaire, voulut et ordonna avant mourir que Parme fust rendue au seigneur Octave son nepveu.

Apres que le siege pontifical eut vacqué aucuns jours, les cardinaux assemblez au conclave pour l'election d'un autre pape furent par intervalles en controverse, pour les prioritez des degrez, dignitez et nations. Finalement fut esleu un cardinal Aretin, de la maison de Monté, intitulé Jules troisiesme; lequel, cognoissant selon equité le droict qu'avoit le duc Octave au duché de Parme, l'en revestit, et manda au seigneur Camille Ursin luy ceder et rendre ce qu'il occupoit, comme au vray proprietaire; nonobstant que l'Empereur, long temps auparavant, eust requis instamment que Parme luy fust rendue, soubs couleur de se dire protecteur de l'Eglise; ayant desja fait menasser le seigneur Camille Ursin, à fin que la luy rendist entre ses mains : ce que ne pouvant obtenir par ce moyen, en apres feit offrir recompense au seigneur Octave, adjoustant diverses promesses ausquelles ne voulut adjouster foy, craignant demeurer devestu de l'un et l'autre, se rememorant de divers exemples qu'il avoit veu advenir en pareil cas.

Et de ce refuz l'Empereur davantage irrité, recourut une autrefois au Pape, avec plus vehementes persuasions entremeslées de menasses, luy faisant entendre les grands fraiz, que luy conviendroit exposer continuellement pour la defense de ce pauvre seigneur et de ses places; au contraire luy remonstroit les moyens et l'authorité qu'il avoit selon son affection, pour non seulement defendre le bien de l'Eglise, mais d'avancer et eslever les siens. Tant y a que toutes ses persuasions eurent telle efficace à l'en-

(1) Charles-Quint avoit, au contraire, refusé son consentement, et les cardinaux s'étoient opposés à cet échange.

(2) Mort le 6 novembre 1549.

droict du Pape, qu'il feit sçavoir au duc Octave que ne vouloit plus supporter ceste extraordinaire despense comme luy avoit promis.

Se trouvant le duc Octave de ce nouveau changement à bonne cause troublé, lequel avoit eut tousjours bonne opinion que le Pape luy seroit amy, comme ayant receu de sa maison le premier poinct de son advancement, luy feit remonstrer le peu de moyen qu'il avoit si de Sa Saincteté ne luy estoit subvenu, et le grand peril qu'il encourroit si elle luy defailloit. Pour resolution luy fut respondu *que n'y eust plus d'attente, et que se retirast ailleurs où sentiroit pouvoir recouvrer meilleur secours*. Parquoy [veu les grandes apparences que toutes ces menées estoient conduites à l'adveu de son beau pere, qui ne tendoit à autre fin que le spolier et devestir de son propre], prudemment considera que s'il retiroit devers luy peu d'avantage luy en adviendroit, et promptement ne peut eslire meilleur moyen que s'adresser au Roy; lequel, tant pour cognoistre la chose digne de commiseration, que pour estre, à l'imitation de ses predecesseurs, affecté à la defense et tuition du bien de l'Eglise, le consola en premier d'un espoir de son secours; toutefois apres avoir par son ambassadeur, qui lors estoit à Rome, fait remonstrer toutes raisons au Pape pour l'induire à meilleur moyen, et ne l'ayant peu resoudre, des-lors en accepta la protection soubs conditions obeissantes et favorables à l'Eglise.

Le Pape estant vaincu et diverty entierement par les continuelles exhortations de l'Empereur et ses ministres, de premier mouvement trouva fort mauvaise ceste capitulation; et, de cholere, avec plusieurs menasses feit courir le bruit de publier une censure sur le Roy et son royaume: qui luy donna occasion de se defier aucunement de luy, et de faire fermer les passages de ses pays, avec defenses de transporter à Rome or n'argent monnoyé ou non monnoyé, pour bulles, dispenses ny autres despesches, jusques à ce qu'autrement il y auroit pourveu. Puis estant condamné le duc Octave comme rebelle vassal, pour n'avoir voulu quitter son bien à tel marché qu'on le demandoit, le Pape consentit à l'Empereur de recouvrer Parme en toutes les sortes que luy seroit loisible. Parquoy dom Fernand (1), qui n'attendoit que cest arrest, esperant participer au proufit, ou pour se monstrer bon serviteur à executer la volonté de son maistre, assembla en diligence toutes les garnisons du duché de Milan et de ce qu'il tient en Piedmont, et commença le gast au territoire parmesan, accompagné du seigneur Jean Baptiste (2), ayant certain nombre de soldats, soubs tiltre et authorité apostolique; lesquels estans conjoincts avec leurs armées, pour demonstrer que ce n'estoit seulement au duc Octave qu'on en vouloit, assiegerent Parme et La Mirandolle, petite ville adjugée dès long temps au paravant par pape Paul, pour estretenue soubs la protection du roy François et des autres roys de France ses successeurs; dont fut exposé à totale perdition le plat païs circonvoisin, ceste armée excedant de façon de vivre la cruauté barbare, au temps mesmement que restoit encor quelque espoir de pouvoir pacifier ces troubles, estant peu de jours ensuyvans envoyé le seigneur de Montluc devers le Pape pour esclaircir tous ces differens, et sçavoir la derniere intention de Sa Saincteté (3): neantmoins continuerent ces excez, tant que le Roy fut contraint d'y envoyer le duc Orace Farneze, frere du duc Octave, avec les sieurs de Termes, d'Andelot et Sypierre, et bon nombre de capitaines et gens de guerre, pour subvenir à ce pauvre seigneur, et à son païs qu'il avoit accepté en sa protection; et d'autre part, manda au seigneur de Brissac, lieutenant-general de Sa Majesté en Piedmont, de se mettre en campagne avec telle armée qu'il pourroit recouvrer, et de chercher le moyen et occasion de faire retirer dom Fernand du siege de Parme et de La Mirandolle, pour retourner deffendre et garder ce que son maistre tenoit seur et sien, plustost que s'entremettre aux choses où il n'avoit aucun droit. En quoy il besogna si heureusement en peu de temps, qu'il se feit maistre de Quiers, et recouvra Sainct Damian, avec d'autres chasteaux au marquisat de Monferrat; et se fust davantage estendu, si dom Fernand ne fust en brief retourné, pour luy venir empescher l'entrée au duché de Millan.

Ainsi du costé de Levant et d'Italie commença une ouverture de guerre entre le Roy et l'Empereur: lequel encore qu'il eust par plusieurs fois assuré à l'ambassadeur de France, qui lors residoit pres de Sa Majesté, qu'il vouloit perseverer en l'amitié du Roy, ne desistoit pourtant à innover grandes menées tendantes à luy preparer une furieuse guerre és parties de deça; faisant amasser deniers en tous ses pays, estans faictes secretes levées de gens de guerre, et toutes ses frontieres munies en diligence, tant de soldats que d'artillerie; estans aussi equippez vaisseaux de guerre en tous les endroits des mers

---

(1) Don Fernand de Gonzague.
(2) Jean-Baptiste del Monte, neveu du pape Jules III.
(3) Montluc ne dit rien de cette mission dans ses Mémoires.

qui sont en sa subjection, mesmement és Pays-Bas selon la coste de Flandres, et en toutes les contrées où la royne Marie, douairiere de Hongrie, a toute puissance et commandement [laquelle on sçait de tout temps n'avoir eu grande affection et plaisir de veoir ces deux grands princes en paix] : tellement que desjà on commençoit couvertement à user de rigueur à l'endroit des marchands françois qui trafiquoient celle part. Toutesfois le Roy, taisant toutes ces petites fascheries pour se monstrer desireux du repos public, envoya amiablement un ambassadeur devers ceste princesse, pour moderer et diffinir toutes ces difficultez, qui, au lieu d'estre receu d'elle avec gracieux accueil, fut, par son commandement, estroittement resserré, et pour quelque temps detenu prisonnier en un vieil chasteau. Et, peu apres, ne se pouvant plus contenir sans apertement declairer le vray de son intention, feit generalement par tous ses ports detenir les vaisseaux et marchands de France, comme confisquez, commandant leur estre ostez les voiles et autres instrumens necessaires à la navigation ; mettre la marchandise en terre, laissant consommer les mariniers, qui estoient en grand nombre, avec les pauvres marchands, en frais de poursuytes, sans leur donner autre response de leur en faire restitution. Davantage ceste cholere s'estendit sur les marchands qui trafiquoient par terre à Anvers, estant faite inquisition de leurs marchandises et autres biens de tous les François qui y habitoient, comme si deslors ils fussent declairez pour ennemis, et n'eust plus esté question que de butiner. Et non-seulement en toutes ces choses promptuaires [pour estre presentement soubmises à sa disposition] se monstra fort ennemie des François, mais à l'endroit de cinq ou six honnestes gentilshommes françois qui, ayans veu l'Allemagne, curieux de cognoistre et veoir les meurs et conditions des nations estranges, retournans en France par les Pays-Bas, furent arrestez long-temps à La Haye en Hollande, et de là menez prisonniers dans des chariots à Bruxelles, avec non moindre d'opprobre comme l'on meine les criminels et ceux qui appellent de la sentence de mort. Où, pour reparation de l'injure qu'ils avoient receuë, leur fut prononcé par le president d'Estat qu'ils avoient esté arrestez à juste cause, qui ne pouvoit estre autre sinon *qu'ils estoient François, et que desjà et de tout temps on les tenoit pour ennemis*, nonobstant que le Roy, pour oster tout moyen à l'Empereur de chercher occasion de luy commencer la guerre, eust faict battre et ruiner le fort de Lynchant, non pour autre cause sinon que les subjects de l'Empereur se plaignoient que le seigneur de Roignac, à qui il appartenoit, les grevoit et endommageoit grandement, encore que ce fort luy eust peu estre propre pour en temps de guerre tenir une partie des Ardennes en subjection. Ainsi donc il me semble qu'on peut aucunement cognoistre, par ces principaux poincts, le premier autheur de ces guerres, et auquel de ces deux princes le tort doit estre imputé.

Et s'il faut prendre les choses de plus loing, je pourray adjouster que l'Empereur ne pouvant tant couvertement faindre son intention que le Roy n'en eust tousjours quelque advertissement, advint qu'après le decès du feu roy François, quand le Roy voulut renouveller et confirmer les alliances des cantons des Suisses et des Grisons, il n'oublia à mettre en avant tous exploits pour les en destourner et distraire, tant par promesses que par menasses, voire jusques à envoyer quelque nombre de cavallerie sur les limites de leur pays, pour recognoistre les accès et entrées les plus commodes pour les assaillir ; enfin ne peurent tant faire ces menasses, promesses et presens, que de seduire et aliener ces hommes constans et certains comperes (1) et amis du Roy. De quoy l'Empereur, pour monstrer un signe de vengeance, feit deffendre aux Grisons le commerce et traicte des vivres qu'ils souloient avoir au duché de Milan, sçachant leur pays fort aspre et infertile, esperant par ceste necessité et incommodité les contraindre à entrer en sa ligne et obeissance. Je pourray aussi dire combien luy a despleu et qu'il a trouvé mauvaise l'alliance du roy de France et du roy d'Angleterre, et la restitution de Boulongne : ce que peut estre cogneu quand M. le mareschal de Sainct André porta l'ordre de France au roy d'Angleterre, s'estant l'armée de mer de l'Empereur opposée et plantée entre Douvres et Calais pour empescher ce voyage, que toutesfois n'advint, pour ce qu'il print autre chemin. On sçait aussi en combien de sortes l'Empereur s'est parforcé de rendre les François et les Allemans ennemis ; desquels mesmement il en a fait aucuns mourir et traiter rigoureusement, pour cause seulement qu'ils avoient esté au service du Roy, afin qu'estans divisez et espuisez de finances, et sans espoir de secours, tant plus facilement les peust tousjours tenir en servitude : et ne prendray pour exemple que Sebastien de Volgeberg, colonel de lansquenets, ancien serviteur de la maison de France, auquel [au temps de paix et que mesmement s'estoit le plus de-

(1) Les Suisses avoient tenu sur les fonts de baptême la seconde fille de Henri II.

clairé amy du Roy] l'Empereur feit trancher la teste en la ville d'Auguste (1); et fut prononcé par le ministre de l'exécution, tenant encore l'espée sanglante au poing, qu'autant en seroit fait de tous ceux qui partiroient du pays pour aller servir la couronne de France; comme à la verité ledit de Volgeberg testifia sur l'eschafaut qu'il mouroit pour avoir esté au service du Roy. Et pour declarer le moyen par lequel il vouloit esloigner les Allemans et mettre hors d'espoir de pouvoir recouvrer secours des François, c'est chose toute commune et claire qu'il se vouloit saisir de Lorraine par le moyen de la duchesse douairiere sa niepce, laquelle y avoit desjà appellé et fait venir certain nombre d'Espagnols, desquels elle estoit contente veoir manger et outrager ses pauvres subjects, à celle fin de se rendre tant plus forte et asseurée d'eux, s'ils se vouloient rebeller et contredire à ce qu'elle pretendoit, de soubsmettre tout ce duché soubs la protection de son oncle. De quoy fera foy et donnera tesmoignage le refus que long-temps elle a fait de faire la foy et hommage au Roy à cause du duché de Barrois. Outre cela, l'Empereur se vouloit emparer de ces trois villes neutres, Metz, Verdun et Thoul, et en faire comme de Cambray, afin de reduire toute celle region obeissante et soubmise à luy, pour plus facilement avoir accès et dresser commodement ses entreprises sur les terres du Roy. Je pourrois declarer et deduire plusieurs autres menées et sollicitations pratiquées par l'Empereur à son plus grand advantage pour entreprendre sur nous, que je suis content de taire; et me suffit d'en avoir escrit les principaux poincts de la plus fresche memoire, que chacun [comme l'on dit en commun langage] presque voit encore à l'œil, et ne peut ignorer, tant pour n'obscurcir mon histoire de choses ennuieuses ne concernantes mon intention, que pour oster l'occasion à quelque lecteur scrupuleux de dire qu'estant François j'ay voulu colorer nostre querelle, rejettant le tort sur l'Empereur; ce que je n'entend et ne pourrois faire, pour estre la verité de tout ce different universellement publiée et descouverte. Enquoy toutefois je ne me veux tant oublier que de vouloir en mes escrits aucunement injurier ou alterer la vertu et grandeur de l'Empereur, sçachant bien que c'est un des plus vaillants princes qui soit au monde, qui a mis heureusement à fin des faits autant grands que feirent en leurs regnes *Les Cæsars*, et croy qu'il eust passé plus outre s'il ne se fust arresté à detenir le propre des autres princes ses parents et voisins, ains qu'il eust retourné ses forces conjoinctes avec les leurs, au recouvrement de ce très-grand et très-opulent empire de Levant.

Or, pour continuer la narration de mon histoire, et reprendre ce qu'estoit fait à l'advenement de ceste guerre, le Roy avoit veu que, nonobstant tout le devoir qu'il avoit mis à conserver les traictez d'amitié, son ennemy commettoit tous actes d'hostilité : apres avoir longuement attendu que les navires et biens de ses pauvres subjects, detenus injustement aux Pays-Bas, leur fussent rendus, ce que n'avoit peu obtenir; et recevant continuels advertissemens, que sondit ennemy mettoit sus grands preparatifs pour l'envahir et surprendre, ne peut de moins faire que lascher la main aux armes, tant en Levant qu'en Ponant, avec tant heureuse fortune, que d'entrée dom Fernand fut contraint honteusement quitter le siege de Parme et de La Mirandolle, pour retourner secourir le duché de Millan; et en ce mesme temps ayant en André d'Orie (2), avec l'armée de mer de l'Empereur, deux fois la chasse en la mer de Levant. En celle de deça en la coste de Normandie, par le capitaine Paulin, furent prins et arrestez aucuns vaisseaux et marchands de Flandres, lesquels, soubs couleur de trafiquer, transportoient en leurs contrées vivres et munitions pour apres s'en ayder contre nous.

L'empereur adverty de toutes ces executions, fort irrité et despité, feit saisir et mettre en ses mains toutes seigneuries, terres et chevances que possedoient en ses pays gentilshommes et autres François, leur faisant faire commandement, à peine de la vie et confiscation de bien, d'en sortir et vuider dedans certain brief temps prefix; et renvoya le seigneur de Marillac, qui lors residoit ambassadeur près de luy, avec plusieurs propos de menasses addressez au Roy, de le rendre le plus pauvre prince de son sang; et pour ce faire commença deslors à rappeller et racointer tous ceux qu'il avoit declaré ses ennemis, et à mettre en avant tous artifices et efforts pour endommager le Roy et ses pays, principalement se voulant addresser devers la Champagne, la sçachant adonc assez mal pourveuë de frontieres et villes fortes, et la pluspart de celles qui y estoient, estre en si mauvaise situation pour estre fortifiées, qu'à peu de temps et frais les pourroit emporter. Pourtant estoit tout son dessein de retourner une autre fois par ces mesmes brisées qu'il estoit venu.

Le Roy, encore qu'il eust de longue main

---

(1) D'Augsbourg.

(2) André Doria.

pourveu à tous les attentats et deliberation de son ennemy, sçachant ceste publication et ouverture de guerre, avoit adverty tous les princes, gouverneurs et capitaines de ses pays et forteresses, qu'ils se tinssent prets et se retirassent aux lieux où leurs charges estoient commises et addressées; et au reste avoit mis tant bon ordre d'avoir ses forces preparées promptement, où le besoin requerroit et seroit prochaine la necessité, que, sans estre faites soudaines levées ny emotions, pouvoit en moins d'un mois jetter aux champs une bien grosse armée et puissante, avec une tant honneste et paisible façon de vivre, que ses subjects ne s'en pourroient douloir, ne s'en sentir grandement grevez, au moyen de la bonne reformation et ordonnance qu'y avoit erigée et establie messire Anne de Montmorancy, pair et connestable de France.

Ainsi M. de Nevers se retira en son gouvernment de Champagne, avec sa compagnie de cent hommes d'armes, où jà estoit M. de Bordillon, lieutenant de roy en son absence; où tost après luy furent envoyées les compagnies de gendarmerie cy-après declarées, pour les departir et mettre ès villes fortes et endroits qu'il verroit estre foibles, comme il feit. Celle du seigneur de Chastillon à Mesieres; celle du comte de Nantueil au Chesne Populeux; celle du seigneur de La Roche du Maine à Mouson, dont il est gouverneur; celle du duc de Montpensier audit Mesieres, à Ouart et ès environs; celle du seigneur d'Aubigny à Beaumont en Argonne et Sathenay (1); celle de M. le mareschal de la Marche estoit jà à Sedan et Donchery; la sienne demoura à Attigny, Chastel en Porsean (2) et Rhetel, pour estre tant plustost preste et prochaine de sa personne.

Aussitost que les ennemis eurent nouvelle que ce prince visitoit ceste frontiere, pour adviser à munir les plus foibles lieux et loger commodement toutes les compagnies et garnisons que le Roy y vouloit envoyer, afin de faire teste à tout ce qu'ils voudroient entreprendre, proposerent et se meirent à l'essay de luy donner aucun destourbier et empeschement: estans advertis qu'il estoit au Chesne Populeux, gros bourg distant de Mouson environ cinq lieuës, en petite compagnie, donnant ordre à tous affaires qui pouvoient survenir, le comte Mansfel, gouverneur lors du duché de Luxembourg, avec les gouverneurs d'Yvoy et Danvillé (3), assemblerent un nombre d'hommes des prevostez qui estoient soubs eux, ensemble quelque Clevois et Gueldrois qu'on y avoit logé et retenu en garnison pour ce duché, et certain nombre de cavallerie; et avec tout cela, proposerent de luy venir faire une cargue en ce lieu. Dequoy toutefois ce prince ne demoura long temps à estre adverty, et pour ce fut tant bien pourveu pour les recevoir par la conduite de M. de Bourdillon, qui ayant assis bon guet et fort sur le passage d'un marets et le Pont-Bar, et sur toutes les advenuës, à veoir l'ordonnance qu'il y avoit mis, estoit fort aisé à juger que s'ils fussent venus comme nous menassoient, encore que fussions en plus petit nombre qu'eux, malaisement se fussent retirez à leur honneur; mais ne comparurent point, et fut dit qu'il n'avoient peu passer les rivieres adonc fort grosses, et hors rive, pour les importunes pluyes tombées par l'espace d'un mois ou six sepmaines au paravant. Aucuns murmuroient que c'estoit faux rapports, et controuvé advertissement. Tant y a qu'il fut cause de faire advancer huict compagnies des vieilles enseignes, que le Roy envoyoit celle part pour la seurté de la frontiere. Parquoy ce prince le lendemain au matin partit de ce lieu pour retourner à Attigny, attendant de veoir faire les monstres desdites compaignies, pour en après les departir où verroit estre besoing, et les trouva desja arrivées. Pourtant le jour ensuyvant les voulut veoir en bataille en une prairie le long de la riviere d'Aisne, où devant luy se meirent en ordonnance de combattre, et feirent le *limaçon* à reiterées fois; et puis asseurer de ce que j'en vey, non de ma seule opinion, que n'est possible de veoir soldats en meilleur equipage, ny portans meilleur visage de gens de guerre. Leurs monstres faites, ayans touché leurs soldes, le prince les feit departir ainsi: Les capitaines Villefranche et Boisseron à Mesieres, le capitaine Lignieres à Mouson, le capitaine Saincte Marie à Sathenay, les capitaines Gourdes et La Lande à Maubert-Fontaine et Montcornet, le capitaine Favaz à Saincte-Menehou, le capitaine Glanay à Donchery. Assises ainsi ces garnisons, sembloit que desja le populaire de la frontiere se fust renforcé et redoublé de courage; et n'y avoit, depuis les grands jusques aux petits qui ne se preparassent de prendre les armes, pour non seulement se defendre des ennemis, mais pour davantage les aller chercher. A ceste cause journellement couroient les uns sur les autres, demonstrans un presage d'une cruelle et longue guerre.

Apres avoir mis bon ordre à tous ces precedens affaires, ce prince prudent et bien conseillé voulut visiter les villes de ceste frontiere, et

---

(1) *Sathenay*: Stenay.
(2) *Chastel en Porsean*: Château-Porcien.
(3) *Danvillé*: Damvilliers.

veoir comme elles estoient munies, et avec quelle diligence les remparts et defenses s'avançoient, où journellement et sans cesse on besoignoit. Et, partant d'Attigny, retourna au coucher au Chesne Populeux, où luy furent apportées les nouvelles par le seigneur Jacques Marie, honneste et sage gentilhomme italien, mareschal des logis de la compagnie de M. de Chastillon, comme par ladite compagnie, à la conduite du seigneur de Luzarche, vaillant et bien experimenté chevalier qui en est lieutenant, avoient esté desfaits quatre cens Bourguignons (1), desquels estoient capitaines un nommé Bel-homme, et un autre parent ou allié du sieur de Lumes, qui y demeura prisonnier. Ceste desfaite fut executée près de Montcornet ès Ardennes, et y resterent tuez à la furie de sept à huit vingts hommes, le reste mis et chassé à vau de route, et trente ou quarante amenez prisonniers; des nostres, peu ou point en demeura de tuez : vray est qu'aucuns gentils-hommes y furent blessez, entre autres le sieur de Montifault, qui y receut un coup de picque en la cheville du pied, pour lequel coup depuis par necessité on luy a couppé la jambe, qui ne pouvoit estre sans regret et dommage, estant gentilhomme bien loué et estimé. Quelques chevaux de ladite compagnie y furent tuez et blessez.

Ceste petite desfaite pour un commencement estonna beaucoup les ennemis, et resjouyt fort ce prince, pour les continuels rapports qu'on luy faisoit que ceste maniere de gens, pires que volleurs, exerceoient grand pillage à l'entour de Mesieres, et emmenoient le bestail des paysans, èsquels ne trouvoient grande resistance. Donc pour continuer sa deliberation, ce prince le lendemain partit du Chesne Populeux, suivy de plusieurs grands seigneurs et capitaines, tant de sa maison que compagnie, et le reste y demeura avec le sieur de Giry qui en estoit enseigne, et arriva à Mouson environ les deux heures après midy. Au devant duquel vindrent le sieur de La Roche du Maine, qui en est gouverneur, avec sa compagnie de gendarmerie en armes, et le capitaine Lignieres avec la sienne de gens de pied. Si-tost que ce prince eut à loisir visité et tournoyé à cheval les remparts et murailles, en petite suitte devalla au grand portail devers Yvoy, remontant au long du grand chemin jusques au-dessus d'une haulte montagne entre ces deux villes, pour considerer et re-

(1) On désignoit sous ce nom les troupes flamandes, parce que les ducs de Bourgogne avoient longtemps dominé sur leur pays.

(1) De La Marck.

cognoistre à plain la situation de ceste ville adonc ennemie; et, non content de la veoir de si loing, envoya querir les compagnies, tant de cheval que de pied, n'ayans encor posé les armes, pour luy servir d'escorte. Parquoy estans arrivées, furent desparties en trois escadrons; l'un desquels, celuy qui estoit le plus esloigné de corselets, estoit plainement descouvert, et les deux autres les plus approchez estoient embusquez dedans des fossez et levées de terre au long de la prairie. La gendarmerie estoit à couvert en un petit bosquet à main droite. Cependant furent envoyez quelques harquebusiers pour attaquer l'escarmouche et attirer la garnison au combat, lesquels approcherent jusques sur la douve du fossé, et tirerent à veuë d'œil jusques sur le pont leviz, sans que personne de leans monstrast le nez : seulement fut par eux entendu un grand tumulte et murmure là-dedans, estans peult estre en doute de veoir leurs ennemis aux portes, et leur ville estre desgarnie, estant allée leur garnison courir, présumans ceste entreprinse avoir plus grand effet que n'advint par la breveté du temps et la nuict qui approchoit : toutefois ceste compagnie donna telle frayeur à une trouppe de trois ou quatre mille Allemans, Clevois et Gueldrois, qu'elle les feit à l'instant tous serrer ensemble, et se mettre en bataille dedans un lieu fort, en un village au-dessus d'Yvoy où ils estoient logez; d'où ne departirent avant nous sentir et cognoistre retirez.

Ce prince ainsi satisfait, tant du devoir de ses soldats que pour avoir à l'aise veu ce qu'il avoit en affection, ayant prins sa revanche de leurs folles menasses, feit tout retirer à Mouson. Le jour ensuyvant, environ les huict heures du matin, il en partit en compagnie de beaucoup de grands seigneurs et gentils-hommes, entre autres des sieurs de Borpillon, Bussy d'Amboise et de La Roche du Maine, avec ses gens-darmes et quelques harquebusiers pour l'escorte de ses mulets et du bagage. Estant à une bonne lieue près de Sedan, au lieu où se devoit trouver la compagnie de M. le mareschal (2) pour tenir escorte à ce prince, alors, ainsi que M. de La Roche du Maine estoit sur le poinct de s'en retourner avec la sienne, les pages de l'escurie, qui estoient montez sur les grands chevaux, et quelques autres qui alloient devant avec eux, tournerent soudain visage devers nous; ausquels le prince mesme demanda pourquoy ils retournoient, et luy fut respondu par l'un d'eux que les Bourguignons combattoient et estoient à l'escarmouche avec la compagnie de M. de Sedan près de là. Adonc de grand et asseuré courage commanda au sieur de La Roche du Maine de ne l'abandonner, et feit prendre à chacun l'accoustrement de teste, en deliberation d'y arriver assez à temps pour leur faire paroistre combien sa vertu et presence renforceroit le petit nombre des nostres auprès du leur, et sur ce poinct nous meismes *au gallop gaillard*. Je croy qu'ils nous descouvrirent; car, encor qu'ils fussent au double de nous, apperceusmes de dessus une petite motte comme ils se retiroient à la haste, pour gagner un bois qui leur estoit prochain, leur cavallerie couvrant leur gens de pied : qui fut cause de nous remettre au pas pour suyvre nostre chemin proposé. Passant au dessus de Sedan, aucuns gentilshommes de la compagnie de M. le mareschal s'avancerent, et racontèrent à M. de Nevers comme le tout estoit passé en ceste escarmouche, et comme les ennemis avoient usé de grande ruse pour les attirer au loing dedans la grosse trouppe embusquée derriere la montaigne, et le moyen par lequel les François la descouvrirent. En ces propos et autres arrivasmes à Donchery, où ce prince disna avec peu de temps, afin d'arriver à meilleure heure à Mesieres, où il devoit coucher ce soir là. Or, falloit il passer à la portée d'une longue coulevrine, pres le chasteau de Lumes, la riviere de Meuse entre deux, qui nous faisoit penser que n'approcherions si pres sans quelque allarme, ou pour le moins estre saluez de coups de canon : ce que n'advint ainsi; mais pource que c'estoit sur le tard et le vespre prochain, il y eut cinq ou six rustres qui sortirent de ce chasteau, se trainans sur le ventre le long de la prairie, marchans à quatre pieds, et feirent tant qu'approcherent le bord du costé où ce prince et la plus grosse trouppe de sa suyte devoient passer, que luy-mesme le premier apperceut, et commanda à ceux qui lui estoient les plus prochains d'aller recognoistre si c'estoient hommes ou bestes. Aussitost qu'ils se veirent descouverts, sans avoir eu le loisir d'approcher de plus pres, par advis de païs, deschargerent harquebusades, qui ne fut que vent. J'ay opinion qu'ils s'estoient là mis, pensans faire meurtre de quelque grand seigneur, ou quelque destrousse sur le bagage; on feit advancer de noz harquebusiers, qui tantost les deslogerent de là; peu apres arrivasmes à Mesieres.

Le lendemain, jour de dimanche, pour essayer à faire sortir les soldats qui estoient dedans le chasteau de Lumes, et sçavoir si d'aussi grande asseurance ils combattroient main à main comme ils en faisoient le semblant, commanda le prince que la compagnie de M. de Chastillon, laquelle estoit adonc logée à Mesieres, se preparast de l'accompagner avec celle du capitaine Villefranche, de gens de pied, et y estoit un aussi grand nombre de soldats, tant de celle ville que de toute la frontiere, qui y estoyent accourus pour veoir l'issue de cette escarmouche. Noz gens de pied furent partiz en deux trouppes : les corselets furent mis en un fond, au long du grand chemin qui tire droit à la porte du chasteau; le surplus en un autre vallon près de la cassine qui en est prochaine à la portée du canon, où estoit monseigneur avec le sieur de Bordillon, et cent ou six vingts chevaux. La compagnie de M. de Chastillon estoit pres d'un village au dessus, à couvert derriere des buissons et hayes. Noz harquebuziers, de grande allegresse et dexterité, allerent harquebuser et chercher l'ennemy au plus pres de leurs barrieres et tranchées; et ne fault douter que la presence de ce prince ne leur creust le cueur et volonté de faire quelque chose bonne et honnorable; tellement que les soldats de Lumes, qui s'estoient tousjours tenuz forts dedans les tranchées, rehaulsées de palliz qui environnent et ferment un cloz de vignes près de ce chasteau, enfin en furent mis hors et deboutez par noz seuls harquebusiers, qui, en preuve de ce grand devoir, en apporterent au prince et à M. de Bordillon des palliz qu'ils avoient arrachez à leur barbe, sans y avoir perte d'un seul François : bien y furent deux ou trois soldats blessez, et le jeune comte d'Aspremont, par trop se hazarder, eut une harquebuzade dedans l'espaule droite. Derechef on retourna les semondre; mais on les trouva tant refroidiz, avec ce que le vespre nous invitoit à nous retirer, que le prince feit remettre toutes les compagnies en ordonnance, pour reprendre le chemin de Mesieres : ce ne fut toutesfois sans estre convoyez de ceux de Lumes à coups de canon, tant que leurs boulets se pouvoient estendre. Je ne veux oublier à dire le commandement qui fut fait par ce prince au seigneur de Raré, gouverneur adonc de Mesieres, de faire assembler tant de chariots et charettes que pourroit recouvrer, pour amener et rendre en sa ville tant de bleds, foings et fourrages, qu'on trouveroit ès terres du seigneur de Lumes, afin d'oster le moyen à l'ennemy de s'en pouvoir ayder; aussi que le tout luy estoit confisqué pour la rebellion du vassal contre son souverain. La saison estoit adonc fort basse et mal-propre pour demener la guerre, s'estans les ennemis retirez, et que les monstres de la gendarmerie se devoient faire en bref pour le quartier de janvier. Cecy fait, le prince se retira à Chaalons en Champaigne, devers madame la duchesse qui se trouvoit mal.

Le repos ne luy fut pas grand, car ayant eu advertissement que les Bourguignons avoient prins une eglise d'un petit village sur la riviere de Chesse, nommé Douzy, des terres du sieur de Sedan, que les paysans, selon leur commodité, avoient fortifiée pour eux retirer et defendre contre les courses des ennemys, et qu'ils la deliberoient renforcer davantage pour estre de celle part maistres de la riviere, ou pour garder ceux de Sedan de sortir librement, delibera de les aller lever, et rompre ceste entreprise : ayant assemblé de quatre à cinq cens hommes d'armes, et toutes les vieilles bandes et garnisons assises celle part; accompagné de M. de Bordillon, du comte de Nanteuil, du sieur des Pots, des sieurs de La Roche du Maine, de Bussy d'Amboise et de Losses, sans plusieurs autres grands seigneurs et capitaines; arrivant avec ceste petite armée pres de Sedan, fut trouvé que les ennemis sentans sa venue avoient bruslé le village et abandonné le fort, et d'une mesme traite fut suivy le chemin à Yvoy, au long duquel ne fut trouvée aucune chose de resistance. Vray est qu'estans à une lieue près, ceux de la ville sortirent, une grande partie à cheval, et peu de gens à pied, seulement à la seureté du canon; mais quand ils apperceurent que noz harquebusiers les affrontoient d'asseurance, sans crainte de leurs boulets, se retirerent froidement peu à peu dedans leur ville, et nous prinsmes le chemin pour entrer plus avant sur leurs terres; ce qui fut exploité en peu d'heures à leur grand degast. Le bruit se esleva entre les soldats que le prince avec ses compagnies proposoit aller courir tout le plat pays, à l'entour de Luxembourg, ce qu'il pouvoit facilement executer; toutesfois, par plus meure deliberation, en fut diverti, et tournasmes visage. Au retour, par mauvaises guides, beaucoup des nostres s'esgarerent dedans les forts et bois des Ardennes, sur lesquels les Ardennois deschargerent leur furie, se voulans venger du degast qu'on leur avoit fait, et en desfeirent quelque nombre, non de grande estimation, pour estre la pluspart coquins, et gens de là autour, qui s'arrestoient au pillage et à chose de petite valeur. Ainsi retournasmes à Sedan : de là les compagnies reprindrent le chemin pour se retirer chacune en son quartier ordonné, ce prince et ceux de sa compagnie à Mesieres, et de là, y ayant quelque peu sejourné, à Chaalons, puis à la Cour pour trouver le Roy, où il fut fort malade.

A Mesieres demeura M. de Bourdillon, comme lieutenant de roy en l'absence de M. de Nevers, pour prouvoir (1) aux affaires survenans, esquels si sagement et prudemment mettoit une police, que non-seulement de nous, mais des ennemis

(1) *Prouvoir*: au lieu de pourvoir.

mesmes estoit estimé tres-sage gentilhomme, meritant justement les estats qu'il a. Ce que j'en dis ne me doit estre imputé à flatterie; car, ainsi qu'une petite cloche ne rend grand son, aussi sa louange ne depend de mon affirmation, mais de ses faits et du Roy, qui, pour tesmoignage de sa fidelité, l'a constitué capitaine sur cinquante hommes d'armes de ses ordonnances, avec la faveur telle que chacun sçait qu'il a de Sa Majesté. Encore que du costé de Champagne la guerre guerroyable fust la plus ouverte et continuelle, si est-ce que de tous endroits de ce royaume les François et les ennemis se cherchoient ordinairement pour s'endommager. Du costé de Picardie estoit M. le duc de Vandosme avec messieurs d'Anguian et de Condé ses freres, et d'autres grands seigneurs et capitaines, au nombre d'environ quatre cens hommes d'armes et neuf ou dix mille hommes de pied, tant des garnisons que des compagnies mises sus nouvellement, entreprenans grandes fatigues et executions sur les Flamens et Hennuyers, les endommageans fort, et ayant fait grandes courses dedans le fond et au milieu de leurs contrées, jusques à estre intromis dedans Arras, si les intelligences que ce prince y avoit n'eussent esté malheureusement descouvertes. En Champaigne, combien que le prince fust absent et pres du Roy, le plus souvent M. de Bourdillon, avec telle cavalerie qu'il luy plaisoit eslire, alloit courir bien douze ou quinze lieuës dedans le duché de Luxembourg et les Ardennes, mesmement pour aller rompre un fort qu'on luy avoit rapporté les ennemis avoir basti pres de Sainct Hubert. Autant en faisoient les sieurs de La Roche du Maine et comte de Nanteuil, noz capitaines et soldats quoy qu'il advint, le plus souvent ne trouvoient rencontre dont ne vinssent au dessus, et si quelque cas leur advenoit moins à leur proufit, c'estoit par trop grand malheur et mauvais ordre.

Peu à leur advantage sur nous en dressoient les ennemis, encore seulement où ils sçavoient n'y trouver grande defense, pour y estre entre eux peu de gens aguerriz et exercitez en cest art, estant la pluspart laboureurs et paysans tirez freschement de la charrue, amassez par les prevostez à leur mode, ausquels n'y a sçavoir n'experience. Et où ils se trouvent les plus forts, et que noz soldats sont par eux rompuz, et par leur foule renversez, mieux leur advienroit de tomber entre les griffes des bestes brutes, que se fier en leur misericorde et pitié, comme ils feirent cognoistre, et que je veux descrire, le jour de Saincte Luce, en une course près de Maubert-Fontaine, en laquelle furent tuez un gentil capitaine d'une des vieilles enseignes, nommé Gourdes, et vingt-cinq de ses soldats, tous hommes vaillans. Les Bourguignons auparavant ayans esté le plus souvent battus et repoulsez celle part, delibererent s'y trouver si forts, et avec telle astuce, qu'ils se vengeroient une fois pour toutes.

Ainsi s'embusquerent dedans un bois prochain dudit Maubert, et sortoient dehors peu à peu, faisans monstre de petit nombre, estans là dedans à couvert leur plus grosse force : ce que tantost fut rapporté à ce jeune et trop hazardeux capitaine, qui estoit avec son enseigne en garnison en ceste petite ville : lequel de prompte chaleur et bonne volonté, comme on le peult estimer, sans attendre d'estre mieux accompagné ne suivy, desbanda avec vingt-cinq ou trente de ses soldats mieux cognuz et fideles, et d'une tire, la teste baissée, alla donner dedans. Eux, faignans fuyr, se retiroient tousjours près de leur secours pour les attirer; ce qu'ils conduirent de tel aguet, et en sorte qu'ils le rendirent et ses hommes enveloppez de toutes parts, d'où ne pouvoient eschaper en nulle façon, sans estre tuez ou soubmis à leur discrétion et misericorde : de laquelle peu userent envers eux; car le capitaine, ayant deux coups de picque en la gorge, et plusieurs autres playes sur son corps, y laissa la vie, et la pluspart de ses meilleurs soldats, qui l'avoient suivy, hachez en pieces à ses pieds. Et fault confesser le vray, et ce que depuis a esté dit et rapporté : s'il eust voulu croire un autre capitaine nommé La Lande, en fust autrement advenu, et mieux à nostre proufit et honneur; lequel estoit d'advis qu'on attendist M. de Bordillon, la gendarmerie et soldats de Mesieres, qui jà estoient advertis et venoient en extrême diligence pour les secourir; de la venue desquels sitost que les ennemis eurent nouvelles, au grand trot gaignerent les forts du bois. M. de Bordillon estant arrivé, apres avoir entendu le combat de ce capitaine, avec la gendarmerie piquant au grand gallop, pour prevenir et empescher que les ennemis ne se rassemblassent et fortifiassent dedans leurs forts, poulse et entre avant dedans le bois, mais avec si grande infortune, par un chemin si estroit et où la foule s'y trouva si grande, qu'il estoit impossible d'y manier les chevaux. Nonobstant, passant plus oultre, les rencontra à l'entrée d'un petit essart (1), lesquels, sans faire teste, se jetterent dedans le bois et s'escarterent des deux flancs du chemin; dont à coups de pique tuerent grande quantité de chevaux et peu d'hommes, pour avoir peu

(1) Lieu défriché.

I. C. D. M. T. VII.

d'harquebusiers. Là fut assez veu de quelle hardiesse combattoit M. de Bordillon, et quels grands efforts il faisoit pour encourager ceux qui le suyvoient, tant qu'un gentil roussin, que le sieur de Bussy d'Amboise luy avoit donné, fut tué soubs luy. Certainement là plusieurs gentils-hommes et vaillans soldats feirent preuve de leur valeur, entre lesquels se trouverent le sieur de Vigiez, soubs-lieutenant de M. le duc de Montpensier. l'enseigne et le guidon, tous lesquels y perdirent leurs chevaux. La cause de la perte de tant de chevaux estoit que nos soldats, qui venoient de Mesieres, ne peurent, pour quelque diligence qu'eussent sceu faire, arriver à heure pour entrer les premiers dedans les forts du bois, afin de donner ouverture aux gens de cheval; car, avec quatre grandes lieues qu'il y a de Mesieres jusques-là, les soldats, armez et chargez d'équipage, avoient tant couru pour y arriver à poinct, qu'au plus fort ils estoient hors d'haleine et trouverent que les gendarmes retournoient desjà. La canaille du pays, nostre mesme, qui au commencement y estoit accourue bien eschauffée à la veoir, faisant plus de monstre que d'effects, nonobstant toutes remonstrances ne voulut onc combattre, et entendoit plus à despouiller les morts qu'à nous soustenir. Pour retourner à mon premier propos, parlant de la cruauté des Bourguignons et de la mauvaise guerre qu'ils font aux François, aucuns à ceste rencontre tombez prisonniers en leurs mains l'experimenterent, lesquels à sens froid miserablement ils tuerent, et cruellement feirent mourir. Ce que je croy que promptement le capitaine Gourdes cognut, qui ayma mieux estre occis en combattant que, se rendant vaincu, estre apres dissipé villainement. Entre ceux des nostres qu'on trouva perdus, et estimez estre d'eux tuez, y eut un jeune gentilhomme, archier de la compagnie de M. de Nevers, nommé Montigny; un autre aussi, appellé Pommier, Gascon, qui fut trouvé blessé et decouppé sur toutes les parties de son corps, dont peu de temps après mourut; un autre aussi, nommé La Serve, jeune gentilhomme de bon cœur, qui fut abbattu et blessé peu en la teste; mais il contrefeit si bien le mort, qu'ils ne le chargerent davantage; puis, quand il se veit d'eux pour mort abandonné et en chemise, se releva, et tant que les jambes le peurent porter, alla retrouver les François où les peut recognoistre, qui ne fut sans rire. Pour conclure, chacun s'acquitta vaillamment de son devoir; et eust-on encore mieux fait à moindre perte si l'entreprinse, dès le commencement, eut esté conduite par conseil preveu, et qu'on les eust chargez en lieu aisé et commode à gens de

26

cheval. Toutefois, les ennemis furent si rudement poursuyviz et serrez, qu'ils furent contraints abandonner le bois, et au grand trot se retirer. Longuement fut debattu si on les devoit suivre. Enfin on advisa que les gens de cheval et de pied estoient lassez et harassez, le temps importun, et qu'y avoit autre bois que pourroient regaigner avant qu'on les peust attaindre ; pour ce fut resolu de retourner au logis. Et le corps de ce gentil capitaine Gourdes fut rapporté à Mesieres, et honorablement ensepulturé, avec grand deuil et plainct de tous les capitaines, et non moindre regret de tous les soldats.

C'est ce que puis sçavoir de la course du jour Saincte-Luce, faite près Maubert-Fontaine ; et ne passeray outre qu'en cest endroit n'escrive la brave entreprise que paracheva le capitaine Villefranche avec sa compagnie, peu de jours apres. J'estime que chacun sçait assez que le chasteau de Lumes n'est qu'à une demie lieuë loing de Mesieres. Or, est-il que le plus souvent ses soldats alloient veoir ce chasteau, qui tenoit le party imperial, pour inviter ceux de leans à donner le coup de picque ou d'harquebusade : tant qu'une nuict, assez près de la sentinelle, allerent planter des fantosmes de paille, armez et habillez, ayans la façon et faisans mine d'harquebusiers, avec les mesches et cordes allumées ; et d'autre costé feirent chaudement donner alarme. Ceux de dedans, descouvrans ces marmousets, les jugeans estre hommes en camisades, feirent tirer sur eux force coups d'artillerie : cependant les soldats entrerent dedans un jardin, où ils coupperent une grosse voicture de choux, et avec des limes ayans destaché des sentines et gondelles (1) qui estoient dedans les fossez, enchaisnées au pied de la muraille, les meirent dedans pour les avaller à Mesieres. D'autres, avec des solives et grosses pieces de bois, rompirent et enfoncerent la muraille d'une bergerie en la basse court, et emmenerent un bon troupeau de moutons et bestes blanches à Mesieres. Puis, voyans que c'estoit petit fait s'ils ne se montroient vivement, dresserent avec la scopeterie une brave et furieuse escarmouche. Parquoy une enseigne blanche avec les croix rouges se voulut advancer de sortir la première, qui fut tantost rembarrée là-dedans, et remise jusques dans les portes. Ainsi nos soldats, ayans executé acte de bonne grace et digne de memoire, retournerent joyeux au logis, bien prouveus de chairs et herbages pour vivre et passer un long temps en la garnison. Que m'a semblé ne devoir être mis en silence, tant pour la lecture, donnant plaisir et augmentation de bon vouloir aux lecteurs, que pour conserver l'estimation deuë à ceux qui sont inventeurs de bonnes choses, tels que, suyvant mon premier propos, sont les hommes exercitez en l'art militaire, ayans tousjours plus en recommandation l'honneur et la gloire que la vie, ou qu'avec une cruauté et certaine avarice leur profit particulier ; principalement aymans mieux perdre et l'un et l'autre, que la vertu et reputation d'humanité.

Or, pour de trop loing ne m'esloigner, et suyvre tousjours mon intention, les Bourguignons, apres ce massacre, s'assembloient journellement, et de plus en plus leur nombre croissoit, jusques à cinq et six mille hommes de pied et mille ou douze cens chevaux. Estans advertis qu'un jeune capitaine, nommé Sainct-Amand, duquel je n'ay autre cognoissance, assembloit gens pour le Roy, au long de la lisiere de Lorraine, le vindrent surprendre et desfeirent, et luy et ce qu'il avoit amassé, non loing d'une abbaye nommée Gorzes ; ce que leur estoit aisé [à ce que ay ouy dire], pource que c'estoit toute canaille, et autre chose n'en sçay. En ce mesme voyage, la veille de Noël, allerent assieger le chasteau d'Aspremont, és marches de Lorraine, qui est à present à M. de Nevers, par une donation que luy en a fait ce jeune comte qui fut blessé devant Lumes, auquel ils entrerent aisement et sans grande resistance, pour n'estre ce chasteau fort ne remparé, et qu'adonc n'y avoit dedans que neuf ou dix hommes villageois et paysans, à raison que ce prince ne l'avoit fait autrement fortifier ne munir, estimant que seroit compris en la neutralité de Lorraine. En ce peut-on veoir evidemment la petite defense que trouverent dedans, quand aussi-tost on sceut la prise que le siege, combien que, le plus soudain que fut possible, M. de Bordillon avec gendarmerie et gens de pied y allast pour le secourir, qui toutefois plustost qu'estre à moytié du chemin eut nouvelles que les Bourguignons estoient jà dedans. On dit que de la surprise de ce chasteau le Roy sceut fort mauvais gré à la duchesse de Lorraine ; et murmuroit-on que certainement elle y avoit donné tout port et faveur.

J'estois à Chaalons quand les nouvelles furent apportées à monseigneur que les ennemis, ayans mis le feu en la basse court de ce chasteau, ravy ce qu'avoient trouvé de bon là dedans, et fait pendre un de leurs espions à la porte, s'estoient retirez dedans Lorraine, tenant le chemin de l'abbaye de Gorzes. J'estois aussi en la chambre de M. de Bordillon quand luy fut rapporté comme de rechef avoient mis le feu en ceste abbaye, et se retiroient prenans le train vers Au-

(1) Bateaux plats.

benton, petite ville non forte en la contrée de Thirasse (1), dedans laquelle estoit le sieur d'Aubigny avec sa compagnie de quarante hommes d'armes, et le capitaine La Lande avec son enseigne de gens de pied. Toutefois changerent d'opinion ; aussi le temps leur estoit divers, qui rendoit le pays presque inaccessible, contraire à leur deliberation, et se tenoient pour bien asseurez que nous estions advertis, et n'eussent gueres temporisé sans nous tenir à leur queuë.

Un peu auparavant, après les grandes pluies et inundations d'eau, estoit tombé un grand pan de la muraille de la ville Saincte-Menehou : à ceste cause, pour renforcer la garnison qui estoit dedans, y furent envoyez les dix hommes d'armes et leur suyte d'archers, que M. de Nevers avoit eu de creuë par le decez de M. de Longueville, jeune prince prevenu de mort avant qu'il eust fait preuve de tant de vertus dont sa jeunesse donnoit grand presage ; estant dedans le sieur d'Esclavolles, gentil chevalier, sage et hardy, auparavant lieutenant de feu M. le duc de Guyse. On doutoit quelque surprise, pource que les ennemis en gros nombre estoient prochains, sans sçavoir certainement leurs deliberations. Enfin ne s'ingererent d'attenter aucune chose de ce dont on se doutoit ; mais dèslors commencerent à se rompre, tant pour sçavoir que journellement nous nous renforcions, que pour estre mal conduicts, et ne trouver lieux desgarniz, faciles à estre surpris promptement. Ainsi dès ce temps, sur la fin du mois de janvier, ne furent executées au long des frontieres choses meritans d'estre mises par escrit, sinon quelques petites courses de chacun costé, en l'une desquelles fut tué le capitaine Lignieres, et la plupart de sa compagnie desfaite, entre Hedin et Montereuil, desquelles je ne feray long discours, pour cy-apres narrer meilleures choses.

(1) Thiérarche.

LIVRE SECOND.

Le voyage du Roy Très-Chrestien aux Allemagnes, pour la restitution de leurs libertez.

[1551] Ainsi passa la pluspart de cest hyver en courses, surprises et rencontres, irritemens de la fureur des deux princes, lesquels neantmoins dressoient tous preparatifs à l'esté prochain, pour commencer la guerre de beaucoup plus cruelle qu'auparavant. Et cependant aucuns des plus grands princes et seigneurs d'Allemagne, entre autres le duc Maurice, de la maison de Saxen envoyerent devers le Roy pour luy demander secours. Or, pour briefvement discourir les causes, faut entendre apres que l'Empereur eut defait le duc Jan de Saxen, et que la pluspart de toute la Germanie, par l'induction de ses favoriz, se furent soubsmis à sa mercy et misericorde, recognoissans leur faute [si faute y avoit], d'autant que l'humanité et douceur devoit estre grande en luy, qui se dit empereur des Allemagnes, usa d'extreme rigueur envers eux ; car, non content de s'estre emparé de leurs villes, forteresses, et tous autres biens, et non encore satisfait de les veoir sacmenter et saccager par les Espagnols, retint et resserra estroitement prisonniers ceux que luy pleut des principaux, en aussi grande misere et captivité que s'ils eussent esté les plus vicieux et criminels du monde ; et les autres furent dechassez et banniz de leurs propres biens et maisons, desquelles jouissoient les autres nations estranges. Entre autres furent traictez de ceste façon le duc Jan de Saxen et l'Ausgrave de Hessen, les deux premiers electeurs seculiers, non tant pour la seule cause de rebellion comme pour les vouloir contraindre, et s'ayder d'eux en plus grande chose à laquelle de long temps il aspiroit, à sçavoir, de faire eslire son fils (1) empereur. Et ce que depuis ayant mis en deliberation à la diete de Spire, les electeurs aymerent mieux luy denier estans absens, et ne s'y voulans trouver [pour la reverence qu'ils portoient à Sa Majesté], qu'estans presens l'arguer et reprendre de tant injuste demande. En quoy neantmoins il persista avec telle obstination que deslors il conceut une grande haine contre eux, et feit solliciter Ferdinand, roy des Romains, son frere, qui tint le premier degré pour succeder à l'Empire, à fin qu'il y consentist ; que ce prince debonnaire ne pouvoit raisonnablement accorder sans le consentement du roy de Boesme (2), son fils, qui lors estoit en Espagne ; lequel estant mandé par l'Empereur [qui se promettoit facilement l'induire à cest accord], dénia et contredit constamment à tant inique deliberation. Parquoy deslors le pere et le fils lui revindrent en aussi grand haine que tous les dessusdits, tellement qu'à peine les pouvoit-il regarder. Et tant s'en faut que depuis ce temps il ait voulu subvenir à son propre frere le roy des Romains, qu'il a mieux aymé employer les forces de l'Empire contre ceux qui n'avoient en rien delinqué, et veoir ses pays bruslez, pillez, et ses pauvres subjects estre emmenez en perpetuelle servitude par les Turcs, que le secourir. Et tellement estoit ceste ambition de regner enracinée au cueur de l'Empereur, et le desir enflammé de rendre ce Sainct Empire hereditaire, que, n'y ayant peu parvenir par tous ces moyens precedens, il s'advisa d'un autre plus grand, à sçavoir, soubs pretexte de reformer la religion chrestienne et cest *interim* (3), qu'il avoit permis aux Allemands de faire assembler un concile, auquel, par le moyen du Sainct Pere et consentement des prelats espagnols, qui lors estoient en bien grand nombre à Trente, pourroit canceler la bulle dorée (4), et bailler nouvelle forme sur l'election de l'Empereur, et que cy apres, pour un empereur et un coadjuteur de l'Empire, on en peust eslire deux. Dont estant

---

(1) Celui qui devint roi d'Espagne sous le nom de Philippe II.
(2) L'archiduc Maximilien.
(3) Rabutin confond le concile avec une diète tenue la même année. Ce fut à cette diète que l'Empereur essaya de faire annuler la bulle d'or. L'*interim* dont il s'agit étoit un règlement sur matière religieuse, que Charles-Quint publia pour être observé jusqu'à la décision du concile. Le pape Paul III et son successeur Jules III regardèrent ce règlement comme un attentat à leur puissance spirituelle.
(4) Annuler la bulle d'Or.

prudemment considéré par toute la Germanie que si ceste entreprise venoit en effect et ratification, seroit à la tres grande diminution de leur grandeur et authorité, adviserent d'y remedier. Et se sentans desja tant grevez et outragez de continuelles surcharges et exactions, ayans esgard qu'anciennement estoient appellez hommes libres et francs, et se voyoient servir à une nation estrange, delibererent tenter tous efforts pour se mettre hors de ceste servitude ; tant est grande et inestimable la douceur de liberté et franchise, que tous animaux oublient le danger de tous perils pour l'avoir et obtenir. Et voyans tous les Germains que de leur seul pouvoir n'eussent sceu entreprendre cest affaire sans la faveur de leurs alliez et voisins, pour estre leurs villes et contrées pleines et gardées de grosses garnisons que l'Empereur y avoit mis, s'addresserent premierement au roy de France, leur ancien germain (1), et tres certain amy, requerans son secours, que ce prince leur accorda tres volontiers, tant pour continuer en l'humanité de ses predecesseurs, que pour l'affinité que les François ont avec les Germains, dequoy ceste gent se sentit tant eslevée et resjouye, que deslors luy donnerent le tiltre de protecteur du Saint Empire.

Pourtant dès le mois de mars, sur le printemps, en la saison que le Sauveur de tout le monde restitua par sa mort la vie aux mortels, le roy Très-Chrestien, après avoir fait, par son conseil, plusieurs belles ordonnances, edicts et statutz, tant sur la descharge et soulagement de son pauvre peuple, que sur la reformation de ses gens de guerre, de cheval et de pied, que des officiers et ministres de justice, alla en sa ville de Paris, capitale cité de tous ses païs, en laquelle confirma et restablit toutes choses statuées, tant par ses predecesseurs rois que par luy, concernantes l'augmentation et union de la republique ; abolit et effaça toutes autres au contraire, en commandant au senat et court de parlement la maintenue et garde de justice et du droit de chacun, et la fidelité que doivent tous loyaux subjects à leur Roy. Prenant congé d'eux alla visiter les reliques et monumens des glorieux martyrs sainct-Denis, Eleutere et Rustic, apotres de France ; puis print le chemin avec la Royne, et grande compagnie de princes et seigneurs, devers Chaalons en Champagne, en laquelle ville sejourna quelque temps, attendant une partie de son artillerie et munitions.

M. le connestable, pair de France, et conducteur de ses forces, s'avança devant à Victry, lieu ordonné, et aux environs, où s'amassoient de toutes parts gentilshommes et soldats, tant de cheval que de pied, et où estoient amenez vivres de tous les endroits du royaume. Sans les compagnies des François naturels, levées selon les commissions que le Roy avoit fait distribuer à plusieurs capitaines, sans les autres que j'ay nommé dès le commencement, entretenues tant ès forts devant Boulogne que Escosse, lesquelles estoient jà en Champagne, il avoit fait descendre de ses pays de Piedmont environ vingt enseignes de vieilles bandes et vieux soldats, nourriz et soldoyez, par paix et guerre, tant par le feu Roy que par luy, hommes aguerris, meritant le moindre tiltre de capitaines, bien armez, braves, et en grand equipage, desquels je nommerois le nom des chefs, s'ils n'estoient assez cogneuz, et que souvent ont esté changez pour estre eslevez en plus hauts honneurs, ou sont depuis morts : aussi ce ne seroit que brouiller papier de choses ennuyeuses, que passerons legerement pour en dire de meilleures. Suffit que toutes ces compagnies faisoient le nombre de dix à douze mille hommes. Davantage, en Provence, Languedoc, et toute Aquitaine, furent faites levées, selon les ordonnances et commissions du Roy, de trente-cinq enseignes, dont une partie estoient gentilshommes puisaisnez et cadets de grosses maisons, pretendans par valeur et hardiesse de parvenir à honneurs et biens. Le reste estoient vieux soldats exercitez en cest art, pour y estre ceste nation naturellement encline : et pouvoit estre le nombre d'eux dix mille hommes ou plus ; estant le sieur de Chastillon (2), nepveu de M. le connestable, general sur toutes lesdites compagnies de fanterie, tant vieilles que nouvelles. Des Allemands et lansquenets le comte de Ringrave en avoit deux regimens, qu'est dix enseignes pour regiment ; lesquelles estoient jà assemblées à Vouy et Sourey, gros villages près de Thoul. Le comte Recroc (3) en avoit autant, lesquelles en ce temps n'estoient encore complettes, mais s'assembloient ordinairement au Bassigny. Un autre capitaine allemand, nommé Chartel (4) [lequel autrefois avoit eu conduite de gens de pied pour les villes protestantes contre l'Empereur] avoit, comme l'on estimoit, de trois à quatre mille lansquenets assez mal en ordre, mais gens de guerre par commune estimation, lesquels l'avoient tousjours suivy en ces guerres, et de rechef s'estoient retirez soubs sa

---

(1) Germain signifie ici allié.
(2) *Le sieur de Chastillon*, Gaspard de Coligny.
(3) Reckrod.
(4) Schertel.

charge, abandonnans leurs biens et possessions pour le suivre : toutes lesquelles compagnies faisoient le nombre de quinze à seize mille hommes. Je ne feray project ou nombre des grands seigneurs, gentilshommes et autres qui vindrent, et se sont trouvez le long de ce voyage, lesquels [pour le parfaire et s'y trouver en bon ordre] ont engagé, vendu et aliené de leur propre bien; de quoy je me tayray, pource qu'avec ce qu'il me seroit bien difficile d'en dire la verité, encore que j'en eusse le pouvoir et le moyen, aucuns le trouveroient bon, et les autres mauvais. Ce me sera donc assez que le grand zele des François envers le Roy soit manifesté et cogneu par tout le monde ; et ne seroit ainsi que reiterer et redire ce que renommée a publié universellement.

Quant à la gendarmerie et cavallerie, y pouvoit avoir quinze cens hommes d'armes, avec leur suitte d'archers, deux mille chevaux legers et autant d'harquebusiers à cheval, desquels estoit general M. le comte d'Aumale, puisaisné de la maison de Guyse. Tout lequel nombre de gens de pied et de cheval, apres que les munitions et victuailles y furent assemblées, fut conduit et addressé devers Thoul, premiere ville neutré, à l'entrée de Lorraine. Au-devant de M. le connestable, conducteur de ceste armée, furent apportées les clefs de ceste ville ; et fut rendue à sa volonté sans autre different, estans avec luy les premiers princes de ce royaume; comme messieurs de Vendosme; de Nevers ; d'Anguian (1); de Condé, de Montpensier, de la Roche-sur-Yon, le marquis d'Albeuf (2); de Nemours et de Rohan ; et presque un nombre infiny d'autres grands seigneurs et gentilshommes.

Cependant le Roy estoit à Ginville (3), où sejourna douze ou quinze jours, tant pour l'amour de la Royne, laquelle y estoit fort malade ; et peu s'en fallut que ceste tres-vertueuse dame ne laissast les miseres de ce monde ; pour envoller là sus en l'infinie gloire qui luy est preparée, si celuy qui depart tout bien et mal, ne nous eust regardé de son œil de pitié, ne nous voulant oster en noz persecutions notre totale esperance. En ceste ville aussi, la duchesse douairiere de Lorraine vint devers le Roy, tant pour se mettre, et M. de Lorraine son fils, avec son pays, en la protection et obeissance de Sa Majesté ; que pour s'excuser et descharger d'aucunes intelligences qu'on la souspeçonnoit avoir avec les ennemis. Il y a de grandes opinions et conjectures que ce qu'elle en feit estoit maugré elle, et que, si elle eust pensé en bref avoir secours de l'Empereur son oncle, malaisément eust fleschy le genoil. Entre autres conclusions, le Roy luy feit entendre qu'il vouloit retirer en France, pres de M. le Daulphin son fils, M. le duc de Lorraine, fils d'elle; pour cy-apres en confermer une certaine alliance.

Au temps aussi que le Roy sejournoit à Ginville, et que monsieur le connestable estoit pres de Thoul avec la plus grande partie de l'armée, se faisoient traictes et menées par les seigneurs et gouverneurs de Mets devers Sa Majesté et ce lieutenant du Roy, pource qu'on vouloit passer et entrer dedans ladite ville, et en avoir vivres et autres necessitez ; comme avoit eu l'Empereur precedemment, quand estoit descendu en France, sans declarer le surplus. Eux, allegans leur neutralité, consentoient à donner vivres et toutes necessitez pour argent, ainsi que disoient avoir esté observé par l'Empereur, consentans que le Roy et M. le connestable, avec suitte d'aucuns princes et des plus favoriz y entrassent ; mais on vouloit avoir ce passage, entrée et issue franc et libre, sans autres capitulations ; car nous estions adonc les plus forts. Enfin M. le connestable, lequel estoit retourné à Ginville, tant pour accompagner madame de Lorraine, que pour resoudre ceste affaire avec Sa Majesté et son conseil, peu de jours ensuyvant, tenans tousjours compagnie à la duchesse, alla retrouver l'armée à Thoul, quant et quant la faisant marcher droit à Pont-Camouson (4), petite ville de ce duché, bien située ; par le milieu de laquelle passe la riviere de Moselle; portant tiltre de marquisat.

Or pource que de long-temps une abbaye assez forte, appelée Gorzes, distante de là environ quatre lieues, avoit le renom d'estre un vrai refuge et retrait de voleurs, aussi que les paysans du territoire se plaignoient, disans estre là dedans un nombre de telle maniere de gens exerçans infiniz larrecins, y envoya dix enseignes de fanterie françoise et quelque cavallerie legere; avec trois ou quatre pieces d'artillerie : et d'abordée, ayant esté sommez, ne voulurent ouïr, estant là-dedans un capitaine espagnol, qui se faisant encroire d'estre plus asseuré qu'il ne se trouva, dont mal luy en print ; car en peu d'heures estant la bresche faite, les soldats du premier effort y entrerent, et ce que fut trouvé de prompte furie executé, mesmement luy passé au fil de l'espée, apres fut pillée, saccagée, et le feu mis dedans.

Du Pont-Camouson fut prins le chemin droit

(1) Enghien.
(2) Elbeuf.

(3) Joinville.
(4) Pont-à-Mousson.

à Mets, et aux bourgs et villages à l'entour ; jusques auprès des murailles fut logée et campa l'armée françoise. Peu après, M. le connestable fit sommer la ville d'obeïr au Roy, et plustost accepter ses gracieuses et liberales conditions, que d'y estre forcez avec plus grand danger pour eux. Les seigneurs, qui prenoient ceste menée tirée de longue main estre à la totale destruction de leur authorité, y eussent volontiers contredit; mais ils estoient adonc trop petits compagnons : car les delices et richesses les avoient tant aveuglez, que n'avoient jamais pensé à remedier à cest inconvenient. Au contraire, le menu populaire, qu'ils mangeoient par exactions, ne demandoit autre chose que d'eschapper de leurs mains pour obeir à un prince qui les traitast plus humainement ; et ne restoit plus que cest esgard de n'estre plus francs et libres, qui les detint suspens et douteux, prolongeans leur derniere response par excuses de leurs anciennes confirmations de franchises des premiers empereurs et rois de France ; tant qu'importunement ce general le somma de luy en rendre en brief leur finale resolution, autrement il en feroit approcher le canon, et sentiroient l'aigreur de la puissance d'un si grand Roy. Pour conclusion, eux voyans ceste tres-forte armee estre proche, et sur leurs bras preparée, et en appetit de s'enrichir de leurs thresors de long-temps accumulez, estant leur cité desemparée et mal pourveuë, fut moyenné par le sieur de Bordillon avec eux que M. le connestable et les princes cy-dessus nommez, et beaucoup de gentilshommes, avec deux enseignes de gens de pied, y entreroient : ce que passa ainsi. Mais au lieu que les deux enseignes ne devoient estre que de six cens hommes au plus, on les doubla, et se trouvèrent près de quinze cens ou plus, hommes esleuz et choisis. Eux, voyans la queuë si longue, estans les premiers et principaux entrez, voulurent fermer le pertuis quand ils se trouvèrent les plus foibles; car ceux qui estoient entrez des premiers, soldats experimentez, gagnerent les portes, et repousserent ceux de la ville, tant que toutes furent ouvertes, et y entra plus gros nombre. Voilà comment ceste puissante cité, ayant regné par temps immemorial en toulte haultesse et presomptueux orgueil, fut en peu de temps surprinse et renduë à l'obeissance du Roy le dimanche, jour que nous solennisons l'entrée de Jesus-Christ en celle de Hierusalem, qui estoit dixieme jour d'avril 1552.

Au temps de ces executions, le Roy estoit encore à Ginville, attendant l'advancement de la santé de la Royne pour se venir rendre et trouver le reste de son armée, qui estoit demeurée pour sa conduitte jusques à Mets, où l'attendoit M. le connestable, à fin de remettre en ses mains ceste belle cité. Et le lundy unzieme de ce moys en partit, après y avoir fait ses pasques comme tres chrestien, accompagné de MM. de Guise et de Boisy, grand escuyer, de Sedan, et Sainct-André, mareschaux de France, des gentilshommes de sa chambre, ordinaires et extraordinaires, pensionnaires et officiers, avec les deux cens gentilshommes de sa maison, de l'une desquelles bandes est capitaine M. de Boisy, le sieur de Sainct-Cyre, lieutenant, et le sieur de Saisy, enseigne : de l'autre, M. de Canaple, chevalier de l'ordre, de grande et meritée reputation ; lieutenant, le sieur de Sainct Forgeux, vieil chevalier de renom ; enseigne, le sieur de Vilernoil, sage et gentil chevalier de la maison de Jaulcourt, l'une des plus anciennes maisons du duché de Bourgongne, lequel depuis deceda près de Soissons au retour de ce voyage; des quatre cens archiers de sa garde, François et Escossois, et des deux cens Suisses; les compagnies de messieurs le Dauphin, de Guise, d'Aumalle, et mareschal de Sainct André, faisans le nombre de quatre cens hommes d'armes, estoient aussi demeurées pour escorte et conduite de Sa Majesté. Avec ceste grande compagnie et suitte, print le chemin de Thoul, où le mercredy treiziesme jour arriva. Entre une petite villette appellée Foul, et celle de Thoul, vindrent au devant de Sa Majesté les gouverneurs de ceste cité neutre, luy en presenter les clefs en signe d'obeissance, ce qu'elle accepta gracieusement et de bon visage, les asseurant de toute faveur et support ; près de laquelle estant arrivé, l'environna et visita à l'entour, et entra par une autre porte que par celle où on l'attendoit avec le poisle ; à raison de la grande presse et foule de peuple qui s'esjouyssoit et attendoit à le veoir, combien qu'elle se trouvast presque autant grosse à celle où il passa. Quant à son entrée, elle n'estoit sumptueuse en artifices ou grands appareils, car il entra en armes, luy mesme armé comme estoient les princes et grands seigneurs qui le costoyoient, et generalement toute la suitte ; les heraults d'armes vestuz de leurs cottes de velours cramoisi azuré, semées de fleurs de lis, avec les trompettes et clerons sonnans au devant de ce trespuissant et tres-victorieux roy. En ce triomphe passa le long d'une grande rue, et fut conduit bien avant dedans la ville, non loing de la grande eglise, où l'attendoient quatre des premiers et potestats avec le ciel triomphant. Accompagné de ces grands princes et seigneurs, alla jusques devant le portail de ce temple où l'attendoit le clergé, avec plusieurs sanctuaires, en leurs habits officiaux et riches. Là, apres avoir promis et fait solennel serment de maintenir et garder ceste cité en tous ses droits et libertez, entra dedans, auquel feit son oraison, et fut chanté à Dieu, en signe de resjouyssance, le cantique plein de ses louanges. Cecy accompli, se retira au palais episcopal, où estoit dressé le logis de Sa Majesté. Le reste de ce jour employa, à sçavoir l'administration de ceste republicque, mesmement les qualitez des estats, et de leur bonne ou corrompue versation (1). Apres y avoir, selon son conseil, constitué une police à la descharge du populaire, y establit son lieutenant et gouverneur, le sieur d'Esclavolles, chevalier sage et experimenté, auparavant lieutenant de la compagnie de feu M. de Guise, avec trois enseignes de gens de pied françoises, desquelles les deux estoient soubs sa charge, et l'autre soubs le sieur de Mont Sainct Pere.

Le lendemain le Roy partit de ceste cité de Thoul, accompagné de tous les princes, grands seigneurs, gentilshommes et compagnies susdites, et des bandes de lansquenets du capitaine Chartel, avec quelques enseignes de Gascons, arrivées nouvellement, qu'on avoit fait séjourner, campées tant en la prairie que logées aux faulxbourgs, avec cinq ou six pieces d'artillerie de campagne. De là fut prins le chemin de Nancy, belle et forte petite ville, située en lieu assez plain, non loingtaine d'une petite riviere appellée Muz (2), qui vient des montaignes de Vaulges, ville de long temps capitale du duché de Lorraine, dedans laquelle est une fort magnifique maison et excellent palais aux ducs, distant de Thoul environ cinq lieuës. Le Roy y arriva environ les deux heures apres midy. Au devant de Sa Majesté vindrent M. le duc de Lorraine, beau et sage jeune prince, conduit par M. le comte de Vaudemont son oncle, accompagné et suivy de beaucoup de grands seigneurs et gentilshommes lorrains; lesquels, ayant trouvé le Roy assez pres de la ville, apres avoir proposé plusieurs bons propos, et pleins de toute douceur, comme j'estime, l'accompagnerent jusques audit palais. A la porte de la ville l'attendoient les maires et eschevins avec le poisle, soubs lequel s'estant arrestée Sa Majesté, allans au devant les heraults d'armes, à la mesme sorte qu'à son entrée à Thoul, passa le long de la ville jusques à Sainct George, eglise cathedrale, pour y faire son oraison; en laquelle est inhumé Charles, duc de Bourgongne, qui fut desfait pres de là par René, roy de Hierusalem et de Cecile, et duc de Lorraine. En signe de resjouyssance et allegresse, furent deschargées plusieurs pieces de grosse et menue artillerie. En ceste ville passa le jour du grand vendredy, jour auquel on remémore à tous chrestiens la cruelle passion et mort qu'endura le fils de Dieu pour nostre redemption. Puis ayant disposé du doaire de madame de Lorraine, ordonna M. le comte de Vaudemont gouverneur et general audit pays, mesmement en celle ville de Nancy, et de toutes autres choses, au proufit de ce jeune prince: ce faict, luy feit dresser son estat pour l'envoyer en France. Le samedy suyvant en partit, et ce jeune prince, non sans grands pleurs et regrets de madame sa mere, à la conduite de M. de Bordillon, et de la compagnie de cent hommes d'armes de M. le Daulphin, fut amené à Reims, où estoit mondit sieur le Daulphin, avec messieurs ses freres et autres jeunes princes.

Ce jour le Roy coucha à Condé, une maison champestre pour le plaisir des ducs, pour ce qu'elle est assise en lieu hault et bien claire, ayant belle et lointaine veuë; au dessoubs la prairie spacieuse et de grande estendue, arrousée et circuie de trois rivieres qui pres de là s'assemblent, sçavoir Muz, Madon et Mozelle; par le hault est voisine des forests, pourquoy semble commode à tous plaisirs et passetemps de princes, et toutes chasses et volleries.

Au partir de ce lieu, le jour de la resurrection de Jesus-Christ, le Roy alla coucher à Pont Camouson; et fut Sa Majesté logée au palais des marchiz (3), y sejournant pour celle seule nuict. Le lundy ensuyvant fut continué le chemin de Metz, distant de là cinq bonnes lieuës, le long duquel fut fait souvent hault le bois (4), pour attendre l'artillerie, estant fascheux, plein de ruisseaux et mortes (5).

A un petit quart de lieuë près de Metz, du costé de Pont Camouson, en une plaine, estoit l'armée du Roy attendant sa venue, laquelle estoit l'une des plus belles que jamais prince chrestien meit ensemble, et qui m'a semblé meriter d'estre couchée par escrit, selon l'ordre qu'ay veu au plus pres qu'elle estoit estendue, non en grandes tourbes d'hommes, mais autant complette de vertueux et vaillans capitaines et soldats, autant bien et richement armez, autant bien à cheval, que depuis mille ans fut armée. De ce que j'en dy j'appelle tous ceux qui l'ont veuë à tesmoins, amis et ennemis; car, pour commencer premierement à la fanterie, il y avoit trois bataillons quarrez, le premier des-

---

(1) Gestion.
(2) La Meurthe. (3) Des marquis.

(4) C'est-à-dire: halte.
(5) Eaux mortes, stagnantes.

quels estoit des vieilles enseignes soldoyées et entretenuës dès le temps du feu roy ès guerres de Piedmont, de Champagne et Boulongne, avec d'autres nouveaux capitaines dressez au commencement de ces guerres, sans y comprendre aucuns braves soldats et jeunes gentilshommes de maison, lesquels y estoient pour leur plaisir et sans solde du Roy : complet, de quinze à seize mille hommes, desquels estoient de neuf à dix mille armez de corselets, avec les bourguignottes à bavieres, brassals, gantelets et tassettes jusques au genouil, portans long bois (1), et la pluspart le pistolet à la ceinture ; et cinq ou six mille harquebusiers, armez de jacques et manches de maille, avec les morions autant riches et beaux qu'est possible, l'harquebuz ou scopette luisante, polie et legere ; les fournimens fort exquis et braves ; le reste ayans armes selon la qualité des personnes. Le second bataillon estoit de Gascons, Armignacs, Biscains, Bearnois, Basques, Perigourdins, Provençaux et Auvergnacs, faisans monstre de dix à douze mille hommes, ayans la caire (2) et le port de gens de guerre ; ce que le fait croire est que ils sont exercitez, et souvent à la fatigue et combat ordinaire avec leurs ennemis, tant par terre que sur la marine ; desquels il y en pouvoit avoir de huict à neuf mille portans long bois, armez de corselets et halecrets, et deux ou trois mille harquebusiers, avec mailles et morions. Le troisiesme estoit d'Allemans, en nombre, comme j'estime, de sept à huict mille, desquels estoit colonel le comte Reingrave, gens de guerre et asseurez, comme faisoient cognoistre à leur ordre et marche de bataille, assez bien armez à leur mode, autant les picquiers qu'harquebusiers.

Quant à la gendarmerie et cavalerie, elle estoit ordonnée par rancs sur les flancs de ces bataillons, et y pouvoit avoir mille ou unze cens hommes d'armes, avec la suitte d'archers ; les hommes d'armes montez sur gros roussins ou coursiers du royaume, turcs et chevaux d'Espagne, avec les bardes peintes des couleurs des sayes que portoient les capitaines, armez du hault de la teste jusques au bout du pied, avec les haultes pieces et plastrons, la lance, l'espée, l'estoc, le coustelas ou la masse, sans encore nombrer leur suitte d'autres chevaux sur lesquels estoient leurs coustilliers et vallets, et, sur tous, paroissoient les chefs et membres de ces compagnies, et d'autres grands seigneurs, ar-

(1) Piques.
(2) De l'italien *cera*, l'air.
3) Chevaux hongres.

mez fort richement de harnois dorez et gravez en toute sorte ; leurs chevaux forts et adroits, bardez et caparaçonnez de bardes et lames d'acier legeres et riches, ou de mailles fortes et deliées, couvertes de veloux, draps d'or et d'argent, orfaveries et broderies en sumptuosité indicible, les archers armez à la legere, portans la demie lance, le pistollet à l'arçon de la selle, l'espée ou le coustelaz, montez sur cavallins et chevaux de legere taille, bien remuans et voltigeans ; entre lesquels, selon le pouvoir que chacun se sentoit avoir, n'estoit rien oublié qu'il ne fust desployé pour se faire paroistre et veoir à qui mieux mieux. Quant à la cavallerie legere et harquebuserie à cheval, il y pouvoit avoir près de deux mille chevaux legers, lesquels estoient armez à la legere de corselets, brassalz et bourguignottes, la demie lance, ou le pistollet ou le coustelaz, si bon leur sembloit, ou l'espieu gueldrois, montez sur cavalins, doubles courtaux ou chevaux de legere taille et vistes. De harquebusiers à cheval y en avoit de douze à quinze cens, armez de jacques et manches de maille ou cuirassine, la bourguignotte ou le morion, l'harquebuz de trois pieds de long à l'arçon de la selle, montez sur bons courtaux, chacun selon sa puissance ; estant M. d'Aumalle general sur toute ladite cavallerie legere. Il y avoit aussi de trois à quatre cens Anglois, lesquels estoient partis de leur pays à la conduite d'un milord, pour venir à la guerre pour leur plaisir, sans commandement, comme je croy, de leur Roy ; desquels la pluspart estoit à cheval sur guildins (3) et petits chevaux vistes et promps, sans estre fort armez, vestus de juppons courts, avec le bonnet rouge à leur mode, et la lance comme une demie picque, dont ils se sçavent fort bien ayder, et sont bons hommes, qui vont de sçavoir et adresse à la guerre, comme l'ont esprouvé ceux qui y ont esté avec eux.

En ceste belle ordonnance trouva le Roy son armée près de Metz, qui, avec les princes, grands seigneurs, gentilshommes et toute sa maison, ensemble toutes les compagnies susdites, depuis le Pont Camouson jusques-là, commanda tenir ce mesme ordre, et marcherent tousjours en bataille, armez de toutes armes : qu'estoit chose admirable à ceux qui avoient ceste felicité de le veoir, son armée passant par le bas, le long de la prairie, pour speculer et considerer à son aise les bataillons de sa fanterie, où fut caressé et bien venu de la scopetterie, qui dura au moins trois grosses heures ; et estoit clairement cogneu à sa face riante et ouverte l'aise qu'avoit Sa Majesté à veoir tant de vaillans hommes en si grande monstre, demonstrans une naturelle volonté et affection de bien faire et combattre pour son service. Après avoir fait bon recueil à plusieurs grands seigneurs et capitaines qui s'y estoient des premiers avancez ; apres aussi diverses accollades et caresses de ceux qui estoient demeurez avec Sa Majesté et des premiers, comme des parens, voisins et amis, suyvant le chemin droit à la ville, fut salué de son artillerie, qui estoit un peu au-dessus de son armée, dedans des vignes sur une motte : à sçavoir de seize grosses pieces, canons et doubles canons, six grandes et longues couleuvrines, six moyennes et douze bastardes, et deux paires d'orgues, estrange et nouvelle façon d'artillerie : faisant tout cela tel et si merveilleux tonnerre, qu'il sembloit que le ciel et la terre voulussent recommencer la guerre entre eux, ou que tout deust reprendre la premiere forme d'un caos ; estant le sieur d'Estrée grand-maistre et general sur toute ladite artillerie, sage et prudent seigneur auquel telle charge est bien convenable, pource qu'il a le soing et solicitude qui y est requise. Ici ne veux passer l'entreprinse brave que dresserent les ennemis, et presume-t-on que c'estoient ceux de la garnison de Theonville. Cependant que toute ceste armée estoit ainsi en bataille, et que ceux qui estoient ordonnez pour garder les bagages, s'abusoient à regarder ceste triomphante et brave assemblée, vindrent donner dedans quelques vallets et gougeats qui y estoient demeurez, mesmement du costé des lansquenets, desquels emmenerent le meilleur et le plus aisé à porter, avant qu'on eust donné ordre et depesché gens pour les suyvre et repoulser.

Le dix-huictiesme d'avril, le Roy apres un peu avoir consideré et visité le dehors de la ville de Metz, entra par la porte Champenoise, où, avec le poisle et ciel triomphant, quatre des premiers gentilshommes de la ville l'attendoient, soubs lequel estoit Sa Majesté royale, les clerons et trompettes sonnans, avec les blasons et armoiries de France, les heraults d'armes vestuz de leurs cottes de veloux cramoisi azuré, semées de fleurs de lys ; les deux cens Suisses marchans en bataille des premiers, que trois cardinaux suyvoient, vestuz de leurs longues robes rouges, et leurs rochets dessus : à sçavoir messieurs les cardinaux de Lorraine, de Chastillon et de Lenoncourt, archevesque de Metz ; puis M. le connestable, la teste descouverte, armé de toutes pieces, portant l'espée nue devant Sa Majesté, à l'entour de laquelle estoient tous les princes et grands seigneurs presque de tout son royaume, en une magnificence et pompe inestimable ; à sa suite, toute sa maison, ses gardes, et un nombre infini d'autres qui l'avoient suyvy en la presse pour veoir ce triomphe. Je laisse à penser le peuple qui estoit par les rues, aux fenestres, aux galetas et sur les maisons, pour contempler une si nouvelle et esmerveillable haultesse. Certainement n'estoit celuy, depuis les enfans jusques à ceux qui alloient à potences de vieillesse, qui ne dist et confessast n'avoir jamais veu n'ouy parler d'une telle compagnie et noblesse : dequoy pourroient faire foy tous ceux qui l'ont ainsi veu. Devant le grand temple arriva le Roy en ce triomphe, où se trouva tout le clergé et chapitre de Sainct-Estienne, avec divers habits de grand prix et valeur, et plusieurs reliquaires et dignitez. Pres de là, descendirent premierement messieurs les cardinaux, puis M. le connestable, lequel à pied retourna devers Sa Majesté ; luy prestant la main pour descendre de cheval, ainsi que feirent apres tous les princes et grands seigneurs qui en estoient les plus prochains. Le Roy, s'approchant pres du clergé, meit la main dextre sur les evangiles, protestant et faisant vœu de garder et deffendre à son pouvoir les droicts, libertez et preeminences de ceste tres-ancienne et opulente cité, selon que depuis s'est veu (1). Apres plusieurs ceremonies, tout le clergé commença en musique à chanter cantiques et louanges à Dieu, auquel respondoient les orgues et divers instrumens harmonieux. Le Roy, suivy de tous les princes et grands seigneurs, entra en ceste triomphante et tant riche maison de Dieu, et lieu d'oraison, en laquelle il acheva la sienne fort devotement. Le logis de Sa Majesté estoit appareillé au palais archiepiscopal auquel fut conduite ; et peu de temps apres, aucuns gentilshommes de la ville, lesquels y estoient demeurez, ou pour tenir le party de France ou pour ne se sentir coulpables d'aucunes charges suspectes, luy vindrent faire la reverence, et par M. de Guise le feirent supplier tres-humblement de leur pardonner s'ils l'avoient offensé en chose que ce fust, promettant luy estre cy-apres fideles et loyaux. Et pource que tous les citoyens, mesmement le populaire, estoient fort estonnez de veoir tant de gens de guerre logez en leurs maisons, ce que jamais n'avoient accoustumé ne veu, sans sçavoir la consequence, requirent que son bon plaisir fust d'y statuer une ordonnance ; à quoy Sa Majesté, de clemence royalle, feit response pleine de parfaite humanité et douceur, qui les contenta fort, disant qu'il n'estoit là venu pour les destruire et ruiner, mais pour les defendre et garder en leurs

(1) Erreur ; Henri II abolit les priviléges dont jouissoit la ville de Metz. (Voyez les Mémoires de Vieilleville, liv. IV, chap. 14.

droicts et privileges, et ce qu'il avoit entreprins si avant, estoit pour la doute que son ennemy ne s'emparast de leur ville et biens, pour apres l'endommager et ses pays. Au surplus commanda à M. le connestable de faire publier dedans la ville et ès environs par toute son armée, qu'à peine de la mort et griefve punition, homme ne fust si hardy de prendre ne transporter aucune chose sans payer raisonnablement, si ceux à qui elle appartiendroit se trouvoient; de ne battre ne molester leurs hostes ny habitans du territoire de Metz; de s'en aller ne partir du logis sans les contenter; de ne mettre la main aux armes, si ce n'estoit contre ses ennemis. Ce que fut fait et publié dedans et dehors la ville, et aux environs furent levées potences et signes patibulaires, pour en donner plus grande cognoissance à tous.

Ceste ordonnance fut tenue et si bien observée en toute l'armée du Roy, sans mutinemens ne violences, que au departir chacun s'en alla content, et demeura au peuple une bonne opinion de nous, en louant l'humanité du Roy et la noblesse de France. Cependant les chevaux-legers et harquebusiers à cheval, qui trottoient des premiers, et estoient logez assez pres de Theonville, d'heure à heure s'y alloient presenter et appeller ceux de là-dedans à l'escarmouche; et ne se passoit jour que n'en fussent dressées maintes, tant par les sorties des Bourguignons que par la semonce des nostres, desquels la plus-part estoient jeunes hommes, qui avoient le feu à la teste, et qui ne cherchoient que nouvelles entreprinses et à veoir, toutefois, tousjours à la conduite de vieux routiers de guerre, et capitaines usitez et experimentez. J'estime qu'autant en estoit-il du costé des ennemis; parquoy ne pouvoit advenir autrement, et est facile à croire qu'on y pouvoit veoir divers passages de cest art, et de braves et vaillans hommes.

Trois jours le Roy sejourna en ceste riche et puissante cité de Metz, pour sçavoir et cognoistre le regiment de tous leurs estats et gouvernement de leur republique, pour confirmer les bons et abolir les pernicieux et dommageables, et eriger loix et ordonnances pour la conservation et maintien d'icelle communion, au contentement de chacun estat, entre autres choses, pour deliberer de la fortification selon sa volonté; et dès-lors en furent proposés les moyens, et fut commencé à y besongner, à faire raser et abbattre plusieurs petites casettes et maisons de plaisir, que les bourgeois et citoyens avoient basti en leurs jardins et vignes, au long des fossés, pres des murailles, lesquelles pouvoient grandement servir aux ennemis à faire leurs approches; et pour estre une coste trop prochaine d'une montagne qui pouvoit commander et nuire fort à la defendre, fut conclud, selon la resolution de tous les ingenieurs, et de ceux qui entendent l'industrie des fortifications, de coupper de la ville en cest endroit, et y eslever une tranchée et rempart, de grandeur et haulteur au niveau, le plus que seroit possible, de cette coste. A toutes ces choses, et plusieurs autres necessaires ayant estably une police, laissant M. de Gonnor, frere de M. le mareschal de Brissac, gouverneur et son lieutenant, avec la compagnie de M. le comte de Nanteuil [lequel et M. de Jametz estoient pour ostage donnez au duc Maurice], et deux cens chevaux-legers, deux cens harquebusiers à cheval, et douze enseignes de fanterie, tant pour la garde de la ville que conduite des vivres et munitions qui en sortoient et venoient des autres lieux circonvoisins, pour suyvre nostre armée.

Le Roy en partit le jeudy apres Pasques, vingtiesme d'apvril, pour commencer son voyage, et fut son armée levée des environs par M. le connestable, qui en estoit general, et le premier à l'avant-garde, accompagné de la plus-part des princes et grands seigneurs que j'ay cy devant nommez, sans d'autres qui y arrivoient chacun jour. Le surplus estoit à la suitte du Roy, estant Sa Majesté la premiere en sa bataille, pour estre exemple à tous de le suyvre, mesmement en justice; car ne se peult nier que durant tout ce voyage, et tant que ses enseignes ont esté desployées aux champs, qu'il n'ait commandé et observé une justice tant grande et severe en son camp, que les ennemis et estrangers s'en esmerveilloient; qui me fait penser et croire, avec les prieres du pauvre peuple, que le supernel Dieu des batailles luy avoit mis les armes au poing, pour dompter les hommes qui s'estimoient invincibles. A l'arriere-garde n'y avoit que trois ou quatre cens hommes d'armes qui demeuroient tousjours à la queue pour faire suyvre ce que venoit apres, ou pour empescher que les villains et Marangets (1) ne detroussassent ceux qui ne pouvoient aller si-tost que les premiers, où les bagages qui estoient demourez et arrestez par les chemins par accident. Je ne puis donner certaine raison pourquoy, car à moy tels secrets n'estoient communiquez. Toutefois je pense que c'estoit à cause que n'avions point d'ennemis au doz qui fussent si forts que nous. Aussi estoit grand bruit que le Roy, avec ceste puissante armée, s'alloit joindre au duc Maurice, lequel, avec un autre, avoit jà repris plusieurs villes des

---

(1) Habitants du canton de Morange, dont les François avoient lieu de se défier.

protestants, les remettant en leur premiere liberté, et dechassant les garnisons que l'Empereur y avoit assis, pour leur tenir le pied sur la gorge; qui attendoit le Roy auprès d'Auspourg, devers lequel de Metz y avoient esté envoyez le sieur de Montmorancy, les comtes de Villars et Ringrave, pour en sçavoir certaines nouvelles; si est-ce que la publique renommée et commune opinion de tous, jugeoit toutes ces intelligences et simulations estre un faux appast et couverte amorce de mauvais goust, de laquelle toutefois le succez n'est tourné grandement à nostre prejudice. Pour ce jour que le Roy deslogea de Metz, l'armée ne feit grande traicte, et campa à une lieuë et demie près, en deux petits villages desquels l'un s'appelle Serre et l'autre Gouin.

De ce lieu le lendemain partit, et alla camper à Racourt et Rouvres, près d'une petite ville appellée Numiny (1), des appartenances du comte de Vaudemont, située au pendant d'une petite montagne au dessoubs de laquelle coule une petite riviere qu'ils appellent Seille, qui va passer à Metz; l'avant-garde estoit campée un peu au dessus. Quant à nommer de mot à mot les villages, lieux et places, où toute ceste grande armée a passé et campé, sinon les plus fameux, et où a esté executé acte meritant à estre noté et mis par escrit, avec ce qu'est fort difficile pour estre les noms estranges et malaisez à nommer, encore ne le peux-je faire pource que le plus souvent la gendarmerie estoit estendue en divers endroits pour trouver vivres plus aisément, pour eux et leurs chevaux, à la moindre foule du peuple, et ne demouroit, tant de l'avant-garde que de la bataille, sinon les personnes des princes, quelques grands seigneurs et gentilshommes de leur suite, la maison du Roy et ses gardes avec la fanterie tant françoise que d'Allemans, fors en lieu serré, mal aisez ou suspects, et ne veux oublier avant qu'entrer plus avant, que toute l'armée, sçavoir : hommes de combat, tant de cheval que de pied, durant le voyage, voire jusques au rompement du camp, a marché en campagne, tenant tousjours ordre de bataille, ce qui nous travailloit grandement, et a fait mourir beaucoup de gens de bien et de braves hommes, par fievres continues, pleuresies et diverses maladies. Plusieurs autres, dès ce temps, ont longuement traisnez et languy, à la fin sont morts diversement. Une des principalles causes est que beaucoup de personnes, selon leurs qualitez et commoditez, par le temps de paix et repos, s'estoient tant relaschez et abandonnez à leurs aises et voluptez, qu'advenue ceste soudaine entreprise, pour peu de peine et travail estoient abattuz et demourez soubs le faiz; depuis, la continuation et accoustumance nous a renduz usagers de necessité.

Au partir de ce lieu, fut pris le chemin à une petite villette nommée Luneville, située en lieu propre pour l'usage de vivre, aux racines de petites collines et montaignettes où il y a quelques vignobles et terres de labeur, près de laquelle passe une petite riviere qui s'appelle Savon; de l'autre costé à une prairie grande et spacieuse, à l'entour de plusieurs villages et censes. Le Roy, M. le connestable, les princes et grands seigneurs estoient logez dedans la ville; les gentilshommes de sa maison et ses gardes estoient au fauxbourg; le reste estoit campé à l'entour, et la gendarmerie aux villages.

Le lendemain, le Roy et son armée en deslogea, et y demoura dedans une enseigne de gens de pied et quelques harquebusiers à cheval, pour l'escorte de la munition qui nous suivoit, et alla loger à Blamont, une autre petite ville capitale d'un comté qui en retient le nom, en laquelle estoit la duchesse de Lorraine, pource qu'on disoit ladite comté estre de son assignal, et ordonnée pour se retirer. L'assiette en est belle et plaisante, presque semblable à celle de Luneville, sinon que le terrouer n'est si bon ni fertile. Le Roy, M. le connestable, les princes et grands seigneurs estoient logez la pluspart dedans le chasteau et dedans la ville; le reste du camp à l'entour, et la gendarmerie ès prochains villages. Dedans ceste ville demoura pareillement une enseigne de gens de pied et quelque cavalerie pour la mesme fatigue que ceux de Luneville. Le jour ensuyvant, vingt-septiesme d'avril, la gendarmerie de l'avant-garde feit une grande traicte de cinq grandes lieuës du pays, qui en valent dix parisiennes, pour estre le pays tout bois, broussailles, essars, bossu et raboteux, et les villages petits et escartez, mal aisez à logèr grosses compagnies, et allasmes loger aux plus prochains d'une petite ville appellée Salebourg (1), appartenant au duc de Lorraine, derniere ville de sa comté de Vaulges, au pied des montagnes qui separent ladite comté d'Allemagne. L'assiette est assez mal plaisante à l'œil, pour estre en lieu bas et marescageux d'un costé, et d'autre trop prochaine des montagnes et grandes forests; toutefois je la penserois abondante en grands profits de bestail et nourriture. Le Roy et le reste de son armée sejourna audict Blamont un jour, et, au partir de là, vint camper en deux assez bons villages, appellez, l'un

---

(1) Nomeny.

(1) Sarbourg.

Ubigny, et l'autre Sainct-Georges. En ce lieu furent apportées les nouvelles de la paix entre le Pape et le Roy. Près de Salebourg, son armée estoit campée au long du pendant d'une montagne, ayant au-dessus les bois et au-dessoubs la prairie, et une petite riviere de laquelle je ne sçay seurement le nom, si ce n'est celle qui passe à Blamont et à Luneville, sortant de ces montagnes. Près de là M. le connestable, l'avant-garde estant campée à la portée d'une coulevrine près de la ville, estoit logé dans une grosse maison en un petit village où n'y avoit que trois ou quatre maisons et quelques granches. Tout à l'entour estoient dressées les tentes et pavillons des princes et grands seigneurs. Le Roy, à demie lieuë plus arriere, estoit logé en un chastelet edifié nouvellement en un essart, sur une petite montagne. Tout à l'entour estoit la bataille campée, et un peu arriere estoient logez ses gentilshommes et ses gardes. Deux jours fut séjourné en ce lieu, tant pour attendre l'artillerie et les munitions, que de toutes parts ès environs estoient envoyez commissaires et hommes deputez pour amasser vivres, et amener toutes provisions au camp, pource que de France ne d'autres lieux derriere nous n'en venoit plus, ou pour estre desjà trop esloignez de nos limites, ou à raison qu'estions pres du passage par lequel l'armée devoit descendre en la plaine de Salverne (1). Ainsi fut fait en partie peu de ce sejour, pour donner temps à ceux qui estoient derriere de nous reprendre, et s'assembler avec nous pour passer ce pas, qui estoit sans mentir fort scabreux et dangereux à petites compagnies, estant plein de bois forts et obscurs, les chemins estroits et creux. Au-dessus estoient rochers hauts et inaccessibles, sinon avec grande difficulté, desquels les brigands peuvent de loing veoir ceux qui y doivent passer, les attendre et enfermer, sans avoir moyen de s'en retirer. Quant aux vivres, je ne peux dire que jusques-là nous ayons eu nécessité de ce que touche la vie de l'homme, sinon de vin aucunement; les chevaux n'y mangeoient pas leur saoul, mesmement ceux de la bataille; car nous estions jà bien avant en la saison, et pres du temps commode à recueillir les foings nouveaux, estans les vieux bien cours et presque tous mangez. Quant à l'avoine, les bons bleds estoient si chers, que le pauvre peuple estoit fort aise d'en faire son pain et substance, qui l'encherissoit grandement; encore ce peu qu'en restoit, les gros usuriers l'avoient retiré et resserré dedans les villes, ou le vendoient cherement et au double, à grand' requeste

(1) Saverne.

et priere. Vray est que nous, qui estions à l'avant-garde, qui trottions des premiers sur le pays, avions l'advantage d'en trouver et recouvrer plustost que ceux qui nous suyvoient, bien souvent par grandes traictes surprenans les paysans avant qu'ils eussent moyen de retirer leurs biens, et le plus souvent n'en laissions gueres à ceux qui venoient apres, pour la mauvaise consideration que nous autres François avons. Et ce peu que demouroit à nostre partement, le pauvre homme le cachoit le plus estroictement qu'il avoit le moyen, de crainte que ne luy fust ravy des derniers. Vray est que les bleds estoient jà grands en herbe, qui aidoient fort à soustenir et vivre beaucoup de chevaux; mais les grands chevaux de service, après qu'ils en avoient tasté, devenoient vains, vagues, et diminuoient d'embonpoinct et force. En ce lieu [comme couroit le bruit] le Roy eut nouvelles du duc Maurice, duquel ordinairement en estoient forgées mille sortes de paroles, et plustost en mal qu'en bien, pour la desfiance que chacun pronostiquoit de luy.

A Salebourg demoura une enseigne de gens de pied et quelques chevaux legers, et le deuxieme jour de may, le Roy avec toute son armée en partit, et alla loger en deux petits villages dedans des bois, appellez Meltebourg et Andressenty, qui sont à l'evesque de Strasbourg, deux lieuës de Salebourg, ses gentilshommes et ses gardes et toute la bataille campée à l'entour de Sa Majesté; M. le connestable et l'avant-garde, un quart de lieuë plus avant en un autre village nommé Andreoux, qu'on disoit, s'il m'en souvient, appartient au comte Palatin, où il y a une grosse tour quarrée en forme de pavillon, assez forte, en laquelle on laissa cinquante harquebuziers, pource qu'elle est à l'entrée du passage du costé de deçà, et sur le front des bois qui durent jusques au pied des montagnes, de l'autre part longs et larges, de fort fascheux et estrange chemin. Ce jour mesme la gendarmerie de l'avant-garde passa ce passage, et devallasmes en un gros village nommé Sainct-Jouan, où est située une abbaye de femmes en sauve-garde du comte Ringrave. Là nous trouvasmes force bons vins, qui renforça de beaucoup nostre bien venuë. Aucuns allerent descendre droit à Salverne, et furent logez au pied des montagnes, du haut desquelles, tant que la veuë se peut estendre, on descouvroit une belle et fort grande plaine, qui dure près de six grandes lieues du pays, qui vallent plus de dix françoises, peuplée de gros et grands villages, riches et opulens, de bois, rivieres, ruisseaux, prairies et autres lieux de proufit, que ceux du pays appellent la vallée d'Aussaiz. Le terrouer est gras et fertile, qui rend les hommes habitans cette contrée fiers et hautains, pource qu'ils ne sont chargez ne foulez de grandes exactions, et n'ont accoustumé de veoir gens de guerre couchez en leurs lits, ne manger si privément à leurs tables ; mais, selon le commun proverbe, ce sont eux qui le font aux autres. Ce que tant les estonna au commencement, que beaucoup abandonnoient leurs maisons et biens, et s'enfuyoient aux bois. Ainsi noz soldats commencerent à faire un grand desordre, et le tout estant à l'abandon, se meirent à piller et robber où ne se trouvoit à qui respondre, car la volonté prompte plus à mal qu'à bien, leur augmentoit le desir de l'execution, aussi que, le plus souvent, la robe abandonnée se presentoit à la prise. Le lendemain, le Roy et toute l'armée traversa ces grandes forests et devalla en celle belle plaine ; mais non sans grande peine l'on y feit descendre l'artillerie et les munitions, tellement qu'à traverser tous ces forts de bois et rochers y eut des bagages beaucoup destroussez, quelque escorte et conduicte qu'il y eust, mesmement ceux qui estoient sur chariots et charrettes ; car, estant le chemin estroit et rabotteux, facilement se rompoient les essois (1), les lymons, ou quelque autre chose, ou bien versoient ; pourquoy demouroient derriere, et les villains bandoliers avoient le moyen et loisir de les saccager et retirer dedans l'espesseur du tailliz avant que peussent estre secouruz. Les autres, sur mulets et sommiers, qui pouvoient suyvre, ne tomboient en tel danger. Il y avoit aussi tant grande suite et quantité de bagages, qu'ils tenoient plus de pays et faisoient plus de monstre que toute l'armée ; qu'est, selon le jugement de beaucoup, une chose mal ordonnée, causant un desordre et famine de camp. Et n'y avoit jusques aux simples soldats et vallets qui ne feissent traisner mille hardes et brouilleries sur chariots et charrettes, ou sur chevaux et jumens. Le Roy, M. le connestable, les princes et grands seigneurs, estoient logez dedans la ville de Salverne, le reste aux fauxbourgs, ou campée à l'entour. Toute la fanterie estoit logée et estendue le long de la prairie, faisant une belle et grande monstre ; la gendarmerie et cavallerie de l'avant-garde estoit deux lieues plus avant logée en gros et riches villages, auxquels le plus communement trouvions abondance de vivres, mesmement de bleds et vins, et peu de foins et avoines.

Salverne est une petite ville qui est du domaine de l'evesque de Strasbourg, située au pied des montagnes, sur le grand chemin et passage par lequel on descend des pays de deçà pour aller à Strasbourg, Spire, Francfort et en tous endroits des Allemagnes, parquoy est habitée de riches marchands, qui trafiquent en divers endroits d'une part et d'autre. L'assiette est fort belle et plaisante, commode pour le plaisir et proufit, bien bastie de beaux edifices et maisons à leur mode. Elle a le soleil levant du costé de la haute Allemagne, l'occident à l'endroit des montagnes, les Suisses et la Franche Comté à midy, et les bas Allemans à septentrion. Elle a en front les labourages et terres de rapport en grande estendue, un peu au dessoubs les prairies longues et larges, arrousées d'une petite riviere, et grande abondance de fontaines et sources vives ; au doz, sur les cousteaux et pendans des montagnes, sont les vignobles, esquels croissent de fort bons vins blancs et rouges ; au dessus les bois et chauffages. Sur trois hauts rochers au dessus sont trois vieux chasteaux, fort de situation et non d'art comme je pense, toutefois que je ne les ay point veuz de pres, estant le chemin mal aisé et dangereux pour la hauteur du lieu. Pres de cette ville fut la desfaite des Lutheriens et la victoire acquise par feu de bonne memoire le bon duc Anthoine de Lorraine. Elle est environnée, du costé de la plaine, de gros villages, à une et deux lieuës pres desquels estoit logée toute la gendarmerie, qui se sentoit fort soulagée d'estre plus au large qu'elle n'avoit esté auparavant : ce que par le Roy et son conseil fut prudemment consideré, faisant en ce beau lieu temporiser son armée trois jours entiers pour un peu la refreschir et delasser des longues traites qu'on avoit fait auparavant, pour entendre aussi plus certaines nouvelles du duc Maurice et de sa deliberation. En ce lieu vindrent au Roy, de divers endroits, ambassadeurs et grands personnages, les uns pour s'offrir et leur pouvoir à son service ; les autres pour obtenir, pour eux et leurs subjects, descharges et soulagemens ; mesmement des Suisses, pource que ceux de la Franche Comté estoient en grande crainte que toute ceste nuée ne tombast sur eux. Toutefois, à la faveur des cantons, si le Roy en avoit quelque volonté, changea d'opinion. De la ville de Strasbourg devers Sa Majesté fut envoyé un *houpeman*, c'est à dire en allemant seigneur, pour la supplier d'avoir souvenance et esgard à la bonne volonté qu'ils avoient à luy faire service, et vouloir supporter et soulager leur plat pays le plus que seroit possible, offrans vivres et provisions en payant raisonnablement ; ce que pleut au Roy, et leur accorda liberalement, ainsi que se disoit communement.

Audit lieu de Salverne furent faites grandes

---

(1) Pour essieux.

executions, par les prevosts et ministres de justice, d'aucuns soldats qui destroussoient les munitions, pilloient et ramenoient des villages plusieurs meubles, comme linges, habits, vaisselles, bestail et chevaux, et ce que pouvoient rencontrer; et ne sceut soient estre tant rigoureuse la punition, qu'on les en peust divertir, tant pour trouver les maisons ouvertes et abandonnées, que par faute de bonne police qu'on avoit oublié à y mettre dès le commencement, que nous laisserons à disputer aux bien sçavans et bien entendus en ces matieres.

Le sixiesme jour de may, le Roy avec toute son armée se leva de Salverne, estant demouré dedans une enseigne de gens de pied et quelque cavallerie legere, pour la seureté de nostre queuë. Ce jour ne feit que deux lieuës du pays. Le lendemain alla camper en un gros bourg; là en un chasteau Sa Majesté estoit logée, et dedans le bourg et à l'entour les princes, grands seigneurs, gentilshommes et ses gardes; le reste de la bataille campa aux environs; M. le connestable avec l'avant-garde un quart de lieue plus avant; la gendarmerie s'estendoit jusques à une petite lieue pres de Strasbourg. Quant à descrire certainement la situation et murs de la ville de Strasbourg, je ne puis, pour n'en avoir approché d'une lieuë ; car les citoyens ne vouloient permettre entrer personne, ne seulement approcher à la portée du canon. Quant à l'opinion en laquelle communement on la tient, on ne l'estime que l'un des villages d'Allemagne : à la voir, chacun pouvoit croire et juger que c'est une fort belle, grande et riche ville, et très-forte, comme elle en a le bruit, assise en lieu plat de tous costez ; le Rhin passe dedans en deux endroits, qui la part en trois, toutes lesquelles parties sont closes et environnées d'eaux, avec une autre petite riviere qui vient pres de là s'assembler au Rhin; les vignobles n'en sont pas loin ; le terrouer est sablonneux et mourveux, qui fait quantité de mottes et terres mouvantes: à ceste cause, comme je pense, anciennement estoit appellée *Argentine*. En aucuns quartiers, comme ès pendans des montagnes ou pres des villages, les terres y sont meilleures pour estre souvent amendées et engressées ; et me semble que les paysans y sont bons laboureurs, car, encor que le terrouer ne soit fort bon et le climat froid, les bleds en herbe estoient plus beaux et grands en ceste saison que ne sont un mois plus tard aux nostres; aussi que nous y trouvions des bleds vieux en grande quantité, et par-deçà estoient fort chers. En ce temps commencerent les grandes chaleurs, lesquelles accroissoient nostre travail de beaucoup, mesmement aux soldats et gens de pied, plus qu'à nous qui montions à cheval à deux heures après minuit et y demeurions jusques à demy jour avant que d'estre logez ; encore le plus souvent logions aux villages, où trouvions vivres et rafreschissemens. Les soldats de pied partoient premierement que nous, et cheminoient jusques à ceste mesme heure, ayans tousjours les armes sur le doz, marchans en bataille avec la chaleur et la poussiere, qui les grevoit et alteroit grandement. Quand ils arrivoient en leurs quartiers, ne trouvoient que la place vuide sans vivres et sans moyen, plustost qu'autrement, d'en recouvrer promptement: ainsi alterez avec une chaleur vehemente, beuvoient de ces eaux froides merveilleusement; à raison de quoy tomboient en grandes maladies, pleuresies et fievres, dont en mouroient grand nombre de braves hommes.

Pour ne fouler le territoire et pays circonvoisin à l'entour de Strasbourg, une nuit seulement l'armée y sejourna; le lendemain, tirant à main gauche, fut pris le chemin à une petite ville appellée Hagueneau, laquelle au commencement feit quelques difficultez de ne vouloir faire ouverture et contribution de vivres comme les autres, s'opiniastrant en ceste folie jusques à ce qu'elle veit qu'on vouloit approcher l'artillerie pour y ouvrir passage : enfin ayant parlementé elle se rangea à la raison, et M. le connestable avec le sieur de Chastillon y entra et ordonna de tout, comme le besoing requeroit. Ce jour le Roy campa en une tuillerie au dessoubs de la ville, et toute l'armée à l'entour; le lendemain alla disner dedans, où luy fut fait grand recueil par les habitans. Toute la gendarmerie de l'avant-garde, au nombre d'environ huict cens hommes d'armes et plus, estoit logée à deux grandes lieues par-delà, en un seul gros village, auquel la plus grande partie estoit à couvert. Ceste petite ville, selon que la consideray en passant, est fort belle et proprement située pour toutes commoditez, bien close de murailles hautes et de bonne estoffe, garnie de grosses tours et defenses, assez fortes pour resister à un camp volant, circuie de fossez creux et profonds à fond de cuve et pleins d'eau vive, prochaine d'un costé de grands bois et forests, de l'autre de larges et spacieuses prairies et marescages. Le terrouer est sablonneux et mort, presque pareil à celuy de Strasbourg; de vignoble j'en vey peu ou point. De-là fut poursuivy le chemin pour aller à Wisbourg (1), belle et petite riche ville au pied des montagnes qui separent la haute et basse Allemagne, comme un terme triangulaire, par trois

---

(1) Weissembourg.

chemins tirans en divers lieux de par-deçà à passer le Rhin, pour tournoyer toute la haute Allemagne et l'une et l'autre Pannonie, et, en le suivant, pour descendre le long des basses Allemagnes en Gueldres, Cleves, Juliers, Lieges, Brabant, et par tous les Pays-Bas, faisant presque d'un costé une borne entre la Gaule belgique et la grande Germanie. Ceste ville est voisine de Spire environ trois lieuës grandes, qui en valent pour le moins six françoises; la situation est fort agreable à l'œil et commode, comme on le pourra juger promptement, riche et garnie de grands biens pour les usages et proprietez qui y sont: pour ce ceux du pays l'appellent la ville aux trois Alliances, dont ils portent en leur blason trois escussons avec les armoiries de trois grands seigneurs, et un monde au milieu. Le terrouer est sablonneux; il y passe une petite riviere qui fait moudre grande quantité de moulins à divers usages. Les habitans nous furent fort gracieux et secourans en toutes choses. Le Roy n'y logea point, ne son armée, qui alla loger au village une lieuë plus avant, nommé, ce me semble, *l'Estat*. M. le connestable avec l'avant-garde estoit logé en un autre petit village à la portée du conon; plus loing la gendarmerie de l'avant-garde estoit campée dedans un bois au-dessoubs, au loing du chemin, tirant de là à Spire, pres d'une fort belle maison qu'on disoit estre à l'evesque dudit Spire.

En ce lieu on esperoit avoir certaines nouvelles du duc Maurice, et tenoit-on pour chose veritable que le Roy trouveroit pres de là grande compagnie de grands seigneurs de ces pays, qui l'advertiroient de toutes choses; l'on y adjoustoit beaucoup d'autres promesses de ce duc Maurice. Pourtant, afin d'avoir advis certain de luy, y fut envoyé le sieur de Lanssac, gentilhomme de grand sçavoir.

Cependant, en ce sejour, le Roy eut nouvelles que la reyne d'Hongrie, avec une grosse armée, avoit prins Sathenay, et desjà estoit entrée en ses terres, bruslant et degastant tout le plat pays à l'environ. Devers Sa Majesté plusieurs *houpemans* et seigneurs allemands vindrent luy remonstrer pour les communes la foule et charge que soustenoient par les fraiz de son armée. Ausquels fut rendue la response autre et plus haulte que ne la pourrois asseurer. Tant y a que la publique opinion la disoit estre suffisante pour leur faire entendre leur ingratitude, ayant le Roy amené à grands fraiz une grande et puissante armée, pour seulement les secourir et remettre en leurs libertez, maisons et biens, appellé par eux à tres-grandes prieres; laquelle raison seule les devoit assez esmouvoir à nous secourir, non seulement de vivres et autres necessitez, mais à exposer leurs corps et personnes pour recognoissance de ce grand bien.

Estant de retour, le sieur de Lanssac ne rapporta de ce duc Maurice que frivoles excuses, entre lesquelles que l'armée du Turc estoit descendue bien avant en Austriche, dont il avoit promis, comme aussi y estoit obligé, à Ferdinand, roy des Romains et de Hongrie, de l'aller secourir pour trois mois; parquoy ne pouvoit accomplir sa promesse promptement. Cela entendu, le Roy, par l'advis de tout son conseil, delibera de retourner en France pour deffendre ses terres, et employer ses forces pour en dejeter et repoulser l'ennemy. Et pour ne fouler pas trop le plat pays, afin aussi que son armée trouvast plus commodement vivres, la partit en trois parties, l'une desquelles demeura avec Sa Majesté, à sçavoir du nombre, cinq cens hommes d'armes, mille ou douze cens tant chevaux legers qu'harquebusiers à cheval, les vieilles bandes et compagnies de fanterie françoise, le regiment de lansquenets du colonel Chartel, avec les gentilshommes de sa maison, et ses gardes à la conduite de M. le connestable. Ainsi print le chemin des montagnes, lieux deserts et fort difficiles, ausquels le Roy, les princes et grands seigneurs, et generalement tous les soldats, endurerent grandes indigences de vivres, tant pour eux que pour leurs chevaux: toutefois, avec le temps et labeur, qui les choses impossibles fait possibles et en avoir le bout, descendirent en la Comté vers Salebruht (1) et la Comté à Deux Ponts. L'autre troupe, qui estoit de huict cens hommes d'armes au moins, avec le comte Reingrave et son regiment d'Allemans, fut conduite par M. de Vendosme, prince d'incredible valeur, reprenant les mesmes brisées que l'armée avoit suivy en ce voyage, où pareillement nous eusmes beaucoup de necessitez. Toutefois ce gentil prince et tous ceux qui l'accompagnoient y donnerent un tel ordre, que par faute des vivres n'endurasmes point, reprenant le chemin au sortir des bois et montagnes pour descendre vers Marsault (2) et Chasteau Salins: de là se vint joindre et reprendre l'armée du Roy près de Waldersen, petite ville à six lieuës de Metz, en assez belle assiette, ayant d'un costé les bois et de l'autre les montagnes, et une petite riviere qui s'appelle Sarre, qui separe la Lorraine des montagnes.

M. d'Aumalle, avec cinq cens hommes d'armes, huict ou neuf cens chevaux legers et har-

---

(1) Saarbruck.
(2) Marsal.

quebusiers à cheval, et le regiment du comte Recroc, print le tour au-dessus de Spire, passant par dedans les montagnes et les lieux estroits, inhabitez et deserts, qui, avec grand travail, feit si bien, qu'il parvint sans grand default au mesme lieu où le Roy estoit jà attendant de reunir son armée pour parfaire les choses que verrez cy-après.

Et ne veux oublier avant que commencer autre chose, qu'estant adverti ou se doutant que l'armée de la royne de Hongrie assiegeast le chasteau de Jamets, despourveu adonc de chef, estant le seigneur en ostage entre les mains de ce duc Maurice, y envoya le sieur de Losse en grande diligence avec vingt hommes d'armes et trente archers de la compagnie de M. le mareschal de Sedan, deux cens chevaux legers, et autant d'harquebusiers à cheval. Depuis fut trouvé que les Bourguignons, à leur confusion, avoient tourné le doz et s'estoient retirez.

LIVRE TROISIESME.

De ce qu'a esté exécuté par le roy Très-Chrestien au duché de Luxembourg à son retour d'Allemagne, en l'an 1552.

[1552] Sur la fin du mois de may, auprès de Wisbourg, comme j'ay dit, le Roy eut nouvelles que la reyne de Hongrie avec une puissante armée avoit pris la ville Sathenay, et que sur ses terres et ès environs exerçoit estranges cruautez; ce qu'estoit veritable, non que l'on ait trouvé qu'elle y fust en personne, comme le vulgaire disoit; mais estant en Flandres assez certaine de la necessité à laquelle estoit reduit l'Empereur son frere, comme femme caute et subtile, solicita un Martin Roussan (1), bastard et mareschal de Cleves, descendre au duché de Luxembourg avec trois ou quatre mille soldats clevois, gueldrois et walons, et de cinq à six cens chevaux, où il trouveroit le comte Mansfel, le baillif d'Avanes (2) et le gouverneur de Cimetz, ausquels elle avoit pareillement mandé d'amasser toutes les forces qu'ils pourroient finer, pour entrer és païs du Roy et y exécuter toutes les cruautez qu'ils pourroient inventer, à fin de le divertir et destourner de parfaire son voyage; dont ces trois seigneurs, assemblez avec le nombre de douze à quinze mille hommes de pied, et environ trois mille chevaux, s'adresserent premierement à Sathenay, où n'avoit artillerie, ne munitions, soldat, ne garnison aucune pour le Roy, que les habitans seulement et un capitaine lorrain que la duchesse de Lorraine y avoit mis, qui [peult estre selon l'intention de sa maistresse] ne leur feit grand refus. Soudain après y estre intromis, commencerent à faire reparer les bresches et remettre le fort en son premier estat, bastir un boulevert de terre du costé de Dun le Chasteau, et une plate forme devers la Justice, faisans courir le bruit de vouloir aller assieger Villefranche, petite villette neufve, ou plustost chasteau, au dessoubs dudit Sathenay, sur la riviere de Meuse, où n'y avoit adonc que Guillanton, qui en estoit capitaine, avec ses mortes payes et une compagnie de gens de pied du capitaine Le Vignan. Tantost la nouvelle parvint jusques à la Reyne et à M. l'admiral d'Annebault [que le Roy à son departement avoit constitué visroy (3) en France], qui estoient lors à Chaalons en Champaigne, où estoit aussi M. de Bordillon, qui promptement, à cest advertissement, le soir mesme entra avec dix-sept chevaux seulement dedans Villefranche, ayant mandé sa compagnie y arriver dedans celle nuict, ce qu'elle feit, et pareillement advertir le capitaine de Montfaulcon, nommé le sieur de Montot, gentilhomme du païs voisin, pour faire retirer le plustost que seroit en sa puissance les habitans dudit Montfaulcon, et de cacher leur artillerie, leurs biens et munitions, et avec ce que pourroient recouvrer de soldats se retirer devers luy audit Villefranche. Quand les Bourguignons furent advertis que M. de Bordillon estoit là dedans pour les attendre à pied ferme, et qu'on avoit pourveu à leur deliberation, changerent d'advis, et luy fut rapporté par son espion qu'ils avoient conclu de tourner à Mouson. Parquoy partit de ce lieu soudainement, laissant en son lieu chef et lieutenant de roy le sieur de Chastellux, lieutenant de sa compagnie, avec une partie de sadite compagnie, auquel pour ce mesme effect la Reyne et M. l'Admiral avoient favorablement escrit, luy donnans toute authorité et puissance. M. de Bordillon, avec le reste de sadite compagnie, se meit toute la nuict en chemin, et entra au poinct du jour dedans Mouson, où estoit M. de La Roche du Maine avec sa compagnie de quarante hommes d'armes, et le baron de Cerny avec la sienne de trois cens hommes de pied, lesquels ne s'accordoient guéres bien; et trouva dayantage les habitans troublez et grandement descouragez, tant pour cognoistre ceste petite ville foible [ce qu'elle est irremediablement à raison d'une fort haulte montagne trop prochaine, laquelle y commande en tout, encore qu'on y ait fait ce qu'on a peu pour la couvrir], que pour la sentir mal pourveue de toute defense; mesmement que la plus grande part des habitans, par

(1) Van-Rossen.
(2) Avesnes.
(3) Il étoit chef du conseil, et non vice-roi.

mauvais presage, en ce qu'ils voyoient les principaux en vuider et mettre hors les meilleurs de leurs meubles, estoient descouragez à la defendre et secourir. A ceste cause, afin de les consoler et leur croistre le cueur, non-seulement les asseura du brief secours du Roy retournant d'Allemagne, mais y feit entrer sa vaisselle, son equippage et ses meilleures bagues, leur promettant, quand le siege y arriveroit, de ne les abandonner; ce que les meit en telle confidence, que deslors le courage leur revint, et delibererent d'y vivre et mourir avec luy.

Les Bourguignons, pour executer leur premiere conclusion, passerent la riviere de Meuse au pont de Sathenay, et avec ce qu'ils pouvoient avoir d'artillerie, qui n'estoit en grand nombre, vindrent camper en un petit village entre ces deux villes, nommé Mousac, où incontinent furent advertis que M. de Chastellux estoit dedans Villefranche, qui souvent les saluoit de coups d'artillerie, desquels estoient tuez jusques dedans leurs logis; et trouverent que ceste petite ville n'estoit tant defournie qu'il avoient pensé; ce qu'eux cognoissans, et que le chef qui estoit là-dedans n'y estoit pas demeuré pour se laisser sourdement surprendre, ainsi qu'ils presumoient, mais comme homme esprouvé et certain [ce qui est sans mentir], sage et hardy, issu d'une des plus anciennes maisons du duché de Bourgogne, qui délibéroit les empescher et resister à toutes leurs entreprises, sans faire autre semblant, coulerent au long de la riviere jusques au village de Briolles, où ils mirent le feu, et ruinerent l'eglise et le fort.

Apres ce beau faict tournerent à main droite, montans à Montfaulcon, où l'on ne leur feit grande resistance, et sans contredit meirent le feu où bon leur sembla, mesmement en ce beau temple de Nostre-Dame, où ils commirent des meschancetez et malheuretez plus enormes que les Turcs et Infideles ne les voudroient attenter. Apres je laisse à penser avec quelle terreur et espouvantement le menu peuple commença à fuir et s'espandre de toutes parts; dequoy les ennemis fiers et eslevez, trouvans les passages libres et ouverts, descendirent en la plaine, et vindrent saisir un petit chasteau appellé Boullandre. Là ils laisserent quelque compagnie pour servir d'escorte aux vivres et provisions qu'il faisoient mener et conduire audit Sathenay. De là, suyvans toute ceste vallée au long de la riviere, saccagerent plusieurs villages et chasteaux, en aucuns meirent le feu, et des autres ravirent et emporterent jusques aux cloux de fer et socz de charrue, comme à Sainct Jevain, Conrad, Remonville, en l'abbaye de Chaery et autres lieux, tousjours continuans de pis en pis jusques à Grand-Pré, petite ville sur la riviere d'Airre, entre Saincte-Menehou, Chaalons et Attigny. Et là, ayans esté advertis comment M. l'Admiral amassoit gens pour les venir veoir, s'arresterent; puis sitost que M. l'Admiral eut mis ensemble les legionnaires de Champagne, et reuni les Suisses avec la gendarmerie, qu'ils entendirent qu'en diligence avec ses compagnies s'approchoit d'eux, après dix mille meschancetez qu'ils y feirent et perpetrerent, abandonnerent Grand-Pré, y ayant mis le feu, et en feirent autant à Boullandre, et le plustost que leur fut possible retournerent à Sathenay, où estans arrivez ouyrent nouvelles pires pour eux que les premieres, à sçavoir comme l'armée du Roy à grandes journées retournoit d'Allemagne pour les venir rencontrer et desfaire, et que ja les chevaux legers de l'avant-garde estoient à Luxembourg, et au long du pays eslargis. Davantage M. l'Admiral les tenoit de fort près, et estoit avec son armée de l'autre part de la riviere, prest à les combattre. Pource ne sceurent promptement inventer meilleur conseil que de se retirer et fuyr en grand desordre; tellement que si les nostres eussent esté advertis d'un gué et passage qui estoit aupres de Villefranche pour leur coupper chemin aussitost que de les suivre par Sathenay, ils en eussent fait une grande boucherie. Ainsi se retirerent ceux du pays en leurs lieux et maisons, et la pluspart des Clevois et Gueldrois furent mis dedans Yvoy.

Ayant le Roy entendu les malheuretez et violences que ces Bourguignons et ennemis avoient exploité et commis en ses pays, meu grandement de pitié et de tristesse, avoit, à grandes journées et grands travaux, fait passer son armée par les montagnes, bois et lieux divers et inhabitez, pour plustost les joindre et rencontrer, afin de venger son peuple de tels outrages. Et pour plus legerement faire ses gens marcher, feit partir et sortir de son camp la plus grand part des bagages, et les malades, leur ordonnant pour escorte les compagnies du comte d'Aran et vidasme de chartres, avec quelques Chevaux legers et harquebusiers à cheval, et les rendre devers Metz, ou en tel lieu qu'ils se pourroient retirer, à leur liberal arbitre. Depuis estant sceue la soudaine retraite des ennemis, ou à mieux dire fuite, fut moderée ceste extreme diligence pour adviser le meilleur à ce que seroit de besoing après executer, et fut deliberé, par le conseil, estre tres necessaire et utile pour le bien public, et de toute la France, saisir et joindre à la couronne le duché de Luxembourg, comme succession et propriété escheue à la maison de Van-

27.

dosme dès la mort du connestable de Sainct Pol, qui en estoit vray possesseur et seigneur, portant le nom et les armes, combien que Charles, duc de Bourgogne, injustement depuis l'eust usurpée, pour estre un vray receptacle et refuge de larrons et toute nation sedicieuse, propre à susciter tous maux; et fut remonstré au Roy qu'il feroit chose agreable à Dieu, prouffitable aux hommes, mesmement à ses pauvres subjects, de suppediter et dompter ceste gent, et reduire à son propre ceste contrée, pour luy servir de boulevert et frontiere. Toutes ces raisons ouyes et bien debattues, fut approuvé par tout le conseil estre le plus seur et certain d'ainsi l'exploiter et mettre à fin. Ce que deslors proposa de faire, et d'y employer toutes ses forces.

Pour ce commanda son armée prendre le chemin droit à un chasteau nommé Roc de Mars (1), au long de la riviere de Mozelle, entre Theonville et Treves, assis au pendant d'une montagne, en lieu naturellement et de soy assez fort, et les fortifications assez bonnes, mais non bastantes pour attendre la fureur d'un tel Roy, comme ils avoient eu opinion, estans au dessoubs la villette, bien commode pour toutes choses convenables, portant tiltre de vicomté; dedans lequel fut fait rapport au Roy qu'il y avoit grand nombre de gentilshommes, damoiselles, et autres voisins de reputation qui s'y estoient retirez, estimans que premierement Theonville seroit assiegée, contre laquelle le Roy employeroit toutes ses forces, plustost que s'arrester à ce petit chasteau; et s'il advenoit que Theonville fust emportée ou rendue, qu'ils seroient receuz à composition honneste : advenant autrement, presumoient estre assez forts pour attendre le premier choc, après seroient ouys à capituler. Au contraire, le conseil fut d'advis que valloit mieux s'addresser premierement à ce chasteau, auquel on trouveroit promptement vivres et provisions pour rafraichissement de l'armée, adonc harassée et encore ennuyée de ce voyage, et là où feroient refus de se rendre à la premiere semonce, que l'on donneroit le sac aux soldats, pour les encourager davantage à faire après leur devoir. Quant à aller promptement assieger Theonville, très-forte et inexpugnable, que long temps y seroit consumé au siege, sans faire peult-estre chose d'importance, et perdroit-on l'occasion et le temps d'executer autres deliberations plus certaines; et cependant que les autres villes et forts se renforceroient de toutes commoditez plus que Theonville, demeurant entre Metz et ce chasteau, lequel on repareroit : puis quand le Roy laisseroit bonne garnison, que seroit fort difficile aux ennemis de faire la recueillie de leurs biens, ayans de tous costez leurs ennemis, lesquels annuellement les pourroient empescher et grandement troubler : parquoy seroit contrainte, maugré elle, peu après de se rendre à l'obeissance du Roy. Ceste opinion jugée qui fut la plus expediente et certaine, l'on envoya sommer le chasteau de Roc de Mars; ceux de dedans feirent response qu'ils n'estoient pas encore prests à se rendre, pensans l'artillerie n'estre si prochaine qu'elle estoit : laquelle promptement l'on feit approcher, et fut assiegé devers la montagne de six gros canons et deux grandes coulevrines, qui le battoient au long d'une grande muraille où n'y avoient qu'une grosse tour quarrée d'un flanc, et le portail qui servoit d'un autre, et, entre la ville et le chasteau, fut dressée une batterie selon le bas, qui tiroit à une grosse tour et un quanton de muraille. Si-tost que l'artillerie de dessus commença à donner, et que desjà elle esbranloit fort le hault de ceste tour, et les defenses de la muraille, ceux de dedans voyans que c'estoit à bon escient, et qu'on ne leur donneroit le loisir d'estre ouys, sans temporiser guères, commencerent à faire signal de vouloir parlementer; mais les soldats qui estoient desjà en bataille prests à se lancer dedans, ayant senti que ce butin leur estoit destiné, et se doutans que si l'on venoit à composition, qu'ils seroient frustrez du sac, quant et quant qu'ils entendirent qu'ils vouloient parlementer n'attendirent une vollée de canon; mais, comme gens forcenez de grande furie, les uns s'allerent jetter dedans les fossez creux et profonds de la hauteur de deux lances, toutesfois secs et sans eau, commençans à gravir et ramper au long de leurs picques : autres avec force fagots et bois allerent mettre le feu à la porte; dont ceux de dedans furent tant et en telle sorte estonnez, que, sans faire autre resistance, s'allerent cacher et enfermer, les uns aux chambres et greniers, les autres ès caves et lieux secrets du chasteau. La fortune encore leur fut tant adverse et contraire, que noz soldats, mesmement ceux de l'enseigne du capitaine Villefranche, trouverent une poterne qui descendoit de la basse court dedans ledit fossé, laquelle soudain enfoncerent, et, sans trouver resistance, monterent à mont, et ce qu'ils trouverent à chaude colle (1) et furie premiere taillerent en pieces, qui n'estoient en grand nombre ne personnes de valeur. Les autres qui estoient à la porte, entendans leurs compagnons dedans qui fourageoient desjà, pour

---

(1) Rodembach.

(1) Colère.

en avoir leur part enfoncerent et meirent les portes dedans, ainsi entrerent à la foule. C'estoit après piteuse chose d'entendre les clameurs et espouvantables criz des miserables captifs, tant hommes que femmes, et ouyr les froissemens et chamailliz des portes, fenestres et coffres que noz soldats derompoient ; l'on eust dit estre la forge de Vulcan. Le comte Reingrave, colonel des Allemans, de cecy adverti, qui ne pensoit ceste surprise advenir si promptement, à toute haste alla supplier très-humblement le Roy d'estre commandé aux soldats mettre fin à leur furie et cesser, remonstrant à Sa Majesté que la dame de ce chasteau estant là dedans avec autres dames et damoiselles du pays, estoit sa parente, à raison de quoy luy requeroit le don de ce chasteau. Ce que le Roy luy octroya liberalement, estant fort loyal et gentil seigneur estranger, qui a fait et continué ordinairement de grands services aux rois de France : parquoy y fut envoyé M. de Chastillon pour faire retirer les soldats. Or, pource que j'ay dit que ce chasteau sembla au conseil estre propre et commode à donner grands empeschemens à ceux de Theonville, le Roy laissa dedans une enseigne de Gascons du capitaine La Prade, et cent chevaux du capitaine La Sonnerie.

Puis estant traversée la riviere de Mozelle, le Roy et toute son armée alla camper au dessoubz d'une petite ville appellée Mont Sainct Jean, laquelle fut saccagée et bruslée, comme aussi furent Soulieuvre et beaucoup d'autres gros villages, ès environs. Nous feismes en ce lieu quelque peu de sejour, durant lequel journellement estoient dressées diverses et braves escarmouches devant Theonville, esquelles, tant les François que les Bourguignons, monstroient grandes evidences et preuves de leur hardiesse et vaillance, sans toutefois que nous ny eux y ayons perdu homme de renom dont j'aye ouy parler. Le commun bruit alors estoit [et croy que les ennemis le pensoient ainsi] que Theonville seroit assiegée ; mais le Roy et son conseil le proposoit autrement : car, sans y faire plus long sejour, au partir de là, passasmes à Estain, une petite ville de Lorraine à quatre lieues de Metz, et six ou sept de Verdun ; de là fut tourné visage soudainement pour reprendre le chemin de Danvillé, où jà estoit à l'entour M. l'admiral d'Annebaut avec les legionnaires de Champagne, et trois ou quatre mille Suisses, deux ou trois mille chevaux tant des ordonnances que d'autre cavallerie, ayant empesché beaucoup de secours qu'on pouvoit donner à ceste ville. Dedans estoit gouverneur le sieur de Marcy, gentil-homme de ce pays, bien aymé et loüé ; lequel, à ce qu'on dit, ne pensoit si promptement avoir tant grande besongne sur les bras, pour n'estre encore parfaitement pourveu de toutes choses qui luy eussent esté necessaires au besoing : toutefois, à l'arrivée du camp, y plouvoient des canonnades aussi espessement que la gresle tombe du ciel, nous faisant penser qu'on ne les auroit à si bon marché qu'on les a eu depuis.

Ceste ville est en lieu plain et marescageux, et mal-aisé à approcher par temps de pluyes et hyver ; mais le temps estoit adonc fort propice aux François pour la grande secheresse que faisoit, car c'estoit au solstice d'esté, que le soleil est en son plus haut degré, au signe de Cancer. Nous estimions estre dedans ceste ville près de deux mille hommes de pied, et environ trois ou quatre cens chevaux, desquels une partie estoit gentilshommes du pays, et le surplus chevaux legers et harquebusiers, que les François ont appellé depuis carabins. Ils feirent assez bravement leur devoir à sortir aux escarmouches, tant pour empescher que la ville ne fust recogneue, que pour nuire aux approches, faisant leur artillerie fort bien son office, et grande exécution tant de soldats que de vastadours (1) : en fin ne peurent donner si bon ordre à leur affaire que l'artillerie ne fust assise jusques sur le bord de leurs fossez, à sçavoir, à l'endroict du chasteau et devers la prairie, sans une batterie qui estoit sur une petite montagne, de six grosses et grandes couleuvrines qui tiroient impetueusement aux defenses, dont estoit assez mal pourveuë ceste ville, encore qu'elle fust toute neufve et bastie avec grand vouloir et deliberation de la rendre imprenable. La batterie commença le quatorzieme de juin, autant furieusement et soudainement que fut jamais ville canonnée. Le dimanche auparavant, feste de la Trinité, 12 de juin, le Roy estoit allé faire son entrée à Verdun, non si triomphante que les précédentes, pour les necessitez ausquelles alors estoit reduite ceste grande cité, estant pleine de malades, et de toute maniere de gens de l'armée françoise. Ce jour M. le cardinal de Lorraine luy donna à disner en l'evesché ; le soir le Roy retourna au coucher en son camp près de Danvillé, pour veoir commencer la batterie.

Jusques au seizieme de ce mois, jour de la feste du Sacrement divin, dura ce merveilleux tonnere devant ceste ville, ayant fait deux breches moyennement raisonnables, plus celle devers la riviere et le chasteau, mais non encore tant que le fossé ne fust plein d'eau, de la hauteur d'une pique, et y falloit monter plus d'une

(1) Pionniers.

toyse et demie de haut ; tant y a que ne restoit plus qu'à donner l'assault, que les soldats françois, comme ils monstroient au visage, desiroient presque autant qu'un bon festin, quand ceux de dedans se rendirent au bon plaisir du Roy ; ce que ne peurent autrement moderer, estant hors d'esperance d'avoir secours de leur prince. Le bon plaisir du Roy fut que les chefs et principaux demeureroient prisonniers, les soldats sortiroient un baston blanc au poing avec liberté de se retirer où bon leur sembleroit ; quant aux biens et meubles qui demeuroient dedans la ville, en seroit disposé à la discrétion de Sa Majesté. Depuis il donna le tout à M. de Chastillon, reservé l'artillerie, dont les soldats commencerent desjà à murmurer. Ce que fut paracheué en moins de quinze jours, sans y avoir perte d'homme de renom, que du capitaine Ville-Franche, lequel y fut fort blessé d'une mousquetade, dont depuis mourut dedans ceste ville de laquelle luy avoit esté donné le gouvernement ; duquel fut grand dommage, estant vieil capitaine, hardy et experimenté. Sa compagnie fut donnée au capitaine Breul, gentilhomme du duché de Bourgongne, vertueux et vaillant, auparavant lieutenant de la compagnie du capitaine Salsede.

En ce lieu le prince de Salerne, grand seigneur du royaume de Naples, vint offrir son service au Roy, ayant eu quelque mauvais traitement et injure de l'empereur ; lequel Sa Majesté accepta humainement, l'asseurant de toute ayde et faveur, ainsi que depuis a esté cogneu luy avoir esté observé et tenu. Or de là mesme, un peu auparavant l'on avoit fait partir un nombre de fanterie avec quelque cavallerie, tant pour efforcer Vireton et rompre les forts des environs, que pour sommer et recognoistre Montmedy, où, en l'escarmouche faite au devant, fut tué le jeune Estauges, gentilhomme bien plainct et regretté. Le seigneur Saincte Marie, qui estoit dedans gouverneur et capitaine, feit response au herault d'armes qu'il n'estoit encore prest à se rendre ; mais quand il auroit veu ce que ceux d'Yvoy feroient il adviseroit du meilleur. Quant à estre recogneuë, on trouva qu'à la fin elle pourroit estre prise, mais non si facilement que n'y fallust employer du temps et des frais ; et, n'estant place de si grande consequence comme Yvoy, laquelle cependant qu'on s'amuseroit à ce petit lieu se pourroit de toutes choses renforcer, fut advisé de temporiser quelque peu, ou pour le mieux d'inventer autre ruse pour la surprendre à plus petite despense.

Le comte Mansfel, lieutenant-general pour l'Empereur, et gouverneur au duché de Luxembourg, craignant d'estre surpris en lieu foible, voyant les affaires de son maistre ainsi mal aller, ne pouvant toutesfois pour son honneur au besoing quitter ceste charge, pour faire cognoistre qu'il estoit bon serviteur, s'estoit enfermé dedans Yvoy, où jà estoit le seigneur de Strinchant, gouverneur de la ville, que ceux de ce pays estimoient une forteresse tenable pour resister contre la puissance humaine ; pour ce, tout le plat pays y avoit remis le but de toute son esperance, et la pluspart de tous les gentilshommes et leurs biens y estoient receus. Si-tost que fut sceu que le chef s'y estoit enclos, M. le connestable y envoya les compagnies de messeigneurs de Nevers, mareschal de Sedan, et du seigneur de La Roche du Maine, quelque cavallerie legere, et environ deux mille hommes de pied, pour envelopper la ville, fermer le passage, et oster la liberté de plus entrer ou sortir. Tost apres toute l'armée suivit, et fut ceste ville enceincte de tous costez. Ils ne furent si prodigues de leurs munitions à l'arrivée de nostre camp comme ceux de Danvillé, et ne tiroient coup d'artillerie qu'avec occasion, et où pensoient estre de portée ; departans leurs provisions avec pois et mesure, pour le grand desir et bonne affection qu'ils avoient de se defendre et soustenir le siege le plus long temps que leur seroit possible, voire jusques au terme que presumoit l'Empereur les pouvoir secourir ; et croy fermement qu'ils eussent esté opiniastres jusques au bout, si la volonté de tous eust esté semblable à celle du chef et de beaucoup d'autres qui estoient dedans. Mais tout ainsi que l'homme est l'animal le plus eminent et parfait, sur tous aussi est-il le plus difficile à estre cogneu, je dis quant à sa volonté et malice, car il la peut faindre et diversifier ; toute autre beste irraisonnable communément est poulsée et conduite selon son naturel. La ville d'Yvoy est au pied d'une montagne assez prochaine et qui luy nuyt fort, de l'autre costé, a la prairie et plaine fort large et spacieuse, au long de laquelle descend une petite riviere qui se nomme Chesse, qui vient devers Danvillé, qui s'enfle toutefois davantage près de là, à cause de plusieurs petits ruisseaux qui entrent dedans elle, et s'assemble à Meuse près de Sedan, faisant moudre des moulins joignant les murailles d'icelle ville.

Dedans on disoit estre pres de trois mille hommes de pied, desquels la pluspart estoit Allemans, Clevois et Gueldrois hommes qui n'ont accoustumé de porter longue faim ou soif, et ne sçavent que c'est d'estre estroitement enfermez et s'assubjectir à une extresme necessité. Le reste estoit des gens du territoire, la compagnie du comte Mansfel, de cent hommes d'armes, avec environ cinq cens chevaux, tant des gentilshommes voisins que de ces carabins et harquebusiers. Au commencement feirent bravement leur devoir à sortir et escarmoucher, et donnoient à cognoistre leur deliberation resoluë de bien défendre leur partie de mieux en mieux. Ils ne faisoient gueres sorties sans executer quelque bonne chôse, et emmener des François prisonniers, ou en rendre des morts ou bien malades; aucunefois autant en advenoit d'eux. Et pour dire la verité, ils feirent de grands et vertueux efforts, tant par hommes que avec leur artillerie, pour divertir et empescher d'approcher la nostre de leurs murailles si pres qu'elle fut, par la grande diligence et très-bonne conduite du seigneur d'Estrée, estant posée en deux endroits jusques sur la douve de leurs fossez, à sçavoir : du costé de Mouson, contre un petit canton de muraille qui seul avoit demeuré à estre remparé la longueur d'environ deux toises, pres d'un portail neuf, où n'avoit guères bons flancs ; et, un peu au dessus, qui battoit en biaisant, à cette mesme place, plus fort qu'en autre lieu, où elle feit un petit pertuis. Dessus la montagne on avoit mis les six grandes coulevrines, qui tiroient à plomb dedans presque toutes les ruës, le long des courtines, droit au doz de ceux qui eussent voulu defendre la bresche : avec une tant admirable terrestre et terrible furie foudroyoit toute celle artillerie, qu'on eust dit que tout devoit abismer. Quand ces Allemans entendirent ceste estrange feste qu'on leur sonnoit, et veirent qu'il ne leur estoit loisible de se pourmener sur le pavé sans estre esmouchez bien souvent si près des oreilles que le poil y demeuroit, le cueur leur commença à defaillir, et jugerent impossible de pouvoir davantage se defendre. Pour ce, d'un commun accord, s'assemblerent soubs la halle, sans se préparer pour combattre ne faire semblant de vouloir taster d'un assaut ; et non seulement eux, mais d'autres les plus braves qui fussent là dedans, avoient faute de courage, comme depuis a esté sceu par aucuns prisonniers. Combien que quelque grande foudre et violence qu'eust sceu faire nostre artillerie, si n'avoit elle fait ouverture si grande en toutes les deux bresches, où il y eust peu entrer quinze hommes de front, sans les trabuchets et artifices qu'ils pouvoient appareiller pour repousser les assaillans. C'estoit donc le moins qu'ils eussent sceu faire que de soustenir un assaut ; et en cela on peut de plus en plus cognoistre les merveilles et estranges jugemens du tout puissant et supernel dominateur, lequel avoit reservé ceste gent outrecuidée pour estre domptée par un roy tres-chrestien, et defenseur de sa foy.

Le comte Mansfel ayant les armes sur le doz, et prest à se presenter le premier à l'assault, commença à harenguer et admonester ses Allemans, disant qu'il estoit temps de monstrer le devoir et service qu'ils vouloient faire à la Cesarée Majesté, en leur remonstrant que facilement, et sans danger de leurs personnes, pouvoient repousler vigoureusement les François, estant la nation germanique d'immortelle reputation ; leur remettant devant les yeux plusieurs beaux exemples de la vertu de leurs predecesseurs avec autres propos pour les animer et solliciter à bien faire leur devoir. Toutefois il ne sceut si bien dire qu'ils y voulussent mordre, et pour conclusion luy fut dit qu'il en deliberast comme bon luy sembleroit ; mais que si les François le combattoient par devant, ils le defferoient par derriere. Dont il se trouva merveilleusement estonné et esbahy, car ils estoient les plus forts là dedans, et ne sçavoit plus qu'y penser ne donner remede, qu'avec grandes exclamations maugréer sa vie et détester son malheur, disant entre autres protestations : « Or, Dieu et les hommes me soient tesmoings si c'est par ma faute que ceste forte ville soit ainsi perduë ! » Puis, s'adressant à un gentilhomme françois qui estoit là-dedans prisonnier, luy dit : « Mon gentilhomme, je veux que vous soyez maintenant en liberté, à fin que soyez tesmoing de ceste infidelité et defenseur de mon honneur et innocence, quand vous oyrez parler de ceste laschété. » Ainsi avec les grosses larmes aux yeux, passionné de vehemente douleur, se retira en son logis. Alors le seigneur de Strinchant et d'autres feirent monter un trompette sur un petit torrion (1) du costé des tranchées, qui demanda pour les assiegez à parlementer avec M. le connestable, ce que leur fut accordé. Tost après sortit ledit Strinchant, accompagné de trois ou quatre, pour capituler et traicter de leur reddition, que ne peurent autrement impetrer qu'avec le bon plaisir du Roy, presque semblable à l'accord de ceux de Danvillé, à sçavoir que lesdits comte et Strinchant, avec les principaux qui estoient là-dedans, demeureroient prisonniers, les soldats sortiroient un baston blanc au poing, pour se retirer à leur volonté, et de tous leurs biens qui estoient leans, qu'il en disperoit selon sa clemence; lesquels depuis furent donnez à M. le connestable, qui les departit à sa compagnie et à celle de M. de Montmorency son fils ; dont les soldats des vieilles bandes se mutinerent couvertement, et dès-lors commencerent à se rompre et à secretement abandonner leurs enseignes.

(1) Petite tour.

En ceste ville fut trouvée assez grande quantité de forts et beaux chevaux, de belles armes, et diverses hardes de bonne estoffe et riche prix. Je vous laisse à penser quel dueil et desplaisir receut le comte Mansfel, quand on luy manda de sortir pour se rendre avec les autres prisonniers au logis de M. le connestable; certainement ce grand seigneur, lieutenant d'un empereur, estoit atteint au vif de grand regret et tristesse, se voyant si bas et attenué de sa hautesse et préminence, ce que son visage demonstroit assez, lorsqu'il addressa sa parolle et harengue fort élégante et honneste [tel est il estimé à raison des lettres, sçavoir et vertus, desquelles son magnanime cueur est proveu] à ce lieutenant de roy, que peu d'hommes ont peu retenir; tant y a qu'elle tendoit aux fins de s'excuser et descharger de ceste trop legere reddition d'une ville si forte et defensable. Cela fait, il fut amené avec le reste des autres prisonniers à Paris. Telle fut l'issue et reddition de la forte ville d'Yvoy, le vingt troisiesme de juing, sans y estre tuez devant, hommes de reputation, qu'un gentilhomme nommé le seigneur de Haultefort, parent du seigneur de La Faitte (1), qui fut dès le commencement fort blessé en une escarmouche, et emmené prisonnier dedans la ville, et depuis avec seurté et response renvoyé au camp, où il mourut.

Tost après ceste reddition, on envoya de rechef sommer Montmedy avec grands bruits de trompettes et charrois, faisans démonstration de la venuë du camp. Le capitaine Saincte-Marie, et ceux qui estoient dedans, ne se sentans estre plus forts que ceux d'Yvoy, sans esperer d'estre secourus, se rendirent vies et bagues sauves, reservé l'artillerie. Ainsi quitterent la place sans coup frapper.

Ces trois villes, Danvillé, Yvoy, Montmedy et Luxembourg, et la pluspart du duché, avoient esté une autre fois prises par feu de bonne mémoire Charles, troisiesme fils du roy François, et duc d'Orleans, et depuis rendues par un appointement fait entre l'Empereur et le Roy : mais elles n'estoient adonc si fortes ne remparées de telle façon comme à present : car Danvillé n'estoit alors qu'une bourgade, et fut presque toute bruslée et ruinée, et depuis a esté nouvellement bastie, selon les modernes fortifications, avec boulleverts, bastions, plates formes, autant belles et defensables qu'est possible d'en veoir; les remparts larges et hauts, et d'aussi bon conroy (2) qu'on en pourroit trouver;

(1) De La Fayette.
(2) D'aussi bonne disposition.

le tout revestu de murailles de bonne matiere et estoffe. Quant à Yvoy, vray est qu'elle estoit desjà si forte, qu'elle ne fut prise d'assaut, et n'y fut fait bresche capable pour la forcer; ains le capitaine Guelphes ayant inventé et luymesme forgé une quantité de mortiers qui deschargeoient de ceste montagne divers gros boulets, les estonna et espouvanta tellement de ces estranges machines, que Gilles de Levant, premier chef là-dedans pour l'Empereur, se rendit avec la paction faite et accordée pour luy et ses gens plus honnorablement, vies et bagues sauves, enseignes desployées, avec quelque artillerie, encore que ce fust un forgeron et contadin eslevé en cest honneur par sa valleur et hardiesse. Et n'estoit pour lors si fortifiée que maintenant quand nous l'avons assiegée, estant très-bien renforcée, mesmement par une plate forme que les Imperiaux avoient fait bastir en ce lieu où elle fut offensée; qui me fait esbahir grandement comme ce comte, un autre Cesar, issu d'une des meilleures et des plus anciennes maisons d'Allemagne, n'avoit dès le commencement mieux preveu aux necessitez et deffaults de ceste clef et forteresse, et ne s'accompagnoit d'hommes fideles et certains, forts à tout labeur, avant que succomber à telle nécessité; ou, si la breveté et importunité du temps et autres affaires ne l'auroient permis, comment tant legerement il s'alla precipiter et jetter là-dedans, pour en sortir à si petit honneur et defense : qui sera un bel exemple aux chefs des villes qui, inconsiderément et par propre volonté, demandent et appetent telles grandes charges; et quand ils voyent les dangers sur leurs testes prests à tomber, sont ceux qui les accidents alleguent pour excuses, quand n'est pas temps; car plustost qu'entreprendre si pesant fais faudroit le soulever, l'assayer, excogiter et contrepenser les affaires encore plus grandes qu'elles ne se monstrent, jaçoit que nous ne devons vouloir estre advenu autrement, pour la belle et proufitable conqueste que nostre prince en a fait, estans ces deux villes sur toutes autres pernicieuses et dommageables à ses pauvres subjects; lesquelles de rechef encore mieux a améliorées de toutes fortifications et artificielles commoditez : donnant le gouvernement de Danvillé au sieur de Rabaudanges par la mort du capitaine Ville-Franche, avec quatre enseignes de fanterie, et deux cens, tant de chevaux-legers qu'harquebusiers, pour la garnison ordinaire. Le gouvernement d'Yvoy premierement fut donné au sieur de Blaineau, et depuis au sieur de Haulcourt, avec pareil nombre de soldats; celuy de Montmedy au capitaine Baron, Parisien, soldat de son jeune aage, nourry et eslevé en la guerre, avec trois enseignes de gens de pied et cent chevaux, pour la garde et garnison.

Durant le siege d'Yvoy, M. le mareschal de Sedan (1), vray heritier de la maison de la Marche, pour ne laisser glisser et perdre une si propre occasion que fortune luy presentoit de recouvrer son duché de Bouillon, de long temps querellé par ses predecesseurs, sur lesquels on dit l'Empereur, à l'adveu de l'evesque de Liege, à faux tiltres l'avoir injustement usurpé, supplia le Roy luy donner secours et ayde pour s'efforcer à le reprendre : ce que Sa Majesté ne luy voulut denier, estans ceux de ceste maison de long temps fideles serviteurs de France, en quoy mieux persevere ce gentil et vaillant sieur. Pourtant furent ordonnez pour son secours le sieur de Jours, colonel des legionnaires de Champagne, et quelques autres compagnies, au nombre de deux à trois mille hommes de pied, avec sa compagnie, et douze ou quinze cens chevaux, et cinq ou six pieces de grosse et moyenne artillerie. Avec tant peu d'armée alla planter le siege devant ce chasteau (2) très-fort, et plus que beaucoup de personnes ne le pourroient croire ny estimer s'ils ne l'avoient veu, comme pourrez entendre par ceste description :

C'est un rocher haut et droict, sortant d'une montagne à laquelle je pense qu'autrefois estoit assemblé; mais par ceux qui edifierent premierement, et depuis encore plus en a esté separé et divisé par une fosse large et creuse environ de cent cinquante pas en diametre, cavée et adaptée au ciseau et marteau avec grand labeur, en la plaine et circonference duquel est entaillée la meilleure part du chasteau dedans la roche vive, avec pareil artifice en forme presque ovale et barlongue, ayant du costé de celle fosse une plate forme haute et eslevée, qui descouvre presque l'une des montagnes, au pied de laquelle est un petit boullevert ou casemate, bien percée à propos pour garder d'approcher près de ce costé, ny asseoir machines ; à l'autre bout est le portail qui sort dehors, de chacun costé, de douze à quinze pieds, avec les lumieres ou canonnieres pour defendre les flancs, servans pareillement de plate forme. En la concavité et au dedans est un corps de logis à l'antique, en quadrature de pavillon, couvert d'ardoises; au-dessoubs sont les caves voultées, entaillées dans le roc mesme, avec un puits fort creux, de quatre vingt ou cent brasses profond,

ayant la source d'une eau autant bonne et fresche qu'est possible de trouver. Au surplus, ce chasteau est percé tant à propos, qu'un poulet ne s'y pourroit descouvrir sans estre emporté et attaint. Il estoit garny d'artillerie et de munitions pour un long temps, ayant un seul accez, encore bien estroit et mal-aisé, inaccessible par tous les autres costez. Au-dessoubs est le bourg, qui souloit estre ville, mais tant derompu et dessiré (3) par les guerres, qu'il est presque inhabité, où decourt un torrent appelé Semoys, avec grand bruit, qui vient devers Montmedy, lequel, par les neiges et pluyes hyvernalles, quelquefois devient fort impetueux. Par un costé est couvert d'une autre montagne pleine de bois et rochers raboteux et si aspres, qu'est presque impossible d'y resider ne l'endommager decette part loingtaine à la portée du canon. Les autres lieux sont vallées fort basses et profondes.

Sans avoir esgard à toutes ces choses, ou pour son bon droit se confiant à l'aide du supernel juge juste et équitable, par intelligence ou pour tenter la fortune, M. le mareschal le vint assieger; et pour demonstrer sa petite armée plus grosse qu'elle n'estoit, plusieurs fois faisoit passer et repasser par un mesme lieu les compagnies de cheval et de pied, afin que ceux de dedans, voyans tant grand nombre de enseignes, pensassent que ce fust toute l'armée françoise. Peu apres feit affuter son artillerie sur la crope de ceste mesme montagne, au lieu le plus prest, commode et batable que fut choisy, mais encore tant mal aisément, qu'avec gros chables falloit retenir les pieces qu'elles ne roulassent du hault en bas ; desquelles ne fut jamais tiré six volées, ayant seulement egratigné le dessus de la muraille, avec si peu d'apparence de bresche que rien moins, quand le capitaine de ce chasteau, bastard de la maison de Haurion, reputée des plus anciennes de cette contrée, demanda à parlementer; et peult-on penser qu'il ne le sceut sitost demander que encore plustost fut ouy. Il requeroit beaucoup de conditions avant que sortir, que peu serviroient à estre recitées; enfin luy fut accordé que, si dedans trois jours ne luy venoit secours, qu'il rendroit la place, vies et bagues sauves, reservé l'artillerie et autres munitions qui estoient dedans. Parquoy donna son fils en hostage à M. le mareschal. Les trois jours finis, il sortit avec ses compagnons. Depuis, M. le mareschal et autres seigneurs et capitaines se sont esmerveillez du foible courage de ces Liegeois, ayans quitté et rendu ceste place inexpugnable à si petite occasion, confessant luymesme qu'à peine l'eust creu ne pensé, et ce qu'avoit entrepris avoit esté fait à l'adventure.

(1) Le maréchal de La Marck.
(2) Le château de Bouillon.
(3) Déchiré, c'est-à-dire ruiné.

Le capitaine aussi de ce chasteau, pour son loyer et retribution, a eu la teste tranchée : qu'est pour tousjours confirmer mon dire, ceste punition leur advenir, et la victoire estre concedée au Roy, par permission divine. Par la reddition de ce chasteau, advenue le dernier jour parachevant les trente ans que ce duché avoit esté usurpé et occupé, M. le mareschal recouvra presque tout le surplus qui estoit concernant et appartenant audit duché, estans bourgs, villages et quelques petits forts, non de grande résistance et difficile oppugnation ; en laquelle ayant establi le sieur des Avelles, gentilhomme de ses plus cognuz, capitaine, logé et mis bonne et seure garde, tourna joyeux trouver le Roy qui estoit à Sedan, se retrouvant Sa Majesté un peu mal, tant pour les fatigues de ces guerres que pour les grandes et extraordinaires chaleurs de ceste saison, comme estoit advenu à plusieurs grands seigneurs, gentilshommes et autres ayans fait ce voyage, qui estoient contraints de se retirer aux villes prochaines pour recouvrer santé. Cependant M. le connestable, avec l'avant-garde et meilleure partie de l'armée, gaignoit tousjours le devant, tirant droit à Cimets (1), tant pour suivre la victoire que pour l'envie qu'on avoit de rencontrer l'armée de ceste reyne de Hongrie, faisant merveilles et choses estranges en la Picardie, comme le bruit continuoit ; laquelle toutefois s'esvanouyt en peu d'heure, selon sa coustume, ayant senti le vent de ceste venue. Neantmoins fut continué le chemin conclud droit à Cimetz. Peu de jours ensuyvans, le supernel Tout-Puissant, non-seulement restitua la santé au Roy, mais luy demonstrant par seure evidence qu'avec sa colone et force il combattoit : estant mort le sieur de Lumes, sans savoir veritablement comment, ne par quel accident ou par maladie, ou, comme disoient quelques-uns, par l'esclat d'une piece d'artillerie qu'il faisoit essayer, ou, ainsi que d'autres semoient le bruit, par effusion de tout son sang, ayant mis son pied en l'eauë, ceux ausquels escheoit la succession de ce chasteau, et un nommé Menrebargue, qui le gardoit pour le parti imperial, le rendirent à la merci et clemence du Roy, entre les mains du sieur de Vieilleville, lieutenant de la compagnie de M. le mareschal de Sainct-André, qui les traita assez humainement ; peu après ont esté sapez et renversez les forts de ce chasteau, ne restant que le donjon, que la Majesté royale, avec partie de la confiscation de ce rebelle vassal, donna à M. le duc de Nivernois et comte de Rhetois (2), et l'autre à un gentilhomme françois, dit le seigneur de Conflant, ayant espousé la niepce et vraye heritiere dudit seigneur.

Le chasteau de Lumes est assis au pied d'une montagne, comme sont presque toutes les places fortes : de ce costé-là est le bord de la riviere de Meuse ; de l'autre part a la prairie large de la portée d'une couleuvrine, et d'estendue en longueur de plus de dix lieuës, estant d'un bon mille proche de Mezieres, à laquelle a fait et faisoit souvent beaucoup d'ennuis, mesmement aux fauxbourgs de deçà Meuse, pource que le sieur de ce chasteau disoit y avoir aucuns droicts seigneuriaux ; en sorte que par temps de guerre ceux qui y demeuroient n'y eussent osé coucher seurement ny laisser meubles d'importance, pour la crainte de ceux du chasteau, qui traversoient la riviere à bateaux et de nuict leur venoient donner innumerables alarmes, ravissans ce qu'ils trouvoient de bon : et non-seulement à cest endroict estoit fort dommageable aux François, mais presque à tout le long de ceste lisiere, estant un vray magazin et boutique de bannis et essoreillez (3) de France, qui sçavoient les destroits et passages pour servir de guides et espions en temps de division aux ennemis. Pourtant le feu roy François, pensant l'avoir sans canon, y avoit vis-à-vis de la porte fait bastir un bloçul, qui ne feit autre chose que despense et fraiz, pource que mauvais ordre y regnoit. Le seigneur de leans avoit esté nourri page en la maison du Roy ; depuis, par un temps, sa place et forteresse avoit tenu le party de France ; mais par un despit rompit sa foy et tourna sa robbe pour prendre la croix rouge, et y a perseveré jusques à la mort, combien que ce chasteau ne se soit trouvé tant fort et defensable que le commun bruit le tenoit ; car, avec ce qu'il estoit batable et subject à estre miné aisément, par dedans on a trouvé beaucoup de fautes : entre autres y avoit si peu d'espace entre le rempart de la basse-court et la muraille du donjon, qu'il estoit impossible d'y mettre soldats ny artifices pour defendre une bresche ; davantage les plates formes estoient eslevées en l'air sur pieces de bois et piliers : ainsi donc, sans plus griefs tourmens, fut rendue ceste forteresse au Roy.

Toutes ces choses furent exécutées heureusement par les François dedans tout le mois de juing et sur tout le commencement de juillet, que le Roy, ayant recouvert santé, délibera reprendre le chemin pour retrouver son armée, constituant M. le duc de Nivernois son lieutenant-general au gouvernement de ce qu'il avoit

---

(1) Chimay.
(2) Le duc de Nevers, comte de Rethelois.
(3) Maraudeurs ausquels on avoit coupé les oreilles.

conquis au duché de Luxembourg. M. de Nevers incontinent après delibera de retourner devers Roc de Mars, pour le remunir et renforcer, tant de vivres que de toutes choses necessaires, et pour faire le degast et recolte de la moisson à l'entour de Theonville, accompagné des forces de gendarmerie, de sa compagnie, celle de M. le duc de Bouillon, des seigneurs de Jametz, de Bordillon et de La Roche du Maine, environ sept ou huict compagnies de cavalerie legere et harquebusiers à cheval, et vingt enseignes de fanterie, tant de la legion de Champagne qu'autres. A ceste cause, ainsi accompagné au partir de Sedan, il retourna passer à Yvoy et Danvillé ; de là, suivant toute la frontiere et visitant toutes les places fortes, alla descendre jusques au dessoubs de Metz, en un village appellé le Pont de Richemont, à deux lieuës de Theonville, à trois de Metz. S'estant là parqué et fait amasser toutes provisions, tant de vivres que de charrois, le jour ensuivant, y estant en personne avec sa compagnie et quelques autres, tant de cavallerie legere que de gens de pied, en feit conduire une partie, mesmement grand nombre de chairs salées, vinaigre, seel et poudres, devers Roc de Mars ; et parce qu'il estoit forcé de passer près de Theonville, le seigneur de Chambourg, qui en estoit adonc gouverneur, et beaucoup de braves hommes de la garnison, eussent esté bien marris s'ils n'eussent fait cognoistre quelque chose de leur bonne volonté à nous venir veoir : pourtant avoient-ils mis une embuscade assez près du lieu où nous devions passer, non point pour donner en teste, n'estant assez forts, mais pour serrer la queuë à ceux qui demeureroient derriere ; ce qu'advint, car un homme d'armes de la compagnie de M. de Nevers, nommé le seigneur de Chevenon, estant demeuré esloigné de la troupe par accident ou par autre grande affaire, tira droit à quelques arbres, et où il voyoit certain nombre d'hommes vestuz de rouge et de presque semblable pareure que la sienne, ne cognoissant de loing la difference des croix ny escharpes, desquelles il approcha si près, qu'il se trouva enveloppé d'eux de tous costez : toutefois, estant homme vaillant, de bon cueur et bien à cheval, adverty qu'il luy estoit besoing alors de s'ayder de tous ses membres s'il ne vouloit demeurer pour le passeport, feit si grand devoir et preuve de sa gentille petite personne, qu'il se meit hors de leurs mains sans estre blessé que d'une dragée de pistollet dedans la main, combien qu'en eussent esté deschargées sur luy plus d'une douzaine, dont son cheval fut attaint dedans la cervelle, et peu après en mourut. Ainsi estant eschappé, et les ennemis descouverts à petite perte des nostres, se retirerent devers la ville, non sans estre suivis jusques assez près des portes. Nous nous retirasmes aussi, mais non sans avoir maintes canonnades, avec perte de quelques chevaux et peu d'hommes. Le lendemain M. de Bordillon avec sa compagnie et autres, tant de cavallerie legere que de gens de pied, parfeit le semblable voyage pour la conduite d'autres vivres, qui furent aussi menez audit Roc de Mars ; et sans grands empeschemens furent les soldats françois qui estoient dedans rafreschis de tout ce qu'il leur estoit besoing. Apres le degast des bleds et fourrages qu'il fust possible de faire ès environs de Theonville, et avoir donné assez de temps et moyen à ceux de Metz de recueillir les leurs, sur la fin du mois de juillet, Monsieur (1) avec son petit camp se leva du Pont de Richemont et se retira devers Metz, attendant autres nouvelles. Bientost apres, en ce lieu ayant sceu que le Roy avoit rompu le sien des Pays-Bas, se retira du costé de Champagne, vers Chaalons.

Pour retourner dire ce que exploita l'armée françoise depuis nostre departement, le Roy, ayans prins congé de la Royne, partit de Sedan pour aller trouver M. le connestable, qui s'estoit arresté avec une grande partie de l'armée à l'entour d'un fort chasteau appellé Trelon, qui est à un grand seigneur de ces Pays-Bas, parent du comte d'Aramberg ; dit Barbanson [sçachant l'armée de la royne de Hongrie estre rompue et esvanouye], tant pource qu'on luy avoit rapporté ce chasteau estre garni de grand nombre de soldats ennemis, faisans maintes destrousses et volleries sur les François, que pour les grands biens et munitions desquelles l'on disoit estre muni et prouveu, avec ce qu'il avoit osé attendre le canon, encore qu'il fust moins fort que d'autres places qu'on avoit subjuguées auparavant. Ceux qui estoient dedans, estans comme personnes désesperées, souhaitans autant la mort que la vie, au commencement feirent grand semblant de se mettre, à leur possible, en devoir de tenir bon ; mais enfin furent efforcez de furie, et la pluspart taillez en pieces, les forts aussi de ce chasteau sapez et ruez jus (2), et le tout mis à desolation. Autant en fut fait d'un autre chasteau prochain de la, appellé Glaion, qui est à un grand seigneur de ces Pays-Bas.

Or, pour contenter les vieilles enseignes, on les avoit fait passer deux lieuës plus avant, jus-

---

(1) Rabutin, étant attaché au duc de Nevers, le désigne souvent ainsi.

(2) Jetés à bas.

ques à une petite ville nommée Cimetz, qui est au duc d'Ascot (1), ville autant ennemie des François que possible estoit, et où se retiroit plus de mauvais peuple qu'en lieu de toutes les Ardennes; pourtant on avoit grand desir de la ruiner. Donc, y estans arrivées toutes les compagnies tant de cheval que de pied, avec artillerie, fut ceste ville sommée, pour estre gardée et defendue seulement d'aucuns soldats et autres fugitifs, et que les plus apparens habitans s'estoient retirez avec le meilleur de leurs biens, tant ès forts des Ardennes que ès Pays-Bas: n'y voulurent premierement entendre, sçachans bien, quoy qu'ils accordassent, qu'ils seroient saccagez; parquoy se preparerent à se defendre, et fallut que l'artillerie tirast à bon escient, et y feit bresche, sans toutefois pour cela qu'ils voulussent se rendre: à la fin, ayans veu l'ouverture, et ne se sentans plus en puissance de tenir la ville, la quitterent, et en diligence se retirerent, avec ce qu'ils peurent trainer et emporter, dedans le chasteau. Ainsi les soldats françois entrerent à la foulle là-dedans, et la saccagerent de tout ce qu'ils peurent ravir, qui n'estoit butin de grande estimation. Apres fut question d'avoir le chasteau, et fut sommé par deux ou trois fois sans vouloir dire mot, tant que de rechef fallut que le canon en parlast, donnant du costé de la grosse tour. Or enfin le capitaine du chasteau, voyant la bresche qui commençoit fort à s'ouvrir, se déclaira, demandant à parlementer; et sur le propos de la composition, la plus-part des soldats françois gaignerent le grand portail à si grande foulle, que de la presse s'estouffoient l'un l'autre; les autres gravirent et entrerent par divers endroits. Et de cette façon,

(1) D'Arschot.

à froide et petite résistance, furent surpris la ville et le chasteau de Cimetz, dont estans maistres les François, se hastoient et diligentoient tant à fouiller et chercher les biens de ces miserables Bourguignons, que dedans la voulte d'une des tours du chasteau où ils avoient retiré les pouldres à canon, furent bruslez et rostis plus de cent ou six vingt soldats françois, où eux-mesmes sans penser avoient mis le feu. Le tout ayant esté bien recherché et revisité, le feu fut mis par toute la ville, dedans le chasteau, et grand nombre de prisonniers prins et ramenez, estant toutefois demeuré prisonnier le capitaine de leans à un capitaine françois, à qui il s'estoit rendu.

Ceste cruelle exécution meit les Bourguignons en telle frayeur, que les hommes et femmes, petits et grands, fuyoient de toutes parts pour éviter la fureur des François, estant le bruit partout qu'on alloit assieger Avanes, où jà plusieurs fois avoient esté dressées maintes escarmouches par nostre cavallerie legere. Et ose bien dire que l'assiete de ceste forte ville avoit jà esté recogneue pour trouver moyen de l'emporter; ce que je croy qu'on eust fait si les pluyes ne fussent survenues par trop abondamment; aussi que nostre camp diminuoit journellement, à raison de beaucoup de nos soldats qui tomboient malades d'heure en heure pour le long travail precedent, et que d'autres, ennuyez de la fatigue, ou chargez de proyes, se departoient, tant secretement qu'avec congé. A ceste cause fut remise ceste entreprise à autre temps, et pris le chemin à Estrée au Pont; et là, sur la fin du mois de juillet en cest an, fut départie toute l'armée pour la mettre ès garnisons, en attendant ce que feroit l'ennemy.

LIVRE QUATRIESME.

De ce qui s'est fait en Lorraine devant la puissante cité de Metz et pays de Picardie, tant par l'armée de l'Empereur que celle du Roy, en l'an 1552.

[1552.] Le Roy, comme j'ay discouru, fut contraint de rompre son camp dès la fin du mois de juillet, tant pour les grandes maladies qui y survenoient, causées des non accoustumées chaleurs précédentes, que pour l'abondance des pluyes, qui commençoient desjà à tomber en ces pays occidentaux et froids; et voyant son armée journellement se desfaire, pour la rafreschir et soulager, la feit mettre et départir ès garnisons, avec estroites defenses, tant à la gendarmerie que fanterie, de n'en départir et s'absenter, se doutant que l'Empereur, prince de grand cueur, ne laisseroit passer le surplus de ceste année sans, en quelque sorte que ce fust, tenter tous moyens pour avoir sa revanche. Mais, nonobstant ceste ordonnance, la pluspart des soldats ne tindrent aucune garnison, et n'y eut ordre que, pour revoir leurs femmes et enfans, aucuns à toute haste ne gaignassent leurs domiciles; les autres pour se remonter et remettre en équipage, ceux principalement qui avoient fait pertes en ce voyage; et ceux qui avoient amassé butins, pour les rendre et conduire en leurs maisons. Aucuns aussi estans malades s'efforçoient d'atteindre ou leurs propres habitations ou de leurs amis, ou bonnes villes, pour se rafreschir et recouvrer santé. Parquoy, entre tous ne demeura que les estrangers et les plus loingtains; qui fut en partie cause que tant promptement que le besoing requeroit le Roy ne peust rassembler son armée, et en partie l'opinion que chacun tenoit que l'Empereur estoit mort, ou de pouvoir fort dénué, veu qu'il n'avoit fait aucune résistance ny à ce duc Maurice, ny à nous, qui avions à la rigueur ainsi traité ses pays et subjects. Toutefois depuis chacun se trouva fort estonné quand par toute la France fut publié et mandé expressément à tous soldats de retourner à la guerre, et sur le commencement de l'hyver, ayant le Roy receu advertissement qu'ès Allemaignes estoient faites diverses levées de gens de guerre, et la pluspart à l'adveu de l'Empereur, sans qu'on sceust à la vérité où on les vouloit employer, sinon par quelques rapports et presomptions, qui menassoient Metz devoir estre assaillie.

Pour à quoy obvier, et afin de prouvoir en diligence à la fortification de ceste grande ville, le Roy envoya dès le commencement du mois d'aoust M. de Guise, tant pour l'esgard de l'amitié et reverence que ceux de ce pays portent à ce prince et à tous ceux de sa maison, que pour se confier en sa prudence et bonne conduite; lequel, nonobstant la breveté du temps et l'incredible labeur, usant de toute la commodité que la saison luy permettoit, non-seulement la fortifia et prouveut de toutes choses necessaires, mais l'ayant gardée et defendue contre toutes les forces que le plus grand prince de l'Europe pouvoit assembler, en a acquis une immortelle et glorieuse renommée par tout le monde. Si-tost que ce prince y fut arrivé, à fin d'estre mieux adverti où l'Empereur proposoit conduire toute ceste grande armée qui se dressoit aux Allemaignes, à raison d'un bruit qu'on disoit le roy des Romains la vouloir mener en la Transsylvanie contre le Turc, envoya en divers lieux explorateurs afin d'en apprendre aucunes nouvelles certaines; lesquels, estans de retour, rapporterent que pour vray ces preparatifs estoient mis sus pour le recouvrement de Metz; car l'Empereur, cognoissant la premiere fureur des François estre violente et d'abordée intolerable, nous avoit laissé jetter nostre premier feu, esperant après recouvrer la commodité de se pouvoir venger : et pourtant appaisa [nonobstant tous interests] premierement ces tumultes des Allemans, et se reconcilia avec le duc Maurice en eslargissant le landgrave de Hessen, son beau-pere, et le duc Jean de Saxen, son cousin-germain, cognoissant ce duc Maurice estre homme subtil, et celuy qui luy pouvoit nuire ou ayder en ses entreprises. Quant aux autres princes et seigneurs [desquels, à mon opinion, volontiers se fust vengé s'il ne s'en fust voulu servir en ce mesme affaire], il les attira et endormit si doucement au son de ses amiables parolles et promesses, que ils ont esté les premiers à lui donner entrée et accez ès principales villes de toute la Germanie, comme à Auspourg, Nuremberg, Ulme, Francfort, Spire, Strasbourg et autres, esquelles si bien besongna avec ses persuasions, qu'il en tira argent, armes, hommes et toutes provisions de guerre, leur faisant grandes protestations, et les assurant devoir estre employées au recouvrement de ces trois citez franches, Metz, Verdun et Thoul, desquelles il se promettoit mettre hors facilement les François, et de tout le duché de Lorraine chasser entierement, mesprisant et blasmant le voyage que le Roy avoit fait en leur pays, le desguisant avoir esté entrepris plus à leur désadvantage, diminution de leur grandeur et biens, que pour la publique liberté. En quoy je ne puis que je ne m'esmerveille de la trop facile crédulité de ceste gent, veu que lorsqu'il usoit de tels langages pour les distraire de l'alliance et amitié du Roy, à peine pouvoient estre reparées les grandes bresches qu'il avoit fait en leurs villes, à peine pouvoient estre leurs despouilles départies entre ses soldats, lesquels à peine pouvoient estre hors de leurs maisons dont avoient esté dechassez, et eux remis en liberté par le duc Maurice à la faveur du Roy, et desquels encore ne pouvoient estre mis en oubly les estranges ravissemens et rançonnemens. Je ne sçay aussi s'ils avoient point aucune cognoissance de son intention, qui estoit de s'emparer desdites trois villes franches, et les adjouster à son propre, comme il a fait Cambray, les fortifier et munir d'Espagnols, comme aussi il proposoit autant en faire de tout le duché de Lorraine, à fin de clore le passage aux François, et leur oster le moyen de pouvoir secourir les Germains et delivrer de sa servitude, voulant semblablement, par cest accez, eslargir ces limites sur les pays du Roy.

Donc les persuasions de l'Empereur eurent telle vertu et efficace à l'endroit des Estats du Sainct Empire et les villes franches, qu'il luy fut ottroyé et fourni un gros nombre de gens de guerre payez pour un certain temps. Oultre, feit venir de ses vieilles enseignes de fanterie, tant d'Espagnols que d'Italiens, un autre grand nombre qui estoient ès garnisons des forteresses d'Italie, Lombardie et Piedmont; avec ce, de la Franche-Comté et haute Bourgongne et de ce qu'il tient encore au duché de Luxembourg, il tira un autre grand nombre, tant de cheval que de pied; de Hongres, Polacques, Bohemes, autre grand nombre, principalement à cheval, desquels estoit general le grand seneschal de la Moravie. La reyne Marie luy envoya assez bon secours de Flamens, Hennuyers et Walons, desquels estoit general le sieur de Brabanson. Et quant à nommer particulierement les chefs d'une si grande armée, telle que ce prince amena devant Metz [sinon des plus grands et principaux] il m'est très-difficile, pour n'en avoir eu aucune apparente cognoissance. On disoit que le duc d'Albe estoit son lieutenant-general et colonel sur tous les Espagnols, duquel estoit lieutenant de la cavallerie espagnolle le seigneur Loys de Avilla; le marchis de Marignan estoit chef et colonel des Italiens; un comte d'Allemagne estoit lieutenant-general du marchis Joachim de Brandebourg, sur les Allemans. Sur d'autres commandoient le comte de Nanssau (1) et le sieur de Bossu. Le comte d'Aiguemont (2) estoit general de certain nombre de cavallerie. Pour conclusion, le commun bruit estoit en ceste grande armée estre près de deux cens cinquante enseignes de gens de pied de diverses nations, et près de vingt ou vingt trois mille chevaux combattans (3).

Cependant que ceste grande armée s'assembloit aux Allemagnes, Ferdinand, roy des Romains et de Hongrie, en faisoit dresser une autre pour mener en la Transsylvanie contre le Turc, qui descendoit ceste part avec une très-grande puissance; à raison de quoy estoient faictes diverses levées dont faut présupposer que de l'armée, laquelle le duc Maurice avoit assemblé estant d'accord avec l'Empereur, et restitué en tous Estats et biens, une partie s'en alla avec luy en ce voyage contre le Turc. Et pource qu'en ce traicté n'estoit compris, ainsi que peut estre vraysemblable, le marchis Albert de Brandebourg, ou pour certain autre mescontentement, se separa, prenant son chemin à travers l'Allemagne, avec le duc de Zimmeren, parent du comte palatin, landgrave de Lytembourg, le comte Ludovic d'Ottingen, le comte d'Altembourg et d'autres vaillans hommes des reliques de la guerre des Allemans contre l'Empereur, qui, estans assemblez au nombre d'environ soixante ou soixante-deux enseignes de gens de pied et près de deux mille chevaux, selon leur dire, venoient au service du Roy, et portoient en leurs enseignes desployées les armoiries de France, vivans neantmoins, soubs ce pretexte, d'autre façon que le droit ny équité le permettoient; que continuerent jusques à Treves, ville imperialle, laquelle à leur venue ils pillerent avec grands excez. Le Roy, adverty promptement, envoya l'evesque de Bayonne devers le

---

(1) Nassau.
(2) Egmont.
(3) Cette armée étoit environ de cent mille hommes.

marchis Albert pour entendre son intention et convenir avec luy de sa solde et de celle de ses gens, qui continuoient leur façon de vivre soubs le tiltre et adveu du service de France, endommageans les ennemis en toute sorte, mesmement sur les limites du duché de Luxembourg. La premiere response de ce marchis fut honneste et gracieuse, disant, quant à son appointement, n'estre venu au service du Roy pour un proufit particulier et esperance d'y thesauriser; mais que toute sa vie avoit eu desir d'employer sa personne, biens et puissance, pour luy faire entendre combien il avoit souhaitté, et encore desiroit d'entreprendre chose qui fust agreable à Sa Majesté, pour le bon zele qu'il y avoit cogneu d'avoir favorisé à la reduction des franchises et libertez de la Germanie; et que pour ceste raison s'estoit departy et separé d'avec le duc Maurice; estimant le Roy tant juste et équitable, qu'il feroit donner suffisante solde et appointement à ses soldats, hommes esleus et vaillans, prests à mourir pour son service, et qui de mesme intention l'avoient suivy, adjoustant davantage plusieurs autres bons propos qui seroient trop longs à reciter. Mais le Roy et son conseil regardoient les choses de plus loing, et se desfioit-on que l'Empereur ne fust apres ce marchis pour le pratiquer, se monstrant quelque opinion et apparence que son appoinctement estoit desjà en terme que l'Empereur avoit tousjours delayé à conclure, esperant le prevenir, et soubs ceste dissimulée fiance, le serrer et joindre de si près avec son armée, qui estoit en campagne, qu'il l'auroit à tel marché et condition que desiroit. Dequoy, à mon advis, ce marchis se doutoit, ayant en fresche memoire le traitement qu'il avoit veu estre fait à ses parens et alliez. Parquoy tendoit à gaigner tousjours le devant, s'asseurant, s'il pouvoit atteindre les pays du Roy, et se seroit mis à sauveté, que ne luy pourroit manquer d'estre receu du Roy, ou que l'Empereur seroit encore fort aise de le retirer à luy, et accorder ce qu'il demanderoit, ainsi qu'on a veu depuis estre advenu. Toutefois j'ay ceste ferme opinion que si dès-lors se fust voulu arrester et recevoir les raisonnables offres que le Roy luy presentoit, en toutes choses eust cogneu la difference de la fidelité de ces deux princes. Sur ces menées secrettes, ce marchis ne laissa de passer outre : montant contre mont la riviere de Mozelle et costoyant Theonville, vint camper à Roranges, trois lieues près de Metz, où, si-tost qu'il fut arrivé, envoya demander vivres à M. de Guise pour la fourniture de son armée; lequel, tant pour oster toute occasion à ce marchis de former un mescontentement sur un refuz, encore qu'il fust raisonnable, feit tout ce que luy fut possible de luy en departir pour aucuns jours. Ce que toutefois estant par luy mal consideré, ne desistoit de l'importuner journellement pour en tirer en aussi grande abondance comme s'il n'eust esté question que de les prendre à son plaisir, sans avoir esgard à la necessité future ny au lieu où ce prince estoit ordonné qu'il devoit garder pour tems incertain. Et par tant de fois l'importuna, qu'il fut contraint de luy remonstrer par le seigneur Pierre Strossy que la raison de la guerre, qu'il n'ignoroit pas, ne permettoit qu'on defournist une place de garde, mesmement de telle importance que Metz, des vivres et provisions dont elle seroit munie, pour les distribuer à un camp qui seroit maistre de la campagne, et qui pourroit suyvre autre chemin et pays, comme devers les salines, pays très fertil, auquel non seulement trouveroit toute commodité de vivres, mais, en les mangeant et consumant, desavantageroit d'autant l'ennemy de les y pouvoir recouvrer. De ceste raison, du commencement ce marchis se monstra estre contenté, et sembloit qu'en premier cest advis eust esté bien receu de luy, mesmes demanda un homme qui sceust le pays, pour l'y conduire et mener. A quoy fut ordonné par M. de Guise, et de Metz expressement envoyé Gaspard de Huz, gentilhomme natif de Metz; toutefois en peu d'heure changea de propos; car, au lieu de prendre chemin vers les salines, il s'approcha davantage à une lieue près de Metz, et vint camper en un lieu appellé Aey, où il feit quelque sejour, usant de toutes les ruses qu'il pouvoit imaginer pour, soubs couleur de se demonstrer bon serviteur du Roy, et se feindre tel envers M. de Guise, le surprendre et mettre en danger toutes choses, ou les troubler par un desordre, si la prudence de ce prince n'eust esté si grande que de le prevoir et y remedier. Puis ayant ce marchis à divers logis tournoyé toute cette contrée, apres estre retourné devers Treves pour en retirer un nombre de ses soldats qu'il y avoit laissé, finablement devalla au Pont Camouson, sans toutefois avoir encore rien resolu avec l'evesque de Bayonne, tant de son appointement que de la solde de ses gens, combien que de rechef le Roy eust renvoyé le sieur de Lanssac devers luy pour la mesme cause. Ce neantmoins ne peust avec luy aucune fin conclure, traisnant toujours cest effect en diversité de demandes colorées de belles parolles, en quoy estoit malaisé d'asseoir bon fondement. Et pourtant on entra davantage en soupsçon de luy, et la premiere desfiance commença de croistre plus qu'auparavant. Parquoy le plustost que faire se peust, le

Roy feit assembler son camp à Sainct Michel (1), petite ville de Lorraine sur la rivière de Meuse, six lieuës à costé de Pont Camouson, autant de Verdun, et à dix grandes de Metz, où se trouverent M. le connestable, le duc de Nevers, le comte d'Anguian, le prince de Condé, le comte d'Aumalle, le seigneur de Rohan, le mareschal de Sainct André, le seigneur de Chastillon, general de toute la fanterie françoise, le comte de Villars, le seigneur de Bordillon, ordonné lors mareschal de camp, les comtes Reingrave et Recroc avec leurs regimens de lansquenets, et plusieurs autres grands seigneurs et capitaines.

Quant à l'armée imperiale, elle estoit toute preste, et s'engrossissoit journellement, ayant tellement desja cheminé, qu'estant arrivée à Deux Ponts s'estoit eslargie et estendue par tout le pays de Vaulges : en sorte que nécessairement estoit requis de loger, et faire entrer dedans Metz, tout le secours, tant d'hommes, d'artillerie, et toutes munitions qu'on avoit déliberé d'y envoyer. Et pourtant le plus commodément que fut possible, de ce lieu de Sainct Michel M. le connestable y envoya les compagnies de gens de cheval et de pied qui pour ce estoient ordonnées. Et eut le seigneur Orace Farneze (2), duc de Castres, la charge et conduite dudit secours, menant avec luy un nombre de pionniers et de pouldres, pour de tant plus renforcer ceste ville, non toutefois en si grande quantité que M. le connestable eust bien voulu, et qu'il eust fait sans le doute de ce marchis, qui estoit toujours au Pont Camouson, estans ses hommes sur le plat pays de l'environ, abandonnez à maux intolérables, robbans, pillans, et ne laissans que ce dont ils ne faisoient cas, ou que ne pouvoient porter ne traisner; ce qu'on trouva estrange, et qui de beaucoup augmenta la desfiance qu'on eust peu avoir de luy : neantmoins pour l'amener à toute raison, furent envoyez devers luy messieurs d'Aumalle, de Chastillon, et le comte Reingrave, à fin de le prier vouloir faire cesser ce dégast et destruction de peuple, et finalement pour resoudre avec luy le dernier accord de son appointement, et solde de ses hommes. Lors se manifesta grandement le doute qui estoit auparavant formalisé de luy en nuée, rendant une response ambigue et austere avec un maintien d'homme despité et mal content, demandant presque la moitié de la rançon d'un Roy pour appointement. Et quant à la façon de vivre de ses hommes, sur cela feit response qu'il estoit amy du Roy, et allié de la maison de Lorraine, mais qu'il vouloit que ses soldats eussent à vivre, et qu'ils en prinssent où en trouveroient; au refus estoit resolu de ce que il avoit à déterminer, et où se devoit retirer. Ce qu'estoit vray, car l'Empereur le voyant eschappé et hors de son pouvoir, par tous moyens le feit solliciter et attirer à soy, le remettant en tous ses biens, luy faisant les plus belles offres et promesses du monde, avec lesquelles de long temps sçait allaicter les hommes inconstans; qui estoit cause de faire varier ce marchis, et le tenir suspens : faisant de cecy fort évidente preuve le refus des deniers que M. le connestable luy envoya.

Toutes ces choses mettoient M. le connestable et le conseil en grande diversité d'opinions, voyans l'Empereur avec une tres-grande armée s'approcher journellement, ce marchis estre jà en pays bien avant, solicité de l'ennemy, avec les armes au poing, prest à exécuter divers maux; du costé de Picardie aussi l'ennemi estre jà en campagne avec une grosse armée, bruslant et fouldroyant tout où il passoit. Et à bref dire, l'on pouvoit prémediter et penser devoir advenir divers malheurs, si le supreme Seigneur n'eust usé de pitié envers nous, detournant le succez et infortuné advenement de tant de prochains dangers, et les changeant en meilleures adventures, dont noz esprits s'asseuroient que le Seigneur nous garderoit, et à noz prieres qu'il rendroit tant plus prompt l'esprit de M. le connestable à remedier à ceste petite nécessité. Car estant l'Empereur arresté malade de ses gouttes, et, tant pour ceste cause que pour l'importunité du temps, sejournant son armée au comté de Vaulges, à la plus grande diligence que fut possible on serra nostre armée à Sainct Michel, renforcée tant de fanterie françoise, Allemans et Suisses, au nombre de près de trente mille hommes de pied, que de sept à huit mille chevaux. Parquoy commençasmes à mieux esperer et reprendre cueur : tellement que l'advis de beaucoup estoit d'aller desfaire ce marchis cependant que celle du plus grand ennemy estoit loingtaine, ne pouvant faire sa retraitte en lieu asseuré pour luy ne ses hommes, sans estre affamé et ruiné. Toutefois d'autres trouverent et choisirent ceste déliberation meilleure : puis qu'on l'avoit trouvé de si fascheuse convention, que seroit bon de tirer de dessoubs son æsle, et soustraire la meilleure part de ses capitaines et soldats par le moyen et cognoissance de noz Allemans, avec la seurté de leur faire bon traittement : ce que fut si bien conduit, qu'avec grand mutinement entre eux un colonel, nommé Reifberg, avec son regiment, des lors accepta le parti françois et se retira devers nous.

---

(1) Saint-Mihiel.
(2) Horace Farnèse, duc de Castro.

Ce marchis voyant l'armée de France qui s'enfloit tous les jours, luy estant fort voisine, que desjà on murmuroit de luy appareiller une cargue, et que ses soldats se mutinoient, desquels plusieurs à la file se rangeoient de nostre costé, et par tous ces accidens estre en peril d'estre surpris et enclos, feit entendre à M. le connestable, puisque ne plaisoit au Roy l'accepter et retenir à son service, ne luy voulant accorder appointement et paye raisonnable, qu'on luy donnast passage pour se retirer, disant, pour couvrir son intention, que là où en autres lieux sur les terres de son ennemy, luy pourroit faire service autant ou plus que celle part, et pourroit conquerir terres qui luy demeureroient perpétuellement, sans s'arrester à petite chose, protestant toutefois sur sa foy de ne prendre party avec l'Empereur contre luy. De cecy le Roy adverty, et c'est affaire bien disputé au conseil, fut opiné le plus expedient de faire pont à l'ennemy se retirant, que mettre les armes en la fournaise pour les eschauffer davantage, tant pour asseurer le peuple de l'impetueux advenement de cest homme ne cherchant que son adventure sans respect de sa vie, que pour honnestement le convoyer et contenter. Car de vouloir combattre à main forte [encore que la fortune nous fust favorable] ne pouvoit advenir la victoire sans perte peut estre de beaucoup de vaillans hommes dont le Roy avoit lors bon besoing, estant prochain un ennemy plus grand que l'autre : à fin aussi par prudente consideration que ne nous fust reproché avoir desfait un qui venoit à nostre secours, mesmement de noz anciens amis et confederez les Germains. Pour ce demoura pres de luy l'evesque de Bayonne pour seurté et conduite à luy faire donner libre passage par tous les pays du Roy. D'autre part fut ordonné M. d'Aumalle pour le costoyer avec environ deux cens hommes d'armes et cinq cens chevaux legers.

Ainsi ayant sejourné environ trois sepmaines ou un mois à l'entour de Pont Camouson, se leva, et, suyvant la vallée, se vint asseoir et camper en la prairie au dessus de Thoul, sur le bord de la riviere de Mozelle, estant la generalle opinion qu'il vouloit donner dedans la Franche Comté et la comté de Ferette. Durant l'espace d'environ quinze jours qu'il y feit sejour, Dieu sçait les vacarmes et estranges extortions que ses soldats faisoient sur le commun peuple à l'entour. Le peuple, estimant que M. d'Aumalle fust constitué pour y mettre ordre, incessamment s'addressoit à luy avec grandes plaintes, pour l'esmouvoir à pitié et compassion. Entre autres luy fut raporté que ces barbares avoient forcé et saccagé une maison de gentilhomme prochaine de Thoul, où ils avoient perpetré et commis des malheurtez incroyables. Parquoy M. d'Aumalle escrivit et manda à ce marchis qu'il eust quelque esgard à la foule et oppression de ce pauvre pays neutre, et qu'il eust souvenance de l'alliance qui estoit entre luy et la maison de Lorraine. Dequoy il ne feit grand compte, mais continuoient ses soldats à faire de pis en pis, dont redoubloient ordinairement les clameurs addressées à ce prince, tant qu'il fust contraint finalement de respondre à ce populaire qu'il ne pouvoit autrement y remedier, et ne vouloit oultrepasser sa charge. Et deslors les communes commencerent à se mutiner et s'assembler, et où ils les trouvoient escartez en despechoient le pays, et les assommoient comme pourceaux. Ce que estant venu à la cognoissance de ce marchis, envoya son trompette devers M. d'Aumalle, l'advertissant du sacment et perte de ses gens, laquelle se doutoit advenir à son adveu. Auquel M. d'Aumalle feit response qu'il sçavoit assez l'asseurance et promesse que luy avoit esté faite, à sçavoir de luy donner passage libre et ouvert pour se retirer sans porter dommage aucun aux François ny à leurs alliez, qu'il asseuroit luy avoir esté maintenu et gardé ; mais que de son costé ne s'acquittoit justement de ce qu'il avoit promis, pour les oppressions et foules que faisoient ses gens, encore en pays neutre et non ennemy, pour lesquelles les communes estoient fort mutinées, tellement que s'il n'y mettoit ordre mal luy en pourroit advenir. Le semblable ce marchis manda par un gentilhomme de ses plus favoris au seigneur d'Esclavolles, gouverneur de Thoul, plus, à ma fantaisie, pour avoir cognoissance du dedans de la ville, des fortifications, des soldats, et de toute la police, que pour autre raison. Toutefois le recueil luy fut fait si honneste, et la conduite tant prudente, avec une response sage et gracieuse, qu'il n'entendit et ne veit chose de grande importance, ne dont il luy peust faire dangereux rapport.

En ceste opinion ce marchis deslogea d'aupres de Thoul, et lui redoubla de beaucoup plus le jour ensuivant son mescontentement. Car au partir de Thoul, à la premiere stance qu'il feit, alla camper au long d'un estang, sur un marets ; et tant mal luy advint, que celle nuict il pleut comme si le ciel se fust ouvert, tant que il ne cuida jamais trouver les moyens de s'arracher de ces paluds, ny en faire mettre hors son artillerie, estant embourbée jusques aux affuts et moyaux des roues. Enfin, tant travailla avec grands efforts d'hommes et chevaux, qu'il s'en meit hors : en cela pouvant cognoistre que M. d'Aumalle n'estoit là envoyé pour luy nuire, selon que le lieu et le temps estoient commodes, et comme beaucoup d'hommes volontairement luy conseilloient. Mais nous laisserons le marchis en ces mauvais chemins, pour parler de ce qu'adonc faisoient les armées du Roy et de l'Empereur.

Nous estions desjà bien avant au mois d'octobre, quand l'armée impérialle estoit encore au pays de Vaulges et devers les Deux Ponts, estant tousjours l'Empereur mal disposé, aussi qu'il attendoit le secours des Pays-Bas, qui n'estoit encore arrivé, et son artillerie et munitions qu'il faisoit amener sur le Rhin, jusques à Confluence (1), pour de ce lieu la faire monter contremont sur la riviere de Mozelle, jusques aupres de Metz; et pource que les plus grandes froidures de l'hyver commencent en ceste saison, ce séjour faisoit penser à beaucoup de personnes que l'Empereur n'entreprendroit si tard tant grande besogne, et qu'il n'exposeroit une tant belle et bien complette armée à cuider vaincre et la rigueur du temps, et une ville bien pourveue; mesmement, selon le rapport des espions, la pluspart de tous ses capitaines estoient de cest advis, et luy conseilloient de plustost essayer à recouvrer toutes les autres petites villes, tant du duché de Lorraine que sur la frontiere des duchez de Barrois et Luxembourg, èsquelles feroit hyverner son armée et la tiendroit à couvert toute la mauvaise saison, cependant que ceux de Metz seroient contraincts de manger leurs vivres et consumer leurs munitions; estans tousjours neantmoins tenus en subjection par les courses que ses soldats feroient sur eux et ès environs, pour de plus en plus les affoiblir et leur oster tous moyens de recouvrer vivres, dont se trouveroient avoir faute sur le temps nouveau : lors il les pourroit à son grand advantage assaillir; au contraire luy remonstroient qu'avant qu'il eust ordonné de la disposition du siege de ceste grande ville, et que son artillerie fust assise et preparée pour la battre, l'hyver seroit entierement venu; qui seroit cause d'interrompre tous moyens, tant par neiges et froidures faisant mourir grand nombre de ses soldats, que pour la difficulté qu'on auroit à recouvrer vivres, estans detenus et arrestez par la contrarieté et indisposition du temps, comme aussi pour estre sur les chemins destroussez et destourbez par les François. Davantage, avec la perte y pourroit recevoir une telle et tant grande honte, qu'il voudroit en apres luy avoir cousté sa couronne d'empereur, et ne s'y estre trouvé; car ayant

(1) Coblentz.

esté combattu et en partie desfait par la fureur et violence du temps, il avoit encore un autre ennemy fort et puissant, qui n'attendoit que l'occasion pour de tous poincts le ruiner. Cest advis, encore qu'il fust le plus certain pour l'Empereur, ne fut pourtant tel receu de luy. Mais ayant l'esprit picqué et solicité de un extreme desir de se venger, oublioit tous accidens et perils pour mettre heureusement à fin un seul poinct par lequel on peust cognoistre qu'il se seroit vengé du Roy; et entre autres lui sembla meilleur de s'addresser premierement à ceste ville de Metz, dedans laquelle il sçavoit estre beaucoup des principaux princes et grands seigneurs de France; au surplus qu'elle estoit parfaitement fournie et pourveue de grandes munitions : parquoy luy sembloit que, si dedans le surplus de ceste année, pouvoit tant bien besogner que seulement la peust recouvrer facilement par le moyen des prisonniers qu'il auroit trouvé dedans, pourroit obtenir et r'avoir ce que le Roy auroit prins sur luy; sinon qu'il s'aideroit de nos mesmes bastons et preparatifs pour nous y contraindre; et qu'estant venu au dessus, et ayant subjugué ceste premiere et principale forteresse, où estoit la fleur des soldats françois, il se promettoit aisément venir à bout des autres moindres; tant y a [quelle que fust l'intention de l'Empereur] qu'il s'achemina avec son armée devers la riviere de Mozelle, sans toutefois suyvre le droit chemin, comme s'il eust voulu descendre vers Theonville et le duché de Luxembourg; de quoy M. de Guyse adverty, pour ne laisser perdre et demeurer en proye une des vieilles enseignes du capitaine La Prade qui estoit dedans Roc de Mars, donna si bon ordre, qu'à la veue des ennemis, moyennant la faveur d'une escarmouche que M. de Nemours et le comte de La Roche Foucault dresserent devant Theonville, ladite enseigne [ayant mis le feu par tout ce chasteau] fut retirée et mise à sauveté avec la meilleure part de l'artillerie qui estoit là dedans.

M. le connestable avoit tousjours attendu à Sainct-Michel, pour veoir et cognoistre ce que l'Empereur voudroit entreprendre : ayant sceu que l'armée imperialle marchoit tenant le chemin susdit, doutant de l'advenement de diverses choses, entre autres que, délaissant Metz, ne s'adressast à Verdun qui n'estoit encore fort ne presque en bonne defense, ou à quelque ville foible et despourveue, feit pareillement marcher l'armée françoise et s'approcha près de Verdun, en laquelle ville estoit lieutenant pour le Roy M. le mareschal de Sainct-André, avec sa compagnie de cent hommes d'armes, et le sieur de Tavannes, qui en estoit gouverneur, avec la sienne de cinquante hommes d'armes, et huict enseignes de fanterie françoise de la legion de Champagne, deux compagnies de chevaux legers et autant d'harquebusiers à cheval; lesquels sans cesse jour et nuict faisoient travailler à la fortification, faisant amener et remplir ceste grande ville de bleds, vins et tous vivres qu'on pouvoit trouver à l'entour. Autant en faisoient, s'efforçant de mieux en mieux ameliorer leurs places, le sieur de Rabaudanges, gouverneur de Danvilé, et le sieur de Blaineau, lors gouverneur d'Yvoy, et le capitaine Baron, gouverneur de Montmedy; jaçoit qu'elles fussent desjà fortes et bien munies, si veilloient-ils continuellement pour adjancer ce que presumoient y falloir et estre necessaire.

Or ne restoit plus que la ville de Sathenay [autrement par langage corrompu appelée Astenay] laquelle, s'il fust advenu que l'ennemy eust prins la campagne, l'on estimoit que elle auroit le premier assaut, tel peult-estre qu'elle n'eust peu soutenir, estant donc denuée et despourveue de toutes choses. Combien qu'auparavant le feu roy François l'eust fait remparer et fortifier, pour luy servir de quelque umbre ou parement contre ceux du duché de Luxembourg; qui depuis luy ayant esté remonstrée sa mauvaise assiette, et plus incommode pour luy, si après l'avoir fortifiée elle tomboit ès mains de l'ennemy, feit demollir et sapper en plusieurs endroits les forts et boulevers, et ruiner les flancs et defenses, la remettant ainsi au domaine du duc de Lorraine. Et derechef le Roy l'ayant recouverte et mis hors les Bourguignons qui l'avoient saisie, et qui commençoient à la reparer, comme j'ay discouru precedemment, pour s'en ayder contre luy, l'avoit toujours tenue en ses mains, sans toutefois y avoir rien adjousté de nouvelle fortification, ains seulement pour empescher que elle lui fust dommageable. Quelque temps après, luy estant remonstré par M. de Nevers qu'on la pourroit rendre forte et defensable, et que luy-mesme sans danger entreprenoit de la garder, deslors commanda à estre cherchez et employez tous moyens et artifices pour la fortifier en extreme diligence; à quoy ce prince se rendoit volontairement tant subject et enclin, que tout grand labeur luy sembloit plaisir pour parfaire cest œuvre, qui luy estoit en telle recommandation, qu'on le trouva de beaucoup et du principal avancé, avant qu'on presumast les fondemens estre encore assis.

Et non-seulement à ces remparts et fortifications M. de Nevers avoit l'esprit vigilant et adonné, mais estant adverti qu'en une petite ville nommée Vireton, prochaine de Sathenay de cinq lieuës, s'estoit assemblé un nombre de volleurs et bannis, ne vivans d'autres proyes que de volleries et destrousses qu'ils exerçoient ès environs; prevoyant que si le siege arrivoit devant Sathenay, ce receptacle de brigands pourroit estre fort propre aux ennemis à y retirer leurs vivres, munitions et toutes necessitez, avec une conduite si prudente et secrette les alla surprendre, si qu'un matin avant qu'ils le pensassent estre encore esveillé, n'ayans aucun moyen de se sauver ou avoir secours, se trouverent enclos et enveloppez par ce prince, accompagné de dix enseignes de fanterie françoise : à sçavoir, deux de Verdun, deux de Danvilé, deux d'Yvoy, deux de Montmedy et des deux de Sathenay; de cavallerie, des compagnies de M. le duc de Bouillon, des sieurs de Jametz et de La Roche-du-Maine; des chevaux legers et harquebusiers à cheval du capitaine Sapoigne, et de plusieurs gentilshommes de sa maison; lequel, estant ainsi arrivé devant ceste ville, afin d'executer promptement sa déliberation, la feit battre le plus soudainement que se peut faire, sans donner loisir de faire tranchées, ne dresser gabions; mais estant couverte l'artillerie seulement d'aiz, tables, portes, charrettes, et ce que sur le champ on pouvoit trouver pour mettre au devant, la feit asseoir et bracquer si à poinct, qu'en peu de temps la muraille fut fort empirée et la breche cogneue raisonnable : ce que ceux de leans endurerent sans faire semblant d'avoir peur ni de se vouloir rendre. Les soldats françois voyans l'ouverture, avoient si grande ardeur d'aller à l'assaut, impatiens de tant temporiser, que, sans attendre le commandement du prince, Le Chesne, enseigne du capitaine La Lande, suyvi de quelque nombre de ses soldats, se lancea dedans le fossé pour donner, la teste baissée, droict à la bresche : qui toutefois fut vaillamment repoulsé par les Bourguignons, et fort blessé, dont depuis mourut. Arbelay aussi, enseigne du capitaine Baron, y fut tué, et beaucoup de vaillans soldats. Enfin les assiegez, voyans et ne se sentans assez roides et forts pour soustenir un assaut general, feirent signal de vouloir parlementer, requerans que l'on leur donnast quelque peu de respit, dedans lequel s'ils n'avoient secours promptement, promettoient se rendre les vies et bagues sauves. M. de Nevers ne leur voulut accorder une seule heure de delay, ains leur feit response qu'à l'instant, s'ils ne se rendoient les vies sauves et à sa discretion seulement, qu'ils attendissent l'assaut et les feroit tous passer au fil de l'espée. Eux, ayans un peu pensé à ce danger, se rendirent à la mercy et discretion de ce prince. Ce qui advint si à pro-

28.

pos et à bonne heure, qu'il ne restoit plus que deux boulets de coulevrine. Eux sortis, pour ne donner loisir aux soldats françois de s'abuser au sac, le feu fut mis en divers lieux de la ville. Quant aux prisonniers, M de Nevers leur avoit jà donné congé, quand fortune leur fut encore tant ennemie qu'ils furent recognuz par le capitaine Sapoigne leur voisin, fils de Gilles de Levant, autrefois gouverneur de Luxembourg pour l'Empereur; lequel Sapoigne remonstra à ce prince que le plus homme de bien d'eux tous avoit cent fois merité la mort, et qu'il leur feroit encore grande grace de leur sauver la vie; et si on les mettoit en liberté, ce seroit leur donner moyen de faire d'avantage de mal aux François. Pour ce furent la pluspart d'eux retenuz et ramenez prisonniers à Sathenay, depuis une partie renvoyez, reservez les principaux, mesmement le capitaine, nommé Dalaumont, autrement Maladerie, et son enseigne, appellé Arbonniere. Toutes ces choses heureusement mises à fin dans ce seul jour, retournasmes le soir mesme coucher à Sathenay avec toutes les compagnies, reservé celles de Montmedy, lesquelles pour estre prochaines se retirerent de ce lieu, leur estant fait commandement de venir journellement par centenes demolir et ruiner ce que le feu n'avoit peu desfaire et consumer de Vireton.

Le lendemain ayant depesché le seigneur de Sainct-Symon pour porter les nouvelles au Roy, qui estoit toujours à Reims, et commandé au sieur des Potz, gouverneur de Sathenay, de recevoir des habitans de la ville le serment de fidelité au Roy, partit pour aller trouver M. le connestable, qui faisoit temporiser l'armée du Roy, attendant que voudroit attenter l'ennemy: lequel, selon l'advertissement et rapports des espions, se trouvant avoir toutes ses forces assemblées, et le secours qu'il attendoit des Pays-Bas estant arrivé, avoit repris le chemin devers Metz, et s'estoit approché jusques à Serebruc (1), sept ou huict lieuës pres. Et peu de jours ensuyvans vindrent autres nouvelles comme le duc d'Albe, lieutenant general de l'Empereur, et le marchis de Marignan, colonel des gens de pied italiens, avec quatorze mille hommes de pied, quatre mille chevaux, et six pieces d'artillerie de campagne, s'estoient davantage approchez, jusques à venir recognoistre la ville et les lieux les plus commodes pour asseoir leur camp. Et ne s'acheva ceste leur entreprise sans une furieuse et brave escarmouche de noz soldats, qui, estans sortis, pour le commencement leur feirent veoir, et sentir à leurs soldats, de quelle affection et volonté ils avoient deliberé de se defendre et les soustenir. En quoy les nostres acquirent dès-lors un grande reputation, tant de M. de Guise que des ennemis; lesquels apres se retirerent à Saincte-Barbe, deux lieuës en arriere, avec peu d'avantage, et perte de près de huict ou neuf vingts hommes; et de nostre costé y perdismes le seigneur de Marigny en Picardie, issu de l'ancienne et bien renommée maison de Salezart, et cinq soldats qui furent tuez sur le champ. Les seigneurs de Mompha, lieutenant de la compagnie du seigneur de Randan, de Silly, le capitaine Sainct-Aulbin, le capitaine Soley et son enseigne La Vaure, et l'enseigne du capitaine Gourdan, avec dix ou douze soldats, y furent blessez; et peu de jours apres moururent Silly, Mompha et La Vaure. J'ay bien voulu escrire ce mot d'advertissement et rapport qui nous en fut fait, à fin de donner à entendre qu'adonc n'estions tant esloignez que n'en eussions souvent nouvelles, non que je vueille entreprendre de tant parfaitement narrer et deduire les escarmouches, sorties, et tout ce qui s'est fait durant ce siege, comme beaucoup de gentils esprits d'hommes qui y estoient presens, et plusieurs fois se sont trouvez aux meslées, et apres, de la mesme main qu'ils avoient combattu, escrivoient les faicts dignes de memoire. Entre lesquels je puis nommer Salignac (2), gentilhomme de nostre temps, de meritée reputation tant aux armes qu'aux lettres, lequel en a tellement bien et selon la verité escrit, qu'il n'estoit presque besoing en parler davantage, ni en atteindre autre chose; mais si quelquefois je viens en dire aucuns poincts, c'est seulement pour m'acquitter de ma promesse et entreprise d'escrire les affaires ausquels je me suis trouvé, et selon les nouvelles qui nous estoient rapportées.

Pour reprendre donc notre marchis Albert [lequel M. d'Aumalle costoyoit toujours avec tel desastre que l'importunité du temps luy en faisoit assez de preuve], ayant suivy ce chemin jusques assez pres de Neuf-Chastel (3), continuans ses soldats leur premiere et accoustumée façon de vivre, estoit en fort grand travail d'esprit de ce qu'il avoit à faire et conclure, ou de se retirer à fin de n'acquerir pour luy et les siens un immortel tiltre d'infidelité, ou d'entendre aux promesses et offres ausquels le sollicitoit l'Empereur : à la fin [comme si la fortune eust eu plus de pouvoir sur luy que la vertu], se persuadant luy pouvoir succeder à son souhait, comme, au nom de l'Empereur, le duc

(1) Saarbruck.
(2) La relation de Salignac fera partie de cette collection.
(3) Neufchâteau.

d'Albe luy promettoit, qui ne pretendoit qu'à le divertir et interrompre son proposé chemin pour retourner vers Sainct-Nicolas, adhera et s'arresta à telles persuasions, non sans depuis en avoir ressenty la repentance.

M. d'Aumalle estant adverty de toutes ces menées et sollicitations, en advertit le Roy, qui estoit tousjours à Reims pour prouvoir à tous costez, tant de cette part que de Picardie, luy faisant entendre, selon aucuns de son conseil, prochains de sa personne, que le plus expédient estoit de le desfaire, plustost que le permettre se joindre à l'ennemy et le renforcer d'autant. Et pour ce faire, luy faisoit entendre les moyens qu'il avoit, pourveu qu'on luy baillast deux cens hommes d'armes. Le Roy luy feit response qu'il trouvoit bonne ceste deliberation, mais qu'elle fust executée prudemment et sans trop grand hazard. Et quant et quant manda à M. de Bordillon d'aller trouver M. d'Aumalle avec lesdits deux cens hommes d'armes, et lui obeïr en ce qu'il voudroit l'employer pour son service. A quoy ne feit faute, approchant de luy trois lieuës pres; duquel lieu l'advertit promptement comme par le commandement du Roy, à la plus grande diligence qui luy avoit esté possible, l'estoit venu trouver pour luy obeir, le suppliant de luy mander son bon plaisir et ce qu'il auroit à faire. M. d'Aumalle luy feit response qu'il se contentoit fort de sa bonne diligence, et que ce marchis avoit jà passé la riviere de Muz, et estoit prest à traverser l'autre de Madon pour se retirer au camp de l'Empereur, et ne cognoissoit grands moyens de le suivre davantage; parquoy deliberoit en brief de se retirer à Thoul pour faire la guerre à l'ennemy. Ceste response fut cause que M. de Bourdillon ne bougea de Blaineau, attendant son retour.

Or, deux ou trois jours auparavant, mondit sieur d'Aumalle avoit envoyé son trompette avec lettres devers ce marchis, la teneur desquelles est fort difficile à sçavoir; tant y a que le trouvant au bourg de Sainct-Nicolas, où estoit allé en petite compagnie pour conclure et arrester sa revolte, faisant peu de cas de ces lettres, le trompette fut retenu, afin que retournant promptement il ne descouvrit le secret et feist rapport de ce qu'il avoit veu; lequel, esbahy de ce nouveau traictement, se retira devers le truchement de ce marchis, pource qu'on le disoit avoir esté nourry en France, estimant par ce moyen qu'il auroit encore quelque bonne affection de faire plaisir à ceux de la nation de laquelle il auroit receu toute doulceur et humanité : mais au contraire le trouva homme brave et presumptueux, qui se jugeoit de grandissime valeur pour la familiarité qu'il avoit avec son maistre. Ce trompette le supplioit procurer sa despesche et retour, et luy au contraire, sans faire response à sa priere, disoit diverses injures des François, et, leur souhaittant mille malheurs, protestoit avec grands juremens que, avant qu'il fust long-temps, se baigneroit en leur sang. Ainsi force fut au trompette d'attendre jusques au jeudy precedant le malheureux jour de la desfaite de son maistre, qu'on luy dit qu'il seroit expedié, et que le lendemain s'en retourneroit avec sa response. Ce que n'advint toutefois; car ce jour, toutes choses estant changées en pis, et fortune ayant monstré son triste visage à son maistre, le rendant prisonnier de ce marchis, le pauvre trompette fut traité de ces malpiteux Allemans plus rigoureusement qu'auparavant, estant mené lié et garotté et traisné, comme si d'heure à autre il n'attendist que d'estre pendu ou mourir malheureusement. Ainsi ce marchis avoit déliberé le lendemain de prendre le chemin au camp de l'Empereur, et ne restoit plus qu'à reunir et appaiser aucuns de ses capitaines et soldats, lesquels n'avoient point envie de tourner visage pour faire serment à l'Empereur.

Ce vendredy vingt-huictiesme d'octobre, jour infortuné, de ce partement estant M. d'Aumalle acertené, à la diane partit avec toute sa cavallerie du port Sainct Vincent où il avoit couché, et se vint mettre en bataille sur le hault d'une montagne appellée la Croix du Monstier, audessus de ce marchis, pour [comme je croy] considerer et veoir ce qu'il voudroit faire, et quel chemin il prendroit. Lequel aussi ordonnoit ses batailles, pour [comme j'estime] suivre son chemin accordé, sans avoir opinion pour ce jour de combattre contre les François. Toutefois ces deux armées ne furent longtemps voisines; que les escarmouches commencerent à se dresser chaudement, tant par gens du pays que d'aucuns soldats françois qui estoient accouruz, pensans voler et destrousser quelque butin sur la queuë de ce marchis. Auquel en fut fait le rapport par deux ou trois fois avant qu'il en voulust rien croire, ou pour le moins le dissimuloit, faisant response à ceux qui luy faisoient tels rapports, que M. d'Aumalle ne le cherchoit pas. Mais les plaintes luy redoubloient si souvent, que luy-mesme avec son truchement voulut aller recognoistre comme il estoit du tout à la verité, où il fut repoussé fort rudement, et d'une harquebusade pres de luy fut tué son truchement. Ce que soudainement l'estonna si fort, qu'il pensoit estre adonc à ses derniers termes. Depuis estant revenu à soy, à toute bride retourna vers ses gens, et avec vives et affectionnées prieres et exclamations leur remonstra que M. d'Aumalle, avec grand nombre de gendarmerie françoise, les attendoit là au passage pour les hacher en pieces, tellement que le moins qu'il leur pouvoit advenir c'estoit la mort, laquelle ils ne pouvoient eviter sans faire une extresme et grandissime preuve de leur force et hardiesse. Leur proposoit aussi, s'ils avoient doute de la rigueur et punition de Cesar (1), qu'il ne leur falloit attendre ny esperer meilleur traitement des François. Ces propos, avec moitié frayeur et asseurance, leur monstrant au doigt cette montagne presque couverte de cavallerie françoise, les peurent tellement esbranler et irriter, qu'ils se mutinereut en telle sorte, qu'ainsi que forcenez et desesperez, la teste baissée vindrent charger les compagnies de M. d'Aumalle, lequel adonc estoit sur le poinct et deliberation de se retirer. Mais c'estoit si tard, qu'ils estoient jà pres à se joindre et combattre, avec si grand malheur, que de premiere abordée rencontrerent une troupe de valets que l'on avoit fait demeurer en un lieu pour faire monstre, lesquels ils meirent incontinent à vau de route; et quant et quant chargerent sur un autre squadron de chevaux-legers et harquebusiers à cheval, lesquels pareillement meirent en desordre, trouvans ouverture sans combattre pour donner jusques aux rancs de la gendarmerie; laquelle ils enfoncerent et contraignirent reculer à coups de pistolets, dont ils portent grand nombre, estans la pluspart des compagnies mal pourveuës de lances pour les soustenir. M. d'Aumalle voyant sa cavallerie ainsi rompue et fuyr de tous costez, picqué et attaint de vehemente tristesse, prevoyant une malheureuse fin à ceste entreprise, manda au seigneur de Brezé, lieutenant de sa compagnie, qu'il se retirast, et le mieux qu'il luy seroit possible sauvast sadite compagnie. Depuis voyant le grand feu allumé pres de luy, et les ennemis fort meslez avec la principale troupe de sa gendarmerie, et la plus prochaine de sa personne, où le combat estoit fort aspre, et les ennemis vertueusement soustenuz par ce petit nombre, qui estoit de gentilshommes bien renommez et vaillans jusques au bout, se rallia avec sa compagnie, leur criant avec un visage riant et asseuré : « Mes compagnons et mes amis! bataille! bataille! » Puis avec le hazard de fortune, sans respect de sa vie, l'espée au poing, donna dedans ceste meslée, et feit tous les plus grands efforts qu'on pourroit dire de la vertu humaine. Toutefois la foule des ennemis renforçoit continuellement, et le nombre des siens diminuoit, tant pour estre abandonné d'aucuns qui s'enfuyrent, que les plus vertueux estoient tuez et abbatuz devant luy, et les autres fort blessez et mis à pied, prins et emmenez prisonniers par ces Allemans. Luy, estant blessé de deux ou trois coups de pistollets au corps et en la teste, son cheval tué soubs luy, finablement fut abbatu et prins. M. de Rohan y fut tué, et ne sçait-on comment à la verité : aucuns ont dit que son cheval estant hors d'haleine, et ne se pouvant plus tenir en pieds, depuis la prise de M. d'Aumalle fut tué en un petit village pres de là. Les autres ont rapporté que deux Allemans le tenoient prisonnier, et luy avoient desjà osté l'accoustrement de teste, querellans auquel demeureroit, quand y arriva un troisieme, qui apres plusieurs disputes luy donna un coup de pistolet dedans la cervelle, dont il mourut sur l'heure. Mais comment qu'il soit advenu, ce fut un fort grand dommage de la perte de ce prince, qui estoit de la maison de Bretagne, et qui contrarioit et opiniastroit fort contre ceste entreprise. La compagnie de M. d'Aumalle y fut presque toute desfaite, et entre autres d'hommes de renom tuez, desquels, j'aye cognoissance, le sieur de Nançay, guidon de ladite compagnie, le sieur de la Motte Dusseau, guidon de la compagnie de M. le visdame de Chartres, le guidon de la compagnie du comte de Sancerre, le sieur de Sainct-Forgeux, capitaine de chevaux-legers, le baron de Couches, le sieur de Joncy, puisaisné de la maison de Rochebaron en Charrolois, le jeune Vaux, et plusieurs autres gentilshommes au nombre d'environ deux cens. De prisonniers en demeura beaucoup avec M. d'Aumalle, entre autres le sieur Desgully, maistre de camp des chevaux-legers, le baron des Guerres, et le sieur Dau (2), lieutenant de la compagnie du vidasme de Chartres, lesquels, pour n'estre cognuz, avec le moyen de leurs amis eschapperent à petite rançon.

Quant à M. de Bordillon, ce soir mesme luy estans rapportez aucuns propos que tenoient les paysans de ceste desfaite venans de ce costé-là, sur l'heure feit monter à cheval un gentilhomme de sa compagnie, nommé le sieur de La Tournelle, accompagné de quelques autres chevaux, pour l'aller de plus pres sçavoir, et luy en rapporter le certain. Depuis peu de temps ensuyvant par deux gentilshommes d'authorité [qui s'estoient de ceste cruelle meslée sauvez et eschappez] luy fut dit et recité comme le tout estoit passé. A ceste raison, sans faire plus grand' perte, ne donner plus grand travail aux hommes,

---

(1) L'Empereur.

(2) Jean d'O.

despescha cette nuict le sieur de Chastellus, lieutenant de sa compagnie, pour en porter les tristes nouvelles au Roy, et quant et quant envoya son trompette devers le comte de Vaudemont, pour le prier de permettre les corps de M. de Rohan et du baron de Couches estre ensepulturez dedans l'église de Nancy, comme ils furent, et d'autres aussi.

Ce marchis ayant le cueur enflé, estimant par ce beau faict s'estre davantage avancé en la bonne grace de l'Empereur, reprint son chemin devers Nancy, où il eut plusieurs propos avec le comte de Vaudemont sur ceste desfaite, qui, parmy ces devis et plaisans contes, se rioit de la grande hardiesse de M. d'Aumalle. Après retourna camper, au partir de là, au Pont Camouson, de l'autre costé de la riviere, où peu après l'Empereur luy envoya deux mille chevaux pour le renforcer et luy faire escorte, jusques à ce qu'il fust joint à son camp, qui desjà estoit tout assemblé et campé à l'entour de Metz. Un peu au-dessus du pont aux Mores, dedans les vignes, près d'une abbaye dédiée à Sainct-Martin, estoit le quartier où le treizieme de novembre s'alla parquer ce marchis Albert.

L'armée du Roy estoit arrivée à Clermont en Argonne, petite villette bien située, au duché de Barrois, au-dessus de laquelle sur le hault d'une montagne est un chasteau naturellement fort, pour la haulteur inaccessible en deux ou trois endroits; lequel, pour estre commode et duisant à beaucoup de necessitez, M. de Chastillon, partie par ruse, partie par frayeur qu'eut le capitaine de ce chasteau, voyant arriver l'armée françoise, surprit et rendit à la volonté de M. le connestable son oncle pour le Roy. Depuis on a besongné par un long temps à davantage le fortifier et ameliorer. En une autre petite ville aussi, nommée Varennes, et aux villages à l'environ, toute à couvert estoit logée l'armée du Roy. M. le connestable, estant demeuré M. de Nevers lieutenant-general en l'armée, partit de ce lieu pour aller trouver le Roy à Reims, fort triste et ennuyé de ceste mauvaise adventure. Mais fortune, ne se pouvant contenter de ceste premiere touche, voulut davantage esprouver sa constance et magnanimité, luy rechargeant deux ou trois mauvais tours ensuyvans : car peu de jours après la desfaite de M. d'Aumalle, luy fut rapporté comme son chasteau de Hedin estoit rendu à l'Empereur par le seigneur de Rasse, qui en estoit gouverneur.

Et pour dire comme le tout s'est passé [selon que je l'ay ouy reciter], le sieur du Reux, lieutenant pour l'Empereur ès Pays-Bas, avec un nombre de Flamens, Hennuyers et Walons montant à quarante enseignes de gens de pied, et environ deux ou trois mille chevaux, s'estant mis en campagne en délibération de forcer et surprendre La Fere en Picardie, qui est à M. de Vandosme, et depuis ayant trouvé que mal-aisément en viendroit à son honneur, y estant dedans M. l'admiral d'Annebault, bien pourveu de ce que luy estoit necessaire, après avoir bruslé les villes de Noyon, Nelle, Chaulnys, Roye et une magnifique maison que le feu roy François avoit fait edifier pour le plaisir de la chasse, nommée Foulembray, et de sept à huict cens villages, desquelles la pluspart estoient du patrimoine de M. le duc de Vandosme, et, pour en parler au vray, fait des maux infiniz, tousjours à l'adveu de la royne de Hongrie, alla assieger Hedin. La ville fut tantost prise, n'estant assez forte pour soustenir batterie ny assault. Tost après le chasteau fut assiegé du costé du parc, où une grosse tour qui defendoit les flancs de cette part, fort cassée, et les defenses abbatues et fracassées, trouverent façon de sapper et trancher par le pied un grand pan de muraille, et à coups de canon rompre les quarres et esperons, tant de cette grosse tour que de la muraille. Parquoy le tout fondit et fut renversé dedans le fossé, qui le remplissoit et faisoit pont fort aisé pour aller à l'assault, estant demeuré le rempart entierement devestu et empiré, ou n'avoit gabions ne cavaliers pour le couvrir et defendre; toutefois que l'on disoit le rempart estre encore de sept à huict pieds de hauteur. Ceux de dedans voyans ceste muraille tombée soudainement, et leur fossé plein, furent si esperdus et estonnez, que, sans attendre aucun assault, se rendirent à composition, vies et bagues sauves. De cette composition estoient chefs les sieurs de Rasse et de Janlis, à laquelle ne voulut onc consentir ne l'accorder le sieur de Douric de la maison de Querquy. Pour ceste tant soudaine perte, on dit que le Roy fut fort esbahy, veu que peu auparavant le sieur de Rasse luy avoit mandé qu'il n'eust aucune doute de son chasteau de Hedin, et ce que depuis on trouva fort estrange, et qui donna aux nostres argument d'en parler diversement, d'autant que le sieur de Rasse avoit fort bonne reputation de vaillant chevalier.

Depuis peu de jours ensuyvans, le Roy sceut comme M. l'admiral d'Annebault par une fievre continue estoit decedé à La Fere en Picardie, où s'estoit mis pour la defendre contre les ennemis.

Tous lesquels accidens de mauvaise fortune advenus subsecutivement, ne peurent fleschir ny abbattre le magnanime et tres-haut courage de ce grand Roy; mais sçachant assez que ceste fortune, que les hommes feignent, n'est autre chose que permission divine, meu du zele et desir de tres-chrestien prince, recourut au seigneur des seigneurs, qui départ ses graces sans acception de personne, autant aux grands que aux petits, faisant admonnester son peuple de se humilier et mettre en jeusnes et oraisons, pour requerir la pitié et misericorde eternelle, et invoquer le Créateur, dieu des batailles et de paix, qu'il lui pleust, les regarder en sa clemence, ne les permettans tomber ès mains de noz ennemis. En cette grande confidence [comme feit le prince des Hebrieux], remettant sa totale force en la main dextre de l'Omnipotent, partit de Reims pour s'approcher jusques à Chaalons, où manda venir M. de Nevers, messieurs le mareschal de Sainct-André et de Chastillon, et les principaux chefs de son armée, à fin d'adviser et conclure au plustost le plus expedient pour recouvrer le chasteau de Hedin.

Pour ce fut prudemment advisé d'envoyer envers M. de Guise, afin de sçavoir de luy combien de temps il pourroit garder et defendre la cité de Metz, ou s'il avoit default et necessité de quelque chose dont auroit besoing d'estre plustost secouru; lequel, s'asseurant à la volonté de Dieu, et de la foy et loyauté de beaucoup de vaillans hommes qui l'avoient suivy et veilloient près de sa personne, manda au Roy que n'eust aucune doute de sa cité, ne de ceux qui estoient dedans, ausquels tous il avoit cogneu semblable et parfaite affection pour son service, aymans mieux laisser la vie qu'avec deshonneur sortir de ce lieu; au reste qu'il n'avoit faute de chose que ce fust, dont il eust occasion de ne la pouvoir garder contre toute la puissance des hommes, avec l'ayde de celuy sans lequel en vain veille qui entreprend la garde des citez. L'advertissoit aussi comme, dès le deuxieme de novembre, le duc d'Albe avec la plus grande partie de l'armée impériale avoit quitté le logis de la belle Croix [estant demouré le sieur de Brabanson avec trois regimens de hauts Allemans, deux de bas et trois mil chevaux], et, ayant passé la riviere de Seille, estoit venu camper près de la ville, départant son armée ès environs, comme à Sainct-Clement et à Sainct-Arnoult, où il estoit logé avec les compagnies espagnoles. Une partie des Allemans estoit logée au Pont de Maigny; dom Loys de Avilla, avec la cavallerie espagnole, à la Maladerie; le seneschal de la Moravie, avec les chevaux bohemois, à Blery; le surplus à Olery, et Sainct-Priech à la Grange aux Dames, à la Grange aux Merciers, et autres lieux à l'environ; luy donnant aussi advertissement qu'ils avoient commencé leurs tranchées près de la porte Sainct-Thibaut, comme s'ils vouloient en cest endroit asseoir leur principale batterie. Sur la fin escrivit les noms et surnoms de ceux qui avoient fait mieux leur devoir aux sorties et escarmouches, n'oubliant plusieurs autres affaires selon le temps servant à sa response.

Le Roy ainsi asseuré de ceste part, ordonna M. de Nevers son lieutenant general sur toutes ses forces qui demeuroient en Lorraine; et, pour les bons et continuels services que luy avoit fait et faisoit journellement M. de Chastillon, luy octroya et l'honnora de l'estat d'admiral de France, et à l'instant mesme le constitua son lieutenant pour ramener son armée de Lorraine en Picardie, par resolution de ce qui seroit consideré estre necessaire et utile. Puis, tous les chefs estans advertis et instruits de leurs charges, l'armée fut levée par M. l'Admiral pour luy faire prendre le chemin droit à Hedin. M. le mareschal de Sainct-André retourna à Verdun. M. de Nevers, avec sa compagnie et celle du sieur de La Roche-du-Maine, se retira à Sainct-Michel, afin de couper les vivres aux ennemis et les divertir de s'escarter par ces vallées. Dedans Sainct-Michel estoient desjà les enseignes du capitaine La Prade et du sieur de La Motte-Gondrin, cent chevaux legers du capitaine Pelou, et cent harquebusiers du capitaine l'Adventure, et M. de Bordillon avec sa compagnie, qui peu auparavant estoit retourné du lieu où M. d'Aumalle luy avoit escrit.

Sitost que M. de Nevers fut arrivé à Sainct-Michel, fut fait une course par sa compagnie avec quelques chevaux legers et harquebusiers à cheval, de laquelle estoit chef le sieur de Mouy, guidon de sa compagnie, gentilhomme vaillant et hardy, jusques à Malatour, petite villette assez forte pres de Gorzes, et en d'autres gros villages en une vallée assez estrange, pleine de bois, ravins et lieux dangereux, que ceux du païs appellent La Veure, esquels se estoient espanchez et retirez aucuns soldats, tant espagnols qu'allemans, de l'avantgarde imperiale, desquels les uns furent tuez et les autres amenez prisonniers. Ceste infortune tomba sur aucuns qui retournoient du chasteau d'Aspremont, cuidans y prendre au giste le comte; auquel si bien advint, qu'il estoit à Sainct-Michel, près de M. de Nevers; car, au lieu de penser prendre, furent prins et ramenez avec quelque peu de butin.

Semblables courses là et aux environs furent continuées par M. de Nevers l'espace de trois sepmaines, s'y trouvant luy-mesme en personne; desquelles les ennemis furent tant ennuyez et travaillez, que force leur fut d'oublier le chemin de cette part; et pour ces continuelles alarmes estoit l'armée imperiale maintefois contraincte demourer la moitié d'un jour en bataille avec grand travail et froidure ; mais s'ils souffroient beaucoup de maux, nous n'en estions point exemptez, pource que le plus souvent nous montions à cheval sur la minuict, endurant les gelées et le froid si aspre, qu'aucuns de noz compagnons en ont eu depuis divers membres endormis, et les autres morts et perdus de la peine et tourment insupportable que ils avoient eu, ayans continuellement les neiges jusques au ventre des chevaux, En tel equipage nous demourions, passans le jour et la nuict sans repaistre ; puis autour (1), lorsque nous pensions reposer et prendre un peu d'haleine au logis, nous falloit faire le guet pour crainte de la surprinse des ennemis. Ainsi, tant pour nous garder que pour donner de la peine et ennuy aux imperialistes, nous souffrions nostre part de l'incommodité du temps, mais beaucoup moins qu'eux, comme le certifioient et rapportoient plusieurs pauvres soldats italiens ; lesquels journellement venoient à la file, du camp de l'Empereur, pour supplier M. de Nevers de les accepter au service du Roy ; lequel, esmeu de grande pitié, voyant les uns nuds et à demy transis, les autres avec les dents longues en bon appetit, sans forme de monnoye, usoit envers eux, comme il est très-humain, de grande liberalité, et leur faisoit distribuer sur ses coffres argent pour vivre, attendant la solde du Roy ; puis les envoyoit au capitaine André de Maye-More, homme d'esprouvée hardiesse, pour en addresser (2) compagnies, tant à pied que de cavallerie legere.

Par eux et autres espions, aucunement estions advertis des grandissimes diligences et admirables preparatifs qu'avoit fait le duc d'Albe pour dresser sa batterie ; les grandes esplanades, les tranchées autant amples, larges et creuses que l'on ayt veu long-temps y a ; le grand nombre d'artillerie et munitions, la presque innumerable quantité de gabions et vastadours qu'il faisoit bastir et emplir continuellement sans repos, ne faisant cas de la vie de ces miserables personnes non plus que de bestes brutes, et exposées à la merci de l'artillerie et contrebatterie de la ville. Nous rapportoient aussi les grands empeschemens et fascheries que leur donnoient ceux de dedans incessamment, leurs sorties hardies et furieuses, telles qu'on les estimoit plustost fayez (3) et esprits diaboliques, que hommes mortels ; tellement qu'un sergent de bande, accompagné de cinq ou six soldats seulement, avec sa hallebarde, avoit chassé et contrainct abandonner leurs tranchées à plus de trois cens hommes ennemis. Quelques autres aussi oserent aller enclouer leur artillerie et tuer les canonniers sur leurs pieces, ce que toutefois les ennemis ne reputoient à fait digne ny d'eux, ny de cueur vaillant et magnanime. Oultre, deux et trois fois le jour, la cavallerie sortoit mettant en tel desordre les ennemis, qu'aucuns des gentilshommes des plus hazardeux qui vouloient faire acte digne de memoire, ou par souvenance et amour de leurs amyes, alloient rompre leurs bois et donner coups d'espées jusques dedans les tentes des ennemis et en couper les cordages, executans choses estranges et non ouyes de nostre memoire. Or si les François desiroient par tels efforts se monstrer loyaulx subjects à leur roy, le duc d'Albe ne reposoit de son costé, lequel estant curieusement desireux et enflammé de rendre en l'obeissance de l'Empereur son maistre ceste très-puissante cité, pour le resjouir de la prinse de tant de princes, grands seigneurs et vaillans hommes qui estoient dedans, que, n'espargnant tout labeur, ne la vie des siens, rendit sa batterie preste le vingtieme de novembre, commençant à tirer aux defenses, à sçavoir, à celle du portail de la porte Champenoise d'un boulevert qui est dedans ; à la grosse tour, laquelle est devers la riviere, appellée la Tour d'Enfer, et surnommée la Tour de Lanques, et à une petite eglise estant dedans la ville, où estoit une plate forme. A bref dire, ce qu'ils jugeoient estre pour nostre defense et leur pouvoir nuire, raserent et ruinerent.

Nous entendismes pareillement, tant par le commun bruit que par le merveilleux tonnerre de l'artillerie, que le vingt-sixiesme jour il commença à la canonner avec telle impetuosité, que, de memoire des vivans, ne s'en est ouye de pareille, ayant d'un front, par le rapport des espions, quarante grosses pieces, lesquelles, portant boulet de poix extraordinaire, tiroient jour et nuict sans intermission que pour les rafreschir. Il faut penser que les assiegez ne dormoient pas, ains que les princes et grands seigneurs, et generallement jusques aux plus petits, portoient la terre et la hotte pour remparer en telle diligence et solicitude, qu'à l'endroict où il pensoit que la bresche seroit faite, en moins de vingt-quatre heures, deux fois enleverent (4) le rempart de la hauteur du parapect, laissant entre la vieille muraille et le rempart les flancs et une tranchée garnie de diverses bonnes drogues, pour festoyer les ennemis s'ils fussent venus à

---

(1) Au retour. (2) Dresser, former.

(3) Favorisés des fées. (4) Élevèrent.

l'assault, ainsi que depuis nous avons veu et reciterons en son lieu. Pourtant retournerons à dire ce que l'armée françoise feit depuis son partement.

Sitost que le sieur du Reux, avec l'armée de Flandres, qui estoit encore à l'entour de Hedin, sentit approcher la nostre, sans faire semblant de vouloir combattre pour soustenir ceux qui estoient pres16 d'estre assiegez, soudainement se retira. Dedans ce chasteau demeura le fils dudit sieur du Reux, auquel le pere avoit juré et promis une grande punition s'il rendoit ceste place avec deshonneur et reproche. A la mesme charge on disoit avoir esté son compagnon un gentilhomme hennuyer, de bonne estimation, nommé Harenville. Ainsi, ayant fait reparer et remparer la bresche faite par eux plus forte qu'auparavant, et s'estant pourveuz et renforcez de tout ce que pouvoit imaginer leur estre de besoing, semoient le bruit de plustost vouloir, les uns après les autres, mourir là-dedans que se rendre à si bon marché que ceux qui premierement en estoient sortiz. Bien-tost après, estant arrivée l'armée de France, M. de Vandosme, lieutenant pour le Roy au gouvernement de Picardie, feit faire ses approches et asseoir l'une de ses batteries au mesme endroit que les Bourguignons avoient dressé la leur, et l'autre sur le pendant d'une petite montagne du costé de Therouenne. Ainsi ceste ville de Hedin commença à estre canonnée le dix-septiesme de decembre fort furieusement, et y furent deschargez quatre mille et soixante-six coups de canon, sans faire bresche et ouverture, que n'eust encore le rempart derriere de dix-huict à vingt pieds de hauteur. Toutefois, faute de cueur et crainte de mort saisit les assiegez, et se rendirent à composition telle qu'ils sortiroient leurs vies et bagues sauves, leurs enseignes ployées, avec deux moyennes pieces d'artillerie à leur queuë, sans rien oster ne transporter autre chose de ce qu'avoient trouvé là-dedans. Ainsi fut rendu et remis en l'obeissance du Roy le chasteau de Hedin, par la bonne conduite de M. le duc de Vandosme, le dix-neufieme de decembre. Et combien que le fils de M. du Reux se fust acquitté de son devoir à le garder, neantmoins, craignant la cholere de son pere, j'ai entendu qu'il demeura long-temps sans s'oser presenter devant luy. Soudain après, M. de Vandosme estant adverty que les ennemis avoient cuidé tenter la fortune de passer la riviere pour venir donner bataille sur l'heure qu'il parlementoit avec ceux de Hedin, à l'adveu du Roy les voulut relever de ceste peine, et luy-mesme les alla chercher avec ses forces, en intention de les combattre s'ils eussent voulu attendre; mais, ne se sentans assez forts, se retirerent devers les villes fortes et plus avant en leur pays, luy quittans et abandonnans les passages, pour exécuter son bon plaisir et moyen de se venger des cruautez qu'ils avoient commises en ses terres.

Au temps que ces affaires se demenoient par de-là, M. de Nevers, comme j'ay devant discouru, ayant fait du costé de Sainct-Michel plusieurs et diverses courses au grand dommage des ennemis, à l'augmentation de sa gloire et louange, en partit par un advertissement qu'il eut comme du costé d'Espinaux, par le comté de Vaudemont, descendoient ordinairement de la Franche-Comté grandes quantitez de vivres et provisions conduites au camp de l'Empereur. Pour ce, avec ce peu de gendarmerie que pouvoit avoir, qu'estoit environ deux cens hommes d'armes, cent ou deux cens chevaux legers, et autant d'harquebusiers à cheval, se retira devers Vaucouleurs, petite villette françoise assez renommée, sur la riviere de Meuse, prochaine de Thoul de cinq lieuës, enclavée dedans plusieurs terres de Lorraine; de laquelle un jour ou deux ensuyvans partit pour aller audit Thoul, faisant y approcher ses forces, qu'il feit loger en un fort beau et grand village nommé Blaineau, terre du temporel, et justice du chapitre de Sainct-Estienne de Thoul, et en d'autres petits à l'entour. Tost après leur venue, fut fait un roolle des hommes d'armes et archiers les plus disposts et mieux montez, au nombre de cent ou six-vingts, à la conduite du sieur de Mouy, pour aller rompre et percer la chaussée d'un fort grand estang, en la comté de Vaudemont, afin de noyer et perdre plusieurs villages qui estoient au dessoubs, où se retiroient plusieurs vivandiers, et où les fourrageurs des ennemis y trouvoient encore grandes quantitez de bleds et fourrages. Laquelle toutefois fut trouvée desjà rompue et percée, aux grands interests du comté. Nos gens ayans agrandy le pertuis, et s'en retournans, rencontrerent une grande file et suite de chariots et charettes chargées de toutes sortes de vivres et munitions addressées au camp imperial, desquelles du tout ayans fait grand degast, et defoncé grand nombre de vins d'Arbois, et mis à perdition le surplus, ayant tué une partie des guides et chartiers, amenerent ce que peurent des chevaux, et se retirerent avec grand danger; car estoient contraincts de passer en plein jour dedans plusieurs villages où estoient logées aucunes compagnies des ennemis, tant de pied que de cheval. Ce que toutefois par bonne fortune advint sans perte d'un pour n'estre cogneuz, estans habillez en marchans sans croix n'escharpes blanches apparentes, et leurs harnois couverts de manteaux, estimez ainsi avant-coureurs servans pour les attirer en embuscade, où craignans les ennemis que leur plus grande trouppe fust couverte et cachée; pourquoy M. de Nevers, fort content de leur devoir, peu après se retira à Vaucouleurs.

Or, pour reprendre ce que faisoit l'Empereur devant Metz, c'estoit peu à son advantage et proufit, n'ayant sceu, avec toute la fouldre et impetuosité estrange de son artillerie, faire un seul pertuis ne passage pour donner l'assaut que luy avoit demandé ce marchis Albert, pensant davantage s'advancer en sa bonne grace; pource qu'ayant brisé presque toute ceste grosse Tour d'Enfer, tout le grand pan de mur entre ladite tour et la porte Champenoise, et ce boulevert qui la couvroit, ne peut raser l'avant-mur, autrement dit fausse braye, laquelle soustenoit les quartiers de la muraille qui tomboient et estoient arrestez les uns sur les autres entre cest avant-mur et le pied de ladite muraille ; et, par ce moyen [comme ils desiroient], n'emplissoient le fossé, mais servoient à ceux de dedans de plus fort rempart; parquoy fut advisé par son conseil de changer la batterie en un autre endroit un peu au-dessus, et de miner celle part pour renverser dedans le fossé cest avant-mur et fausse braye, dequoy M. de Guyse adverty, feit par dedans contreminer en divers lieux, esquels on pouvoit cognoistre et prévoir leurs advenues, en sorte qu'ils n'eurent loing estendu ne cavé leurs mines, que les sentinelles et escoutes des assiegez les pouvoient ouyr et sentir ; ce que commença à les decourager, affadir et desgouter grandement de leur entreprise.

Deslors, tant pour les merveilleuses et grandes froidures qui les empeschoient, que pour les necessitez et defaut de diverses choses, à tous leurs soldats defailloit le courage, mesmement aux Allemands; lesquels feirent remoustrer à l'Empereur qu'il pleust à Sa Majesté de commander faire bresche raisonnable pour entrer et prendre ceste ville, aymans trop mieux tous mourir honorablement en l'assault, qu'ainsi miserablement de faim et de froid. Cæsar adonc [comme on peult le croire] fut piqué de la recognoissance de sa faute, avec un regret d'y avoir assis si mauvais commencement, prévoyant une honteuse fin et pernicieuse issue. Toutefois, pour leur croistre le cueur et encourager, les asseura et leur promit que, si, dans la fin de l'an bien prochaine, ne venoit à chef de ceste besogne, leur donneroit congé pour se retirer. Ce que les feit temporiser et prendre patience ; et, pour faire preuve et demonstrance de ceste affection, commanda de rechef au duc d'Albe en extreme diligence de faire continuer et poursuyvre ces mines commencées; ce qu'il faisoit, ainsi que nous estoit rapporté, avec si grande volonté et ardeur, que n'abandonnoit cest œuvre jour ne nuict ; mais le temps lui estoit si maling et contraire, que tout demeura imparfait. Parquoy deslors au camp des ennemis chacun decheoit de force et courage ; les nostres en accroissoient, faisans de plus en plus continuelles sorties et charges sur eux, diminuant journellement leur armée : car les uns se desroboient et retiroient par troupes en leur pays ; les autres en grand nombre estoient trouvez roides et transis, dedans les tranchées et leurs loges ; les autres palles, etiques, morts de faim, pource [en partie] qu'ils estoient mal payez, estant fort espuisé et vuidé le thresor de l'Empereur.

Lequel, voyant approcher le terme promis aux Allemans, ayant devant les yeux une craintive honte de s'en retourner sans avoir fait aucune bonne chose [estant là en personne], les feit pratiquer pour sonder s'ils vouldroient le suivre à aller assieger Thoul, ville imperiale, laquelle on n'avoit peu parachever de fortifier pour la peste, qui fort eschauffe (1) longtemps précédemment avoit là régné. A quoi feirent response qu'ils n'avoient délibéré, et ne leur estoit commandé des princes et electeurs de passer oultre que premierement Metz ne fust prinse et rendue ; partant, s'il plaisoit à Sa Majesté leur faire ouvrir breche, comme avoit promis, ils estoient tous prests à y mourir ou entrer : ce que ne leur pouvoit asseurer et qu'estoit hors de sa puissance. De ce temps, environ le dix-huictieme de décembre, commença à faire retirer les plus grosses et meilleures pieces de son artillerie ; peu après, ayant assemblé son conseil pour conclure une honorable retraite, fut commandé au comte d'Aiguemont, colonel et chef sur deux regimens de cavallerie logée à Pont Camouson, descendre avec ses forces le long de la riviere jusques à Thoul, et le plus bas que lui seroit possible, pour descouvrir le pays et sçavoir quel nombre de gendarmerie pouvoit estre là au long avec M. de Nevers; doutant peult estre qu'à sa retraite ne luy feissions plus grands empeschemens. Donc ce comte avec sa cavallerie partit de Pont Camouson, et le long de Mozelle devalla jusques à Thoul, laquelle il feit sommer en passant par les faulxbourgs, adressant son trompette au sieur d'Esclavolles, qui en estoit gouverneur ; lequel ayant entendu la semonce du trompette luy feit signal de la

(1) Intense.

main qu'il se retirast, combien qu'il eust juste occasion de douter sur ceste semonce, voyant la faulte de vivres, la ville prenable et battable de tous costez, mal pourvue d'artillerie et munitions, dequoy advertit M. de Nevers, qui estoit à Vaucouleurs. Le gentilhomme de sa maison qui portoit les nouvelles, nommé Tortespée, fut prins sur les chemins par quelques uns de ceste cavallerie qui s'estoient espanchez pour trouver quelque butin esgaré, comme leur advint; car, luy ayans osté cent escus qu'il avoit soubs l'esselle, ne le fouillerent plus avant, et fut si escort (1), que, se voyant à demy bandon (2), se sauva à travers les bois par l'obscurité de la nuict : ainsi parfeit son message. Et si tost que M. de Nevers eust cest advertissement, manda toute la nuict querir sa gendarmerie, pour à l'instant se rendre près de luy, laquelle estoit logée à une et deux lieuës près; et combien que fust le temps de repos et que la plus part fussent desjà au sommeil, ce mandement feist tantost prendre à chascun les armes sur le doz et promptement monter à cheval. Ainsi toute la nuict passasmes à faire bon guet, comme estoit de besoing, d'autant que ce comte s'approcha de nous le plus près qu'il peut, et vint sur le bord de la riviere, en un village appellé Pagny sur Meuse, pensant bien nous surprendre; mais voyant les feux de tous costez, oyant le bruit et hannissement des chevaux, et par autres apparences cognoissant qu'estions advertis et l'attendions, se retira par les brisées par lesquelles estoit venu; et retournant contremont la riviere de Mozelle, passa au plus près d'une petite ville nommée Gondreville, assise sur le bord de ceste riviere du costé de Nancy. De l'autre part, peu auparavant estoit arrivé le baron des Guerres, qui retournoit freschement d'une course, et non adverti d'avoir ses ennemis si près de luy; peu s'en fallut qu'il ne passast la riviere au bac, ce que s'il eust fait luy fust advenu autant comme à quelques uns de sa compagnie, lesquels, pour avoir jà traversé la riviere du costé des ennemis, furent surpris, les uns blessez, les autres prisonniers, et peu ou point de tuez. Le baron se sauva, comme je croy, dedans ceste petite villette et ne fut rigoureusement poursuivy, tant pour l'obscurité de la nuict, que pour la crainte qu'ils avoient d'estre chargez et suiviz. Ceste nuict fut envoyé le sieur de Sainct-Simon, gentilhomme de la maison de M. de Nevers, avec vingt-cinq ou trente chevaux jusques à Thoul, pour entendre du sieur d'Esclavolles comme estoit advenu de tout ce succez à la verité, à son retour. Par son rapport fut par M. de Nevers depesché le sieur de Fouronne, gentilhomme de sa maison, pour advertir le Roy de toutes ces affaires; lequel en briefve response luy manda et pria de chercher tous les moyens qu'il seroit possible de donner ordre que ceste ville de Thoul fust gardée, et peust tenir quinze jours seulement, dedans lequel temps ne faudroit luy mesme la venir secourir avec toute sa puissance. Monsieur, à ceste response, ne se voulut fier à autre de ceste charge; mais, la reservant à soy, le vingt-deuxiesme de decembre, le lendemain de la feste Sainct Thomas avant Noël, suivy de messieurs de Bourdillon, de Bigny, maistre d'hostel de la Reyne; d'Eschenetz, de Giry, enseigne de sa compagnie; de Mouy, guydon, de Sainct-Simon, de Plaisance, de Jars et de Blarru, gentilshommes de sa maison, avec sa compagnie, s'alla loger dedans cette ville ainsi desnuée et despourveuë.

Si tost que ce prince y fut arrivé, feit la ronde sur les murailles à l'entour de la ville, et visita un commencement de remparts et deux plates formes que le sieur d'Esclavolles avoit fait bastir et commencer au dedans; ce que fut trouvé tres-bien inventé par les ingenieurs et maistres des fortifications, qu'il avoit fait venir pour considerer et estre instruite la disposition et parachevement de ceste fortification, entreprise et imprimée tellement en son affection, qu'il ne restoit homme près de sa personne à qui n'en donnast quelque commission, et luy mesme la pluspart du temps n'en bougeoit, interrompant les heures ordinaires de ses repas : tant estoit enclin le prince à ceste besongne, qu'il ne resta guères de temps que ne fust eslevée une plate forme, qui portoit son nom. M. de Bordillon estoit aussi soigneux apres une autre, et sembloient presque estre jaloux l'un de l'autre sur la perfection de leurs œuvres.

D'avantage feit visiter par toutes les maisons, greniers et caves, et prendre le serment de ceux qui y habitoient pour sçavoir à la verité quels bleds, vins, foings, fourrages et tous vivres qui pouvoient estre dedans la ville, à fin d'y ordonner une police; mais l'on en trouva bien peu, ayans esté transportez par les bourgeois et ceux qui s'estoient retirez en autres lieux pour le danger de la peste, et ce qui estoit resté dedans la ville consumé et gasté sans raison par les soldats et ceux qui estoient demeurez durant ce peril; dont estant informé qu'en deux petites villettes, l'une nommée Foul, l'autre Gondreville, l'on en avoit retiré grande quantité en ce temps, tant du plat pays que des petites villes et terres françoises, pour la crainte des ennemis, les envoya

(1) Habile. (2) Gardé.

sommer et faire commandement de les amener et rendre dans Thoul. Devers Gondreville fut envoyé le sieur des Eschenetz, suivy de loing d'une enseigne de gens de pied, avec certain nombre de gens de cheval ; le prevost et les habitans après quelques difficultez se trouverent tant soudainement surpris, qu'enfin s'adviserent que mieux leur vaudroit d'obeir. Ceux de Foul furent opiniastres et fols, s'oublians à l'endroit du sieur de Mouy, qui devers eux estoit mandé avec environ cinquante chevaux, tant de la compagnie de M. de Nevers qu'autres, venant apres luy une enseigne de fanterie, pour les sommer humainement d'obeir à ce grand prince, lieutenant du Roy, sans davantage l'inciter et luy donner occasion de sentir la gravité de sa cholere : toutefois, après ses honnestes remonstrances, voyant le prevost temérairement contester, et à sa dissimulée presumption les villains estre rebelles, feit incontinent escheller la ville ; et prise que fut d'assault, aucunement sentirent le payement de leur folle inconsideration, mais non tellement qu'ils le meritoient, leur estant secourable l'humanité du sieur de Mouy, lequel feit cesser la furie des soldats françois, jà eschauffez au carnage. L'enseigne de fanterie y demeura logée jusques à ce que tous les vivres qui estoient dedans furent conduits à Thoul, sans ravir ne transporter autre chose, pour estre tousjours maintenus en leur neutralité.

Ainsi de toutes parts ès environs, au commandement de Monsieur, tous vivres et munitions furent amenez dedans Thoul avec si bon ordre, que chacun vivoit un peu mieux et avec plus grande discretion qu'auparavant. Depuis, il advisa qu'advenant le siege la ville seroit mal pourveuë de gens de pied, y estans quatre enseignes seulement, sçavoir : deux du sieur d'Esclavolles, gouverneur, celles des capitaines Mont Sainct Pere et Le Fresne, dont feit venir encore les deux du capitaine Volusseau et Éloy, y adjoustant le capitaine André de Maye-More avec ses chevaux legers et harquebusiers à cheval italiens. Le baron des Guerres y estoit jà avec sa compagnie de chevaux legers. En cest appareil nous attendions de jour en jour le siege, oyans d'heure à autre un nombre infini de faux rapports et menteries de leur venue : dequoy tant peu nous soucions et avions crainte, que le plus souvent ne laissions à sortir et les aller veoir de près, pour estre asseurez de leur deliberation. Le comte d'Aiguemont estoit tousjours à Pont Camouson avec sa cavallerie, lequel, comme je croy, estoit refroidi de sa colere ; car ce peu de temps qu'il y sejourna, nous estans à Thoul, ne feit aucun semblant de se mettre en pays pour nous visiter ; ains, peu après, en partit sans parachever un seul poinct de ses menasses.

M. de Nevers estant adverti comme l'Empereur estoit esbranlé à se retirer, et son armée se rompre et diminuer journellement, ne laissoit guères passer jour sans envoyer gens sur pays pour les haster d'aller, et le plus souvent, au lieu de les advancer on les faisoit reculer, estans amenez prisonniers. Toutefois, on les trouvoit en si grande pitié, que, sans leur faire mal, on les laissoit passer. En cest estat demeurasmes jusques au dernier jour du mois de decembre, que l'Empereur, ayant eu nouvelle de la reprise du chasteau de Hedin, se voyant dechoir et diminuer de toutes choses, craignant le retour de l'armée du Roy, et tomber en plus grande honte et vitupere pour trop attendre, se retira des premiers le premier jour de l'an, laissant au duc d'Albe toute charge pour departir son armée et ordonner de la retraite. Si tost que fut sceu par le camp que Cesar estoit party, les chemins et villages à l'entour estoient couverts et pleins de ses soldats, qui se retiroient les uns en leur quartier, les autres où ils pouvoient, en si grande indigence et misere, que je ne fais point de doute que les bestes mesmes, voire les plus cruelles, n'eussent eu quelque pitié de ces miserables soldats, tombans, chancellans par les chemins par extreme necessité, et le plus souvent mourans près des hayes et au pied des buissons, pour estre proye aux chiens et oyseaux : ce qu'à plus grande raison doit esmouvoir les cueurs des personnes que fortune a rendu tant heureuses en ce monde, que jamais ne sentirent ny essayerent les duretez de la guerre ; et quand ils en parlent le ventre plein et le verre au poing, parmy leurs plaisirs et delicatesses, leur semble que soyent nopces ou voluptez exercer cest estat, qui ne consiste, parmy mille et mille perils, qu'au danger de l'ame et du corps, s'il n'est justement et prudemment executé.

Pour ne perdre de temps, et par advertissement que M. de Nevers avoit receu sur le chemin de la Franche-Comté, envoya le sieur de Moye et le capitaine André de Maye-More, avec environ cinq cens chevaux, tant de gendarmerie que d'harquebusiers à cheval, pour chausser les esperons à messieurs les Comtois, se retirans par ces climats : et peu s'en fallut que le fils du sieur de Granvelle, le baron de Corlaou, le sieur de Dissay et le comte de Pondevaux, avec autres gentilshommes de leurs limites, ny laissassent du poil ; qui, se doutans de ceste venue, faisoient petites poses où ils passoient et longues traictes. Les nostres, ayans failly ceste premiere entreprise, d'une traicte s'allerent au poinct du jour embusquer près d'une petite ville appellée Rambevillers (1), dedans laquelle estoit un commissaire des vivres qui venoit de la Franche-Comté pour l'Empereur, et le maistre de la monnoye de Bezanson, avec deux autres marchands qui conduisoient grande quantité de tous vivres et provisions. Ces commissaires et marchands estoient au paravant chevallez (2) et conduits à l'œil par un Lorrain qui servoit d'espion, par lequel M. de Nevers estoit seurement adverty de ce qu'estoit à executer pour les surprendre et saisir prisonniers. Parquoy, embusquez que furent assez près de ceste ville, le sieur André envoya certain nombre de ses soldats italiens, qui devoient advertir l'embusquade par un signal, s'ils entroient, et devoient gaigner la porte et en dejetter les gardes. Adonc eux faignans de venir du camp impérial, et d'endurer grand froid et faim, se complaignirent tant, qu'ils furent mis dedans pour trouver des vivres. Tost après quelques autres y arriverent; lesquels feirent comme les premiers, et se trouverent leans assez forts pour repouser les gardes des portes, qui n'estoient que gros paysans lorrains, armez de vieilles hoguines, de bastons rouillez ou bruslez au bout. Le capitaine André, parlant fort bon espagnol, y arriva aussi peu apres, demandant à entrer, ce que luy refuserent à l'instant. Ses soldats, qui jà estoient advertis du signal qu'il leur avoit donné, quant et quant chargerent sur les portiers à demy endormis, et les autres yvres; desquels les uns furent massacrez, les autres contraints à leur faire place et abandonner les portes, desquelles fut faicte peu après pleine ouverture; dont l'embuscade advertie, à bride abbatue donna dedans ceste ville. Je laisse à penser quel mesnage y fut fait. M. le commissaire y fut trouvé caché dedans la paille d'un lict, qui, avec ces marchands, fut amené prisonnier à Thoul, les vivres et provisions dissipées, renversées, gastées, et le plus que l'on peut mises à perdition. Autant en feirent à Espinaux, Chastel sur Mozelle et Remiremont, où fut fait de grandes violences à l'abbesse et aux dames, et mesmement par ces Italiens nouvellement venuz du camp de l'Empereur au service du Roy.

Devers Metz M. de Nevers avoit envoyé le sieur de Chastelluz, lieutenant de la compagnie de M. de Bordillon, avec pareil nombre de cavallerie, pour recognoistre et rapporter le certain de ceste retraicte; lequel, passant par le Pont Camouson, trouva que le comte d'Aiguemont avec son regiment de cavallerie en estoit party; où n'estoit demeuré qu'un grand nombre de miserables malades. De ce lieu passa jusques à Metz, où il trouva que le duc d'Albe et Brabanson avec la plus grande partie de l'armée imperiale, estoient deslogez en un desordre estrange, et, presque oze-je franchement dire, chassez de punition divine, partans de nuict avec deux feux seulement pour signal, le plus secrettement qu'ils pouvoient, sans bruit de trompettes ou tabourins, laissant les tentes dressées et grande quantité de toutes sortes de harnois et armes, de caques pleines de pouldre à canon, un nombre infini de meubles et ustensilles, ayans caché soubz la terre une partie de leur artillerie, demeurant pour ostages une multitude incroyable de pauvres malades, envers lesquels M. de Guise, les princes qui estoient dedans Metz, et generalement les autres, jusques aux simples soldats françois, userent de charité tres-humaine, leur administrant toutes necessitez et tels soulagemens que pauvres malades estrangers ont besoing, non avec telle rigueur et austerité que peult estre ils eussent traicté les subjects du Roy, quand fussent tombez entre leurs mains à leur mercy. Sur la queuë donna M. le vidasme de Chartres, ayant desfait une compagnie de leurs chevaux-legers, et fait brusler un grand nombre de leurs pouldres qu'il avoit destroussé à leur veuë, et retourna avec plus de prisonniers qu'il ne vouloit, sans perte ne dommage des siens.

Le marchis Albert estoit demeuré le dernier à partir, pour servir d'escorte et arriere-garde, et pense que depuis ne fust sans s'en repentir; car si-tost que M. de Guise sceut qu'il gardoit la queuë du loup, chercha tous les moyens pour le festoyer, luy donnant tant d'allarmes sans cesse, qu'à peine pouvoit avoir heure de repos. Oultre ce, advertit et pria M. de Nevers de le secourir avec toutes ses forces, pour le desloger. Soudain qu'il eut ces nouvelles en feit part à M. le mareschal de Sainct-André estant à Verdun, pour s'assembler et joindre à ceste entreprinse. Parquoy le troisieme jour de janvier il partit de Thoul avec toute sa gendarmerie et cavallerie et trois enseignes de fanterie, accompagnié de M. de Bordillon et de plusieurs gentilshommes et capitaines. Ce matin mesme alla disner à Pont Camouson, où le reste de ce jour attendit nouvelles de M. le mareschal, lequel estoit jà party, et avoit prins un autre chemin plus bas, ayant aussi envoyé le sieur de Mouy devers M. de Guise, le priant de l'advertir de sa resolution sur cest affaire, duquel attendoit response. Estant de retour le sieur de Chastelluz, et par luy acertené de tout, mesmement que ce marchis cherchoit tous moyens pour se sauver et retirer,

---

(1) Rambervilliers. (2) Épiés.

le cinquieme de ce mois partit avec M. de Bordillon, suivy d'aucuns gentilshommes de sa maison et compagnie, au nombre de deux cens chevaux, pour aller à Metz, où, avec sa troupe, fut bien venu et caressé, tant de ce magnanime et victorieux prince de Guise, que de tous les autres grands seigneurs, gentilshommes et bons compagnons qui estoient demeurez apres ce siege. Lesquels nous monstrerent à l'œil et au doigt les grandes ruines et abatiz de tours et murailles, faites par l'artillerie de l'Empereur, les mines commencées et interrompues, les contremines par dedans, leurs remparts et tranchées basties et complettes avec si grande diligence, que les espaules leur douloient, et les avoient encore enflées de tant y avoir jour et nuict porté la hotte; les appareils estranges qu'ils avoient apprestez pour recevoir les ennemis à l'assault, comme potz, lances à feu, cercles, tortiz, chausse-trappes, grenades et toutes sortes de feux artificiels, desquels estoit un des premiers autheurs M. de Sainct-Remy, gentilhomme vertueux, et en ces choses et autres de gentil et subtil esprit.

Le reste de ce jour ces princes eurent le plaisir à veoir les braves sorties et escarmouches de leurs soldats sur ce marchis et ses Allemans; lesquels on alloit chercher en leur fort, et donner coups de picques et harquebuzades, jusques dedans leurs loges, pour les attirer au combat en la plaine; ce que ne vouloient faire qu'à contrainte, se tenans serrez et uniz, sans se rompre ni escarter. En cest estat et continuelle peine estoient contraints demeurer dès le matin jusques au soir, ne s'osans espancher ne eslargir pour chercher vivres; car si-tost qu'estoient trouvez en petit nombre tout soudain par les marangets et fouillards, villains du pays, estoient esgousillez et desfaicts. Dequoy davantage ennuyés se devoient plustost lever, comme les nostres desiroient, attendu que l'on ne les pouvoit forcer qu'avec perte. M. de Guise feit mettre en une petite isle au dessoubs du pont des Mores, quatre moyennes coulevrines, lesquelles tiroient à vollée jusques dedans eux. Tant leur fut fait d'ennuis, que deux jours après ce marchis, ayant perdu la meilleure part de ses hommes, en plus petit nombre qu'il n'estoit venu partit de là, prenant son chemin vers Treves. Il fut quelque peu suivy, et avoit on bon marché de ses gens, estans assez combattuz de froid, faim et toute misere; mais les François, esmeuz de grand'pitié, n'en tenoient compte; ains au lieu de les tourmenter, ils leur ouvroient le passage et laissoient aller les membres quittes, ne souhaitans que tenir le chef seulement, pour payer l'escot de tous.

Ainsi à sa confusion et honte deslogea l'Empereur de devant Metz, sans avoir fait un seul poinct des rigoureuses menasses qu'il avoit mandé au Roy, estant une si grande et merveilleuse armée qu'il y amena, desfaite et ruinée, non totalement par fer et faim, mais plustost par ire divine; par laquelle il peut entendre et cognoistre qu'en la force des hommes, ou ès grandes armées, ne consiste la victoire; laquelle fault requerir et attendre avec juste querelle du seul regnant eternellement, tout bon et tout puissant. Quant au reste, il demeura si à sec et espuisé d'argent, que au partir du logis il devoit presque toute la solde de ses miserables soldats. Voylà où il employa les promesses et juremens faicts aux electeurs du Sainct-Empire, et en quoy furent exposées tant de grandes provisions qu'il tira d'eux, estant, à brief dire, destitué de tous moyens pour entreprendre de long temps après chose de consequence et de valeur. M. de Guise, par le sieur de Randan, manda au Roy toutes ces nouvelles; lequel, ayant rendu très-dignes et très-devotes graces au roy des roys, qui luy avoit concedé une si triomphante victoire, incontinent manda par tout son royaume que en cantiques et hymnes on chantast à Dieu omnipotent les louanges de sa haultesse, grandeur, puissance admirable et ineffable bonté; le suppliant de nous tenir en sa garde, defense et tuition, ainsi qu'il faisoit les enfans d'Israël, gardans ses commandemens.

M. de Guise feit le semblable à Metz avec une triomphante et generale procession, où il se trouva en toute humilité et devotion, comme aussi feirent tous les princes, messieurs d'Anguian, de Condé, Montpensier, de La Roche-Surion, de Nemours, et les sieurs Horace Farneze, Pierre Strossy, le vidasme de Chartres, les sieurs de Montmorancy, de Danville, de Gonnort, gouverneur de Metz; de La Broce, lieutenant de la compagnie de M. le duc de Lorraine, et de La-Roche-Foucault; les vicomtes de Thuraine et de Martigues; les sieurs de Lanques, Antragues de Biron et Sainct-Remy, et generalement tous les gentilshommes, capitaines et vaillans soldats qui estoient demeurez après ce siege; lesquels tous le seigneur Dieu veuille conserver en santé et prosperité.

Puis ayant ordonné la garnison laquelle demeureroit dedans Metz, et disposé de toutes affaires, apres les monstres faictes, tant de la gendarmerie que fanterie, on nous donna congé pour nous aller reposer et rafraischir en noz maisons, et luy s'en alla à la Cour trouver le Roy. Le semblable feirent M. de Nevers et les princes que j'ay cy-dessus nommés.

LIVRE CINQUIESME.

De la prise de Terouenne et Hedin par l'armée de l'Empereur, puis de ce que s'est fait au pays de Artois et Cambresis, par celle du Roy, en l'an 1553.

[1553] Nous avions desjà passé une partie du mois de janvier avant que ces princes chrestiens, fort esmeuz l'un contre l'autre, eussent retiré leurs puissantes armées pour donner repos à leurs soldats, mesmement l'Empereur, lequel avec une très-grande perte avoit en ce temps levé son siege devant la grande cité de Metz, tenant le chemin avec ceste infortune devers le Rhin; le reste de ses miserables soldats se retirans comme le moyen se presentoit, la pluspart mendians avec une incredible pitié, entre autres les Allemans, lesquels pour leur butin tant esperé et promis reportoient en leurs maisons necessité, maladie et tout malheur; ayant esté ceste nation sur toute autre la plus odieuse aux François, pour la haine qu'ils portoient à ce marchis Albert, lequel après recogneut sa grande faute, et ressentit sa prochaine ruine, se voyant abandonné par celuy qui luy avoit par tant de sermens asseuré toute faveur et amitié, et restitution de tous ses biens, le relevant par promesses en plus grands honneurs qu'il n'avoit onques esté par cy-devant. Parquoy se cognoissant au but et presque à la fin de son esperance, comme homme de toute espece de furie tourmenté, adjoustant malheur à malheur, proposa commettre toutes sortes de tyrannies, et tous genres de crimes et ravissements, de beaucoup plus estranges que les premiers, principalement sur le propre et domaine des evesques ses voisins, ses alliez, et d'un pays. La principale cause qui l'induit le plus à tant se oublier fut qu'au rompement de son camp l'Empereur le laissa le dernier, sans luy laisser argent, ne luy donner contentement ou asseurance de mieux le récompenser, selon sa premiere promesse, et que, pis estoit, sans luy faire distribuer un seul denier pour la paye de ses soldats. Pour ce, craignant d'estre massacré et tué par ces mesmes soldats, pour les appaiser et maintenir, les mettoit en quelque petite ville, bourgade ou chasteau, et leur en bailloit le sac pour les contenter, leur avallant la bride sur le col d'executer cruautez non jamais ouyës. En ceste meschante façon de vivre fortune l'affrianda pour quelque temps, mais d'autre costé lui brassoit plus grande confusion; car les evesques et seigneurs ecclesiastiques, ausquels avoit esté tant pernicieux, avec leurs voisins, et ceux que tant avoit grevez et endommagez, assemblerent une armée où aucuns d'eux se trouverent en personne, et le duc Maurice, qui, peu auparavant, estoit retourné de son voyage contre le Turc pour le roy des Romains, ensemblement le suyvirent, et serrerent de si près, que, luy ayans donné la bataille en cest an, le neufvieme de juillet devers Coulogne, près d'un petit village appellé Siferhausen, le desfeirent et ruinerent, estans demeurez morts de ses gens de quatre à cinq mille hommes, et luy pour un long temps tenu pour mort, avec petite perte tant des leurs, mesmement des hommes de reputation, que du duc Maurice, lequel, pour y avoir esté fort blessé, mourut peu après. Voilà l'issue qui souvent advient aux hommes violateurs des loix divines et humaines.

L'Empereur devallant le long du Rhin et des basses Allemagnes, se plaignant grandement d'eux, et remettant la faute en partie sur leur negligence, ne luy ayans envoyé secours si tost qu'ils luy avoient promis, laissoit entre les haults Allemans une guerre civile, et sédition si grande, que le pere en devint ennemy du fils, et le fils du pere, le frere prenant les armes contre son propre frere: chose très-piteuse et cruelle. Toutefois il envoya, peu de temps ensuyvant, ses ambassadeurs avec lettres de toute douceur et confort, pour les reconcilier, s'excusant de la faute sur la contrarieté du temps, avec mille autres honnestes excuses faisans couverture à les conserver en leur premiere volonté enclinée à sa faveur; laquelle estoit esvanouye et perdue en eux, pour se sentir avoir esté par tant de fois seduits de tels et semblables attraicts. Et ce que en restoit encore en aucuns le Roy effaça entierement par la harengue et remonstrance que ses ambassadeurs leur proposerent. Dequoy l'Empereur adverty en conceut tel despit en son esprit, qu'il en fut presque jusques à payer le tribut naturel, dont fut si grand bruit par tout, que chacun le tenoit pour estre mort et consumé en terre, quand il nous recommença la guerre plus aspre que jamais. Et pource que la publique opinion est par la France, quand on le dit ainsi mort, que c'est adonc qu'il songe et conspire grandes inventions contre ses ennemis, ce qu'il attenta peu après m'en fait avoir quelque doute ; car à la primevere et sur le nouveau temps, pour donner fondement à sa deliberation, mesmement que l'argent est le nerf de la guerre, dont estoit fort desgarny, feit dresser imposts, tailles, subsides, et toutes sortes d'exactions sur ses pays et subjects, voire, selon qu'a esté rapporté pour verité, jusques à exiger et prendre tribut du servant et de la servante, des plus pauvres et mendians. Puis, se sentant un peu remis et renforcé de deniers, solicita ses amis et confederez de luy lever gens et soldats. De la part des hauts Allemans, peu en vint à son service, pour le grand mescontentement et la raison susdite ; des bas Allemans, comme des Clevois, Gueldrois, et Walons, en recouvra assez grand nombre. Des Espagnols naturels on peut croire que ne s'est trouvé luy en estre venuz de nouveaux, que le reste du siege de Metz, certainement les meilleurs soldats et les mieux experimentez qu'il a en son armée ; car les Espagnes estoient tant chargées d'ennemis et diverses alarmes, faites continuellement par les Argives (1) et Barbares, que malaisément, et sans leur grand dommage, ne pouvoient desfournir leur pays. Des Italies, on ne trouvera que soit venu grand nombre d'Italiens en son camp, pour le mauvais traitement qu'ils avoient eu devant Metz. Davantage, depuis que la seigneurie de Senes (2) s'estoit soubmise en la protection du Roy, le prince de Salerne et le duc de Somme, tenans son party en ces pays par de là, avoient retiré devers eux, avec bonne solde et paye asseurée, les meilleurs soldats qu'ils cognoissoient et sçavoient estre de leur nation, et de ceux mesmes de l'Empereur ; lesquels acceptoient ce party, tant pour l'amitié de leurs parents, voisins et amis, qui les y semondoient et solicitoient, que pour estre la guerre sur leurs lieux, ayans moyen de mieux y faire leur proufit. On peult aisément conjecturer que le Roy de toutes ces praticques et menées estoit, tant par ses secrets amis que par espions, asseurément adverty, et que de son costé faisoit toutes les diligences que l'on sçait estre en la puissance d'un grand roy, et n'estoit rien espargné pour le prevenir, et divertir les uns et gagner les autres. Estant la chose assez commune et publique, par tous les moyens que luy estoit possible, il faisoit amasser et assembler deniers pour tendre à ses fins ; mais aussi on ne peut nier que ce n'ayt esté avec une si grande humanité d'un roy demandeur, trouvant son peuple plus liberal et prompt à luy donner et departir de ses biens pour sa tuition, qu'il n'estoit volontaire à leur demander. Tel et si grand heur a donné Dieu aux roys de France, d'avoir en obeissance le meilleur et le plus fidele peuple qui soit au monde, car si, en la necessité, après l'exposition de tous biens, leur prince se presentoit, requerant pour son salut de leur propre sang, il n'est rien plus certain que de leurs mains se saigneroient pour luy en departir. De ce que j'en dis et ay dit, j'appelle Dieu et les hommes à tesmoings si c'est pour plus noter l'ancien ennemy de France, que pour exalter et louër nostre françoise nation, et defendre la querelle de nostre Roy, jaçoit que mon naturel y soit avec raison plus enclin ; ce que j'abbregeray pour suyvre mon premier propos. Comme en France, le reste de cest hyver, on ne parloit de la guerre en sorte que ce fust, sinon par murmures et conjectures, et n'en estoit rien sceu par ceux qui alloient et venoient au commandement de ces deux princes, estant remis le deliberé et conclusion de cest affaire au sein et secrette memoire du conseil privé. A la Court, le plus souvent, on ne faisoit mention que de festins et triomphes, de toutes sortes de jeux et passetemps ; mesmement en ces jours furent célébrées à Paris les festes et nopces du seigneur Orace Farnaize, duc de Castres, et de madamoyselle Diane, fille naturelle du roy Très-Chrestien, avec une sumptueuse magnificence.

Mais ne tarda gueres que l'Empereur ne feist troubler ces temps de bonnes cheres, nonobstant que toutes ses affaires n'eussent si entier effect qu'il espéroit ; car, environ la fin du printemps, sur le commencement d'esté, avec ce qu'il avoit peu assembler d'hommes, et à la conduite premierement du seigneur du Reux, envoya assieger Teroenne, qui toutefois ne demeura guères en cest estat, estant prévenu de mort ; et depuis fut ceste charge donnée au seigneur de Binecourt, chevalier entre eux estimé un peu plus doux et gracieux. Ceste cité, combien qu'elle fust petite de circuit, avoit un renom immortel par tout le monde, comme on peut voir ès commentaires de Jules César. Elle estoit située sur la petite riviere du Liz, ès confins de la Gaule

(1) Algériens.
(2) Sienne.

Belgique, gens belliqueux comme l'asseurent les historiographes, nommée par les latins *Morini* : maintenant on l'appelle le comté de Pontieu, assez prochaine de la grande mer Oceane, en assiette quelque peu pendante environnée de paluz et lieux marescageux, de bois et grandes forests; au reste, curieusement fortifiée par les rois de France, ausquels, depuis un long temps est escheuë [selon qu'on peut cognoistre par les chroniques], pour leur servir de boulevert et frontiere, tant contre les Anglois que les Flamens et Hennuyers, entre lesquelles elle est enclavée, leur ayant fait maintes destrousses et empesché diverses entreprises qu'ils pouvoient dresser sur la Picardie. Parquoy desjà une fois fut razée (1), rez pied rez terre, par les Anglois, et y fut semé du sel en signe de perdurable extermination, et de rechef maintenant ruinée et destruicte par les Bourguignons, Flamens et Hennuyers, leur estant fort odieuse ; lesquels ont importunément induit l'Empereur à ceste entreprise.

Or, pour estre estimée imprenable, et que, tant par advertissemens que par bonnes considerations, on présumoit que l'ennemy ne convertiroit ses forces en cest endroit, mais plustost qu'il s'adresseroit en Champagne devers Mesieres et Yvoy, on ne l'avoit si soigneusement pourveuë de vivres et toutes munitions, comme estoit requis à soustenir un long siege. Dequoy advertis les voisins ennemis, feirent si bonne diligence et si prompte, qu'elle fut assiégée à l'improviste, estant seul là-dedans principal chef le seigneur de Losses, avec ses chevaux legers et quelques gens du pays, non en grand nombre ne de grande defense, et pour en parler sans dissimulation, selon la naturelle négligence de nous autres François, ou par l'avarice des precedens gouverneurs estoit ceste clef demeurée devestuë et denuée de toutes provisions. Pourtant fallut faire de necessité vertu, et, où prudence n'avoit eu lieu fut besoing que force secondast : tellement qu'à la barbe des ennemis, et malgré eux, estant, comme on les jugeoit, la plus grande part non usitez à l'art militaire, on la renforcea d'hommes, de vivres et de tout ce que l'on peust; estant envoyé là dedans lieutenant pour le Roy, M. d'Hessé, chevalier de l'ordre, très-sage et très-vertueux, comme aussi fut le seigneur de Montmorency, fils aisné de M. le connestable, avec la pluspart de leurs compagnies, suyvis d'un grand nombre d'autres seigneurs, gentilshommes et vaillans soldats; lesquels y entrerent, les uns pour acquerir honneur, et les autres suyvans leurs capitaines pour la defendre et garder. Je laisse à penser combien ceste brave entreprinse et exécution rapportée à l'Empereur, rengregea son despit, et rendit de plus en plus opiniastre à la faire battre et assaillir. Le Roy, au contraire, sçachant ainsi sa ville renforcée de braves hommes, de vivres et de toutes munitions, receut en son esprit telle asseurance et contentement, que, sans de plus loing considerer les ruses et inventions estranges de l'ennemy, sans plus diligens préparatifs ne amas d'armée, pour soustenir une poignée d'hommes, encore qu'ils fussent les plus braves et hardis du monde, subjects toutefois à estre, par le temps et continuel labeur, affoiblis et rompus, se promit qu'estoit impossible de la pouvoir forcer sans permission divine. Ainsi fut donné le loisir aux Imperiaux de faire tous leurs efforts, et user librement de ce qu'ils pouvoient imaginer propre à enfoncer et demolir une forteresse : vous asseurant que ne perdirent vainement ceste occasion ; car encore que ceux de dedans, et que M. de Vandosme, avec gendarmerie des garnisons à l'environ, leur donnast les empeschemens et alarmes que luy estoit possible, pour leur nombre de beaucoup plus gros et fort que le nostre, on ne peust empescher que ne feissent leurs approches ou bon leur sembla. Si assiegerent leurs batteries en tous les lieux où leur pleut, et cognèurent qu'ils pouvoient endommager la ville et ceux de dedans, voire jusques à approcher et mettre les bouches de leur artillerie au plus près et sur le bord du fossé, entre le chasteau et la tour du Chapitre, et sur une petite montagne où estoit la Justice, qui en est assez prochaine, ayans amené, je crois, de toutes les villes et chasteaux de Flandres et Artois, toute sorte d'artillerie, avec munitions innumerables de pouldres et boulets. Tant ceste gent sembloit estre aise de la veoir ainsi environnée, que les femmes et petits enfans, non seulement y accouroient, ains de joye en chantoient chansons et rythmes, amenans et apportans en leur camp tous grains, breuvages, bestails et autres vivres à monceaux, qui demonstroient leur armée plus grande en nombre que prouveuë de bons soldats.

Leur batterie commença environ la fin du mois de juing, la plus estrange et furieuse qui ayt esté faite, selon le rapport de ceux qui l'ont ouye, depuis cent ans en çà, tellement que, à ouïr le tonnerre qu'elle rendoit, on eust plus tost jugé estre montagnes qui tomboient les unes sur les autres, et toutes sortes de fouldres y estre meslées, qu'inventions humaines; mais jaçoit que les boulets tombassent aussi espessement dedans la ville, que grosse gresle descend du ciel, et que

---

(1) En 1513.

n'y eust sur le rempart, par les rues et dedans les maisons, lieu seur et sans danger, toutefois ces vaillans et hardis capitaines et braves soldats en avoient peu de frayeur; car, faisans continuelles sorties et recharges sur les ennemis au milieu de ces esclairs et fumées, les rechassoient et rembarroient à monceaux dedans leurs forts et tranchées, à la similitude qu'un loup affamé sortant d'un bois fait fuir et serrer ensemble les troupeaux de moutons espars; et quelquefois les contraignoient abandonner leurs tranchées, et avoient le loisir d'enclouer de leurs pieces et mettre le feu en leurs pouldres; mais bien plus, en leur despit entrainerent jusques dans la ville une de leurs coulevrines, et depuis en tirerent divers coups sur eux, combien que le grand nombre d'artillerie et munitions qu'on amenoit de tous costez ordinairement en leur camp, réparoit en peu d'heure le desordre et default que les nostres avec grand labeur et danger y avoient mis; estant, comme j'ay retenu d'un sage et experimenté en cest art, plus grande perte à l'assiegé d'un homme seul qu'à l'assiegeant de dix. La tempeste et fouldroyante batterie des ennemis renforçoit de jour en jour, et ne demeuroit dedans la ville tour ne tourelle, jusques à une girouette, qu'ils ne portassent par terre; il n'y avoit de defense dedans ne dehors qu'ils ne rasassent: bref, à la veoir ainsi battre et demolir, on eust bien creu qu'ils avoient deliberé de l'abysmer et anéantir, comme ont depuis fait. Ceux de dedans, sans aucun respect de leurs vies, au mesme lieu qu'ils veoient que le boulet donnoit de moment en moment portoient sur leur doz la terre, la fassine, le gazon et le fumier; ce qu'affoiblissoit de beaucoup noz soldats pour la continuelle fatigue qu'ils avoient le jour de reparer, et la nuict au guet, à la sentinelle, et soustenir diverses alarmes avec peu de repos, faisans à la necessité l'office et faction de soldat et du vastadour, pour le mauvais ordre que ceux qui en avoient la charge avoient mis à munir la ville d'artizans et vastadours, encore moins d'outils necessaires à tel besoing, comme de pioches, picqs, palles, rancoins, serpes, coignées et telles sortes de ferrailles dont ils avoient si grande disette là-dedans, que les pauvres soldats estoient aucunefois contraincts de piocher la terre avec palles à feu, et, en maniere de parler, la gratter avec les ongles; pour lesquelles, ou semblables necessitez, plusieurs villes de France ont esté emportées par les ennemis, encore qu'elles feussent prouveués des meilleurs hommes du monde, et n'est à moy d'en accuser personne, sinon ayant la liberté et la langue d'en parler après les autres. Pour auquel besoing subvenir et donner aucun resjouissement au travail des assiegez, on feit entrer dedans le capitaine Grille, avec cent harquebusiers à cheval; ce qu'il entreprint et executa tant bravement, et avec telle conduitte, qu'ayant forcé leurs guets à petite perte de ses vaillans soldats, il se guinda dedans, ce qu'accreut grandement leur courage. Ce mesme jour, ensemble feirent une sortie sur eux assez heureusement, et feirent leur retraitte comme gens de guerre, et sans avoir du pire.

Ceste gent se monstroit tant ennemie de ceste miserable ville, qu'elle n'oublioit rien pour faire apparoistre son extrême desir de la veoir à totalle destruction. Et combien que jour et nuict on ne cessast de la tourmenter par toutes les sortes que l'on pouvoit imaginer, de tant plus croissoit le courage aux François à les repousser; ce que vous peult estre admirable d'ouyr reciter et entendre la très-grande diligence qu'ils faisoient à remparer et se fortifier, qu'à moy aysé à le vous escrire et proposer; car, en moins d'une heure, ils avoient enlevé le rempart hors d'eschelle, où veoient que l'artillerie faisoit esbranler la muraille, et rendoient plus fort en un instant ce qu'elle avoit demoly en un jour, qu'il n'estoit auparavant. Toute-fois la fouldre de leur artillerie estoit si terrible et impetueuse, tonnant sans intermission, que n'y avoit rempart, levée, ne defense, qu'elle ne dissipast et renversast sans remede; laquelle ainsi furieusement continua près de dix jours entiers. Dedans lequel temps estimans les ennemis la breche assez grande et raisonnable, ce qu'elle estoit à la verité, car elle avoit au moins soixante pas de longueur; estant la muraille, le rempart et toutes les defenses, tant du chasteau que de ceste grosse tour, brisées et fracassées, ne restant plus qu'une petite levée que noz gens avoient basty au dedans; et le parapect et haut du fossé qui estoit encore fort roide, et pour eux difficile à monter, nonobstant que, tant avec les quartiers et ruines de la muraille qu'avec fagots et clayes, ils eussent fait grand devoir d'emplir le fossé pour gravir plus facilement. Cela estant cogneu par les nostres, conclurent de les soustenir et vertueusement renverser, et peut-on croire qu'ils ne laisserent rien au logis qui ne fust rapporté en jeu. Après plusieurs volées d'artillerie, tant de la montagne qui donnoit droit au doz des François voulans defendre la breche, que de celle qui tiroit en front du costé de la riviere, avec grands bruits de tabourins et trompettes, avec divers criz à leur mode, furieusement, la teste baissée, vindrent à l'assaut de toutes pars, portans eschelles et toutes sortes d'engins pour monter et forcer cette ville. Il faut estimer qu'il y fut fait un des merveilleux combats dont jamais fut memoire ; car si les ennemis estoient opiniastres et desireux d'y entrer, encore plus les François avoient grande ardeur et volonté de se defendre et les repoulser, causant une très-aspre meslée et sanglante bataille. On n'y voyoit que feux gregeois et inextinguibles : on n'y oyoit que froissement de harnois, chapliz de toutes especes d'armes, piteux cris des bruslez, fracassez et mourans ; generalement toutes sortes d'exécutions de très-cruelle furie, laquelle dura plus de dix grosses heures, se rafraischissans les ennemis jusques à trois fois. Enfin la magnanimité et vertueuse constance des François prevalut et vainquit l'obstination des Imperiaux, les repoulsans avec une grande boucherie de leurs plus braves hommes, non aussi sans une grande perte et interest pour nous, y ayant laissé la vie le tres-valeureux chevalier, le seigneur d'Hessé, de la vertu duquel, aujourd'huy et à jamais, bruiront les mers de Ponent, estans les trophées et enseignes de ses chevaleureux actes eslevez et assez publiez ès isles d'Angleterre et Escosse, comme aussi feirent les seigneurs de Piennes, de Beaudisné, de La Rocheposé, de Blandy, et le capitaine Ferrieres, tous vertueux hommes, et de louable estimation, et d'autres vaillans gentilshommes et soldats, aux ames desquels Dieu vueille avoir fait miseridorde.

Le Roy, adverty du très-vertueux devoir des siens, se persuada que, selon ce victorieux commencement, la fin ensuyvroit plus heureuse, sans autrement ordonner de plus grand secours pour ceste petite ville, offensée et dessirée presque de toutes pars, sinon de faire partir de Hedin les capitaines Breul et Sainte Roman, avec environ trois cens hommes de pied, pour essayer à y entrer; ce qu'ils parfeirent heureusement, non sans hazard de leurs personnes et soldats, ayans les ennemis de leurs tranchées et levées presque circuit environé toute la ville, estans leurs corps de guets assis dedans les fossez. Lesquels, pour ceste premiere bastonnade, n'estoient refroidiz et descouragez d'y retourner, pour par tous efforts tenter et se parforcer de l'emporter, combattans journellement main à main avec les François qui gardoient la breche ; et non seulement donnerent feu à diverses mines qu'avoient creusé en plusieurs endroits [desquelles la pluspart se trouva fausse et eventée], mais encore pratiquoient une ruze non trouvée de nostre temps [comme on peut veoir par Vegece, Vitruve, et d'autres anciens autheurs], qu'estoit de saper soubs le parapect et doz du fossé, difficile et fort malaisé pour monter à la breche, estant, comme j'ay dit, avec l'artillerie brisez et rompuz tous les flancs et defenses, ayans fait certains taudiz, qu'on a appellé manteletz, en façon de ponts, pour seulement se couvrir des coups de main et des pierres, tant que ils approcherent jusques au pied de la breche, soubs lesquels ils creusoient et trainoient leur sape. Dequoy estoient les François tant esmerveillez et esbahis, qu'ils ne sçavoient qu'en juger, encore moins du remede ; les uns disans que c'estoient ponts qu'ils vouloient approcher et advancer sur la breche, et les autres qu'ils minoient et creusoient là dessoubs ; mais non assurément : car on n'eust jamais creu qu'ils eussent entrepris de creuser et saper jusques soubs les pieds de ceux qui estoient au dessus d'eux sur la breche, mais plustost qu'ils tiroient soubs le chasteau ou soubs ceste grosse tour de Chapitre, ce qu'estoit bien au contraire ; car ils sapoient soubs le parapect le long de mesme la breche, soubstenans le faiz avec appuis et pilotis : de la terre qu'ils en mettoient hors estoit rempli le fossé. Estant cest œuvre achevé, et y ayant donné feu, advint qu'une partie de ce parapect s'enleva hault, et se renversa en dedans le fossé ; et le reste fondit en un morceau, engloutissant plusieurs soldats françois, rendant l'ouverture de la breche de beaucoup plus grande et tant facile qu'un homme d'armes eust monté à cheval armé de toutes pieces.

Considérant M. de Montmorency, et selon le conseil de tous les capitaines qui estoient restez là dedans avec luy, qu'il n'y avoit plus ordre de defendre la ville et faire quelque resistance, advisa au moins de sauver les personnes, et demanda capitulation ; laquelle luy fut en premier concedée ; mais ainsi qu'on estoit après pour en parlementer, les Allemans et Bourguignons entrerent dedans par divers lieux. Les vieilles enseignes espagnolles vindrent donner à la grande breche, crians : *Bonne guerre ! bonne guerre !* et a esté dit qu'aucuns François en tirerent avec les picques, et leur tendoient les mains, pour s'exempter et garder d'estre tuez des Allemans. Ainsi ne fut autrement conclud de cette composition, estant de ceste façon surprise ceste brave petite ville de Teroenne. Apres, estoit chose estrangere et incredible à ouyr raconter les estranges vacarmes et cruautez qu'y perpetrerent les Allemans et Bourguignons, ne parlans que de couper gorges ; tellement que bien heureux s'estimoient les miserables François tomber prisonniers ès mains de plus gracieux seigneurs, de la fureur desquels, à toute peine, se peut presque sauver M. de Montmorency, qui seul estoit demeuré là dedans lieutenant du Roy, pour lequel couvrir et defendre en sa presence fut outragé et navré ce vaillant seigneur d'Ovarty, toutefois depuis fut recogneu et amené prisonnier au seigneur de Binecourt, lieutenant de l'Empereur. Les autres plus apparents prisonniers, comme le vicomte de Martigues, le seigneur de Dampierre, le seigneur de Losses, le seigneur de Beaudiment, de Baillet et Sainct-Romain, les capitaines Grille, Le Breul et Saincte Roman se rendirent à divers maistres, selon que la fortune leur advenoit. Et fault entendre, pour autant que les simples soldats furent les premiers qui y entrerent, et non les capitaines ne seigneurs d'authorité, les prisonniers qui pouvoient promptement recouvrer argent en sortoient à bon marché, comme advint du vicomte de Martigues, du seigneur de Dampierre, du seigneur de Sainct-Romain et du capitaine Le Breul; mais ceux qui demeurerent tard furent recogneuz, et en grand danger d'y tremper longuement : le surplus des soldats trouverent les Espagnols, à la mercy desquels estoient la pluspart tombez, et receurent d'eux un honneste traitement, prenant de ceux qui avoient moyen raisonnable rançon; et des pauvres, les ayans desvalisez de leurs armeures et meilleures hardes, les renvoyoient en sauveté, et bien souvent eux-mesmes les conduisoient. Dedans ceste petite ville fut trouvé grand nombre de bonne et grosse artillerie, mesmement deux fort belles et longues coulevrines; l'une appelée *madame de Haire*, pource qu'elle portoit jusques dedans le marché et la grand'place de ceste petite ville, à deux lieües de là; l'autre, dite *madame de Frelin*, qui n'estoit gueres moindre.

L'Empereur estant à Bruxelles, promptement fut adverty de la prise de Teroenne, en quoy il prinst aussi grand plaisir que si c'eust esté l'empire de Constantinople, et par tous les pays de Flandres, Artois et Henault, en celebrerent une joye grande, et allumerent feux de joye, qui depuis en ont eschauffé d'autres à leurs très-grands dommages, comme nous dirons cy-après. Puis il commanda qu'elle fust rasée et démolie jusques aux fondements, afin qu'il n'en restast que la place, où on diroit que Teroenne auroit esté. Si envoya dès-lors le prince de Piedmont, son neveu, lieutenant-général en son armée, pour esteindre une sedition et envie que portoient les princes et grands seigneurs de ses pays et autres prochains de Sa Majesté au seigneur de Binecourt, se sentans peult-estre aussi grands et puissans que luy en biens, authorité et credit, capables avec autant ou plus pour telles conduites entreprendre, combien que le seigneur de Binecourt a une fort bonne reputation de vaillant chevalier. Mais telle est la malice et envie des hommes : et ne fut onc, ne jamais sera, qu'il n'y ait envie entre pareils, encore que bien souvent elle soit dissimulée.

Le Roy eut les tristes nouvelles de ceste captivité aussi-tost que l'Empereur, ce qu'il trouva à l'instant autant estrange que chose dont on luy eust sceu faire rapport, veu que, peu auparavant, avoit receu ample contentement de ce triomphant assault que les François avoient soustenu victorieusement; mais estant le certain averé, tristesse le saisit si aigrement que long-temps il demeura sans parler, et les regrets qu'il faisoit donnoient assez d'apparence du grand deuil qu'avoit Sa Majesté, non de sa perte, luy estant ravie sa ville et le pays à l'environ; mais des vertueux hommes qu'il estimoit en plus grand nombre estre morts là dedans qu'il ne fut trouvé en après; dont, encore que la perte fust assez grande, il estimoit neantmoins les personnes, comme la raison luy commandoit, plus que les biens. De laquelle, au lieu que les ennemis s'esjouyssoient, par toute la France fut demené un triste deuil : les peres plaignoient leurs fils, les freres leurs freres, les parens leurs amis, les femmes leurs maris. Et n'estoit en tous lieux autre bruit que de la prise de Teroenne, advenue sur le commencement du mois de juillet en cest an 1553.

Mais combien qu'entre les François la plainte fust grande, et la perte beaucoup prejudiciable, si est ce que nécessité, laquelle est appellée inventeresse et maistresse de tous arts, aiguisant les esprits des hommes à esprouver choses estranges, excita et esleva l'esprit du Roy, et de ce dueil et regret l'esmeut, mettant elle mesme l'argument au milieu des bons jugemens du conseil, pour prevenir à plus grand danger eminent. Car, estant adverti que les ennemis peu de temps apres ceste ruine dressoient leur chemin, et se preparoient d'en venir faire autant à Hedin, de son costé se parforça davantage à le fortifier d'hommes, et de toutes choses bastantes pour les arrester et empescher d'executer plus grande entreprise, jusques au temps qu'il projettoit son armée pouvoir estre preste et assemblée, à fin de les lever de ce siege et les repousler en leurs confins. Ainsi M. le duc de Bouillon, mareschal de France, voulant de plus en plus perseverer au service du Roy, avoit long temps auparavant entrepris la tuition et defense de ce chasteau ; à laquelle le voulurent accompagner ce gentil et de très-grande esperance le seigneur Horace Farneze, duc de Castres, et le comte de Villars, avec grand nombre d'autres seigneurs, gentils-hommes et vaillans soldats; lesquels, pour donner preuve de leur vertu, volontairement et sans frayeur du precedent peril, se presentoient à ce service et devoir, encore que le Roy eust quelque doute et valeur de ce chasteau, et qu'il n'eust affection d'y exposer tels personnages de telle authorité; toutefois proposans vertu et honneur à pusillanimité, postposans la vie et tous biens mondains à une immortelle renommée, s'allerent enfermer là-dedans ce petit fort, non capable à la verité de contenir tels hommes, ne meritant que tant de gens de bien y laissassent la vie pour une vaine defense qui peu a apporté de proufit.

Par ce mesme moyen furent despeschez courriers et mandemens aux capitaines de la gendarmerie, de tenir prestes leurs compagnies, et, le plustost que leur seroit possible, les faire marcher et se rendre devers Amiens, où estoit M. le connestable, esperant d'y assembler le camp du Roy. Commissions furent distribuées aux capitaines de fanterie, de faire leurs levées le plus bref qu'ils pourroient, et à ceux des vieilles enseignes et compagnies entretenues, de les fournir complettes et armées, pour les conduire seurement et sans plaintes jusques en ce lieu. Furent aussi par tout le royaume criez les rierebans (1), selon leur devoir et ordonnance du Roy, pour quant et quant marcher, et se venir rendre audit lieu. Furent aussi advertis et priez messieurs les cantons des Suisses de la ligue françoise, d'envoyer secours et certain nombre de gens de pied de leur nation, les mieux armez et complets que leur seroit possible, selon la paction faite entre les roys de France et eux. Et, pour conclure en bref, le Roy feit de grands efforts, et commanda estre pourveu à toutes choses, pour mettre aux champs sa puissance, et faire belle son armée; dont les ennemis advertis, et estans bien asseurez que si le peu de temps qu'ils pouvoient avoir, dedans lequel l'armée du Roy pouvoit estre preste, ils n'employoient si à poinct qu'efforcer et gaigner Hedin, difficilement pourroient venir à chef de ceste besongne, et se retirer sans une bataille, ou une grande honte, à toute diligence se parforcerent de l'assieger et battre en bref, avec une tant grande poursuite et laborieuse industrie, qu'estant la ville vuide des habitans [lesquels estoient fuys et retirez en France, avec ce qu'avoient peu transporter de leurs biens], fut en bien peu de temps par eux prise, pour n'estre fort desfendue des soldats; lesquels se retirerent tost dans le chasteau, pour la savoir non tenable. Alors ils y assiegerent d'un costé l'une de leurs bateries, l'autre devers le parc, et la plus grande de toutes à l'endroit de la tour Robin, où jà les François avoient fait la leur. Mais quelque resistance que les nostres leur eussent sceu faire, ne pouvoit estre assez puissante pour les en divertir, estant petit ce chasteau, qui en tout pouvoit contenir deux mille hommes, encore fort à l'estroit, ayant esté autrefois basti par les ducs de Bourgongne pour le plaisir de la chasse seulement, et non pour forteresse. Ainsi ne perdoient une seule heure jour ne nuict de le battre le plus furieusement qu'à mémoire des vivans on ait entendu avoir esté place; et non seulement travailloient à le renverser avec ces artilleries et diaboliques machines, mais le minerent par dessoubs, si diversement et par tant d'endroits, qu'il est impossible qu'un terrier à connins et tessons (2) eust plus de soubsterrains et cavins que y en avoit soubs les fondemens de ce chastelet; estans toutes les contremines et secrets au dedans cognuz, et pratiquez par plusieurs des ennemis, et ce lieu fort subject à ceste imperfection.

Et jà avoient les ennemis sapé et renversé la plus grande partie du parapect et rampart de la grande breche, où estoient demeurez grand nombre de vaillans hommes, et jà donné un faux assaut, quand tous ces dangers furent remonstrez à M. le duc de Bouillon, et sur tous la perte irreparable des braves hommes qui estoient dedans cette mauvaise place, et non guères forte, servant de frais exemple la prise de Teroenne, sans comparaison plus forte que ce chasteau. Parquoy, de chacun costé furent proposez termes de composition; ce que mesmement le prince de Piedmont accorda trop volontiers, estant asseuré que les chefs qui defendoient et avoient ceste place en garde estoient hommes de valeur, et le reste des soldats dont elle estoit garnie si certains et fideles, qu'il les falloit premierement tous hacher en pieces les uns après les autres, avant que de cuider y mettre le pied par force, prévoyant que le temps luy estoit trop court pour temporiser longuement devant. Ainsi estoit content de l'avoir à bon marché, pour après disposer d'autre besongne. Mais ainsi que les gentilshommes et trompettes alloient d'une part à autre pour pacifier ceste composition, et estant venue jusques à si bon effect qu'il ne restoit plus qu'à départir les hostages de chacun costé, et à estre signée de la main du prince, advindrent deux malheurs: l'un, qu'un maudit prestre, non à son escient, comme on a sceu depuis, mais par inadvertence, ou ne sçay quelle malediction, meit le feu aux artifices et appareils qu'on avoit affuté à la breche pour sousteuir l'assaut; l'au-

---

(1) Arrière-ban.

(2) Lapins et blaireaux.

tre que les Bourguignons, de certaine malice, donnerent feu aux traînées des mines, craignans d'estre frustrez de ceste proye, estans allechez par le sac de Teroenne : tellement qu'estant une partie des soldats bruslez et consumez en ces feux, et une autre abysmée et perie en ce gouffre, le reste, qui estoit peu, estonnez comme si à l'heure fussent tombez des nues, sans oser faire resistance pour la defense qu'on leur avoit fait de ne bouger de leurs places et ne mouvoir les armes, attendant la signature et confirmation du prince, furent surpris, et se trouverent à la merci des ennemis plustost qu'ils ne les pensoient estre encore entrez. Le prince de Piedmont sçachant ceste adventure si heureusement escheuë pour luy, et mieux qu'il n'esperoit, ne voulut après signer ce qu'il avoit promis et accordé, oubliant tout le précedent, pour l'aise qu'il avoit de recouvrer la place et les prisonniers à si bonne issue ; et dès l'heure à beau pied monta à mont la grande breche, et entra dedans le chasteau, pour aller trouver M. le duc de Bouillon. Si tost que M. le duc de Bouillon l'aperceut, meu de grande cholere, sans aucune crainte de mort, luy dit : « Comment, Monsieur ! est-ce ainsi que vous tenez vostre promesse ? voulez vous pas m'envoyer les hostages selon que m'avez promis, et tenir ce qu'est accordé entre vous et moy ? » Auquel le prince respondit avec un soubris qu'il avoit parlé trop tard, et qu'il n'estoit plus besoing de donner hostages quand tous ses gens estoient dedans. Après plusieurs propos, la resolution fut qu'ils demeureroient prisonniers, à sçavoir : M. de Bouillon, chef et lieutenant du Roy ; le seigneur de Riou, gouverneur ; le seigneur de La Lobe, enseigne de la compagnie de M. le duc de Bouillon ; le comte de Villars, le seigneur de Prie, lieutenant de sa compagnie ; le seigneur de Guenan, guidon ; de Vanzé, mareschal des logis ; le baron de Culan, le seigneur des Maretz, lieutenant de la compagnie de gens de pied du seigneur de Riou, avec plusieurs autres ; ausquels il tint si grande rigueur, que depuis qu'ils avoient quelque apparence, en tira par escrit le nom et surnom, et les retint prisonniers.

Voilà comme est advenu de la surprise du chasteau de Hedin, selon qu'à la verité l'ay sceu comprendre, escheuë le dix-huictiesme de juillet, jour de Sainct Arnoult, estans morts dedans, entre autres hommes de réputation, ce gentil duc Horace, prince prouveu de grandes vertus, donnant esperance de future grandeur, d'un boulet d'artillerie duquel mesme, près de luy, fut abattu mort un vaillant gentilhomme, nommé le seigneur de Magny : aussi y furent tuez ce brave et vaillant seigneur le vicomte de Martigues, qui, au partir de prison à la prise de Teroenne, s'estoit remis dedans ce chasteau, et qui s'estoit tousjours trouvé en beaucoup de bons affaires ; le seigneur de Moninville, de la maison d'Amboise ; le seigneur de Cizieux, commissaire ordinaire des guerres ; le capitaine Lusignan, enseigne de la compagnie de gens de pied du seigneur de Riou ; le seigneur de Dampierre, qui pareillement avoit esté prisonnier à Teroenne, et de rechef s'estoit renfermé là-dedans avec le seneschal de Castres et capitaine Vif-Argent, qui furent abysmez dedans les mines ; le capitaine Malestroict, lieutenant du seigneur de Maugeron, le capitaine Merargue, capitaine d'une compagnie de gens de pied, et le capitaine Coq, enseigne de la compagnie de gens de pied du capitaine Cerf, y furent tuez des premiers dedans la basse ville. D'autres vaillans hommes y terminerent leurs vies, aux ames desquels Dieu veuille avoir fait misericorde et mercy.

Il fault croire que sans grand intervalle ces deux princes eurent nouvelles de cest eschet ; l'un en fut très-joyeux et content, et manda qu'à toute diligence on feist raser ce chasteau ; l'autre en r'engregea de beaucoup son precedent ennuy : mais le plus expedient remede fut, encore que auparavant par la France ne fust autre bruit que d'amasser gens de guerre, et que les chemins fussent couverts de soldats, de haster toutes compagnies, et le plus bref que seroit possible dresser son armée, pour les empescher de faire autre entreprise, estant seur advertissement qu'ils menassoient Dorlan (1), où jà estoit M. le vidame de Chartres, chasteau moins fort que Hedin, que le feu roy François avoit fait construire de terre, pour estre boulevert et contrefort à Hedin, au temps qu'il estoit ennemy. Pour ce de tous costez alloient et trottoient postes (2), pour solliciter et haster cest appareil. Quant à la gendarmerie et cavalerie françoise, elle fut tantost preste et sur pied, tant pour estre partie ès garnisons, que pour la commodité et le loisir qu'on avoit donné aux gens d'armes de pourvoir quelque peu à leurs affaires domestiques ; la fanterie françoise fut semblablement aisée à estre mise ensemble, estans les vieilles enseignes complettes en leurs garnisons et lieux ordonnez, avec le bon ordre qu'avoient mis les nouveaux capitaines pour faire soudainement leurs levées, et par l'advertissement qu'avoient donné à leurs soldats de se tenir prêts quand seroient mandez. Quant aux Allemans et lansquenetz, ce que le Roy en avoit

(1) Dourlens.
(2) Courriers.

retenu pour son service, ayans tousjours esté entretenuz et soldoyez, estoit jà aux champs. Ainsi en peu de jours et sur le commencement du mois d'aoust se faisoit de plus en plus gros le camp du Roy à l'entour d'Amiens et Pequigny, et ne restoit que les Suisses et Grisons, lesquels, tant pour estre lointains qu'estans pesans et massifs, venoient à petites journées, principalement à fin qu'ils ne fussent harassez quand ils arriveroient au camp, et qu'ils se trouvassent fraiz et prompts à combattre soudainement si le besoing y advenoit : pourtant ny arriverent que sur la fin de ce mois. Depuis la prise de Hedin, tout le temps que l'armée du Roy s'assembloit, les Imperiaux ne feirent autre chose que le demolir et raser, quelques volleries et bruslemens de villages selon (1) la riviere d'Authie; encore qu'ils eussent sommé le chasteau de Dorlan et semé le bruit de le vouloir assieger, n'en feirent semblant, ne de vouloir attenter chose nouvelle jusques environ le treisiesme de ce mois : ayans eu advertissement que M. le connestable avoit fait passer quatre enseignes de fanterie françoise et deux compagnies de chevaux-legers oultre la riviere de Somme delibererent avec quatre regimens de leur cavallerie les surprendre et desfaire si cautement, qu'ils auroient executé ce massacre avant que ce qui estoit devers Amiens en fust adverti. Advint, ne sçay par quelle bonne fortune, que M. le connestable ce mesme jour avoit dressé une autre partie pour les aller visiter de près jusques en leur camp, ayant le seigneur Paule Baptiste la commission de passer la riviere avec cinquante chevaux pour attaquer l'escarmouche et les attirer au combat, demourant M. de Nemours en embuscade avec trois compagnies de chevaux-legers en un bois, sur le bord de ladite riviere de Authie; lequel se trouvant forcé se devoit venir rendre pour estre soustenu à M. de Sansac, qui estoit une lieuë arriere avec cinq autres compagnies legeres : M. le prince de Condé estoit à un quart de lieuë à la main droite de luy avec trois compagnies legeres; aussi M. le mareschal de Sainct André, avec cinq cens hommes d'armes, à deux mille plus arriere, tirant devers nostre camp; M. le connestable estoit à my-chemin entre toutes ses compagnies et la riviere, accompagné de trois ou quatre mille chevaux, tant de gendarmerie que rierebans, et vingt enseignes de fanterie, moitié françoise et lansquenetz, et quatre pieces d'artillerie de campagne; mais au lieu de les aller semondre au long, releverent nos gens de ceste peine; car le premier advertissement qu'on sceut d'eux fut

(1) Le long de.

qu'ils estoient à un demy mille prochains de M. le mareschal de Sainct-André, ayans laissé derriere eux toute leur cavalerie legere, tellement que trois cens chevaux de leurs coureurs donnerent jusques à M. le connestable sans descouvrir aucunement noz embuscades. La cavallerie legere qu'avoit M. de Sansac attaqua l'escarmouche au plus près de l'embuscade de M. le mareschal, et furent par les ennemis nos gens soustenus et roidement repoulsez jusques sur les bras de ceux qui estoient plus arriere, où prindrent deux prisonniers qui leur dirent que M. le connestable n'estoit qu'à un quart de lieuë loing avec toutes ses forces; ce que leur feit haster de faire une charge sur les compagnies de M. de Vandosme et du seigneur de Sansac. Au mesme instant ledit seigneur de Sansac fut couvert et chargé d'autres mille chevaux. Sur ceste meslée M. le mareschal commença à marcher au grand trot droit à eux, ce que les arresta sur cul; quant et quant descouvrirent M. le prince de Condé en bataille serrée, galopant pour les joindre, qui les meit en tel desarroy qu'estans rechargez seulement de cinquante sallades, se meirent à vau de route. Mondit sieur le prince n'oublia de son costé à les entamer et caresser si rudement, que luy et ses compagnies les menerent battans une grande lieuë plus arriere, où furent tuez des leurs, par le commun rapport, de sept à huict cens hommes, entre lesquels, de gens de renom, on trouva le comte d'Espinoy et autres grands seigneurs des Pays-Bas; sept, tant enseignes que guidons, gaignez près de cinq cens prisonniers, du nombre desquels fut trouvé le duc d'Ascot. De la part des François, d'hommes de reputation, le fils de M. de Canaples, M. de La Roche Guyon et le guidon de M. Sansac, y demeurerent prisonniers avec autres soldats; principalement de la cavallerie legere, non en grand nombre tuez et prins.

Ceste rencontre, heureusement executée par les François, rabaissa dès ce temps si fort la hautaine presomption des Imperiaux, que depuis ne feirent chose d'importance, ains de plus en plus declinerent; car, incontinent après, partirent de ce lieu, où estoient campés à l'entour de Beauquesné, ayans razé la tour et le fort, vindrent à grandes journées jusques à Ancre et Miraumont, quatre lieuës près de Péronne, terres françoises, èsquelles ayant mis le feu, et logé dedans Bapaulme dix enseignes de leurs plus braves hommes, estimans que, selon le commun bruit, la premiere fureur françoise y seroit desgorgée, sans faire plus long sejour, le corps de leur armée se retira devers Arras, lequel adonc n'estoit fort gros et puissant; car beaucoup d'entre eux ; mesmement des circonvoisins, d'Artois et Hennault, se retirerent en leurs maisons, pour amasser le meilleur de leurs biens, et l'enfermer dedans les villes fortes, ou cacher en lieux seurs et secrets, sçachans que l'armée du Roy estoit adonc toute complette, et devoit estre mise aux champs en bref. Quant à eux, selon leur commun dire, ils faisoient le bruit, et se vantoient que l'Empereur ne demandoit et ne cherchoit autre chose sur ses vieux jours [s'en promettant un trespas plus doux] que donner une autre bataille à un si grand roy. Pour laquelle raison, et soubs ceste esperance et attente qu'ainsi le feroit, avoit le Roy grande sollicitude à dresser son armée belle, forte et pourveue de ce qui estoit necessaire pour soustraire la bataille d'un bien grand et fort ennemy, ou en personne se vouloit trouver pour luy faire entendre que ce n'estoit à un lieutenant qu'il avoit affaire, mais à un roy ne craignant tant les hazards de fortune comme aymant le bien public et defense de son peuple. Pourquoy n'y voulut non-seulement ses amis, richesses et avoirs, mais sa propre vie exposer, encore que la fortune par beaucoup de ses tours se fust declarée assez son enemie, mesmement ayant receu nouvelles de la mort du roy d'Angleterre, son certain et natutain allié et amy, pour laquelle conceut en l'estomach une tristesse plus aigre et violente que sa constance ne l'exprimoit, ce que nous passerons legerement pour prendre l'armée françoise.

Laquelle en ce temps, qui estoit sur la fin du mois d'aoust, se trouva toute assemblée près de Corbie, et le premier jour de septembre commencerent les enseignes de France à estre desployées par toutes les parts à l'entour de ceste petite ville, en si grand et admirable nombre d'hommes, que plus espessement l'on ne voit au renouveau les mousches à miel voler aux champs sur les fleurs espanies (1) pour en succer le miel. Ce que le Roy, estant en une cassine sur le chemin, voulut veoir, mesmement les Suisses dresser leurs bataillons en belle ordonnance [enquoy de tout temps ont emportez le loz], que luy aggréa fort et print grand plaisir. Quant au nombre de ceste armée, si je le voulois particulierement et de mot à mot raconter, et reciter les princes et grands seigneurs, gentilshommes, capitaines, vaillans soldats, les compagnies et enseignes, tant de cavallerie que fanterie qui estoient en ce camp, ce ne seroit jamais fait, et ne faudroit que ancre et papier pour en faire un livre entier ; mais j'espere à vous narrer choses plus aggréables.

(1) Épanouies.

De laquelle armée estoit general conducteur le très-vaillant et sage chevalier M. le connestable, et le premier chef en l'advant-garde, estans avec luy ces princes, ducs de Vendosme, de Nevers, d'Anguien, de Montpensier et l'Admiral, ayans chacun de ces princes un regiment de gendarmerie [qui est deux cens hommes d'armes] soubs eux, et ausquels commandoient. De gens de pied, y estoient quarante-neuf enseignes de fanterie françoise, faisans nombre de quinze à seize mille hommes, desquelles estoit general mondit seigneur l'Admiral. Le comte Reingrave, colonnel des lansquenets, avec Reifberg, avoient quatre régimens, qui sont vingt enseignes, faisans nombre de dix à douze mille hommes; quatre enseignes escossoises et deux angloises, en estimation de douze à quinze cens hommes.

De la cavallerie legere estoit principal chef le seigneur de Sansac, nombrée à près de deux mille chevaux, y comprenant trois ou quatre cens Anglois, braves hommes et propres à ce mestier. Les nobles et rierebans estoient complets, comme on disoit peu après, de trois mille chevaux, desquels estoit général le seigneur de La Jaille.

De l'harquebuzerie à cheval n'estoient guères de compagnies particulieres, pource que, peu auparavant, le Roy avoit mis sus une ordonnance à chacun capitaine de cent hommes d'armes, de lever cinquante harquebuziers à cheval, armez de corselets, morions, brassats ou manches de maille, avec la scopette ou harquebuze propre à meche, ou à rouet, dedans le fourreau de cuir boully, montez sur bons courtaux, et à ceux de cinquante, vingt-cinq en ce mesme équipage, conduits par un homme d'armes, specialement des plus experimentez qui seroit esleu en leur compagnie. Tous lesquels faisoient bien le nombre de douze à quinze cens : chose bien inventée et par bon conseil, pour soustenir l'homme d'armes en lieu estroict et malaisé, et qui donnoit grande parade et grace à ceste armée, pour estre les premiers devant les compagnies avec la diversité de leurs accoustremens.

En la bataille estoit le Roy, près de luy le prince de Ferrare, le duc de Guise, le prince de la Roche Surion et le mareschal de Sainct-André, ayant chacun de ces princes un regiment de gendarmerie, comme les susdits, le grand escuyer de Boysi, et le seigneur de Canaples avec leurs bandes de la maison royalle, avec les gardes, tant françoises, escossoises que de Suisses, et un nombre de grands seigneurs et gentilshommes suyvans ce grand Roy, tant pour fidelité que pour luy donner cognoissance de leurs vertus et bonne volonté.

De toute l'artillerie, qui n'estoit en grand nombre, environ cent pieces, grosses et menues, le seigneur d'Estrée estoit grand maistre et premier gouverneur, gentilhomme vigilant et de bon esprit.

Pour le jour que ceste puissante armée fut mise à la campagne, ne feit grande traitte, se campant ce soir à une lieue de Corbie, en deux petits villages selon un torrent et petit fleuve, en stance (1) fort commode, estant le Roy logé en un chastelet sur un cousteau qu'on disoit estre des terres du seigneur de Hely; duquel lieu le lendemain partit, suyvant presque le trac et les brisées de l'armée impériale, pour aller loger à Miraumont. Advint qu'en chemin [ne sçay par quel advertissement] M. de Nevers se tira hors de l'armée avec son régiment, tirant à main gauche devers les bois et forests contre Arras, où furent descouvertes aucunes escoutes, qui tost nous ayans apperceuz, debusquerent et se sauverent de vistesse dedans le profond de ces bois et forests. Lesquelles furent après du long et du large descouvertes et visitées, où ne se trouva nombre d'ennemis faisant teste; seulement quelque fort dedans un village, qui, peu après, fut forcé par noz harquebusiers, et trouvé moins prouveu qu'on en avoit opinion; pourquoy retournasmes à Miraumont pour prendre nostre quartier.

Le lendemain, qui estoit le deuxieme septembre, M. de Guise, avec deux régimens de gendarmerie, environ mille ou douze cens chevaux, tant de cavalerie legere que des nobles, et dix enseignes de fanterie françoise, partit de ce lieu, tirant la rotte (2) de ces bois vers Arras, pour descouvrir et escumer les lieux suspects et dangereux, et dompter les forts et carrieres des volleurs et larrons; mais ne trouva chose que ce soit de difficile resistance, s'estant descouvert jusques près des fauxbourgs de ceste bonne ville; retournant, pour enseignes de ce voyage, fut mis le feu en tous les villages, cassines des environs, avec une désolation et lamentable pitié.

Or de ce lieu de Miraumont ne peult avoir que deux bonnes lieues jusques à Bapaulme, lieu fort, plus pour l'assiette sterile que de naturel ne artifice, mais odieux et dommageable aux François circonvoisins, autant ou plus que Teroenne estoit à ses voisins les Bourguignons. Parquoy couroit un bruit par nostre camp [con-

(1) Position.
(2) La route.

trouvé et issu, comme je pense, du commun populaire] qu'avant entreprendre autre chose on raseroit ce chasteau en vengeance des nostres. Tant y a [ou pour contenter ce desir du pays, ou pour tenter si ce fait seroit aisé et facile à estre en peu de temps parachevé] que le troisieme de ce mois, M. le connestable, avec la pluspart des princes, accompagné de près de cinq ou six mille chevaux, et autant de fanterie françoise, alla recognoistre ceste place, de laquelle est gouverneur le seigneur de Haulsimont, chevalier [bien estimé entre les Bourguignons] prouveu de dix ou douze enseignes de pied, et de trois ou quatre cens chevaux. Lequel, à l'arrivée de ceste belle compagnie, ne se monstra point chiche de pouldres et boulets, nous envoyans de telle marchandise plus qu'on n'en vouloit. Au surplus, ceux de dedans ne furent fort paresseux et retifs à sortir à l'escarmouche; mais, tant loing que les boulets de leur artillerie pouvoient donner, s'eslongnoient, et assez bravement faisoient leur devoir presque quatre bonnes heures que l'escarmouche dura. En ceste escarmouche furent blessez le capitaine Breul d'une harquebuzade en la cuisse. Aussi fut le jeune Molinont, fils de M. de Molinont; gouverneur de Sainct-Disier, et le seigneur de Nogent, lequel depuis mourut à Peronne: durant laquelle escarmouche, M. l'Admiral feit le tour et circuit, en petite compagnie, à l'entour de la ville et chasteau, et fut trouvé le tout prenable, estant le rempart de mauvais conroy, et la terre dont il est fait estre sable mouvant et delié, qui n'est de bonne tenue; faisans de ce apparence un quartier de muraille qui estoit tombé, et autres du rempart qu'on pouvoit facilement cognoistre couler et decheoir ordinairement dessus; mais la plus grande difficulté qu'on y trouva estoit la nécessité irrémediable d'eau. Encore que M. le connestable y eust fait aller grand nombre de vastadours, pour chercher des sources et fonteniz, toutefois ne peurent trouver veines de durée. Pourquoy, à mon advis fut rompue la délibération de ce siege, et remise à une autre fois.

En ce sejour de Miraumont, plusieurs certiffioient que le cardinal de Sainct-George, legat du Pape, estoit là arrivé pour traitter paix ou treves entre ces deux princes. Quant à moy, n'en ayant rien sceu à la verité, ne le veux et ne puis asseurer pour les merveilleux orages et feux que faisoient les François sur les terres de l'Empereur, qui me contraint dire avec pitié que le Pape devroit avoir un grand regret en sa vie, ayant esté l'occasion d'une si sanglante et très-cruelle guerre.

Au departy de ce lieu, estans tous les villages, abbayes et tous domiciles des ennemis, voire jusques aux moulins à vents, auprès des portes de Bapaulme, partie consommez, et le reste encore en flammes et fumée, le terroir et chemins devindrent tant fangeux et pesans, pour les pluyes tombées par un jour et une nuict, que les soldats et gens de pied, à grand travail, peurent attaindre l'autre logis, nommé Morlencourt, à deux petites lieuës près de Peronne; à cause de laquelle difficulté en endurerent les charrois et bagages, sur lesquels, tant la garnison de Bapaulme que les paysans, feirent de bons butins, et destrousserent les plus esgarez et mal conduits. Et faut entendre que l'armée imperiale nous costoyoit à cinq et six lieuës près, estant la riviere comme une barre et séparation entre eux et nous, faisant tousjours autant de chemin que nous, se logeans en lieux forts, marescageux, ou environnez de bois et rivieres, pour n'estre pareille sins de beaucoup moindre que la nostre, que deux raisons faisoient assez cognoistre. Premierement, qu'au plus près de leur camp nos soldats alloient brusler et mettre le feu ès villages, et le peu d'alarmes qu'ils donnoient aux nostres, sinon quelquefois sur les vallets et fourrageurs : ce que nous estimions plustost advenir par les villains et paysans, destruits et desesperez que d'eux. Et moins encore d'empeschemens estoient donnez à noz vivandiers et aux provisions amenées en nostre camp; estans tous vivres à marché competant, au milieu d'un pays ennemy, auquel on ne trouvoit que les granges pleines de bleds et fourrages; tout le bestail et autres vivres jà transportez et retirez dans les places fortes. Ce qu'estant venu à la cognoissance du Roy, et prévoyant assez que son ennemy n'espéroit et n'attendoit autre chose, sinon que le faire temporiser devant une ville, ou ès autre entreprise de petite valeur, pour le tirer jusques à la saison de pluyes, lesquelles commencent tost sur ces pays froids et occidentaux; cause de le ruiner et affoiblir, tant pour luy trancher tous vivres, que par maladies et froidures, à fin de le précipiter en un abysme de malheurs, pour après luy donner ceste bataille que nous avoit promis; conclud avec le conseil d'y remedier. Le conseil du Roy estoit [s'il m'est permis d'en dire un mot, selon que j'ay peu cognoistre, et s'est veu par effect] de reduire son ennemy en deux extremitez grandes : l'une desquelles luy estoit impossible d'éviter, à sçavoir que, s'il vouloit tenir son armée forte et unie, sans la départir pour en fournir beaucoup de villes grosses sur ces pays, non fortes ne fortifiées, que des hommes dont elles seroient pourvues et garnies le plus soudainement que seroit possible, en saisiroit la premiere qu'on pourroit surprendre par force, par ruse et par toutes autres voyes, pour, après l'avoir saccagée, et le plus qu'on pourroit ruinée avec tout le plat pays, promptement nous retirer. Et s'il la départoit, tant par ses villes qu'ès forteresses, comme il fit, estimant, selon le commun bruit que nous mesmes faisions, qu'en yrions assaillir quelqu'une, sans sçavoir laquelle, pour ce que bien peu de personnes le sçavoient, voyant nostre armée tournoyer, ne pouvant autrement comprendre nostre deliberation, sans temporiser, et cependant qu'elle seroit tousjours en sa premiere force, on yroit luy presenter la bataille; laquelle, pour son honneur, ne pourroit refuser, puisqu'il en estoit le premier demandeur, et qu'on l'yroit chercher dans ses terres; que s'il la recevoit, nous en pourrions avoir si bon marché [estant de beaucoup en plus petit nombre que nous], que les autres et ceux qui resteroient après, auroient plus d'occasion de fuir et se retirer, que se remettre ensemble pour attendre nostre venue.

Et pource que l'Empereur se doutoit tousjours de ceste ville de Cambray, pour plusieurs raisons, entre autres, que se disant ceste ville neutre, ne luy estoit loisible d'y avoir là-dedans plus d'authorité que le Roy, et se doutant que les magistrats ou le populaire, se sentans grevez et oultragez par l'usurpation qu'avoit fait sur eux, s'estant advantagé jusques à là, que de bastir une citadelle pour les tenir en subjection et le pied sur la gorge, ne feissent pleine ouverture au Roy, comme estant adonc le plus fort : parquoy en seroit frustré et debouté, et sa citadelle enforcée et renversée ; si-tost qu'il sentit nostre armée esbranlée, en feit approcher la sienne. Le Roy, par la prudence duquel, et de son conseil, toutes ces choses estoient prevenuës, ne demandoit autre occasion que luy-mesme luy presentoit, à sçavoir, estant là près en une si belle et espacieuse plaine, luy presenter la bataille ou de sommer ceste ville, selon l'accord de neutralité, de luy faire ouverture, et luy donner vivres comme à son ennemy. Pourtant, d'une traite, de ce lieu près de Péronne, allasmes camper en un village, à deux lieuës près de Cambray. Le lendemain, dès la poincte du jour, le Roy feit mettre toute son armée en bataille et ordonnance, preste à combatre. Ainsi se vient presenter devant ceste ville. Quant et quant envoya son herauld d'armes pour la sommer et admonester de son devoir, leur faisant entendre que, non pour les fouler et oultrager estoit là venu, mais plustost pour les remettre et conferrer en leur premiere liberté; laquelle il sçavoit bien avoir esté desjà corrompue par l'Empereur, dont, s'ils vouloient se venger et mettre hors de ceste servitude, ne pourroient demander meilleur moyen que sa venue. Que, si l'Empereur y vouloit quereller autres advantages ne droicts, estoit là en personne pour luy monstrer et le combattre avec ses forces sur le contraire. Si autrement le faisoient, ils seroient cause de beaucoup de mal pour eux : premierement, de perdre ce tiltre et privilege d'estre dits neutres, qui est de n'estre affectionnez à la querelle de l'un ne de l'autre; pourquoy avoient liberté de trafiquer ès pays de chacun d'eux. Davantage exempteroient leur plat pays d'estre bruslé et fouldroyé [comme a esté depuis], sans ce qu'ils demeureroient à perpétuité subjects à tailles, emprunts, subsides, et toutes exactions, et plus au danger d'estre coustumierement comprins à divers travaux, ausquels un pays particulier est abandonné de souffrir pour son prince. Telles et plus grandes remonstrances encore furent faites à messieurs de Cambray, non pour leur demander de l'argent [comme par une vulgaire et incertaine voix estoit publié], n'estant vray semblable qu'un si grand roy se soit abbaissé jusques là. Parquoy, à bonne cause, estoient suspens et douteux de ce qu'estoit le meilleur à eslire pour eux, et demanderent au Roy vingt-quatre heures deux fois pour y adviser et lui en rendre response. Ainsi le Roy feit reculer son camp une grande lieuë plus arriere, estant logé à Crevecueur, terres des appartenances de la royne de France à présent regnante. Et fut crié par toute l'armée que personne n'eust à prendre chose quelconque au territoire de Cambray sans payer, à peine de punition corporelle. Constant lequel temps (1), messieurs de Cambray feirent sçavoir à l'Empereur ceste semonce, qui estoit adonc à Bruxelles, comme chacun disoit; lequel, pour les consoler, leur manda des plus belles raisons du monde, entre autres qu'ils repreinoient (2) de la chambre d'Empire, et qu'il estoit empereur pour les garder et defendre, non un roy de France, qui ne cherchoit que leur ruine, leur remettant devant les yeux l'exemple de Metz ; leur promettant là où ils seroient assiégez, et que les François se parforceroient de les grever, les secoureroit en tout et partout. Et deslors manda au prince de Piedmont, qui s'estoit reculé avec son armée devers Valenciennes, de leur donner tout le secours qu'ils demanderoient et leur seroit de besoing ; y estant ordonnez pour chefs et principaux gouverneurs, les seigneurs de Bossu et de Brabanson. Le temps expiré et passé, encore que le Roy sceust toutes ces belles besongnes, les envoya de rechef sommer pour luy en rendre resolution. Ils manderent, quant à eux, s'il plaisoit à Sa Majesté, qu'ils estoient tous contens de demeurer ses humbles voisins et amis, ne refusans de luy donner vivres, mais qu'ils n'estoient adonc les maistres de leurs biens propres; que l'Empereur, malgré eux, avoit envoyé gens dans leur ville, et grosses garnisons, parquoy estoient hors de leur liberté et puissance de plus en pouvoir disposer. Sur ceste responce et frivole excuse, fut jugée ceste ville ennemie. Et ce jour mesme, qui estoit le huitiesme de septembre, M. le connestable, avec deux regimens de gendarmerie et trois ou quatre cens chevaux legers et de rierebans, M. l'Admiral avec dix enseignes de fanterie françoise, l'allerent recognoistre et visiter à l'entour; et, au lieu qu'auparavant nous eussions bien ouy chanter un poulet là dedans, pour le silence qui y estoit, on n'entendoit que canonnades, harquebuzades et bruit de toutes pars; mesmement de la citadelle; qui faisoit trembler la terre des coups d'artillerie qu'elle tiroit sur les François, sortans de là dedans soldats autant espessement que les frelons de quelque trou de arbre après un viateur qui les auroit irritez. Les nostres y couroient de tous costez, et n'y avoit jusques aux vivandiers et charcutiers qui ne voulussent avoir le passetemps des braves escarmouches d'eux et de nous. Lesquelles, de plus en plus fortes, continuerent six jours entiers, en l'une desquelles fut tué le seigneur de Breze, capitaine des gardes françoises; et, devant la citadelle, fut tué aussi le capitaine Cornet, capitaine d'une compagnie de gens de pied françoise; et, des Bourguignons, y furent pris et amenez prisonniers, d'hommes de reputation, le comte de Pondevaux, de la Franche-Comté, et le seigneur de Trelon, de la duché de Luxembourg.

Apostrophe à M. de Bordillon.

Et vous, monsieur, de vostre costé de Champagne n'estiez adonc en repos, ainsi que tesmoignerent les deux enseignes de gens de pied, et les deux cornettes de cavallerie des Bourguignons qu'envoyastes au Roy en ce lieu par le seigneur de Neufvy, enseigne de vostre compagnie ; lesquels aviez rompuz et desfait à la Haiette, près de Maubert-Fontaine, y estant demeuré prisonnier le gouverneur de Cimets, l'un de leurs chefs, s'estant de vitesse, et à bien fuir, sauvé le bastard d'Avannes, l'autre de leurs conducteurs. Parquoy non-seulement avez augmenté la bonne grace et faveur de ce grand Roy envers vous,

---

(1) Durant lequel temps.

(2) Relevoient.

avec une louange et immortelle estimation de tout le monde ; mais avez obligé le pauvre peuple de ces frontieres à prier Dieu à jamais pour vostre prosperité et santé.

Or, pour retourner à ce qui estoit fait devant Cambray, ceste cité fut parfaitement recogneuë, et fut trouvé, selon l'advis de ceux qui la visiterent par dehors d'un bout à autre, selon aussi le rapport des espions et de ceux qui l'avoient veuë par dedans, autant subjecte à estre canonnée et minée que ville pourroit estre. Et, pour en dire mon opinion et ce que j'en ai pu cognoistre, c'est une grande ville, située, demie en un fond, et demie en pendant, où il n'y a apparence de boulevers, rempars ou fortifications selon la nouvelle façon. Du costé de France et du soleil levant, est une campagne et païs de labourage, descouverte, de bien huict cens ou mil pas d'estendue, non encore tant plein que ne aille toujours en descendant quelque peu jusques à la ville, ayant aucun petit fond entre deux ; mais je l'appelle plaine pour ce qu'elle n'est umbragée d'arbres ne buissons, ou autres lieux empeschans la descouverte. Du costé de ponent, où elle est la plus basse, où est aussi le fauxbourg, sont jardinages et saulsayes sur la riviere, et quelques prairies et marets. Devers midy, est une petite plaine pendant devers la ville, et, un peu par de là, sont collines et vallées. A costé de septentrion est une petite montagne sur un des coings de la citadelle, laquelle est de ce costé là construite sur le plus haut de toute la ville, où souloit estre, ce dit-on, une abbaye ou eglise cathédrale : elle a aucunement la forme de quadrature ; toutefois l'un des coings est alongé plus devers cette petite montagne qu'ès autres lieux, estant un coullon en façon d'esperon, servant de défense aux deux flancs, avec une plate forme. Quant à la situation et fondement de ceste citadelle, on la jugeroit exterieurement estre subjecte à la mine et sape, estant terre blanche comme la marne. Si le dedans estoit perriere, je la dirois tendre et fort aisée à estre taillée, ainsi qu'on peult cognoistre de la pierre de taille dont sont faits les édifices, qui est plustost craie que pierre. J'estimerois cette citadelle avoir esté édifiée plustost pour tenir cette ville neutre en subjection, que pour en faire une forteresse imprenable ; car, estant conjointe à la ville comme elle est, seroit besoing de la fortifier pour se secourir l'un l'autre, à raison, qu'estant occupée la ville, pourroit grandement la citadelle estre interessée ; laquelle aussi, estant forcée, seroit cause de faire perdre la ville ; mais l'Empereur, tant pour considerer ceste grande ville fort difficile à estre fortifiée, pour le moins qu'avec grands fraiz et un long temps, que pour n'agraver les habitans soudainement de surcharges, bastit en premier ceste petite citadelle là dessus, pour avoir un pied là dedans, et obvier aux mutinements et rebellions, à fin que, peu à peu, s'y feist maistre du tout. Et croy fermement, si on les eust assiegez, qu'ils n'avoient esperance qu'en l'un de ces poincts, à scavoir : au grand nombre d'hommes qui estoient logez là dedans, estant ceste ville abondamment munie de vivres et toutes choses au surplus de l'armée impériale, qui se fortifioit près d'eux pour nous coupper les vivres, et donner tous empeschemens ; finablement, aux pluyes qui commencent communement en ceste saison en ce Pays-Bas. Tant y a, qu'on leur donna diverses presomptions d'avoir le siege ; car, avec ce qu'on leur donnoit diverses alarmes, et estoient dressées escarmouches journellement devant, on feit partir de nostre camp une partie de l'artillerie de campagne, et faisoit-on courir le bruit qu'on en amenoit de plus grosse d'Amiens, Corbie, Sainct Quentin et Catelet, estant dressé desjà un nombre de gabions, et les traineaux faits pour les porter jusques aux lieux où les approches seroient faites, et les mareschaux de camp allerent remarquer et compartir l'assiette. Toutefois je doute que n'estoit l'intention de nostre conseil, comme on a depuis veu ; mais estoient faites toutes ses ruses afin de les tenir en ceste verdeur et opinion que nous romproient et consumeroient lentement, dont s'estoient eslargis les Imperiaux, et separez. Nous au contraire, sans nous separer, n'affoiblir, les voulions chercher et combattre. Parquoy, sans davantage y temporiser, estans tous les forts des environs rompuz et ruinez, jusques aux eglises, tours et clochers sapez et abbatus, et le feu mis par tous les villages, granges et cassines, voire jusques aux faulxbourgs et près des portes de la ville, en deslogeasmes tenans le chemin droict au Chasteau Cambresis. En chemin furent forcez deux forts opiniastres à petite occasion, dont ils resentirent aigre punition. Le premier endura trente-six coups de canon, et ouverture y estre faite grande et large sans se vouloir rendre ; devant lequel fut tué le capitaine Pierre Longue et douze ou quinze soldats françois, que tuez que blessez. Toutefois que dedans ne fut trouvé homme que ce fust, s'estans retirez et sauvez par dessoubs terre, ou cachez dans quelques cavins et minieres. Pourquoy furent estoupez et bouchez tous les conduits qu'on y peut trouver. L'autre estoit moins fort que le premier, pource que c'estoit un meschant poulier de terre, en appentiz contre la moitié d'une vieille tour ruinée, où y avoit quelque fossé à l'entour à sec. Pourtant avoient moindres raisons, ou apparence de refuser dès la premiere fois à se rendre, et faire response à la premiere et seconde semonce qu'ils ne se rendroient jamais sans canon. Encore l'avoient-ils veu bracqué, et desjà y avoient esté tirez deux coups de moyennes, quand ils feirent signal de se rendre; mais c'estoit trop tard, car les soldats françois, non encore refroidiz de leur premiere fureur, n'attendirent que le canon eust dechargé une seule fois, qu'ils se jetterent là dedans comme enragez, et enfoncerent la porte. Après, la pitié fut grande de veoir le carnage qui y fut fait, et n'en fut un seul pris à mercy.

Tout à l'entour de ceste petite ville du Chasteau Cambresis estoit campée la bataille, sans que personne entrast dedans qu'une enseigne : laquelle y fut logée pour en repoulser les nostres mesmes, s'ils y eussent voulu faire aucun effort. Et peult-on aisément penser que les habitans estoient en grand doute de ce que leur estoit à advenir. Toutefois à la fin trouverent l'humanité de ce grand roy estre tant débonnaire, qu'aux humbles et debiles est propice et misericordieux, aux rebelles et presomptueux est austere et plein de toute rigueur. Sa Majesté estoit logée, et la plus part des princes et grands seigneurs, en une magnifique et triomphante maison de plaisance près de là, qui estoit à l'evesque de Cambray; où davantage fut cognue sa grande benignité, pource qu'au lieu de se venger du bruslement de son chasteau de Foulembray, fait à la poursuitte du seigneur du Raux, parent d'iceluy evesque, non-seulement defendit estroitement ny estre mis le feu, mais, bien davantage, de n'en estre aucune chose transportée ne ravie. Un peu au dessus, le long de la riviere, estoit M. le connestable avec l'avantgarde.

Or tous ces tours et menées que nous faisions, n'estoient que pour considerer la contenance des ennemis; car, estans advertis qu'ils ne s'esmouvoient en sorte que ce fust pour nous suyvre sans alarmes, ne faire semblant de donner sur nostre queue, se doutant peult estre de quelque entreprise, ayans un seul jour sejourné en ce lieu, devallasmes au dessoubs du Quesnoy, approchans à deux lieues près de Valenciennes, où l'armée imperiale estoit parquée en un fort. Le lendemain, qui estoit le dix-septieme de septembre, estans demeurez tous les bagages en ce lieu, et deux cens hommes d'armes, avec environ deux mille hommes de pied pour la garde et defense, allasmes les chercher pour leur presenter la bataille. Leur fort estoit à la portée d'une coulevrine près de cette grande et riche ville, sur ceste mesme riviere de Lescau qui passe à Cambray, estant compassé en forme quarrée, circuy de tranchées et levées de la haulteur près d'une picque, et creusées près de dix à douze pieds, estant assis moitié en pendant du costé de Valenciennes, et moitié en fond, le long de la riviere ; estant aussi de nostre costé une petite colline qui alloit en avallant jusques à ce fort ; sur laquelle pouvoit estre colloquée nostre artillerie qui pouvoit tirer en plomb là-dedans, et leur faire beaucoup de mal.. Dont ainsi que toute l'armée marchoit en bataille son pas ordinaire, les avant-coureurs et chevaux legers, qui estoient devant pour attaquer l'escarmouche, trouverent un grand nombre de leur cavallerie desjà en bataille sur ceste petite colline, en estat de combattre, et près de là prindrent un contadin en habit de marchand, à cheval [que j'eusse plustost jugé espion qu'autrement] ; lequel leur certifia que l'avantgarde des ennemis passoit la riviere pour nous venir combattre. Parquoy fut mené à M. le connestable, et de luy renvoyé au Roy, et à tous deux en dit et asseura autant; qui fut cause d'avancer l'armée, et au plustost ordonner les bataillons en leurs lieux. Cependant l'escarmouche s'aigrissoit continuellement, estant sorti du fort certain nombre de gens de pied, braves hommes, qui faisoient grand devoir de soustenir nos avant-coureurs et enfans perduz, sans ce que leur gendarmerie, laquelle se tenoit un peu au dessus d'eux, se bougeast, que quelques uns qui se debandoient de leurs rancz pour venir donner le coup de lance où ils voyoient leur portée. Autant en faisoient nos chevaux legers, qui estoient front à front durant ces escarmouches. Leur armée se meit une partie en un seul bataillon quarré dedans ce fort, et le reste furent partis par les flancs, principalement leur harquebuserie, à la mesme façon qu'est disposée à un assault de ville. Leur artillerie estoit mise une partie sur cavaliers de terre, qui tiroit par dessus ceste colline que j'ay dit estre de nostre costé, et le reste aux defenses, et pour tirer le long des tranchées.

Nostre armée estoit ainsi ordonnée, si bien m'en souvient : à l'avantgarde estoient deux bataillons quarrez; en la main droite estoient vingt-quatre enseignes françoises, estant sur ceste aisle M. le connestable, le duc de Montpensier, M. l'Admiral, avec leurs regimens de gendarmerie, qui estoient six cens hommes d'armes; et un peu au dessus, une partie des nobles, et encore un peu plus haut tous leurs harquebusiers à cheval. Celuy de la main gauche estoit de dix-neuf enseignes de lansquenets ; estans en ceste aisle messeigneurs les princes et ducs de Vandosme, de

Nevers et d'Anguian, avec pareil nombre de gendarmerie que le susdit, et une partie des nobles, lesquels estoient un peu plus reculez de nous que les autres, pour couvrir une petite montagne qui nous estoit au costé gauche, et nos harquebusiers plus avant, près d'un petit village qui brusloit, pour empescher que les ennemis ne coulassent à couvert par cest endroit jusques sur nos bras. A la bataille estoient deux autres bataillons quarrez : celuy du costé droit estoit des vieilles enseignes, en nombre de vingt-cinq, si bien m'en souvient, et en ceste aisle estoit le Roy avec toute sa maison et ses gardes, M. le mareschal Sainct-André avec son régiment de gendarmerie; à la main senestre estoit celuy des Suisses et Grisons de trente enseignes, faisant belle et furieuse monstre, estans la plus part armez de corselets, brassals, cabassets ou secrettes, et, à bref dire, les mieux en equippage qui vindrent long temps y a en France. En ceste aisle estoient messeigneurs le prince de Ferrare, le duc de Guise, le prince de La Roche Suryon, avec leurs regimens de gendarmerie, qui estoient six cens hommes d'armes. Les capitaines Momas et Enard, deux des plus vieux experimentez, conduisoient les enfans perdus. Et fault entendre qu'ayant le pays fort à propos vuide et descouvert de près d'une grande lieuë, le tout estoit si esgallement comparti, qu'il bransloit d'un mesme pas et mesure, et estoient les limites et espaces, qui devoient demeurer entre les bataillons de gens de pied et les rancz de gendarmerie, avec tant parfaite industrie compartis, qu'estoit impossible, sinon avec un malheureux désastre, d'y advenir desordre; car, pour commencer aux bataillons de gens de pied, c'estoit une ordonnance tant bien dressée, qu'estans les premiers rancs repoulsez, se devoient retirer dedans les seconds, et les premiers et seconds dans les troisiemes; ainsi se pouvoient par trois fois r'assembler et combattre jusques aux derniers, à la mesme façon que j'ay quelque fois leu que les legions latines anciennement estoient ordonnées, ayant chacun bataillon ses flancz de long bois et harquebuserie, qui pouvoient faire teste à tous endroits, et secourir tant la gendarmerie que les corps de leurs bataillons, le tout tant bien armé et couvert, qu'ainsi les veoir, et la lueur du soleil reverberante dessus, on eust dit toute ceste contrée estre d'argent. Quant à la gendarmerie, chacun regiment estoit estendu d'un long, tellement qu'il y avoit tousjours deux cens hommes d'armes d'un front, et leur suitte d'archers au doz d'un mesme long. En sorte que si l'homme d'armes eust esté renversé, le second se remettoit en sa place; ainsi pouvoient tous combattre jusques aux derniers. Les enseignes des hommes d'armes estoient au milieu, et les guidons au milieu du rang des archers. Quant à la cavallerie légère, elle estoit en quatre squadrons : celuy des avant-coureurs, qui estoit à l'escarmouche, estoit conduit par le seigneur Paule Baptiste; l'autre, M. de Sansac le tenoit embusqué dedans un petit cavin, au pendant d'une petite montaigne, à main gauche; M. de Nemours en avoit un autre derriere une cassine entre nostre armée et leur fort; M. le prince de Condé en avoit un embusqué en un petit fond, sur le chemin de la ville, pour empescher l'advenue de ceste part. Quant à nostre artillerie, une partie, sçavoir celle de l'avantgarde, estoit sur le front de l'aisle droite, et celle de la bataille estoit sur le pendant d'une petite colline, à main gauche des Suisses et Grisons. Telle estoit la belle ordonnance de nos batailles. Mais pource que c'est petite force que toute ceste monstre d'hommes sans la vertu et asseurance, j'en diray ce que j'en sçay, qui est selon l'apparence et demonstration exterieure. Je proteste sur la foy chrestienne, en laquelle je veux vivre et mourir, appellant tous ceux qui y estoient à tesmoings, qu'il n'est possible de veoir hommes en meilleur volonté et ardeur de bien faire leur devoir qu'ils estoient, tant les François que les estrangers, mesmement les Suisses, lesquels avoient jà fait leurs céremonies en intention de combattre et mourir jusques à un seul, avant que d'y faire une faulse poincte; et quant à moy, encore que je fusse l'un des moindres soldats de toute l'armée, je n'euz en ma vie plus grand desir que de veoir donner ceste bataille; ayant ceste ferme opinion que, si les Imperiaux n'eussent voulu chercher ces excuses et raisons pour se dire en plus petit nombre que nous, sçachant bien et les estimant hommes vaillans et vertueux, au moins nous nous fussions bien frottez et battuz, à qui demeureroit la place et le camp. Lors de plus en plus nous enfloit le cueur nostre magnanime Roy; lequel, accompagné de grands princes, nous venoit visiter et enhorter, tant de sa presence qu'avec son affable langage, avec telle véhemence et affection, que chacun prenoit la mort aggréable pour son service.

Or estant ainsi toute nostre armée en bataille, et s'aigrissant de plus en plus l'escarmouche d'une part et d'autre, ceste cavallerie des ennemis se tenoit et monstroit tousjours en bataille sur ceste petite colline, et fusmes ainsi attendans leur venue plus de trois grosses heures entières, volletant parmy nous ce bruit : « Ils viennent! ils viennent! » et tant longuement que la nuict approchoit, et chacun s'ennuyoit de tant attendre. Enfin M. le connestable, prévoyant qu'ils temporisoient sciemment jusques à l'obscurité de la nuict, pour nous mettre ou surprendre en desordre, feit advertir nostre cavallerie legere de se joindre pour charger ce hot (1) de cavallerie imperiale ; ce que fut fait promptement, mais avec une tant grande allegresse et dexterité, qu'ils les repoulserent et rembarrerent vivement, en moins de rien, jusques sur le bord de leurs tranchées, les faisant culbuter pesle mesle là-dedans, où furent tuez, d'hommes de reputation des François, le seigneur de Genliz, de la duché de Bourgongne, gentilhomme qui avoit esté nourri page en la maison du Roy. A ceste heure là leur artillerie, tant celle des flancs que celle qui estoit sur les levées de terre, commença à faire son office, laquelle en tua et blessa plus des nostres qu'il ne s'en trouva attaints de coups de main ; dont y furent tuez, entre autres hommes d'estimation, le capitaine Steph, gentilhomme italien, lieutenant de la compagnie de chevaux legers du capitaine Sennetaire, et le seigneur de Ferrieres, lieutenant de la compagnie de chevaux legers du seigneur de Givry, de la maison d'Estauges. Ceste meslée dura plus d'une grosse heure, y estant morts des François, tant de cheval que de pied, environ cent hommes, quand la retraite fut sonnée, que le soleil estoit jà couché et la nuict close. Longuement avoit esté debatu si on les devoit aller assaillir jusques dans leur fort ; toutefois la meilleure part du conseil fut d'advis qu'on se devoit contenter de leur avoir fait ceste honte en leur pays propre, non seulement d'avoir executé une partie de nostre volonté, mais bien, nous estans offert en leur presentant ceste bataille dont ils nous menaçoient dès le commencement, assez froidement et à petite excuse l'auroient refusée. On consideroit beaucoup de dangers : premierement que noz soldats estoient lassez et ennuyez, tant du chemin que de l'attente, estans chargez d'armes, et les ennemis fraiz et reposez ; que le pays estoit pour eux et leur propre heritage, pourquoy combattoient plus courageusement, et comme gens desesperez, et ne les pourroit on assaillir qu'à leur grand advantage, estant pour exemple les batailles de Poictiers et de la Bicocque : aussi que n'avions seulement à combattre à ce premier fort, lequel encore que nous eussions forcé, se pouvoient les ennemis retirer facilement dans la ville ; parquoy n'eussions rien fait, et eust esté à recommencer. Et prenons le cas que nous eussions peu parachever l'un et l'autre, on peult aisément penser que les François eussent les premiers porté la paste au four,

et y en fust beaucoup demeuré, peult estre tous, tant à raison que ce n'est le propre ne le naturel du Suisse, ne du lansquenet, d'assaillir villes ne forteresses, que ne sont aussi tant affectionnez ny enclins comme les subjects sont à leurs princes. Dont s'il fust advenu que le Roy se fust trouvé dans un pays ennemy, destitué de la meilleure part de ses forces, estoit à douter grandement divers malheurs luy advenir. Et pourtant fut arresté et resolu qu'il valloit mieux se retirer avec honneur qu'avec perte et mocquerie. Ainsi se remeirent les bataillons de fanterie en simple ordonnance, reprenant le chemin où estoient demeurez les bagages ; et M. le connestable, avec toute la gendarmerie et cavalerie de l'avantgarde demeura le dernier à partir, en attendant et pour veoir s'ils voudroient faire les mauvais sur la fin, et donner sur nostre queuë ; ce qu'ils n'oserent toutefois entreprendre : et, à la clarté et lumieres des feux des villages qui brusloient à trois lieuës à l'entour, retrouvasmes nostre logis precedent.

Derechef, ce soir mesme, par aucuns grands seigneurs fut proposé au conseil y avoir moyen et cause de retourner une autre fois rechercher les ennemis, pour les assaillir et combattre jusques dans leur parc, selon le rapport d'aucuns prisonniers qui en estoient venuz freschement, disans n'estre en telle defense comme on le cuidoit ; asseurant que, du costé du midy, par le bas de la riviere, estoit foible, et que là leur tranchée n'estoit parfaite n'enlevée (2) de cinq pieds de hault ; parquoy on pourroit, en cest endroit, dresser et ordonner noz batailles, et le faire assaillir par les enfans perduz, cependant que nostre artillerie seroit assise sur les collines que nous aurions aux flancz, qui tiroit à plomb dedans eux, estant cause ou qu'ils sortiroient en campagne pour combattre, ou quitteroient le jeu. Et fut cest advis promptement, et selon le premier mouvement, trouvé bon ; mais, après que les bien vieux et experimentez en eurent dit leur mot, et ce que bon leur en sembloit, on trouva que la derniere opinion estoit encores la plus seure : suyvant laquelle, ayans un jour sejourné en ce lieu pour nous rafraischir, nous retirasmes devers Chasteau Cambresis, où semblablement sejournasmes un jour, sans mettre le feu, ne en ceste belle maison, ne en la ville ; seulement en furent mis hors tous les vivres qui estoient dedans, à fin que les ennemis ne s'en aydassent. Puis recullasmes jusques à Fonsomme, à deux petites lieuës près de Sainct Quentin. Et là fut departie nostre armée, environ le dixneufiesme

---

(1) Corps.

(1) Ni élevée.

et vingtieme de septembre. Car estans les Suisses bien payez et contentez, leur fut donné congé pour se retirer en leurs pays, et partie de la gendarmerie logée ès garnisons le long des frontieres, ou renvoyée ès gouvernemens de leurs capitaines. Autant en fut fait de tous les nobles et rierebans.

L'autre partie de la gendarmerie et cavallerie legere avec les vieilles enseignes, et les Allemans, fut retirée et assemblée à Auchy le Chasteau, au dessoubs de Hedin, et, peu de temps après, conduite par M. le mareschal de Sainct-André devers la comté de Sainct-Paul, pour la destruire de fond en racine, et parachever le degast et totale ruine, tant du baillage de Hedin que de la comté de Ponthieu, et du reste du pays d'Artois. Ce que fut par luy executé à la veuë des ennemis, sans trouver resistance, où il ne demeurast tousjours supérieur, avec une tant admirable furie et desolation, qu'il ne fut pardonné seulement aux taicts et loges des bergers, que tout ce plat pays ne fust mis en feux et cendres à l'entour d'Aire, Sainct-Omer, Lislars et Perne, de laquelle le chasteau fut prins par force, et environ cinquante soldats espagnols tuez et mis en pieces là-dedans. En ce voyage ne fut fait autre chose de grand effect, mais plustost mouvante à pitié que méritant d'estre mise par escrit, si-non une brave escarmouche que le vidame de Chartres [duquel la vertu est assez publiée par tout le monde] dressa devant Lislars avec quinze enseignes de fanterie françoise, et presque deux mille chevaux, sur dix-neuf enseignes de fanterie espagnolle ; lesquelles estoient demeurées campées à l'entour de ceste petite ville, pource que les habitans leur avoient fermé les portes, craignans d'estre saccagez par eux, comme en estoit advenu à leurs voisins. Cette escarmouche dura presque un jour entier, estant chacune partie obstinée à obtenir et gaigner la victoire ; laquelle [après avoir longuement bien combattu, et en doute] advint aux François, y estans morts et blessez peu d'entre eux, et des Espagnolz d'avantage, desquels pareillement en fut beaucoup amené de prisonniers. Après ces orages les François retournerent à Auchy, où les Allemans, et à l'entour de Hedin, demeurerent en garnison : duquel le baillage avoit esté donné par le Roy au comte Reingrave. Et sur la fin du mois de octobre, estans cassées aucunes compagnies, tant de fanterie françoise que de la cavallerie legere, les autres furent départies et mises aux garnisons, pour passer l'hyver qui estoit prochain.

LIVRE SIXIESME.

De ce qui s'est fait ès Ardennes, Lieges, Hennault, Braban et Artois, tant par l'armée du Roy que celle de l'Empereur, en l'an 1554.

[1554] Peu de temps apres, sur la fin du mois d'octobre, que l'armée du Roy fut retirée du pays d'Artois pour estre departie ès garnisons des frontieres du pays de Picardie, l'hyver commença, qui, pour les grandes et longues pluyes, avec sur la fin autant aspres gelées qu'il est memoire de nostre temps avoir esté, osta tout moyen à l'ennemy de se revancher, et attendre chose nouvelle contre nous. Et nonobstant que les armes fussent retirées de la campagne, ne desistoit couvertement de preparer la guerre contre nous à l'esté prochain. Cependant l'Empereur se meit à poursuivre le mariage du roy d'Espagne son fils avec l'infante Marie, nouvelle royne d'Angleterre, avec telle sollicitude, qu'il n'oublioit chose aucune qui peust servir à la consommation d'iceluy, se voyant presque hors de toute esperance d'avoir secours d'ailleurs et recouvrer argent; ce que plusieurs grands et notables seigneurs du royaume s'efforcerent d'empescher, prevoyant l'immortelle guerre qui par les François leur estoit et à toute leur posterité preparée, ayant aussi auparavant experimenté quelle perte et dommage leur avoit esté d'avoir si longuement soustenu la guerre contre une nation tant belliqueuse, et de laquelle le pays d'Angleterre tiroit innumerables commoditez de vivres et toutes marchandises : toutesfois, tant peurent les persuasions de l'Empereur, avec l'instigation des roynes Marie et Eleonore (1), et autres grands seigneurs ses confederez, que la jeune royne, oubliant la misere et calamité de son pays, vaincue de nouvel amour et d'une ambition pour se veoir femme d'un fils d'Empereur, contre les advis et volonté des plus grands de son royaume, qui plus fidelement la conseilloient, après les avoir fait decapiter (2) et mourir ignominieusement, detenant aussi prisonniere sa sœur et fille de son pere, consentit à ce mariage; puis, le plus tost que le moyen se presenta, fiança par procureur, qui estoit le comte d'Aiguemont, Philippes, roy d'Espagne, esperant peu après parfaire et consommer le surplus. Le Roy, cognoissant toutes ces choses ne tendre seulement qu'à luy nuire et l'endommager, feit grands amas de deniers, appellant à son aide et secours ceux qu'il cognoissoit luy estre plus obeissans et fideles, et qu'il pensoit avoir le moyen de plus luy prejudicier ou faire service; dont le pape Jules, voyant non seulement l'Europe, mais universellement tout le monde griefvement esmeu et troublé, le peuple chrestien miserablement foulé et oppressé [non, comme je croy, sans grand remors et synderesse de sa conscience d'en avoir esté le premier autheur], envoya le cardinal d'Angleterre, son legat, devers le Roy et l'Empereur, pour adviser par tous moyens à une bonne paix et union entre ces deux princes. En quoy ce bon et vertueux personnage, avec grande integrité et zele de la tranquilité publique, s'employa si vertueusement, que, mettant arriere toute ambition et crainte de haine ou captivité, ne cessa de leur remonstrer les infinies miseres desquelles le pauvre peuple chrestien est affligé, l'incertitude et miserable estat auquel l'Eglise catholique, par leurs dissentions, est maintenant reduite. Et n'estoit vray semblable, quoy qu'aucuns ayent voulu dire que ce fust une sainte dissimulation, que ce bon cardinal favorisast plus à l'Empereur qu'au Roy. Quant à moy, je n'en veux croire que la commune et generale opinion, qui lors estoit d'une asseurance de paix si grande, que les pauvres gens des frontieres, de l'un et l'autre party, se l'estoyent ainsi persuadé, et s'en asseuroient tellement, qu'ils rebatissoient et commençoient à rehabiter en leurs cazettes et petites maisons, fumantes encores du feu dont elles avoient esté ruinées : tant que chacun se promettoit un bienheureux repos, s'il eust pleu à

---

(1) Sœurs de Charles-Quint. La première, gouvernante des Pays-Bas; la seconde, veuve de François Ier.

(2) Marie, reine d'Angleterre, avoit fait mourir Jeanne Gray et ses partisans, et détenoit dans un château sa sœur Élisabeth.

Dieu amollir les cueurs de ces deux grands princes. Mais, tout ainsi que tous les signes de Moyse et Aaron endurcissoient plus fort l'obstiné courage de Pharaon, afin d'après faire paroistre les grandes merveilles du Seigneur, aussi croy-je que, non encore satisfait et content de si petite punition de noz enormes pechez, n'a permis qu'on ayt voulu entendre à recevoir une bonne et asseurée paix. Parquoy ce legat, apres maintes allées et venues de chacun costé, s'en retourna fort triste devers le Pape, laissant ès cueurs des deux princes ceste tant inveterée inimitié que les clameurs du peuple misérable, le travail de la noblesse, ne les troubles de toute l'Eglise chrestienne, n'ont oncques aucunement peu divertir ; combien que je puis dire, après l'avoir ouy affermer à plusieurs grands personnages, que le Roy se submit aux plus raisonnables conditions qu'il estoit possible de demander, non de peur ou aucune crainte de son ennemy, ains de pitié et commiseration du pauvre peuple, et desir qu'il avoit du repos et tranquillité de l'Eglise.

Cependant, dès le commencement du printemps, la rumeur de la prochaine guerre s'esleva, et furent despendues les armes pour commencer à les fourbir et aprester, afin de se mettre tantost à la campagne, estant par toute la France publié le bruit que l'Empereur dressoit grands amas de soldats, et toutes provisions, devers les contrées de Lieges et ès Ardennes, pour descendre du costé de Champagne, et proposoit assieger la ville de Mesieres, ayant estably celles de Mariambourg et Avanes pour magazins et estappes. Parquoy le seigneur de Bordillon, qui lors estoit à la Court, fut là soudainement renvoyé afin de donner ordre à munir et renforcer ceste petite ville de tout ce que seroit de besoing pour attendre leur venue. D'autre costé le Roy, prévoyant sagement, et sans qu'il en fust fait autre bruit, au dessein et deliberation de l'Empereur, feit tout devoir d'amasser grandes forces pour luy aller au devant et le lever (1) de ceste entreprise. Ayant envoyé en Piedmont et devers l'Italie assez grands secours, afin de poursuivre et continuer le bon commencement que fortune lui presentoit cette part; ayant aussi depesché capitaines et commissaires pour luy amener gens de guerre, tant des Allemagnes que des cantons et villes des Suisses ses confederez, qui fut sur la fin et issuë du printemps, quand le soleil, s'eslevant en grandes chaleurs au commencement du mois de juin avec une secheresse estrange brusloit et consommoit les fruits de la terre : de sorte qu'avec le long travail de la guerre le pauvre peuple, pour rengregement de ses miseres, n'attendoit qu'une tres-grande famine, qui, toutefois par la grace du Seigneur, ne luy advint. Et ainsi passerent quelques jours, que le Roy, voyant toutes ses forces prestes à estre mises en besongne, jaçoit que son ennemy ne montrast aucun semblant de vouloir faire autre chose, estant, comme je pense, occupé à la consommation du mariage de son fils, délibera le devancer, et, par le mesme endroit que le menassoit, de le venir assaillir, l'entamer et entrer dedans ses pays.

Pourtant feit assembler toute son armée en trois divers quartiers, à sçavoir : en Picardie à l'entour de Sainct-Quentin, où estoit chef le prince de La Roche-sur-Yon ; en la vallée de Laon vers Crecy, où estoit chef M. le connestable ; à l'entour de Mesieres, où estoit chef le duc de Nivernois. En ceste petite armée, où estoit lieutenant de roy le prince de la Roche-sur-Yon, pouvoient estre environ neuf ou dix mille hommes de pied, la pluspart picards, et le reste des vieilles enseignes, trois cens hommes d'armes et cinq ou six cens chevaux legers, ou harquebusiers à cheval. En celle de M. le connestable estoient vingt-cinq enseignes de fanterie françoise, vieilles et nouvelles, deux regimens d'Allemans du comte Reingrave et Reifberg, et vingt-cinq enseignes de Suisses, quatorze cens hommes d'armes, près de dix-huit cens ou deux mille, que chevaux legers, que harquebusiers à cheval, desquels estoit general M. d'Aumalle [qui peu auparavant estoit venu de prison], et bien pres d'autant de nobles et rierebans, estant toujours le seigneur de La Jaille leur general. Il y avoit aussi quelques compagnies de cavallerie angloise et escossoise. En celle du duc de Nivernois, estoient vingt vieilles enseignes de fanterie françoise tirées des garnisons de Metz, Verdun, Thoul, Danvillé, Yvoy et Montmedy, y comprenant quatre enseignes d'Anglois et Escossois, et, au lieu de ces vieilles compagnies, on y en mit d'autres nouvelles. Plus y avoit deux regimens d'Allemans du comte Rochedolphe (2), et du baron de Fontenay trois cens hommes d'armes; oultre cela, près de huict cens que chevaux legers que harquebusiers à cheval, desquels estoit general M. le prince de Condé, et deux cens pistolliers allemans. J'escrivois plus par le menu l'equippage et ordre de ces trois armées ; mais ne seroit que redite, car, par ce qu'en diray cy-après, on le cognoistra plus facilement.

---

(1) Le faire désister.

(2) Christophe, comte de Rockendorff.

Estant donc l'armée ainsi divisée en trois divers lieux, afin de tenir l'ennemy en doute de ce qu'on avoit délibéré exécuter, et de quel costé on le voudroit surprendre, par trois divers endroits entrerent dedans ses pays. Celle du prince de La Roche-sur-Yon, ayant passé la riviere de Somme, donna dedans l'Artois avec un commencement fort cruel et furieux, bruslant et ruinant toute la contrée où il passoit. Celle de M. le connestable, la plus grosse des trois, ayant pris le chemin devers Maubert Fontaine le vingt-troisiesme de juin, faingnoit s'addresser devers Avanes, estant le commun bruit qu'on l'alloit assieger. Et sitost que les enseignes de France furent recognues par ceux du plat pays, abandonnerent villettes, bourgs, chasteaux, forts, et furent contraincts pour leur seureté se retirer dedans les Ardennes, avec la meilleure part de leurs meubles et bestail, estimant, par ce que les lieux estoient inaccessibles pour la difficulté d'y pouvoir mener et conduire armée et artillerie, estre exempts et hors de tout peril. Dont plus facilement on peut ruiner de rechef la villette et chasteau de Cimets, les chasteaux de Trelon, Glaïon, Couvins et autres petits forts de l'environ, nonobstant que peu leur servit leur retraitte; car le duc de Nevers, prince très-magnanime, s'estant deliberé dompter et reduire à son obeissance ceste gent, presque barbare, pour estre peu conversée et frequentée, les contraignit de desplacer et s'enfuir, abandonnans ces forts lieux, comme peu après sera au long déclaré.

Pour ce au desloger de Mesieres feit camper son armée à l'entrée des Ardennes, en une vallée assez scabreuse et mal-plaisante, au bout de laquelle il y a un petit village appellé Vieilmesnil, qui luy est nom bien convenable à raison que c'estoient plustost vieilles ruines de manoirs que maisons habitées. Et dès ce soir despescha vers son trompette le seigneur des Marets, gentilhomme de son pays de Nivernois, des plus vieux et experimentez hommes d'armes de sa compagnie, pour aller sommer le chasteau d'Orcimont à six grandes lieuës de là. A qui fut faitte response par celuy qui estoit demeuré là dedans chef, nommé Colas Loys, lieutenant du sieur Barson, gentilhomme du pays de Lieges, principal capitaine dudit lieu, qui, peu auparavant, ne se doutant de ceste venuë, en estoit sorty, qu'il ne se rendroit jamais s'il ne voyoit le canon: non pour sentir ce chasteau tenable, sinon pour la hauteur du rocher où il est situé, qui est presque inaccessible par deux costez; mais en une petite plaine qui est devers les bois, on assiegea l'artillerie pour le battre; ce que ceux de là dedans n'eussent jamais pensé. Ce chasteau est au sieur de Barlemont, general des finances de l'Empereur.

Ceste response ouye, ce prince delibera de les aller veoir de plus près, et de loger son armée ce jour à une lieuë de ce chasteau, si la difficulté des lieux ne l'eust retardé et arresté à moitié du chemin, pour estre en aucuns endroits tant difficile et pierreux, qu'il estoit impossible que les hommes ne les chevaux s'y peussent tenir fermes; en autres tant estroits, qu'estions contraincts d'y passer à la file, un après l'autre; en aucuns tant droits et difficiles, que, pour y monter, l'haleine nous y failloit; et en d'autres estoient les descentes si droittes, qu'il y falloit devaller pas à pas, et encore se tenir et asseurer bien fort, si on ne vouloit culbuter la teste la premiere. Tellement que là peu servoient les chevaux à charrier l'artillerie, y estant beaucoup plus nécessaire la force des bras pour la manier et conduire plus seurement. Vray est que par tout estoit mis tant bon ordre, qu'il estoit malaisé que les ennemis y eussent sceu donner grand destourbier ny empeschement, pour estre tous les chemins garnis de harquebusiers, de dix à dix pas, à l'escorte de toute la suitte. Ce soir, vingt-neufiesme de ce mois, ce prince avec toute son armée campa en une autre vallée encore plus estrange que la premiere, appellée le val de Suranda, auprès du rocher où souloit estre le fort de Linchant, maintenant la pluspart ruiné; au dessoubs duquel, et le long de ceste vallée, decourt une riviere ou plustost torrent, appellé Semoys, qui vient devers Bouillon, et se va rendre dedans la Meuse au dessus de Chasteau Regnauld. De ce lieu, sur le vespre, envoya le sieur de Jamets avec un régiment de fanterie françoise, et artillerie pour battre le chasteau d'Orcimont: lequel, sitost qu'il fut salué de deux coups de canon, ceux de dedans, comme bien esbahis, sans conclure autrement de se vouloir rendre, ne se meirent en defense; mais le chef secrettement serra toutes les clefs et par une secrette poterne qui sortoit dedans ceste vallée, entre ces rochers, se sauva avec douze ou quinze de ses plus favoriz soldats, délaissant les autres pauvrets bien estonnez et douteux de ce qu'avoient à faire, qui toutefois peu après se rendirent à la mercy du prince, et furent amenez prisonniers.

Quand les capitaines des autres forts, le long de nos brisées, eurent advertissement que pour certain ce prince amenoit avec luy artillerie, ce qu'auparavant n'avoient jamais voulu croire; sans se mettre en devoir ne de luy empescher le pas ne de luy coupper et rompre les chemins, comme ils ont de coustume, avec gros arbres abatuz, abandonnans leurs forts, munitions et lieux où se souloient retirer, s'enfuyrent de toutes parts. Et, estans arrivez à Louette la grande, où estions venuz loger au partir du val de Suranda, trouvasmes un petit fort, appellé Villarzy, construit de terre et de bois, vuide, lequel vingt-cinq ou trente volleurs qui estoient dedans avoient quitté, desquels estoit capitaine un nommé La Losse, natif de Mezieres, qui, dès son jeune aage, avoit esté nourry au service du seigneur de Lumes, et après sa mort, tousjours avoit suivy le party de son maistre, qui, abandonnant ainsi ce fort de certaine délibération, meit le feu par toutes ses maisons, et tout le surplus du village, dont furent delivrez de peine noz vastadours, qui, pour ce faire, estoient ordonnez. Une eglise aussi que ces Ardennois avoient fortiflée, appellée le fort de Jadines, fut trouvée ouverte et abandonnée, qui fut de mesme sappée et abbatuë, fors une grosse tour quarrée, de laquelle les quarres et liaisons furent rompues au picq, et escartelées à coups de canon, que le prince en passant par devant y feit tirer. Les villages d'alentour, assez beaux veu la sterilité du pays, furent bruslez et destruicts. Et pource que le fort de Jadines estoit le plus dommageable de tous les autres aux François leurs voisins, les gouverneurs de Mesieres souvent s'estoient mis à l'essay de le prendre et forcer, et peu y avoient fait, et n'avoit on eu jamais si grand moyen de l'exterminer du tout comme à ceste dernière fois. On peut aisément croire que le commun populaire ne devoit estre asseuré, voyant mesmement les soldats et ceux qui estoient dedans les forts, les délaisser avant estre assiegez et battus. A ceste cause, tout le remede qu'ils pouvoient choisir, estoit de se retirer et cacher, avec le peu de meubles et bestail que ils pouvoient emmener, au plus profond des bois et forêts, et dedans les creux des montagnes et rochers, nonobstant que peu se sauvassent parce que noz soldats, poursuivans la proye et butin, se mettoient à suyvre leurs trasses à cachettes, et souvent prenoient quelques-uns de ceux mesmes du pays, qui, pour s'exempter de mort, leur servoient de guide. Ainsi estoit rempli nostre camp d'un merveilleux nombre de misérables captifs, hommes, femmes et petits enfans, esmouvans un chacun à grande pitié et commisération, et puis asseurer y avoir veu donner le taurillon pour vingt sols, la vache pour dix, et la beste à laine d'un an à deux pour cinq et six.

Le penultieme jour de juin, ce prince campa en un assez beau village, appellé Valsimont, au fond d'une vallée où decourt une riviere ou torrent, nommé Vouye, qui sort des montagnes, et se va rendre dedans la Meuse près de là; où sitost qu'il fut arrivé, envoya le herauld Angoulesme avec son trompette, pour sommer ce chasteau de Beaurin, ès confins des Ardennes, et sur les limites du pays de Lieges, qui est aussi au sieur de Barlemont, byen aymé et chery de l'Empereur. En ce lieu de Valsimont, à l'endroit des ennemis usa d'une autant grande humanité qu'on pourroit dire d'un prince chrestien; car, suivant ce que j'ay dit, luy estant fait rapport comme noz soldats avoient amené des bois grands butins avec grand nombre de femmes et jeunes filles, sçachant qu'en ceste fureur de la guerre difficilement se pourroient-elles sauver et garantir de forces et ravissemens, les feit toutes ramasser et resserrer, avec commandement, à peine de la vie, de ne leur faire aucune force ne violence, ains de les ramener toutes en un certain logis, où ayant d'une liberalité grande et digne d'un si vertueux et magnanime prince usé envers les soldats, les feit seurement garder jusques au lendemain, que tout le camp fut party de là.

Estant de retour, le herauld Angoulesme rapporta que ceux de Beaurin n'avoient point envie de se rendre, au moins s'ils ne voyoient le canon; parquoy, au partir de Valsimont, fut pris le chemin tirant droit ceste part, et, en approchant, ceux qui allerent au devant pour le recognoistre furent receuz avec force harquebusasades à croc, et coups de mousquets, monstrans par cela se sentir mieux muniz que depuis ne furent trouvez, et attendirent que quatre canons d'abordée leur fussent presentez, prests à y donner le feu. Depuis, recognoissans le danger auquel estoient, et advertis que s'ils ne se rendoient passeroient au fil de l'espée, et ceux qui en eschapperoient, par la main du bourreau, après avoir quelque peu parlementé et demandé à sortir bagues sauves, finablement furent reduits à ceste extremité de se rendre au bon plaisir et misericorde du prince; lequel feit retenir les principaux d'eux prisonniers, et renvoya les autres petits compagnons un baston blanc au poing. Le capitaine de ce chasteau, Jean Colichart, natif de Bains en Hennault, fut amené prisonnier avec quarante de ses plus apparents soldats, entre lesquels estoient le capitaine du fort de Jadines, nommé le grand Gerard, et La Losse, dont j'ay parlé cy-devant, capitaine de Villarzy, qui ne fut point mis à rançon ainsi que ses compagnons, ains renvoyé peu après à Mezieres, pour, comme je croy, estre puny comme traistre. M. de Nevers logea dedans ce chasteau une compagnie de gens de pied des vieilles enseignes, et cinquante harquebusiers à cheval. Au partir de ce siege, qui peu dura, chacun commença à se resjouir de sortir de ce triste et fascheux desert, pour entrer au pays de Lieges plaisant et delectable, prenans la descente aux ports de Givets, des plus beaux qui soyent sur toute la riviere de Meuse, et, selon mon advis, des plus renommez. Mais, avant que passer oultre, je ne veux oublier comme, tant pour nous rendre facile et ouvert le navigage de ceste riviere, qui descend le long de ce pays de Lieges et Braban, que pour forcer aucuns petits chasteaux et forts assis le long du rivage de ce fleuve, on avoit laissé le capitaine Salsede, commissaire general de tous les vivres et munitions, avec six compagnies de fanterie françoise et deux canons; auquel, après avoir pris par force le chasteau de Fument appartenant au duc d'Ascot, celuy de Hierge, qui est au sieur de Barlemont, fut quitté et abandonné.

Et pource que, pour ne rendre aucunement confuse mon histoire, ne pouvant entremesler toutes choses les unes avec les autres, j'ay laissé cy dessus à dire ce que les deux armées du prince de La Roche-Suryon et de M. le connestable pour lors faisoient ès parties de Picardie et devers Mariembourg. Après avoir au long narré les memorables et victorieux faits du duc de Nevers, je reprendray le discours et hautes entreprises de ces deux armées, soubs lesquelles tous les païs de l'ennemy se plioient; car le prince de La Roche-Suryon, avec sa petite armée bien fournie de vaillans soldats, faisoit trembler non seulement les plus fortes villes, ains toute la Flandre, sans qu'elle osast dresser amas et mettre sus gens de guerre pour empescher qu'il ne bruslast et ruinast la plus grande partie de l'Artois et lieux circonvoisins.

M. le connestable, ainsi que j'ay desjà dit, selon le commun bruit [bien toutefois qu'autre fust sa déliberation], estoit sur le chemin d'aller assieger Avanes, quand la cavallerie legere avoit jà plus d'une fois escarmouché au devant, comme si on l'eust voulu recognoistre, qui l'asseuroit tellement devoir estre assiegée, qu'elle s'estoit renforcée de garnison et de toutes munitions, demeurant Mariembourg avec sa seulle garnison ordinaire, encore bien petite. Or estoient les choses conduites tant secrettement et de si longue main, qu'estant mondit sieur le connestable adverty du petit nombre de soldats qui estoit dedans ceste ville plus forte que l'autre, et de plus grande importance, sans faire bruit, et le plus couvertement que fut possible, feit partir M. le mareschal de Sainct-André avec les Suisses et quelques compagnies de gens de pied françoises, environ deux ou trois mille chevaux et la pluspart de l'artillerie; lequel feit si bonne diligence,

ayant toute la nuict fait esplaner et delivrer (1) les chemins et traverses des bois que les ennemis avoient haié (2) et empesché, que le matin, vingt-troisiesme de juin, environ les dix heures, se trouva avec toutes ses troupes devant Mariembourg; dont furent ceux de là dedans soudainement fort estonnez, et plus encore la nuict d'après, ayant esté advertis comme le secours qu'ils attendoient avoit esté repoulsé, et n'y avoit ordre ne moyen que plus y peust entrer. Neantmoins, pour se desmontrer plus asseurez qu'ils n'estoient, tiroient infinité de canonnades sur noz gens; lesquelles toutefois ne les peurent retarder de commencer avec promptitude les approches et tranchées. Le lendemain, estant M. le connestable arrivé avec le reste de l'armée, voyant le bon commencement de ce siege, pour l'acheminer à meilleure fin feit tousjours et avec telle diligence continuer les approches, que le troisiesme jour de ce siege, ayant fait tirer cinq ou six vollées d'artillerie pour rompre seulement les defenses, fut requis à parlementer par les assiegez; et, après plusieurs de leurs articles refusez, enfin condescendirent à rendre la place au Roy, vies et bagues sauves, fors les armes, munitions et artillerie; et demeureroit le sieur de Rinsard, gouverneur de laditte ville, prisonnier avec les capitaines et principaux d'icelle; laquelle, remplie de toutes munitions de prix inestimable, fut ainsi rendue le vingt-huitiesme de juin mil cinq cens cinquante-quatre.

Dont le Roy très-aise, peu après partit d'auprès de Laon, et en ce lieu vint retrouver son armée le dernier jour de ce mois, laquelle, en signe de resjouyssance, à son arrivée fut mise en ordonnance de bataille, et toute l'artillerie deschargée, rendant un merveilleux bruit et retentissement dedans les bois et rochers des Ardennes, et donnoit advertissement aux autres villes imperiales de la reddition de ceste ville, qui, pour estre le fort rempart de tout ce païs, avoit esté pour les François merveilleusement fortifiée. Autrefois, où elle est maintenant construite, estoit un petit village [selon qu'aucuns prisonniers me l'ont raconté] où estoient adressées les assemblées de la grosse chasse, en quoy la royne Marie prenoit singulier plaisir; mais, pource qu'elle trouva l'assiette de ce lieu fort delectable et accommodée, print affection d'y édifier ceste nouvelle ville, et n'espargna chose aucune pour la beauté et fortification d'icelle; ce qu'eust fait davantage, si le Roy ne l'eust prise et soubmise à son obeissance; lequel a proposé non seulement

---

(1) Rendre libres.
(2) Barré par des haies.

parachever ce qui n'est encore parfait, ains de la mieux munir et remparer ès lieux et endroits où la Royne n'avoit eu le temps de le pouvoir faire, estant ja changé le nom de Mariembourg en Henriembourg. Or, pour rendre le chemin de là plus facile et descouvert jusques à la petite ville de Maubert Fontaine, qui en est la plus prochaine, on feit fortifier un petit village appellé Rocroy, dedans lequel on logea le capitaine La Lande avec son enseigne de trois cens hommes de pied, demeurant dans Mariembourg le capitaine Breul, de Bretagne, avec trois compagnies françoises. Peu de temps après y fut renvoyé de Disnan le seigneur de Gonnor, auparavant gouverneur de Metz, qui receut l'ordre du Roy pour resider lieutenant general dedans ladite ville de Mariembourg.

Puisque j'ay descrit à la vérité les choses comme elles se sont passées entre ces deux armées, je retourneray à celle du duc de Nevers; lequel au sortir des Ardennes, peu après la prise du chasteau de Beaurin, avoit envoyé le herauld Angoulesme avec son trompette, pour sommer le chasteau et ville de Disnan, et sçavoir de ceux qui estoient dedans s'ils délibéroient de continuer en leur neutralité accordée au pays de Lieges, ou s'ils vouloient tenir fort, pour et au nom de qui, ou de l'Empereur ou de leur evesque, ausquels, au lieu de rendre quelque honneste response, s'oublians, feirent une injure que, pour l'indignité d'icelle, je ne veux passer soubs silence. C'est qu'ils leur dirent que s'ils tenoient les cueurs et foyes du Roy et de M. de Nevers, ils en feroient une fricassée pour en manger à leur desjeuner; et, non contens encore d'avoir esté si fols et si temeraires, lascherent sur eux plusieurs coups d'harquebuses, crians après, et les appellans traistres, estimans par tels fols propos s'estre bien vengez : ce qu'à bon droit leur tourna à grand opprobre et confusion, nonobstant qu'estant reduits à la puissance du Roy [tant fut grande son humanité] ne receurent le chastiment et punition qu'ils avoient mérité.

Le duc de Nevers estant le dimanche, premier jour de juillet, avec son armée, descendu aux ports de Givetz, trouva que le chasteau d'Agimont, qui est deçà Meuse, à un quart de lieuë de l'autre Givetz, n'estoit encore rendu, bien qu'il eust esté sommé; et pource qu'il avoit si sagement et avec si bonne police advisé à noz vivres, qu'ils ne nous estoient faillis ès plus grands et aspres deserts de toutes les Ardennes, et que lors se trouva sans nul rafraischissement desdits vivres pour ses soldats, n'estant encore nouvelle du capitaine Salsede, commença grandement à se fascher, de peur que par ce default les ennemis se peussent tant plustost renforcer devant nous, et interrompre nostre entreprise. Neantmoins ce jour mesme feit passer l'eauë à un nombre de cavallerie legere avec certaines compagnies de gens de pied, pour envelopper et enclorre ce chasteau, attendant l'armée du Roy qui marchoit de Mariembourg pour se venir joindre là.

Le lundy ensuyvant, ainsi que l'avant-garde de l'armée du Roy arriva près de ce chasteau, les gens de pied feirent semblant de se mettre en devoir de le vouloir escheller et donner assault, qui toutesfois tourna à bon escient; car noz soldats entrerent en jeu si avant et furieusement, que ceux de là-dedans ne peurent longuement soustenir leur effort, de sorte qu'ils furent contraints quitter et abandonner les défenses et leur donner ouverture; dont estans entrez de chaude cole, feirent passer au tranchant de leurs espées tous ceux qui voulurent faire resistance, qui n'estoient en grand nombre, ne gens d'authorité, et furent faits prisonniers le capitaine du chasteau, Evrard de la Marche, fils naturel du comte de Rochefort, pere de celuy qui vit à present, seigneur de ceste place, et la pluspart des autres pauvres soldats renvoyez. Ainsi fut surpris et forcé ce chasteau, sans avoir ouy le canon, et tout le butin pillé et saccagé.

Le mardy, lendemain de la prise de ce chasteau, toute l'armée du Roy se trouva assemblée à Givetz deçà, et campa la pluspart entre le bourg et le chasteau, en une longue et spatieuse plaine. Et nonobstant que ceste grosse riviere feist une separation entre noz deux armées, si est-ce que continuellement les parents, amis, voisins et compagnons la traversoient tous les jours pour s'entrevoir et festoyer les uns les autres. Le Roy mesme, meu du bon rapport que l'on luy avoit fait de nostre armée, la passa, pour la veoir en bataille, le mercredy sixieme de ce mois, et la trouva en fort bon ordre et equippage, dont se contenta merveilleusement.

Or ne restoit plus qu'un petit fort, appellé le chasteau Thierry [qui est au baillif de Namur], que tout ce qui estoit à l'entour de nous ne fust soubmis à l'obéissance du Roy : pourtant ce mesme jour y fut envoyé un regiment de gens de pied françois, avec artillerie et quelques compagnies de gens à cheval. Mais ceux qui le gardoient, ayant sceu le traittement qu'on avoit fait à ceux d'Agimont, sans attendre leur venue, quitterent la place de bonne heure. Ainsi fut trouvé ce chasteau ouvert et abandonné, au demeurant remply des plus beaux meubles qu'est possible, et grande quantité de tous grains, et croy que tout cela n'y demeura pas.

Les deux armées sejournerent aux deux Givetz six jours entiers, et le septiesme en deslogerent. Celle du Roy suyvit le chemin deçà Meuse, et celle de M. de Nevers, pour la difficulté des chemins, ce soir campa en une vallée à deux lieuës près de Disnan, au dessus de laquelle estoit un petit chasteau appellé Valvin, qui fut trouvé ouvert, où ce soir il coucha en la basse court. Le lendemain, jour de dimanche, toutes les deux armées arriverent à l'entour des villes et chasteau de Disnan et Bovines. Soudain que celle du Roy fut près de Bovines, fut assise et afutée l'artillerie au plus haut d'un cavin, dedans lequel passe le grand chemin qui monte en la plaine au dessus, et ladite ville furieusement canonnée jusques à trois heures après midy, qu'estant la bresche faite à un portail et dedans une tour, fut donné quant et quant l'assault, et emportée avec petite resistance, estant seulement defendue par ceux de la ville mesme, ausquels en print mal, et en fut fait d'une premiere furie grand carnage. Aucuns d'iceux, se pensans sauver, se jetterent à la mercy de l'eau, toutefois pour cela ne se peurent exempter de mort, estans tuez la plus grande part, à coups d'harquebuses, en se plongeans dans le profond de l'eauë; les autres, encore que ils eussent traversé ceste riviere, et prins prisonniers par les François, furent depuis penduz et estranglez pour avoir temerairement resisté et tenu fort contre la puissance du Roy. Vray est qu'en recognoissance de la bonne guerre que les Espagnols avoient faite aux François à la prinse de Therouenne, le Roy pardonna et sauva la vie à certain nombre d'eux qui s'estoient retirez dans la grosse tour qui est au dessus de ladite ville; et, usant de son humanité accoustumée, feit sauver les filles et petits enfans, et leur donna pour les conduire un herauld d'armes et un trompette.

Ce matin que M. de Nevers arriva auprès du chasteau de Disnan, voulant luy-mesme, avec le sieur de Jametz, de plus près l'aller recognoistre, fut occis d'une harquebusade à croc, tout joignant de sa personne, le cheval dudit sieur de Jametz; luy estant par cela donné advertissement que tels grands princes et chefs d'armées ne se doivent si hazardeusement exposer à tels perils. Pour ce jour toutefois ne fut commencé la batterie, à cause qu'on n'avoit amené l'artillerie assez à temps, et seulement tout le reste du jour furent tirez plusieurs coups de canon pour commencer à rompre les defenses et aucuns gabions qui estoient sur le portail, et à une petite tour ronde assise au dessus de la ville, qui nous endommageoit fort en nostre quartier. Et toute ceste nuict fut mis extreme diligence à faire les approches et tranchées, non sans grand danger, pour les innumerables coups d'artillerie et harquebusades à croc qui furent tirées du chasteau, sans meurtre et perte d'autres personnes que des miserables vastadours.

Le lendemain au poinct du jour, ce chasteau fut salué de trente grosses pieces d'artillerie, quinze de nostre costé et autant de celuy du Roy, de l'autre part de la riviere, qui donnoient le long du creux et dedans le chasteau, dont fut percée à jour la muraille de brique la plus haulte. On battoit aussi en flanc une grosse tour ronde au coing d'un corps de logis qui regardoit devers septentrion. Du costé de M. de Nevers, on battoit une autre grosse tour ronde assise au bout de ce mesme logis, tenant au boulevert du portail; et continua sans cesse, le jour et la nuict, ce merveilleux tonnerre, jusques au mardy environ les trois heures après midy, que furent fracassées et démolies ces deux tours, et bresche faite au bout du dessus de ce logis, longue environ dix pas, toutefois encore malaisée à y monter pour ce que le canon ne pouvoit prendre au pied de la muraille, estant roche vive; aussi il y falloit gravir le hault d'une picque, et estoit la montée encore glissante et peu ferme soubz les pieds, à raison de la terre et du ciment qui découloit continuellement dessus. Ce nonobstant, dès l'heure mesme, fut resolu de donner l'assault, et amena M. l'Admiral les compagnies françoises ordonnées pour ce faire, jusques aux pieds de la bresche; les priant et admonestant, avec honnestes et gracieuses remonstrances, de se souvenir de la grandeur de la nation françoise, et du devoir auquel estoient obligez pour la foy et asseurance que le Roy avoit en eux. Ces propos finis, quelques capitaines, suyvis de leurs plus vaillans soldats, s'acheminerent et advancerent pour y monter, et fut le capitaine Maugeron des premiers : parquoy les ennemis, les pensans suivy de près, et que les François, la teste baissée, s'yroient eux-mesmes enfourner là dedans, donnerent feu à une trainée qu'ils avoient appareillé d'entrée; laquelle estainte, si noz soldats, poursuyvans leur entreprise, ainsi que ceux qui estoient dedans, ont depuis confessé, eussent fait effort d'y entrer, les ennemis ne pouvoient plus tenir qu'ils ne les eussent emportez, estant desjà tant rompuz et endommagez des abatis et froissemens de la muraille que faisoit l'artillerie tomber sur eux, qu'ils ne pouvoient plus durer. Mais si aucuns feirent bien leur devoir, il y en eut d'autres qui s'y porterent froidement, qui ont laissé une fort mauvaise opinion d'eux. Le capitaine Sarragosse, porteur d'enseigne coronelle, y alla fort bravement, et fut blessé : aussi feirent les capitaines Gourdes, La Molle et Le Fort, duquel le portenseigne, nommé Le Basque, y fut tué et renversé du hault en bas, et son enseigne relevée par trois fois, estans tousjours abbatuz ceux qui la relevoient, tant qu'elle demeura au poing d'un soldat gascon appellé Fougasset.

M. l'Admiral, general de toute la fanterie françoise, voyant ses soldats ainsi refroidiz, pour leur donner cueur, commença un peu plus severement à les exhorter, leur monstrant qu'en la présence du Roy, s'ils ne faisoient preuve de leur magnanimité et hardiesse, la bonne réputation qu'ils avoient par c'y devant acquise, leur tourneroit à un très-grand reproche et infamie perpetuelle. Ce disant, luy mesme, le premier, commença de monter encore pour plus les encourager ; un grand seigneur, nommé le sieur de Montpesat [bien qu'il n'eust aucune charge en leurs bandes], empoigna une de leurs enseignes, et bravement devant tous eux la porta jusques tout au dessus, où se meit à couvert derriere aucuns quartiers et ruines de la muraille tombée, les appellant, et leur faisant signal avec l'enseigne de le vouloir suyvre, et aller après luy. Ce neantmoins ne fut onc possible qu'ils reprinssent courage ; dont aucuns capitaines auparavant bien estimez tomberent en fort mauvaise estimation. Et pource que la nuict s'approchoit, fut sonnée la retraite.

Ce jour, ceux de la ville de Disnan, qui est au dessoubs du chasteau sur la riviere, se vindrent rendre, à la mercy et misericorde du Roy, entre les mains de M. de Nevers, qui, oubliant leurs folles et témeraires paroles, humainement les receut, et asseura d'avoir la vie sauve, et que leur ville ne seroit point bruslée. Pour ce y furent envoyez les capitaines Duras et Boisse, avec leurs compagnies de fanterie françoise. Mais Dieu, ne voulant qu'aucun peché demeure impuny, bien qu'aucune fois la punition soit différée, encore que ces compagnies y fussent logées pour leur asseurance et sauveté, ne les peurent garantir et exempter qu'ils ne fussent saccagez. Car les Allemans nouveaux de nostre camp, cuidans que ces compagnies y fussent entrées pour seul en avoir le sac ; y devallerent à la foulle ; et, après avoir enfoncé les portes avec haches, coignées et grosses solives, les uns y entrerent par ceste ouverture ; les autres, qui n'eurent patience d'attendre, grimperent et eschellerent les murailles, se lanceans dedans par divers endroits, où ils feirent un merveilleux mesnage ; et, non encore contens, ayans esté advertis que dedans la grande église on avoit fait retirer toutes les femmes, filles et jeunes enfans, avec aucuns citoyens, à tourbes s'amasserent là devant, et, après avoir, par grande violence, abbatu les portes et entrées de ce temple [quelque resistance que feissent aucuns François qui estoient là dedans], ravirent et entrainerent maints hommes, femmes, filles et jeunes enfans ; et fut, pour cette cause, suscitée une cruelle meslée d'eux et des François qui les en vouloient dejetter, qui dura toute la nuict et jusques au lendemain matin, que le Roy y envoya expressément pour appaiser ce mutinement. Et depuis, par toute son armée feit crier, à peine de la vie, que chacun eust à rendre toutes les femmes de Disnan, comme de plusieurs fut fait, lesquelles feit nourrir, jusques à son partement de là, de ses munitions, jaçoit que nos soldats en eussent grande necessité.

Après que les François furent retirez de l'assault, notre artillerie recommença à battre ce chasteau, et continua la batterie toute la nuict, cependant qu'on cherchoit autre moyen de l'avoir, et faisoit on, ainsi qu'on m'a dit, saper le pied de la muraille à l'endroit de la breche, pour la rendre tant plus facile et aisée à monter : toutefois le jour treizieme de juillet, environ les sept heures du matin, ceux de dedans s'offrirent à parlementer, et, estans receuz à cela, sortirent premierement le seigneur de Floyon, gouverneur de ce chasteau, et un capitaine d'Allemans nommé Hamol, qui furent conduits à la tante de M. de Nevers, auquel ayant proposé leurs articles, et leur estant resolument refusé d'emmener armes, artillerie et enseignes, accorda qu'ils sortiroient aves l'espée, la dague, et quelques autres menues bagues. Depuis, le seigneur Julian, capitaine des Espagnols, qui pour garder l'authorité, de laquelle ceste nation se prefere à toutes les autres au faict des armes, requeroit avec grandes remonstrances que luy et ses gens en sortissent avec les armes, ce que toutefois M. le connestable ne luy voulut onc accorder, neantmoins qu'en sa charge il s'oublia grandement ; car, cependant que plusieurs princes et grands seigneurs s'arraisonnoient sur ce faict et mettoient en divers autres propos, on envoya secrettement les seigneurs de Bourdillon et de Rabaudanges, pour sçavoir et conclure avec les Espagnols s'ils en vouloient sortir à la condition des autres ; à quoy ils consentirent très-volontiers, ne demandans qu'estre mis en liberté : par quoy, estant apportée à M. le connestable leur capitulation signée et accordée, fut monstrée au seigneur Julian, qui, à la façon espagnolle, faisant grandes exclamations, disoit, comme l'un des premiers et principaux de tous, n'y point consentir ne l'approuver, et requeroit avec grande importunité qu'il fust remené audit chasteau; lequel il vouloit garder avec ses seules compagnies espagnolles, ce que de grace luy fut ottroyé, avec protestation que s'il estoit pris de force, n'esperast moins que d'estre pendu le premier à la porte; dont fut tout à loisir moderée sa cholere, ayant occasion de penser plustost au danger auquel estoit qu'à se renfermer avec ses soldats, qui ne demandoient que sortir de ce lieu, ainsi que feirent les uns après les autres, le Roy tousjours present, qui en avoit grande commisération, estans la pluspart tant deffaits et extenuez, qu'ils sembloient corps desenterrez ou images de morts. Neantmoins qu'avec eux emporterent ce loz, d'estre autant vaillans hommes qu'on en eust sceu eslire; desquels le nombre je ne le puis asseurer, vray est que, lorsqu'ils sortirent, faisoient monstre d'environ huict cens hommes de toute sorte, et eux-mesmes ont confessé qu'uns et autres en estoient morts là dedans, environ huict-vingts ou deux cens. La compagnie de M. de Tavannes fut ordonnée pour les conduire en seureté sur le chemin de Namur, et fut ce capitaine Julian retenu prisonnier, non-seulement pour la response qu'il avoit faicte, mais pour autre plus grande occasion.

Ce chasteau est nombré pour estre entre les plus fortes et belles maisons de l'evesché de Lieges, que Évrard, evesque de la maison de La Marche, oncle du sieur de Jametz, à present vivant, redifia sur les anciennes ruines, plus excellent et fort que n'avoit onc esté ensemble plusieurs autres, comme Hue, Franchemont, Stoquehan, Bouillon et Floranges. Il est situé sur un gros rocher qui peult avoir de tour et circonference environ quatre cens pas, sortant de la coste d'une montaigne de longue estendue, sur la riviere de Meuse, en forme d'ovalle ou barlongue, inaccessible par deux endroits, du costé de la ville et de la riviere, fort malaisé aussi du costé où fut faite la breche. Sur les deux fronts sont deux bouleverts en demy cercles, ou, comme on dit à present, en fers de cheval: l'un regarde et defend toute la plaine de ceste montagne, servant de plate forme; l'autre, dessus la ville et la riviere, est presque semblable, sinon qu'il n'est du tout si hault, et le dessus est fait de bricque, sans estre en rien remparé. Dedans ce chasteau est une court quarrée d'environ quarante pas de diametre et d'estendue, environnée de trois grands corps de maisons de belle structure et fabrique, soustenuz par le bas de grosses colonnes, la pluspart doriques, d'une pierre fort dure, ressemblante le marbre noir, madrée de taches blanches et grises; de laquelle aussi tous les fondemens sont faits, et le dessus de bricque. Au dessoubs est environné de belles et spacieuses galeries et promenoirs; dessus y a plusieurs grandes salles propres et merveilleusement bien accommodées de chambres et d'une triomphante chapelle, qui prend la clarté devers la ville. Au dehors vers septentrion, tenoient ces deux tours rondes, qui furent à coups d'artillerie démolies et ruinées jusques aux fondemens, et au bas y avoit une courtine ou faulse braye, flanquée de torrions, qui fut presque toute sapée et abbatue. A la racine de ce gros rocher, le long de la riviere, est la ville bien bastie et ornée d'edifices, d'assiette propre pour y amener toute sorte de marchandises, mesmement cuivre, airain, et toute fonte de rosette. De l'autre part de la riviere, l'espace, d'environ deux cens pas, est la ville de Bovines, qui n'est de beaucoup moindre que Disnan, de la comté de Namur, et se trouve qu'anciennement ces deux villes se faisoient la guerre guerroyable; celle de Disnan tenant le party de La Marche, qui estoit pour France, et celle de Bovines celuy de Bourgongne.

Je ne me puis tenir de dire et plaindre le tort que ceste ville de Disnan, neutre avec tout le pays de Lieges, s'est fait delaissant sa neutralité pour, à l'appetit et instigation de leur evesque, oncle de l'Empereur, s'assujettir à un particulier, qui, ainsi qu'on dit, par violence et tyrannie, a usurpé l'evesché de Lieges à l'abbé de Beaulieu, auquel son oncle susdit l'avoit resigné. Et peult-on veoir combien grande fut l'humanité et douceur du Roy, qui ne voulut qu'on destruisist et bruslast la ville de Disnan comme Bovines, eu esgard à la subjection en laquelle le chasteau de la ville mesme la tenoit, qui encore luy commandoit, dont au plus beau et fort endroit fut par sa faulte sapé et abbatu, pour à jamais estre exemple que les terres neutres, specialement de l'Eglise, ne doivent estre partiales, et adhérer plus à l'un qu'à l'autre.

Cependant que ces deux armées estoient arrestées à l'entour de Bovines et Disnan, celle du prince de La Roche-sur-Yon, faisant merveilleusement au pays d'Artois, fut par quelques jours cavallée (1) par un nombre de Flamens qui costoyoient et suivoient pour tousjours interrompre son dessein. De quoy ce prince adverty, et des brisées qu'ils tenoient entre Arras et Bapaume, leur dressa une partie si à poinct, que, les ayant enveloppez sur le chemin, les chargea de telle sorte qu'il y en demeura plus de deux cens des leurs; et furent amenez pri-

(1) Inquiétée par un corps de cavalerie.

sonniers de leurs principaux chefs, le seigneur de Fama, gouverneur de la citadelle de Cambray, et son lieutenant, et un grand seigneur de la chambre de l'Empereur, nommé le seigneur de Varluset, capitaine de chevaux legers. Et dit-on que, sans un bon cheval sur lequel estoit monté le sieur de Haulsimont, gouverneur de Bapaulme, il estoit en danger d'y demeurer avec eux, et leur tenir compagnie. Deux cornettes de leur cavalerie y furent desfaittes et prises : lesquelles mondit seigneur envoya au Roy en ce lieu, pour plus l'asseurer de l'avantage qu'il avoit eu sur les ennemis.

Le quinzieme de ce mois de juillet, plusieurs marchans françois, qui avoient, par la riviere, amené vivres en nostre camp, après les avoir venduz, remontans à Mesieres avec leurs bateaux chargez de butins et d'aucuns soldats et capitaines Sarragosse, Gourdes et la Molle, blessez ès assaults desdites villes, furent rencontrez par les Bourguignons assez près des ports de Givets; et, les ayans contraints de venir à bord, partie tuerent et partie emmenerent prisonniers, entre lesquels estoient ces trois capitaines, ausquels feirent bonne guerre et gracieux traittement, et les renvoyerent sur leur foy. Au partir de là, advertiz qu'à Givets estoient quelques compagnies de noz Anglois et Escossois, à l'improuveu les allerent surprendre et contraignirent se retirer en une maison assez tenable, dont emmenerent quatre-vingt et six de leurs chevaux.

L'Empereur, qui estoit à Bruxelles, assez près de nous, adverty de toutes ces choses, et que le commun bruit de nostre camp estoit au partir de Disnan d'aller assieger Namur, feit premier loger dedans la ville tant de soldats qu'il veit y estre de besoing, la sçachant autrement peu fortifiée d'autres fortifications artificielles, et qu'à telles grandes villes, comme il faut grand nombre d'hommes pour les assaillir, aussi y est requise une grande et soigneuse diligence pour leur défense. Voyant aussi toutes les communes du plat païs esmeuës et esperduës, de sorte que tout estoit abandonné, envoya d'autre part le duc de Savoye, son nepveu et lieutenant general, avec tant de soldats qu'il peust recouvrer, pour promptement se parquer à costé de ceste ville, en un lieu appellé Givelou, entre les deux rivieres de Meuse et Sambre, et feit serrer et amasser son armée en extrême diligence, ayant mandé soldats luy estre amenez de tous endroits de ses païs. Sitost que ce prince se fut fortifié en ce lieu, il escarta sa cavallerie sur le chemin, d'où pensoient que vivres nous pouvoient venir, tant pour nous affoiblir et donner occasion de nous retirer, que pour prendre langue et savoir nostre déliberation; faisant semer un bruit qui nous estoit rapporté par noz espions et prisonniers, que si nous adventurions de poulser plus oultre ou de passer la riviere de Sambre pour entrer dedans le païs de Hennault, sans faillir l'aurions en teste, deliberé de nous donner bataille : mais, ainsi que depuis a esté veu, le Roy n'estoit point entré si avant dedans les terres de son ennemy, pour s'en retourner sans passer plus oultre ; et, laissant le chemin de Namur, conclud de passer la riviere de Sambre et de brusler et destruire le païs de Hennault, où desiroit grandement trouver son ennemy, et veoir si, en luy defendant le passage de la riviere, le combattroit, comme de long-temps l'avoit menassé. Donc estans de retour ceux qui estoient allez recognoistre les lieux et chemin que l'armée devoit suivre ; après avoir renvoyé le sieur de Bordillon avec sa compagnie pour retourner devers Mesieres faire retirer aucuns Bourguignons qui brusloient quelques villages là autour, le Roy leva son armée de ce lieu le lundy, seizieme de juillet, pour continuer sa susdite déliberation. Sçachant toutefois la difficulté de pouvoir recouvrer vivres, et que les ennemis mesmes les avoient retirez dedans les villes fortes, et rompu et ruiné tous les fours et moulins, advisa d'advertir toutes les compagnies faire provision de tant de vivres que leur seroit possible ; et en feit-on tant qu'on peust charger les chariots de munitions : estant demeuré M. de Nevers sur le bord de Meuse, tant pour faire distribuer le surplus des munitions, que pour attendre la démolition du chasteau de Disnan, et de tous les autres petits forts de l'environ ; d'où partit le mercredy dix-huictieme dudit mois, et alla retrouver le Roy en un village appellé Storne, auquel y avoit une assez belle maison d'un gentilhomme, qui y fut par nostre cavallerie legere surpris, voulant disner. Le lendemain, au desloger, le feu y fut mis, et par tous les villages circonvoisins ; et devions ce jour trouver le duc de Savoye sur la rive de Sambre, qu'on disoit avoir deliberé nous empescher de passer ceste riviere : et jà estoient les capitaines et soldats advertiz de ce qu'ils devoient faire, se préparant un chacun d'employer toute sa force à se faire chemin, nous estant osté tout espoir et moyen de fuir, pour estre enclos entre deux rivieres. Donc toute l'armée marcha en bataille droit à ceste riviere ; et noz coureurs ayans donné jusques sur le bord, ne trouverent un seul homme qui leur feist resistance, et passerent librement oultre ; que toute la cavalerie legere peu après suyvit, puis la fanterie et gendarmerie, sans perte d'un vallet, si ce ne fut par autre accident : et sceusmes nous depuis que les ennemis se contenoient lors bien serrez dedans leur fort, et au lieu de nous venir chercher s'y estoient en diligence renfermez et fortifiez avec grandes tranchées. Toutefois ce soir furent descouvertes aucunes troupes de leur cavallerie, qui tost se remeirent dedans les bois, ayans aperceu certaines compagnies des nostres qui les vouloient accoster. Ainsi demeura abusé le pauvre populaire de l'autre part de la riviere de Sambre, se confiant que leur armée ne nous permettroit la traverser sans estre combattuz : et fut une grande partie surpris dans les maisons, avec gros nombre de bestial et divers meubles, non sans grande pitié, estant tout ce plat pays mis en feu et proye, mesmement une petite ville appellée Forces, au comte d'Assebaiz. Ce soir nous campasmes au-deçà de ceste riviere, en un tailliz, où estoit l'armée bien serrée et unie ; car n'estions lors qu'à une lieuë et demie de noz ennemiz.

Le lendemain, vingtieme de ce mois, l'armée françoise commença faire son entrée dedans le pays de Hennault, si furieusement, qu'estant ruinée et mise à perdition toute la contrée, brusloit et destruisoit tous les bourgs, chasteaux et villages, et sans qu'il y en eust un seul qui osast faire resistance, fuyant tout le populaire la rencontre de ceste horrible furie, qui fut continuée jusques au vespre, que nous campasmes en un village appellé Jumets ; auquel y avoit deux chasteaux, et fut dit dedans l'un avoir longuement sejourné un capitaine de l'Empereur, lequel s'y estoit logé avec quelque cavallerie pour rompre nos vivres ; mais, avoir sceu nostre venuë, à bonne heure en estoit desloge. Ces chasteaux furent ès plus forts endroits demoliz et ruinez.

En ce lieu le Roy feit un acte d'un vertueux et très-chrestien prince ; car, luy estant rapporté par le guidon de la compagnie de M. de Nevers qu'une pauvre femme, son hotesse, avoit accouché d'un beau fils, luy-mesme voulut estre le parrain, et le porter sur les fons de baptesme, le nommant de son nom HENRY, et fut baptisé par M. le reverendissime cardinal de Lorraine. Je ne puis asseurer du present que Sa Majesté luy feit, seulement je sçay et vey qu'à la porte du logis fut escrit que c'estoit la maison où le Roy avoit chrestienné l'enfant à ce qu'elle ne fust destruite et ruinée. Ceste nuict, le comte Rocdolphe avec ses pistolliers, son regiment d'Allemans, la compagnie de M. le duc de Bouillon, et deux moyennes pieces d'artillerie de campagne, entreprit d'aller surprendre la petite ville de Nivelle, premiere ville de Braban : toutefois, la trouvant mieux munie de gens de guerre que ne pensoit, retourna sans faire autre chose que brusler les faulxbourgs et villages de l'environ, dont amena un grand butin.

Au desloger de ce lieu, continuasmes le chemin droit à Bains, l'une des principalles villes de Hennault, laissant tousjours aprèsnous, pour noz brisées, feux, flammes, fumées et toute calamité ; lesquelles suyvoit le duc de Savoye avec l'armée imperiale de logis en logis, dressant sur nostre queuë toutes les alarmes qu'il pouvoit pour nous ennuyer et affoiblir ; estant, comme je croy, luy-mesme assez ennuyé d'ouyr et veoir les plaintes de ce miserable populaire ainsi destruit et ruiné, auquel ne pouvoit donner autre consolation, sinon de leur dire que nous fuions devant luy, et qu'il nous suyvoit pour les venger ; mais ce mesme jour nous feismes apertement cognoistre le contraire ; car ce soir toute nostre armée alla camper à l'entour de Bains, et là furent allumez des feux encore plus grands que les premiers, pour y estre enflammez et embrasez des plus beaux chasteaux et maisons des gentilhommes qu'on pourroit bastir n'edifier. Entre autres fut mis le feu en la magnifique maison de Marimont, construitte curieusement pour le singulier plaisir et delectation de la reyne Marie, appropriée de tant de singularitez qu'il est possible de penser. Un autre excellent chasteau, appellé Trageny, fut bruslé, et la pluspart ruiné, où furent trouvez divers meubles et riches accoustremens, tant d'hommes que de femmes. Ainsi fut fait de plusieurs autres, lesquels nommer ne seroit que remplissage de papier, et ennuy à ceux qui le liroient ; et n'en puis escrire qu'avec grand regret et compassion, voyant ainsi ruer jus et exterminer tant de beaux edifices.

Le jour ensuyvant, vingt-deuxieme de juillet, feste de saincte Magdaleine, la ville de Bains, après avoir esté sommée, et ne s'estans voulu rendre, commença d'estre canonné fort furieusement, et d'autre sorte que lors que le sieur d'Allegre y perdit la vie ; laquelle, après avoir enduré cinq ou six vollées de canon, se rendit à la mercy et misericorde du Roy, qui, toutefois, commanda la destruire et brusler, se resentant encore de son chasteau de Foulembray et villes de Picardie, que la reyne Marie avoit fait auparavant mettre à feu et ruine pendant qu'il estoit en Allemagne. Autant en feit on de un très-beau et magnifique chasteau qu'elle y avoit fait nouvellement eslever, remply et aorné de toutes choses exquises, comme de plusieurs varietez de marbres, tableaux, peinctures plates et eslevées, statues, colonnes de toutes sortes, desquelles toutefois fut fait en peu de heures grand degast et destruction ; et le sieur de Blosse, qui en estoit gouverneur, fut amené prisonnier avec des plus apparens qui furent trouvez là-dedans et en la ville : usant le Roy de son accoustumée doulceur envers les femmes, jeunes filles et petits enfans, qu'il feit conduire et mettre en sauveté par un herauld et un trompette. Puis, ce matin mesme, fut envoyé le sieur de Giry, lieutenant de la compagnie de M. de Nevers, avec quatre autres compagnies de gendarmerie, pour tenir escorte à ceux qui meirent le feu par tout le chasteau du Reux, que le feu seigneur avoit fait rebastir et mieux maçonner que n'estoit quand la premiere fois fut bruslé, estant voulté depuis le bas jusques en haut : neantmoins qu'il fut beaucoup endommagé du feu qu'on y mit, et à tous les edifices circonvoisins ; et furent ces choses parachevées en si peu de temps, que le jour mesme nostre armée passa une lieuë plus avant, et campa ce soir en un village appellé Bains-soubs-Bains, où y avoit un grand nombre de pauvres captifs et prisonniers, tant de ceux qui y furent trouvez, que d'autres que les soldats amenerent des autres lieux ; desquels les despouilles furent après vendues à vil et petit prix, pour avoir et acheter vivres qui estoient fort chers : qui fut cause de diligenter nostre armée pour la mettre hors de ce pays.

Le lendemain, au partir de là, continuasmes tousjours le gast de pis en pis, tenans le chemin devers une petite ville, maintenant appellée Bavets (1) fort antique, edifiée premierement des Troyens, qui passerent de là la forest de Mormault, la nommans du nom de leur prince Bavo (2), ores peu habitée, à laquelle, pour davantage la ruiner, fut mis le feu en divers endroits. L'armée imperiale nous suyvoit a donc de fort près, s'estant renforcée tant du secours des Allemans que le duc de Brunsvic avoit amenés avec deux mille reistres, qu'on appelle en françois pistolliers, que pour y estre retirées toutes les garnisons que l'Empereur avoit departy ès villes que nous laissions derriere nous. Parquoy estoit bien necessaire que nostre armée tint un grand ordre et marchast en telle ordonnance, qu'elle fust tousjours preste pour combattre de lieu en autre, pour la doute qu'on avoit que l'ennemy vigilant, subtil et courageux où il sentiroit advantage pour nous assaillir, ne laisseroit eschapper l'occasion. A quoy advisant sagement M. le connestable, pour soustenir les charges et entreprises que les ennemis eussent peu dresser sur nostre

(1) Bavay.
(2) Origine fabuleuse dont personne n'est plus dupe.

queuë, demeuroit ordinairement avec l'avant-garde, et deslogeoit tousjours le dernier. Ce soir nous campasmes entre ceste petite ville de Bavets et le Quesnoy, en un village appellé le Villey, où ne fusmes si tost descenduz des chevaux, que nous fallut remonter, encore que fussions grandement tourmentez de vents et grande abondance de pluyes, nous estans de tous costez données alarmes : dequoy ne se faut esmerveiller, veu que lors estions au milieu de cinq ou six villes des ennemis, grandes et fortes, et pleines de gens de guerre, savoir : Mons en Henaut, Avanes, Landrecy, Le Quesnoy, Valenciennes et Cambray, et l'armée impériale qui nous tallonnoit, et eust assailly, comme par un desespoir, ne fust la bonne et vigilante conduite de noz chefs et gouverneurs, s'estans desjà les ennemis adventurez jusques à vouloir en plein jour forcer nostre guet, ayans surpris une des sentinelles de la compagnie de M. de Tavanes. Toutefois n'oserent enfoncer plus avant, et furent, deslors qu'ils les apperceusmes, rembarrez accortement jusques dedans Le Quesnoy, ou ce soir mesme nostre cavallerie legere escarmoucha longuement de grande hardiesse et dexterité, qui fut cause de les faire contenir et nous donner quelque peu de repos le surplus de ceste nuict. Nous campasmes le lendemain deçà Le Quesnoy, en un fort beau et gros village appellé Souleine, et, au partir de là, y mismes le feu, comme aussi par toute ceste contrée. Entre autres y fut bruslé et destruit le beau bourg et chasteau de Goumigny.

Le lendemain vingt-quatriesme de ce mois, les ennemis, comme desesperez pour nous voir à leur presence destruire et fouldroyer leur pays, sans doute de leur suyte ne crainte d'estre affamez, proposerent nous appareiller une charge à la faveur du temps pluvieux et couvert de brouillarts, cognoissans aussi qu'avions à passer deux assez fascheux ruisseaux, qui s'estoient ceste nuict enflez, où esperoient nous retarder et mettre en tel desordre, qu'ils auroient bon marché de nous. Ainsi toutes les compagnies et garnisons de leurs grosses villes, qu'avions laissé derriere nous, reunies ensemble, feirent partir en deux troupes environ quatre mille chevaux de leur cavallerie la plus dispose que peurent choisir, et embusquerent partie dedans quelques bois sur le chemin, partie dedans certains villages prochains, selon la commodité qu'ils avoient pour le soustenement des uns et des autres, demeurant le duc de Savoye plus en arriere avec quatre ou cinq mille autres chevaux et quelque nombre de gens de pied, et avoit laissé à la campagne près de quatre ou cinq cens coureurs pour attirer noz chevaux legers, par lesquels ayans esté premierement descouverts, par M. d'Aumale en fut donné advis à M. le mareschal de Saint-André, qui estoit demeuré sur la queuë avec deux regiments de gendarmerie, pour sçavoir s'il seroit bon de les charger; lequel luy renvoya qu'il n'estoit de ceste opinion, se doutant de plus grande suitte. Parquoy furent envoyez les sieurs Paule Baptiste et le capitaine Lancque pour les recognoistre de plus près, qui feirent rapport, chacun de son costé, avoir descouvert deux autres troupes, chacune de deux mille chevaux; lesquels peu après que le temps se fut mieux esclarcy, d'eux-mesmes se descouvrirent pleinement et de si près, qu'ils attaquerent l'escarmouche avec nostre cavallerie legere assez près de nostre camp, sans toutefois oser aborder à bon escient les autres rangs de nostre cavallerie, ne de la gendarmerie, qui leur feirent assez longuement teste, et à leur veuë se retirerent et passerent ce dernier ruisseau, dont s'en retournerent les ennemis, sans reporter l'honneur d'avoir eu aucun advantage sur nous. Le régiment de M. de Nevers adonc avoit esté envoyé d'autre costé où furent desfaits quelques-uns de leurs coureurs qui emmenoient grand nombre de bagages, lesquels furent en partie recouverts. Nous campasmes ce soir en un village qui, l'année precedente, avoit esté bruslé, appellé Vielly, le pire logis que nous ayons fait tout le long du voyage, s'estant la pluye renforcée, qui dura toute ceste nuict, et nous contraignit de laisser et abandonner par les chemins, chariots, chevaux et tous autres bagages.

Ce jour mesme, un trompette que M. de Nevers avoit envoyé au camp de l'Empereur pour sçavoir nouvelles d'un homme d'armes de sa compagnie, nommé le seigneur de Chellé, en retourna presque tout nud, et devallisé par aucuns soldats ennemis, temeraires et peu experimentez au fait de la guerre. Mais à l'instant fut renvoyé en ce mesme estat, avec un trompette de Bourgongne, qui avoit charge du Roy de dire au duc de Savoye, lieutenant-general de l'Empereur, que si doresnavant vouloit user d'une telle façon, et que toutes les libertez de la guerre fussent abolies, il feroit le semblable aux siens. Ce qu'entendu par ce genereux prince, en fut grandement fasché, et soudain feit diligemment chercher par tout son camp ceux qui avoient commis un si lasche et poltron acte, pour en faire punition exemplaire, et après avoir recouvert les hardes et cheval de ce trompette, et l'avoir recompensé des autres choses qui luy avoient esté ostées, le feit seurement reconduire par le sien. Ce soir aussi s'esleva un grand murmure, qu'un trompette bourguignon, venant chercher de leurs prisonniers en nostre camp, avoit dit à M. le connestable qu'au leur on tenoit asseuré que nous fuyons devant eux, et se vantoit leur general que, si le voulions attendre vingt-quatre heures seulement, qu'il nous donneroit la bataille. Auquel fut faite response qu'ils n'avoient cause d'estre si presumptueux, et d'usurper si legerement telle gloire, leur ayant esté presentée assez de fois l'occasion de combattre s'ils en eussent eu envie; nonobstant que, si leur prince en avoit si grand desir, demandant si peu de temps, il l'asseuroit de la part du Roy qu'on l'attendroit vingt-quatre heures entieres, et non plus longuement, pource que nostre armée estoit jà fort harassée, et avoit faute de vivres, ou s'il vouloit le venir trouver près de Cambray, qu'il s'asseurast qu'on luy attendroit huict jours entiers où ne luy seroit refusée la bataille.

Et pensois-je qu'on doutast que telle fust la déliberation de l'ennemy pour le sejour que nous feismes en ce mesme lieu tout le lendemain, nonobstant la necessité qu'avions de vivres; aussi qu'on alla visiter et recognoistre les lieux les plus commodes pour y loger les bataillons avec toute la gendarmerie; mais nous cogneusmes puis après que les Imperiaux n'estoient en telle volonté qu'ils nous faisoient menasser, s'estans retirez en leur premier logis près de Bavets. Et nous, au partir de là, vinsmes d'une traitte jusques à Crevecœur près de Cambray, où les ennemis avoient déliberé de fortifier et remparer le chasteau, et commencé desjà à faire quelques tranchées, et conduits pour esgouster l'eau afin d'y asseoir les fondemens, que ce jour mesme, le vingt-sixieme de juillet, noz vastadours commencerent à demollir, et fut renouvellée la premiere playe des miserables Cambresiens, qui avoient desjà reddressé et rebasty aucunes petites logettes pour se mettre seulement à couvert, estimans que de long temps ne leur adviendroit une si grande ruine et infortune, et avoient resemé selon leur petite puissance une partie de leurs champs, pour avoir dequoy se nourrir et alimenter, et éviter la famine; et ne croy que les plus riches et opulents [bien qu'ils se fussent avec leurs meilleurs meubles retirez dedans les villes fortes] ayent esté exempts de toutes ces pertes et adversitez; car, quand le subject est pauvre et affligé, le seigneur n'ameliore ny enrichist en rien. Or cependant qu'en ce plat pays on faisoit le degast des bleds jà meurs et prests à estre moissonnez, journellement estoient faites plusieurs braves sorties et escarmouches de ceux de Cambray et des nostres, faisant la citadelle troubler et obscurcir l'air des coups de canon qu'elle tiroit sur les François, sans toutefois faire meurtre de personne de renom, et se faisoient tant seulement pour, par tous moyens à eux possibles, empescher de consommer et mettre à perdition leurs fruicts et vivres. Nonobstant, le plus souvent estoient repoulsez et rembarrez jusques dedans les portes de leur ville; et continuerent ces entremeslées l'espace de huict jours que nous y demeurasmes campez.

L'armée imperiale, au lieu de nous aborder et combattre, s'estoit lors parquée et fortifiée en un lieu appellé Arcon, entre Cambray, Le Quesnoy et Valenciennes, sur la petite riviere du Moutet, qui vient devers Chasteau-Cambresis, et s'assemble plus bas à celle de Lescau; et faisoit tous les jours maintes courses pour empescher les chemins et coupper noz vivres. A quoy advisant, M. le prince de La Roche-Suryon se vint en ce lieu avec son armée joindre à la nostre, amenant grand secours de soldats et grande quantité de vivres, desquels avions aussi grande necessité.

Le dix-neufiesme de juillet, en une spacieuse campagne, entre Crevecueur et Cambray, fut faite la monstre generalle de toute la gendarmerie et cavallerie françoise, et la voulut le Roy adviser assez long-temps, recevant un incredible plaisir et contentement pour se veoir suivy et defendu par une si grande et courageuse noblesse, soubs laquelle sembloit que toute la terre tremblast et s'humiliast; et croy que ceux de Cambray estoient en doute de veoir toute ceste campagne couverte d'une si grande et furieuse armée, et pensoient, ainsi que nous a esté rapporté, que nous deslogions et estions là attendans que nos gens de pied et cariages eussent gagné advantage et passé la riviere, car, estans aucunes compagnies de nostre cavallerie legere à la garde et descouverte, renvoyerent faire rapport qu'ils avoient descouvert près de quatre à cinq mille chevaux, et grand nombre de gens de pied, et leur sembloit que tout le camp de l'Empereur marchoit, tenant le chemin pour venir devers Cambray. Dont aussi tost que fusmes au logis, et eusmes posé les armes, de main en main on nous advertit de nous tenir prests, et mettre en devoir de recevoir la bataille, qui ce jour asseurément nous seroit donnée. Et estoit tout le conseil d'opinion que les devions plustost combattre à la campagne, que leur permettre et donner loisir de se venir fortifier si près de nous, avec l'ayde et secours de ceste grosse ville, et qu'autant de mal nous en pourroit advenir comme aux Protestans de toute la Germanie devant Inghlistat (1). Pourtant M. d'Aumalle soudain remonta

(1) Ingolstadt.

à cheval avec la cavallerie legere à ce qu'il s'asseurast mieux de la verité, et trouva que l'armée imperiale s'estoit remuée en délibération de venir camper auprès de Cambray, mais que l'Empereur, ayant sceu que bougions de là, craignant d'estre mis en contrainte de combattre à son grand desavantage, se logea en un autre lieu, prochain du premier, appellé La Neuville, qu'il feit soudainement renforcer de tranchées du costé qu'il n'estoit flanqué de la riviere. Ceste nuict, par diverses fois, furent envoyées quelques compagnies de cavallerie legere, et celle de gendarmes de M. l'Admiral, pour les tenir dedans leur fort en continuelles allarmes jusques au poinct du jour du lendemain, que M. le connestable, avec la pluspart de la gendarmerie de l'advantgarde, et deux régimens de fanterie françoise, alla de près recognoistre et veoir s'il y auroit moyen de les forcer dedans leur fort, ou de les attirer et donner occasion de sortir; mais il trouva cela fort difficile pour estre ce lieu de deux costez encloz de la riviere, et aux autres bien fortifié et relevé de tranchées. Vray est qu'en s'en retournant s'apperceut de quelques vieilles tours, où aucuns des ennemis s'estoient logez deçà leur camp, tant pour faire guet que pour endommager nos fourrageurs; dont fut arresté ce jour mesme d'y mener le canon et les battre, et, par ce moyen, inciter l'Empereur de sortir pour les garder et defendre; et depuis fut rapporté qu'ils les avoient quittées, et s'estoient retirez dedans leur fort. Dont ce fut la troisieme fois que nous pensions en ce voyage avoir la bataille; et croy que, si l'Empereur eust été en aussi grande volonté de la recevoir que le Roy estoit de la luy donner, nous ne fussions passez plus oultre. Toutefois, pour luy presenter toutes les occasions desquelles se pouvoit adviser, aussi qu'on doutoit la descente des Anglois au pays de Boulonnois, estant jà parfait le mariage du roy d'Espagne et de leur royne, le Roy delibera faire acheminer son armée cette part, ou, selon que la commodité se presenteroit, assiegeroit une des places de son ennemy, à ce que, s'il se mettoit en campagne, et faisoit effort pour la vouloir secourir, l'Empereur fust contraint de le combattre.

Ayans donc sejourné quelques jours à Crevecueur, près de Cambray, le deuxieme d'aoust en partismes, et, ce jour mesme, vinsmes camper à Ondrecourt près Le Castelet; de quoy l'Empereur adverty, leva aussi son armée de La Neuville, et prenant le chemin vers Arras, s'alla parquer en un lieu appellé Marteau; puis, le jour ensuyvant, allasmes à Mornencourt, à deux lieues près de Peronne, et le lendemain passasmes devant Bapaulme, où fusmes saluez d'infinis coups de canon : toutefois nostre armée n'y séjourna longuement, pour l'incommodité que nous avions d'y pouvoir recouvrer eauë, et escarmoucherent seulement noz chevaux legers quelque temps devant cette place, pendant que toute l'armée devalloit pour camper ce soir le long de ceste petite riviere, au dessoubs de Miraumont, d'où partismes le lendemain, tenans le chemin à main droite, le long de la lisiere de la comté d'Artois, où peusmes veoir à l'œil le merveilleux degast que l'armée du prince de La Roche-sur-Yon y avoit fait, plusieurs beaux chasteaux et villages encore fumans, les bleds et fruicts de la terre abandonnez et mis à perdition; qui sont les miseres et calamitez que les guerres et dissensions entre les grands princes apportent au pauvre peuple. Ce soir, cinquieme d'aoust, campasmes à Paz en Artois, où quelque cavallerie de la garnison d'Arras, suyvant le pays couvert, et les bois qui sont entre deux, entreprint de voller quelques butins sur nostre queuë; laquelle, rencontrée par nostre cavallerie angloise et escossoise, fut desfaite, et la pluspart de leurs soldats mis à pied, et autres amenez prisonniers, dont fut recompensée la perte de Givetz. Le degast fut poursuivy et continué jusques auprès de l'abbaye de Cercamp, où commence la comté de Sainct Paul. Là séjournasmes deux jours pour beaucoup de raisons, principalement pource qu'on avoit deliberé et resolu d'assieger le chasteau de Ranty. M. de Vandosme partit de ce lieu avec gendarmerie, cavallerie et bon nombre de gens de pied, avec quelque artillerie, pour aller devant le sommer, aussi pour sçavoir s'il y auroit gens dedans celuy de Foquemberge, qu'il délibéroit forcer avec tous les autres petits forts de l'environ, pour cause aussi de faire amener plus grand nombre d'artillerie, estant là nostre partie esventée et demontée, et beaucoup de pouldres et munitions consumées devant les villes et chasteaux qu'on avoit prins.

Le huictieme d'aoust, au départir de Fervan, près ceste abbaye de Cercamp, traversasmes toute la comté de Sainct Paul, laissans Dorlan et Hedin à main gauche, et Teroenne à la droite ; et, le jour ensuyvant, vinsmes camper à Fruges, où, dès ce soir, fut de rechef sommé le chasteau de Ranty, et response faite par le chef qui estoit leans qu'il ne le rendroit jamais, s'asseurant du secours qu'en bref l'Empereur luy ameneroit. Lequel estant asseuré de la venue du Roy en ce lieu, et du vouloir qu'il avoit de luy donner un merveilleux assaut, tant pource que ce fort est grandement prejudiciable au comté de Boulonnois, que pour essayer s'il se hazarderoit de le combattre et chasser hors de son pays, estoit parti d'Arras, où avoit fait la reveuë et monstre de toutes ses forces, avec lesquelles s'estoit approché de nous jusques à Teroenne le vendredy au soir. Mais le Roy, cognoissant sa délibération estre d'aller occuper l'autre costé de la riviere, lieu fort, à raison de la longueur et largeur des bois qui s'estendent bien avant dedans ces pays, desquels luy pourroit venir tout secours, tant de vivres, soldats, que toutes autres munitions, et que, s'estant là fortifié à nostre presence, pourroit ordinairement secourir et renforcer ce chasteau de gens et de vivres, et de tous costez coupper et empescher les nostres, advisa, pour le plus seur, que M. le connestable avec l'avantgarde passeroit cette part, et se fortiferoit de tranchées, afin d'obvier et prévenir à toutes surprises, et pour coupper le chemin au secours qui pourroit estre envoyé pour se jetter là-dedans; et furent faits ponts de batteaux sur ce petit ruisseau, à ce que plus facilement les deux camps se peussent secourir l'un l'autre, et estoit toute la cavallerie legere campée à Foquemberge ; dont estoit tellement ce chasteau enveloppé, qu'un seul homme n'y eust sceu entrer sans estre descouvert. Ce neantmoins, pour mieux acertener l'Empereur de ce siege, on fit affuter sur le hault de la montagne, du costé de Montereul, quatre coulevrines pour commencer à battre les défenses, pendant qu'on faisoit avancer la grosse artillerie prinse et amenée des villes de dessus la riviere de Somme, qu'on amena un peu tard, et l'eusmes nous seulement le samedy au soir, auquel à toute diligence et solicitude furent faites les approches pour la mettre le lendemain en batterie, non sans y estre tirées infinies harquebusades, dont y fut blessé le capitaine Vauguedemars, l'un des plus anciens et experimentez capitaines des vieilles enseignes.

Il est vraysemblable que l'Empereur lors estoit en grand doute et pensement, pour se veoir hors de tout moyen et espoir de pouvoir faire entrer un seul homme dedans ce chasteau, aussi qu'il cognoissoit avoir affaire à un roy très-puissant et magnanime, qui n'avoit entrepris telle besongne sans estre certain et bien asseuré de ses forces; mais à la fin le regret et honte qu'il avoit de laisser ainsi destruire et ruiner son païs, et devant ses yeux prendre et forcer ceste place, se meslerent tellement ensemble, que, se faisant ennemy de sa peur, resolut tenter fortune, et faire tous ses efforts, quoy qu'il en peust advenir, pour la secourir et garder. Pourtant ce jour mesme vint camper une lieuë près de nous, neantmoins que pour cela nostre artillerie ne cessa de battre ce chasteau furieusement par deux endroits, sçavoir : celuy de M. le connestable, et celuy du Roy, jusques sur le bord du fossé, qui battoit un boulevert à main gauche, et une tour ronde dedans le donjon à la droite : on tiroit aussi du hault de la montagne, un peu au dessoubs du camp des Suisses, avec quatre coulevrines, pour rompre les defenses ; et ne fault douter que ce chasteau ne fust en peu de temps autant impetueusement battu et canonné que fut jamais place ; qui molestoit et animoit tellement l'Empereur, qu'il délibéra, pour nous lever de là, s'approcher encore plus près, et se vint loger sur le hault en la plaine d'une montagne, entre un petit village appellé Marque, et celuy de Foquemberge, où y avoit un grand vallon, large d'environ cent cinquante pas, et pour le moins creux d'autant, qui faisoit separation des deux armées, et la vallée d'un autre costé, où decourt le ruisseau qui fait un maretz, et abreuve l'environ de ce chasteau à main droite, et un bois à la gauche, entre eux et nous, au dessus de Foquemberge, appellé [comme on m'a dit] le bois Guillaume, que l'Empereur déliberoit occuper pour puis nous empecher de donner l'assaut à ce chasteau, et nous contraindre à coups de canon, qu'il feroit tirer dans nostre camp, de desloger et abandonner la place.

M. de Guise, qui commandoit en la battaille, avoit toute cette nuict veillé, comme aussi avoient fait le prince de Ferrare, le duc de Nevers, l'Admiral et le mareschal de Sainct-André ; et s'asseurant que les ennemis ne faudroient de venir recognoistre ce bois pour s'y loger, y avoit mis environ trois cens harquebusiers qu'il avoit embusquez dedans aucuns petits cavins, et quelques corselets qui estoient à plain descouverts, afin que les ennemis, s'adressans premierement à eux, se trouvassent enfermez et mieux à propos pour estre battus et tirez de noz harquebusiers, comme il advint ; car, peu après, approchant le poinct du jour, eut advertissement des sentinelles qu'ils avoient entendu grand bruit, et avoient descouvert quelques meches d'harquebusiers ; que luy-mesme, ayant puis après entendu et apperceu, admonesta les nostres qu'ils ne se descouvrissent pour cela, jusques à ce qu'ils verroient leur portée bien asseurée, et sur cela se retira au corps de guet, qui estoit plus reculé en la plaine devers nostre camp. Dont tousjours s'acheminans les ennemis, et, avec criz, tirans de loing harquebusades, entrerent dedans ce bois, qu'ils suyvoient, selon le rappport que leurs descouvreurs leur faisoient, tant avant, qu'ils furent enserrez dedans nostre ambusquade, que n'avoient encore descouvert : parquoy soudain noz harquebusiers tous d'un coup deschargerent sur eux, qui les estonna fort ; et se trouvans plusieurs blessez, commencerent à fuyr et tourner le doz ; et bien leur advint que le jour n'estoit encore guères apparent et que le temps estoit couvert. Cependant on ne laissoit longuement refroidir l'artillerie, et fut dès le commencement du jour continuée la batterie beaucoup plus furieusement qu'auparavant ; de sorte qu'en peu d'heures la bresche s'apprestoit de chacun endroit presque raisonnable à donner l'assaut. Dequoy l'Empereur adverty fut tellement fasché et despité, que ce jour mesme, treizieme d'aoust, environ midy, feit descharger une vollée d'artillerie pour advertir ceux de dedans d'avoir courage, et de son secours ; puis ayant résoluent arresté de nous donner la bataille, contre l'advis, toutefois, et opinion de plusieurs princes et principaux de son conseil, prépara deslors et feit mettre tout son camp en ordonnance, deliberé premierement de gaigner ce bois, et par toute sorte et moyen en chasser et mettre hors les François. Dont ayant choisi de toutes ces compagnies de gens de pied environ trois ou quatre mille harquebuziers des plus experimentez et mieux asseurez, quelques corselets et picquiers pour les soustenir, et environ deux mille chevaux, et trois ou quatre pieces de campagne, portées sur quatre rouës, qu'on pouvoit promptement tourner à toute main, et depuis ont esté appellez pistollets de l'Empereur, feit marcher droit dans le bois la cavallerie legere soubs la conduite du duc de Savoye, et les harquebusiers soubs celle de dom Ferrand de Gonsagues. Le long du coustau, près ce bois, en descendant sur Foquemberge, marchoit un bataillon d'Allemans conduit par le comte Jehan de Nanssau et le mareschal de Cleves, au flanc duquel suyvoit un hot de reistres d'environ dix-huict cens ou deux mille chevaux à la conduite du comte Vulfenfourt (1), qui avoit [comme m'ont dit quelques prisonniers] promis à l'Empereur de passer ce jour sur le ventre de toute la gendarmerie du Roy ; et pour mieux ce faire et nous intimider, s'estoient tous faits noirs comme beaux diables, et estoient suyviz d'assez près d'un nombre de cavallerie legere d'environ mille ou douze cens chevaux, avec autres quatre pieces de campagne. Les harquebusiers donc, ainsi entrez en ce bois, rencontrerent en teste les nostres trois cens aussi fraiz et en autant bonne volonté de les recharger, qu'ils avoient fait à la premiere fois, dont se dressa une furieuse escarmouche. Et bien que les ennemis y arrivassent en trop plus grand

(1) *Vulfenfourt* : Volrad de Schwatzemberg.

nombre, ce neantmoins les nostres se porterent tant valeureusement, qu'ils les arresterent un long temps sur cul, dont y demeura beaucoup, de chacun costé, de morts, blessez et prisonniers. Entre autres des nostres y furent prisonniers le capitaine Fort et son lieutenant appellé Courcelles. Sur ce, M. de Guyse, prince d'incredible valeur, qui avoit, dès le commencement, entrepris la defense de ce bois, et qui estoit present à toutes ces factions, ayant considéré tout le dessein des ennemis, en donna advis au Roy, et que, selon leur contenance et la fureur avec laquelle ils venoient au combat, luy sembloit que ce jour ne passeroit sans bataille.

Le Roy lors estoit en la plaine deçà le bois, qui pouvoit estre d'estendue environ cinq cens pas, et de largeur de deux cens; où feit mettre en ordonnance les bataillons de ses gens de pied, pour les situer en lieu commode et aisé à combattre avec la gendarmerie, à cause que ce lieu estoit assez mal propre pour les deux ensemble, selon qu'il avoit, avec M. le connestable et plusieurs princes et capitaines, le jour precedent, d'un bout à autre visité et recogneu. Toutefois, pour monstrer visage et faire teste à l'ennemy, on y logea l'un et l'autre le plus commodément que fut possible : dequoy ne puis asseurément parler, pource que le prince nous avoit menez des premiers à la charge, dont n'eus le moyen de le pouvoir adviser : vray est qu'après j'ay entendu de quelques capitaines, que le premier bataillon de gens de pied estoit de François, le second d'Allemans, et le troisiesme de Suisses, qui se suyvoient l'un l'autre, avec les regimens de gendarmerie ordonnez pour leur flanc de la main droite. Et pource qu'à la senestre y avoit une combe ou vallée, qui depuis le quartier des Suisses devers Foquemberge, que devers le bois, s'eslargissant, faisoit un cousteau assez facile, tant pour y loger gens de pied que de cheval, en l'estendue de ceste plaine on avoit assis la pluspart des autres regimens de gendarmerie pour l'autre flanc; et tout au devant, tirant vers Foquemberge, estoit M. d'Aumalle avec toute la cavallerie legere et quelques harquebusiers à pied, pour combattre sans qu'ils tinssent ordre, afin de donner advertissement si les ennemis descendoient par ceste advenue. Et cependant M. de Guyse ne pouvant avoir promptement responce du Roy, pour attirer les ennemis, et les amener en lieu plus à nostre advantage, ne voulant aussi perdre ces braves et vaillans soldats, et qui avoient desjà fait tant d'armes, et si bien leur devoir, les faisoit retirer de lieu en autre, par les traverses de ce bois, les soustenans tousjours avec quelques compagnies de cavalerie;

qui augmenta tellement le courage aux ennemis, que, s'asseurans de la victoire, feirent diligenter et marcher leurs bataillons d'Allemans, qui les flanquoient tousjours du costé droit, selon que leurs harquebusiers s'avantageoient sur les François. Et lors mesme dom Ferrand manda à l'Empereur qu'il feist haster le reste de son armée, car l'avant-garde des François estoit jà fort esbranlée et mise en desarroy. Dont incontinent suivit l'armée imperiale, et passa ce vallon au dessus et à l'un des coings de ce bois, où luy-mesme se trouva, ainsi qu'on sceut puis après.

Et lors M. de Guyse eut response du Roy que, si l'occasion se presentoit de recevoir la bataille, ne la refusast point, et que de son costé il estoit en aussi grand vouloir de combattre que le plus vaillant de toute son armée. Parquoy mondit sieur de Guyse se vint rendre où estoit son regiment de gendarmerie le premier de tous, en ceste plaine devers Foquemberge, où commença, avec une grande douceur et un visage riant et asseuré, à remonstrer aux gentilshommes de sa compagnie que le jour estoit venu auquel fortune leur presentoit, en faisant service à leur prince, et augmentant leur honneur et estimation, de se faire à jamais redouter et craindre de toutes les autres nations du monde, et que le Roy s'en asseuroit tellement, qu'il vouloit honorer ceste glorieuse victoire de sa presence; laquelle les enflammoit et animoit de telle sorte, qu'ayans invoqué le nom de Dieu, et recommandé entre ses mains leurs ames, chacun s'appresta à bien et fidellement vouloir faire son devoir, estimans que mourir pour leur prince et la republicque, de beaucoup seroit plus honorable que la vie. Cependant M. le connestable passa la riviere devers nous avec un regiment de gens de pied du capitaine Glanay; lequel feit quelque peu changer le premier ordre, et retira devers Ranty le bataillon des Suisses, qui, selon leur ancienne coustume, envoyerent demander au Roy gendarmerie pour les soustenir : ausquels le Roy mesme feit response que c'estoit luy qui en ce jour vouloit vivre et mourir avec eux, et qu'il s'asseuroit tant de leur prouesse et bonne volonté, qu'il deliberoit ne les point abandonner, lesquels estimoit comme ses parrins et fideles amis de luy et de son royaume; dont furent tellement eschauffez leurs cueurs, qu'ils n'avoient autre intention que de virilement combattre pour son service. Dequoy le Roy se contenta grandement, et depuis a donné ordre de chevallerie au sieur de Mandosse, leur general, et aux capitaines Theodoric Inderhalden, colonel des cantons, et Petroman Cleri, colonel des villes, et au sieur d'Anois, qui depuis a esté pour Sa Majesté ambassadeur devers les Grisons.

Les ennemis lors s'estoient tellement avancez sur noz gens, qu'ils les avoient reculez et mis hors de ce bois, tant que leurs harquebusiers commençoient à sortir au front de nostre premier bataillon des François prests à se joindre et aborder, et tiroient dedans eux avec un merveilleux bruit le long de ce coustau. Leur bataillon avec leurs pistolliers et cavallerie s'estoit approché à cent pas de la nostre, et ne restoit plus qu'à chocquer et donner dedans, quand M. de Guyse donna signe à M. de Nemours pour, avec son regiment de cavallerie legere, charger sur l'un des coings de ces pistolliers, et sur l'autre feit aller le guidon de sa compagnie, et celuy de M. de Tavannes, pour donner en flanc; dont commença un rude et furieux combat, et furent à la fin les nostres rudement repoulsez, le jeune baron de Curton tué, le seigneur de Randan fort blessé, et son lieutenant, nommé le seigneur d'Amanzay, qui depuis en est mort, son porte-cornette, nommé le sieur d'Avence, fort blessé, et son cheval tué soubs luy, le sieur de Forges, guidon de la compagnie de M. de Tavannes, tué, le vicomte d'Auchy, guidon de celle de M. de Guyse, fort blessé, et d'autres vaillans hommes de toutes ces compagnies, comme le fils du sieur de Piedpape, le sieur de Joui; le jeune Bourdilly, le jeune Branches, et plusieurs autres : ce que donna cueur aux ennemis de mieux esperer que jamais; mais M. de Guyse et le sieur de Tavannes ayans reunies et remassées leurs troupes, ausquelles se vint joindre M. d'Aumalle avec toute la cavallerie legere, commencerent tous d'un front à si furieusement les charger, qu'ils ouvrirent et enfoncerent les pistolliers, tant qu'eux-mesmes rompirent après le bataillon de leurs Allemans ; et M. de Nevers, qui avoit son regiment estendu le long du coustau devers Ranty, passa entre le bataillon de nos Allemans et celuy des François, et en foule donna dedans toute l'harquebuserie espagnolle, qui estoit, avec quelque cavallerie, sortie hors du bois, de telle impetuosité, que tous furent renversez et mis à vau de route, et en tel désordre, qu'ils tournerent le doz pour fuyr et se jetter dans le bois, où furent prinses et levées (1) dix-sept enseignes de gens de pied, cinq cornettes de cavallerie, et quatre pieces d'artillerie de campagne, qu'on trouva abandonnées le long de ce coustau. Lors M. l'Admiral, qui s'estoit mis à pied le premier devant le bataillon des François,

(1) Enlevées.

feit sortir des rancz certain nombre de soldats, pour tousjours poursuyvre la victoire ; lesquels entrans dedans ce bois, du commencement feirent un grand meurtre et occision des ennemis, les passans, tous par le tranchant de leurs espées, et ayans là trouvé les pistolets de l'Empereur, les amenerent au Roy. Les compagnies de gendarmerie poursuyvoient la victoire le long de ce coustau et la lisiere du bois, mesmement la cavallerie legere et la compagnie de M. de Tavannes, qui devallerent jusques au fond de ce vallon, où aussi fut desfait un grand nombre de ceux qui descendirent de ce bois pensans gaigner leur camp. Les autres compagnies s'arresterent sur le hault de ce vallon, sur lesquelles commença incontinent à tirer l'artillerie de l'Empereur qui estoit demeurée sur l'autre bord, de son costé, pour donner quelque peu de faveur à la retraite de ses gens ; mais peu après la nostre fut amenée au coing du bois, qui soudain la feit reculer et oster d'où elle estoit, et retirer plus arriere les bataillons de gens de pied, qui s'estoient jà ralliez sur ce hault en la plaine, attendans ce qui adviendroit du surplus. Et faisoit l'Empereur en extresme diligence lever tranchées et fortifier son camp, se doutant que le poursuyvrions davantage, comme je croy qu'eussions faict si la nuict n'eust esté si prochaine, aussi qu'on ne vouloit par trop tenter nostre fortune, ayans occasion de nous contenter de la bonne et honnorable issue de ceste bataille, en laquelle la gendarmerie et cavallerie de France augmenta tellement son loz et estimation, que les ennemis mesmes, qui par elle confessoient avoir esté rompuz et desfaits, la louent comme la plus escorte et courageuse qu'il seroit possible de penser. Les compagnies de gendarmerie des ducs de Guyse, de Nevers et de Bouillon, et du sieur de Tavannes, furent les premieres qui combattirent, dont le Roy se contenta de telle sorte, qu'il feit, ce jour mesme, chevaliers les capitaines et membres d'icelles, entre autres le sieur de Tavannes, lequel honnora grandement, et luy donna l'ordre que il portoit à son col ; et envers les autres usa d'une grande liberalité, principalement envers ceux qui luy presenterent les enseignes, cornettes, ou artillerie qu'on avoit prise ou trouvé abandonnée.

Après la bataille finie, noz capitaines feirent revues de leurs bandes, pour sçavoir ceux qui avoient esté tuez ou blessez, et fut trouvé des nostres estre morts environ deux cens ou douze vingts, et de ceux de l'Empereur, ainsi que depuis nous ont dit aucuns prisonniers, environ dix-huict cens ou deux mille. Et fut la meslée des François au commencement si furieuse, que, sans respect d'aucunes personnes, et s'amuser aux prisonniers, tous ceux qui se presenterent au-devant furent taillez en pieces; dont le duc de Savoye et dom Ferramd, pour se sauver, abandonnans leurs chevaux, se jetterent hastivement dedans le fort du bois, où se tindrent si longuement cachés, qu'on fut longtemps sans sçavoir nouvelles de dom Ferrand, tant qu'on le pensoit mort ou prisonnier; et fut ramené prisonnier un colonel d'Allemans, que un de noz harquebusiers trouva dedans ce bois fort blessé, qui, recogneu par le baron de Fontenay, mourut peu de jours après entre ses mains. Un autre capitaine espagnol, nommé le seigneur de Castres, qui se disoit avoir esté page de M. l'Admiral qu'on avoit abandonné pour mort, fut aussi ramené par un de noz harquebusiers, auquel on feit si bon traitement, qu'à peu de jours ses playes estans en bonne disposition, à bien petite rançon le renvoyasmes et feismes reconduire jusques dedans le chasteau de Ranty. Aussi fut fait prisonnier un gentilhomme de grande vertu et sçavoir, de la chambre de l'Empereur, nommé le sieur de Silly, qui depuis s'employa à moyenner une paix ou treves entre ces deux princes, ce que toutefois ne luy fut possible de faire.

Après que le Roy avec la bataille se fut retiré en son premier logis, M. le connestable campa ce soir dedans ce bois avec toute l'avant-garde au mesme lieu où le Seigneur nous avoit donné la victoire, avec peu de repos, pource que toute la nuict noz ennemis se tindrent en bataille, et estoient les deux armées en doute l'une de l'autre; car nous pensions que l'Empereur, autant courageux et magnanime qu'oncques Cesar fut, n'endureroit telle honte sans s'efforcer et mettre en devoir d'avoir sa revanche; mais luy, se voyant affoibly et tant defavorisé de fortune, cognoissant la puissance du Roy, craignoit que ne retournissions sur eux pour du tout les desfaire et accabler; et pour ce, en extreme diligence faisoit rehausser et renfermer son camp de grandes tranchées, qu'on apperceut le matin estre fort avancées. Ce neantmoins, ce jour le Roy, afin de parachever la partie, envoya M. le connestable pour recognoistre s'il y auroit accès et moyen de les aller chercher jusques dans leur fort; qui luy donna advis de ne le pouvoir faire sans danger d'y perdre un grand nombre de vaillans hommes; parquoy se passa ce jour paisiblement de chacun costé, continuant toutefois tousjours la batterie devant ce chasteau jusques au soir, que l'Empereur feit descharger toute son artillerie, en signe d'allegresse et resjouïssance des bonnes nouvelles qu'il avoit receu de la desfaite du seigneur Pierre Strossy (1), et grand nombre des nostres au pays d'Italie.

Le mercredy ensuyvant, quinziesme de aoust, tant pource que nous ne pouvions plus recouvrer vivres pour les chevaux, que pour changer d'air, qui desjà estoit infecté et corrompu de la puanteur des hommes et chevaux morts, dont s'engendre communément la peste et autres maladies contagieuses, aussi que le Roy ne vouloit perdre devant si petite place, et de nulle valleur, tant de braves hommes qui le suyvoient, desquels se veult ayder et servir en meilleur affaire, fut arresté et conclud par le conseil que devions decamper et desloger de là. Dequoy toutefois le Roy voulut premierement advertir l'Empereur, et luy manda que ce n'estoit pour doute de luy, et que s'il le vouloit asseurer de le venir trouver, l'attendroit quatre heures entieres sur le chemin, comme il feit; car, après avoir fait partir tous les bagages et chariots, toute nostre armée demeura plus de trois heures en bataille au mesme lieu où le lundy auparavant nous avions combattu. Et puisque personne ne se presentoit, et que les ennemis se estoient reserrez en leur camp, après avoir à leur veue mis le feu ès village à l'entour, commençasmes au petit pas à nous retirer, tournans visage par deux fois devers eux pour veoir s'ils nous suyvroient, et ainsi assez tard arrivasmes à Montcauré, une lieuë près de Montereul, où fusmes de séjour cinq jours entiers pour tousjours sentir et cognoistre les entreprises de l'Empereur; ausquelles, estans encore noz forces assemblées, plus aisément pouvions obvier et aller au-devant, s'il se mettoit sur les champs; mais estant sceu que son armée n'estoit encore sortie de son premier logis des plaines de Marque, pendant le temps qu'on réparoit les ruines du chasteau de Ranty, le Roy proposa aussi donner quelque peu de repos et rafreschissement à la sienne, nonobstant qu'avant les cinq jours entiers, la faute de fourrages et le mauvais air de la marine nous contraignerent de desloger et approcher plus près de Montereul, où sejournasmes cinq autres jours entiers, estant le Roy logé en la Chartrouse, et le camp estendu le long de ceste petite riviere de Canché. Là nos compagnies angloises et escossoises receurent une mauvaise attainte pour s'estre escartées et logées deux lieues plus avant que l'avant-garde, en un village appelé Marenlo, où les ennemis en estans advertiz, guidez par un paillard du village mesme, les vindrent surprendre environ la minuict, et meirent le feu en leurs logis, où furent bruslez quelques-uns, et

(1) Près de Mariano. V. Montluc.

de leurs valets et chevaux les aucuns tuez ou emmenez prisonniers.

Et s'estant l'Empereur retiré à Sainct-Omer, sans qu'il eust moyen de pouvoir entreprendre chose de grande importance et dommageable contre nous, aussi que l'hyver et mauvais temps arrivoit, le Roy partit de là avec M. de Guise et quelques gentilshommes de sa maison, et s'en vint à Compiegne après avoir fait bien munir et renforcer les garnisons des villes d'Ardres et de Boulongne, pour faire teste et tenir fort contre l'ennemy, s'il les vouloit assieger; et demeura chef du surplus de l'armée M. le connestable, tant pour la contenir unie, que pour mieux et promptement prouvoir à ce que délibéreroit l'Empereur, qui a de coustume, sur la fin et issue de la guerre, user de quelque ruse et cautelle. Parquoy journellement nous faisions courses et charges sur son camp, tant pour en sçavoir et cognoistre quelque chose, que pour tenir escorte à noz fourrageurs, qui estoient contraincts de aller fort loing pour recouvrer vivres et fourrages pour noz chevaux. Lesquels n'ayans plus de quoy pouvoir nourrir, force nous fut de rechef desloger et passer la riviere de l'autre part où estoit nostre armée logée et campée ès villages de Brumeu, Espineu et Beaurin, et le long du rivage de ladite riviere. Nous séjournasmes là quelques jours, pour la doute que nous avions si l'Empereur romproit son camp, parce qu'aucuns soldats des siens qui avoient esté pris, nous certifioient qu'il assiegeroit Montereul, et les autres Ardres ou Dorlan. Toutefois depuis fusmes advertiz que ses soldats le laissoient et se départoient à la file par faute de vivres, et qu'ils estoient mal payez. Dont M. le connestable, pour ne consommer aussi davantage le reste des vivres de ceste frontiere, qui estoient desjà fort diminuez et rencheriz, renvoya les rierebans en leurs maisons, et donna congé aux Suisses, bien contentez et satisfaits de leur solde. Et peu de jours après, avec M. le mareschal de Sainct-André, vint retrouver le Roy, estant la conduite du reste de nostre armée remise à M. le duc de Vandosme : qui fut cause que l'Empereur, qui tousjours avoit delayé et dissimulé sa deliberation, voyant nos forces diminuées, rappella quant et quant quelques compagnies qu'il avoit auparavant fait partir de son camp pour sortir en campagne et tirer vers Hedin. Ce que prévoyant mondit seigneur de Vandosme, et qu'il se vouldroit venger en bruslant nostre plat pays, comme nous avions fait le sien, feit desloger son camp pour tousjours le costoyer, et tenir en crainte de n'oser départir et escarter son armée; et ayant passé la riviere d'Authie, ce soir campa à Dampierre jusques au lendemain environ midy, qu'il fut adverty que la plus grand'part de l'armée et cavallerie imperiale estoit descendue à Auchy-le-Chasteau, qui est au comte d'Aiguemont, et y avoit mis le feu et desfait et rompu quelques compagnies de nostre cavallerie legere, que mondit seigneur, se doutant de leur venue, et pour les empescher de passer la riviere en cest endroit, y avoit envoyées. Dont soudain leva son camp de Dampierre, et cuidant, selon le chemin que l'ennemy prenoit, qu'il viendroit assieger Abbeville ou Dorlan, s'approcha plus près de ces deux places, qu'il remunit et renforça de tout ce qui estoit nécessaire. Puis le lendemain, premier jour de septembre, passa la riviere de Somme, et asseit et logea son camp à Pontdormy, lieu fort commode pour couvrir et garder toute cette contrée et le passage de la riviere.

Ce jour mesme les ennemis commencerent à faire degast et brusler le plat pays que nous avions abandonné, qui n'estoit d'estendue de plus de deux ou trois lieues, et vindrent camper à Sainct-Requier, à deux petites lieues de nous, d'où ne pensions qu'ils deslogeassent sans nous presenter la bataille et faire quelques courses et bravades. Parquoy le lendemain de grand matin M. de Vendosme feit partir la cavallerie legere, avec trois cens hommes d'armes pour les soustenir, soubs la conduite de M. d'Anguian, qui s'approcha de leur camp le plus qu'il fut possible, et les garda de s'escarter pour brusler et destruire les villages, les tenans tellement en crainte et subjection, qu'ils marchoient tousjours à troupes et fort uniz et serrez ; et sur le soir destrousserent à leur queue quelques chariots chargez de leurs vivres, qui n'estoient que pommes, bierres, bouillons et fort mauvais pain : qui nous feit penser qu'en si grand default et necessité de vivres ne se tiendroient longuement campez. Toutefois après ils devallerent le long de la riviere d'Authie, et meirent le feu par tous les chasteaux et villages du long du chemin, comme à Dampierre, Dourrie, Machy, Machié, Maintenay et plusieurs autres. Dont soudain mondit seigneur de Vandosme feit partir six vingts hommes d'armes, tant de sa compagnie que celle de M. de Sainct-André, avec neuf enseignes de gens de pied, pour se loger dans la ville de Montereul, que les ennemis, ainsi qu'aucuns de leurs soldats prisonniers disoient, vouloient assieger. Dequoy advertiz, changeans de propos, retournerent passer la riviere d'Authie, et descendirent en un marets au-desoubs de Hedin, entre icelle et un autre qui vient de la comté de de Sainct-Pol, où, en un lieu appelé Mesnil, propre à estre fortifié pour la garde et asseurance du bailliage de Hedin et comté de Sainct-Pol, le douziesme de septembre commencerent à dresser et bastir un fort, ayans, pour plustost le mettre en defense, levé des pays des environs grand nombre de pionniers et manœuvres, en quoy ne pouvoient estre empeschez; car outre ce qu'ils estoient les plus forts, nostre armée estoit fort diminuée et amoindrissoit tous les jours, tant à cause des maladies qui survenoient à noz soldats, que des compagnies que nous avions envoyées aux villes qu'ils nous menassoient de vouloir assieger. Puis M. de Vandosme, cognoissant ses soldats fort ennuyez du long travail de ce voyage, pour les rafreschir et soulager, rompit son camp et envoya quelques compagnies de gendarmerie des plus travaillées, hyverner à leurs anciennes garnisons, et la cavallerie legere departit és lieux plus prochains des ennemis, pour ayder et faire faveur aux pauvres gens à labourer et semer leurs champs. Les compagnies de gens de pied françoises, angloises et escossoises furent logées ès villes et bourgs le long de la lisiere et riviere de Somme; les Allemans du comte Reingrave et baron de Fontenay, à Sainct-Esprit de Reux, et celles du comte Roedolphe et Reifberg, prindrent le chemin de Piedmont et d'Italie.

LIVRE SEPTIESME.

De la coutinuelle diligence des ennemis à la fortification du Mesnil, surnommé Nouveau Hedin, avec quelques entreprises du duc de Savoye et l'armée imperiale sur la riviere de Somme; ensemble d'autres faits d'armes exploittez en Picardie et Champagne. — Des propositions et esperance de la paix, à la solicitation de la royne Marie et cardinal Pol d'Angleterre, et des Anglois. — Et ce que, depuis la separation de l'assemblée sans aucun effect, a esté executé à guerre ouverte, tant en Picardie que Champagne, en l'an 1555.

[1555] L'on a peu voir sur la fin de mes premiers et derniers livres (1) comme, après la bataille de Ranty, estant l'armée françoise fort harassée et travaillée et demembrée de la meilleure part de ses forces, apres avoir quelques jours temporisé et campé en divers lieux, finalement fut reduitte et amenée à loger ès marets de Pontdormy, lieu mal sain de soy-mesme, mesmement sur la fin de l'automne, estant occasion de multiplier les maladies, et très-grande diminution de nostredite armée. Ce que venu à la cognoissance des ennemis, continuerent de besongner au fort du Mesnil, avec telle diligence, que y faisant travailler incessamment, non seulement les pionniers et manœuvres qu'avoient levé et amené de leurs contrées et lieux circonvoisins, mais aussi chacun soldat y portant la hotte, dans deux mois ou dix sepmaines fut eslevé fort haut, et mis en defense, ayant suivy le mesme desseing et trace que nous avions projecté pour y en construire un pareil. Et à ce faire beaucoup leur servirent, et s'ayderent fort des ruines des chasteaux des environs, qu'avoient commencé à abbattre et destruire, et de celles de Hedin, qu'ils paracheverent de demolir. Cependant le duc de Savoye avec la cavallerie et le surplus de l'armée imperiale, qu'il avoit tousjours retenu unie pour favoriser cest œuvre, faisoit serrer et amasser vivres et munitions, pour à l'instant mettre là-dedans, prevoyant bien que malaisément en pourroient recouvrer ceux qui y demeureroient après qu'ils se seroient separez, tant à cause que tout le pays circonvoisin estoit fort desnué et destruit par nous et eux [mesmement le Roy, craignant qu'ils assiegeassent Dourlan, avoit peu de jours auparavant fait brusler les villages plus prochains], aussi que toutes les garnisons de dessus la riviere de Somme leur donneroient tous les empeschemens que leur seroit possible. A ceste cause, avant que l'hyver fust du tout venu, le vouloit fournir de tout ce que pouvoit penser y estre necessaire. Si est-ce qu'adonc la saison estoit fort avancée et proche des grandes froidures, car nous estions jà au commencement du mois de novembre; qui fut occasion que ce prince, ayant fait tout ce qu'il avoit peu pour mettre ce fort en bonne disposition, ne voulant départir sans tenter quelque plus importante entreprise, délibéra, environ la Saint Martin, dix ou unzieme de ce mois, surprendre Saint-Esprit de Rue, que, d'autre costé, nous faisions fortifier pour estre contrefort à cestuy-cy. Toutefois ne peut-il conduire son fait tant secrettement, que M. de Vendosme [maintenant roy de Navarre] n'en fust adverty; lequel y envoya en diligence toute la nuict le regiment d'Allemans du comte Reingrave, ensemble quelques autres compagnies de gens de pied françoises. Et, d'autre part, M. de Nemours ne cessa, avec sa cavallerie legere, les tenir en continuelles alarmes jusques dans leur camp, qui les meit en doute que les nostres fussent en plus gros nombre qu'ils n'estoient; tellement que, ce jour mesme qu'ils essayerent d'executer leur déliberation, les ayant rencontrez sur le chemin, apres avoir rompu lances, donné coups d'espées dans leur cavallerie, au front de leur avantgarde, malgré eux et à leur nez se retira jusques auprès la Justice d'Abbeville, leur faisant par fois teste. Auquel lieu estant ses soldats estendus et rangez en bataille, les attendit assez long-temps, et leur monstra visage d'asseurance, sans que les ennemis osassent les enfoncer. Qui fut [selon l'opinion de beaucoup de bons capitaines] l'une des belles retraites, pour une poignée d'hommes, que l'on ayt veu il y a long-temps; en laquelle le capitaine Pelou, avec sa compagnie, augmenta fort sa réputation; tant y a que l'entreprise du duc de Savoye demeura sans nulle effect. Ce neantmoins, voulant remedier et parer ceste faute, estant resolu ne se retirer sans nous

(1) A la fin du sixième seulement.

avoir fait sentir quelque bravade, reprint le chemin le long de la riviere de Somme, bruslant et degastant ce qui estoit encore resté entier ou à demy consommé; puis devalla sur Pecquigny, où, une autre fois, M. de Nevers, prince courageux et hardy, luy appareilla une cargue sur la queuë de son camp, mais tant hardie et furieuse, que, ayant remis et repoulsé certaines compagnies de la cavallerie legere de son arriere garde, contraignit toute l'armée tourner visage. Enfin estant suyvi, et ayant la foule de toute ceste cavallerie sur les bras, fut contrainct, et fit encore si bien, que luy et ses gens se retirerent jusques sur la chaussée et pontleviz dudit Pecquigny; et là, combattant pesle mesle et en foule, attendit si longuement, qu'un certain nombre d'harquebusiers, qu'on avoit choisy pour le soustenir à sa retraite, y peut arriver commodement, où toutefois il faillit d'estre pris. Au partir de là, le duc de Savoye avec l'armée imperiale alla passer et camper devant Amiens, où estoit jà M. de Vendosme, et le lendemain prit sa descente devers Corbie, jusques à un lieu appelé le Bac-Adoux, où il se meit en effort de vouloir gueïer et traverser ceste riviere de Somme, pour venir brusler ce qu'il pourroit du plat pays de deçà. Et de ce M. de Vendosme adverty, l'avoit tousjours suivy et costoyé avec telle promptitude, qu'aussi tost que luy se trouva au mesme lieu où il avoit deliberé de passer, en bonne volonté de le combattre sur le bord, s'il se fust essayé de prendre rive; ce qu'il ne feit, ains s'en retourna comme il estoit venu, sans rien exploiter à son advantage, et non sans depuis luy-mesme s'estre esmerveillé, et avoir hautement loué la soigneuse diligence de M. de Vendosme.

Or, si du costé de Picardie les François et Imperiaux faisoient tout devoir de couvrir et fortifier leur frontiere, l'on peult croire que du costé de Champaigne n'en estoit moins fait; car M. de Bordillon, qui de Disnan y avoit esté renvoyé pour aller au devant de quelques garnisons et gens du pays, qui s'estoient ramassez et mis aux champs, et qui jà commençoient à fourrager et brusler devers Mesieres, si-tost y estre arrivé, non seulement les fit, au bruit de sa venuë, retirer, et d'eux mesmes rompre; mais, ayant forcé le chasteau de Fument, qu'ils avoient repris et en la meilleure part ruiné, avec d'autres petits forts d'alentour où ils se retiroient, les tint deslors tellement soubs bride et en crainte, que facilement et seurement on peust besogner au parachevement de la fortification de Mariembourg, du fort de Rocroy et du chasteau de Maubert-Fontaine. Davantage, toutes les garnisons des villes fortes, que nous tenons le long de ceste frontiere, et sur les marches des duchez de Lorraine et Luxembourg, couroient journellement sur les ennemis, desquels le plus souvent rapportoient les despouilles, et retournoient chargez de butin; tenans toute ceste commune en terreur et mesme effroy qu'elle resentoit encore du passage de l'armée du Roy, tellement que le capitaine Vaulusseau, gentilhomme vaillant et hardy, qui lors estoit en garnison à Yvoy avec sa compagnie de gens de pied, et quelques pieces de bois montées sur rouës en façon d'artillerie, surprit et se fit rendre un assez fort chasteau près de là, appellé Villemont, lequel depuis fut repris par les Bourguignons, y usant de plus grande cruauté envers ceux qu'ils y trouverent, qu'on n'avoit fait precedemment envers les leurs. Devers Metz, M. de Vieilleville, qui en est gouverneur, sçachant que ceux de Theonville bastissoient un fort appellé la mauvaise S entre les deux rivieres, et sur le chemin de l'une à l'autre ville, pour empescher que la garnison de Metz n'allast tant hardiment courir sur leurs limites qu'elle souloit, y envoya un bon nombre de cavallerie et de gens de pied, avec quelque peu d'artillerie. Mais pource que ceste entreprise ne fut conduite ny executée tant accortement qu'elle avoit esté deliberée, les François retournerent avec peu d'avantage, et perte de beaucoup de vaillans hommes.

L'hiver estant adonc du tout venu, par ces importunes pluyes contraignit le duc de Savoye rompre son camp, et quitter la campagne de Picardie, pour mettre son armée à couvert contre l'aspreté et rigueur des froidures; et, ayant laissé le sieur Dais, gouverneur du fort du Mesnil [qui auparavant l'estoit d'Arras], avec vingt enseignes de gens de pied espagnols et allemans, et quelque cavallerie, alla retrouver l'Empereur à Bruxelles. Pareillement furent contraints les François se contenir en leurs garnisons, et les aucuns se retirer en leurs maisons, pour laisser passer l'indisposition et contrarieté du temps, laquelle seule fut cause de donner un peu de séjour et delay aux soldats. Neantmoins que, là où le temps, par aucuns jours, se monstroit beau ou propre pour appareiller surprises ou embuscades, à peine laissoient ils eschapper l'occasion, sans se le faire sentir et cognoistre les uns aux autres. Comme advint au capitaine Mazieres, lieutenant d'une compagnie de gens de pied que M. de Vandosme avoit adonc, lequel, retournant d'une course devers Ranty avec force butin, fut prevenu et rencontré par ceux du fort du Mesnil, et par eux tué avec deux autres capitaines françois, et cent ou six vingts vaillans soldats taillez en pieces. Et d'ailleurs, où les combats et faicts d'armes cessoient, toutes machinations et toutes sortes de ruses estoient cherchées, inventées et mises en avant, pour suborner les gouverneurs et chefs des villes de l'un ou l'autre party, et les solliciter à commettre trahisons et infidelitez contre leur honneur et devoir; mesmement en ce temps furent descouvertes deux conspirations fort dangereuses pour nous, si elles eussent sorti effect selon qu'elles estoient traitées. L'une, du lieutenant du capitaine du chasteau d'Abbeville, nommé Anvoelle, qui, pour se venger d'un sien ennemy, avoit conspiré et conclud avec le gouverneur du fort du Mesnil de le mettre dans ledit chasteau : ce qui fut revelé mesmes par le messager qui portoit l'advertissement. L'autre, des cordeliers de Metz, lesquels, soubs couleur que leur chapitre general s'y devoit assembler, où devoient comparoir de leurs freres de toutes les provinces de la chrestienté, avoient entrepris et machiné y faire entrer un grand nombre de soldats ennemis en habit de cordeliers, et toutes sortes d'armes y devoient estre amenées, enfoncées dans des pippes et tonneaux comme si ce fussent vins et provisions pour ceste assemblée. Puis estant sortie une partie de la garnison de Metz à une allarme que ceux de Theonville devoient donner, tous ensemble sortiroient en armes, et desferoient ce qui resteroit dans la ville, et, sur l'heure, se saisiroient des portes pour y faire entrer une embuscade qui seroit prochaine de là. Il peult aussi estre qu'ils avoient quelque intelligence avec aucuns citadins de leans. Toutefois, ceste leur malheureuse et maudite trahison fut decelée et averée par l'un de ces bons religieux, qui fut guetté et expressement espié par quelques chevaux legers françois, entrant et sortant à diverses et reiterées fois dans Theonville, et non sans que chacun se soit grandement esmerveillé de la vulpine cautelle et meschanceté de tels hypocrites, estant un grand scandale pour tout cest ordre, faisant évidente preuve que cest habit monastique et regulier sert bien souvent de couverture et parement à plusieurs énormes pechez et crimes, pour lesquels encourons l'aigreur de la justice divine, et dont adviennent tant de maux et malheurs en ce monde, combien que je m'asseure que les dessusdits conspirateurs et traistres ont esté punis selon le merite de leurs faits.

Tout ainsi que ceste saison d'hyver estoit diversement variable et muable, aussi diversement tous les jours advenoient estranges et nouveaux accidens par tout le monde, et principalement en ceste partie de l'Europe; pource que estant ces deux les plus grands princes chrestiens irritez, et en guerre l'un contre l'autre, l'on peult facilement croire, et ne peult estre autrement, que les moindres, et ceux qui sont soubs eux, n'eussent à souffrir en plusieurs sortes et manieres. Et quant à eux, encore que leurs personnes fussent en repos, et au milieu de tous plaisirs et passetemps, si est-ce qu'ils travailloient continuellement en leurs esprits, pour subvenir et remedier aux affaires survenans qui se présentoient journellement devant leurs yeux, tant pour leurs longues guerres que pour la necessité où estoit reduit tout leur pauvre peuple pour le soustenement et entretien d'icelles, ausquelles toutefois chacun d'eux vouloit donner si bon ordre que de n'estre point surpris, ou que, par faulte d'avoir preveu, l'un se peust avantager sur l'autre. Parquoy ne fault douter qu'ils ne fissent tout devoir, et qu'ils n'employassent tous leurs amis et serviteurs, pour appareiller et mettre sus tous preparatifs, afin qu'advenant la saison, se trouvassent tant plustost prests, ou d'assaillir, ou de se defendre, selon que le moyen et occasion se presenteroient, comme il advint. Car, sur l'advenement du printemps, estant semé par la France ce bruit que les Imperiaux commençoient à sortir en campagne, pour endommager les pays du Roy, tellement qu'on disoit qu'ils s'amassoient en gros nombre au Cambresis pour entrer en Picardie, et devers Namur pour venir essayer s'ils pourroient recouvrer Mariembourg; le Roy estant à Fontainebleau [apres le solennel festin des nopces du comte de Vauldemont et de mademoiselle de Nemours], sur le commencement de caresme envoya devers la Picardie M. le mareschal de Sainct-André, son lieutenant en l'absence de M. de Vandosme, et avec luy allerent M. de Nemours, le vidasme de Chartres, le Reingrave, et plusieurs gentilshommes et capitaines, lesquels, aussi-tost y estre arrivez, ayans assemblé toutes les garnisons de la frontiere, entrerent dedans la comté de Sainct-Pol et le bailliage de Hedin, pour derechef les ruiner, sçachans certainement que tous les vivres venoient de là, que ceux du fort du Mesnil pouvoient recouvrer. Et ce faict, costoyans l'Artois, et y faisans tout le degast qui leur estoit possible, feignirent et firent semblant de se vouloir retirer ; mais estans seurement advertis que au Chasteau Cambresis estoit logé un nombre d'Espagnols, et quelques autres compagnies de gens du pays, en une nuict les allerent surprendre si cautement et secrettement, qu'au poinct du jour, et changement du guet, furent eschellez et assaillis de toutes parts, et n'eurent meilleur advis ne moyen, que de se sauver et sortir où ils trouvoient les passages délivrés et ouverts, mesmement les Espagnols, ausquels fut faite bonne guerre et gracieux traitement. Le surplus de ceux du pays qui se trouverent en teste, et qui s'estoient mis en defense, à la furie furent exécutez et mis au fil de l'espée. Après tout cela, pour autant que ce lieu sembloit fort propre à l'Empereur pour y assembler un camp, à raison des commoditez de toutes choses qu'il y pouvoit avoir et recouvrer, ruinerent ceste petite villette et quelques endroits de ceste belle maison de l'evesque de Cambray.

Devers Champagne fut renvoyé M. de Bordillon, comme lieutenant du Roy en l'absence de M. de Nevers, et avec luy alla le marquis d'Albeuf, que suivirent les seigneurs de Montpesat, de Cursol, de Suze, le Pelou et autres gentilshommes et capitaines. Où sitost estre arrivez, pareillement assemblerent toutes garnisons, tant de cheval que de pied, et, sçachans que dedans Mariembourg y avoit faulte de vivres, nonobstant les grandes neiges et pluyes, y menerent gros nombre de chariots et charrettes chargées de farines, de vins, et toutes autres munitions. Puis, cependant que ceux de là dedans se fournissoient de bois pour se chauffer, passerent oultre jusques à Cimetz, en délibération de forcer et desfaire quelques ennemis qui s'y estoient remis pour nuire à ceux de Mariembourg, ce que toutefois ne trouverent, l'ayant quitté et abandonné, pour avoir ouï nouvelles de ceste venue, dont le feu y fut mis partout et en tous les villages des environs. Mais pource que ceux de Saultour cognurent ou furent advertis qu'on n'avoit point de grosse artillerie capable à faire bresche, ne se voulurent rendre, et ont tousjours tenu fort. Cela faict, nos gens s'en retournerent en leurs garnisons, et depuis, à plusieurs et diverses fois, ont tousjours continué de remplir Mariembourg de force vivres et provisions.

Au milieu de tous ces troubles, le vingt-troisiesme de mars, pape Jule troisiesme décéda de ce siecle, après avoir fait tout ce qu'il avoit peu pour reparer la faulte dont il estoit autheur, s'estant efforcé, avant mourir, d'appointer ces deux grands princes qu'il avoit ainsi divisez. Et, peu de jours ensuyvans, au conclave, par trente-sept cardinaux, sans longues difficultez, mais [comme je croy] par inspiration divine, fut esleu et publié pape le cardinal Marcel Cervin de Montpolitian, du tiltre de Saincte-Croix, Boulonnois, le dixiesme d'avril, intitulé Marcel deuxiesme, qui ne demeura que vingt ou vingt-deux jours en ceste dignité, ayant esté empoisonné [selon la publique opinion] pource qu'il estoit trop homme de bien, et qu'à son nouveau advenement et création il avoit cassé et aboli tant de superfluitez de gardes et honneurs, que les premiers saincts papes n'avoient point, et que les modernes ont voulu avoir, quand ils se sont veuz riches des biens que les empereurs et roys leur avoient donnez, desquels en après se sont aydez contre eux pour leur faire la guerre, ou se sont alliez aux uns pour tascher à ruiner les autres. Peu de jours après s'estans derechef les cardinaux rassemblez au conclave, le jeudy, vingt-troisiesme de may, jour de l'Ascension, firent élection du cardinal Jean Pierre Caraffe, dit Theatin, Neapolitain, de la noble et ancienne maison des Caraffes, intitulé Paul quatriesme, que l'on avoit tousjours tenu homme de bien, et de grand sçavoir et éloquence.

Donques on a peu voir une partie des adversitez et accidens qui survenoient en aucuns endroits et contrées des Gaules, sans que nous ayons encore aucunement parlé d'une infinité d'autres, desquels tout le reste du monde estoit frappé et esmeu : comme des innumerables preparatifs que le grand Sulyman de Turquie mettoit sus pour esbranler et envahir toute la chrestienté, ayant dompté et rendu tributaire son plus proche et fort ennemy, le roy de Perse; comme des ligues et partialitez d'Italie, favorables à l'un de ces deux princes, pour lesquels beaucoup de villes, chasteaux et bourgs ont esté destruicts et ruinez, et infinité de corps et d'ames mises à perdition. Je n'ay rien dit aussi des divisions et guerres sociales de la Germanie, causées et meues, tant pour les departemens, donations, bannissemens et confiscations, que l'Empereur avoit fait des plus grands de ceste nation, après les guerres qu'il avoit eues contre eux, que des potentats et grands seigneurs seculiers, contre les evesques et ministres de l'Eglise, et de mesme pour le faict de nostre religion, remettant ceste charge à quelque plus docte personne que moy, et de plus grande authorité, et qui auroit sceu toutes ces choses certainement. A tout cela on pourroit encore adjouster les grandes esmotions et mutinemens des Anglois à la reception du roy d'Espagne, leur nouveau roy; pour lesquelles l'Empereur se trouva d'autant plus esloigné du secours qu'il en esperoit promptement, que ceste alliance luy sembloit commode pour facilement dresser entreprises au desavantage des François; esperant, pour cause qu'anciennement les Anglois estoient appellez anciens ennemis des François, tant plus facilement les pouvoir induire à ceste inveterée inimitié par le moyen de son support et grandeur [nonobstant que peu auparavant, du vivant de Edouard, leur dernier roy, fussent entrez en leur alliance et confédération], et, par ce moyen se promettant que avec les Flamens et Hennuyers, qui nous appareilleroient forte guerre par terre, et les Anglois par la mer, nous pourroit tenir en telle subjection cette part, que tant plus un autre accès et advenue sur nous luy seroit ouverte et facile. Mais tout luy advint au rebours, et contre son opinion ; car, après la consommation de ce mariage du roi d'Espagne, son fils, avec la nouvelle royne d'Angleterre sa tante (1), à telles conditions que chacun sçait, il fit tous les efforts qui estoient en sa puissance pour tenir preste une armée de mer avec laquelle il fut amené et conduit en Angleterre. Où sitost qu'il fut descendu, au lieu d'estre receu avec grands honneurs et triomphes, et estre bien venu et salué comme roy, trouva partie de ce royaume divisé et en armes, des grands seigneurs tenans le party de la Royne contre le populaire mutiné, pour ne vouloir accepter un roy estranger à leur commander, mais un qui fust de leur nation et origine. Tellement que peu de jours après son arrivée, le serrerent et saisirent de si près, qu'ayant deffait et tué partie d'un nombre d'Espagnols qu'i avoit amenez avecques luy pour sa garde, le contraignirent avec sa femme se retirer en la forteresse de Londres, où ils ont demeuré quelque temps pour éviter la fureur de ce monstre populaire ; en laquelle il a assez longuement opiniastré, encore que la Royne ait fait décapiter Nortembelland (2), gouverneur du pays, mourir plusieurs de ses adherans, et punir rigoureusement les plus coulpables qu'elle peut attrapper ; et que depuis l'Empereur se soit essayé de les appaiser et attirer avec promesses grandes, et toutes sortes de blandimens, ce neantmoins ne les a peu convertir à advouer leur naturel roy et seigneur, estant assez advertis de ses ruses, et cognoissans la présomptueuse audace des Espagnols, ne à se déclairer pour leurs ennemis des François, sçachans bien qu'ils n'ont voisins plus prompts et prochains à les secourir en leurs dangers et affaires, ny plus aspres et belliqueux, où ils se seroient autrefois declairez contre eux. Depuis advint qu'un certain nombre de navires et vaisseaux marins, armez de quelques Flamens et peultestre d'aucuns Anglois [à raison qu'il est fort difficile qu'en la commune d'un pays il ne s'en treuve de plusieurs ligues et partis, mesmement où ils sentent recouvrer quelque profit, ou des pauvres et fuitifs, qui esperent parvenir et s'aggrandir, ou retourner en leurs biens et liberté], fit descente en aucuns endroits de la coste de Normandie, specialement en la province de Caux. Et pource que promptement on fit entendre au Roy que c'estoient Anglois, doutans qu'ils se fussent declairez ennemis, soudainement fit arrester par tous ses ports les marchands et vaisseaux anglois qui y furent trouvez, et la traite, qui leur avoit esté accordée de grande quantité de bleds et vins, declairée nulle et enfrainte. Ce que leur ambassadeur, qui lors estoit encore à la Cour, leur fit sçavoir en diligence ; mais eux, ignorans et non coulpables de ceste execution, s'excuserent envers le Roy, et justifierent avec bonnes raisons, faisans déclaration ce avoir esté fait à leur desceu, offrans que là où en leur pays se trouveroient personnes qui y auroient assisté, ou donné port ou faveur, d'en faire exemplaire punition, voulans persévérer en l'alliance et amitié du Roy : ce que d'avantage ils confirmerent en leurs estats, qu'ils assemblerent en ce temps ; protestans, oultreplus, de n'advouer ne proclamer le roy d'Espagne leur Roy, jusques à ce qu'il auroit hoir masle de leur Royne.

Ainsi demeura l'Empereur frustré du secours qu'adonc il attendoit des Anglois, et son fils et sa femme en doute et peine pour les séditions et guerres intestines de leur pays. A quoy cherchans tous moyens de remede, et considerans bien qu'il estoit impossible d'en venir à bout sans que l'Empereur et le Roy fussent amis, ou, pour le moins, sans une couverture de paix ou de tresve, chercherent occasion d'inviter le Roy avoir commiseration de la tranquilité de l'Eglise et du bien public, advertissans le roy Philippe et la royne d'Angleterre sa femme, par leur ambassadeur, qu'ils avoient une entiere et parfaite affection de vivre en paix avec luy, et feroient en sorte qu'ils moyenneroient une perpetuelle union et concorde entre l'Empereur et luy, se faisans reciproque restitution de ce qu'ils se détenoient les uns aux autres. A la conduite de cest œuvre se présenta de rechef le cardinal Pol d'Angleterre, qui, l'an précedent [ainsi que j'ay desjà dit], estant envoyé legat de pape Jules troisiesme, s'estoit mis en tout devoir de les appointer, et, ce que n'ayant peu resoudre, estoit passé en Angleterre, en intention de réduire et remettre à l'ancienne religion de l'Eglise ce peuple qui, dès le vivant de leur roy Henry, dernier de ce nom, avoit adhéré et receu la nouvelle doctrine que l'on a appellé lutherienne ; mais, prevoyant que mal-aisément les en pourroit distraire ne retirer, à cause que les principaux princes et seigneurs

---

(1) A la mode de Bretagne ; elle étoit cousine germaine de Charles-Quint.

(2) Northumberland. Il fut exécuté le 22 août 1553 ; Philippe arriva en Angleterre le 19 juillet 1554, et éprouva peu d'opposition. Rabutin étoit donc mal informé.

du pays occupoient et usurpoient les possessions et domaines des eglises, qu'ils ne vouloient quitet rendre, se parforça de plus profonde et affectionnée intention, inventer et chercher tous moyens et conditions à pacifier ces deux princes, et les ranger et faire convenir à ceste raison, d'avoir plus en recommandation la religion et Eglise chrestienne et le bien public, qu'une privée et péculiere ambition; si que se faisans amis fussent autheurs d'admettre la paix de Dieu entre luy et son peuple : en quoy si bien besongna, que tous deux consentirent d'entrer en termes d'amiable justice et équité, en se faisans mutuelle restitution en tous droicts, estant ce bon cardinal de cest arbitrage comme un commun et équitable médiateur; et croy fermement que si fraude y avoit esté d'un costé ou d'autre, que ce n'estoit de son advis et consentement. Dont ne fault douter que par toute l'Europe n'en fust demenée une joye et allegresse indicible, pour l'espérance que chacun avoit d'obtenir et recouvrer ceste desirée paix, comme si [selon ledict du psalmiste] justice et paix se deussent baiser et embrasser. Et par toute l'Eglise des fideles chrestiens estoient adressées à Dieu prieres et oraisons, en jeunes et toute mundicité (1) de l'esprit, afin d'obtenir sa grace à ce qu'elle dirigeast et conduisist les pas et affections de ces princes en bonne paix et concorde.

Ces choses eurent si bon commencement, que le vingt-troisiesme de may, au village de Marc, entre Ardres, Calais et Gravelines, se trouverent le cardinal Pol d'Angleterre, l'evesque de Vuichestre (2), chancelier d'Angleterre, les milords d'Arondel, grand-maistre dudit royaume, et Paget et le seigneur Palmier. Les deputez pour l'Empereur estoient le duc de Medinaceli, l'evesque d'Arras, le comte de Lallein, le seigneur Viglino, president du conseil privé de l'Empereur, le seigneur Briarre, president de Malines, et le secretaire Bave. Pour le Roy estoient le cardinal de Lorraine, M. le connestable de Montmorancy, les evesques de Vannes et d'Orleans, et le secretaire de l'Aubespine ; avec ce, plusieurs grands seigneurs et personnages d'authorité, tant de ceux qui y furent appellez et mandez pour la decision d'une affaire de si grande importance, que d'autres de chacun party, qui tenoient à singulier honneur et plaisir se trouver à la confederation et perpetuelle alliance de leurs princes et maistres. Et là toutes causes furent debattues, et les droicts de chacun costé mis en avant et alleguez, avec plusieurs céremonies et particularitez que n'ay voulu icy deduire partialement et de mot à mot, pour estre choses trop prolixes et de petite utilité, ains ay seulement voulu discourir brievement les principaux poincts et articles d'où dependoit leur different, et ce que sur cela a esté repliqué par leurs commis et deputez, afin qu'on puisse facilement juger d'où venoit la faulte, et auquel devroist estre le tort donné pourquoy la paix n'ait peu estre conclue et faite. Après toutes disputes d'une part et d'autre, tant avec M. le legat et deputez anglois à part, qu'avec les Imperiaux et tous ensemble, finalement cest effect tomba en tel poinct, que l'Empereur avoit donné charge et commandé expressement à ses gens de ne faire aucune restitution au Roy de chose qu'il luy detenoit avant ces dernieres guerres, principalement du duché de Milan, qu'il dit luy avoir esté adjugé par autres premiers traictez ; demandant oultre plus, avant que venir à aucun accord, que le Roy luy rende et restablisse tout ce qu'il a gagné, non seulement sur luy, mais ce qu'il detient d'autruy depuis cesdites guerres, et, quoy que ce soit, qu'il remette M. de Savoye en ses pays ; offrant, en satisfaction de ce, le mariage de dom Carlo, fils du roy d'Espagne son fils, avec madame Isabelle, fille aisnée du Roy, pour le dot de laquelle il prendroit la querelle que le Roy pretend audit duché de Milan, où il renonceroit, et, pour le surplus, donneroit au Roy le comté de Charrollois en récompense de Teroenne, et le fort du Mesnil pour Hedin, qu'il vouloit et entendoit estre demoli, comme il consentoit de grace de l'une des places siennes, à sçavoir, ou d'Yvoy, Danvillé, ou de Montmedy. Sur cela, après plusieurs controverses, apres diverses remonstrances proposées par les deputez du Roy, faisans entendre qu'il n'y avoit aucune apparence d'équité ès demandes de l'Empereur, enfin, pour plus apertement faire paroistre qu'ils ne demandoient qu'occasion d'avoir paix, ont declaré résolument que, pour la confermer et stabiliter plus durable, il estoit plus necessaire que ce fust en rendant rendre, et en retenant retenir, sans faire difference des vieilles et nouvelles conquestes; car les vieilles playes estoient renouvellement, et celles qui avoient rentamé les premieres, et qui les pouvoient guerir. Toutefois, ne pouvans les parties là dessus s'accorder, fut trouvé un expedient par le cardinal d'Angleterre et deputez anglois, desireux de la tranquillité universelle ; à sçavoir que le Roy trouvast bon laisser juger par le concile la querelle de Milan et celle de Bourgogne, aussi celle du duc de Savoye, en le restituant neantmoins en ses pays, et retenant les places fortes; en le recompensant autre part,

---

(1) Pureté. (2) Winchester.

moyennant le mariage de luy et de madame Marguerite, sœur du Roy. A quoy a esté respondu par les François qu'ils avoient tousjours dit estre contens que toutes querelles, vieilles et nouvelles, qui concernoient les princes, fussent jugées par le concile, sans les specifier, et, quant au duc de Savoye, que lorsque l'Empereur feroit raison aux alliez et amis du Roy, comme au roy de Navarre, au duc de Parme et autres interessez, le Roy feroit le semblable. Sur laquelle response les Imperiaux demanderent cinq jours pour en advertir l'Empereur : lesquels finis, et sa response venue, n'ont jamais parlé que d'entendre aux trois premiers articles; essayans cependant tirer ce negoce et dispute en longueur, pour attendre l'opportunité propre d'endommager le Roy, et l'issue de l'entreprise que le duc d'Albe avoit mis sus pour recouvrer le Piedmont. Ce qu'estant cogneu par les François, se sont departiz et retirez, après avoir prins congé amiablement les uns des autres, et avoir très-affectionnement remercié ledit legat, cardinal d'Angleterre, et les deputez anglois, du bon et grand devoir où ils s'estoient employez pour conduire ce sainct œuvre à bonne fin, et qu'eux, ayans ouy et entendu les raisons de chacun costé, ils pourroient recueillir et juger auquel le droit devroit appartenir, et de la raison où le Roy s'estoit soubmis, estant tousjours prest de se laisser conduire à honneste party, quand il se presenteroit. Pourquoy le seigneur de Noailles estoit sur le lieu où les choses avoient esté commencées, auquel ils pourroient faire sçavoir ce que surviendroit de nouveau pour le bien de la paix, où le Roy ne fermeroit jamais l'oreille.

Tel fut le commencement d'une très-grande esperance de paix, et triste et ennuyeuse l'issue ; et la départie inutile de tant de grands seigneurs qui s'estoient assemblez et entremis pour la traiter, a esté cause d'un grand desespoir entre tous les peuples de ces princes, de pouvoir de long temps recouvrer pareil moyen de repos; se desfiant un chacun de voir finer son aage avec paix, s'il ne plaist au Dominateur de toutes choses, de son infinie et immense pitié et misericorde la nous envoyer de là sus, car de la tirer d'entre les hommes est impossible, pour la division des regnes, et la merveilleuse avarice dont tout le monde est embrasé, et tous genres de pechez si execrables et énormes, que je m'esmerveillerois comme il nous chastie encore si doucement, et qu'il ne confond et abysme tout ce siecle, si je ne savois que, ne voulant ainsi perdre l'œuvre de ses mains, que son fils a recouvré à si inestimable prix que de son propre sang, il attend et nous présente tous moyens de conversion et recognoissance de luy et de sa bonté. Vray est qu'on doit douter qu'après avoir longuement attendu, ayant sondé nos cueurs endurciz à malice, il ne nous visite en extreme rigueur, et que de gravité de punition il ne recompense sa longue attente ; veu mesmement que, nonobstant le travail de la guerre, et divers autres perils et accidens qui surviennent journellement sur nous, qui sont les monitions et advertissemens de Dieu, il n'y a nulle apparence d'amendement, mais plustot, oultre les vices communs, l'on n'entend parler que de toutes sortes d'heresies, d'atheistes, épicuriens, parricides, sodomistes, apostats et interdicts. A bref dire, je croy que sont revenus les jours ausquels le bon Helie disoit : « Seigneur, il n'y a depuis le grand jusques au petit qui ne t'ayt delaissé, pour decliner à mal et toute iniquité. » Voilà qui est, à mon jugement, cause que nous ne pouvons recouvrer la paix. Quant à alleguer à cela l'obstination des princes, et ce que l'Empereur en a fait estoit une couverture et expectative pour donner tant meilleur ordre à ses affaires, qu'il cognoissoit estre en mauvaise disposition; encore qu'il fust vray, si nous venons à considérer que les cueurs des princes sont en la main de Dieu, avec laquelle ils combattent et sont victorieux ou vaincus [ainsi que quand Moyse tenoit sa main haute les enfans d'Israël vainquoient leurs ennemis aux deserts, et quand elle s'abaissoit estoient vaincus], on jugera qu'il peut rompre et froisser les monarches, empereurs et roys, comme un potier de terre fait son pot, et de la mesme masse et estoffe en redresser autres, et les prevenir en leurs cogitations et pensées ; comme l'on cognoistra, s'il est considéré que l'Empereur au commencement estoit en la meilleure volonté qu'on eust peu souhaiter, pour estre conduit en toutes voyes d'équité, où de luy-mesme s'estoit offert; comme pareillement le Roy s'y estoit converty en parfaict desir de preferer l'union et utilité publique à son particulier. Davantage, que ce bon cardinal divinement inspiré estoit introduict à avoir trouvé tous moyens de les appoincter ; ce qu'il avoit desjà si prudemment conduict, qu'il n'y avoit, je suis certain, homme qui ne s'asseurast de veoir la paix. Puis qu'à tout cela on vienne rapporter comme, tout à coup, l'Empereur se changea et esloigna de toute raison, le Roy se prepara de poursuivre son droict avec les armes, qu'il avoit amiablement requis avec justice, les Anglois se départirent pour continuer et perseverer en leurs divisions et partialitez, on trouvera que toutes ces choses estoient œuvres divines, et les merveilleux et estranges jugemens de l'Omnipotent, contre lesquels rien ne peuvent toutes les puissances humaines : et, en cela, ne sçauroient nos excuses donner couleurs ny artifices; car, tant qu'il luy plaira, la guerre durera, et, quand il sera satisfait de nous avoir puniz selon sa justice, lorsqu'il nous verra retourner à luy, et que garderons ses commandemens, il nous donnera, ainsi que luy-mesme a dit, tout bien et toute felicité.

Maintenant que j'ay nuement, et selon la verité, descrit le fait de ceste proposition de paix, sans y avoir adjousté aucun fard ny palliation pour farder et colorer nostre querelle; sans aussi y entremesler plusieurs articles, comme de la reddition des prisonniers et trafiques des marchandises, afin de rendre ma narration plus brefve et moins odieuse, je reprendray la suite de mon histoire, et diray ce que durant ceste assemblée a esté faict en noz parties de la Gaule belgique, et ce que depuis est ensuivy. Le Roy, combien qu'il fust en termes de paix, ne voulant estre surpris, tenoit unies et serrées toutes ses forces, faisant, après les monstres d'avril, temporiser en garnison toute sa gendarmerie; et n'y avoit que quelques compagnies de cavallerie legere, et celles de gendarmerie de M. de Nevers et de M. de Bordillon, qui furent envoyées au gouvernement de Champagne, tant pour tenir escorte aux vivres qu'on menoit à Mariembourg, que pour asseurer la frontiere de certain nombre d'ennemis qu'on disoit s'assembler devers Namur et au pays de Lieges, qu'on doutoit vouloir dresser quelques entreprises cette part, soubs couleur de ceste paix. Laquelle doute croissoit tous les jours par les rapports qu'avions ordinairement, comme à la verité leur nombre multiplioit de heure à autre, et sceusmes comme les vieilles bandes espagnolles y estoient arrivées. A ceste cause furent renforcées les garnisons de ceste frontiere, et, sans faire bruit, on y envoya nouvelles compagnies de gens de pied et de cheval pour les soustenir s'ils eussent voulu user de surprises. Dequoy peut-estre advertiz, entrerent en pareille doute de nous qu'estions d'eux, mesmement s'esleva un bruit que devions aller brusler les deux Givets et tout le plat pays de l'environ, et ruiner quelques petits forts qui nuisoient à Mariembourg, où, selon qu'aucuns ont voulu dire, l'on trouva ceste ruse pour mettre hors de Namur les Espagnols et autres gens de guerre qui y estoient logez, et qui y vivoient à discretion. Pour autant qu'ils s'estoient mutinez à cause qu'ils n'avoient esté payez, et n'avoient receu leur solde d'un fort long temps; pourquoy ils menassoient et murmuroient de piller et saccager ceste grande et riche ville. Tant y a, en quelque sorte que ce soit, que, s'estans renforcez au nombre de dix-huit ou vingt mille hommes de pied, tant de gens de guerre que des communes du pays, et de trois à quatre mille chevaux, à la conduite de Martin Roussan, suyvans la rivière de Meuse, se vindrent parquer aux deux Givets, qu'ils avoient choisiz comme lieux commodes pour recouvrer aisément toutes munitions et appareil de guerre par le cours de ceste riviere, aussi pour nous defendre le passage et entrée de leurs terres. Parquoy deslors commencerent à bastir, pour plus se asseurer, un fort sur une haute montagne au pied de laquelle flotte ceste grosse riviere de Meuse, joignant le port de Givets deçà; au sommet de laquelle desjà un comte d'Agimont en avoit voulu construire un, et y voit-on encore quelques fondemens que l'Empereur ne luy voulut permettre parachever. Et quant et quant, peu de jours après y estre arrivez, firent des courses au long de ceste frontiere, devers Maubert-Fontaine et Aubenton, et meirent le feu en deux villages, l'un nommé Tarzy, et l'autre Anteny. De toutes ces choses estant M. de Bordillon adverty, qui lors estoit à Mesieres, à la fortification de laquelle il faisoit besongner en extreme diligence, l'ayant mandé au Roy, fit promptement serrer dans les villes et lieux tenables toutes les garnisons de cheval et de pied, qui estoient espanchées et eslargies ès villages pour le soulagement du commun peuple, afin de trouver vivres plus commodément, à raison que les avoines et fourrages estoient adonc fort rares et chers; et, d'autre part, envoyoit journellement certaines compagnies legeres courir et recognoistre le plus près du camp de l'ennemy qui leur estoit possible, pour prendre langue, et sçavoir des prisonniers qu'ils saisiroient quelle estoit leur deliberation et ce qu'ils vouloient entreprendre. Au dire desquels estoit mal-aisé d'asseoir bon jugement, disans les uns que c'estoit pour garder leur pays, les aucuns qu'ils proposoient d'assieger Mesieres, les autres Mariembourg, et se trouvoient en différentes et contraires paroles, mesmement les espions n'en pouvoient asseurer aucune chose certaine; et neantmoins ne desistoient quelquesfois à faire courses le long de la frontiere, où ils pensoient avoir du meilleur, voire jusques à se hazarder de venir fourrager aucuns villages assez près de Mesieres, d'où ils emmenerent grand nombre de bestail et meubles, partie duquel fut recouvert par ceux de la garnison de Mariembourg, qui, en ayans esté advertiz, leur coupperent chemin et les destrousserent, et non sans se estre furieusement et bravement escarmouchez les uns et les autres.

Or nous estions desjà bien avant au mois de

juin, avant qu'on peust sçavoir certainement quelle fin et conclusion se resouldroit en ceste assemblée ; et tenoit-on par toute la France asseurément que nous aurions la paix ou la trefve. Toutefois le Roy, qui avoit advertissement d'heure à autre de tout ce qu'estoit traité, estant desjà tout arresté ce qu'il vouloit ou n'entendoit pas estre accordé, ayant sceu nouvelles de cest amas et descentes d'ennemis, envoya en diligence M. de Nevers en son gouvernement, luy ordonnant très-expressément, entre toutes autres choses, de fournir et munir Mariembourg si abondamment de tout ce que y seroit nécessaire, que ceux qui seroient dedans n'eussent occasion de se rendre pour aucun defaut, s'il advenoit que l'Empereur voulust convertir toutes ses forces pour la recouvrer. Peu de jours après son partement, luy envoya renfort de quatre à cinq cens hommes d'armes et autres compagnies de fanterie, qu'il départit et logea tout au long de cette frontiere le plus commodément qu'il y fut advisé, et selon que le besoing le réquerroit. Puis, après avoir prudemment donné ordre aux affaires plus nécessaires, advisa avant tout autre satisfaire et exécuter la charge que le Roy luy avoit si affectionnement enjoint; et pour ce, estant au Chesne Populeux, manda venir devers luy le sieur de Bouran, qui lors estoit à Rhetel, commissaire general des vivres de Champagne et Luxembourg, auquel il commanda assembler audit Rhetel le plus qu'il luy seroit possible de farines et vins, pour estre charriez dans un jour ou deux ensuivans. Ce qu'estant desjà prest, assemblé et enfoncé, comme faict d'homme sage et propre à telles charges, à son asseurance au mesme instant le prince en chargea à tous les capitaines de gendarmerie, cavallerie et fanterie, qui pareillement estoient venus devers luy à son mandement, qu'ils eussent à tenir toutes leurs compagnies prestes et préparées pour marcher dans vingt-quatre heures qu'ils seroient advertis. Et afin que ceste entreprise fust tenue plus secrette, et ne peust estre legerement descouverte par le bruit de ceux qui feroient les levées des charrois, dès le jour et la nuict mesme, fit serrer tant de charriots et charrettes qu'on pouvoit trouver en l'estendue du comté de Rhetelois et du village, et pareillement des plus prochains villages de Champagne, qui furent menez quant et quant à Rhetel, et là aussi tost chargez, et d'un mesme train leur feit-on prendre le droit chemin à Maubert-Fontaine, où semblablement, à poinct nommé, se trouverent vingt enseignes de fanterie françoise, vieilles et nouvelles ; ainsi que feit le prince le soir mesme, qui estoit du quatorziesme de juin, estans toutes les autres compagnies de gendarmerie et cavallerie logées aux prochains villages d'alentour, et ès environs de sa personne. Auquel lieu ayans seulement sejourné environ deux ou trois heures pour prendre haleine et repaistre nous et nos chevaux, environ les neuf heures de la nuict en partismes à l'advertissement d'un coup de canon, comme aussi feirent la cavallerie legere, les gens de pied et tous les charrois; le tout tenant ordre comme si nous eussions voulu, au partir de là, aller aborder et combattre noz ennemis ; selon que, pour en parler au vray, estoit bien requis à si scabreuse et dangereuse entreprise que ce prince avoit deliberé mettre à fin, ayant un tant gros nombre d'ennemis prochain de nous, lesquels estans advertiz, sur le chemin allant ou retournant, nous pouvoient rencontrer et facilement tourner en rotte(1) [mesmement en tels destroicts et chemins difficiles des bois de large et grande estendue, qu'ils cognoissent et frequentent coustumierement, pleins de forts taillız, ruisseaux dangereux, vallées et montées difficiles et penibles], si la discipline militaire n'y eust été prudemment observée. De laquelle conduite j'ay bien voulu en cest endroit dire ce que j'en ay peu voir, apprendre et retenir d'aucuns experimentez capitaines à qui je en ay ouy parler; selon aussi que j'ay quelques fois leu que les Romains en ont usé anciennement en tant de longues et loingtaines guerres, allans assaillir leurs ennemis en pays estranges, où aucunefois n'estoient pas les plus forts ; parquoy leur estoit de necessité inventer et practiquer nouvelles ruses, ou, pour le moins, se ranger et tenir si serrez en telle ordonnance, qu'encore qu'ils fussent chargez et couverts de plus gros nombre, se pouvoient neantmoins le plus souvent sauver et retirer. Telle estoit donc l'ordonnance que ce prince fit tenir à sa petite armée, allant à cest avitaillement : Premierement furent envoyez devant les coureurs, pour descouvrir et recognoistre tous les passages, au nombre de trois cens, partie harquebusiers à cheval françois, partie anglois et escossois, soldats fort duits à ce mestier, soubs la charge, ce me semble, de M. de Sansac, que suyvoit d'assez près le marquis d'Elbeuf, prince prouveu de hardiesse et toute autre vertu, avec sept ou huict cens chevaux-legers dont il estoit général, et après luy M. de Bordillon, qui menoit l'avant-garde au nombre de deux cens hommes d'armes, et à sa queue huict enseignes de fanterie, desquelles tous les corcelets et piquiers marchoient dix à dix de front, et leurs harquebusiers estendus et eslargis des deux costez du chemin et à

(1) Mettre en déroute.

leurs flancs ; les deux autres enseignes, faisans le nombre de dix, estoient mises aux deux flancs de la file des charrois, à sçavoir à chacun chariot deux piquiers et deux harquebusiers, deçà et delà. Et, pour autant qu'à ceste charge de flanquer, et defense de chariots, ne pouvoient suffire deux enseignes seulement, estant la file fort longue, qui duroit un grand quart de lieuë pour le moins, à cause qu'il n'y pouvoit marcher qu'un seul chariot à la fois pour la difficulté des chemins, on y en mit encore deux autres des deux qui estoient à la queuë du prince, lequel venoit après la bataille de trois cens hommes d'armes, suivy de huict enseignes de fanterie, au mesme ordre que les premiers. Tout au derriere demeuroit l'arriere-garde de deux cens hommes d'armes, que conduisoit M. de Jamets [ce bon vieillard et vertueux chevalier], lequel encore faisoit demeurer après luy cent ou six vingts archers, pour faire tout suyvre, et ne laisser rien derriere, aussi pour l'advertir de ce qu'ils verroient ou entendroient. Nous continuasmes ceste marche et forme de bataille tout le long du chemin, qui dure huict grandes lieues, qui en vallent plus de dix françoises, et tous bois, sans nous rompre ou desbander : encore que, tant pour la longue traicte que pour les mortes et mauvais passages, souvent versassent et fussent rompus ou demeurez de nos charrois, si est-ce que, sans se troubler ny changer l'ordonnance l'on faisoit haut le bois, et ne partoit-on de là que tout ne marchast quant et quant. Laquelle ordonnance, selon l'opinion de tous ceux qui sont practiquez et usitez en l'art militaire, est l'une des meilleures qu'on eust sceu inventer à telle necessité, pour sauver un petit nombre d'hommes devant une bien grosse armée en lieux contraints et serrez, aussi pour la conduite d'un grand et lourd cariage et bagage ; car, s'il m'est permis en dire ce qu'il m'en semble, les ennemis, combien qu'ils fussent au double de nous, ne nous eussent sceu affronter de quelque endroit que ce fust sans tousjours trouver teste, et n'eussent peu enfoncer sans une grande perte, d'autant qu'ils ne pouvoient ordonner de faire marcher un gros bataillon sur nous, tant à cause de l'incommodité et espesseur du bois, que pour estre en butte à noz harquebusiers, au danger de endurer infinité d'harquebusades, sans encore pouvoir joindre ; et là aussi peu leur eust servy leur gendarmerie qu'à nous, sinon en escarmouchant, et sçavions bien que la leur estoit beaucoup moindre que la nostre ; parquoy, en tout évenement, quand nous fussions trouvez les plus foibles, ils n'eussent sceu empescher que, malgré eux, en nous soustenant les uns les autres, ne nous fussions sauvez et retirez. Toutefois ne tombasmes point en ce hazard ; ains, sans estre aucunement importunez des ennemis, estans libres et ouverts les chemins, environ les dix heures du matin le marquis d'Elbeuf avec la cavallerie legere, et M. de Bordillon avec l'avant-garde, arriverent à Mariembourg, où, peu après, entrerent et furent mis dedans les chariots et charrettes, au nombre de quatre à cinq cens, tant de la munition du Roy que des marchands volontaires. La bataille et arriere-garde demeurerent à une petite lieuë près, pour soustenir les charges des ennemis, s'ils nous eussent voulu hoguisner (1) et fascher ; et le prince, accompagné de ses plus favoriz et asseurez, passa oultre pour voir et visiter la ville, et sçavoir l'ordre qui estoit dedans, qu'il trouva en bonne disposition ; mesmement le sieur de Fumet, qui, depuis que M. de Gonnort s'en démit, en estoit gouverneur, l'asseura de sa parfaite et fidele volonté de se bien défendre et garder ceste brave petite ville, si les ennemis s'y addressoient. Autant luy en dirent et asseurerent le fils du sieur de La Roche-du-Maine, qui, peu de jours auparavant, y estoit entré avec la compagnie de son pere, et le seigneur de La Ferté, qui y estoit aussi avec ses chevaux legers, et généralement tous les capitaines et vaillans soldats, tant de cheval que de pied, qui estoient là-dedans logez et ordonnez pour la defense. Dequoy ce prince bien satisfait et content, après que toutes les munitions furent deschargées et mises à poinct, environ deux heures après midy en partit avec toute l'avant-garde, laquelle depuis demeura derriere pour servir d'arriere-garde ; et le prince avec l'avant-garde et bataille alla devant, estant suivy de la file des chariots, au mesme ordre que nous estions allez. Sans trouver aucun empeschement retournasmes, non par le chemin qu'avions tenu en allant, ains passasmes au retour par le fort de Rocroy, où le capitaine La Lande estoit adonc chef et gouverneur ; lequel, sans ce qu'il est vaillant et hardy gentilhomme, se demonstra davantage honneste et prouveu d'honneur, tant à l'endroit du prince que d'autres plusieurs gentilshommes ses amis et cogneuz ; ayant fait sonner la salve à coups d'artillerie, présenta tous rafreschissemens de pain et vin, selon que il avoit le moyen en lieu malaisé. Le prince voulut entrer et considérer ce petit fort, pour sçavoir sa force, et ce qu'il pourroit soustenir ; et trouva, à mon advis, que, sans estre battu de grosse artillerie, il estoit capable et assez tenable pour se garder de tous as-

(1) Harceler.

saults, estant remparé, percé et flancqué assez proprement pour ce qu'il contient; prouveu de menue artillerie et munitions pour tenir quelque espace de temps. Pourtant il ordonna au capitaine La Lande veiller et se tenir sur ses gardes, et ne se point rendre si legerement qu'il n'eust advertissement et cognoissance de la puissance des ennemis, s'ils le venoient envelopper, dont il le feroit certain, s'il lui estoit possible, pour le venir secourir s'il estoit en son pouvoir; toutefois que là où il verroit les ennemis trop roides et puissans, et qu'il se sentist n'y pouvoir resister, qu'il ne fust si téméraire et outrecuidé, qu'estant forcé fist perte, non-seulement du fort qui n'est rien, ains de sa personne et de beaucoup de vaillans hommes qui l'accompagneroient, comme il a veu par divers exemples advenir. Au partir de là, sur les quatre heures du soir, M. de Bordillon avec les compagnies tant de cheval que de pied, qui estoient en garnison à Mesieres et ès environs, se départit et print son chemin cette part; et le prince avec les autres qui estoient en garnison à Rhetel, Chastel en Porcean, et là autour, retourna au coucher à Maubert-Fontaine, et les compagnies en leurs premiers logis, et de là en leurs garnisons ordinaires.

Ainsi fut la forte ville de Mariembourg, en vingt-quatre heures, à la barbe des ennemis, remplie d'un gros nombre de vivres et munitions, estant desjà garnie de neuf compagnies de gens de pied, des estimées entre les vieilles enseignes, de cinquante hommes d'armes et deux cens chevaux legers. Dequoy le Roy estant peu après adverty, osta toute doute et défiance qu'il en eust peu avoir auparavant, et les ennemis au contraire perdirent tout espoir d'y pouvoir addresser leur premier effort. Encor a il esté dit suyvant ce propos, qu'un soldat, qui estoit sorty de Mariembourg pour venir à Rocroy, passant par le chemin que nous avions tenu, et ayant de long entendu et apperceu quelques Bourguignons à cheval, se jetta dans un fort tailliz avant qu'il fust veu d'eux, d'où il les oyoit devisans de cest avitaillement, s'esmerveillans d'une si incredible diligence, comme s'ils eussent trouvé presque cela impossible d'amener si grande quantité de chariots par tels inusitez destroits et passages, et sur tout comme, sans grand peril et perte, on les avoit peu faire avaller et descendre en un vallon duquel le précipice estoit fort roide et droict, au fond duquel y avoit un pont de bois rompu, lequel, pourtant qu'il estoit force de passer par dessus, fut tant soudainement reparé et redressé, qu'ils s'en esbahissoient comme d'un miracle. Tant y a, le repos et contentement qu'en eusmes après, nous fit oublier le précédent labeur et travail qu'y avions souffert; d'autant qu'il nous sembloit avoir gaigné le plus grand advantage sur les ennemis, ayans ainsi abondamment muni noz forteresses les plus esloignées de nous, et à eux les plus prochaines et dommageables, comme ceste ville de Mariembourg et le fort chasteau de Bouillon, où pareillement on avoit fait besongner à davantage le fortifier ès lieux qu'on avoit peu considerer et cognoistre subjects à estre battuz du canon : mesmement y a esté eslevée une plateforme du costé de la montagne, où fut mise l'artillerie quand dernierement il fut rendu; estant au surplus suffisamment pourveu et rempli de tous vivres et munitions, pour soustenir le siege si longuement que l'ennemi en pourroit estre ennuyé. Dedans lequel chasteau estoit le seigneur de La Lobe, enseigne de M. le duc de Bouillon, qui, quelque temps après la prise du chasteau de Hedin, où il fut fait prisonnier avec sondit maistre, en homme de gentil esprit s'estoit eschappé et sauvé de la main de ses ennemis. Et pour la defense de ce chasteau, avoit choisi et emmené averques luy quinze hommes d'armes et trente archers des plus experimentez et fideles de cette compagnie, faisans ordinairement sorties et diverses entreprises sur leurs voisins les Bourguignons et Ardennois et Liegeois, desquelles le plus souvent avoient bonne issue et victoire. Entre lesquelles je ne veux alleguer que celle du septieme d'avril, jour de Pasques flories en cest an, en laquelle furent tuez, rompuz et faits prisonniers plus de trois cens ennemis [eux estans seulement au nombre de quarante ou cinquante chevaux], lesquels ennemis s'estoient embusquez près de là, pensans attraper et surprendre vingt-cinq ou trente chevaux anglois de la garnison d'Yvoy. Quant à Mesieres, Yvoy, Montmedy, Stenay, Danvillé, et toutes les autres places le long de ceste frontiere, èsquelles le chemin estoit facile et non dangereux, on peult croire que les gouverneurs faisoient tout devoir de les munir et tenir en tel ordre que l'ennemy n'eust perdu que temps de les assaillir, mesmement Mesieres, où M. de Bordillon et le sieur de Troussebois, qui en est gouverneur, faisoient besongner à la remparer et fortifier à grand soing et diligence, pour autant que c'estoit celle [selon le rapport des espions] que les ennemis le plus menassoient.

Voilà les choses les plus mémorables que j'ay veu ou sceu avoir esté faites le long de la frontiere de Champagne, durant le temps de ceste assemblée, sans que j'aye aucunement parlé d'aucune entreprise executée en Picardie, pource qu'adonc trefves y estoient accordées pour l'asseurance des passages et chemins. Toutefois, peu de jours après cest avitaillement de Mariembourg, sur la fin du mois de juin, eusmes certaines nouvelles comme ceste assemblée s'estoit départie sans nul effect, et comme M. le cardinal de Lorraine, et M. le connestable et les deputez du Roy estoient de retour. Parquoy, estant toutes trefves rompues, et la guerre ouverte entre le Roy et l'Empereur plus que devant, chacun d'eux commença à reunir toutes ses forces et à les faire acheminer et assembler ès lieux où ils jugeoient et cognoissoient avoir le moyen d'assaillir ou de se defendre. La gendarmerie du Roy, laquelle cependant avoit tousjours temporisé et sejourné en garnison, fut tantost mise aux champs et departie en divers endroits de ce royaume. Certain nombre, comme de trois à quatre cens hommes d'armes, fut envoyé en Piedmont dever M. de Brissac, qui tenoit adonc Vulpian assiegé en extrême necessité. Du costé de Champagne, furent envoyez de renfort sept ou huict cens hommes d'armes, et pour le moins autant en Picardie. La maison du Roy fut pareillement mandée, et les riereshans criez et advertis pour marcher en tel équippage qu'il leur estoit ordonné. Quant à la fanterie, peu de compagnies de gens de pied nouvelles furent levées; ains aucuns capitaines, qui de longtemps estoient depeschez, et qui avoient leurs commissions prestes de lever soldats quand on les advertiroit, les ayans desjà tous prests, furent tantost sur pieds et prompts à estre mis en besongne. A d'autres capitaines des vieilles enseignes, furent données les creuës (1) pour redresser leurs compagnies complettes, avec exprès commandement de les tenir armez, et en tel équippage que convenoit à leurs charges. D'estrangers, le Roy n'en fit point venir par-deçà de nouveaux à son service, et se contenta des vieilles enseignes d'Allemans du Reingrave. Vray est que furent envoyez en Piedmont trois ou quatre mille Suisses, et quelque nombre d'Allemans, à cause que le duc d'Albe, qui lors estoit lieutenant pour l'Empereur au duché de Millan, faisoit gros amas d'armée pour venir secourir et avitailler Vulpian. Ainsi, à ce que j'ay peu cognoistre, le Roy, pour ceste année, délibéroit se defendre seulement, ayant mis toutes ses affaires en meilleur ordre que ne pourrois dire, à raison que le tout estoit conduit et executé si secrettement et seurement, que peu de personnes en pouvoient juger, aussi que tels negoces peu souvent sont descouverts à petits soldats comme je suis, sinon que l'effect soit ensuivy. Or, pour retourner aux ennemis, je croy bien qu'ils estoient autant peu paresseux que nous à disposer et ordonner de leurs forces qu'ils prévoyoient estre de besoing, cognoissans mesmement n'estre petite entreprise d'assaillir un si grand et puissant prince comme le Roy, ayans fraschement ressenti pertes et très-grands dommages pour ce avoir esprouvé et avoir osé entreprendre; aussi que, pour luy faire teste et le soustenir, estoit fort requis qu'ils fussent bien forts d'hommes et tout autre appareil. Pourtant, sans rien de nouveau attenter, de plus en plus s'assemblerent aux deux Givetz : et là, en toute solicitude et avec tout labeur, s'employerent à eslever et mettre en defense ce fort que j'ay cydevant dit qu'ils avoient commencé, comme si, de ce lieu, deussent dresser et prendre tel advis et chemin que bon leur sembleroit. Quant à descrire le nombre qu'ils pouvoient estre, il m'est fort difficile, sinon par le commun rapport de ceux qui y alloient pour les recognoistre, ou des espions, qui les disoient passer le nombre de vingt mille hommes de pied, de bas Allemans, Clevois, Gueldrois, Walons et Liegeois, et quelques vieilles enseignes espagnolles, et de cinq à six mille chevaux, la pluspart reitres ou pistolliers, avec aucuns gensdarmes clevois, flamans et bourguignons de la Franche-Comté. Et, pour en faire un brief compte, ils s'y amasserent en si gros nombre qu'en peu de jours ils eurent consumé les vivres du plat pays de ceste contrée, veu mesmement que le territoire n'est fort fertile, aussi que l'an précédent l'armée du Roy y avoit passé, qui y avoit fait un si grand degast que tout le pays s'en ressentoit encore : de sorte qu'il estoit fort malaisé, et se trouvoient les grosses villes de dessus ceste riviere de Meuse, fort grevées de fournir tant de vivres pour nourrir si grosse armée, qui ne faisoit que despendre. D'autre part les soldats, qui, estant mal payez et sans argent, se voyoient en faulte et disette de vivres, murmuroient et se mutinoient les uns contre les autres : tellement que les Allemans commencerent à se bander et attaquer aux Espagnols, cognoissans qu'on les traitoit mieux qu'eux, comme la raison le veult, estans vieux soldats aguerris et fideles à leur prince. Et davantage, parmi ceste necessité se mesla la peste, ainsi qu'il advient souvent en camp mal ordonné, tumultuaire, et qui n'est remué : laquelle, en peu de temps, esclaircit et feit un grand desbaux (1) de tout ce peuple, tant pour en faire mourir plusieurs que donnant occasion à d'autres de se retirer et esloigner. De laquelle maladie mourut en ce lieu de Givetz, entre autres

---

(1) Recrues.

(1) Perte.

hommes de renom, Martin Roussan, bastard et mareschal de Cleves, et, en ceste armée, lieutenant general pour l'Empereur, qui, en sa mort, feit perte de l'un des meilleurs serviteurs qu'il eust, et autant sage et expérimenté aux armes qu'homme de son temps.

Aucuns jours se passerent jusques au commencement de juillet que nous ne demandions rien les uns aux autres, si ce n'estoit quelquefois que ceux de Mariembourg les alloient escarmoucher jusques dans leur camp. Eux, au cas pareil, venoient voir la ville, et dressoient quelques algarades devant, pour faire sortir ceux de dedans au combat. Ainsi nous tenions tousjours en doute de leur délibération, et ne sçavoit-on que penser [veu qu'une partie de l'esté estoit jà passée] qu'ils délibéroient entreprendre, sinon qu'on présumoit [selon qu'en venoient aucuns advertissemens] qu'ils cherchoient et attendoient trouver quelque endroit foible de ceste frontiere, pour le plus qu'ils pourroient entrer et brusler du plat pays, puis s'en retourneroient avec tant de vivres et de butin qu'ils sçauroient trainer et emporter, se retirans dans leur fort, pour tenir Mariembourg en subjection, et empescher qu'on la peust aisément avitailler. Ce qu'estant prudemment prévu par le Roy, estans toutes ces choses débattues et résolues en son conseil, fut conclud qu'il valloit mieux les prévenir et les aller chercher et semondre jusques en leur fort que demeurer continuellement en ceste doute et crainte; aussi qu'on vouloit bien faire paroistre aux Imperiaux que le Roy n'estoit point si petit compagnon, et despourveu de bons hommes, comme quelqu'un d'eux s'estoit avancé de dire en ceste assemblée que l'Empereur son maistre estoit assez fort, et avoit assez puissante armée à Givetz, pour non seulement contraindre le Roy à luy rendre ce qu'il luy detenoit, ains pour le venir voir jusques dans ses pays. A ceste cause on le vouloit bien relever de ceste peine, et aymoit-on mieux l'aller veoir qu'il nous visitast de la façon qu'il entendoit. Et pource que n'y voulions aller en si petite compagnie que fussions contraints retourner avec honte, on advisa de joindre aux forces de Champagne celles de Picardie. Et fut si couvertement conduite ceste menée, que sans bruit les compagnies de gendarmerie qui estoient cette part, furent amenées et logées à l'entour de Rhetel, et les garnisons qui y estoient jà, de cheval et de pied, furent renforcées le plus estroitement et commodément que se peut faire. Les Allemans du Reingrave s'approcherent et vindrent loger à Montcornet en Thirasse, et le surplus des compagnies de gens de pied françoises furent départies ès villages circonvoisins. Puis estans M. le mareschal de Sainct-André venu trouver M. de Nevers à Rhetel, prindrent jour de se trouver à Maubert-Fontaine avec toutes leurs forces.

Or, pour retourner aux ennemis qui estoient à Givetz, je ne sçay s'ils estoient advertis de nostre venue, toutefois que nous avions souvent nouvelles d'eux, et sçavions bien que ils s'affoiblissoient journellement, tant à cause de ceste maladie contagieuse qui en depeschoit plusieurs, pourquoy on avoit fait retirer les plus sains en prochaines garnisons, aussi que ils avoient envoyé du secours en Artois et Henault, pour defendre le plat pays que noz gens des garnisons de la frontière de Picardie, qui s'estoient renforcez, endommageoient fort. Et davantage, nous fut rapporté que le mutinement des Espagnols et des Allemans s'estoit si fort eschauffé, qu'ils estoient venuz jusques à prendre les armes et à se battre, de sorte qu'il en estoit beaucoup demeuré de chacun costé. Toutes ces choses furent cause de faire avancer nostre voyage; car, estans toutes nos provisions prestes, et tous les charrois conduits à Maubert-Fontaine, se trouverent en ce lieu, le treizieme de juillet, M. de Nevers, chef et lieutenant general pour le Roy sur toute l'armée, accompagné de la meilleure part de la gendarmerie, cavallerie et fanterie de son gouvernement, et M. le mareschal de Sainct-André avec la gendarmerie, cavallerie et gens de pied de Picardie, et les vieilles enseignes du Reingrave; ensemble plusieurs grands seigneurs et capitaines, comme M. le marquis d'Albeuf, general de toute la cavallerie legere, M. de Nemours, M. de Sansac, M. d'Annebault, le comte de La Rochefoucault, les sieurs de Sipierre, de Montpesat, de Cursol, de Suze et de Negrepelisse, et plusieurs autres, montant le tout au nombre de huict ou neuf cens hommes d'armes, et pres d'autant de chevaux legers et de sept à huict mille hommes de pied. M. de Bordillon avec sa compagnie et quelques autres, tant de cheval que de pied, nous vint rencontrer sur le chemin, amenant avecques luy des chariots chargez de boulets, de pouldres et autres munitions. Au partir de là, le lendemain allasmes camper à Couvins, petit chasteau à demy ruyné, distant une lieuë de Mariembourg, dedans lequel toutefois l'on avoit mis un esquadre de soldats pour empescher que les ennemis ne s'en emparassent, et pour descouvrir et donner advertissement des advenues. Le jour ensuyvant allasmes passer *rasibus* et près des portes de Mariembourg, où l'on fit entrer les vivres qu'on avoit amené pour mettre dedans, et là

32.

s'assemblerent à nous le fils de M. de La Roche du Maine avec les cinquante hommes d'armes de son pere, le seigneur de La Ferté avec ses chevaux legers, et cinq enseignes de gens de pied.

De ce lieu ceste petite armée, encore qu'elle eust tenu forme de bataille selon que la commodité des lieux le permettoit, fut adonc davantage eslargie et estendue, tant pour se monstrer plus grosse et mieux complette, que pour plus facilement occuper la planure qui estoit bien ample et descouverte, et pour y choisir l'advantage, y survenant la nécessité, d'autant que nous doutions, et ne sçavions à la vérité où ny comment nous attendroient noz ennemis. M. de Sansac avec sa compagnie et quelques chevaux legers anglois et escossois, estoit parti des premiers pour descouvrir et recognoistre le chemin que nous devions tenir, que suivoient d'assez près M. le marquis d'Albeuf et M. de Nemours avec la cavallerie legere. M. le mareschal de Sainct-André conduisoit l'avantgarde de cinq cens hommes d'armes, montant au nombre de deux mille chevaux, et trente-deux enseignes de gens de pied françoises. M. de Nevers, general sur toute l'armée, et chef de l'entreprise, venoit après avec sa bataille d'autres cinq cens hommes d'armes et les vingt enseignes vieilles d'Allemans du Reingrave : le tout autant bien armé et complet que l'on eust sceu demander ne choisir. Et quant à la volonté et maintien, s'il faut que j'en die ce que j'en ay peu cognoistre aux visages, qui sont volontiers tesmoings des sentimens de l'esprit, tant des plus apparens que des moindres, et aux langages qui communément estoient tenuz, je croy que chacun se promettoit ce jour faire autant d'exploits d'armes qu'Homère et Virgile en dient d'Achilles et Ulysses (1). Aussi sembloit il que le ciel et la terre nous vouloient favoriser en ceste affaire, estant ce jour autant beau et clair qu'on n'en avoit point veu de la terre ny trop molle ny trop seiche, couverte de toute verdure et diverses fleurs. Mais fortune coustumiere le plus souvent contraire aux desseings et haultes délibérations de tous hommes de vertu, pour mieux les decevoir leur demonstre une grande apparence de prochaine faveur, quand d'autre costé leur brasse et prepare quelque desastre, comme il advint. Car, estans toutes choses conduites à si bon poinct qu'il ne restoit plus, ce sembloit, qu'à exécuter une victoire si grande qu'elle eust fait retentir le nom des François partout le monde, rémémorant la gloire et louange de leurs predecesseurs, se representa au Roy douteuse et pleine de crainte d'une mauvaise issue de ceste délibération, luy formalisant une grande perte et meurtre d'hommes vertueux, en une chose de si petit profit et grand danger, comme d'assaillir hommes desesperez en un fort de terre. Parquoy, meu de ceste opinion, ou ne sçay de quel autre conseil, depescha le sieur de Bouquart, qui vint trouver M. de Nevers à une petite lieuë par-delà Mariembourg, près d'un chasteau appellé Faignolles, par lequel il luy mandoit et enchargeoit expressément qu'il ne mist rien au hasard, et n'entreprist aucune chose qu'à son plus grand advantage, et surtout qu'il n'allast point assaillir les ennemis dans leur fort, mais que s'ils vouloient sortir et combattre en campagne, qu'il ne differast point. Desquelles nouvelles estant ce prince fort ennuyé, comme ayant desjà preveu et projetté le faict et conduite de ceste entreprise, ayant communiqué le tout à M. le mareschal de Sainct-André, les princes et capitaines dignes de ce conseil, adviserent de redresser le tout selon le mandement de Sa Majesté. Sur l'heure arriva un trompette que M. le marquis d'Albeuf luy envoyoit, par lequel estoit adverty que M. de Sansac avoit descouvert et recogneu les ennemis au nombre de cinq cens chevaux, aussi qu'on avait desjà donné allarmes sur des premiers bagages qui alloient devant. Lequel advertissement feit soudainement partir ce prince d'un petit bois umbrageux et fraiz où il s'estoit arrêté, tant pour quelque peu se rafraischir et repaistre, que pour donner haleine à ses soldats, mesmement aux gens de pied, qui estoient fort travaillez et eschauffez de l'ardeur du soleil, qui s'estoit renforcé sur les dix heures du matin, les rendant grandement alterez et pesans. Toutefois que nul ne fut paresseux de s'acheminer et suivre quand les trompettes et tambours sonnerent, et marcha toute l'armée deux grandes lieuës sans trouver ennemis, ni sçavoir plus grands advertissemens d'eux.

Quand la cavallerie legere fut arrivée près d'un petit village appellé Gemigny, distant une trop grande lieuë de Givets, leurs coureurs descouvrirent et recogneurent dix-sept enseignes de gens de pied et dix-sept ou dix-huit cens chevaux ennemis, qui estoient sortis du fort et s'estoient embusquez en un bois, le long d'un coustau, au dessus de ce petit village, ayans deliberé nous defendre et empescher le logis qu'ils prévoyoient qu'avions choisi pour camper. A l'arrivée s'attaqua l'escarmouche, forte et aspre de chacun costé, mesmement de noz chevaux legers et harquebusiers à cheval, qui estoient contraints d'aller chercher l'ennemy jusques dans les bois,

---

(1) Rabutin a voulu dire d'Achille et d'Enée.

d'où ils ne vouloient sortir, comme estans en lieu advantageux pour eux et difficile à estre forcé ny eux enfoncez, sans faire un grand meurtre par leurs harquebusiers, qui estoient couchez sur le ventre dans des fossez et cavins, d'où ils pouvoient tirer en butte et asseurément; dequoy M. le marquis d'Albeuf donna derechef advertissement à M. de Nevers de luy envoyer promptement mille ou douze cens harquebusiers pour faire ouverture à sa cavallerie, et trois cens hommes d'armes pour les soustenir. Donc n'estant ce prince fort esloigné avoit receu ces nouvelles, fit tirer et choisir entre toutes les compagnies ce nombre d'harquebusiers, et davantage, des plus dispos et allegres qu'on trouva, pour les luy envoyer en diligence, commandant à M. de Bordillon avec sa compagnie, et trois ou quatre autres qu'il esleut, d'aller à ceste charge; et luy et M. le mareschal de Sainct André s'advancerent de faire suivre et marcher toute l'armée, en telle opinion, comme j'estime, que les ennemis nous releveroient de peine de les aller chercher, mais qu'ils viendroient audevant de nous, et que le surplus de ce jour ne se passeroit sans un furieux combat, ou peult estre une bataille. Parquoy chacun d'eux commença à departir les regimens de la gendarmerie, ordonnans aux capitaines de ranger et tenir leurs compagnies en bataille estendue, pour occuper tous les lieux que l'ennemy pourroit prendre, et ne marcher confusément les uns sur les autres, mais séparément, avec esgale distance, pour donner espace aux chevaux de se manier, comme aussi nous avions la commodité du lieu pour nous.

Or, pour retourner à l'escarmouche, estans nos harquebusiers arrivez au lieu où elle avoit esté commencée, sans se faire semondre, mais d'une incredible hardiesse, donnerent dans ce bois, où ayans rencontré ceux des ennemis, s'entresaluerent les uns les autres d'une infinité d'harquebusades; et lors s'eschauffa et s'aigrit l'escarmouche de beaucoup plus qu'auparavant: car nostre cavallerie legere, voyant l'embuscade descouverte et le passage ouvert, entra quant et quant dans ce bois, escarmouchans si vivement, tant ces compagnies de gens de pied que ceste cavallerie, qu'estans favorisez et secouruz de certaines compagnies de gendarmerie, finalement les contraignirent de le quitter et abandonner, non en désordre ou comme du tous rompuz; mais, cognoissans bien qu'à la fin n'y seroient les plus forts, au danger de se perdre tous, se retiroient en gens de guerre, de pied à pied, en se soustenans les uns les autres. Puis, estans réunis sur le haut et en planure de la montagne, ce fut adonc que la meslée recommença de plus belle; car nostre cavallerie, toute d'un front, commença à les charger de toute lucte et force, et nos harquebusiers et les leurs se vindrent à joindre et approcher à la portée de l'harquebuse, mais tant furieusement de chacun costé, que c'estoit chose esmerveillable d'en ouyr le chamaillis et le tonnerre, qui dura plus de cinq grosses heures; ce qu'accrut davantage l'opinion à M. de Nevers et à M. le mareschal de Sainct-André que pour le seur ce jour nous aurions la bataille, estimans ce que les ennemis s'estoient pour quelque temps tenuz forts dans ce bois, et puis l'avoient quitté, avoir esté fait par une ruse, pour attirer les nostres en lieu aisé et advantageux pour eux, presque ainsi qu'en avions usé à Ranty; et aussi avoient ce fait pour donner temps et espace à leurs gens de se disposer et asseoir commodément. Parquoy, soubs ceste asseurance, envoyerent audevant de gens de pied qui venoient à l'aise, estans fort ennuyez et las, tant pource qu'ils marchoient armez, que pour la grande et extreme chaleur qu'il faisoit ce jour; et croy fermement, s'ils eussent peu arriver à temps, pour certain que les eussions combattus et poursuivis jusques au bout: car il me semble qu'il n'est possible de veoir hommes en meilleure volonté qu'estions adonc, et sur tous le prince, qui, se promenant de rang en rang avec un visage asseuré, faisoit cognoistre à tous que sa vertu, accompagnée de noz fideles affections et forces, luy acquerroit et à nous une grande gloire et reputation.

M. le mareschal de Sainct André faisoit le semblable [comme il est chevalier duquel la sage hardiesse est ornée de sçavoir et eloquence], exhortant et admonestant avec un doux langage ses compagnies d'avoir en recommandation cest honneur et estimation, que de tout temps la noblesse et gendarmerie françoise s'estoit acquise, et sur tout qu'ils ne se desbandassent, mais qu'ils se tinssent serrez et près de leurs enseignes. A bref conclure, il ne restoit plus qu'à donner dedans, quand les ennemis apperceurent en la prairie et vallée au dessoubs d'eux toute ceste grande assemblée de gendarmerie, ayans les visieres baissées et les lances sur la cuisse, prests à les enfoncer, et les gens de pied venir au grand trot, desjà assez proches. Lors commencerent à caller, et leur fureur premiere s'appaisa; lentement se retirans de bois en autre, de vallon en vallon, tousjours escarmouchans et s'entresoustenans, feirent tant qu'ils passerent un petit ruisseau qui court en une creuse vallée tirant à leur camp, et de-là gaignerent leur grand fort. Ainsi commença et finit l'escarmouche de ce jour, en laquelle je n'ay ouy parler y estre tuez hommes de renom des François, sinon quelques harquebusiers à pied, encore bien peu, et quelques chevaux blessez et tuez. Vray est qu'il y eut un cheval leger des nostres qui y fut deux fois abbattu et par deux fois rescoux; à la deuxieme, voyans les ennemis qu'ils ne le pouvoient retenir et emmener, le foulerent aux pieds des chevaux, et passerent plusieurs fois par dessus; toutefois enfin ses compagnons le releverent et sauverent. On disoit qu'il y estoit mort davantage des leurs, mesmement un capitaine espagnol, vaillant homme et bien estimé. Après ceste départie, à soleil couchant, toute nostre armée monta en ceste plaine dessus la montagne, pour camper au mesme lieu où ce furieux combat s'estoit demeslé, à la verité bien raze et descouverte, n'ayans aucuns vivres pour nous, ny pour les chevaux, sinon ceux que nous avions portez, combien de foing et bleds verds on en pouvoit recouvrer aucunement; mais il falloit aller loin et en danger, estant la nuict prochaine. Ce qui restoit encore du jour, M. de Nevers et M. le marsechal de Sainct André, messieurs le marquis d'Albeuf, de Nemours, comte de La Rochefoucault, de Randan et autres capitaines des plus vieux experimentez, employerent à revisiter et considérer les places et endroits propres à y loger et accommoder leurs gens de pied ou de cheval, pour derechef le lendemain inviter les ennemis à la bataille; et davantage sur la nuict envoyerent secrettement recognoistre les advenues et addresses à leur camp, à sçavoir s'ils y auroient point appareillé quelques embuscades, afin qu'estant le chemin asseuré et non suspect, tant plus seurement peussions entreprendre de les assaillir, ou de nous defendre.

Au surplus, les guets furent si bien assis, renforcez et revisitez si diligemment, qu'ils ne pouvoient en aucune sorte nous surprendre, combien qu'on n'ouit point de bruit qu'ils s'en fussent mis en essay; ains nous reposasmes et passasmes ceste nuict paisiblement. Le lendemain, jour de mardy, seizieme de juillet, dès que le jour commença à poindre, toute l'armée fut mise et rangée en bataille en la plaine de ceste montagne; marcherent les deux bataillons de gens de pied coste à coste environ deux traicts d'arc, tenans le chemin pour tirer au fort des ennemis, et toute la cavallerie et gendarmerie, prit la descente le long du grand chemin et pendant du coustau. Mais avant que de continuer davantage la description de ceste escarmouche, il m'a semblé, pour plus grande intelligence d'icelle, estre requis faire celle de la forme de ce fort, et de la contrée et situation où il est basty, selon que j'ay pu le considérer et comprendre. Il me semble que ceste montagne et coste est celle mesme qui commence assez pres de Nimes, laquelle s'eslargissant fait diverses vallées et combes (1) [mesme cette grande vallée par laquelle allasmes à Givets], toutefois qu'en approchant près dudit Givets, elle va tousjours en estrecissant, et, finissant sur Givets deçà, fait une poincte et quelque peu de plaine d'environ cinq ou six cens pas, sur laquelle est ce commencement de fort; et de là continue en précipices, rochers et estranges destroicts contremont le cours de la riviere de Meuse. Et pour dresser ce grand fort, qu'ils ont depuis construit, ont fermé de trenchées un quarré traversant ceste petite plaine du haut de la poincte et croppe (2) de ceste montagne, qui enceint le vieil petit fort; venant respondre à un boulevert qui estoit jà presque hors d'eschelle, à my chemin de la descente sur Givets deçà, avec une courtine le long du pendant, qui se rend à un autre boulevert regardant et commandant sur toute la riviree, et dans tous les deux Givets; ayant chacun boulevert, ses flancs pour defendre et tirer au long, tant de ceste courtine que des trenchées hautes et basses. Car, à l'un des coings de ce premier boulevert, se joinct une longue trenchée, qui enferme tout le bourg de Givets deçà, qui se va rendre à la riviere de Meuse, ayant pareillement ses flancs et defenses bien à propos; et ont appelé ce fort, Charlemont.

Or, pour retourner à la narration de ce qui est ensuivy, assez près de ce petit village de Gemigny, où commença la premiere escarmouche, du flanc de ceste longue montagne en sort une autre en forme d'un fourchon, revestue d'un bois taillis; laquelle à main gauche tirant contre Agimont, et sur soleil couchant, va tousjours en diminuant, et s'abaissant, traversant et rendant à demy la vallée en cest endroit assez estroicte, et presque close, pour autant que le ruisseau qui coule au long d'icelle y fait deux ou trois tours, et se courbe en forme d'une lettre appellée S, rendant ce passage marescageux et difficile. Mais la descente du vallon, qui est entre ces deux montagnes, est assez aisée, aussi y passe le grand chemin : parquoy fut trouvé le meilleur de faire prendre ce chemin à la gendarmerie; car de suyvre la plaine et le haut de la montagne, à la main droitte, pour aller à leur fort dessus, il y avoit encore entre deux un vallon penible et malaisé. A ceste cause on mit à ceste advenue le bataillon des François, et remplit-on ce vallon d'harquebusiers, et, dessus une petite motte eslevée et éminente, on y affusta deux coulevrines,

---

(1) Vallons.
(2) Croupe.

qui batoient au long de la plaine, et jusques au fond de la vallée. Entre ces deux montagnes et Givets deçà, y a encore un autre coustau, sortant de la grande montagne, qui commence sa montée à travers de ceste petite combe, qui est en trepied ou presque comme un triangle, d'estendue deux ou trois cens pas, où fut le plus fort de l'escarmouche; et au milieu de ce coustau est un mont aigu, qui depuis le pied va toujours s'aguisant en forme de pyramide, de la hauteur d'environ quatre-vingts ou cent brasses, le haut duquel avoient farcy d'harquebusiers, et y avoient affusté force harquebuses à croc pour descharger sur nous. Derriere ce coustau et ce mont estoit toute leur cavallerie à couvert, et hors de danger d'estre offensée de nostre artillerie, ny d'estre forcée de nous, pource qu'il nous falloit passer encore un petit ruisseau, et au partir de là monter et nous presenter en butte à toute la batterie de leurs forts. Or, pour de trop loing ne m'esgarer en ceste description, quand les premieres compagnies de nostre cavallerie furent descendues au plus bas de ceste combe, jusque sur le bord du petit ruisseau, soudain elles trouverent certain nombre d'harquebusiers à pied ennemis, qui les commencerent à escarmoucher, et quelques uns de leurs reistres y vindrent à la file; les nostres d'autre costé les soustindrent et rembarrerent vivement; ainsi commença à s'attaquer l'escarmouche fort furieusement et chaudement. Cependant M. de Bordillon, qui estoit ordonné pour les soustenir, avec sa compagnie et quelques autres, devalla et s'approcha; semblablement aucunes de cavallerie des ennemis en gros nombre se montrerent sur le haut de ce coustau; et quant et quant un gros esquadron de leurs harquebusiers desbanda sur les nostres, les repoulsans impetueusement. Ce qu'estant veu par M. de Nevers, fit tirer des bataillons des François et des Allemans, à deux ou à trois fois, bien près de mil ou douze cens harquebusiers à pied, qu'il feit descendre en ceste combe, pour si bien entremesler et eschauffer l'escarmouche, qu'elle ne se peust départir sans amener les ennemis en lieu plain et aisé à les combattre; y estant sollicité d'un parfait desir, pour le grand advantage qu'il se cognoissoit avoir adonc sur eux.

M. le mareschal de Sainct André d'autre part commença avec l'avantgarde à marcher et descendre, estant suyvi d'assez près de l'arrieregarde, et les deux bataillons de gens de pied furent un peu approchez jusques sur le haut, où commençoit la descente. Promptement que nos harquebusiers furent descenduz, et aborderent les ennemis, les reculerent et leur feirent à toute haste regaigner le haut; et n'est possible, pour en parler au vray, de voir soldats mieux faire leur devoir qu'adonc feirent les nostres : car, chaussez et vestus, il se jettoient dans l'eau, l'harquebuse au poing, pour chercher et joindre l'ennemy, mesmement nos Allemans, ce qu'on ne voit pas communement aux autres, pource que ceste nation n'est duitte ne disposte à tel exercice. Et lors sourdit et s'esleva un horrible et espouvantable tintamarre et retentissement, tonnant nostre artillerie et harquebuserie, et la leur aussi, tellement, que toutes ces montagnes estoient remplies et couvertes de feux, de poudres et fumées. Leurs harquebusiers, qui s'estoient tousjours tenus couverts au haut de ce mont, commencerent en ces entrefaittes à se descouvrir et à descendre pour venir secourir leurs compagnons; toute leur cavallerie s'advança et sortit en évidence, pour, ce leur sembloit, favoriser et donner cueur aux leurs, et deux cornettes de leurs reistres vindrent à devaller, comme voulans affronter les nostres : donc que messieurs le marquis d'Albeuf, de Nemours, de Randan et La Roche Sainct Maz, les veirent si à propos pour les charger [encore que M. de Nevers leur eust mandé expressement de ne rien entreprendre au hasard], impatiens de tant temporiser, poulserent et passerent oultre le ruisseau; comme aussi feirent messieurs de Bordillon et de Sipierre, et tous d'une charge descocherent sur ces reistres, qui ne les attendirent pas, ains de vitesse et à toute bride regaignerent le haut, et se retirerent près de leur grosse troupe. Noz reistres et harquebusiers à pied de leur part feirent un si grand effort, qu'ils feirent à la fin tourner le doz et bien vistement remonter sur ce mont leurs ennemis, les chassans à coups d'harquebuses et coups de main, jusques à my chemin de ce coustau, qu'ils gaignerent sur eux, où ils se tindrent assez longuement, les appellans et invitans à descendre; ce qu'ils n'oserent, mais leur tiroient de loing; et, pensans se vanger, essayerent de donner feu à ces harquebuses à croc qu'ils avoient attitrées (1) pour endommager la gendarmerie : toutesfois leur amorce ne voulut jamais prendre, et leur fut encore la fortune si contraire, que, se approchans trop près de leurs munitions, mirent le feu à une cacque de poudre, qui en brusla et fricassa quinze ou seize. Pour conclure, j'ay opinion que si on eust poursuyvi la victoire qui se presentoit desjà à nous, c'est chose seure que nous les eussions, non seulement rompus et desfaits, ains chassés et mis hors de leurs forts, comme nous ont depuis confessé aucuns de leurs prisonniers, qui

(1) Disposées.

ont dit que, quand on vit les leurs ainsi repoulsez, on fit passer les malades et les bagages de là la Meuse; mais le devoir et l'obeissance que ce prince vouloit rendre au Roy le retint de passer oultre son commandement. Vray est que, pour ne rien obmettre de toutes occasions qu'on peut presenter à l'ennemy, quand on desire combatre à force ouverte et esgale, il envoya son trompette devers le comte de Barlemont, qui estoit lieutenant pour l'Empereur dans ce fort, et luy manda que le Roy ayant esté adverty comme l'Empereur avoit en ce lieu amassé la pluspart de ses forces, le menassant de luy venir brusler ses païs jusques au milieu de son royaume, où le contraindroit de luy donner une bataille qu'il s'asseuroit bien de gaigner, avoit aussi recueilly les siennes, pour non seulement se garder et defendre de luy, mais que davantage, plustost que le venir chercher si avant, avoit bien voulu envoyer au devant de luy pour le recevoir en toutes les sortes qu'il vouldroit eslire : toutefois le trompette ne perdit que temps et peine, et mit encore sa vie en grand hazard ; car ce comte de Barlemont, marry et fort despité d'endurer ceste bravade, ne luy feit autre response, sinon, que s'il ne se retiroit bien-tost, le feroit percer à jour de cinq cens harquebusades, et ne sçay encore s'il luy en fut tiré : parquoy ce fut le plus seur au trompette retourner hastivement. Donc, après avoir veu et sceu leur froide volonté, ne nous estant permis de rien entreprendre davantage, commençasmes à nous retirer ; ce qu'eux cognoissans, pour monstrer quelque apparence de se vouloir venger, et cuidans reparer et colorer la honte qu'ils avoient receuë, feirent semblant de nous suyvre, mesmement de leur fort d'en haut sortirent force harquebusiers, et s'advancerent jusques à la moitié de la plaine pour charger sur la queue des nostres ; qui fut cause de nous faire tourner visage et leur faire teste, estimans qu'ils avoient repris le cueur, qu'à ce coup s'ascheveroit la partie : mais quand ils nous veirent retourner aussi feirent ils, et regaignerent leur fort, se contentans de nous avoir donné ceste baye et s'estre mocquez de nous. A ceste cause, voyans que la pluspart du jour estoit passée, et que peu nous en restoit pour arriver d'heure au lieu de nostre retraitte ; pareillement appercevans que l'air se troubloit et preparoit à la prochaine pluye, sans davantage temporiser en vain, reprinsmes le chemin pour nous retirer. Telle fut donc l'issue d'une si haute entreprise, nous rapportant moins de profit que d'honneur, d'autant que, sans le travail qu'y supportasmes, qui estoit plus excessif que je ne veux dire, et sans les fraiz qui ne pouvoient estre petits, le tout n'engendra qu'une opinion aux ennemis de nostre foiblesse de cueur et mauvaise cognoissance de sçavoir user d'une victoire, et à tous ceux qui n'ont sceu les causes, de juger les chefs de ceste entreprise n'estre parfaitement experimentez en l'art militaire ; parquoy j'ay bien voulu amplement déduire le tout, et ce qu'estant venu à la cognoissance du Roy, s'est repenty grandement d'avoir plus adjousté de foy à la doute et envieuse opinion, qu'à la prudence d'un sage prince. Combien que la perte de nostre costé n'y fut si grande [mesmement d'hommes de renom] qu'on la présumoit devoir advenir, et y furent tuez un capitaine d'une compagnie d'Escossois chevaux legers, nommé Grey, et un autre de gens de pied, nommé Sainct Larry, vray est qu'il y en eut aucuns blessez, comme les capitaines Vauguedemar, Soleil et autres, ensemble quelques soldats au nombre de cent ou six vingts. Je ne puis dire certainement le nombre des morts et blessez de la part des ennemis, sinon qu'aucuns François, qui, quelques temps après, retournoient de prison d'entre leurs mains, nous contoient avoir ouy murmurer d'un grand nombre des leurs y estre demeuré, entre lesquels on parloit d'un nepveu de Martin Roussan, et d'un ou deux capitaines espagnols, fort plaincts et regrettez.

Or, pour n'estre pas trop ennuyeux en ce discours, je diray que, ce jour mesme, nous retournasmes au coucher à Nimes, à quatre lieuës deçà, et demie lieuë près de Mariembourg, non par le mesme chemin que nous estions allez à Givets, mais suivismes le haut chemin et la coste de la montagne, pour autant que c'estoit le plus court. Ce Nimes là estoit autrefois un assez beau village, et où il y avoit une église assez forte et tenable sans le canon ; maintenant le tout est bruslé. Dès ce soir, pour autant qu'on avoit deliberé en ce voyage d'aller voir ceux de Sautour et de Cimets, et de les forcer s'il estoit possible, afin de supporter et soulager un peu les soldats, et pour ne leur faire d'un chemin deux, aussi, comme j'ay cy-dessus dit, qu'on voyoit l'air se changer, nous menassant de fascheuses pluyes, ainsi que desjà il commençoit, fut advisé et conclu par tous les capitaines que, de ce lieu, cette nuit, on envoyeroit à Sautour certaines compagnies de cheval des moins grevées, avec un chef accort et experimenté pour le sommer, lequel advertiroit le prince de la response qui luy auroit esté faitte, dès le point du jour, avant que l'armée fust aux champs, afin de luy faire prindre le chemin tel que le besoing requerroit ; à sçavoir, que s'ils se rendoient volontairement, ce que l'on présumoit, eux sçachans et estans advertis de la force des François à laquelle la leur ne pouvoist resister ne dout peussent estre secourus, on feroit tirer l'armée droit à Cimets, sans se fourvoyer ny esloigner du droit chemin de nostre retour; autrement, s'il estoit besoing d'y aller, ce fust dès ce lieu, sans avoir la peine d'y retourner une autre fois. Ceste commission fut donnée au fils de M. de La Roche du Maine, lequel, faisant toute diligence, avec la compagnie de son pere et quelques autres, à la diane et changement du guet, avant que le jour fust du tout clair, se trouva devant Sautour; dont ceux de leans se trouverent à l'instant tant estonnez, qu'à la premiere semonce qu'il leur feit respondirent qu'ils se vouloient rendre à honneste composition. Laquelle response si-tost avoir été entendue, promptement, et le plustost qu'il fut possible, ledit sieur fait sçavoir à M. de Nevers, n'y ayant de là que deux lieuës jusques à Nimes, ainsi que les trompettes sonnoient à cheval, et que les gens de pied mettoient aux champs : dequoy ce prince fut fort aise, pour doute qu'il avoit qu'eussions à séjourner et souffrir plus que noz provisions ne se pourroient estendre, qui n'estoient que pour trois ou quatre jours, nous estant encore le temps contraire. A ceste cause, pour diligenter et gaigner tousjours pays, fit marcher l'armée droit à Cimets, qu'on luy avoit aussi asseuré luy estre rendu si-tost que les coureurs arriveroient devant; et y adjoustoit-on encore, selon que j'ay entendu, que ce seroit de merveille si on trouvoit personne de defense de dedans. Et prenoient ceste opinion sur ce que, quand le marquis d'Albeuf et M. de Bordillon y estoient passez premierement, avoient trouvé les portes ouvertes et la ville sans personnes de contredit. Or, pour retourner à ceux de Sautour, je ne sçay s'ils se r'aviserent ou se repentirent d'avoir si soudainement dit le mot; tant y a, qu'en après demeurerent longuement à parlementer et consulter ensemble, cependant que le sieur de La Roche du Maine attendoit qu'ils luy fissent ouverture et délivrance de la place et eux en sortissent. Mais après qu'ils eurent longuement debattu et disputé de leur reddition, finalement ils vindrent redire audit sieur qu'ils ne pouvoient et ne devoient se rendre sans voir le canon, comme aussi l'avoient juré et promis; s'asseurans pour tout certain que, si autrement le faisoient, ne pouvoient esperer que passer par les mains d'un bourreau, ou, pour le moins, d'estre à jamais bannis de leurs biens et maisons, et d'estre estimez traistres. Ainsi demeura ledit sieur de La Roche du Maine abusé et deceu; et par ce moyen ceux de Sautour se sauverent et exempterent de la venue des François; car, avant que M. Nevers sceust ceste derniere response, toute l'armée estoit desjà près de Cimest, fort battue et travaillée de la pluye qui nous avoit accompagné la pluspart du chemin; pourtant n'y avoit plus ordre de retourner.

A l'arrivée de noz coureurs et de la cavallerie legere devant Cimets, fut trouvé tout autrement qu'on espéroit et qu'on ne l'avoit fait entendre à M. de Nevers; car on trouva que dedans estoient logées deux enseignes de gens de pied et une compagnie de cavalerie, en délibération, selon qu'ils se presentoient et faisoient mines de se defendre et de ne se point rendre qu'à contraincte, deschargeans force mousquetades et harquebusades à ceux qui trop près s'en vouloient approcher. Et croy que l'opinion ou l'advertissement qu'ils pouvoient avoir que ne charroyons point artillerie pour leur bien faire, les rendoit ainsi asseurez, et point la force de la ville, qui n'est ny forte ny bastante d'attendre batterie, ne de naturel, ne d'artifice. Parquoy, après avoir quelque temps escarmouché devant pour essayer à les faire sortir, et voyans qu'ils n'en faisoient compte, nous retirasmes et allasmes loger en des villages au long de la lisiere du bois, en l'un desquels se trouva une petite église fortifiée, où estoyent quelques paysans, qui, à l'arrivée et entrée du village, deschargerent plusieurs harquebusades sur ceux qui y devoient camper, dont fut tué, comme me fut dit, un homme d'armes de la compagnie de M. de Montpensier; mais à la fin, en peu d'heures, fut ce fort surpris et eschellé : mesmement un soldat harquebusier des nostres fut si hardy et adventureux d'y monter avec les ridelles d'une charrette, et y entra par une fenestre; qui estonna tellement ceste canaille, qu'il en fit sauter une partie du haut en bas, aucuns exécuta, et les autres amena prisonniers, qui furent depuis chastiez comme ils le meritoient. Sur l'entrée de la nuict, ceux de Cimets entreprindrent une saillie, et s'addresserent premierement aux fourrageurs qui amassoient du foing et de l'herbe par les prez, et à d'autres qui retournoient de chercher vivres en aucuns villages des plus prochains du bois. Depuis, sur la nuict close, ayans rencontré partie de la compagnie du capitaine l'Adventure, retournant de courir et recognoistre les chemins de ces bois, pour estre adonc les plus forts, les desfirent et en prindrent quelques uns prisonniers.

Toute cette nuict il plut si merveilleusement, et en si grande abondance, qu'il n'y avoit tentes ny pavillons qui ne fussent outrepercez et qui ne baignassent en l'eau, estans les petits ruisseaux devenus rivieres, et ceste pluye si froide, que c'estoit chose pitoyable voir trembler, tant les pauvres soldats que les chevaux, dont en mourut beaucoup de valeur et de service, mais plus des chevaux de charroy, qu'on avoit levez par les villages pour trainer la munition. A ceste cause estoit presque impossible d'y pouvoir séjourner et temporiser davantage ; et bien estoit encore advenu qu'on n'avoit point amené d'artillerie, car j'ay opinion qu'elle eust donné un incredible travail à la retirer des chemins tels que nous trouvasmes. Pourtant M. de Nevers, pour descharger et soulager le surplus de notre attelage et charroy, renvoya à Mariembourg le reste des vivres et munitions dont nous pouvions passer, à ce qu'elles ne fussent perduës, et leur donna partie de sa compagnie, et quelques autres de la cavallerie legere, pour les y conduire. Le surplus de l'armée ce matin, qui estoit du dix-huictieme de juillet, prit le chemin, en se retirant à travers les bois, droit à Aubenton, cinq grandes lieuës de là. Le chemin, sans mentir, s'estant de beaucoup empiré par ce temps pluvieux, estoit aussi mauvais et malaisé qu'il me semble en pouvoir estre, tant pour ce qu'il est farcy de toutes sortes de mortes et esgouts de fontaines, qu'estant la contrée fort scabreuse et estrange ; ce que ceux de Cimets avoient bien sceu choisir et cognoistre si leur entreprise se fust trouvée telle qu'ils espéroient, et qu'on n'y eust point preveu, car ils estoient embusquez en des plus forts lieux et difficiles passages, pour charger et faire butin sur la queuë du camp. Mais, en la consideration de ceste doute, on avoit laissé quelques compagnies de cavallerie, avec des pistolliers qui suyvoient de loing, pour ne laisser rien derriere perdu. Si que eux, rencontrans les ennemis, qui s'estoient trop tost descouverts, les remeirent et firent rentrer dans le bois, non sans y en laisser des morts sur place, et en ramenerent noz gens vingt-cinq ou trente prisonniers : le surplus se sauva dans les bois. Ce soir, M. de Nevers et M. le mareschal de Sainct-André coucherent à Aubenton ; les Allemans retournerent à Montcornet en Thirasse, et les compagnies de gendarmerie du gouvernement de Picardie allerent loger ès villages selon les brisées de leur retraite ; celles de Champagne prindrent à la main gauche, devers Rhetel et Chastel en Porcean, et en leurs garnisons ordinaires ; les compagnies de gens de pied feirent le semblable. Ainsi se departit toute nostre armée en divers quartiers.

Chacun s'assuroit certainement qu'à peine se termineroit le mois d'aoust sans que les Imperiaux eussent leur revanche de la bravade que leur avions fait. Toutefois nous passasmes jusques au quinziesme qu'ils n'avoient rien entrepris plus que de coustume, à sçavoir, de courir sur noz frontieres et les nostres sur eux. Mais environ le seizieme ou dix-septiesme, nouvelles vindrent qu'ils s'estoient de beaucoup renforcez, et que le prince d'Oranges estoit arrivé en leur camp, comme lieutenant pour l'Empereur, avec renfort d'Allemans de cheval et de pied. De quoy M. de Nevers advertit les gouverneurs et capitaines des places le long de la frontiere, et redoubla les garnisons ès lieux qu'il sentoit foibles, et les munit de ce qu'il pouvoit penser y defaillir et estre nécessaire ; présumant et prévoyant, avec ce qu'aucunement luy en estoient faits rapports, que si gros amas d'armée ne se faisoit sans quelque plus apparente cause, veu que la plus grande partie de la bonne saison pour faire la guerre se passoit jà, et qu'ils ne pouvoient plus différer sans se déclairer et executer leur délibération ; que pour le moins ils ne se départiroient sans attenter et entreprendre aucune chose, comme il advint : car, encore que depuis ceste entreprise de Givetz les Imperiaux eussent redoublé leur diligence et labeur à continuer et parachever leur fort de Givetz, appellé Charlemont, à la venue du prince d'Orenges, ils s'employerent davantage à y travailler en toute et derniere solicitude, et s'eslargirent comme pour y recommencer un autre fort jusques à ceste planure, et sur la descente que nous occupions lorsque les allasmes veoir. Peu de jours ensuivans se mirent à la campagne avec toutes leurs forces et artillerie, tenans le chemin pour venir à Mariembourg, qu'ils faisoient bruit devoir assieger, et en chemin sommerent quelques soldats qui estoient dans le chasteau de Faignolles de se rendre, ce qu'ils feirent, ne se sentans en pouvoir de resister, voyans le canon ; ausquelles le prince d'Orenges fit honneste et gracieux traitement, comme il est prince humain où il est requis, mesmement envers les debiles et non puissans, et ruina les plus forts endroits de ce chasteau. Ce qu'estant sceu par M. de Nevers, quant et quant s'approcha à Rozoy en Thirasse, et là, en bien peu de temps, y assembla à l'entour de luy toutes les forces qui luy restoient en Champagne, pour les départir et employer où il sentiroit que l'affaire s'adresseroit, pour la doute qu'il pouvoit conjecturer n'estre la vraye intention du prince d'Orenges d'assieger adonc Mariembourg, mais bien se doutoit du fort de Rocroy, aussi qu'il en sourdit quelque murmure. Toutefois qu'il n'attenta ny l'un ny l'autre, peult estre ayant sceu que M. de Nevers s'estoit approché, aussi que vivres luy eussent esté difficiles à recouvrer. Mais ayant couché une nuict près de

Mariembourg, et de là à Couvins, d'où semblablement il fit sortir quelques soldats françois qui estoient dedans, et ruina la grosse tour du chasteau ; passant par Bossu, s'alla parquer près de Saultour, où tousjours demeura campé avec la meilleure part de son armée, pour favoriser l'œuvre et commencement d'un nouveau fort, où, comme ils ont depuis semé le bruit, d'une nouvelle ville, à laquelle ils ont donné le nom de Philippe-Ville.

En ces entrefaictes une partie de noz rieresbans, et certaines compagnies de cavallerie legere qu'on avoit mis en garnison le long de la frontiere de Picardie, furent desfaites assez malheureusement entre Arras et Bapaulme. Dont je ne puis parler certainement pource que j'en estois trop esloigné, et qu'on desguise ceste desfaite en plusieurs sortes, s'excusans les uns sur les autres. Vray est que, par la plus commune opinion, ils avoient fait une entreprise autant belle et louable qu'il estoit possible, si la fin eust esté semblable au commencement, rapportans et ramenans gros nombre de butin. Mais eux retournans à la desbandade, sans tenir ordre, ou comme gens mal exercitez aux armes, ou trop mols, ou non accoustumez de porter longuement le travail et sueur du harnois, furent en cest estat rencontrez et enveloppez entre un bois, un village et une riviere, de laquelle les ennemis avoient couppé et rompu les ponts, et par eux chargez de si grande ruse et furie, qu'estant plus esperduz et estonnez que rompuz, furent desfaits et mis à vau de route par bien petit nombre de gens de cheval, et quelques gens de pied ramassez, eux estans, comme l'on disoit, au nombre de douze à quinze cens chevaux, et près de trois à quatre cens hommes de pied, y restans quelques-uns des plus gens de bien morts et blessez, et grande quantité de prisonniers, entre lesquels se trouva le sieur de la Jaille, leur general. On attribue l'honneur de ceste execution au sieur d'Haulsimont, gouverneur de Bapaulme, chevalier des plus estimez de l'Empereur : de laquelle les Imperiaux prindrent tant de gloire, et la tournerent à si grande mocquerie de nostre noblesse, qu'ils en forgerent un proverbe, à sçavoir : qu'ils prenoient les nobles de France sans poiser (1), combien qu'à la verité la pluspart de ces rieresbans, qu'on appelle autrement les bandes des nobles, ne sont fournies ny complettes en la meilleure part de gentilshommes, lesquelles se retirent communément ès compagnies des ordonnances,

(1) Sans peser. Il y avoit une monnoie angloise nommée *nobles à la rose*. Cette plaisanteriee y fait allusion.
(2) Jeanne d'Albret, mariée à Antoine de Bourbon.

ains le plus souvent sont roturiers annoblis de l'an et jour, ou de quelques valets que les vieils seigneurs, femmes veufves ou orphelins y envoyent ; et fault dire qu'en ceste ordonnance y sont commis de grands abuz, que delaisserons à réformer à ceux qui y ont la superintendance et respect, comme chose qui n'est de nostre histoire.

Pour ce commencement heureux de ceste petite victoire, les ennemis se promettoient desjà quelques plus grandes choses que depuis ne leur sont advenues, proposans de changer et convertir leurs entreprises par les entrées de Picardie, puisque fortune commençoit favoriser ceste part ; et desjà l'on entendoit aucunes de leurs secrettes menasses de vouloir assieger Guise, tellement que ceste doute, encore que l'adresse ne leur fust si facile qu'ils présumoient, fut cause que M. de Guise s'y retira avec sa compagnie et certaines autres de cheval et de pied, pour y faire besongner à la fortification nouvelle en toute diligence. Et M. l'Admiral, auquel peu de temps auparavant avoit esté donné le gouvernement de Picardie [ayant esté mis entre les mains du Roy par M. de Vandosme pour succeder au royaume de Navarre, estant peu de jours précédemment decedé Henry, dernier roy, duquel il avoit espousé la fille unique et seule heritiere, Jeanne (2), à present regnante], réunit et assembla toutes les forces qui y estoient, pour prévenir les déliberations des ennemis. Le Roy aussi avec toute sa maison s'en approcha peu à peu, jusques à Villiers-Cottretz, attendant quelle issue auroit ce bruit, qui ne fut autre chose que vent et parolles sans effect ; car, depuis ceste cavalcande du prince d'Orenges, se contrindrent tousjours serrez en leurs forts, plustost doutans qu'on les cherchast qu'ils n'avoient volonté de nous venir irriter et travailler.

Puisque j'ay le plus amplement qu'il m'a esté possible narré les choses dignes de mémoire, passées ès parties de deçà, desquelles je pouvois rendre certain tesmoignage pour y avoir esté present en aucunes, et pour avoir employé toute diligence à sçavoir la verité des autres, il m'a semblé que, sans m'esloigner par trop de mes termes, ains attendant le poinct de retomber en la suite de mon deliberé discours, n'adviendroit hors de propos d'y adjouster plusieurs et diverses adventures et executions traitées ès autres endroits de nostre Europe, esquels ces deux grands princes, ou de leurs serviteurs et confederez, exerçoient aspres et furieuses guerres, afin aussi que je face aucunement *paroistre la di*versité et variation des accidens qui sont ceste année advenuz, selon que dès le commencement de ce livre j'ay aucunement touché, encore que je sçache bien qu'ils soient desjà tant publiez et cognuz à chacun, qu'il ne me seroit jà besoing en dire davantage; mais j'en ay voulu faire ce brief recueil pour demonstrer que, combien que ces exploits militaires se feissent en lieux esloignez et loingtains, et à divers traitz de temps et opportunitez, si est-ce que le tout dependoit d'un mesme commencement, et tendoient tous les effects à une mesme fin, qui estoit de demeurer supérieur et victorieux. Auquel bref narré on pourra veoir le bonheur qui adonc accompagnoit le Roy, conduit, comme j'estime, par la main de Dieu, luy departant en separez et escartez endroits une mesme victoire. Et pour ce faire, suis contraint reprendre le fil de l'histoire un peu loing, qui ne sera neanmoins par trop prolixe et ennuieux, mais pour deduire les premieres causes, selon que les ay peu ramasser et recueillir ensemble, pour en après les rapporter et referer à mon deliberé subject. Donques diray-je qu'estans les passages de la Vaudotte (1), et des Alpes Penins et Graies (2), pour entrer en Piedmont et semblablement en Lombardie et Italie, asseurez et ouverts pour nous, par la prise que fit M. le mareschal de Brissac l'hyver precedent de la ville d'Yvrée; s'estant aussi volontairement reduite soubs l'obeissance du Roy la ville de Bielle, avec toutes ses appartenances, de sorte que cest accès et entrée nous estoit seurement bornée (3) cette part; pour ne perdre temps, et deuement employer une brave petite armée qu'il avoit adonc, et ne laisser inutilement consumer les fraiz que la majesté du Roy exposoit libéralement à l'entretenement d'icelle, pour la tuition et defense de son pays de Piedmont, delibera sur le nouveau temps, à l'entrée de ceste année 1555, estendre davantage ses frontieres et limites, et ne laisser lieu à l'ennemy, pour se trouver si proche voisin, qu'il se peust de plus près advantager et eslargir sur le milieu de son pays, et au surplus tenter toute fortune pour la déjeter et mettre hors de ce qu'il detenoit si près de luy; ce que non seulement luy pouvoit nuire à cest effect, mais aussi de long temps rendoit toute la contrée circonvoisine en subjection, exerçant infinis pillages et volleries. Pourtant considera, comme chevalier sage et experimenté, que de promptement entreprendre à combattre des forts, de la pierre et de la terre, feroit non-seulement hasarder, ains peult-estre perdre à petit profit

grandes forces, mais aussi de perir grandes provisions et vivres inutilement, qui estoient adonc fort rares et chers, et destruire la province desjà fort pauvre, travaillée et foullée grandement, et oultre plus trainer ceste exécution en plus grande longueur de temps, et par ainsi mettre toutes ces affaires au danger d'un mauvais succès; parquoy il résolut pour le plus certain, délaissant derriere luy ce que ne luy pouvoit fuir et eschapper, retrancher à l'ennemy le chemin du secours qu'il pouvoit donner et avoir, luy mettant au-devant une barriere et empeschement qui l'arresteroit tout court; et avec ce, s'il estoit possible, le devancer, et regagner sur luy autant d'avancement qu'il en avoit sur nous. Pour à quoy donner bon commencement, en premier lieu fortifia une place appellée Sanct Iaco (4) qui luy sembla, et à tous les chefs et capitaines se trouvans près de luy, en fort belle assiette et propre pour estre fortifiée facilement, estans située en une plánure grande et spatieuse, où elle pouvoit en tout commander sans estre en aucune sorte subjette; à laquelle il desseigna une forme quarrée, flanquée de quatre gros bouleverts, couverte et defendue de deux haultes et massives plates formes, descouvrans tout le circuit à la portée d'une fort longue couleurine. Laquelle place ainsi bien fortifiée et munie, comme il la rendit en peu de jours par sa très-grande diligence, fermoit le pas à ceux de Versel, Crescentin, et de toute la Lombardie, et, encore plus, tenoit subject et soubs bride Vulpian, pour le rendre en brief affamé et sans secours. Ce qu'estant entrepris et mis en bonne disposition, pour descouvrir aussi et estre certain de l'advenue de Pavie, fit battre le chemin par quelque nombre de cavallerie et gens de pied; où trouvans une place nommée Crepacuore, ou Crevecueur en françois, mal pourveue et gardée, la saisirent et gaignerent, chose bien advenante, pour estre place fort commode à rendre ce passage ouvert et libre pour nous. En ces entrefaictes se practiqua une ruse par le seigneur de Salvoison, gouverneur de Verrue, gentilhomme de bon esprit, et autant vaillant qu'il en peult estre, pour recouvrer Casal à bien petite perte et despense pour nous; qui est l'un des meilleurs moyens qu'un chef d'armée doit suivre pour conquérir et entrer en pays, et sans grand effroy et ruine, tant du peuple que des soldats. Advint que ledit sieur de Salvoison de longue main avoit attiré à sa menée, et pour la conduite de son chef d'œuvre, un bon compagnon nommé Fontarolle, homme subtil et prompt, lequel estoit du pont de Sture; et pour ce qu'il avoit accoustumé de hanter ceste ville, à cause des trafiques de sa

(1) Val d'Aoste.
(2) Graglia.
(3) Une route bornée (le long de laquelle on a mis des bornes) est une route ouverte.
(4) Santia.

marchandise, il pouvoit sçavoir toutes les rues, entrées et issues fortes et foibles, dont il rendoit certain ledit seigneur de Salvoison, sur quoy pouvoit fonder et arrester ses entreprises, et pareillement dresser tous appareils de surprises. Si bien succeda encore pour l'execution de son faict, qu'un gros festin et solennelles nopces se vont faire en ceste ville, à un jour determiné qu'il sceut à la verité, où le seigneur Figuerol (1), gouverneur de là, se trouvoit, pareillement plusieurs gentilshommes et dames, tant estrangers que voisins, pour solemniser ce jour en bonnes cheres et passe-temps, sans penser, à mon jugement, de tomber au danger qui leur advint. En quoy se presenta ceste apparente occasion au seigneur de Salvoison d'imaginer ne pouvoir choisir meilleure opportunité, pour obtenir bonne issue de son negoce, qu'adonc n'y estant plus requis qu'une grande celerité et conduite bien couverte et celée, ayant au surplus toutes ses eschelles, cordages et autres engins prests. Ainsi, pendant qu'il contrefaisoit le malade à Verrue, pour faire croire qu'il n'estoit en disposition de se remuer, ayant envoyé quérir medecins à Casal, pour estre arrivez tard, remit à estre veu d'eux au lendemain matin. Cependant avoit donné ordre qu'estant pourveu de ses gens que M. de Brissac luy avoit envoyez cette nuict mesme, se rend au pied des murailles de Casal, où, ayant appliqué ses echelles, monterent sans aucun empeschement; et trouvans les sentinelles, corps de gardes et generalement la meilleure part de tous ceux qui étoient léans, tant habitans que gens de guerre, endormis et ensevelis en vin et profond sommeil, après en avoir fait grand carnage se saisirent de la place publique, des portes et des plus forts endroits de la ville. Le seigneur Figuerol, gouverneur, à demy endormy encore, estant estonné d'ouyr ces voix non accoustumées, crians France! France! n'eut jamais plus grande haste que se sauver à demy habillé, en chausses et pourpoint, en la citadelle, avecques quelques gentilshommes et soldats espagnols des plus apparens. M. le mareschal de Brissac, avec le surplus de l'armée, ne fit faulte au matin de se présenter devant la ville pour parachever la victoire; lequel, voyant qu'il ne restoit plus qu'à prendre ceste citadelle à demy ébranlée, pour continuer une bonne suite à ce que tant heureusement avoit commencé, poursuivit ceste premiere poincte avec telle promptitude, qu'ayant fait approches, tranchées et mis son artillerie en batterie en bien petit espace de temps, la canonna si furieusement qu'il contraignit le seigneur Fi-

guerol et ceux qui estoient là dedans avecques luy, quitter la place à composition, telle que, si dedans vingt quatre heures il n'estoit secouru, il sortiroit avec ceux qui l'accompagnoient, vies et bagues sauves, sans autres choses transporter de l'artillerie, et toutes autres munitions de guerre. Telle fut donc la surprise de la ville et forteresse de Casal, le dixieme de mars mil cinq cens cinquante cinq; magasin et estappe des provisions qu'on préparoit pour le recouvrement de Piedmont; de laquelle dependoit aussi toute l'asseurance et commandement de la pluspart du marquisat de Montferrat, qui estoit desjà entre les mains du Roy, comme estant icelle ville le chef de toute ceste province, et l'ouverture de la Lombardie; pourquoy l'ennemy à bonne consideration l'avoit ainsi fortifiée et munie. M. de Brissac, pour la rendre plus libre et hors des doutes des courses et surprises, d'un mesme train se saisit de tous les petits forts qui l'enveloppoient, la pluspart desquels il ruina; et poulsant plus oultre vers Alexandrie, print aussi Sanct Salvador et Valence, qu'il fit pareillement raser, pour n'estre tenables et difficiles à estre promptement fortifiez et secouruz, pour estre aussi trop esloignez, que les ennemis toutefois depuis recouvrerent et fortifierent pour clorre l'entrée aux François du plat pays milanois, qui leur estoit desjà ouverte. Tous ces bons événemens estans venuz en évidente cognoissance aux Impériaux, et prévoyans qu'avec les intelligences grandes que le Roy avoit alors en Italie, et l'appui et support des potentats qui s'entendoient avecques Sa Majesté, et des villes de par delà qui luy estoient obeissantes et favorables, se pouvoient promettre un facile accès pour non seulement recouvrer son duché de Milan, de long temps querellé, et pour lequel, à mon jugement, sont renouvellées ces dernieres guerres, mais un grand espoir d'enjamber plus avant, où il y avoit encore autre occasion de vieilles querelles, adviserent tous expédiens pour arrester ses entreprises, et interrompre ce bonheur duquel il estoit guidé, si la fortune estoit stable et permanente. Et, pour ce faire, ainsi que l'on peult juger par le succès qui depuis en est advenu, conclurent de tenter et mettre en avant ceste proposition de paix [de l'issue de laquelle j'ay aucunement escrit cy-devant, à la sollicitation et conduite du cardinal Pol, de la royne Marie d'Angleterre, et des Anglois; nonobstant laquelle toutefois ils ne desisteroient en premier lieu, avec toutes les forces qu'ils pourroient assembler et en toutes les sortes qu'ils pourroient inventer, de débouter et déjetter les François de l'entrée d'Italie, et leur renverser et

(1) Figueroa.

emmesler toutes les faciendes (1) et pactions qu'ils pratiquoient, et surtout reduire la ville de Siene à telle extrémité, luy estant osté tout espoir de secours de France par le désastre du maréchal Strossy, qu'elle vint à se soubmestre, reprendre et recevoir les conditions et loix de l'Empereur, au mesme estat qu'elle estoit auparavant; d'autant que c'estoit, ce leur sembloit, la principale resource et capitale banque où respondoient, pour l'heure, les factions des François cette part, et en laquelle se départoient les délibérations qui se traitoient pour eux en Italie. De laquelle se faisans maistres et demourans superieurs, facilement entroient en esperance peu après revoquer et retirer les autres à leur ligue, et les pourroient induire à accepter les alliances, avec promesses que le roy Philippe, succedant à l'Empereur son pere, leur presentoit; selon aussi que desjà se traitoit l'accord et convention de Parme avec le duc Octave par la conduite du cardinal Farneze, ainsi que plus à plain cy après nous deduirons. Or en ceste premiere charge estans desjà entrez le duc de Florence et marquis de Marignan, avec si heureux commencement que d'avoir desfaict le mareschal Strossy l'an precedent 1554, le troisieme d'aoust, et avoir repris et retiré, partie par ruses et subornations, partie par force, la pluspart des forteresses circonvoisines de Siene, firent un si grand devoir, et sceurent si utilement user de leur victoire, que cette puissante et très ancienne république fut réduite en l'obeissance de l'Empereur le 21 d'avril en cest an 1555. Et peu de jours après, pour demeurer du tout maistres, et ne laisser seur accès aux François d'y pouvoir remettre le pied, emporterent d'assault le Port-Hercule le 14 de juin ensuivant.

Le succès advenu en ce premier advis selon que les Impériaux le préméditoient, leur augmenta davantage le courage d'entreprendre plus avant, et leur donna fantaisie que, si la fortune les avoit jà tant favorisez que leur remettre en main ce qu'ils craignoient le plus du pouvoir que les François s'estoient acquis en Toscane, d'autant plus aisément les pourroient reculer de la Lombardie et duché de Millan, et finalement reconquérir sur eux non seulement ce qu'ils avoient empieté au marquisat de Montferrat, mais davantage tout le résidu du Piedmont. Parquoy estant le duc d'Albe envoyé en Italie comme lieutenant general de l'Empereur [homme de qui la conduite et expérience en autres grands affaires et expéditions militaires, avoit acquis excellente réputation par tout le monde, et l'avoir fait juger digne et capable pour mettre si ardues et difficiles entreprises à fin prospere], ayant retiré et recueilli toutes les forces qui y estoient, tant celles du duc de Florence et marquis de Marignan que les garnisons, que autres nouvelles qu'il y joignit, se prépara mettre en campagne son armée, avec laquelle, entrant en espouvantable furie au marquisat de Montferrat, se promettoit non-seulement en peu de jours recouvrer ce que les François y occupoient, et au surplus razer et ruiner ce qui ne luy sembloit propice, mais aussi aller rencontrer M. de Brissac pour ou l'assieger ou combattre, ou rendre enfin, en quelque sorte que ce fust, si atténué qu'il ne luy osast faire teste, et ainsi rester maistre de la campagne, où il se jugeoit et sentoit adonc le plus fort. Or adonc, comme j'ay desjà dit, l'on estoit sur ceste proposition de paix, et en estoit l'attente de chacun tournée en bonne part, mesmement pour le grand desir que tout le pauvre peuple avoit de l'obtenir, et pour laquelle estoient faites très devotes prieres et oraisons en toute la chrestienté. Toutefois M. de Brissac, se tenant de son costé sur ses gardes, et retenant en memoire que volontiers durant ces traictez et propositions de paix se brassent surprises et conspirations, avoit tousjours ses forces unies, et pareillement l'esprit et l'œil tenduz à considerer et prévoir pour n'estre point deceu et surpris. Doncques voyant le duc d'Albe avec ceste grosse armée preste et appareillée d'estre employée, estant aussi bien informé de la délibération dudit duc, et d'ailleurs sentant desjà remuer les garnisons des places que l'ennemy tenoit encore cette part, entre autres que, durant la trefve, Cesar de Naples et le capitaine La Trinité estoient sortis de Vulpian avec grosses troupes et soldats à cheval et à pied, pour ravir et voler sur les communes, et outre plus essayer de nouveau munir et avitailler ceste place, quant et quant de son costé meit son armée aux champs, et par mesme moyen, faisant la reveuë des villes et places fortes qui sont en l'obeissance du Roy, et les munissant de toutes choses nécessaires, enveloppa et assubjectit Vulpian de quelques forts qu'il feit bastir à l'entour, où il laissa quelques gens pour empescher les sayllies de ceux de là dedans, pour n'estre troublé et fasché d'eux à doz, tandis qu'il respondroit au duc d'Albe s'il se présentoit. Pendant que ces prémices et preparatifs de guerre future se desmesloient ainsi de par delà, l'assemblée qui s'estoit dressée de par deçà pour le fait de la paix, et que les Impériaux avoient tousjours tiré en longueur pour voir sortir l'effect du duc d'Albe, se va rompre

---

(1) Affaires.

et séparer sans aucune resolution d'accord n'y de trefves, de sorte qu'expirans tous delais la guerre recommence comme auparavant. De quoy M. de Brissac adverty, estant aussi bien acertené des defaults, qui estoient au camp de l'ennemy, entre autres de vivres et argent, cause et empeschement qu'il ne pouvoit promptement s'acheminer, voulut user du temps et de l'occasion qui se présentoit si propre pour destourner et divertir tous les desseings du duc d'Albe. Pourtant sur la my juin, ayant réuni et rassemblé les forces qu'il pouvoit adonc avoir, au nombre d'environ dix ou douze mille hommes de pied françois, suisses et allemans et quelques deux mille chevaux de gendarmerie et cavallerie, et quatre canons et deux coulevrines, au partir de Casal alla assiéger un chasteau appellé Pomar, qui luy fut rendu après avoir enduré cent ou six vingts coups de canon. Puis, luy estant rapporté que les ennemis se fortifioient à Valence, et que là se devoit rendre toute l'armée du duc d'Albe, pour dresser ses entreprises comme il les sentiroit avantageuses pour luy, les voulut aller voir de près et recognoistre avant qu'ils fussent les plus forts, pour essayer aussi s'ils voudroient point venir aux prises et se joindre au combat pendant qu'ils estoient egaux. Toutefois, se tenans forts dans la ville, et serrez sur le bord de la riviere du Pau qui les flancquoit, les François se contenterent de les avoir escarmouchez de si près joignant leurs portes, qu'ils leur faisoient paroistre comme ils n'eussent pas eu du meilleur s'ils fussent sortis plus avant. Au partir de là, M. de Brissac alla à leur nez assieger Sainct Salvador, dernier chasteau de Montferrat, à cinq milles près d'Alexandrie, lequel, après avoir tiré contre trois cens coups de canon, lui fut rendu à telle composition que les soldats sortiroient avec leurs espées, et les capitaines avec les armes, et laisseroient leurs enseignes. Au même instant M. de Brissac le fit ruiner avec tous les autres petits forts qu'il tenoit et sentoit non tenables, tant pour oster la commodité à l'ennemy de s'en pouvoir servir que pour ne laisser perdre les soldats qui estoient à les garder, qu'il vouloit assembler pour en croistre ses forces, se retirant aux lieux les plus seurs, et qu'il proposoit defendre. D'autre part l'ennemy se renforçoit d'heure à autre, tant pour la crainte qu'il avoit d'estre rompu et desfait pendant qu'il estoit encor foible, que pour arrester et empescher les François d'entrer plus avant, et ne plus souffrir ceste honte à leur barbe ravir et forcer les places, et estre journellement sacmentez et escarmouchez jusques en leurs tranchées, aussi que la saison propre à faire la guerre déclinoit fort, et ne restoit plus guères de bon temps pour exploitter tant grandes choses qu'ils tenoient pour seures et en main : et davantage estoient bien certains que, si en peu de jours ne faisoient un dernier effort à secourir Vulpian, estoit réduit à telle extrémité et nécessité de vivres, que il estoit impossible qu'il peust longuement tenir. Toutes ces causes et considérations feirent haster le duc d'Albe d'assembler ses forces, et les rendre si grosses et puissantes, et prouveues de tout équipage, qu'elles peussent non-seulement repousser les François, et les aller chercher, mais aussi recouvrer ce qu'ils avoient perdu, et secourir leurs places esbranlées et esperdues, et les renforcer de ce qu'ils avoient de besoing. Parquoy, sur la fin de juillet, ceste fort grosse et bien complette armée du duc d'Albe commença à marcher, montant au nombre de plus de trente mille homme de pied, tant d'Allemands, d'Italiens, que d'Espagnols, et de six à sept mille chevaux, et trente ou quarante pieces d'artillerie. Dont M. de Brissac bien certain et asseuré de tout ce faict, et cognoissant ses forces n'estre assez roides pour l'arrester, mesmement pour estre départies en divers endroits, aussi qu'il estoit en doute où il voudroit desgorger sa premiere furie, fut contrainct retirer ce qu'il avoit de gens à l'entour de Vulpian, et, se fortifiant près Casal, qu'il craignoit estre assailly, adviser là en après à tous remedes qu'il pourroit prévoir contre les attentats du duc d'Albe; et par mesme moyen en toute diligence advertit le Roy de le renforcer de secours.

Le duc d'Albe au commencement fit quelque semblant de vouloir tourner à Casal, tellement qu'ils prindrent un petit chasteau à trois milles près, appellé Fracinet du Pau, où se démonstra le premier acte de leur délibérée cruauté, ayans fait pendre et estrangler le capitaine, mettre en galere les François, et tailler en pieces tous les Italiens. D'autre part, pour donner terreur aux communes, et pour advertir et encourager ceux qui tenoient pour luy, fit faire une sortie au capitaine La Trinité, qui estoit adonc à Vallefeniere (1), avec trois ou quatre cens chevaux, et quatre ou cinq cens hommes de pied, afin aussi de rebrousser et revisiter les advenues qu'il vouloit suivre; lequel, estant rencontré et chargé de quelque gendarmerie françoise, se trouva le plus foible, de sorte qu'estant fait grand massacre de ses gens, fut contrainct avec le surplus de sa cavallerie se retirer à grand haste à Ast et Alexandrie. Enfin le duc d'Albe, après avoir

(1) Valfenera.

tasté en tous endroits où il se devoit premierement addresser, resolut avant tout œuvre rafreschir et munir Vulpian de gens de guerre, de vivres et toutes autres provisions, pendant que ses forces estoient fresches et entieres, pendant aussi qu'il avoit et le temps et le loisir favorables, se doutant bien que, s'il temporisoit davantage, le secours des François arriveroit assez à poinct pour luy fermer le pas et le divertir; avec ce, M. de Brissac ne faudroit à le traverser d'infinité d'empeschements et destrousses. Parquoy, ayant toutes ses provisions prestes en deux jours, librement remplit Vulpian de tout ce qu'il voulut sur la fin de juillet. Cela fait, balança et contrepensa en son esprit que d'aller trouver et combattre M. de Brissac à forces déployées, ce seroit trop tost hazarder son bonheur et l'exploit de son armée, ayant affaire à homme sage, et qui avoit préveu à tous dangers qui luy pouvoient advenir, ayant aussi à besongner à vieux soldats aguerriz qui luy vendroient leur sang et leurs vies bien cherement, et d'ailleurs, d'entrer plus avant en pays, et le laisser derrière luy avec les places fortes qu'il tenoit pourveues et bien armées, ce seroit se desfaire soy mesme, pour estre en brief affamé et rompu sans desgainer espées. Pour ces considérations tomba en derniere opinion prendre autre addresse; et, traversant la riviere de Dorie (1) au commencement du mois d'aoust, alla assiéger la nouvelle fortification Sanct Iaco, que il estimoit, adonc imparfaicte et encore neufve, et par ainsi facile à estre emportée en bien peu de jours à la furieuse batterie qu'il proposoit y faire; résolvant qu'après ceste prompte et soudaine exécution, qui seroit terrible et nompareille, rempliroit le surplus des autres places fortes de telle crainte et espouventement, que on luy apporteroit les clefs au devant, et qu'il entreroit par tout sans frapper seulement à la porte. Toutefois, estant arrivé devant Sanct Iaco, trouva la forteresse neufve en meilleur estat qu'il ne présumoit, et que pour la defendre estoient dedans d'autant braves et vaillans hommes qu'il eust sceu rencontrer, desquels estoient les principaux chefs le sieur de Bonivet, colonel de la fanterie françoise, et le seigneur Ludovic de Biraigues, accompagnez de deux mille François, soldats esleus, de deux enseignes de Allemans, du régiment du comte Rocquendolf, et de deux d'Italiens, et de cent chevaux legers albanois, soubs la charge de Theode Bedaine. Tous lesquels luy feirent paroistre, en quinze jours ou trois semaines qu'il les tint assiégez, par le des-

esperées et hazardeuses saillyes qu'ils faisoient sur son camp, et en l'asseurance et contenance qu'ils se representoient sur les remparts et murailles, qu'il n'estoit si près à en demeurer maistre comme se l'estoit persuadé et promis : tellement qu'après avoir foudroyé et rué par terre grand' partie de leurs fortifications, il n'osa s'aventurer de leur présenter l'assault.

Pendant ce siege, l'armée de M. de Brissac s'engrossit et augmenta de secours qui luy furent envoyés de France; car, estant le bruit commun de pardeçà que l'ennemy tenoit Sanct Iaco si estroittement assiégé, qu'il estoit plus que besoing le secourir en bref [estant place de trèsgrande importance pour tout le Piedmont], autrement qu'il estoit en fort grand danger d'estre perdue avec beaucoup de gens de bien et d'estime qui estoient dedans, ce que l'on ne pouvoit faire sans grandes forces pour estre l'armée imperiale fort grosse et puissante, le Roy y envoya les princes et ducs d'Aumalle, d'Anguian, de Condé et de Nemours; les seigneurs visdame de Chartres, de Gonnor et d'Aubigny, et plusieurs autres grands seigneurs et capitaines, avec grand renfort de gendarmerie, cavallerie et gens de pied. Outre tout cela encore, pour se trouver en un si glorieux et mémorable affaire, et pour y avoir part de l'honneur et reputation, y allerent de leur gré plusieurs autres seigneurs et gentilhommes françois, en plus gros nombre que ne pourrois dire; entre lesquels estoient les seigneurs de Ventadour, d'Urfé de La Roue, de Levy, du Lude, de La Chastre, et le puisné de La Trimouille, de Lausun, de Gourville, de Vassé, de La Bastie, de Prunel, de Malicorne et de La Chasteneraye, et infiniz autres. Tout ce secours arrivé et joinct à M. de Brissac luy redoubla et à tous ceux qui estoient desjà avec luy la volonté et courage de rembarrer le duc d'Albe, et le faire retirer avecques sa courte honte, tellement qu'estans les François auparavant resserrez et retirez ès forts, sortirent adonc en campagne et meirent les enseignes au vent, déliberans d'aller accoster l'ennemy, et, sans davantage marchander, ne tiendroit qu'à luy ou à ce coup la partie seroit parachevée : au contraire, le duc d'Albe commença deslors abbaisser ses grands coups, et à modérer et refroidir sa premiere furie; de sorte que, sans se preparer à recevoir la bataille, après avoir deschargé infinies canonnades contre Sanct Iaco, avec perte du grand maistre de l'artillerie de l'Empereur, et près de deux mille hommes de ses meilleurs soldats, leva le surplus de son armée de ce siege, reprenant son chemin devers Versel, suyvant lequel luy furent rendus et prins quelques chasteaux, au-

(1) La Doire.

cuns desquels il fortifia, entre autres le chasteau de Gabiano et le bourg Sainct Martin, quatre milles près Casal, et les autres ruina. Ce qu'estant rapporté à l'armée françoise, meirent en délibération de le suyvre : toutefois après avoir bien debattu et consideré les dangers qui sont autrefois advenuz pour avoir voulu par trop suyvre l'ennemy desesperé, et que desjà nous cedoit assez la victoire en nous abandonnant la place, et pouvoir de executer ce que nous sembleroit le meilleur, fut jugé plus certain employer et convertir noz forces ailleurs; et, dès l'heure, fut mise en avant l'entreprise de Vulpian, tant pour effacer et oster du tout l'envie et occasion d'y retourner, que pour affranchir et des charger le pays de la doute de ce fort, qui tenoit en subjection et la campagne et les grands chemins ; de sorte qu'il n'y avoit personne, de quelque qualité que ce fust, qui s'osast mettre aux champs sans bonne escorte et compagnie. Ainsi, sur la fin du mois d'aoust, se trouva l'armée françoise campée à l'entour de Vulpian, montant au nombre de vingt ou de vingt-deux mille hommes de pied, françois, suisses, allemans et italiens, de huict cent ou mille hommes d'armes, et mille ou douze cens chevaux legers, estant adonc M. d'Aumalle lieutenant general pour le Roy, et commandant sur toute ceste armée ; de laquelle armée fut tellement enveloppée ceste place de tous costez, qu'il estoit presque impossible d'y entrer ou sortir personne sans tomber en prise. Toutefois le duc d'Albe, la voulant favoriser et consoler de tant peu de secours que il pouvoit adonc, essaya d'y faire entrer cinq ou six cens harquebusiers à cheval, espagnols et italiens, à la conduitte d'un capitaine fort accort et adventureux, nommé Emanuel de La Lune, espagnol. Lequel, encore qu'il eust traversé à gué la riviere du Pau, ne sceut guider son astuce et entrer si couvertement qu'il ne se trouvast surpris au passage, où estant attendu et guetté expressement, à l'improviste fut desfait par le sieur de La Roche Posay qui l'attendoit de guet à pend, et la pluspart de ses harquebusiers executez, rompus et prisonniers ; le résidu à toute peine se sauva dans Vulpian. Ceste place fut battue et canonnée par trois endroits ; à sçavoir, du costé des Suisses, vers le moulin, où furent logez quatre gros canons ; en un autre endroit, entre la ville et le chasteau, vers le camp des François, où furent pareillement bracquées cinq grosses pieces ; la tierce batterie estoit du costé du grand boulevert, vers le chasteau, de quatre grosses pieces. Et se peult dire qu'en vingt et quatre jours ceste batterie y continua autant furieusement qu'il est mémoire d'avoir esté. Avec ce, par mesme suitte, se continuoient les mines qu'on trainoit dessoubs ce grand boulevert qui flancquoit et la ville et le chasteau, avec telle diligence que l'un et l'autre se trouva prest à poinct nommé quand on y voulut donner l'assault, ce que plus rendit les assiegez estonnez, et fut la principale cause de la prise et reddition ; car, estans les bresches faites soudainement, et sans respit assaillies avec une desesperée hardiesse de noz soldats, en mesme instant faisans ces deux mines sauter la plus entiere part de ce grand boulevert, rendirent une tant large ouverture et si grand estonnement et terreur, tant aux Espagnols qui estoient dessus qu'aux François mesmes qui l'assailloient, qu'ils se trouverent pesle mesle esblouis en ceste obscurité ; laquelle estant un peu esclaircie, et se voyans les ennemis à la mercy des François, quittans ce boulevert, les uns se rendirent ; les autres, à la course, employerent ce que leurs jambes pouvoient avoir de vistesse, pour se renfermer dans le chasteau, où toutefois ne leur fut donnée entrée, craignans ceux qui estoient dedans, pour sauver quelques hommes, perdre l'un et l'autre ensemble. Parquoy restans ainsi à la discretion des François, desquels estoient poursuyviz en extreme cholere et fureur, les uns passerent au tranchant de l'espée, entre lesquels, des hommes de nom, se trouva le nepveu du duc d'Albe, et les autres furent retenus prisonniers, comme le seigneur Sigismond de Gonzague et le capitaine Lazare, lieutenant de la garde du duc d'Albe, et beaucoup d'autres seigneurs et vaillans soldats. Quant à la bresche d'enbas de la ville, laquelle, en mesme heure que les autres, avoient esté assaillie avec une incredible dexterité et furieuse hardiesse, ne se trouvant raisonnable à cause qu'après avoir passé le fossé en l'eau jusques à la ceincture il falloit que les soldats gravissent et y montassent avec les eschelles et les picques, les assiegez la defendirent pour ce jour là si bien, et avec telle vertu, qu'il fut impossible aux François en demeurer maistres, combien que les princes d'Anguien et de Condé y fussent presens, et plusieurs autres grands seigneurs et capitaines ; lesquels, pour servir de conduitte et d'exemple à chacun, y montoient des premiers, et n'y espargnoient leurs personnes ny vies, non plus que le moindre de la troupe. Ce neantmoins en furent repoulsez enfin, y demeurans beaucoup de gentilshommes et vaillans hommes morts et blessez ; entre lesquels fut le comte de Creance, seigneur vaillant et hardy jusques au bout, qui, y ayant esté fort blessé à la teste, depuis en mourut. Le jeudy ensuyvant, M. d'Aumalle feit amener sur une partie de la plate-forme de ce grand boulevert restée entiere, trois ou quatre pieces d'artillerie, qui pouvoient tirer à plomb et battre par la pluspart des rues de la ville, et descouvroient tout le derriere de la bresche, de façon qu'il estoit fort mal aisé aux assiegez la defendre sans en estre grandement offensez. Cela les estonna tellement qu'ils demanderent à parlementer et capituler pour leur reddition. Ce que leur fut accordé à tels articles : à sçavoir qu'ils sortiroient en gens de guerre, enseignes desployées, tabourins sonnans, avec leurs hardes et bagues sauves, et seroient conduicts à sauveté jusques à la riviere de la Dorie, près de Trin, moyennant aussi que toute l'artillerie et munitions de guerre, tant vivres que pouldres et boulets, demeureroient en la place. Suyvant lesquelles conditions le capitaine du chasteau se rendit aussi vingt et quatre heures après; se reservant au par dessus, pour son plus grand honneur et justification envers le duc d'Albe, qu'on tireroit encore cinquante coups de canon contre le chasteau; ce que luy fut accordé. M. de Brissac, qui ne s'estoit peu trouver au commencement de ce siege pour beaucoup de causes, fut présent à l'accord de la reddition de ceste place, advenue sur la fin du mois de septembre; laquelle place après fut demantelée de toutes ses fortifications, et devint d'une fort belle et forte ville de guerre une bourgade champestre. Ces exécutions parachevées, fut deliberé d'aller à Pont de Sture, que le duc d'Albe fortifioit en toute diligence, tant pour faire teste et s'opposer aux sorties de ceux de Casal, que pour estre un arrest aux François de ne passer plus outre, et pour leur barrer le cours de la riviere de Casal à Turin. Pour ces causes, sembla il à quelques uns le meilleur advis d'aller interrompre ceste entreprise des Imperiaux, avant qu'ils eussent mis ceste forteresse en defense et perfection Et, sur ceste délibération, l'armée françoise costoya les places fortes que l'ennemy tenoit sur ce chemin, comme Crescencentin et Trin, devant lesquelles furent dressées de fort braves et gaillardes escarmouches de chacun costé; puis alla camper à Villeneufve près Casal. Et là fut faite la résolution de remettre l'entreprise de Pont de Sture à une autre fois, d'autant que ceste place, bien advertie d'estre menassée, s'estoit pourveuë jusques à tout pour soustenir un long siege, à la longueur et temporisement duquel les ennemis avoient mis le but et fin de noz desseings, cependant que les places circonvoisines se renforceroient de toutes choses, et que la contrarieté et indisposition du temps et l'hyver y arriveroient, y estant desjà la saison fort prochaine. Pourtant le plus expedient estoit tourner à Montcalvo, qui s'appuyoit à Pont de Sture, et qui ne se doutoit de nous; laquelle prise bridoit et tenoit subjecte, non seulement la forteresse de Pont de Sture, mais toutes les autres le long de la rive du Pau, et de la plaine du marquisat de Montferrat; mais encore seroit un grand parement et affranchissement des appartenances de Casal. Parquoy, sur ceste conclusion, au decamper de Villeneufve, l'armée françoise se monstra seulement, et passa à Pont de Sture, où la cavallerie attacqua une furieuse escarmouche, pour toujours tenir ceux de dedans en doute du siege, pendant que les gens de pied, l'artillerie et tout l'attirail suyvoient la traitte à Montcalvo. Pour l'arrivée si soudaine et non suspecte de l'armée françoise devant ceste place, furent ceux qui estoient dedans si estonnez et esbahis, que cette nuict mesme la ville fut eschellée et prise à bien petite defense et perte d'hommes; ne sçay aussi, et ne veux asseurer s'il y avoit dedans aucunes intelligences. D'une mesme suite furent faites les approches au chasteau, et l'artillerie plantée et bracquée pour le canonner et battre, comme il fut l'espace de six ou sept jours, sans faire breche suffisante pour l'assaillir. Depuis furent amenées de renfort de Casal quatre grosses pieces, lesquelles furent logées devant le grand portail, qui defendoit l'un des flancs, afin de rompre ses defenses et le desarmer, et en un autre endroit fut grattée et creusée une mine soubs un boulevert qui respondoit à un autre flanc. Estant tous ces œuvres conduicts avec une si grande promptitude et celerité, que les assiegez n'y pouvoient s'asseurer faire grande resistance, et ce qu'estant cogneu d'eux, se representant de fresche memoire la prise de Vulpian, place beaucoup plus forte que la leur, s'offrirent à la quitter et en sortir, soubs les conditions et promesses que ce seroit bagues sauves, l'enseigne desployée, avec une piece d'artillerie, trois boulets et trois charges de pouldre; ce que leur fut accordé, fors que la piece d'artillerie qu'ils demanderent se trouva desmontée, qui fut cause qu'ils ne l'emmenerent point. Eux sortis, et les François mis dedans, se retirerent à Pont de Sture, où pour recompense furent pendus et estranglez les principaux et plus apparens, pour avoir rendu si legerement ceste place, sans, pour le moins, avoir enduré un assaut. Telle fut la prise et reddition de la ville et chasteau de Montcalvo, le septieme d'octobre en cest an 1555, advenu plus soudainement à l'advantage des François qu'ils ne l'esperoient, et plustost que les ennemis ne le cuidoient; se promettans et les uns et les autres ce siege avoir plus longue durée qu'il n'eut. Cependant que l'on reparoit les bresches du chasteau et qu'on le renforçoit, et semblablement qu'on fortifioit et remparoit la ville, l'armée françoise demeura campée à l'entour, et à Montechiaro, ville de Dia, à Lapia, et autres villages circonvoisins; et de là en avant n'y furent faites choses dignes de grande mémoire, que quelques courses et tournois dont ne feray icy mention, pour avoir esté desjà assez publiez et imprimez, et ne seroient ainsi que redites et remplissage de papier. Estant donc la saison de l'hyver prochaine, et les œuvres de la fortification de Montcalvo parachevez et mis en bonne disposition, ayant M. de Brissac pourveu ceste place, et generalement toutes les autres, de toutes choses nécessaires pour un an, retira l'armée françoise ès garnisons. Et demeura ainsi le duc d'Albe frustré et fort esloigné de ce qu'il s'estoit promis, présumant en quinze jours ou trois sepmaines reprendre tout le Piedmont; et en cela, il a fait preuve que ce que nous appellons bonne fortune, ne respond pas également, et n'est semblable en toutes choses; que si elle luy avoit esté favorable à la conduite des guerres d'Allemagne, en ceste entreprise le succès estoit changé.

J'ai bien voulu adjouster à ce que j'avois escrit estre passé de pardeçà, toutes ces choses dignes d'immortelle memoire, advenues et executées en Italie et Piedmont, non que j'y aye esté présent, mais suivant la verité et le plus certain que j'ay peu allicer (1) et tirer des rapports communs qui en ont esté faits, et de ceux qui en ont escrit. En quoy on pourra veoir les mutations et variables changemens qui sont advenuz en cest an, selon la volonté qu'il plaist au Seigneur Dieu omnipotent les départir.

(1) Du latin *allicere*, allécher, attirer.

LIVRE HUITIESME.

Du grand avitaillement de Mariembourg, et de plusieurs choses memorables qui y advindrent au mois de novembre 1555. — De la demission et deposition volontaire de Charles V, empereur, des Estats et charges de l'Empire. — De la trefve accordée pour cinq ans entre le Roy et le roy Philippes, et des principales causes de la rupture d'icelle ; et d'autres choses advenues en l'an 1556.

[1555] Après avoir discouru et déduit le plus fidelement, et au plus près de la vérité qu'il m'a esté possible, toutes choses dignes de memoire, mesmement qui appartenoient au faict de la guerre, advenues et executées ès premieres saisons de ceste année 1555, tant par deçà qu'en Italie et Piedmont, pour soubsmettre au jugement de chacun le bonheur qui accompagnoit adonc les François dans la pluspart de leurs entreprises et expéditions militaires, nonobstant diverses traverses et contrarietez qui leur seroient advenues, selon l'instabilité et inconstance de la fortune, ne départant ses bienfaits et faveurs sans y entremesler le plus souvent de l'aigreur et mécontentement, je reprendray maintenant le droit fil de mon histoire, suivant ma premiere et proposée intention, qui est d'escrire plus amplement ce que j'aurois veu et sceu certainement en nostre Gaule belgique qu'ès autres endroits de l'Europe, sinon là où il tomberoit à propos, et qu'y serois contraint pour la necessité et éclaircissement de l'histoire.

Ainsi je recommenceray ce huictiesme livre par ce qui est ensuivy sur la fin et derniere saison de ceste dite année et au commencement de l'hyver, pour fermer une conclusion, et faire paroistre que le succès de tous ces effects, comme depuis s'est apparu, fut cause des trefves accordées entre ces grands princes, desquelles aussi, en continuant, nous dirons toutes les causes de la rupture, et les maux et malheurs qui en sont advenuz. Estant donc passée la saison de l'esté et d'automne, jusques à la my-septembre, que le prince d'Orenges avec l'armée imperiale n'avoit rien entrepris de grande importance, s'estant toujours tenu fermé et resserré, tant ès forts de Givetz que de Philippe-ville ; après aussi que noz forces, bien départies en tous endroits où il estoit requis, pour remédier à toutes surprises, eurent longuement attendu et temporisé pour veoir l'issue de la délibération et dernier exploict des ennemis, finalement la doute qu'on avoit euë d'eux si longuement vint à estre esclaircie, et cognut-on que la crainte qu'ils avoient de perdre leurs nouvelles fortifications, les faisoit tenir ainsi forts et uniz pour les favoriser et attendre le temps qu'elles fussent pour le moins hors d'eschelle et en defense, et qu'elles peussent estre gardées à moindre despense et peu de gens ; s'asseurans pour certain, et comme ils l'avoient peu apprendre par la précédente escarmouche devant Givetz, que là où faudroit (1) l'occasion de la continuation de l'œuvre, et que les François sçauroient y avoir aucun default, n'oublieroient à s'y representer à leur dommage et interest. A quoy sur tous les Namurrois et Liegeois sollicitoient fort le prince d'Orenges, et n'y espargnoient aucune despense pour estre bientost dechargez de ceste grosse armée qu'ils avoient dès long-temps sur les bras, et aux fraiz de laquelle estoient les plus chargez et contribuables, qui ne leur servoit seulement que pour les couvrir et s'opposer aux courses des François, tant de ceux de Mariembourg que de Rocroy et Maubert-Fontaine. Avec tout cela encore se promettoient les ennemis que, pendant le temps qu'ils rendroient leurs ouvrages en perfection, et qu'ils nous tiendroient en continuelle suspicion de leurs deliberations, il seroit force entretenir ordinairement grosses garnisons en toutes noz places deffensables, mesmement à Mariembourg, et non sans y despendre et consumer infinité de vivres et munitions, qui seroient en après très-difficiles à recouvrer et à y remettre, et beaucoup plus que à eux, qui estoient adonc maistres de la campagne, et qui avoient à leur doz tout leur pays ouvert, d'où leur arrivoient toutes provisions sans aucun empeschement. Tellement qu'estant venu l'hyver, auquel seroit impossible y conduire nouveaux avitaillemens, facilement pour-

(1) Manqueroit.

roient enclore et Mariembourg et Rocroy, estans desjà chariez et préparez sur les lieux, et enfin les affamer et retirer à bon marché; que, si les François dressoient armée pour secourir ces places et y amener vivres, seroit neantmoins en leur pouvoir de se fortifier et choisir lieu advantageux sur le passage pour les attendre et empescher. Toutes ces choses venues à la cognoissance de M. de Nevers, après en avoir donné advertissement au Roy, fut résolu de faire un avitaillement général à Mariembourg, plus grand et ample que tous les autres précédens. Lequel toutefois ne peut estre prest ny parachevé devant le commencement du mois de novembre, pour diverses causes et retardemens que je veux bien icy specifier, d'autant que plusieurs personnes, tant gentilhommes qui s'y seroient trouvez, et qui y auroient ressenti perte, et supporté travail et maladie, ou autres qui en auroient ouy parler, se sont esmerveillez pourquoy l'on attendoit si tard à le commencer. Sur cela, fault-il premierement sçavoir que, sur le poinct qu'on advisoit et qu'on préparoit tous moyens pour l'entreprendre, advint qu'un capitaine Beaujeu, de la Franche-Comté, ayant quelque charge et commandement dans Theonville, practiqua de recouvrer un chasteau à deux lieuës près de Metz, appellé Enery, à la conduite et intelligence d'un paillard soldat, qui estoit du village mesme, de la compagnie des harquebusiers à cheval du capitaine Lancques. De sorte qu'une nuict, estant ce capitaine Beaujeu et amené et conduit par le doigt dans ce chasteau, et y estans entrez autres soldats ennemis, surprindrent un gentilhomme que le capitaine Lancques y avoit ordonné pour la garde, avec vingt-cinq ou trente de ses soldats, lesquels il mit dehors sans leur faire aucun desplaisir, et, se saississant de la place, se délibéroit par-là appareiller diverses embuscades et fatigues à ceux de Metz: faisant aussi quelque démonstration que, pour cest effect, ce chasteau seroit fortifié et remparé selon que desjà il faisoit semblant de remuer terre, et semoit un bruit d'avoir en brief plus grand secours. A ceste cause, M. de Sansac, qui estoit chef dans Metz en l'absence de M. de Vieilleville, fut contraint tirer des garnisons de Thoul, Verdun, Danvillé, Yvoy et Montmedy, les compagnies de cheval et de pied qui estoient prestes à estre envoyées à cest avitaillement général, et, avec celles qui estoient à Metz, avant qu'entreprendre plus loingtain voyage, essayer de recouvrer ce chasteau qu'il sçavoit pouvoir donner beaucoup d'ennuy et de troubles aux communes circonvoisines, et que, sans contredit, ceux qui seroient dedans auroient le grand chemin ouvert pour se presenter journellement aux portes de la ville, sçachans mesmement qu'elle seroit desfournie de ses garnisons ordinaires, sans parler encore d'autres secrettes conspirations qui se pourroient trafiquer soubs cest adveu, et, à la sollicitation de ce Beaujeu, homme cault et subtil. Pourtant, environ le commencement d'octobre, M. de Sansac, avec toutes les forces qu'il peut mettre ensemble, promptement alla assieger ce chasteau, lequel luy fut rendu après avoir tiré contre environ cent ou six-vingts coups de canon. Voilà une des premieres causes qui retarda l'avitaillement de Mariembourg: davantage, puis qu'il estoit besoing y aller si fort, que si le prince d'Orenges, lequel j'ay desjà dit avoir adonc une fort puissante et bien complette armée près de là, se vouloit opposer et empescher, nous le peussions et soustenir et contraindre nous ouvrir passage, il estoit ordonné que M. l'Admiral avec les garnisons de Picardie se joindroit avecques nous. Ce que toutefois ne peut estre fait si soudainement pour estre adonc lesdites garnisons fort travaillées et harassées d'avoir soustenu et repoulsé l'ennemy en diverses courses qu'il avoit entrepris sur ceste frontiere. Ainsi ne peurent arriver qu'environ la fin du mois d'octobre. Oultre tout cela encore, ce pays de Champagne et Rhetelois, où il falloit recouvrer la meilleure part des vivres et provisions qu'on vouloit mettre dans Mariembourg, estoit tant mangé et espuisé de toutes choses, et les laboureurs et villageois si las et ennuyez de fournir aux voyages et charrois précédens, qu'ils n'en pouvoient plus, et à toute peine pouvoit-on trouver chevaux et attelages en ceste saison qu'on laboure les terres, pour quelque contrainte et menasses qu'on leur fist. Aussi qu'on faisoit estat d'y en conduire un si grand nombre qu'il estoit fort difficile le pouvoir amasser en si peu de temps, et si propre qu'on l'eust peu souhaiter. Pour résolution, il n'y eut ordre de pouvoir avancer cest avitaillement avant ce mois d'octobre et commencement de novembre, combien que M. l'Admiral, avec cinq ou six cens hommes d'armes de son gouvernement, et les compagnies de cavallerie et fanterie qui estoient ceste part, se trouvast dès le vingt-deux ou vingt-troisieme de ce mois devers Rethel et Chasteau en Porcean; aussi fit le Reingrave avec ses vieilles enseignes d'Allemans à Montcornet en Thirasse. Et devers Mesieres M. de Sansac s'approcha avec les sieurs des Pots, de Rabaudanges et de Haultcourt, et les vieilles enseignes françoises qui avoient esté tirées des garnisons de ceste frontiere pour s'y trouver, ensemble les compagnies de gendarmerie et cavallerie. Le penultieme de ce mois d'octobre se trouverent toutes lesdites compagnies vieilles de fanterie françoise campées à l'entour de Maubert-Fontaine, au nombre de vingt-cinq enseignes, autant bien complettes et armées qu'il est possible d'estre, et celles d'Allemans de vingt enseignes camperent en un petit village demi lieuë de là. La gendarmerie et cavallerie fut logée à couvert ès villages circonvoisins, comme à l'Eschelle, Aubigny et autres. Dès ce jour mesme M. l'Admiral alla coucher à Rocroy avec l'avantgarde de cinq cens hommes d'armes : aussi firent les compagnies de gens de pied françoises. Et fut concluid que M. de Sansac, avec la cavallerie legere et trois cens harquebusiers à pied, et M. de Bordillon avec un regiment de gendarmerie pour les soustenir, passeroient encore oultre, et chemineroient toute la nuict pour recognoistre les bois, et donner advis de ce qu'ils entendroient de la délibération de l'ennemy, pour y donner tel ordre que l'on verroit pour le meilleur, et pour faire marcher ou retarder les charrois, qui montoient un fort gros nombre, et qui arrivoient d'heure à autre. Je puis asseurer que deslors chacun commença à taster du mal et du travail que ceste importunité d'hyver a coustume de donner, et ce qu'il promettoit augmenter desjà, pource que toute ceste nuict ne cessa de venter et plouvoir, estans les pauvres soldats et chevaux noyez et transpercez jusqu'au cueur d'une si aspre froidure qu'il en mourut beaucoup dès l'heure, et ce qui empira tellement les chemins qu'il ne fut en aucune sorte possible qu'une certaine quantité de chariots tous prests à Maubert-Fontaine, qui devoient suivre par mesme train, se peussent rendre jusques à Rocroy ce jour-là, distans seulement de l'un à l'autre trois lieuës, demourans les uns versez et rompuz par les chemins, et des autres les chevaux estoient si las et defaillis, qu'ils ne pouvoient estans tombez se relever. Ce qui fut à mon jugement une des principales causes de la longueur de nostre fatigue et incredible peine, pour n'estre toutes choses prestes comme il eust esté necessaire.

Le jour ensuivant M. de Nevers, avec autres cinq cens hommes d'armes, se trouva au matin audit Rocroy avec le Reingrave et les Allemans, d'où estoit jà parti M. l'Admiral avec toute l'avant-garde. Et ne veux oublier à dire que, nonobstant la contrariété du temps, et diversité des mauvais chemins, toute l'armée tenoit forme et ordonnance de bataille pour la résolution que chacun avoit pris de combattre en ce voyage, selon que mesmement les chefs l'avoient asseuré à chacun, ayant souvenance d'avoir ouy dire à M. de Nevers, un jour ou deux auparavant, qu'il falloit que chacun se tint prest, et qu'on fist bien aiguiser les couteaux, qu'à peine l'on retourneroit de ce voyage sans les desguainer et employer à bon escient, advertissant et encourageant par ces propos, et plusieurs autres dignes d'un grand prince, ses soldats à ne rien oublier de leur devoir. A la vérité aussi tous les rapports des espions se trouvoient conformes, que les ennemis proposoient en toute façon nous empescher de faire cest avitaillement, d'autant que si à ceste fois nous y faillions, c'estoit pour tout l'hyver que ceste ville demeuroit sans pouvoir estre secourue et munie, qui leur seroit un facile moyen de la recouvrer à peu de fraiz. Et, pour sur cela dire un mot de la diversité des opinions qui se tenoient parmy nous, des moyens que l'ennemy pouvoit suivre pour nous arrester et divertir, les uns disoient qu'il s'estoit fortifié au gué de Houssu, avec force arbres abbattuz et plessez (1), et là, ayant attiltré force harquebusiers, nous defendroit passer plus avant. Les autres jugeoient que ce ne seroit point là, mais bien à l'hermitage de Couvins qu'ils nous presenteroient en teste leur harquebuserie et quelque cavallerie et reistres pour les soustenir ; et que, d'autre part du bois, à Couvins mesme, au lieu où nous devions aller camper, nous attendroit le surplus de leur armée, ayant choisi l'advantage du lieu premier que nous, et que là se donneroient les coups sur le département du logis. Auquel lieu se pourroit encore retirer ceste première embuscade et amorce, de pas en pas, si elle se voyoit forcée de nous. Toutefois il n'advint rien de tout ce que les uns et les autres en disputoient et attendoient ; car, ayans messieurs de Sansac et de Bordillon recogneu et revisité les bois et les chemins, ne trouverent aucuns ennemis ny empeschemens, et arriverent le matin en la plaine soubs les bois, sur la descente pour aller à Couvins et à Mariembourg, sans aucune rencontre, dont ils advertirent messieurs de Nevers et l'Admiral, combien que ceste doute et opinion de combattre, non advenue, fut cause d'un grand retardement et destourbier de plustost avancer les vivres. Car sans cela on eust fait marcher entre l'avant-garde et la bataille un gros nombre de chariots qui estoient desjà arrivez à Rocroy; et cependant ceux qui estoient à Maubert-Fontaine eussent peu suivre la queuë de l'arriere-garde, et arriver d'heure à Rocroy, pour estre conduits le jour mesme jusques à Mariembourg. Mais, pour ce qu'il estoit de nécessité que l'armée tint cest ordre de bataille, et qu'elle se trouvast delivrée et non embarrassée

(1) Pliés et entrelacés.

s'il survenoit affaire, l'on fit arrester tous charrois et bagages à Rocroy, jusques à ce qu'on fust du tout certain de la volonté de l'ennemy. Parquoy ne fut possible ce jour-là faire entrer dans Mariembourg plus de quinze ou vingt chariots de vins et de farines.

Ce soir du dernier jour d'octobre, nous campasmes à l'entour de Couvins; les compagnies de fanterie françoise furent logées sur les collines et montagnettes, devers Faignolles, et la cavalerie légère un peu au dessus d'eux sur la descente du ruisseau, les Allemans au long de la lisiere du bois vers l'hermitage, et la gendarmerie, partie aux ruines du bourg et du chasteau de Couvins, et à l'entour, partie en la prairie au dessoubs selon le ruisseau. Et, dès l'heure, advint bien à ceux qui avoient eu la puissance, et s'estoient renduz si soigneux et pourvoyans que d'apporter des vivres pour eux et pour leurs chevaux; car en ce lieu estoit très-difficile d'en pouvoir recouvrer, pour ce soir mesmement, d'autant que la pluspart des bagages estoient demeurez derriere, les aucuns esgarez par les bois, et les autres destroussez. Il sembloit, sur le vespre et à l'entrée de la nuict, que le temps se disposast à la gelée et froidure seiche, ce que chacun desiroit le plus, pour estre plus allegre et facile à supporter que le temps pluvieux, sombre et melancholic, trainant toutes maladies après luy, et mal commode pour toutes choses; mais sur la minuict, il se demonstra tout contraire, se diversifiant, par vents impetueux, en neiges, froidures en l'air, gresles et gresils, si très-froids et très-picquants, que plusieurs pauvres soldats, qui estoient aux sentinelles et escoutes, y demeurerent transiz et morts de l'aigreur du froid. Et deslors ces varietez et importunitez de froidures ne nous abandonnerent, comme s'il eust semblé que le ciel et l'air eussent conjuré contre ceste entreprise. A quoy neantmoins la grandeur et magnanimité des courages des princes et grands seigneurs, jusques aux moindres soldats, résista tant que la force humaine se peust estendre. Dont pouvoient rendre tesmoignage adonc les cadavres et corps morts, tant d'hommes que de chevaux, qui s'y voyoient au deslogement du camp, et les tentes et bagages qui y resterent, à faulte de les pouvoir retirer et remporter. Nous estions adonc, les ennemis et nous, si près campez et proches voisins, comme d'une bonne lieuë et demie, que quand l'air estoit quelque peu esclairci, les tentes se pouvoient veoir des uns et des autres, estans lors campez les ennemis en un pendant de montagne, entre Saultour et leur fort de Philippe-ville; ce qui faisoit penser à chacun de nous que malaisément se separeroit ce voisinage sans venir aux prises et sanglantes menées. Toutefois ils nous laisserent pour ceste nuict paisiblement supporter nostre peine, comme je croy aussi qu'ils en pouvoient sentir leur part, et non pas tant que nous, eux y estans de plus longue main habituez que nous. Le jour de la Toussainct, premier jour de novembre, les ennemis commencerent à se declairer et faire parler d'eux; et nous fut rapporté qu'entre Rocroy et le gué de Houssu, ils avoient destroussé quelque quantité de chariots, taillé en pieces partie des chartiers et chevaux, les autres avoient emmenez, nonobstant quelques soldats à cheval et à pied, harquebusiers françois, qui se cuiderent presenter pour les sauver; lesquels ne s'y trouverent assez forts, et n'en remporterent que les coups. Pareillement fut dit qu'ils avoient esté recogneuz et descouverts escartez en plusieurs endroits de ces bois, par troupes tant de cheval que de pied, pour tenir subjects les passages et advenues, et dévaliser ceux qu'ils pourroient attrapper, et pour enfin nous rompre les vivres et nous affamer, comme ils firent pour quelques jours; de sorte que la faim se faisoit desjà entendre par nostre camp, n'y arrivans plus aucuns vivres.

Sur quoy on fit rapport à messieurs de Nevers et Admiral qu'ils estoient ostez et ravis aux marchands par les François mesmes, qui alloient au devant d'eux bien avant dans les bois entre l'hermitage et le camp. Pour ces causes furent renvoyées de renfort deux compagnies de gendarmerie et cavallerie, et deux autres de gens de pied, tant à Maubert-Fontaine que à Rocroy; et une compagnie de harquebusiers à cheval du capitaine l'Adventure, avec une compagnie de gens de pied, furent logées à l'hermitage : lesquelles compagnies devoient conduire d'un lieu à autre, tant les chariots de la munition qu'on menoit à Mariembourg, que les vivandiers et vivres qui arrivoient en nostre armée, au devant desquels alloient de nostre camp autres compagnies pour les recevoir et amener. Nonobstant tout cela, les ennemis, plus usitez que les François des destroits et eschappatoires de ces forts bois et taillis, ayans leurs retraites proches et asseurées, ne désistoient d'heure à autre exécuter diverses cargues, taillans en pièces homme et chevaux, rompans chariots, dévallisans soldats et marchands; et ne s'oyoient, à brief dire, qu'allarmes dans ces bois : tellement qu'un matin, au relevement du guet, l'on entendit près de cest hermitage une furieuse scopeterie et alarme, et fut dit incontinent après que c'estoit la compagnie du capitaine l'Adventure qu'une embuscade des ennemis avoit desfait, et y avoit esté tué son porte cornette avec la pluspart de ses soldats. Sur cela, estant desjà l'allarme fort eschauffée entre nous, redoubla à l'instant un autre rapport que les ennemis avoient donné jusques à la saillie des bois sur la descente de nostre camp. Parquoy, estans desjà beaucoup de compagnies à cheval, et se retirans les gens de pied aux enseignes, et se mettans jà en bataille, fut envoyé M. de Rabaudanges avec sa compagnie de cavalerie et quelques autres, et le capitaine Maumas (1) avec trois ou quatre cens harquebusiers à pied, pour recognoistre et rapporter comme le tout estoit passé; lesquels, donnans jusques fort loing pardelà l'hermitage, trouverent que les ennemis, de cheval, après ce massacre, s'estoient soudainement sauvez et retirez, mais bien estoient restez encore embusquez cinquante ou soixante de leurs harquebusiers, qui furent taillez en pieces, reservé un que Dieu, par une très-grande grace, sauva, ayant receu une harquebusade de six pas près; une piece d'argent, appellée une double reale, de la valeur de huict sols, arresta le coup qu'il n'entra point dans le corps; chose trouvée si estrange, et comme miraculeuse, qu'il fut amené à messieurs de de Nevers et Admiral, qui l'interrogerent comme il s'estoit peu eschapper de la mort. L'on dit qu'il ne fut trouvé sur luy qu'un petit billet, où estoient escrits quelques mots divins, avec aucuns charactères, ce que toutesfois je ne vey point. Le prince, pource qu'il estoit blessé d'un coup d'espée sur la teste, feit appareiller sa playe à son chirurgien; puis, ayant donné quelques escus au soldat qui l'avoit pris et amené, le renvoya en porter les nouvelles à ses compagnons. Ce jour là, pource que les fourrages estoient faillîz à l'entour de nous, et qu'à cause des neiges et des pluies il n'estoit plus possible de couper et amasser des herbes, ainsi qu'on pouvoit, par les prez et les bois, ayant esté fait rapport à messieurs de Nevers et Admiral que devers Cimets, à deux et trois lieuës de là, s'en trouveroient en grande abondance, toutefois difficiles à amener sans grande escorte, y envoyerent le comte de La Rochefoucault avec la compagnie de M. de Lorraine, dont il estoit lieutenant, et celles du mareschal de Sainct André et comte de Sancerre, et quelques autres de cavalerie légère; et, se presentans devant Cimets, tindrent longuement en escarmouche ceux qui estoient dedans ceste ville cependant que les fourrageurs se chargeoient de vivres aux villages à l'entour, et avoient loisir de se pouvoir encore retirer jusques en leurs logis; èsquelles escarmouches, entre autres choses, fut fait un acte de très grande hardiesse et digne de perpetuelle memoire, selon qu'il me fut dit, de deux freres [ne sçay de quelle compagnie, et le nom desquels je voudrois bien sçavoir pour leur donner en mes escrits quelque lieu de marque et recommandation, non encore tel qu'ils le méritent], l'un desquels estant fait et demeuré prisonnier ès mains d'une troupe des ennemis qui l'emmenoient, et ce qu'estant aperceu de son frere, luy d'une force et hardiesse redoublée d'amour fraternelle, l'espée au poing, enfonça cette troupe, sans crainte de mort, et, chargeant de tous costés, recouvra et retira son frere. En ce voyage furent tuez et pris par nos chevaux legers anglois quelques ennemis rencontrez à la sortie d'un bois pour entrer en un village, où ils déliberoient executer de nos fourrageurs. D'autre part, ce jour mesme fut envoyé le seigneur de Villevallier, homme d'armes de la compagnie de M. de Nevers, avec vingt-cinq ou trente chevaux de laditte compagnie, sur le chemin de nostre camp à celuy des ennemis, recognoistre et sçavoir s'il estoit vray qu'une grosse troupe de leur cavalerie estoit départie et sortie aux champs, comme en avoit esté fait rapport, et quel chemin elle avoit pris. En mesme instant le seigneur Paule Baptiste eut charge d'aller avec sa compagnie de chevaux legers battre et descouvrir le grand chemin de Givets à leur camp, par lequel on disoit que les vivres qui leur venoient des Pays-Bas par la riviere de Meuse, leur estoient apportez sans aucune doute et à petite escorte. Le sieur de Villevallier estant entré bien avant dans les forts des forests qui estoient entre nostre camp et le leur, prest à en sortir devers eux, trouva et remarqua une piste et fraie d'un grand nombre de chevaux freschement battue, laquelle, à l'endroit où il s'arresta, se séparoit en deux, une partie tirant devers Cimets à main gauche, et l'autre devers nostre camp; parquoy, craignant se perdre et demeurer avec ses compagnons enveloppé, se retira, sans passer plus outre, pour donner advertissement de ce qu'il avoit trouvé. Le seigneur Paule Baptiste ayant approché au plus près des Givets, où il s'estoit embusqué, arriva si à propos qu'il peust faire une cargue sur quelques gens de cheval qui conduisoient des vivres et provisions, desquels il executa une partie, les autres se sauverent à bien courir, ou brosserent (2) à travers les forts du bois, et le surplus emmena prisonniers, avec force chevaux de harnois et paysans qui charrioient ces victuailles et provisions; et, sur le chemin de sa retraitte, de meilleure fortune encore, trouva autres vingt-cinq ou trente chevaux, entre les-

---

(1) Montamat.

(2) S'enfuirent dans les broussailles.

quels estoient le bailly d'Avanes et le seigneur de Trelon, sur lesquels il redoubla la cargue de une si grande asseurance et hardiesse, qu'il les renversa et tourna en fuite, et à grande peine se sauverent le bailly d'Avanes et ce seigneur de Trelon, duquel toutefois le cheval fut fort blessé, demeurant le seigneur de Vauldrey, son lieutenant, prisonnier. Le troisiesme jour de novembre, jour que l'on dédie pour faire oraisons pour les trespassez, à la diane et remuement du guet, cent ou six vingts chevaux des ennemis feirent une strette (1) et cargue à l'improviste sur l'une des advenues de nostre camp, au long de la prairie et cours du ruisseau devers Cimets, où, traversans d'un bois à autre, donnerent coups d'espées et pistolades jusques dans un quartier et les tentes de quelques compagnies de gendarmerie qui estoient logées en ce quartier là, et en se retirans trouverent quelques chevaux qui bustoient et paissoient, lesquels ils emmenerent, après avoir donné maintes stafilades et coups d'espées aux valets qui les gardoient. Estant l'alarme par toute nostre armée, de cas fortuit se trouverent vingt-cinq ou trente chevaux de la compagnie de M. de Nevers, tous prests et à cheval devant les tentes de ce prince, pour estre envoyez au devant des vivres, lesquels desbanderent et coururent après pour les arrester et attacquer à l'escarmouche ; mais, avant qu'ils fussent devallez le vallon, les ennemis estoient dejà bien loing dans les bois, et par ainsi estoit fort à craindre quelque embuscade à les par trop suyvre. Pendant que toutes ces choses s'exécutoient, l'on faisoit tout devoir et diligence de faire entrer les chariots des munitions et vivres dans Mariembourg, selon qu'ils arrivoient, non sans un incroyable travail et tourment, tant aux chartiers et chevaux qu'à ceux qui les conduisoient, et non seulement pour la doute et le danger où ils estoient de moment en moment, mais aussi pour la malignité des chemins, et contrarieté du temps, se diversifiant d'heure à autre ; mais je d y de telle sorte et froidure insupportable, que c'estoit pitié voir les soldats, mesmes gens de pied, que l'on trouvoit morts et transiz, sans une infinité de malades : avec tout cela nous defailloient vivres pour nous et noz chevaux, estant devenuz les fourrages et herbages si rares et failliz, qu'il falloit amasser et couper des genestes, et les rompre et détrancher menues, pour soustenir les chevaux, que la rigueur du temps ne leur permettoit encore ronger, pour la pluie et la neige qui détrempoit la terre parmy, languissans ainsi et donnans un grand creve-

(1) Attaque.

cueur aux gentilshommes à qui ils appartenoient, les voyans mourir à leurs yeux sans les pouvoir secourir ; tellement que de ceste misere en mourut non seulement un grand nombre de valeur et de pris, mais s'y en sont trouvez d'enragez de froid et de faim : et me souvient en avoir veu un, qui estoit au sieur de Blarru, gentilhomme de la maison de M. de Nevers, lequel en ceste fureur mascha et emporta à belles dents la moitié du gras de la jambe à un vallet luy presentant une poignée de foing ; chose qui a esté peu souvent veue. Or, après avoir supporté tous ces defauts et miseres sept ou huict jours, pour faire paroistre à l'ennemi que tous labeurs nous estoient communs et supportables pour le fait de la guerre et le service de nostre prince, et pour, en munissant la ville de Mariembourg, luy oster l'esperance de la pouvoir recouvrer selon sa premiere attente, nous retirasmes devers Rocroy, et de là à Maubert-Fontaine, et au Rethelois, et en noz garnisons.

[1556] Sur nostre retour les ennemis, en estans advertis, appareillerent force embuscades ès destroits et passages par où ils presumerent que nous ferions nostre retraitte, en laquelle pouvoient facilement juger y advenir quelque desordre, pource que, dès le jour precedent, avoient peu sçavoir que plusieurs de noz gens de cheval et de pied, oppressez extremement des froidures et autres injures du temps, ou estant tombez malades, desbandez, et la pluspart sans congé, ny ordonnance de leurs chefs, retournoient en leurs logis et garnisons. Aussi s'asseuroient bien qu'il estoit fort difficile conduire une telle armée et gros cariage par tels chemins malaisez, couverts de neiges, enfondrez et empirez jusques à tout, encore que la conduite y fust bien observée, sans qu'il y en eust quelques uns qui s'escartassent, soit pour trouver meilleurs et plus aizes sentiers, soit pour aller devant prendre les premiers logis, selon la coustume de nous autres François. Toutefois messieurs de Nevers et Admiral, prevoyans tous ces dangers, au deslogement feirent tenir toutes les compagnies de cheval les plus unies et serrées qu'il fut possible, envoyans une partie de la cavallerie légère devant pour descouvrir et asseurer nostre suite ; et après marchoit M. l'Admiral avec l'avantgarde de cinq cens hommes d'armes, que suivoient noz enseignes de gens de pied françoises, costoyées d'une partie des charrois qui estoient de retour de Mariembourg. Puis venoient sur la queuë M. de Nevers avec l'arrieregarde d'autres cinq cens hommes d'armes, noz Allemans, et le surplus de la cavallerie legere, ayans ainsi à leurs flancs le surplus qu'on avoit peu ramener des charrois, avec l'artillerie, que l'on ne pouvoit avancer que bien malaisément, et avec grand travail, à cause des bourbiers et mortes qui s'estoient tellement abbreuvées des pluyes et des neiges et par là faites si mauvaises, que bien souvent falloit desatteler les chevaux, et la faire arracher à force de bras par noz Allemans, qui s'y employerent diligemment et de bonne volonté. Ce neantmoins il fut impossible d'y tenir si estroittement la main, pour quelque solicitude et esgard qu'on y eust sceu prendre, qu'à cause de l'importunité de l'air, et de l'aigreur du froid, il n'y en eust quelques uns qui se desrobassent et separassent, et pensans s'avancer, s'esloignerent, tombans prisonniers ès mains des ennemis qui les attendoient, ainsi qu'ils l'avoient preveu, combien qu'il n'y eut en ce nombre hommes de grand marque. Entre autres fut pris un vieil homme d'armes de la compagnie de M. de Nevers, nommé Daspart, conducteur en partie des munitions pour cest avitaillement, et trouverent sur luy le pouvoir et commission qu'il avoit dudit prince pour cest effect ; dequoy bien aises et resjouiz, pensoient avoir fait un grand butin, principalement pour entendre et s'enquerir de luy de toutes nouvelles, et surtout de la quantité des vivres et munitions qui estoient entrées dans ceste ville. Lequel toutefois leur en respondit au plus loing de sa pensée [ainsi que depuis a esté sceu], leur faisant le nombre beaucoup plus gros qu'il n'estoit, et le sçavoit à la verité. Ce que leur ayant fait croire par diverses et vives raisons, qu'il leur affermoit, leur effaça et osta du tout ceste opinion de plus y temporiser et s'y addresser pour ceste fois. D'autre part, estant certainement advertiz qu'au surplus de toutes les villes de la frontiere estoit si seurement prouveu, qu'il ne leur restoit un seul moyen d'y pouvoir fonder aucune entreprise, prindrent une derniere conclusion de se retirer comme nous, et remettre la partie à une autre saison. Et deslors le prince d'Orenges, après avoir laissé quelques garnisons à Philippe-ville et à Charlemont, donnant congé au surplus de l'armée, prit chemin devers Bruxelles, où estoit adonc l'Empereur : lequel dès ce temps, comme les nouvelles nous furent rapportées, délibéroit se retirer en Espagne, tant pour sa santé, par l'advis de ses medecins, qu'oubliant la solicitude de tant d'affaires qu'importe ce tiltre d'empereur, sortir des tempestueux troubles, pour se contenter d'une magnifique maison qu'il avoit fait bastir en un lieu de plaisir appellé Just (1), et là parachever le surplus de sa vie en repos. Quant à déduire sur ce propos particulierement les causes des passions et maladies, tant intérieures qu'extérieures de Sa Majesté, et les causes qui ont meu ce grand empereur se retirer en lieu solitaire et privé, après tant de triomphantes victoires, certainement je ne le puis faire, et ne le voudrois ou pourrois entreprendre, pour n'avoir eu aucune cognoissance ny fait un seul approche de sa personne ; estant ce subject et argument assez suffisant pour la charge d'un parfaict orateur, comme je m'asseure qu'il ne peult estre qu'aucuns bons esprits et doctes personnages, tant de son party que du nostre, ne s'y employent, pour de chose si rare, et non advenue de la souvenance de nostre aage, laisser une perpetuelle mémoire à la postérité. Toutefois pour sur cela en dire mon advis, afin d'oster tout doute aux lecteurs d'estre suspect, ignorant ou scrupuleux, j'ay ceste opinion que les travaux et labeurs supportez ès premieres guerres de son advenement, luy ont causé les imperfections et maladies de sa personne ; et confesseray par mesme moyen que les trop ardues et excessives entreprises qui roulloient en son esprit, et le crucioient (2) sans intermission, ont peu estre et le commencement et l'augmentation de l'aigreur de son mal, et l'ont tellement, depuis, de plus en plus altéré et attenué, qu'il en estoit reduit en ce dernier estat. Mais quant à plusieurs autres occasions, qui ont esté forgées et inventées luy avoir engendré tel regret qu'il se soit voulu demettre de toutes charges et estats de l'Empire, pour voir soubs ses yeux diminuer sa grandeur et renommée, je ne veux en aucune sorte y toucher ny en parler. Je ne doute point, et suyvant les apparences et effects qu'on en a veu reüssir et advenir, que l'empereur Charles n'ayt eu un incredible et très-grand regret et remord de conscience de voir les troubles et divisions des Allemagnes, et les guerres intestines et sociales entre les princes et parens d'un mesme sang, dont il estoit autheur, mais surtout des contrarietez et schismes de la foy et religion chrestienne, dont il prevoyoit, comme homme de très-subtil entendement, infinité de malheurs et guerres renaistre et arriver à toute la chrestienté. Et croy fermement que toutes ces préméditations et pensées luy esmouvoient un estrange tintamarre en l'esprit, et luy faisoient plaindre sa vie si courte et abbregée, avant y avoir donné quelque ordre, ou bien lui renouvelloient incessamment la faute où il s'estoit oublié, et qu'il avoit fait ès premieres guerres qu'il avoit euës contre les Protestans ; à quoy pour l'heure on ne pouvoit remédier. Il

---

(1) Saint-Just étoit un monastère.

(2) Torturoient.

peult estre aussi que, de longue main, s'estoit persuadé que les Roys de France l'avoient toujours traversé, et interrompu ses deliberations de bonne intention, en son premier advenement et prospere fortune, ainsi que luy mesme s'en estoit plainct, tant au pape Clement troisieme(1), en plein consistoire, que par divers escrits publiez et envoyez par toute l'Europe. En laquelle obstinée opinion l'auroit fait davantage entrer et opiniastrer le bonheur qui avoit tousjours accompagné ce Roy à present regnant, en toutes les guerres qu'il avoit eu à demesler avec luy à l'entrée et commencement de son regne, et lors que cest Empereur se sentoit avoir plus d'experience, et se voyoit au plus hault degré d'authorité, et commandoit à tant d'hommes qu'il avoit subjuguez ou lui estoient subjects. L'on pourroit conjecturer et penser que tout cela meslé ensemble lui auroit suscité un aiguillon et desir de vindicte. A quoy ne pouvant satisfaire, pour veoir la disposition et santé de sa personne journellement décliner, sans espoir de convalescence, et les malheurs et afflictions de ce monde ressusciter et renouveler tous les jours plus estranges que les precedens, suivant le plus certain conseil, qui est de rejecter et se decharger des affections humaines, et renoncer à toutes monarchies et empires temporelz et caduques, pour obtenir une cité permanente, il auroit proposé retourner en Espagne, lieu de sa naissance, aymé de luy, et propre à parachever le surplus du cours de sa vie. Ce sont, à mon jugement, au plus près de la verité, les principales causes qui l'ont rangé à ceste derniere résolution, délaissant en dire davantage à ceux qui en sçauroient plus que moy.

Pour cest effect l'on dit que dès le mois de septembre précédent en cest an, il avoit fait passer d'Angleterre, et retiré riere (1) luy à Bruxelles, le roy Philippes son fils, avec lequel, par l'espace de six semaines ou deux mois, seul à seul il communiqua de tous advertissemens et mémoires, et l'informa de tous poincts qui concernoient le fondement et maintien de sa grandeur et conservation de ses royaumes, biens et possessions, et l'entretien et amitié des princes tant estrangers que proches de sa personne, parens, alliez et confederez, qui le pouvoient conseiller, ayder et secourir en tous ses affaires : mesmement luy recommanda, entre autres particularitez, la recognoissance de ses anciens serviteurs et de leurs services, qu'il n'oublieroit, ains recompenseroit, leur donnant moyen et occasion de continuer et ne se dégouster et absenter de son service. En après luy conseilla, attendant qu'il fust stabilité et confirmé ès Estats qu'il luy delaissoit, et laissant escouler les nuées et troubles qui regnoient, qu'il s'appoinctast avec le roy de France, ou pour le moins temporisast avecques luy à certain temps, pour estre le plus fort ennemy qu'il eust, et auquel de soy seul ne pourroit resister. Que si ils ne pouvoient tomber d'accord, surtout il se gardast se desnuer et separer du roy des Romains son oncle, premier entrant au degré de l'Empire, ny du roy de Boheme son cousin et beaufrère, ny de tous ceux qui le pouvoient soustenir; d'autant que le roy de France, tel et si puissant qu'il le savoit, et son prochain voisin, auroit meilleur accès et entrée à s'avantager et aggrandir sur luy, estant seul et séparé, veu que lui estant constitué en toute hautesse et sublimité de pouvoir, et commandant à tant de pays et d'hommes, tant s'en falloit qu'il l'eust peu ranger et matter, que la prosperité de luy entreprenoit sur la sienne. Après avoir fait toutes ces remontrances, et plusieurs autres qu'un bon et sage père, et qui avoit longue et certaine expérience de diverses mutations d'accidens, peult remonstrer à un jeune prince succedant à une nouvelle charge, après avoir particulièrement et privément convoqué tous les princes et grands seigneurs de sa maison et ceux de son service, pour leur déclarer sa délibération, et leur recommander son fils, leur nouveau seigneur et maistre, feit une assemblée générale à Bruxelles, le vingt troisieme octobre en cest an 1555 de tous les estats de son Pays-Bas, et là leur feit entiere declaration de l'indisposition de sa santé pour l'amendement et continuation de laquelle estoit conseillé et contrainct s'absenter et esloigner d'eux et passer en Espagne. Puis, leur ayant deduict de mot à mot les biens et secours qu'ils avoient receus de luy, les requist accepter et recevoir son fils pour leur naturel seigneur, luy aidans tous, d'un commun consentement et union, pour maintenir tousjours le service de Dieu et sa justice, aussi la defense de ce pays. Ce qu'estant accepté et accordé de tout le peuple, avec grandes acclamations et favorables applaudissemens, le roy Philippes se leva de sa chaire, et se vint mettre à genoux la teste nue devant l'Empereur son père, lequel, en luy mettant la main sur le chef, lui dist : « Mon cher fils, je vous donne absoluement tous mes pays patrimoniaux, vous recommandant le service de Dieu et la justice : ce faisant, il vous sera tousjours en aide, auquel je prie vous augmenter de bien en mieux; » et adonc luy donna sa benedic-

---

(1) Rabutin se trompe; il faut lire Clément VII.
(2) Auprès de lui.

tion. Puis le prince se leva, faisant la réverence deue à son père et à la royne Marie sa tante : et, se retournant devers le peuple, rendit graces à Dieu, et remercia l'Empereur son père : à Dieu, de l'élection qu'il avait fait de luy, le faisant naistre en telle hautesse et grandeur, et de la continuation et augmentation de la prosperité qu'il lui plaisoit conceder, luy suppliant ne destourner sa face et sa main de luy, à ce qu'il ne se mescogneust, et, s'oubliant, vint à commettre cas contre son honneur et ses commandemens, suyvant lesquels luy ottroyast tant de grace que conduire le peuple qui luy estoit commis à sa gloire et accroissement de sa foy. Et, s'addressant à l'Empereur son pere, avec une très-grande humilité, le remercia de la solicitude qu'il avoit euë de luy, selon le naturel et affection d'un très-bon et très-humain père, l'ayant fait nourrir doucement, et delicatement instituer en toutes louables et vertueuses doctrines et enseignemens, puis l'avoir eslevé et maintenu jusques en l'aage qui luy devoit sembler assez fort et robuste et propre à raison et prudence, auroit eu tant de confidence et bon jugement de luy que luy résigner et donner liberalement tant de biens et patrimoines. Se retournant devers le peuple, le remercia de l'acception qu'il avoit fait de luy, l'asseurant d'une si entiere administration et police, selon l'office d'un bon prince, et équitable justice, et le vouloir de Dieu, qu'il ne leur donneroit occasion de se repentir de cest adveu et consentement. Il est facile à croire que tous ces propos et pitoyables harangues ne furent tenues, et ne passerent sans maintes larmes : mesmement la constance de l'Empereur ne peust estre adonc si ferme que la reverée recognoissance de son fils ne luy esmeust tellement les sens et affections paternelles que le contraindre en rendre tesmoignage par larmes, qui luy decouloient le long de sa face ternie et pasle, et luy arrousoient sa barbe blanche : ce que pareillement peut esmouvoir la pluspart des assistans à pitié et commiseration meslée de joye. La royne Marie, douairiere de Hongrie, à qui l'Empereur son frere avoit donné charge et commandement sur tous les Pays-Bas, se leva adonc de son siege, et, dressant sa parolle au peuple, dit que depuis vingt-trois ans qu'il avoit pleu à la Cesarée Majesté luy donner ceste charge et gouvernement, elle avoit employé tout ce que le Seigneur Dieu luy avoit presté de grace et de moyen, pour s'en acquitter au mieux qu'il luy avoit esté possible : toutefois que si en aucune chose elle avoit fait faute, ce n'estoit à son escient et de malignité, et prioit à chacun luy pardonner, se tenant au surplus l'Empereur son frere pour satisfait et content d'elle. Toutes ces cerimonies et circonstances parachevées, l'Empereur en public remit et quitta à tous ses subjects les sermens qu'ils luy avoient faits, et s'ostant du throne et siege où il estoit y feit asseoir le roy Philippes son fils, qui receut dès l'heure les hommages et sermens de tous ses vassaux. Et en la presence et veuë de toute ceste assemblée furent cassez et rompus les premiers seaux de l'Empereur, et en mesme instant l'on apporta ceux du roy Philippes, desquels sur le champ furent scellées quelques graces et autres depesches. Ainsi commença ce grand empereur à se desmettre et desheriter volontairement de toutes ses amples et opulentes possessions et Estats pour eslire une pacifique vie, pour l'entretien de laquelle l'on dit que seulement il reserva l'usufruict de Castille (1), et la superintendance de toutes les commanderies.

En ce mesme temps se disoit aussi qu'il escrivit lettres fort amples et gracieuses aux electeurs et princes d'Allemagne, les priant et admonestant en parolles fort graves, entremeslées de douleur et admonition, qu'ils eussent à se reconcilier les uns aux autres, leur déduisant les causes injustes qu'ils avoient à se ruiner d'eux-mesme, et par mesme stile leur alleguoit et proposoit le moyen qu'ils devoient suivre pour se restituer et faire droict reciproque : que si ils n'y vouloient unanimement entendre et prester la main, il leur prédisoit, et voyoit presque desjà à l'œil, une estrange et très calamiteuse ruine. Avec ce, les advertissoit de la necessité qu'il avoit de passer en Espagne, et de la cession volontaire qu'il remettoit en leurs mains des estats et charges de l'Empire, à quoy le contraignoient et l'aage et les maladies : les conseillant toutefois faire élection du roy des Romains son frere pour leur empereur, prince qu'ils cognoissoient pour avoir longuement conversé avec eux, et lequel estoit desjà meur et parvenu à l'aage qui ayme le repos et la tranquillité, selon aussi que naturellement il y estoit enclin ; ce qui leur estoit adonc necessaire, d'autant que si ils eslisoient un jeune empereur, qui fust de complexion martiale, et qui adjoutast nouvelles guerres à celles qui regnoient et estoient si fort enflammées, ce seroit ouvrir un beau et large chemin au Turc pour entrer encor plus avant sur leurs limites, lequel n'espioit que ceste occasion pour pescher en eauë trouble. Enfin il leur recommandoit et rendoit soubs leur protection Philippes son fils, les rememorant et adjurant que si en sa vie il avoit fait aucune chose pour eux et

(1) Il se réserva cent mille écus de pension.

leur patrie, qui meritast estre recogneuë, que ce fust à l'endroit de son fils, lequel il delaissoit avec très-grandes charges, ayant bon besoing de chercher et employer tous ses amis. Que si leurs affaires ou autres privées et particulieres affections les empeschoient et divertissoient de le secourir, au moins qu'ils ne luy fussent contraires et ennemis. Pareillement il envoya vers le roy des Romains Ferdinand, son frere, un docteur, homme de grande doctrine, nommé Seler, pour prendre congé de luy, et luy deposer de sa part toutes charges et affaires de l'Empire : l'admonestant et priant chercher tous moyens d'accord et union entre les princes, èsquels consistoit l'appuy et accroissement de cest Empire, et par la division desquels il menassoit prochaine ruine et décadence. Oultre plus, qu'il ne defaillist de conseil et ayde, non comme oncle seulement, ains comme pere et protecteur, au roy Philippes son fils, en consideration qu'il luy laissoit sur les bras un trop fort ennemy, non seulement de luy, mais de toute la maison d'Austriche, le roy de France, auquel de soy seul ne pourroit s'opposer et resister, veu l'heur et la fortune qui avoit tousjours esté pour luy en ces dernieres guerres, de sorte que, si les princes n'y remédioient, il luy seroit facile s'investir et recouvrer la pluspart des Italies et des Pays-Bas. S'estant l'Empereur acquitté et deschargé envers ceux à qui il se sentoit tenu, ayant dressé toutes et si amples instructions qu'il peut songer et inventer pour servir d'advertissement et confort à son fils, délibera partir sur le commencement de cest hyver. Toutefois la debilité de sa personne et la contrarieté du temps, addonné à froidures, y contrevindrent, et l'empescherent, mesmement qu'en ceste saison les mers sont fort impetueuses, et sans cesse y surviennent tormentes et tempestes : aussi que ses vaisseaux n'estoient encore prests ny armez, et davantage la chose la plus requise, qui est l'argent, défailloit pour l'heure, comme le bruit estoit commun par tout. Pour ces causes, fut question différer et dilayer ce partement, cependant que la royne d'Angleterre faisoit diligence de serrer et amasser deniers : laquelle pour cest effet principalement avoit fait assembler tous ses Estats, et entre autres inventions requist et demanda certaine somme d'argent pour payer les debtes de ses feuz père et frere. D'autre part il y avoit encore quelques difficultez à reigler et appaiser, pour autant qu'aucunes villes de Brabant refusoient d'accepter le roy Philippes pour leur seigneur, vivant encore l'Empereur. Semblablement autres villes des Pays-Bas disputoient et différoient de rece-

voir Ferdinand, second fils du roy des Romains, pour gouverneur (1). Et d'ailleurs plusieurs grands seigneurs, qui avoient consumé et leur aage et partie de leurs biens pour le service de cest Empereur, en intention d'en retirer à temps recompense et avancement, se voyoient en ce partement frustrez et fort loing de leur espoir, dont ils estoient fort mal contens, et en murmuroient à bon escient. Parquoy tous ces negoces et affaires estoient restreints et reduits en telles difficultez, qu'il ne pouvoit encore departir sans les avoir desmeslez et rangez en bonne disposition. Cependant que ces choses se passoient ainsi ceste part, nouvelles vindrent, et s'esleva un grand murmure que le Grand Turc assembloit une fort grosse armée pour descendre en Hongrie, et pour assieger encore une fois Vienne en Austriche ; à quoy voulant pourvoir et remédier, Ferdinand, roy des Romains, sur la fin du mois de novembre, devalla sur la riviere du Danube jusques à Vienne, où il dressa tous préparatifs pour le recevoir et repousser, avec aussi grande confusion que la premiere fois qu'il y estoit descendu.

Or, pour le faire court, selon le rapport des nouvelles seditions et diverses menées qui se pratiquoient par toute l'Europe, sur le partement et retraite de cest Empereur, l'on pouvoit pronostiquer advenir le pareil temps du decez d'Alexandre le Grand, à la mort duquel son royaume, lequel auparavant avoit esté regy et gouverné d'un seul, fut party et divisé ; et ce qu'un seul souloit posseder, plusieurs satrapes et tyrans ravirent et occuperent : de sorte que celuy qui estoit le plus fort se saisissoit, fust à tort ou à droit, de ce que luy estoit bienseant et convenable, en depossedant et dechassant le plus foible. Tous ces dangers estans prudemment preveuz par le roy Philippes, mesmement que pour de nouveau recommencer la guerre au Roy tous moyens luy defailloient, promptement voulut suivre et s'aider du conseil de son pere, qui estoit de chercher la paix ou la trefve pour le moins. A quoy le sollicitoit assiduement la royne d'Angleterre, sa femme, pour deux raisons : la premiere, qu'elle s'asseuroit que tant que la guerre continueroit ne jouyroit de la presence de son mary, et n'auroit ce bien de l'avoir auprès de soy, de qui mesmement elle s'attendoit avoir encore enfans ; l'autre, qu'il seroit fort difficile que son royaume n'entrast en guerre suivant son party et alliance, ce qu'elle craignoit et fuyoit le plus qu'elle pouvoit, tant pour le desir de re-

(1) Le duc Emmanuel Philibert de Savoie fut choisi pour gouverneur.

mettre sus la religion selon l'Eglise romaine, que pour eviter les insupportables fraiz, et ne susciter nouveaux mutinemens et riottes entre son peuple ; ce que les conseillers, et generalement tous les amis de chacune partie, avoient fort agreable, et en faisoient toutes les poursuites qu'ils pouvoient. En ceste intention le roy Philippes manda et pria de rechef le cardinal Pol d'Angleterre remettre sus ses premieres propositions et termes de paix, comme chose qu'il desiroit le plus en ce monde, et, ce que parachevant, il luy demeureroit redevable d'une tres-estroitte et recommandable obligation, l'exhortant et priant davantage se haster et donner commencement à ce sainct œuvre avant qu'il fust revoqué du Pape, qu'il craignoit estre de bref. Pour satisfaire auxquelles lettres iceluy cardinal Pol deslors en communiqua à l'ambassadeur de France qui estoit en Angleterre ; et a esté dit encore plus que la royne d'Angleterre, et luy peu après, en escrivirent au Roy, avec si grandes inductions et remonstrances, qui importoient tout le repos et bien de la chrestienté, que, comme il est prince debonnaire et qui ne veult differer à se soubsmettre à toute équité pour le faict et utilité universelle, facilement y consentit et s'y accorda. Mais pource que, pour resoudre une paix universelle, telle et comme la proposition le portoit, par un lien indissoluble de mariages, et que pour cest effect il falloit un long traict de temps pour traiter et diffinir de toutes choses, trefves furent accordées entre tous ces princes dès ce temps, qui estoit sur la fin du mois de janvier, pour cinq ans revoluz et finiz, cessans toutes guerres et discords d'une part et d'autre, et les traictez de toutes trafiques et commerces de marchandises en leurs pays et contrées tant sur terre que sur mer, ouvertes et libres, avec plusieurs autres circonstances et pactions que l'on peut veoir ès articles de ces trefves. Lesquelles toutefois ne furent publiées à Paris que le seizieme de février en cest an ; et depuis le comte de Lalain vint trouver le Roy à Blois sur le commencement du mois d'avril ensuivant, pour estre confermées de Sa Majesté, ainsi qu'au cas semblable M. l'Admiral de Chastillon alla à Bruxelles par devers l'Empereur et le roy Philippes, pour estre conclues et jurées de leur part.

L'ouverture et commencement de ces trefves, transigées et passées ainsi facilement entre ces princes auparavant tant irritez et aussi-tost rappaisez, sembloit estre un œuvre de Dieu et inspiration divine, desquelles beaucoup de personnes espéroient advenir une paix de longue durée et perpetuelle. Et, par le moyen de ces mariages, mesmement de dom Carlo, fils aisné du roy Philippes, et prince d'Espagne, avec madame Isabel, fille aisnée du Roy, et autres qui estoient en termes, l'on s'attendoit de veoir encore un coup ces maisons de France et d'Espagne unies et conjointes de toute amitié, comme anciennement elles ont perseveré par longues années. De sorte qu'estans ainsi les plus grands princes de l'Europe alliez et bons amis, ils tiendroient tout le reste du monde en obeyssance ; et n'y auroit celuy, tant grand fust-il, qui s'osast bouger pour brouiller et remuer quelque mauvais mesnage ; et, pour resolution, que, s'accordans benevolement les princes, aussi feroient et y seroient induits et contraincts leurs subjects. Mais les traverses et diverses menées qui, en si peu de temps qu'elles ont duré, ont esté conduites, et les maux et malheurs qu'elles couvoient, ont fait apparoir depuis universellement tout le contraire, et ont fait cognoistre et croire à chacun que c'estoit un songe ou, à mieux dire, une attente de l'issue de plusieurs couvertes et dangereuses entreprises qui se brassoient cependant, lesquelles avoient besoing de temporisement et laps de temps. Combien que de si ardue et haulte matiere je ne veux et ne me appartient estre juge et arbitre, me contentant en descouvrir aucunes et les plus apparentes causes et ce que depuis en est succedé, et en remettre le jugement à toute personne neutre et qui ne sera picquée et transportée d'aucune affection particuliere ; si l'on veult en cest endroit rapporter en jeu les avantages que le Roy avoit obtenu sur ses ennemis aux premieres guerres, tant en Italie, Piedmont, Corsegue, que en ceste Gaule belgique ; si, avec cela, l'on veult adviser et avoir esgard aux accessions, ligues et alliances qui luy estoient offertes de toutes parts, pour veoir luire et prosperer de plus en plus sa fortune, et celle de ses ennemis diminuer et perir ; et si d'ailleurs l'on vient à examiner les affaires de l'Empereur, les haines et inimitiez qui luy estoient portées, l'abbréviation de ses jours, les charges fort pesantes et onéreuses qu'il délaissoit à son fils, avec tous moyens fort courts pour y satisfaire, je croy que, tout bien espluché et consideré, l'on trouvera que la necessité, a contraint l'un de tenter et esprouver la bonne volonté de l'autre. Toutefois, pour n'user beaucoup de papier en ces procès, et n'estre suspect en ceste cause, comme j'ay dit, j'en laisseray la décision à quelque autre de meilleur jugement que moy, pour reprendre et continuer mon proposé discours.

Au mesme temps que les choses que j'ay escrit cy-dessus estoient passées et se traittoient de par-deçà, nouveaux troubles et renouvellemens de guerre se demenoient en Italie, mesmement à Rome; car ayant esté, selon que j'ay déduit briefvement cy-devant, le cardinal Theatin, de l'ancienne maison des Caraffes, neapolitains, esleu pape, pource que, de toute ancienneté, cette maison et celle de Melphe, qui luy est proche et alliée, ont esté inclines et comme dediées à la bienveillance et faveur de la couronne de France, et aussi que desdites maisons plusieurs seigneurs, desheritez par l'empereur Charles à petite raison et cause, s'estoient retirez et estoient encore au service du Roy, où ils avoient trouvé toute doulceur et humanité, et ausquels Sa Majesté avoit départy tous moyens et bienfaits pour les maintenir de par deçà selon leur grandeur et qu'ils le meritoient, les Imperiaux, incontinent après son election, suspecterent ce pape estre françois et de favoriser le party du Roy, imaginant que, s'il vivoit longuement, il s'employeroit jusques au bout, et feroit tous ses efforts d'admettre et rappeler les François en Italie; que, soubs le pretexte que l'Eglise romaine pretend le royaume de Naples estre de son propre et domaine, et avec des donations qui en ont esté faites aux princes de France, confermées par les precedens papes, et autres querelles que le Roy y demande, il luy en feroit nouvelle ratification et l'aideroit de son secours, en intention de s'en prevaloir, et que ses parens et alliez seroient restituez en leurs biens et avec ce auroient commandement et superintendance non seulement en ce royaume, mais par toute l'Italie. Parquoy plusieurs cardinaux espagnols, et autres seigneurs italiens, tant séculiers que de l'Eglise, adhérans et tenans le party de l'Empereur, mesmement de la maison des Colonnois et leurs alliez, commencerent à conspirer contre luy, pour la doute, à mon advis, et crainte qui les tenoit desjà à la teste de tomber en rabais et diminution de leur pouvoir et crédit, si ceux de la maison de ce pape venoient à s'aggrandir et avoir authorité de par delà; de sorte que, pour donner commencement à leur entreprise, et pour demeurer les plus forts dans Rome, pourveurent et munirent leurs palais et maisons de toutes sortes d'armes, afin d'armer subitement gens de guerre qu'ils y ameneroient secrettement, et tous ceux qui se trouveroient de leur faction. Tous ces monopoles et conspirations estans descouvertes et venues à la cognoissance du Pape, en premier lieu, au plustost qu'il fut possible, fit serrer et amasser tant de gens de guerre, de cheval et de pied, qu'il peust recouvrer, et les fit entrer dans Rome, et départir et ordonner ès places publiques et communes à faire assemblées, et devant les palais et domicile de ceux qui luy estoient suspects, fournissant au surplus le chasteau Sainct Ange d'hommes esleuz et fideles, à ce qu'il demeurast en tout et partout le maistre et superieur. En après fit faire recherche et visitation des logis de tous les cardinaux, tant espagnols que françois et italiens, et generalement de tous les seigneurs et gentilshommes romains, et de tous ceux desquels il se doutoit; et là où furent trouvées armes et bastons de guerre plus que de coustume et raison, les fit enlever et transporter: avec ce, par mesme moyen, fit retenir et arrester prisonniers ceux qu'il avoit sceu autheurs et conducteurs de ceste brigue et menée, entre autres le cardinal de Saincte Fleur, et les seigneurs Camille Colonne, Julian Cesarin et Ascanio de La Corne; et, pource que ceste maison des Colonnois et celle des Ursins, unies et conjointes d'alliance et amitié, estoient les deux principales et premieres maisons de Rome, et les plus riches et puissantes pour luy nuire, lesquelles mesmement on luy avoit rapporté et sçavoit avoir conspiré contre luy, et que, pour s'asseurer des moindres et inferieurs, il falloit s'attacher aux plus grands et les matter et affoiblir les premiers, il envoya certain nombre de soldats, tant de cheval que de pied, pour reduire et remettre entre ses mains tout leur Estat et domaine, et se saisit des chasteaux d'iceux Colonnois, la pluspart desquels sont aux portes de Rome de très-grand revenu, comme fut fait au semblable de la ville de Brachiano, capitale de la seigneurie des Ursins. Par ces moyens, se voyans iceux Colonnois fort affoiblis, et tous moyens leur estre retranchez de se pouvoir relever et d'eux mesmes restituer en leurs biens, recoururent à l'Empereur et au roy Philippe son fils, s'advoüans leurs vassaux et leur demandans secours; ausquels ils firent trouver si mauvais et aigrirent tellement le faict et institution du Pape, et pervertirent de telle façon l'ordre auquel il avoit procédé en la preuve et punition du crime de la conspiration deliberée contre luy, que facilement ils s'accorderent à les secourir, aussi que la secrette haine qu'il portoit de longue main à ces maisons de Caraffe et de Melphe les y pouvoit legerement induire. Et pourtant manderent aux ducs d'Albe et de Florence serrer et amasser toutes les forces qu'ils avoient de par delà, avec autres nouvelles qu'ils y firent joindre, avec lesquelles ils eussent à non seulement remettre les Colonnois et leurs alliez en leurs biens et possessions, mais à entrer plus avant ès terres du Pape qu'il seroit possible, et, se fortifians le plus près de Rome qu'ils pourroient, le tenir, et tous ceux qui luy adhereroient, en telle subjection, qu'il ne luy restast aucun espoir de secours, de maniere qu'il fust contraint à se reunir et condescendre à leur volonté, comme ses predecesseurs avoient fait. Ce qu'eux exécutans à toute diligence, selon que le temps et toute commodité leur permettoient, se saisirent et regaignerent sur le Pape plusieurs chasteaux et forts, et rendirent aux Colonnois une partie de ce qui avoit esté prins et occupé sur eux; puis, bastissans plusieurs forts à l'entour de Rome, près d'Hostie, et sur la rive et le cours du Tybre, rendirent le Pape assiegé au chasteau Sainct Ange, toute ceste grande ville en estroite necessité et crainte, et grande partie des alliez et amis du Pape fort desnuez de puissance et bien estonnez. Pour lesquelles occasions et rigueurs injustes, fut contraint le Pape demander secours au Roy, comme au premier fils de l'Eglise, luy envoyant par le cardinal Carlo Caraffe, son nepveu et legat, un chappeau, tel qu'estoient anciennement ceux des senateurs romains, et une espée, signifiant la tuition et defense de l'Eglise et Sainct Siége apostolique. Lequel estant venu trouver le Roy en son chasteau de Fontainebelleau, sur la fin du mois de juin, en cest an mil cinq cens cinquante six, mit entre les mains de Sa Majesté, avec grandes ceremonies, les offres et presens que le Pape luy faisoit; et, selon sa charge et ce que luy estoit ordonné, somma et adjura le Roy du secours qu'il devoit donner, à la nécessité, au pasteur et premier chef de toute la religion chrestienne, comme son devoir l'obligeoit et son plus excellent tiltre le portoit, selon aussi que ses predecesseurs l'avoient observé; lesquels non seulement le bien et revenu de l'Eglise avoient augmenté et accreu, mais plusieurs fois, les armes au poing, avec toutes leurs forces, avoient remis et restitué en leurs siéges les premiers et anciens papes, desquels ils estoient deboutez et demis par les tyrans et princes ambicieux, ainsi que de fresche memoire son feu pere avoit fait le pape Clement; adjoustant autres remonstrances et causes qui pouvoient esmouvoir un grand prince courageux et hardy, à entreprendre la protection et sauvegarde d'un œuvre charitable.

Ausquelles sommations et réquisitions l'on dit le Roy avoir fait response qu'il vouloit ensuivre et ne vouloit en rien differer à ses prédécesseurs en tous œuvres de vertu, et qui estoient selon Dieu et son devoir; ains qu'il essayeroit de faire encore mieux, s'il luy estoit possible, et ne faisoit refus de secourir le Sainct Siege apostolique, et le Sainct Pere qui y estoit assis et ordonné en chose juste et d'équité, après en avoir toutefois donné advis à l'Empereur et au roy Philippes, et leur en avoir proposé toutes deues et gracieuses remonstrances, afin de moyenner ce different par une voye pacifique, sans de nouveau mettre les armes au feu, pour la crainte qu'il avoit d'enfreindre les trefves et interrompre la paix, laquelle, avec très-grand desir, il esperoit obtenir pour le bien et repos universel. Ce qu'il asseura faire en brief, et, la response ouye, en advertir le Sainct Pere, avec asseurance de filiale obeissance et de ne luy defaillir en sa vie de toute sa puissance.

Le cardinal Caraffe, estant ainsi bien adverti et instruit de la volonté et certaine affection de Sa Majesté, peu de jours après s'en retourna à Rome. Et, d'autre part, le Roy, selon que l'ay peu sçavoir, advertit l'Empereur et le roy Philippe des torts que l'on improperoit (1) au Pape, leur declairant appertement toutes les conspirations qui avoient esté mises en avant et pratiquées contre sa propre vie et personne, desquelles il estimoit la vérité n'estre jamais venue à leur cognoissance, et croyoit fermement eux n'y avoir voulu et ne vouloir encore donner port ne faveur. Ce que luy donnoit occasion les prier très-affectueusement que telles molestes et troubles qu'on luy suscitoit cessassent, et que les injures injustement attentées à sa personne fussent reparées et chastiées. En quoy ils feroient œuvres dignes de princes chrestiens, et à quoy ils estoient tous tenuz et obligez par tous droicts divins et humains, qui les astraint maintenir jusques à exposer leurs propres vies, la foy de Dieu, et son eglise et religion, et le souverain prestre, comme celuy qui est constitué au premier degré; lequel, en sa nécessité, ne pouvoit du moins que leur demander secours, comme, de sa part, il l'en avoit desjà sommé et requis instamment; dont il les avoit bien voulu advertir, à ce que, pour si mauvaise occasion, ils vinssent derechef entrer en picque et à recommencer la guerre, ce qu'il ne desiroit faire ny advenir de son costé.

L'on a voulu dire que la response que le roy Philippes y fit en peu de parolles estoit assez aigre, à sçavoir que, de sa part, il desiroit la continuation des trefves et encore mieux la paix, s'il estoit possible la parfaire; mais qu'il avoit toujours trouvé le Pape et toute son affinité tant ennemy et malveillant de sa maison, que quiconque se declaireroit son amy et entreprendroit sa defense, il le tiendroit pour ennemy. Si telle estoit sa responce, elle faisoit assez demonstration qu'elle estoit sa volonté, et que ces trefves, accordées par nécessité, ne pouvoient avoir long cours et durée. Toutefois, celle du Roy estoit

---

(1) Reprochoit.

desjà tant gagnée et vaincue d'un desir de mettre fin au travail universel, et d'ailleurs tant surprise et persuadée de l'asseurance que Regnard, ambassadeur du roy Philippes, luy repliquoit ordinairement que la Majesté de son maistre ne desiroit rien moins que la guerre, et ne procuroit autre chose que condescendre à toutes conditions raisonnables pour un tel et grand bien, veu qu'à la transaction des trefves en ceste intention, s'estoit ainsi qu'on avoit voulu, rendu facile et traitable, qu'il ne pouvoit croire et imprimer en son esprit que, pour cause si injuste et mal fondée, voulust de nouveau rentrer aux premieres arres de guerre, et que par luy reiterassent les malheurs à demy oubliez, mesme à son advenement. Pour le moins le Roy esperoit que si l'Empereur et son fils proposoient secourir les Colonnois, comme leurs vassaux et soubmis en leur protection, contre le Pape, qu'ils disoient leur ancien ennemy, qu'encore qu'il aydast et secourust le Pape, qui l'en avoit sommé et requis, comme tout droict et justice luy ordonnoient, ce nonobstant se maintiendroient tousjours les trefves de pardeçà.

Et tant perseverera en ceste opinion, qu'il n'estoit aucunes nouvelles, tant que l'esté dura, d'envoyer secours au pape, jusques à ce que ces clameurs et plaintes des estranges oppressions que l'on faisoit au Sainct Pere redoublerent aux oreilles de Sa Majesté, et qu'il fut sceu que les ducs d'Albe et de Florence s'estoient desjà de tant advancez que d'estre fermez et parquez aux portes de Rome, et le Pape enfermé et reduict en grande captivité au chasteau Sainct Ange. Et d'ailleurs que le seigneur Octavien Farneze, à la sollicitation des Imperiaux et des cardinaux Farneze son frere et Saincte-Fleur son cousin, après avoir receu du Roy toute douceur, confort et ayde, s'estoit revolté devers ceux qui auparavant, après avoir procuré la mort de son pere, le vouloient desheriter. Estant aussi adverty seurement que le progrès de toutes ces forces tendoit à chasser les François de toute l'Italie et Lombardie, et ranger le Pape à recevoir toutes telles conditions qu'ils luy proposeroient, ne peut plus temporiser et attendre, et luy fut force à la haste dresser une armée sur le commencement de l'hyver, et y envoyer M. de Guise, qui fut contrainct, pour diligenter, passer les montagnes de Savoye et les Alpes, aux grandes froidures, avec infinité de travaux. Voilà, à mon jugement, l'une des principales causes de la roupture des trefves, et dont l'on dit que ces dernieres guerres sont renouvellées.

Quant à rechercher les choses de plus loing, et dire que c'estoit une couverture que l'on prenoit pour tascher à recouvrer le royaume de Naples, suyvant l'opinion de quelques-uns, et sur cela debattre les raisons de l'une et l'autre partie, pour refuter l'une et colorer l'autre, je laisse, comme j'ay dit, ceste charge aux bons orateurs et à ceux qui ont veu et sont appelez aux privez et plus secrets affaires de tels et si grands princes, et qui tirent d'eux grandes récompenses et bénéfices, pour défendre leurs querelles à coups de plume. Et pourtant, sans m'esloigner par trop de mon propos, je me parforceray monstrer et faire paroistre à toutes personnes de bon jugement, que ces trefves n'estoient qu'une dissimulation, ou, si l'on veut, un repos et reprise d'haleine pour recommencer de plus belle, quand le pouvoir et le moyen seroient recouverts, ou, pour parler encore mieux à la vérité, quand l'on verroit quelles issues auroient plusieurs secrettes et dangereuses entreprises qui se traittoient couvertement.

Mais, pour venir aux principales causes de la roupture des trefves de pardeçà, nous tenons pour certain que le roy Philippes et les Imperiaux ont commencé les premiers, ce qui se peult vérifier par plusieurs moyens et effects, que je n'aurois presque besoing adjouster icy, ayans esté desjà imprimez et publiez par tout le monde; toutefois pour faire preuve par mesme moyen de mon argument et proposition, j'en ay bien voulu discourir quelques uns des principaux. Et, pour le faire court, sans faire grandes clameurs du rigoureux traitement qui a esté fait à noz prisonniers de guerre, plus cruel que ne pourroit estre celuy des Mores et infideles, laissant à part, ainsi que chacun le sçait, comme M. de Bouillon fut iniquement et proditoirement empoisonné et vendu mort, il est tout notoire que, bien peu de jours après l'accord et transaction des trefves, lors que pardeçà l'on ne pensoit qu'à se resjouir pour l'esperance que chacun avoit de la paix, fut trouvé et vérifié, par la voix et confession des conspirateurs mesmes, que plusieurs surprises et machinations avoient esté dressées sur des principales villes et en divers endroits de ce royaume : comme des soldats de Metz qui avoient entrepris rendre et trahir la ville, à la poursuite du comte de Meigue, gouverneur de la ville de Luxembourg, et à l'adveu du prince de Piedmond ; celle d'autres soldats sur la ville de Bordeaux, en Guienne, à la conduite du sieur de Barlemont, général des finances de l'Empereur, un peu avant Pasques, un mois après les trefves accordées. Peu de jours ensuyvans fut surpris près La Fere en Picardie, un ingénieur, conducteur de fortifications, nommé Jacques de Flectias, qui advoua et confessa avoir esté envoyé par le prince de Piedmont, pour recognoistre et dresser portraicts des principales villes de la frontière, mesmement de Montereul, Sainct-Esprit de Rue, Dourlan, Sainct-Quentin et Mesieres, et, pour cest effet, luy avoir esté fourniz deniers par son commandement. Encore pourray-je adjouter une conspiration, estrange entre chrestiens, d'un soldat provençal, qui avoit esté pratiqué et tellement suborné avec grandes promesses et présens, qu'il avoit entrepris empoisonner les puits de la ville de Mariembourg, et par là faire mourir miserablement tous les gentils-hommes et soldats qui estoient dedans, pour de tant plus faciliter la reprise d'icelle ville. Toutes ces entreprises ont esté si publiées et sont encore si fresches et manifestes, qu'eux-mesmes ne s'en sçauroient eslaver et repliquer le contraire.

Ainsi ces causes semblent assez suffisantes pour avoir donné juste occasion au Roy de s'en resentir et d'estimer que le roy Philippes et les Impériaux auroient les premiers, en contrevenant à leur serment, fait ouverture de la guerre de pardeçà, d'autant que tous contracts et accords, qui se traittent mesmement entre les princes, estant exemplaires de plus grande confirmation aux loix et decrets qu'ils érigent, doivent estre non seulement sans dol et malignité, ains exempts de toute suspicion, veu que en cela leur seul fait particulier n'y est compris, ains tout le bien et repos universel y consiste. Donques en ces beaux et honnestes exercices, fort différens aux promesses précédentes et affermées en bonne foy, se passa la meilleure part du temps de ces trefves. Outre tout cela encore l'on pouvoit sçavoir de pardeçà que, tant s'en falloit que le roy Philippes désirast réconciliation et amitié pacifique, qu'il sollicitoit le roy de Boheme et les potentats des Allemagnes à entreprendre la guerre contre le Roy pour le recouvrement des villes franches, et que, de sa part, au lieu de donner congé et licencier ses capitaines et soldatz, et rompre son appareil de guerre, il faisoit plus que auparavant extraordinaires préparatifz, mesmement d'argent. Finalement il est tout manifeste que, ne pouvant plus contenir ses entreprises, les garnisons du Mesnil commencerent à courir sur le plat pays à l'entour d'Abbeville et Sainct Esprit de Rue, et celles d'Avanes et de Cimetz vers La Chapelle, Rozoy en Thirasse et Aubenton, soubs ombre de dire que la nécessité les contraignoit, estant adonc la famine fort grande devers eux.

Estant ceste premiere année des trefves, 1556, brouillée et diversifiée des varietez d'accidents et menées dissimulées que j'ay aucunement touché et déclaré cy-dessus, et passée jusques sur la fin du mois d'aoust, l'empereur Charles, voyant les affaires de ce regne, et sa santé au lieu d'amendement tous les jours empirer, resolut, sans davantage temporiser, passer en Espagne; et au partir de Bruxelles prit le chemin à Gand. Au quel lieu appella les ambassadeurs residans près Sa Majesté, et leur donna mesme heure d'audience le mercredy 26 de ce mois, les faisant entrer les uns après les autres en sa chambre; où il ne tint en général autre langage que leur remonstrer sa vieillesse et indisposition; les priant vouloir faire bons et dignes offices d'eux, au bien et advantage de la chrestienté, protestant au nonce [c'est celuy qui est comme ambassadeur du pape] que toute sa vie il avoit aymé et defendu le Sainct Siege apostolique; à celuy de Venise, qu'il honoroit ceste seigneurie et republique, de laquelle il a aussi toute sa vie desiré la liberté et conservation, sçachant combien elle nourrit et entretient le repos de l'Italie; que son fils suyvroit le mesme chemin, luy ayant laissé par exprès commandement et testament. Aux ambassadeurs de Ferrare et de Mantoüe, il dist paroles generales aussi, et un peu plus particulieres à celuy de Florence, le chargeant escrire à son maistre ne jamais prester l'oreille à nouveaux desseings ny entreprises, et ne rien de soy brasser sans en advertir le roy son fils, comme il avoit fort bien fait jusques à présent, et dont il ne s'estoit pas mal trouvé, ainsi qu'il y paroissoit. Iceluy ambassadeur, qui est evesque, se meit à le vouloir dissuader de son partement et remonstrer que tous ses plus chers et fideles serviteurs s'en esbahissoient, consideré mesmes que toutes raisons et bons discours estoient contraires à telle résolution, et qu'au lieu d'aller en Espagne il faudroit tourner vers l'Italie, ou pour le moins n'abandonner son fils, qui se pourroit aider et secourir de son prudent conseil. A ce propos l'Empereur respondit qu'il ne pouvoit pas estimer qu'un vieil prince, mal disposé et affligé de toutes parties comme luy, peust ce qu'un jeune prince pouvoit; lequel il laissoit si bien instruict et en si bonne volonté de se monstrer grand et homme de guerre, s'il falloit y entrer, que l'on cognoistroit que son absence ne apporteroit aucun dommage à ses amis. Et là dessus voulant cet evesque derechef luy inculquer et remémorer les affaires et grandeur de ce monde, Sa Majesté l'interrompit, le priant croire que ses pensées et cogitations n'avoient plus rien de commun avec le monde, auquel il disoit adieu et à luy aussi; et là dessus se départirent.

Le vendredy ensuyvant il partit de la ville de Gand, et alla coucher à Saïl, petite bourgade distant de là cinq lieuës, et le lendemain il passa le bras de mer qui est entre ledit Saïl et l'isle de Zelande, n'estant ce bras de mer large que de quatre lieuës, qui sont neuf de distance de Gand à icelle isle, laquelle n'a que sept lieuës de tour; mais elle a trois petites villes les unes près les autres, où estoient tous les vaisseaux et l'armée qui devoient porter et conduire l'Empereur. Ces trois villes sont Flesseing, Herinnes et Meldebourg, ausquelles toutefois ne logea point, mais à une demie lieuë du port, en un petit chasteau, nommé Lambourg, appartenant au seigneur de Montlambes. Les deux roynes Eleonor et Marie partirent de Gand un jour après l'Empereur leur frère, et allerent d'une traitte jusques à la ville de Flesseing, proche dudict chasteau, où ensemble attendirent le bon vent et le temps propre pour partir, estant adonc l'armée preste et les avitaillemens faits; vray est qu'il restoit encore quelque payement aux mariniers; mais les marchands d'Anvers y arriverent aussi tost pour y satisfaire. Le roy Philippes conduisit jusques à Saïl l'Empereur son pere, et là il print le dernier congé de luy et luy dist le dernier adieu. Voilà le triste departement du pere et du fils, des plus grands princes de toute l'Europe, des deux tantes et du nepveu ; qui ne fut, comme il est facile à croire, sans très-grands et très-aigres regrets, se retirant des parties de deçà, et comme des miseres de ce siecle inconstant et mobile, le plus grand empereur et le plus renommé qui ayt regné depuis Charlemagne. Le roy Philippes retourna à Gand, où il se vit si accablé de requestes et debtes, qu'il ne luy sembloit pour l'heure en pouvoir sortir de sa vie, n'y avoir le moyen de retourner si tost en Angleterre; car les estats de par delà se monstroient adonc si rebelles aux contributions, que l'on n'entendoit quasi par tout qu'une voix commune d'un peuple qui a envie de ne longuement supporter telles oppressions, qui estoient à la verité telles, et si extremes, qu'eux mesmes n'en attendoient qu'une ruine et dangereuse revolte. Le duc de Savoye, sur lequel alors reposoit l'entier gouvernement de ces Pays-Bas, fut contrainct, quelques jours auparavant le partement de l'Empereur, retourner à Bruxelles avec tout son conseil, où les estats estoient demeurez, pour les persuader d'aider et secourir le Roy, afin que l'on peust payer aux frontieres ce qui estoit deu, et pour fournir quelques deniers au Roy pour son voyage, ne pouvant aller en Angleterre sans cela. Ce que premierement lesdits estats et princes estans à Bruxelles avoient quelquement (1) accordé; toutefois depuis le tout fut renversé et remis en controverse.

Tel estoit le changement que prenoient les affaires de par delà, ausquelles sur toutes choses le roy Philippes desiroit que celles d'Italie peussent donner aucun repos et surseance à la confusion en laquelle il se voyoit, combien qu'elles luy succedoient tout au rebours, pource qu'adonc les nouvelles estoient telles, que le Pape avoit du tout refusé et rejetté celuy qui de la part du duc d'Albe, et autres tenans ce party, luy avoit voulu faire quelque ouverture de paix. Aussi au mesme instant le Pape renvoya querir, et rappella le nonce qu'il avoit devers le roy Philippes; duquel iceluy nonce prenant congé, Sa Majesté l'asseura, avec toutes protestations, de sa bonne volonté envers la saincteté du Pape. Mais le plus grand ennuy et regret qui de ce faict troublast l'Empereur et son fils estoient les menasses que l'on leur rapporta que le Pape les vouloit excommunier, et le duc de Florence, avec tous leurs fauteurs et adherens. Il est incroyable combien l'Empereur pour cela estoit en peine, comme il a esté sceu par hommes dignes de foy qui l'en veirent plaindre en sa chambre deux heures avant son partement, et du grand tort qu'on luy faisoit pour quelque vengeance. Au surplus, le roy Philippes, suivant l'expresse ordonnance que son père luy avoit enjoincte de recognoistre et n'oublier ses serviteurs, et rechercher ceux qui pouvoient pour son service et augmentation de sa grandeur, par personnes exprès interposées faisoit attirer et regaigner en toutes sortes de promesses tous ceux qu'il sentoit reculez et absentez de son père et de luy, et quelquefois mal à propos, donnant et distribuant en l'Empire de fort riches présens et dons à personnes où il estoit aussi mal employé qu'il estoit possible, pour la petite condition dont ils estoient et le peu de moyens que ils avoient. Car, quant aux grands et principaux, il s'en trouvoit peu qui voulussent approcher de luy, tant la fresche memoire du père et de l'Espagne leur estoit odieuse.

M. de Guise, lieutenant general pour le Roy en l'armée que le Roy envoya en Italie pour secourir le Pape, montant au nombre de douze ou quinze mille hommes de pied, de quatre à cinq cens hommes d'armes, et sept ou huict cens chevaux legers, avec messieurs d'Aumalle et marquis d'Albeuf, freres de ce prince, le duc de

(1) Presque.

Nemours, comte d'Eu, et visdame de Chartres, et plusieurs autres grands seigneurs et gentilshommes françois, partit de France au mois de décembre. Lequel, nonobstant tous labeurs et travaux des montagnes de Savoye et des Alpes, et les insupportables froidures et passions que ceste saison d'hyver traine communement après elle, feit si grande diligence, qu'en peu de jours ayant passé tout le Piedmont, se trouva bien avant en Lombardie, sans aucune rencontre et resistance; et après avoir emporté d'assaut la ville de Valence sur le Thesin et mis en pieces quelques Espagnols qui lui cuidoient empescher le passage, se rendit heureusement en Italie. De la venue duquel estant adverty le duc d'Albe, craignant expérimenter la première furie des François, ou bien par faute de vivres et d'argent, leva le siege de Rome, et se retira sur le royaume de Naples, garnissant les places fortes des limites de soldats et munitions, pour attendre l'entreprise des nostres. Le duc de Florence, pour sauver le plat pays florentin et ses colonies et appartenances du gast et dépopulation, et pour avoir loisir de fortifier et munir ses forteresses, feit semblant de prester l'oreille à quelque alliance avecques le Roy : toutefois les choses ne s'estans peu accorder, se sentant bien soustenu et prochain de son secours, se retira dans sa ville, et se contint sur ses gardes : de sorte que le seigneur Pierre Strossy, mareschal de France, qui estoit party des premiers, et qui s'estoit enfermé dans Rome avec autres gentilshommes, capitaines et compagnies françoises, pour soustenir le siege et defendre la personne du Pape et la ville, avant que M. de Guise fust arrivé, avoit desjà combattu et pris la pluspart des forts et bloculs que les Imperiaux avoient basty et remparé à l'entour de Rome et sur le Tybre. Ainsi fut le Pape remis en liberté, et ceste très-ancienne ville, avec toute la province circonvoisine, reasseurée et ostée de la captivité où leurs ennemis se promettoient la rendre en bref.

Or durant le temps de toutes ces exécutions il n'estoit encore nouvelles de guerre de pardeçà, sinon que par murmures l'on pronostiquoit qu'en bref l'une donneroit commencement à l'autre, selon que desjà le pouvoient donner à penser et faire croire les preparatifs qui estoient appareillez de la part du roy Philippes : comme il advint que peu de jours ensuyvans l'on rapporta que les garnisons d'Artois et Henaut estoient renforcées, et les villes remplies de gens de guerre, sans qu'on peust entendre la cause, sinon qu'il fut dit y courir un bruit couvert eux vouloir exploiter quelques secrettes entreprises en Picardie, en des principales villes de la frontière, où ils avoient intelligences. Parquoy s'y estant retiré M. l'Admiral, qui en est gouverneur, et ayant assemblé les garnisons ordonnées en cette province, les voulut prévenir et jouer au plus fin, asseuré que l'ennemy faisoit le semblable, et en ayant commandement; de façon que sur le commencement de janvier, la veille des Roys, s'estant embusqué près la ville de Douay, faillit à y entrer et la surprendre la nuict, pendant que ceux de là dedans, qui s'estoient ce soir enyvrez à crier le Roy boit, estoient à cuver et reposer leur vin et cervoise (1), et ce, sans une vieille qui donna l'alarme et qui esveilla le guet à fine force de crier, à laquelle trop tost et trop temerairement s'estoient descouverts quelques soldats françois. Ayant failly à celle là, depuis retourna à Lans en Artois, où il entra, et fut ceste ville pillée et saccagée : où les ennemis ont reproché et fait grandes plaintes après y avoir esté perpetrées et commises de grandes cruautez par les François. Ce sont les causes et preuves que les Imperiaux alleguent pour monstrer que nous avons les premiers enfraint les trefves, et contrevenu à nostre foy et promesse, quoy que, comme dit a esté, ils eussent diversement commencé les premiers. Depuis ce temps les garnisons et soldats de chacun costé et party commencerent à courir les uns sur les autres, et à se chercher et rencontrer comme ennemis : et ainsi commença la guerre de pardeçà.

(1) Bière.

LIVRE NEUVIESME.

Des préparatifs pour le renouvellement de la guerre d'entre le roy Philippes et le Roy. — Des sieges et prises de Sainct-Quentin, Han et le Castelet, et de la rencontre et routte des François, advenue le jour de Sainct-Laurent. — Ensemble de plusieurs choses depuis advenues et executées en ce temps, jusques au mois de janvier en cest an 1557.

[1557] ESTANT de nouveau la guerre criée et ouverte entre le roy de France et le roy Philippes en toutes les parties de l'Europe où leur puissance s'estend, sur terre et sur mer, il ne fut pareillement question que de nouveau rechercher et inventer tous moyens pour recouvrer argent et amasser gens de guerre; et en cela ne faut douter que tout le peuple en chacun Estat n'eust à grandement souffrir; car, outre les imposts ordinaires où le populaire est contribuable, nouveaux subjects, taillons, emprunts particuliers, furent mis sus, avec une grande foule et surcharge. En quoy furent semblablement compris les ministres et beneficiers en l'Eglise, cottisez par ampliation de decimes à l'équipollent du revenu de leursdits benefices. La noblesse et gendarmerie, retournant freschement de la guerre précédente, qui se promettoit avoir quelque peu de repos pour se remonter et mettre en equipage, et pour donner quelque ordre à leur mesnage et famille, fut derechef rappellée, tant pour comparoir aux rieresbans que pour se trouver ès compagnies, esquelles plusieurs gentilshommes sont enrollez. Commissions furent despeschées à plusieurs capitaines pour faire nouvelles levées de gens de pied, et pour remplir les vieilles bandes qui estoient ès garnisons sur la frontiere, combien qu'adonc toute la France estoit fort destituée de la pluspart des meilleurs et plus expérimentez soldats, pour avoir esté les compagnies d'eslite envoyées en ce voyage d'Italie, et le surplus avec grand nombre de la noble jeunesse l'avoir entrepris, tant pour l'espoir d'y voir diversité de choses que pour davantage s'exerciter au faict des armes : ce qui retourna en après à nostre grande perte et dommage, comme depuis s'est veu. D'estrangers le Roy en feit peu venir de par deçà, seulement neuf ou dix mille Allemans, et huict cens ou mille pistolliers, que le Reingrave retira et amena. Le roy Philippes au contraire [comme j'ay quelque peu touché cy-devant] avoit de longue main mis ordre et pourveu à dresser ses forces autant belles et grosses qu'il luy estoit requis pour executer haute entreprise et esprouver sa premiere fortune pendant qu'elle luy en presentoit ample occasion, et sçachant bien la diminution de celles du Roy, à cause de ce voyage d'Italie; mais ce fut si cautement, qu'avec longue difficulté et doute on n'en pouvoit estre adverty : et moins encore estoit sceu où il se vouloit adresser et qu'il oseroit attenter, d'autant que l'on presumoit qu'il seroit empesché à répondre de par-delà, où tous les efforts tendoient de toutes parts. Ainsi dès la fin du mois de janvier, ce qui estoit resté de gendarmerie en France fut mandé [estant la plus prompte force que le Roy peult mettre soudainement aux champs], et fut départie ès endroits du royaume où l'on sentoit estre le besoing, et le long des frontieres que l'on cognoissoit estre foibles, mesmement en Champagne, à cause que ce sont les advenues où le plus communément l'ennemy prend sa descente en France, aussi pour favoriser l'œuvre et fortification de la nouvelle ville de Rocroy que le Roy avoit fait commencer en ce temps, pour servir de contrefort et appuy à Mariembourg et à Maubert-Fontaine, et pour de tant plus facilement mener des vivres de l'un à l'autre. Pareillement à toute diligence l'on faisoit remparer, fortifier et munir toutes les places de défense de ceste lisiere, mesmement Mesieres, à faire relever la plate-forme et le pan de muraille derriere le chasteau, qui avoit prins coup et qui s'estoit avallé, rendant une entrée et ouverture facile, si de bonne heure n'y eust esté remedié. A quoy M. de Nevers, qui est en toute ceste province lieutenant general pour le Roy, se rendoit tant vigilant et attentif, que, ne s'en voulant fier à tout autre, en vouloit estre luy mesme l'oculaire examinateur. M. de Bordillon, lieutenant aussi pour le Roy en l'absence de ce prince, n'y espargnoit rien de son accoustumée solicitude et prudente conduite; de sorte que depuis s'est veu comme l'ennemy, ayant cognoissance du bon ordre qui y estoit, tourna son desseing ailleurs, où il fut adverty que moins y avoit esté pourveu.

Tout le printemps et la pluspart de l'esté se passerent sans qu'il y eust gros amas d'armée d'une part ny d'autre, et ne furent faites que courses et entreprises particulieres les uns sur les autres, entre lesquelles je n'ay voulu oublier celle que les gouverneurs des forts de Philippeville et de Charlemont, de Cimets et d'Avanes, firent le jour de Pasques flories, quatrieme jour d'avril, pour venir tailler en pieces les vastadours et manœuvres qui besongnoient à Rocroy, cuidans gaigner le vieil fort et ruiner ce qui estoit commencé de neuf, estant encor le rempart de deux à trois pieds hors de terre; laquelle fut si secrette, que, sans que le fils du sieur de Chambry, qui en est gouverneur, en sceust aucunes nouvelles, se présenterent en bien petite troupe assez près de ce fort; pourquoy les soldats de la garnison, pensans que ce fussent quelques coureurs seulement, sortirent à l'escarmouche, et tant expressement à la file, que peu en resta dedans; si que la grosse troupe des ennemis, s'apercevant que ce que ce fort pouvoit contenir de soldats estoit hors, essaya de traverser et leur couper le chemin de leur retraite, ce que toutesfois ne peurent si tost faire, qu'estant cogneue leur délibération, les François y redoublerent tellement leurs forces, que, après avoir longuement combattu pesle mesle, rentrerent et se retirerent dedans à la barbe des ennemis, qui, par ce moyen, n'exécuterent leur entreprise, et n'en remporterent que force canonnades et harquebusades, et perte de beaucoup des leurs. Vray est qu'il y eut quelques pionniers des nostres tuez et blessez, et non en si grand nombre qu'ils en esperoient faire carnage, à cause qu'il advint si bien que ce jour là ils faisoient leurs monstres et estoient empeschez à recevoir argent. Tant y a que ceste entreprise mal exécutée accreut encor la diligence à rendre ceste ville au plustost en défense; de sorte que le prince le plus souvent n'en bougeoit, pour par sa presence solliciter chacun à la besongne : et quand les affaires l'appelloient ailleurs, il y commettoit personnes où il avoit grande fidelité et asseurance; mesmement y envoya le sieur de Giry, lieutenant de sa compagnie, qui y fit assez long sejour, pendant qu'il donnoit ordre aux autres necessitez de la frontiere. Et pource que nous sommes encore sur ce propos, il m'a semblé estre bon de faire une brefve description de la situation et forme de ceste nouvelle ville, pour démonstrer que c'est un lieu bien propre pour y bastir une forteresse et place de guerre, autant belle, forte et convenable que l'on en pourroit choisir. En premier lieu, l'assiette est sterile à plus de deux lieuës au plus près, estant tous bois de haultes futayes, marescageux et pleins de mortes; et aux lieux défrichez n'y croist que bruyeres, ronces, genestes et menuz tailliz, à cause que le terroir est argilleux et morvenx ès fondrieres et plaines, comme en l'endroit où elle est située, et és autres lieux sont rochers durs et aspres, et maigres, où il n'y a aucune humidité, et n'y vient que du polliot et de la mousse : ainsi il est impossible d'y pouvoir camper en gros nombre pour l'assieger plus de vingt-quatre heures au plus, encor en y portant des vivres. Quant à la forme, elle est pentagone et à cinq fronts, couverte et defendue de quatre gros bouleverts garnis de leurs flancs, cases-mattes et plates formes, et le vieil fort qui fait le cinquieme, ayant chacun son nom particulier; à sçavoir : le Real, le Daulphin, Montmorancy pour M. le connestable, Nevers et Bordillon. Et fault dire qu'ils sont si grands et spacieux, qu'aisément en chacun l'on pourroit loger au large plus de deux mille soldats et un grand nombre d'artillerie, chose bien requise en lieu de défense, pour la commoditéque l'on a de se remparer et retrancher, de n'estre pressé : au surplus les défenses y sont si seurement couvertes et hors de batterie, qu'il est impossible de les pouvoir oster, d'autant que les talons et espaules sont si grandes et larges et espesses, qu'elles couvrent mesmement grande partie des courtines. Et quant au rempart, le gazon et la terre est si argilleuse et gluante, comme j'ay dit, qu'à si peu d'eau qu'on luy fait boire elle se conroye et endurcit d'elle mesme. Or ceste ville a esté trouvée en toute chose si seure et commode à toutes les communes de ceste frontiere, que dix fois autant de place qu'elle contient n'eust peu suffire pour distribuer à la moitié de ceux qui demandoient lieu et permission d'y bastir; encor ceux à qui a esté permis s'y sont en si peu de temps accommodez et logez, qu'en brief l'on peult esperer d'y voir l'une des plus belles villes de ceste contrée; et croy, de ma part, que, estant parachevée selon son desseing et commencement, qu'il n'y aura point de comparaison, en toute sorte, de Mariembourg à elle.

Pendant le temps que ces deux princes preparoient leurs armées, et faisoient tout devoir de pardeçà de se pourvoir de deniers et tout équipage, l'un pour assaillir, et l'autre pour se défendre, le septieme du mois de juin, la royne d'Angleterre, Marie, envoya par un herault d'armes signifier la guerre au Roy, et se déclarer son ennemie, luy estant à Reims avec toute sa Cour et grosse assemblée de princes et grands seigneurs. Auquel la Majesté mesmes, après lui avoir esté remonstré par M. le connestable de quelle douceur le Roy usoit envers luy, ayant mérité griefve punition d'avoir passé par son royaume sans sauf conduit, fit brefve et prompte reponse que, si sans occasion et cause, sa maistresse lui vouloit estre adversaire et ennemie, s'estant tousjours monstré amy et secourant aux Anglois en leurs adversitez et troubles, Dieu, juste examinateur de toutes choses, et équitable rétributeur, luy donneroit le moyen et pouvoir de se défendre d'elle, qui n'estoit qu'une femme, autant bien et heureusement que ses prédécesseurs avoient repoussé et battu les siens, et avec autant d'avantage qu'il luy feroit la grace d'en avoir sur elle. Puis le hérault ayant receu un honneste présent du Roy, et luy estant desigé certain temps pour se retirer, s'en retourna. Il est facile à croire que ce fut à la très-grande importunité et solicitation du roy Philippes que ceste declaration et ouverture de guerre fut faite, d'autant que, peu de jours précédemment, et lors encor, l'on avoit sceu les partialitez et divisions qui estoient en Angleterre, pour la doute que la noblesse et toutes les communes de ce royaume avoient que leur nouveau roy, affoiblissant et diminuant leurs forces par les guerres, ne s'emparast tant plus facilement des forteresses, et parvint à la superintendance où il aspiroit, pour, en après, les chastier aigrement, et les matter et ranger à sa subjection volontaire. Toutefois ils n'ont sceu si constamment continuer en ceste sage et prudente opinion, comme nation variable, que, se laissans attirer et séduire avec vaines promesses et seductions, ont experimenté l'arrogance et avaricieuse cupidité des Espagnols, et après resenti non moindre perte par les François, ainsi que cy-après sera dit. Dès ce temps venoient plus fréquentes nouvelles et advertissemens du grand amas que le roy Philippes dressoit, et du grand nombre d'hommes qui s'amassoit en tous les endroits de ses pays; mesmement le bruit couroit par tout que l'Allemagne se remuoit fort, et qu'en diverses contrées se faisoient diverses levées de gens de guerre, de cheval et de pied. De nostre costé pareillement les compagnies s'assembloient peu à peu aux lieux qui leur estoient nommez, et la fanterie semblablement estoit recueillie et retirée, mais non en si grand nombre, ny en tel équipage qu'il s'est veu, pour beaucoup de causes. Davantage les Allemans, que le Reingrave avec grande difficulté tiroit d'Allemagne, se ramassoient à la file et en petites troupes en Lorraine; et sembloit, pour en parler sans dissimulation, veu le petit estat et assemblée que nous faisions, que nous fussions desjà tous asseurez de la puissance et délibération de nostre ennemy, et comme s'il fust question que de se garder et défendre, tant est oultrecuidée nostre nation, et coustumiere de mespriser son ennemy, ce qui luy retourne bien souvent à grand'honte et perte irréparable. Peu de jours ensuivans, environ la my-juillet, l'on sceut que le prince de Piedmont, le duc d'Ascot, comtes de Mansfel, d'Aiguemont, de Maigne (1), de Barlemont, estoient à Givetz pour y dresser camp, où desjà s'estoient jointes quelques compagnies d'Allemans, Namurrois, Liegeois et Walons, attendans là de brief le surplus du secours d'Allemagne, avec les ducs de Brunsvich et leurs reitres, et comme aussi la gendarmerie et cavallerie de la Franche-Comté, qui devoit venir par le duché de Luxembourg. Ce qui donna opinion qu'ils en vouloient et s'attaqueroient à quelque ville de ce costé-là, comme à Mariembourg, Mesieres ou Rocroy, que le rapport de quelques espions augmenterent davantage, disans que certains regimens de gens de pied et de cavalerie, estoient passez jusques à Nimes, et que là ils charpentoient et bastissoient grande quantité d'eschelles et autres engins pour surprendre et emporter d'assaut une place. Oultre plus, que contremont la riviere de Meuse montoient des Pays-Bas innumerables quantitez de toutes sortes de provisions et munitions de guerre, tant vivres qu'artillerie, pouldres et boulets. Pour toutes lesquelles causes l'on tenoit pour certain que ce seroit ceste part où l'ennemy convertiroit sa furie, et surtout l'on craignoit Mesieres et Rocroy; lesquelles prises, demeuroit Mariembourg enclose et fort difficile à estre secourue, et par ainsi aisée à estre reprise et remise en son premier estat. Il ne fault douter si adonc M. de Nevers avoit peu de repos en l'esprit, et moins de sa personne, comme celuy en qui redondoit tout l'honneur et vitupere, si, par mauvais ordre, y fust advenu quelque danger; de sorte que ce gentil prince, vigilant autant qu'il est possible, et d'un travail incredible, sans intermission discouroit de lieu à autre, recognoissoit toutes choses trois et quatre fois, et, en toutes les manieres que l'on pouvoit inventer, mettoit une si seure police par tout, que ce eust esté par un merveilleux désastre s'il en fust mal advenu. Et surtout renforça Rocroy de toutes munitions et artillerie, autant qu'il étoit besoing pour soustenir un long siege. Au surplus, encore que les rempars et fortifications fussent

(1) De Mègue.

desjà si avancés qu'elles se monstrassent bastantes pour attendre la fouldre de l'artillerie, et que l'on y besognast en toute assiduité, si est-ce qu'il la rampara encor mieux de vaillans hommes, et qui estoient armez d'un si grand et asseuré courage, qu'encor que la place eust été toute raze, il eust fallu que les ennemis les eussent tous taillez en pieces les uns après les autres, et leur passer sur le ventre, avant les faire démarcher et se rendre honteusement; ordonnant chef là dedans le sieur de Fontaines, et la compagnie de gendarmerie de M. de Montpensier, dont il est lieutenant, et les chevaux legers du capitaine Gilles de Boviers et unze enseignes de gens de pied des capitaines Chambry, gouverneur, Soleil, Le Bois, Ogier, Jacques, Le Fresne, La Malaise, Pavaillon, Bahu, du seigneur de Savigny de Lorraine, et du capitaine Fontenilles, y estant pour sergent majeur le capitaine La Faye. Toutefois le Roy estant en mesme doute que si l'ennemy entreprenoit ceste nouvelle ville non encor esprouvée, et où les rampars et fortifications estoient encor fresches et non endurcies et surannées [mesmement où il y avoit à présumer qu'il y employeroit le verd et le sec, pour par ce bon commencement acharner et encourager ses soldats à entreprendre davantage [il n'advint qu'en la cuidant sauver et défendre] non seulement on en fist perte avec honte, mais aussi de beaucoup de vaillans hommes, desquels l'on avoit bien affaire ailleurs, envoya expressement un gentilhomme, nommé Sainct-Heran, enseigne de M. le connestable, pour la revoir et visiter, et pour luy faire rapport de sa valeur et suffisance. Au rapport duquel, ne sçay pour quelle cause, il escrivit à M. de Nevers qu'il avoit sceu que sa ville de Rocroy n'estoit si avancée et seure que l'on luy avoit fait entendre, comme par un mescontentement, et pourtant qu'il n'estoit point d'advis qu'attendant les efforts d'un si puissant ennemy, l'on fist perte de beaucoup de bons hommes et d'autres choses que luy serviroient bien autre part. A quoy ce prince, estant à Mesieres comme en lieu qu'il sentoit le plus foible, et qu'il reparoit en toutes les sortes qu'il luy estoit possible, fit response qu'il savoit Rocroy, en l'estat qu'elle estoit, si assurée et bonne, qu'il avoit délibéré, si tost qu'il seroit certain que l'ennemy y tourneroit, de s'y enfermer, pour se présenter le premier à la défendre, le suppliant remettre sur luy toute la crainte qu'il en pouvoit avoir. Et est chose certaine que ce prince l'avoit ainsi résolu de s'enclorre en l'une de ses places, s'il fust advenu qu'à l'improviste et soudainement l'ennemy les eust assiégées, pour, par sa présence accroistre aux moindres le courage et affection de faire comme luy, et l'ensuivre en valeur et hardiesse, et, aux bien asseurez, de n'oublier rien de leur devoir et honneur, combien que ce ne soit chose raisonnable, et qui ne doit estre permise, que tels et si grands princes qui emportent par leur perte de beaucoup à tout un royaume, soient exposez à tels dangers comme en prises et assaults de villes, où adviennent infinis inconveniens, ains doivent estre reservez à plus grand secours et besoing. Toutefois le Roy, bien adverti adonc des forces que l'ennemy avoit en campagne, manda à ce prince se retirer en lieu propice pour y assembler son armée, et fut le bourg d'Attigny désigné pour y dresser le camp; auquel lieu toutes les compagnies de cheval et de pied furent mandées pour s'y trouver en toute diligence, estans desjà nos reitres et Allemans logez à l'entour. Ainsi, ayant laissé M. de Bordillon dedans Mesieres avec sa compagnie de cinquante hommes d'armes, et celle du comte de Sancerre, et le sieur de Troussebois, qui en est gouverneur, avec ses deux enseignes de fanterie, et quatre autres, se retira à Attigny.

En ces entrefaites, les ennemis s'estant de beaucoup renforcez à Givetz et à Nimes, se voyans en assez bon nombre pour exécuter quelque entreprise, après avoir donné plusieurs et diverses allarmes et algarades à la ville de Mariembourg, de laquelle estoit gouverneur le sieur de Losses, brave et vaillant chevalier, comme par maniere de la vouloir recognoistre, en la plupart desquelles ils acquirent peu de profit et moins d'honneur, ayant une seule compagnie de gens de pied françois feit tourner visage à toute leur avant-garde, ils délibérerent avec ce grand nombre d'eschelles et autres artifices aller surprendre Rocroy, en faisant si peu de cas qu'ils l'estimoient emporter en six heures. Suyvans ceste resolution, comme je presume, que si ceste délibération succédoit comme ils se le promettoient promptement, poulser encor plus avant en païs: si autrement, que, sans s'esloigner de leur traicte, ils suivroient où ils avoient desjà prévu leur rendez-vous, pour parachever et mettre à fin leur dernier exploit. Doncques ayant leur armée prins ceste route, leurs coureurs se présenterent, le vingt-cinquieme de juillet, devant ceste ville de Rocroy, pour attaquer l'escarmouche et soliciter ceux de dedans à sortir cependant que les esquadrons et leurs grosses troupes arriveroient, pour en après tout à un coup mettre toutes choses au dernier poinct. Mais, estans desjà les nostres advertis de leur venue, ne leur donnerent la peine de les aller semondre de plus près s ains, estans sortis ceux qui estoient ordonnez pour les soustenir, si tost qu'ils les apperceurent, leur sonnerent une saluë avec telle tempeste et tintamarre, que les boulets y plouvoient aussi espessement que la gresle, et les venoient noz harquebusiers avec telle asseurance choisir de si près et en butte, que ceux sur lesquels ils couchoient se sentoient plustost morts ou blessez qu'ils n'y pensoient, de sorte qu'il ne leur fut jamais possible approcher le rampart de plus de quatre cens pas près ; car les grosses troupes estans arrivées, pensans s'approcher pour soustenir et favoriser l'escarmouche, estoient tellement pressées de forces canonnades et de notre harquebuserie, qu'à tous coups estoient contraintes se retirer en arriere, s'ouvrir et rompre d'elles mesmes : sur quoy noz gens ne failloient promptement à donner la cargue.

Ainsi, pour en parler au vray, en bref il y fut faite l'une des plus belles escarmouches qui se soit veuë depuis cent ans ença, en laquelle firent fort bien leur devoir et donnerent grand'preuve de leur valeur et hardiese les capitaines Bois, Ogier et Jaques, avec leurs soldats braves et vaillans : aussi feit le capitaine Gilles de Bouviers. Enfin les ennemis se retirerent avec leur courte honte, ayans seulement veu de loing Rocroy, encor à leur grand interest et perte de beaucoup de vaillans hommes des leurs, entre autres d'un fort brave capitaine espagnol, comme l'on dit, délaissans pour trophées et marques de leur venue forces charongnes et corps morts. Et en ceste façon allerent camper au gué de Houssu, et de là se retirerent et retournerent camper en la vallée d'entre Nimes et un lieu appellé Haulte-Roche, auquel lieu, selon l'advertissement qu'en donna M. de Bordillon à M. de Nevers, les capitaines Saincte-Marie et La Lane les allerent recognoistre, et l'assiette de leur camp, d'où ils ramenerent quelques chevaux d'artillerie et prisonniers qui asseuroient eux n'avoir encor d'artillerie que quinze ou seize pieces, la pluspart canons ; mais qu'il en arrivoit de jour à autre de Malines, et ne pouvoient estre adonc que de quarante à cinquante enseignes de gens de pied ; que toute leur cavallerie n'étoit encor assemblée. Ils disoient aussi que l'on ne parloit point en leur camp d'assieger Mariembourg, bien qu'on tenoit certain qu'estans leurs forces assemblées ils s'adresseroient à Rocroy, ce que toutefois ils ne firent ; ains, au partir de là, quittans du tout ceste frontiere pour le peu d'avantage qu'ils s'y voyoient avoir, tournerent leur chemin devers la Picardie, prenans leur adresse devers Cimetz, où ils ne firent séjour, tenans le chemin de Glaion et Trelon, et de là à Montereul-aux-Dames, passans près de La Capelle, et à Vervins, qu'ils saccagerent et bruslerent, et de là tirerent à Guise où ils camperent, monstrans grandes apparences de le vouloir assieger. Or en ce lieu se rendit toute leur armée complette, estimée de trente cinq à quarante mille hommes de pied, de douze à quinze mille chevaux, tant de leur gendarmerie que de reistres et pistolliers, qui estoit toute leur plus grande force, et n'attendoient plus que huict ou dix mille Anglois, qui descendoient à Calais et au comté d'Oye, et qui les devoient venir trouver à Saint-Quentin, comme depuis s'est veu. Quant à nostre petite armée assemblée à Attigny, comme j'ai dit, montant de gens de pied au nombre de dix-sept ou dix-huit mille hommes, allemans et françois, et de cinq à six mille chevaux de gendarmerie, cavallerie et reistres, si tost que l'on sceut les ennemis marcher en campagne, aussi fit elle, les costoyans tousjours de quatre à cinq lieues près, suivant le pays de Thirasse, et fut advisé de l'aller fermer et parquer à Pierrepont, lieu fort commode pour couvrir toute ceste frontiere, et pour y departir le secours avec seureté et avantage pour nous, eu égard principalement à l'opinion qu'ils donnoient de vouloir assieger Guise, place adonc fort douteuse et non encore rendue en sa parfaite force, dedans laquelle estoit pour l'heure chef et lieutenant de roy le seigneur de Vassé, chevalier de l'ordre, et capitaine de cinquante hommes d'armes. Estans M. de Nevers, le prince de Condé, le Reingrave, le baron de Curton et le sieur de La Roche du Maine, avec nostre armée, près Nostre-Dame de Liesse et d'une belle maison appellée Marchetz, qui fut au sieur de Longueval, M. le connestable, messieurs l'Admiral et mareschal de Saint André, qui estoient lors près de la personne du Roy, manderent à ce prince qu'ils se trouveroient à Pierrepont, où l'armée alloit au partir de là, qui estoit le 28 de juillet, et que là ils adviseroient ensemble à ce qui estoit à faire pour remedier aux surprises de l'ennemy, que l'on cognoissoit adonc très fort, et que l'on prevoyoit ne se departir, ayant employé si grands fraiz à recueillir si gros nombre d'hommes de diverses contrées, sans exploiter quelque œuvre premedité et projetté d'asseurance. Toutefois il s'est dit que quelques-uns estoient encor si opiniastres, qu'il ne pouvoit tomber en leur entendement que l'ennemy osast entreprendre davantage que ce qu'il avoit fait, s'arrestans à ce que, n'ayant peu assembler son armée si tost qu'il avoit projetté, pour la distance des lieux et autres incommoditez, l'occasion luy seroit eschappée de plus attenter chose de grand effect ; mesmement qu'il estoit rebouté de la frontiere de Champagne, où l'on estimoit estre son principal but, adjoustans à cela que nous estions desjà trop avant en la saison, pourtant que tous les semblans et mines qu'ils faisoient, n'estoient que pour prendre une honneste retraite. Mais autres, qui voyoient plus cler et de plus loing, selon peult-estre ou que leur bon esprit, ou que leur expérience les advertissoit, présupposoient tout le contraire, asseurans fermement que l'ennemy avoit un complot tout arresté, et un rendez-vous asseuré et preveu, où il devoit tourner et employer toutes ses forces, comme à chose qu'il tenoit desjà à demy conquise pour luy, bien adverti du default qui y pouvoit estre. Mesmement M. l'Admiral advertit M. le connestable que, par les advis qu'il avoit eu des sieurs de Senarpont et Villebon, les ennemis menassoient et devoient tourner leurs efforts en Picardie, qui estoit adonc fort mal pourvue: et ce qui en donnoit la plus grande apparence, estoit que les bandes espagnolles qui estoient dedans le nouveau Hedin, n'estoient pas deslogées, qui estoient les plus vieilles et meilleures bandes qu'ils eussent, et sur lesquelles ils faisoient plus de fondement. Or cependant que l'on estoit sur ces disputes et difficultez, estant nostre armée à Pierrepont, le prince de Piedmont, qui avoit campé deux ou trois jours devant Guise, tenant bonne mine, et demonstrant tous signes de s'y vouloir arrester, sans autre plus grand bruit envoya la pluspart de sa cavalerie legere enclorre la ville de Sainct Quentin; et de mesme suite, faisant en extrême diligence marcher toute son armée, se trouva campé à l'entour avant qu'on l'eust cuidé à moitié chemin, mais si mal à poinct pour ceste pauvre ville, qu'adonc n'y avoit dedans que le sieur de Teligny, lieutenant de la compagnie de M. le Dauphin, de cent hommes d'armes, et quelques gentilshommes de ladite compagnie qui estoient là en garnison [aussi y estoit le capitaine Brueil de Bretagne, qui en estoit gouverneur], et au surplus si mal pourvue de gens de guerre, qu'il n'y avoit ordre de recevoir toute ceste grosse armée, et moins encore d'y resister. Toutefois lesdits sieurs de Teligny et Le Brueil, et generalement tous ceux qui estoient là dedans, feirent tout devoir de mettre sus un premier appareil pour soustenir la premiere poincte, attendant le secours qui leur seroit envoyé. Ces nouvelles estans apportées à M. le connestable remplirent tout le camp de grande doute, et crainte de surprise de ceste ville par defaut d'hommes, redondant et retournant en partie la faute sur ceux de la ville, comme le bruit estoit que ne vouloient souffrir aucunes garnisons. Et aussi tost s'éleva un grand murmure des causes pour lesquelles on en pouvoit mal juger, et d'où et par qui elles provenoient : ainsi que l'on voit communément infinité d'opinions estre forgées et controuvées en une incertaine et tumultuaire commune. Enfin M. l'Admiral, à qui le cas touchoit, se délibéra mettre au dernier hazard de la secourir. Et pource que du faict de ce siege toutes les opinions sont trouvées differentes et contraires, et que de moy seul n'en pouvois sçavoir le plus certain, il m'a semblé le plus seur suivre un discours (1) que ledit seigneur Admiral, l'un des premiers de ce royaume, qui estoit chef là dedans, en a escrit luy mesme: lequel, selon le plus commun jugement, ne vouldroit pour chose de ce monde contrevenir à la vérité.

Iceluy seigneur Admiral doncques partit de Pierrepont le deuxiesme jour d'aoust, après avoir de rechef communiqué à M. le connestable tout ce qui appartenoit pour le remede de ceste necessité, qui luy dist pour la derniere fois qu'il se hastast de s'aller mettre dans Sainct Quentin; et, à l'heure mesme, partit avec sa compagnie et celles des sieurs comte d'Arran, de Jarnac et de La Faiette, et les bandes de chevaux legers des capitaines Miraumont et Tenelles, françoises, et celle d'Achisson, escossoise, s'acheminant droit à La Fère pour ce qu'il ne pouvoit prendre autre chemin, à raison que les ennemis avecques toutes leurs forces estoient entre Sainct Quentin et luy, ainsi que il se descouvroit aisement par les feux qu'ils mettoient par les forts et villages : pour estre mieux asseuré du chemin qu'ils tenoient, il meit les chevaux legers, tant françois qu'escossois, de leur costé, et leur feit entendre le chemin qu'il tiendroit pour luy mander leurs nouvelles. Et pource que le capitaine Tenelles estoit du païs et qu'il le cognoissoit bien, il luy commanda donner plus avant que tous les autres.

Estant M. l'Admiral arrivé à La Fère, vint bien tost après le sieur de Coucy, qui luy dist que M. le connestable luy redoubloit mandement qu'il fist toute diligence de s'aller mettre dans Sainct Quentin. Or n'avoit-il eu encor aucunes nouvelles de ses coureurs, et ne pouvoit penser où estoient donc les ennemis : qui fut cause qu'il envoya d'autres gens à cheval pour les recognoistre; et luy print résolution, avec ceux qui cognoissoient le païs seurement, de s'en aller droit à Han, pource que de là il luy estoit plus facile d'entrer à Sainct Quentin à raison qu'il estoit malaisé qu'encor que les ennemis se fussent voulu là arrester, qu'ils l'eussent sceu si estroitte-

(1) La relation de l'admiral fera partie de cette collection.

ment envelopper que par l'autre costé de l'eau il n'y fust entré ; et davantage il leur gagnoit le devant pour couvrir Peronne et tout le reste de la frontiere. Il y avoit bien quelque apparence qu'ils ne se vouloient là arrester, car ils brusloient villages et fourrages, ce qui n'est pas accoustumé à gens qui veulent conquerir et garder un païs.

Il y avoit cinq bandes de gens de pied dans La Fere des capitaines Caumont qui en avoit deux, Sainct André, Rambouillet et Loy, ausquels il commanda partir incontinent pour s'en aller droit à Han, encor que celles desdicts Sainct André et Rambouillet fussent ordonnées pour aller au Castellet, et que pour cest effect fussent partis dès le soir, comme luy, à l'assiette de la garde ; mais ils n'y pouvoient plus entrer, pour estre empesché le chemin par les ennemis. Le sieur de Coucy fut présent à toutes les deliberations qu'il feit ; parquoy il le pria de s'en retourner devers M. le connestable pour luy faire entendre le tout, mesmement qu'il ne laissoit dedans La Fere que le sieur de Ruallon avec sa bande, considerant que nostre camp venoit coucher à trois lieuës de Pierrepont, et à demie lieuë de La Fere.

M. l'Admiral eut nouvelles par ses coureurs que les ennemis se logeoient devant Sainct Quentin, et avoient desjà veu quelques tentes dressées près la maladrerie du fauxbourg d'Isle ; mais qu'il leur sembloit qu'une partie de leur armée coulast le long de l'eau, tirant à Han. Parquoy les gens de pied et le bagage, qui prenoient ce chemin, il les feit tourner à main gauche par Gentil pour aller seurement ; et luy alla le droit chemin, pour estre adverty [car le païs estoit assez advantageux pour prendre tel party qui luy eust semblé le meilleur] et se demesler aisément, ou charger à tel nombre d'hommes qu'il eust voulu : enfin, sans aucun danger ny rencontre, il arriva à Han. A l'entrée il rencontra le sieur de Vaulpergue, avec une lettre de creance du capitaine Brueil, gouverneur de Sainct Quentin, qui luy feit entendre le grand estonnement qui estoit dans ceste ville, et qu'il estoit besoing la secourir promptement, ou elle estoit en grand danger Apres s'estre informé, et qu'il luy eust dit qu'il se faisoit bien fort de le mettre dedans ceste nuict, mais qu'apres ce ne seroit sans grande difficulté, il se résolut d'y entrer ceste nuict mesmes. Et sans que personne se desarmast, il les feit tous advertir qu'ils fissent manger une mesure d'avoine à leurs chevaux, et qu'il vouloit partir dans demie heure. Les voulut aussi informer d'une chose : c'estoit qu'il prioit les capitaines et chefs se passer au moins de valets qu'ils pourroient, et, quant aux gendarmes, qu'ils n'en menassent plus d'un chacun, et entre deux archers un ; qu'il s'en alloit à Sainct Quentin pour y entrer et attendre le siege, où il ne leur feroit bailler vivres pour davantage de personnes. Et pourceque il desiroit y conduire ceste mesme nuict ces cinq enseignes de gens de pied qu'il avoit fait partir de La Fere, s'estant enquis s'elles estoient venues, il trouva qu'il n'estoit encor arrivé que celle du capitaine Loy, estans les soldats si lassez et harassez, venuz freschement de Gascongne, que quasi la moitié estoient demeurez par les chemins. D'autre part le capitaine Caumont estoit demeuré derriere à La Fere, pour faire delivrer les armes de ses soldats, qui estoient encores encassées sur les charrois : en sorte que, tout considéré, des cinq compagnies il ne se peut servir que des deux des capitaines Sainct André et Rambouillet ; et encores qu'elles fussent fort loing derriere, il donna ordre, avant que partir, les faire marcher incontinent qu'elles seroient arrivées.

Ainsi qu'il advisoit à ordonner toutes choses avant son partement, les sieurs de Jarnac et de Luzarche l'allerent trouver pour luy dire qu'il ne leur sembloit pas bien raisonnable qu'il s'enfermast dans Sainct Quentin pource qu'il pouvoit faire plus de service dehors ; mais que s'il vouloit qu'eux et tous les autres capitaines qui estoient là avec luy s'y en iroient, et que tous s'y accorderoient si bien, que le service du Roy n'en demeureroit point. Il leur respondit en peu de paroles qu'il les remercioit du conseil qu'ils luy donnoient, mais qu'il estoit commandé d'y entrer, et qu'à ceste occasion estoit là venu ; qu'il aymeroit mieux avoir perdu tout ce qu'il avoit vaillant que d'y avoir failli : pour le moins seroient-ils tesmoings qu'il feroit son devoir d'y entrer.

Apres que M. l'Admiral eut adverty M. le connestable de toute sa resolution par le sieur de Bouran, qui s'en retournoit vers luy de Han, il monta à cheval environ demie heure avant soleil couchant, mettant son mareschal des logis devant luy avec cinquante bons chevaux et bonnes guides, auquel il commanda marcher cent pas devant luy seulement, et, quoy qu'il trouvast en chemin, qu'il chargeas sans le marchander : comme au semblable il advertit tous les capitaines de sa resolution et de ce qu'ils avoient à faire. Il ne fut pas fort avant en païs qu'il trouva l'abbé de Sainct Pris, qui estoit sorti ce soir environ quatre heures de Sainct Quentin, lequel luy dist qu'il alloit trouver le Roy, et qu'il esperoit y estre le lendemain à son lever. Apres qu'il se fut enquis du logis des ennemis et sommairement des autres choses, il le pria presenter ses tres humbles recommandations à la bonne grace du Roy, et luy dire qu'il l'avoit trouvé avec une bonne troupe, qui faisoit son compte, Dieu aydant, d'entrer ceste mesme nuict dans Sainct Quentin, où il esperoit luy faire un bon service. Ainsi y arriva une heure après minuict, où il entra avec luy des quatre parts de la gendarmerie les trois pour le plus : les autres, ou pour s'estre perdus par les chemins à une allarme qu'ils avoient eue, ou par faute de bonne volonté, n'y entrerent point. Quant aux chevaux legers françois et escossois qui estoient partis avec luy de Pierrepont, il n'y en avoit un seul arrivé quand il partit de Han, comme il l'avoit ordonné ; aussi n'entrerent-ils point dans Sainct Quentin. Des deux compagnies de gens de pied qui partirent de Han selon qu'il l'avoit encharge, il en entra ceste mesme nuict environ six vingts, conduits par le lieutenant du capitaine Rambouillet, s'estant la mesme nuict esgaré le capitaine Sainct André avec autant d'autres ; lequel toutefois y entra le jour ensuyvant, environ quatre heures après midy. Tant y a que pour le plus desdites deux compagnies, il y en entra deux cent cinquante hommes.

Estant M. l'Admiral entré et arrrivé dans Sainct Quentin, ainsi qu'il a esté dict cy dessus, sitost que le poinct du jour se monstra, s'en alla au fauxfourg d'Isle, où il trouva que noz gens avoient abandonné le boulevert qui avoit esté fait nouvellement, et s'estoient retirez à la vieille muraille; s'excusans que pour n'y avoir point de parapects audit boulevert, et estre la terre de dehors pour le moins aussi haute que celle de dedans le boulevert ; et d'autre part, que pour avoir esté gagnées par les Espagnols certaines maisons sur le bord du fossé, qui estoient à cavalier et de mesme hauteur, et enfin pour le peu d'hommes qu'ils estoient à la defendre, avoient esté contraincts à ce faire. Or, sur cela faut-il savoir que la premiere entreprise que les ennemis feirent si tost qu'ils arriverent devant Sainct Quentin fut de gagner ce boulevert, qui estoit commencé, à l'entrée et defense de ce fauxbourg et de la chaussée d'Isle, encor que ceux de la ville avec ce peu de gens qu'ils estoient, et avec force canonnades, eussent fait tout effort pour les en débouter. Ce neantmoins estans adonc les plus forts, en demeurerent les maistres, et s'y logerent les seigneurs Julian Romerou et Carondelet, avec les vieilles bandes espagnoles.

Pour suivre nostre propos de l'ordre que M. l'Admiral establit là dedans, s'estant enquis quel nombre de gens de guerre y estoit, il trouva que la compagnie de M. le Dauphin y estoit quasi complette. Quant à la compagnie de gens de pied du capitaine Brueil, il luy dit que la fleur de ses hommes estoit à Bohain, où il avoit une esquadre de ses meilleurs soldats harquebusiers; cela estoit aisé à croire, car le demeurant estoit fort pietre. Il estoit excusable pour une chose : c'estoit qu'il n'y avoit pas plus de huict ou dix jours qu'il estoit entré en ceste place, et estoit bien sceu que il avoit perdu beaucoup de gens au partir d'Abbeville.

Voyant de quelle importance estoit garder ce fauxbourg, M. l'Admiral prit l'opinion de tous les capitaines pour sçavoir ce qu'on pourroit resouldre pour le plus expédient. Il fut conclud que sur le soir on feroit faire une saillie pour mettre le feu dans les maisons qui empeschoient et portoient dommage, et qu'ayant osté les ennemis de là, l'on feroit faire une terrasse tout le long du boulevert, qui serviroit de parapect. Cependant, pour ne perdre temps, l'on feit besongner à deux flancs pour regarder la poincte dudit boulevert : ce qui estoit facile en faisant ouverture à la muraille, tant qu'il en falloit seulement pour l'embouchure d'une piece d'artillerie. Et par mesme moyen l'on feit gratter et piocher terre à relever une trenchée où l'on estoit d'advis de retrencher ce fauxbourg, pour autant qu'en cest endroit l'on y pouvoit faire breche en moins d'une heure, et telle qu'il n'y eust eu homme qui s'y fust osé presenter, pour estre le dehors beaucoup plus haut que le dedans, et le rempart du tout razé.

Ces choses ainsi ordonnées, M. l'Amiral s'en alla faire le tour de toute la haute ville, pour considerer et remarquer les plus foibles endroits où premierement faudroit besongner, et pour adviser où l'on departiroit les quartiers, à ce que l'on commencast à y travailler de bonne heure sans attendre la nécessité. Cependant il manda à ceux de la ville qu'ils s'assemblassent à leur hostel commun, où ils appelleroient tous les principaux et plus notables de tous les estats pour entendre ce qu'il auroit à leur dire. Après que M. l'Admiral eut recognu et revisité tout le circuit et contour de la ville, et qu'il fut revenu au lieu où ils estoient jà assemblés, il leur meit en avant tous propos de consolation, et qui les pouvoient asseurer, comme pour lors ils en feirent grande demonstration, qui toutefois ne leur dura guieres. Et oultre cela, il feit rediger par memoires ce à quoy lui sembloit bon de pourvoir, et qui requerroit proche diligence, entre autres de la recherche des hommes qu'ils avoient en leur ville, portans et ayans armes, et qui les pourroient porter, et pareillement besongner, tant hommes que femmes ; que pour cest effect il estoit besoing rechercher et ramasser tous les outils, hottes et paniers, et le tout faire apporter en la maison de la ville, afin que plus facilement on les peust là trouver, quand on en auroit affaire. Et pource qu'en une si grande ville ne pouvoit estre autrement qu'il n'y eust grand nombre d'artisans et manœuvres qui en pourroient livrer et forger grande quantité, que ils les advertissent d'y besongner continuellement. Davantage, s'asseurant que là dedans y avoit grande quantité de bouches, et qu'il falloit sçavoir de quoy on les nourriroit, qu'ils feissent une description de tous les greniers, vins et bestail qu'ils avoient en leur ville ; que tout ce que ils trouveroient par les maisons, ils le missent en garde ès mains de ceux mesmes à qui le bien appartiendroit ; et, afin qu'il ne s'en feist point de degast, il feroit faire une défense à toute personne de n'y toucher sur la vie, attendant qu'il eust mis un ordre pour la distribution ; aussi qu'ils luy sceussent à dire quelle quantité d'artillerie, pouldres et boulets il y avoit, et quelles gens pour les manier et pour en tirer. Et pource qu'en faisant la ronde par la ville, il avoit veu user grande munition sans propos, en avoit donné la superintendance au capitaine Languetot, et soubs luy deux gentils-hommes de chacune compagnie de gendarmes, qui estoient dix en tout, afin qu'ils les peust departir par les quartiers pour le soulager ; qu'à ceste cause ceux qui y demeureroient eussent à luy obeir, et qu'il vouloit sçavoir tous les soirs quelle quantité de pouldre auroit esté despendue le jour ; semblablement, qu'ils eussent à luy monstrer toutes les pouldres qu'ils avoient, et les lieux où ils les retiroient, pour sçavoir si elles estoient en lieux dangereux. Adjoustant avec tout cela qu'il n'avoit point de cognoissance qu'en toute la ville il y eust plus de deux moulins, l'un à eauë, et l'autre à vent, cessans lesquels il desiroit sçavoir quels moyens ils avoient de mouldre et recouvrer farines. Voilà les principaux poincts de l'ordonnance que M. l'Admiral proposa à ceux de la ville de Sainct-Quentin pour le faict de la police et conservation de la ville ; délaissant encores plusieurs autres menus articles, qu'il donna plus amplement escrits en un memoire, concernans aucunes particularitez qui seroient trop prolixes à deduire.

En après, ayant esgard au faict de la fortification et defense d'icelle, se retira en son logis, où il feit appeller tous les capitaines, et là leur déclara tout l'ordre qu'il avoit mis en tous les endroits et necessitez ci-dessus narrées. Par-quoy ne luy sembloit pour lors chose plus requise que departir les quartiers et lieux de la ville ou il vouloit et entendoit que chacun fust logé et se retirast advenant l'affaire, et s'employast pareillement à travailler, remparer et se fortifier. Entre autres propositions, d'une principalement M. l'Admiral requit et somma tous les capitaines et soldats, qui estoit que là où quelqu'un sçauroit quelque chose bonne et utile à executer, qu'on lui feist entendre, et qu'il l'auroit fort agreable, et le recevroit de bonne part, d'autant qu'il ne doutoit point que là dedans parmi les compagnies il n'y eust beaucoup de gens de bien qui se seroient trouvez en bons lieux, où ils auroient veu et retenu diverses ruses et inventions incognues à autres. A l'instant mesmes, au sortir de son logis, allerent departir les quartiers tout à l'entour de la ville, et aussitost feit commencer à besongner et remuer terre, pour remparer ès lieux où il veit estre de besoing, et ordonna aux capitaines, tant de cheval que de pied, qu'ils eussent à luy bailler un roolle du nombre de leurs hommes, tant pour voir ce qu'il avoit pour le combat que pour la distribution des vivres.

Se promenant M. l'Admiral, et tournoyant la ville, il veit un grand nombre de jardins qui s'estendoient jusques sur le bord des fossez, et pleins d'arbres, principalement du costé de la porte Sainct-Jean, à l'ombre desquels les ennemis pouvoient approcher à couvert jusques sur le bord desdits fossez : encore qu'il fust desjà tard, il envoya querir tous les charpentiers qui se peurent trouver, et les feit conduire par deux archers de sa compagnie, afin d'employer le reste de la journée à coupper arbres pour faire fascines, et leur commanda qu'ils continuassent tous les jours : ce qui fut faict tant que l'on peust, mais non pas tant que ce qui demeura du costé de la porte de Remicourt ne leur ayt apporté à la fin grand dommage. Or, pource qu'il avoit esté concluld de faire une sortie pour brusler les maisons qui leur nuisoient, et pour essayer de regagner le boulevert d'Isle, il pria messieurs de Jarnac, de Teligny et de Luzarche, la dresser et ordonner ainsi, et jusques au lieu où il leur avoit monstré.

Cependant il monta au clocher de la grande eglise, pour recognoistre l'assiette du guet des ennemis, et voir par où l'on feroit venir du secours, afin qu'il le mandast, et par mesme moyen le monstrast au sieur de Vaulpergue qu'il y vouloit envoyer exprès, d'autant que cela luy sembloit le plus necessaire, et plus on attendroit et plus seroit difficile, à ce que s'il amenoit gens, il fust tout seur et informé de l'endroit où il les feroit passer sans danger. Pendant qu'il estoit sur ce clocher, ceste sortie se va faire; mais noz gens trouverent les ennemis si forts qu'ils ne peurent executer tout ce qu'ils vouloient; et encor qu'ils bruslassent quelques maisons, ce ne furent celles qui nuisoient le plus; et ainsi fallut que noz gens se retirassent, estans poursuivis des ennemis de si près, que quasi pesle-mesle ils entrerent dans la ville. Toutefois ne sceurent-ils si bien faire, qu'avant partir de là noz gens ne bruslassent le tapecul par où l'entrée de ce boulevert leur estoit aisée; car il ne restoit que une petite porte qu'on eust aisement rompue d'un coup de pied : et du boulevert pour entrer dans le fauxbourg, il n'y avoit qu'une muraille d'environ sept ou huict pieds de haut, en laquelle y avoit encore deux grandes breches, par où l'on portoit de la terre sur une plate forme, qui n'estoient bouchées que de claies et de quelques balles de laine. Parquoy toute la nuict, et en la plus grande diligence que se peust faire, l'on y releva une trenchée afin d'amuser les ennemis le plus long-temps qu'on pourroit, pource que M. l'Admiral vouloit temporiser et attendre le plus tard qu'il luy seroit possible à rendre et abandonner ce fauxbourg, encore qu'il eust beaucoup d'opinions contraires et contre luy, entre lesquelles il y en avoit deux principales contre lesquelles ne pouvoit contester : l'une, que par les marets l'on y pouvoit entrer en deux endroits, et prendre noz gens par derriere, en danger qu'en les voulant retirer ou secourir on perdist la ville avec le fauxbourg; l'autre, qu'il avoit si peu d'hommes qu'il les devoit plustost conserver que hazarder, et mesmes qu'il avoit veu à ceste sortie s'y estre perdus ou fort blessez quinze ou seize des meilleurs soldats qu'il eust, du nombre desquels estoit le capitaine Sainct-André. Enfin, pour ne demeurer opiniastre en chose desraisonnable, et contre l'advis de tous les capitaines, M. l'Admiral dit que quand il verroit plus evidente occasion il se retireroit, mais que cependant aussi il falloit faire bonne mine comme si on avoit deliberé de le défendre, et ne laisser pourtant à y tenir la main avecques bonne garde, surtout par les endroits où les ennemis pouvoient arriver par les marets, afin de n'estre point surpris, et que sur la vie cela ne fust decelé ny descouvert.

Le second jour que M. l'Admiral fut entré dans Sainct Quentin, il dit et remonstra en conseil aux capitaines, que combien que les ennemis eussent eu cognoissance de quelque secours qui y estoit entré, si estoit-il bien malaisé qu'ils fussent certains du nombre, et pourtant qu'il avoit envie de faire sortir quarante ou cinquante chevaux pour battre et descouvrir l'advenue de leurs logis qui estoient un peu plus avant que le village de Raincourt, et assez escartez des autres, et que, selon qu'ils se gouverneroient, il adviseroit à dresser quelque entreprise; et pource qu'ils avoient desjà eu cognoissance de la compagnie de M. le Dauphin, il pria M. de Teligny donner ceste charge à quelque sage homme d'armes de sa compagnie, qui surtout se donnast garde de s'attaquer ny s'amuser à combattre; que la sortie qu'il faisoit faire pour lors n'estoit que pour entreprendre en après quelque autre chose meilleure. Il le pria de s'en reposer sur luy, et qu'il y commettroit personnage si suffisant, et auquel il recorderoit si bien la leçon qu'il n'en adviendroit aucune faute.

Or adonc M. l'Admiral se trouvoit si mal d'une douleur de teste, que il fut contraint se mettre sur un lict au logis de M. de Jarnac, où il estoit lors; et cependant M. de Teligny s'en alla faire monter ses gens à cheval, et les enseigner de tout leur faict. Mais avant que partir M. l'Admiral lui repliqua une douzaine de fois qu'il ne vouloit point que ce fust luy qui sortist, ce que ledit seigneur de Teligny luy asseura, lequel, au partir de là, feit une fort prompte diligence à faire sortir ses hommes. Car M. l'Admiral ne fut point demie-heure à se reposer, qu'il se leva pour aller veoir comme tout s'estoit porté à ceste sortie, et trouva messieurs de Jarnac et de Luzarche qui retournoient de la porte par où elle avoit esté faite, et lui compterent le grand desordre qu'il y avoit eu; disans que les premiers coureurs avoient très-mal executé ce qui leur avoit esté encharge, et que M. de Teligny cela voyant, et voulant reparer la faulte, encores qu'il ne fust point armé, sur un fort mauvais courtault y estoit voulu aller pour les faire retirer, laissant un sien gentilhomme avec cinquante ou soixante chevaux auprès du moulin qui est hors la porte Sainct Jean; que quand il fut arrivé où estoient les coureurs, les ennemis leur avoient fait une cargue où il avoit esté enveloppé et porté par terre; que l'on ne sçavoit s'il estoit mort ou vif, sinon qu'aucuns disoient qu'il n'estoit encor mort, selon qu'ils l'avoient peu appercevoir, bien que les ennemis l'eussent despouillé, qu'il estoit demeuré sur la place près du moulin.

M. l'Admiral, voyant qu'il estoit si près des murailles, dit qu'il le vouloit avoir vif ou mort, et commanda aux autres chefs de la compagnie de M. le Daulphin monter à cheval, comme il fit aussi aux autres qui se trouverent près de luy. En s'acheminant vers la porte, se presenta un soldat à pied qui luy dist, s'il lui plaisoit, qu'il essayeroit de l'aller querir. Il luy promit un bon present s'il le pouvoit rapporter; ce qu'il fit fort bien, et le rapporta avec ses compagnons. Quand ce bon chevalier, ainsi blessé qu'il estoit, vit M. l'Admiral, de premiere parole il le pria luy pardonner, sçachant bien qu'il l'avoit offensé, et luy reitera ce mesme langage par cinq ou six fois : lequel luy respondit qu'il n'estoit plus temps demander pardon aux hommes, mais bien à Dieu, car il estoit si navré et entamé sur plusieurs parties de sa personne, qu'on n'attendoit plus que luy veoir rendre l'esprit : ce neantmoins survesquit encor une heure et demie après avoir esté rapporté, et ne fut petite perte de ce gentilhomme, estant hardy, bien advisé, et s'employant volontiers pour son devoir et le service du Roy, comme depuis est apparu en ceste compagnie que le principal chef estoit mort. Ce que en cest accident fut depuis trouvé le plus mauvais, et, selon que beaucoup de gens de bien l'ont témoigné, estoit que, quand il fut blessé, les ennemis n'estoient point plus de dix-huit ou vingt à la cargue qu'ils firent ; les nostres estoient bien autant de coureurs, et celuy que Teligny y laissa n'estoit point à cent pas du lieu où il fut porté par terre; et nonobstant il fut massacré et despouillé, sans aucunement estre secouru de nul des siens. Cestuy allegue pour son excuse qu'il avoit exprès commandement de M. de Teligny ne partir de ce lieu où il estoit, que luy mesme ne le vint querir; aussi qu'il ne pouvoit avoir cognoissance de ce que les coureurs faisoient à cause d'un petit hault qui estoit au devant de luy.

Après cela il se passa deux ou trois jours que les ennemis ne se remuoient point fort et ne faisoient grandes choses; seulement qu'ils pressoient et s'approchoient le plus qu'ils pouvoient du costé du faulxbourg d'Isle, et creuserent quelques tranchées au lieu des maisons qu'ils souloient tenir, où le feu avoit esté mis avec certains artifices, par l'invention d'un Escossois de la compagnie du comte d'Arran. Cependant neantmoins ne se perdoit temps dans la ville, car l'on y besongnoit à la plus grande diligence que l'on pouvoit en tous les endroits qu'avoit esté advisé; et dehors la ville l'on coupoit les arbres autant que la commodité le pouvoit permettre. Et de la part de M. l'Admiral, il sollicitoit ceux de la ville à toutes heures pour savoir quelle quantité de vivres ils trouvoient là dedans, et pour luy satisfaire sur les articles qu'il leur avoit donné par mémoires. Enfin ils luy baillerent un estat des vivres, qui luy sembla bien petit; car, à en despendre assez estroitement, à peine en pouvoient avoir pour trois sepmaines : et pource qu'il se douta qu'en ceste recherche il y avoit eu de la fraude et de l'excuse, il donna charge à un homme d'armes de sa compagnie la reprendre et recommencer de nouveau, et n'exempter pas une seule maison, et qu'il print encore deux ou trois autres de sa compagnie avec luy, de sa cognoissance des plus suffisans pour ceste charge, afin d'y estre soulagé; d'autant que, oultre ceste commission, il lui estoit enjoint faire tuer et saller le bestail qui estoit là dedans en fort gros nombre, avec si peu de moyens de le pouvoir nourrir, qu'il fut force le departir par les compagnies tant de cheval que de pied, pour certains jours qui leur furent limitez. Aussi avoit-il en charge de faire departir le pain et le vin : en quoy il s'acquitta si bien, qu'au lieu que ceux de la ville n'avoient donné cognoissance à M. l'Admiral de vivres que pour trois sepmaines, il en fut trouvé pour plus de trois mois; et si se descouvroit tous les jours quelque chose de nouveau.

Pour revenir maintenant à ce que faisoient les ennemis, après qu'ils eurent parachevé ceste tranchée [dont dessus est parlé] du costé du bourg d'Isle, une nuit ils approcherent leurs pièces pour tirer en batterie. Et ainsi que M. l'Admiral retournoit de faire la ronde à l'entour de la haute ville, ceux qui estoient en garde au bourg luy manderent que les ennemis estoient dans les fossez dudit bourg, qui sappoient, où il alla incontinent; et, après avoir longuement escouté, entendit aisement qu'ils ne sappoient point le fossé, ains que c'estoient pieces qu'ils approchoient. Pourtant, suivant ce qu'avoit esté resolu par l'advis de tous les capitaines, il commença à faire retirer quelques pieces d'artillerie qui estoient là, et grande quantité de boulets de plusieurs calibres, poudres à canon, balles de laine, picques, outils à pionniers, et plusieurs autres choses; en sorte que les ennemis ne se pourroient vanter y avoir trouvé aucunes ustensiles dont ils se soient peu aider. Et quant aux maisons, estant vuides de tous meubles, on les avoit fait si bien appareiller, que, soudainement que le feu y seroit mis, ne fauldroient aussi tost à s'enflamber et embraser.

Il n'estoit pas demie heure de jour que la premiere vollée de canons fut tirée, lorsque M. l'Admiral commença à appeler les capitaines qui y estoient en garde, et leur dist qu'ils retirassent leurs gens le plus couvertement et celément qu'ils pourroient, afin que, pour attendre plus tard, ce peu d'hommes qui estoient là n'entrassent en effroy, et que par ce moyen n'y survint quelque desordre et confusion, enchargeant au surplus qu'on ne fist faulte à mettre le feu partout; ce qui fut fort bien exécuté diligemment, reservé en l'abbaye d'Isle où le feu ne peut prendre, encor qu'on eust mis grand'peine à l'estançonner et amorcer en tous les endroits plus subtils et secz et prompts à s'allumer.

Après avoir retiré tous les gens de guerre et tout ce qui estoit dans ce faulxbourg en la haulte ville, on commença à remparer la porte par où on y entroit de la haulte ville, pource que cest endroit se trouvoit fort foible et mauvais. Et environ une demie heure après que l'on commença à y besongner, un homme de la ville alla dire à M. l'Admiral qu'il seroit bon oster quelques pouldres à canon qui estoient dans deux tours joignantes ceste porte, dont il n'avoit esté parlé aucunement, non pas seulement au capitaine Lanquetot à qui il avoit donné la charge de les visiter, et sur toute l'artillerie et telles munitions. Soudainement, à tel advertissement, M. l'Admiral fit lever les serrures des portes, pource que les clefs ne se trouvoient point; où fut trouvé que les caques où estoient ces pouldres, si tost qu'on les touchoit, tomboient en pieces, tant estoient pourris, de façon qu'on ne les pouvoit ainsi transporter, et fallut avoir des linceuls pour les ensacher et mettre, à les oster hors de là.

Voyant M. l'Admiral que sa presence estoit plus requise ailleurs, et que ses gentilshommes qu'il y laisseroit pourroient faire continuer ce que jà avoit commencé, après y en avoir ordonné trois ou quatre, il s'en alla faire la ronde à l'entour de la ville, à fin que les habitans ne fussent estonnez pour avoir esté ce faulxbourg quitté et abandonné. Comme il eut quasi achevé tout ce tour, ainsi qu'il estoit près de la plateforme de la tour à l'eau, il veit le feu qui se prenoit aux pouldres estans en ceste porte, où il courut le plustost et vistement que ses jambes le peurent porter, et trouva que desjà la violence de ceste diabolique mixtion, et comme une fouldre, avoit ouvert une si large breche, qu'il y pouvoit entrer vingt ou vingt-cinq hommes de front. A ceste improuveu et nouveau accident, il rallia promptement ce qu'il peut de gens aupres de luy pour la defense de ceste breche, à cause que les ennemis avoient desjà gaigné ce faulxbourg, et leur eut esté dès ceste heure là aisé d'en faire autant de la ville, si l'esclair du feu et la fumée des maisons qui brusloient, ne leur en eussent osté la veue et cognoissance; car M. l'Admiral fut une bonne demie heure et plus, qu'il n'avoit que sept hommes avec luy pour defendre ceste breche s'il y fust survenu affaire. Il n'y a nulle occasion d'en imputer le tort aux gens de guerre, pour autant qu'eux ayans veu la porte fermée et remparée, chacun d'eux se retira en son logis pour repaistre et se rafreschir, et l'inconvenient qui survint estoit trop inespéré. Les uns pensoient que ce fussent les bluettes des maisons qui brusloient; les autres disoient le feu s'y estre mis d'une piece d'artillerie qui tira au dessus de la porte; ainsi chacun trouvoit le cas fort estrange. Il s'y perdit trente cinq ou quarante personnes, entre autres cinq gentilshommes de ceux de M. l'Admiral, fort gens de bien et de service, qu'il y avoit delaissez pour diligenter les ouvrages, attendant qu'il fust de retour. Mais aussi tost que le bruit fut entendu de cest infortune, à la verité chacun y accourut à toute haste; tellement qu'en moins de rien la breche fut bien bordée, et y fut employée telle promptitude à la reparer par hault et par bas, qu'elle se trouva aussi forte qu'auparavant.

Le jour mesme que ce faulxbourg fut abandonné, les ennemis continuerent à s'approcher encor de plus près de la haulte ville: lesquels donnerent aussi occasion à chacun de se parforcer et esvertuer davantage à rendre les ouvrages en perfection, fust à rehausser les remparts et terreplains, fust à applanir et à niveler les plates-formes; et n'y avoit adonc jusques aux moindres, tant des gens de guerre que de la ville, qui ne desployassent les bras, et qui volontairement ne courbassent les eschines pour porter la hotte et les fascines et la terre aux réparations.

De toutes ces choses, et generalement de tout ce qui se passoit dans la ville, M. l'Admiral advertissoit, au plustost qu'il en avoit le moyen, M. le connestable, à fin qu'il en fust hors de peine, et peust adviser des tous remedes necessaires. Pareillement, pour maintenir tousjours ceux de la ville en bonne volonté et asseurance, et les gratifier, il alloit ordinairement en leur hostel commun, où faisoit assembler les principaux, et là resolvoit les choses qu'il vouloit bien qu'ils sceussent: entre tous lesquels citoyens et habitans M. l'Admiral s'est grandement contenté; et a loué et eu en singuliere recommandation le maieur de la ville, nommé le sire Gibércourt, et l'a trouvé fort affectionné serviteur du Roy, tant au service de Sa Majesté que pour la conservation de la ville; mais il n'y en avoit point d'autre qui le secondast. Les ennemis adonc furent un jour ou deux qu'ils ne leur donnoient grands empeschemens. Et cependant, puisque j'ai fait assez ample narration des principaux poincts de ce siege, et des exploits et bon ordre que M. l'Admiral avoit mis au dedans de la ville, je diray maintenant quelque chose du dehors, de la solicitude de M. le connestable à y faire entrer secours, mesmement de gens de pied, la jugeant assez suffisamment garnie de cavalerie. Doncques est il à sçavoir qu'estant nostre armée arrivée à La Fere, l'on avoit fait partir M. le mareschal de Sainct André avec trois ou quatre cens hommes d'armes, et le prince de Condé avec une partie de la cavalerie legere, de laquelle il estoit lors general, et M. Dandelot avec huict ou dix enseignes de fanterie françoise, pour s'en aller à Han, tant pour tenir l'ennemy en doute, et luy retrancher le moyen de s'eslargir et recognoistre le pays, que pour recouvrer tousjours occasions plus prochaines d'entreprendre sur luy, et finalement essayer de tous endroits à mettre gens dans Sainct Quentin. Sur cela ayant le sieur de Vaulpergue fait entendre à M. le connestable les endroits que M. l'Admiral luy avoit monstré du grand clocher de la ville, comme j'ai dit cy dessus, par où il pourroit conduire le secours qu'il guideroit, fut advisé que n'estant le costé devers Han fort pressé et couvert des ennemis, à cause que ce quartier avoit esté reservé pour les Anglois, M. Dandelot, avec deux mille hommes de pied, pourroit par ceste advenue plus seurement de nuict se jetter et entrer dans la ville, pendant que nostre gendarmerie et cavalerie de toutes parts tiendroit les camps des ennemis en allarmes. Laquelle entreprise eust succedé heureusement, si elle n'eust esté descouverte, comme l'on a sceu, par quelques chevaux legers anglois des nostres, qui avoient été pris des ennemis, lesquels, pour se sauver d'estre penduz, promirent donner tel advertissement qu'il seroit cause de leur faire en brief recouvrer la ville de Sainct Quentin, et sur cela leur declarerent tout le faict. Parquoy ès lieux où ils sceurent que noz gens devoient passer, firent fossoyer force traverses et tranchées, qu'ils remplirent de leurs meilleurs harquebusiers, et, sans faire aucun bruit, ny se descouvrir, attendirent noz gens de si près, qu'ils les pouvoient tirer en butte. En faisant ainsi tomber et mourir une partie des premiers, le reste fut rompu et tourné en routte : les uns se sauverent avec M. Dandelot, et les autres furent tuez ou prisonniers. Sur ce propos je ne veux oublier à dire ce que M. l'Admiral mesme a escrit au discours de ce siege, que ledit sieur de Vaulpergue ne retint et n'imprima pas bien en sa memoire les adresses et accès qui luy avoient esté monstrez et enseignez : car, au lieu qu'il donna à la teste d'un corps de garde de gens de pied, et en lieu fort désavantageux pour ceux qui vouloient entrer, il eust passé entre deux corps de garde, l'un de gens de pied, et l'autre de cheval, où ils n'eussent trouvé que sentinelles ; et avant que les corps de garde eussent pensé à ce qu'ils avoient à faire, ceux qui eussent voulu entrer pouvoient gaigner une colline le long des vignes, par où le capitaine Sainct André estoit en plein jour entré, comme ils pouvoient faire en despit de tout le monde, d'autant qu'estant la nuict obscure, il eust esté malaisé qu'un corps de garde se fust desplacé pour les venir chercher, pour le moins qu'ils n'eussent esté en lieu de sureté, pource que c'estoit fort près de la ville. Avant aussi que passer plus oultre, je ne veux faillir à declairer que ce secours d'Anglois, que la royne Marie envoya au roy Philippes son mary, et qui arriva en ces jours au siege de Sainct Quentin, estoit estimé au nombre de neuf à dix mille hommes de pied, et quinze cens ou deux mille chevaux, soubs la charge des milords Pambrotz (1), Clinthon et Grey, lesquels passans près d'Ardres firent quelque semblant de s'y vouloir attacquer ; mais M. de Sansac, qui estoit dedans, estant la place bien pourveuë et garnie, leur fit assez cognoistre et veoir qu'il ne les craignoit pas, et ainsi se rendirent au lieu où ils estoient attenduz. Or, pour maintenant retourner à la suitte du siege de Sainct Quentin, ayant le secours qu'amenoit M. Dandelot failly à y entrer, ceux de la ville commencerent à s'estonner. Mais M. l'Admiral fit tant pour ceste fois, qu'il les remit, leur remonstrant qu'il n'estoit point là venu pour se perdre, et qu'il avoit amené tant de gens de bien, que, quand il n'y en entreroit point d'autres, ils estoient suffisans pour se defendre contre toute la puissance des ennemis ; mais qu'il les asseuroit davantage que M. le connestable tenteroit tous moyens du monde pour les secourir. M. l'Admiral fut lors adverti qu'entre ceux qui s'estoient retirez dans ceste ville de l'allarme qu'avoient donné les ennemis marchans en païs, il y avoit plusieurs bons hommes de la frontiere qui avoient accoustumé de faire la guerre en des petits forts où ils se tenoient ; parquoy, pour se servir de tout ce qu'il pouvoit, il donna charge à deux gentilshommes du païs, l'un nommé Colincourt, et l'autre Avernal, d'arborer chacun une enseigne, et, comme ceux qui les cognoissoient mieux qu'autres, ils eussent à retirer soubs eux la plus grande quantité et les meilleurs hommes qu'ils pourroient, et les mieux armez ; qu'après les avoir enrollez ils les fissent assembler en la grande place, auquel lieu luimesme iroit faire leurs monstres, et leur feroit bailler à chacun un escu : ce qu'ils firent fort promptement, et ce mesme jour lui monstrerent tous deux deux cent vingt hommes assez bien

(1) Pembrock.

armez et en bon équipage pour le lieu ; lesquels il fit payer comme il avoit promis, et puis loger en un quartier comme les autres compagnies.

Ainsi que M. l'Admiral discouroit et se promenoit par la ville pour tousjours considerer et entendre les affaires où il falloit remedier, il advisa plusieurs pauvres personnes qui s'y estoient sauvez et retirez des villages, lesquels, pour quelque commandement qu'on leur fist, ne vouloient travailler ny s'employer aux fortifications. Pourtant fit publier une ordonnance que toutes personnes qui s'y seroient retirez des villages, eussent à aller besongner aux remparts, sur peine d'estre fouettez par les carrefours pour la premiere fois qu'on les trouveroit défaillans, et pour la seconde, d'estre penduz et estranglez ; sinon, qu'une heure devant la nuict ils se tinssent pres de la porte de Han, qu'on leur feroit ouvrir pour les mettre dehors. Il en sortit de sept à huict cens ou environ. Ce fut autant de descharge, d'autant qu'il falloit les nourrir ou les laisser mourir de faim ; qui eust peu apporter une peste et infection d'air avec plusieurs autres maladies contagieuses. Il fut pareillement de besoing que de rechef il donnast ordre à repartir et egaler les quartiers de la ville, où il y avoit grande confusion ; car, encor qu'il y eust seize hommes de la ville deleguez pour ceste charge, ils y faisoient si mal leur devoir, que c'estoit temps perdu de leur en commander quelque chose. A ceste cause il renchargea à seize gentilshommes de ceux qui estoient residens ordinairement en la ville, de retenir cest esgard sur les quartiers, tant de leurs hommes que des armes qu'ils avoient en leurs logis.

Quand M. l'Admiral veit que le premier secours n'estoit pas entré, la chose où il prenoit plus garde tous les soirs et matins, estoit à l'assiette des guetz qu'ordonnoient et asseoient les ennemis, pour veoir s'il y auroit moyen d'y en faire entrer d'autres, et pour en advertir M. le connestable. Et après avoir d'un bout à autre tout considéré, il luy sembla faisable et possible, comme aussi le jugeoient tous ceux à qui il en communiquoit, principalement pour n'avoir pas encore ledits ennemis saisi et pris le logis qui plus pouvoit incommoder et reserrer les assiegez en ce faict. Pour ceste cause il depescha trois archers de sa compagnie, qui estoient de ce païs, et leur fit bien au long entendre sa conception, leur monstrant trois endroits par l'un desquels ils ne pouvoient faillir d'entrer à trois signals qu'il leur fit voir, afin que par iceux ils peussent cognoistre le plus aisé, et l'endroit où ils pourroient plus seurement venir.

Cela faisoit-il à raison que les ennemis pouvoient changer de logis, ou asseoir un nouveau guet : dequoy il ne pourroit si promptement advertir ceux qui viendroient.

Le premier soir que ces trois archers cuiderent sortir, ils ne peurent pour avoir esté descouverts des ennemis ; mais le lendemain les ennemis deslogerent, et se vindrent mettre et camper ès lieux que l'on craignoit le plus, dont lesdits archers peurent avoir cognoissance. Ce nonobstant, ils furent si hardis et asseurez, qu'ils passerent et traverserent une partie de l'armée qui marchoit. Toutefois M. l'Admiral ne se voulant du tout fier à cela, par un autre moyen à l'instant mesme advertit M. le connestable qu'il ne pouvoit plus secourir par les endroits qu'il lui avoit mandé par ses archers. Dès ceste heure là les ennemis commencerent leurs tranchées ; et approcher de plus pres la ville du costé de la porte de Remicourt : ce qui leur estoit facile à cause de la grande quantité de hayes et arbres qu'il y avoit jusques sur le bord des fossez, où lion n'avoit pu faire besongner pource que les ouvriers avoient esté employez en autres endroits plus douteux et à craindre que celuy-là dès le commencement.

M. l'Admiral apperceut que les pionniers jettoient grande quantité de terre en un mesme lieu ; et pource qu'il estoit aisé à juger que c'estoit plutost une mine qu'une tranchée, pour en avoir meilleure cognoissance il monta au grand clocher, et y mena avecques luy Lanfort, anglois, lequel aussi estoit mineur, qui fut bien d'opinion que c'estoit l'ouverture d'une mine. Mais comme, de bonne fortune, il y avoit desjà deux ou trois jours qu'il avoit commencé de contreminer en lieu si à propos, qu'après avoir tout bien veu et considéré il luy dist qu'il ne se donnast la peine de ce qu'ils faisoient, qu'il gaigneroit le devant, et pourtant qu'il pourveust au reste.

Cependant les ennemis travailloient fort à remuer terre en leurs tranchées, et commencerent de fort pres approcher les fossez ; à quoy M. l'Admiral ne pouvoit remedier, car il n'avoit pas cinquante harquebusiers dont il peust faire estat, n'estant encore entré dans la ville que ce qu'a esté dit cy-devant des compagnies des capitaines Sainct André et Rambouillet ; de arquebusés à croc, quand il entra dans la ville, il n'en trouva que vingt et une, que bonnes que mauvaises ; sur cela l'on peult juger combien il en pouvoit mettre ensemble. Il n'y avoit une seule plateforme qui eust cognoissance du lieu où ils besongnoient ; parquoy d'artillerie il ne s'en pouvoit ayder en aucune sorte. Quant à faire sortir gens, il n'estoit pas non plus raisonnable, veu le petit nombre qu'il avoit ; aussi qu'il eust esté besoing mettre une bonne troupe d'harquebusiers, pour soustenir ceux qui sortiroient et qui feroient l'execution, et dedans et dehors : tellement que, pour en parler briefvement, M. l'Admiral ne leur pouvoit donner grande fatigue et empeschement, dont il estoit fort marry, estant sa principale occasion de faire remparer les lieux qui en avoient besoing. Mais encore en estoit-il grandement diverti par des pieces d'artillerie que les ennemis avoient logées sur la plateforme du faulxbourg d'Isle, qui voyoient et commandoient tout au long de la courtine, où estoit la principale et plus necessaire besongne. Pour laquelle cause on ne pouvoit plus recouvrer ouvriers, si ce n'estoit à coups de baston. Et pource que tous ceux qui y avoient besongné auparavant, c'estoit de leur volonté et librement, M. l'Admiral fut lors contrainct de faire faire un rolle des pionniers auxquels il promettoit les nourrir et, outre cela, leur bailler argent chacun jour, à raison que les vivres commençoient à estre fort courts. Et pour la friandise d'un petit d'argent, cela fut cause qu'il s'en enrolla environ trois cens qui servirent assez bien pour quelque temps : toutefois on ne laissoit pas, outre ceux là, d'y amener et contraindre ceux de la ville, tant hommes que femmes : tous lesquels encor ne pouvoient satisfaire en divers lieux qui se presentoient et se retrouvoient de nouveau avoir de besoing d'y mettre la main, et d'estre reparez et fortifiez. Ainsi passoient les affaires de ce siege au dedans de la ville.

Or, l'une des choses en quoy M. l'Admiral avoit plus de pensement et l'esprit tendu, comme aussi celle qui estoit la plus nécessaire, estoit de trouver un moyen par lequel il peust estre secouru : enfin il n'en trouva point de plus certain que par un marest où il y avoit aucuns petits passages creux qu'il falloit réparer et racoustrer, pource que l'eau y estoit profonde, comme il feit. Et après qu'il fut asseuré qu'on pouvoit faire entrer gens par là, il en advertit incontinent M. le connestable, et du jour que il avoit eu cognoissance de sa cavalerie, qui estoit approchée bien près de luy. M. le connestable luy manda qu'il l'approcheroit encore de plus près dans le jour qu'il l'avoit adverty ; que cependant il se pourveust de ce qui avoit donné moyen au capitaine Sainte-Roman d'y entrer, luy donnant assez à entendre que c'estoit de bateaux, desquels il ne pouvoit finer ny en recouvrer en aucune sorte, seulement avoit deux ou trois petites nacelles où il ne pouvoit tenir que deux ou trois hommes à la fois, encore à grande difficulté. D'autre part, il est facile à présumer que M. le connestable n'estoit en moindre sollicitude et travail d'entendement à rechercher et imaginer toutes ruses pour secourir ceste ville, et remédier qu'elle ne fust perdue à nostre veue, et par un seul defaut, qui estoit d'hommes, sçachant mesmement de combien elle importoit à toute l'ouverture et estonnement de toute la France. Parquoy, après avoir longuement débatu et consulté de tout ce faict, la résolution fut d'y faire entrer gens par les endroits et passages de ce marets, qu'on luy avoit dit seurs et reparez pour cest effect : et, pour traverser le courant de ce ruisseau qui y coule et abreuve ce marets, il feroit porter six ou sept bateaux dans lesquels passeroient les soldats, pendant qu'on donneroit l'allarme à tout le camp de l'ennemy; estant ceste entreprise l'une des plus grandes et louables qui soit mémoire des hommes avoir esté practiquée, si les bateaux eussent peu aborder à rive, comme il ne fut possible à cause de la vase et de l'espesseur de la bourbe limoneuse, et que l'issue en eust esté heureuse et respondante à la délibération. En quoy l'on peult de plus en plus esprouver les incogneus jugements du Seigneur Dieu omnipotent, la disposition duquel prévient le plus souvent les pensées et propositions des hommes, et sans lequel inutilement et en vain travaille celuy qui entreprend la garde et defense des villes. Ce que dire et narrer je m'excuserois volontiers [comme d'un récit odieux et mal plaisant pour nous], si la suite et continuation de mon propos ne m'y contraignoit ; lequel palliant, et n'y recitant autant l'infortune que la prosperité [selon que les Romains l'ont observé en leurs histoires], je me prouverois moy mesme menteur : en quoy, tant qu'il me sera possible, ne veux tomber de ma propre volonté et mouvement ; combien qu'en cela je desire grandement et supplie un chacun m'excuser si je ne puis parler sinon de ce que puis avoir sceu certainement, et qui me touchoit de plus près ; estant du surplus les opinions et rapports si differens et confus, comme de chose aussi advenue et passée confusement et au despourveu, qu'il n'y eut homme de nostre costé qui ne pensast plus à se defendre ou demesler et retirer, qu'à considerer et remarquer les choses à l'œil. Ainsi ce que j'en déduiray briefvement sera une attente et ouverture de continuation que je prépare à quelqu'un qui aura veu et sceu davantage que moy, d'y adjouter ce qu'il sçaura pour le mieux : ou bien celuy qui escrit doctement nostre histoire françoise en latin (1), selon

---

(1) Il est probable que Rabutin parle de l'ouvrage de Pierre Paschal, dont il a fait l'éloge dans son épitre dédicatoire.

qu'il est parfaitement instruict de la verité, en esclaircira toute doute et difficulté, pour le publier par toutes les nations de ce monde : protestant que ce que j'en ay escrit a esté, tant pour dire mon advis promptement sur plusieurs et variables doutes qui sont sur ce faict glosez et controuvez, que pour respondre à certains escrits que les ennemis ont divulgués et publiés, aussi pour en laisser une mémoire à noz successeurs. Doncques, pour retourner à mon propos, M. le connestable, pour donner commencement à son entreprise, des le dimanche huictiesme de ce mois d'aoust, partit de La Fere et voulut luy mesme aller recognoistre les chemins et passages qu'il devoit tenir, et par où ce secours devoit estre conduict et entrer, prenant avecques luy la pluspart des princes et grands seigneurs qui estoient en son armée, et autres capitaines experimentez et de conseil, avecques environ quinze cens ou deux mille chevaux, et de trois à quatre mil hommes de pied françois et allemans, y estant le capitaine Enard maistre de camp, et quatre pieces de campagne. Arrivant avec tout cela près d'un village appellé le grand Essigny, feit là demeurer en bataille toutes les troupes tant de cheval que de pied, et luy, ayant choisi messieurs de Nevers, prince de Condé, les comtes de Villars et de Sancerre, les sieurs de Montmorancy et Dandelot, et autres qui luy estoient propres et de jugement en cest affaire, passa oultre, approchant le plus près de la ville qu'il peut sans estre descouvert, jusques sur la descente du marets, n'apparoissans adonc nuls ennemis. De là fut commandé au sieur de Fumet, qui avoit esté esleu pour ceste charge, d'aller et approcher encore plus près, afin de recognoistre seurement l'armée plus prochaine, campée entre la ville et le marets, qui estoit celle du prince de Piedmont, et bien contempler et mesurer en son esprit la distance depuis la ville jusques aux plus proches de ladite armée, qui estoient les Espagnols, et par mesme moyen la distance de deçà, au bout de delà du marets, et quelle largeur le ruisseau qui passoit au milieu pouvoit avoir. Avec luy furent envoyez deux gentilshommes, l'un de la maison de M. de Nevers, appellé le sieur de Montiou, et l'autre qui estoit au comte de Sancerre, que l'on disoit estre son parent. Le tout recogneu et parfaitement considéré et remarqué par le sieur de Fumet, ayant tiré et sceu l'opinion de ces gentilshommes sur la distance de ces lieux, et autres particularités concernantes sa commission, se retirerent sans aucun empeschement la part où estoit M. le connestable, nonobstant qu'il y eust deux enseignes d'Espagnols en garde dans le moulin deçà le marets, et qu'ils trouvassent plusieurs Allemans sans croix blanches ny rouges, ne pouvans sçavoir d'eux desquels ils estoient, pource qu'ils ne parloient que leur langage et n'avoient point de truchement. Ils trouverent M. le connestable qui s'estoit assemblé avec sa cavalerie, ses gens de pied et artillerie, auquel iceluy sieur de Fumet feit son rapport de tout ce qui luy avoit esté commandé, appellant à tesmoings les gentilshommes qui avoient esté envoyés avecques luy : lesquels respondans et alléguans raisons à M. le connestable de la distance de ces lieux, iceluy sieur de Fumet asseura qu'il ne la pensoit du camp de l'ennemy à la ville, et de la traverse du marets, si longue que la jugeoient ces gentilshommes, mais que ce pouvoit estre environ cela. Après lequel rapport, M. le connestable avecques ses forces se retira à La Fere, pour adviser et conclure du surplus.

Dès le soir ensuivant, 9 de ce mois, il fut advisé de faire acheminer et passer les gens de pied, tant françois qu'allemans, sur un petit pont qui fut basty au dessoubs de La Fere expressement, et pareillement quinze pieces d'artillerie, à sçavoir : six canons, quatre longues coulevrines, deux bastardes et deux moyennes. Et dès le matin, au poinct du jour du 10, feste de sainct Laurent, se trouverent iceux gens de pied en bataille à La Justice, estans au nombre de seize enseignes françoises et vingt deux d'Allemans, ausquels s'alla joindre et assembler toute la cavalerie et gendarmerie à la mesme heure, laquelle toute la nuict avoit passé par dedans La Fere, pour y arriver à poinct nommé. De ce lieu toute l'armée tenant ordre de bataille s'achemina droit à Sainct Quentin : auquel lieu arrivant environ huit ou neuf heures du matin, s'arresta et rangea en ordonnance, au dessus et à l'endroit de ce fauxbourg d'Isle, et au costé mesmes où estoient logées les quatorze enseignes espagnolles, qui l'avoient gagné dès le commencement. Du mesme costé, par-delà l'eau et le marets, estoit campée l'armée du prince de Piedmont, faisant grande monstre et estant de longue estendue, et pour sentinelles estoient mises en un moulin qui estoit de nostre costé, ces deux enseignes espagnolles d'harquebusiers, dont j'ay desjà parlé ci-dessus, qui gardoient une petite chaussée par laquelle l'on pouvoit passer d'autre part. A l'arrivée, ces Espagnols cuiderent faire quelque resistance ; mais, en moins de rien, les nostres les rembarrerent et chasserent de là, les menans battans à coups d'harquebuses et coups de main, jusques oultre la chaussée. Au mesme instant fut affustée et bracquée nostre artillerie, qui tiroit si impetueusement dans ce camp du prince de Piedmont, que l'on y voyoit tout le monde fuir et s'esparpiller de tous endroits; mesmement donnoit de telle sorte dans les tentes et le pavillon où couchoit ce prince, qui avoit esté monstré par un archer de ses gardes pris ce matin par noz coureurs, que l'on a sceu depuis ne luy avoir esté le loisir d'y prendre et endosser ses armes, estant contrainct abandonner tentes et toutes autres choses, et avec son armée prendre un tour bien long au dessoubs de la ville, pour s'aller joindre à celle du comte d'Aiguemont, qui estoit campée celle part, mais je dis au plus grand desordre que l'on veit oncques. Chose qui donnoit si grand plaisir à regarder à tous ceux qui le voyoient, que le vouloir et le courage de combattre par mesme affection en redoubloient. Il y avoit un passage fort à douter et dangereux pour nous, distant de ce fauxbourg d'Isle, où nous estions, environ une lieuë. Pour lequel recognoistre et sçavoir si aucun y passoit, fut envoyé M. d'Eschenets avec un guide, lequel rapporta qu'il n'y avoit veu encore personne passer ny prendre le chemin pour y venir; mais qu'il seroit besoing y envoyer cent harquebusiers à pied. Toutefois, il fut trouvé le meilleur que ce fust plustost une cornette de pistolliers du Reingrave, là present, afin d'avoir par eux plustost nouvelles s'ils estoient forcez, que de gens de pied, qui seroient plustost perdus que secourus, aussi qu'ils se pourroient plus aisément retirer. C'estoit adonc que M. le connestable estoit au plus fort de la diligence, qu'il redoubloit et repartoit en toute sorte, pour avancer et faire entrer ce secours; mais n'y pouvans les bateaux approcher rive, tant pour l'abondance des soldats qui s'y entassoient et y entroient à la foule, dont ils estoient si chargez, que, pour la bourbe et le limon où ils estoient enfoncez, il n'estoit possible d'y en conduire et passer grand nombre; encore au sortir des bateaux, à cause de la presse, les soldats ne pouvoient suivre les addresses et sentes qui leur estoient appareillées; de façon qu'ils s'escartoient et se jettoient à costé dans les creux des marets, d'où ils ne pouvoient sortir, et demeuroient là embourbez et noyez. Cependant les ennemis, à ceste furieuse alarme, se retiroient tous à la file au camp du comte d'Aiguemont, où ils consultoient de ce qu'ils avoient à faire. Se faisant ce gros et tumultuaire amas d'hommes entendre et voir, tant par le bruit des armes et chevaux, que par les cris et diverses voix qui remplissoient l'air jusques à noz oreilles, demonstroit quelque presage de sanguinaire entreprise. Ce qu'estant apperceu de M. de Nevers, et craignant sur tout ce passage suspect dont nous avons parlé, dit à M. le connestable qu'il voyoit terre couverte d'hommes, tant de pied que de cheval, en l'armée du comte d'Aiguemont, à laquelle s'estoit allé joindre le duc de Savoye avec la sienne; qu'il estoit à douter qu'ils forçassent ce passage où avoit esté envoyé M. d'Eschenets; pourtant qu'il estoit d'advis d'y aller luy-mesme avecques plus grandes forces : ce qui fut trouvé bon, et dont le pria bien fort M. le connestable. S'estant acheminé ce prince avec son regiment de gendarmerie, à sçavoir de sa compagnie et celles des seigneurs de Curton et d'Aubigny, accompagné de M. de Vassé, ne fut pas si tost arrivé en ce lieu, qu'il trouva quinze cens ou deux mille chevaux desjà passez deçà le passage, et une si grande multitude qui passoit et vouloit passer, qu'il n'estoit possible la nombrer estant tous les gens de pied derriere eux en bataille. Et lors, quelques uns furent d'advis [et comme il estoit facile à juger] de charger ce qui estoit desjà passé, et le renforcer sur ce qui passoit, avant qu'ils fussent plus forts. Sur quoy fut remonstré par aucuns capitaines estans là n'estre chose raisonnable, ains que plus tost l'on se devoit retirer que s'advancer davantage, pour la furieuse contenance qu'ils demonstroient, et que M. le connestable n'estoit point là venu en intention de hazarder les forces de France, qui estoient de nombre beaucoup plus petites et foibles que celles des ennemis, si une grande contrainte ne l'y forçoit; et encore que les affections et courages fussent aussi grands et forts, si ne falloit-il precipiter et soubsmettre à l'adventure un affaire de si grande importance, sans plus advantageuse occasion. Parquoy, sur cet advis se retirant, M. de Nevers s'alla joindre à M. le prince de Condé, que M. le connestable avoit fait demeurer à un moulin à vent avec la cavallerie legere; et eux ensemble, tenans la main gauche, feirent si bien, que, sans aucune perte, se r'allierent à l'armée de M. le connestable, qui gaignoit tousjours pays de sa retraite. Les ennemis cependant se renforçans, s'advançoient et advantageoient sur nous, se presentans beaucoup plus forts qu'auparavant, en huict gros bataillons de cavallerie et reitres, et tant s'approcherent et recogneurent de si près à loisir nostre petite armée, qui ne montoit qu'une poignée d'hommes près de la leur, n'estant que de neuf cens hommes d'armes mal complets et quelques chevaux legers, qu'aprés avoir quelque peu parlementé, le comte d'Aiguemont, selon que les ennemis mesmes en ont escrit, avec deux mille chevaux chargea dans un flanc, et les comtes Henry et Ernest de Brunsvich, avec chacun mille reitres, soustenus par le comte de Horn avec mille hommes d'armes donnérent dans l'autre. En mesme instant les comtes Mansfel, de Vuillen, d'Ostiat et de Gheldres, avec autres trois mille chevaux, vindrent enfoncer et se mesler au milieu, le tout avec une si esmerveillable furie, qu'ayans renversé les premiers rancs et ceux qui soustindrent ce premier choc, tout le surplus de soy-mesme tourna en routte et fuite, en si grand desordre et si incredible confusion, que l'on y pouvoit juger et cognoistre une évidente punition divine, et un renversement de l'air qui jusqu'alors avoit suivy le Roy et les siens en toutes ses entreprises, plustost que la faute de ceux qui en avoient la conduite, lesquels on ne peut accuser d'indevoir ou negligence quelconque. Le comte de Schevalzbourg avoit esté commandé pour garder le passage avec son regiment de reitres, dont il fut après mal content pour n'avoir eu part au butin. Il est très-difficile declairer où et par qui commença ce désordre, pour estre advenu tout à un coup; aussi qu'il n'y a homme maintenant à qui ou le regret, ou la peur et crainte, n'en ayent effacé la memoire et souvenance. Il est vray le commun bruit estre tel, que la plus grande occasion qui esmeut les ennemis, et qui leur donna hardiesse hazarder leur charge si promptement, fut quand un grand nombre d'hommes inutiles pour le combat, comme thresoriers et marchands, et autres telles gens qui suivent une armée, ou pour leur plaisir ou pour le profit, voyans les ennemis de si près, d'eux mêmes prindrent la fuite pour se sauver de bonne heure, et leurs deniers et marchandises, et semblablement les vallets que l'on feit retirer trop tard; tous lesquels, se retirans confusement au grand galop et avec grandes crieries, feirent penser à l'ennemy que nostre armée s'esbranloit desjà et estoit heure de poulser leur fortune et charger. Le desastre fut encore si general et commun, que M. de Nevers, lequel en retournant tenoit la main gauche, lors que la premiere charge commença, de malheur se trouva en un vallon et chemin fort creux entre luy et l'armée de M. le connestable, où voulant tourner son regiment pour presenter teste et soustenir l'ennemy, fut chocqué et renversé, et ses compagnies ouvertes et rompues de la presse et de la foule, laquelle s'y trouva si confuse et meslée des ennemis et des François, qu'il ne fut plus question de tenir ordonnance, et garder son rang pour combattre; ains chacun pensoit à se sauver et détraquer des rencontres de l'ennemy, cedant la moindre partie vaincue à la plus grosse et plus forte du vaincueur. Le sieur de Givry, lieutenant de la compagnie de M. de Nevers, y fut fait prisonnier adonc, et aussi tost rencontré. Le sieur d'Espeuilles, enseigne de cette compagnie, y fut abbatu et jugé pour mort dès l'heure; toutefois Dieu luy conserva si bien l'entendement, que, sentant son cheval fort blessé, et se voyant hors d'espoir de se sauver sans estre tué ou demeurer prisonnier, donna son drapeau au sieur de Chazelles son cousin, homme d'armes de cette compagnie, pour essayer de le rendre, et qui le rendit en sauveté; et luy demeura prisonnier. Le sieur de Sainct Simon, qui en est guidon, fut aussi abbatu, et son cheval renversé sur luy; mais un gentilhomme de la compagnie, qui a accoustumé de le suivre, nommé le sieur Daverly, le vint trouver et cognoistre, et le releva et sauva, ayant tué d'un coup de pistolet celuy qui le vouloit emmener prisonnier. Quant à la personne de M. de Nevers, après divers heurs et chocquemens, après luy avoir esté tirées maintes pistolades, dont la bonne trempe de son harnois le garentit, après avoir esté abbatu, et aussi tost remonté, après, à bref dire, avoir traversé infinis dangers, le Seigneur Dieu, le tenant soubs sa protection, luy feit grace de se pouvoir retirer et r'allier en un lieu où il trouva, et fut suivy de ses meilleurs amis et serviteurs, lesquels, voyans toutes ces choses réduittes en extreme danger irremédiable, luy conseillerent, et le conduisirent jusques à La Fere, pour subvenir au plus grand besoing de l'avenir. Je parle de ces choses plus asseurement et clairement, pour en avoir plustost sceu la verité que les autres, et aussi que celles-cy me touchoient et appartenoient de plus près. Toutefois, pour dire un mot de ce qui pourroit avoir esté fait et seroit advenu ès autres endroits de nostre armée, il n'y a aucune doute que beaucoup de gens de bien et vaillans hommes de nostre costé, ne s'y soient employez jusques aux derniers souspirs de leurs vies, comme l'ont tesmoigné, ou leur mort, ou la prison. Ce neantmoins leur nombre estoit trop petit, foible et mince pour soustenir le trop gros et trop puissant des ennemis, dont seroit advenue la victoire aux ennemis, laquelle ils doivent justement et à bonne cause attribuer à Dieu, ne l'ayans acquise par leurs armes et leurs forces. En ce jour, dy-je, il y eut beaucoup de gens de bien et vaillans hommes de nostre party, tuez, blessez et prisonniers, les noms de tous lesquels à la mienne volonté que je peusse sçavoir pour leur laisser en cest endroit le tesmoignage qui leur est deu, de perpetuelle memoire de leur vertu, ne voulant estre larron et receleur de leur honneur et mérite. Mais pource qu'il ne peult estre parfaitement sceu de moy, je nommeray les principaux, et ceux qui sont venus à ma cognoissance. Entre autres hommes de renom, y fut tué ce tant estimé prince, et tant plainct pour les vertus qui reluisoient en luy, Jan de Bourbon, duc d'Anghien, lequel après s'estre r'allié et r'assemblé avecques quelques troupes françoises, combattit tant et si longuement, qu'il fut rué par terre, avec un coup de pistolet à travers le corps, et depuis relevé et emporté au camp des ennemis, où il survesquit peu de temps ensuyvant, et après fut renvoyé à La Fere, pour y estre ensepulturé près de ses prédécesseurs, par le prince de Piedmont, avec tant d'honneur que luy peut faire adonc, estant bien fort regretté de luy et de tous les ennemis mesmes. Aussi y fut tué ce vaillant et brave jeune seigneur, le vicomte de Thuraine (1), après avoir autant bien fait et combattu que les forces humaines le pouvoient comporter. Le comte de Villars y fut fort blessé et long-temps tenu en doute de mort. Le fils du sieur de La Roche du Maine, les sieurs de Chandenier, enseignes de M. de Montpensier, de Guron, enseigne du prince de La Roche-sur-Yon, de Goulaines, enseigne de M. de La Roche du Maine, de Pleuvot, guidon de M. de Bordillon, de Sainct-Gelaiz, guidon de M. le mareschal Strossy, tous ceux là y sont morts avec gloire et loz immortel, les ames desquels le Seigneur Dieu aura receu en beatitude éternelle. Quant aux prisonniers, M. le connestable, après avoir offert à sacrifier sa vie pour penser remédier à ce désordre, estant fort blessé en la hanche, fut enveloppé et emmené prisonnier, comme il en advint au duc de Montpensier, qui, après avoir rompu lances et jusques à un guidon qu'il recouvra, et s'estre exposé à tous dangers de sa vie, enfin le Tout-Puissant permit seulement qu'il restast prisonnier. Je croy qu'au semblable n'y espargnerent rien de leur force et vertu tous ceux que je nommeray cy après qui y demeurerent prisonniers, à sçavoir : M. le mareschal de Sainct-André, seigneur d'autant bonne conduitte et digne de louange qu'il en soit de ce regne; le duc de Longueville, le seigneur Ludovic, prince de Mantoue; les seigneurs de Vassé, le baron de Curton, de La Roche du Maine, et le Reingrave, colonel des Allemans, tous chevaliers de l'ordre de France; le comte de La Rochefoucault, le sieur d'Aubigny, les sieurs de Rochefort en Brie, de Montbrung (2), fils de M. le connestable; de Biron, de La Chappelle Biron ; de Saint-Heran, enseigne de M. le connestable; de Neufvy, enseigne de M. de Bordillon ; de Bussay, lieutenant de M. le prince de La Roche-sur-Yon ; de Montereul, soubs lieutenant de ladite compagnie ; de Marçay, guidon de M. de La Roche du Maine ; le capitaine l'Advernale, enseigne de M. d'Anghien; le baron de Thouarçay, de la maison du Bellay; les sieurs de Mouy, de Molinont, de Fumet, de Rezé et de Montsalez. Et plusieurs autres y furent tuez, blessez et prisonniers : les noms desquels, certainement s'ils pouvoient estre sceuz, meriteroient estre escrits en lettres d'or, et estre mis en lieux apparens, pour estre veuz et leuz de chacun, et pour servir d'exemple et de memoire à la posterité. Quant à noz pauvres soldats, tant françois qu'allemans, si tost qu'ils veirent la nuée arriver, comme gens de guerre se serrerent tous en bataillons quarrez, et bien joints pour attendre le choc : estans enfoncez et rompuz en tous endroits, fut en après fort facile à l'ennemy d'en faire un cruel carnage et boucherie, et le surplus furent emmenez prisonniers à troupeaux comme moutons, lesquels, à la venue du roy Philippes au siege de Sainct-Quentin, luy furent presentez en triomphe, avec force enseignes, tant de cheval que de pied. Chose pleine de pitié, et grandement à pleindre par nous, pour estre icelles compagnies de fanterie, en ce peu qu'elles se comportoient, autant belles, bien complettes et bien armées, que l'on en avoit veu en France il y avoit long-temps. Le lieu du grand massacre et plus furieuse tuerie fut, comme chacun le tesmoigne, entre le grand Essigny et une maison de gentilhomme, appellée Rizerolles, en un grand chemin appellé Blanc-Fossé, où chacun tiroit pour se sauver, et là estoient attenduz pour y payer le dernier tribut de leurs vies. Ce piteux spectacle et très-cruel sacrifice dura pour le moins quatre ou cinq heures que le vespre commençoit, quand les ennemis poursuivirent leur victoire jusques à La Justice, distant une lieuë de La Fere, et là s'arresterent et ne passerent oultre, selon qu'il leur estoit très-facile, et comme la loy de la guerre leur ordonnoit et permettoit, pour entierement user de leur victoire, où ils eussent trouvé soudainement tout ce qui s'estoit sauvé, tant estonné et effroyé, qu'au seul bruit de leur veuë et venue ils demeuroient maistres partout où ils eussent passé sans trouver contredit. Mais il semble que le supresme dominateur dieu des victoires les arresta là tout court, et leur planta en cest endroit une barriere pour n'entreprendre oultre ce que sa volonté l'avoit permis et le vouloit. Et en cela et ce que depuis est ensuivy, on a peu clairement cognoistre ses estranges et incogneuz jugements. Quant à l'artillerie, l'on estime qu'elle fut toute per-

---

(1) François de La Tour d'Auvergne, vicomte de Turenne.

(2) Montberon.

due et emmenée des ennemis, reservé deux ou trois pieces qui furent chassées et emmenées jusques à ceste Justice de La Fere, que M. de Bordillon retourna depuis querir.

En ce lieu de La Fere se sauverent et retirerent M. de Nevers, le prince de Condé, le comte de Sancerre, M. de Bordillon et quelques autres seigneurs, capitaines et soldats, tant de gendarmerie que des gens de pied. M. de Montmorency et aucuns autres prindrent autre adresse et retraite, estans tous ces princes et seigneurs si harrassez et attenuez, qu'il leur eust esté impossible de souffrir le moindre choc du monde, tant ils avoient eu de mal pour avoir soustenu l'effort du combat si long temps, et pour veoir la desfaite des leurs, et la prise des premiers de l'armée, et le desespoir de pouvoir avitailler Sainct-Quentin. Cependant on arrivoit tousjours à la file, tant de ceux qui s'estoient escartez et cachez dans les bois ou autres endroits, que d'autres qui s'estoient sauvez et eschappez des mains des ennemis, les aucuns tous sanglans et couverts de playes, les autres tant blessez qu'aussitost estre arrivez expiroient et rendoient l'ame. En ceste tumultuaire et effroyable assemblée, s'esleva un bruit qui parvint jusques aux oreilles de ces princes, que M. le connestable n'estoit encore pris et qu'il avoit rallié beaucoup des nostres, et combattoit. A ces nouvelles s'esleverent tellement leurs esprits et courages, qu'ils recoururent incontinent aux armes, et n'oyoit-on plus partout que demander harnois et chevaux, et trompettes sonner à cheval, ayant chacun recouvert ses forces et sentimens pour venger la honte précédente; toutefois ce murmure se trouva nul, et demeura assoupi en peu d'heure. En après peu à peu chacun commença à s'asseurer quand l'on veit que les ennemis ne faisoient plus grandes poursuites, et lesquels l'on rapporta se retirer et reprendre le chemin devers Sainct-Quentin, combien que la doute fust ambiguë et suspecte qu'ils changeassent d'advis, et ne se remuassent de ce siege, comme de chose qu'ils tenoient desjà toute acquise, pour se saisir de plus grande estendue que la fortune par ce bon commencement leur promettoit. Et craignoit-on que, partans leur armée en deux, ils ne feissent marcher l'une des parties devers Compienne, où estoit le Roy et toute la cour, et de là à Paris, pour saccager et esbranler le cueur et fons de ce royaume, et qu'avec l'autre partie ils ne vinssent assieger La Fere, qu'ils sçavoient n'estre forte, et où ils pouvoient estre advertis s'estre retiré le surplus des forces de France, pour en parachever la totale extermination; et nous oster toute ressource et espérance de nous

remettre sus. Laquelle délibération s'ils eussent suivy, je crois que, sans l'aide du Seigneur Dieu, on eust peu veoir de grandes mutations et divers maux et malheurs advenir; pour à quoy remédier, je pense que la grace divine inspira M. de Nevers, et les hommes de conseil qui estoient auprès de luy, de faire deux choses promptement : l'une, qu'il envoya en extresme diligence le sieur Descars devers le Roy, pour l'advertir de ceste infortune, afin d'y adviser en pourvoir comme il estoit temps; et l'autre, qu'il depescha aussi-tost son trompette devers le prince de Piedmont, avec lettres escrites de sa main, par lesquelles il luy mandoit qu'encore qu'il eust pleu à Dieu luy donner la victoire, si ne pouvoit-elle estre si grande, qu'à cause du désordre qu'il pouvoit sçavoir y estre advenu, la meilleure part des forces du Roy ne se fust retirée et ralliée au lieu de La Fere, où aussi il avoit pleu au Tout-Puissant le retirer et sauver; que davantage elle ne luy estoit succedée si entière, que de son costé il n'en fust beaucoup morts ou restez prisonniers; pourtant qu'il luy envoyoit son trompette expressément pour le prier de très-bon cueur l'advertir des hommes de réputation qu'il sçauroit estre morts ou prisonniers de sa part, et qu'au semblable il en feroit faire recherche par son armée et l'en advertiroit. Cependant M. de Nevers, avec tous les chefs et capitaines qui se retrouvoient riere luy, advisoit de fournir et asseurer les places douteuses et suspectées, lesquelles l'ennemy, en ceste soudaine terreur, eust peu surprendre, et quant à luy, se resolvoit renfermer à La Fere. Toutefois, eu esgard à la grandeur et authorité de ce prince, et lequel il sembloit que Dieu eust reservé pour commander en ceste necessité, il ne s'en trouva un seul de cest advis, et qui ne le dissuadast de ceste opinion. Le comte de Sancerre volontairement s'en alla à Guise, et emmena avec luy sa compagnie et celle du prince de La Roche-sur-Yon, et les deux compagnies de gens de pied de M. d'Estrée, et une du capitaine Pisieux. M. de Bordillon demeura à La Fere avec sa compagnie, celles de M. de Lorraine, du comte de Villars, et les compagnies du capitaine Enard, maistre de camp, et cinq ou six autres. Au Castellet estoit le baron de Solignac, qui en estoit gouverneur, avec sa compagnie de gens de pied et celle du baron de Clerac. A Peronne estoit M. de Humières, gouverneur, avec sa nouvelle compagnie de cinquante hommes d'armes, et celles de M. le mareschal Strossy et du sieur de Langey, avec cinq ou six compagnies de gens de pied. Derechef M. de Nevers y renvoya les quatre du sieur de

Grammont. A Corbie estoit M. de Chaune, qui en estoit gouverneur, avec sa compagnie et celles des sieurs de Villebon et Vassé, et celles de gens de pied du jeune Bellefouriere, et les deux de Blamecourt. Depuis, le Roy y renvoya le sieur de Crevecueur. A Han estoit le seigneur de Sepois, qui en estoit gouverneur, avec sa compagnie et trois ou quatre autres de gens de pied, et depuis y fut envoyée, comme on m'a dit, la compagnie de M. le mareschal de Sainct André. A Montdidier fut envoyé le sieur de Bussy d'Amboise avec la compagnie de M. de La Roche du Maine, et une ou deux de gens de pied. A Coussy estoit adonc M. de Bouchavanes, avec une compagnie de gens de pied du capitaine des Hayes, et depuis y en furent renvoyées deux autres du capitaine Porcheux. A Chauny fut envoyé le sieur de Montigny, avec la compagnie de gendarmerie de M. de Montpensier, et deux autres de gens de pied.

En ceste sorte fut soudainement et en diligence pourveu à ces places circonvoisines de Sainct-Quentin, pour oster toute occasion à l'ennemy de s'en prévaloir et les soustraire d'emblée. Oultre cela, ce prince envoya gens par tous les passages et endroits des environs, à douze, quinze et vingt lieues loing, pour advertir tous ceux qui s'estoient sauvez et retirez que ils eussent à se rendre à Laon, où il se trouveroit, pour là rassembler les forces du Roy, promettant et asseurant, pour donner à chacun meilleure volonté de retourner, qu'en ce lieu il feroit faire une reveue et monstres generales avec argent; car adonc plusieurs compagnies, tant de la gendarmerie et cavallerie que des gens de pied, n'avoient fait aucunes monstres, et n'avoient de longtemps receu leur solde. Ces choses ainsi ordonnées à la haste et selon la necessité, le lendemain de ceste desfaite, M. de Nevers, à l'importunité et general advis de tous les capitaines, se retira à Laon, et avec luy le prince de Condé et quelques autres seigneurs et capitaines, accompagnez et suyviz d'environ cinq ou six cens chevaux au plus de toute l'armée françoise. Or maintenant reviendray-je aux responses qu'eut ce prince, tant du Roy que du prince de Piedmont. Le Roy luy renvoya le sieur Descars, et par luy rescrivit qu'ayant esté adverti de ces piteuses et tristes nouvelles, ce luy estoit une autant grande infortune qu'il luy eust sceu advenir pour l'heure; toutefois, qu'il avoit si grande esperance en Dieu, qu'il ne délaisseroit et le secourroit au besoing; et que de sa part il avoit telle fiance en luy, qu'il luy feroit cognoistre le fruict de la nourriture qu'il en avoit fait, le priant mettre toute la peine qu'il pourroit à rassembler ce qui seroit sauvé de son armée, et le plus de gens qu'il luy seroit possible, laissant dans La Fere le sieur de Bordillon le mieux accompagné qu'il pourroit; et quant à Guise, qu'il n'eust sceu mieux faire que d'y envoyer le comte de Sancerre; mais qu'il falloit aussi le secourir de ce qu'il verroit estre requis, et qu'il en auroit le moyen; qu'il envoyoit le seigneur de Pot dans Han, pource qu'il avoit sceu n'y estre point de chef. Pareillement qu'il seroit besoing y envoyer gens davantage que ce qu'on disoit y avoir; mais que si d'aventure se trouvoit riere luy quelque chevalier de son Ordre, il entendoit qu'il y fust chef et y commandast. Au surplus, qu'il envoyoit le seigneur de Lorges à Noyon, pour y assembler les gentilshommes de sa maison et les archers de ses gardes, et pour pourvoir en ces quartiers là à ce qu'il estimeroit devoir estre executé, selon les affaires de la guerre. Qu'il envoyoit d'autre part le sieur de Noailles à Coussy, et donnoit ordre le plus prompt qu'il estoit en sa puissance à toutes autres choses, comme luy diroit ledit seigneur Descars, suyvant la charge qu'il luy en avoit donnée. L'advertissoit que le plus aggréable service qu'il luy pourroit faire, seroit l'advertir d'heure à autre de ses nouvelles et de celles qu'il pourroit entendre des ennemis, pour selon icelles se conduire; et que s'asseurant que luy et ses cousins le prince de Condé, de Montmorency et comte de Villars, et autres gens de bien qu'il avoit près de luy, ne luy faudroient à faire tout ce qu'il leur seroit possible pour le bien de son service, il ne luy en feroit plus longue lettre, et s'en remettoit du surplus sur le discours que luy en feroit ledit sieur Descars. Le Roy, à cest advertissement, avec toute sa cour se retira de Compienne devers Sainct-Germain-en-Laye et à Paris, tant pour adviser à recouvrer et redresser nouvelles forces pour prévenir l'ennemy en ce qu'il pouvoit adonc exécuter, que pour asseurer et remettre en bonne espérance la meilleure part de ses pays, mesmement ceste grande et très-opulente ville de Paris, alors si troublée et en crainte, que chacun ne pensoit qu'à fuir et se sauver aux extremitez de ce royaume. Mais l'admirable constance et grandeur de courage de ce grand Roy, qui ne peut oncques fléchir et varier pour aucune adversité, les retint et asseura, leur envoyant pour les consoler la Royne son espouse, pendant qu'il s'employoit ailleurs à donner ordre aux affaires, et leur faisant proposer, par la voix et organe de Jean de Bertrandy, cardinal et archevesque de Sens, son garde des sceaux, telles remonstrances, comme le Seigneur Dieu, l'ayant esleu et constitué leur roy, par mesme moyen luy avoit créé et laissé le cueur et l'affection de les regir, conserver et defendre, jusques à y exposer sa propre vie, pourtant qu'ils fussent certains qu'il ne les delaisseroit et abandonneroit non plus qu'il avoit ceste ferme credence, que la grace divine ne l'oublirqit et ne luy defauldroit ; à laquelle, s'il avoit pleu luy envoyer ceste infortune et adversité, c'estoit une admonition pour recognoistre le Tout-Puissant, qui depart toutes choses à son bon plaisir, autant aux grands qu'aux infimes ; ou bien qu'il la recevoit comme punition et chastiment de ses fautes, ou peult-estre de son peuple ; neantmoins que le danger n'estoit si grand et inévitable, qu'il n'eust moyen d'y remedier, moyennant le recours que tout chacun devoit requerir et esperer du dieu des victoires, et que d'eux-mesmes se voulussent aider, et luy aussi, mesmement en ceste necessité inesperée. Sur quoy ils avoient à considerer que tant que les deniers de son revenu s'estoient peu estendre pour le soustenement de ses guerres, il ne les avoit importuné ne surchargé de demandes et redoublemens de tailles et autres contributions, ains que plustost avoit voulu vendre et engager son domaine, et s'hypothequer et emprunter d'ailleurs, que les escorcher et molester ; mais que maintenant il n'y pouvoit plus satisfaire, pour les affaires qui luy redoubloient tous les jours, et comme ils le pouvoient veoir et cognoistre à leurs yeux ; et pourtant qu'il les prioit tous le vouloir secourir de deniers seulement, et que du surplus ils se remissent sur luy ; que de sa part il ne leur manqueroit de volonté et bonne affection, ny de force et puissance pour les secourir, ne de toutes autres choses qui appartiennent à authorité et estat d'un bon roy envers ses subjects. Ceux de Paris, recognoissans le bon zele et parfaite volonté de Sa Majesté, luy accorderent volontairement trois cens mille francs, comme je croy que toutes les autres principales villes de ce royaume se cottiserent et taillerent d'elles-mesmes, pour luy fournir argent selon leur puissance et faculté. Ainsi, en ceste partie, s'estant le Roy acquitté du devoir d'un bon naturel de vray prince, à remettre ses subjects estonnez et espouvantez en bon espoir et asseurance, et s'estant pourveu et renforcé de deniers, comme de chose la plus requise et necessaire pour le faict de la guerre, employa en après toute diligence à lever et reserrer gens, envoyant vers les Suisses, ses anciens confederez et alliez, pour leur demander secours ; ce qu'ils luy octroyerent franchement et de bon cueur, et fut faite levée en leurs cantons, d'un costé de six mille, soubs la charge du colonel Luc Reitre, de Basle, et d'autre costé de huict mille, soubs la conduite de Clariz, de Huriz (1). Pareillement autant en manda à ses amis et alliez d'Allemagne, où fut envoyé le colonel Reichroch (2), afin de lever et amener gens le plustost que se pourroit faire, combien que le pays estoit alors si vuide et despourveu de bons soldats, ayans esté desjà les meilleurs levez et emmenez du roy Philippes, aussi que le baron de Polleville dès-lors y faisoit une autre levée nouvelle de vingt enseignes et quelques reitres ; tellement qu'il fut fort difficile à recueillir hommes si tost qu'on eust bien voulu et eust esté nécessaire.

Oultre plus, le Roy advertit M. de Guise d'appointer toutes choses en Italie, le plus advantageusement et prudemment qu'il s'asseuroit de luy le pouvoir faire, et qu'il se retirast avec les forces qu'il avoit avec luy au plustost de par deçà, où il en avoit plus de besoing. Finalement le Roy fit crier et publier par tous ses pays que tous soldats, gentilshommes ou autres, qui avoient suivi les armes ou les pourroient suivre et porter, eussent à se retirer à Laon, où estoit M. de Nevers, son lieutenant general, où là ils seroient mis et receus ès roolles et soubs les charges des capitaines qui leur seroient deputez, pour estre employez pour son service et pour la tuition de leur patrie, famille et biens ; et que ceux qui voudroient aller à la guerre pour leur plaisir, se retirassent la part que seroit sa cornette, où là leur seroit dit et déclaré ce qu'ils auroient à suivre et à faire, et ce à peine d'estre declairez *rebelles et mal affectionnez à Sa Majesté*, avec autres punitions, tant corporelles qu'abolissement de noblesse. Voilà, au plus près de la verité que j'ay peu sçavoir, l'ordre que le Roy très chestien mit partout le royaume, promptement après ceste infortunée journée et desfaite. Reste maintenant à dire que le prince de Piedmont ne vouloit adjouster foy ny à la lettre que M. de Nevers luy escrivoit, ny à ce que le trompette juroit et affermoit qu'il se fust sauvé ; opiniastrant et ne luy pouvant tomber en l'entendement qu'il ne fust mort ou prisonnier, pource qu'adonc le tumulte n'estoit pas encore appaisé, et n'estoit autre bruit parmy leur camp, sinon que la noblesse de France estoit desfaite et toute ruinée, et tous les plus grands de ce royaume ou morts ou prisonniers. De sorte que le prince Mansfel envoya chercher le sieur de Rezé, que l'on lui avoit dit estre de la maison de M. de Nevers, pour sçavoir de luy, et comme luy voulant soustenir de force qu'il sçavoit bien qu'il estoit

(1) Du canton d'Uri.
(2) Reckrod.

mort ou prisonnier, toutefois que le dit sieur de Rezé luy maintint et asseura toujours le contraire. Ce nonobstant, le prince de Piedmont, ne se fiant et ne se contentant de tout cela, le feit chercher parmy tous les morts, et feit crier par toute l'armée que tous soldats eussent à representer leurs prisonniers, sans les desguiser et receler, à peine de la vie ; tous lesquels prisonniers l'on dit qu'il feit passer entre deux picques, et regarder à la taille et au visage, pour voir si ce prince y seroit recogneu. Enfin voyant la verité que luy avoit affermé le trompette, après s'estre enquis de luy s'il y avoit beaucoup de gens morts de nostre costé, et s'il s'en estoit beaucoup sauvé, et que le trompette lui eust asseuré que les deux parts de l'armée s'estoient sauvez à La Fere et ailleurs ; que tous les jours à la file y en arrivoit, tant de ceux que l'on pensoit estre morts ou prisonniers, que d'autres nouveaux, et de plusieurs autres choses dont il l'interrogeoit pour le surprendre, le renvoya. Et depuis, les ennemis, sans attenter autre nouvelleté et changer d'advis, se remirent à la continuation du siége de Saint Quentin.

L'on a voulu dire et juger, et comme il est facile à croire, que le prince de Piedmont, présumant les forces du Roy n'estre du tout desfaites, s'estant sauvé M. de Nevers, seroient bientost rassemblées, ausquelles le Roy et luy, soudainement et en une nuict, en feroient joindre d'autres des garnisons des villes de la frontiere qui estoit derriere eux ; avec cela que le lieu de La Fere et le camp, qui y estoit assis desjà, estoit fort, tant de nature comme de rivières et marescages, que d'artifice, comme fossoyé et enclos de trenchées ; par ainsi que, delaissant ses premieres entreprises pour aller chercher et combattre l'ennemi desesperé en lieu desavantageux, ce seroit trop legerement hazarder la prosperité de la bonne et favorable fortune, de laquelle pour l'heure se contenter estoit assez et beaucoup ; parquoy les ennemis se resolurent de poursuivre le siege de Sainct Quentin et de l'emporter à vive force, afin d'avoir en après le chemin plus ouvert et asseuré, pour enjamber et empieter plus avant. Un jour ou deux après que M. de Nevers fut arrivé à Laon, il fit une reveuë generale, tant de la gendarmerie, cavallerie et reitres, que des gens de pied, françois et allemans, qui estoient restez, et s'estoient sauvez et retirez là ; où trouva que de neuf cens à mille hommes d'armes, et de près de mille chevaux legers et harquebusiers à cheval, il n'en eust sceu alors mettre ensemble au plus douze ou quinze cens chevaux. De sept ou huict cens reitres [desquels estoit pour l'heure general le comte de Barbize] ne s'en trouvoit pas deux ou trois cens ; lesquels pouvoit-on à peine retenir qu'ils ne s'en voulussent retourner en leur pays ; et ceux qui avoient esté faits prisonniers, et qui s'en revenoient sur leur foy, disoient que l'ennemy leur avoit fait faire serment de ne servir le roy de France de six mois. Quant aux gens de pied, de quinze ou seize enseignes françoises, il n'en fut trouvé adonc que quatre au plus, encore si desarmées, et les pauvres soldats, ou tant blessez et devalisez, qu'il ne pouvoit estimer s'en pouvoir servir et aider. De vingt deux enseignes d'Allemans, faisans le nombre de dix à douze mille hommes, il s'en sauva de trois à quatre mille, que le capitaine Sterne, lieutenant du Reingrave, homme de bien et bon serviteur du Roy, r'allia et rassembla ; lesquels ce prince fit loger en une petite ville nommée Bruere, à une petite lieuë près Laon. Par là on peult voir de quelles forces estoit en ce temps M. de Nevers accompagné pour faire front à l'ennemy, s'il le fust venu chercher, ou pour s'opposer s'il eust voulu entrer en pays : en cela l'on peult aussi évidemment appercevoir les miracles de Dieu, lequel tenoit la bride aux entreprises de ces grands princes. La compagnie de M. de Nevers et les autres de gendarmerie qui estoient là, furent logées à Vaulx soubs Laon, à Sainct-Marcel et aux faulxbourg au dessoubs de cette montagne, la cavallerie ès villages devers Cressy, et les reitres à Noyon et ès villages d'alentour, où ils faisoient des maux presque autant que les ennemis mesmes. Sur ce propos je pourrois faire un fort ample discours, si je voulois particulariser et déduire bien au long les bienfaits, largesses et distributions charitables que ce prince vertueux et débonnaire feit à l'endroit des pauvres soldats, gentilshommes et autres, qui estoient retournez de ceste miserable journée, blessez et desnuez de moyens de se pouvoir guerir et resouldre d'eux mesmes, oultre ce qu'ils n'avoient point esté payez de leur solde.

Mais, pour ne sembler trop affectionné et partial, j'en remettray la preuve et tesmoignage à la voix et confession publique, et au ressentiment de l'obligation dont, aujourd'huy et de leur vie, seront tenus tous ceux qui l'ont experimenté, et qui ne peuvent ou le doivent celer : pour le moins quand les hommes seront si malins que le vouloir taire, le Seigneur Dieu, scrutateur des cueurs, permettra que la verité sorte en lumiere, et luy en fera condigne retribution selon sa grace. Seulement veux-je dire ce que chacun sçait, que sa bourse ne leur a esté jamais fermée, ny les viandes de sa cuisine, ny mesme celles appareillées pour sa propre personne, espargnées ne refusées, surtout aux malades, ny le travail et solicitude de ses medecins, chirurgiens et apothicaires pour les visiter, guérir, panser et soulager. En quoy l'on peult juger l'heur avoir esté d'autant plus grand pour nous après ceste infortune, qu'un tel et si grand prince, et tant liberal, se soit trouvé pour adoulcir l'aigreur du mal, et survenir à ceste necessité commune. Or maintenant je retourneray au siege de Sainct-Quentin, et diray ce que j'ay peu sçavoir avoir esté exploitté dedans et dehors jusques à l'entière prise et saccagement d'icelle. Sur quoy faut-il sçavoir en premier lieu que, la nuict précédente l'entreprise de M. le connestable, et à l'advertissement que M. l'Admiral avoit de luy, il avoit fait tenir les passages, qu'il lui avoit mandé, prets et appareillez jusques au point du jour, à laquelle heure il les feit rompre afin que les ennemis n'en eussent cognoissance; car, autant que le jour duroit, ils ne bougeoient de se pourmener par les marets avec les nacelles. Et à ceste charge avoit commis le capitaine Saincte-Roman, et quelques soldats avec luy, pour recueillir et conduire ceux qui luy eussent esté envoyez. Lequel Saincte-Roman lui dit à son retour que les passages qu'il luy avoit donné en charge, estoient si seurement habillez et reparez, qu'il eust pensé mettre en la ville dix mille hommes avant qu'il eust esté jour: aussi à la verité ils se trouverent si bons, que nonobstant tous les empeschemens que j'ay dict cy-devant, M. Dandelot y entra par là, et avec luy une trouppe de quatre cens cinquante à cinq cens soldats, fort bons hommes, et cinquante ou soixante capitaines suffisans. Il y entra aussi quelques gentilhommes pour leur plaisir, mais bien peu, comme le vicomte du Mont-Nostre-Dame, les sieurs de La Curée et de Nattas: aussi y entra le seigneur de Sainct-Remy, gentilhomme fort experimenté en faict de mines, et lequel s'estoit auparavant trouvé en sept ou huict places assiegées. Aussi y entra un commissaire de l'artillerie et trois cannoniers, dont ils avoient affaire là dedans, car ils n'en avoient un seul auparavant, sinon de ceux de la ville, tels quels. Et combien que toute la troupe qui estoit deleguée pour mettre dans la ville, n'y peust entrer pour les fatigues de l'ennemy, et autres causes précédentes, si peult-on croire que ce fut l'un des plus grands plaisirs et contentemens qu'eust sceu souhaiter M. l'Admiral, d'avoir M. Dandelot son frere auprès de luy, pour y avoir un second soy-mesme, et sur leque il se pouvoit du tout reposer et remettre. Après que M. Dandelot se fut seiché et rechauffé,

pource qu'il avoit esté bien fort mouillé, et qu'il eut recogneut tout le circuit de la ville, M. l'Admiral et luy derechef repartirent les quartiers avec les gens qu'il avoit amenez. Et après que le sieur de Sainct-Remy eut bien tout veu et mesuré la contremine que Lanfort, Anglois, faisoit, il monstra à M. l'Admiral des lieux où il luy sembloit que il falloit contreminer, et pourtant dès l'heure il y meit des gens en besogne. D'autre part il renvoya querir le capitaine Lanquetot, pour remettre la charge de l'artillerie entre les mains du commissaire qui estoit entré, dont M. l'Admiral se repentit puis après; car elle estoit beaucoup mieux conduite et gouvernée par ledit Lanquetot.

Deux jours se passerent avant que M. l'Addmiral sceust la route de M. le connestable, et le sceut par quelques soldats qui s'estoient eschappez des ennemis, et qui se vindrent jetter dans les fossez, qui luy compterent comme le tout estoit passé. Aussi furent veues peu après quelques enseignes des nostres, que les ennemis meirent en parade sur la teste de leurs tranchées, pour en estre plus apparent tesmoignage, et pour intimider les assiegez. Et n'y a doute que ces nouvelles si fort descouragerent, non-seulement le peuple, mais, si j'ose dire, une bonne partie des gens de guerre, que M. l'Admiral avoit bien fort affaire à les asseurer et remettre, mais surtout les ouvriers; car deslors ils se cachoient dans les caves et greniers, de façon qu'il les falloit arracher et tirer à force de là dedans pour les amener aux ouvrages: mesmement qu'aux plus importans lieux l'on n'y pouvoit besongner que de nuict, à cause du grand dommage que faisoit l'artillerie; quand les ouvriers estoient mis en besongne, et encore que l'on eust mis des guets de tous costez, ne pouvoit l'on faire en sorte qu'en moins d'une heure tous se desroboient. Entre toutes les plus grandes necessitez que les assiegez eussent, c'estoit de traverses, pource que la courtine où les ennemis adressoient leur artillerie, estoit si veuë par flanc des pieces que ils avoient logées sur la plate forme d'Isle, qu'il y avoit bien peu d'endroits où l'on ne fust descouvert depuis les pieds jusques à la teste, à quoy toutefois l'on remedioit le mieux qu'il estoit possible. Et ne se doit sur ce propos obmettre une invention de M. Dandelot, de lever une traverse, qui estoit de grand advantage et commodité: ce fut qu'il se servit de vieux bateaux qui avoient esté autrefois faicts pour passer les rivieres quand une armée marche, lesquels il arrangea les uns sur les autres à force de bras, et les faisoit remplir de terre, tellement qu'en un jour il feit ce que tous les ouvriers ne eussent pu faire en un mois. Non en cela seulement, mais en toutes autres choses il s'employoit et faisoit mettre la main, comme personne de jugement et comme chevalier sage et experimenté en toutes louables et vertueuses entreprises : et se peult dire que sans luy M. l'Admiral à la longue n'eust peu satisfaire, et fust demeuré soubs le faix, au travail qu'il luy falloit supporter en ce siége. En ceste sorte passoient les affaires là dedans. Maintenant puis-je dire quelque chose de ce qui se faisoit au dehors : c'est que, peu de jours après ceste malheureuse route et desfaite, le roy Philippes arriva en son camp, et avec Sa Majesté plusieurs princes et grands seigneurs, à l'arrivée duquel furent faites par toute son armée maintes allégresses et salves, en signe d'aise et resjouissance, tant de sa venue que pour le triomphe de sa victoire, estant offert à Sa Majesté grand nombre de prisonniers et plusieurs enseignes, et autres despouilles de guerre. Ce qu'il eut grand contentement et plaisir, et deslors redoubla tous efforts pour en bref se faire rendre et obtenir ceste ville de Sainct-Quentin, renforçant la batterie d'autre plus gros nombre d'artillerie et munitions qu'il feit amener de Cambray, et faisant en toute diligence continuer et poursuivre les mines commencées, et en entamer autres nouvelles. Bref il ne s'y perdoit aucun temps qu'on ne l'employast pour advancer la prise de ceste ville, afin qu'il y eust moyen d'attenter et entreprendre autre chose avant que l'armée du Roy fust rassemblée et assez forte pour l'en divertir.

Cependant M. de Nevers estoit tousjours à Laon, donnant ordre d'amasser gens pour munir les villes à l'entour, depeschant nouvelles commissions à divers capitaines pour lever soldats, car alors le Roy luy en avoit donné toute puissance; mesmement envoya M. de Jours pour lever la legion de Champagne, dont auparavant il avoit esté colonel; feit venir de Metz quatre ou cinq enseignes de la garnison, et au semblable de toutes les autres villes de la frontiere en tira quelque nombre des vieilles compagnies, et au lieu d'icelles en feit entrer d'autres nouvelles, pour s'en aider où l'affaire et la necessité le pressoit plus fort. D'autre part, le plus souvent et d'heure en heure envoyoit gens en pays pour recognoistre l'ennemy, et descouvrir ses entreprises, et pour y remedier : et faut dire qu'encore que les compagnies qui estoient à l'entour de luy, fussent desjà des précédens voyages fort harassées et desfaites, si ne leur donnoit il guères de respit et loisir pour se reposer : mesmement le prince de Condé, avec la cavallerie légère, estoit ordinairement à cheval, et jour et nuict à la suite des ennemis, pour leur rompre les vivres, et les travailler d'infinité de fatigues. Dequoy ils estoient si irritez et faschez, que tous les jours M. de Nevers n'oyoit autres nouvelles, sinon que partie de l'armée, bien advertis du peu de gens qu'il avoit avecques luy, le venoient desfaire. Et est chose veritable que les espions luy rapporterent comme trois ou quatre mille chevaux s'estoient desbandez, sans sçavoir pour quelle cause ; et depuis l'on sceut qu'ils estoient venuz sonder les passages des rivieres qui estoient entre Sainct Quentin, La Fere et Laon. Sur lequel advertissement ce prince envoya cinquante ou soixante chevaux de sa compagnie, conduicts par un homme d'armes d'icelle, nommé La Brosse, auquel il commanda donner le plus avant qu'il pourroit, jusques à se faire prendre, pour luy en rapporter certain advis. Et d'un autre costé estoit allé M. le prince de Condé, pour les tenir de près, et pour en apprendre quelque chose.

Cependant l'on advertit chacun de se tenir prest et sur ses gardes en armes, et meit l'on bons guets sur toutes les advenues. Toutefois il n'advint rien de toute ceste doute, et fut trouvé qu'après s'estre approchez jusques sur le bord de la riviere d'Oyse, ils s'en estoient retournez. Il fut dit depuis qu'une compagnie de chevaux légers anglois, des nostres, qui s'estoit révoltée devers les ennemis, et qui avoit saccagé et emmené les chevaux et meilleures hardes de leur capitaine, nommé Crey, avoient esté autheurs et cause que les ennemis avoient attenté ceste délibération. A la vérité, et pour en faire une brefve conclusion, ce prince, estant là, s'exposoit à divers dangers, en si petite compagnie qu'il se retrouvoit pour lors, si l'ennemy le fust venu trouver : mais il ne fut jamais mal dit que *celuy est bien gardé que le Seigneur Dieu tient soubs sa main.* Le comte de Saucerre et M. de Bordillon, en leur endroit, faisoient ordinairement sorties sur le camp de l'ennemy, et le plus souvent destroussoient leurs vivres et charrois, et tailloient en pieces leurs fourragers, ramenans chevaux et prisonniers, desquels ils appreneient toujours quelque chose de nouveau, combien que ce n'estoient advertissemens fort certains, et ne parloient la pluspart, sinon qu'ils vouloient aller prendre Paris : ce néantmoins en donnoient advis à M. de Nevers, qui le mandoit au Roy, lequel, de son costé, n'espargneroit rien de sa diligence et sollicitude pour advancer le secours qu'il attendoit avoir de ses alliez et amis, n'y à mettre sus celuy que de nouveau faisoit lever en ses pays. Mais les moyens les plus requis estoient adonc si courts, et les affaires se présentoient en tant d'endroits, mesmement que ce baron de Polleville, avec une grosse armée, marchoit et entroit déjà ès limites de ce royaume, sans cognoistre où il se vouloit addresser, que Sa Majesté se trouvoit quelquefois fort attediée et en doute, auxquelles le plus promptement devoit entendre.

Maintenant je pourrai retourner au siège de Sainct Quentin, pour dire que M. l'Admiral ayant eu cognoissance de ce nouveau appareil que les ennemis redressoient et de ce grand train d'artillerie qui, de renfort, estoit arrivé, et qu'ils redoubloient leurs trenchées, et rebatissoient gabionnades et terreplains, il advisa et contrepensa plus que jamais au moyen qu'il pourroit avoir de faire entrer gens de guerre là dedans, principalement de harquebusiers. Tant y a que, par l'advertissement de quelques pescheurs, il sceut qu'il y avoit un endroit dans le marets qui n'estoit gueres plus creux que jusques à la ceinture d'un homme; et, pour en estre plus certain, il l'envoya recognoistre par des soldats, qui luy rapportèrent ainsi estre : parquoy ayant sceu qu'il se devoit addresser en ses nécessitez à M. de Nevers et au seigneur de Bordillon, il feit en sorte qu'il en advertit M. de Bordillon, pour le faire sçavoir à M. de Nevers, leur mandant la facilité de le secourir, le besoing qu'il en avoit, et que s'ils luy envoyoient gens, le moyen qu'ils avoient à tenir avec les guides qui le conduiroient. De cas fortuit, M. de Nevers se trouva à La Fère quand M. de Bordillon receut ses lettres, lequel mesmes luy feit response et luy manda qu'il luy envoyeroit trois cens harquebusiers, qui estoit tout ce qu'il pouvoit faire, l'advertissant du jour qu'il les luy envoyeroit, qui estoit, ce me semble, le vingt-deuxiesme ou vingt-troisiesme du mois d'aoust. Pour cest effect, en estant le Roy adverty, incontinent après ce prince assembla à Crecy en Valois le prince de Condé, messieurs de Montmorancy et de Bordillon, et autres chevaliers de l'Ordre, et capitaines, pour exécuter ceste entreprise et essayer d'y faire entrer ces trois cens harquebusiers ; et furent ordonnez pour leur faire escorte et les soustenir, si d'adventure ils estoient forcez et chargez, du costé de Mouy, le seigneur de Sainct Simon, avec la compagnie de M. de Nevers dont il est guidon ; et, du costé devers La Fère, le seigneur de Chasteluz, avec la compagnie de M. de Bordillon, de laquelle il est lieutenant. Lesquels harquebusiers furent bien et seurement conduicts jusques sur le bord et entrée des passages qui avoient esté mandez, où ceux qui leur avoient esté donnez pour escorte attendirent tant longuement qu'ils peurent juger iceux pouvoir estre entrez ; car de le voir ils ne pouvoient, à cause de la nuict et de l'allarme qui estoit par tout le camp des ennemis : toutefois depuis M. l'Admiral a dit et escrit que luy, les attendant au lieu par lequel ils devoient entrer, pour leur faire donner le signal qu'il avoit mandé quand il seroit temps, environ une heure après minuict, il ouyt l'allarme qui se donna au guet des ennemis, par où il falloit qu'ils passassent, et que sans poinct de faute messieurs Dandelot, de Jarnac et luy, qui estoient ensemble, ouyrent clairement le nombre des ennemis estre petit et avec effroy ; mais après s'estre recogneus, et voyans qu'il n'y avoit personne des hommes qui les chargeassent, donnèrent sur eux, et les massacrèrent de telle façon, que de trois cens harquebusiers qui estoient ordonnez il n'y en entra que six vingts, encore tous desarmez et gens nouveaux, qui ne luy apportoient pas grande faveur. Quant au chef qui les conduisoit, il n'y entra point, mais un sergent seulement, ne cuidant pas qu'ils deussent venir si mal accompagnez ; à cela alléguant davantage, qu'ayant veu assaillir les guets des ennemis deux ou trois fois ensuivans, il avoit entre autres choses mandé audit sieur de Bordillon, par l'advis des capitaines qui estoient avecques luy, qu'il falloit envoyer des gens de cheval avecques des gens de pied, qui eussent donné aux ennemis à gauche et à droite du passage cependant que ceux qui devoient entrer passeroient : ce qui se pouvoit faire sans danger, car il n'y avoit point trente chevaux desdits ennemis au guet, et environ soixante ou quatre vingts hommes de pied ; et si ne falloit point craindre qu'il leur vint renfort d'ennemis sur les bras, pource qu'il n'y avoit que les enseignes qui estoient logées au fauxbourg d'Isle, qui estoient six ou sept, bien loing du passage ; tout le reste estoit passé l'armée : et n'eussent passé de nuict si tost les destroicts des chaussées, que noz gens de cheval se fussent retirez ; et cependant s'il y eust eu moyen d'envoyer encore plus grandes forces, tant plus aisément fussent entrez, ne trouvans aucuns empeschemens. Toutefois sur tout ce propos il ne faut douter que M. de Nevers et M. de Bordillon n'en ayent faict leur plein devoir, et n'y oublièrent rien qui peust donner bonne issue à ceste conduicte ; mais en cela et en la faute qui en advint est plustost à accuser et reprendre la défaillance de cueur et couardise d'aucuns de ces soldats, qui aymèrent mieux se perdre et noyer que d'entrer, et les autres se cachèrent et absentèrent à l'obscurité de la nuict, comme gens de mauvaise volonté. Depuis ceste heure là M. l'Admiral ne peut recouvrer à faire sçavoir de ses nouvelles à M. de Nevers, encore qu'il l'eust essayé en plusieurs sortes et par diverses personnes ; mais le guet et les gardes des ennemis estoient si fortes et espesses, que nul ne pouvoit passer.

Entre les autres il y eut un gentilhomme pris, qui estoit lieutenant du capitaine Lestang, nommé Brion, homme bien asseuré et resolu, lequel lui promit, avant que partir, qu'il passeroit oultre ou qu'il seroit pris, comme il fut. Par ainsi M. l'Admiral n'avoit plus à espérer qu'en l'aide de Dieu et en sa vertu, et à se bien defendre, sans plus attendre de secours. Pourtant employa toute la peine qu'il pouvoit à faire besongner et remedier aux lieux où il estoit plus de besoing, et entre autres aux contremines, lesquelles luy servoient à deux effects : l'un, pour gagner le devant des ennemis ; l'autre, que par icelles il falloit essayer de trouver l'entrée d'un moineau qui estoit dans le fossé, lequel leur pouvoit beaucoup servir, et par mesme moyen l'entrée des tours, pource qu'il n'y avoit point de flancs que par le hault, lesquels estans battus, les ennemis en demeureroient plustost maistres que les assiegez ; ainsi par ce moyen il ne demeuroit point de defenses, et dont après ils s'apperceurent mieux. La contremine la plus advancée qu'ils eussent estoit celle de Lanfort, Anglois, qui estoit aussi celle de la plus grande importance ; mais il sembloit qu'il ne s'y feist plus telle diligence comme auparavant ; et cognoissoit pareillement M. l'Admiral que ledit Lanfort commençoit à s'estonner : dequoy toutefois il ne luy demonstroit aucun semblant, ains au contraire luy disoit que de son costé il s'asseuroit qu'il luy tiendroit promesse de gaigner tousjours le devant des ennemis. Il commença à se plaindre de la grande peine qu'il supportoit, et luy demanda quelqu'un pour le soulager ; dont M. l'Admiral fut fort aise, car il ne lui en osoit bailler auparavant, craignant qu'il pensast qu'il eust quelque defiance de luy. Oultre plus, il desiroit bien luy donner quelqu'un pour apprendre et retenir quelque chose de son industrie et science, encor qu'il ne se passast jour qu'il ne l'allast voir une fois pour le moins.

Le sieur de Saint-Remy travailloit de son costé, et faisoit extreme diligence, mais il besongnoit en cinq ou six endroits : aussi estoit-il secouru des compagnies de gendarmes, au quartier desquelles il besongnoit ayant ordinairement hommes auprès de luy qui solicitoient les ouvriers ; mais le pis estoit que tant plus la necessité et l'affaire de ce siege alloit en avant, et moins M. l'Admiral estoit secouru de ceux de la ville, principalement pour avoir gens pour remparer ; et afin de leur donner crainte de refuser, et par mesme moyen affection de s'y employer, M. l'Admiral feit faire une reveue de ceux qui ne besongnoient point, et feit sortir à ceste fois cinq ou six cens personnes ; lesquels, au veu de ceux de la ville, estoient assez mal traittés des ennemis, les asseurant qu'il en feroit autant de tous les autres qu'il cognoistroit ne vouloir besongner. Mais, quand il en eust fait escarteler et mourir en divers tourmens, aussi peu en eussent-ils fait, tant estoient defailliz de cueur, ou mal affectionnez à se fortifier et defendre.

Les ennemis arriverent devant Sainct-Quentin le second jour d'aoust ; et depuis ce jour là jusqu'au vingt et uniesme ils ne brasserent autres œuvres que grotter et creuser trenchées, tant pour la seureté de leur artillerie que pour approcher et gaigner les fossez. Les assiegez cependant ne leur pouvoient donner grands empeschemens en faisant sorties sur eux, comme dict est, à raison du petit nombre d'hommes qui estoit là-dedans ; et toutes les sorties que M. l'Admiral faisoit faire estoient seulement pour prendre langue, et afin d'estre adverti de ce qu'entreprenoient les ennemis, d'autant qu'il doutoit qu'ils n'entamassent quelques mines nouvelles desquelles il ne peust avoir cognoissance. Ce jour, dès que la lueur commença à poindre, ils saluerent la ville en toute batterie ; car ce qu'ils avoient tiré auparavant estoit de la plateforme du faubourg d'Isle, où ils voyoient besongner et contreminer ; et continuerent tout le jour à canonner et recharger, non pas en un seul lieu, ne se passant gueres nuicts qu'ils ne remuassent leurs pieces de lieu à autre pour faire nouvelle batterie. Il est à presumer que l'occasion qui les feit tant differer, estoit pour attendre que les entrées et mines qu'ils fouilloient et creusoient soubs terre pour gagner les fossez fussent parachevées, car dès le premier ou deuxiesme jour, l'on eut cognoissance qu'ils commençoient à pescher et retirer la terre du fossé de leur costé, et bientost après ils y affusterent et assirent des mantelets par dessoubs lesquels ils traversoient et entroient dans les fossez sans qu'on leur peust mal faire, pource qu'il n'y avoit aucuns flancs pour commander au fossé, et par où on les peust battre et recognoistre : et toutes les pierres qu'on leur jettoit ne les pouvoient endommager à cause de ces mantelets sur lesquels elles couloient, et qui les arrestoient.

Ils commencerent leur batterie à l'endroit du moulin à vent qui estoit près la porte Sainct-Jean ; et entreprindrent depuis cest endroit jusques à la tour à l'eau avec une telle furie, qu'il ne demeura une seule tour qui ne fust fracassée et razée, et la meilleure partie de la courtine, ayant en batterie en divers endroits de quarante à cinquante pieces.

Tous ceux qui estoient là dedans furent deceuz et trompez en une chose : c'est qu'ils pensoient la massonnerie des tours et des courtines beaucoup plus forte, et de meilleur ciment qu'elle n'estoit, estant le parement de grez, et l'espesseur des murailles fort large; mais les matieres estoient si mauvaises qu'aussitost que le dessus fut escartelé et entamé, tout le reste tomboit de luy mesme à gros monceaux et quartiers, dont il y eut beaucoup de gens tuez et blessez des mattons et esclats de parapects.

Sur le trois ou quatrieme jour de leur batterie, ils passerent dix ou douze pieces du costé du bourg d'Isle, et les logerent dans l'abbaye, dont ils battoient la porte où le feu s'estoit mis aux pouldres, ainsi qu'on a veu cy-devant. Jusques à ce que les ennemis se fussent rendus maistres des fossez, le seigneur de Sainct-Remy persevera en bonne esperance de faire quelque chose de bon ; mais quand il les vit logez là dedans, il dit à M. l'Admiral qu'il ne leur pouvoit plus mal faire, d'autant que ils avoient gaigné le dessus de luy ; reiterant plusieurs fois qu'il n'avoit jamais mis le pied en si mauvaise place, et qu'il y avoit long temps que il en avoit adverty le feu roy ; non que pour cela ce gentil seigneur fust estonné, et qu'il en parlast de pusilanimité, ains estoit plustost fasché et marry qu'il n'y trouvoit aucun remede, et tel qu'il l'eust souhaité, estant au surplus homme resolu et sage.

Depuis le premier jour de la batterie jusques à la fin, messieurs l'Admiral et Dandelot et le seigneur de Sainct-Remy alloient tous les soirs recognoistre les dommages et ouvertures que l'artillerie avoit faict; et le jour resolvoient avec les capitaines au quartier desquels l'affaire touchoit, de ce qu'ils avoient à executer.

Après que la batterie eut continué trois ou quatre jours, il advint et s'engendra un certain effroy entre ceux de la ville et les gens de guerre mesmes, dont M. l'Admiral eut cognoissance, se pourmenant de nuict que l'on ne le voyoit point, qu'il contrefaisoit le sourd et l'aveugle. Et, pour y remedier, il tint un langage commun et general à tous, en un lieu où estoient quasi tous les capitaines et plusieurs soldats : c'estoit que fermement avoit arresté et resolu en son esprit et vouloir de garder ceste place avec les hommes qu'il avoit, et que si on le voyoit varier ou tenir propos de composition, il leur permettoit qu'ils le jettassent comme lasche dans les fossez ; qu'au cas semblable s'il s'en trouvoit aucun d'eux qui luy en parlast autrement il ne luy en feroit pas moins. Et, pour ceste occasion ne se passoit jour que deux ou trois fois ne se pourmenast par les quartiers, et qu'en y passant ne demandast les opinions aux capitaines, leur conferant et communiquant ce qui se faisoit ès autres endroits. D'autre part la premiere harangue qu'il leur avoit fait dès le premier jour qu'il entra dans la ville, estoit que chacun eust à l'advertir de ce qu'on jugeroit pouvoir servir à la conservation de la place.

La batterie des ennemis contina jusqu'au sixieme jour, environ deux heures apres midy, qu'ils se presenterent aussi en plusieurs endroits dans les fossez jusques aux parapets, à la longueur des piques. A ceste heure là, le guet qui estoit dans le clocher de la grande église, advertit M. l'Admiral que de toutes parts il voyoit l'armée de l'ennemy se mettre en armes, et que plusieurs gens de pied s'acheminoient aux tranchées : ce qu'il fit savoir en tous les endroits et quartiers de la ville, à fin que chacun eust à se tenir sur ses gardes, estimant que ce mesme jour ils voulussent donner l'assault ; et luy mesme alla à trois ou quatre des breches les plus proches de luy pour voir l'ordre qui y estoit tenu ; où il trouva chacun monstrant semblant de vouloir faire son devoir et se bien defendre. Le semblable entendit-il de tous les autres endroits où il avoit envoyé des gentilshommes : qui fut cause qu'il s'en retourna fort content à la breche qu'il gardoit, qui estoit celle où il estimoit les ennemis adresser et tourner leur principal effort, pource qu'ils s'estoient fort opiniatrez à battre cest endroit, et à n'y laisser aucune chose qui eust pu servir de flancz, mesmement que c'estoit viz à viz de l'entrée qu'ils avoient faite au fossé.

Comme ils estoient tous attendans l'assault, les ennemis mirent le feu en trois mines, toutes lesquelles estoient soubs le rempart, dont les principales se trouverent aux quartiers de la compagnie de M. le Daulphin. Mais le dommage ne fut pas si grand comme ils l'esperoient ; et croy, à mon advis, que cela fut cause qu'ils ne donnerent point l'assault ce jour là : aussi en apres ne s'eschaufferent trop aigrement, ains se contenterent de venir recognoistre les bresches du costé de M. l'Admiral, et de venir descendre dans le fossé que gardoit M. Dandelot.

Apres que les ennemis se furent retirez, M. l'Admiral alla visiter les dommages qu'avoient fait ces mines, et trouva que par ceste ouverture ne pouvoient recevoir, n'encourir grand danger, toutefois qu'il y falloit besongner : ce qu'il remit à quand il seroit nuict, pource qu'on n'y osoit toucher et s'y monstrer de jour, à cause de la veue qu'en avoit l'artillerie des ennemis.

Sur cela ne fault oublier que le feu s'estoit mis en des maisonnettes couvertes de chaulme, derriere les Jacopins, et, en moins de demie heure, il y en avoit vingt ou trente bruslées; encor, de mauvaise fortune, le vent estoit fort grand ce jour là, et qui chassoit le feu et la flamme droict au cueur de la ville. A la clameur et au bruit de cest accident, M. l'Admiral y accourut avec un ou deux gentilshommes seulement, n'ayant voulu souffrir que davantage d'hommes le suivissent : mesmement, les gens de guerre qu'il rencontroit en son chemin, il les renvoyoit en leurs quartiers, craignant que, soubs ceste occasion, les ennemis ne voulussent entreprendre de faire quelque effort, combien que pour l'heure il n'y en eust pas grande apparence. Sa présence ne servit pas de peu pour remedier à ce feu, pource que tous estoient tant estonnez qu'il ne sçavoient que faire, ny à quel bout s'y prendre. M. l'Admiral fit rompre deux ou trois maisons au devant, et fit en sorte que ce feu fut esteint et arresté.

Sur la minuict il s'en alla, comme de coustume, pour veoir ce qu'on pouvoit exploicter en chacun endroit des breches et de l'ouverture des mines, y en estant trois principales au quartier de M. le Dauphin, sans celles que M. Dandelot son frere gardoit, et celle de la porte d'Isle, où l'on travailloit fort toutes les nuicts. Il trouva que M. de Cusieux y avoit fort bien besongné ceste nuict, car la compagnie de M. le Dauphin estoit departie en deux, et le plus grand dommage qu'eussent fait les mines estoit advenu en cest endroit, où estoit ledit seigneur de Cusieux.

Un peu après le poinct du jour levé, le seigneur de Sainct Remy alla trouver M. l'Admiral pour luy dire que, retournant de la porte d'Isle, il n'avoit trouvé qu'on y eust fort travaillé; oultre plus, qu'il luy sembloit que les gens de guerre se refroidissoient de la besongne, et qu'ils trouvoient difficile tout ce qu'on leur proposoit ; enfin que leur contenance ne luy plaisoit point, luy conseillant d'aller jusques là : ce qu'il fit incontinent, et le mena avecques luy. En y allant il luy commença ce propos : qu'il le plaignoit fort de la peine qu'il prenoit jour et nuict, voire si grande et insupportable, qu'il ne luy sembloit qu'après on creust qu'il eust esté de si grande diligence, eu esgard à la debilité de la place, et pour le default principal qui estoit d'hommes; le voulant advertir en oultre que de si peu qu'il y en avoit, la pluspart perdoit cueur pour se veoir trop foibles. Ce propos fut un peu long, de sorte qu'il les peut tenir jusques à ce qu'ils arriverent à la porte d'Isle. Parquoy M. l'Admiral à l'instant ne luy en fit autre responce, sinon qu'il luy dist qu'ils advisassent à ce qu'il falloit faire et besongner pour l'heure. A quoy il respondit qu'il l'avoit desjà monstré au capitaine Sallevert et aux capitaines de gens de pied qui y estoient. Et, après leur avoir fait monstrer de rechef, il fit deslors mettre la main et commencer besongne. Il y eut bien quelque capitaine qui dit à M. l'Admiral qu'aucuns des soldats se faschoient de l'artillerie qui les grevoit et endommageoit fort en besongnant : ce neantmoins, y demeurant là quelque temps, et devisant avecques eux, les sollicitoit et encourageoit de preposer la tuition et defense de l'honneur et de la vie à la crainte et defaillance de courage ; de façon qu'au partir de là il luy sembla les laisser en bonne volonté.

Il print son adresse, au partir de là, au quartier où estoit M. Dandelot son frere, pour luy dire qu'il seroit bon commettre quelqu'un pour commander en la compagnie du capitaine Sainct André, à cause qu'il estoit malade et ne bougeoit de son logis. Son lieutenant aussi avoit esté fort blessé ceste nuict, et son sergent tué ; tellement qu'il ne s'y trouvoit homme de commandement qu'un jeune homme qui portoit son enseigne. Lequel sieur Dandelot luy fit response qu'il avoit entendu comme le capitaine Sainct André se portoit assez bien, et qu'il iroit passer en son logis, où ayant sceu qu'il n'y peust vacquer, y commettroit un autre. Et ainsi devisans ensemble, continuerent leur chemin qui estoit commun à tous deux, pour aller où chacun d'eux tiroit et se vouloit rendre.

Après que M. Dandelot eut parlé au capitaine Sainct André, pource qu'il commençoit à guerir et retourner en santé, il se fit porter en une chaire où estoit sa compagnie, pour y avoir plus d'authorité sur eux, et tirer plus d'obeissance d'eux que nul autre.

Ce jour, qui estoit le septiesme que les ennemis avoient commencé leur batterie, dès que la clarté le matin commença à se monstrer, ils canonnerent de plus grande furie, et à plus grand nombre de pieces qu'ils n'avoit accoustumé : de sorte qu'il estoit facile à juger ce jour là qu'ils vouloient faire quelque grand effort. Ce que voyant et considerant M. l'Admiral, il appela M. Dandelot son frere, et le seigneur de Sainct Remy, et les retira à part ; et, s'adressant au seigneur de Sainct Remy, le pria de luy dire son advis de son entreprise, et qu'il voyoit celles que les ennemis faisoient sur eux [mesmement des mines], le requerant luy declairer le moyen qu'il auroit d'y remedier. Ils luy firent response qu'ils n'estoient à cette heure là à y penser, mais qu'ils n'y trouvoient un seul remede, pource que les ennemis estoient maistres des fossez, d'où ils pouvoient pied à pied gaigner le parapect, lequel n'avoit que cinq ou six pieds d'espesseur, et lequel ils leur leveroient en moins de rien, demeurant le rempart si estroict, qu'il n'y auroit lieu pour eux retirer et couvrir, et aussi peu de moyens pour se retrencher par derriere, à cause que le rempart estoit si haut qu'il maistriseroit en beaucoup le retranchement : adjoustant sur cela le seigneur de Sainct-Remy que M. l'Admiral se pouvoit encore souvenir de ce que peu auparavant luy avoit dit, qu'il n'avoit en sa vie mis le pied en une plus mauvaise place. Quant aux contremines qu'il avoit commencé, il partoit à l'instant pour en faire fermer deux, et les tenir prestes pour y mettre le feu; mais il craignoit que l'une, qui estoit la principale, ne fist tomber le reste d'une tour, la ruine de laquelle peust servir d'eschelle à l'ennemy pour monter, combien que, s'il y voyoit quelque danger, il n'en prendroit que ce qu'il en faudroit. Et, ces choses considérées, M. l'Admiral dit qu'il voyoit que l'on luy pourroit imputer qu'il auroit eu bien peu de consideration de mettre en hazard les forces qu'il avoit, qui estoient des principales, comme de la gendarmerie, se voyant reduit en telle extremité ; ce qui eust bien servi à conserver autres places, voire tout le royaume ; mais qu'il avoit pensé une chose, à sçavoir : qu'ils pouvoient juger qu'après la furieuse batterie qu'ils avoient redoublée, ils s'efforceroient de les emporter d'assaut ; parquoy il se falloit preparer et deliberer se bien defendre ; que si on les avoit bien frottez et battuz la premiere fois, apres ils essayeroient de les avoir et matter à la longue. Et cela voyant, en parlementant, ou par quelque autre expédient, il pourroit advertir et faire entendre ses necessitez au Roy, oultre ce qu'il gaigneroit autant de temps. La conclusion de son propos fut que l'on pouvoit ouyr les ennemis renforcer leur batterie, faisans penser que ce jour ils desployeroient toutes leurs forces, et mettroient toutes choses au dernier poinct pour les combattre : pourtant il prioit un chacun se disposer à les bien recevoir et repoulser ce premier coup ; et le Seigneur Dieu en apres les conseilleroit du demourant qu'ils auroient à faire. Sur cela se departirent, et s'en alla chacun pour donner ordre à ses affaires.

Avant poursuivre plus oultre ce propos, il est bien requis deduire le nombre des breches et le nombre d'hommes qui estoient pour les garder. La premiere estoit celle du capitaine Brueil, gouverneur de la ville, qui y avoit sa compagnie ; la seconde, du capitaine Humes, lieutenant de la compagnie des Escossois, du comte d'Arran où elle estoit, et en cest endroit je veux dire que M. l'Admiral a tesmoigné en ce qu'il en a escrit qu'il ne veit point, tant que ce siege dura, chefs ny soldats qui s'employassent mieux ny plus volontairement que ceux de ceste compagnie, ne qui monstrassent visages plus asseurez ; la troisieme, du sieur de Cuzieux avec une partie de la compagnie de M. le Dauphin ; la quatrieme, du sieur de La Garde avec une partie de ladite compagnie. La compagnie du capitaine Sainct-André estoit departie en trois, à sçavoir avec les capitaines Humes, Cuzieux et de La Garde. La cinquieme estoit celle de M. l'Admiral avec une partie de sa compagnie, et le capitaine Gourdes avec quelques harquebusiers. A la sixieme y avoit une autre partie de la compagnie de M. l'Admiral, et le capitaine Rambouillet. La septieme, celle de M. de Jarnac, où estoit sa compagnie avec le capitaine Bue et ce qu'il pouvoit avoir de la sienne. A la huitieme estoient les capitaines Forces, Ogier et Soleil, avec ce qu'ils pouvoient avoir de leurs soldats, et quatorze ou quinze hommes d'armes et archers, que M. l'Admiral avoit donné au sieur de Vaulpergue pour leur commander. A la neufvieme, M. Dandelot y estoit avec environ trente cinq hommes d'armes qui luy avoient esté baillez de toutes compagnies, et quelques gens de pied, harquebusiers de Saincte Romain, lequel se faisoit bien apparoistre entre les autres. La dixieme, du capitaine Lignieres avec ce qu'il pouvoit avoir de sa compagnie. L'unzieme, le seigneur de Sallevert avec la compagnie de M. de La Fayette, et les capitaines La Barre et Hacqueville avec ce qu'ils pouvoient avoir de leurs compagnies. Et fault noter que par toutes lesdites breches il n'y avoit point huit cens hommes de guerre pour les defendre, tant de pied que de cheval, bons et mauvais ; car M. l'Admiral n'avoit point meslé ceux de la ville parmy eux, ains les avoit departi és autres endroits, à fin que s'ils eussent esté assaillis à escalades és endroits et lieux où l'on n'avoit point battu, ils eussent eu gens pour soustenir et en debouter l'ennemy.

Il y avoit eu precedemment beaucoup d'hommes tuez et blessez, et autres malades, lesquels ne pouvoient faire aucun secours, non plus que s'ils eussent esté morts : mesmement à la breche que gardoit M. l'Admiral, le capitaine Gourdes y avoit du commencement plus de cinquante soldats des siens, comme ils furent nombrez ce matin, et l'après disnée, quand ils furent assaillis, ne s'en trouva que dix-sept; encor y eut il cinq de ceux là tuez en sentinelle avant que l'assaut se donnast. Et fut contraint M. l'Admiral mander à M. Dandelot son frere qu'il le secourust de quelque nombre des siens, combien qu'il luy faschast fort, le sachant estre en lieu où il en avoit fort bon besoing; si ne laissa il pourtant de luy en envoyer ce qu'il peut.

Il a esté dit cy dessus comme les ennemis redoublerent le septieme jour leurs batteries, ce qu'ils continuerent jusques environ les deux heures apres midy, qu'on les voyoit ce pendant dresser tous leurs preparatifs pour donner l'assaut et de toutes parts. M. l'Admiral alloit et envoyoit en tous endroits, à fin que chacun fust prest de les soustenir et repoulser. En fin, sans faire bruit et sans sonner tabourin, il veit trois enseignes au pied du parapet lors qu'il fit presenter un chacun pour combattre; mais ils ne les enfoncerent point par cest endroit, et commencerent à couler, et à monter file à file à une tour qui avoit esté battue d'artillerie au coing du quartier du sieur de La Garde. Quand M. l'Admiral veit qu'ils prenoient ce chemin, il fut fort aise, car ils y grimpoient et montoient fort malaisément, et si du lieu où il estoit il les voyoit un peu par le flanc, et leur donnoit le plus d'ennuy qu'il pouvoit avec trois harquebusiers qui luy restoient, pensans veritablement qu'il fust impossible les forcer par cest endroit. Finalement il veit ces enseignes qui montoient au hault de la tour et se jettoient en bas; mais il presumoit que ce fust dans une trenchée qui estoit devant le parapet, pour estre plus à couvert, jusques à ce que l'on luy alla dire que les ennemis forçoient ceste bresche. Lors, se tournant devers ceux qui l'environnoient, il leur dit qu'il la falloit secourir. Sur cela arrivant le sieur de Sarragosse, luy demanda où il vouloit aller et qu'il vouloit faire; auquel il respondit qu'il deliberoit aller aider et soustenir l'effort de ceste breche que l'on forçoit, à laquelle il falloit tous mourir ou en repoulser les ennemis: et sur cela il commença à descendre du rempart; et fault sçavoir qu'adonc il n'estoit pas loing de la tour par où les ennemis entrerent; mais il y avoit une longue traverse et haulte, qui empeschoit de veoir ce qu'on faisoit. Estant M. l'Admiral descendu au bas du rempart, il veit tout ce quartier là abandonné, sans que personne y fist teste. Et ne sçay d'où vint cest effroy, ne qui en fut l'autheur, si ce n'est qu'on n'avoit peu empescher la venue à l'ennemy, pour ne le pouvoir point descouvrir lorsqu'il vint à la breche; de sorte qu'y arrivans les ennemis en abondance, et s'y appellans les uns les autres, il fut facile s'y faire maistres, n'y trouvans personne de resistance.

M. l'Admiral, seulement accompagné de trois ou quatre, entre lesquels estoit un page, et y allant pour ramasser les troupes et faire teste aux adversaires, ne fut si tost là arrivé qu'il ne se veit enveloppé de tous costez : cognoissant donc n'estre plus en sa puissance de remedier à ce desordre, estans desjà la ville pleine de soldats ennemis, y entrans les Allemans à grandes foulles, il fit ce qu'il peut pour tomber ès mains d'un Espagnol, comme il luy advint, aimant mieux en ce lieu attendre la commune et generale fortune, et tout succès bon ou mauvais, qu'en fuyant acquerir une honte et reproche. Celuy qui le print prisonnier, après l'avoir fait un peu reposer au pied du rempart, le voulut emmener en leur camp, et le fit descendre par la bresche mesme qu'il gardoit, où il estoit seul ayant perdu toutes ses forces. De là le coula et fit entrer en l'une des mines qu'ils avoient faites pour gaigner le fossé, où il trouva à l'entrée le capitaine Alonce de Cazieres, maistre de camp des vieilles bandes espagnoles : auquel lieu survint incontinent le prince de Piedmont, qui commanda audit Cazieres le mener en sa tente. Voilà comme tout le fait du siege et de la prise de Sainct Quentin s'est passé, et a esté deduit par un discours qui m'est tombé ès mains, et que l'on m'a asseuré avoir esté redigé et mis par escrit par M. l'Admiral mesmes, et lequel j'ai mieux aimé suivre [comme prochain de la verité] que me trouver en faulte.

Maintenant il m'a semblé bon d'y adjouster ce qu'au par-dessus j'en ay peu apprendre et sçavoir : qui est que certainement à la bresche du faulxbourg d'Isle, où estoit M. de Jarnac, il y fut aussi bien et vaillamment combattu que l'on pourroit avoir jamais leu et veu estre fait : de sorte que les ennemis par les autres endroits estans entrez dans la ville, et qui desjà saccageoient et butinoient partout, les vindrent prendre et desfaire par derriere, avant qu'ils pensassent leur monstrer visage : tellement que, pour résolution, avec le defaut qui y estoit d'hommes, il y eut de la main de Dieu voulant punir nos fautes. Les ennemis mesmes ont escrit que le premier assault fut donné à ce capitaine Cazieres cy-dessus nommé, et au colonel Lazare, colonel de quinze cens Allemans, qui y furent presque tous tuez et desfaits. Le second fut assigné au capitaine Navarret avec les Espagnols, et au comte de Meigue avec les Wallons. Le troisieme au capitaine Julian Romerou, avec trois enseignes d'Espagnols et deux mille Anglois; lequel tombant du hault de la bresche se rompit une jambe. Le quatrieme au capitaine Carrondelet, avec trois enseignes de Bourguignons, qui y eut une main emportée.

Enfin fut cette belle et riche ville de Sainct-Quentin conquise et prise le vingt-septieme jour d'aoust mil cinq cens cinquante sept, en laquelle ils trouverent de grands butins et richesses, pour estre icelle ville un magazin de diverses marchandises qui se transportoient ès bas pays, et qui estoient aussi de ces lieux apportées pour le commerce et trafique de pardeçà, sans y comprendre encore plusieurs bons prisonniers qu'ils y recouvrèrent, tant de ceux de la ville que des chefs et capitaines qui y estoient entrez pour la défendre. Quant à en nommer de ceux de la ville, il m'est fort difficile, pour en avoir bien peu de cognoissance. Quant aux gens de guerre, je pourray mettre icy les noms de ceux dont j'ay esté adverti, tant de ceux qui y sont morts que faits prisonniers. M. l'Admiral, comme principal chef, ainsi que l'on a peu voir cy-devant, fut emmené prisonnier : toutefois depuis a esté quelque bruit qu'il fut au hazard de se sauver par la conduite d'un Espagnol ; mais n'estant ce mystere bien dressé et entendu, il fut reserré, et l'Espagnol pendu et estranglé. M. Dandelot y fut pris aussi ; mais, se resentant encore du mauvais traitement qu'il avoit receu d'eux en sa prison d'Italie, aima mieux adventurer sa vie que retomber une autre fois en ceste captivité et misere : de façon que, luy aidant la grace de Dieu, il se coula par dessoubs les bords d'une tente, et de nuict, après avoir sondé divers guez et passages dans le marets, trouva moyen de sortir de leurs guetz et gardes, et se sauva à Han. M. de Jarnac y demeura prisonnier, aussi firent les seigneurs de Sainct-Remy, de Humes, de La Garde, de Cuzieux, de Moulins, les capitaines Breuil de Bretagne, de Rambouillet, Sancte Roman, Sainct-André, Lignieres et Soleil. Ceux-cy y furent tuez ; et y moururent, comme l'on m'a dit, le fils du seigneur de La Faiette, le capitaine Sallevert, enseigne de la compagnie dudit sieur de La Faiette, les capitaines Ogier, Vicques, La Barre, l'Estang et Gourdes. Plusieurs autres y ont esté tuez ou faits prisonniers, les noms desquels me sont incognuz, et ne les ay peu sçavoir pour leur faire part de quelque mémoire de leur vertu : toutefois j'ai opinion que quelqu'un cy après en pourra encore mieux escrire que moy, qui ne les laissera en oubly, et suppléra mon défault en ce que je pourrois avoir obmis.

Durant le temps de toutes les exécutions cy-devant déclarées, M. de Nevers n'estoit bougé de Laon, attendant d'y recueillir et amasser toutes les forces du Roy, et pour pourvoir aux autres entreprises que d'ailleurs les ennemis pouvoient mettre sus, et surtout de fournir et munir les villes circonvoisines de Sainct-Quentin, non seulement de soldats, selon qu'ils luy estoient envoyez et y arrivoient, mais aussi de toutes autres commoditez et provisions, afin qu'ils pussent par courses d'autant plus affoiblir et rompre l'ennemy, en luy coupant les vivres, et massacrant les soldats aux fourrages, et s'asseurassent et tinssent forts de bonne heure s'ils estoient assiegez, prévoyant mesmement l'obstinée continuation des ennemis au siege de ceste ville, laquelle il doutoit à la longue estre prise et emportée, ne pouvant estre de luy en autre sorte secourue ; dont il ne fault douter qu'en son esprit il ne supportast un fort grand et triste regret, ainsi que son visage et ses gestes le faisoient paroistre. Et pourtant d'heure à autre advertissoit le Roy de tout ce qu'il sçavoit, et luy estoit rapporté estre advenu dedans et dehors ce siege : tellement que, le jour de la prise de ceste ville, le Roy luy faisoit response à ce qu'il luy avoit escrit, s'il advenoit que l'ennemy emportast Sainct Quentin, qu'il auroit à faire, lui avoit mandé que le mieux de sa charge et de son faict seroit de pourvoir Guise, La Fere et Peronne, sans oublier Corbie, où il escriroit au sieur de Villebon se retirer, et faire si diligemment travailler au remplissement du boulevert et rehaulsement du retranchement, que bien tost ils se retrouvassent en leur perfection. Oultreplus il l'advertissoit derechef que, selon qu'il luy mandoit par le sieur de Sansac, si Sainct Quentin tenoit, qu'ils dressassent une forme de camp à Han, pour retrencher encore plus estroittement les vivres aux ennemis, et là où ils le prendroient, que, retirant des places qu'il avoit laissé derriere toutes les garnisons, il les suivist à la queuë et envoyast les lansquenetz qu'il avoit à Soissons, Villiers-Cottretz et Dommartin (1), pour se retirer la part où il seroit ; et quant aux François, que, lesdites quatre places pourvues, il les départist à Laon et à Coussy, avec quelques bons chefs, luy laissant le surplus de la charge de pourvoir à Compienne, où, oultre les quatre compagnies qu'il y avoit ordonnées des capitaines Certeau et Fontaines, il se délibéroit d'y envoyer encor celles du capitaine Buchet, et une autre du capitaine Antoine de Novion. Or, quant à ce camp dont il est fait cy-dessus mention devoir estre dressé à Han, est à sçavoir que, deux ou trois jours précédem-

(1) Dammartin.

ment, entre autres memoires que le Roy avoit envoyé à ce prince, luy enchargeoit et l'advertissoit qu'il entendoit fortifier un camp à Han, où se devoient trouver, pour le considerer et entreprendre avecques luy, les seigneurs de Sansac, d'Estrée et de Villebon, et autres expérimentez capitaines, suivant ce que M. le mareschal Sainct-André en avoit desjà fait désigner pour la fortification du camp, qui un peu auparavant y estoit. Et d'autant qu'en ceste entreprise l'on craignoit que les ennemis, se mettans entre ledit Han et les vivres, et empeschassent ceste entreprise, et contraignissent ceux qui seroient là-dedans de venir à la bataille, l'on avoit pourveu d'avoir cinq cens muiz de bled en farines, que le sieur de Chaulne, gouverneur de Corbie, prestoit au Roy, pour la nourriture des forces qui entreroient dedans, suffisans pour un long-temps à vingt-cinq ou trente mille bouches, oultre laquelle quantité de farines, on en avoit encores autres quatre cens muiz. Toutefois ces délibérations n'eurent aucun effect, et fut autre changement d'advis par la prise de Sainct Quentin, plus soudaine et plutost advenue que l'on n'esperoit; car, incontinent après, M. de Nevers n'avoit autres choses aux oreilles qu'advertissemens des gouverneurs et chefs des places des environs, que l'ennemy tournoit devers eux, se plaignans de leurs defaults et nécessitez, et demandans secours, ou d'hommes, de vivres, de pouldres, ou de quelques autres munitions : de sorte que l'on ne sçavoit ausquels premierement entendre, et là où estoit le plus proche et urgent besoing. M. de Bordillon, qui estoit à La Fere, encore que ce prince eust mis gens dans ceste place autant qu'il luy avoit esté possible, et l'eust munie au mieux que le moyen s'estoit peu recouvrer, ce néanmoins, craignant la longueur du siege, et ne voulant attendre l'extreme nécessité, vouloit en avoir plus que moins, et demanda à M. de Nevers secours de vivres et de gens. Parquoy fut commandé au président Bourgeois, que le Roy avoit envoyé à Laon pour estre commissaire general des vivres, de luy envoyer des munitions qui estoient dans ceste ville de Laon, tant de farines que de vins, et d'un mesme train luy furent envoyées une ou deux des vieilles compagnies de gens de pied qui estoient venues nouvellement de Metz. Au comte de Sancerre, qui estoit à Guise, se plaignant d'avoir faute d'hommes, pour avoir esté ceste place accrue d'une nouvelle fortification, disant que, par la revue qu'il avoit faite de ses gens, ne se trouvoit avoir que deux mil et trois ou quatre cens hommes de pied, où il estoit nécessaire de plus de trois mil cinq cens, fallut encore luy renvoyer autres quatre des vieilles compagnies, lesquelles aussi estoient venues de Metz. Le capitaine La Motte Rouge, gouverneur de La Capelle, envoya aussi advertissement à ce prince, comme par ses espions il avoit sceu que les ennemis, après la prise de Sainct-Quentin, délibéroient aller assieger Guise ou La Capelle, et pource qu'il estoit besoing le secourir de gens. Ainsi, encore que M. de Nevers eust bien fort peu de compagnies de gens de pied auprès de sa personne, et toutes celles qui y estoient estans encore nouvelles, si fut il force luy en envoyer deux des capitaines Fouquault et Brumes. M. d'Humieres, gouverneur de Peronne, d'autre part disant avoir entendu pour vray qu'au partir de Sainct-Quentin les ennemis tiroient droit vers luy, demandoit encore plus grand nombre d'hommes qu'il n'avoit : combien que sa ville fust desjà pourvue de soldats en la sorte que j'ay dit cy-devant, l'on y renvoya les compagnies du capitaine Vezigues. Certainement il y avoit de grandes opinions et conjectures que les ennemis s'addresseroient à ceste ville, pour beaucoup de causes : entre autres pour de tant plus renforcer Sainct-Quentin, et la tenir en seureté, estans ces deux villes voisines l'une de l'autre, et pour estre maistres d'une grande partie de la riviere de Somme, qui leur serviroit comme d'une barriere. Mesmement M. de Bordillon avoit mandé à M. de Nevers qu'il avoit sceu de l'enseigne de M. l'Admiral, estant prisonnier au camp de l'ennemy, qu'ils pourparloient desjà de tirer là, ayans esté advertiz, par un Italien et un soldat du capitaine Vicques, de l'endroit où ils la devoient battre, qui estoit depuis la porte de Bourgongne jusques à une tour qui est pendente, et depuis le chasteau jusques à un flanc où le terroüer et le rempart ne valloit rien ; pour ces causes estoit bien requis y pourvoir à temps et heure. Et en cela se peult voir si ce prince avoit guères de repos, sans que je fasse ici plus ample narration d'infinité d'autres fatigues où sa personne et son esprit estoient incessamment tendus, que je laisseray à descrire à ceux qui l'ont peu voir comme moy.

Or, le roy Philippes avec son armée estoit tousjours campé à l'entour de Sainct-Quentin, sans qu'on peust sçavoir, à la vérité, ce que de nouveau il vouloit attenter. Seulement, après que ceste pauvre ville eust esté d'un bout à autre fouillée et saccagée, et vuide de tant de biens qui y estoient, commencerent à la retrencher pour donner commencement à la fortifier. Toutefois depuis, sur la fin de ce mois d'aoust, M. de Bordillon advertit M. de Nevers comme un espion luy avoit rapporté que les ennemis avoient tiré de leurs trenchées devant Sainct-Quentin quelques pieces d'artillerie, et estoit le bruit par tout leur camp que c'estoit pour aller assieger Le Castellet. Ce qui fut trouvé véritable; car, peu de jours après, l'on sceut que pour vray il estoit enveloppé, et que le comte d'Aramberg [autrement dit le Brabanson] chef de ce siege, estoit campé avec mil ou douze cens chevaux le long du marets et devers l'abbaye de Sainct-Martin. Au-dessus de luy estoient logez trois regimens d'Allemans, à sçavoir : Monichuissen avec dix enseignes, et plus haut, sur le chemin de Sainct-Quentin, un autre regiment de Poris-vanhoff de sept enseignes, où se faisoit une batterie de quatre pieces. Plus haut encore, entre les chemins de Sainct-Quentin et de Cambray, s'estendoit un autre regiment de Claes Holstat de sept enseignes; et là estoit la plus grosse batterie de vingt et une pieces, qui tiroient aux deux bouleverts et à la courtine, avec une furieuse et admirable tempeste, comme les nouvelles couroient parmy nous, et aussi que le tonnerre en retentissement en estoit le plus souvent entendu. Dedans estoit gouverneur, comme j'ay desjà dit, le baron de Solignac, gentilhomme duquel la valeur et bonne opinion que chacun avoit de luy faisoit croire qu'il ne rendroit ceste place qu'à l'extrémité, et esprouveroit le dernier danger avant que succomber de son honneur; mesmement tant de braves entreprises qu'il avoit executées sur les ennemis durant le siege de Sainct-Quentin [entre autres avoit destroussé quelque argent qu'on apportoit à leur camp], luy redoubloient une fort grande et louable reputation. De quoy s'asseurant N. de Nevers, et luy estant confermée ceste confidence par les advertissemens que le baron de Solignac luy mandoit de garder ceste place tant longuement que le Seigneur Dieu luy presteroit la grace, et jusques au dernier souspir de sa vie, en donna advis au Roy, dont Sa Majesté eut grand espoir et contentement Et ce que confirma la response que sur cela en feit M. le cardinal de Lorraine, escrivant à ce prince que le sieur de Ricourt, cousin et parent du baron de Solignac, avoit asseuré le Roy et luy que ledit de Solignac mourroit plustost dans Le Castellet, que le rendre sans extremité irremédiable. Ceste esperance, que pour le moins il tiendroit quinze jours ou trois sepmaines, faisoit faire toute diligence d'amasser et rassembler les forces que le Roy proposoit mettre sus de nouveau : de sorte que Sa Majesté avoit mandé et fait response à M. de Nevers qu'il s'asseurast que dans ce temps-là il auroit auprès de luy une autant belle armée que la premiere pour empescher que l'ennemy n'entrast en pays. Et de faict, c'est chose certaine que l'on faisoit haster à grandes journées le secours des Suisses, et les bandes nouvelles d'Allemans que les colonels Reichroch et Reifberg amenoient. Pareillement l'on avoit sceu que M. de Guise s'achemineroit bientost de par deçà; et, d'autre part, journellement arrivoient à l'entour de Laon quelques compagnies de cavallerie et fanterie, estans toutes les autres places bien pourvues, y ayant ce prince mis un tel et si bon ordre, qu'elles estoient hors de doute, ainsi que chacun le sçait. Mais tout le rebours de tout ce qu'on proposoit advint; car dès le six ou septieme de septembre, sur le soir, vindrent autres advertissemens de M. de Bordillon, comme Le Castellet estoit rendu; ce que M. de Nevers ne vouloit croire aucunement, pour autant que ce jour mesme le baron de Solignac luy avoit de rechef mandé qu'il n'estoit encore prest à se rendre, et qu'il délibéroit y mourir ou y faire un si grand service au Roy qu'il en auroit à jamais mémoire. Et encore que les rapports redoublassent, si en demeura il toujours en doute, et ne luy pouvoit tomber en l'entendement, jusques à ce que toute la nuict il envoya recognoistre et sçavoir la verité; et fut trouvé qu'il estoit ainsi, et que davantage, comme l'on rapporta, s'estoit rendu à bien petite occasion, veu qu'il n'y avoit autre breche raisonnable pour donner l'assaut, lequel, pour le moins, il devoit endurer, estant place de marque, encore qu'elle soit petite, autant deffansable qu'il en soit sur ceste frontiere, autant bien pourveue de munitions [comme l'on dit que M. d'Estrée l'asseura) qu'il estoit possible. Ainsi ceste reddition, si soudaine et au despourvu, fut trouvée fort estrange de chacun, veu l'espérance précédente, et que l'on n'avoit point ouy plaindre ceux qui estoient là dedans d'aucun defaut. Pour ce mescontentement et souspeçon, estant iceluy baron de Solignac depuis à Paris, le Roy le feit arrester prisonnier; lequel se voulant justifier, a allegué, sur ceste si soudaine reddition de la place qu'il avoit en garde, les causes cy-après declarées, à sçavoir : qu'il avoit esté frustré du secours par luy requis et nécessaire à la conservation de sa place, qui estoit de deux mille hommes de garde, comme le seigneur d'Estrée, auparavant gouverneur, attendant le siege les avoit autrefois eus. Davantage, qu'ayans trouvé les ennemis ce chasteau sans fossé du costé que ils commencerent leur principale batterie, et un bastion demeuré bas et à revestir, exploiterent tellement que les soldats ordinaires à la garde de ce bastion furent bientost contraincts l'abandonner, pour la grande quantité de bricque et terrain qui, de la courtine neufve, les endommageoit et tomboit ordinairement sur eux, estant si furieuse et violente la batterie, qu'en peu d'heure elle feit voye et chemin pour monter à cheval sur ledit bastion, estant facile pour venir de là à la bresche; laquelle, combien que elle ne fust de tout suffisante, s'agrandissoit dans deux vollées de canon, et s'estendoit de six vingts pas ou plus, s'inclinant et courbant desjà le mur en ceste longueur, et le terrain ouvers d'un pas en largeur, et de la longueur d'une picque en profond. Ce que voyans les soldats, qui ne se trouvoient là-dedans en nombre de trois cens, ny la moitié d'eux en force et santé, prindrent tel et si grand estonnement et desespoir de resister, que, pour quelques remonstrances que leur sceussent faire leurs capitaines avec offre de mourir avecques eux des premiers, ne les peurent asseurer et remettre en volonté de combattre et attendre l'assault. Réservé quelques gentilshommes et vieux soldats qui se presenterent à toute fortune et s'offrirent à tout devoir, les autres prindrent resolution de quitter là tout, abandonnans la breche, et declarerent ouvertement au gouverneur qu'ils ne combattroient aucunement, ne cognoissans, comme ils alleguoient, moyen ny apparence aucune de pouvoir resister et garder ceste place, ny faire un seul service au Roy; et pourtant qu'il valoit mieux reserver leurs vies à un autre qui seroit de plus grande importance. Qui fut un autant plus grand desplaisir et crevecœur audit gouverneur et autres capitaines, que plus de réputation ils avoient acquis, tant ès guerres précédentes que freschement aux saillies de ceste place sur les ennemis, et jusques à renverser de leurs gabions et leur faire abandonner leurs trenchées. Durant le siege du Castellet, le quatriesme de septembre, M. de Bordillon advertit M. de Nevers qu'il avoit sceu que le roy Philippes ne deslogeroit d'auprès de Sainct Quentin, jusques après avoir veu qu'il adviendroit du siege du Castellet, selon qu'il l'avoit peu apprendre de quelques soldats qui avoient esté pris ce jour là à Vandeuil, lesquels luy avoient asseuré que la batterie devant Le Castellet commençoit le landemain. Ces soldats là faisoient escorte à leurs fourrageurs, desquels en avoient esté tuez plus de quarante en ce lieu, et en furent emmenez force chevaux par ceux de la compagnie du comte de Villars, que M. de Bordillon y avoit envoyé, avec quelque nombre d'harquebusiers à cheval de la compagnie du capitaine Lamenaz, qu'il faisoit soustenir par deux ou trois cens harquebusiers à pied le long du marets. La compagnie de chevaux-legers du prince de Condé et une d'Escossois, estans en embuscade près du grand Essigny, feirent rencontre de quelques gens de pied qui venoient à l'escorte des fourrageurs, desquels environ vingt furent executez et mis en pieces; et, sans leurs gens de cheval qui leur vindrent à secours, estans iceux gens de pied bien cinq cens, on eust fait carnage de tout cela.

Après la reddition du Castellet, M. de Nevers eut quelque opinion que les ennemis tournassent à Guise, ayant pris ce chasteau pour s'asseurer de ce qui estoit à leur doz, et pour aussi rendre le chemin de Sainct-Quentin à leur camp libre et sans danger, afin que de l'un à l'autre on peust envoyer tout secours : toutefois, se tenant fort bien asseuré du comte de Sancerre, vaillant chevalier s'il en est point au monde, et que la place estoit seurement pourveue et munie d'autant vaillans capitaines et soldats qu'il estoit possible les eslire, et generalement de toutes les autres provisions et munitions de guerre, il en avoit un grand repos et contentement en son esprit, s'asseurant que s'ils s'y addressoient ils trouveroient de la besongne taillée pour un long sejour : et cependant luy resteroit tousjours le loisir de recouvrer gens, et si pourroit de plus en plus fortifier les autres places circonvoisines, et finalement se presenteroit quelque propre occasion pour leur appareiller une strette qui leur feroit sentir combien seroit dangereux en pays d'ennemy s'estendre et eslargir. Toutefois il n'advint rien de ce que ce prince en esperoit; car, peu de jours après la prise de ce chasteau, les ennemis, sans passer plus oultre, prevoyans, à mon advis, autant clairement que nous leurs interets et advantage, se retirerent à Fonssomme, où jà estoit campé le roy Philippes avec l'autre partie de l'armée. Et estoient là, à mon jugement, sur le poinct de la délibération de ce qu'en après ils auroient à poursuivre; aussi que l'on disoit que le roy Philippes attendoit response de l'advertissement qu'il avoit envoyé en Espagne à l'empereur Charles son pere, pour le resjouir de sa prosperité, le suppliant en oultre luy commander et ordonner de ce qu'en après auroit à entreprendre. Il est facile à juger que, selon leurs mutations et diversitez d'entreprises, il falloit aussi que M. de Nevers changeast et accommodast les siennes; car alors ils estoient les plus forts, et noz forces encore si naissantes et petites, que c'estoit tout ce qu'on pouvoit faire que ruiner pays au devant d'eux et à l'entour, où l'on sçavoit qu'ils se vouloient eslargir et estendre, et au surplus fournir les villes où l'on craignoit qu'ils deliberassent s'attaquer, pour temporiser et les amener ou jusques à l'hiver, ou les faire consommer temps en si petits exploits, que l'on peust cependant reunir nouvelles forces pour aller au devant d'eux. Or desjà en ce temps commençoit à s'engendrer entre eux un mutinement, mesme entre les Allemans et les Espagnols, tant pour le sac et butin de Sainct Quentin, que pour les prisonniers de la journée de Sainct Laurent; de sorte qu'on disoit parmy nous que le roy Philippes et le duc de Savoye, se voulans vendiquer (1) et dire leurs les princes et grands seigneurs de France prisonniers, desquels la rançon excederoit certaine somme limitée, et les voulans retirer et avoir presque comme de force des mains des princes et grands seigneurs d'Allemagne qui estoient en ce camp, les mutinerent tellement, qu'ils déliberoient se départir et s'en aller expirant le serment de leur service : ce que estant sceu de nous, estoient practiquez et retenus au nostre, et dès lors peu à peu à la file s'y en retiroit. Avec cela les Anglois ayans esté fort maltraittez en ce voyage, aussi qu'il avoient sceu comme les Escossois remuoient mesnage en leur pays, et leur faisoient une forte guerre, avoient desjà demandé congé, et s'en vouloient retourner : toutefois, pour remedier à toutes surprises qui peuvent advenir soubs la credence de telles nouvelles et bruits appostez, l'on ne delaissoit à pourvoir à toutes choses; mesmement pour la doute qu'on eust peu avoir que ces Anglois, en eux retournant, ne feissent quelques raffles et destrousses improvistes, l'on contremanda M. de Senarpont, lequel auparavant l'on vouloit retirer de pardeçà, pour se mettre dans Abbeville, de ne bouger de son gouvernement de Boulongne et de Montereuil, pour tenir ceste contrée en asseurance : au lieu duquel y fut commandé M. de Sansac avec sa compagnie et celle de feu M. d'Anghien.

Ayant le roy Philippes pour quelques jours campé à Fonssomme, tant, à mon jugement, pour les causes précédentes que pour estre certainement adverty de noz forces et des empeschemens qu'il trouveroit, ou que luy pourrions donner s'il entroit avant en pays, prit derniere resolution d'aller assieger Han, où feit prendre le chemin à son armée, sçachant la situation de ceste place fort commode à estre fortifiée, de laquelle un commencement estoit desjà projetté et desseigné, et toutefois si imparfaict et delaissé, qu'il ne luy pourroit faire grande resistance : et, s'asseurant l'obtenir en peu de temps, proposoit, en parachevant la fortification, la rendre l'une des plus belles places de guerre qui se peust voir sur toute la frontiere, et qui seroit comme le secours et appuy de la ville de Sainct-Quentin,

qu'il déliberoit aussi rendre inexpugnable, pour avoir de ses Pays-Bas les stances et journées raisonnables de retraittes pour entrer et sortir dans le royaume de France quand bon luy sembleroit. Or, pour dire un mot de la situation de Han, elle est entierement plaine et descouverte, sans qu'il y ayt rien qui luy commande : flanquée d'un costé de la riviere de Somme, et de l'autre d'un marets d'estendue, en certains endroits, de plus de cinq cens pas, sans que il y ayt que bien peu de plaine et terrouer sec pour y arriver. Il y a la villette et le chasteau. La villette, en l'estat qu'elle estoit pour lors, ne pouvoit tenir en sorte que ce fust; et combien qu'il y eust quelques fondemens et sorties de boulevers, si est-ce qu'ils estoient si peu apparans et mal defensables, qu'il n'en falloit faire aucun estat. Le chasteau estoit d'assez bonne apparence, et se representoit assez furieux, selon les anciennes fortifications, ayant la forme quarrée, flanqué de quatre gros boulevers ronds, avec une grosse tour quarré et massive de large espesseur, servant de plateforme aux courtines qui luy estoient alliées, et commandant en tout et partout ce chasteau : mais le tout estoit à sec de pierres et maçonnerie, sans qu'il y eust aucuns rempars et terreplains, ny autres fortifications selon les modernes inventions, pour sousteinir et defendre une place longuement contre l'esmerveillable tempeste et furie de l'artillerie de maintenant : toutefois, pour ne laisser du tout le chemin libre et ouvert à l'ennemy de entrer encore plus avant s'il ne trouvoit quelque arrest, M. de Sepois, qui en estoit gouverneur, avoit donné advis au Roy qu'on bruslast la villette, si l'on voyoit que le siege y vint, pour ne laisser lieu à l'ennemy de s'y pouvoir loger; mais quant au chasteau, qu'on le pourroit tenir et garder pour quelques jours, cependant que l'on se fortifieroit en avant : car il estoit facile à juger qu'ayant pris Han il ne planteroit là son but, ains ou passeroit plus oultre ou se jetteroit à droite ou à gauche, et s'addresseroit tousjours aux lieux foibles et faciles à estre en bref occupez, pour ne perdre et mal employer la saison qui luy estoit fort propre. Ces choses estans sceues de M. de Nevers, de Laon envoya pour renfort le seigneur de Helly (2), chevalier sage et bien experimenté, pour essayer d'y entrer, comme il feit, encore qu'il fust desjà enveloppé, ayant combattu et passé sur le ventre de quelques ennemis qui le vouloient retenir et empescher; et, d'autre part, M. de Montmorency prit le chemin à Amiens avec sa compagnie et celle de M. le connestable

---

(1) Revendiquer.

(2) De Pisseleu, seigneur de Helly.

son pere, et les quatre mille Allemans que le Roy avoit mandé à M. de Nevers luy envoyer, combien qu'en ceste ville d'Amiens fussent desjà le vidasme d'icelle (1) et les sieurs d'Auguessant et de Morvillier, avec leurs compagnies. Et à Soissons alla le prince de Condé avec une partie de sa cavallerie legere, départant le surplus le long des rivieres pour en defendre les guez et passages aux ennemis, envoyant le baron de Clere à Noyon avec sa compagnie et une autre d'Escossois. Le Roy, comme j'ay cy-dessus dit, avoit desjà pourveu à Compienne, envoyant oultreplus à Beauvais le seigneur de Marrivault, pour y recevoir et mettre dans la ville quelques compagnies de gens de pied françoises, desquelles il en devoit envoyer deux à Montdidier avec des farines et autres provisions. A Senlis aussi avoit esté envoyé le seigneur de Race. Quant à Chauny et Coussy d'un costé, l'on a veu cy-dessus comme elles estoient pourveues selon qu'elles le pouvoient comporter, et que l'on estimoit qu'elles pourroient tenir, comme aussi de l'autre part en estoit de Peronne, de Corbie et d'Amiens, comme aussi de toutes les autres places le long de la riviere de Somme. En ceste sorte, et au mieux qu'il avoit esté possible, l'on avoit garny les places circonvoisines de Han, afin que les ennemis estans à ce siege, ne se peussent eslargir et escarter pour recognoistre et empieter davantage d'estendue, aussi pour faire tousjours le gast devant eux, et les affamer en leur rompant et coupant les vivres.

En cest endroict, et pendant que le roy Philippes séjournera au siege de Han, il m'a semblé n'estre point trouvé mauvais, ny hors de propos, faire une brefve digression d'autres particularitez et accidens advenus ès autres endroicts de l'Europe, et toutesfois appartenans et provenans de ces guerres; d'autant ou qu'ils tendoient à un mesme effect, ou estoient prédictions et présages de troubles régnans, adversités présentes, et de l'issue qui en devoit succéder. L'on a peu veoir, et selon que l'ay descrit briefvement, les causes pourquoi M. de Guise fut envoyé avec une armée en Italie; qui estoit, comme la plus commune opinion se publioit, pour le secours du Pape, adonc reduit en fort estroitte puissance. L'on a pu sçavoir aussi les exploits et exécutions qu'y a fait ceste armée, et l'advantage et profits qui en sont revenus et réussis au Roy et à son royaume, dont je n'ay fait aucune mention, pour estre mal certain de la vérité; aussi que l'occasion de la faulte, comme il est croyable, redonde entierement, et est rejettée, par la voix publique, sur les plus proches du conseil du Pape et le mauvais ordre que trouva M. de Guise à son arrivée en Italie; dequoy pareillement je ne veux traiter aucune chose, et délibère m'en taire, délaissant à le déduire à ceux qui l'ont vu et le peuvent mieux sçavoir que moy, et reprendray ce que j'ay desjà dit. Le Roy avoit mandé, incontinent après ceste routte de Sainct-Laurent (2), à M. de Guise qu'il pacifiast de pardelà, et accordast de toutes choses le plus advantageusement et sagement qu'il se confioit de luy, mesmement pour le repos du Saint Pere, pour, cela faict, se retirer de pardeçà avec ses forces où il en avoit bon besoing. Ce prince incontinent le fit sçavoir au Pape, et luy donna à entendre la necessité qui le rappelloit et revoquoit en France, et les affaires qui environnoient le Roy, qui estoient cause de luy faire supplier Sa Saincteté le licencier et permettre qu'il se peust retirer, après avoir toutefois composé et transigé à son profit de ses affaires, selon son bon advis et conseil. Le Pape, adonc desjà desireux de terminer ceste guerre, de laquelle il savoit celle de pardeçà estre procédée, comme il cognoissoit évidemment, et laquelle il doutoit prendre fin par la ruine de l'un de ces grands princes, et finalement par la sienne, avec une confusion de l'estat ecclésiastique, et avec infinité de maux et dépopulation universelle, proposa plus qu'au paravant s'appointer avec le roy Philippes. Et deslors, qui estoit le huictieme de septembre en cest an, envoya les cardinaux Carlo Caraffe, Sainct-Fleur et Vitel, accompagnez de grands seigneurs romains et gentilshommes, avec bon nombre de cavallerie, devers le duc d'Albe, lieutenant général d'iceluy Roy, qui estoit lors à Cavy, place assise en la campagne romanesque, assez près de Pilastrine (3), pour en conclure et resouldre une pacification amiable. Tous lesquels s'estans assemblez à Genassan, lieu assez proche de là, en peu de jours tombèrent d'accord; et, le mardy ensuyvant, qui estoit le quatorzieme de ce mois, les susdits cardinaux retournerent à Rome avec la paix entre le Pape et le roy Philippes, à telles conditions que s'ensuit : Premierement, que, de la part du roy Philippes, le duc d'Albe fera les obéissances et hommages qui seront convenables à notre sainct pere le Pape, comme devot fils, et en signe d'obeissance et humilité, pour impetrer grace et pardon de lui; aussi que le Roy envoyera homme exprès vers nostre Sainct Pere pour faire le semblable; et que le Pape, comme bon pere

(1) Antoine d'Ailly, vidame d'Amiens.
(2) Défaite de Saint-Quentin.
(3) Palestrine.

et clement, le recevra et acceptera pour bon fils et obeissant, et du Sainct Siege apostolique, en le faisant participant des graces communes aux autres princes chrestiens. Qu'icelui Sainct Pere renoncera à la ligue faite avec le tres-chrestien roy de France, et qu'il sera également pour l'advenir pere commun et neutre. D'autre part, que le roy Philippes rendra désarmées sur le champ au Sainct Siege apostolique toutes les cités, villes, chasteaux et villages, assis en quelques païs que ce soit, qui auroient esté occupez depuis le commencement de ceste guerre jusqu'au jour ci-dessus declaré. Que par même moyen l'on rendra, tant d'un costé que d'autre, l'artillerie qui a esté prise et transportée en ceste guerre, en quelque maniere et lieu que ce soit; et que de la part, tant du Sainct Pere comme du roy Philippes, on remettra à toute communautez et personnes particulieres, ecclésiastiques et séculieres de quelque estat, degré, ou condition que ce soit, toutes contumaces et peines, tant spirituelles que temporelles, esquelles ils pourroient avoir encouru à cause de ladite guerre, en leur faisant pardon et grace générale de leur rendre leurs estats, degrez, dignitez, jurisdictions, forteresses, villes et chasteaux, offices, benefices, facultez, et autres biens immeubles, desquels ils ont esté privez et despouillez ou empeschez, en quelque maniere que ce soit, pour occasion de ladite guerre seulement, et non pour autre; en déclarant expressément que cet article n'y comprent point et n'apporte aucun support aux seigneurs Marc Antoine Colonne et Ascanio de La Cornia, ains resteroient aux contumaces où ils se trouvoient alors, et à la franche volonté et disposition du Sainct Pere-Oultreplus, que Pallian seroit remis, en l'estat qu'il se trouvoit, au seigneur Jean Bernardin Carbon, confederé et approuvé des deux parties, lequel jureroit fidelité au Sainct Pere et au roy Philippes, d'observer toutes les conventions passées entre le cardinal Caraffe et le duc d'Albe, pour le service de leurs princes, et demeureroit à la garde dudit Pallian avec huict cens hommes de pied, les frais desquels se fourniroient par moitié. Adjoustant à tous ces articles trefves pour un certain temps, contenans passeport et sauf-conduit à M. de Guise, et à tous les princes, seigneurs, gentilshommes, capitaines et generalement à tous soldats du party du roy très-chrestien de sortir d'Italie et des pays appartenans au roy Philippes, tant sur terre que sur la mer. Toutes ces conventions estant approuvées et accordées entre toutes les parties, le dimanche, dixneufieme de ce mois, le duc d'Albe entra dans Rome, environ une heure de nuit,

avec fort grandes démonstrations et signes de joie, tant par les saluës de l'artillerie, qu'avec un nombre infini de fusées et autres allégresses que l'on a accoustumé faire, mesmement de pardelà, à la bien venue et amiable réception de quelque grand prince, et en preuve et apparence de rejouissance. Le lundy ensuyvant l'on tint consistoire, où furent esleuz et deputez deux legats pour traiter la paix universelle ; l'un, qui estoit le cardinal Trivolce, devers le très-chrestien roy de France, et l'autre, qui estoit le cardinal Carlo Caraffe, vers le catholique roy Philippes.

En mesme temps que se traittoit ceste susdite paix, M. de Guise estoit parti d'Italie pour s'acheminer de pardeçà, s'embarquant à Hostie dans les galleres et vaisseaux de France qui l'attendoient là, avec une partie des grands seigneurs et capitaines, et quinze cens ou deux mille harquebuziers esleuz. L'autre partie de l'armée, soubs la conduite de M. d'Aumalle, retourna par les terres du Pape devers Bolongne et à Ferrare, et de là par les Grisons et les Suisses. Et ainsi demembrée retourna ceste armée du voyage d'Italie.

En ces mesmes jours aussi advindrent de par de là estranges déluges et inondations de rivieres à Rome et à Florence. Celuy de Rome advint ce mesme jour de la paix, quatorzieme de septembre : s'estant le Tybre, l'un des plus renommez fleuves de l'Europe, grandement enflé, comme s'il eust voulu menasser Rome de nonpareille ruine et démolition, croissant d'heure à autre, la nuict ensuivant commença à s'espandre par les plus prochains et bas lieux de Prato et des vignes qui sont à l'entour. Le lendemain s'estant eslargi et desbordé par la ville, et regorgeant par tous les conduits des rues et édifices, la creuë se trouvoit encore en plusieurs lieux de la ville de la haulteur d'un homme et davantage, principalement en la place d'Agone, à la Rotonde et à la Doane. Tant y a que ceste merveilleuse et espouvantable inondation ne donna pas loisir au peuple de se rejouir de ceste paix, ains le rendit encore plus triste, esbahi et desolé qu'auparavant : qui fait croire cela estre advenu comme un signe et advertissement de Dieu, ou pour les choses présentes, ou pour les futures, ou, à mieux dire, pour nous esmouvoir à conversion et amendement de noz pechez. Or ceste creuë et furie d'eau dura tout ce jour, et jusques à quatre ou cinq heures de nuict qu'elle commença un peu à s'abbaisser et decroistre : tellement que, le matin ensuivant, sur le poinct du jour, l'eau estoit déjà abbaissée de plus d'une palme ; et ainsi, petit à petit décroissant, après midy chacun pouvoit aller facilement à ses affaires. Pour parler de la haulteur et de la crue, aucuns ont dit qu'en plusieurs endroits elle a passé la marque qui en fut faite à l'autre grand déluge qui advint l'an mil cinq cens trente. Les autres ont voulu dire qu'il s'en falloit bien une palme : surquoy ils alleguoient beaucoup de raisons, entre autres que les caves qui ont esté faites et cherchées dans Rome, car elle est augmentée en édifices d'un tiers, auroient, en s'abreuvant, receu et englouti une grande partie de ces eaues. Aucuns ont jugé que le grand nombre des rues neufves a esté cause de la crue ; et les autres afferment que la terre, qui a esté rehaulsée depuis ce temps là, faisoit sembler l'eau plus haulte qu'elle n'estoit. Mais, quoy que ce soit, il fault croire, par la commune opinion, que ceste inondation a esté plus grande et impétueuse que la précédente, veu qu'en la ville d'Horta et Narni, et tous autres lieux où elle passa, elle délaissa un admirable abbatiz et ruine, ayant emporté la moitié du pont Saincte Marie, avec l'excellente chappelle que le pape Jules troisieme y avoit fait édifier. Elle mina et remua certaines grosses pierres de marbre, et gros quartiers de pierre qui défendoient le pont du chasteau Sainct Ange. Elle démolit et renversa une grande partie des bouleverts et bastions qu'on avoit fait édifier depuis un an joignant ce chasteau. Elle abbatit en outre la moitié du temple et la plupart des édifices du monastere Sainct Barthelemy, qui est assis en l'isle Tyberine. A bref conclure, il n'y eut dans Rome rues, palais, ny édifices où cest impiteux orage d'eau eust passé, qui ne portast marque et tesmoignage du courroux et violence de cest élément irrité. Quant au déluge de Florence par le desbordement du fleuve Arno, l'on le juge encore avoir esté plus grand que celuy de Rome, et avec trop plus importantes et incomparables ruines et pertes, tant en démolitions d'édifices qu'en subversion et dépérissement d'or, d'argent, marchandises et toutes sortes de meubles, sans encore, qui est plus à plaindre, la mort et suffocation de plusieurs personnes. Il ruina en premier lieu, et démolit ès plus entieres parties les couvents et monasteres de pauvres filles de Saincte Verdiane, des Recluses et de Saincte Marie nouvelle. Il emporta les ponts de Rubaconde et de la Trinité ; il abbatit quasi du tout et jusques à la prairie, et du costé de Sainct Pol, le bourg d'Ognifanti ; comme il fit du marché Neuf, où s'exerce l'art et artifice de filer et tistre la soye ; de sorte que tous les magazins et boutiques furent la plus part dépéries et gastées, qui estoit perte fort grande. Le palais du duc n'en fut exempt, et s'en trouva offensé en plusieurs endroits. Quant à la région circonvoisine, le grand chemin de Cazentin fut creusé et enfoncé de telle façon, qu'il ne se pouvoit plus racoustrer pour y passer ; et y mourut au bourg septante quatre personnes, emmenant les maisons entieres à Pontasienne, et demourans abysmez Pereole et Sainct Donin, et plusieurs autres édifices le long de ce fleuve Arno. Au surplus, pour parler de la marque où monta l'eau sur la place de Saincte Croix, elle exceda quatre bons doigts de crue le deluge et inondation qui advint à Florence en l'an mil trois cens quarante-sept, qui fait juger que celle moderne estoit fort grande, veu que la précédente estoit comme admirable et incroyable. Il y avoit la haulteur d'une toise et demie à Saincte Croix ; par la rue Belline, quatre toises ou environ ; vers Sainct Ambroise et Sainct Pierre Majeur, trois toises ; joignant Monteoro, deux toises ; à Cestel, une toise et demie, et autant vers Nostre-Dame de l'Annunciade ; par la rue des Servi, deux toises ; du costé de Saincte Marie de la Fleur, deux toises ou environ, et autant quasi à Sainct Jan ; aux palais des Antinori et Strossi, une toise ; et ainsi conséquemment à Sainct Marie nouvelle, et par toute la ville de Florence. Or, pour faire évidente preuve que les esmerveillables et incogneuz miracles et faits prodigieux de Dieu l'omnipotent ne sont exécutez et demontrez en un seul lieu, je pourrai encore icy adjouter qu'au mesme mois et presque jours semblables, advint de pardeçà un déluge en la bien antique ville de Nismes en Languedoc, toutefois différent des autres en ce que ce n'estoit par desbordemens et ingurgitations de fleuves et rivieres, mais par un esclatement de nuées et ouvertures des portes célestes, comme les philosophes l'ont voulu appeler ; lequel accident advint le neufieme de septembre en cest an, avec tonnerres, coruscation, esclairs et fouldres si horribles et espouvantables, que tout le peuple pensoit ce jour estre le dernier periode de ce siecle. Persévérant ceste fureur céleste jusques après huict heures de nuict, il tomba une si merveilleuse abondance d'eaue, que ces misérables citoyens pensoient subitement eux avec toute leur ville devoir estre englouiz et abysmez. Et combien qu'il ne fust de longue durée, comme de douze ou quinze heures, si est-ce qu'il apporta un tres grand dommage et intérest à ceste ville, laquelle en fut en plusieurs endroits et lieux, tant publics que privez, difformée et empirée, et le territoire circonvoisin fort dégasté et appauvri, d'autant que les champs et labourages en furent pervertis, encavez et creusez, ou couverts de pierres et autres ruines, qu'un ravage d'eauës entraine et délaisse où sa force et violence cesse et diminue; et les oliviers, dont cette province est grandement abondante, et qu'elle cultive soigneusement pour le grand emolument et profit qu'elle en tire des huiles, tous froissez et dérompuz, et les vignes desracinées, arrachées et sablées, avec infinité d'autres dommages et calamitez. Bref, l'on estimoit n'y avoir eu guerres chose qui n'eust senti la pesanteur de la main de Dieu. Par ce déluge aussi furent descouvertes plusieurs antiquitez cachées et ensevelies soubs terre, pour le moins depuis que les Gothz mirent à sac ceste ville, mil cent ans sont passez, comme l'on le trouve, oultre le temps qu'elles pouvoient avoir esté faites auparavant, comme anciens sépulchres et monumens, grande quantité de médailles de bronze, et quelques unes d'or et d'argent; grandes collonnes d'une piece également proportionnées; testamens et épitaphes de pierre dure, escrits et gravez en lettres cancellates et romanesques. Se descouvrirent semblablement de beaux et riches pavez, et les plans de salles basses, chambres et portiques, desquels se trouvent encore des entablemens de marbre, porphyre et jaspe, marquetez à la mosaïque. Et davantage l'on a trouvé des fragmens de vases antiques, et quelques uns entiers, d'une terre rouge, si très fine et déliée, qu'elle mesme porte son verniz : lesquels les anciens faisoient apporter de Samos en Grece, enrichis d'histoires ou ramages rustiques, fort plaisans et récréatifs à l'œil. Plusieurs autres singularitez et choses rares y furent déterrées et mises en lumiere, qui ont donné grand esbahissement à ceux qui les ont veues, lesquelles seroient trop prolixes et longues à icy particulariser. L'on a voulu dire et affermer autres citez et lieux avoir esté frappez de semblables deluges, mesmement Venise et Rovergne, dont je ne feray description, pour n'en avoir rien sceu à la vérité, ny leu par mémoire; et me suffira dire que plusieurs autres signes ont esté démontrez et sont apparuz : comme de la comette de l'an précédent, des collonnes de feu, et en aucuns lieux une chasse de chiens abboyans en l'air; et en d'autres, hommes armez combattans, et les deux soleils rouges et enflammez, qui ont esté veuz en Allemagne, sans que je parle de plusieurs portentes (1) et monstrueux ouvrages de nature, produits en ce temps sur la terre. Tous lesquels signes je ne puis juger estre autre chose que menasses et messages du courroux divin, nous admonestant ou à volontaire recognoissance et amendement, ou à prochaine vengeance et punition de noz iniquitez.

Puis que j'ay le plus briefvement qu'il m'a été possible, discouru aucunes particularitez et accidens advenuz ès autres endroits, mesmement en Italie, pour démonstrer que si en une sorte nous estions affligez de pardeçà, les autres nations pareillement en autres varietez en resentoient leur part, maintenant je retourneray au siege de Han, qui ne fut long, et où ne furent faites exécutions de grande importance, au moins dont j'aye esté adverty, et qui méritent grande longueur de propos; car ayant le roy Philippes d'abordée dressé une très furieuse et soudaine batterie contre ce petit chasteau, où il n'y avoit, comme j'ay dit, aucuns remparts ny fortifications, et y estant toutes les murailles à sec, après avoir enduré quinze cens ou deux mille coups de canon, ayant fait fort grande et large bresche, tant à la grosse tour qu'à la courtine, luy fut rendu le douzieme jour de septembre.

Quand l'on vit que l'ennemy prenoit ce chemin, la diversité et abondance des doutes commença à croistre. Car s'estant advancé jusques là, sans trouver grand contredit ny résistance, estoit encore en pouvoir de poulser plus avant, et suivre le chemin de Compiegne et de là droit à Paris, ou, suivant la riviere de Somme, tourner à main droite devers la Picardie et le Boulonnois, ou, voltant à la gauche devers Coussy, Soissons et Laon, se retirer en Champagne. Mesmement le Roy en avoit eu divers advis et advertisemens, lesquels il avoit fait sçavoir à M. de Nevers : entre autres, que ce baron de Polleville (2), duquel j'ai déjà parlé cy-dessus, au partir de Saverne, avoit esté mandé du roy Philippes de le venir trouver en son camp avec sa trouppe, qui pouvoit estre alors de vingt enseignes d'Allemans, et de douze à quinze cens chevaux, pour de là l'envoyer en Angleterre, et qu'au demeurant la résolution dudit Roy estoit, après avoir prins Han, de faire une grande cavalcande jusques à Compienne, et en passant brusler et ruiner Chausny et Noyon. L'autre advis estoit que le roy Philippes, les choses susdites exécutées, avoit délibéré de faire passer sadite armée entre La Fere et Laon, et de là suivre les brisées de Champagne jusques aux environs de Mesieres, pour de là la licencier et rompre, et par ce moyen, ruinant les pays du Roy, sauver les siens. Ainsi, encores que noz forces fussent si petites adonc et foibles, que toutes ensemble ne fussent à la moitié près suffisantes pour luy présenter teste, et nous opposer à ses entreprises, si falloit-il néantmoins luy faire paroistre et croire le contraire, et luy donner à entendre qu'en quelque lieu qu'il s'adressast il

---

(1) Du latin *portentum*, prodige.

(2) Polwiller.

trouveroit qui lui respondroit. Mais, ce qui advenoit le plus mal, c'estoit qu'il falloit de contrainte escarter et séparer nos troupes de loing, pour prévenir ces accidens douteux : tellement que pour remédier à ce dernier advis il fut de besoing renvoyer M. de Jametz en Champagne avec sa compagnie, et pareillement M. d'Eschenetz avec la sienne ; et à M. de Jours, auquel, comme j'ay touché cy-dessus, avoit esté donné la commission de lever huict enseignes de la legion de Champagne, dont au paravant il estoit colonnel, fut mandé de costoyer ceste frontière, et se jetter incontinent dans la premiere ville où il seroit adverti que ce Polleville se voudroit attaquer. Et d'autre part, pour fournir Soissons de soldats, estant l'une des plus belles villes, et en autant commode assiette qu'il en peult estre en toute ceste contrée, et le long du cours de ceste riviere d'Aisne, pour estre fortifiée selon que déjà elle est bien commencée et avancée, y fut envoyé M. d'Estrée, avec deux autres compagnies de gens de pied levées nouvellement, oultre celles qui y estoient auparavant, et quatre vingts harquebusiers à cheval, soubs la charge du capitaine Faverolles. Et, pour remédier aux advenues de Compiegne, le prince de Condé avoit du bord de deçà ceste riviere d'Aisne estendu toute sa cavallerie légere, et avoit fait rompre tous les ponts et passages : pour lequel mesme effect le Roy avoit de rechef envoyé les sieurs de Charmazel et de Gondrin : estant au surplus la ville de Compiegne bien pourvue et munie de gens de guerre et toutes munitions pour arrester l'ennemy en sa premiere furie. Quant aux autres endroits, M. de Nevers ne voulut point encore bouger de Laon, qu'il ne veist quelle addresse suivroit le roy Philippes après ce dernier exploit de Han, craignant surtout ce retour de Champagne.

Quant à la partie d'Amiens et de Picardie, M. de Montmorency y estoit, seigneur autant pourveu de sens et d'experience qu'il en peut estre pour son aage, accompagné de tous ces vieux et sages chevaliers que j'ay ci-dessus nommez : et les villes de ceste frontiere estoient parfaitement garnies d'hommes et toutes autres choses nécessaires. Que si l'ennemy se fust voulu tourner à l'un de ces trois endroits, la résolution estoit prise, à mon jugement, qu'en bruslant au devant de luy le plat pays et ce qui ne luy pouvoit résister, luy laisser en front toutes les villes fortes, ausquelles s'addressant, c'estoit le moins qu'il y pourroit consumer de temps que de trois semaines ou un mois, dans lequel séjour certainement noz forces pouvoient estre sur pied, et lesquelles à reiterez et redoublez mandemens l'on faisoit haster et avancer, pour interrompre tous ces desseings et délibérations dont l'on se doutoit. Toutefois, après la prise de Han, le roy Philippes, sans poulser son armée plus avant en campagne, s'arresta à poursuivre et continuer le commencement de la fortification de ceste place, l'améliorant néantmoins, et y adjoustant ce que peult estre y avoit esté oublié. Vray est que cependant, pour s'eslargir et accommoder des lieux circonvoisins qui luy pourroient servir, et estoient propres pour la faveur et appuy d'icelle, et qui, estans occupez de nous, lui seroient grandement nuisibles et suspects, les envoya saisir, la pluspart desquels il trouva déjà bruslez et ruinez et abandonnez, pour ne les sentir tenables, ou pour n'y estre les nostres assez forts. L'une des premieres entreprises qu'il fit fut celle de Noyon, dedans laquelle ville furent surprises les compagnies de chevaux légers du baron de Clere, et une autre d'Escossois, pensans des ennemis habillez de semblable parure que d'autres compagnies françoises, et lesquels ne portoient croix ni escharpes blanches ny rouges, que ce fussent amis et des leurs. Ainsi, trouvant les portes ouvertes, leur fut après fort facile de se rendre maistres de ceste ville : laquelle toutefois ne leur apporta grand advantage, pour avoir esté déjà auparavant bruslée. Ils se saisirent aussi de Chauny, non, à mon advis, qu'ils eussent en délibération de le fortifier pour attendre le canon, pour estre en situation fort difficile et commandée de deux ou trois endroits, et subjecte à autres imperfections, ains en y logeant bonnes et fortes garnisons, pour de tant plus facilement faire la récolte des vendanges et amas de vin, pour y avoir en ceste contrée un vignoble de grande estendue, ainsi que la saison estoit arrivée, et conséquemment tant pour la conduite de tous autres vivres qu'ils vouloient retirer en leurs places fortes, que pour y avoir une fort grande aisance des meilleurs moulins qui soient sur ceste riviere. En ceste sorte s'arresterent les ennemis aux fortifications de Sainct Quentin et de Han, faisant cependant, les garnisons des uns et des autres, courses ordinaires, destrousses et rencontres, selon que les occasions et cas fortuits les addonnoient, continuans en cest exercice et guerre guerroyable le surplus du mois de septembre et le commencement de celuy d'octobre ensuivant; et ne veux oublier qu'en ces entrefaites peu à peu l'armée du roy Philippes s'affoiblissoit journellement, tant pour le retour des Anglois (1) que pour le départe-

(1) Sous entendu *dans leur pays*.

ment d'autres garnisons ; aussi que, comme j'ay déjà dit cy-dessus, beaucoup d'Allemans, expirant le terme de leur service, se retiroient à nostre party : et ce qu'ayant M. de Nevers fait sçavoir au Roy par le sieur de Montereuil, luy avoit mandé qu'il avoit fort aggréable, et que l'on en retirast le plus qu'il seroit possible : tellement que noz bandes d'Allemans, auparavant fort desfaites, se trouverent en peu de jours bien complettes, et du surplus l'on en dressa nouvelles compagnies. Et ne sçay si sur cela, de ma seule opinion, j'oserois dire que ce mescontentement précédent et affoiblissement couvert, et non sceu de l'armée du roy Philippes, seroit cause qu'il n'auroit peu, ou auroit douté d'entreprendre et d'entrer plus avant : toutefois, requerant cest argument plus subtile et mieux advertie diffinition que la mienne, je n'en diray pas davantage pour ce coup. Tant y a que, pour la considération de ces choses, et que l'hiver s'approchoit, le Roy redoubla toute diligence et solicitude de remettre ses forces ensemble, et redresser une autant belle et forte armée que son ennemy l'eust peu avoir en l'assaillant, afin d'avoir sa revenche sur luy. Et pourtant de rechef fut envoyé au devant des Suisses le sieur de Varassieux, pour haster ceux qui venoient de leur pays freschement, lesquels estoient déjà sur les marches des duchez de Bourgongne et de Champagne, et les sieurs de Mandosse et Bois Rigault furent envoyez à Lyon au devant des quatre mil qui venoient de Piedmont. Pareillement en ce temps, qui estoit environ la my-octobre, le sieur de Marolles, ordonné commissaire pour recevoir et conduire les Allemans nouveaux de Reifberg, manda qu'ils estoient arrivez à Issutille, sur les lisieres de Champagne. Et de ailleurs, messieurs de Guise et d'Aumalle estoient au chemin de leur retour, que l'on esperoit estre en bref, selon que les nouvelles en estoient récemment arrivées, et lesquels encore se hastoient pour ne défaillir à la nécessité. Estans toutes ces choses rangées en telle disposition que l'ay cy-dessus narré, et mieux encore que ne le pourrois exprimer, le Roy manda à M. de Nevers se retirer à Compienne, où il avoit proposé recueillir son armée : auquel lieu incontinent que ce prince fut arrivé, s'employa à rendre ceste ville forte et defensable, adjoustant au naturel l'artifice, d'autant qu'il falloit qu'à la nécessité, et pour l'heure, elle servist de frontiere à la France, faisant en premier lieu eslever deux fort larges et hautes plateformes, et autant belles qu'il en soit en tout ce royaume : l'une, pour commander sur toute la planure qui est entre la forest et la ville, et l'autre sur tout le bas et le cours de la riviere et le long de la prairie, et au surplus départant toute diligence à remparer ceste ville, flanquer de bastions, caze-mattes, terrasses, cavaliers et traverses ; de sorte qu'y arrivant le siege, l'artillerie de l'ennemy y eust trouvé à manger et despendre pour un long temps. Avec tout cela feit desseigner et relever de trenchées l'enclosture d'un camp, si large et spacieuse, qu'une armée de cent mil hommes y eust peu loger avec tous équippages et provisions, et aussi seurement que dans une ville, avec toutes aisances tant de la riviere que d'estendue.

Pendant que M. de Nevers entendoit à fortifier la ville de Compiegne, et y dresser le camp et l'enclore de trenchées, ne délaissoit pourtant, selon qu'il avoit accoustumé d'en user à Laon, d'envoyer journellement voir et recognoistre l'ennemy, mais je dy de si près, qu'il faisoit peu souvent délibérations et sorties que ce prince incontinent ne le sceust. Aussi, sur ce propos veux-je bien et puis affirmer de luy qu'il n'y a prince en tout le monde qui face plus grande despense ny meilleure récompense aux espions et à ceux qui luy font certains rapports que luy : qui est cause qu'estant seurement adverty il ne met rien au danger, et n'entreprend gueres de besongnes dont il ne vienne heureusement à fin. Mais, pour ne donner opinion à personne que je veuille blandir et flatter, je diray qu'entre autres entreprises que ce prince ayt fait à Compiegne, estant un jour, dont je me suis records, adverty que la garnison de Chaulny, qui estoit fort grosse, de quatorze à quinze cens chevaux, ordinairement avoit accoustumé de sortir en campagne, et ne se contentoit seulement de venir voller et faire destrousses bien avant en païs, ains trouvans nos garnisons de Coussy et de Soissons, pour estre en plus gros nombre et les plus forts, les rembarroient jusques dans les bois proches dudit Coussy, sans qu'ils les osassent attendre, proposa de leur dresser une cargue, et de s'y trouver si à poinct, qu'en une fois les recompenseroit pour toutes : parquoy, pour mieux celer ceste conduicte, voulut aller à Soissons, soubs couleur d'aller voir dix huit enseignes de Suisses qui y estoient arrivées ; duquel lieu manda incontinent à M. de Bordillon se trouver à certain jour et endroit en embuscade avec deux cens harquebusiers à pied et partie de ce qu'il avoit de cavalerie à La Fere ; et luy d'autre costé avec deux cens hommes d'armes et les reitres, et le prince de Condé avec sa cavalerie légere, à ce mesme jour se trouverent embusquez dans ces bois assez près de Chaulny, d'où fut envoyé le seigneur de Janliz (1) avec sa compagnie de cavallerie, pour semondre ceste garnison à sortir comme elle faisoit précédemment, et pour les attirer à l'escarmouche, comme il feit fort bravement et hardiment; et ne faillirent ceux qui estoient demeurez, au nombre de trois à quatre cens chevaux, et quelques Espagnols à pied, à sortir, estimans que c'estoient seulement leurs voisins ordinaires qui les venoient voir, et se jugeoient assez forts pour les recevoir. Lesquels aussi feirent fort bien, comme pareillement le seigneur de Janliz sceut sagement et cautement les soustenir, prenant sa cargue de loing en les attirant, et essayant d'amener au combat tout le surplus de ces douze ou quinze cens chevaux qui s'y estoient autrefois veus, et qui coustumierement en sortiroient, pour de tout cela à un coup faire desfaitte et routte, et en rendre la victoire plus glorieuse et belle, selon que le fait estoit seurement disposé et appareillé : mais de malheur ce jour mesme estoient partiz pour aller à leur camp, où ils avoient esté mandez, et ne s'y trouva que ce nombre que j'ay dit cy dessus; tous lesquels soldats à la vérité démonstrerent fort grand devoir et hardiesse à se bien défendre; ce néantmoins, se sentans foibles, ne s'esloignerent par trop de leur fort : ce qu'estant apperceu de M. de Nevers, et qu'ils venoient à l'escarmouche plus froidement qu'ils ne souloient, et autrement qu'on ne luy avoit fait entendre, commanda au comte de Barbise, qui estoit adonc chef des reitres, qu'il marchast et se monstrast avec ses troupes, et qu'il se meist en veuë des ennemis ; et d'autre part les chevaux légers se meirent et gaignerent entre la ville et eux, de sorte qu'ils se trouverent enveloppez; où fut pris un capitaine albanois, chef de la cavallerie, qui estoit demeurée dans Chauny, et le surplus de ses gens furent tuez ou pris. Et quant aux gens de pied espagnols qui s'estoient coulez le long d'une trenchée, se voyans enfermez et enclos de tous endroits, se jetterent dans une petite maison à cent pas de la ville, laquelle ils percerent pour se défendre à coups d'harquebusades, et y resisterent si longuement qu'ils peurent, et tant que le prince Condé feit descendre à pied la compagnie d'harquebusiers du sieur d'Alligny pour les assaillir : ce qu'ils feirent de telle ardeur et promptitude, qu'ils les forcerent et rendirent aux abbois et en telle extrémité, que le capitaine, ne voulant mourir là dedans misérablement, sortit hors de ceste maison l'espée nue au poing et une targe en l'autre bras, qui fut incontinent saisi, estant le surplus de ses gens exécutez ou prisonniers : et ainsi qu'il requeroit et vouloit rendre sa foy le capitaine Launay le vint tuer assez près du prince de Condé, lequel, comme prince de grand cueur, et ne voulant supporter cest oultrecuidé outrage en sa présence, en voulut d'autant recompenser le capitaine Launay, qui, pour éviter ceste fureur, allégua pour ses excuses que ce capitaine espagnol avoit blessé à mort le plus vaillant de ses soldats, et qu'il sçavoit de vray qu'il avoit fait fort mauvaise guerre aux François prisonniers à la journée de Sainct Laurent; suppliant très-humblement ce prince pour ces causes luy pardonner son impatiente et prompte cholere, comme il feit. En après M. de Nevers feit sonner la retraite, reprenant son chemin à Soissons, et faisant marcher au pas et en ordonnance ses forces, sans aucune perte ny rencontre, comme aussi feit M. de Bordillon à La Fere. Depuis l'on a sceu que l'allarme en fut donnée bien soudaine et eschauffée au camp des ennemis, qui n'estoit qu'à quatre lieues de là, tellement que ce jour, quand les nouvelles y arriverent, desbanderent plus de quatre mil chevaux pour se mettre à la suite des nostres ; mais ils n'y perdirent que temps et peine, et y arriverent trop tard, combien que le lendemain, pensans que l'on y retourneroit et qu'ils pourroient avoir leur revanche, s'y embusquerent et y appresterent la bienvenue et réception ; mais ce fut en faute, et demeurerent tousjours les frais sur eux ; car ce ne fut celle part que M. de Nevers les alla revoir, ains devers Noyon.

En telles et semblables courses et entreprises se passa la pluspart de ce mois d'octobre, pendant que les ennemis fortifioient Sainct Quentin, Han et Le Castelet, où ils besongnoient à bras desployez, et en assiduité continuelle, voyans leur armée journellement affoiblir par diverses causes et accidens, et pareillement que l'importune saison d'hyver approchoit fort, et doutans que l'armée de France, se trouvant forte et bien tost complette, comme ils sçavoient et voyoient à l'œil qu'elle s'engrossissoit ordinairement, de premier œuvre s'y addresseroit, où trouvant les ouvrages imparfaits, seroit aisé à recouvrer ce qu'avec grands fraiz auroit acquis et amélioré. Le roy Philippes deslors, comme l'on disoit, s'estoit retiré à Cambray et à Bruxelles, avec la pluspart des princes et grands seigneurs qui ont accoustumé de le suivre. Et le Roy estoit aussi à Sainct-Germain-en-Laye, donnant ordre de remettre et renforcer son armée de tous équipages ; laquelle adonc se faisoit fort grosse, et multiplioit tous les jours, car la pluspart des Suisses estoient arrivez, aussi estoient les bandes nou-

---

(1) François d'Hangest, seigneur de Genlis.

velles d'Allemans ; avec ce, l'on y avoit fait venir les autres vieilles compagnies qui estoient à Amiens. Et journellement s'y assembloient et venoient compagnies nouvelles de toutes les parts de ce royaume ; tellement que l'on n'attendoit plus pour la rendre du tout complette, que le secours qui retournoit d'Italie, que l'on faisoit séjourner en Bresse et Lyonnois, costoyant ce baron de Polleville duquel j'ay tant de fois parlé cy dessus. Et pource qu'il tombe à propos, et que le succez de ses entreprises, tout autre qu'il ne le se promettoit, advint en ceste mesme saison, j'en diray icy un petit mot : c'est qu'après qu'il eut son armée dressée, au nombre, comme l'on estimoit, de dix à douze mille hommes de pied, où il y avoit six mille corselets, et de douze à quinze cens chevaux, passant par les montagnes de Vaulges, et le comté de Ferette, et laissant le Bassigny, entra dans la Franche-Comté entre la comté de Montbeliard et Langres : où messieurs les Comtois, soubs couleur qu'ils disoient y estre par luy contraincts, contre les promesses et pactions de leur neutralité, luy donnerent passage, vivres et autres provisions de camp. Et de là vint descendre en la Bresse, espérant en peu de jours la saisir et s'en rendre maistre, par le moyen de certaines intelligences qu'il avoit avec quelques gentilshommes de ceste province, et autres de leurs voisins mal affectionnez envers le Roy. Et d'abordée alla planter le siege devant Bourg qui en est la principale ville, estimant la trouver despourvue de toutes choses de defense, et en bref luy estre rendue. Ce que toutes fois il ne trouva ; car le seigneur de La Guiche, qui en est gouverneur, et le baron de Digoine, qui y estoit son lieutenant, estans advertiz de sa venue, ou s'en doutans, y avoient desjà fait entrer la compagnie dudit seigneur de La Guiche, et quelques autres compagnies de gens de pied. Et d'autre part l'on a peu voir cy dessus comme le seigneur d'Eschenets avec sa compagnie le suivoit continuellement de près, comme aussi faisoit le seigneur de Jours avec ses huict enseignes de la légion de Champagne ; lesquels luy tindrent tousjours si prochain voisinage, qu'aussitost que luy se trouverent près de Bourg, où ils entrerent ; en quoy ils firent un fort grand devoir et service au Roy et à la République, et ainsi se trouva frustré de sa premiere opinion. Pendant qu'il arrestoit et entreprenoit ce siege, l'armée du Roy, qui retournoit de Italie, arriva tousjours à la file, et estans déjà venus deux mille harquebusiers fort braves, et soldats esleus, conduicts par M. le vidasme de Chartres, furent conduicts et entrerent dans ceste ville. Et d'ailleurs l'on y feit approcher couvertement, et sans faire bruit, quatre mille Suisses et trois mille lansquenets, estant toute la gendarmerie qui estoit arrivée, et arrivoit journellement, arrestée et logée ès environs de luy, tant en la Bresse que Lyonnois et Masconnois, en intention de luy faire sentir le payement de sa téméraire et mal fondée déliberation. Enfin, après qu'il eut par trois fois remué son camp devant ceste ville, se doutant, à mon advis, et prévoyant son danger advenir, le 16 de ce mois d'octobre, le seigneur d'Eschenets feit sortir de ceste ville, sur l'entrée de la nuict, cinquante harquebusiers, pour aller recognoistre son camp, et la contenance et asseurance de ses gens. Lesquels harquebusiers, ayans tué d'arrivée les sentinelles, donnerent, et eurent telle hardiesse que d'enfoncer leurs corps de gardes, qu'ils massacrerent en partie et tournerent l'autre en fuite, mettans en tel effroy tout le reste de leur armée, que dès l'heure elle deslogea, et feit si grande diligence à marcher et se retirer, qu'avant que les nostres en sceussent certaines nouvelles, et feussent prests à les suivre, ils avoient desjà cheminé et passé quatre ou cinq grandes lieuës sans regarder derriere eux, laissant plusieurs malades, vivres et meubles au lieu d'où ils départirent, et reprindrent le chemin de la Franche-Comté, d'où ils estoient venus. Bien tost après l'on sceut qu'ils se rompoient d'eux mesmes et abandonnoient ce baron de Polleville leur chef, pource qu'il ne leur avoit rien sceu tenir de ce qu'il leur avoit promis. Voilà l'issue et l'effect de l'armée du baron de Polleville, que le commun populaire appelloit le secours que le roy de Bohême envoyoit au roy Philippes, et d'autres, l'entreprise du duc de Savoye, après qu'il eut essayé de mutiner le peuple de Bresse et de Savoye, parmy lequel je peux bien dire qu'il y en avoit beaucoup de très-mauvaise volonté envers le Roy et la France, desquels les aucuns s'efforcerent la demonstrer alors, et les autres la dissimulerent.

Incontinent après la retraite de ce baron de Polleville, toutes ces forces qui estoient de pardelà prindrent le chemin, et se retirerent à Compienne, où se faisoit le plus gros amas à l'assemblée generale de l'armée du Roy ; et estoit M. de Guise desjà quelques jours de retour d'Italie, et arrivé à Sainct-Germain-en-Laye, où il vint trouver le Roy ; lequel, après y avoir quelque temps séjourné, le feit son lieutenant general sur tout son royaume, et l'envoya en ce lieu de Compienne pour disposer et commander sur toute son armée, retirant riere Sa Majesté M. de Nevers, pour luy donner intermission et repos, après avoir supporté toutes les fatigues et labeurs que l'homme peult soustenir et souffrir pour la tuition de ce royaume avec tant d'heur, moyennant la grace de Dieu, que sa prévoyance et magnanime constance, avec bien petites forces, a tousjours prévenu l'ennemi en ces déliberations, et a tenu soubs bride et en doute la prospérité de son pouvoir, dont pour le moins l'Eternel luy fera condigne retribution, et la France luy sera à jamais redevable.

LIVRE DIXIESME.

De la prise de Calais, Guines, Hames, et de tout le comté d'Oye, par le preux et triumphant prince et duc de Guise. — De la prise du fort chasteau de Herbemont ès Ardennes, par le magnanime et victorieux prince le duc de Nivernois; et des grands Estats du royaume de France, tenus à Paris au mois de janvier en l'an 1558, avant Pasques.

[1558] SE trouvant l'armée du Roy assemblée à Compienne dans le mois de novembre, et parfaitement accomplie de tout attirail et munitions pour être employée et mis en besongne, fut mis en conseil et considération que, de premier exploict, l'aller heurter et presenter aux rempars et fortifications de Han et Sainct Quentin, pour essayer et faire effort de les reprendre, ce seroit adjouster seconde ruine à la premiere, et commencer besongne au souhait, peult estre, de l'ennemy, eu esgard que, se doutant de ceste deliberation, il auroit muni ces places, tellement, que, sans remuer les armes ni desgainer espée, il seroit spectateur seulement de nous veoir desfaire et combattre du froid et de la famine, estant desjà l'hyver du tout venu et le païs circonvoisin de fond en racine degasté, bruslé et destruict, sans que nullement il y eust ordre d'y recouvrer vivres, mesmement pour les chevaux; oultre ce que la pluspart de nos forces, et sur tout la gendarmerie, estoit fort debiffée et harassée, tant de ce voyage d'Italie que pour les fatigues de l'esté précédent; parquoy fut jugé le plus certain avis abuser l'ennemy en ses opinions et entreprendre tout au contraire de ce qu'il pourpensoit, selon que luy-mesme par expérience nous l'avoit demonstré; qu'il valoit mieux s'adresser ailleurs où l'on le pourroit tirer de son fort et l'esloigner, que s'arrester à ce qu'il avoit parfaitement appareillé pour nous amuser et nous laisser nous mesmes consommer. Ainsi fut remise ceste entreprise à autre saison plus propre, pour mettre en avant celle de Calais, que l'on a voulu dire toutefois dès long temps auparavant practiquée et menée, mesmement par la sage conduite et intelligence du seigneur de Senarpont, prudent gouverneur du Boulonnois, et toutefois toujours retardée et empeschée par diverses et survenantes occasions; de sorte qu'il m'a esté dit pour chose véritable que, s'il eust pleu à Dieu departir tant de grace à M. le connestable, que retourner heureusement le jour Sainct Laurent, le lendemain ou peu de jours ensuivans, il partoit pour parachever ceste entreprise, ce nonosbstant qu'à ceste fois elle a eu un prince autant vaillant et prompt executeur qu'il en peult estre en ce monde, comme l'effect en est sorty et apparu universellement. En narrant laquelle exécution, je suis contrainct suivre et reiterer à peu près ce que desjà en a esté escrit et publié, pour n'y avoir esté present, toutefois en ayant eu autres certains advertissemens : ce que néantmoins j'ay bien voulu faire pour en conserver et continuer plus longue mémoire, comme d'un œuvre autant grand et mémorable qu'il en advint en France depuis deux cens et dix ans que ceste très-forte ville avoit esté prise et possedée des Anglois, comme d'une entreprise si promptement et soudainement exploitée, en chose que l'on reputoit comme imprenable et presque impossible, que l'on le nombre entre les miracles et cas esmerveillables de ce siécle, principalement estant advenue en ceste saison d'hyver, où les marets dont ceste ville est en la pluspart environnée sont inaccessibles.

Doncques, pour conduire ce fait plus couvertement, et pour en oster toute cognoissance et suspicion aux ennemis, fut donnée une partie de ceste armée à M. de Nevers, comme dix huict ou vingt enseignes de Suisses et autant d'Allemans, et douze ou quinze de François, et cinq ou six cens hommes d'armes, et quelque nombre d'artillerie, pour mener en Champagne, faisant courir le bruit que c'estoit pour aller prendre Luxembourg et Arlon : et M. de Guise, avec l'autre partie, demeuroit en Picardie, tant pour empescher l'ennemy d'avitailler Sainct Quentin et Han, que pour tenir en assurance les places de la frontiere, comme il feit, pendant que M. de Nevers s'acheminoit en son voyage, pendant aussi que de nouveau on recognoissoit les moyens et advenues pour donner bonne issue au faict de Calais, et que l'on consideroit s'il y seroit point intervenu quelque obstacle et empeschement, et quels soldats et garnisons estoient dedans. Les ennemis estans advertis du département de M. de Nevers, et sçachans le duché de Luxembourg degarny de gens de guerre, avec ce qu'il n'estoit pas fort et en la pluspart enclos de villes et garnisons françoises, departirent quant et quant un secours de gens et munitions pour y envoyer en toute diligence. Estant M. de Nevers arrivé à Varennes et à Clermont en Argonne, et à l'entour de Stenay, après y avoir fait temporiser pour quelques jours sa petite armée, voyant qu'il ne se rencontroit rien de soudaine prise, selon qu'il avoit esté ordonné, renvoya ses forces de pardeçà devers M. de Guise, lequel s'estoit desjà avancé vers Amiens, feignant vouloir avitailler le chasteau de Dourlan, et lequel, ayant entendu nouvelles du bref retour des forces de M. de Nevers, passa encore plus oultre, sous ombre d'aller pareillement munir et renforcer Ardres et Bouloigne, retenant en ceste sorte l'ennemy en doute de ce qu'il vouloit attenter tout à un coup. Après qu'à grandes journées les troupes de M. de Nevers furent arrivées et rejointes à M. de Guise, ce prince ayant tout son appareil prest suivant sa très-grande promptitude, le premier jour de janvier se présenta devant le fort Nieullay, où d'arrivée, trouvant un petit fort palissé et relevé de terre, que les Anglois avoient basti à Saincte Agathe, petit village proche et sur le commencement de la chaussée qui va au pont de Nieullay, le fit assaillir par deux ou trois mille harquebusiers esleuz, soustenuz de vingt cinq ou trente chevaux, avec telle furie et hardiesse, qu'ayant remis et rechassé une enseigne de ceux qui le gardoient, sortie à l'escarmouche à la faveur du canon et du maretz, accompagnée et couverte de soixante ou quatre vingts chevaux finalement les contraignirent l'abandonner et se retirer au grand fort de Nieullay : ce qui donna, à mon advis, pour le premier bond, grand estonnement aux Anglois, car je crois qu'ils ne se cuidoient pour l'heure estre si près d'estre assiegez, et ne jugeoient les forces des François si grandes et si voisines ; et, au contraire, ceste premiere victoire augmenta le courage aux nostres, et grand espoir de venir au-dessus du principal, quand ils virent les ennemis de premiere lutte ne les avoir peu soustenir.

Tout sur l'heure, encore qu'il fust desjà tard, M. de Guise et M. de Thermes recognurent ce fort de Nieullay, et à l'instant furent commencées les approches et trenchées, et l'artillerie amenée et logée en diligence pour commencer, dès que le jour poindroit, à le battre. Et pource que tout le fruict de l'effet requéroit une très-grande promptitude, afin de rendre les assiegez entierement estonnez, et sans loisir de s'asseurer et recognoistre, et hors d'espoir de pouvoir estre secouruz, de mesme train ce prince avoit fait marcher une partie de son armée et artillerie à main gauche, le long des dunes, pour les occuper, et pour se présenter et gaigner un autre fort qui est à la pointe desdites dunes, appelé Risban, lequel commande et tient subject tout le port, et empesche qu'il n'y peult aborder aucun vaisseau ennemy. Ainsi il estoit necessaire, pour obtenir après la ville de Calais, se saisir tout à un coup de ces deux extremitez et forts [l'un desquels, qui est celuy de Nieullay, garde et defend toutes les chaussées et advenues par terre, estans celles parties marescageuses], afin de retrencher ce passage aux Flamens de la pouvoir secourir ; et de l'autre, qui est Risban, pour aussi ne laisser prendre terre et port au secours qui leur pouvoit estre envoyé d'Angleterre, n'estant ce port de Calais, que César appelle en ses Commentaires *Itius portus* (1), distant du premier port d'Angleterre, qui se nomme Douvres, que trente mille pas. Parquoy ayant M. de Guise toute la nuict, avec M. d'Aumalle son frere, le mareschal Strossy, les sieurs de Thermes, d'Estrée, grand maistre de l'artillerie, de Sansac, de Tavanes, Dandelot et de Senarpont, revisité et recognu ces dunes, approcherent encore de plus près ce fort de Risban. Et tout à l'instant, la mer estant basse, fit conduire le jeune Alegre et un autre gentilhomme, par le sieur de Rendan, eu un endroit du port où il avoit sceu y avoir un passage, pour le sonder, comme il fut fait et trouvé : sur le champ fut resolu, avec tous les capitaines, de battre et assaillir ces deux forts ensemble. En quoy M. d'Estrée se rendit si soigneux, et fit de telle assiduité travailler et vastadours et canonniers, que le lendemain, quatrieme de ce mois, son artillerie se trouva trois heures devant le jour preste et braquée en tous ces deux endroits, et, dès que le jour apparut, en mesme temps commença à tonner et fouldroyer d'une part et d'autre ; ce qui espouvanta tellement les assiegez, que ceux du port de Nieullay, à la première ou seconde vollée, quitterent la place, et à la haste se retirerent dans la ville de Calais. L'on a voulu dire depuis qu'ainsi leur avoit esté mandé, pource que la ville estoit mal fournie d'hommes. Et estant M. de Guise en ceste sorte ouvert ceste premiere entrée et advenue, fit incontinent entrer et loger les François là dedans, où il trouva force artillerie, pouldres et munitions : en après, pour

(1) *Iccius portus.*

fermer le pas à tout secours qui pouvoit venir par terre dans la ville, fit passer et loger entre la ville et le maretz, derriere les chaussées, vingt enseignes de la fanterie françoise, et les Allemans du Ringrave avec huict cens reitres, et deux ou trois cens hommes d'armes, soubs la conduite du prince de Roche-sur-Yon, laissant au surplus M. de Thermes avec autres compagnies de cavallerie et gendarmerie, et les Suisses, sur l'advenue de Guines aux dunes, où ce prince avec le demeurant de l'armée alla camper. Une heure ou deux après la prise du fort de Nieullay, ceux qui estoient dans celuy de Risban se rendirent à la discrétion de M. de Guise, duquel ils furent traitez humainement; et demeura ainsi ce prince saisi et emparé en un mesme jour des deux principales places qui luy estoient très importantes et nécessaires pour jouir de sa pleine et ample victoire. Parquoy, tenant et poursuivant de près ceste heureuse occasion que la favorable fortune luy présentoit, le mardy ensuivant, quatrieme de ce mois, fit amener et loger six canons et trois longues couIevrines devant la porte à l'eau, pour rompre les flancz et defenses, et feit là remuer terre et relever terreplains et gabionnades, comme s'il eust voulu en cest endroit dresser sa principale batterie : ayant avec plusieurs vollées de canon desarme ceste porte, et ouvert et fracassé en cest endroit quelques tours qui pouvoient nuire aux assaillans d'aller à la breche qu'il déliberoit entamer, tenoit ainsi les assiegez en opinion que ce seroit celle part qu'ils se devroient le mieux defendre, sans se douter du chasteau, qui estoit creux et à sec, et sans aucuns remparts, où tout à un coup l'on addressa autres quinze canons en batterie, chargeant et deschargeant tout le jour ceste tempeste d'artillerie, de si esmerveillable furie, que sur le soir la breche se fit fort large et apparente.

A l'heure mesme, avant que la nuict fust venue, M. de Guise fit passer M. Dandelot, avec douze ou quinze cens harquebusiers et corcelets, et une infinité de gentilshommes, pour aller investir et se fortifier au long du quay et l'estendue du port qui estoit encor entre les dunes et la ville, et pour auquel lieu aller falloit passer quelque peu d'eau; luy ordonnant en oultre que, si tost qu'il s'en seroit rendu maistre, il fist besongner chacun à creuser une trenchée et traverse avec des outils qu'il fit lors bailler à tous les soldats, qui traversast et allast respondre à la douve et muraille du fossé en cest endroit, que l'on feroit rompre en après, par où s'escouleroit l'eauë des fossez dans le port, et par où aussi l'on pourroit aller à couvert depuis ledit port jusques esdits fossez. Sur ce propos fault il aussi que je die que de si longue main avoit esté pourvu aux artifices et choses nécessaires pour ce siege, qu'expressément pour passer les hommes et autres munitions sur les glaces et lieux marescageux, l'on avoit fait porter par mer grande quantité de clayes poissées, afin que l'eauë ne pust mordre et les transpercer et corrompre. Et pour couvrir les harquebusiers, à cause que le sable et la greve estoit descouverte et en vue, l'on avoit fait amener pareillement grand nombre de pierriz et palliz de bois très sec, pour estre plus forts et legers, de la haulteur d'un homme, et de l'espesseur de demy pied, couverts au dehors de trois ou quatre doigts de papier collé l'un sur l'autre, chose que l'harquebusade ne peult faulser aisément, lesquels avoient par le bas un appuy au bout duquel estoit une pointe de fer, longue d'environ un pied et demy, bien asserée, pour le planter, afin qu'il entrast plus facilement en terre, quelque dure qu'elle fust. Et derriere iceux palliz, que l'on a appellé postes, les harquebusiers pouvoient tirer plus assurément par une petite lumiere qui estoit au milieu. Voyant M. de Guise que la breche s'ouvroit fort, et pouvoit estre raisonnable dans deux ou trois vollées de canon, se délibéra au plustost d'y faire donner l'assault. Cependant pour tenir toujours les ennemis en allarmes, et les empescher de s'y remparer, fit passer sur les huict heures du soir, après la retraite de la mer, le sieur de Grandmont avec deux ou trois cens harquebusiers des plus assurez et justes, pour aller recognoistre la contenance des assiegez, et pour, avec force harquebusades, desloger ceux qui s'y présenteroient et monstreroient le nez. Et de mesme suite le mareschal Strossy, avec autres deux ou trois cens harquebusiers conduits par le capitaine Sarlaboz, et cent ou deux cens pionniers, alla gaigner l'autre bout du port pour s'y loger en des petites maisonnettes qui y estoient, et là se fortifiant avec une trenchée, y demeurer du tout supérieur et commander à tout ce port. Toutefois les boulets y pleuvoient si espessement, qu'après y avoir esté tué vingt ou vingt-cinq, que soldats que pionniers, furent contraints s'en retirer, et se rendre vers M. de Guise, lequel n'en estoit loing, s'estant desjà avancé et passé près du port avec messieurs d'Aumalle et marchis d'Albeuf ses frères, et messieurs de Montmorency et de Bouillon, suivis de plusieurs gentilshommes. Sur ces entrefaites, ayant ce prince fait recognoistre la breche par deux ou trois fois, tant par le seigneur Brancazzo (1) que par

---

(1) Brancas.

autres, et estant adverti qu'il estoit temps, et qu'elle se trouvoit preste à estre assaillie, sans attendre plus longuement fait donner le signal, et fait avancer le seigneur de Grandmont des premiers avec ses harquebusiers, soustenuz d'autant de corcelets conduits par le mareschal Strossy, suivis encore d'autres deux ou trois cens soldats. Et luy, d'un autre costé, ayant passé dans l'eauë jusqu'à la ceinture, se mit le premier devant toutes les autres troupes jusques au pied de la breche, laquelle les François assaillirent de premiere furie de si grande hardiesse et impétuosité, qu'après avoir taillé en pieces ceux qu'ils rencontrerent des premiers, contraignirent en peu d'heure le surplus leur quitter la place de ce chasteau, et les chasserent et rembarrerent dans la ville. Ainsi les nostres à vives forces s'advantagerent de ce passage et premiere entrée dans Calais, où M. de Guise leur commanda se fortifier et ne s'en laisser débouter pour le surplus de la nuict, leur laissant pour chefs et conducteurs messieurs d'Aumalle et marchis d'Albeuf ses freres; et luy, pource que la mer s'enfloit, repassa de l'autre part en l'armée, afin de leur renvoyer secours incontinent qu'il seroit jour, et afin qu'il n'y advint désordre.

Quand les Anglois se furent un peu recognuz, et eurent repris leurs sens, se repentant de la grande faute qu'ils avoient faite, d'avoir abandonné si soudainement ce chasteau, par où ils voyoient l'ouverture aux François dans leur ville, ils retournerent avec une plus grande hardiesse que celle de l'assault, pour recouvrer ce chasteau, jugeant que ceux qui seroient là dedans ne pourroient soustenir longuement, et ne seroient secouruz, à cause que la mer étoit haulte et enflée. Pourtant la teste baissée vindrent à r'assaillir les nostres où il y eut fort aspre et obstiné combat; mais ils y trouverent si grande et rebelle résistance, que finalement ils en furent aussi reculez qu'auparavant. Ce nonobstant, demourans opiniastres à regaigner leur chasteau, amenerent deux ou trois pieces d'artillerie sur l'autre bout du pont devers la ville, pour enfoncer la porte, et en chasser ceux qui s'y mettroient en défense ; et d'une plateforme qui estoit sur l'un des coings de la grande place faisans tirer en plomb là dedans infinies canonnades, leur sembloit qu'homme du monde ne s'oseroit y monstrer, rechargerent et redoublerent un autre assault, encore plus furieux que le premier, où s'il y fust bien assailli, encore mieux défendu, car, les ayans repoulsez vivement, et y estans demeurez sur le champ morts ou blessez plus de deux ou trois cens de leurs plus braves hommes, malgré eux et à leur nez, les nostres fermerent les portes, et tout soudain les remparerent par derriere. Dont après, tout courage et espoir défaillirent aux Anglois, tellement qu'ils adviserent deslors plustost à parlementer et traiter de quelque composition gracieuse et honneste, que de cuider davantage resister, et l'obtenir par force. Parquoy le lendemain au matin le milord Dunfort (1), qui en estoit gouverneur, envoya devers M. de Guise deux des principaux de la ville, qui demanderent fort grosses et advantageuses conditions; toutefois finalement ils se rangerent et receurent les capitulations et articles qui s'ensuivent: Qu'ils auroient la vie sauve, sans qu'aux personnes des hommes, femmes, filles et enfans, il fust fait force ny aucun desplaisir. Se retireroient les habitans de ladite ville la part que bon leur sembleroit, fust en Angleterre ou en Flandres, avec leurs passeports et saufs-conduits nécessaires pour leur seureté et passages ; demeurant ledit millord Dunfort, avec autres cinquante personnes, prisonniers de guerre, tels que M. de Guise voudroit choisir. Et quant aux autres soldats et gens de guerre, seroient tenus passer en Angleterre. Laisseroient l'artillerie, pouldres, boulets, armes, enseignes, et generalement toutes munitions, tant de guerre que de vivres, en ladite ville, sans en rompre, brusler, cacher ny endommager aucune chose. Quant à l'or et argent monnoyé ou non monnnoyé, biens, meubles, marchandises et chevaux, le tout demeureroit en la discrétion de mondit sieur de Guise, pour en disposer ainsi que bon luy sembleroit. Toutes lesquelles choses estans transigées et accordées le huictieme de ce mois de janvier, ce prince commença à faire sortir et mettre hors la ville une grande partie de ce peuple ; et le lendemain le reste suivit, ainsi qu'il leur avoit esté promis, sans leur estre fait aucun tort ny destourbier, n'y demeurant un seul Anglois, mais bien une incroyable quantité de pouldres, artillerie, munitions, laines et vivres qui ont esté reservez et retenuz, et le surplus fut donné en proye aux soldats.

En ceste sorte, en moins de six ou sept jours fut reconquise toute la forteresse de la ville de Calais, que l'on estimoit pour le présent comme imprenable, devant laquelle, ainsi que le tesmoignent les chroniques de France, regnant Philippe VI, dit de Valois, et en Angleterre Eduard III, l'armée anglesque tint le siege l'espace d'un an entier. Finalement, estans les assiegez reduicts à telle necessité et famine que de manger les ratz et les cuirs de boeuf, estant dedans capitaine et chef un vaillant chevalier

(1) Mylord Wentworth.

nommé messire Jean de Vienne, leur fut rendue le troisieme d'aoust en l'an mil trois cent quarante sept. Et de laquelle ville iceux Anglois ont jouy depuis le terme de deux cens dix ans; tellement que maintenant l'on peult dire qu'en ayant esté par eux depossedé un Philippes roy de France, estant un Philippes roy d'Angleterre, elle a esté reduite et remise ès mains de son vray et naturel seigneur. Ainsi les faits esmerveillables de l'Omnipotent surpassent toutes les puissances et préméditations des hommes, quelque grands qu'ils puissent être. Il ne faut douter que, lorsque les Anglois l'usurperent, elle ne fust de beaucoup moins forte qu'elle n'est pour le jourd'huy; car adonc, je pense, et comme encore l'on le peult voir, elle estoit seulement fermée et close de murailles de pierre, avec force tours rondes, proches les unes des autres, percées pour tirer cassefrusts et fleches, et tous autres coups de traicts sans feu, à la vieille mode, sans aucuns rempars, ny autres artifices et fortifications inventées contre l'esmerveillable tempeste de l'artillerie dont à présent l'on bat les forteresses. Mais, en l'estat où elle est maintenant, est jugée l'une des plus belles et fortes villes de guerre de l'Europe, d'autant qu'oultre ce que naturellement elle est située en lieu inaccessible, pour estre environnée des trois parts de riviere, ruisseaux et marescages, et de l'autre flancquée de la mer, avec un fort grand et spacieux port, sans estre en rien subjette ny commandée, artificiellement ils luy ont donné une forme plus quarrée qu'autrement, revestue par le dehors de rempars fort larges et massifs et bien conroyez; ayans aux trois coings devers les marets trois gros bouleverts en pointe et triangulaires, bien flancquez et armez, pour couvrir et defendre les courtines; et à l'autre quarré, devers les dunes, est le chasteau, par lequel, pour n'en avoir esté cogneue, ou pour n'avoir remedié à l'imperfection, est advenue ceste derniere prise. Oultre plus, ceste ville est en tout environnée de fossez larges et fort creux, à fonds de cuve, tousjours pleins d'eauë, à cause qu'il y a une petite riviere qui vient devers Hames, laquelle passant à travers la ville lès abbreuve et remplit; aussi que tous les autres petits ruisseaux qui resourdent dans ces marets y tombent et s'y escoulent la pluspart. Mais, ce qui est encore plus à louer en une ville de guerre, il y a une des plus belles places publiques qu'il est possible, en laquelle pour le moins l'on mettra en bataille de quatre à cinq mille hommes. Pour conclure, je croy que ceste ville est accomplie de la meilleure part des perfections requises en une forteresse inexpugnable; et si le profit et le grand revenu du port l'améliore encore davantage, pour estre l'un des principaux et plus renommez de la mer Oceane, auquel sont apportées de toutes les parties du monde infinies et inestimables richesses, et toutes sortes de marchandises, et de là aussi en après départies et distribuées en divers pays et régions; de laquelle traficque et commerce revient journellement grand denier et emolument. En ce port à la prise de ceste ville furent trouvez, prins et saccagez, quelques vaisseaux pleins et chargez de marchandises, et autres meubles de bonne estoffe et valeur; et dit on que d'autres, se cuidans sauver à voile en mer, furent combattuz et arrestez: toutefois il est fort difficile le spécifier et déduire plus apertement, d'autant qu'en tels saccagemens et pillages le tout y est si confus, que le plus souvent le faux y précède le vray. Pendant aussi que l'on combattoit ceste ville, le tonnerre et bruit de l'artillerie estant entendu d'Angleterre, ou bien estans advertis de ce siege, furent armez force navires, et remplis de soldats et toutes munitions pour y envoyer secours. Mais quand ils approcherent, et qu'ils recognurent les enseignes et croix blanches plantées et venteler desjà sur la tour de Risban et les murailles de la ville, sans approcher davantage, s'en retournerent pour reporter advertissement de ceste mauvaise adventure en leur pays.

Estant la ville de Calais surprise et emportée en si peu de jours qu'a esté dit cy dessus, par la tres prompte diligence de M. de Guise, fut en après disputé et consulté auquel des deux l'on s'adresseroit, ou à Gravelines ou à Guines, d'autant que ces deux forteresses sembloient estre comme les deux espaules et appuis de ceste ville, et comme deux forts bouleverts et obstacles pour clorre les deux principales advenues, à sçavoir: Gravelines pour Flandres et les Pays-Bas, et Guines pour France. Toutefois, toutes causes emplement debattues et espluchées, la plus saine opinion résolut, à mon jugement, que Guines importoit plus pour la conservation de Calais que Gravelines, encore qu'elle fust plus forte et de difficile oppugnation. Selon lequel advis, ce prince d'invincible courage, et auquel le travail de la guerre est comme exercice coustumier, proposa l'assiéger, et n'en départir qu'il ne l'eust ou de gré ou de force. Parquoy, sans donner loisir à l'ennemy de respirer et penser aux remedes, poursuivant de près sa victoire, le treisieme de ce mois envelopa et alla assiéger Guines, là dedans estant chef un grand seigneur anglois, nommé millord Gray, avec force gens de guerre et toutes autres munitions. D'arrivée noz soldats françois, trouvans la ville abandonnée, s'y logerent pour s'en aider à battre et assaillir la forteresse qui estoit joignante, mais les Anglois, les surprenans sur un commun desordre des logis, firent une sortie par une poterne du chasteau, et les en debouterent de premiere furie, et maugré eux mirent le feu par la meilleure part des maisons, puis se retirerent. Tantost après, M. de Guise, suivant son accoutumée celerité et promptitude, fit commencer les tranchées, encor que l'espouvantable et incredible tempeste de l'artillerie luy donnast tous les empeschemens qu'il estoit possible : ce nonobstant, d'une obstinée assurance, sans intermission fit poursuivre l'œuvre où luy mesme, pour augmenter les courages et pour servir d'exemple à chacun, se presentoit le premier, et avoit aussitost la main à l'outil et à tirer et poulser le canon, que le moindre pionnier de toute la troupe. Et tellement continua à remuer terre et dresser gabionnades, que dans deux ou trois jours après il approcha et mit les bouches de son artillerie, au nombre de trente cinq pieces, en batterie, jusques sur le bord et contrescarpe des fossez, pour battre tant de droit fil qu'en croisant et traversant en trois endroits, principalement l'addressant à l'un des plus grands et principaux boulevers qui flancquoit d'un costé la courtine de la porte, et de l'autre part leur grand boulevert, qu'ils appelloient le grand boulevert de la Cuve, entreprenant le plus fort de ces boulevers, soubs esperance d'obtenir en après à bon marché les moindres et plus petits. Autant ou plus soudainement commença la batterie, laquelle *dura sans cesse deux jours et demy, en si esmerveillable furie et tonnerre, que le commun bruit est tel, en si peu de jours y avoir esté deschargez de huit à neuf mille coups de canon ; de sorte qu'estant ce gros boulevert desarmé et ouvert, la bresche apparut, dans le vingtième de ce mois, raisonnable pour l'assaillir et forcer. Ce neantmoins, M. de Guise bien instruict, et sçachant en combien de sortes et artifices se peult racoustrer et reparer une breche, et les moyens et ruses que l'ennemy peult inventer pour y attraper l'assaillant et se fortifier au dedans, avant qu'y hazarder ses soldats voulut á plus que d'une fois faire recognoistre la bresche et l'accès pour y aller. Et pourtant du premier coup y envoya quatre soldats des plus dispos qu'il peut eslire, suivis d'une vingtaine d'autres braves et vaillans, qui en furent incontinent retirez par son commandement. Le lendemain derechef y renvoya cinq ou six autres soldats non moins hardis et adventureux que les premiers, lesquels donnerent bon espoir et advenue de ceste bresche. Ce nonobstant, ce prince très humain ne se fiant à tous ces rapports, pour ne vouloir exposer à credit et à une soudaine fricassée la vie de vaillans hommes qui sont volontiers des premiers en un bon affaire, encore une autrefois envoya six vingts soldats françois pour gaigner et preoccuper des premiers le dessus et le plus hault du parapect qui estoit du costé des assaillans, afin de couvrir et soustenir certain nombre de pionniers qu'il y feit monter par mesme suite, pour applanir et adoucir la montée de la breche qui estoit encore haulte et roide. Et commanda toutefois à ses six vingts soldats n'attenter n'y entreprendre au par-dessus de leur charge et ce qui leur avoit esté commandé : à quoy ils obeirent, executans hardiment et vaillamment ceste entreprise ; et se peult croire que ce ne fut sans experimenter et se soubsmettre à infinis dangers qui sont ordinairement prests et preparez à ceux qui font les premiers essaiz des assaults, combien que ce prince les ayant en fort grand espargne, estimant leurs vies fort cheres, pour les soulager les faisoit rafreschir et rechanger de fois à autre. Enfin estant certain que le chemin estoit abaissé et preparé, commanda à M. Dandelot, general sur toute la fanterie françoise, se tenir prest avec ses soldats, pour, quand il donneroit le signe, se presenter promptement à l'assault. Et luy, pour speculer et veoir à l'œil le commencement et l'issue de ce qu'il en adviendroit, et s'il estoit possible, le dedans de ceste breche et l'appareil que noz gens y trouveroient, monta sur un tertre et colline assez haulte, d'où il descouvrit que pour soustenir et defendre ceste breche, ne se presentoient tant d'hommes qu'il doutoit et avoit en opinion. Parquoy tout à l'instant, ce mesme jour 20 de ce mois, feste Sainct Sebastien feit avancer et marcher droit à la breche, pour ouvrir le premier passage, un regiment d'Allemans esleus lesquels, de grande asseurance et sans crainte, s'y enfournerent ; par mesme moyen feit signe à M. Dandelot qu'il suivist avec ses troupes, comme il feit : et tout cela ensemble feit un merveilleux effort pour entrer, se plongeans la pluspart des soldats et entrans dans l'eau et les creux des fossez, profonds de septante pieds de haulteur, de telle ardeur et desesperée hardiesse, qu'ils en oublioient tout danger, fust de l'eauë ou du feu ; encore que M. de Guise eust fait bastir des ponts à travers ces fossez de pippes et vaisseaux vuides attachez les uns aux autres, sur lesquels l'on avoit fait jetter et lier des planches et clayes ; ce nonobstant, la vehemente furie les precipitoit et poulsoit tellement, qu'ils n'avoient esgard n'y à ponts n'y à passages, pour le seul desir d'y entrer : toutefois leur impetuosité ne peut estre si grande et furieuse, que de premier bond ne fussent repoulsez par les ennemis, s'aidans fort bien de leurs feux artificiels et combattans pour leur tuition avec une estrange et incroyable obstination. Ce qu'appercevant M. de Guise, descendit incontinent de cette montagnette, et, se representant au milieu d'eux, reprenant les uns, sollicitant les autres, leur remit de telle sorte le cueur en ventre, que retournans visages et recommençans de plus belle, redoublerent un extreme devoir, et s'y esvertuerent de telle force, que les assiegez defaillirent soubs le faiz, ne pouvans davantage soustenir ceste derniere recharge; et, estans ainsi renversez, abandonnerent l'entrée et la breche aux nostres, avec perte des leurs de plus de trois à quatre cens hommes, entre lesquels se trouverent près de quatre vingts ou cent Espagnols des plus braves et de reputation qu'ils eussent; le surplus tourna le doz, et furent ou tuez à la furie, ou faits prisonniers. D'un autre costé, ce jour mesme, les Allemans du colonel Reichroch, conduits par son nepveu, forcerent et emporterent deux autres petits boulevents qui aussi avoient esté battuz, où l'on avoit fait bresches. Et ainsi fut ce jour du tout gagnée la basse court du chasteau. Le millord Gray, avant ceste perte, et prevoyant ce danger arriver, s'estoit retiré avec un sien fils dans le vieil chasteau et leur principal fort, qu'ils appeloient le boulevert de la Cuve, comme aussi estoient les principaux capitaines et meilleurs soldats, et avec eux avoient transporté leurs plus riches et précieuses bagues et meubles : tous ceux là, ayant quelque peu pourpensé à leur fait, ne se sentans assez asseurez et forts pour esprouver de rechef ceste effrenée et comme enragée furie des François, délibererent de parlementer, et envoya le millord Gray ce jour mesme deux gentils-hommes vers M. de Guyse, lui remonstrer qu'en defendant ceste place de marque et d'importace, à la garde de laquelle il avoit esté commis, il ne devoit trouver estrange ny mauvais s'il s'estoit, comme homme fidele et selon son devoir, bien defendu et jusques à endurer l'assaut; faisant autrement, que c'eust esté contre son honneur et sa foy, le requerant enfin luy octroyer une honneste composition. Ce prince, après avoir entendu ses propositions, en remit la response au lendemain, et non sans que depuis beaucoup d'hommes de bon jugement ne se soient grandement esmerveillez comme ce millord Gray, que l'on a tenu entre les plus experimentez capitaines de sa nation, perdit si tost cognoissance et entendement, et que si soudainement le cueur et le courage luy assoupirent, se rendant si legerement, sans adviser et considerer qu'il estoit encore sur pieds et presque aussi fort qu'en premier, ayant encore ce vieil chasteau sain et entier, de très forte et très ancienne matiere, environné de fossez fort creux et pleins d'eauë, où il eust fallu faire nouvelle batterie, et où aussi il se fust peu retrancher, estant la place assez spacieuse. Oultre cela luy restoit ce gros et large boulevert de la Cuve, qui commandoit à tous les aultres, le tout garny d'artillerie et munitions, et defendu des mieux advisez et plus vaillans hommes qui fussent. Mais en cela ne fault donner autre response, sinon que ce sont œuvres de Dieu, lequel, quand il luy plaist, déprime et rabaisse les grands, et fait faillir le sens et science aux sages, et extolle et esleve de mesme les petits et infimes. Or le lendemain, qui estoit le vingt et uniesme de ce mois, M. de Guise accorda ceste composition qui s'ensuit au millord Gray : Que les soldats sortiroient avec leurs armes, mais que leurs enseignes demeureroient dans la place avec toute l'artillerie, pouldres, boulets et toutes autres munitions, tant de guerre que de vivres. Quant au millord Gray et tous les capitaines et hommes de qualité qu'il avoit avec luy, ils demeureroient prisonniers de guerre, en la puissance du Roy et de M. de Guise. Estant ceste capitulation receuë et approuvée des assiegez, le jour ensuivant sortirent de ceste place de neuf cens à mil hommes de guerre, partie Anglois, partie Bourguignons, et quelque nombre d'Espagnols, sans le menu populaire, qui prinrent tous tel chemin qu'ils voulurent, sans leur faire aucun mal ny desplaisir; et resterent ou furent en tout, par leur dire mesme, des leurs de morts ou blessez, de quatre à cinq cens. Le millord Gray fut retenu prisonnier; aussi fut un capitaine espagnol que l'on appelloit Mont-Dragon, lequel, auparavant ayant esté prisonnier en la Bastille à Paris, s'estoit sauvé, et depuis s'estoit renfermé là dedans. Cela fait, M. de Guise, pource que ceste place sembla dangereuse si elle estoit reprise, et grandement nuisible au chemin de France à Calais, mesmement pour estre fort proche d'Ardres, aussi que ce seroit double despense de la garder, ayant fait mettre hors toute l'artillerie, munitions et vivres, la feit ruiner et démolir. A ce propos j'ay bien voulu cy adjouster qu'il est escrit aux chroniques de France qu'en l'an mil trois cent cinquante et un le chasteau et la ville et le chasteau de Guines furent prins par les Anglois, nonobstant les trefves qui estoient lors, pour la conspiration et trahison d'un nommé Guillaume de Beaucouroy, lieutenant du capitaine dudit lieu, lequel, pour ceste cause, et selon qu'il le meritoit, en fut decapité et après pendu. Doncques ne restoit plus de tout le comté d'Oye qu'un petit chasteau appellé Hames, qu'il ne fust remis entierement en l'obeissance du Roy : et, pource que ce chasteau encore qu'il soit petit et non remparé, ny fortifié d'artifices, est neantmoins naturellement en telle difficile et comme inaccessible forte assiette, pour estre environné de paluds, viviers et marescages, qu'il est presque impossible d'y approcher n'y asseoir artillerie, n'ayant qu'une bien estroitte chaussée pour y aborder, encore traversée en plusieurs endroits de ponts de bois rompus et ostez, l'on estoit en fort grand doute en quelle maniere et invention l'on le pourroit assieger. En ces entrefaites, M. de Sipierre, qui avoit esté commis avec la compagnie de M. de Lorraine, dont il estoit lieutenant, et quelques autres, pour garder ceste chaussée, advertit M. de Guise que ceux qui estoient dans Hames, effroyez et espouvantez de la prise de Guines, l'avoient abandonné et s'en estoient fuis ceste nuict là par certains sentiers qu'ils sçavoient dans ces marets; et ainsi fut fort aisé à s'en saisir, où l'on trouva force artillerie et provisions. En après demeurerent les François en tout et partout les maistres, et n'y eut forts ny chasteaux qui ne leur fussent ou rendus ou abandonnez, estant chose manifeste qu'en ces places que M. de Guise a conquis sur les Anglois, oultre les riches butins qui y ont esté trouvez et pris, ont esté gaignez et recouvrez plus de deux à trois cens pieces d'artillerie de fonte, montées sur roués, et autant de fer. En quoy sera clairement cognue la fertilité et richesse du pays, et combien ceste gent angloise curieusement travailloit, et estoit songneuse à cultiver, augmenter et garder ceste province, laquelle, à mon opinion, est celle dont la seule ville de Calais porte le nom maintenant, et laquelle Cesar escrit en ses Commentaires avoir conjuré avec les Belges contre les Romains, et qui envoya en ceste guerre dix mil hommes de secours.

Au mesme temps que M. de Guise entreprenoit et estoit en ce voyage, M. de Nevers, qui n'ayme à estre oysif et séjourner longuement en repos inutile, ayant envoyé au long de la frontiere de Champagne, tant pour sçavoir comme toutes choses y passoient et estoient conduites, que s'il s'y pourroit recouvrer aucune occasion d'entreprendre sur l'ennemy de ce costé, fut adverty que la pluspart des garnisons et forces ordinaires du duché de Luxembourg estoient retirées où estoit leur plus grosse armée, ou en leurs maisons, tellement que les places fortes estoient fort vuides et despourveues. Sur lequel advis voulant déliberer et fonder une bonne exécution, secrettement, et le plus couvertement qu'il fut possible, advertit les gouverneurs et capitaines qui estoient restez ès places de son gouvernement, qu'ils eussent à tenir leurs compagnies prestes, et au meilleur équipage que faire pourroient, et, oultre plus, de recueillir et amasser tant d'hommes de guerre et soldats de cette contrée qu'ils en sçauroient recouvrer. Et d'ailleurs manda aux chefs et membres des compagnies de messieurs de Bouillon et de Jamets, qu'ils eussent à faire retirer en leurs garnisons tous les gentilshommes de leurs compagnies avec armes et chevaux, pour estre prets à estre employez quand ils seroient advertis : commandant oultre plus au sieur de Saint Simon, guidon de sa compagnie, qui lors estoit près de luy, mander et resserrer le plus qu'il pourroit de ceux de sadite compagnie, mesmement de ses voisins, car le surplus avoit eu congé pour se retirer ès vieilles garnisons, afin de l'accompagner et se trouver en ce voyage. Ainsi ayant diligemment pourveu à toutes choses, M. de Nevers partit en poste d'une sienne maison près de Chaalons en Champagne, le 2 de février, feste de Nostre-Dame de la Chandeleur, et arriva le vendredy ensuyvant à Yvoy, où ce jour mesme avoient assignation, et estoit le rendez-vous à tous les susdits capitaines, et où aussi se trouva ce bon vieillart et sage chevalier M. de Jamets. Auquel lieu, et en présence de tous lesdits capitaines qui s'y estoient desjà assemblez, le seigneur de Haulcourt, gouverneur de ceste ville d'Yvoy, remonstra en bons termes, sentans son sage et bien advisé capitaine, à M. de Nevers, qu'il n'avoit pour l'heure place plus dommageable et nuisible à ceste frontiere, que le chasteau de Herbemont, pour estre le principal lieu où s'amassoient toutes les assemblées des Ardennes, et où se dressoient toutes les entreprises que, ils appareilloient ceste part, et où aussi après ils faisoient leurs retraites. Parquoy estoit la premiere place où il falloit, et où estoit le plus necessaire s'addresser, en laquelle prenant, on couvroit non-seulement ceste ville d'Ivoy et toute ceste lisiere, mais aussi l'on s'estendoit et avoit-on entrée de plus de six ou sept grandes lieuës dans le pays de l'ennemy. Sur lesquelles remonstrances, après avoir advisé de tous moyens, fut résolu par M. de Nevers d'attenter cest exploit, et de partir ce jour mesme à minuict. A quoy le seigneur Despots, qui pour lors commandoit en toute ceste frontiere en l'absence de ce prince et de M. de Bordillon, avoit donné si bon ordre, que desjà estoit prest un bon nombre de chevaux, pour trainer six canons et une longue coulevrine, et par mesme moyen avoit levé certain nombre de paysans et manœuvres, pour servir de vastadours et pionniers : estans avec tout cela les compagnies de gens de pied et de cheval, si peu qu'on en avoit, prestes à marcher, l'on commanda aux sieurs de Troussebois, gouverneur de Mesieres, de Chambry, gouverneur de Maubert-Fontaine, et à celuy de Bouillon, que dès ce soir ils allassent, le plus soudainement et diligemment qu'ils pourroient, enclorre et envelopper ce chasteau; et par le chemin de Sedan, avec autres compagnies de gens de pied et quelques chevaux-legers, on fit marcher une partie de l'artillerie. D'un autre costé le sieur de Haultcourt eut la conduite du reste de l'artillerie et des munitions, dont estoit commissaire le capitaine Jacques Tolf (1) : le tout conduit avec une si grande promptitude, que M. de Nevers, le samedy à sept heures du matin, avec ses petites forces et équipage susdit, se trouva campé devant ce chasteau, et non sans avoir eu grandes fatigues et difficultez à faire passer l'artillerie oultre la riviere de Semois, qui a son cours au-dessoubs de ce chasteau, à cause des grandes neiges et glaces. D'arrivée fut de près recogneue la place avec force escarmouches, et où le capitaine Caumont avec sa compagnie feit fort bravement, ayant gaigné, maulgré toutes les harquebusades et canonnades de ce chasteau, une petite bassecourt et enclosture où les bonnes gens et paysans faisoient la retraite de leur bestail. Tantost après fust affustée et logée une partie de l'artillerie pour canonner et battre l'un des flancs de ce chasteau; mais pource que l'on cognut la petite exécution qu'elle y faisoit à cause de la difficile et mauvaise assiette où elle estoit, l'on fut contraint, et la feit on planter et braquer droit au front et à la teste, pour battre un boulevert qui y estoit, et qui couvroit et defendoit la seule advenue pour y aller et entrer; laquelle y tira si furieusement, et y besongna si bien en peu d'heure, que, ce faisant et monstrant presque la breche raisonnable pour y donner l'assaut, le capitaine se présenta à parlementer, requerant quelques conditions; mais estant du tout debouté de ses demandes, et lui estant faite briefve response par ce prince, qu'il ne falloit parler d'autre composition que de se rendre à sa volonté et discretion, autrement que s'il ne se hastoit bientost il le feroit, avec tous ceux qui estoient avec luy, tailler en pieces, iceluy capitaine, craignant tomber en ce danger, encore qu'il ne luy fust si proche que faute de cueur le luy representoit, se confiant en l'humanité et bonté de ce prince, se rendit à sa misericorde, et laquelle aussi, aux prieres de M. de Jamets, il trouva et experimenta, usant M. de Nevers de telle clemence et douceur que le renvoya avec sa femme et sa famille, et generalement tous les soldats qui estoient là-dedans, vies et bagues sauves, et sans estre pillez ny rançonnez. Cela fait, ce prince envoya quelque nombre de chevaux-legers et harquebusiers à cheval, pour recognoistre les forts de Jamoigne, Chigny, Rossignol et Villemont, partie desquels ils trouverent desja abandonnez, et les autres à la premiere semonce se rendirent. L'on estoit sur les arres et en deliberation de poulser encore plus avant et donner jusques à Neufchastel ès Ardennes; mais les pluyes, neiges et grandes froidures interrompirent ses desseings. Or la seule prise de ce chasteau de Herbemont ne doit estre mise et nombrée entre les moindres; car, oultre ce qu'il est naturellement fort et facile à estre rendu inexpugnable, comme estant situé sur un hault et dur rocher de tous endroits inaccessible, fors que par l'advenue, où il fut battu et pris, et hors de batterie, encore estoit-il fort propre et convenable pour couvrir et asseurer toute ceste advenue des Ardennes en toute la Champagne, et secondant le fort chasteau de Bouillon, pour commander et assubjectir toutes les Ardennes : il appartient au comte de Billistin et de Rochefort, à la garde duquel fut ordonné capitaine le sieur de La Croix, lieutenant de M. de Haultcourt.

De ceste prise, advenue le 6 de fevrier, M. de Nevers advertit incontinent le Roy par le sieur de Sainct Simon, guidon de sa compagnie, lequel en fut très-aise et content, et en rendit, comme j'estime, graces à Dieu, de ce qu'estant la fortune contraire changée, en un mesme temps et en divers lieux luy ottroyoit de si belles et amples victoires, qu'elles sembloient à tout le monde comme miraculeuses, tant estoient admirables.

Le Roy, sur ce prospere commencement qu'il avoit pleu au supreme Dieu tout-puissant luy départir, délibera s'évertuer davantage, et employer jusques au bout toute sa puissance, pour contraindre son ennemy par un dernier effort se retirer des limites de son royaume où il avoit empieté, ou accepter une amiable paix, ainsi que par plusieurs fois luy avoit présentée, et acquérir avec les armes le repos universel à tout son peuple. Pour ce faire, tant pour déclairer et demonstrer publiquement son entiere affection et intention, que pour requerir et convier chacun à le secourir de ses moyens, voulut convoquer et assembler en sa capitale ville de Paris tous les Estats de son royaume, au sixieme jour de janvier en cest an. Auquel jour se trouverent au Palais Royal plusieurs prelats et ministres de l'Eglise, deputez et envoyez pour toute la generalité, comme aussi feirent autres grands sei-

(1) Wolf.

gneurs et gentilshommes pour la noblesse, et generalement autres pour la justice et le populaire, tant des villes que du labeur; et où mesmement le Roy voulut comparoistre et assister avec François son premier fils, daulphin de France, pour declairer par sa propre voix et parolle à son peuple et subjects, les parfaites et cordiales affections qu'il avoit envers eux, et qu'au réciproque il esperoit et attendoit d'eux, avec un grand contentement du passé; et finalement pour leur affermer et asseurer le desir qu'il avoit de les conserver et defendre, et d'user envers eux de tous offices d'un bon roi. Doncques estans tous les deputez de ces Estats arrivez et assemblez en l'une des salles de ce palais, appellée la salle Sainct-Louys, furent les prelats et ministres ecclesiastiques, vestus de leurs rochets et surplis, assis sur des sieges qui leur avoient esté preparez à dextre et à senestre; et en un siege hault eslevé, du costé droict, estoient les baillifs, seneschaux et autres pour la noblesse. Sur un banc bas, couvert de fleurs de lis, estoient les présidens des parlemens; au bout duquel, sur un autre plus petit, du mesme costé, estoient les gens du Roy du parlement de Paris, les deux avocats et procureur du Roy. Au milieu du parquet y avoit une petite table quarrée, couverte d'un tapis de toille d'argent, près de laquelle estoient assis trois secretaires des commandemens, à sçavoir, l'Aubespine, Duthier et Clausse; et deux pas plus avant, sur un banc bas, au pied de la chaire du Roy, estoient assis les thresoriers generaux des finances, au-dessus desquels, et au plus éminent et apparent lieu de ceste salle, estoient deux chaires: l'une, et la plus haute, couverte de velours violet, semé de fleurs de lis d'or, qui estoit le siege du Roy; et à un pas et demy près, d'un mesme rang, y en avoit une autre plus basse, couverte de toille d'or, pour M. le Daulphin son fils; et au-dessus estoit un ders (1) de mesme parure que le couvert de la chaire royale. Le prevost des marchands de Paris et les eschevins, les deputez de Rouen, ceux de Lyon, ceux de Tholose, et consécutivement des autres villes, furent rangez du costé des evesques, où la place estoit plus spacieuse. Tost après arriverent les chevaliers de l'ordre de France, ayans au col leur grand ordre, à sçavoir : M. de Nevers, M. le prince de La Roche-sur-Yon, le comte de Sancerre, messieurs Durfé et de Bordillon, lesquels monterent du costé droict au-dessus de toute la noblesse, auprès du duc de Lorraine et autres jeunes princes. Peu après vindrent le Roy et M. le Daulphin son fils, accompagnez de messieurs les cardinaux de Lorraine, de Bourbon, de Guise, de Chastillon et de Sens : estant le Roy assis, s'assirent M. le Daulphin et lesdits cardinaux du mesme costé et rang. Le Roy commença le premier à remonstrer que, depuis son advenement à la couronne, il avoit continuellement eu la guerre contre les anciens ennemis de France, les Anglois et les Bourguignons, laquelle guerre il fut contraint commencer pour le recouvrement des places frontieres que lesdits ennemis avoient usurpées et occupées, comme le Boulonnois et autres, et que, pour fournir aux frais d'icelle guerre, il avoit esté contraint vendre son domaine, et depuis imposer sur ses subjects plusieurs subsides, desquels, à son très-grand regret, ils ont esté fort travaillez. Que, pour l'esgard et commiseration de eux, il s'estoit offert d'obtenir la paix, encore que ce fust à conditions dommageables pour luy, mais pour le desir singulier qui l'esmouvoit de tenir son peuple en pacifique repos, lequel a tousjours trouvé fort fidele et enclin à son obeissance et service. Et pource qu'il avoit esté adverty que sesdits ennemis estoient en plus grande délibération que jamais d'entreprendre et assaillir le royaume de France, il avoit toute sa fiance, après Dieu, en la fidélité et secours de sesdits subjects; et pourtant il proposoit, comme contraint par la necessité, de faire une forte, grande extresme guerre pour recouvrer une bonne paix. Mais d'autant que l'argent est le principal nerf de la guerre, il prioit bien fort un chacun des Estats le vouloir maintenant secourir pour resister à l'ennemy, et qu'en aprés il se mettroit en tout devoir d'acquerir et conserver à ses subjects une tranquilité; promettant, en foy de bon roy et prince, les traiter d'ores en avant si gracieusement, et remettre toutes choses en tel ordre, que chacun auroit occasion de se contenter; que, pour tesmoignage de sa bonne volonté et affection, il avoit voulu faire telle promesse en public et en présence de son fils, afin que tous deux y fussent compris et obligez. Le Roy ayant fini son propos, M. le cardinal de Lorraine, tenant le premier lieu, et parlant pour l'estat de l'Eglise, commença une oraison et harengue fort docte et gravement prononcée, qui dura l'espace d'une heure, tant à la louange du Roy que pour le remerciement de sa volonté et promesse; concluant pour le clergé, que tous leurs corps et biens ils soubsmettoient à son bon plaisir et disposition. M. de Nevers, parlant pour la noblesse, en peu de paroles dit qu'elle estoit tant affectionnée à son service et à la defense du royaume, qu'elle presentoit au Roy, non-seule-

---

(1) Un dais.

ment les corps et les biens, mais la vie. En après, M. de Sainct André, premier-president de Paris, respondant pour la justice, estant à genoux, et tous les presidens des autres parlemens de France, a en premier lieu remercié le Roy du bien et honneur qu'il avoit pleu à Sa Majesté leur faire, érigeant un quart estat de sa justice, et aussi de manifester à ses subjects sa bonne volonté et affection, avec plusieurs autres propos et remerciemens tendans à loüer sa grandeur, et sa promesse de vouloir magnanimement soustenir la guerre pour, en repoulsant l'ennemy, acquerir une longue et perpetuelle paix à ses subjects, et puis redresser toutes choses en leur ordre et bonne suite, au repos et contentement de chacun; offrant pour cest Estat, et pour y survenir, non seulement les biens, mais les corps des officiers de sa justice. Pour le dernier estat du populaire et des deputez de villes, M. du Mortier se leva, et, ayant fait trois grandes reverences, remercia le Roy tres-humblement de sa bonne volonté qu'il porte à ses subjects, les voulant conserver en paix après avoir resisté à l'ennemy; specialement luy approuva et loüa grandement ce grand desir qu'il avoit de pollicer la France, laquelle a souffert quelques désordres pour la necessité des guerres; que neantmoins, encore que le pauvre peuple fust desjà fort attenué et affoibli de puissance, si est ce qu'il se saigneroit encore plustost soy-mesme, pour, après luy avoir exposé les corps et les biens, luy sacrifier les vies pour la tuition du royaume. Après que tous les deputez eurent parachevé leurs dires et propositions, avant que le Roy se levast de son tribunal, M. le cardinal de Sens, garde des seaux de France, se mit à genoux devant le Roy, inclinant sa teste fort bas, puis se levant se retourna devers les assistans, et dit que le Roy luy avoit commandé porter ce propos à tout le peuple : que, pour commencer de remettre toutes choses en bonne disposition, pour le soulagement et repos de France, un chacun des deputez des villes eust à rédiger par escrit toutes leurs doleances, et mettre par articles les poincts ayans besoing de reformation, et iceux rendre entre les mains dudit sieur du Mortier ; sur lesquels le Roy, avec les seigneurs de son conseil, ordonneroit particulierement à un chacun ce qu'il verroit estre à faire par raison, et dans tel temps qu'il leur seroit dit; et que les deputez n'eussent à s'en aller de la ville jusques à ce que ils eussent entendu la volonté plus ample du Roy. Ces choses dites, le Roy se leva et s'en alla, puis tout chacun se departit Quelques jours après, les deputez des villes furent mandez au logis de M. le cardinal de Sens, où se trouva M. le cardinal de Lorraine avec autres seigneurs du conseil privé, et là iceluy cardinal de Lorraine declaira et remonstra ausdits deputez des villes la fin et le but de ceste assemblée, qui estoit que le Roy vouloit emprunter trois millions d'or, et qu'il vouloit trouver trois mille personnes en son royaume qui luy prestassent chacun mille escuz, declairant que le clergé avoit desjà offert mille hommes qui en presteroient chacun mille ; qu'il falloit que les villes de France nommassent et trouvassent deux mille hommes, et qu'on leur constitueroit une rente au denier douze. Et dit davantage ledit seigneur, que le Roy vouloit diminuer les tailles pour le soulagement du menu peuple, qui estoit fort travaillé, et qu'on ne mettroit plus de subsides sur la marchandise pour l'entretenement du commerce ; enchargeant ausdits deputez de faire deux choses : l'une, de bailler chacun à part soy des rooles des aisez, qui fourniroient argent, et l'autre, de mettre et donner par escrit, entre les mains du sieur du Mortier, tous les articles qui bons leur sembleroient pour la réformation des affaires. Au partir de là, les députez adviserent ensemble que, pour le devoir de leurs charges, ne devoient bailler aucun roolle, parce qu'il est impossible de pouvoir cognoistre la faculté des particuliers ; car tel a reputation d'avoir argent qui n'en a point. Et pour se descharger de donner tels roolles, le mesme jour furent devers M. le cardinal de Lorraine, auquel remonstrerent qu'il n'estoit possible accomplir et rendre certainement tels roolles, à raison qu'on ne peult sçavoir et cognoistre la puissance et moyen des habitans, parce que tel a des biens en apparence qui n'a point d'argent ; et pour le regard des marchands qui font leur train sur le crédit, tel fait grand monstre et traficques extérieurement, qui est fort proche de faire bancqueroutte. Depuis, messieurs du conseil privé mirent ce faict en délibération ; sur quoy considerans que les deputez des villes ne pourroient fournir tels roolles veritables, pour l'incertitude des facultez des personnes, conclurent qu'on chargeroit et cottiseroit en chacune ville tant d'hommes qui presteroient argent ; et s'ils ne pouvoient prester mille escuz, qu'ils en presteroient cinq cens, en augmentant le nombre des personnes. Le quart estat depuis bailla les articles pour la réformation des affaires, selon le temps présent. Le dixieme du mois de janvier, le Roy, la Royne, le Dauphin, plusieurs princes et grands seigneurs, et généralement toute la Cour, furent ouyr messe en la Saincte Chapelle, pour rendre graces à Dieu de la prinse de Calais, pour lesquelles bonnes nouvelles tous les Estats ensemble accreurent de plus grande volonté d'aider au Roy à poursuivre sa victoire : tellement que deslors l'estat ecclesiastique accorda au Roy en pur don un million d'or, oultre les decimes ; et le quart estat deux millions, luy declairant que si cela n'est suffisant pour soustenir la guerre et contraindre l'ennemy se ranger à quelque bonne paix, ils exposeroient tout le demourant de leurs biens et personnes pour son service. Ce que j'ay bien voulu declairer et deduire amplement, encore qu'il ait esté desjà publié, mais pour en rafraichir la memoire et la rendre plus durable et exemplaire à la postérité ; faisant demonstration et representant le bon naturel et très-grande humanité d'un grand roy envers ses subjects affligez ; voulant pour leur tuition exposer, non seulement ses avoirs et puissance, ains sa propre vie. En quoy aussi sera veuë la très affectionnée et très fidele obeissance d'un bon peuple, ne refusant, ains presentant les biens, les corps et les vies pour aider et secourir son prince.

Le quinzieme de ce mois, le Roy faisant sa déliberation d'aller veoir sa ville de Calais pour la fortifier, voulut premierement aller au Palais pour tenir le siege de la justice ; et y demeura depuis huict heures du matin jusques à unze, accompagné de M. le Daulphin et de cinq cardinaux, avec les autres seigneurs de son privé conseil. Où devant Sa Majesté furent leuz et publiez plusieurs edicts et autres constitutions touchant l'ordre politique. Quelques jours ensuyvans il parfit sondit voyage de Calais, et visita d'un bout à autre ceste belle et très-forte ville, pour adviser et disposer, tant de la fortification qu'il y vouloit adjouster, que de toutes autres necessitez, pour la conserver et garder ; ordonnant pour y commander et y estre son lieutenant et gouverneur, M. de Thermes, chevalier de son ordre, autant sage et digne de ceste charge, qu'il en eust peu eslire en tout son royaume.

Je ne veux oublier à dire, avant que faire fin à ce livre, que M. de Guise, attendant la venue du Roy, et temporisant avec l'armée en ceste nouvelle conqueste du comté d'Oye, commençoit tousjours cependant à fortifier et ameliorer Calais, et d'autre part parachevoit de ruiner Guines ; ainsi s'accommodant et appropriant de ce qu'il voyoit necessaire, et ruinant ce qui estoit nuisible ; pour, après avoir sceu le bon plaisir et volonté de Sa Majesté, donner et passer oultre ou à Gravelines, ou à Sainct-Omer. Toutefois l'hyver s'aigrissant et empirant en froidures et toutes rigueurs du temps, l'on advisa de rompre camp, pour mettre une partie de l'armée ès garnisons et villes fortes le long de la frontiere, et renvoyer le surplus se rafreschir et reposer, pour se trouver prest de nouveau, à l'esté ensuyvant.

LIVRE ONZIESME.

Du mariage de François, premier fils du Roy et daulphin de France, avec Marie de Stuart, royne heritiere d'Escosse. — De la prise de la très-forte ville de Theonville, et de la ruine d'Arlon. — De la desfaite des François près Gravelines, et autres choses advenues depuis. — Finalement de la paix faite et accordée entre ces deux grands rois, en l'an 1558.

[1558] AYANT le Roy, ainsi qu'a esté déclaré cy-dessus, pourveu et donné ordre de recouvrer deniers comme la premiere et plus nécessaire chose pour venir à bout de toutes autres, il voulut en second lieu de bonne heure s'asseurer d'hommes, mesmement d'Allemans, sur tout de reitres et pistolliers, pource que, l'an précédent, les plus grandes forces que son ennemy eust, et dont l'on estimoit qu'il s'estoit peu se plus advantager sur luy, estoit par le moyen de ces reitres, qu'ils ont depuis appelé harnois noirs, lesquels se trouvans tous chargez de pistolles, armes de traict à feu, furieuses et espouvantables, sembloient estre inventez pour l'estonnement et roupture de la gendarmerie françoise. Et pourtant, afin d'en affoiblir d'autant son ennemy, et pour accoustumer et apprendre aux François à estre usagiers et asseurez de telles armes, voulut en retirer à son service, et pratiqua celéement et couvertement en estre faite en toute l'Allemagne la plus grande levée qu'il seroit possible, n'y espargnant la solde ny l'accoustumée liberalité des rois de France : aussi que la premiere entreprise où il vouloit entamer son ennemy advenoit en tel endroit, que ceste nation y estoit la plus proche et moins suspecte. Par mesme moyen ordonna aux capitaines de ses vieilles enseignes, qui estoient en garnison ès villes fortes le long des frontieres, qu'ils eussent à tenir leurs compagnies complettes et bien armées; départant, oultre plus, à nouveaux capitaines nouvelles commissions, pour faire levées de soldats et gens de guerre, specialement en la Guyenne et ès provinces les plus esloignées de deçà, et que ce fust le plus tacitement et sans bruit que se pourroit faire, leur enchargeant très-expressement ne mettre rien aux champs sans special commandement de luy. La gendarmerie, afin de ne rien éventer, n'en fut plustost hastée, ains, selon l'ordonnance ordinaire, fut advertie de se trouver avec tout équippage aux monstres generalles qui ont accoustumé estre faites sur la fin du mois d'avril. Ainsi le Roy de bonne heure assigna les arres, et dressa son premier estat, pour rassembler et mettre aux champs son armée à l'esté prochain.

En après, avant commencer toute autre œuvre, voulut estre parfait et accompli le mariage de François, son premier fils, daulphin de France, et de Marie de Stuart, royne heritiere d'Escosse, l'une des plus belles et vertueuses princesses de l'Europe, fille de Jacques de Stuart v du nom, et dernier roy d'Escosse, et de Marie de Lorraine, auparavant veufve du duc de Longueville; moyennant lequel mariage l'on dit que, par le consentement des Estats, ce royaume d'Escosse seroit comme uny et joint à la couronne de France, et auquel succederoient par cy-après les premiers fils et daulphins; et deslors leur fut donné ce tiltre de Roy Daulphin. Ceste memorable solemnité fut celebrée en la fameuse ville de Paris le vingt-quatrieme d'avril en cest an 1558, avec très-opulentes et très-magnifiques pompes et triomphes, qui seroient trop prolixes à ici particulariser, où se trouverent plusieurs prelats et grands princes de ces royaumes, comme les cardinaux de Bourbon, de Lorraine, de Guise, de Chastillon et de Sens; et le roy et royne de Navarre, les ducz de Lorraine, de Guise, de Nevers, de Nemours et d'Aumalle; les princes de Condé et de La Roche-sur-Yon, et plusieurs autres princes et grands seigneurs françois. Du royaume d'Escosse y vindrent l'archevesque de Glasco, metropolitain de ce royaume; le reverend prelat Robert Reid, evesque des isles Orcades et premier president d'Escosse, lequel decéda à Dieppe en retournant; le prieur de Sainct-André, fils naturel du dernier roy; le comte de Rothes, le comte de Casselles, le milord Flemyng, le milord Setoni, le baron de Dun, et autres seigneurs et gentilshommes de ce pays; lesquels estoient fort aises et contents de se trouver et veoir ceste très-grande et indissoluble alliance de ces deux royaumes. Durant ces festins et jours de bonnes cheres, vindrent quelques nouvelles de proposition de paix, moyennée par la duchesse douairiere de Lorraine, laquelle, estant lors près du roy Philippes son cousin, pour sa vertu, de Sa Majesté grandement favorisée, faisoit tout devoir et employoit jusques au bout son gentil esprit pour accorder et unir ces deux grands princes, et auquel tant sainct œuvre elle s'est rendue si ententive et persévérante, que Dieu luy a fait la grace par son moyen l'issue en avoir esté heureuse, ainsi qu'on le verra cy-après.

Ceste très-illustre princesse, deslors comme mere très-affectionnée et desireuse de la veuë et présence de son fils le duc de Lorraine, qui estoit en France, obtint sauf-conduit de ces deux princes, à ce qu'il l'allast veoir à Peronne où elle l'attendoit, comme il fit, accompagné de M. de Vauldemont son oncle, et où, peu de jours ensuivans, se trouva aussi M. le cardinal de Lorraine, que le Roy y envoya pour entendre sur quels moyens et articles l'on pourroit entrer en termes de paix ; toutefois que pour l'heure les choses ne peurent trouver bon fondement, et s'en retourna ledit sieur cardinal sans aucun effect, et avec un bruit qui s'esleva de par-deçà que les ennemis l'avoient voulu arrester et surprendre par les chemins : depuis il fut sceu que c'estoient les garnisons de Sainct-Quentin et de Han, et quelque autre petit amas d'armée qui, s'estant mis aux champs, avoient desfait ceux de Nelles, et saisi et prins ceste petite ville. Au mesme temps vint d'autre part advertissement comme une armée de mer anglesque avoit esté descouverte sur la coste de Normandie, au nombre de sept à huict vingts vaisseaux, que l'on doutoit faire descente au Havre de Grace ou à Dieppe, ou en quelque autre endroit qu'ils sentiroient despourveu et mal gardé : parquoy soudainement et en diligence y fut envoyé le duc de Bouillon, pour y pourvoir et commander ; mais estant desjà les communes adverties, selon qu'elles ont accoustumé s'assembler et mettre en armes au signal que l'on fait de garde en garde, ceste armée marine ne print point terre et ne fit descente en aucun lieu, ains se jetta en haute mer. L'on a voulu dire depuis que les Anglois avoient mis en mer ceste armée pour empescher l'avitaillement que l'on faisoit à Calais, ou bien pour la doute qu'ils avoient que nostre armée mesme, qui portoit cest avitaillement, en après ne fist descente en leur pays.

Dès le commencement du mois de may ensuivant, M. de Bordillon fut envoyé à Metz pour secrettement recognoistre encore une autre fois les moyens et endroits par où se pourroit assieger Theonville, et pour entendre quels vivres et gens de guerre estoient dedans, soubs couleur et un bruit que l'on faisoit que le Roy l'avoit là envoyé pour aller au-devant et recevoir certains grands princes d'Allemagne qui venoient devers Sa Majesté, et par mesme moyen pour à l'improviste faire envelopper ceste ville par les forces d'Allemagne qui y devoient bien-tost arriver, comme il fit ; car, tost après estant venu des premiers l'un des fils du duc de Lunebourg, les colonels Grombak, Scheneveux, Baudo-pré et Henry Stoup, avec chacun quatre cornettes de reitres, comme aussi Reifberg avec quatre autres cornettes dont il estoit lieutenant, pour l'un des fils du lansgraf de Hess, qui sont en tout de quatre à cinq mille chevaux, et les regimens de gens de pied des colonels Rocquendolf, Reicroch, de Lussebourg, fils dudit Reicroch, et celuy dudit Reifberg, chacun de dix enseignes, avec celuy de Waldebourg, qui n'estoit que de quatre, montant le tout au nombre de treize à quatorze mille hommes de pied, avec toutes ces troupes alla des premiers environner et enclorre ceste très-forte place, où alla pareillement M. de Vieilleville, gouverneur de Metz, avec sa compagnie et une partie des vieilles enseignes françoises qui estoient là en garnison ; et d'autres furent tirées aussi des plus prochaines garnisons, comme de Verdun, de Toul et Danvillé. Peu de jours ensuivans, le dixhuictieme de ce mois de may, M. de Nevers partit de Chaalons en Champagne pour se trouver à ce siege, et alla passer à Stenay, afin d'y amasser le surplus des vieilles enseignes, où l'on les avoit mandées se rendre ; et semblablement pour faire marcher l'artillerie, pouldres et munitions qui y estoient, et que desja en ce lieu l'on avoit assemblées pour ceste entreprise. Au partir de là M. de Nevers print le chemin du Pont Camouson, où se trouva aussi M. de Guise ; et de là ensemble allerent au coucher à Metz, d'où ils departirent le premier jour de juin environ minuict, pour aller recognoistre ceste ville, et adviser et conclure avec tous les capitaines des moyens que l'on devroit tenir pour l'obtenir et recouvrer.

Un jour ou deux ensuivans, ces deux princes se départirent le commandement de l'armée, M. de Guise demeurant campé deçà la riviere de Moselle, vers Florenges, pour commander en la bataille, et comme lieutenant-general pour le Roy ; et M. de Nevers passa de l'autre part, et alla loger en un chasteau appellé La Grange aux Poissons, pour commander en l'avant-garde. M. de Nemours, avec la cavalerie legere, campa un peu plus avant sur le chemin de Luxembourg, au-dessoubs d'un mont qu'on appelle Mont d'Estraing; et M. de Jametz, avec quelques compagnies de gendarmerie et reitres, encore plus avant sur l'advenue et chemin de Metz. Dès le commencement furent les premieres approches et trenchées faites deçà la riviere, et prises d'assez loing, fort larges et creuses, et au-dehors devers la ville relevées fort haultes, ayans les terrains et gabionnades en façon de platesformes, tant pour estre à couvert contre la fouldre de l'artillerie qui tiroit incessamment de la ville, que pour donner plus aisément à plomb là-dedans, et pour de temps plus facilement descouvrir les endroits où il falloit battre et rompre les defenses. Là-dessus furent logées trois ou quatre longues coulevrines et cinq ou six canons renforcez, qui tiroient de droict fil aux parapects d'un gros boulevert qui estoit en teste, et taschoient à demonter trois ou quatre pieces que les ennemis avoient mises sur une tour au dedans de la ville, lesquelles pieces battoient et descouvroient tout le circuit, et faisoient de grands meurtres par nostre camp. D'autre part, au couvert et seurté de ces premieres trenchées, en furent reprises et recommencées la nuict ensuivante deux autres aux deux bouts, le long desquelles l'on fit tant que l'on coula et affusta en chacune cinq ou six canons, pour rompre en croisant et traversant les flancs et defenses de ce boulevert et des platesformes qui estoient aux deux coings de ceste courtine. A la faveur desquelles trenchées l'on en approcha d'autres plus près de la riviere, où furent logées autres dix ou douze pieces en batterie; et n'est à douter que ce ne fust avec un grand labeur et hazard de M. d'Estrée et des commissaires et canonniers, voire des princes et grands seigneurs qui s'y trouvoient le plus souvent des premiers, y pleuvant les boulets aussi espais que la gresle, dont estoit fait grand massacre de ces miserables pionniers et vastadours.

Tant y a que, nonobstant tous ces dangers, le cinquieme jour de juin l'on commença à battre ceste ville de trente cinq grosses pieces; qui estonna fort pour le premier advenement les assiegez, voyant que, contre leur esperance, et malgré toute la tempeste de leur artillerie, en si peu de temps l'on en avoit approché la nostre en telle quantité et en tel endroit qu'ils ne se doutoient pas, et ce que desjà les faisoit craindre et debattre et mal esperer de ce siege, mais surtout pour le principal default, qui estoit d'hommes, sur lequel au despourveu avoient esté envelopppez. Parquoy de là en avant tous les efforts des ennemis tendoient à recouvrer secours, tellement que, dès le troisiesme de ce mois, environ minuict, le comte de Horne y estant en personne, pensant surprendre nostre guet, essaya d'y faire entrer trois enseignes de vieilles bandes espagnoles; mais trouvant les advenues bien gardées, et les guets renforcez, fut contraint se retirer avec sa courte honte, ne trouvant à son retour au logis le nombre de ses gens aussi complet comme il l'avoit mené. Et derechef un jour ou deux après, à la diane et changement du guet, se vindrent presenter quatre enseignes de gens de pied wallons et namurois, soustenuz de cinquante hommes d'armes; lesquels, pour la seconde fois, ne se retirerent à si bon marché encore que les premiers. Après que, par deux jours entiers, l'on eut tiré aux défenses, et qu'elles semblerent assez rompues et desarmées, l'on commença le huictieme jour de tirer en batterie fort furieusement et soudainement, estant principalement l'artillerie addressée à ce gros boulevert rond et à la courtine joignante; de telle sorte que, dans deux ou trois jours ensuivans, ce boulevert fut en la meilleure part escartelé et ouvert, et la muraille abbaissée et ruinée de près de quarante pas de long. Toutefois la breche, pour en parler à la verité, estoit fort douteuse et non raisonnable pour estre assaillie, d'autant que, oultre ce qu'il falloit passer la riviere de Moselle à gué pour y aller, encore que l'on la voulust dire gueable en cest endroict, elle davantage estoit bien haulte, et le rempart derriere bien peu offensé.

Or du costé de M. de Nevers, à l'un des coings de la courtine, estoit une tour ronde assez basse qui servoit d'un flanc, et au dedans de la ville, en l'encoignure estoit une plateforme plus haulte qui commandoit dans ceste tour; mais elle estoit si mal percée, et la plateforme si inegalement appropriée, et sans contremines, que l'une apportoit bien peu de secours et d'advantage à l'autre; de façon qu'estant tout cela bien considéré de M. de Nevers, M. de Guise et luy adviserent ensemble qu'il n'y avoit ordre d'emporter ceste ville si ce n'estoit par cest endroit. Parquoy fut conclud de faire une trenchée de ce costé pour gaigner le pied de ceste tour; et nonobstant que les marais y fussent fort humides et abreuvez d'eauë, l'on les plancha d'ais et de clayes, et furent les costez et entredeux affermis et conroyez de gazon, de paulx et de joncs, de telle industrie et diligence, que, contre l'opinion de beaucoup de gens, ces trenchées se trouverent autant belles et seures que si elles eussent esté en terre ferme. En quoi il faut dire et confesser que M. de Nevers ne s'y employoit point seulement en qualité de prince, pour non-seulement y commander, mais, comme le moindre soldat de toute la troupe, n'en bougeoit et jour et nuict ; et avec telle promptitude continua ceste œuvre, que, nonobstant les boulets d'artillerie qui y gresloient innumerablement, qui estoient cause que l'on n'y pouvoit besogner que deux ou trois heures de la nuict, dans bien peu de jours il approcha ces trenchées fort près du but et jusques-là où il vouloit aller. Aussi avoit-il tellement gaigné le cueur des hommes, qu'estant suivy de plusieurs gentils-hommes et soldats, il n'y avoit celuy, depuis le grand jusques au petit, qui volontairement n'y meist la main.

Pendant que l'on travailloit à ceste besongne, M. de Guise, tant pour sçavoir si la breche commencée estoit ou se pourroit parachever raisonnable, et quels flancs et defenses restoient encore aux ennemis, que pour considerer et recognoistre l'asseurance des assiégez, le soir du 9 de ce mois, après minuit, envoya cinq ou six cens soldats des plus braves et experimentez harquebusiers et corcelets, soubs la conduite des capitaines Cypierre le jeune, Sainct-Estef, Millas, Sarlaboz et Jacques, y donner un faulx assault, avec commandement de ne rien hazarder et entreprendre, si ce n'estoit avec bien grand advantage. Estans arrivez au pied de la breche, et crians de toutes parts : *Escalle, escalle*, comme s'ils eussent voulu combattre et assaillir generalement, ils effroyerent tellement ceux de la ville qui y estoient en garde, ou les trouverent si endormis, que cela leur presenta occasion de poulser encore plus oultre, et, sans grande resistance, gravirent et monterent jusques au hault du rempart, exécutans à la premiere rencontre ceux qui se presenterent des premiers ; de sorte qu'en cest effroy inesperé, ils se faisoient maistres de toute la ville si tous les soldats eussent esté aussi hardis et courageux que les chefs, et les eussent suivis. Mais estant l'allarme generalle par toute la ville, et s'adressans de la part tous les gens de guerre qui estoient là-dedans, ne fut possible aux chefs et plus hazardeux soldats soustenir ceste recharge, et furent ainsi repoulsez et renversez, y restans plusieurs des plus vaillans soldats des nostres tuez et blessez, et des principaux capitaines, entre lesquels fut tué le capitaine Jacques, soldat fort estimé et plainct, et le capitaine Sainct-Estef fort blessez au bras, comme aussi fut l'enseigne du capitaine Cypierre. Les assiegez voyans qu'on les tenoit et serroit de si près que les aller forcer dans leur ville par si petite entrée, et que, d'un autre costé, l'on fouilloit et cherchoit-on un autre passage et entrée pour assaillir leur ville, en lieu qu'ils jugeoient inaccessible, presumerent mal, et preveurent deslors leur futur danger, s'ils n'estoient en brief secourus. Et pourtant en toutes les sortes qui leur estoient possibles, chercherent moyens d'advertir ceux de Luxembourg les vouloir secourir ; toutefois ils se voyoient de si près tenuz et enveloppez, et les passages si occupez, qu'ils ne pouvoient y envoyer personne, sinon avec un grand hazard. Ainsi, après avoir fait plusieurs signals de nuict avec feux et torches allumées, et cognoissans que pour tout cela ne leur arrivoit rien de renfort, ils entreprindrent de faire une sortie à la faveur de laquelle ils envoyeroient gens pour advertir le prince Mansfel, gouverneur de Luxembourg, de leurs necessitez, et pour entendre de luy ce qu'ils auroient à faire, principalement soubs couleur que l'un des premiers chefs de ceste entreprise se disoit avoir cognoissance au duc de Lunebourg, que ils sçavoient ou avoient esté advertis qu'avec son regiment de reitres en garde en l'endroit où ils vouloient passer. Parquoy, suivant ceste deliberation, le 11 ou 12 de ce mois, entre trois et quatre heures après midy, sortirent de là dedans environ de trois à quatre cens hommes de pied, et cent ou six-vingts chevaux à l'escarmouche, partie desquels, tirans droit le chemin de Luxembourg, furent arrestez sur cul, et là escarmouchans et combattans, l'un d'eux commença à crier et demander le duc de Lunebourg, pour parlementer avecques luy de la reddition de la ville, et cependant se parforceroient de faire gaigner chemin à leurs gens. En quoy estant descouverte leur fraude et intention, furent ramassez et recueillis de telle strette, que, sans leur donner loisir de passer oultre, furent remis et rembarrez jusques dans leurs portes.

Quand les trenchées de M. de Nevers furent parachevées, et parvenues jusques à la contrescarpe et entrée du fossé, l'on commença à y relever et terrasser une gabionnade, et y furent approchez cinq ou six canons pour rompre la caze-matte, d'un ravelin qui estoit et joignoit ceste tour à l'encoignure de la courtine : et, de mesme suite, de l'autre costé de la riviere, l'on creusa et approcha une trenchée bien fort près du bord, et là pareillement l'on amena cinq ou six canons, pour rompre le costé et flanc de la plateforme de devers Metz, qui pouvoit cognoistre et voir jusques au pied de ladite tour. Tout à l'instant, l'on amena en ces trenchées cinq ou six cens harquebusiers, les plus seurs et justes que l'on peut eslire : lesquels estans couchez sur le ventre, et ayans fait avec des gazons de petites lumieres par dedans lesquels ils prenoient leur mire, tiroient à couvert si justement et espessement, que il n'y avoit homme des assiegez qui s'osast presenter ny seulement se descouvrir sur le hault de ceste tour ny de la plateforme, à qui ils ne fissent faire le saut : de maniere que le seizieme de ce mois, sur les neuf heures du soir, d'une furie et hardiesse incredible, ils entreprindrent et gaignerent le pied de ceste tour, fort près de une palissade qui estoit joignante, et fermoit l'un des bouts de ceste contrescarpe; de laquelle ils arracherent les pieux et pallis, larges de quatre pieds et d'un en espesseur, qu'ils mettoient devant eux, et s'en couvroient contre les harquebusades et mousquetades que ceux de la ville leur envoyoient en infinité. Nonobstant toutes lesquelles, s'y fortifians et couvrant d'une petite trenchée qu'ils y releverent incontinent, occuperent oultre plus ce ravelin qui y estoit joignant, où ils se logerent si près des ennemis, qu'ils se pouvoient de main à main tirer coups de pierres et de picques. En après l'on fit passer quarante ou cinquante mineurs et pionniers, pour ensapper et derocher les fondemens; mais pource que le ciment et maçonnerie estoit fort dure et espesse, et qu'avec leurs pics et marteaux ils n'en pouvoient guères eloquer et arracher, l'on amena un ou deux canons jusques dans le fossé, au plus près du pied de ceste tour, desquels, ayant esté tiré trois ou quatre volées, le pertuis commença fort à s'aggrandir et ouvrir.

Cependant, de l'autre part, l'artillerie qui tiroit en batterie ne se refroidissoit, ains se renforçoit d'heure à autre, tonnant sans intermission, faisoit voller esclats des murailles et maisons, remplissoit de toute horreur ceste ville : avec noz soldats travailloient continuellement les assiegez d'innumerables harquebusades, de maniere que, d'un costé et d'autre, on ne voyoit que fouldres, feuz et esclairs. Estant l'ouverture de ceste tour continuée, et une partie de la muraille sur laquelle estoit posé le parapect de ceste tour abattue, fut question en après de l'occuper et gaigner, et ce que fut par noz soldats aussi-tost entrepris que commandé : toutefois que la resistance des ennemis s'y trouva tant desesperée, que pour la premiere et seconde fois en furent reculez. Ce neantmoins le danger évident, et la terreur des feuz et artifices, ne les peut tant intimider et affoiblir de courage, qu'ils n'y retournassent aussi hazardeusement que le premier coup : et là certainement fut veuë la vertu et valeur des princes et chefs, et la militaire et bien affectionnée obeissance des soldats; car, et M. de Guise et M. de Nevers, chacun endroit soit, sans avoir respect, et oublians le degré et authorité qu'ils tenoient, et faisans autant bon marché de leurs personnes que le moindre de tous ceux à qui ils commandoient, les morions en teste, et les grandes targes d'acier au bras, se presenterent les premiers pour monstrer le chemin à chacun. Aussi ne se peut-il dire qu'ils ne fussent bien suivis; et croy qu'il ne peut estre leu ny avoir esté veu soldats mieux faire et combattre qu'à ceste fois, pource que d'autant que les assiegez résistoient et se parforçoient de toutes leurs forces et avec toutes sortes de feuz artificiels, et en toutes inventions les repousser et renverser, il sembloit que d'une rage furieuse les nostres en fussent davantage enflammez et poulsez, grimpans les uns le long de leurs picques; les autres, avec eschelles et quelques pieces de bois et perches, batissoient des taudis, et se chafaudoient les uns sur les autres comme maçons; et où les armes leur defalloient aux mains, arrachoient les pierres des murailles pour les ruer.

En ce très-furieux combat se passa toute ceste nuict, esclairée de divers feux, tant d'artillerie et harquebuserie que d'autres artificiels, comme trompes à feu, grenades, et plusieurs fricassées qui se appareillent à un assaut. Tant y a que l'obstinée resistance des ennemis ne sceut estre si ferme et opiniastre, que les nostres ne demeurassent maistres, et furent veuës ce matin les enseignes françoises plantées sur le parapect et le hault de ceste tour. Il ne se faut esbahir si les assiegez employoient tous leurs efforts à debouter et repousser les nostres de ceste advenuë, s'asseurans [et comme un jour ou deux précédemment ils avoient recogneu à une sortie qu'ils avoient faite], sitost que ceste tour seroit gaignée et occupée, facilement tomberoient en prise; d'autant que par là l'on pouvoit sapper et miner le pied de ceste plateforme, et la faire sauter sans qu'ils y peussent remedier, n'ayant aucunes contremines et caze-mates, ainsi qu'il en fut fait; car tost après que les nostres s'en furent saisis, l'on y fit entrer force mineurs et pionniers, qui commencerent à grotter (1). Ce matin, ainsi que ces princes estoient encore en ces trenchées, délibérans et concluans de tout ce fait, M. le mareschal de Strossy fut atteint d'une harquebusade au-dessus du tetin gauche, M. de Guise parlant à luy, et ayant l'une des mains sur son espaule, duquel coup ce vaillant seigneur décéda bien peu après, fort regretté de chacun, depuis les grands jusques aux petits, pour beaucoup de bonnes vertus qui reluisoient en luy, estant l'un des bons serviteurs dont le Roy eust sceu faire perte. Les grottes et mines dessoubs ceste tour et plateforme, s'en alloient

(1) Faire une grotte sous terre, miner.

prestes à y mettre le feu, quand les assiegez, le 21 de ce mois, environ les neuf heures du matin, feirent monter un trompette devers la porte de Luxembourg, pour demander à parlementer pour leur reddition; lequel estant entendu, fut accordé que pour cest effect le sieur de Caderobbe, qui en estoit gouverneur, pourroit à fiance venir devers les princes pour en traiter et transiger. Pour la seureté duquel, et comme en maniere d'hostages, pendant le pourparler, furent envoyez dans la ville le seigneur de Haultcourt, gouverneur d'Yvoy, et le capitaine Cadiou, gouverneur de Montmedy : cependant, toutefois, l'on ne laissoit à poursuivre la batterie, et la continuation des mines n'estoit intermise. Finablement, après que les vaincus eurent esté entierement deboutez de plusieurs frivoles demandes et requisitions, leur fut ceste capitulation proposée et approuvée d'eux à tels articles qui s'ensuivent :

Premierement, que le seigneur de Caderobbe et les capitaines mettroient et delivreroient presentement en l'obeissance du Roy et des princes là presens la ville et forteresse de Theonville au mesme estat qu'elle se trouvoit, sans y rien ruiner ny demollir. Laisseroient en icelle toute l'artillerie, pouldres, boulets et munitions, tant de ladite artillerie que de guerre, sans plus en consommer, gaster, cacher ny demollir aucune chose, ny ès choses susdites proceder de male foy; laisseroient pareillement leurs armes avec les enseignes, tant de cheval que de pied, de quelque langue et nation que ce fust, et sans en rien gaster, comme dessus. En ce faisant, sera permis ausdits gouverneur et capitaines, et generalement aux gens de cheval, d'en sortir avec leurs armes, et aux soldats avec leurs espées et dagues, pour toutes armes, et les uns et les autres avec ce qu'ils auront d'habillemens et argent, sans qu'ils fussent fouillez ne qu'il leur fust fait aucun desplaisir. Sortiroient pareillement les doyen et gens d'église, gentilshommes et bourgeois, avec tout ce qu'ils pourront emporter d'or, d'argent, et autres leurs meubles; et leur sera baillé, au sortir de ladite ville, bonne et suffisante conduite, sans qu'il leur fust fait tort en leurs personnes et biens meubles, or n'y argent, n'y toucher à l'honneur des femmes et des filles, que ces princes sur leur foy promeiroient conserver de tout leur pouvoir. Et seroient semblablement accommodez de bateaux et chariots, pour emporter leurs malades la part que bon leur sembleroit, et recevroient en ladite ville tels personnages qu'on leur voudroit envoyer, jusques au nombre de quatre, et en envoyeroient lesdits gouverneur et capitaines quatre autres des principaux d'entre eux devers les princes, pour seureté et accomplissement de la présente capitulation. Laquelle fut signée de la main desdits princes et d'iceux gouverneur et capitaines le 22 de juin mil cinq cens cinquante-huit.

Ces choses ainsi passées et accordées, ce jour mesme sortirent de la ville près de trois à quatre mille personnes du populaire, hommes, femmes, filles et petits enfans; comme aussi feirent le lendemain les gens de guerre ou nombre de quatorze à quinze cens, la pluspart blessez et fort mal de leurs personnes : en quoy se pouvoit cognoistre le travail et continuel dommage que nostre artillerie leur faisoit. Au mesme instant, M. de Nevers entra dans ceste ville pour policer et donner quelque commencement d'ordre à ceste nouvelle conqueste, et pour empescher qu'il ne survint aucun mutinement et meurtre, ainsi que bien souvent l'on voit advenir ès recherches et pilleries que font les soldats, où ils pensent et esperent recouvrer quelques butins et profits. Et d'autre part, M. de Guise estoit demeuré au dehors, à ce qu'il ne fust fait aucun grief et tort aux miserables et pauvres habitans, n'y aux soldats aussi, selon qu'il leur auroit esté promis, usant encore ce prince envers eux de sa tant accoustumée pitié et clemence, que retenir les plus malades et blessez pour les faire panser et guerir, ordonnant expressément chirurgiens et autres gens pour ceste charge. Oultre plus, commande une bonne forte escorte pour la conduite de ceux qui estoient sains et qui pouvoient s'acheminer, afin que par les champs ils ne fussent devallisez et brigandez : et, par mesme moyen, fait serrer et amasser tant de chariots et bateaux que faire se peut, pour emmener et transporter le résidu des blessez et malades, et le meilleur de leurs meubles. Ainsi gracieusement furent traitez ceux de Theonville après la reddition de leur ville, dans laquelle l'on feit depuis entrer neuf ou dix enseignes de fanterie françoise; et en fut donné le gouvernement à M. de Vieilleville, pour estre ceste place fort voisine et comme un secours de Metz. Au recouvrement de laquelle le Roy borna fort bien et seurement sa frontiere celle part, estant, en ce qu'elle comporte, l'une des fortes villes et de naturel et artifice qui peult estre en toute l'Europe, et comme de toute anciennneté elle en a aussi la réputation, combien que ce seul defaut s'y soit trouvé dont la prise seroit advenue. Mais sur cela il faut confesser que les esprits des hommes sont pour ce jourd'huy si subtils et aigus, que je croy n'estre rien impossible maintenant aux hommes, mesmement ou la volonté et permission divine s'entremesle : aussi faut-il confesser que l'effect de ce siege fut tenu de si près, et poursuivy avec tant de promptitude, et le torment des assiegez tellement redoublé, qu'à peine leur donnoit-on loisir de respirer, qui est le principal moyen pour rendre toutes choses dificiles et laborieuses, traitables et faciles.

Ceste ville, encore que quelques-uns qui se sont essayez de la portraire luy ayent donné forme ronde, me semble toutefois plustost pentagone qu'autrement, ou à parler plus familierement, presque de la vraye forme et desseing d'une escarcelle, ayant du costé de la riviere de Mozelle, à l'endroit où on la battoit, une courtine de trois à quatre cens pas de profil et diametre, aux deux bouts de laquelle sont deux plateformes fort belles et massives, mais non encore accomplies comme il seroit requis pour le mieux, à cause que elles ne sortent assez en dehors, et qu'en cest endroit il y a faute de flancs, lesquels, encore si peu qu'il y en avoit, furent tantost ostez et rompuz, n'ayant ceste courtine en tout pour la flancquer que ceste tour ronde, qui fut aussi batue, comme a esté dit cy-dessus. Aux autres trois encoignures sont aussi trois plateformes fort bien terrassées, desquelles les defenses paroissent aucunement en dehors; mais c'est si peu et de si facile oppugnation, qu'elles ne pouvoient empescher d'y assaillir une bresche. Il est vray, et c'est mon advis, ou ceux qui l'ont fortifiée ont eu plus d'esgard, qu'en la pluspart de ce circuit elle est close de marets et de petits ruisseaux qui les abbreuvent et s'y escoulent, qui faisoit penser et croire qu'il n'y avoit lieu d'y pouvoir approcher et loger artillerie, et par ainsi, qu'à si peu de remparts qu'on adjousteroit au dedans la ville, la difficulté et naturel du lieu inaccessible leur serviroit au surplus assez de defense : mais, suivant ce que j'ay dit cy-dessus, les inventions des hommes sont en ce regne si estranges et incredibles, que l'usage et longue experience y sont novices et comme apprentives. Au demeurant, ceste ville est au-dedans autant parfaitement remparée et terrassée que l'on peut dire et souhaiter, n'estant aucunement commandée n'y subjecte à aucune montagne ou colline en tout son contour et environ; qui me fait dire, pour conclusion, que c'est l'une des plus belles oppugnations d'une très-forte ville que le roy de France peut avoir faite pour estendre ses limites, et autant duisible pour la conservation des frontieres de son royaume. Je ne veux oublier à dire, avant davantage m'eslongner de ces termes, que M. de Guise, incontinent après ceste prise, envoya devers l'evesque de Treves, qui est l'un des electeurs de l'Empire, n'estant la ville de Treves distant de Theon-ville que neuf ou dix lieuës, ce me semble, pour l'asseurer et oster de toute crainte et suspicion de l'armée du Roy, la Majesté duquel ne vouloit en aucune sorte entreprendre sur ses terres, biens et appartenances, ains plustost le conserver et ayder de son pouvoir et faveur, et tout ce qui estoit et attentoit au Sainct-Empire.

Pour quelques jours après la prise de ceste place, l'armée françoise demeura campée à l'entour, tant pour faire reparer et raccoustrer les breches, pour la munir et la rafreschir de nouveau, que pour attendre le surplus de la gendarmerie, qui arrivoit tous les jours à la file; aussi que le nombre des estrangers que le Roy avoit asseuré et retenu à sa solde n'estoit pour lors encore complet et venu : mesmement l'on attendoit l'un des freres du duc de Saxe, qui, dès ce temps, s'estoit acheminé de son païs pour venir au secours et faire service au roy et à la couronne de France, en recognoissance des plaisirs et faveurs que leur maistre en avoit receu. Pendant lequel temps l'on envoya deux ou trois mille chevaux recognoistre la ville de Luxembourg, estant adonc la deliberation en termes, et mise en avant si on l'iroit assieger ou non. Surquoy aucuns allégouient estre le plus expedient qu'adonc l'on pourroit entreprendre, jugeans que ceste grande villasse, non aucunement forte, pleine de populaire pauvre et effrayé, ne tiendroit jamais vingt quatre heures, et encor que l'on sceut bien que le prince Mansfel et comte d'Horie, et plusieurs autres seigneurs et capitaines, fussent dedans avec force gens de guerre, si est-ce que la terreur générale des hommes surpasseroit et surmonteroit l'assurance du plus petit nombre, outre ce que il seroit fort difficile que les vivres qui estoient là dedans pussent longuement suffire pour toute la multitude qui s'y estoit reservée; par ainsi que c'estoit le meilleur au plustost les aller assaillir en cest effroy, avant leur donner loisir de penser aux remedes, et se pourvoir et fortifier. Autres remonstroient tout le contraire, disans que, nonobstant que ceste ville fust foible et peu fortifiée, si est-ce qu'elle estoit si grande et d'estendue si diverse et séparée, qu'il faudroit une fort grande armée pour l'enclorre et envelopper entierement, laquelle encore il faudroit démembrer et séparer en lieux où il y auroit difficulté de se pouvoir secourir les uns les autres, estant mesmement garnie et pourvue, comme l'on l'avoit peu sçavoir certainement, de bons chefs et gens de guerre expérimentez, entre autres du nombre des vieilles enseignes espagnolles que le prince Mansfel y avoit fait venir en ferme asseurance de defendre et garder la capitale ville de son gouvernement, au siege de laquelle pour le moins se consommeroit un long temps qu'il vauldroit beaucoup mieux employer en plus longue estendue et recouvrement du territoire circonvoisin, pendant lequel temps ceux qui seroient dedans ceste ville mangeroient leurs vivres, ou seroient contraints vuider et se descharger de nombre; et cependant l'on apprendroit tousjours quelque chose de leur faict et necessitez, pour, selon ce que l'on verroit pour le mieux, resouldre de ce siege.

Selon cest advis, ainsi que j'en puis juger par l'apparence qui s'en est demonstrée, l'armée françoise, au deslogement d'auprès de Theonville, alla camper auprès du Mont Sainct Jean, dont elle départit le premier jour de juillet, s'approchant près de Arlon: dedans laquelle ville le bruit estoit estre environ cinq ou six enseignes de gens de pied et quelques gens de cheval. Ceste ville, le soir du deuxieme de ce mois, fut sommée de se rendre: toutefois, ceux qui estoient dedans, voulant contrefaire des braves, et se persuadans reporter quelque honneur en leur reddition, voulurent parlementer, proposans certaines conditions assez audacieuse et téméraires, dont ces princes irritez, ou plustost se mocquans, soubs fainte de ce parlement, leur appareilloient couvertement une camisade, pour leur faire sentir l'effect et payement de leurs requisitions, ayans ordonné dix-huict enseignes françoises pour leur en aller porter tesmoignage par certains endroits que l'on avoit recogneuz faciles à estre eschellez; mais ceux qui estoient dedans, se doutans ou advertis de cest appareil, en ces entrefaites sortoient par une poterne, en un endroit où l'on ne se doutoit point, et abandonnerent ainsi la ville, après y avoir mis le feu par tout. Ce qu'estant apperceu des François, à la foule entrerent là-dedans, et essayerent en toutes sortes d'esteindre ce feu, pour seulement recouvrer les meubles et butins qui brusloient: toutefois, il y estoit desjà si embrasé, qu'il n'y eut ordre d'en sauver la meilleure partie. Trois ou quatre jours après, quand la plus grande violence du feu fut amortie, l'on fit sapper et demolir les fondemens des murailles et fortifications; et fut ainsi demantelée et ruinée en la meilleure part, afin d'oster en après toutes occasions à l'ennemy de soy pouvoir reloger et fortifier de ce lieu. Derechef, M. de Nevers avec trois ou quatre mille chevaux, la pluspart reitres, alla recognoistre Luxembourg, où furent dressées de fort braves et furieuses escarmouches, et sortirent ceux de dedans de fort grande asseurance au combat, et en grand nombre, faisans suffisante démonstration de n'avoir aucune crainte, et d'avoir volonté de se bien defendre; avec ce, l'infinité de canonnades qu'ils deschargerent, faisoit juger qu'ils n'avoient faute de munitions, et la multitude de gens qui se presentoient en armes sur les murailles couvertes d'enseignes, donnoit à penser qu'il y avoit force soldats là-dedans. De ce lieu aussi, M. de Haultcourt, gouverneur d'Yvoy, avec cinq ou six compagnies de gens de pied et cent ou deux cens carabins [qui sont harquebusiers à cheval], et M. de Prie avec la compagnie de gens d'armes du comte de Villars, dont il est lieutenant, y estant les sieurs de Guevant, enseigne, et de Vauzay, guidon, avec deux pieces d'artillerie, allerent prendre et saisir les chasteaux de Rossignol, Villemont et Chigny, que les ennemis avoient repris depuis le voyage de Herbemont; desquels les deux, à sçavoir Rossignol et Villemont, furent bruslez et ruinez, et Chigny fut gardé et fortifié pour favoriser, tant Herbemont que Yvoy.

En ce lieu, près d'Arlon, commença le premier mutinement entre les François et Allemans; mesmement les reitres, le troisiesme de ce mois, environ les quatre heures du matin, lesquels estoient desjà tellement eschauffez et aigris, qu'ils s'estoient mis en armes, prests à se choquer, se couper la gorge les uns aux autres, quand M. de Guise et M. de Nevers, en estans advertis, se presenterent et mirent entre deux, et les separerent sans coup ruer, et dèslors chercherent tous moyens, et donnerent tout ordre, à ce que tels mutinemens et seditions, qui sont fort dangereux en une armée, n'advinssent. Sur quoy je ne puis que je ne die, n'estant toutefois aucunement picqué et transporté d'affection naturelle, que ceste nation, là où elle se sent la plus forte, est, ou est devenue la plus présumptueuse et hautaine qui peult estre entre toutes les autres, et laquelle se peult moins converser et hanter sans querelles, mesmement pour beaucoup de bonnes complexions qui sont en elle, et qu'ils honorent fort aussi. Je laisseray ce propos odieux et inutile, pour parachever de dire qu'en ce lieu M. de Guise receut une grande perte par feu, lequel fut mis en ses tentes, ne sçay-je comment à la verité; luy furent bruslez et estouffez les meilleurs de ses chevaux de service, et la pluspart de sa vaisselle d'argent déperie fondue et perdue, avec plusieurs autres bons meubles estimez à la valeur de plus de sept ou huit mille escuz; et a-t-on voulu dire davantage, que sa personne fut en danger avec d'autres gentils-hommes de sa maison. Il en advint autant à M. de Bordillon, qui fut encore poursuivy de ce feu de si près, jusques à brusler son lit de camp. Ce sont les faveurs et largesses que fortune le plus souvent a accoustumé départir à ceux qui suivent les armes.

L'armée françoise demeura campée à l'entour d'Arlon, depuis le premier jour de juillet jusques au neufvieme, tant pour ruiner ceste ville d'Arlon que les autres forts des environs, pareillement aussi pour adviser et attendre s'il se presenteroit quelque occasion d'assieger Luxembourg. Toutefois, se representant l'entreprise de plus en plus douteuse, et d'ailleurs estant de longue main, les principaux desseings premedidez et tendans devers la Picardie, où jà M. de Thermes devers Calais avoit une petite armée, et M. d'Aumalle à La Fere dressoit un autre amas et assemblée, pour se joindre et assembler à certain lieu ordonné, au partir de là, le camp s'alla former auprès de Vireton, où il fit séjour huict jours entiers, pendant lesquels, le plus souvent, se dressoient force escarmouches devant Luxembourg; quelquefois aussi ceux de là dedans estoient bien si hardis que de venir escarmoucher et donner allarmes jusques en nostre camp; qui faisoit de plus en plus penser que ce seroit perdre temps de les assieger. En ces entrefaites et pendant ce séjour, vindrent nouvelles que M. de Thermes, le treizieme de ce mois, avoit esté desfaict près de Gravelines, et m'est fort difficile de déduire et narrer certainement tout le faict de ceste adventure, tant pour n'y avoir esté présent, que pour en estre les rapports si différens et partiaux, que la vérité s'y trouve le plus souvent masquée et dissimulée, et par ainsi, en la cuidant quelquefois ensuivre, on fait bien souvent tort et injure à qui l'honneur appartient, oultre ce que, pour le jourd'huy, à la trop tenir de près et declairer, il n'y va que de la vie (1). Toutefois, ne voulant offenser personne, je diray simplement ce que j'en ay appris. Ayant M. de Thermes assemblé à Calais de quatre à cinq cens hommes, trois compagnies de chevaux legers escossoises, quatorze enseignes de gens de pied françoises, et dix-huict d'Allemans, où se trouverent semblablement pour chefs et capitaines messieurs de Villebon, de Senarpont, d'Annebault, de Chaulnes et Morvilliers; et estant adverti que la pluspart des villes selon la coste de la marine estoient mal pourveuës et garnies de gens de guerre, fit une entreprise de s'aller emparer d'une fort belle ville appellée Duinkerke, selon ceste coste, où il y a un fort beau et riche port; délibérant encore d'entrer plus avant, voire entreprendre et essayer Gravelines, s'il s'en offroit quelque occasion. Suivant ceste délibération, et feignant toutefois prendre autre chemin, passa au dessus de Gravelines, et alla assieger une petite ville appellée Berghe, laquelle il print en peu de temps, et fut pillée et saccagée, où furent trouvez et prins de grands butins : cela faict, sans y faire sejour, il vint assieger Duinkerke; laquelle, après avoir tenu quatre jours seulement, fut prinse, pillée et saccagée, et où se trouverent de plus riches et precieux meubles et butins que les précédens : de sorte que l'on disoit qu'il n'y avoit jusques aux gougeats et laquais, qui ne s'y fussent faits riches. Durant ces executions, M. de Thermes va devenir malade à Duinkerke; ce nonobstant, afin de poursuivre ce bon commencement et premiere pointe, mesmement en ceste terreur et espouvantement où il voyoit tout le pays esbranlé, il fait marcher et approcher l'armée de Gravelines, en remettant la charge à messieurs de Villebon et de Senarpont. Ainsi, estant ceste armée campée le long de la marine et des dunes, près de Gravelines, quelques jours se passerent en escarmouches et sorties de ceux de la ville, attendant la convalescence et bonne disposition de M. de Thermes, afin d'adviser et resoudre de ce siege, ou d'autre exploit pour le mieux. Et cependant le comte d'Aiguemont, qui est lieutenant pour le roy Philippes en ces Pays-Bas, assembla les garnisons à la plus grande diligence qu'il peut, et ramassa, tant de gens du pays des communes que de gens de guerre, jusques au nombre de quinze ou seize mille hommes de pied, et de trois à quatre mille chevaux, y compris douze ou quinze cens reitres, qui estoient ceste part en garnison, en intention de venir faire teste à nostre armée, et luy retrencher le chemin d'entrer plus avant, ou pour le moins interrompre l'entreprise et siege de Gravelines, dont il se doutoit. Dequoy l'on dit que messieurs de Villebon et de Senarpont advertirent M. de Thermes; lequel, encore qu'il ne fust bien sain, luy estant redoublé que le comte d'Aiguemont avec ses forces marchoit desjà vers eux, se retira la par où estoit l'armée; où il ne fut sitost arrivé que l'ennemy se trouva desjà fort près et voisin, toutefois sans que ces deux armées fissent aucun semblant de venir aux prises. M. de Thermes, sentant ses forces inegales, et beaucoup moindres que celles de son ennemy, délibéra se retirer devers Calais : d'autre part l'ennemy, ou s'en doutant, ou en estant adverti, proposa de s'y opposer et luy couper chemin, et l'enserrer entre Gravelines et luy, et le contraindre de combattre à son désavantage, ou l'affamer. Ce

---

(1) Ce mot est à remarquer, et fait présumer qu'un personnage puissant méritoit des reproches.

que considerant et prevoyant, M. de Thermes se mist en devoir de prevenir et de passer le premier la riviere, qui vient devers Saint Omer, et passa auprès de Gravelines : toutefois ce ne fut encore si tost que les ennemis ne l'eussent desjà la pluspart passée, et la passoient encore, se voyant les uns et les autres.

Quand l'avant garde de M. de Thermes fut arrivé à l'autre bord, elle se rangea un peu plus avant en bataille, pour couvrir et soustenir le surplus de l'armée, qui traversoit par la riviere au plustost qu'il estoit possible, lorsque deux troupes d'ennemis, partie reitres, partie cavallerie, chacune de douze à quinze cens chevaux, qui estoient arrestez et se presentoient en front, commencerent à marcher comme voulans charger; l'une desquelles, et la premiere s'advançant, donne en teste à nostre avant garde, qui fut fort bien et vaillamment soustenue, comme aussi fut l'autre, pensant couler et donner en flanc; et l'une et l'autre furent à ce premier choc si bien rembarrées et repoulsées, que les nostres deslors pensoient avoir gaigné le camp et estre demeurez les maistres, crians desjà victoire! victoire! Sur cela, et comme ils estoient escartez, arriva un gros hot de gendarmerie d'autres quinze cens ou deux mille chevaux, où l'on dit qu'estoit le comte d'Aiguemont, qui, les rechargeant de nouveau, les renversa et mist à vau de route, estant mesmement mal secouruz du surplus de nostre gendarmerie, et où l'on accuse aucuns des chefs et quelques compagnies avoir fait mauvais devoir, ainsi que les ennemis mesmes l'ont rapporté et tesmoigné, disans que si les premiers des nostres eussent été soustenuz et secouruz à la premiere charge où ils avoient fait si bien, de deux ou trois cent chevaux seulement, ils eussent tenu leur armée en ordre et avoient la victoire en main. Au surplus, en ce desordre, s'etans nos gens de pied mis et serrez en bataillons, quant ce vint à combattre et que les ennemis se presenterent pour les rompre, les compagnies françoises soustindrent et combattirent tant longuement qu'ils se peurent remuer, et jusques à ce que les armes et les vies leur defaillirent : mais l'on que les Allemans ne firent aucune resistance, ains, se rompans d'eux mesmes, haulserent leurs picques, et jetterent là leurs armes; ce que l'on a trouvé bien estrange et mauvais. Voilà comme pour verité l'on m'a fait entendre la desfaite de M. de Thermes près Gravelines, où, estant fort blessé, il demeura prisonnier; comme aussi firent les seigneurs de Senarpont, d'Annebault, de Villebon, de Morvilliers et de Chaulnes, et beaucoup de gentilshommes et vaillans soldats, les noms desquels certainement je voudrois sçavoir, afin qu'en les nommant ici, par leur mémoire ils peussent servir d'exemple à leurs successeurs : et n'y ay point ouy parler qu'il y soit mort gens de renom de nostre part, combien que je sçache bien, et comme il ne peut estre autrement, qu'il n'y ait eu beaucoup de gens de bien tuez et blessez, lesquels, encore qu'ils n'ayent grand bruit, et ne soient grands seigneurs, ont autant vertueusement et honorablement combattu et fait leur devoir que aucun des chefs mesmes : toutefois, n'en ayant peu recouvrer les noms, je suis contraint les passer en silence, soubs protestation que, s'ils estoient sceuz de moy, je ne serois receleur de leur vertu et merite, ains le declairerois d'autant bonne volonté que du plus grand capitaine de ce royaume. Ceste double recharge (1) de fortune adverse interrompit, comme l'on a voulu dire, beaucoup de belles et advantageuses entreprises qui avoient esté de longue main préméditées et préveuës, pour avoir sa revanche sur l'ennemy ; neantmoins que deslors le bruit estoit de quelques propositions de paix, et disoit-on que M. le mareschal de Sainct-André avoit eu sauf-conduit et congé sur sa foy pour en venir faire l'ouverture, et porter les propos au Roy, à la sollicitation de ceste vertueuse princesse la duchesse douairiere de Lorraine; laquelle, ainsi que l'ay touché dès le commencement de ce livre, aura à jamais ceste gloire d'avoir donné le commencement et fin à ceste paix, et d'avoir reconcilié ces deux grands rois, si fort irritez. Auquel bon et sainct œuvre chacun sçait bien aussi que ce bon et vertueux chevalier, M. le connestable, s'est employé jusques à tout, voire depuis le temps qu'il fut prisonnier; la vertu duquel en cela, et toute autre chose d'importance, a esté reverée et en admiration aux ennemis.

Après avoir sceu ces nouvelles, l'armée françoise fit peu de sejour en Champagne; ains, sans longuement camper n'y s'arrester, à raisonnables journées tira et s'approcha de Picardie, mesmement ayant esté rapporté que les ennemis s'assembloient et tenoient desjà camp en grand nombre près de Marolles et Maubeuges, qui n'est fort loing de Guise. Parquoy, costoyant ceste lisiere, et passant près de Sedan et de Mezieres, et le long du pays de Tirasse, nostre camp se vint dresser et loger le vingt-huictiesme de ce mois de juillet au lieu de Pierrepont, lieu fort propre et en commode assiette pour la stance (2) et sejour d'une armée, pour estre et de naturel

(1) Cette déroute et celle de Saint-Quentin.
(2) Campement.

assez fort et facile à fortifier, et oultreplus environné de campagnes descouvertes de longue estendue, où l'on peult ranger et ordonner une armée en bataille : avec ce, de ce lieu l'on peult eslire telle adresse que l'on veult pour y départir secours, soit en Champagne ou en Picardie.

En ce lieu de Pierrepont, sur la fin de ce mois, le duc Guillaume de Saxe, second fils de Jehan Frederich, electeur et duc de Saxe, duquel j'ay déjà parlé cy-dessus, se vint joindre à l'armée du Roy, au service duquel il amena avec luy sept cornettes de reitres, montans au nombre de deux mille cent chevaux, à trois cens chevaux pour cornette, fort bien en poinct, et se representans hommes hardis et furieux, la pluspart Prussiens. Avec luy vint aussi Jacob de Ausbourg, vieil soldat experimenté aux armes, ayant esté lieutenant du marquis Albert de Brandebourg en toutes ses guerres, fort estimé de luy, qui amena pareillement au service du Roy un régiment de dix enseignes de gens de pied allemans, bons soldats et aguerris, comme ils le demonstroient en leurs apparences. Le septiesme du mois d'aoust, jour de dimanche, ce prince allemant alla à Marchetz trouver le Roy et luy faire la reverence, accompagné de cent gentilshommes de sa nation, de ses plus favorisez et cognuz. Le Roy luy fit fort bon et honorable recueil, le remerciant de sa bonne volonté et affection, avec promesse et asseurance de le recognoistre toutes les fois qu'il en seroit requis, et que le moyen se presenteroit. Le Roy s'estoit approché de ce lieu de Pierrepont pour veoir son armée en ordonnance et rangée en bataille, y estant le lieu fort propre, comme je l'ay dit, pour autant qu'on avoit fait entendre à Sa Majesté, et comme il estoit vray, qu'il se trouveroit avoir et verroit assemblée l'une des plus belles et des mieux complettes armées que roy de France meit oncques aux champs ; n'estant mémoire qu'en toute autre précédente s'y soient veuz tant d'estrangers allemans, mesmement de cavallerie, montant au nombre de près de huict mille chevaux. Parquoy, le huictiesme de ce mois d'aoust, après que M. de Guise luy eust donné à disner et à tous les princes qui accompagnoient Sa Majesté audit Pierrepont, une heure après midy alla trouver et veoir son armée mise en ordonnance en une belle campagne rase, au-dessus de ce lieu, de laquelle ordonnance j'ay bien voulu faire icy ample description, ayant esté de moy diligemment et songneusement veue et consideree comme de chose rare et digne de marque et mémoire, et servant d'advertissement à ceux qui suivent les armes. En premier lieu, sa forme estoit en demy cercle ou comme un croissant, ayant les deux cornes de l'avant-garde et arriere-garde estendues comme les deux aisles, et au milieu estant comme le corps et principale force et la bataille. A la corne senestre, devers Laon et sur le chemin de Cressy, à la pointe de l'avant-garde, estoient les compagnies d'harquebusiers à cheval des capitaines Faverolles et Trichasteau, chacune de cent chevaux, et celles de chevaux-legers des capitaines Pieries, Laigny, La Valette, Rotigotty et Bueil, chacune de cent chevaux, joignant et suivant lesquelles estoient les quatre cornettes de reitres du duc de Lunebourg, qui suivoient autres compagnies de cavallerie legere des capitaines comte de Roissy, Lombay, Truchepot, Thomas et comte d'Eu, chacune de cent chevaux, reservé celle du comte d'Eu, qui estoit de deux cens, et celle de gendarmerie de cinquante hommes d'armes de M. de Nemours, qui y estoit en personne comme général sur toute la cavallerie legere. Tout auprès d'un moulin à vent qui estoit là commençoit la bataille, où estoient de premier front les compagnies de gendarmerie de messieurs de Curton, prince de La Roche-sur-Yon, de Randan, de La Rochefoucault, de La Vauguyon, de Janlis, de La Roche-du-Maine et de Montmorency, chacune de cinquante hommes d'armes, entre lesquelles et les autres compagnies qui joignoient, estoient quatre cornettes de reitres du colonel Scheneveux ; puis s'estendoient de front les compagnies de gendarmerie de messieurs de Beauvais, Tavannes et de Bordillon, chacune de cinquante hommes d'armes, et celles de messieurs les ducz de Lorraine et de Guise, lequel estoit là en personne comme lieutenant-general pour le Roy, et commandant en la bataille, duquel la cornette estoit au-devant de sa compagnie, et sa garde de cent reitres soubs la charge du capitaine Baudopré encore plus avant, comme aussi estoient cent harquebusiers à cheval soubs la charge du capitaine Ventou. Au-dessoubs de ce prince estoit le duc de Saxe avec ses sept cornettes de reitres, et tout après estoient rangez en bataillon quarré les deux regimens de gens de pied allemans des colonels Reifberg, de dix enseignes, et de Waldebourg, de quatre, qui flancquoient ; d'autre costé quatre cornettes de reitres du colonel Henry Stoup ; en après s'entresuivoient en file les compagnies de gendarmerie du comte de Charny et prince de Salerne, chacune de cinquante hommes d'armes, et celle de cent de M. le connestable. Au bout de cette file estoient en bataille les dix enseignes d'Allemans du regiment du comte de Rocquendolph, et six de Suisses soubs la charge du colonel Willes Frelich. L'artillerie estoit après attelée et trainée la bouche devant, preste à jouer, montant au nombre de quarante canons douze coulevrines bastardes et une moyenne, au costé de laquelle estoient arrangez seize enseignes de vastadours et pionniers, et tout audevant estoient advancées quatre compagnies d'enfans perduz : de l'autre flanc de ceste artillerie, à la main droite, estoient pareillement en bataille huict enseignes d'infanterie françoise, joignant lesquelles estoit aussi en bataille le regiment du comte Reichroch, de neuf enseignes. A leur costé droit estoient quatre cornettes de reitres du fils de lansgraf de Hesse ; puis s'estendoient en front les compagnies de gensdarmes du roy Daulphin et des ducz d'Aumalle et de Bouillon, chacune de cent hommes d'armes, au-dessoubs desquelles compagnies s'estoient mis en bataille les deux regimens d'Allemans des colonels Luxebourg et de Jacob d'Ausbourg, chacun de dix enseignes. En cest endroit convenoit l'autre corne, ou, si on veult, l'aisle droite tirant devers Marle, et là estoit la compagnie de M. de Nevers, de cent hommes d'armes, où ce prince se trouva en personne comme commandant pour lors en l'arriere-garde, encore qu'il se trouvast mal, toutefois que depuis, pour mieux recouvrer sa santé, le Roy luy permist se retirer à Laon ; et en son lieu fut ordonné M. d'Aumalle. Tout joignant ceste compagnie estoient celle de M. d'Eschenetz, de cinquante hommes d'armes, et celle de M. le mareschal de Sainct-André, de cent, et au-dessus d'eux quatre cornettes de reitres du colonel Grombau. Encore plus haut qu'eux s'estendoient en file les compagnies de gendarmerie de messieurs le marquis d'Albeuf et duc de Montpensier. Ainsi estoit rangée ceste belle et furieuse armée, que le Roy, accompagné de plusieurs grands princes de son royaume, visita et voulut veoir d'un bout à autre. En quoy il ne fault doubter que Sa Majesté print un singulier plaisir et contentement, voyant tant de princes, grands seigneurs, capitaines, gentilshommes, et generallement tant d'hommes là assemblez, se presentans pour sacrifier leurs vies pour son service et pour soustenir sa querelle. Mais ce qui donna encore plus grande admiration, et là où l'on peult cognoistre les estranges et horribles puissances et inventions de ce furieux et sanglant dieu Mars, ce fut à ouyr tonner et bruire ceste artillerie, et là veoir descharger harquebusiers et les pistolades de ces reitres : on eust dit proprement que le ciel et la terre s'esclattoient en infinis tonnerres, ou que le Tout-Puissant vouloit à ce coup fouldroyer toute ceste machine ronde. Après ceste reveue generalle, se retirant ce soir mesme le Roy à Marchetz, chacune compagnie retourna en son quartier, se trouvant, à mon advis, chacun soldat bien las et travaillé d'avoir demeuré depuis le matin six ou sept heures en bataille jusques à quatre ou cinq du soir, chargez d'armes, et peult estre mal repeuz, et davantage alterez pour la grande chaleur qu'il fit ce jour, la poussiere qui y fut remuée et esmeue, qui sont les exercices ordinaires que pauvres soldats sont coustumiers avoir.

En cest endroit, et pendant le sejour de Pierrepont, je ferai une briefve digression, pour dire comme une armée de mer de six ou sept vingts vaisseaux flamens et anglois, ayans costoyé et tasté les endroits foibles de la coste de Bretagne, finablement le vingt-neufiesme du mois de juillet précédent en cest an, à la pointe du jour, comparut devant un havre, nommé le Conquest, où est située l'abbaye de Sainct-Mahé, que l'on dit estre *in finibus terræ*, lesquels d'abordée sembloient estre plus de quatre cens ; mais s'estans arrestez et les voilles baissées pour commencer leur descente, fut cognu qu'ils ne pouvoient estre plus de six ou sept vingts, partie de bien grands, comme vaisseaux sarragosses et autres du port de mille ou douze cens tonneaux : s'approchans du port environ les huit heures du matin, ils trouverent six ou sept vingts hommes et quelque peu d'artillerie qui leur resisterent et tirerent parmi eux, combien que c'estoit bien peu envers eux, et n'en firent grand cas. A leur premiere arrivée ils sonnerent une fanfare avec leurs trompettes, laquelle finie ils deschargerent toute leur artillerie en façon d'une salve, puis après jetterent quinze bateaux à plat fond, portans chacun cinq cens hommes, tous lesquels arrivans en terre faisoient bien le nombre de six ou sept mille hommes, qui donnerent si grand tremeur et frayeur de plein sault à tout le peuple, qu'on leur abandonna tout soudainement. Parquoy, se voyans supérieurs et maistres, commencerent à piller et saccager le village de Conquest, où en après ils meirent le feu, mesmement aux temples et églises, où davantage ils perpetrerent infinité d'insolences scandaleuses et infames. Quatre enseignes de Flamens se jetterent à la campagne pour butiner, lesquelles estans rencontrées de M. de Kersimon, qui en dix ou douze heures avoit amassé des gentilshommes et des communes jusques au nombre de cinq ou six mille hommes, tant de cheval que de pied, les desfit et en massacra plus de cinq à six cens ; avec ce plus de six ou sept vingts des principaux resterent prisonniers, l'un desquels prisonniers, qui estoit hollandois, confessa que trente navires estoient venues de Hollande par le commandement du roy Philippes à l'isle de Huye (1) trouver l'armée d'Angleterre, qui estoit au nombre d'environ cent ou six-vingts vaisseaux, où ils pouvoient avoir quinze ou seize chevaux legers, et que le desseing de toute ceste armée estoit de prendre Brest avant que s'en retourner : ayans commission ainsi le faire à peine d'estre penduz à leur retour, les Anglois qui estoient descenduz avec les Flamens, quand ils veirent ceux qui s'estoient advancez des premiers, si mal menez et si bien estrillez, à toute haste retournerent en arriere pour cuider regaigner leurs vaisseaux, où ils ne laisserent pourtant à estre poursuivis et sentir leur part des coups, et où surtout ils beurent plus que leur saoul d'eauë sallée : depuis se tindrent tousjours embarquez devant ledit Conquest. Cependant les communes de l'evesché de Leon et de Cornouailles à la conduite des gentilshommes s'assemblerent et se presenterent à eux, au nombre de trente mille hommes.

Deux ou trois jours après arriva aux ennemis renfort de trente grands navires, et néantmoins tous firent voile et se retirerent douze ou quinze lieuës en mer, tirans vers l'isle de Bast (2), où ils s'arresterent vis à vis du Rosou (3), qui est un havre au mesme evesché, et n'est de distance du Conquest que de huit ou dix lieuës pour le plus. Les communes par terre les costoyerent tousjours à veuë d'œil, afin qu'ils ne prinsent terre en quelque lieu au despourveu. M. d'Estampes, qui est lieutenant pour le Roy au duché de Bretaigne, en ayant eu advertissement en toute diligence, meit ensemble sept ou huit mille chevaux, et douze ou quinze mille hommes de pied pour leur faire teste et les soustenir s'ils se fussent addressez en quelque endroit pour entrer en pays, ayant au demeurant pourveu et muny les places fortes, comme Brest, Sainct Malo, et toutes les autres le long de la coste, toutefois qu'ils n'entreprindrent rien au pardessus de ce qu'a esté dit, et s'en retournerent et evanouyrent ainsi qu'ils estoient venus, ayans seulement fait leurs monstres. Ce que j'ai bien voulu adjouster ici, pour faire paroistre en combien d'endroits, tant sur terre que sur mer, la guerre se demenoit pour la querelle de ces deux princes, et combien aussi de diverses estranges maux adviennent au pauvre peuple; par le moyen et occasion d'icelles guerres; maintenant j'iray retrouver l'armée du Roy.

Trois ou quatre jours après ceste revuë generale, nostre armée decampa de Pierrepont tirant le chemin devers Cressy et La Fere, mesmement pour avoir esté sceu que l'armée de l'ennemy fort engrossie marchoit en pays, suivant la traicte devers Peronne. Et nonobstant que le bruit fust grand et publié par tout que la paix se traitoit à bon escient, et que, soubs ceste intention, plusieurs allées et venues se fissent d'une part et d'autre, pour adviser et determiner du lieu propre où se trouveroient les deputez pour cest effect, si est-ce que l'on estoit tousjours en doute que, soubs ce pretexte et dissimulation, il n'advint quelque surprise, ainsi que d'autres fois se trouve avoir esté fait. Parquoy, si tost que nouvelles vindrent que l'ennemy s'acheminoit ceste part, estant M. de Humieres adverty, qui en est gouverneur, on lui envoya de renfort les compagnies de cavallerie legere des capitaines Piennes, La Vallette, Tuty, La Ferté, des barons de Banna et Trichasteaux, de Laigny et de Faverolles, avec quatre enseignes de gens de pied françoises. Toutefois l'ennemy, sans faire semblant de s'y vouloir arrester, coulant seulement le long de ceste riviere de Somme, reprint le chemin plus à main droite devers Miraulmont, approchant de Corbie, pour de là tirer vers Authie, à deux ou trois lieuës près de Dourlan, qu'ils menassoient fort, selon que les rapports en venoient tous les jours. Nostre armée ayant fait peu de séjour à La Fere, et passant près de Chauny, vers Nesle et près Corbie, finalement vint camper auprès d'Amiens, le long de ceste riviere de Somme, où elle arriva sur la fin de ce mois d'aoust. Et pour remédier à ce que ceste place de Dourlan, où estoient chefs adonc messieurs de Bouchavanes et de Crevecueur, ne fust surprise et assaillie au despourveu, à cause des advertissemens qui venoient comme les ennemis bastissoient force gabions et dressoient autres préparatifs pour un siege, M. de Guise, dès le dix huitieme de ce mois d'aoust, avoit commis le capitaine La Ferté pour y conduire trois ou quatre cens harquebusiers à pied, soubs la charge du capitaine Drenelle, oultre les compagnies de cheval et de pied qui y estoient desjà. Et incontinent que ces deux grandes armées eurent choisy leurs stances et lieux pour camper, celle du roy Philippes s'estendant le long de la riviere d'Authie, et celle du Roy le long de la riviere de Somme, au dessoubs d'Amiens, se fermerent et remparerent encore de trenchées flancquées, et armées d'artillerie, comme s'ils eussent attendu d'estre assiegez l'un de l'autre, et comme s'ils se fussent desjà tout résoluz d'y faire un long séjour pour se matter et vaincre l'un l'autre par la longueur du temps.

Pendant ce séjour et voisinage de ces deux

---

(1) De Wight.
(2) De Bas.
(3) Roscoff.

armées, et que les propositions de paix estoient en termes, le plus souvent neantmoins se faisoient courses, entreprises et escarmouches, les les uns sur les autres, mesmement la cavallerie légere, laquelle, estant logée le plus près des ennemis, journellement estoit sur leurs bras et à leurs tallons, de façon qu'ils empeschoient bien que leurs fourrageurs ne s'escartassent et ne vinssent charger vivres du costé de deçà, approchant l'armée du Roy. Toutefois que de les racompter toutes les unes après les autres il me seroit presque impossible, d'autant qu'elles se dressoient en divers endroits et en divers temps, tellement qu'il n'en venoit à nous que le bruit, mais bien entre autres je diray que, dès le quatrieme de septembre, M. de Nemours, general sur toute la cavallerie legere, accompagné de M. le comte d'Eu, fils aisné de M. de Nevers, et des capitaines le comte de Rossillon, Le Pelou, de Piennes, La Vallette, La Ferté, Laigny, Tuty, Puygaillard et le baron de Banna, et autres capitaines avec leurs compagnies de cavallerie legere, partit ce soir pour aller donner une strette en camisade aux ennemis. En quoy il usa de si bonne conduitte, selon qu'il est prince de gentil esprit, prompt et vaillant, et luy fut la fortune si heureuse, qu'ayans esté les sentinelles trouvées endormies ou estonnées, et depeschées sur le champ, entrerent bien avant dans le camp de leur cavallerie et des gens de pied de leur avantgarde; mais je dis avec une telle allarme et effroy à toute ceste armée, que tout fuyoit devant eux, et leur fut loisible de donner jusques aux tentes, et en coupper les cordages, voire jusques à l'artillerie, qu'ils eurent en leur pouvoir abandonnée près de demie heure. Enfin voyans que les grosses trouppes commençoient à se remuer, et qu'ils seroient en danger si on leur couppoit chemin, ou s'ils estoient enveloppez, se retirerent de bonne heure sans aucune perte. Il ne faut pas aussi que j'oublie l'entreprise du baron de Bueil, pour estre si brave et hazardeuse, que d'avoir, avec sa compagnie, bruslé un soir partie des faulxbourgs d'Arras, se feignans Bourguignons, et demandans à repaistre et loger.

Je pourray pareillement icy adjouster comme, en ce mois de septembre, M. le vidasme de Chartres, lors gouverneur de Calais, estant M. de Thermes prisonnier, fit une entreprise d'aller surprendre Sainct-Omer, par le moyen de quelques intelligences que les François prisonniers là dedans avoient avec aucuns habitans d'icelle ville, qu'ils avoient attirez à leurs factions, pour laquelle entreprise mieux couvrir et dissimuler, iceluy sieur vidasme vint à Ardres, soubs couleur de vouloir pourvoir et munir ceste place, y temporisant pour ceste cause certains jours; où là estant se devoient trouver à Devre M. de Sipierre avec la compagnie de M. de Lorraine, dont il est lieutenant, et celles des capitaines Laigny, chevaux legers, et Thomas Albanois, et une de harquebusiers à cheval, comme aussi le seigneur de Mailly, gouverneur de Montereuil, et douze compagnies de gens de pied. Toutefois, de malheur un soldat espagnol de la compagnie du capitaine La Lane, ayant esté adverty de toute ceste menée, en diligence en advertit ceux de Sainct-Omer, soubs esperance d'en recouvrer toute bonne retribution et récompense. A l'arrivée à Devre, M. de Sipierre, avec la compagnie de M. de Lorraine et les autres, desfeit vingt ou vingt-cinq chevaux de la garnison de Ranty, qui estoient là venus pour voller la vache et piller le pauvre paisant, selon qu'ils ont accoustumé par toute ceste frontière. Estans ceux de Sainct Omer advertis, sans faire bruit, meirent gardes et guets par tout, et donnerent tout bon ordre pour n'estre surpris. Ce nonobstant, les prisonniers françois, non sachans que tout leur fait fust descouvert, ne laisserent à poursuivre et exécuter leur délibération, et d'abordée tuerent deux ou trois corps de gardes; cela fait, se retirerent et gaignerent le chasteau, où ils se renfermerent. Ceux de la ville, pour les avoir et pour enfoncer les portes, qu'ils savoient n'estre remparées, menerent deux canons, desquels ayans tiré cinq ou six vollées, et estant faite ouverture, taillerent en pieces, à l'arrivée, la plupart de ceux qu'ils y trouverent. Et ainsi n'eut bon effect ceste entreprise, combien que M. le vidasme, encore qu'il sceust toutes ces choses, ne laissa de s'y aller présenter; et, au partir de là, bien fasché et ennuyé de si mauvais exploit, s'en retourna à Calais, et toutes les autres compagnies au camp.

Depuis le partement de l'armée françoise de Pierrepont, et pendant qu'elle s'acheminoit et séjournoit près d'Amiens, elle s'augmenta et engrossit de beaucoup plus qu'elle n'estoit à la reveue generalle, car il s'y joignit autres dix enseignes de Suisses, oultre les six qui y estoient. D'autre part, M. de Jourss'y vint assembler avec huit ou dix enseignes françoises de la legion de Champagne, lequel depuis fut envoyé à Calais. Semblablement y arriverent dix ou douze enseignes vieilles, retournans de Ferrare, que l'on nommoit le tiers d'Italie, soubs la charge du colonel La Molle, que j'ay bien voulu icy nommer, pour avoir esté ces compagnies trouvées fort belles, remplies de vieils soldats aguerris, à sçavoir: celles des capitaines de Monestier, du

Daulphiné, du baron de Dorade, gascon, Bourdet, Berthelemy, Colincourt, Jaulnay, Mazey, Vallefenieres, La Chapelle, qui fut tué près de Ferrare, et celle de Beguin, qui fut depuis cassé. Oultre cela, y vindrent encore les compagnies de gendarmerie qui s'estoient trouvées à la desfaite de M. de Thermes, lesquelles, estant quelque peu séjournées et refaites, y furent mandées. Je ne feray point ici de nombre de plusieurs grands seigneurs et gentils-hommes qui s'y trouverent pour leur plaisir, comme aussi toute la maison du Roy et ses gardes, qui donnoient grand accroissement à ceste armée. L'on disoit aussi que l'armée du roy Philippes s'estoit de beaucoup renforcée, et qu'y estoient arrivez beaucoup de regimens de gens de pied d'Allemans et force reitres. Pour conclusion, il sembloit que ces deux grands roys deussent assembler en ces lieux toutes leurs forces, pour, à ceste derniere fois, départir toutes leurs querelles avec une très cruelle et sanglante bataille, y estans là en personne, ou se contraindre l'un l'autre d'accepter les conditions de paix. Mais le Seigneur Dieu, dominateur et tout puissant, lequel void de son siege celeste jusques au bas, voire le dedans des cueurs des hommes, et sans le vouloir duquel toutes choses sont impossibles aux humains, voyant desjà son pauvre peuple affligé de tant d'autres calamitez, adoucit et refrena l'ire et fureur de ces princes, et ne voulut permettre que la vie et le sang de tant de milliers d'hommes terminast leur courroux, ou les irritast davantage, ains, toutes armes deposées, et cessant toute hostilité, divinement inspirez, se rengerent unanimement de recevoir une amiable paix et union entre eux, usant d'une reciproque équité, se faisant juste restitution, par le moyen de laquelle cesseroient et seroient assoupies toutes vieilles querelles, pour estre de là en après unis, et pour donner repos à leur peuple presque desjà examiné.

Pour donner commencement et proceder à ce sainct œuvre, fut approuvé et designé le lieu et abbaye de Cercamp, limitrophe et comme située en la séparation d'Arthois et Picardie; et là se trouverent deputez pour le Roy, environ la my-octobre, M. le cardinal de Lorraine, archevesque de Reims et premier pair de France; Anne de Montmorency, aussi pair et connestable de France; Jacques d'Albon, seigneur de Sainct-André et mareschal de France; messire Jean de Morvilliers, evesque d'Orléans, conseiller au conseil privé du Roy, et Claude de l'Aubespine, chevalier, seigneur de Haulterme, conseiller aussi du conseil privé et secretaire d'estat des finances du Roy. Et de la part du roy Philippes, dom Fernando Alvarez de Toledo, duc d'Alve, que nous disons en France d'Albe, grand-maistre de son hostel; Guillaume de Nassou, prince d'Oranges, chevalier de l'ordre de la Toison; Rigomez (1) de Silva, comte de Melito, eschanson de Sa Majesté; messire Antoine Perrenot, evesque d'Arras, et messire Vigilius de Zubicher, chevalier et president du conseil privé du roy Philippes; estans sur toute ceste assemblée tenus et receus de chacun de ces deux princes la duchesse doairiere de Lorraine, et le duc de Lorraine son fils, comme neutres et vrais mediateurs de tous leurs différens. Et ne veux oublier à dire sur ce propos, qu'avant que ceste assemblée se fermast, M. le cardinal de Lorraine avoit fait un voyage devers le roy Philippes, comme pour adoulcir et regler les plus grandes difficultez amiablement entre eux, avant entrer plus avant en parlement. Depuis encore, M. le connestable ayant composé de sa rençon, estant remis en pleine liberté, estoit venu trouver le Roy en ce lieu d'Amiens pour conferer avec Sa Majesté, et, comme l'on disoit, pour quasi conclure et resouldre de sa derniere intention sur chacun des principaux articles. Lequel, après avoir esté bien receu et caressé de son maistre, selon que le mérite un tel bon et fidele serviteur, un jour ou deux après, estant seurement informé de la volonté du Roy, s'en retourna pour entrer en ce parlement, délaissant à chacun une très-grande esperance que la départie ne se feroit qu'avec une ferme et longue paix. Et ce qui en donna encore plus grande confirmation, fut que, presque en ce mesme temps, les deux armées s'esloignerent et départirent, par l'advis et opinion, ainsi que le bruit couroit, des deputez, à ce qu'estans ces deux armées proches et voisines, par le moyen de quelques courses ou telles autres entreprises, les choses ne vinssent à s'aigrir et changer.

L'armée du roy Philippes, au partir d'Authie, coula le long de la riviere devers Abbeville, puis tout à coup se retourna devers Sainct Omer, et s'alla rompre en Artois; parquoy, afin d'éviter toute suspicion, et afin de luy oster toute occasion d'entreprendre au despourveu, l'on la feit tousjours costoyer, de ville en ville, de dix-huit enseignes françoises, jusques à ce qu'elle fust du tout rompue. Nostre armée semblablement fut separée et escartée en divers endroits; car la gendarmerie la pluspart fut renvoyée se rafreschir et reposer en leurs maisons, et non sans cause, estant autant mal menée et travaillée qu'elle eust peu estre, non pas des corvées et autres fatigues militaires, mais de l'indisposition

(1) Ruy-Gomez.

et rigueur du temps, de la cherté et faute de vivres, mesmement pour les chevaux, et, à bref dire, pour tant d'autres necessitez, que, sans le repos de la paix, il estoit à douter qu'elle ne succombast soubs la pesanteur du faiz. Quelques compagnies d'icelle gendarmerie, des plus loingtaines ou travaillées, furent logées ès plus prochaines garnisons pour se rafreschir attendant les monstres; et les gens de pied françois furent aussi departiz et mis en garnison ès villes et places fortes, et le long de la frontiere. Quant aux estrangers, les Allemans, tant reitres que lansquenets, demanderent M. de Nevers, pource qu'il est prince de l'une des plus anciennes maisons de la Germanie, pour les mettre hors des limites de France, et pour leur estre seureté d'une grande partie de leur solde, qui leur estoit deuë : ce que ce prince débonnaire accepta volontairement, pour d'autant plus demonstrer sa parfaite affection au service du Roy et de France, et en quoy il s'acquitta si bien, que, nonobstant la rigueur qu'ils tindrent de vouloir estre payez en or, il moyenna et regla si prudemment tout ce fait, et plusieurs autres occasions de mutinemens qu'ils cherchoient, qu'enfin, contents et paisibles, il les convia et licencia hors des pays du Roy, dont toutefois son comté de Rhetelois supporta les principaux frais. Les Suisses furent plus gracieux, car, soubs commissaires qui leur furent ordonnez, vivans paisiblement par estappes, qui leur furent establies et dressées à journées raisonnables, se retirerent en leur pays. Sur le rompement de ceste armée, je ne veux laisser au bout de la plume comme ce jeune comte de Lunebourg, que l'on a veu ci-dessus avoir amené des reitres au service du Roy, fut au camp près d'Amiens arresté et saisy prisonnier, et depuis amené en la Bastille à Paris, pour avoir mis la main aux armes contre M. de Guise, lors lieutenant général pour le Roy, et représentant Sa Majesté, n'en pouvant dire autre plus certaine cause.

Pour retourner à l'assemblée des deputez, le principal effect de la paix estoit assis sur un si bon fondement, qui estoit sur les mariages de dom Carlo, seul fils du roy Philippes et prince d'Espagne, avec madame Elisabet, fille aisnée du Roy, et de M. de Savoye avec madame Marguerite, sœur unique du Roy, que, par telles et si estroittes alliances, chacun proposoit voir toutes ces grandes maisons réunies et rassemblées. Et quant au surplus, les courages de ces deux princes sembloient estre si conformes et divinement inspirez en toutes restitutions reciproques et amiables, que, pour conclusion, toute la chrestienté se promettoit obtenir une paix universelle,
quand, sur le poinct que l'on n'attendoit plus que la ratification et promesse de toutes ces choses, la royne Marie d'Angleterre et les Anglois envoyerent de nouveau brouiller les cartes et pervertir tout ce bon commencement, pour le fait de Calais, demeurans opiniastres à la ravoir, alleguans sur cela infinité de vieilles querelles qui seroient icy trop longues et ennuyeuses à dechiffrer, et lesquelles aussi je ne pourrois certainement déduire, pour n'avoir leu n'entendu tous ces droicts, et n'estant curieux et studieux de telles matières. Tant y a que ces nouvelles propositions, accompagnées de plusieurs autres difficultez que ceste Royne meit en avant à son mary, remeirent toutes ces conclusions en premiere doute et à recommencer, et d'autant plus esloignées des premiers termes, qu'elles sembloient estre proches d'avoir bonne issue. Pendant toutefois que chacun des deputez de son costé songeoit à inventer quelques expédients pour transiger et appointer de cest article de Calais, pource que le Roy n'estoit rien moins que résolu de le garder et ne le point rendre, que la royne d'Angleterre et les Anglois estoient importuns et pertinaces à le demander, icelle princesse passe de ce siecle transitoire en l'autre des bienheureux sur la fin du mois de novembre; laquelle, peu de jours après, suivit ce bon cardinal Pol, de la maison d'Yorck, duquel j'ay tant de fois parlé en mes livres précédens. La mort desquels suscita nouveaux troubles en Angleterre, de sorte que les institutions de l'ancienne religion ecclésiastique, que de nouveau ladite Royne et ce vertueux cardinal avoient à grande difficulté remis sus, furent de rechef abolies et depravées, pour r'introduire et adhérer à la nouvelle doctrine qu'ils ont appellée evangelique.

La princessse Ysabelle (1), fille du roy Henry dernier de ce nom, roy d'Angleterre, et d'Anne de Boulan, une simple damoiselle qu'il espousa pour son plaisir, et qu'il feit en après décapiter, laquelle auparavant avoit esté tousjours captive, fut appellée de tous les Estats du pays, et esleuë pour royne, et couronnée le 15 du mois de janvier ensuyvant. Ces soudaines et inesperées mutations furent cause de faire séparer ceste assemblée sans aucune résolution, d'autant que le decès de ceste royne, femme du roy Philippes, luy importoit de beaucoup, et où il y avoit beaucoup de choses à desmesler, qui requeroient tems et séjour; parquoy delaissans tous traittez au mesme estat où ils se retrouvoient pour lors, les deputez se départirent sur le commencement de décembre, remettans la partie à se rassem-

---

(1) Élisabeth.

bler au Chasteau Cambresis, pour parachever et conclure du surplus, au mois de janvier ensuyvant, après qu'on auroit veu en quels succès se termineroient beaucoup de varietez et changemens qui se préparoient et se demonstroient desjà en l'Europe. Mesmement le bruit s'eslevoit fort que les Allemagnes se disposoient à convoquer une assemblée générale, qu'ils ont nommé diée (1), en laquelle se devoit trouver et comparoir l'Empereur et la pluspart des électeurs, et généralement beaucoup des principaux princes et plus grands seigneurs de toute la Germanie, laquelle assemblée se devoit faire en la ville d'Ausbourg, autrement dite Auguste.

Peu de jours après le département de ceste assemblée, nouvelles vindrent de pardeçà, que la nouvelle royne d'Angleterre Ysabel avoit envoyé un millord devers le roy Philippes, pour se soubmettre (2), et son royaume en sa protection; qui ne fut sans faire penser à plusieurs personnes, et comme la publique renommée le publioit par tout, et faisoit croire, que le mariage se pourroit redresser entre luy et elle, pour de tant plus stabiliter les premieres alliances, et rendre ce royaume de plus en plus fortifié et mieux appuyé du support de ce grand roy, combien que le faict semblast fort difficile et estrange, d'espouser les deux sœurs. Il fut dit pareillement que icelle royne envoya devers l'Empereur et les électeurs, pour se soubmettre et ses païs en leur protection, à quoy elle fut receuë, et que depuis l'Empereur envoya devers elle le comte Laderon pour entamer les propos du mariage de l'archiduc Ferdinand son fils et d'elle. Toutefois le bruit estoit tel, qu'à sa réception et couronnement elle avoit promis et juré ne prendre à mary aucun prince estranger, ains un qui fust de ses païs et origine. Les causes, à mon advis, pourquoy elle s'asseuroit ainsi de bonne heure des princes ses voisins, et principallement qu'elle avoit plus à craindre, estoit à raison de la mort du vieil roy de Dannemarc, qui estoit décédé environ ce temps, ayant délaissé un fils remuant et martial, lequel elle doutoit luy appareiller à son advenement quelques nouveaux attentats, prétendant le royaume d'Yrlande; ou bien auroit ce fait pour assentir et apprendre quelque secret de la volonté de ces princes, se doutant bien que ce changement et réception de nouvelle religion estoit odieuse à beaucoup d'eux, et à d'autres estoit agréable.

Pendant le délay et remise de la résolution de la paix, chacun de ces princes en droit soy ne delaissoit pourtant à prévoir aux objects que le temps par occasion leur distribuoit, et, selon que les événemens succédoient, se parforçoient d'accommoder les remedes; et d'ailleurs, durant ce loisir, mettoient à fin et accomplissoient leurs plus privez et particuliers affaires, afin que quand encore toutes choses changeroient en pis, pour le moins fussent deschargez d'autant de temps bien employé et d'expédition de négoces.

Entre autres œuvres mémorables que le roy Philippes accomplit en ce mois de décembre, furent les obseques de l'Empereur Charles son pere, lequel estoit mort en Espagne au mois de septembre auparavant, comme l'on m'a dit, qu'il célébra à Bruxelles le vingt-neufvieme de ce mois, avec fort religieuses et dévotes cérémonies, faisant ample démonstration d'une singuliere et très-parfaite amitié du fils au pere, magnifiées et extollées aussi de très-opulentes et riches pompes funebres, pour déclairer et rememorer universellement la haultesse et gestes d'éternelle récordation de ce grand empereur. A toutes lesquelles choses icy particulariser il me faudroit recommencer un livre à part, lequel toutefois, sans en rebastir d'autres, se vend et publie desjà par tout; mais, pour faire un brief extrait des principales singularitez qui en sont escrites, cette navire me semble plus à loüer, que l'on eust dit estre tirée sur mer par deux monstres marins, conduits par une jeune pucelle tenant en main une ancre d'argent, paroissant et démonstrant une face joyeuse, comme voulant prendre port, ayant la pouppe enrichie d'excellentes et ingénieuses graveures et peintures, avec les arbres et tous équippages de noir, et plusieurs enseignes et flammes de diverses couleurs pendues au timon. Tout le dedans de laquelle navire estoit rempli de riches quarreaux sur lesquels estoient posez les escussons et armoiries des royaumes et païs que possédoit Sa Majesté; et au devant du grand maz, aux pieds d'un riche siege impérial qui estoit vuide, sur une pierre quarrée où estoit escrit *Christus*, estoit la Foy, vestue d'un drap blanc, tenant la croix rouge en sa main. Derriere, sur la pouppe, estoit la Charité, qui tenoit en main le gouvernail de ceste navire, comme le voulant adresser à main droite. Tout cela signifiant, comme je conjecture, que toute l'intention et les labeurs de ce grand empereur ne tendoient qu'à l'augmentation et accroissement de la foy de Jésus-Christ, y estant conduit par une singuliere charité et amour qu'il luy portoit, et aux peuples que Dieu luy avoit soubmis pour commander. Aux deux costez de ceste navire estoient peintes les victoires qu'avoit en sa vie obtenu cest empe-

---

(1) Diète.
(2) Rabutin se trompe dans ses conjectures; Élisabeth se conduisit avec autant d'indépendance que de circonspection.

reur, tant contre les voisins que contre les barbares infideles et estrangers, avec les dictons et trophées mis et apposez ingénieusement dans des compartimens et tables d'attente bien rapportées et inventées. Beaucoup d'autres singularitez y furent vuës et remarquées comme elles le méritoient, que j'adjousterois icy si elles n'estoient desjà escrites, et si communes, qu'elles ne serviroient que de redites. Avant aussi le retour de ceste assemblée, le Roy voulut estre accompli et parfait le mariage de Charles duc de Lorraine, et de madame Claude sa seconde fille. Et furent ces mémorables et solennelles nopces celebrées en la royale ville de Paris, et capitale de France, avec toutes largesses et festins remplis de délices. Les cérémonies et solennitez furent parachevées dans ce beau et riche temple de Nostre Dame, en la présence du Roy et de la Royne, et de plusieurs prélats et princes, comme de messieurs les cardinaux de Lorraine, de Bourbon et de Guise, de Chastillon et de Sens; des ducs de Guise, d'Aumalle, comte de Vaudemont, marquis d'Albeuf, et grand prieur de France, les plus proches parens de l'espoux, et d'autres princes, comme des ducs de Montpensier, de Nevers, de Nemours, princes de Condé, de Ferrare et de La Roche-sur-Yon, le duc de Longueville, le comte d'Eu et autres; ensemble plusieurs grands seigneurs qui tiendroient icy un grand roolle à tous nommer. Pres de sept ou huict jours durerent ces jours feriaux, èsquels n'estoient veuz et démonstrez que tous plaisirs et toutes sortes de jeux et passetemps, tant au Palais Royal qu'en ceux de messieurs de ceste maison de Lorraine, èsquels se tenoit maison ouverte, et se faisoient convives et distributions profuses, et à qui en vouloit. Mesmement devant le palais de M. de Guise, fut fait un tournoy ouvert à tous chevaliers, pour s'esprouver en lice à la lance et au combat de toutes sortes d'armes. Beaucoup d'autres choses exquises et de marque y furent érigées et faites, ou que je ne puis pas avoir veuës, ou dont je n'ay pas souvenance, que je délaisseray à descrire à quelqu'un qui les aura ou mieux considerées ou mieux retenues que moy. Quelques jours auparavant ces festins, le Roy avoit fait partir M. de Bordillon et M. de Marillac, archevesque de Vienne, l'un des plus doctes et dignes prelats du royaume, pour se trouver de sa part à ceste diée qui se devoit faire à Ausbourg, dont nous avons parlé cy-dessus, et où jà estoit attendant l'Empereur dès la fin du mois de décembre; où pareillement le roy Philippes avoit envoyé le comte d'Aremberg, dit Brabanson, pour autant que la commune renommée estoit ceste convocation et assemblée estre faite pour beaucoup de poinets qui importoient toute la chrestienté et les princes chrestiens, spécialement pour le faict de la religion, que l'on voyoit presque du tout exterminée, et d'autre part pour adviser à trouver remèdes et moyens de resister au Turc, lequel, ne se contentant d'avoir usurpé la Hongrie et la meilleure part de la Transylvanie, taschoit d'empieter en Autriche, et se fortifier pour ceste occasion à l'entour de Vienne, et où jà estoit allé le roy de Boheme avec certaines forces pour le divertir et interrompre une fortification qu'il s'efforçoit rebastir sur ses frontieres, que les chrestiens lui avoient desjà une autre fois abbattue et démolie, et laquelle, s'il avoit relevée, porteroit grand dommage à Vienne. Pour ces causes et autres très-nécessaires, et appartenans au bien universel, y estoient mandez les électeurs, princes et potentats des Allemagnes, comme aussi en avoient esté advertis, pour y assister ou y envoyer, tous les autres princes chrestiens.

En ce mesme mois de janvier, le 27, le pape Paul fit un consistoire qu'il ne voulut du tout fermer, ains comme huys à demy ouverts, et en particulier fit appeller le seigneur Camille Orsin, le marquis de Montesarche, le seigneur Ferrand de Sanguine, le gouverneur de Rome, le vicegerent de la chambre apostolique, le dataire, l'evesque de Bergamo, le berengo, le fior de belle et trois secretaires. Et estant assis en sa chaize commença son propos par la mauvaise administration qu'il voyoit estre faite des estats de l'Eglise, qui requeroient une sévere et bien reiglée reformation, se plaignant sur tous, en termes généraux, de ses neveux, toutefois sans nuls nommer. Lesquels il declaira avoir privez de toutes authoritez qu'il leur avoit commises et données, à sçavoir: le seigneur dom Joanni Caraffe, qui est le duc de Palliane, de l'estat genéral de l'Eglise, et de toutes pensions et appointemens qu'il avoit du Sainct Siege apostolique, et davantage de la charge des galleres de l'Eglise; et que, quant à celles des Sforces qui étoient en différent, il evocquoit icelle cause à sa personne pour la terminer; plus dom Antonio Caraffe, qui est le marquis de Montebel, de l'estat qu'il avoit, tant de gouverneur des soldats que de celuy de la garde de sa personne, et de toutes pensions et appointemens qui luy pouvoient appartenir, en quelque maniere que ce fust. En oultre privoit le cardinal Caraffe de toute administration, de tous pouvoirs, *de motu proprio*, concessions, privileges, et authoritez qu'il pouvoit en sa personne avoir et tenir du Sainct Siege apostolique, ensemble de la légation de Bologne, et révoqua et cassa tous gouverneurs, nonces, commissaires, capitaines des places, et tous autres officiers, excepté ceux qui seroient par cy après derechef nommez par Sa Saincteté. Voulut que sesdits trois neveux, avec tous leurs serviteurs et famille, eussent à sortir et s'esloigner de la ville de Rome dans le terme de douze jours, enjoignant expressément au gouverneur et vicegerent qu'ils eussent à donner ordre que iceux ses neveux partissent, et que son intention fust, sans repliques et excuses, mise à exécution. Et après, se tournant vers lesdits secretaires, leur commanda qu'ils notassent bien en mémoire tout ce qu'il avoit dit, déterminé et prononcé touchant lesdites privations, et tout le demourant ils le redigeassent par escrit, afin d'en laisser une perpetuelle memoire, pource qu'il vouloit dès le soir mesme le voir couché par escrit. Ceste sentence ouye, chacun demeura comme estonné et muet, et n'y eut personne qui osast y repliquer, consideré le courroux avec lequel il l'avoit prononcée. En après il continua son discours fort gravement et elegamment, touchant le reiglement des ministres et administration ecclesiastique, et le bien et utilité que c'estoit d'ainsi user d'un tel chastiment nécessaire des erreurs qui s'y commettoient. Que pour ceste cause vouloit luy-mesme le premier commencer aux siens, afin que Dieu n'y mist la main pour les punir en après plus aigrement : alleguant pour exemple Pierre Loys Farneze, et, addressant sa parolle au cardinal de Sainct Ange là présent, luy dit que si le pape Paul troisieme l'eust chastié, faisant sans respect severe demonstration de ses abutz et enormitez, Dieu n'en eust pas fait un si horrible et manifeste chastiment. Et quant à l'administration en général, bien tost, Dieu aidant, il y pourvoiroit en sorte que, commençant à soy mesme le premier, il seroit exemplaire aux autres. Et de ceste heure là ordonna au seigneur Camille Orsin de prendre la charge de toutes choses appartenantes au faict de la guerre, et qu'il advisast en quoy il se pourroit aider du marquis de Montesarche et du seigneur Ferrand de Sanguine. Le lendemain fut audience publique, que Sa Saincteté tient une fois le mois, et qu'elle mesme a instituée : en laquelle, avant que commencer autre chose, elle appella les susdits Camille, marquis, et Ferrand, disant qu'elle avoit ordonné cette audience afin qu'un chacun peust venir à Sa Saincteté, et luy dire librement son affaire, et avoir satisfaction d'estre ouy de son prince; parquoy ils advisassent que toute personne, de quelque condition qu'elle fust, n'eust à estre empeschée de se trouver et offrir en sa présence; que s'il y en avoit quelqu'un si osé d'empescher le moindre pauvre,

væ illi, malediction à luy, qu'il luy donneroit telle punition, que ce seroit une exemple à tout jamais.

Après s'adressa à messire Marc Anthonio Borguese, advocat des pauvres, luy disant hault et clair qu'il ne pouvoit luy faire plus grand plaisir, ne service plus agréable à Dieu, puisqu'il estoit advocat des pauvres, que de faire cest office entierement, prenant garde que nul de ceux qui alloient luy porter des requestes ne demourast excluz et debouté, pour autant que son intention estoit que ceste audience servist de syndicat pour tous ses ministres, et que chacun d'eux cognoissant que tout pauvre qui se sentiroit grevé de quelque injure, se pourroit aller plaindre à Sa Saincteté, par ainsi, si jusques à l'heure il n'y avoit eu bon ordre, qu'elle vouloit qu'il y fust à l'advenir, dont toutefois elle avoit grand regret et repentance que de meilleure heure la faute n'estoit venue à sa cognoissance. En ceste sorte, ce bon pere commença à procéder à la réformation des abuz des ministres de l'Eglise romaine, et ce que je n'ay voulu faillir de réiterer et rememorer icy, encore qu'il soit desjà imprimé et publié partout, mais comme un exemple autant notable qu'il en peult estre veu ny leu, et, à la mienne volonté, que plustost les pasteurs et conducteurs de ce troupeau ecclesiastique eussent ouvert les yeux pour se recognoistre, et adviser les lourdes et si evidentes fautes qu'eux et leurs collateraux et substituts ministres ont commises en leurs charges, qu'elles ont esté un thème et argument, en reprenant icelles, de causer et formaliser divers scismes et sectes en nostre religion. Depuis, ce bon pasteur, pour donner moyen, autant aux petits qu'aux grands, de luy faire entendre et sçavoir leurs doléances, fit mettre un tronc dans l'église Sainct Pierre, duquel luy seul tient la clef, où chacun pourra mettre par escrit en billets et requestes ce qu'il aura à requerir et remonstrer à Sa Saincteté, et ce qu'ils n'oseroient exposer en public. Le Seigneur Dieu luy doint la grace de continuer et parachever ce bon commencement, à ce que, par l'aveuglement des ministres, et confusion des abuz, le pauvre populaire ne soit plus seduit et mené en la fosse des tenebres, ains que la lumiere soit eslevée sur le tonneau, illuminante et esclairante à tout le monde.

Maintenant, après avoir quelque peu parlé des mutations qui regnoient et estoient advenues en l'Europe, je retourneray à ceste derniere resolution de la paix entre les princes, tant desirée et attendue par tout le monde, que tous les peuples chrestiens incessamment tendoient les mains au ciel pour la requerir à celuy qui est la paix luy mesme. Et croy que tous les autres empereurs et rois, tant chrestiens qu'infideles, estoient escoutans et attendans l'issue, sçachans certainement que ces deux grands rois, unis et alliez, feroient trembler et ranger tout le reste de cest hemisphere soubs eux. Or, sur la my fevrier seulement, se trouverent au Chasteau Cambrezis les mesmes deputez de ces deux princes que j'ay desjà nommez cy dessus, comme aussi fit madame la douairiere de Lorraine, et où alla aussi M. de Lorraine, lequel depuis alla trouver madame Claude sa nouvelle espouse, pour le singulier desir que madame sa mere avoit de la voir : laquelle encore passa plus avant, jusques à Mons en Henault, où estoit le roy Philippes, duquel elle fut magnifiquement et dignement honorée et estrenée de très riches et rares presens. Pour la royne d'Angleterre, se trouverent à ceste assemblée l'evesque Thavart (1), millord et grand chambellan de ladite Royne, l'evesque Dory, (2) et le doyen de Cantorbie. Du commencement et entrée, à ce que l'on a dit et sceu, les deputez du roy Philippes se demonstrerent aussi froids et nouveaux comme si c'eust esté chose nouvelle, et dont jamais ils n'eussent ouy parler. Qui donna au semblable au deputez du Roy occasion de faire aussi bonne mine et contenance qu'eux, et leur donner à entendre que l'extreme necessité ne contraignoit point le Roy de chercher et importuner le roy Philippes d'avoir la paix avecques luy, ains plustost une pure et entiere affection d'avoir son alliance, pour reunir et rassembler ces deux grandes maisons, desjointes et separées pour petites causes. Et avec ce l'incitoit la pitié et commiseration universelle, tant de la religion chrestienne, qui s'en alloit, sans une paix, déperie et comme esteinte, que des pauvres peuples ruinez et destruits ; à quoy l'on devoit avoir plus d'esgard que à toutes autres particulieres et privées affections. L'on a jugé que ce qui, au commencement, tenoit les deputés du roy Philippes si roides, estoit pour raison que leurs affaires alloient bien du costé d'Italie, et estoient les plus forts en Piedmont, ayans conquis de nouveau quelques places sur le Roy. Enfin estans ces deux princes rangez en une mesme volonté, comme inspirez d'une mesme grace de Dieu, et y estans davantage sollicitez et induicts par ceste vertueuse princesse de Lorraine, les deputez de chacun party rentrerent plus que auparavant à la détermination et conclusion d'une bonne et stable paix. Et pource que, comme l'on a veu cy dessus, le roy Philippes estoit de nouveau veuf, et que, pour plus estroite et ferme alliance, le mariage de luy et de madame Elisabeth, fille aisnée du Roy estoit plus traitable et de plus grande authorité que du fils, les deputez adviserent aux moyens pour le contracter, ce que heureusement parfirent, pareillement celuy de M. de Savoye avec madame Marguerite, sœur unique du Roy, qui estoient les deux principaux poincts où consistoit tout le but et effect de ceste paix. Mais quand ce vint à diffinir en après de plusieurs autres particularitez, comme de la reddition des villes, réparation des torts, restitution des dommages et intérests de plusieurs princes et autres qui avoient esté destruicts, ou fort endommagez en ces guerres, pour la restitution des forussis (3) et exilez, pour la tuition et protection d'aucuns qui avoient esté en ces guerres ennemis de l'une des parties, il s'y trouva tans d'espines et difficultez, qu'à tous coups l'on disoit que tout estoit rompu, et que la paix ne se feroit pas ; de sorte que quelquefois les deputez se sont trouvez prests à se départir sans aucun effect. Mesmement le duc de Savoye, tout le bien duquel estoit occupé de ces deux princes, insistoit fort, et à bonne cause, à ce que avec toute seureté et l'un et l'autre luy en feissent restitution, et avec tel accord et consentement unanime, ratifié par tous deux à ceste fois, que par cy après ils ne eussent plus à y rien quereller et demander, voulant demeurer neutre, parent et amy à tous deux. Ainsi et en ce seul faict y pouvoit avoir beaucoup de disputes et altercats, esquels se passa tout le mois de mars que l'on n'attendoit la paix qu'en doute. Sur la fin de ce mois toutes difficultez s'en alloient appoinctées et finies, reservé un seul article, de la jouissance de quelques villes en Piedmont, pour certain tems que chacun de ces princes vouloit ; sur lequel article se trouva tant grande contrarieté d'opinions, et si mal accordantes, que l'on veit l'heure que l'assemblée se départoit aussi mauvais amis qu'auparavant. Mais le Seigneur Dieu, qui guidoit, à mon advis, ce sainct œuvre, voulant monstrer aux hommes, quelques grands esprits et sçavans qu'ils soient, que sans son vouloir leur science n'est que folie, ayant entendu de son throsne celeste les clameurs de tant de miserables peuples attendans ceste paix, enfin les rassembla et leur suggera et enseigna les moyens pour pacifier toutes choses ; de maniere que le troisiesme d'avril, en l'an mil cinq cens cinquante neuf, en ce lieu de Chasteau Cambresis, en cette belle maide l'evesque de Cambray, messieurs les deputez

(1) Rabutin se trompe ; Thomas Howard, dont il s'agit, n'étoit pas évêque.

(2) L'évêque d'Ely.
(3) De l'italien *fuorusciti*, gens hors de leur pays.

susdits, pourveus et garnis de tous pouvoirs de leurs princes et maistres, conclurent une alliance et amitié perpetuelle entre eux, avec une paix et communion entre leurs peuples et subjects, pour aller, venir, negocier et traficquer, comme amis et sans aucun danger, pour converser ensemble et exercer tous commerces et marchandises par terre, mer, rivieres et toutes eauës douces ; ensemble appoincterent et transigerent de plusieurs autres leurs differents et discords, ainsi que l'on pourra veoir par les articles qui sur tout ce faict ont esté passez et redigez par escrit.

Quatre jours après, le Roy en advertit la ville de Paris, pour en louër et en rendre tres-dignes et tres-devotes graces à Dieu, afin aussi de s'en resjouir et celebrer les feux de joie, ainsi qu'il en fut fait, et là et par tout le royaume de France, estant ceste tant heureuse et tant desirée paix autant bien venue et receuë avec actions de graces à celuy de qui elle vient, et avec autant de joye et allegrese extérieure, que pour toute autre felicité qui pourroit advenir, ne doutant point qu'au semblable n'en soit fait autant des estrangers. La tres-haulte et celeste Trinité, de qui elle est fille, la nous veuille avoir envoyée, non point faite des hommes, ou selon le monde, mais d'en hault et selon son vouloir, et nous la veuille continuer si longuement, que noz cueurs, convertis à malice et iniquité, puissent estre fleschis et frappez d'amendement, en recognoissant celuy qui nous invite et appelle avec toute bonté et douceur, et finalement soit occasion, et donne pouvoir aux princes chrestiens, de relever l'Eglise de Dieu chancelante et vacillante, et d'extirper et reformer tant de heresies et scismes qui y regnent ; et, en augmentant la foy de Dieu par tout le monde, puisse maintenir eux et leurs peuples en tranquillité et heureux repos ! *Amen.*

FIN DES COMMENTAIRES DE FRANÇOIS DE RABUTIN.

AUTEURS

CONTENUS

DANS LE SEPTIÈME VOLUME

DE LA PREMIÈRE SÉRIE.

	Pages.
Notice sur Blaise de Montluc.	III
COMMENTAIRES DE BLAISE DE MONTLUC.	3
Notice sur François de Rabutin.	587
COMMENTAIRES DE FRANÇOIS DE RABUTIN.	393

www.ingramcontent.com/pod-product-compliance
Lightning Source LLC
Chambersburg PA
CBHW051329230426
43668CB00010B/1202